영어 – 평양말 대역 성경
English – North Korean Bilingual Bible

하나님의 약속
예수 후편

God's Promises
New Testament

영어-평양말 대역 성경
English-North Korean Bilingual Bible

하나님의 약속

예수 후편

God's Promises

New Testament

평양성경연구소 편

홍성사.

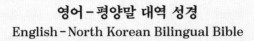

머리말

미국의 수도 워싱턴 교외에 있는, 평양성경연구소(Pyongyang Bible Institute)에서는 하나님의 은정으로, 영어/평양말 대역성경–예수 후편을 세상에 내놓았다. 평양성경연구소의 사명은 우리 조국의 북녘 사람들이 읽고 리해할 수 있는 평양말로 된 성경을 써내는 것이다. 우리 조국의 분단 이래로, 북녘의 말과 글에서는 많은 변화가 생겼다. 그리하여 지금에 와서, 남쪽의 성경을 북쪽 사람들이 읽어도 그 뜻을 알 수 없다. 북에서는 1960년 초부터 시작된 '언어혁명'에 의하여, 말과 글에서 어려운 한자어와 외래어가 평양말로 다듬어졌다. 그리하여 북쪽의 모든 출판물들에서 한자는 한 글자도 찾아볼 수 없고, 심지어 사람들의 이름자도 한자로 쓰지 않는다. 또한 말과 글에서 외래어는 거의 찾아볼 수 없게 되였다. 이런 실정에서 북녘 사람들이 읽고 리해할 수 있는 평양말로 된 성경이 절실히 필요하다. 이번에 처음 출판된 영어/평양말 대역성경은 영어성경 The NLT Bible(New Living Translation)을 평양말로 번역한 것이다. PBI는 2014년 2월에 이 책의 저작권 소유기관인 미국 Tyndale House Publishers로부터 The NLT Bible에 대한 번역저작권을 얻었다. The NLT Bible은 그 속에 들어 있는 영어 단어와 문장들이 현대어로 다듬어져 있어서, 지금 세계 많은 나라 사람들에게 인터넷을 통해 급속히 보급·전파되고 있는 영어성경이다.

PBI에서는 영어성경 The NLT Bible을 평양말로 번역함에 앞서서, 그 기초닦기와 준비 작업을 착실히 진행하였다. 우선, 10년간의 시간을 들여 성경에서 나오는 인물 25명을 뽑아, 그들에 대한 이야기를 《남과 북이 함께 읽는 성경이야기》라는 제목의 3부작으로 된 책으로 썼다. 이 책은 평양말로 된 글을 영어로 번역한 것이다.

다음으로, 13년간의 연구 끝에 북과 남의 말과 글의 차이를 밝힌 《남북 통일말사전》도 출판해 냈다. 이 사전에는 북쪽 사람들이 모르는 남쪽 말과, 남쪽 사람들이 모르는 북쪽 말을 모두 골라내여 그 뜻을 밝혀 놓았다. 이런 연구와 출판이 선행되지 않았더라면, 영어성경 The NLT Bible을 평양말로 번역하는 일이 순조롭게 진행될 수 없었을 것이다.

《하나님의 약속》이라는 제목으로 번역 출판되는 영어/평양말 대역성경은 구약인 《예수 전편》과 신약인 《예수 후편》으로 나누어 나가게 된다.

영어/평양말 대역성경의 번역은 의역이 아닌 직역으로 되어 있기 때문에, 러시아말을 배운 많은 북쪽 사람들이 이 책으로 성경 내용을 파악하는 것과 함께, 영어를 자습으로 배우는 데서도 도움을 받을 수 있을 것이다.

영어성경 The NLT Bible을 평양말로 번역, 심의하는 일에 참가하고 있는 모든 성원들은 번역에서의 정확성과 과학성을 보장하기 위해 온 힘을 기울이고 있다. 여기에는 여러 분야의 사람들 즉 어학, 신학, 법학, 과학 분야의 전문가들과 함께 박사과정의 학생들도 참가하고 있다.

이 책의 번역과 심의책임자는 김현식 교수이다. 그의 이력은 다음과 같다.

- 1950년, 한국전쟁 시기 북한인민군 병사로 전쟁 참가
- 평양 김형직사범대 교수(1954~87)
- 러시아 국립사범대 파견교수(1988~91)
- 서울 외국어대, 국가정보대학원 강사(1994~99)

- 미 뉴올리언즈 침례신학대학원 연구교수(2001~02)
- 미국 예일대학교 신학대 연구교수(2003~06)
- 미국 조지메이슨대 연구교수(2007~현재)

Preface

By the grace of God, Pyongyang Bible Institute(PBI), located in a suburb of Washington DC, published its book called the English–North Korean Bilingual Bible–After Jesus Christ.

PBI's mission is to publish the Bible in the North Korean Standard Language for Northerners to read and understand.

Since the motherland's division, the northern language developed in very different ways from the southern. Therefore, now Northerners can't understand the southern bible.

The northern language has changed through the 'Language Revolution' in the early 1960's. All the Chinese or foreign origin words were removed to create the North Korean Standard Language. In NK, no publication contains a single Chinese character and people no longer have names containing Chinese characters.

Given this situation, there is an urgent need for the Bible in North Korean Standard Language.

The English–North Korean Bilingual Bible is the product of translating an English Bible titled The NLT Bible(New Living Translation) into the NK Standard Language. In February, 2014, PBI acquired permission to translate and publish from this translation copyrighted by Tyndale

House Publishers.

The NLT Bible is written with modern English words and sentences, and it has now been rapidly disseminated to people in all over the world through the Internet.

PBI has made steady progress in laying the foundation and making preparations before translating The NLT Bible into North Korean.

First of all, for ten years, PBI produced Bible Stories for South and North to Read Together. This consists of 25 stories about Biblical characters. This book is in three segments and is translated from North Korean into English.

Secondly, over more than 13 years PBI developed The Re-unification Dictionary of the North and South Korean Language. This dictionary defines and clarifies the South Korean words not known in North Korea and vice versa.

Without the prior publications above, the translation of The NLT Bible into North Korean would not have progressed as smoothly as it has.

The English–NK Bilingual Bible will be published under the title of The Promise of God, consisting of Before Jesus Christ and After Jesus Christ.

The English–NK Bilingual Bible applies direct translation method so that it will help Northerners who have learned the Russian language to understand the contents of the Bible and learn English by themselves.

Every participants translating The NLT Bible into North Korean and reviewing are doing their best to ensure linguistic consistency and accuracy. Professionals and PhD students in various fields, like linguistics, theology, law, and science are joining this process.

The whole project has been led

by Prof. Hyun Sik Kim, Chairman of PBI.

- Participating in Korean War as a soldier of North Korean People's Army, 1950
- Professor at Pyongyang Kim Hyung Jik Education University, 1954~1987
- Exchange Professor at the Russian National Education University, 1988~1991
- Professor at Seoul Foreign Language University, and the KCIA University, 1994~1999
- Visiting Professor at New Orleans Baptist Theological Seminary in the US, 2001~2002
- Visiting Professor at Yale University Divinity School in the US, 2003~2006
- Research Professor at George Mason University in the US, 2007~ Present

차례 Contents

일러두기

- NLT(New Living Translation Bible, 이하 NLT) 본문에서 " "과 ' '로 표기된 부분은 평양말 본문에서《 》과〈 〉로 표기하였다.
- 평양말 본문은 NLT 본문을 북한 문화어문법 규정에 따라 직역하였다.

Matthew

마태가 전하는 반가운 소식

Matthew

마태가 전하는 반가운 소식

1

The Ancestors of Jesus the Messiah

구세주 예수님의 선조들

1 This is a record of the ancestors of Jesus the Messiah, a descendant of David and of Abraham:

1 이것은 다윗과 아브라함의 후손, 구세주 예수님의 가계표이다.

2 Abraham was the father of Isaac. Isaac was the father of Jacob. Jacob was the father of Judah and his brothers.

2 아브라함은 이삭의 아버지였다. 이삭은 야곱의 아버지였다. 야곱은 유다와 그의 형제들의 아버지였다.

3 Judah was the father of Perez and Zerah (whose mother was Tamar). Perez was the father of Hezron. Hezron was the father of Ram.

3 유다는 베레스와 세라(그들의 어머니는 다말이였다)의 아버지였다. 베레스는 헤스론의 아버지였다 헤스론은 람의 아버지였다.

4 Ram was the father of Amminadab. Amminadab was the father of Nahshon. Nahshon was the father of Salmon.

4 람은 암미나답의 아버지였다. 암미나답은 나손의 아버지였다. 나손은 살몬의 아버지였다.

5 Salmon was the father of Boaz (whose mother was Rahab). Boaz was the father of Obed (whose mother was Ruth). Obed was the father of Jesse.

5 살몬은 보아스(그의 어머니는 라합이였다)의 아버지였다. 보아스는 오벳(그의 어머니는 룻이였다)의 아버지였다. 오벳은 이새의 아버지였다.

6 Jesse was the father of King David. David was the father of Solomon (whose mother was Bathsheba, the widow of Uriah).

6 이새는 다윗 왕의 아버지였다. 다윗은 솔로몬의 아버지였다(그의 어머니는 우리아의 아내, 밧세바였다).

7 Solomon was the father of Rehoboam. Rehoboam was the father of Abijah. Abijah was the father of Asa.

7 솔로몬은 르호보암의 아버지였다. 르호보암은 아비야의 아버지였다. 아비야는 아사의 아버지였다.

8 Asa was the father of Jehoshaphat. Jehoshaphat was the father of Jehoram. Jehoram was the father of Uzziah.

8 아사는 여호사밧의 아버지였다. 여호사밧은 여호람의 아버지였다. 여호람은 웃시야의 아버지였다.

9 Uzziah was the father of Jotham. Jotham was the father of Ahaz. Ahaz was the father of Hezekiah.

9 웃시야는 요담의 아버지였다. 요담은 아하스의 아버지였다. 아하스는 히스기야의 아버지였다.

10 Hezekiah was the father of Manasseh. Manasseh was the father of Amon. Amon was the father of Josiah.

10 히스기야는 므낫세의 아버지였다. 므낫세는 아몬의 아버지였다. 아몬은 요시야의 아버지였다.

11 Josiah was the father of Jehoiachin and his brothers(born at the time of the exile to Babylon).

11 요시야는 여호야긴과 그의 형제들(바빌론으로 추방 시기에 출생한)의 아버지였다.

12 After the Babylonian exile: Jehoiachin was the father of Shealtiel. Shealtiel was the father of Zerubbabel.

12 바빌론 추방 후: 여호야긴은 스알디엘의 아버지였다. 스알디엘은 스룹바벨의 아버지였다.

13 Zerubbabel was the father of Abiud. Abiud was the father of Eliakim. Eliakim was the father of Azor.

13 스룹바벨은 아비웃의 아버지였다. 아비웃은 엘리야김의 아버지였다. 엘리야김은 아소르의 아버지였다.

14 Azor was the father of Zadok. Zadok was the father of Akim. Akim was the father of Eliud.

14 아소르는 사독의 아버지였다. 사독은 아킴의 아버지였다. 아킴은 엘리웃의 아버지였다.

15 Eliud was the father of Eleazar. Eleazar was the father of Matthan. Matthan was the father of Jacob.

15 엘리웃은 엘르아살의 아버지였다. 엘르아살은 맛단의 아버지였다. 맛단은 야곱의 아버지였다.

16 Jacob was the father of Joseph, the husband of Mary. Mary gave birth to Jesus, who is called the Messiah.

16 야곱은 마리아의 남편, 요셉의 아버지였다. 마리아는 예수님을 낳았는데, 그분이 구세주라고 불리우는 분이시다.

17 All those listed above include fourteen generations from Abraham to David, fourteen from David to the Babylonian exile, and fourteen from the Babylonian exile to the Messiah.

17 우에 렬거된 사람들은 모두 아브라함부터 다윗까지 14세대, 다윗부터 바벨론 추방까지 14세대, 그리고 바벨론 추방에서 구세주까지 14세대를 포함하고 있다.

The Birth of Jesus the Messiah

구세주 예수님의 탄생

18 This is how Jesus the Messiah was born. His mother, Mary, was engaged to be married to Joseph. But before the marriage took place, while she was still a virgin, she became pregnant through the power of the Holy Spirit.

18 이것은 구세주 예수님이 어떻게 태여났는지이다. 그분의 어머니, 마리아는 요셉과 결혼하기로 약속되여 있었다. 그런데 결혼하기 전, 그 녀자가 아직 처녀였을 때, 그 녀자는 성령님의 능력에 의하여 임신이 되였다.

19 Joseph, her fiancé, was a good man and did not want to disgrace her publicly, so he decided to break the engagement quietly.

19 그 녀자의 약혼자인, 요셉은 선량한 사람이여서 그 녀자를 공개적으로 수치스럽게 하고 싶지 않았다, 그래서 그는 조용히 약혼을 깨기로 결심했다.

20 As he considered this, an angel of the Lord appeared to him in a dream. "Joseph, son of David," the angel said, "do not be afraid to take Mary as your wife. For the child within her was conceived by the Holy Spirit.

20 그가 이것을 생각하고 있었을 때, 주님의 한 천사가 그의 꿈에 나타

낫다. 《다윗의 자손, 요셉아,》 그 천사가 말했다, 《마리아를 너의 안해
로 맞이하는 것을 두려워하지 말아라. 왜냐하면 그 녀자 안에 있는 그
아기는 성령님에 의해서 임신되였기 때문이다.

21 **And she will have a son, and you are to name him Jesus, for he will save his people from their sins."**

21 그리고 그 녀자는 아들을 낳을 것이다, 그리하여 너는 그를 예수라고 이름지여야 한다, 왜냐하면 그는 자기 백성을 그들의 죄들로부터 구원할 것이기 때문이다.》

22 **All of this occurred to fulfill the Lord's message through his prophet:**

22 이 모든 일은 주님의 예언자들을 통하여 하신 그분의 말씀을 이루려고 일어난 일이였다.

23 **"Look! The virgin will conceive a child! She will give birth to a son, and they will call him Immanuel, which means 'God is with us.'"**

23 《보아라! 처녀가 아기를 임신할 것이다! 그 녀자는 아들을 낳을 것이다, 그리고 사람들은 그를 임마누엘이라고 부를 것이다, 그것은 〈하나님께서 우리와 함께 계신다.〉는 뜻이다.》

24 **When Joseph woke up, he did as the angel of the Lord commanded and took Mary as his wife.**

24 요셉이 깨여났을 때, 그는 주님의 그 천사가 명령한 대로 실행하였다. 그리하여 마리아를 자기 안해로 맞아들였다.

25 **But he did not have sexual relations with her until her son was born. And Joseph named him Jesus.**

25 그렇지만 그는 그 녀자의 아들이 태여날 때까지 그 녀자와 성관계를 가지지 않았다. 그리고 요셉은 그를 예수라고 이름지었다.

2

Visitors from the East

동쪽에서 온 방문자들

1 **Jesus was born in Bethlehem in Judea, during the reign of King Herod. About that time some wise men from eastern lands arrived in Jerusalem, asking,**

1 예수님은 헤롯 왕의 통치기간에, 유태 베들레헴에서 태여나셨다. 그 때 동쪽 나라들로부터 몇 명의 총명한 사람들이 예루살렘에 도착해서, 물어보았다,

2 **"Where is the newborn king of the Jews? We saw his star as it rose, and**

we have come to worship him."

2《어디에 금방 난 유태인의 왕이 계십니까? 우리는 그분의 별이 뜨는 것을 보았습니다. 그래서 그분을 례배하러 왔습니다.》

3 King Herod was deeply disturbed when he heard this, as was everyone in Jerusalem.

3 헤롯 왕이 이것을 들었을 때, 예루살렘에 있는 모든 사람이 그러했던 것처럼 매우 불안해 했다.

4 He called a meeting of the leading priests and teachers of religious law and asked, "Where is the Messiah supposed to be born?"

4 그는 상급제사장들과 종교법선생들의 모임을 소집하고 물었다.《어디에서 구세주가 태여나기로 되여 있소?》

5 "In Bethlehem in Judea," they said, "for this is what the prophet wrote:

5《유태의 베들레헴입니다.》 그들이 말했다.《왜냐하면 이것은 예언자들이 기록했던 것이기 때문입니다:

6 'And you, O Bethlehem in the land of Judah, are not least among the ruling cities of Judah, for a ruler will come from you who will be the shepherd for my people Israel.'"

6〈그리하여, 오오 유태 땅 베들레헴아, 너는 유태의 주된 도시들 중에 가장 작지 않다. 왜냐하면 내 백성 이스라엘의 지도자가 될 통치자가 너에게서 나올 것이기 때문이다.〉》

7 Then Herod called for a private meeting with the wise men, and he learned from them the time when the star first appeared.

7 그러자 헤롯은 그 총명한 사람들과의 비밀스런 만남을 청했다. 그리고 그 별이 처음 나타났던 때가 언제인가를 그들로부터 들어 알았다.

8 Then he told them, "Go to Bethlehem and search carefully for the child. And when you find him, come back and tell me so that I can go and worship him, too!"

8 그리고 나서 그는 그들에게 말했다.《베들레헴에 가서 그 아기를 꼼꼼히 찾으시오. 그리고 당신들이 그를 찾으면, 돌아와서 나에게 말해주시오. 그러면 나도 가서 그 아기에게 례배할 수 있소!》

9 After this interview the wise men went their way. And the star they had seen in the east guided them to Bethlehem. It went ahead of them and stopped over the place where the child was.

9 이 면담 후에 그 총명한 사람들은 자기들의 길을 갔다. 그리고 그들이 동쪽에서 보았던 그 별이 그들을 베들레헴으로 안내했다. 그 별은 그들을 앞서 가다가 그 아기가 있는 곳에서 멈추었다.

10 **When they saw the star, they were filled with joy!**

10 그들이 그 별을 보았을 때, 그들은 기쁨으로 넘쳐났다!

11 **They entered the house and saw the child with his mother, Mary, and they bowed down and worshiped him. Then they opened their treasure chests and gave him gifts of gold, frankincense, and myrrh.**

11 그들은 그 집에 들어가서 그의 어머니, 마리아와 함께 있는 그 아기를 보았다. 그래서 그들은 그 아기에게 절하고 례배했다. 그리고 나서 그들은 자기들의 보물궤들을 열고 금, 유향, 그리고 몰약의 선물들을 아기에게 선사하였다.

12 **When it was time to leave, they returned to their own country by another route, for God had warned them in a dream not to return to Herod.**

12 떠날 때가 되었을 때, 그들은 다른 길로 그들 자신의 나라로 돌아갔다. 왜냐하면 하나님께서 꿈에 헤롯에게 돌아가지 말라고 경고하셨기 때문이였다.

The Escape to Egypt

에짚트로 피난

13 **After the wise men were gone, an angel of the Lord appeared to Joseph in a dream. "Get up! Flee to Egypt with the child and his mother," the angel said. "Stay there until I tell you to return, because Herod is going to search for the child to kill him."**

13 총명한 사람들이 떠난 뒤에, 주님의 한 천사가 꿈에 요셉에게 나타났다. 《일어나라! 아기와 그의 어머니를 데리고 에짚트로 피해 달아나라.》 그 천사가 말했다. 《내가 너에게 돌아오라고 말할 때까지 거기에 머물러 있으라, 왜냐하면 헤롯이 아기를 죽이기 위해 그를 찾을 것이기 때문이다.》

14 **That night Joseph left for Egypt with the child and Mary, his mother,**

14 그날 밤 요셉은 아기와 그의 어머니, 마리아와 함께 에짚트로 떠났다,

15 **and they stayed there until Herod's death. This fulfilled what the Lord had spoken through the prophet: "I called my Son out of Egypt."**

15 그리고 그들은 헤롯이 죽을 때까지 거기에 머물렀다. 이것은 주님께서 예언자를 통하여 말씀하신 것이 실현된 것이였다: 《내가 내 아들을 에짚트에서 불러내였다.》

16 **Herod was furious when he realized that the wise men had outwitted him. He sent soldiers to kill all the boys in and around Bethlehem who were two years old and under, based on the wise men's report of the star's first**

appearance.

16 헤롯은 그 총명한 사람들이 자기를 속였다는 것을 알았을 때 몹시 성났다. 그는 별의 첫 출현에 대한 그 총명한 사람들의 보고에 근거하여, 베들레헴과 그 주변에 있는 두 살 아래의 모든 남자애들을 죽이기 위해 군인들을 보냈다.

17 **Herod's brutal action fulfilled what God had spoken through the prophet Jeremiah:**

17 헤롯의 잔인한 행동은 하나님께서 예언자 예레미야를 통하여 말씀하신 것이 실현된 것이다.

18 **"A cry was heard in Ramah—weeping and great mourning. Rachel weeps for her children, refusing to be comforted, for they are dead."**

18 《라마에서 울부짖는 소리—흐느껴 울고 몹시 비통해 하는 소리가 들렸다. 라헬이 위로받기를 거절하면서 자기 아들딸들을 위해 흐느끼고 있다, 왜냐하면 그들이 죽었기 때문이다.》

The Return to Nazareth

나사렛으로 돌아옴

19 **When Herod died, an angel of the Lord appeared in a dream to Joseph in Egypt.**

19 헤롯이 죽었을 때, 주님의 한 천사가 에집트에 있는 요셉에게 꿈에 나타났다.

20 **"Get up!" the angel said. "Take the child and his mother back to the land of Israel, because those who were trying to kill the child are dead."**

20 《일어나거라!》 그 천사가 말했다. 《아기와 그의 어머니를 다시 이스라엘 땅으로 데리고 가거라, 왜냐하면 아기를 죽이려던 사람들이 죽었기 때문이다.》

21 **So Joseph got up and returned to the land of Israel with Jesus and his mother.**

21 그래서 요셉은 일어나서 예수님과 그의 어머니와 함께 이스라엘 땅으로 돌아왔다.

22 **But when he learned that the new ruler of Judea was Herod's son Archelaus, he was afraid to go there. Then, after being warned in a dream, he left for the region of Galilee.**

22 그렇지만 그는 유태의 새로운 통치자가 헤롯의 아들 아켈라오인 것을 알았을 때, 거기에 가기를 두려워했다. 그런데, 꿈에서 경고가 있은 후에, 그는 갈릴리 지방으로 떠났다.

23 So the family went and lived in a town called Nazareth. This fulfilled what the prophets had said: "He will be called a Nazarene."

23 그래서 그 가족은 가서 나사렛이라고 불리는 마을에서 살았다. 이것은 그 예언자들이 말했던 것이 실현된 것이다: 《그분은 나사렛 사람이라고 불릴 것이다.》

3

John the Baptist Prepares the Way

세례자 요한이 길을 준비하다

1 In those days John the Baptist came to the Judean wilderness and began preaching. His message was,

1 그때에 세례자 요한이 유태 황야로 와서 설교하기 시작했다. 그가 전하는 말은 이러하였다,

2 "Repent of your sins and turn to God, for the Kingdom of Heaven is near."

2 《너희의 죄들을 뉘우치고 하나님에게로 돌아서라, 왜냐하면 하늘나라가 가까이 있기 때문이다.》

3 The prophet Isaiah was speaking about John when he said, "He is a voice shouting in the wilderness, 'Prepare the way for the LORD's coming! Clear the road for him!'"

3 예언자 이사야가 요한에 대해 말했다 그때 그는 다음과 같이 말했다, 《그는 황야에서 〈주님의 오심을 위해 길을 준비하라! 그분을 위해 길을 깨끗이 치워라!〉고 웨치는 목소리이다》.

4 John's clothes were woven from coarse camel hair, and he wore a leather belt around his waist. For food he ate locusts and wild honey.

4 요한의 옷은 거칠은 락타털로 짜여 있었고, 그는 허리에 가죽허리띠를 띠고 있었다. 그는 식량으로 메뚜기들과 들에서 나는 꿀을 먹었다.

5 People from Jerusalem and from all of Judea and all over the Jordan Valley went out to see and hear John.

5 예루살렘과 온 유태 땅으로부터 온 사람들 그리고 요단 계곡을 넘어서 온 모두가 요한을 만나서 말을 듣기 위해 나왔다.

6 And when they confessed their sins, he baptized them in the Jordan River.

6 그리고 그들이 자기들의 죄들을 자백했을 때, 그는 요단강에서 그들에게 세례를 주었다.

7 But when he saw many Pharisees and Sadducees coming to watch him

baptize, he denounced them. "You brood of snakes!" he exclaimed. "Who warned you to flee God's coming wrath?

7 그러나 그는 많은 바리새파 사람들과 사두개파 사람들이 그가 세례 주는 것을 보기 위해 오는 것을 보았을 때, 그는 그들을 공공연히 비난했다. 《너희 뱀의 무리들아!》 그는 웨쳤다. 《누가 너희에게 다가올 하나님의 격노에서 피하라고 경고하였는가?

8 **Prove by the way you live that you have repented of your sins and turned to God.**

8 너희는 자신들의 죄들을 뉘우치고 하나님께 돌아섰다는 것을 너희가 사는 방식으로 립증하라.

9 **Don't just say to each other, 'We're safe, for we are descendants of Abraham.' That means nothing, for I tell you, God can create children of Abraham from these very stones.**

9 서로 그저, 〈우리는 안전해, 왜냐하면 우리는 아브라함의 후손이니까.〉고 말하지 말아라. 그것은 전혀 의미가 없다, 왜냐하면, 내가 너희에게 말한다, 하나님께서는 바로 이 돌들로도 아브라함의 아들딸들을 창조해 내실 수 있기 때문이다.

10 **Even now the ax of God's judgment is poised, ready to sever the roots of the trees. Yes, every tree that does not produce good fruit will be chopped down and thrown into the fire.**

10 지어 지금도 하나님의 심판의 도끼가, 나무들의 뿌리를 끊을 준비가 되여 자세를 취하고 있다. 그렇다, 좋은 열매를 맺지 않는 나무마다 모두 찍혀져서 불에 던져질 것이다.

11 **"I baptize with water those who repent of their sins and turn to God. But someone is coming soon who is greater than I am—so much greater that I'm not worthy even to be his slave and carry his sandals. He will baptize you with the Holy Spirit and with fire.**

11 《나는 자신들의 죄들을 뉘우치고 하나님께 돌아서는 사람들에게 물로 세례를 준다. 그러나 나보다 더 위대하신 어떤 분이 곧 오신다—너무나 위대하셔서 나는 지어 그분의 종이 되여 그분의 신발을 들고 다닐 자격도 없다. 그분이 너희에게 성령과 불로 세례를 주실 것이다.

12 **He is ready to separate the chaff from the wheat with his winnowing fork. Then he will clean up the threshing area, gathering the wheat into his barn but burning the chaff with never-ending fire."**

12 그분은 자신의 키질하는 걸이대로 밀에서 겨를 갈라놓을 준비를 하셨다. 그다음 그분은, 밀은 자기 고간에 모아들이지만 겨는 결코 꺼지지

않는 불에 태워 버려 탈곡장을 깨끗이 치우실 것이다.》

The Baptism of Jesus

예수님에 대한 세례

13 Then Jesus went from Galilee to the Jordan River to be baptized by John.

13 그때 예수님은 요한에게 세례를 받기 위해 갈릴리로부터 요단강으로 가셨다.

14 But John tried to talk him out of it. "I am the one who needs to be baptized by you," he said, "so why are you coming to me?"

14 그러나 요한은 그분에게 그렇게 하지 않도록 설득하려고 애썼다. 《제가 당신에게서 세례를 받아야 할 사람입니다.》 그가 말했다. 《그런데 왜 당신이 저에게 오십니까?》

15 But Jesus said, "It should be done, for we must carry out all that God requires." So John agreed to baptize him.

15 그러나 예수님이 말씀하셨다. 《그것은 실현되여야 한다. 왜냐하면 우리는 하나님께서 요구하시는 모든 것을 수행해야 하기 때문이다.》 그래서 요한은 그분에게 세례하는 것에 동의했다.

16 After his baptism, as Jesus came up out of the water, the heavens were opened and he saw the Spirit of God descending like a dove and settling on him.

16 그분의 세례 후, 예수님이 물에서 나오셨을 때, 하늘이 열리고 그분은 하나님의 령이 비둘기처럼 내려와서 자신 우에 머무시는 것을 보았다.

17 And a voice from heaven said, "This is my dearly loved Son, who brings me great joy."

17 그리고 하늘로부터 한 음성이 말씀하셨다. 《이는 나에게 큰 기쁨을 가져다주는, 내가 극진히 사랑하는 아들이다.》

4

The Temptation of Jesus

예수님에 대한 유혹

1 Then Jesus was led by the Spirit into the wilderness to be tempted there by the devil.

1 그리고 나서 예수님은 성령님에 이끌려 황야로 가서 거기서 악마에게 유혹을 받으셨다.

2 For forty days and forty nights he fasted and became very hungry.

2 그분은 밤낮 40일 동안 단식하여 매우 배고프셨다.

3 **During that time the devil came and said to him, "If you are the Son of God, tell these stones to become loaves of bread."**

3 그 기간 동안 악마가 와서 그분에게 말했다. 《만일 당신이 하나님의 아들이라면, 이 돌들에게 빵덩이들이 되라고 말하시오.》

4 **But Jesus told him, "No! The Scriptures say, 'People do not live by bread alone, but by every word that comes from the mouth of God.'"**

4 그러나 예수님은 그에게 말씀하셨다. 《아니다! 하나님말씀책은 말하고 있다. 〈사람은 빵으로만 사는 것이 아니라, 하나님의 입으로부터 나오는 모든 말씀으로 사는 것이다.〉》

5 **Then the devil took him to the holy city, Jerusalem, to the highest point of the Temple,**

5 그러자 그 악마는 그분을 거룩한 도시, 예루살렘, 신전의 가장 높은 꼭대기로 데려갔다.

6 **and said, "If you are the Son of God, jump off! For the Scriptures say, 'He will order his angels to protect you. And they will hold you up with their hands so you won't even hurt your foot on astone.'"**

6 그리고 말했다. 《만일 당신이 하나님의 아들이라면, 뛰여내리시오! 왜냐하면 하나님말씀책이 말하기 때문이오. 〈그분이 당신을 보호하도록 자신의 천사들에게 명령할 것이다. 그러면 그들이 자기들의 손으로 당신을 떠받쳐 줄 것이다 그래서 당신은 지어 당신의 발도 돌에 다치지 않을 것이다.〉》

7 **Jesus responded, "The Scriptures also say, 'You must not test the LORD your God.'"**

7 예수님이 대답하셨다. 《하나님말씀책은 역시 말한다. 〈너는 주님이신 너의 하나님을 떠보아서는 안 된다.〉》

8 **Next the devil took him to the peak of a very high mountain and showed him all the kingdoms of the world and their glory.**

8 다음에 그 악마는 그분을 산의 가장 높은 봉우리에 데려가서 그분에게 세상의 모든 나라들과 그것들의 영광을 보여 주었다.

9 **"I will give it all to you," he said, "if you will kneel down and worship me."**

9 《나는 이것을 모두 당신에게 주겠소.》 그가 말했다. 《만일 당신이 무릎을 꿇고 나를 숭배한다면.》

10 **"Get out of here, Satan," Jesus told him. "For the Scriptures say, 'You must worship the LORD your God and serve only him.'"**

10 《대악마야, 여기서 물러가거라.》 예수님이 그에게 말씀하셨다. 《왜냐

하면, 하나님말씀책이 말하기 때문이다. 〈너는 주님이신 너의 하나님을 례배하고 오직 그분만을 섬겨야 한다.〉》

11 Then the devil went away, and angels came and took care of Jesus.

11 그러자 그 악마는 떠나가고, 천사들이 와서 예수님을 돌보아 드렸다.

The Ministry of Jesus Begins

예수님의 활동이 시작되다

12 When Jesus heard that John had been arrested, he left Judea and returned to Galilee.

12 예수님은 요한이 체포되였다는 소식을 들었을 때, 그분은 유태를 떠나서 갈릴리로 돌아오셨다.

13 He went first to Nazareth, then left there and moved to Capernaum, beside the Sea of Galilee, in the region of Zebulun and Naphtali.

13 그분은 처음에 나사렛으로 가셨다가, 그 후에 그곳을 떠나 갈릴리 바다 곁, 스불론과 납달리 지역에 있는, 가버나움으로 옮기셨다.

14 This fulfilled what God said through the prophet Isaiah:

14 이것은 하나님께서 예언자 이사야를 통하여 하신 말씀을 이루신 것이였다.

15 "In the land of Zebulun and of Naphtali, beside the sea, beyond the Jordan River, in Galilee where so many Gentiles live,

15 《스불론과 납달리 땅에서, 바다 곁, 요단 강 건너편, 수많은 비유태인들이 살고 있는 갈릴리에서,

16 the people who sat in darkness have seen a great light. And for those who lived in the land where death casts its shadow, a light has shined."

16 어두움 속에 앉아 있던 그 사람들이 큰 빛을 보았다. 그리고 죽음이 그림자를 던지는 땅에 살던 사람들에게, 한 빛이 비치였다.》

17 From then on Jesus began to preach, "Repent of your sins and turn to God, for the Kingdom of Heaven is near."

17 그때로부터 예수님은 설교하기 시작하셨다. 《너희의 죄들을 뉘우치고 하나님께로 돌아오너라, 왜냐하면 하늘나라가 가까이 있기 때문이다.》

The First Disciples

첫 제자들

18 One day as Jesus was walking along the shore of the Sea of Galilee, he saw two brothers—Simon, also called Peter, and Andrew—throwing a net into

the water, for they fished for a living.

18 어느 날 예수님이 갈릴리 바다 해변을 따라서 걷고 계셨을 때였다. 그분은 두 형제들이—베드로라고도 불리던, 시몬과, 안드레—물에 그물을 던지고 있는 것을 보셨다, 왜냐하면 그들은 살아가기 위해서 물고기를 잡았기 때문이였다.

19 Jesus called out to them, "Come, follow me, and I will show you how to fish for people!"

19 예수님은 소리 내여 그들을 부르셨다,《와서, 나를 따르거라, 그러면 내가 너희에게 사람 낚는 법을 가르쳐 주겠다!》

20 And they left their nets at once and followed him.

20 그래서 그들은 즉시 그물들을 놓아두고 그분을 따라갔다.

21 A little farther up the shore he saw two other brothers, James and John, sitting in a boat with their father, Zebedee, repairing their nets. And he called them to come, too.

21 해변을 조금 더 올라가서 그분은 다른 두 형제들인, 야고보와 요한이 그들의 아버지, 세베대와 함께 배 안에 앉아서 자기들의 그물들을 손질하고 있는 것을 보셨다. 그래서 그분은 그들도, 역시 오라고 부르셨다.

22 They immediately followed him, leaving the boat and their father behind.

22 그들은 그 배와 자기 아버지를 남겨 두고, 즉시 그분을 따라갔다.

Crowds Follow Jesus

군중들이 예수님을 따르다

23 Jesus traveled throughout the region of Galilee, teaching in the synagogues and announcing the Good News about the Kingdom. And he healed every kind of disease and illness.

23 예수님은 군중회관들에서 가르치고 하나님 나라에 대한 반가운 소식을 알리면서 갈릴리의 온 지역을 다니셨다. 그리고 그분은 온갖 종류의 병과 질병들을 고치셨다.

24 News about him spread as far as Syria, and people soon began bringing to him all who were sick. And whatever their sickness or disease, or if they were demon possessed or epileptic or paralyzed—he healed them all.

24 그분에 대한 소식이 시리아까지 멀리 퍼졌다, 그리고 얼마 안 있어 사람들은 아픈 사람들을 모두 그분께 데리고 오기 시작했다. 그리고 그들의 질병이나 앓는 것 무엇이든지, 또는 만일 그들이 귀신 들렸거나 지랄병에 걸렸거나 또는 마비가 되여 있으면—그분은 그들을 모두 고쳐 주셨다.

25 Large crowds followed him wherever he went—people from Galilee, the Ten Towns, Jerusalem, from all over Judea, and from east of the Jordan River.

25 큰 군중들이 그분이 어디를 가시든지 그분을 따라 다녔다—갈릴리, 10개 소도시들, 예루살렘, 유태 온 지역, 그리고 요단강의 동쪽에서부터 온 사람들.

5

The Sermon on the Mount

산 우에서 하신 설교

1 One day as he saw the crowds gathering, Jesus went up on the mountainside and sat down. His disciples gathered around him,

1 어느 날 예수님은 군중들이 모여드는 것을 보고, 그분은 산 중턱에 올라가서 앉으셨다. 그분의 제자들이 그분 주위에 모였다.

2 and he began to teach them.

2 그리고 그분은 그들에게 가르치기 시작하셨다.

The Beatitudes

더없는 행복들

3 "God blesses those who are poor and realize their need for him, for the Kingdom of Heaven is theirs.

3《하나님께서는 가난하고 그분에 대한 그들의 필요를 깨닫는 사람들을 축복하신다, 왜냐하면 하늘나라가 그들의 것이기 때문이다.》

4 God blesses those who mourn, for they will be comforted.

4 하나님께서는 슬퍼하는 사람들을 축복하신다, 왜냐하면 그들이 위로를 받을 것이기 때문이다.

5 God blesses those who are humble, for they will inherit the whole earth.

5 하나님께서는 겸손한 사람들을 축복하신다, 왜냐하면 그들이 온 땅을 물려받을 것이기 때문이다.

6 God blesses those who hunger and thirst for justice, for they will be satisfied.

6 하나님께서는 정의에 굶주리고 목말라하는 사람들을 축복하신다, 왜냐하면 그들이 만족하게 될 것이기 때문이다.

7 God blesses those who are merciful, for they will be shown mercy.

7 하나님께서는 은정어린 사람들을 축복하신다, 왜냐하면 그들이 은정

을 받을 것이기 때문이다.

8 **God blesses those whose hearts are pure, for they will see God.**

8 하나님께서는 마음이 깨끗한 사람들을 축복하신다, 왜냐하면 그들이 하나님을 볼 것이기 때문이다.

9 **God blesses those who work for peace, for they will be called the children of God.**

9 하나님께서는 평화를 위해 일하는 사람들을 축복하신다, 왜냐하면 그들이 하나님의 아들딸들이라고 불릴 것이기 때문이다.

10 **God blesses those who are persecuted for doing right, for the Kingdom of Heaven is theirs.**

10 하나님께서는 옳은 것을 하기 때문에 박해받는 사람들을 축복하신다, 왜냐하면 하늘나라가 그들의 것이기 때문이다.

11 **"God blesses you when people mock you and persecute you and lie about you and say all sorts of evil things against you because you are my followers.**

11 《너희가 나를 따르는 사람들이기 때문에 사람들이 너희를 비웃고 너희를 박해하며 너희에 대해서 거짓을 말하고 또 너희에 반대해서 온갖 종류의 악독한 것들을 말할 때 하나님께서는 너희를 축복하신다.

12 **Be happy about it! Be very glad! For a great reward awaits you in heaven. And remember, the ancient prophets were persecuted in the same way.**

12 그것에 대해 행복해하여라! 아주 기뻐하여라! 왜냐하면 커다란 보상이 하늘에서 너희를 기다리고 있기 때문이다. 그리고 기억하여라, 옛날 예언자들도 같은 방식으로 박해를 받았다.

Teaching about Salt and Light

소금과 빛에 대한 가르침

13 **"You are the salt of the earth. But what good is salt if it has lost its flavor? Can you make it salty again? It will be thrown out and trampled underfoot as worthless.**

13 《너희는 이 세상의 소금이다. 그런데 만일 소금이 자기의 맛을 잃으면 그것이 무슨 쓸모가 있겠는가? 너희가 그것을 다시 짜게 할 수 있겠는가? 그것은 쓸모없는 것으로 내버려져서 발아래 밟히게 될 것이다.

14 **"You are the light of the world—like a city on a hilltop that cannot be hidden.**

14 《너희는 이 세상의 빛이다—숨겨질 수 없는 산마루 우의 도시와 같이.

15 **No one lights a lamp and then puts it under a basket. Instead, a lamp is**

placed on a stand, where it gives light to everyone in the house.

15 아무도 등을 켜고 나서 그것을 바구니 안에 두지 않는다. 대신에, 등은 집에 있는 모든 사람에게 비추도록 얹음대 우에 놓여진다.

16 In the same way, let your good deeds shine out for all to see, so that everyone will praise your heavenly Father.

16 같은 방식으로, 너희의 훌륭한 행위들을 모든 사람이 볼 수 있도록 빛나게 하여라. 그러면 모든 사람이 너희의 하늘에 계신 아버지를 찬양할 것이다.

Teaching about the Law

률법에 대한 가르침

17 "Don't misunderstand why I have come. I did not come to abolish the law of Moses or the writings of the prophets. No, I came to accomplish their purpose.

17《내가 오는 리유에 대해 오해하지 말아라. 나는 모세의 률법이나 예언자들의 문서들을 폐지하려고 온 것이 아니다. 오히려, 나는 그들의 목적을 완성하기 위해서 왔다.

18 I tell you the truth, until heaven and earth disappear, not even the smallest detail of God's law will disappear until its purpose is achieved.

18 내가 너희에게 진실을 말한다, 하늘과 땅이 사라질 때까지, 지어 하나님 률법의 가장 작은 항목이라도 그 목적이 달성되기까지는 사라지지 않을 것이다.

19 So if you ignore the least commandment and teach others to do the same, you will be called the least in the Kingdom of Heaven. But anyone who obeys God's laws and teaches them will be called great in the Kingdom of Heaven.

19 그렇기 때문에 만일 너희가 가장 작은 명령을 무시하고 다른 사람에게도 꼭 같은 것을 하도록 가르친다면, 너희는 하늘나라에서 가장 작은 자라고 불리울 것이다. 그러나 누구든지 하나님의 법에 복종하고 그것들을 가르치면 그들은 하늘나라에서 위대하다고 불리울 것이다.

20 "But I warn you—unless your righteousness is better than the righteousness of the teachers of religious law and the Pharisees, you will never enter the Kingdom of Heaven!

20《그렇지만 내가 너희에게 경고한다—만일 너희의 옳바름이 종교법선생들이나 바리새파 사람들의 옳바름보다 더 낫지 않다면, 너희는 결코 하늘나라에 들어가지 못할 것이다!》

Teaching about Anger
성내는 것에 대한 가르침

21 "You have heard that our ancestors were told, 'You must not murder. If you commit murder, you are subject to judgment.'

21《너희는 우리 선조들이 들은 것을 알고 있다. 〈너희는 살인해서는 안 된다. 만일 너희가 살인을 하면, 너희는 심판을 받아야 한다.〉

22 But I say, if you are even angry with someone, you are subject to judgment! If you call someone an idiot, you are in danger of being brought before the court. And if you curse someone, you are in danger of the fires of hell.

22 그러나 나는 말한다. 만일 너희가 지어 누군가에게 성을 내여도, 너희는 심판을 받아야 한다! 만일 너희가 누군가를 바보라고 하면, 너희는 재판정 앞에 끌려갈 위험에 처한다. 그리고 만일 너희가 누군가를 저주하면, 너희는 지옥의 불에 들어갈 위험에 처한다.

23 "So if you are presenting a sacrifice at the altar in the Temple and you suddenly remember that someone has some thing against you,

23《그래서 만일 너희가 신전 제물대에 제물을 드리려고 하는데 너희가 누군가와 다투고 있다는 것이 갑자기 생각나면,

24 leave your sacrifice there at the altar. Go and be reconciled to that person. Then come and offer your sacrifice to God.

24 너희 제물을 그곳 제물대에 그대로 놓아 두어라. 가서 그 사람에게 화해하여라. 그다음에 와서 너희의 제물을 하나님께 드려라.

25 "When you are on the way to court with your adversary, settle your differences quickly. Otherwise, your accuser may hand you over to the judge, who will hand you over to an officer, and you will be thrown into prison.

25《너희가 너희의 적수와 함께 재판정에 가는 길이거든, 너희들의 다툼을 빨리 결말지어라. 그렇지 않으면, 너희의 고발자가 너희를 재판관에게 넘겨줄 수 있다, 그는 너희를 관리에게 넘길 것이다, 그리하여 너희는 감옥에 투옥될 것이다.

26 And if that happens, you surely won't be free again until you have paid the last penny.

26 그리고 만일 그런 일이 일어난다면, 너는 틀림없이 마지막 한 푼을 지불할 때까지 다시 자유롭게 되지 못할 것이다.

Teaching about Adultery
부화방탕에 대한 가르침

27 **"You have heard the commandment that says, 'You must not commit adultery.'**

27 《너희는 〈부화해서는 안 된다.〉고 말하는 명령을 들었다.

28 **But I say, anyone who even looks at a woman with lust has already committed adultery with her in his heart.**

28 그러나 나는 말한다, 지어 정욕을 가지고 녀자를 보는 사람은 누구나 이미 그의 마음에 그 녀자와 부화한 것이다.

29 **So if your eye—even your good eye—causes you to lust, gouge it out and throw it away. It is better for you to lose one part of your body than for your whole body to be thrown into hell.**

29 그러니 만일 너희 눈이—지어 너의 선량한 눈이라도—너로 하여금 정욕의 원인이 된다면 그것을 도려내 버려라. 너의 온몸이 지옥에 던져지는 것보다 너의 몸 중 한 부분을 잃는 것이 너에게는 더 낫다.

30 **And if your hand—even your stronger hand—causes you to sin, cut it off and throw it away. It is better for you to lose one part of your body than for your whole body to be thrown into hell.**

30 그리고 만일 너의 손이—지어 너의 강한 손이라도—너를 죄짓게 하는 원인이 된다면, 그것을 잘라서 던져 버려라. 너의 온몸이 지옥에 던져지는 것보다 너의 몸 중 한 부분을 잃는 것이 너에게는 더 낫다.

Teaching about Divorce
리혼에 대한 가르침

31 **"You have heard the law that says, 'A man can divorce his wife by merely giving her a written notice of divorce.'**

31 《너희는 그 률법이 말한 것을 들었다. 〈한 남자가 자기 안해에게 글로 쓴 리혼 통지서를 그녀에게 주는 것만으로써 리혼할 수 있다.〉

32 **But I say that a man who divorces his wife, unless she has been unfaithful, causes her to commit adultery. And anyone who marries a divorced woman also commits adultery.**

32 그러나 나는 말한다. 자기 안해가 지조가 있는데도, 그 녀자와 리혼하는 남자는, 그 녀자로 하여금 부화하도록 하는 것이다. 그리고 이혼당한 녀자와 결혼하는 사람은 누구든지 역시 부화를 저지르는 것이다.

Teaching about Vows
맹세에 대한 가르침

33 "You have also heard that our ancestors were told, 'You mustnot break your vows; you must carry out the vows you make to the LORD.'

33 《너희는 또 우리 선조들이 들은 것을 전해 알고 있다, 〈너희는 자신들의 맹세들을 어겨서는 안 된다; 너희는 주님에게 맹세한 것을 지켜야 한다.〉

34 But I say, do not make any vows! Do not say, 'By heaven!' because heaven is God's throne.

34 그러나 나는 말한다, 어떤 맹세도 하지 말아라! 〈하늘을 걸고!〉라고, 말하지 말아라. 왜냐하면 하늘은 하나님의 왕좌이기 때문이다

35 And do not say, 'By the earth!' because the earth is his footstool. And do not say, 'By Jerusalem!' for Jerusalem is the city of the great King.

35 그리고 〈땅을 걸고!〉라고, 말하지 말아라, 왜냐하면 땅은 그분의 발판이기 때문이다. 그리고 〈예루살렘을 걸고!〉라고 말하지 말아라, 왜냐하면 예루살렘은 위대한 왕의 도시이기 때문이다.

36 Do not even say, 'By my head!' for you can't turn one hair white or black.

36 지어 〈내 머리를 걸고!〉라고도 말하지 말아라, 왜냐하면 너희는 머리카락 한 가닥도 희게나 검게 바꿀 수 없기 때문이다.

37 Just say a simple, 'Yes, I will,' or 'No, I won't.' Anything beyond this is from the evil one.

37 그냥 간단하게, 〈예, 하겠습니다.〉 아니면 〈아니요, 하지 않겠습니다.〉라고만 말하여라. 이 이상의 어떤 것도 악한 것에서 나온 것이다.

Teaching about Revenge
원수 갚음에 대한 가르침

38 "You have heard the law that says the punishment must match the injury: 'An eye for an eye, and a tooth for a tooth.'

38 《너희는 처벌이 손해와 일치해야 한다고 그 법이 말하는 것을 들었다: 〈눈에는 눈으로, 이에는 이로〉

39 But I say, do not resist an evil person! If someone slaps you on the right cheek, offer the other cheek also.

39 그러나 나는 말한다, 악한 사람에게 맞서지 말아라! 만일 누군가 너의 오른 뺨을 때리거든, 다른 쪽 뺨도 내놓아라.

40 If you are sued in court and your shirt is taken from you, give your coat, too.

40 만일 네가 재판정에서 고소를 당하여 너의 샤쯔를 너에게서 빼앗으면, 너의 외투도 마저 주어라.

41 **If a soldier demands that you carry his gear for a mile, carry it two miles.**

41 만일 어떤 군인이 너에게 자기 장비를 1마일 나르라고 요구하거든, 너는 그것을 2마일 날라 주어라.

42 **Give to those who ask, and don't turn away from those who want to borrow.**

42 요구하는 사람들에게는 주어라, 그리고 빌리고 싶어 하는 사람들을 거절하지 말아라.

Teaching about Love for Enemies

원쑤 사랑에 대한 가르침

43 **"You have heard the law that says, 'Love your neighbor' and hate your enemy.**

43《너희는 그 법이〈너의 이웃을 사랑하라〉그리고 너의 원쑤를 미워하라고 말하는 것을 들었다.

44 **But I say, love your enemies! Pray for those who persecute you!**

44 그러나 나는 말한다, 너의 원쑤들을 사랑하라! 너를 박해하는 사람들을 위해 기도하라!

45 **In that way, you will be acting as true children of your Father in heaven. For he gives his sunlight to both the evil and the good, and he sends rain on the just and the unjust alike.**

45 그렇게 하는 것이, 너희가 하늘에 계신 너희 아버지의 참된 아들딸들로서 행동하는 것으로 될 것이다. 왜냐하면 그분은 자신의 해빛을 악한 사람에게나 선량한 사람에게나 다 같이 비춰주시고, 또 그분은 옳바른 사람들이나 옳바르지 않은 사람들에게 똑같이 비를 내려주시기 때문이다.

46 **If you love only those who love you, what reward is there for that? Even corrupt tax collectors do that much.**

46 만일 너희가 너희를 사랑하는 사람들만 사랑한다면, 그것에 대한 무슨 보상이 거기에 있겠는가? 지어 부패한 세금 징수원들조차도 그만큼은 한다.

47 **If you are kind only to your friends, how are you different from anyone else? Even pagans do that.**

47 만일 너희가 너희 친구들에게만 친절하다면, 너희가 다른 사람들과 어떻게 다르겠는가? 지어 우상신자들도 그렇게는 한다.

48 But you are to be perfect, even as your Father in heaven is perfect.

48 그러나 너희는, 하늘에 계신 너희 아버지께서 완전하신 것처럼 완전해야 한다.

6

Teaching about Giving to the Needy

가난한 사람들에게 주는 것에 대한 가르침

1 "Watch out! Don't do your good deeds publicly, to be admired by others, for you will lose the reward from your Father in heaven.

1《조심하여라! 너의 선량한 행동들을 공개적으로 하지 말아라, 다른 사람에 의해 칭찬을 받으면, 너는 하늘에 계신 너의 아버지로부터 상을 잃게 될 것이기 때문이다.

2 When you give to someone in need, don't do as the hypocrites do—blowing trumpets in the synagogues and streets to call attention to their acts of charity! I tell you the truth, they have received all the reward they will ever get.

2 너희가 가난한 어떤 사람에게 줄 때, 위선자들이 하는 것처럼—군중회관들과 거리들에서 자기들의 자선 행동들에 주의를 끌게 하려고 나팔을 부는 것—하지 말아라! 내가 너희에게 진실을 말한다, 그들은 자기들이 언젠가 받게 될 상을 모두 받았다.

3 But when you give to someone in need, don't let your left hand know what your right hand is doing.

3 그러나 너희가 가난한 어떤 사람에게 줄 때, 너의 오른손이 하고 있는 것을 너의 왼손이 모르도록 하여라.

4 Give your gifts in private, and your Father, who sees everything, will reward you.

4 너희의 선물들을 몰래 주어라, 그러면 모든 것을 보시는, 너희의 아버지께서 너희에게 보상해 주실 것이다.

Teaching about Prayer and Fasting

기도와 단식에 대한 가르침

5 "When you pray, don't be like the hypocrites who love to pray publicly on street corners and in the synagogues where everyone can see them. I tell you the truth, that is all the reward they will ever get.

5《너희는 기도할 때, 거리 모퉁이와 모두가 그들을 볼 수 있는 군중회

관들에서 공개적으로 기도하기를 좋아하는 위선자들처럼 되지 말아라. 내가 너희에게 진실을 말한다, 그것은 그들이 언젠가 받게 될 모든 보상이다.

6 **But when you pray, go away by yourself, shut the door behind you, and pray to your Father in private. Then your Father, who sees everything, will reward you.**

6 그러나 너희는 기도할 때, 혼자 가서, 들어가서 문을 닫고, 너희 아버지에게 남모르게 기도하여라. 그러면 모든 것을 보시는 너희 아버지께서, 너희에게 보상해 주실 것이다.

7 **"When you pray, don't babble on and on as people of other religions do. They think their prayers are answered merely by repeating their words again and again.**

7 《너희는 기도할 때, 다른 종교인들이 하는 것처럼 쓸데없는 말을 계속 늘어놓지 말아라. 그들은 자기들의 말을 단지 반복해서 되풀이하는 것으로 자기들의 기도가 응답된다고 생각한다.

8 **Don't be like them, for your Father knows exactly what you need even before you ask him!**

8 그들처럼 되지 말아라, 왜냐하면 너희의 아버지께서 너희가 지어 그분께 요청하기도 전에 너희에게 필요한 것을 정확하게 알고 계시기 때문이다!

9 **Pray like this: Our Father in heaven, may your name be kept holy.**

9 이렇게 기도하여라: 하늘에 계신 우리 아버지, 당신의 이름이 계속 거룩해지도록 하여 주십시오.

10 **May your Kingdom come soon. May your will be done on earth, as it is in heaven.**

10 당신의 나라가 곧 오게 해주십시오. 당신의 뜻이 하늘에서처럼, 땅 위에서 실현되게 해주십시오.

11 **Give us today the food we need,**

11 오늘 우리에게 필요한 식량을 주십시오,

12 **and forgive us our sins, as we have forgiven those who sin against us.**

12 그리고 우리가 우리에게 죄를 지은 사람들을 용서해 준 것처럼, 우리를 우리의 죄에서 용서해 주십시오.

13 **And don't let us yield to temptation, but rescue us from the evil one.**

13 그리고 우리를 유혹에 빠지지 않게 해주십시오, 그렇지만 우리를 악한 자들로부터 구해 주십시오.

14 **"If you forgive those who sin against you, your heavenly Father will for-**

give you.

14《만일 너희에게 죄를 지은 사람들을 너희가 용서하면, 너희의 하늘 아버지께서 너희를 용서해 주실 것이다.

15 But if you refuse to forgive others, your Father will not forgive your sins.

15 그러나 만일 너희가 다른 사람들을 용서하기를 거절하면, 너희 아버지께서 너희 죄를 용서하지 않으실 것이다.

16 "And when you fast, don't make it obvious, as the hypocrites do, for they try to look miserable and disheveled so people will admire them for their fasting.

I tell you the truth, that is the only reward they will ever get.

16《그리고 너희는 단식을 할 때, 위선자들이 하는 것처럼, 그것을 눈에 띄게 하지 말아라, 왜냐하면 그들은 가엾고 괴죄죄하게 보이려고 애쓴다. 그래서 사람들이 자기들의 단식으로 하여 그들을 칭찬할 것이기 때문이다. 내가 너희에게 진실을 말한다, 그것은 그들이 언젠가 받게 될 유일한 보상이다.

17 But when you fast, comb your hair and wash your face.

17 그렇지만 너희는 단식할 때, 너희의 머리를 빗고 너희의 얼굴을 씻어라.

18 Then no one will notice that you are fasting, except your Father, who knows what you do in private. And your Father, who sees everything, will reward you.

18 그러면 너희가 단식하고 있는 것에 대해, 너희가 남모르게 하는 것을 알고 계시는, 너의 아버지 외에는 아무도 알아차리지 못할 것이다. 그리하여 모든 것을 보시는, 너의 아버지께서 너희에게 보상하실 것이다.

Teaching about Money and Possessions

돈과 재산에 대한 가르침

19 "Don't store up treasures here on earth, where moths eat them and rust destroys them, and where thieves break in and steal.

19《보물들을 여기 땅에 쌓아 두지 말아라, 거기서는 좀들이 그것들을 먹고 녹이 그것들을 못 쓰게 만들며, 그리고 거기서는 도적들이 부시고 들어와 훔쳐간다.

20 Store your treasures in heaven, where moths and rust cannot destroy, and thieves do not break in and steal.

20 너희 보물들을 하늘에 쌓아 두어라, 거기서는 좀들과 녹이 망치지 못한다, 그리고 도적들이 부시고 들어와서 훔치지 못한다.

21 Wherever your treasure is, there the desires of your heart will also be.

21 너희의 보물이 있는 곳에는 어디든지, 너희 마음의 소원들도 역시 거기에 있을 것이다.

22 "Your eye is a lamp that provides light for your body. When your eye is good, your whole body is filled with light.

22 《너희 눈은 너희 몸에 빛을 주는 등불이다. 너희 눈이 좋으면, 너희 온몸은 빛으로 채워질 것이다.

23 But when your eye is bad, your whole body is filled with darkness. And if the light you think you have is actually darkness, how deep that darkness is!

23 그렇지만 너희 눈이 나쁘면, 너희 온몸은 어두움으로 채워질 것이다. 그리고 만일 너희가 가지고 있다고 생각하는 그 빛이 실제로는 어두움이라고 한다면, 얼마나 그 어두움은 깊을 것인가!

24 "No one can serve two masters. For you will hate one and love the other; you will be devoted to one and despise the other. You cannot serve both God and money.

24 《아무도 두 주인을 섬기지 못한다. 왜냐하면 너희는 한쪽은 미워하고 다른 쪽은 사랑할 것이다; 너희가 한쪽에 한 몸 바치면 다른 쪽은 업수이 여길 것이다. 너희는 하나님과 돈을 둘 다 섬길 수 없다.

25 "That is why I tell you not to worry about everyday life—whether you have enough food and drink, or enough clothes to wear. Isn't life more than food, and your body more than clothing?

25 그것이 내가 너희에게 날마다의 생활에 대해—너희가 충분한 식량과 마실 것, 또는 입을 만한 옷들이 있든지 없든지—걱정하지 말라고 하는 리유이다. 생명이 음식보다 귀하지 않은가, 그리고 너희 몸이 옷보다 더 귀하지 않은가?

26 Look at the birds. They don't plant or harvest or store food in barns, for your heavenly Father feeds them. And aren't you far more valuable to him than they are?

26 새들을 바라보아라. 그들은 씨를 뿌리거나 추수하지 않고 또는 고간에 식량을 저장하지도 않는다, 왜냐하면 너희의 하늘 아버지께서 그들을 먹이시기 때문이다. 그런데 너희는 그것들보다 그분에게 훨씬 더 귀중하지 않은가?

27 Can all your worries add a single moment to your life?

27 모든 너희의 걱정들이 너희의 생명을 한순간이라도 더할 수 있는가?

28 "And why worry about your clothing? Look at the lilies of the field and

how they grow. They don't work or make their clothing,

28《그리고 왜 너희 옷에 대해 걱정하는가? 들판의 나리꽃들을 보고 그 것들이 어떻게 자라는가를 보아라. 그것들은 일하지도 않고 자기들의 옷을 만들지도 않는다,

29 **yet Solomon in all his glory was not dressed as beautifully as they are.**

29 그런데도 자신의 모든 영광을 누렸던 솔로몬도 그것들처럼 아름답게 옷을 차려입지 못했다.

30 **And if God cares so wonderfully for wild flowers that are here today and thrown into the fire tomorrow, he will certainly care for you. Why do you have so little faith?**

30 그러니 만일 하나님께서 오늘 여기에 있다가 래일 불에 던져지는 들꽃들을 그렇게 놀랄 만큼 돌보신다면, 그분께서는 틀림없이 너희들을 돌보실 것이다. 너희는 왜 그렇게 믿음이 약한가?

31 **"So don't worry about these things, saying, 'What will we eat? What will we drink? What will we wear?'**

31《그러므로 이러한 것들에 대해서, 〈우리가 무엇을 먹을까? 우리가 무엇을 마실까? 우리가 무엇을 입을까?〉라고 말하면서 걱정하지 말아라.

32 **These things dominate the thoughts of unbelievers, but your heavenly Father already knows all your needs.**

32 이러한 것들은 믿지 않는 사람들의 생각들을 지배하는 것이다, 그러나 너희 하늘 아버지께서는 이미 너희의 모든 요구들을 알고 계신다.

33 **Seek the Kingdom of God above all else, and live righteously, and he will give you everything you need.**

33 다른 모든 것보다 하나님의 나라를 얻으려고 하여라, 그리고 옳바르게 살아라, 그러면 그분께서 너희에게 너희가 필요한 모든 것을 주실 것이다.

34 **"So don't worry about tomorrow, for tomorrow will bring its own worries. Today's trouble is enough for today.**

34《그러니 래일에 대해 념려하지 말아라, 왜냐하면 래일은 래일대로의 념려들이 있을 것이다. 오늘의 걱정은 오늘로 충분하다.

7

Do Not Judge Others

다른 사람들을 비판하지 말라

1 **"Do not judge others, and you will not be judged.**

1 《다른 사람들을 비판하지 말라, 그러면 너희들이 비판을 받지 않을 것이다.

2 For you will be treated as you treat others. The standard you use in judging is the standard by which you will be judged.

2 왜냐하면 너희는 자기가 다른 사람들을 대우하는 대로 대우를 받을 것이기 때문이다. 너희가 비판하는 데 사용하는 그 기준이 너희가 그것에 의해서 비판을 받는 기준이 된다.

3 "And why worry about a speck in your friend's eye when you have a log in your own?

3 《그리고 왜 너희는 자신의 눈에 통나무를 가지고 있으면서 너희 친구의 눈에 있는 흠집에 대해서 걱정하는가?

4 How can you think of saying to your friend, 'Let me help you get rid of that speck in your eye,' when you can't see past the log in your own eye?

4 어떻게 너희가 자신의 눈에 있는 통나무를 지나쳐 보지 못하면서 〈내가 너의 눈의 그 흠집을 제거하도록 돕게 해다오.〉라고 친구에게 말할 생각을 할 수 있는가?

5 Hypocrite! First get rid of the log in your own eye; then you will see well enough to deal with the speck in your friend's eye.

5 위선자들아! 먼저 너희 자신의 눈의 통나무를 없애라: 그러면 너희는 너희 친구의 눈에 있는 흠집을 처리할 수 있을 만큼 잘 보게 될 것이다.

6 "Don't waste what is holy on people who are unholy. Don't throw your pearls to pigs! They will trample the pearls, then turn and attack you.

6 《거룩하지 않은 사람들에게 거룩한 것을 랑비하지 말아라. 돼지들에게 너희의 진주들을 내던지지 말아라! 그들은 그 진주들을 짓밟고, 그리고 나서 돌아서 너를 공격할 것이다.

Effective Prayer

효력이 있는 기도

7 "Keep on asking, and you will receive what you ask for. Keep on seeking, and you will find. Keep on knocking, and the door will be opened to you.

7 《요청하기를 계속하여라, 그러면 너희가 요청하는 것을 받을 것이다. 찾기를 계속하여라, 그러면 너희는 찾을 것이다. 문 두드리기를 계속하여라, 그러면 문이 너희에게 열릴 것이다.

8 For everyone who asks, receives. Everyone who seeks, finds. And to everyone who knocks, the door will be opened.

8 왜냐하면 요청하는 사람 누구든지, 받기 때문이다. 찾는 사람은 누

구든지 얻는다. 그리고 문을 두드리는 사람 누구에게나, 문이 열릴 것
이다.

9 "You parents—if your children ask for a loaf of bread, do you give them a stone instead?

9 《너희 부모들아—만일 너희 아들딸들이 빵 한 덩이를 달라고 하면, 너희는 그들에게 대신 돌을 주는가?

10 Or if they ask for a fish, do you give them a snake? Of course not!

10 아니면 만일 그들이 물고기를 달라고 하면, 너희는 그들에게 뱀을 주는가? 물론 아니다!

11 So if you sinful people know how to give good gifts to your children, how much more will your heavenly Father give good gifts to those who ask him.

11 만일 너희 죄 많은 사람들이 너희 아들딸들에게 그렇게 좋은 선물들을 주는 것을 안다면, 너희 하늘 아버지께서 자신에게 요청하는 사람들에게 얼마나 더 많은 좋은 선물들을 주시겠는가.

The Golden Rule
황금의 규칙

12 "Do to others whatever you would like them to do to you. This is the essence of all that is taught in the law and the prophets.

12 《다른 사람들이 너희에게 해주기를 바라는 것들을 그들에게 해주어라. 이것이 률법과 예언자들의 글들에서 가르치고 있는 모든 것의 본질이다.

The Narrow Gate
좁은 문

13 "You can enter God's Kingdom only through the narrow gate. The highway to hell is broad, and its gate is wide for the many who choose that way.

13 《너희는 오직 좁은 문을 거쳐야만 하나님 나라에 들어갈 수 있다. 지옥으로 가는 주요도로는 폭이 넓고, 그것의 문은 그 길을 선택하는 많은 사람들을 위해서 넓다.

14 But the gateway to life is very narrow and the road is difficult, and only a few ever find it.

14 그러나 생명으로 가는 문은 아주 좁고 그 길은 힘들다, 그래서 다만 몇 안 되는 사람만이 늘 그것을 찾는다.

The Tree and Its Fruit
나무와 그것의 열매

15 "Beware of false prophets who come disguised as harmless sheep but are really vicious wolves.

15 《가짜 예언자들을 조심하여라. 그들은 악의가 없는 양처럼 위장하고 오지만 실제로는 간악한 승냥이들이다.

16 You can identify them by their fruit, that is, by the way they act. Can you pick grapes from thorn bushes, or figs from thistles?

16 너희는 그것들의 열매로, 즉 그들이 행동하는 방식에 의해, 그들을 확인할 수 있다. 너희는 가시나무덤불에서 포도를, 또는 엉겅퀴에서 무화과들을 딸 수 있는가?

17 A good tree produces good fruit, and a bad tree produces bad fruit.

17 좋은 나무는 좋은 열매를 맺는다, 그리고 나쁜 나무는 나쁜 열매를 맺는다.

18 A good tree can't produce bad fruit, and a bad tree can't produce good fruit.

18 좋은 나무는 나쁜 열매를 맺지 못하고, 나쁜 나무는 좋은 열매를 맺을 수 없다.

19 So every tree that does not produce good fruit is chopped down and thrown into the fire.

19 그래서 좋은 열매를 맺지 않는 나무마다 찍혀 넘어뜨려 불에 던져진다.

20 Yes, just as you can identify a tree by its fruit, so you can identify people by their actions.

20 그렇다, 너희가 그것의 열매로써 나무를 분간할 수 있는 것과 똑같이, 그러므로 너희는 그들의 행동들로써 사람들을 확인할 수 있다.

True Disciples
참다운 제자들

21 "Not everyone who calls out to me, 'Lord! Lord!' will enter the Kingdom of Heaven. Only those who actually do the will of my Father in heaven will enter.

21 《〈주님! 주님!〉하고 나를 부르는 누구나 다 하늘나라에 들어가지는 않을 것이다. 오직 하늘에 계신 나의 아버지의 뜻을 실제로 실현하는 사람들만이 들어갈 것이다.

22 On judgment day many will say to me, 'Lord! Lord! We prophesied in your

name and cast out demons in your name and performed many miracles in your name.'

22 심판 날에 많은 사람들이 나에게 말할 것이다. 〈주님! 주님! 우리는 당신의 이름으로 예언하고 당신의 이름으로 귀신들을 쫓아냈으며 당신의 이름으로 많은 기적을 낳습니다.〉

23 **But I will reply, 'I never knew you. Get away from me, you who break God's laws.'**

23 그러나 나는 대답할 것이다, 〈나는 결코 너희를 알지 못한다. 너희 하나님의 법을 어긴 자들아, 내게서 떠나가거라.〉

Building on a Solid Foundation

튼튼한 기초 우에 집짓기

24 **"Anyone who listens to my teaching and follows it is wise, like a person who builds a house on solid rock.**

24 《나의 가르침을 귀담아듣고 그것을 따르는 사람은 누구나 지혜롭다, 마치 튼튼한 바위 우에 집을 짓는 사람과 같다.

25 **Though the rain comes in torrents and the floodwaters rise and the winds beat against that house, it won't collapse because it is built on bedrock.**

25 비록 비가 억수로 내리고 홍수가 일어나며 세찬 바람이 그 집에 부딪치더라도, 그것은 무너지지 않을 것이다 왜냐하면 그것은 밑바닥암반 우에 지어졌기 때문이다.

26 **But anyone who hears my teaching and doesn't obey it is foolish, like a person who builds a house on sand.**

26 그러나 나의 가르침을 듣고 그것에 복종하지 않는 사람은 누구든지 어리석다, 마치 모래 우에 집을 지은 사람과 같다.

27 **When the rains and floods come and the winds beat against that house, it will collapse with a mighty crash."**

27 비가 내리고 홍수가 나고 바람이 그 집에 부딪칠 때, 그것은 요란한 소리와 함께 무너질 것이다.》

28 **When Jesus had finished saying these things, the crowds were amazed at his teaching,**

28 예수님이 이런 것들을 말씀하시기를 마쳤을 때, 군중들은 그분의 가르침에 깜짝 놀랐다,

29 **for he taught with real authority—quite unlike their teachers of religious law.**

29 왜냐하면 그분은 진정한 권위를 가지고—그들의 종교법 선생들과는

전혀 다르게 가르치셨기 때문이였다.

8

Jesus Heals a Man with Leprosy

예수님이 문둥병에 걸린 사람을 고치시다

1 Large crowds followed Jesus as he came down the mountainside.

1 예수님이 산비탈에서 내려오시자 큰 군중들이 그분을 따라왔다.

2 Suddenly, a man with leprosy approached him and knelt before him. "Lord," the man said, "if you are willing, you can heal me and make me clean."

2 갑자기, 문둥병에 걸린 한 사람이 그분에게 다가와 그분 앞에 무릎을 꿇었다. 《주님,》 그 사람이 말했다, 《만일 당신이 하고저 하시면, 당신은 저를 고칠 수 있고 저를 깨끗하게 해주실 수 있습니다.》

3 Jesus reached out and touched him. "I am willing," he said. "Be healed!" And instantly the leprosy disappeared.

3 예수님이 손을 내밀어 그를 만지셨다. 《내가 기꺼이 할 것이다.》 그분이 말씀하셨다. 《낫게 되거라!》 그러자 즉시 그 문둥병이 사라졌다.

4 Then Jesus said to him, "Don't tell anyone about this. Instead, go to the priest and let him examine you. Take along the offering required in the law of Moses for those who have been healed of leprosy. This will be a public testimony that you have been cleansed."

4 그러자 예수님이 그에게 말씀하셨다, 《아무에게도 이것에 대해 말하지 말아라. 대신에, 제사장에게 가서 그에게 너를 조사하게 하여라. 문둥병이 나은 사람을 위하여 모세의 법에서 요구되는 헌납물을 가지고 가거라. 이것이 네가 깨끗해졌다는 공개적인 립증이 될 것이다.》

The Faith of a Roman Officer

한 로마 군관의 믿음

5 When Jesus returned to Capernaum, a Roman officer came and pleaded with him,

5 예수님이 가버나움에 돌아오셨을 때, 한 로마 군관이 와서 그분에게 탄원했다,

6 "Lord, my young servant lies in bed, paralyzed and in terrible pain."

6 《주님, 저의 젊은 종이, 마비되여 심한 고통 속에서, 앓아누워 있습니다.》

7 **Jesus said, "I will come and heal him."**

7 예수님이 말씀하셨다, 《내가 가서 그를 고쳐 주겠다.》

8 **But the officer said, "Lord, I am not worthy to have you come into my home. Just say the word from where you are, and my servant will be healed.**

8 그러나 그 군관이 말했다, 《주님, 저는 당신을 저의 집에 모실 만한 자격이 없습니다. 그저 당신이 계신 곳에서 말씀만 해주십시오, 그러면 저의 종이 나을 것입니다.

9 **I know this because I am under the authority of my superior officers, and I have authority over my soldiers. I only need to say, 'Go,' and they go, or 'Come,' and they come. And if I say to my slaves, 'Do this,' they do it."**

9 저는 저의 상급 군관들의 지배하에 있기 때문에 이것을 압니다, 그리고 저는 저의 병사들을 다스리는 권한이 있습니다. 제가 말만 하면 됩니다, 〈가라,〉 그러면 그들이 갑니다, 또는 〈오라,〉 하면 그들이 옵니다. 그리고 만일 제가 저의 종들에게 〈이것을 하라,〉 말하면, 그들은 그것을 합니다.》

10 **When Jesus heard this, he was amazed. Turning to those who were following him, he said, "I tell you the truth, I haven't seen faith like this in all Israel!**

10 예수님이 이것을 듣고, 그분은 몹시 놀라셨다. 그분을 따르고 있었던 사람들을 돌아보면서, 그분은 말씀하셨다, 《내가 너희에게 진실을 말한다, 나는 온 이스라엘에서 이 같은 믿음을 본 일이 없다!

11 **And I tell you this, that many Gentiles will come from all over the world—from east and west—and sit down with Abraham, Isaac, and Jacob at the feast in the Kingdom of Heaven.**

11 그리고 나는 너희에게 이것을 말한다, 많은 비유태인들이 온 세상으로부터—동쪽과 서쪽에서부터—올 것이다. 그리고 아브라함, 이삭, 그리고 야곱과 함께 하늘나라 축하연에 앉을 것이다.

12 **But many Israelites—those for whom the Kingdom was prepared—will be thrown into outer darkness, where there will be weeping and gnashing of teeth."**

12 그런데도 많은 이스라엘 사람들은—하늘나라가 그들을 위해 준비되여 있는 사람들—바깥 어두움 속에 던져질 것이고, 거기서 흐느끼면서 그리고 이를 갈면서 있게 될 것이다.》

13 **Then Jesus said to the Roman officer, "Go back home. Because you believed, it has happened." And the young servant was healed that same**

hour.

13 그리고 나서 예수님은 그 로마 군관에게 말씀하셨다, 《집으로 돌아가거라. 네가 믿었기 때문에, 그 일이 일어났다.》 그리고 그 젊은 종은 바로 그 시간에 병이 나았다.

Jesus Heals Many People

예수님이 많은 사람들을 고치시다

14 **When Jesus arrived at Peter's house, Peter's mother-in-law was sick in bed with a high fever.**

14 예수님이 베드로의 집에 도착하셨을 때, 베드로의 가시어머니가 높은 열로 누워 있었다.

15 **But when Jesus touched her hand, the fever left her. Then she got up and prepared a meal for him.**

15 그러나 예수님이 그 녀자의 손을 만지셨을 때, 열이 그 녀자에게서 떠나갔다. 그런 후에 녀자는 일어나서 그분을 위해 식사를 준비했다.

16 **That evening many demon-possessed people were brought to Jesus. He cast out the evil spirits with a simple command, and he healed all the sick.**

16 그날 밤 많은 귀신 들린 사람들이 예수님에게로 이끌려 왔다. 그분은 간단한 명령으로 악한 령들을 쫓아내셨다, 그리고 그분은 모든 병자들을 고치셨다.

17 **This fulfilled the word of the Lord through the prophet Isaiah, who said, "He took our sicknesses and removed our diseases."**

17 이것은 예언자 이사야를 통하여, 《그분이 우리의 병들을 맡아 주시고 우리의 질병들을 제거하셨다.》고 하신, 주님의 말씀이 실현된 것이였다.

The Cost of Following Jesus

예수님을 따르는 대가

18 **When Jesus saw the crowd around him, he instructed his disciples to cross to the other side of the lake.**

18 예수님이 그분의 주위를 둘러싸고 있는 군중을 보시고, 그분은 자신의 제자들에게 호수의 반대편으로 건너가라고 지시하셨다.

19 **Then one of the teachers of religious law said to him, "Teacher, I will follow you wherever you go."**

19 그때 한 종교법 선생이 그분에게 말했다, 《선생님, 나는 당신이 어디를 가시든지 당신을 따라가겠습니다.》

20 **But Jesus replied, "Foxes have dens to live in, and birds have nests, but the Son of Man has no place even to lay his head."**

20 그러나 예수님은 대답하셨다. 《여우들은 살 굴들이 있다. 그리고 새들도 둥지들이 있다. 그렇지만 사람의 아들은 자신의 머리를 둘 곳조차 가지고 있지 않다.》

21 **Another of his disciples said, "Lord, first let me return home and bury my father."**

21 그분의 제자들 중 다른 사람이 말했다. 《주님, 우선 저를 집으로 돌아가게 하여 저의 아버지를 매장하게 해주십시오.》

22 **But Jesus told him, "Follow me now. Let the spiritually dead bury their own dead."**

22 그러나 예수님은 그에게 말씀하셨다. 《지금 나를 따르거라. 령적으로 죽은 사람들이 그들 자신들의 죽은 사람을 매장하게 하여라.》

Jesus Calms the Storm

예수님이 폭풍우를 가라앉히시다

23 **Then Jesus got into the boat and started across the lake with his disciples.**

23 그런 다음 예수님은 배에 올라타셨다 그리고 자기 제자들과 함께 호수를 건너가기 시작하셨다.

24 **Suddenly, a fierce storm struck the lake, with waves breaking into the boat. But Jesus was sleeping.**

24 갑자기, 사나운 폭풍우가 호수에 들이닥쳤다, 파도와 함께 배를 뒤덮었다. 그러나 예수님은 주무시고 계셨다.

25 **The disciples went and woke him up, shouting, "Lord, save us! We're going to drown!"**

25 제자들은 가서, 웨치면서, 그분을 깨웠다. 《주님, 우리를 구해 주십시오! 우리가 물에 빠지게 되였습니다!》

26 **Jesus responded, "Why are you afraid? You have so little faith!" Then he got up and rebuked the wind and waves, and suddenly there was a great calm.**

26 예수님이 대답하셨다. 《왜 너희는 두려워하는가? 너희는 그렇게도 적은 믿음을 가지고 있는가!》 그러고 나서 그분은 일어나서 바람과 파도들을 꾸짖으셨다, 그러자 갑자기 아주 고요해졌다.

27 **The disciples were amazed. "Who is this man?" they asked. "Even the winds and waves obey him!"**

27 제자들은 깜짝 놀랐다. 《이분은 누구신가?》 그들은 물었다. 《지어 바

람들과 파도들도 그분에게 복종한다!》

Jesus Heals Two Demon-Possessed Men

예수님이 귀신에 사로잡힌 두 사람을 고치시다

28 When Jesus arrived on the other side of the lake, in the region of the Gadarenes, two men who were possessed by demons met him. They lived in a cemetery and were so violent that no one could go through that area.

28 예수님이 호수의 반대편, 가다라 지방에 도착하셨을 때, 귀신에 사로잡힌 두 사람이 그분을 만났다. 그들은 무덤에서 살고 있었고 너무 란폭해서 아무도 그 지역을 지나갈 수 없었다.

29 They began screaming at him, "Why are you interfering with us, Son of God? Have you come here to torture us before God's appointed time?"

29 그들은 그분에게 비명을 지르기 시작했다, 《하나님의 아들이여, 왜 당신은 우리에게 간섭합니까? 당신은 하나님의 지정된 시간 전에 우리를 괴롭히려고 여기에 왔습니까?》

30 There happened to be a large herd of pigs feeding in the distance.

30 거기에 마침 먹이를 먹고 있는 큰 돼지 떼가 멀리에 있었다.

31 So the demons begged, "If you cast us out, send us into that herd of pigs."

31 그래서 귀신들은 애걸했다, 《만일 당신이 우리를 쫓아내려면, 우리를 저 돼지 떼 속으로 보내 주십시오.》

32 "All right, go!" Jesus commanded them. So the demons came out of the men and entered the pigs, and the whole herd plunged down the steep hillside into the lake and drowned in the water.

32 《좋다, 가거라!》 예수님이 그들에게 명령하셨다. 그래서 그 귀신들이 그 사람들에게서 나와서 돼지들에게로 들어갔다, 그리고 그 모든 떼는 호수로 내려가는 가파른 산중턱으로 돌진하더니 물에 빠져 죽었다.

33 The herdsmen fled to the nearby town, telling everyone what happened to the demon-possessed men.

33 돼지치기들은 귀신들렸던 사람들에게 일어났던 일을 모든 사람에게 말하면서 근처 마을로 도망쳤다.

34 Then the entire town came out to meet Jesus, but they begged him to go away and leave them alone.

34 그러자 온 마을이 예수님을 만나러 나왔다, 그러나 사람들은 그분에게 떠나 달라고 하며 자기들을 내버려 두어 달라고 간청하였다.

9

Jesus Heals a Paralyzed Man

예수님이 한 중풍병자를 고치시다

1 Jesus climbed into a boat and went back across the lake to his own town.

1 예수님은 배에 올라서 호수를 건너 그분 자신의 고향으로 돌아오셨다.

2 Some people brought to him a paralyzed man on a mat. Seeing their faith, Jesus said to the paralyzed man, "Be encouraged, my child! Your sins are forgiven."

2 몇 사람이 한 중풍병자를 깔개 우에 눕혀 그분에게 데려왔다. 예수님은 그들의 믿음을 보시고, 그 중풍병자에게 말씀하셨다. 《내 아들아, 용기를 내여라! 너의 죄들이 용서되였다.》

3 But some of the teachers of religious law said to themselves, "That's blasphemy! Does he think he's God?"

3 그러나 종교법 선생들 중 몇은 속으로 말했다. 《저것은 하나님 모독이다! 그는 자기가 하나님이라고 생각하는가?》

4 Jesus knew what they were thinking, so he asked them, "Why do you have such evil thoughts in your hearts?

4 예수님은 그들이 무엇을 생각하고 있는지를 아셨다. 그래서 그분은 그들에게 물었다. 《너희는 왜 너희 마음속에 그렇게 악한 생각들을 하고 있는가?》

5 Is it easier to say 'Your sins are forgiven,' or 'Stand up and walk'?

5 〈너희의 죄들이 용서되였다.〉고 말하는 것이 더 쉬운가, 아니면 〈일어나서 걸어가라〉 말하는 것이 더 쉬운가?

6 So I will prove to you that the Son of Man has the authority on earth to forgive sins." Then Jesus turned to the paralyzed man and said, "Stand up, pick up your mat, and go home!"

6 그래서 나는 사람의 아들이 땅에서 죄들을 용서하는 권한이 있다는 것을 너희에게 립증할 것이다.》 그러고 나서 예수님은 그 중풍병자를 돌아보고 말씀하셨다. 《일어나라, 네 깔개를 들어라, 그리고 집으로 가거라!》

7 And the man jumped up and went home!

7 그러자 그 남자는 벌떡 일어서더니 집으로 돌아갔다!

8 Fear swept through the crowd as they saw this happen. And they praised God for sending a man with such great authority.

8 군중이 이 일이 일어나는 것을 보았을 때 두려움이 그들을 휩쓸었다.

그리고 그들은 그렇게 대단한 권위를 가진 사람을 보내 주신 것에 대해 하나님을 찬양했다.

Jesus Calls Matthew

예수님이 마태를 부르시다

9 As Jesus was walking along, he saw a man named Matthew sitting at his tax collector's booth. "Follow me and be my disciple," Jesus said to him. So Matthew got up and followed him.

9 예수님이 길을 가고 있을 때, 그분은 마태라고 불리우는 사람이 자기의 세금 징수원실에 앉아 있는 것을 보셨다. 《나를 따르라 그리고 나의 제자가 되어라.》 예수님이 그에게 말씀하셨다. 그래서 마태는 일어나서 그분을 따라갔다.

10 Later, Matthew invited Jesus and his disciples to his home as dinner guests, along with many tax collectors and other disreputable sinners.

10 후에, 마태는 예수님과 그분의 제자들을, 많은 세금 징수원들 그리고 다른 평판 나쁜 죄인들과 함께 자기 집에 저녁 손님으로 초대하였다.

11 But when the Pharisees saw this, they asked his disciples, "Why does your teacher eat with such scum?"

11 그런데 바리새파 사람들이 이것을 보고, 그들은 그분의 제자들에게 물었다. 《왜 너희 선생님은 저런 인간쓰레기들과 함께 식사하시는가?》

12 When Jesus heard this, he said, "Healthy people don't need a doctor—sick people do."

12 예수님이 이 말을 듣고, 말씀하셨다. 《건강한 사람들은 의사가 필요 없다—병든 사람들이 필요하다.》

13 Then he added, "Now go and learn the meaning of this Scripture: 'I want you to show mercy, not offer sacrifices.' For I have come to call not those who think they are righteous, but those who know they are sinners."

13 그러고 나서 그분은 덧붙이셨다. 《이제 가서 이 하나님 말씀책의 의미를 배워라: 〈나는 너희가 헌납물들을 드리는 것이 아니라, 은정을 보여주기를 원한다.〉 왜냐하면 나는 자신들이 옳다고 생각하는 사람들이 아니라, 자신들이 죄인들이라 것을 아는 사람들을 부르러 왔다.》

A Discussion about Fasting

단식에 대한 토론

14 One day the disciples of John the Baptist came to Jesus and asked him, "Why don't your disciples fast like we do and the Pharisees do?"

14 어느 날 세례자 요한의 제자들이 예수님에게 와서 그분에게 물었다. 《왜 당신의 제자들은 우리와 바리새파 사람들이 하는 것처럼 단식하지 않습니까?》

15 **Jesus replied, "Do wedding guests mourn while celebrating with the groom? Of course not. But someday the groom will be taken away from them, and then they will fast.**

15 예수님은 대답하셨다. 《결혼식 손님들이 새서방과 함께 축하하고 있는 동안 슬퍼하는가? 물론 아니다. 그러나 언제인가 새서방이 그들로부터 빼앗길 날이 올 것이다. 그러면 그들은 그때 단식할 것이다. 》

16 **"Besides, who would patch old clothing with new cloth? For the new patch would shrink and rip away from the old cloth, leaving an even bigger tear than before.**

16 《더우기. 누가 오래된 옷을 새 천쪼각을 대고 깁겠는가? 왜냐하면 새 헝겊쪼박은 줄어들어, 이전보다도 더 큰 찢어짐을 남기면서 오래된 옷에서 째져 나갈 것이기 때문이다

17 **"And no one puts new wine into old wineskins. For the old skins would burst from the pressure, spilling the wine and ruining the skins. New wine is stored in new wineskins so that both are preserved."**

17 《그리고 아무도 새 포도술을 낡은 가죽포대에 넣지 않는다. 왜냐하면 낡은 가죽포대는 압력으로 하여 터질 것이다, 그 포도술은 쏟아지고 그 가죽포대는 못 쓰게 된다. 새 포도술은 새 가죽포대에 저장된다. 그래야 둘 다 보존된다.》

Jesus Heals in Response to Faith
예수님이 믿음의 응답으로 고치시다

18 **As Jesus was saying this, the leader of a synagogue came and knelt before him. "My daughter has just died," he said, "but you can bring her back to life again if you just come and lay your hand on her."**

18 예수님이 이것을 말씀하고 있었을 때, 군중회관의 지도자가 와서 그분 앞에 무릎을 꿇었다. 《저의 딸이 방금 죽었습니다.》 그가 말했다. 《그러나 만일 당신이 와서 그 아이에게 손을 얹기만 하신다면 당신은 그 아이를 다시 살리실 수 있습니다.》

19 **So Jesus and his disciples got up and went with him.**

19 그래서 예수님과 그분의 제자들은 일어나서 그와 함께 갔다.

20 **Just then a woman who had suffered for twelve years with constant bleeding came up behind him. She touched the fringe of his robe,**

20 바로 그때 12년 동안 끊임없는 출혈로 고생하던 한 녀자가 그분 뒤로 다가왔다. 그 녀자는 그분의 옷 가장자리를 만졌다.

21 for she thought, "If I can just touch his robe, I will be healed."

21 왜냐하면, 그 녀자는, 《만일 내가 그분의 옷만 만질 수 있다면, 나는 낫게 될 것이다.》고 생각했기 때문이였다.

22 Jesus turned around, and when he saw her he said, "Daughter, be encouraged! Your faith has made you well." And the woman was healed at that moment.

22 예수님이 돌아서서, 그분이 그 녀자를 보고 말씀하셨다, 《딸아, 힘을 내여라! 너의 믿음이 너를 낫게 하였다.》 그러자 그 녀자는 바로 그 순간에 낫게 되였다.

23 When Jesus arrived at the official's home, he saw the noisy crowd and heard the funeral music.

23 예수님이 그 관리의 집에 도착했을 때, 그분은 웅성웅성하는 군중을 보고 장례식 음악을 들으셨다.

24 "Get out!" he told them. "The girl isn't dead; she's only asleep." But the crowd laughed at him.

24 《나가거라!》 그분이 그들에게 말씀하셨다. 《그 녀자아이는 죽지 않았다; 그 아이는 자고 있을 뿐이다.》 그러나 군중은 그분을 비웃었다.

25 After the crowd was put outside, however, Jesus went in and took the girl by the hand, and she stood up!

25 그렇지만, 군중이 밖에 나간 후, 예수님이 안으로 들어가 그 녀자애의 손을 잡으셨다, 그러자 그 아이가 일어섰다!

26 The report of this miracle swept through the entire countryside.

26 이 기적의 소문이 온 마을을 휩쓸었다.

Jesus Heals the Blind

예수님이 눈 먼 사람을 고치시다

27 After Jesus left the girl's home, two blind men followed along behind him, shouting, "Son of David, have mercy onus!"

27 예수님이 그 녀자애의 집을 떠난 후, 두 눈 먼 사람이 웨치면서, 그분 뒤를 따라왔다, 《다윗의 자손이여, 우리를 불쌍히 여겨주십시오!》

28 They went right into the house where he was staying, and Jesus asked them, "Do you believe I can make you see?" "Yes, Lord," they told him, "we do."

28 그들은 그분이 머물고 계셨던 그 집으로 바로 들어갔다, 그러자 예

수님이 그들에게 물으셨다. 《너희는 내가 너희를 보게 해 줄 수 있다고 믿는가?》 《예, 주님.》 그들이 그분에게 대답했다. 《우리는 믿습니다.》

29 Then he touched their eyes and said, "Because of your faith, it will happen."

29 그러자 그분은 그들의 눈을 만지며 말씀하셨다. 《너희의 믿음으로 하여, 그 일이 일어날 것이다.》

30 Then their eyes were opened, and they could see! Jesus sternly warned them, "Don't tell anyone about this."

30 그러자 그들의 눈이 떠졌다. 그리고 그들은 볼 수 있었다! 예수님은 그들에게 엄하게 경고하셨다. 《이것에 대해 아무에게도 말하지 말아라.》

31 But instead, they went out and spread his fame all over the region.

31 그런데도, 그들은 나가서 그분의 소문을 그 지역의 모든 곳에 퍼뜨렸다.

32 When they left, a demon-possessed man who couldn't speak was brought to Jesus.

32 그들이 떠났을 때, 귀신 들려 말 못하는 한 사람을 예수님에게 데려왔다.

33 So Jesus cast out the demon, and then the man began to speak. The crowds were amazed. "Nothing like this has ever happened in Israel!" they exclaimed.

33 그래서 예수님은 귀신을 쫓아내셨다. 그러자 그때 그 사람은 말하기 시작했다. 군중은 깜짝 놀랐다. 《이와 같은 일은 이스라엘에서 한 번도 일어난 적이 없다!》 그들은 웨쳤다.

34 But the Pharisees said, "He can cast out demons because he is empowered by the prince of demons."

34 그러나 바리새파 사람들은 말했다. 《그는 귀신들의 왕에 의해 그가 능력을 받고 있기 때문에 귀신들을 내쫓을 수 있다.》

The Need for Workers

일군들이 부족함

35 Jesus traveled through all the towns and villages of that area, teaching in the synagogues and announcing the Good News about the Kingdom. And he healed every kind of disease and illness.

35 예수님은 그 지역의 모든 도시들과 마을들을 구석구석 려행하셨고, 군중회관들에서 가르치시면서 하늘나라에 대한 반가운 소식을 널리 알

리셨다. 그리고 그분은 온갖 종류의 병과 질병을 치료하셨다.

36 When he saw the crowds, he had compassion on them because they were confused and helpless, like sheep without a shepherd.

36 그분이 군중들을 보았을 때, 그분은 그들에게 동정심을 가지셨다. 왜냐하면 그들은 어찌할 바 모르고 곤경에 빠진 양몰이군 없는 양들과 같았기 때문이였다.

37 He said to his disciples, "The harvest is great, but the workers are few.

37 그분은 자신의 제자들에게 말씀하셨다, 《가을걷이는 아주 많은데도, 일군들은 조금밖에 없다.

38 So pray to the Lord who is in charge of the harvest; ask him to send more workers into his fields."

38 그러니 가을걷이를 책임지고 계시는 주님에게 기도하여라; 그분의 밭으로 더 많은 일군들을 보내달라고 그분에게 요청하여라.》

10

Jesus Sends Out the Twelve Apostles

예수님이 12 핵심제자들을 보내시다

1 Jesus called his twelve disciples together and gave them authority to cast out evil spirits and to heal every kind of disease and illness.

1 예수님은 자신의 12제자들을 함께 부르시고 그들에게 악한 령들을 쫓아내고 온갖 종류의 병과 질병을 고치기 위한 권한을 주셨다.

2 Here are the names of the twelve apostles: first, Simon (also called Peter), then Andrew (Peter's brother), James (son of Zebedee), John (James's brother),

2 여기에 그 12 핵심제자들의 이름이 있다: 먼저, 시몬(베드로라고도 불리는), 그리고 안드레(베드로의 동생), 야고보(세베대의 아들), 요한(야고보의 동생),

3 Philip, Bartholomew, Thomas, Matthew (the tax collector), James (son of Alphaeus), Thaddaeus,

3 빌립, 바돌로매, 도마, 마태(세금 징수원), 야고보(알패오의 아들), 다대오,

4 Simon (the zealot), Judas Iscariot (who later betrayed him).

4 시몬(열성당원), 가룟 유다(후에 그분을 배반했던 사람).

5 Jesus sent out the twelve apostles with these instructions: "Don't go to the Gentiles or the Samaritans,

5 예수님은 12 핵심제자들에게 이러한 지시들을 주어 보내셨다: 《비유태인들에게나 사마리아인들에게 가지 말고,

6 **but only to the people of Israel—God's lost sheep.**

6 그러나 하나님의 잃어버린 양—오직 이스라엘 백성에게만 가거라.

7 **Go and announce to them that the Kingdom of Heaven is near.**

7 가서 하늘나라가 가까이에 있다는 것을 그들에게 알려 주어라.

8 **Heal the sick, raise the dead, cure those with leprosy, and cast out demons. Give as freely as you have received!**

8 아픈 사람들을 낫게 하고, 죽은 사람들을 일으키며, 문둥병에 걸린 사람들을 고쳐주고 또 귀신들을 쫓아내여라. 너희가 받았던 대로 아낌없이 주어라.

9 **"Don't take any money in your money belts—no gold, silver, or even copper coins.**

9 《너희의 허리 돈주머니에 어떤 돈이라도—금, 은, 또는 지어 쇠돈까지도—가져가지 말아라.

10 **Don't carry a traveler's bag with a change of clothes and sandals or even a walking stick. Don't hesitate to accept hospitality, because those who work deserve to be fed.**

10 갈아입을 옷과 신발들 또는 지팡이가 든 려행자의 가방을 가지고 가지 말아라. 망설이지 말고 환대를 받아들여라, 왜냐하면 일하는 사람들은 먹을 자격이 있기 때문이다.

11 **"Whenever you enter a city or village, search for a worthy person and stay in his home until you leave town.**

11 《너희가 한 도시나 마을에 들어가면 언제나, 알맞춤한 사람을 찾아서 너희가 마을을 떠날 때까지 그의 집에서 머물러라.

12 **When you enter the home, give it your blessing.**

12 너희가 그 집에 들어갈 때, 그곳에 너희의 축복을 주어라.

13 **If it turns out to be a worthy home, let your blessing stand; if it is not, take back the blessing.**

13 만일 그곳이 알맞춤한 집으로 여겨지면, 너희의 축복이 그대로 있게 하고; 만일 그렇지 않으면, 그 축복을 도로 찾아라.

14 **If any household or town refuses to welcome you or listen to your message, shake its dust from your feet as you leave.**

14 만일 어느 집안사람들이나 마을이 너희를 환영하려고 하지 않거나 또는 너희가 전하는 말을 들으려고 하지 않거든, 너희는 떠날 때 너희 발에서 그곳의 먼지를 털어 버려라.

15 I tell you the truth, the wicked cities of Sodom and Gomorrah will be better off than such a town on the judgment day.

15 내가 너희에게 진실을 말한다, 그 악한 소돔과 고모라가 그 심판의 날에 이런 마을보다 훨씬 더 나을 것이다.

16 "Look, I am sending you out as sheep among wolves. So be as shrewd as snakes and harmless as doves.

16《보아라, 나는 너희를 승냥이들 속으로 양들처럼 보내고 있다. 그러니 뱀들처럼 령리하고 비둘기들처럼 순결하여라.》

17 But beware! For you will be handed over to the courts and will be flogged with whips in the synagogues.

17 그러나 조심하여라! 왜냐하면 너희는 재판정들에 넘겨질 것이고 군중회관들에서 채찍으로 얻어맞을 것이기 때문이다.

18 You will stand trial before governors and kings because you are my followers. But this will be your opportunity to tell the rulers and other unbelievers about me.

18 너희는 나를 따르는 사람들이라는 리유로 총독들과 왕들 앞에서 재판을 받을 것이다. 그러나 이것은 통치자들과 다른 믿지 않는 사람들에게 나에 대해서 말할 너희의 기회가 될 것이다.

19 When you are arrested, don't worry about how to respond or what to say. God will give you the right words at the right time.

19 너희가 체포될 때, 어떻게 대답할까 또는 무슨 말을 할까에 대하여 념려하지 말아라. 하나님께서 너희에게 때에 맞추어 옳바른 말들을 주실 것이다.

20 For it is not you who will be speaking—it will be the Spirit of your Father speaking through you.

20 왜냐하면 말하게 되는 사람은 너희가 아니기 때문이다—그것은 너희를 통해서 말하는 너희 아버지의 령이시다.

21 "A brother will betray his brother to death, a father will betray his own child, and children will rebel against their parents and cause them to be killed.

21《형제가 자기 형제를 죽음에 이르도록 배반할 것이고, 아버지가 자기 친자식을 배반할 것이다, 그리고 아들딸들이 자기 부모를 반역하여 그들을 살해당하게 할 것이다.

22 And all nations will hate you because you are my followers. But everyone who endures to the end will be saved.

22 그리고 모든 나라들이 너희가 나를 따르는 사람들이라는 리유 때문

에 너희를 미워할 것이다. 그러나 끝까지 견디여 내는 사람은 누구나 구원을 받을 것이다.

23 When you are persecuted in one town, flee to the next. I tell you the truth, the Son of Man will return before you have reached all the towns of Israel.

23 너희가 한 마을에서 박해를 받을 때, 이웃 마을로 피해 달아나라. 내가 너희에게 진실을 말한다, 사람의 아들은 너희가 이스라엘의 모든 마을들에 이르기 전에 다시 올 것이다.

24 "Students are not greater than their teacher, and slaves are not greater than their master.

24《학생들은 자기들의 선생보다 더 높지 않고, 종들은 자기들의 주인보다 더 높지 않다.

25 Students are to be like their teacher, and slaves are to be like their master. And since I, the master of the household, have been called the prince of demons, the members of my household will be called by even worse names!

25 학생들은 자기들의 선생과 같아야 한다, 그리고 종들은 자기들의 주인과 같아야 한다. 그런데 내가, 집안의 주인인데도, 귀신들의 왕이라고 불렸으니, 나의 집안의 식구들은 지어 더 나쁜 이름들로 불릴 것이다.

26 "But don't be afraid of those who threaten you. For the time is coming when everything that is covered will be revealed, and all that is secret will be made known to all.

26《그렇지만 너희를 위협하는 사람들을 두려워하지 말아라. 왜냐하면 감추어진 모든 것이 드러날 그때가 오고 있기 때문이다, 그리하여 비밀이던 모든 것이 모든 사람들에게 알려지게 될 것이다.

27 What I tell you now in the darkness, shout abroad when daybreak comes. What I whisper in your ear, shout from the housetops for all to hear!

27 내가 너희에게 지금 어두움 속에서 말하고 있는 것을, 새벽이 왔을 때 널리 웨쳐라. 내가 너희 귀에 속삭이는 것을, 모든 사람이 듣도록 지붕꼭대기에서 웨쳐라!

28 "Don't be afraid of those who want to kill your body; they cannot touch your soul. Fear only God, who can destroy both soul and body in hell.

28《너희의 몸을 죽이려는 사람들을 두려워하지 말아라; 그들은 너희 령혼에 손댈 수 없다. 령혼과 몸 둘 다 지옥에서 멸망시킬 수 있는 분인, 오직 하나님만 두려워하여라.

29 What is the price of two sparrows—one copper coin? But not a single sparrow can fall to the ground without your Father knowing it.

29 참새 두 마리의 값이 얼마인가—쇠동전 하나인가? 그러나 단 한 마리의 참새라도 너희 아버지께서 그것을 모르시고는 땅에 떨어질 수가 없다.

30 And the very hairs on your head are all numbered.

30 그리고 너희 머리 우의 그 머리카락마저도 모두 그 수가 세여진다.

31 So don't be afraid; you are more valuable to God than a whole flock of sparrows.

31 그러니 두려워하지 말아라; 너희는 하나님께 있어서 모든 참새 떼보다도 훨씬 귀중하다.

32 "Everyone who acknowledges me publicly here on earth, I will also acknowledge before my Father in heaven.

32《여기 땅 우에서 나를 공개적으로 인정하는 모든 사람을, 나 역시 하늘에 계신 나의 아버지 앞에서 안다고 할 것이다.

33 But everyone who denies me here on earth, I will also deny before my Father in heaven.

33 그러나 여기 땅 우에서 나를 부인하는 사람은 누구든지, 나도 하늘에 계신 내 아버지 앞에서 부인할 것이다.

34 "Don't imagine that I came to bring peace to the earth! I came not to bring peace, but a sword.

34《내가 땅에 평화를 주기 위해 왔다고 생각하지 말아라! 나는 평화가 아니라, 칼을 주려고 왔다.

35 'I have come to set a man against his father, a daughter against her mother, and a daughter-in-law against her mother-in-law.

35 〈나는 아들이 자기 아버지를 반대하고, 딸이 자기 어머니를 반대하며, 그리고 며느리가 자기 시어머니를 반대하게 하기 위해서 왔다.

36 Your enemies will be right in your own household!'

36 너희의 원쑤들이 바로 너희 자신의 집 안에 있을 것이다.〉

37 "If you love your father or mother more than you love me,
you are not worthy of being mine; or if you love your son or daughter more than me, you are not worthy of being mine.

37《만일 너희가 너의 아버지나 어머니를 너희가 나를 사랑하는 것보다 더 사랑한다면, 너희는 나의 사람이 될 만한 자격이 없다; 또는 만일 너희가 너의 아들이나 딸을 나보다 더 사랑한다면, 너희는 나의 사람이 될 만한 자격이 없다.

38 If you refuse to take up your cross and follow me, you are not worthy of being mine.

38 만일 너희가 자신의 십자사형틀을 지고 나를 따르기를 거부한다면,
너희는 나의 사람이 될 만한 자격이 없다.

39 **If you cling to your life, you will lose it; but if you give up your life for me, you will find it.**

39 만일 너희가 너희의 생명에 매달리면, 너희는 그것을 잃을 것이다; 그러나 만일 너희가 나를 위해서 너희 생명을 내놓으면, 너희는 그것을 얻게 될 것이다.

40 **"Anyone who receives you receives me, and anyone who receives me receives the Father who sent me.**

40 《너희를 맞아들이는 사람은 누구든지 나를 맞아들인다, 그리고 나를 맞아들이는 사람은 누구든지 나를 보내신 아버지를 맞아들인다.

41 **If you receive a prophet as one who speaks for God, you will be given the same reward as a prophet. And if you receive righteous people because of their righteousness, you will be given a reward like theirs.**

41 만일 너희가 한 예언자를 하나님을 대변하는 사람으로 맞아들이면, 너희는 예언자와 같은 보상을 받게 될 것이다. 그리고 만일 너희가 그들의 정의 때문에 의로운 사람들을 맞아들인다면, 너희는 그들이 받는 것과 같은 보상을 받게 될 것이다.

42 **And if you give even a cup of cold water to one of the least of my followers, you will surely be rewarded."**

42 그리고 만일 너희가 지어 한 잔의 랭수라도 가장 보잘것없는 나를 따르는 사람들 중 한 사람에게 준다면, 너희는 틀림없이 보상을 받을 것이다.》

11

Jesus and John the Baptist

예수님과 세례자 요한

1 **When Jesus had finished giving these instructions to his twelve disciples, he went out to teach and preach in towns throughout the region.**

1 예수님이 자신의 열두 제자들에게 이러한 지시들 주기를 마쳤을 때, 그분은 그 지역 전체 마을들에서 가르치고 설교하러 나가셨다.

2 **John the Baptist, who was in prison, heard about all the things the Messiah was doing. So he sent his disciples to ask Jesus,**

2 감옥에 갇혀 있던, 세례자 요한은, 구세주가 하고 계셨던 모든 일에 대해 들었다. 그래서 그는 자기 제자들을 예수님에게 묻기 위해 보냈다,

3 **"Are you the Messiah we've been expecting, or should we keep looking for someone else?"**

3《당신은 우리가 기다리고 있던 구세주입니까, 아니면 우리가 다른 사람을 계속 더 기다려야 합니까?》

4 **Jesus told them, "Go back to John and tell him what you have heard and seen.**

4 예수님이 그들에게 말씀하셨다,《요한에게 돌아가서 너희가 보고들은 것을 그에게 말해 주어라.

5 **the blind see, the lame walk, the lepers are cured, the deaf hear, the dead are raised to life, and the Good News is being preached to the poor.**

5 눈먼 사람들이 보고, 절름발이들이 걷고, 문둥병자들이 치료 받고, 귀머거리들이 듣고, 죽은 사람들이 살아나며, 그리고 반가운 소식이 가난한 사람들에게 전해지고 있다고.

6 **And tell him, 'God blesses those who do not turn away because of me.'"**

6 그리고 그에게 말하여라,〈하나님께서는 나로 인하여 돌아서지 않는 사람들을 축복하신다.〉》

7 **As John's disciples were leaving, Jesus began talking about him to the crowds. "What kind of man did you go into the wilderness to see? Was he a weak reed, swayed by every breath of wind?**

7 요한의 제자들이 떠났을 때, 예수님은 군중들에게 그에 대해 말하기 시작하셨다.《너희는 어떤 사람을 만나기 위해 황야로 갔는가? 그는 온갖 바람결에 의해 흔들리던 연약한 갈대였는가?,

8 **Or were you expecting to see a man dressed in expensive clothes? No, people with expensive clothes live in palaces.**

8 아니면 너희는 값비싼 옷을 입은 사람을 만나기를 기대했는가? 아니다, 값비싼 옷을 입은 사람들은 궁전들에서 살고 있다.

9 **Were you looking for a prophet? Yes, and he is more than a prophet.**

9 너희는 예언자를 찾고 있었는가? 그렇다, 그리고 그는 예언자보다 더 훌륭한 사람이다.

10 **John is the man to whom the Scriptures refer when they say, 'Look, I am sending my messenger ahead of you, and he will prepare your way before you.'**

10 요한은 하나님말씀책에서 그들이〈보아라, 내가 너보다 먼저 내 심부름꾼을 보낼 것이다, 그리고 그는 네 앞에서 네 길을 준비해 놓을 것이다.〉라고 말했을 때 언급한 그 사람이다.

11 **"I tell you the truth, of all who have ever lived, none is greater than John**

the Baptist. Yet even the least person in the Kingdom of Heaven is greater than he is!

11 《내가 너희에게 진실을 말한다. 지금까지 살았던 모든 사람들 중에, 아무도 세례자 요한보다 더 위대한 사람은 없다. 그러나 천국에서는 지어 가장 보잘것없는 사람이라도 그보다 더 위대하다!

12 **And from the time John the Baptist began preaching until now, the Kingdom of Heaven has been forcefully advancing, and violent people are attacking it.**

12 그리고 세례자 요한이 설교하기 시작하던 그때부터 지금까지, 하늘나라는 힘차게 진격해 왔고, 그리고 열렬한 사람들이 그 나라를 공격하고 있다.

13 **For before John came, all the prophets and the law of Moses looked forward to this present time.**

13 왜냐하면 요한이 오기 전에, 모든 예언자들과 모세의 률법이 지금이 시간을 고대하고 있었기 때문이였다.

14 **And if you are willing to accept what I say, he is Elijah, the one the prophets said would come.**

14 그리고 만일 너희가 내가 말하는 것을 기꺼이 받아들인다면, 그는 엘리야이다, 예언자들이 올 것이라고 말했던 그 사람이다,

15 **Anyone with ears to hear should listen and understand!**

15 들을 귀들이 있는 사람은 누구나 듣고 리해할 것이다!

16 **"To what can I compare this generation? It is like children playing a game in the public square. They complain to their friends,**

16 《내가 이 세대를 무엇과 비교할 수 있을까? 그것은 마치 열린 광장에서 놀이를 하고 있는 어린아이들과 같다. 그들은 자기 친구들에게 투덜거린다,

17 **'We played wedding songs, and you didn't dance, so we played funeral songs, and you didn't mourn.'**

17 〈우리가 결혼식 노래들을 불렀는데, 너희는 춤추지 않는다, 그래서 우리가 장례식 노래들을 불렀는데, 너희는 슬퍼하지 않는다.〉

18 **For John didn't spend his time eating and drinking, and you say, 'He's possessed by a demon.'**

18 요한이 먹고 마시며 자기 시간을 보내지 않았기 때문에, 너희는 말한다, 〈그는 귀신들렸다.〉

19 **The Son of Man, on the other hand, feasts and drinks, and you say, 'He's a glutton and a drunkard, and a friend of tax collectors and other sinners!'**

But wisdom is shown to be right by its results."

19 다른 한편, 사람의 아들이, 음식을 대접 받고 마시자, 너희는 말한다, 〈그는 대식가이고 술고래이며, 세금 징수원들과 다른 죄인들의 친구이다!〉 그러나 지혜는 그것의 결과들에 의해 옳다는 것이 드러난다.》

Judgment for the Unbelievers

믿지 않는 사람들에 대한 심판

20 **Then Jesus began to denounce the towns where he had done so many of his miracles, because they hadn't repented of their sins and turned to God.**

20 그리고 나서 예수님은 그분이 그렇게도 많은 자신의 기적들을 실행했던 마을들을 비난하기 시작하셨다, 왜냐하면 사람들이 자기들의 죄들을 뉘우치고 하나님께로 돌아서지 않았기 때문이였다.

21 **"What sorrow awaits you, Korazin and Bethsaida! For if the miracles I did in you had been done in wicked Tyre and Sidon, their people would have repented of their sins long ago, clothing themselves in burlap and throwing ashes on their heads to show their remorse.**

21 《고라신과 벳세다야! 얼마나 큰 슬픔이 너희를 기다리고 있는가! 왜냐하면 만일 내가 너희에게 실행했던 기적들을 악한 두로와 시돈에서 실행했더라면, 거기 사람들은 오래전에, 스스로 베옷을 입고 자신들의 량심의 가책을 보여 주기 위해 자기 머리들 우에 재를 뿌리면서 자기들의 죄들을 뉘우쳤을 것이다.》

22 **I tell you, Tyre and Sidon will be better off on judgment day than you.**

22 내가 너희에게 말한다, 심판 날에 두로와 시돈이 너희보다 더 나을 것이다.

23 **"And you people of Capernaum, will you be honored in heaven? No, you will go down to the place of the dead. For if the miracles I did for you had been done in wicked Sodom, it would still be here today.**

23 《그리고 너희 가버나움 사람들아, 너희가 하늘에서 영광을 얻게 될 것인가? 아니다, 너희는 죽은 사람들이 있는 곳까지 내려갈 것이다. 왜냐하면 만일 내가 너희를 위해 실행했던 그 기적이 악한 소돔에서 실행되였다면, 그곳은 오늘까지 아직 여기에 남아 있을 것이다.

24 **I tell you, even Sodom will be better off on judgment day than you."**

24 내가 너희에게 말한다, 심판 날에 지어 소돔이 너희보다 더 나을 것이다.》

Jesus' Prayer of Thanksgiving

예수님의 감사 기도

25 At that time Jesus prayed this prayer: "O Father, Lord of heaven and
earth, thank you for hiding these things from those who think themselves
wise and clever, and for revealing them to the childlike.

25 그때 예수님은 이 기도를 드리셨다: 《오오, 아버지, 하늘과 땅의 주님, 이러한 것들을 자신들이 지혜롭고 똑똑하다고 생각하는 사람들에게는 숨기시고, 어린아이 같은 사람들에게는 나타내 보이심을 감사합니다.

26 Yes, Father, it pleased you to do it this way!

26 그렇습니다, 아버지, 그것을 이런 방식으로 하는 것을 당신은 기뻐하셨습니다!

27 "My Father has entrusted everything to me. No one truly knows the Son
except the Father, and no one truly knows the Father except the Son and
those to whom the Son chooses to reveal him."

27 《나의 아버지께서는 나에게 모든 것을 맡기셨습니다. 아버지 외에는 아무도 진실로 그 아들을 아는 사람은 없습니다, 그리고 아무도 그 아들과 그 아들이 아버지를 드러내기로 선택한 사람들 이외는 진실로 아버지를 알지 못합니다.》

28 Then Jesus said, "Come to me, all of you who are weary and carry heavy
burdens, and I will give you rest.

28 그리고 나서 예수님이 말씀하셨다, 《나에게 오너라, 너희 지치고 무거운 짐들을 지고 가는 모든 사람들아, 그러면 내가 너희를 쉬게 할 것이다.

29 Take my yoke upon you. Let me teach you, because I am humble and
gentle at heart, and you will find rest for your souls.

29 나의 멍에를 너희가 짊어지거라. 내가 너희를 가르치게 하여라, 왜냐하면 나는 겸손하고 마음이 유순하기 때문이다, 그러면 너희는 자신의 령혼에 휴식을 얻을 것이다.

30 For my yoke is easy to bear, and the burden I give you is light."

30 왜냐하면 나의 멍에는 나르기 쉽고, 내가 너희에게 주는 짐은 가볍기 때문이다.》

12

A Discussion about the Sabbath

은정의 휴식일에 대한 토론

1 **At about that time Jesus was walking through some grain fields on the Sabbath. His disciples were hungry, so they began breaking off some heads of grain and eating them.**

1 그 무렵 예수님은 은정의 휴식일에 어떤 곡식밭을 지나가고 있었다. 그분의 제자들은 배가 고팠다, 그래서 그들은 얼마간의 이삭을 잘라서 그것들을 먹기 시작했다.

2 **But some Pharisees saw them do it and protested, "Look, your disciples are breaking the law by harvesting grain on the Sabbath."**

2 그러나 몇 바리새파 사람들이 그것을 하는 그들을 보고 항의했다, 《보십시오, 당신의 제자들은 은정의 휴식일에 낟알을 따드리는 것으로 법을 어기고 있습니다.》

3 **Jesus said to them, "Haven't you read in the Scriptures what David did when he and his companions were hungry?**

3 예수님이 그들에게 말씀하셨다, 《너희는 하나님말씀책에서 다윗이 자기와 자기 동료들이 배가 고팠을 때 했던 일을 읽은 적이 없는가?

4 **He went into the house of God, and he and his companions broke the law by eating the sacred loaves of bread that only the priests are allowed to eat.**

4 그는 하나님의 집에 들어가서, 그와 그의 동료들은 오직 제사장들만이 먹도록 허락되어 있는 신성한 빵덩이들을 먹음으로써 법을 어겼다.

5 **And haven't you read in the law of Moses that the priests on duty in the Temple may work on the Sabbath?**

5 그리고 너희는 신전에서 당번인 제사장들이 은정의 휴식일에 일할 수 있다는 것을 모세의 률법에서 읽은 적이 없는가?

6 **I tell you, there is one here who is even greater than the Temple!**

6 내가 너희에게 말한다, 여기에 지어 신전보다 더 위대한 분이 있다.

7 **But you would not have condemned my innocent disciples if you knew the meaning of this Scripture: 'I want you to show mercy, not offer sacrifices.'**

7 그러나 너희가 만일 〈나는 너희가 희생제사를 드리는 것이 아니라, 은정을 베풀기를 원한다.〉는 이 하나님말씀책의 의미를 알았더라면, 너희는 죄 없는 나의 제자들을 보고 죄가 있다고 비난하지 않았을 것이다.

8 For the Son of Man is Lord, even over the Sabbath!"

8 왜냐하면 사람의 아들은, 지어 은정의 휴식일에도 주인이기 때문이다!》

Jesus Heals on the Sabbath

예수님이 은정의 휴식일에 치료하시다

9 Then Jesus went over to their synagogue,

9 그런 다음에 예수님은 그들의 군중회관으로 들어가셨다.

10 where he noticed a man with a deformed hand. The Pharisees asked Jesus, "Does the law permit a person to work by healing on the Sabbath?" (They were hoping he would say yes, so they could bring charges against him.)

10 그곳에서 그분은 불구가 된 한 손을 가진 사람을 보셨다. 바리새파 사람들이 예수님에게 물었다.《그 법은 은정의 휴식일에 사람을 치료하는 일을 하는 것을 허락합니까?》(그들은 그분이 그렇다고 말하기를 바랬다. 그것으로 하여 그들은 그분에 대해 고발할 수 있었다.)

11 And he answered, "If you had a sheep that fell into a well on the Sabbath, wouldn't you work to pull it out? Of course you would.

11 그래서 그분이 대답하셨다.《만일 너희에게 은정의 휴식일에 우물에 빠진 양이 한 마리 있다면, 너희는 그것을 꺼내기 위해 일하지 않겠는가? 물론 너희는 그렇게 할 것이다.

12 And how much more valuable is a person than a sheep! Yes, the law permits a person to do good on the Sabbath."

12 그런데 사람은 한 마리 양보다 얼마나 훨씬 더 귀중한가! 그렇다, 그 법은 사람이 은정의 휴식일에 좋은 일 하는 것을 허락한다.》

13 Then he said to the man, "Hold out your hand." So the man held out his hand, and it was restored, just like the other one!

13 그리고 나서 그분은 그 사람에게 말씀하셨다.《너의 손을 내밀어라.》 그래서 그 사람은 자기 손을 내밀었다. 그러자 그것이, 다른 손과 똑같이 원상대로 되였다.

14 Then the Pharisees called a meeting to plot how to kill Jesus.

14 그러자 바리새파 사람들은 예수님을 죽일 방도를 꾸미기 위해 회의를 소집했다.

Jesus, God's Chosen Servant

하나님의 선택된 종인, 예수님

15 But Jesus knew what they were planning. So he left that area, and many

people followed him. He healed all the sick among them,

15 그러나 예수님은 그들이 계획하고 있었던 것을 아셨다. 그래서 그분은 그 지역을 떠나셨다. 그리고 많은 사람들이 그분을 따라갔다. 그분은 그들 가운데 있는 모든 병자들을 고쳐주셨다.

16 but he warned them not to reveal who he was.

16 그렇지만 그분은 그들에게 자신이 누구인지 드러내지 않도록 경고하셨다.

17 This fulfilled the prophecy of Isaiah concerning him:

17 이것은 그분에 대한 이사야의 예언을 실현하였다:

18 "Look at my Servant, whom I have chosen. He is my Beloved, who pleases me. I will put my Spirit upon him, and he will proclaim justice to the nations.

18 《내가 선택한, 나의 종을 보아라. 그는 나를 기쁘게 하는 나의 사랑하는 사람이다. 나는 그에게 나의 령을 내려 줄 것이다, 그러면 그는 민족들에게 정의를 선포할 것이다.

19 He will not fight or shout or raise his voice in public.

19 그는 싸우거나 웨치거나 또는 자기 목소리를 사람들이 있는 데서 높이지 않을 것이다.

20 He will not crush the weakest reed or put out a flickering candle. Finally he will cause justice to be victorious.

20 그는 가장 약한 갈대를 꺾어버리거나 깜빡이는 초불을 끄지 않을 것이다. 마지막으로 그는 정의가 승리하도록 할 것이다.

21 And his name will be the hope of all the world."

21 그리고 그의 이름은 온 세상의 희망이 될 것이다.》

Jesus and the Prince of Demons

예수님과 귀신들의 왕

22 Then a demon-possessed man, who was blind and couldn't speak, was brought to Jesus. He healed the man so that he could both speak and see.

22 그때 눈이 멀고 말을 못하는, 한 귀신들린 남자가 예수님에게 오게 되였다. 그분은 그 사람을 고쳐 주셨다. 그래서 그는 말도 하고 볼 수도 있게 되였다.

23 The crowd was amazed and asked, "Could it be that Jesus is the Son of David, the Messiah?"

23 군중은 깜짝 놀라 물었다, 《아마 예수님이 다윗의 후손, 구세주일까?》

24 **But when the Pharisees heard about the miracle, they said, "No wonder he can cast out demons. He gets his power from Satan, the prince of demons."**

24 그러나 바리새파 사람들은 그 기적에 대해 들었을 때, 그들은 말했다, 《당연히 그는 귀신들을 쫓아낼 수 있다. 그는 귀신들의 왕인, 마왕으로부터 자기 능력을 얻는다.》

25 **Jesus knew their thoughts and replied, "Any kingdom divided by civil war is doomed. A town or family splintered by feuding will fall apart.**

25 예수님은 그들의 생각들을 알고 대답하셨다, 《어느 나라도 내전으로 분렬되면 멸망한다. 반목으로 나뉘어진 동네나 가족은 무너질 것이다.

26 **And if Satan is casting out Satan, he is divided and fighting against himself. His own kingdom will not survive.**

26 그리고 만일 마왕이 마왕을 쫓아낸다면, 그는 나뉘어져서 스스로를 대항해서 싸울 것이다. 그 자신의 나라는 살아남지 못할 것이다.

27 **And if I am empowered by Satan, what about your own exorcists? They cast out demons, too, so they will condemn you for what you have said.**

27 그리고 만일 내가 마왕에 의해 능력을 받는다면, 너희 자신의 귀신을 쫓아내는 자들은 어떻게 되겠는가? 그들도 역시, 귀신들을 내쫓는다, 그러면 그들은 너희가 말한 것으로 하여 너희를 판결할 것이다.

28 **But if I am casting out demons by the Spirit of God, then the Kingdom of God has arrived among you.**

28 그렇지만 만일 내가 하나님의 령으로 귀신들을 쫓아낸다면, 그때 하나님의 나라가 너희 가운데 와 있는 것이다.

29 **For who is powerful enough to enter the house of a strong man like Satan and plunder his goods? Only someone even stronger—someone who could tie him up and then plunder his house.**

29 왜냐하면 누가 마왕과 같이 강한 자의 집에 들어가서 그의 물건들을 략탈할 만큼 강력하겠는가? 오직 더욱 강한 누군가—그를 잡아 묶고 그리고 나서 그의 집을 략탈할 수 있는 사람뿐이다.

30 **"Anyone who isn't with me opposes me, and anyone who isn't working with me is actually working against me.**

30 《나와 함께 있지 않은 사람은 누구나 나를 반대한다, 그리고 나와 함께 일하고 있지 않은 사람은 누구나 실제로 나를 반대하여 일하고 있는 것이다.

31 **"So I tell you, every sin and blasphemy can be forgiven—except blasphemy against the Holy Spirit, which will never be forgiven.**

31 《그래서 내가 너희에게 말한다, 모든 죄와 신을 모욕하는 행위는 용서받을 수 있다—성령님에 대한 모욕은 례외인데, 그것은 결코 용서받을 수 없을 것이다.

32 Anyone who speaks against the Son of Man can be forgiven, but anyone who speaks against the Holy Spirit will never be forgiven, either in this world or in the world to come.

32 사람의 아들을 반대하여 말하는 사람은 누구나 용서받을 수 있다, 그러나 성령님을 반대하여 말하는 사람은 아무도 이 세상에서나 또는 다가오는 세상 어느 곳에서도 결코 용서받지 못할 것이다.

33 "A tree is identified by its fruit. If a tree is good, its fruit will be good. If a tree is bad, its fruit will be bad.

33 《나무는 그것의 열매로서 확인된다. 만일 나무가 좋으면, 그것의 열매는 좋을 것이다. 만일 나무가 나쁘면, 그것의 열매도 나쁠 것이다.

34 You brood of snakes! How could evil men like you speak what is good and right? For whatever is in your heart determines what you say.

34 너희 뱀의 무리들아! 너희와 같이 악한 자들이 어떻게 선량하고 옳바른 것을 말할 수 있겠는가? 왜냐하면 무엇이든지 너희 마음에 있는 것이 너희가 말하는 것을 결정하기 때문이다.

35 A good person produces good things from the treasury of a good heart, and an evil person produces evil things from the treasury of an evil heart.

35 선량한 사람은 선량한 마음의 보물고로부터 선량한 일들을 만들어 낸다, 그리고 악한 사람은 악한 마음의 보물고로부터 악한 일들을 만들어 낸다.

36 And I tell you this, you must give an account on judgment day for every idle word you speak.

36 그리고 내가 너희에게 이것을 말한다, 너희는 심판 날에 너희가 말하는 모든 헛된 말에 대해 설명해야 한다.

37 The words you say will either acquit you or condemn you."

37 너희가 하는 말들이 너희에게 무죄 아니면 너희에게 유죄 판결을 내릴 것이다.》

The Sign of Jonah

요나의 증표

38 One day some teachers of religious law and Pharisees came to Jesus and said, "Teacher, we want you to show us a miraculous sign to prove your authority."

38 어느 날 몇 종교법 선생들과 바리새파 사람들이 예수님에게 와서 말했다, 《선생님, 우리는 당신이 자신의 권위를 증명하기 위해 기적적인 증표를 우리에게 보여 주기를 원합니다.》

39 **But Jesus replied, "Only an evil, adulterous generation would demand a miraculous sign; but the only sign I will give them is the sign of the prophet Jonah.**

39 그러나 예수님은 대답하셨다, 《오직 악하고, 부화한 세대만이 기적적인 증표를 요구하는 것이다; 그러나 내가 그들에게 줄 유일한 증표는 예언자 요나의 증표이다.

40 **For as Jonah was in the belly of the great fish for three days and three nights, so will the Son of Man be in the heart of the earth for three days and three nights.**

40 왜냐하면 요나가 3일 밤낮을 커다란 물고기 배속에 있었던 것과 마찬가지로, 사람의 아들도 땅 속에서 3일 밤낮을 있게 될 것이기 때문이다.

41 **"The people of Nineveh will stand up against this generation on judgment day and condemn it, for they repented of their sins at the preaching of Jonah. Now someone greater than Jonah is here—but you refuse to repent.**

41 《니느웨 사람들이 심판 날에 이 세대에 맞설 것이고 그들을 유죄판결할 것이다, 왜냐하면 그들은 요나의 설교를 듣고 자신들의 죄들을 뉘우쳤기 때문이다. 이제 여기에 요나보다 더 위대한 어떤 분이 계신다—그러나 너희들은 뉘우치기를 거절한다.

42 **The queen of Sheba will also stand up against this generation on judgment day and condemn it, for she came from a distant land to hear the wisdom of Solomon. Now someone greater than Solomon is here—but you refuse to listen.**

42 시바 녀왕 역시 심판 날에 이 세대에 맞설 것이고 그들을 유죄판결할 것이다, 왜냐하면 그 녀자는 솔로몬의 지혜를 들으려고 먼 나라에서부터 왔기 때문이다. 이제 여기에 솔로몬보다 더 위대한 어떤 분이 계신다—그러나 너희는 듣기를 거절한다.

43 **"When an evil spirit leaves a person, it goes into the desert, seeking rest but finding none.**

43 《악한 령이 한 사람을 떠나서, 황야로 들어가, 휴식을 얻으려고 하지만 아무것도 찾지 못한다.

44 **Then it says, 'I will return to the person I came from.' So it returns and finds its former home empty, swept, and in order.**

44 그러자 그것은 말한다, 〈나는 내가 나왔던 사람에게 되돌아가야 하겠

다.〉 그래서 그것은 돌아와서 이전 집이 비였고, 청소되여 있으며 정돈 되여 있는 것을 알게 된다.

45 **Then the spirit finds seven other spirits more evil than itself, and they all enter the person and live there. And so that person is worse off than before. That will be the experience of this evil generation."**

45 그때 그 령은 자기 자신보다 더 악한 다른 령들 일곱을 찾는다, 그리고 그들은 모두가 그 사람에게 들어가서 그곳에서 산다. 그리하여 그 사람은 이전보다 더욱 나빠진다. 그것이 이 악한 세대의 체험이 될 것이다.》

The True Family of Jesus

예수님의 진정한 가족

46 **As Jesus was speaking to the crowd, his mother and brothers stood outside, asking to speak to him.**

46 예수님이 군중에게 말씀하고 계실 때, 그분의 어머니와 형제들이 밖에서, 그분에게 말하기를 요청하면서 서 있었다.

47 **Someone told Jesus, "Your mother and your brothers are outside, and they want to speak to you."**

47 누군가 예수님에게 말했다,《당신의 어머니와 당신의 형제들이 밖에 있습니다, 그리고 그들은 당신에게 말하고 싶어 합니다.》

48 **Jesus asked, "Who is my mother? Who are my brothers?"**

48 예수님이 물으셨다,《누가 나의 어머니인가? 누가 나의 형제들인가?》

49 **Then he pointed to his disciples and said, "Look, these are my mother and brothers.**

49 그러고 나서 그분은 자신의 제자들을 가리키며 말씀하셨다,《보아라, 이들이 나의 어머니이고 형제들이다.

50 **Anyone who does the will of my Father in heaven is my brother and sister and mother!"**

50 누구든지 하늘에 계신 나의 아버지의 뜻을 실현하는 사람이 나의 형제이고 누이이며 어머니이다!》

13

Parable of the Farmer Scattering Seed

씨 뿌리는 농민에 빗댄 이야기

1 **Later that same day Jesus left the house and sat beside the lake.**

1 그날 늦게 예수님은 그 집을 떠나서 호수가에 앉으셨다.

2 **A large crowd soon gathered around him, so he got into a boat. Then he sat there and taught as the people stood on the shore.**

2 큰 군중이 얼마 안 있어 그분 주위에 모여들었다. 그래서 그분은 배에 올라타셨다. 그러고 나서 사람들이 해변에 서 있을 때, 그분은 그곳에 앉아서 가르치셨다.

3 **He told many stories in the form of parables, such as this one: "Listen! A farmer went out to plant some seeds.**

3 그분은 빗댄 이야기들의 형태로 많은 이야기들을 하셨는데, 이와 같은 이야기였다: 《들어보아라! 한 농민이 어떤 씨를 심으려고 밖으로 나갔다.

4 **As he scattered them across his field, some seeds fell on a footpath, and the birds came and ate them.**

4 그가 자기 밭에 씨를 여기저기에 뿌렸는데, 어떤 씨는 걸음길 우에 떨어졌다. 그래서 새들이 와서 그것들을 먹어 버렸다.

5 **Other seeds fell on shallow soil with underlying rock. The seeds sprouted quickly because the soil was shallow.**

5 다른 씨는 그 밑에 바위가 깔린 얕은 토양 우에 떨어졌다. 토양이 얕았기 때문에 씨는 바로 싹텄다.

6 **But the plants soon wilted under the hot sun, and since they didn't have deep roots, they died.**

6 그러나 그 식물들은 뜨거운 태양 아래에서 곧 시들었다. 그리고 그것들은 뿌리들이 깊지 않았기 때문에, 그것들은 죽었다.

7 **Other seeds fell among thorns that grew up and choked out the tender plants.**

7 다른 씨는 가시나무들 사이에 떨어졌는데 그 가시나무가 자라서 부드러운 식물들을 질식시켰다.

8 **Still other seeds fell on fertile soil, and they produced a crop that was thirty, sixty, and even a hundred times as much as had been planted!**

8 또 다른 씨는 비옥한 땅 우에 떨어졌다. 그래서 그것들은 심었던 것의 30배, 60배, 그리고 지어 100배도 더 되는 수확물을 냈다!

9 **Anyone with ears to hear should listen and understand."**

9 들을 귀들이 있는 사람 누구나 듣고 리해할 것이다.》

10 **His disciples came and asked him, "Why do you use parables when you talk to the people?"**

10 그분의 제자들이 와서 그분에게 물었다, 《왜 당신은 사람들에게 말할 때 빗댄 이야기들을 쓰십니까?》

11 **He replied, "You are permitted to understand the secrets of the Kingdom of Heaven, but others are not.**

11 그분이 대답하셨다, 《너희는 하늘나라의 비밀들을 리해하는 것이 허락되였지만, 다른 사람들은 그렇지 않다.

12 **To those who listen to my teaching, more understanding will be given, and they will have an abundance of knowledge. But for those who are not listening, even what understanding they have will be taken away from them.**

12 나의 가르침을 귀담아 듣는 사람들에게는, 더 많은 지식이 주어질 것이고, 그들은 지식이 풍부해질 것이다. 그러나 들으려고 하지 않는 사람들에게는, 지어 자기들이 알고 있는 적은 지식마져도 그들은 자신들에게서 빼앗길 것이다.

13 **That is why I use these parables, For they look, but they don't really see. They hear, but they don't really listen or understand.**

13 그것이 내가 이 빗댄 이야기들을 쓰는 리유이다, 왜냐하면 그들은 보고 있지만, 실제로 보는 것이 아니기 때문이다. 그들은 듣기는 하지만, 실제로 듣거나 리해하지 못하기 때문이다.

14 **This fulfills the prophecy of Isaiah that says, 'When you hear what I say, you will not understand. When you see what Ido, you will not comprehend.**

14 이것은 이렇게 말하는 이사야의 예언을 실현하는 것이다, 〈너희는 내가 말하는 것을 들을 때, 너희는 리해하지 못할 것이다. 너희는 내가 하는 것을 볼 때, 너희는 파악하지 못할 것이다.

15 **For the hearts of these people are hardened, and their ears cannot hear, and they have closed their eyes. so their eyes cannot see, and their ears cannot hear, and their hearts cannot understand, and they cannot turn to me and let me heal them.'**

15 왜냐하면 이 백성의 마음이 무정해졌고, 그들의 귀는 들을 수 없으며, 그들은 자기들의 눈을 감았기 때문이다—그래서 그들의 눈들은 볼 수 없고, 그들의 귀들은 들을 수 없으며, 그들의 마음들은 리해할 수 없

다, 그래서 그들은 나에게로 돌아올 수 없고 나로 하여금 그들을 고칠 수 없게 한다.〉

16 **"But blessed are your eyes, because they see; and your ears, because they hear.**

16《그러나 너희들의 눈들은 복이 있다, 왜냐하면, 그것들은 보기 때문이다; 그리고 너희들의 귀들은 복이 있다, 왜냐하면 그것들이 듣기 때문이다.

17 **I tell you the truth, many prophets and righteous people longed to see what you see, but they didn't see it. And they longed to hear what you hear, but they didn't hear it.**

17 내가 너희에게 진실을 말한다, 많은 예언자들과 의로운 사람들이 너희가 보는 것을 보기를 간절히 바랬다, 그러나 그들은 그것을 보지 못했다. 그리고 그들은 너희가 듣는 것을 듣기를 간절히 바랬다, 그러나 그들을 그것을 듣지 못했다.

18 **"Now listen to the explanation of the parable about the farmer planting seeds:**

18《이제 씨 뿌리는 농민들에 대한 빗댄 이야기의 설명을 들어 보아라:

19 **The seed that fell on the footpath represents those who hear the message about the Kingdom and don't understand it. Then the evil one comes and snatches away the seed that was planted in their hearts.**

19 걸음길 우에 떨어진 씨는 하늘나라에 대한 말씀을 듣고 그것을 리해하지 못하는 사람들을 나타낸다. 그때 악한 자가 와서 그들의 마음속에 심겨진 그 씨를 빼앗아 간다.

20 **The seed on the rocky soil represents those who hear the message and immediately receive it with joy.**

20 바위투성이 땅 우의 씨는 말씀을 듣고 즉시 그것을 기쁨으로 받아들이는 사람들을 나타낸다.

21 **But since they don't have deep roots, they don't last long. They fall away as soon as they have problems or are persecuted for believing God's word.**

21 그러나 그것들은 깊은 뿌리들이 없기 때문에, 오래 가지 못한다. 그것들은 문제들이 생기거나 하나님말씀을 믿는 것 때문에 박해를 받자인차 변절한다.

22 **The seed that fell among the thorns represents those who hear God's word, but all too quickly the message is crowded out by the worries of this life and the lure of wealth, so no fruit is produced.**

22 가시나무들 속에 떨어진 씨는 하나님의 말씀을 듣는 사람들을 나타
낸다. 그러나 이 세상 삶의 념려들과 부유함의 유혹으로 하여 그 말씀
이 모두 너무 빨리 밀쳐 내여진다. 그래서 아무런 열매를 맺지 못한다.

23 The seed that fell on good soil represents those who truly hear and understand God's word and produce a harvest of thirty, sixty, or even a hundred times as much as had been planted!"

23 좋은 토양 우에 떨어진 씨는 하나님의 말씀을 진정으로 듣고 리해하
며 심겨진 30, 60, 혹은 지어 100배 정도의 수확을 내는 사람들을 나
타낸다!》

Parable of the Wheat and Weeds

밀과 잡초에 빗댄 이야기

24 Here is another story Jesus told: "The Kingdom of Heaven is like a farmer who planted good seed in his field.

24 여기 예수님이 말씀해 주신 다른 이야기가 있다: 《하늘나라는 자기
밭에 좋은 씨를 심은 농민과 같다.

25 But that night as the workers slept, his enemy came and planted weeds among the wheat, then slipped away.

25 그런데 그날 밤 일군들이 잘 때, 그의 원쑤들이 와서 밀 사이에 잡초
들을 심었다. 그리고는 살짝 빠져나갔다.

26 When the crop began to grow and produce grain, the weeds also grew.

26 농작물이 자라서 낟알을 맺기 시작했을 때, 잡초들도 마찬가지로 자
랐다.

27 "The farmer's workers went to him and said, 'Sir, the field where you planted that good seed is full of weeds! Where did they come from?'

27 《농사군들이 그에게 가서 말했다. 〈주인님, 당신이 좋은 씨를 심었던
밭이 잡초들로 가득합니다! 그것들은 어디에서 온 것입니까?〉》

28 "'An enemy has done this!' the farmer exclaimed. "'Should we pull out the weeds?' they asked.

28 《〈원쑤가 이렇게 하였구나!〉 그 농민이 큰 소리로 말했다. 〈우리가 그
잡초들을 뽑아야 하겠습니까?〉 그들이 물었다.

29 "'No,' he replied, 'you'll uproot the wheat if you do.

29 《〈아니다.〉 그가 대답했다. 〈만일 너희가 그렇게 하면, 너희는 그 밀
을 뿌리채 뽑게 될 것이다.

30 Let both grow together until the harvest. Then I will tell the harvesters to sort out the weeds, tie them into bundles, and burn them, and to put the

wheat in the barn.'"

30 가을걷이할 때까지 둘 다 함께 자라도록 두어라. 그때 내가 가을걷이 일군들에게 잡초들을 가려내서, 그것들을 단으로 묶어, 그것들을 태워 버리고, 그리고 밀은 고간에 넣으라고 말할 것이다.〉》

Parable of the Mustard Seed

겨자씨에 빗댄 이야기

31 **Here is another illustration Jesus used: "The Kingdom of Heaven is like a mustard seed planted in a field.**

31 여기 예수님이 사용하신 다른 한 실례가 있다: 《하늘나라는 밭에 심은 겨자씨와 같다.

32 **It is the smallest of all seeds, but it becomes the largest of garden plants; it grows into a tree, and birds come and make nests in its branches."**

32 그것은 모든 씨들 중에서 가장 작다, 그러나 그것은 원예식물 중 가장 크게 자란다; 그것은 나무로 자라며, 새들이 와서 그것의 가지들에 둥지들을 튼다.》

Parable of the Yeast

효모에 빗댄 이야기

33 **Jesus also used this illustration: "The Kingdom of Heaven is like the yeast a woman used in making bread. Even though she put only a little yeast in three measures of flour, it permeated every part of the dough."**

33 예수님은 이 실례도 사용하셨다: 《하나님 나라는 한 녀자가 빵을 만드는 데 넣는 효모와 같다. 비록 그 녀자가 밀가루 세 자루에 효모를 조금만 넣었음에도 불구하고, 그것은 반죽 전체에 고루 퍼진다.》

34 **Jesus always used stories and illustrations like these when speaking to the crowds. In fact, he never spoke to them without using such parables.**

34 예수님은 군중들에게 말씀하실 때 언제나 이와 같은 이야기와 실례들을 사용하셨다. 실제로, 그분은 이러한 빗댄 이야기들을 사용하지 않고서는 그 사람들에게 결코 말씀하지 않으셨다.

35 **This fulfilled what God had spoken through the prophet: "I will speak to you in parables. I will explain things hidden since the creation of the world."**

35 이것은 하나님께서 예언자를 통하여 말씀하신 것이 실현된 것이였다: 《나는 너희에게 빗댄 이야기들로 말할 것이다. 나는 세상의 창조 때부터 숨겨졌던 것들을 설명할 것이다.》

Parable of the Wheat and Weeds Explained
밀과 잡초에 빗댄 이야기를 설명하시다

36 Then, leaving the crowds outside, Jesus went into the house. His disciples said, “Please explain to us the story of the weeds in the field.”

36 그런 다음, 예수님은 군중들을 밖에 남겨 두고, 집으로 들어가셨다. 그분의 제자들이 말했다. 《밭에 있는 잡초들의 이야기를 우리에게 설명해 주십시오.》

37 Jesus replied, “The Son of Man is the farmer who plants the good seed.

37 예수님이 대답하셨다. 《사람의 아들은 좋은 씨를 심은 농민이다.

38 The field is the world, and the good seed represents the people of the Kingdom. The weeds are the people who belong to the evil one.

38 밭은 세상이고, 좋은 씨는 하늘나라 백성을 나타낸다. 그 잡초들은 악한 자에게 속해 있는 사람들이다.

39 The enemy who planted the weeds among the wheat is the devil. The harvest is the end of the world, and the harvesters are the angels.

39 그 밀 사이에 잡초를 심은 원쑤는 악마이다. 가을걷이는 세상의 끝이고, 그 가을걷이 일군들은 천사들이다.

40 “Just as the weeds are sorted out and burned in the fire, so it will be at the end of the world.

40 《잡초들을 가려내여 불 속에서 태웠던 것처럼, 세상의 끝에서는 그렇게 될 것이다.

41 The Son of Man will send his angels, and they will remove from his Kingdom everything that causes sin and all who do evil.

41 사람의 아들이 그분의 천사들을 보낼 것이다. 그러면 그들은 죄를 짓게 하는 모든 것과 악한 일을 하는 모든 사람들을 그분의 왕국에서 제거할 것이다.

42 And the angels will throw them into the fiery furnace, where there will be weeping and gnashing of teeth.

42 그리고 그 천사들이 그들을 불타고 있는 용광로 속에 던져 넣을 것이고, 그곳에서 울며 이발을 갈게 될 것이다.

43 Then the righteous will shine like the sun in their Father’s Kingdom. Anyone with ears to hear should listen and understand!

43 그때 의로운 사람들은 자기들의 아버지의 나라에서 해처럼 빛날 것이다. 들을 귀가 있는 누구든 듣고 리해할 것이다!

Parables of the Hidden Treasure and the Pearl
숨겨진 보물과 진주에 빗댄 이야기

44 "The Kingdom of Heaven is like a treasure that a man discovered hidden
in a field. In his excitement, he hid it again and sold everything he owned
to get enough money to buy the field.

44 《하늘나라는 어떤 사람이 밭에 숨겨진 보물을 발견한 것과 같다. 그
는 흥분하여, 다시 그것을 숨기고 그 밭을 사기 위한 충분한 돈을 마련
하기 위해 자기가 가진 모든 것을 팔았다.

45 "Again, the Kingdom of Heaven is like a merchant on the lookout for
choice pearls.

45 《또, 하나님의 나라는 특별히 좋은 진주들을 찾고 있는 상인과 같다.

46 When he discovered a pearl of great value, he sold everything he owned
and bought it!

46 그가 매우 가치 있는 진주를 발견했을 때, 그는 자기 소유 전부를 팔
아서 그것을 샀다!》

Parable of the Fishing Net
물고기 그물에 빗댄 이야기

47 "Again, the Kingdom of Heaven is like a fishing net that was thrown into
the water and caught fish of every kind.

47 《또, 하늘나라는 마치 물속에 던져 넣어 온갖 종류의 물고기를 잡는
그물과 같다.

48 When the net was full, they dragged it up onto the shore, sat down, and
sorted the good fish into crates, but threw the bad ones away.

48 그물이 가득 차면, 사람들은 그것을 바다가에 끌어올려, 앉아서, 좋
은 물고기는 바구니에 담지만, 나쁜 것들은 던져 버린다.

49 That is the way it will be at the end of the world. The angels will come and
separate the wicked people from the righteous,

49 세상의 끝은 그런 방식으로 되여질 것이다. 천사들이 와서 악한 사람
들을 의로운 사람들과 갈라놓을 것이다,

50 throwing the wicked into the fiery furnace, where there will be weeping
and gnashing of teeth.

50 악한 사람들은 불타는 용광로에 던져져서, 그곳에서 울며 이발을 갈
게 될 것이다.

51 Do you understand all these things?" "Yes," they said, "we do."

51 너희는 이 모든 것들을 리해하는가?》《예,》 그들이 말했다, 《우리는

리해합니다.》

52 Then he added, "Every teacher of religious law who becomes a disciple in the Kingdom of Heaven is like a homeowner who brings from his storeroom new gems of truth as well as old."

52 그러자 그분이 덧붙이셨다, 《하늘나라의 제자가 되는 모든 종교법선생은 그의 창고에서 진리의 새로운 보석들을 옛것과 함께 꺼내 오는 집주인과 같다.》

Jesus Rejected at Nazareth

나사렛에서 배척당하신 예수님

53 When Jesus had finished telling these stories and illustrations, he left that part of the country.

53 예수님이 이러한 이야기와 실례들을 말하기를 마쳤을 때, 그분은 그 지방을 떠나셨다.

54 He returned to Nazareth, his hometown. When he taught there in the synagogue, everyone was amazed and said, "Where does he get this wisdom and the power to do miracles?"

54 그분은 자기 고향인, 나사렛으로 돌아가셨다. 그분이 그곳 군중회관에서 가르치셨을 때, 모두가 깜짝 놀라며 말했다, 《어디서 그는 이런 지혜와 기적들을 실행하는 능력을 얻는가?》

55 Then they scoffed, "He's just the carpenter's son, and we know Mary, his mother, and his brothers—James, Joseph,
Simon, and Judas.

55 그러면서 그들은 비웃었다, 《그는 단지 목수의 아들이다, 그리고 우리는 그의 어머니인, 마리아, 그리고 그의 형제들인—야고보, 요셉, 시몬, 그리고 유다를 알고 있다.

56 All his sisters live right here among us. Where did he learn all these things?"

56 그의 누이들도 모두 바로 여기 우리들 가운데 살고 있다. 그는 이 모든 것을 어디에서 배웠는가?》

57 And they were deeply offended and refused to believe in him. Then Jesus told them, "A prophet is honored everywhere except in his own hometown and among his own family."

57 그리고 그들은 몹시 불쾌해하며 그분을 믿기를 거절했다. 그러자 예수님이 그들에게 말씀하셨다, 《예언자는 자기 고향과 자기 가족들을 제외하고는 어디에서든지 존경을 받는다.》

58 And so he did only a few miracles there because of their unbelief.

58 그래서 그분은 그들의 믿지 않는 마음 때문에 그곳에서 얼마 안 되는 기적만을 실행하셨다.

14

The Death of John the Baptist

세례자 요한의 죽음

1 When Herod Antipas, the ruler of Galilee, heard about Jesus,

1 갈릴리의 통치자, 헤롯 안티파스가 예수님에 대해서 듣고,

2 he said to his advisers, "This must be John the Baptist raised from the dead! That is why he can do such miracles."

2 그는 자기의 고문들에게 말했다,《이 사람은 죽은 사람들로부터 다시 살아난 세례자 요한임에 틀림없다! 그것이 그가 그와 같은 놀라운 기적들을 실행할 수 있는 리유이다.》

3 For Herod had arrested and imprisoned John as a favor to his wife Herodias (the former wife of Herod's brother Philip).

3 왜냐하면 헤롯이 자기 안해 헤로디아(헤롯의 동생 빌립의 이전 안해)의 부탁으로 요한을 잡아 감옥에 가둔 적이 있었기 때문이였다.

4 John had been telling Herod, "It is against God's law for you to marry her."

4 요한은 헤롯에게 말하고 있었다,《당신이 그 녀자와 결혼하는 것은 하나님의 법에 어긋나는 것입니다.》

5 Herod wanted to kill John, but he was afraid of a riot, because all the people believed John was a prophet.

5 헤롯은 요한을 죽이고 싶었지만, 그는 폭동이 두려웠다. 모든 사람들이 요한을 예언자라고 믿었기 때문이였다.

6 But at a birthday party for Herod, Herodias's daughter performed a dance that greatly pleased him,

6 그러나 헤롯의 생일 연회에서, 헤로디아의 딸이 그를 매우 기쁘게 해준 춤을 추었다,

7 so he promised with a vow to give her anything she wanted.

7 그래서 그는 딸에게 바라는 것은 무엇이든지 주겠다는 맹세로 약속했다.

8 At her mother's urging, the girl said, "I want the head of John the Baptist on a tray!"

8 자기 어머니의 설복에, 그 녀자애는 말했다, 《저는 쟁반 우에 놓인 세례자 요한의 머리를 원합니다!》

9 Then the king regretted what he had said; but because of the vow he had made in front of his guests, he issued the necessary orders.

9 그러자 왕은 자기가 말한 것을 후회했다; 그러나 자기가 손님들 앞에서 했던 맹세 때문에, 그는 피할 수 없는 명령을 내렸다.

10 So John was beheaded in the prison,

10 그래서 요한이 감옥에서 목 베여졌다,

11 and his head was brought on a tray and given to the girl, who took it to her mother.

11 그리하여 그의 머리는 쟁반 우에 놓여 그 녀자애에게 주어졌고, 그 녀자애는 그것을 자기 어머니에게 가져갔다.

12 Later, John's disciples came for his body and buried it. Then they went and told Jesus what had happened.

12 후에, 요한의 제자들이 그의 시체를 가지러 왔고 그것을 매장했다. 그러고 나서 그들은 가서 무슨 일이 있었는지를 예수님에게 말씀드렸다.

Jesus Feeds Five Thousand
예수님이 5천 명을 먹이시다

13 As soon as Jesus heard the news, he left in a boat to a remote area to be alone. But the crowds heard where he was headed and followed on foot from many towns.

13 예수님은 그 소식을 듣자마자, 홀로 있기 위해 배를 타고 외딴 지역으로 떠나셨다. 그러나 군중들은 그분이 어디로 향하고 있는지를 듣고 많은 도시들로부터 걸어서 따라왔다.

14 Jesus saw the huge crowd as he stepped from the boat, and he had compassion on them and healed their sick.

14 예수님은 자신이 배에서 내렸을 때 큰 군중을 보셨다, 그리고 그분은 그들에 대해 가엾이 여기시고 그들의 병을 고쳐 주셨다.

15 That evening the disciples came to him and said, "This is a remote place, and it's already getting late. Send the crowds away so they can go to the villages and buy food for themselves."

15 그날 밤 제자들이 그분에게 와서 말했다, 《이곳은 외딴 곳이고, 이미 날이 늦어지고 있습니다. 군중들이 마을로 가서 자기들을 위한 식량을 살 수 있도록 그들을 보내십시오.》

16 But Jesus said, "That isn't necessary—you feed them."

16 그러나 예수님은 말씀하셨다. 《그럴 필요 없다—너희가 그들을 먹여라.》

17 **"But we have only five loaves of bread and two fish!" they answered.**

17 《그러나 우리는 단지 빵 다섯 덩이와 물고기 두 마리만 가지고 있습니다!》 그들이 대답했다.

18 **"Bring them here," he said.**

18 《그것들을 이리로 가져오너라.》 그분이 말씀하셨다.

19 **Then he told the people to sit down on the grass. Jesus took the five loaves and two fish, looked up toward heaven, and blessed them. Then, breaking the loaves into pieces, he gave the bread to the disciples, who distributed it to the people.**

19 그러고 나서 그분은 사람들에게 풀밭에 앉으라고 말씀하셨다. 예수님은 빵 다섯 덩이와 물고기 두 마리를 가지고, 하늘을 우러러 보셨다. 그리고 그것들을 축복하셨다. 그런 다음, 빵 덩이들을 조각들로 나누면서, 그분은 그 빵을 제자들에게 주셨고, 제자들은 그것을 사람들에게 나누어 주었다.

20 **They all ate as much as they wanted, and afterward, the disciples picked up twelve baskets of leftovers.**

20 사람들 모두는 자기들이 원하는 만큼 먹었다. 그런 다음에, 그 제자들은 남은 음식을 열두 바구니에 거두었다.

21 **About 5,000 men were fed that day, in addition to all the women and children!**

21 그날 모든 녀자들과 아이들 이외에, 대략 남자 5천 명이 먹었다!

Jesus Walks on Water

예수님이 물 우를 걸으시다

22 **Immediately after this, Jesus insisted that his disciples get back into the boat and cross to the other side of the lake, while he sent the people home.**

22 이 일이 있는 후 즉시, 예수님이 사람들을 집으로 보내는 동안, 자기 제자들에게는 배로 돌아가서 호수의 반대편으로 건너가라고 지시하셨다.

23 **After sending them home, he went up into the hills by himself to pray. Night fell while he was there alone.**

23 사람들을 집으로 보낸 후, 그분은 그분 혼자 기도하러 산에 올라가셨다. 그분이 그곳에서 홀로 계신 동안 밤이 되였다.

24 Meanwhile, the disciples were in trouble far away from land, for a strong wind had risen, and they were fighting heavy waves.

24 한편, 제자들은 륙지에서 멀리 떨어져서 어려움에 처해 있었다. 왜냐하면 세찬 바람이 일어나서, 그들이 거친 파도와 싸우고 있었기 때문이였다.

25 About three o'clock in the morning Jesus came toward them, walking on the water.

25 새벽 3시쯤에 예수님이 물 우를 걸어서, 그들을 향해 오고 계셨다.

26 When the disciples saw him walking on the water, they were terrified. In their fear, they cried out, "It's a ghost!"

26 제자들이 물 우를 걸어오시는 그분을 보았을 때, 그들은 무서워했다. 그들은 두려움으로, 그들이 웨쳤다. 《유령이다!》

27 But Jesus spoke to them at once. "Don't be afraid," he said. "Take courage. I am here!"

27 그러나 예수님은 즉시 그들에게 말씀하셨다. 《두려워하지 말아라.》 그분이 말씀하셨다. 《용기를 내여라. 내가 여기에 있다!》

28 Then Peter called to him, "Lord, if it's really you, tell me to come to you, walking on the water."

28 그러자 베드로가 그분에게 웨쳤다. 《주님, 만일 정말로 당신이라면, 저에게 물 우를 걸어서, 당신에게 오라고 말씀해 주십시오.》

29 "Yes, come," Jesus said. So Peter went over the side of the boat and walked on the water toward Jesus.

29 《그래, 오너라.》 예수님이 말씀하셨다. 그래서 베드로는 배의 가장자리를 넘어서서 예수님을 향해 물 우를 걸어갔다.

30 But when he saw the strong wind and the waves, he was terrified and began to sink. "Save me, Lord!" he shouted.

30 그러나 그가 세찬 바람과 파도를 보았을 때, 그는 무서워서 가라앉기 시작했다. 《주님, 저를 구해 주십시오!》 그가 웨쳤다.

31 Jesus immediately reached out and grabbed him. "You have so little faith," Jesus said. "Why did you doubt me?"

31 예수님은 즉시 손을 내밀어 그를 잡아주셨다. 《너는 너무 믿음이 적구나.》 예수님이 말씀하셨다. 《왜 나를 의심하였는가?》

32 When they climbed back into the boat, the wind stopped.

32 그들이 배 안으로 다시 올라왔을 때, 그 바람이 멎었다.

33 Then the disciples worshiped him. "You really are the Son of God!" they exclaimed.

33 그러자 제자들은 그분을 우러러 모셨다. 《당신은 정말로 하나님의 아들이십니다!》 그들이 웨쳤다.

34 **After they had crossed the lake, they landed at Gennesaret.**

34 후에 그들은 호수를 건너가서, 게네사렛 땅에 내렸다.

35 **When the people recognized Jesus, the news of his arrival spread quickly throughout the whole area, and soon people were bringing all their sick to be healed.**

35 사람들이 예수님을 알아보았을 때, 그분의 도착 소식이 재빨리 그 전 지역에 퍼졌다. 그리고 곧 사람들은 자기들의 모든 아픈 사람들을 치료받기 위해 데리고 오고 있었다.

36 **They begged him to let the sick touch at least the fringe of his robe, and all who touched him were healed.**

36 그들은 병자들이 그분의 옷 가장자리만이라도 만지게 해달라고 간청했다. 그리고 그분을 만졌던 모든 사람들은 낫게 되었다.

15

Jesus Teaches about Inner Purity

예수님이 리면의 순수성에 대해 가르치시다

1 **Some Pharisees and teachers of religious law now arrived from Jerusalem to see Jesus. They asked him,**

1 몇 바리새파 사람들과 종교법 선생들이 예수님을 만나려고 예루살렘에서부터 지금 도착했다. 그들이 그분에게 물었다,

2 **"Why do your disciples disobey our age-old tradition? For they ignore our tradition of ceremonial hand washing before they eat."**

2 《왜 당신의 제자들은 우리의 오래된 전통을 지키지 않습니까? 왜냐하면 그들은 먹기 전에 손을 씻는 우리 례식의 전통을 무시하기 때문입니다.》

3 **Jesus replied, "And why do you, by your traditions, violate the direct commandments of God?**

3 예수님이 대답하셨다, 《그러면 왜 너희는, 너희의 관습으로 하여, 하나님의 직접적인 명령을 어기는가?

4 **For instance, God says, 'Honor your father and mother,' and 'Anyone who speaks disrespectfully of father or mother must be put to death.'**

4 례를 들면, 하나님께서 말씀하신다, 〈너의 아버지와 어머니를 존경하라,〉 그리고 〈아버지나 어머니에게 무례하게 말하는 사람은 누구나 반

드시 사형당해야 한다.〉

5 But you say it is all right for people to say to their parents, 'Sorry, I can't help you. For I have vowed to give to God what I would have given to you.'

5 그러나 너희는 사람들이 자기 부모에게 〈미안합니다, 당신을 도와드릴 수 없습니다. 왜냐하면 내가 당신께 드릴 것을 하나님께 드린다고 맹세했기 때문입니다.〉고 말하는 사람에 대해 괜찮다고 말한다.

6 In this way, you say they don't need to honor their parents. And so you cancel the word of God for the sake of your own tradition.

6 이런 식으로, 너희는 사람들이 자기들의 부모를 존경할 필요가 없다고 말한다. 그렇게 함으로써 너희는 자기 자신들의 전통을 지키기 위해 하나님의 말씀을 무효로 한다.

7 You hypocrites! Isaiah was right when he prophesied about you, for he wrote,

7 너희 위선자들아! 이사야가 너희에 대해서 예언한 것이 맞았다, 왜냐하면 그가 쓰기를,

8 'These people honor me with their lips, but their hearts are far from me.

8 〈이 백성은 자기들의 입술로는 나를 존경한다, 그러나 그들의 마음은 나에게서 멀리 있다.

9 Their worship is a farce, for they teach man-made ideas as commands from God.'"

9 그들의 례배는 광대놀음이다, 왜냐하면 그들은 인간이 만든 생각들을 하나님에게서 온 명령들처럼 가르치고 있기 때문이다.〉》

10 Then Jesus called to the crowd to come and hear. "Listen," he said, "and try to understand.

10 그때 예수님은 군중들에게 와서 들으라고 부르셨다. 《귀담아들어라,》 그분이 말씀하셨다, 《그리고 리해하려고 노력하여라.

11 It's not what goes into your mouth that defiles you; you are defiled by the words that come out of your mouth."

11 너희를 더럽히는 것은 너희 입으로 들어가는 것이 아니다; 너희는 너희 입에서 나오는 말들로써 더러워진다.》

12 Then the disciples came to him and asked, "Do you realize you offended the Pharisees by what you just said?"

12 그때 제자들이 그분에게 와서 물었다, 《당신은 자신이 방금 말한 것으로 하여 바리새파 사람들을 불쾌하게 하신 것을 아십니까?》

13 Jesus replied, "Every plant not planted by my heavenly Father will be

uprooted,

13 예수님이 대답하셨다,《나의 하늘 아버지에 의해서 심어지지 않은 나무는 모두 뽑힐 것이다,

14 so ignore them. They are blind guides leading the blind, and if one blind person guides another, they will both fall into a ditch."

14 그러니 그들을 무시하여라. 그들은 눈먼 사람들을 인도하고 있는 눈먼 안내자들이다, 그리고 만일 눈먼 사람이 다른 눈먼사람을 안내하면, 그들은 둘 다 시궁창에 빠질 것이다.》

15 Then Peter said to Jesus, "Explain to us the parable that says people aren't defiled by what they eat."

15 그러자 베드로가 예수님에게 말했다,《사람들이 자기들이 먹는 것으로 하여 더럽혀지지 않는다고 말씀하신 빗댄 이야기를 우리에게 설명해 주십시오.》

16 "Don't you understand yet?" Jesus asked.

16《너희는 아직도 리해하지 못하는가?》 예수님이 물으셨다.

17 "Anything you eat passes through the stomach and then goes into the sewer.

17《너희가 먹는 무엇이든지 배를 통해 지나서 그 다음 하수도로 들어간다.

18 But the words you speak come from the heart—that's what defiles you.

18 그러나 너희가 하는 말들은 마음으로부터 나오는 것이다—그것이 너희를 더럽히는 것이다.

19 For from the heart come evil thoughts, murder, adultery, all sexual immorality, theft, lying, and slander.

19 왜냐하면 마음에서부터 악한 생각들, 살인, 부화방탕, 모든 성적 풍기문란, 도적질, 거짓말, 그리고 비방들이 나온다.

20 These are what defile you. Eating with unwashed hands will never defile you."

20 이것들이 너희를 더럽히는 것이다. 씻지 않는 손들로 먹는 것은 결코 너희를 더럽히지 않을 것이다.

The Faith of a Gentile Woman

한 비유태인 녀자의 믿음

21 Then Jesus left Galilee and went north to the region of Tyre and Sidon.

21 그런 다음 예수님은 갈릴리를 떠나서 북쪽 두로와 시돈 지방으로 가셨다.

22 **A Gentile woman who lived there came to him, pleading, "Have mercy on me, O Lord, Son of David! For my daughter is possessed by a demon that torments her severely."**

22 그곳에 살고 있는 한 비유태인 녀자가 그분에게 와서 간절히 청했다. 《오오 주님, 다윗의 후손이여, 나에게 은정을 베풀어 주십시오! 왜냐하면 저의 딸이 자신을 심하게 괴롭히는 귀신에 사로잡혀 있습니다.》

23 **But Jesus gave her no reply, not even a word. Then his disciples urged him to send her away. "Tell her to go away," they said. "She is bothering us with all her begging."**

23 그러나 예수님은 그 녀자에게 아무런 대답을 하지 않으셨다, 단 한 마디도. 그러자 그분의 제자들은 그 녀자를 돌려보내도록 그분에게 강하게 요구했다. 《그 녀자에게 가라고 말씀하십시오.》 그들이 말했다. 《그 녀자는 자신의 온갖 간절한 요청으로 우리를 귀찮게 하고 있습니다.》

24 **Then Jesus said to the woman, "I was sent only to help God's lost sheep—the people of Israel."**

24 그때 예수님은 그 녀자에게 말씀하셨다. 《나는 오직 하나님께서 잃어버린 양—이스라엘 백성을 돕기 위해 보내여졌다.》

25 **But she came and worshiped him, pleading again, "Lord, help me!"**

25 그러나 그 녀자는 와서, 다시 간절히 요청하면서 그분에게 경의를 표했다. 《주님, 저를 도와주십시오!》

26 **Jesus responded, "It isn't right to take food from the children and throw it to the dogs."**

26 예수님이 대답하셨다. 《아들딸들에게서 먹을 것을 집어서 그것을 개들에게 던져 주는 것은 옳지 않다.》

27 **She replied, "That's true, Lord, but even dogs are allowed to eat the scraps that fall beneath their masters' table."**

27 그 녀자가 대답했다. 《옳습니다, 주님, 그러나 지어 개들도 자기 주인들의 식탁 밑에 떨어지는 부스레기들을 먹는 것이 허락되여 있습니다.》

28 **"Dear woman," Jesus said to her, "your faith is great. Your request is granted." And her daughter was instantly healed.**

28 《사랑하는 녀자여,》 예수님이 그 녀자에게 말씀하셨다. 《너의 믿음이 크다. 너의 요청은 허락되였다.》 그리하여 그 녀자의 딸은 즉시 나았다.

Jesus Heals Many People
예수님이 많은 사람들을 낫게 하시다

29 **Jesus returned to the Sea of Galilee and climbed a hill and sat down.**

29 예수님이 갈릴리 바다로 돌아오셨다 그리고 산에 올라가서 앉으셨다.

30 **A vast crowd brought to him people who were lame, blind, crippled, those who couldn't speak, and many others. They laid them before Jesus, and he healed them all.**

30 아주 많은 군중이 절름발이, 눈먼 사람, 불구자, 말 못하는 사람들, 그리고 많은 다른 사람들을 그분에게 데려왔다. 사람들은 그들을 예수님 앞에 눕혔다, 그리고 그분은 그들 모두를 낫게 해주셨다.

31 **The crowd was amazed! Those who hadn't been able to speak were talking, the crippled were made well, the lame were walking, and the blind could see again! And they praised the God of Israel.**

31 그 군중은 깜짝 놀랐다! 말을 할 수 없었던 사람들이 말을 하고 있었고, 불구자들이 낫게 되였으며, 절름발이들이 걸었고, 눈먼 사람들이 다시 볼 수 있게 되였다! 그리고 그들은 이스라엘의 하나님을 찬양하였다.

Jesus Feeds Four Thousand

예수님이 4천 명을 먹이시다

32 **Then Jesus called his disciples and told them, "I feel sorry for these people. They have been here with me for three days, and they have nothing left to eat. I don't want to send them away hungry, or they will faint along the way."**

32 그때 예수님은 자기 제자들을 불러 그들에게 말씀하셨다,《나는 이 사람들이 불쌍하다. 이들은 나와 함께 여기에서 3일 동안 있었다, 그런데 이들에게는 먹을 것이 하나도 남지 않았다. 나는 그들을 배고픈 채로 보내고 싶지 않다, 그러다가는 그들이 가는 길에 쓰러질 것이다.》

33 **The disciples replied, "Where would we get enough food here in the wilderness for such a huge crowd?"**

33 그 제자들이 대답했다,《여기 황야에서 저렇게 많은 군중을 위한 충분한 음식을 어디에서 구하겠습니까?》

34 **Jesus asked, "How much bread do you have?" They replied, "Seven loaves, and a few small fish."**

34 예수님이 물으셨다,《너희에게 빵이 얼마나 있는가?》그들이 대답했다,《일곱 덩이와 작은 물고기가 조금 있습니다.》

35 **So Jesus told all the people to sit down on the ground.**

35 그래서 예수님은 모든 사람에게 바닥에 앉으라고 말씀하셨다.

36 **Then he took the seven loaves and the fish, thanked God for them, and broke them into pieces. He gave them to the disciples, who distributed**

the food to the crowd.

36 그때 그분은 빵 일곱 덩이와 물고기를 가지고, 그것들에 대해 하나님께 감사드렸다. 그리고 그것들을 쪼각들로 나누었다. 그분은 그것들을 제자들에게 주셨고, 그들은 그 음식을 군중들에게 나누어 주었다.

37 **They all ate as much as they wanted. Afterward, the disciples picked up seven large baskets of leftover food.**

37 사람들은 모두 자기들이 원하는 만큼 많이 먹었다. 그 후, 제자들은 남은 음식을 커다란 바구니 일곱 개에 주워 담았다.

38 **There were 4,000 men who were fed that day, in addition to all the women and children.**

38 그날 음식을 먹은 사람들은, 모든 녀자들과 아이들 외에도 남자들 4천 명이였다.

39 **Then Jesus sent the people home, and he got into a boat and crossed over to the region of Magadan.**

39 그리고 나서 예수님은 사람들을 집으로 보내셨다. 그리고 그분은 배를 타고 마가단 지방으로 건너가셨다.

16

Leaders Demand a Miraculous Sign

지도자들이 기적적인 증표를 요구하다

1 **One day the Pharisees and Sadducees came to test Jesus, demanding that he show them a miraculous sign from heaven to prove his authority.**

1 어느 날 바리새파 사람들과 사두개파 사람들이 예수님의 권위를 증명하기 위해 하늘로부터 오는 기적적인 증표를 자기들에게 보일 것을 요구하면서, 예수님을 떠보려고 왔다.

2 **He replied, "You know the saying, 'Red sky at night means fair weather tomorrow;**

2 그분은 대답하셨다. 《너희는 속담을 알고 있다 〈밤에 하늘이 붉으면 래일 날씨가 좋다는 것을 의미한다;

3 **red sky in the morning means foul weather all day.' You know how to interpret the weather signs in the sky, but you don't know how to interpret the signs of the times!**

3 아침에 하늘이 붉으면 하루 종일 날씨가 나쁘다는 것을 의미한다.〉 너희는 하늘에 의해 날씨의 징조들을 판단할 줄 안다. 그러나 시대의 징조들을 판단하는 법은 알지 못하는구나!

4 **Only an evil, adulterous generation would demand a miraculous sign, but the only sign I will give them is the sign of the prophet Jonah." Then Jesus left them and went away.**

4 오직 악하고, 부화방탕한 세대만이 기적적인 증표를 요구하는 것이다, 그러나 내가 그들에게 줄 오직 하나의 증표는 예언자 요나의 증표뿐이다.》 그러고 나서 예수님은 그들을 떠나 가셨다.

Yeast of the Pharisees and Sadducees

바리새파 사람들과 사두개파 사람들의 효모

5 **Later, after they crossed to the other side of the lake, the disciples discovered they had forgotten to bring any bread.**

5 그 후에, 제자들이 호수의 반대편으로 건너갔다, 그들은 잊어버리고 빵을 조금도 가져오지 않은 것을 알게 되였다.

6 **"Watch out!" Jesus warned them. "Beware of the yeast of the Pharisees and Sadducees."**

6《조심하여라!》 예수님이 그들에게 경고하셨다.《바리새파 사람들과 사두개파 사람들의 효모를 경계하여라.》

7 **At this they began to argue with each other because they hadn't brought any bread.**

7 이 말씀에 그들은 자기들이 아무런 빵도 가져오지 않았기 때문에 서로 수근거리기 시작했다.

8 **Jesus knew what they were saying, so he said, "You have so little faith! Why are you arguing with each other about having no bread?**

8 예수님은 그들이 무슨 말을 하고 있는지를 아셨다, 그래서 그분은 말씀하셨다.《너희는 믿음이 그렇게도 약한가! 왜 너희는 빵을 가져오지 않은 것에 대해 서로 수근거리고 있는가?

9 **Don't you understand even yet? Don't you remember the 5,000 I fed with five loaves, and the baskets of leftovers you picked up?**

9 너희는 아직까지도 리해하지 못하는가? 너희는 내가 다섯 덩이로 5천 명을 먹였던 것과, 너희가 주워 모았던 남은 음식의 바구니들을 기억하지 못하는가?

10 **Or the 4,000 I fed with seven loaves, and the large baskets of leftovers you picked up?**

10 아니면 내가 일곱 덩이로 4천 명을 먹인 것과, 너희가 주워 모았던 남은 음식의 큰 바구니들을 기억하지 못하는가?

11 **Why can't you understand that I'm not talking about bread? So again I say,**

'Beware of the yeast of the Pharisees and Sadducees.'"

11 왜 너희는 내가 빵에 대해 말하고 있지 않다는 것을 깨닫지 못하는가? 그래서 내가 다시 말한다. 〈바리새파 사람들과 사두개파 사람들의 효모를 경계하여라.〉》

12 Then at last they understood that he wasn't speaking about the yeast in bread, but about the deceptive teaching of the Pharisees and Sadducees.

12 그리하여 마침내 그들은 그분이 빵에 넣은 효모에 대해 말씀하는 것이 아니라, 바리새파 사람들과 사두개파 사람들의 거짓 가르침에 대한 것임을 깨달았다.

Peter's Declaration about Jesus

예수님에 대한 베드로의 선언

13 When Jesus came to the region of Caesarea Philippi, he asked his disciples, "Who do people say that the Son of Man is?"

13 예수님이 가이사랴 빌립보 지역에 오셨을 때, 그분은 자기 제자들에게 물으셨다. 《사람들은 사람의 아들이 누구라고 말하는가?》

14 "Well," they replied, "some say John the Baptist, some say Elijah, and others say Jeremiah or one of the other prophets."

14 《글쎄요.》 그들이 대답했다. 《어떤 사람들은 세례자 요한이라고 말하고, 어떤 사람들은 엘리야라고 말하며, 또 다른 사람들은 예레미야나 다른 예언자들 중 한 사람이라고 말합니다.》

15 Then he asked them, "But who do you say I am?"

15 그러자 그분은 그들에게 물으셨다. 《그런데 너희는 내가 누구라고 말하는가?》

16 Simon Peter answered, "You are the Messiah, the Son of the living God."

16 시몬 베드로가 대답했다. 《당신은 살아 계신 하나님의 아들, 구세주이십니다.》

17 Jesus replied, "You are blessed, Simon son of John, because my Father in heaven has revealed this to you. You did not learn this from any human being.

17 예수님이 대답하셨다. 《요한의 아들 시몬아. 하늘에 계신 나의 아버지께서 너에게 이것을 드러내 주셨기 때문에, 너는 축복을 받았다. 너는 이것을 그 어느 사람으로부터 배운 것이 아니다.

18 Now I say to you that you are Peter (which means 'rock'), and upon this rock I will build my church, and all the powers of hell will not conquer it.

18 이제 내가 너에게 말한다. 너는 베드로이다(그것은 〈바위〉라는 뜻이

다), 그리고 이 바위 우에 내가 나의 교회를 세울 것이다, 그리고 지옥의 모든 권력들이 그것을 쟁취하지 못할 것이다.

19 And I will give you the keys of the Kingdom of Heaven. Whatever you forbid on earth will be forbidden in heaven, and whatever you permit on earth will be permitted in heaven."

19 그리하여 나는 너에게 하늘나라의 열쇠들을 줄 것이다. 무엇이든지 너희가 땅에서 금지하는 것은 하늘에서도 금지될 것이다, 그리고 무엇이든지 너희가 땅에서 허락하는 것은 하늘에서도 허락될 것이다.》

20 Then he sternly warned the disciples not to tell anyone that he was the Messiah.

20 그러고 나서 그분은 제자들에게 자신이 구세주라는 것을 누구에게도 말하지 말라고 엄하게 경고하셨다.

Jesus Predicts His Death

예수님이 자신의 죽음을 예언하시다

21 From then on Jesus began to tell his disciples plainly that it was necessary for him to go to Jerusalem, and that he would suffer many terrible things at the hands of the elders, the leading priests, and the teachers of religious law. He would be killed, but on the third day he would be raised from the dead.

21 그때로부터 예수님은 자신의 제자들에게 자기가 예루살렘에 가야 할 필요가 있으며, 자신이 장로들, 상급 제사장들, 그리고 종교법 지도자들의 손에 많은 무서운 일들을 겪을 것이라고 분명하게 말하기 시작하셨다. 그분은 죽을 것이지만, 3일째 되는 날에 그분은 죽은 사람들로부터 다시 살아나실 것이다.

22 But Peter took him aside and began to reprimand him for saying such things. "Heaven forbid, Lord," he said. "This will never happen to you!"

22 그러나 베드로는 그분을 옆으로 모시고 가서 그러한 일들을 말씀하시는 것에 대해 그분을 나무라기 시작했다. 《그런 말씀을 하시다니,》 그가 말했다. 《이런 일은 결코 당신에게 일어나지 않을 것입니다!》

23 Jesus turned to Peter and said, "Get away from me, Satan! You are a dangerous trap to me. You are seeing things merely from a human point of view, not from God's."

23 예수님은 베드로에게 돌아서서 말씀하셨다, 《나에게서 떠나가라! 대악마야! 너는 나에게 위험한 함정이다. 너는 하나님의 관점이 아니라 단순히 인간의 관점으로만 일들을 보고 있구나.》

24 Then Jesus said to his disciples, "If any of you wants to be my follower, you must turn from your selfish ways, take up your cross, and follow me.

24 그러고 나서 예수님은 자기 제자들에게 말씀하셨다, 《만일 너희 중 누구라도 나의 제자가 되고 싶다면, 너희는 자신의 리기적인 길에서 돌이켜서, 자기의 십자사형틀을 지고, 나를 따라야 한다.

25 If you try to hang on to your life, you will lose it. But if you give up your life for my sake, you will save it.

25 만일 너희가 자기 생명에 매달려 있으려고 한다면, 너희는 그것을 잃을 것이다. 그러나 만일 너희가 나를 위해 자기 생명을 포기하다면, 너희는 그것을 구원할 것이다.

26 And what do you benefit if you gain the whole world but lose your own soul? Is anything worth more than your soul?

26 그런데 만일 너희가 온 세상을 얻고도 너희 자신의 령혼을 잃는다면 너희에게 무슨 리익이 있겠는가? 무엇이 너희 령혼보다 더 가치가 있겠는가?

27 For the Son of Man will come with his angels in the glory of his Father and will judge all people according to their deeds.

27 왜냐하면 사람의 아들은 자기 아버지의 영광 속에 자기 천사들과 함께 올 것이고 모든 사람들을 그들의 행위에 따라서 심판할 것이기 때문이다.

28 And I tell you the truth, some standing here right now will not die before they see the Son of Man coming in his Kingdom."

28 그리고 내가 너희에게 진실을 말한다, 바로 여기 서 있는 몇 사람은 죽기 전에 사람의 아들이 자신의 나라로 오는 것을 보게 될 것이다.》

17

The Transfiguration

모습 바뀌기

1 Six days later Jesus took Peter and the two brothers, James and John, and led them up a high mountain to be alone.

1 6일 후에 예수님은 베드로와 두 형제인, 야고보와 요한을 데리고, 따로 떨어져 있기 위해 높은 산으로 그들을 이끌고 올라가셨다.

2 As the men watched, Jesus' appearance was transformed so that his face shone like the sun, and his clothes became as white as light.

2 그 사람들이 보고 있었을 때, 예수님의 모습이 변화되였다. 그리하여

그분의 얼굴은 해처럼 빛났고, 그분의 옷은 빛과 같이 희어졌다.

3 **Suddenly, Moses and Elijah appeared and began talking with Jesus.**

3 갑자기, 모세와 엘리야가 나타나서 예수님과 이야기하기 시작했다.

4 **Peter exclaimed, "Lord, it's wonderful for us to be here! If you want, I'll make three shelters as memorials—one for you, one for Moses, and one for Elijah."**

4 베드로가 웨쳤다, 《주님, 여기에 있는 것이 우리에게는 아주 좋습니다! 만일 당신이 원하시면, 제가 기념물로서 세 오두막을 짓겠습니다—하나는 당신을 위해, 하나는 모세를 위해, 그리고 하나는 엘리야를 위해.》

5 **But even as he spoke, a bright cloud overshadowed them, and a voice from the cloud said, "This is my dearly loved Son, who brings me great joy. Listen to him."**

5 그런데 그가 말하고 있는 바로 그 순간에, 빛나는 구름이 그들을 덮었다, 그리고 그 구름으로부터 한 목소리가 말했다, 《이는 내가 극진히 사랑하는 아들이고, 그는 나에게 큰 기쁨을 가져온다. 그의 말을 들어라.》

6 **The disciples were terrified and fell face down on the ground.**

6 제자들은 겁이 나서 얼굴을 땅에 대고 엎드렸다.

7 **Then Jesus came over and touched them. "Get up," he said. "Don't be afraid."**

7 그러자 예수님이 와서 그들을 어루만지셨다. 《일어나거라,》 그분이 말씀하셨다. 《무서워하지 말아라.》

8 **And when they looked up, Moses and Elijah were gone, and they saw only Jesus.**

8 그리고 그들이 올려다보았을 때, 모세와 엘리야는 사라졌다, 그리하여 그들은 오직 예수님만을 보았다.

9 **As they went back down the mountain, Jesus commanded them, "Don't tell anyone what you have seen until the Son of Man has been raised from the dead."**

9 그들이 산에서 다시 내려왔을 때, 예수님이 그들에게 명령하셨다, 《사람의 아들이 죽은 사람들로부터 다시 살아날 때까지 너희가 본 것을 아무에게도 말하지 말아라.》

10 **Then his disciples asked him, "Why do the teachers of religious law insist that Elijah must return before the Messiah comes?"**

10 그러자 그분의 제자들이 그분에게 물었다, 《왜 종교법 선생들은 구세주가 오기 전에 엘리야가 돌아와야 한다고 주장합니까?》

11 Jesus replied, "Elijah is indeed coming first to get everything ready.

11 예수님이 대답하셨다, 《엘리야는 모든 것을 준비하기 위해 실제로 먼저 올 것이다 .

12 But I tell you, Elijah has already come, but he wasn't recognized, and they chose to abuse him. And in the same way they will also make the Son of Man suffer."

12 그러나 내가 너희에게 말한다, 엘리야는 이미 왔다, 그런데도 그를 알아보지 못하고, 그를 학대하기로 했다. 그리고 같은 방식으로 그들은 사람의 아들도 역시 고통스럽게 할 것이다.》

13 Then the disciples realized he was talking about John the Baptist.

13 그러자 제자들은 그분이 세례자 요한에 대해 말씀하신 것을 깨달았다.

Jesus Heals a Demon-Possessed Boy

예수님이 귀신들린 한 소년을 고치시다

14 At the foot of the mountain, a large crowd was waiting for them. A man came and knelt before Jesus and said,

14 산기슭에서, 큰 군중이 그들을 기다리고 있었다. 한 사람이 와서 예수님 앞에 무릎을 꿇고 말했다,

15 "Lord, have mercy on my son. He has seizures and suffers terribly. He often falls into the fire or into the water.

15 《주님, 저의 아들에게 은정을 베풀어 주십시오. 그가 발작하여 심하게 고통받습니다. 그는 자주 불 속이나 물속으로 뛰여듭니다.

16 So I brought him to your disciples, but they couldn't heal him."

16 그래서 제가 그 아이를 당신의 제자들에게 데려왔습니다, 그러나 그들은 그를 고치지 못했습니다.》

17 Jesus said, "You faithless and corrupt people! How long must I be with you? How long must I put up with you? Bring the boy here to me."

17 예수님이 말씀하셨다, 《너희 믿음 없고 타락한 사람들아! 얼마나 오래동안 내가 너희와 함께 있어야 하는가? 얼마나 오래동안 내가 너희를 참고 있어야 하는가? 그 아이를 여기 나에게 데리고 오너라.》

18 Then Jesus rebuked the demon in the boy, and it left him. From that moment the boy was well.

18 그리고 나서 예수님은 소년 안에 있는 귀신을 꾸짖으셨다, 그러자 그것은 그를 떠났다. 그 순간부터 그 소년은 나았다.

19 Afterward the disciples asked Jesus privately, "Why couldn't we cast out

that demon?"

19 후에 제자들이 예수님에게 남의 눈에 띄이지 않게 물었다. 《왜 우리는 그 귀신을 쫓아내지 못했습니까?》

20 "You don't have enough faith," Jesus told them. "I tell you the truth, if you had faith even as small as a mustard seed, you could say to this mountain, 'Move from here to there,' and it would move. Nothing would be impossible."

20 《너희는 충분한 믿음이 없었다.》 예수님이 그들에게 대답하셨다. 《내가 너희에게 진실을 말한다. 만일 너희에게 겨자씨 한 알만 한 작은 믿음이라도 있었다면, 너희는 이 산에게 말할 것이다. 〈여기에서 저기로 옮겨가라.〉 그러면 그것이 옮겨질 것이다. 어떤 것도 불가능하지 않을 것이다.》

21

21 (없음)

Jesus Again Predicts His Death

예수님이 자신의 죽음을 다시 예언하시다

22 After they gathered again in Galilee, Jesus told them, "The Son of Man is going to be betrayed into the hands of his enemies.

22 후에 그들이 다시 갈릴리에 모였다. 예수님이 그들에게 말씀하셨다. 《사람의 아들은 자기 원쑤들의 손에 넘겨지게 될 것이다.

23 He will be killed, but on the third day he will be raised from the dead." And the disciples were filled with grief.

23 그는 죽게 될 것이다. 그러나 3일째 되는 날에 그는 죽은 사람들로부터 살아날 것이다.》 그러자 제자들은 슬픔으로 가득 찼다.

Payment of the Temple Tax

신전 세금의 납부

24 On their arrival in Capernaum, the collectors of the Temple tax came to Peter and asked him, "Doesn't your teacher pay the Temple tax?"

24 그들이 가버나움에 도착하자, 신전 세금 징수원들이 베드로에게 와서 그에게 물었다. 《너희 선생은 신전 세금을 내지 않는가?》

25 "Yes, he does," Peter replied. Then he went into the house. But before he had a chance to speak, Jesus asked him, "What do you think, Peter? Do kings tax their own people or the people they have conquered?"

25 《아니요. 그분은 내십니다.》 베드로가 대답했다. 그러고 나서 그는

집으로 들어갔다. 그러나 그가 말할 기회를 갖기 전에, 예수님이 그에게 물으셨다. 《베드로야, 너는 어떻게 생각하는가? 왕들이 자기 백성들에게 세금을 내게 하는가 아니면 자기들이 정복한 백성들에게 세금을 내게 하는가?》

26 "They tax the people they have conquered," Peter replied. "Well, then," Jesus said, "the citizens are free!

26 《그들은 자기들이 정복한 백성들에게 세금을 내게 합니다.》 베드로가 대답했다. 《자, 그렇다면,》 예수님이 말씀하셨다. 《백성들은 세금이 없다!

27 However, we don't want to offend them, so go down to the lake and throw in a line. Open the mouth of the first fish you catch, and you will find a large silver coin. Take it and pay the tax for both of us."

27 그렇지만, 우리는 그들의 감정을 상하게 하고 싶지 않다. 그러니 호수로 내려가서 낚시줄을 던져라. 네가 잡은 첫 번째 물고기의 입을 벌려라. 그러면 너는 큰 은전 한 개를 발견할 것이다. 그것을 가지고 우리 두 사람 위한 세금을 내여라.》

18

The Greatest in the Kingdom

하늘나라에서 가장 위대한 사람

1 About that time the disciples came to Jesus and asked, "Who is greatest in the Kingdom of Heaven?"

1 그 무렵 제자들이 예수님에게 와서 물었다. 《누가 하늘나라에서는 가장 위대합니까?》

2 Jesus called a little child to him and put the child among them.

2 예수님은 한 어린아이를 자신에게 불러서 그 아이를 그들 가운데 세우셨다.

3 Then he said, "I tell you the truth, unless you turn from your sins and become like little children, you will never get into the Kingdom of Heaven.

3 그다음 그분이 말씀하셨다. 《내가 너희에게 진실을 말한다. 만일 너희가 너희 죄에서 돌아서서 어린아이들처럼 되지 않으면, 너희는 결코 하늘나라에 들어가지 못할 것이다.

4 So anyone who becomes as humble as this little child is the greatest in the Kingdom of Heaven.

4 그래서 누구든지 이 어린아이와 같이 겸손하게 되는 사람이 하늘나라

에서 가장 위대한 사람이다.

5 “And anyone who welcomes a little child like this on my behalf is welcoming me.

5《그리고 나를 대신하여 이와 같은 한 어린아이를 환영하는 사람은 누구든지 나를 환영하는 것이다.

6 But if you cause one of these little ones who trusts in me to fall into sin, it would be better for you to have a large millstone tied around your neck and be drowned in the depths of the sea.

6 그러나 만일 너희가 나를 믿는 이 어린아이들 중 하나를 죄짓게 한다면, 너희 목에 큰 망돌을 메고 바다 깊은 곳에 빠져 죽는 것이 너희에게 더 나을 것이다.

7 “What sorrow awaits the world, because it tempts people to sin. Temptations are inevitable, but what sorrow awaits the person who does the tempting.

7《얼마나 큰 슬픔이 세상을 기다리고 있는가, 왜냐하면 그것이 사람들로 하여금 죄를 짓도록 유혹하기 때문이다. 유혹들은 피할 수 없지만, 얼마나 큰 슬픔이 그 부추기는 사람을 기다리고 있는가.

8 So if your hand or foot causes you to sin, cut it off and throw it away. It’s better to enter eternal life with only one hand or one foot than to be thrown into eternal fire with both of your hands and feet.

8 그러니 만일 너희 손이나 발이 너희로 하여금 죄짓게 한다면, 그것을 잘라서 내버려라. 오직 한 손이나 한 발만 가지고 영원한 생명에 들어가는 것이 너희의 두 손과 두 발을 가지고 영원한 불 속에 던져지는 것보다 더 낫다.

9 And if your eye causes you to sin, gouge it out and throw it away. It’s better to enter eternal life with only one eye than to have two eyes and be thrown into the fire of hell.

9 그리고 만일 너희 눈이 너희로 하여금 죄짓게 한다면 그것을 도려내어. 오직 한쪽 눈만 가지고 영원한 생명에 들어가는 것이 두 눈을 가지고 지옥 불에 던져지는 것보다 더 낫다.

10 “Beware that you don’t look down on any of these little ones. For I tell you that in heaven their angels are always in the presence of my heavenly Father.

10《너희가 이 어린아이들 중 누구라도 업수이여기지 않도록 조심하여라. 왜냐하면 내가 너희에게 말한다. 하늘에서는 그들의 천사들이 언제나 나의 하늘 아버지의 앞에 있기 때문이다.》

Parable of the Lost Sheep
잃어버린 양에 빗댄 이야기

12 "If a man has a hundred sheep and one of them wanders away, what will he do? Won't he leave the ninety-nine others on the hills and go out to search for the one that is lost?

12 《만일 한 사람에게 양이 100마리가 있다 그리고 그중 한 마리가 헤매고 있다면, 그는 어떻게 하겠는가? 그가 다른 99마리를 산에 남겨 두고 그 잃어버린 한 마리를 찾으러 다니지 않겠는가?

13 And if he finds it, I tell you the truth, he will rejoice over it more than over the ninety-nine that didn't wander away!

13 그래서 내가 너희에게 진실을 말한다, 만일 그가 그것을 찾으면, 그는 헤매지 않던 99마리보다 그것에 대해 더욱 기뻐할 것이다!

14 In the same way, it is not my heavenly Father's will that even one of these little ones should perish.

14 마찬가지로, 이 어린아이들 중 하나라도 망하게 하는 것은 나의 하늘 아버지의 뜻이 아니다.

Correcting Another Believer
다른 믿는 사람을 바로잡아주기

15 "If another believer sins against you, go privately and point out the offense. If the other person listens and confesses it, you have won that person back.

15 《만일 다른 믿는 사람이 너에게 죄를 지으면, 개별적으로 가서 그 죄과를 지적하여라. 만일 그 상대방이 듣고 그것을 인정하면, 너는 그 사람을 도로 찾게 된다.

16 But if you are unsuccessful, take one or two others with you and go back again, so that everything you say may be confirmed by two or three witnesses.

16 그러나 네가 실패하면, 너와 같이 한두 사람을 데리고 다시 가거라, 그래야 네가 말한 모든 것이 두세 사람의 립증자들에 의해 확증될 것이다.

17 If the person still refuses to listen, take your case to the church. Then if he or she won't accept the church's decision, treat that person as a pagan or a corrupt tax collector.

17 만일 그 사람이 듣기를 여전히 거부하면, 너의 경우를 교회에 가져가거라. 그런 다음 만일 그 남자나 녀자가 그 교회의 결정을 받아들이

지 않으면, 그 사람을 다른 종교를 믿는 사람으로나 부패한 세금 징수원처럼 대하여라.

18 "I tell you the truth, whatever you forbid on earth will be forbidden in heaven, and whatever you permit on earth will be permitted in heaven.

18 《내가 너희에게 진실을 말한다, 무엇이든지 너희가 땅에서 금지하는 것은 하늘에서도 금지될 것이다, 그리고 무엇이든지 너희가 땅에서 허락하는 것은 하늘에서도 허락될 것이다.

19 "I also tell you this: If two of you agree here on earth concerning anything you ask, my Father in heaven will do it for you.

19 《또한 내가 너희에게 이것을 말한다: 만일 너희 두 사람이 여기 땅 위에서 너희가 요구하는 어떤 것에 대해 의견을 같이하면, 하늘에 계신 나의 아버지께서 너희를 위하여 그것을 실행해 주실 것이다.

20 For where two or three gather together as my followers, I am there among them."

20 왜냐하면 두세 사람이 나를 따르는 사람으로서 함께 모이는 곳에, 내가 그들 가운데 그곳에 있기 때문이다.》

Parable of the Unforgiving Debtor

용서하지 않는 빚진 사람에 빗댄 이야기

21 Then Peter came to him and asked, "Lord, how often should I forgive someone who sins against me? Seven times?"

21 그때 베드로가 그분에게 와서 물었다, 《주님, 나에게 죄를 짓는 어떤 사람을 내가 얼마나 자주 용서해 주어야 합니까? 일곱 번입니까?》

22 "No, not seven times," Jesus replied, "but seventy times seven!

22 《아니, 일곱 번이 아니라,》 예수님이 대답하셨다, 《일흔 번씩 일곱 번이다!》

23 "Therefore, the Kingdom of Heaven can be compared to a king who decided to bring his accounts up to date with servants who had borrowed money from him.

23 《그러므로, 하늘나라는 왕에게서 돈을 빌려 간 종들로 하여금 지금까지의 자기의 계산서들을 가져오라고 결정한 왕에 비교될 수 있다.

24 In the process, one of his debtors was brought in who owed him millions of dollars.

24 그 과정에서, 그의 빚진 사람들 중 한 사람이 그에게 수백만 딸라를 빚진 사람에게 불려왔다.

25 He couldn't pay, so his master ordered that he be sold—along with his

wife, his children, and everything he owned—to pay the debt.

25 그는 갚을 수가 없었다. 그래서 그의 주인은 그가 팔아서—그의 안해, 그의 아들딸들, 그리고 그가 가진 모든 것을 함께—빚을 갚으라고 명령했다.

26 "But the man fell down before his master and begged him, 'Please, be patient with me, and I will pay it all.'

26 《그러나 그 사람은 자기 주인 앞에 엎드려 그에게 빌었다. 〈제발, 저에 대해 참아 주십시오. 그러면 제가 그것을 모두 갚겠습니다.〉

27 Then his master was filled with pity for him, and he released him and forgave his debt.

27 그러자 그의 주인은 그에 대한 동정으로 가득 차서, 그는 그를 놓아주고 그의 빚을 면제해 주었다.

28 "But when the man left the king, he went to a fellow servant who owed him a few thousand dollars. He grabbed him by the throat and demanded instant payment.

28 《그런데 그 사람이 왕을 떠났을 때, 그는 자기에게 몇천 딸라 빚진 동료 종에게 갔다. 그는 그의 멱살을 잡고 즉시 갚을 것을 요구했다.

29 "His fellow servant fell down before him and begged for a little more time. 'Be patient with me, and I will pay it,' he pleaded.

29 《그의 동료 종은 그 앞에 엎드렸다. 그리고 조금만 더 시간을 달라고 빌었다. 〈나를 기다려 주시오. 그러면 내가 그것을 갚겠소.〉 그가 탄원했다.

30 But his creditor wouldn't wait. He had the man arrested and put in prison until the debt could be paid in full.

30 그러나 그에게 빌려 준 사람은 기다려주지 않았다. 그는 그 사람을 잡아서 그 빚이 전부 갚아질 때까지 감옥에 가두었다.

31 "When some of the other servants saw this, they were very upset. They went to the king and told him everything that had happened.

31 《다른 종들 중 몇 명이 이것을 보았을 때, 어쩔 바를 몰랐다. 그들은 왕에게 가서 일어났던 모든 일을 그에게 말하였다.

32 Then the king called in the man he had forgiven and said, 'You evil servant! I forgave you that tremendous debt because you pleaded with me.

32 그러자 그 왕은 자기가 용서해 준 사람을 불러서 말했다. 〈너 악한 종아! 네가 나에게 탄원했기 때문에 나는 너에게 어마어마한 빚을 면제해 주었다.

33 Shouldn't you have mercy on your fellow servant, just as I had mercy on

you?'

33 너는 내가 너에게 은정을 베풀어 주었던 것과 똑같이, 너의 동료 종에게 은정을 베풀었어야 하지 않는가?〉

34 Then the angry king sent the man to prison to be tortured until he had paid his entire debt.

34 그러고 나서 성난 왕은 그 사람이 자기 빚을 전부 갚을 때까지 고통을 당하도록 그를 감옥에 보냈다.

35 "That's what my heavenly Father will do to you if you refuse to forgive your brothers and sisters from your heart."

35 《만일 너희가 너희 마음으로부터 너희 형제와 자매들을 용서하기를 거절한다면, 나의 하늘 아버지께서 너희에게 그와 같이 하실 것이다.》

19

Discussion about Divorce and Marriage

리혼과 결혼에 대한 토론

1 When Jesus had finished saying these things, he left Galilee and went down to the region of Judea east of the Jordan River.

1 예수님은 이런 것을 말씀하기를 마치셨을 때, 그분은 갈릴리를 떠나 요단강의 동쪽에 있는 유태 지방으로 내려가셨다.

2 Large crowds followed him there, and he healed their sick.

2 큰 군중들이 그분을 따라 그곳에 갔다, 그리고 그분은 그들의 병을 고쳐 주셨다.

3 Some Pharisees came and tried to trap him with this question: "Should a man be allowed to divorce his wife for just any reason?"

3 몇 바리새파 사람들이 와서 이 질문으로 그분을 함정에 빠뜨리려고 하였다: 《한 남자가 어떤 리유만 있으면 자기 안해와 리혼하는 것이 허락됩니까?》

4 "Haven't you read the Scriptures?" Jesus replied. "They record that from the beginning 'God made them male and female.'"

4 예수님이 대답하셨다. 《너희는 하나님말씀책을 읽지 않았는가?》《그것에는 처음부터 기록되여 있다 〈하나님은 사람들을 남자와 녀자로 만드셨다.〉》

5 And he said, "'This explains why a man leaves his father and mother and is joined to his wife, and the two are united into one.'

5 그리고 그분은 말씀하셨다, 《〈이것은 왜 한 남자가 자기의 아버지와

어머니를 떠나서 자기 안해와 밀접히 결합하여, 그 둘이 하나로 되는지를 설명한다.〉

6 **Since they are no longer two but one, let no one split apart what God has joined together."**

6 그들이 더 이상 둘이 아니고 하나이기 때문에, 하나님께서 하나로 결합시켜 놓으신 것을 어느 누구도 갈라놓을 수 없다.》

7 **"Then why did Moses say in the law that a man could give his wife a written notice of divorce and send her away?" they asked.**

7《그러면 왜 모세는 법에서 한 남자가 자기 안해에게 문서로 된 리혼 통지서를 주고 그 녀자를 떠나보낼 수 있다고 말하였습니까?》 그들이 물었다.

8 **Jesus replied, "Moses permitted divorce only as a concession to your hard hearts, but it was not what God had originally intended.**

8 예수님이 대답하셨다,《모세는 너희의 마음이 무정하기 때문에 단지 양보로써 리혼을 허락하였지만, 그것은 하나님께서 원래 의도한 것이 아니였다.

9 **And I tell you this, whoever divorces his wife and marries someone else commits adultery—unless his wife has been unfaithful."**

9 그리고 내가 너희에게 이것을 말한다, 누구든지 자기 안해와 리혼하고 다른 사람과 결혼하는 것은 부화방탕을 저지르는 것이다—자기 안해가 지조를 지켰음에도.》

10 **Jesus' disciples then said to him, "If this is the case, it is better not to marry!"**

10 그러자 예수님의 제자들이 그분에게 말했다,《만일 이런 처지라면, 결혼을 하지 않는 것이 낫겠습니다!》

11 **"Not everyone can accept this statement," Jesus said. "Only those whom God helps.**

11 예수님이 말씀하셨다,《모두가 이 말을 받아들일 수 있는 것은 아니다.》《오직 하나님이 도우시는 사람들뿐이다,

12 **Some are born as eunuchs, some have been made eunuchs by others, and some choose not to marry for the sake of the Kingdom of Heaven. Let anyone accept this who can."**

12 어떤 사람은 거세되여 태여난다, 어떤 사람은 다른 사람들에 의해서 거세된 사람이 된다, 그리고 어떤 사람은 하나님 나라를 위해 결혼하지 않는 것을 선택한다. 이것을 받아들일 수 있는 사람은 누구든지 받아들이게 하여라.》

Jesus Blesses the Children

예수님이 아이들을 축복하시다

13 One day some parents brought their children to Jesus so he could lay his hands on them and pray for them. But the disciples scolded the parents for bothering him.

13 어느 날 몇 부모들이 예수님에게 아이들 우에 그분의 손을 얹어서 그들을 위해 기도해 주시도록 자기 아이들을 그분에게 데려왔다. 그러나 그 제자들은 그 부모들이 그분을 귀찮게 하는 것을 꾸짖었다.

14 But Jesus said, "Let the children come to me. Don't stop them! For the Kingdom of Heaven belongs to those who are like these children."

14 그러나 예수님은 말씀하셨다,《아이들이 나에게 오도록 하여라. 그들을 막지 말아라! 왜냐하면 하나님 나라는 이런 아이들과 같은 사람들에게 속해 있기 때문이다.》

15 And he placed his hands on their heads and blessed them before he left.

15 그리고 그분은 자신이 떠나기 전에 자기 손을 그들의 머리들 우에 얹고 그들을 축복하셨다.

The Rich Man

부유한 사람

16 Someone came to Jesus with this question: "Teacher, what good deed must I do to have eternal life?"

16 어떤 사람이 이 질문을 가지고 예수님에게 왔다:《선생님, 제가 영원한 생명을 얻기 위해 어떤 선량한 일을 해야 합니까?》

17 "Why ask me about what is good?" Jesus replied. "There is only One who is good. But to answer your question—if you want to receive eternal life, keep the commandments."

17《왜 나에게 선량한 것에 대해서 묻는가?》예수님이 대답하셨다.《선량한 분은 오직 한 분이시다. 그렇지만 너의 질문에 대답하기 위해—만일 네가 영원한 생명을 얻고 싶다면, 명령들을 지켜라.》

18 "Which ones?" the man asked. And Jesus replied: "'You must not murder. You must not commit adultery. You must not steal. You must not testify falsely.

18《어떤 것들입니까?》그 사람이 물었다. 그러자 예수님이 대답하셨다:《〈살인하지 말아야 한다. 부화방탕해서는 안 된다. 훔쳐서는 안 된다. 거짓말로 립증해서는 안 된다.

19 Honor your father and mother. Love your neighbor as yourself.'"

19 너의 아버지와 어머니를 귀중히 여기라. 너의 이웃을 너 자신처럼 사랑하여라.》

20 "I've obeyed all these commandments," the young man replied. "What else must I do?"

20《저는 이 모든 명령들을 다 지켰습니다.》 그 청년은 대답했다. 《그 외에 제가 무엇을 해야 합니까?》

21 Jesus told him, "If you want to be perfect, go and sell all your possessions and give the money to the poor, and you will have treasure in heaven. Then come, follow me."

21 예수님이 그에게 말씀하셨다. 《만일 네가 완전해지기를 원한다면, 가서 너의 모든 재산을 팔아서 그 돈을 가난한 사람들에게 주어라. 그러면 너는 하늘에서 보물을 가지게 될 것이다. 그리고 와서, 나를 따르라.》

22 But when the young man heard this, he went away sad, for he had many possessions.

22 그러나 그 청년이 이 말을 들었을 때, 그는 슬퍼하며 떠나갔다. 왜냐하면 그에게 많은 재산이 있었기 때문이였다.

23 Then Jesus said to his disciples, "I tell you the truth, it is very hard for a rich person to enter the Kingdom of Heaven.

23 그러자 예수님이 자기 제자들에게 말씀하셨다. 《내가 너희에게 진실을 말한다. 부유한 사람이 하늘나라에 들어가는 것은 매우 어렵다.

24 I'll say it again—it is easier for a camel to go through the eye of a needle than for a rich person to enter the Kingdom of God!"

24 내가 그것을 다시 말한다—부유한 사람이 하늘나라에 들어가는 것보다 락타가 바늘귀로 지나가는 것이 더 쉽다!》

25 The disciples were astounded. "Then who in the world can be saved?" they asked.

25 그 제자들은 깜짝 놀랐다. 《그러면 누가 이 세상에서 구원될 수 있습니까?》 그들이 물었다.

26 Jesus looked at them intently and said, "Humanly speaking, it is impossible. But with God everything is possible."

26 예수님은 그들을 진지하게 바라보고 말씀하셨다. 《인간적으로 말하자면, 그것은 불가능하다. 그렇지만 하나님에게 있어서는 모든 것이 가능하다.》

27 Then Peter said to him, "We've given up everything to follow you. What will we get?"

27 그러자 베드로가 그분에게 말했다. 《우리는 당신을 따르기 위해 모든

것을 포기했습니다. 우리는 무엇을 얻게 될 것입니까?》

28 **Jesus replied, "I assure you that when the world is made new and the Son of Man sits upon his glorious throne, you who have been my followers will also sit on twelve thrones, judging the twelve tribes of Israel.**

28 예수님이 대답하셨다. 《내가 너희에게 자신 있게 말한다. 세상이 새롭게 만들어지고 사람의 아들이 자기의 영광스러운 왕좌에 앉을 때, 나의 제자들이였던 너희들도 이스라엘의 열두 가문을 심판하면서, 왕좌에 앉을 것이다.

29 **And everyone who has given up houses or brothers or sisters or father or mother or children or property, for my sake, will receive a hundred times as much in return and will inherit eternal life.**

29 그리고 누구든지 나의 리익을 위해, 집들이나, 형제들이나, 자매들이나, 어머니나 아버지 또는 아들딸들이나 재산을 포기하는 사람은, 보답으로 100배나 많이 영원한 생명을 물려받을 것이다.

30 **But many who are the greatest now will be least important then, and those who seem least important now will be the greatest then.**

30 그러나 많은 사람들이 지금은 가장 위대하지만 그때는 전혀 중요하지 않게 될 것이고, 지금 전혀 중요하지 않은 듯한 사람들이 그때는 가장 위대하게 될 것이다.

20

Parable of the Vineyard Workers

포도밭 일군들에 빗댄 이야기

1 **"For the Kingdom of Heaven is like the landowner who went out early one morning to hire workers for his vineyard.**

1 《왜냐하면 하늘나라는 자기 포도밭에 일군들을 삯 주고 쓰기 위해 아침 일찍 나간 토지 소유자와 같기 때문이다.

2 **He agreed to pay the normal daily wage and sent them out to work.**

2 그는 정상적인 하루 임금을 주기로 합의하고 그들을 일하도록 내보냈다.

3 **"At nine o'clock in the morning he was passing through the marketplace and saw some people standing around doing nothing.**

3 《아침 9시에 그가 장마당을 지나가고 있었다. 그리고 아무것도 하지 않고 주변에 서 있는 몇 사람을 보았다.

4 **So he hired them, telling them he would pay them whatever was right at**

the end of the day.

4 그래서 그는, 하루가 끝날 무렵 얼마가 되든지 적당한 보수를 주겠다고 그들에게 말하면서, 그들을 삯 주고 쓰기로 했다.

5 So they went to work in the vineyard. At noon and again at three o'clock he did the same thing.

5 그래서 그들은 포도밭에 일하러 갔다. 낮 12시와 3시에도 그는 같은 일을 했다.

6 "At five o'clock that afternoon he was in town again and saw some more people standing around. He asked them, 'Why haven't you been working today?'

6 《그날 오후 5시에 그는 다시 읍에 나갔다. 그리고 몇 사람이 더 주변에 서 있는 것을 보았다. 그는 그들에게 물었다, 〈왜 오늘 당신들은 일하지 않고 있었소?〉

7 "They replied, 'Because no one hired us.' "The landowner told them, 'Then go out and join the others in my vineyard.'

7 《그들이 대답했다, 〈아무도 우리에게 삯일을 시키지 않았기 때문입니다.〉 그 토지소유자가 그들에게 말했다, 〈그러면 나가서 내 포도밭에 있는 다른 사람들과 함께 일하시오.〉

8 "That evening he told the foreman to call the workers in and pay them, beginning with the last workers first.

8 《그날 저녁 그는 감독에게 일군들을 불러서 맨 마지막에 온 사람부터 먼저 시작해서, 그들에게 로임을 지불하라고 말했다.》

9 When those hired at five o'clock were paid, each received a full day's wage.

9 5시에 삯군이 된 사람들은, 각자 하루 종일 일한 품삯을 받았다.

10 When those hired first came to get their pay, they assumed they would receive more. But they, too, were paid a day's wage.

10 맨 처음 삯군으로 온 사람들이 자기들의 품삯을 받으러 왔을 때, 그들은 더 받으리라고 생각했다. 그러나 그들도 역시, 하루의 품삯을 받았다.

11 When they received their pay, they protested to the owner,

11 그들이 자기들의 품삯을 받았을 때, 그들은 주인에게 항의했다,

12 'Those people worked only one hour, and yet you've paid them just as much as you paid us who worked all day in the scorching heat.'

12 〈저 사람들은 단지 1시간만 일했습니다, 그런데도 당신은 그들에게 타는 듯한 더위 속에서 하루 종일 일한 우리들만큼 주었습니다.〉

13 **"He answered one of them, 'Friend, I haven't been unfair! Didn't you agree to work all day for the usual wage?**

13 《그는 그들 중 한 사람에게 대답했다, 〈친구여, 나는 불공평하지 않았소! 당신은 평상시의 품삯을 받고 하루 종일 일하기로 동의하지 않았는가?

14 **Take your money and go. I wanted to pay this last worker the same as you.**

14 당신의 돈을 가지고 가시오. 나는 이 마지막 일군에게 당신과 똑같이 지불하고 싶었소.

15 **Is it against the law for me to do what I want with my money? Should you be jealous because I am kind to others?'**

15 내가 내 돈을 가지고 내가 원하는 대로 하는 것이 법을 어기는 일이오? 당신은 내가 다른 사람들에게 친절하기 때문에 질투해야 하겠는가?〉

16 **"So those who are last now will be first then, and those who are first will be last."**

16 《이와 같이 지금 맨 끝의 사람들이 그때 첫째가 될 것이고, 첫째인 사람들이 맨 끝이 될 것이다.》

Jesus Again Predicts His Death

예수님이 자신의 죽음을 다시 예언하시다

17 **As Jesus was going up to Jerusalem, he took the twelve disciples aside privately and told them what was going to happen to him.**

17 예수님이 예루살렘으로 올라가고 있었을 때, 그분은 열두 제자들을 따로 데리고 가셨다 그리고 자신에게 무슨 일이 일어날 것인지를 그들에게 말씀해 주셨다.

18 **"Listen," he said, "we're going up to Jerusalem, where the Son of Man will be betrayed to the leading priests and the teachers of religious law. They will sentence him to die.**

18 《들어보아라,》 그분이 말씀하셨다, 《우리가 예루살렘으로 올라가고 있다, 그곳에서 사람의 아들은 상급 제사장들과 종교법 선생들에게 배반을 당할 것이다. 그들은 그에게 사형을 선고할 것이다.

19 **Then they will hand him over to the Romans to be mocked, flogged with a whip, and crucified. But on the third day he will be raised from the dead."**

19 그러고 나서 그들은 그를 업신여김 당하게 하고, 채찍으로 때리고, 십자사형틀에 못 박히도록 로마 사람들에게 그를 넘겨줄 것이다. 그러나

3일째 되는 날 그는 죽은 사람들로부터 살아날 것이다.》

Jesus Teaches about Serving Others

예수님이 다른 사람들을 섬기는 것에 대해 가르치시다

20 Then the mother of James and John, the sons of Zebedee, came to Jesus with her sons. She knelt respectfully to ask a favor.

20 그때 세베대의 아들들인 야고보와 요한의 어머니가, 자기 아들들을 데리고 예수님에게 왔다. 그 녀자는 부탁하려고 정중하게 무릎을 꿇었다.

21 "What is your request?" he asked. She replied, "In your Kingdom, please let my two sons sit in places of honor next to you, one on your right and the other on your left."

21 《당신이 바라는 것이 무엇입니까?》 그분이 물으셨다. 그 녀자는 대답했다, 《당신의 나라에서, 저의 두 아들들을 당신 곁 영광의 자리에, 한 명은 당신의 오른편에 그리고 다른 한 명은 당신의 왼편에 앉게 해 주십시오.》

22 But Jesus answered by saying to them, "You don't know what you are asking! Are you able to drink from the bitter cup of suffering I am about to drink?" "Oh yes," they replied, "we are able!"

22 그러나 예수님은 그들에게 이런 말로 대답하셨다, 《너희는 자신이 무엇을 청하고 있는지 모르고 있다! 너희는 내가 곧 마시려고 하는 고난의 쓴 잔을 마실 수 있는가?》 《오오, 그렇습니다.》 그들이 대답했다, 《우리는 할 수 있습니다!》

23 Jesus told them, "You will indeed drink from my bitter cup. But I have no right to say who will sit on my right or my left. My Father has prepared those places for the ones he has chosen."

23 예수님이 그들에게 말씀하셨다, 《너희는 실제로 나의 쓴 잔을 마실 것이다. 그러나 내 오른편이나 왼편에 누가 앉을지는 내가 말할 권한이 없다. 나의 아버지께서 자신이 선택하신 사람들을 위해 그 자리들을 준비해 놓으셨다.》

24 When the ten other disciples heard what James and John had asked, they were indignant.

24 다른 열 제자가 야고보와 요한이 부탁했던 것을 들었을 때, 그들은 격분했다.

25 But Jesus called them together and said, "You know that the rulers in this world lord it over their people, and officials flaunt their authority over

those under them.

25 그러나 예수님은 그들을 함께 불러 말씀하셨다. 《너희가 알고 있듯이 이 세상의 지배자들은 자기 백성들에게 마구 뽐내고, 관리들은 자기 아래에 있는 사람들에게 자기들의 권한을 보란 듯이 과시한다.

26 **But among you it will be different. Whoever wants to be a leader among you must be your servant,**

26 그러나 너희 가운데서는 그것이 달라져야 한다. 너희 가운데 누구든지 지도자 되기를 원하면 너희들의 종이 되여야 한다,

27 **and whoever wants to be first among you must become your slave.**

27 그리고 너희 중에 첫째가 되기 원하는 누구든지 너희의 종이 되여야 한다.

28 **For even the Son of Man came not to be served but to serve others and to give his life as a ransom for many."**

28 왜냐하면, 지어 사람의 아들은 섬김을 받으려고 온 것이 아니라 다른 사람을 섬기고 자기 생명을 많은 사람들의 몸값으로 주기 위해서 왔기 때문이다.》

Jesus Heals Two Blind Men

예수님이 두 눈 먼 사람들을 고치시다

29 **As Jesus and the disciples left the town of Jericho, a large crowd followed behind.**

29 예수님과 제자들이 여리고 마을을 떠날 때, 큰 군중이 뒤를 따랐다.

30 **Two blind men were sitting beside the road. When they heard that Jesus was coming that way, they began shouting, "Lord, Son of David, have mercy on us!"**

30 두 눈먼 사람이 길가에 앉아 있었다. 그들은 예수님이 그 길을 지나가신다는 것을 들었을 때, 그들은 웨치기 시작했다, 《주님, 다윗의 후손이시여! 우리에게 은정을 베풀어 주십시오!》

31 **"Be quiet!" the crowd yelled at them. But they only shouted louder, "Lord, Son of David, have mercy on us!"**

31 《조용히 하라!》 그 군중은 그들에게 고함쳤다. 그러나 그들은 더 크게 웨칠 뿐이였다, 《주님, 다윗의 후손이시여, 우리에게 은정을 베풀어 주십시오!》

32 **When Jesus heard them, he stopped and called, "What do you want me to do for you?"**

32 예수님이 그들의 소리를 들었을 때, 그분은 멈춰 서서 부르셨다, 《내

가 너희를 위해 무엇을 해주기 바라는가?》

33 "Lord," they said, "we want to see!"

33 《주님,》 그들이 말했다, 《우리는 보기를 원합니다!》

34 Jesus felt sorry for them and touched their eyes. Instantly they could see! Then they followed him.

34 예수님은 그들에 대해 불쌍히 여기셨다. 그리고 그들의 눈에 손을 대셨다. 즉시 그들은 볼 수 있었다! 그러고 나서 그들은 그분을 따라갔다.

21

Jesus' Triumphant Entry

예수님의 개선 입성

1 As Jesus and the disciples approached Jerusalem, they came to the town of Bethphage on the Mount of Olives. Jesus sent two of them on ahead.

1 예수님과 제자들이 예루살렘에 가까이 갔을 때, 그들은 올리브 산에 있는 벳바게라는 읍에 왔다. 예수님은 그들 중 두 명을 먼저 보내셨다.

2 "Go into the village over there," he said. "As soon as you enter it, you will see a donkey tied there, with its colt beside it. Untie them and bring them to me.

2 《저기에 있는 마을로 들어가거라,》 그분이 말씀하셨다. 《너희가 그곳에 들어가자마자, 너희는 나귀 한 마리가 그 곁에 새끼와 함께 매여 있는 것을 그곳에서 보게 될 것이다. 그것들을 풀어서 나에게 끌고 오너라.》

3 If anyone asks what you are doing, just say, 'The Lord needs them,' and he will immediately let you take them."

3 만일 누군가 너희가 하고 있는 일에 대해 물으면, 그저 말하여라, 〈주님께서 그것들이 필요하시다.〉 그러면 그는 즉시 너희가 그것들을 가져가게 해줄 것이다.》

4 This took place to fulfill the prophecy that said,

4 이 일은 말씀된 예언을 실현하기 위해 일어났다,

5 "Tell the people of Jerusalem, 'Look, your King is coming to you. He is humble, riding on a donkey. riding on a donkey's colt.'"

5 《예루살렘 사람들에게 말하여라, 〈보아라, 너희의 왕이 너희에게 오고 계신다. 그분은 겸손하셔서, 나귀를 타고 오신다—나귀 새끼를 타고 오신다.〉》

6 The two disciples did as Jesus commanded.

6 두 제자는 예수님이 명령하신 대로 실행하였다.

7 They brought the donkey and the colt to him and threw their garments over the colt, and he sat on it.

7 그들은 나귀와 그 새끼를 그분에게 끌고 왔다. 그리고 자기들의 겉옷을 그 새끼 우에 얹었다. 그리하여 그분이 그 우에 앉으셨다.

8 Most of the crowd spread their garments on the road ahead of him, and others cut branches from the trees and spread them on the road.

8 대부분의 군중이 자기들의 겉옷들을 그분의 앞 길에 펴 놓았다. 그리고 다른 사람들은 나무에서 가지들을 꺾어 길 우에 그것들을 펼쳐 놓았다.

9 Jesus was in the center of the procession, and the people all around him were shouting, "Praise God for the Son of David! Blessings on the one who comes in the name of the LORD! Praise God in highest heaven!"

9 예수님은 행렬의 중심에 계셨다. 그리고 사람들은 모두 그분을 둘러싸고 웨치고 있었다.《다윗의 후손으로 하여 하나님을 찬양하여라! 주님의 이름으로 오시는 그분에게 축복이 있기를! 가장 높은 하늘에 계신 하나님을 찬양하여라!》

10 The entire city of Jerusalem was in an uproar as he entered. "Who is this?" they asked.

10 그분이 들어가셨을 때, 예루살렘 온 도시가 몹시 떠들썩하였다.《이 분은 누구인가?》그들이 물었다.

11 And the crowds replied, "It's Jesus, the prophet from Nazareth in Galilee."

11 그러자 군중이 대답했다.《이분은, 갈릴리 나사렛에서 오신 예언자 예수님이시다.》

Jesus Clears the Temple

예수님이 신전을 깨끗하게 하시다

12 Jesus entered the Temple and began to drive out all the people buying and selling animals for sacrifice. He knocked over the tables of the money changers and the chairs of those selling doves.

12 예수님이 신전에 들어가서 제물로 쓸 동물들을 사고파는 사람들을 모두 내쫓기 시작하셨다. 그분은 돈 바꿔 주는 사람들의 책상들과 비둘기 파는 사람들의 의자들을 뒤집어엎으셨다.

13 He said to them, "The Scriptures declare, 'My Temple will be called a house of prayer,' but you have turned it into a den of thieves!"

13 그분은 그들에게 말씀하셨다.《하나님말씀책은 선언하고 있다. 〈나

의 신전은 기도의 집으로 불리울 것이다.〉 그러나 너희는 그것을 도적들의 소굴로 바꾸었다!》

14 The blind and the lame came to him in the Temple, and he healed them.

14 신전에서 눈먼 사람들과 다리 저는 사람들이 그분에게 왔다. 그래서 그분은 그들을 고쳐 주셨다.

15 The leading priests and the teachers of religious law saw these wonderful miracles and heard even the children in the Temple shouting, "Praise God for the Son of David." But the leaders were indignant.

15 상급 제사장들과 종교법 선생들은 이 놀라운 기적들을 보았다 그리고 어린아이들까지도 신전에서 웨치는 소리를 들었다. 《다윗의 후손으로 하여 하나님을 찬양하여라.》 그러나 그 지도자들은 격분하였다.

16 They asked Jesus, "Do you hear what these children are saying?" "Yes," Jesus replied. "Haven't you ever read the Scriptures? For they say, 'You have taught children and infants to give you praise.'"

16 그들은 예수님에게 물었다. 《당신은 이 아이들이 하고 있는 말을 듣고 있소?》 《그렇다.》 예수님이 대답하셨다. 《너희는 하나님말씀책을 읽은 적이 없는가? 왜냐하면 그것이 말하기 때문이다. 〈당신께서 어린아이들과 젖먹이들에게 당신을 찬양하도록 가르쳤다.〉》

17 Then he returned to Bethany, where he stayed overnight.

17 그러고 나서 그분은 베다니로 돌아가셨다. 거기서 그분은 밤새도록 머무셨다.

Jesus Curses the Fig Tree

예수님이 무화과나무를 저주하시다

18 In the morning, as Jesus was returning to Jerusalem, he was hungry,

18 아침에, 예수님이 예루살렘으로 돌아오고 있을 때, 그분은 시장하셨다.

19 and he noticed a fig tree beside the road. He went over to see if there were any figs, but there were only leaves. Then he said to it, "May you never bear fruit again!" And immediately the fig tree withered up.

19 그런데 그분은 길가에 있는 한 무화과나무를 눈여겨보셨다. 그분은 혹시 무화과라도 있는지를 보기 위해 다가가셨다. 그러나 다만 잎들만 있을 뿐이였다. 그러자 그분이 그것에 말씀하셨다. 《너는 다시는 열매를 맺지 못할 것이다!》 그러자 그 무화과나무는 즉시 말라 버렸다.

20 The disciples were amazed when they saw this and asked, "How did the fig tree wither so quickly?"

20 제자들은 이것을 보고 깜짝 놀랐다. 그리고 물었다, 《어떻게 그 무화과나무가 그렇게 빨리 말라 버렸습니까?》

21 **Then Jesus told them, "I tell you the truth, if you have faith and don't doubt, you can do things like this and much more. You can even say to this mountain, 'May you be lifted up and thrown into the sea,' and it will happen.**

21 그러자 예수님이 그들에게 말씀하셨다, 《내가 너희에게 진실을 말한다, 만일 너희에게 믿음이 있고 의심하지 않으면, 너희는 이와 같은 일들을 할 수 있고 훨씬 더 큰 일도 할 수 있다. 너희는 이 산에게도 말할 수 있다, 〈네가 들려 올려져 바다에 던져지기를 바란다.〉 그러면 그 일이 일어날 것이다.

22 **You can pray for anything, and if you have faith, you will receive it."**

22 너희는 무엇이든지를 위해 기도할 수 있다, 그리고 만일 너희에게 믿음이 있다면, 너희는 그것을 받을 것이다.》

The Authority of Jesus Challenged

예수님의 권위에 맞서 나서다

23 **When Jesus returned to the Temple and began teaching, the leading priests and elders came up to him. They demanded, "By what authority are you doing all these things? Who gave you the right?"**

23 예수님이 신전으로 돌아와 가르치기 시작하셨을 때, 상급 제사장들과 장로들이 그분에게 다가왔다. 그들은 캐여 물었다, 《무슨 권한으로 당신은 이런 모든 일들을 하고 있소? 누가 당신에게 그 권리를 주었소?》

24 **"I'll tell you by what authority I do these things if you answer one question," Jesus replied.**

24 《만일 너희가 한 가지 질문에 대답을 한다면, 내가 어떤 권한으로 이러한 일들을 하는지 너희에게 말해 주겠다.》 예수님이 대답하셨다.

25 **"Did John's authority to baptize come from heaven, or was it merely human?" They talked it over among themselves. "If we say it was from heaven, he will ask us why we didn't believe John.**

25 《요한이 세례를 주는 권한이 하늘에서부터 온 것인가, 아니면 그것이 단지 인간적인 것인가?》 그들은 그것에 대해서 자기들끼리 의논했다. 《만일 우리가 그것이 하늘에서 온 것이라고 하면, 그는 우리에게 왜 우리가 요한의 말을 믿지 않았는가 물을 것이다.

26 **But if we say it was merely human, we'll be mobbed because the people believe John was a prophet."**

26 그러나 만일 우리가 그것이 단순히 인간적인 것이라고 말하면, 사람들이 요한을 예언자였다고 믿기 때문에, 우리는 집단적 폭행을 당할 것이다.》

27 So they finally replied, "We don't know." And Jesus responded, "Then I won't tell you by what authority I do these things.

27 그래서 그들은 마지막으로 대답했다, 《우리는 모르오.》 그러자 예수님이 대답하셨다, 《그러면 나도 내가 무슨 권한으로 이런 일들을 하는지 너희에게 말하지 않겠다.》

Parable of the Two Sons

두 아들에 빗댄 이야기

28 "But what do you think about this? A man with two sons told the older boy, 'Son, go out and work in the vineyard today.'

28 《그런데 너희는 이 일에 대해 어떻게 생각하는가? 두 아들을 가진 한 사람이 큰 아이에게 말했다, 〈아들아, 오늘 포도밭에 나가서 일을 하여라.〉

29 The son answered, 'No, I won't go,' but later he changed his mind and went anyway.

29 그 아들이 대답했다, 〈싫습니다, 가지 않겠습니다.〉 그러나 나중에 그는 자기 마음이 변해서 어쨌든지 간에 갔다.

30 Then the father told the other son, 'You go,' and he said, 'Yes, sir, I will.' But he didn't go.

30 그러자 아버지는 다른 아들에게 말했다, 〈네가 가거라.〉 그러자 그는 말했다, 〈예, 제가 가겠습니다.〉 그런데 그는 가지 않았다.

31 "Which of the two obeyed his father?" They replied, "The first." Then Jesus explained his meaning: "I tell you the truth, corrupt tax collectors and prostitutes will get into the Kingdom of God before you do.

31 《그 둘 중 어느 쪽이 자기 아버지에게 복종했는가?》 그들이 대답했다, 《첫째 아들입니다.》 그러자 예수님이 자신의 뜻을 밝히셨다: 《내가 너희에게 진실을 말한다, 부패한 세금 징수원들과 매춘부들이 너희보다 먼저 하나님 나라에 들어갈 것이다.

32 For John the Baptist came and showed you the right way to live, but you didn't believe him, while tax collectors and prostitutes did. And even when you saw this happening, you refused to believe him and repent of your sins.

32 왜냐하면 세례자 요한이 와서 너희에게 바르게 사는 방법을 보여 주

었다. 그러나 너희는 그를 믿지 않았다. 그런데 한편 세금 징수원들과 매춘부들은 믿었다. 그리고 너희가 이 일이 일어나는 것을 보았을 때에도, 너희는 그를 믿는 것과 너희의 죄들을 뉘우치기를 거부했다.

Parable of the Evil Farmers

악한 농민들에 빗댄 이야기

33 **"Now listen to another story. A certain landowner planted a vineyard, built a wall around it, dug a pit for pressing out the grape juice, and built a lookout tower. Then he leased the vineyard to tenant farmers and moved to another country.**

33 《이제 다른 이야기를 들어라. 어떤 지주가 포도밭을 일구고, 그 둘레에 담을 세우고, 포도즙을 짜려고 움을 파고, 망보기 탑을 세웠다. 그러고 나서 그는 포도밭을 소작 농민들에게 세 주고 다른 나라로 떠났다.

34 **At the time of the grape harvest, he sent his servants to collect his share of the crop.**

34 포도 걷이 때에, 그는 수확물의 자기 몫을 거두기 위해 자기 종들을 보냈다.

35 **But the farmers grabbed his servants, beat one, killed one, and stoned another.**

35 그러나 그 농민들은 그의 종들을 붙잡아, 하나는 때리고, 하나는 죽였다. 그리고 다른 하나는 돌로 쳤다.

36 **So the landowner sent a larger group of his servants to collect for him, but the results were the same.**

36 그래서 그 지주는 자신을 위해 걷어 오라고 더 많은 자기 종들을 보냈다. 그러나 그 결과는 마찬가지였다.

37 **"Finally, the owner sent his son, thinking, 'Surely they will respect my son.'**

37 《마지막으로, 그 주인은 〈그들은 틀림없이 내 아들은 존중할 것이다.〉라고 생각하면서, 자신의 아들을 보냈다.

38 **"But when the tenant farmers saw his son coming, they said to one another, 'Here comes the heir to this estate. Come on, let's kill him and get the estate for ourselves!'**

38 《그러나 소작농민들은 그의 아들이 오는 것을 보았을 때, 그들은 서로 말했다. 〈이 땅의 상속자가 여기 온다. 어서, 그를 죽이자 그리고 우리들 자신이 유산을 차지하자!〉

39 **So they grabbed him, dragged him out of the vineyard, and murdered**

him.

39 그래서 그들은 그를 붙잡아, 그를 포도밭에서 끌어냈다. 그리고 그를 죽였다.

40 **"When the owner of the vineyard returns," Jesus asked, "what do you think he will do to those farmers?"**

40 《그 포도밭의 주인이 돌아올 때,》 예수님이 물으셨다. 《너희는 그가 그 농민들에게 어떻게 할 것이라고 생각하는가?》

41 **The religious leaders replied, "He will put the wicked men to a horrible death and lease the vineyard to others who will give him his share of the crop after each harvest."**

41 종교법 지도자들이 대답했다. 《그는 악한 사람들을 몸서리치는 죽음에 내던질 것입니다. 그리고 그 포도밭을 매 가을걷이 후에 수확물의 자기 몫을 줄 다른 사람들에게 빌려줄 것입니다.》

42 **Then Jesus asked them, "Didn't you ever read this in the Scriptures? 'The stone that the builders rejected has now become the cornerstone. This is the LORD's doing, and it is wonderful to see.'**

42 그러자 예수님이 그들에게 물으셨다. 《너희는 하나님말씀책에서 이것을 읽은 적이 없는가? 〈건축가들이 내버린 그 돌이 지금은 주추돌이 되었다. 이것은 주님께서 하신 일이다. 그리고 이것은 보기에 놀랍다.〉

43 **I tell you, the Kingdom of God will be taken away from you and given to a nation that will produce the proper fruit.**

43 내가 너희에게 말한다. 하나님의 나라가 너희에게서 옮겨져서, 적합한 열매를 맺을 민족에게 주어질 것이다.

44 **Anyone who stumbles over that stone will be broken to pieces, and it will crush anyone it falls on."**

44 그 돌에 걸채이는 사람은 누구나 산산쪼각으로 깨여질 것이다. 그리고 그것이 그 우에 떨어지는 사람을 짓부셔 버릴 것이다.

45 **When the leading priests and Pharisees heard this parable, they realized he was telling the story against them—they were the wicked farmers.**

45 상급 제사장들과 바리새파 사람들은 이 빗댄 말을 들었을 때, 그들은 그분이 그들을—그들은 악한 농민들이였다—반대하는 이야기를 하고 있다는 것을 알아차렸다.

46 **They wanted to arrest him, but they were afraid of the crowds, who considered Jesus to be a prophet.**

46 그들은 그분을 체포하고 싶었다. 그러나 그들은 예수님을 예언자라고 여기고 있던 군중들이 두려웠다.

22

Parable of the Great Feast

대축하연에 빗댄 이야기

1 Jesus also told them other parables. He said,

1 예수님이 그들에게 다른 빗댄 이야기들도 알려 주셨다. 그분이 말씀하셨다.

2 "The Kingdom of Heaven can be illustrated by the story of a king who prepared a great wedding feast for his son.

2 하늘나라는 자기 아들을 위해 큰 결혼 잔치를 준비한 어떤 왕의 이야기로 례를 들어 설명될 수 있다.

3 When the banquet was ready, he sent his servants to notify those who were invited. But they all refused to come!

3 그 연회가 준비되였을 때, 그는 초대된 사람들에게 알리기 위해 자기 종들을 보냈다. 그러나 그들은 오기를 모두 거절했다!

4 "So he sent other servants to tell them, 'The feast has been prepared. The bulls and fattened cattle have been killed, and everything is ready. Come to the banquet!'

4 《그래서 그는 그들에게 말해 주기 위해 다른 종들을 보냈다. 〈축하연이 준비되였습니다. 황소들과 살찐 짐승을 잡았고, 모든 것이 준비되였습니다. 연회에 오십시오!〉

5 But the guests he had invited ignored them and went their own way, one to his farm, another to his business.

5 그러나 그가 초대한 손님들은 그들을 모르는 체했다. 그리고 제 갈 길로, 한 사람은 자기 농장에, 다른 사람은 자기 볼일을 보러 갔다.

6 Others seized his messengers and insulted them and killed them.

6 다른 사람들은 그의 심부름군들을 잡아서 그들을 모욕하고 그들을 죽였다.

7 "The king was furious, and he sent out his army to destroy the murderers and burn their town.

7 《그 왕은 성이 나서, 그는 그 살인자들을 멸망시키고 그들의 읍을 불태우기 위해 자기 군대를 보냈다.

8 And he said to his servants, 'The wedding feast is ready, and the guests I invited aren't worthy of the honor.

8 그리고 그는 자기 종들에게 말했다. 〈결혼 잔치는 준비되였다. 그러나 내가 초대한 손님들은 그 영광을 받을 만한 자격이 없다.

9 Now go out to the street corners and invite everyone you see.'

9 이제 거리 모퉁이들에 나가서 너희가 만나는 사람을 누구나 초대하여라.〉

10 So the servants brought in everyone they could find, good and bad alike, and the banquet hall was filled with guests.

10 그래서 그 종들은 그들이 만날 수 있는 모든 사람, 선량한 사람이나 나쁜 사람이나 똑같이 데리고 왔다. 그래서 그 연회는 손님들로 가득 찼다.

11 "But when the king came in to meet the guests, he noticed a man who wasn't wearing the proper clothes for a wedding.

11《그러나 왕이 손님들을 만나러 들어왔을 때, 그는 결혼식에 적합한 옷을 입고 있지 않은 한 사람을 자세히 보았다.

12 'Friend,' he asked, 'how is it that you are here without wedding clothes?' But the man had no reply.

12 〈친구여,〉 그가 물었다. 〈그대는 결혼 잔치 옷차림을 하지 않고 여기에 있으니 이게 어찌된 일이오?〉 그러나 그 사람은 아무런 대답이 없었다.

13 Then the king said to his aides, 'Bind his hands and feet and throw him into the outer darkness, where there will be weeping and gnashing of teeth.'

13 그때 그 왕은 자기 보좌관들에게 말했다. 〈그의 손과 발을 묶어서 바깥 어두운 곳으로 던져라. 그곳에서 슬피 울며 이를 갈면서 있게 될 것이다.〉

14 "For many are called, but few are chosen."

14《왜냐하면 많은 사람들이 초청되지만, 얼마 안 되는 사람만이 선택된다.》

Taxes for Caesar

가이사를 위한 세금

15 Then the Pharisees met together to plot how to trap Jesus into saying something for which he could be arrested.

15 그때 바리새파 사람들은 예수님이 체포될 수 있는 무엇인가를 말하게 하여 그분을 함정에 빠뜨릴 방법을 음모하려고 함께 모였다.

16 They sent some of their disciples, along with the supporters of Herod, to meet with him. "Teacher," they said, "we know how honest you are. You teach the way of God truthfully. You are impartial and don't play favor-

ites.

16 그들은 그분을 만나게 하려고, 헤롯의 지지자들과 함께, 자기들의 제자들을 보냈다. 《선생님,》 그들이 말했다, 《우리는 당신이 얼마나 진실한지 압니다. 당신은 하나님의 길을 옳바르게 가르칩니다. 당신은 공명정대하고 편애하지 않습니다.

17 Now tell us what you think about this: Is it right to pay taxes to Caesar or not?"

17 이제 우리에게 이것에 대해 당신이 어떻게 생각하는지 말해 주십시오: 가이사에게 세금을 내는 것이 옳습니까 그렇지 않습니까?》

18 But Jesus knew their evil motives. "You hypocrites!" he said. "Why are you trying to trap me?

18 그러나 예수님은 그들의 악한 목적을 아셨다. 《너희 위선자들아!》 그분이 말씀하셨다. 《왜 너희는 나를 함정에 빠뜨리려고 하는가?

19 Here, show me the coin used for the tax." When they handed him a Roman coin,

19 지금, 세금을 위해 사용되는 쇠돈을 나에게 보여 주어라.》 그들이 그분에게 로마 쇠돈을 넘겨주었을 때,

20 he asked, "Whose picture and title are stamped on it?"

20 그분이 물으셨다, 《누구의 사진과 칭호가 그것 우에 찍혀 있는가?》

21 "Caesar's," they replied. "Well, then," he said, "give to Caesar what belongs to Caesar, and give to God what belongs to God."

21 《가이사의 것입니다,》 그들이 대답했다. 《자, 그렇다면,》 그분이 말씀하셨다, 《가이사에게 속한 것은 가이사에게 주어라, 그리고 하나님께 속한 것은 하나님께 드려라.》

22 His reply amazed them, and they went away.

22 그분의 대답은 그들을 깜짝 놀라게 했다, 그래서 그들은 떠나갔다.

Discussion about Resurrection

부활에 대한 토론

23 That same day Jesus was approached by some Sadducees—religious leaders who say there is no resurrection from the dead. They posed this question:

23 같은 날 예수님에게 사두개파 몇 사람이—죽은 자들로부터 부활이 없다고 말하는 종교 지도자들—다가왔다. 그들은 이러한 질문을 제기했다:

24 "Teacher, Moses said, 'If a man dies without children, his brother should

marry the widow and have a child who will carry on the brother's name.'

24《선생님, 모세가 말했습니다, 〈만일 한 남자가 아이들 없이 죽으면, 그의 동생이 그 과부와 결혼하여 그 형의 이름을 이를 아들딸들을 가져야 한다.〉

25 Well, suppose there were seven brothers. The oldest one married and then died without children, so his brother married the widow.

25 그러면, 만일 일곱 형제들이 있다고 가정합시다. 맏형이 결혼했는데 아이들 없이 죽었습니다, 그래서 그의 동생이 그 과부와 결혼했습니다.

26 But the second brother also died, and the third brother married her. This continued with all seven of them.

26 그런데 그 둘째 형도 죽었습니다, 그리고 셋째 형이 그 녀자와 결혼했습니다. 이것이 그들 일곱 명 모두에게 계속되였습니다.

27 Last of all, the woman also died.

27 맨 나중에는, 그 녀자도 죽었습니다.

28 So tell us, whose wife will she be in the resurrection? For all seven were married to her."

28 그렇다면 우리에게 말씀해 주십시오, 그 녀자는 부활 때 누구의 안해가 되겠습니까? 왜냐하면 일곱 모두 그 녀자와 결혼했기 때문입니다.》

29 Jesus replied, "Your mistake is that you don't know the Scriptures, and you don't know the power of God.

29 예수님이 대답하셨다,《너희의 잘못은 너희가 하나님말씀책을 모르고 있으며, 너희가 하나님의 능력을 모른다는 것이다.

30 For when the dead rise, they will neither marry nor be given in marriage. In this respect they will be like the angels in heaven.

30 왜냐하면 죽은 사람들이 살아날 때, 그들은 장가를 가지도 않고 시집도 가지 않을 것이다. 이 점에서 그들은 하늘의 천사들과 같을 것이다.

31 "But now, as to whether there will be a resurrection of the dead—haven't you ever read about this in the Scriptures? Long after Abraham, Isaac, and Jacob had died, God said,

31《그러나 이제, 죽은 사람들의 부활이 있을지 없을지에 대해서, 너희는 하나님말씀책에서 이것에 대해 읽어 본 적이 없는가? 아브라함, 이삭, 그리고 야곱이 죽은 지 한참 후에, 하나님께서 말씀하셨다,

32 'I am the God of Abraham, the God of Isaac, and the God of Jacob.' So he is the God of the living, not the dead."

32 〈나는 아브라함의 하나님, 이삭의 하나님, 그리고 야곱의 하나님이다.〉 그래서 그분은 죽은 사람들이 아니라 살아 있는 사람들의 하나님

이시다.》

33 When the crowds heard him, they were astounded at his teaching.

33 군중들이 그분의 말씀을 들었을 때, 그들은 그분의 가르치심에 깜짝 놀랐다.

The Most Important Commandment

가장 중요한 명령

34 But when the Pharisees heard that he had silenced the Sadducees with his reply, they met together to question him again.

34 그러나 바리새파 사람들이 그분의 대답으로 사두개파 사람들을 입 다물게 했다는 것을 듣고, 그들은 다시 그분에게 질문을 하기 위해 함께 모였다.

35 One of them, an expert in religious law, tried to trap him with this question:

35 종교법 전문가인, 그들 중 한 사람이, 이러한 질문으로 그분을 함정에 빠뜨리려고 했다:

36 "Teacher, which is the most important commandment in the law of Moses?"

36《선생님, 모세의 률법에서 어느 것이 가장 중요한 명령입니까?》

37 Jesus replied, "'You must love the LORD your God with all your heart, all your soul, and all your mind.'

37 예수님이 대답하셨다,《〈너희는 너희 주 하나님을 너희의 온 마음으로, 너희의 온 령혼으로, 그리고 너희의 온 정신으로 사랑해야 한다.〉

38 This is the first and greatest commandment.

38 이것이 첫째가는 것이고 가장 중요한 명령이다.

39 A second is equally important: 'Love your neighbor as yourself.'

39 두 번째도 한결같이 중요하다:〈너희의 이웃을 너희 자신처럼 사랑하여라.〉

40 The entire law and all the demands of the prophets are based on these two commandments."

40 전체 법과 예언자들의 모든 요구들은 이 두 가지 명령에 근거한 것이다.

Whose Son Is the Messiah?

구세주는 누구의 후손인가?

41 Then, surrounded by the Pharisees, Jesus asked them a question:

41 그때, 바리새파 사람들에게 둘러싸여 계시던, 예수님이 그들에게 한 가지 질문을 하셨다:

42 "What do you think about the Messiah? Whose son is he?" They replied, "He is the son of David."

42 《너희는 구세주에 대해서 어떻게 생각하는가? 그가 누구의 후손인가?》 그들이 대답했다, 《그분은 다윗의 후손입니다.》

43 Jesus responded, "Then why does David, speaking under the inspiration of the Spirit, call the Messiah 'my Lord'? For David said,

43 예수님이 대답하셨다, 《그런데 왜 다윗은 성령의 감동으로 말하면서, 구세주를 〈나의 주님〉이라고 부르고 있는가? 왜냐하면 다윗이 말하기를,

44 'The LORD said to my Lord, Sit in the place of honor at my right hand until I humble your enemies beneath your feet.'

44 〈하나님께서 나의 주님에게 말씀하셨다, 내가 너의 원수들을 너의 발 아래서 거만한 코대를 꺾어 버릴 때까지 너는 나의 오른편 영예의 자리에 앉아 있어라.〉

45 Since David called the Messiah 'my Lord,' how can the Messiah be his son?"

45 다윗이 구세주를 〈나의 주님,〉이라고 불렀으므로, 어떻게 구세주가 그의 후손이 될 수 있는가?》

46 No one could answer him. And after that, no one dared to ask him any more questions.

46 아무도 그분에게 대답하지 못했다. 그리고 그 후로는, 아무도 감히 그분에게 더 이상 질문들을 하지 않았다.

23

Jesus Criticizes the Religious Leaders

예수님이 종교 지도자들을 비판하시다

1 Then Jesus said to the crowds and to his disciples,

1 그러고 나서 예수님은 군중들과 자기 제자들에게 말씀하셨다,

2 "The teachers of religious law and the Pharisees are the official interpreters of the law of Moses.

2 《종교법 선생들과 바리새파 사람들은 모세의 률법에 대한 공식적 해설자들이다.

3 So practice and obey whatever they tell you, but don't follow their ex-

ample. For they don't practice what they teach.

3 그러므로 그들이 너희에게 무엇을 말하든지 실천하고 따르라. 그러나 그들의 본은 따르지 말아라. 왜냐하면 그들은 자기들이 가르치는 것을 실행하지 않기 때문이다.

4 **They crush people with unbearable religious demands and never lift a finger to ease the burden.**

4 그들은 견딜 수 없는 종교적 요구들로 사람들을 짓누르고 그 짐을 가볍게 하기 위해 결코 손가락 하나 까딱하지 않는다.

5 **"Everything they do is for show. On their arms they wear extra wide prayer boxes with Scripture verses inside, and they wear robes with extra long tassels.**

5 《그들이 하는 모든 것은 보이기 위한 것이다. 그들은 속에 하나님말씀 구절들이 든 특별히 넓은 기도 상자들을 자신들의 팔에 낀다. 그리고 그들은 특별히 긴 장식 술들을 단 례복을 입는다.

6 **And they love to sit at the head table at banquets and in the seats of honor in the synagogues.**

6 그리고 그들은 연회들에서 주빈석과 군중회관에서 명예석에 앉기를 좋아한다.

7 **They love to receive respectful greetings as they walk in the marketplaces, and to be called 'Rabbi.'**

7 그들은 시장에서 걸을 때 경의를 표하는 인사 받기와, 〈선생님〉이라고 불리는 것을 좋아한다.

8 **"Don't let anyone call you 'Rabbi,' for you have only one teacher, and all of you are equal as brothers and sisters.**

8 《아무도 너희를 〈선생님〉이라고 부르지 않도록 하여라. 왜냐하면 너희에게는 오직 한 분의 선생님만이 계시며, 그리고 너희는 모두 형제들과 자매들로서 평등하기 때문이다.

9 **And don't address anyone here on earth as 'Father,' for only God in heaven is your spiritual Father.**

9 그리고 여기 세상에서 그 누구에게도 〈아버지〉라고 부르지 말아라. 왜냐하면 하늘에 계신 하나님만이 너희의 령적인 아버지이시기 때문이다.

10 **And don't let anyone call you 'Teacher,' for you have only one teacher, the Messiah.**

10 그리고 그 누구도 너희를 〈선생님〉이라고 부르지 않도록 하여라. 왜냐하면 너희에게는 오직 한 분의 선생님, 구세주가 계시기 때문이다.

11 **The greatest among you must be a servant.**

11 너희 중에서 가장 큰 사람은 종이 되여야 한다.

12 But those who exalt themselves will be humbled, and those who humble themselves will be exalted.

12 자기 자신들을 추어올리는 사람들은 낮아질 것이고, 자기 자신들을 낮추는 사람들은 높아질 것이다.

13 "What sorrow awaits you teachers of religious law and you Pharisees. Hypocrites! For you shut the door of the Kingdom of Heaven in people's faces. You won't go in yourselves, and you don't let others enter either.

13《얼마나 큰 슬픔이 너희 종교법 선생들과 너희 바리새파 사람들을 기다리고 있는가. 위선자들아! 왜냐하면 너희는 사람들의 면전에서 하늘나라 문을 닫기 때문이다. 너희는 자신들도 들어가지 못할 것이다, 또 너희는 다른 사람들도 들어가지 못하게 하고 있다.

14

14 (없음)

15 "What sorrow awaits you teachers of religious law and you Pharisees. Hypocrites! For you cross land and sea to make one convert, and then you turn that person into twice the child of hell you yourselves are!

15《얼마나 큰 슬픔이 너희 종교법 선생들과 너희 바리새파 사람들을 기다리고 있는가. 위선자들아! 왜냐하면 너희는 한 개종자를 만들기 위해 륙지와 바다를 건너다닌다, 그러고 나서는 너희가 그 사람을 너희 자신들보다 두 배나 더 지옥의 자식으로 바꾸어 놓기 때문이다.》

16 "Blind guides! What sorrow awaits you! For you say that it means nothing to swear 'by God's Temple,' but that it is binding to swear 'by the gold in the Temple.'

16《눈먼 안내자들아! 얼마나 큰 슬픔이 너희를 기다리고 있는가! 왜냐하면 너희는 〈하나님의 신전으로〉 맹세하면 아무런 의미도 없다고 말하면서, 〈신전의 금으로〉 맹세하면 지킬 의무가 있다고 하기 때문이다.

17 Blind fools! Which is more important—the gold or the Temple that makes the gold sacred?

17 눈먼 바보들아! 무엇이 더 중요한가—금인가 아니면 그 금을 신성하게 만드는 신전인가?

18 And you say that to swear 'by the altar' is not binding, but to swear 'by the gifts on the altar' is binding.

18 그리고 너희는 〈제물대로〉 맹세하면 지킬 의무가 없지만, 〈제물대에 놓인 선물들로〉 맹세하면 지킬 의무가 있다고 말한다.

19 How blind! For which is more important—the gift on the altar or the altar

that makes the gift sacred?

19 얼마나 눈이 멀었는가! 왜냐하면 무엇이 더 중요한가—제물대에 놓인 선물인가 아니면 그 선물을 신성하게 만드는 제물대인가?

20 **When you swear 'by the altar,' you are swearing by it and by everything on it.**

20 너희가 〈제물대로〉 맹세할 때, 너희는 그것과 그 우에 놓인 모든 것으로 맹세하고 있는 것이다.

21 **And when you swear 'by the Temple,' you are swearing by it and by God, who lives in it.**

21 그리고 너희가 〈신전으로〉 맹세할 때, 너희는 그것과 그 안에 살아 계시는 하나님으로 맹세하는 것이다.

22 **And when you swear 'by heaven,' you are swearing by the throne of God and by God, who sits on the throne.**

22 그리고 너희가 〈하늘로〉 맹세할 때, 너희는 하나님의 왕좌와 그 왕좌 우에 앉아 계시는 하나님으로 맹세하는 것이다.

23 **"What sorrow awaits you teachers of religious law and you Pharisees. Hypocrites! For you are careful to tithe even the tiniest income from your herb gardens, but you ignore the more important aspects of the law—justice, mercy, and faith. You should tithe, yes, but do not neglect the more important things.**

23《얼마나 큰 슬픔이 너희 종교법 선생들과 바리새파 사람들을 기다리고 있는가. 위선자들아! 왜냐하면 너희는 너희 약초 밭들에서 나오는 가장 작은 수입의 10분의 1세까지도 내려고 류의한다, 그러나 너희는 법의 더 중요한 측면들은—정의, 은정, 그리고 믿음—무시하고 있기 때문이다. 너희는 10분의 1세를 내야 한다, 그렇다, 그러나 더 중요한 것들을 소홀히 해서는 안 된다.》

24 **Blind guides! You strain your water so you won't accidentally swallow a gnat, but you swallow a camel!**

24 눈먼 안내자들아! 너희는 실수로 하루살이는 삼키지 않으려고 너희의 물을 걸러 내지만, 너희는 락타는 삼킨다.

25 **"What sorrow awaits you teachers of religious law and you Pharisees. Hypocrites! For you are so careful to clean the outside of the cup and the dish, but inside you are filthy—full of greed and self-indulgence!**

25《얼마나 큰 슬픔이 너희 종교법 선생들과 너희 바리새파 사람들을 기다리고 있는가. 위선자들아! 왜냐하면 너희는 잔과 접시의 바깥쪽은 그렇게도 조심해서 닦는다, 그러나 너희 속은 매우 불결하다—욕심과 제

멋대로 하기로 가득 차서!》

26 You blind Pharisee! First wash the inside of the cup and the dish, and then the outside will become clean, too.

26 너희 눈먼 바리새파 사람들아! 우선 잔과 접시의 안을 닦아라, 그러고 나면 바깥쪽, 역시 깨끗해질 것이다.

27 "What sorrow awaits you teachers of religious law and you Pharisees. Hypocrites! For you are like whitewashed tombs—beautiful on the outside but filled on the inside with dead people's bones and all sorts of impurity.

27《얼마나 큰 슬픔이 너희 종교법 선생들과 너희 바리새파 사람들을 기다리고 있는가. 위선자들아! 왜냐하면 너희는 회칠한 무덤과 같기 때문이다—바깥은 아름다우나 속에는 죽은 사람들의 뼈들과 온갖 종류의 더러운 것들로 가득 차 있다.

28 Outwardly you look like righteous people, but inwardly your hearts are filled with hypocrisy and lawlessness.

28 겉보기에 너희는 옳바른 사람처럼 보인다, 그러나 속에는 너희의 마음이 위선과 무법 상태로 가득 차 있다.

29 "What sorrow awaits you teachers of religious law and you Pharisees. Hypocrites! For you build tombs for the prophets your ancestors killed, and you decorate the monuments of the godly people your ancestors destroyed.

29《얼마나 큰 슬픔이 너희 종교법 선생들과 너희 바리새파 사람들을 기다리고 있는가. 위선자들아! 왜냐하면 너희는 너희 조상들이 죽인 예언자들의 무덤들을 만들고, 너희는 너희 조상들이 죽였던 거룩한 사람들의 기념비들을 장식하고 있기 때문이다.

30 Then you say, 'If we had lived in the days of our ancestors, we would never have joined them in killing the prophets.'

30 그런 다음 너희는 말한다, 〈만일 우리가 우리 조상들의 시기에 살았다면, 우리는 그 예언자들의 살해에 결코 그들과 합류하지 않았을 것이다.〉

31 "But in saying that, you testify against yourselves that you are indeed the descendants of those who murdered the prophets.

31《그러나 그렇게 말하는 것으로, 너희는 자신들이 실제로 예언자들을 살해한 사람들의 후손들이라는 것을 너희 자신들에 대해 립증하고 있다.

32 Go ahead and finish what your ancestors started.

32 앞서 가서 너희 조상들이 시작했던 것을 마쳐라.

33 **Snakes! Sons of vipers! How will you escape the judgment of hell?**

33 뱀들아! 독사의 자식들아! 어떻게 너희가 지옥의 심판을 면할 것인가?

34 **"Therefore, I am sending you prophets and wise men and teachers of religious law. But you will kill some by crucifixion, and you will flog others with whips in your synagogues, chasing them from city to city.**

34 《그러므로, 내가 너희에게 예언자들과 지혜로운 사람들과 종교법 선생들을 보내겠다. 그러나 너희는 어떤 사람들은 십자사형틀로 죽일 것이고, 너희는 다른 사람들은 도시에서 도시로 그들을 쫓아다니면서, 너희의 군중회관들에서 채찍으로 때릴 것이다.

35 **As a result, you will be held responsible for the murder of all godly people of all time—from the murder of righteous Abel to the murder of Zechariah son of Berekiah, whom you killed in the Temple between the sanctuary and the altar.**

35 그러므로, 너희는 모든 시대의 모든 거룩한 사람들의 살해에 대해—정의의 사람 아벨의 살해로부터 너희가 신성한 곳과 제물대 사이의 신전에서 죽인 베레가의 아들 스가랴의 살해까지—책임을 지게 될 것이다.

36 **I tell you the truth, this judgment will fall on this very generation.**

36 내가 너희에게 진실을 말한다, 이 심판은 바로 이 세대 우에 내려질 것이다.

Jesus Grieves over Jerusalem

예수님이 예루살렘에 대해 한탄하시다

37 **"O Jerusalem, Jerusalem, the city that kills the prophets and stones God's messengers! How often I have wanted to gather your children together as a hen protects her chicks beneath her wings, but you wouldn't let me.**

37 《오오, 예루살렘아, 예루살렘아, 예언자들을 죽이고 하나님의 심부름군들을 돌로 쳐 죽인 도시여! 얼마나 자주 내가 암탉이 자기 새끼들을 자기 날개 아래에 보호하는 것처럼 너희 아이들을 모으기를 원했던가, 그러나 너희는 나를 허용하지 않았다.

38 **And now, look, your house is abandoned and desolate.**

38 그래서 이제, 보아라, 너희의 집이 버림받고 황폐해질 것이다.

39 **For I tell you this, you will never see me again until you say, 'Blessings on the one who comes in the name of the LORD!'"**

39 왜냐하면 내가 너희에게 이것을 말한다, 너희는 〈주님의 이름으로 오시는 분 우에 축복이 있기를 바랍니다!〉고 너희가 말할 때까지 다시는 나를 결코 보지 못할 것이다.》

24

Jesus Foretells the Future

예수님이 미래를 예언하시다

1 As Jesus was leaving the Temple grounds, his disciples pointed out to him the various Temple buildings.

1 예수님이 신전 뜰을 떠나실 때, 그분의 제자들이 그분에게 가지각색의 신전 건물들을 가리켜 보였다.

2 But he responded, "Do you see all these buildings? I tell you the truth, they will be completely demolished. Not one stone will be left on top of another!"

2 그러나 그분은 대답하셨다, 《너희는 이 모든 건물들을 보고 있는가? 내가 너희에게 진실을 말한다, 그것들은 완전히 무너질 것이다. 돌 하나도 다른 돌 우에 남아 있지 않을 것이다!》

3 Later, Jesus sat on the Mount of Olives. His disciples came to him privately and said, "Tell us, when will all this happen? What sign will signal your return and the end of the world?"

3 후에, 예수님은 올리브 산 우에 앉으셨다. 그분의 제자들이 그분에게 따로 와서 말했다, 《우리에게 말해 주십시오, 언제 이 모든 일이 일어납니까? 어떤 징표가 당신이 다시 오시고 세상이 끝난다는 신호가 되겠습니까?》

4 Jesus told them, "Don't let anyone mislead you,

4 예수님이 그들에게 말씀하셨다, 《아무도 너희를 잘못 이끌지 않도록 하여라,

5 for many will come in my name, claiming, 'I am the Messiah.' They will deceive many.

5 왜냐하면 많은 사람들이 〈내가 구세주이다.〉라고 주장하면서 나의 이름으로 올 것이다. 그들은 많은 사람들을 속일 것이다.

6 And you will hear of wars and threats of wars, but don't panic. Yes, these things must take place, but the end won't follow immediately.

6 그리고 너희는 전쟁들과 전쟁들의 징조들에 대해 들을 것이다, 그러나 당황하지 말아라. 그렇다, 이런 일들은 일어나야 한다, 그러나 끝은

즉시 뒤따라오지 않을 것이다.

7 Nation will go to war against nation, and kingdom against kingdom. There will be famines and earthquakes in many parts of the world.

7 민족이 민족을 대항하며, 나라가 나라를 대항하여 전쟁하러 갈 것이다. 세계의 많은 지역들에서 기근들과 지진들이 있을 것이다.

8 But all this is only the first of the birth pains, with more to come.

8 그러나 이 모든 것은 앞으로 더해질, 해산의 고통의 시작일 뿐이다.

9 “Then you will be arrested, persecuted, and killed. You will be hated all over the world because you are my followers.

9 《그때 너희는 체포되고, 박해를 받으며, 살해될 것이다. 너희는 나를 따르는 사람들이기 때문에 온 세상에서 미움을 받을 것이다.

10 And many will turn away from me and betray and hate each other.

10 그리고 많은 사람들이 나로부터 돌아서고 배반하며 서로 미워할 것이다.

11 And many false prophets will appear and will deceive many people.

11 그리고 많은 거짓 예언자들이 나타날 것이고 많은 사람들을 속일 것이다.

12 Sin will be rampant everywhere, and the love of many will grow cold.

12 죄가 어디서나 널리 퍼질 것이다, 그리고 많은 사람들의 사랑이 점점 식어질 것이다.

13 But the one who endures to the end will be saved.

13 그러나 끝까지 견디는 사람은 구원될 것이다.

14 And the Good News about the Kingdom will be preached throughout the whole world, so that all nations will hear it; and then the end will come.

14 그리고 하늘나라에 대한 반가운 소식이 온 세상 이르는 곳마다에 알려질 것이다, 그리하여 모든 민족들이 그것을 들을 것이다; 그런 다음 끝이 올 것이다.

15 “The day is coming when you will see what Daniel the prophet spoke about—the sacrilegious object that causes desecration standing in the Holy Place.” (Reader, pay attention!)

15 《너희는 예언자 다니엘이 말한 것을—거룩한 장소에 서서 신성을 더럽히는 하나님을 모독하는 대상—보게 될 그날이 다가오고 있다.》(읽는 사람은, 주의를 기우려라!)

16 “Then those in Judea must flee to the hills.

16 《그때에는 유태에 있는 사람들은 산들로 피해 달아나야 한다.

17 A person out on the deck of a roof must not go down into the house to

pack.

17 지붕 우에 나와 있는 사람은 짐을 싸러 집 안으로 내려가지 말아야 한다.

18 **A person out in the field must not return even to get a coat.**

18 밭에 나와 있던 사람은 겉옷마저도 가지러 돌아가서는 안 된다.

19 **How terrible it will be for pregnant women and for nursing mothers in those days.**

19 얼마나 큰 두려움이 그날들에는 임신한 녀자들과 젖먹이는 어머니들에게 있을지.

20 **And pray that your flight will not be in winter or on the Sabbath.**

20 그리고 너희가 도망하는 것이 겨울이나 은정의 휴식일이 되지 않도록 기도하여라.

21 **For there will be greater anguish than at any time since the world began. And it will never be so great again.**

21 왜냐하면 세상이 시작된 이후 그 어느 때보다도 더 큰 심한 고통이 있을 것이기 때문이다. 그리고 다시는 결코 그렇게 큰 고통은 없을 것이다.

22 **In fact, unless that time of calamity is shortened, not a single person will survive. But it will be shortened for the sake of God's chosen ones.**

22 사실, 그 재난의 기간이 줄여지지 않고서는, 단 한 사람도 살아남지 못할 것이다. 그러나 그것은 하나님의 선택한 사람들을 지키기 위해 줄여질 것이다.

23 **"Then if anyone tells you, 'Look, here is the Messiah,' or'There he is,' don't believe it.**

23 《그때 만일 누군가가 너희에게, 〈보아라, 여기에 구세주가 계시다.〉 또는 〈저기에 그가 계시다.〉고 말하여도, 그것을 믿지 말아라.

24 **For false messiahs and false prophets will rise up and perform great signs and wonders so as to deceive, if possible, even God's chosen ones.**

24 왜냐하면 거짓 구세주들과 거짓 예언자들이 일어나서 가능하다면, 하나님의 선택한 사람들까지도 속이기 위해 대단한 증표들과 놀라운 일들을 보여 줄 것이기 때문이다.

25 **See, I have warned you about this ahead of time.**

25 보아라, 내가 이것에 대해 너희에게 미리 경고하였다.

26 **"So if someone tells you, 'Look, the Messiah is out in the desert,' don't bother to go and look. Or, 'Look, he is hiding here,' don't believe it!**

26 《그러므로 만일 누군가가 너희에게, 〈보아라, 구세주가 황야에 계시

다.〉고 말해도, 너희는 가서 보려고 애쓰지 말아라. 또는, 〈보아라, 그 분이 여기에 숨어 계시다.〉고 해도, 그것을 믿지 말아라!

27 For as the lightning flashes in the east and shines to the west, so it will be when the Son of Man comes.

27 왜냐하면 번개가 동쪽에서 번쩍여서 서쪽까지 비치는 것처럼, 사람의 아들이 올 때도 그와 같을 것이다.

28 Just as the gathering of vultures shows there is a carcass nearby, so these signs indicate that the end is near.

28 가까이에 시체가 있는 곳에는, 독수리들이 모이는 것을 보여 주듯이, 이러한 징표들은 마지막이 가깝다는 것을 나타낸다.

29 "Immediately after the anguish of those days, the sun will be darkened, the moon will give no light, the stars will fall from the sky, and the powers in the heavens will be shaken.

29 《고통스러운 그날들이 지난 후에 즉시, 해가 어두워지고, 달이 빛을 내지 않을 것이며, 별들이 하늘에서 떨어질 것이고, 하늘의 권력들이 흔들릴 것이다.

30 And then at last, the sign that the Son of Man is coming will appear in the heavens, and there will be deep mourning among all the peoples of the earth. And they will see the Son of Man coming on the clouds of heaven with power and great glory.

30 그런 다음에 마침내, 사람의 아들이 오고 있다는 징표가 하늘에 나타날 것이다, 그리고 땅 우에 있는 모든 사람들 가운데 깊은 슬픔이 있을 것이다. 그리고 그들은 사람의 아들이 능력과 큰 영광을 안고 하늘의 구름을 타고 오시는 것을 볼 것이다.

31 And he will send out his angels with the mighty blast of a trumpet, and they will gather his chosen ones from all over the world—from the farthest ends of the earth and heaven.

31 그러면 그분이 나팔을 크게 울리면서 자신의 천사들을 보내실 것이다, 그리하여 그들은 그분이 선택한 사람들을 온 세상으로부터—땅과 하늘의 가장 먼 끝들에서부터—모으실 것이다.

32 "Now learn a lesson from the fig tree. When its branches bud and its leaves begin to sprout, you know that summer is near.

32 《이제 무화과나무로부터 교훈을 얻으라. 그것의 가지들에서 싹이 트고 그것의 잎들이 나오기 시작하면, 너희는 여름이 가까운 것을 안다.

33 In the same way, when you see all these things, you can know his return is very near, right at the door.

33 마찬가지로, 너희가 이 모든 일들을 볼 때, 너희는 그분의 다시 오심이 아주 가까이, 바로 문 앞에 있음을 알 수 있다.

34 I tell you the truth, this generation will not pass from the scene until all these things take place.

34 내가 너희에게 진실을 말한다, 이 세대는 이런 모든 일들이 일어날 때까지 그 장면을 놓치지 않을 것이다.

35 Heaven and earth will disappear, but my words will never disappear.

35 하늘과 땅은 사라질 것이다, 그러나 나의 말들은 결코 없어지지 않을 것이다.

36 "However, no one knows the day or hour when these things will happen, not even the angels in heaven or the Son himself. Only the Father knows.

36 《그렇지만, 어느 누구도 이러한 일들이 언제 일어날지 그 날이나 그 시간을 모른다, 지어 하늘의 천사들이나 아들 자신조차도 모른다. 오직 아버지만이 알고 계신다.

37 "When the Son of Man returns, it will be like it was in Noah's day.

37 《사람의 아들이 다시 올 때는, 노아의 때와 같을 것이다.

38 In those days before the flood, the people were enjoying banquets and parties and weddings right up to the time Noah entered his boat.

38 홍수 이전 시대에, 사람들은 노아가 자기 배에 들어가기 바로 전까지, 연회와 만찬 그리고 잔치들을 하며 즐거워했다.

39 People didn't realize what was going to happen until the flood came and swept them all away. That is the way it will be when the Son of Man comes.

39 사람들은 홍수가 나서 그들을 모두 쓸어가 버리기까지 무슨 일이 일어나게 될지를 알지 못했다. 사람의 아들이 올 때도 그와 같을 것이다.

40 "Two men will be working together in the field; one will be taken, the other left.

40 《두 사람이 밭에서 함께 일하고 있을 것이다; 한 사람은 데려가고, 다른 사람은 남아 있을 것이다.

41 Two women will be grinding flour at the mill; one will be taken, the other left.

41 두 녀자가 맹돌에서 밀을 갈고 있을 것이다; 한 사람은 데려가고 다른 사람은 남아 있을 것이다.

42 "So you, too, must keep watch! For you don't know what day your Lord is coming.

42 《그러므로 너희도, 역시, 깨여 있어야 한다! 왜냐하면 너희는 너의 주

님이 오시는 그 날을 모르기 때문이다.

43 **Understand this: If a homeowner knew exactly when a burglar was coming, he would keep watch and not permit his house to be broken into.**

43 이것을 깊이 새겨 두어라; 만일 집주인이 강도가 오는 때를 정확히 안다면, 그는 깨여 있으면서 자기 집을 마스고 들어오도록 내벼려 두지 않을 것이다.

44 **You also must be ready all the time, for the Son of Man will come when least expected.**

44 너희도 항상 준비하고 있어야 한다, 왜냐하면 사람의 아들은 전혀 예상하지 않고 있을 때 오실 것이기 때문이다.

45 **"A faithful, sensible servant is one to whom the master can give the responsibility of managing his other household servants and feeding them.**

45 《충실하고, 총명한 종은 주인이 집에 있는 그의 다른 집안 종들을 관리하고 그들에게 먹을 것을 주는 책임을 그에게 맡길 수 있는 사람이다.

46 **If the master returns and finds that the servant has done a good job, there will be a reward.**

46 만일 그 주인이 돌아와서 그 종이 일을 잘한 것을 알면, 상을 줄 것이다.

47 **I tell you the truth, the master will put that servant in charge of all he owns.**

47 내가 너희에게 진실을 말한다, 주인은 그 종을 자기가 소유한 모든 것을 전부 책임지는 자리에 둘 것이다.

48 **But what if the servant is evil and thinks, 'My master won't be back for a while,'**

48 그러나 만일 그 종이 악해서, 〈나의 주인은 한동안 돌아오지 않을 것이다.〉라고 생각하고,

49 **and he begins beating the other servants, partying, and getting drunk?**

49 그가 다른 종들을 때리고, 연회를 열고, 술에 취하기 시작한다면 어떻게 되겠는가?

50 **The master will return unannounced and unexpected,**

50 그 주인이 예고 없이 그리고 예상치 않게 돌아와서,

51 **and he will cut the servant to pieces and assign him a place with the hypocrites. In that place there will be weeping and gnashing of teeth.**

51 그는 그 종을 혹독하게 평가하고 그를 위선자들과 함께하는 자리로 보낼 것이다. 그곳에서 울고 이를 갈면서 있게 될 것이다.

25

Parable of the Ten Bridesmaids

10명의 새색시의 둘러리에 빗댄 이야기

1 "Then the Kingdom of Heaven will be like ten bridesmaids who took their lamps and went to meet the bridegroom.

1 《그리고 하늘나라는 자기들의 등불을 들고 새서방을 맞으러 나간 열 명의 새색시의 둘러리들과 같을 것이다.

2 Five of them were foolish, and five were wise.

2 그들 중 다섯 명은 어리석었고, 다섯 명은 슬기로웠다.

3 The five who were foolish didn't take enough olive oil for their lamps,

3 어리석었던 다섯 명은 자기들의 등불에 충분한 올리브기름을 가지지 않았다,

4 but the other five were wise enough to take along extra oil.

4 그러나 나머지 다섯 명은 여분의 기름을 가지고 갈 만큼 아주 슬기로웠다.

5 When the bridegroom was delayed, they all became drowsy and fell asleep.

5 새서방이 늦어졌을 때, 그들은 모두 졸음이 와서 잠이 들었다.

6 "At midnight they were roused by the shout, 'Look, the bridegroom is coming! Come out and meet him!'

6 《한밤중에 〈보아라, 새서방이 오고 있다! 나와서 그를 마중하여라!〉고 웨치는 소리에 의해 그들은 깨여났다.

7 "All the bridesmaids got up and prepared their lamps.

7 《모든 새색시의 둘러리들은 일어나서 자기들의 등불들을 준비하였다.

8 Then the five foolish ones asked the others, 'Please give us some of your oil because our lamps are going out.'

8 그때 어리석은 다섯 명은 다른 사람들에게 부탁했다, 〈우리의 등불이 꺼져가고 있으므로 우리에게 당신들의 기름을 조금 주시오.〉

9 "But the others replied, 'We don't have enough for all of us. Go to a shop and buy some for yourselves.'

9 《그러나 그 다른 사람들이 대답했다, 〈우리는 우리 모두를 위해 충분히 가지고 있지 않습니다. 상점에 가서 당신 자신들을 위해 얼마간 사시오.〉

10 "But while they were gone to buy oil, the bridegroom came. Then those who were ready went in with him to the marriage feast, and the door was

locked.

10 《그러나 그들이 기름을 사러 간 동안, 새서방이 왔다. 그러자 준비
했던 사람들은 그와 함께 결혼 축하연에 들어갔다, 그리고 그 문은 잠
겼다.

11 Later, when the other five bridesmaids returned, they stood outside, calling, 'Lord! Lord! Open the door for us!'

11 나중에, 다른 다섯 명의 새색시의 둘러리들이 돌아왔을 때, 그들은
〈주인님! 주인님! 우리에게 문을 열어 주십시오!〉라고 부르면서 밖에
서 있었다.

12 "But he called back, 'Believe me, I don't know you!'

12 《그러나 그가 대답했다, 〈정말이오, 나는 당신들을 모르오!〉

13 "So you, too, must keep watch! For you do not know the day or hour of my return.

13 《그러므로 너희들, 역시, 깨여 있어야 한다! 왜냐하면 너희는 내가 돌
아올 그 날이나 때를 모르기 때문이다.》

Parable of the Three Servants

세 명의 종에 빗댄 이야기

14 "Again, the Kingdom of Heaven can be illustrated by the story of a man going on a long trip. He called together his servants and entrusted his money to them while he was gone.

14 《또, 하늘나라는 긴 려행을 하고 있는 한 사람의 이야기로 실례를 들
수 있다. 그는 자기 종들을 함께 불러서 자기가 떠나 있는 동안 자기 돈
을 그들에게 맡겼다.

15 He gave five bags of silver to one, two bags of silver to another, and one bag of silver to the last—dividing it in proportion to their abilities. He then left on his trip.

15 그는 한 사람에게 은 다섯 자루, 다른 사람에게는 은 두 자루, 마지막
사람에게는 은 한 자루를 주었다—그들의 능력에 비례하여 그것을 나누
었다. 그는 그리고 나서 려행을 떠났다.

16 "The servant who received the five bags of silver began to invest the money and earned five more.

16 《은 다섯 자루를 받았던 종은 그 돈을 투자하기 시작해서 다섯 개를
더 벌었다.

17 The servant with two bags of silver also went to work and earned two more.

17 은 두 자루 가진 종도 일하러 가서 두 개를 더 벌었다.

18 **But the servant who received the one bag of silver dug a hole in the ground and hid the master's money.**

18 그러나 은 한 자루를 받았던 종은 땅에 구멍을 파서 주인의 돈을 숨겼다.

19 **"After a long time their master returned from his trip and called them to give an account of how they had used his money.**

19 《오랜 시간이 지난 후 그들의 주인이 려행에서 돌아왔다. 그리고 그들이 자기 돈을 어떻게 썼는지 보고하라고 그들을 불렀다.

20 **The servant to whom he had entrusted the five bags of silver came forward with five more and said, 'Master, you gave me five bags of silver to invest, and I have earned five more.'**

20 그가 은 다섯 자루를 맡겼던 종이 다섯 개를 더 가지고 앞으로 나와서 말했다. 〈주인님, 당신은 나에게 투자하라고 은 다섯 자루를 주었습니다. 그래서 나는 다섯 개를 더 벌었습니다.〉

21 **"The master was full of praise. 'Well done, my good and faithful servant. You have been faithful in handling this small amount, so now I will give you many more responsibilities. Let's celebrate together!'**

21 《주인은 칭찬을 대단히 했다. 〈잘했다, 나의 착하고 충실한 종아. 너는 이 적은 금액을 성실하게 다루었다. 그래서 이제 나는 너에게 더 많은 책임을 맡기겠다. 자, 함께 축하하자!〉

22 **"The servant who had received the two bags of silver came forward and said, 'Master, you gave me two bags of silver to invest, and I have earned two more.'**

22 《은 두 자루를 받은 종이 앞으로 나와서 말했다. 〈주인님, 당신은 내게 투자하라고 은 두 자루를 주었습니다. 그래서 나는 두 개를 더 벌었습니다.〉

23 **"The master said, 'Well done, my good and faithful servant. You have been faithful in handling this small amount, so now I will give you many more responsibilities. Let's celebrate together!'**

23 《그 주인이 말했다. 〈잘했다, 나의 착하고 충실한 종아. 너는 이 적은 금액을 성실하게 다루였다. 그래서 이제 나는 너에게 더 많은 책임을 맡기겠다. 함께 축하하자!〉

24 **"Then the servant with the one bag of silver came and said, 'Master, I knew you were a harsh man, harvesting crops you didn't plant and gathering crops you didn't cultivate.**

24 《그때 은 한 자루를 가졌던 종이 와서 말했다. 〈주인님, 저는 당신이 심지 않은 농작물을 수확하고 경작하지 않은 농작물을 모으는 가혹한 사람이라고 알았습니다.

25 **I was afraid I would lose your money, so I hid it in the earth. Look, here is your money back.'**

25 나는 당신의 돈을 잃게 될 것이 두려웠습니다. 그래서 나는 그것을 땅에 감추었습니다. 보십시오, 여기 당신의 돈을 돌려 드립니다.〉

26 **"But the master replied, 'You wicked and lazy servant! If you knew I harvested crops I didn't plant and gathered crops I didn't cultivate,**

26 《그런데 그 주인은 대답했다. 〈너 악하고 게으른 종아! 만일 내가 심지 않은 농작물을 추수하고 내가 경작하지 않은 곡식들을 모은다는 것을 네가 알았다면,

27 **why didn't you deposit my money in the bank? At least I could have gotten some interest on it.'**

27 왜 너는 내 돈을 은행에 맡기지 않았는가? 적어도 나는 그것에 대한 얼마간의 리자라도 받을 수 있었을 것이다.〉

28 **"Then he ordered, 'Take the money from this servant, and give it to the one with the ten bags of silver.**

28 《그러고 나서 그는 명령했다. 〈이 종에게서 돈을 빼앗아 그것을 열 자루를 가진 사람에게 주어라.

29 **To those who use well what they are given, even more will be given, and they will have an abundance. But from those who do nothing, even what little they have will be taken away.**

29 자기들이 받은 것을 잘 사용하는 사람들에게는, 더욱더 많은 것이 주어질 것이다. 그러하여 그들은 유족해질 것이다. 그러나 아무것도 하지 않는 사람들로부터는, 그들이 가진 것이 아무리 적을지라도 빼앗길 것이다.

30 **Now throw this useless servant into outer darkness, where there will be weeping and gnashing of teeth.'**

30 이제 이 쓸모없는 종을 바깥 어두움 속으로 던져 버려라. 그곳에서 눈물을 흘리고 이를 갈게 될 것이다.〉

The Final Judgment

최후의 심판

31 **"But when the Son of Man comes in his glory, and all the angels with him, then he will sit upon his glorious throne.**

31 《그러나 사람의 아들이 자신의 영광으로 오고, 그분과 함께 모든 천사들이 올 때, 그때에 그분은 자신의 영광스러운 왕좌 우에 앉으실 것이다.

32 **All the nations will be gathered in his presence, and he will separate the people as a shepherd separates the sheep from the goats.**

32 모든 나라들이 그분 앞에 모일 것이다, 그리고 그분은 마치 양 치는 사람이 염소들로부터 양들을 갈라놓듯이 사람들을 갈라놓을 것이다.

33 **He will place the sheep at his right hand and the goats at his left.**

33 그는 양들은 자기 오른편에 그리고 염소들은 자기 왼편에 있게 할 것이다.

34 **"Then the King will say to those on his right, 'Come, you who are blessed by my Father, inherit the Kingdom prepared for you from the creation of the world.**

34 《그러고 나서 그 왕은 자기 오른편에 있는 사람들에게 말할 것이다, 〈나의 아버지에 의해 축복을 받은, 너희들은 오너라, 세상의 창조 때로부터 너희를 위해 준비된 하늘나라를 물려받아라.

35 **For I was hungry, and you fed me. I was thirsty, and you gave me a drink. I was a stranger, and you invited me into your home.**

35 왜냐하면 내가 배고팠다. 그래서 너희는 나에게 먹을 것을 주었기 때문이다. 내가 목말랐었다, 그래서 너희는 나에게 마실 것을 주었다. 내가 나그네였다, 그래서 너희는 나를 너희 집으로 초청하였다.

36 **I was naked, and you gave me clothing. I was sick, and you cared for me. I was in prison, and you visited me.'**

36 내가 벌거벗었다, 그래서 너희는 나에게 옷을 주었다. 내가 병들었다, 그래서 너희는 나를 돌보아 주었다. 내가 감옥에 있었다, 그래서 너희는 나를 방문해 주었다.〉

37 **"Then these righteous ones will reply, 'Lord, when did we ever see you hungry and feed you? Or thirsty and give you something to drink?**

37 《그러면 이 의로운 사람들이 대답할 것이다, 〈주님, 우리가 도대체 언제 당신이 배고프신 것을 보고 당신에게 먹을 것을 드렸습니까? 또는 언제 목마르신 것을 보고 당신에게 마실 것을 드렸습니까?

38 **Or a stranger and show you hospitality? Or naked and give you clothing?**

38 또는 나그네이신 것을 보고, 당신을 극진히 대접했습니까? 또는 벌거벗으신 것을 보고, 당신에게 옷을 드렸습니까?

39 **When did we ever see you sick or in prison and visit you?'**

39 언제 도대체 우리가 당신이 아프시거나 감옥에 갇히신 것을 보고 당

신을 찾아갔습니까?

40 "And the King will say, 'I tell you the truth, when you did it to one of the least of these my brothers and sisters, you were doing it to me!'

40 《그러면 그 왕은 말할 것이다, 〈내가 너희에게 진실을 말한다, 너희가 내 형제들과 자매들인 이 가장 작은 사람들 중 한 사람에게 그 일을 했을 때, 너희는 그것을 나에게 하고 있었다.〉

41 "Then the King will turn to those on the left and say, 'Away with you, you cursed ones, into the eternal fire prepared for the devil and his demons.

41 《그러고 나서 그 왕은 왼쪽에 있는 사람들에게 돌아서서 말할 것이다, 〈너희 저주받은 자들은 악마들과 그의 귀신들을 위해 준비된 영원한 불 속으로 들어가거라.

42 For I was hungry, and you didn't feed me. I was thirsty, and you didn't give me a drink.

42 왜냐하면 내가 배고팠다, 그런데 너희가 나에게 먹을 것을 주지 않았기 때문이다. 내가 목이 말랐다, 그런데 너희는 나에게 마실 것을 주지 않았다.

43 I was a stranger, and you didn't invite me into your home. I was naked, and you didn't give me clothing. I was sick and in prison, and you didn't visit me.'

43 내가 나그네였다, 그런데 너희는 나를 너희 집으로 초청하지 않았다. 내가 벌거벗었다, 그런데 너희는 나에게 옷을 주지 않았다. 내가 병들었고 감옥에 있었다, 그런데 너희는 나를 방문하지 않았다.〉

44 "Then they will reply, 'Lord, when did we ever see you hungry or thirsty or a stranger or naked or sick or in prison, and not help you?'

44 《그러면 그들이 대답할 것이다, 〈주님, 언제 도대체 우리가 당신이 배고프거나 목마르거나 나그네였거나 또는 벌거벗었거나 또는 병들었거나 감옥에 갇힌 것을 보고 당신을 도와드리지 않았습니까?〉

45 "And he will answer, 'I tell you the truth, when you refused to help the least of these my brothers and sisters, you were refusing to help me.'

45 《그러면 그분이 대답할 것이다, 〈내가 너희에게 진실을 말한다, 너희가 내 형제들과 자매들 중에서 가장 작은 사람 돕기를 거절할 때, 너희는 나를 돕기를 거절하고 있는 것이다.〉

46 "And they will go away into eternal punishment, but the righteous will go into eternal life."

46 《그리고 이 사람들은 영원한 처벌을 받게 될 것이다, 그러나 의로운 사람들은 영원한 생명에 들어갈 것이다.

26

The Plot to Kill Jesus

예수님을 죽이려는 음모

1 When Jesus had finished saying all these things, he said to his disciples,

1 예수님이 이 모든 것들을 말하기를 끝냈을 때, 그분은 자기 제자들에게 말씀하셨다,

2 "As you know, Passover begins in two days, and the Son of Man will be handed over to be crucified."

2《너희도 아는 바와 같이, 건너뜀명절이 이틀 후에 시작된다, 그리고 사람의 아들이 십자사형틀에 못 박히도록 넘겨질 것이다.》

3 At that same time the leading priests and elders were meeting at the residence of Caiaphas, the high priest,

3 바로 그때에 상급 제사장들과 장로들이 총제사장인, 가야바의 관저에 모였다,

4 plotting how to capture Jesus secretly and kill him.

4 예수님을 비밀리에 사로잡아 그분을 죽일 방법에 대한 음모를 꾸미고 있었다.

5 "But not during the Passover celebration," they agreed, "or the people may riot."

5《그러나 건너뜀명절 축전 동안에는 안 됩니다.》그들은 합의했다,《그렇지 않으면 백성들이 폭동을 일으킬 수 있습니다.》

Jesus Anointed at Bethany

베다니에서 기름 뿌리심을 받은 예수님

6 Meanwhile, Jesus was in Bethany at the home of Simon, a man who had previously had leprosy.

6 한편, 예수님은 베다니에서 그전에 문둥병을 앓았던 사람인, 시몬의 집에 계셨다.

7 While he was eating, a woman came in with a beautiful alabaster jar of expensive perfume and poured it over his head.

7 그분이 식사하시던 동안에, 한 녀자가 값비싼 향수가 든 아름다운 석고 병을 들고 들어왔다. 그리고 그것을 그분의 머리 우에 쏟아부었다.

8 The disciples were indignant when they saw this. "What a waste!" they said.

8 제자들이 이것을 보았을 때 그들은 성을 냈다.《얼마나 큰 랑비인가!》

그들이 말했다.

9 "It could have been sold for a high price and the money given to the poor."

9 《그것은 비싼 값으로 팔아서 그 돈을 가난한 사람들에게 줄 수 있었을 터인데.》

10 But Jesus, aware of this, replied, "Why criticize this woman for doing such a good thing to me?

10 그러나 예수님은, 이것을 알아차리고, 대답하셨다, 《왜 나에게 그렇게 좋은 일을 한 것에 대해 이 녀자를 비난하는가?

11 You will always have the poor among you, but you will not always have me.

11 너희는 가난한 사람들이 너희 가운데 항상 있을 것이다, 그러나 너희는 항상 나와 있지는 않을 것이다.

12 She has poured this perfume on me to prepare my body for burial.

12 이 녀자는 매장을 위한 나의 몸을 준비하기 위해 나에게 이 향수를 쏟아 부었다.

13 I tell you the truth, wherever the Good News is preached throughout the world, this woman's deed will be remembered and discussed."

13 내가 너희에게 진실을 말한다, 반가운소식이 온 세상에 전해지는 곳마다, 이 녀자의 행동은 기억되고 되새겨질 것이다.》

Judas Agrees to Betray Jesus
유다가 예수님을 배반하기로 동의하다

14 Then Judas Iscariot, one of the twelve disciples, went to the leading priests

14 그 후 열두 핵심제자 중 한 사람인, 가롯의 유다가, 상급 제사장들에게 갔다.

15 and asked, "How much will you pay me to betray Jesus to you?" And they gave him thirty pieces of silver.

15 그리고 물었다, 《내가 예수를 당신들에게 넘겨주면 당신들은 나에게 얼마를 주겠습니까?》 그러자 그들은 그에게 은 30개를 주었다.

16 From that time on, Judas began looking for an opportunity to betray Jesus.

16 그 후로부터, 유다는 예수님을 넘겨줄 기회를 찾기 시작했다.

The Last Supper

마지막 저녁 식사

17 On the first day of the Festival of Unleavened Bread, the disciples came to Jesus and asked, "Where do you want us to prepare the Passover meal for you?"

17 무효모 빵 명절 중 첫째 날에, 제자들이 예수님에게 와서 물었다, 《당신은 우리가 당신을 위해 어디에서 건너뜀명절 식사를 준비하기를 원하십니까?》

18 "As you go into the city," he told them, "you will see a certain man. Tell him, 'The Teacher says: My time has come, and I will eat the Passover meal with my disciples at your house.'"

18 《너희가 도시 안으로 들어갈 때,》 그분이 그들에게 말씀하셨다, 《너희는 어떤 사람을 만날 것이다. 그에게 말하여라, 〈선생님이 말씀하신다: 나의 때가 왔다, 그래서 나는 너의 집에서 나의 제자들과 함께 건너뜀명절 식사를 할 것이다.〉》

19 So the disciples did as Jesus told them and prepared the Passover meal there.

19 그래서 제자들은 예수님이 자기들에게 말씀하신 대로 실행하였다. 그리고 그곳에서 건너뜀명절 식사를 준비하였다.

20 When it was evening, Jesus sat down at the table with the twelve disciples.

20 저녁이 되었을 때, 예수님은 열두 제자들과 함께 식탁에 앉으셨다.

21 While they were eating, he said, "I tell you the truth, one ofyou will betray me."

21 그들이 먹고 있는 동안, 그분이 말씀하셨다, 《내가 너희에게 진실을 말한다, 너희 중 하나가 나를 배반할 것이다.》

22 Greatly distressed, each one asked in turn, "Am I the one, Lord?"

22 매우 걱정이 되어, 매 사람이 돌아가며 물었다, 《제가 그 사람입니까, 주님?》

23 He replied, "One of you who has just eaten from this bowl with me will betray me.

23 그분이 대답하셨다, 《이 사발에서 방금 나와 함께 먹은 너희들 중 한 사람이 나를 배반할 것이다.

24 For the Son of Man must die, as the Scriptures declared long ago. But how terrible it will be for the one who betrays him. It would be far better for that man if he had never been born!"

24 왜냐하면 사람의 아들은, 하나님말씀책이 오래전에 선포했던 대로 죽어야 한다. 그러나 그를 배반하는 사람에게는 그것은 아주 무서운 일이 될 것이다. 그 사람을 위해서는 그가 차라리 태여나지 않았더라면 훨씬 더 좋았을 것이다.》

25 **Judas, the one who would betray him, also asked, "Rabbi, am I the one?" And Jesus told him, "You have said it."**

25 그분을 배반할, 유다도, 역시 물었다. 《선생님, 제가 그 사람입니까?》 그러자 예수님이 그에게 말씀하셨다, 《네가 그렇다고 말했다.》

26 **As they were eating, Jesus took some bread and blessed it. Then he broke it in pieces and gave it to the disciples, saying, "Take this and eat it, for this is my body."**

26 그들이 먹고 있었을 때, 예수님은 빵을 조금 떼여서 그것을 축복하셨다. 그러고 나서 그분은 그것을 쪼각을 내여 《이것을 받아서 그것을 먹어라, 왜냐하면 이것이 나의 몸이기 때문이다.》고 말씀하시면서, 제자들에게 그것을 주셨다.

27 **And he took a cup of wine and gave thanks to God for it. He gave it to them and said, "Each of you drink from it,**

27 그리고 그분은 포도술 한 잔을 들고 그것에 대해 하나님께 감사를 드렸다. 그분은 그것을 그들에게 주면서 말씀하셨다, 《너희 매 사람은 그것을 마셔라,

28 **for this is my blood, which confirms the covenant between God and his people. It is poured out as a sacrifice to forgive the sins of many.**

28 왜냐하면 이것은 나의 피다, 이것은 하나님과 그분의 백성들 사이의 약속을 확증하기 때문이다. 그것은 많은 사람들의 죄를 용서하기 위해 희생제물로서 쏟아부어지는 것이다.

29 **Mark my words—I will not drink wine again until the day I drink it new with you in my Father's Kingdom."**

29 나의 말을 잘 들어 두어라—나는 나의 아버지의 나라에서 너희와 함께 그것을 새로 마시는 날까지 다시는 포도술을 마시지 않을 것이다.》

30 **Then they sang a hymn and went out to the Mount of Olives.**

30 그리고 나서 그들은 찬송가를 부르며 올리브 산으로 나갔다.

Jesus Predicts Peter's Denial

예수님이 베드로의 거부를 예언하시다

31 **On the way, Jesus told them, "Tonight all of you will desert me. For the Scriptures say, 'God will strike the Shepherd, and the sheep of the flock**

will be scattered.'

31 가는 도중에, 예수님이 그들에게 말씀하셨다. 《오늘 밤 너희 모두는 나를 저버릴 것이다. 왜냐하면 하나님말씀책이 말하기 때문이다. 〈하나님께서 양치는 사람을 치실 것이다. 그리하여 양 떼는 흩어질 것이다.〉

32 But after I have been raised from the dead, I will go ahead of you to Galilee and meet you there."

32 그러나 내가 죽은 사람들로부터 다시 살아난 후에, 나는 너희에 앞서 갈릴리로 가서 그곳에서 너희를 만날 것이다.》

33 Peter declared, "Even if everyone else deserts you, I will never desert you."

33 베드로가 선언했다. 《비록 다른 사람들은 누구나 당신을 저버릴지라도, 나는 결코 당신을 저버리지 않을 것입니다.》

34 Jesus replied, "I tell you the truth, Peter—this very night, before the rooster crows, you will deny three times that you even know me."

34 예수님이 대답하셨다. 《내가 너에게 진실을 말한다. 베드로야—바로 오늘 밤, 수탉이 울기 전에, 너는 나를 안다는 것조차 세 번 부인할 것이다.》

35 "No!" Peter insisted. "Even if I have to die with you, I will never deny you!" And all the other disciples vowed the same.

35 《아닙니다!》 베드로가 주장했다. 《내가 당신과 함께 죽을지언정, 나는 결코 당신을 부인하지 않을 것입니다!》 그리고 다른 모든 제자들도 같은 맹세를 했다.

Jesus Prays in Gethsemane

예수님이 겟세마네에서 기도하시다

36 Then Jesus went with them to the olive grove called Gethsemane, and he said, "Sit here while I go over there to pray."

36 그러고 나서 예수님은 그들과 함께 겟세마네라고 불리는 올리브 숲으로 가셨다. 그리고 그분은 말씀하셨다. 《내가 저기 가서 기도하는 동안 여기에 앉아 있어라.》

37 He took Peter and Zebedee's two sons, James and John, and he became anguished and distressed.

37 그분은 베드로와 세베대의 두 아들, 야고보와 요한을 데리고 가셨다. 그리고 그분은 고민하며 괴로워하셨다.

38 He told them, "My soul is crushed with grief to the point of death. Stay here and keep watch with me."

38 그분이 그들에게 말씀하셨다.《나의 령혼이 슬픔에 짓눌려 죽을 지경이다. 여기에 머물러서 나와 함께 깨여 있어라.》

39 He went on a little farther and bowed with his face to the ground, praying, "My Father! If it is possible, let this cup of suffering be taken away from me. Yet I want your will to be done, not mine."

39 그분은 조금 더 멀리 가서 자신의 얼굴을 땅에 대고 머리를 숙여, 기도하셨다.《나의 아버지여! 만일 가능하다면, 이 고난의 잔을 나에게서 옮겨 주십시오. 그래도 저는 저의 뜻이 아니라, 당신의 뜻이 이루어지기를 바랍니다.》

40 Then he returned to the disciples and found them asleep. He said to Peter, "Couldn't you watch with me even one hour?

40 그런 다음 그분은 제자들에게 돌아와서 그들이 잠든 것을 보셨다. 그분이 베드로에게 말씀하셨다.《너희는 한 시간이라도 나와 함께 지켜볼 수 없었는가?

41 Keep watch and pray, so that you will not give in to temptation. For the spirit is willing, but the body is weak!"

41 깨여 있어 기도하여라. 그래야 너희가 유혹에 굴복하지 않을 것이다. 왜냐하면 마음은 원하지만 몸이 약하구나!》

42 Then Jesus left them a second time and prayed, "My Father! If this cup cannot be taken away unless I drink it, your will be done."

42 그 후 예수님은 두 번째로 그들을 떠나서 기도하셨다.《나의 아버지! 만일 이 잔이 내가 마시지 않고는 치워질 수 없다면, 당신의 뜻이 이루어질 것입니다.》

43 When he returned to them again, he found them sleeping, for they couldn't keep their eyes open.

43 그분이 그들에게 다시 돌아왔을 때, 그분은 그들이 자고 있는 것을 보셨다. 왜냐하면 그들은 자기들의 눈을 뜬 채로 있을 수 없었기 때문이였다.

44 So he went to pray a third time, saying the same things again.

44 그래서 그분은 다시 같은 말을 하시면서, 세 번째로 기도하러 가셨다 .

45 Then he came to the disciples and said, "Go ahead and sleep. Have your rest. But look—the time has come. The Son of Man is betrayed into the hands of sinners.

45 그러고 나서 그분은 제자들에게 오셔서 말씀하셨다.《어서 가서 자거라. 잘 쉬여라. 그러나 보아라—때가 되였다. 사람의 아들이 죄인들의

손에 넘겨져 배반당한다.

46 Up, let's be going. Look, my betrayer is here!"

46 일어나거라, 함께 가자. 보아라, 나의 배신자가 여기에 있다!》

Jesus Is Betrayed and Arrested

예수님이 배신당하여 체포되시다.

47 And even as Jesus said this, Judas, one of the twelve disciples, arrived with a crowd of men armed with swords and clubs. They had been sent by the leading priests and elders of the people.

47 그리고 예수님이 이것을 말씀하신 바로 그 순간에, 열두 제자들 중 하나인 유다가 칼과 곤봉들로 무장한 사람 무리와 함께 도착했다. 그들은 상급 제사장들과 백성들의 장로들에 의해서 보내여졌다.

48 The traitor, Judas, had given them a prearranged signal: "You will know which one to arrest when I greet him with a kiss."

48 변절자 유다는 그들에게 미리 정한 신호를 보냈다: 《내가 그에게 입맞춤으로 인사할 때 당신들은 체포할 사람이 누구인지 알 것입니다.》

49 So Judas came straight to Jesus. "Greetings, Rabbi!" he exclaimed and gave him the kiss.

49 그래서 유다가 곧바로 예수님에게 왔다. 《선생님, 안녕하십니까!》 그는 소리치며 그에게 입 맞추었다.

50 Jesus said, "My friend, go ahead and do what you have come for." Then the others grabbed Jesus and arrested him.

50 예수님이 말씀하셨다. 《나의 친구여, 어서 가서 네가 하기 위해 온 것을 하여라.》 그러자 다른 사람들이 예수님을 붙잡아 그분을 체포했다.

51 But one of the men with Jesus pulled out his sword and struck the high priest's slave, slashing off his ear.

51 그러나 예수님과 함께 있던 사람들 중 하나가 자기 칼을 꺼내여 총제사장의 종을 쳐서 그의 귀를 썩 내리 베여 버렸다.

52 "Put away your sword," Jesus told him. "Those who use the sword will die by the sword.

52 《너의 검을 치워라,》 예수님이 그에게 말씀하셨다. 《검을 쓰는 사람들은 칼로 죽을 것이다.

53 Don't you realize that I could ask my Father for thousands of angels to protect us, and he would send them instantly?

53 너희는 내가 나의 아버지에게 우리를 보호하기 위해 수천 명의 천사들을 보내 달라고 요청할 수 있고, 그러면 그분께서 그들을 즉시 보내실

수 있다는 것을 알지 못하는가?

54 But if I did, how would the Scriptures be fulfilled that describe what must happen now?"

54 그러나 만일 내가 그렇게 하면, 지금 반듯이 일어나야 할 일을 밝힌 하나님말씀책이 어떻게 실현될 수 있겠는가?》

55 Then Jesus said to the crowd, "Am I some dangerous revolutionary, that you come with swords and clubs to arrest me? Why didn't you arrest me in the Temple? I was there teaching every day.

55 그러고 나서 예수님은 군중에게 말씀하셨다.《내가 무슨 위험한 혁명가인가. 너희가 칼과 곤봉들을 가지고 나를 잡으려고 왔으니? 왜 너희는 나를 신전에서 체포하지 않았는가? 나는 그곳에서 날마다 가르치고 있었다.

56 But this is all happening to fulfill the words of the prophets as recorded in the Scriptures." At that point, all the disciples deserted him and fled.

56 그러나 이것은 하나님말씀책에 기록된 것과 같이 예언자들의 말씀을 실현하기 위해 모두 일어나는 것이다.》그 순간에, 모든 제자들이 그분을 버리고 달아났다.

Jesus before the Council

심의회 앞에 선 예수님

57 Then the people who had arrested Jesus led him to the home of Caiaphas, the high priest, where the teachers of religious law and the elders had gathered.

57 그 무렵 예수님을 체포한 사람들은 그분을 총제사장인, 가야바의집으로 끌고 갔다, 그곳에는 종교법 선생들과 장로들이 모여 있었다.

58 Meanwhile, Peter followed him at a distance and came to the high priest's courtyard. He went in and sat with the guards and waited to see how it would all end.

58 한편, 베드로는 그분을 멀리 떨어져서 따라갔다 그리하여 총제사장의 앞마당까지 갔다. 그는 들어가서 호위병들과 함께 앉아서 어떻게 그 모든 것이 끝날지 보려고 기다렸다.

59 Inside, the leading priests and the entire high council were trying to find witnesses who would lie about Jesus, so they could put him to death.

59 안에서, 상급제사장들과 총최고심의회는 그들이 예수님을 사형시킬 수 있도록 그분에 대해 거짓말을 할 증인들을 찾으려고 애썼다.

60 But even though they found many who agreed to give false witness, they

could not use anyone's testimony. Finally, two men came forward

60 그러나 그들은 거짓 증거를 주겠다고 동의한 많은 사람들을 찾았음에도 불구하고, 그들은 어느 누구의 립증도 사용할 수 없었다. 드디어, 두 사람이 앞으로 나와서

61 **who declared, "This man said, 'I am able to destroy the Temple of God and rebuild it in three days.'"**

61 그들은 공포했다, 《이 사람이 말했습니다, 〈나는 하나님의 신전을 무너뜨리고 그것을 3일 만에 다시 세울 수 있다.〉》

62 **Then the high priest stood up and said to Jesus, "Well, aren't you going to answer these charges? What do you have to say for yourself?"**

62 그러자 총제사장은 일어서서 예수님에게 말했다, 《자, 당신은 이런 고발에 대해 대답하지 않겠소? 어떻게 당신은 당신 자신을 변명하겠소?》

63 **But Jesus remained silent. Then the high priest said to him, "I demand in the name of the living God—tell us if you are the Messiah, the Son of God."**

63 그러나 예수님은 여전히 침묵하고 계셨다. 그러자 총제사장이 그분에게 말했다, 《내가 살아 계신 하나님의 이름으로 요구하오—당신이 하나님의 아들, 구세주라면 우리에게 말하시오.》

64 **Jesus replied, "You have said it. And in the future you will see the Son of Man seated in the place of power at God's right hand and coming on the clouds of heaven."**

64 예수님이 대답하셨다, 《당신이 그것을 말했소. 그리고 장래에 당신들은 하나님의 오른쪽 권력의 자리에 앉았다가 하늘의 구름을 타고 오는 사람의 아들을 볼 것이오.》

65 **Then the high priest tore his clothing to show his horror and said, "Blasphemy! Why do we need other witnesses? You have all heard his blasphemy.**

65 그러자 총제사장은 자기의 지독함을 보여 주기 위해 자기 옷을 찢으며 말했다, 《하나님 모독이다! 왜 우리에게 다른 증인들이 필요한가? 너희는 그의 하나님 모독하는 말을 모두 들었다.

66 **What is your verdict?" "Guilty!" they shouted. "He deserves to die!"**

66 여러분의 의견은 어떠하오?》《유죄요!》 그들이 웨쳤다. 《그는 죽어 마땅합니다!》

67 **Then they began to spit in Jesus' face and beat him with their fists. And some slapped him,**

67 그러고 나서 그들은 예수님의 얼굴에 침을 뱉고 자기들의 주먹으

로 그분을 때리기 시작했다. 그리고 어떤 사람들은 그분을 손바닥으
로 쳤다.

68 jeering, "Prophesy to us, you Messiah! Who hit you that time?"

68 놀려대면서, 《네가 구세주라고! 이번에는 누가 너를 때렸는가? 우리
에게 맞혀 보아라!》

Peter Denies Jesus

베드로가 예수님을 거부하다

69 Meanwhile, Peter was sitting outside in the courtyard. A servant girl came
over and said to him, "You were one of those with Jesus the Galilean."

69 한편, 베드로는 앞마당 바깥쪽에 앉아 있었다. 한 어린 녀자 종이 그
에게 와서 말했다, 《당신이 그 갈릴리 사람 예수와 함께 있던 사람들 중
한 사람이였지요.》

70 But Peter denied it in front of everyone. "I don't know what you're talking
about," he said.

70 그러나 베드로는 모든 사람 앞에서 그것을 부인했다. 《나는 네가 무
엇에 대해 말하고 있는지 모르겠다.》 그가 말했다.

71 Later, out by the gate, another servant girl noticed him and said to those
standing around, "This man was with Jesus of Nazareth."

71 후에, 문 곁으로 나가자, 다른 녀자 종이 그를 알아보고 둘러서 있
는 사람들에게 말했다, 《이 사람은 나사렛 예수와 함께 있었습니다.》

72 Again Peter denied it, this time with an oath. "I don't even know the man,"
he said.

72 베드로는 그것을 다시 부인했다, 이번에는 맹세를 했다. 《나는 지어
그 사람을 알지도 못하오.》 그가 말했다.

73 A little later some of the other bystanders came over to Peter and said,
"You must be one of them; we can tell by your Galilean accent."

73 잠시 후 또 다른 구경군 중 어떤 사람이 베드로에게 와서 말했다, 《너
는 그들 중 하나임에 틀림없다; 우리는 너의 갈릴리 사투리로써 말할
수 있다.》

74 Peter swore, "A curse on me if I'm lying—I don't know the man!" And im-
mediately the rooster crowed.

74 베드로는 맹세했다, 《만일 내가 거짓말을 하면 저주가 나에게 있을 것
이요—나는 그 사람을 모르오!》 그러자 즉시 수탉이 울었다.

75 Suddenly, Jesus' words flashed through Peter's mind: "Before the rooster
crows, you will deny three times that you even know me." And he went

away, weeping bitterly.

75 갑자기, 예수님의 말씀들이 베드로의 마음속을 피뜩 지나갔다: 《수탉이 울기 전에, 너는 나를 안다는 것조차 세 번 부인할 것이다.》 그러자 그는 비통하게 울면서, 떠났다.

27

Judas Hangs Himself

유다가 목매달아 죽다

1 **Very early in the morning the leading priests and the elders of the people met again to lay plans for putting Jesus to death.**

1 아주 이른 아침에 상급제사장들과 백성의 장로들이 예수님을 죽이기 위한 계획을 세우려고 다시 모였다.

2 **Then they bound him, led him away, and took him to Pilate, the Roman governor.**

2 그 후 그들은 그분을 묶고 그분을 끌고 가서, 로마 총독인, 빌라도에게 그분을 넘겨주었다.

3 **When Judas, who had betrayed him, realized that Jesus had been condemned to die, he was filled with remorse. So he took the thirty pieces of silver back to the leading priests and the elders.**

3 그분을 배반했던, 유다는 예수님이 사형판결을 받게 된 것을 알았을 때, 량심의 가책으로 가득 찼다. 그래서 그는 은 30개를 총제사장과 장로들에게 다시 돌려주었다.

4 **"I have sinned," he declared, "for I have betrayed an innocent man." "What do we care?" they retorted. "That's your problem."**

4 《내가 죄를 지었습니다.》 그가 공포했다. 《왜냐하면 내가 죄 없는 사람을 배반했기 때문입니다.》《우리와 무슨 상관인가?》 그들은 되받아넘겼다. 《그것은 너의 문제다.》

5 **Then Judas threw the silver coins down in the Temple and went out and hanged himself.**

5 그러자 유다는 그 은 쇠돈을 신전 안에 내던지고 나가서 목매달아 죽었다.

6 **The leading priests picked up the coins. "It wouldn't be right to put this money in the Temple treasury," they said, "since it was payment for murder."**

6 상급 제사장들은 그 쇠돈을 주었다. 《이 돈을 신전 금고에 넣는 것은

옳지 않을 것이다.》 그들이 말했다. 《그것은 살인을 위해 지불한 것이
기 때문이다.》

7 **After some discussion they finally decided to buy the potter's field, and they made it into a cemetery for foreigners.**

7 얼마간의 토론 후 그들은 마침내 도자기공의 밭을 사기로 결정했다. 그리고 그들은 그것을 외국인들을 위한 공동묘지로 만들었다.

8 **That is why the field is still called the Field of Blood.**

8 그러한 리유로 그 밭은 피의 밭이라고 아직도 불리고 있다.

9 **This fulfilled the prophecy of Jeremiah that says, "They took the thirty pieces of silver—the price at which he was valued by the people of Israel,**

9 이것은 예레미야가 말했던 예언이 이루어졌다. 《그들은 은 30개를—이스라엘 백성에 의해 평가된 그분의 값—가졌다.

10 **and purchased the potter's field, as the LORD directed."**

10 그리고 주님이 지시하신 대로, 도자기공의 밭을 샀다.》

Jesus' Trial before Pilate

빌라도 앞에서 예수님의 재판

11 **Now Jesus was standing before Pilate, the Roman governor. "Are you the king of the Jews?" the governor asked him. Jesus replied, "You have said it."**

11 이제 예수님은 로마 총독, 빌라도 앞에 서 계셨다. 《당신이 유태인들의 왕인가?》 총독이 그에게 물었다. 예수님은 대답하셨다. 《당신이 그렇게 말하고 있소.》

12 **But when the leading priests and the elders made their accusations against him, Jesus remained silent.**

12 그런데 상급제사장들과 장로들이 그분에 대해 그들이 고발했을 때, 예수님은 잠잠히 계셨다.

13 **"Don't you hear all these charges they are bringing against you?" Pilate demanded.**

13 《당신은 사람들이 당신에 대해 제기하고 있는 이런 모든 고발을 듣고 있지 않는가?》 빌라도가 캐여 물었다.

14 **But Jesus made no response to any of the charges, much to the governor's surprise.**

14 그러나 예수님은 그 어떤 고발에 대해서도 아무런 대답을 하지 않으셨다. 총독에게 매우 놀라운 일이였다.

15 **Now it was the governor's custom each year during the Passover celebra-**

tion to release one prisoner to the crowd—anyone they wanted.

15 매년 건너뜀명절 동안에 군중에게—그들이 원하는 누구든지—죄수 한 명을 풀어 주는 것이 총독의 관례였다.

16 This year there was a notorious prisoner, a man named Barabbas.

16 이번 해에는 바라바라고 불리는, 한 악명 높은 죄수가 있었다.

17 As the crowds gathered before Pilate's house that morning, he asked them, "Which one do you want me to release to you—Barabbas, or Jesus who is called the Messiah?"

17 그날 아침 군중들이 빌라도의 집 앞에 모였을 때, 빌라도가 그들에게 물었다. 《여러분은 내가 당신들에게 어떤 사람을 풀어 주기를 원하는가—바라바인가, 아니면 구세주라고 불리는 예수인가?》

18 (He knew very well that the religious leaders had arrested Jesus out of envy.)

18 (그는 종교 지도자들이 예수를 질투해서 체포한 것을 잘 알고 있었다.)

19 Just then, as Pilate was sitting on the judgment seat, his wife sent him this message: "Leave that innocent man alone. I suffered through a terrible nightmare about him last night."

19 바로 그때, 빌라도가 재판석에 앉아 있었을 때, 그의 안해가 그에게 이 같은 전하는 말을 보냈다: 《저 죄 없는 사람을 손대지 마십시오. 내가 지난밤 그 사람으로 하여 무서운 악몽에 시달렸습니다.》

20 Meanwhile, the leading priests and the elders persuaded the crowd to ask for Barabbas to be released and for Jesus to be put to death.

20 한편, 상급제사장들과 장로들은 군중에게 바라바는 풀어 주고 예수는 사형에 처하도록 요구하라고 설득했다.

21 So the governor asked again, "Which of these two do you want me to release to you?" The crowd shouted back, "Barabbas!"

21 그래서 총독은 다시 물었다. 《너희는 이 두 사람 중에서 누구를 너희에게 풀어 주기를 나에게 원하는가?》 군중들은 웨쳤다. 《바라바요!》

22 Pilate responded, "Then what should I do with Jesus who is called the Messiah?" They shouted back, "Crucify him!"

22 빌라도가 대답했다. 《그러면 구세주라고 불리는 예수에게 내가 어떻게 해야 하겠는가?》 그들은 큰 소리로 다시 웨쳤다. 《그를 십자사형틀에 못 박으시오!》

23 "Why?" Pilate demanded. "What crime has he committed?" But the mob roared even louder, "Crucify him!"

23 《왜 그러는가?》 빌라도가 캐여 물었다. 《그가 무슨 죄를 범했는가?》 그러나 그 군중은 지어 더 큰 소리로 고함쳤다. 《그를 십자사형틀에 못

박으시오!》

24 Pilate saw that he wasn't getting anywhere and that a riot was developing. So he sent for a bowl of water and washed his hands before the crowd, saying, "I am innocent of this man's blood. The responsibility is yours!"

24 빌라도는 자기가 어찌할 도리가 없으며 폭동이 일어나려는 것을 알았다. 그래서 그는 물을 한 사발 가져오게 했다. 그리고 군중 앞에서 자기 손을 씻으며, 말했다, 《나는 이 사람의 피에 대해 죄가 없다. 그 책임은 너희에게 있다!》

25 And all the people yelled back, "We will take responsibility for his death—we and our children!"

25 그러자 모든 사람들이 다시 고함쳤다, 《우리가 그의 죽음에 대한 책임을 지겠습니다—우리와 우리 후손들이!》

26 So Pilate released Barabbas to them. He ordered Jesus flogged with a lead-tipped whip, then turned him over to the Roman soldiers to be crucified.

26 그래서 빌라도는 바라바를 그들에게 풀어 주었다. 그는 예수를 끝에 납이 달린 채찍으로 때리고, 그 후 십자사형틀에 못 박히도록 로마 군인들에게 그를 넘겨줄 것을 명령했다.

The Soldiers Mock Jesus

군인들이 예수님을 비웃다

27 Some of the governor's soldiers took Jesus into their headquarters and called out the entire regiment.

27 총독의 군인들 중 몇 사람이 예수님을 자기들의 본부로 데리고 가서 전 련대를 불렀다.

28 They stripped him and put a scarlet robe on him.

28 그들은 그분을 발가벗기고 그분에게 짙붉은색 긴 겉옷을 입혔다.

29 They wove thorn branches into a crown and put it on his head, and they placed a reed stick in his right hand as a scepter. Then they knelt before him in mockery and taunted, "Hail! King of the Jews!"

29 그들은 가시나무 가지들로 왕관을 엮어 그것을 그분의 머리 우에 씌웠다, 그리고 그들은 그의 오른손에 왕권의 상징으로서의 홀인 갈대막대기를 들게 했다. 그다음에 그들은 그분 앞에 무릎을 꿇고 업신여기며 비웃었다, 《만세! 유태인의 왕이여!》

30 And they spit on him and grabbed the stick and struck him on the head with it.

30 그리고 그들은 그분에게 침을 뱉고 막대기를 잡아채서 그것으로 그

분의 머리를 때렸다.

31 When they were finally tired of mocking him, they took off the robe and put his own clothes on him again. Then they led him away to be crucified.

31 그들이 드디어 그분을 비웃는 것이 실증 났을 때, 그들은 긴 겉옷을 벗기고 그분 자신이 입었던 옷을 도로 입혔다. 그런 다음 그들은 그분을 십자사형틀에 못 박히도록 끌고 갔다.

The Crucifixion

십자사형틀에 못 박히심

32 Along the way, they came across a man named Simon, who was from Cyrene, and the soldiers forced him to carry Jesus'cross.

32 가는 길에, 그들은 구레네 출신, 시몬이라고 부르는 사람을 만났다, 그리고 군인들은 강제로 그에게 예수님의 십자사형틀을 지고 가게 하였다.

33 And they went out to a place called Golgotha (which means "Place of the Skull").

33 그리고 그들은 골고다라고 불리는 장소로 나갔다(그것은 《두개골의 장소》라는 의미다).

34 The soldiers gave him wine mixed with bitter gall, but when he had tasted it, he refused to drink it.

34 그 군인들은 그분에게 쓴 열물을 섞은 포도술을 주었다, 그러나 그분이 그 맛을 보셨을 때, 그분은 그것 마시기를 거절하셨다.

35 After they had nailed him to the cross, the soldiers gambled for his clothes by throwing dice.

35 군인들은 그분을 십자사형틀에 못 박은 후에, 그들은 그분의 옷을 가지려고 주사위를 던져서 내기를 했다.

36 Then they sat around and kept guard as he hung there.

36 그러고 나서 그들은 둘러앉아 그분이 그곳에 매달려 있는 동안 계속 지켰다.

37 A sign was fastened above Jesus' head, announcing the charge against him. It read: "This is Jesus, the King of the Jews."

37 예수님의 머리 우에, 그분이 범한 죄를 알려 주는 표시가 묶여 있었다. 그 내용은: 《이는 유태인의 왕인 예수다.》

38 Two revolutionaries were crucified with him, one on his right and one on his left.

38 두 과격분자는 그분과 함께 십자사형틀에 못 박혔다, 한 사람은 그분

의 오른쪽에 그리고 한 사람은 그분의 왼쪽에.

39 **The people passing by shouted abuse, shaking their heads in mockery.**

39 지나가던 사람들은, 비웃음거리로 자기들의 머리를 흔들면서 욕을 퍼부었다.

40 **"Look at you now!" they yelled at him. "You said you were going to destroy the Temple and rebuild it in three days. Well then, if you are the Son of God, save yourself and come down from the cross!"**

40 《자 네 꼴을 보아라!》 그들은 그분에게 고함을 쳤다. 《네가 말하기를 너는 신전을 허물고 3일 만에 그것을 다시 세우겠다. 자 그렇다면, 만일 네가 하나님의 아들이라면, 너 자신을 구해서 그 십자사형틀에서 내려오라!》

41 **The leading priests, the teachers of religious law, and the elders also mocked Jesus.**

41 상급 제사장들, 종교법 선생들, 그리고 장로들도 역시 예수님을 업신여겼다.

42 **"He saved others," they scoffed, "but he can't save himself! So he is the King of Israel, is he? Let him come down from the cross right now, and we will believe in him!**

42 《그는 다른 사람들은 구원하였다,》 그들은 비웃었다, 《그러나 그는 자기 자신은 구해 낼 수 없다! 그래 그가 이스라엘의 왕이라네, 정말인가? 그에게 십자사형틀에서 지금 당장 내려오라고 하라, 그러면 우리가 그를 믿을 것이다!

43 **He trusted God, so let God rescue him now if he wants him! For he said, 'I am the Son of God.'"**

43 그는 하나님을 믿었다, 그러니 하나님께서 만일 자신이 그를 원하신다면 그를 지금 구출하게 하라! 왜냐하면 그가 〈내가 하나님의 아들이다.〉라고 말했기 때문이다.》

44 **Even the revolutionaries who were crucified with him ridiculed him in the same way.**

44 그분과 함께 십자사형틀에 못 박힌 과격분자들조차도 같은 방법으로 그분을 비웃었다.

The Death of Jesus

예수님의 죽음

45 **At noon, darkness fell across the whole land until three o'clock.**

45 낮 12시에, 어두움이 온 땅을 3시까지 덮었다.

46 At about three o'clock, Jesus called out with a loud voice, "Eli, Eli, lema sabachthani?" which means "My God, my God, why have you abandoned me?"

46 3시쯤에, 예수님이 큰 목소리로 웨치셨다, 《엘리, 엘리, 라마 사박다니?》 그것은 《나의 하나님, 나의 하나님, 왜 당신은 나를 버리셨습니까?》라는 의미이다.

47 Some of the bystanders misunderstood and thought he was calling for the prophet Elijah.

47 구경군들 중 몇 사람은 잘못 인식해서 그분이 예언자 엘리야를 부르고 있는 것으로 생각했다.

48 One of them ran and filled a sponge with sour wine, holding it up to him on a reed stick so he could drink.

48 그들 중 한 사람이 달려와 해면에 신 포도술을 적셔서 그분이 마실 수 있도록 갈대 막대기에 꽂아 그분에게 그것을 올려 드렸다.

49 But the rest said, "Wait! Let's see whether Elijah comes to save him."

49 그러나 나머지 사람들은 말했다, 《기다려 보자! 엘리야가 그를 구해내기 위해 오는지 보자.》

50 Then Jesus shouted out again, and he released his spirit.

50 그러자 예수님은 다시 크게 웨치셨다, 그리고 그분은 자신의 령혼을 떠나 보내셨다.

51 At that moment the curtain in the sanctuary of the Temple was torn in two, from top to bottom. The earth shook, rocks split apart,

51 그 순간 신전의 신성한 곳에 있는 휘장이 우로부터 아래까지, 둘로 찢어졌다. 땅이 흔들리고, 바위들이 쪼개졌다,

52 and tombs opened. The bodies of many godly men and women who had died were raised from the dead.

52 그리고 무덤들이 열렸다. 죽었던 많은 거룩한 남자와 녀자들의 몸이 죽은 사람들로부터 살아났다.

53 They left the cemetery after Jesus' resurrection, went into the holy city of Jerusalem, and appeared to many people.

53 그들은 예수님의 부활 후에 묘지를 떠나, 예루살렘의 거룩한 도시로 들어가, 많은 사람들에게 나타났다.

54 The Roman officer and the other soldiers at the crucifixion were terrified by the earthquake and all that had happened. They said, "This man truly was the Son of God!"

54 십자사형틀에 있던 로마 군관과 다른 군인들은 지진과 일어났던 모

든 일로 하여 겁에 질렸다. 그들은 말했다, 《이 사람은 진정 하나님의 아들이였다!》

55 And many women who had come from Galilee with Jesus to care for him were watching from a distance.

55 그리고 예수님을 보살피기 위해 갈릴리에서부터 그분과 함께 왔던 많은 녀자들은 멀리서 지켜보고 있었다.

56 Among them were Mary Magdalene, Mary (the mother of James and Joseph), and the mother of James and John, the sons of Zebedee.

56 그들 중에는 막달라 마리아, 마리아(야고보와 요셉의 어머니), 그리고 세베대의 아들들인 야고보와 요한의 어머니가 있었다.

The Burial of Jesus

예수님의 매장

57 As evening approached, Joseph, a rich man from Arimathea who had become a follower of Jesus,

57 해질 무렵이 가까왔을 때, 예수님의 제자가 되였던 아리마대 출신 부자, 요셉이,

58 went to Pilate and asked for Jesus' body. And Pilate issued an order to release it to him.

58 빌라도에게 가서 예수님의 시체를 달라고 했다. 그러자 빌라도는 그것을 그에게 넘겨주라고 명령을 내렸다.

59 Joseph took the body and wrapped it in a long sheet of clean linen cloth.

59 요셉은 그 시체를 가져다가 깨끗한 아마천의 긴 홑이불로 그것을 쌌다.

60 He placed it in his own new tomb, which had been carved out of the rock. Then he rolled a great stone across the entrance and left.

60 그는 그것을 바위를 깎아서 만든, 그 자신의 새 무덤에 모셨다. 그러고 나서 그는 입구에 커다란 돌을 굴려다 막고 떠났다.

61 Both Mary Magdalene and the other Mary were sitting across from the tomb and watching.

61 막달라 마리아와 다른 마리아 두 사람 다 무덤 맞은편에 앉아서 지켜보고 있었다.

The Guard at the Tomb

무덤의 경비병

62 The next day, on the Sabbath, the leading priests and Pharisees went to

see Pilate.

62 다음 날, 은정의 휴식일에, 상급제사장들과 바리새파 사람들은 빌라도를 보려고 갔다.

63 **They told him, "Sir, we remember what that deceiver once said while he was still alive: 'After three days I will rise from the dead.'**

63 그들은 그에게 말했다, 《각하, 우리는 저 사기군이 그가 아직 살아 있을 때, 언젠가 말했던 것을 기억합니다: 〈3일 후에 내가 죽은 사람들로부터 살아날 것이다.〉

64 **So we request that you seal the tomb until the third day. This will prevent his disciples from coming and stealing his body and then telling everyone he was raised from the dead! If that happens, we'll be worse off than we were at first."**

64 그래서 우리는 당신이 3일째 되는 날까지 무덤을 봉인하기를 요청합니다. 이것은 그의 제자들이 와서 그의 시체를 훔치고 나서 모든 사람에게 그가 죽은 사람들로부터 살아났다고 말하는 것을 못하게 할 것입니다! 만일 그 일이 일어난다면, 우리는 처음보다 더욱더 나쁘게 될 것입니다.》

65 **Pilate replied, "Take guards and secure it the best you can."**

65 빌라도가 대답했다, 《경비병들을 데리고 가서 당신들이 모든 힘을 다해 그것을 지키시오.》

66 **So they sealed the tomb and posted guards to protect it.**

66 그래서 그들은 무덤을 봉인하고 그것을 지키도록 경비병들을 배치하였다.

28

The Resurrection

부활

1 **Early on Sunday morning, as the new day was dawning, Mary Magdalene and the other Mary went out to visit the tomb.**

1 일요일 이른 아침, 새날이 밝아 오고 있었을 때, 막달라 마리아와 다른 마리아가 무덤을 찾아보기 위해 나갔다.

2 **Suddenly there was a great earthquake! For an angel of the Lord came down from heaven, rolled aside the stone, and sat on it.**

2 갑자기 커다란 지진이 있었다! 왜냐하면 주님의 한 천사가 하늘로부터 내려와서 돌을 옆으로 굴려 놓고, 그 우에 앉았다.

3 **His face shone like lightning, and his clothing was as white as snow.**

3 그의 얼굴은 번개처럼 빛났고, 그의 옷은 눈처럼 희였다.

4 **The guards shook with fear when they saw him, and they fell into a dead faint.**

4 보초병들이 그를 보았을 때 그들은 두려움으로 떨었다. 그리하여 그들은 정신을 잃었다.

5 **Then the angel spoke to the women. "Don't be afraid!" he said. "I know you are looking for Jesus, who was crucified.**

5 그러자 그 천사가 녀자들에게 말했다. 《두려워하지 말아라!》 그가 말했다. 《나는 너희가 십자사형틀에 못 박히신 예수님을 찾고 있다는 것을 알고 있다,

6 **He isn't here! He is risen from the dead, just as he said would happen. Come, see where his body was lying.**

6 그분은 여기에 계시지 않는다! 그분이 일어날 것이라고 말씀하셨던 것과 꼭 같이, 그분은 죽은 사람들로부터 살아나셨다. 와서, 그분의 시체가 누워 계셨던 곳을 보아라.

7 **And now, go quickly and tell his disciples that he has risen from the dead, and he is going ahead of you to Galilee. You will see him there. Remember what I have told you."**

7 그리고 이제, 빨리 가서 그분의 제자들에게 그분이 죽은 사람들로부터 살아나셨고, 너희들 보다 먼저 갈릴리로 가실 것이라고 말해 주어라. 너희는 그분을 그곳에서 만날 것이다. 내가 너희에게 말한 것을 기억하여라.》

8 **The women ran quickly from the tomb. They were very frightened but also filled with great joy, and they rushed to give the disciples the angel's message.**

8 그 녀자들은 빨리 무덤으로부터 달려갔다. 그들은 아주 깜짝 놀랐다 그러나 또한 큰 기쁨으로 가득 찼다, 그리고 그들은 천사의 전하는 말을 제자들에게 알리기 위해 급히 달려갔다.

9 **And as they went, Jesus met them and greeted them. And they ran to him, grasped his feet, and worshiped him.**

9 그리고 그들이 갔을 때, 예수님이 그들을 만나서 그들에게 인사하셨다. 그러자 그들은 그분에게 달려가서, 그분의 발을 꼭 끌어안고, 그분을 마음속 깊이 우러러 존경했다.

10 **Then Jesus said to them, "Don't be afraid! Go tell my brothers to leave for Galilee, and they will see me there."**

10 그러자 예수님이 그들에게 말씀하셨다. 《두려워하지 말아라! 가서 나의 형제들에게 갈릴리를 향해 떠나라고 말하여라. 그러면 그들이 나를 그곳에서 만날 것이다.》

The Report of the Guard

보초병의 보고

11 As the women were on their way, some of the guards went into the city and told the leading priests what had happened.

11 녀자들이 자기들의 길을 가고 있었을 때, 경비병들 몇이 도시로 들어가서 무슨 일이 일어났는지를 상급제사장들에게 말했다.

12 A meeting with the elders was called, and they decided to give the soldiers a large bribe.

12 장로들과 함께 회의가 소집되였다. 그리고 그들은 그 병사들에게 큰 뢰물을 주기로 결정하였다.

13 They told the soldiers, "You must say, 'Jesus' disciples came during the night while we were sleeping, and they stole his body.'

13 그들은 병사들에게 말했다. 《너희는, 우리가 잠자고 있었던 밤 동안에 〈예수〉의 제자들이 와서, 그들이 그의 시체를 훔쳐 갔다고 말해야 한다.

14 If the governor hears about it, we'll stand up for you so you won't get in trouble."

14 만일 총독이 그것에 대해서 듣는다 하여도, 우리는 너희들이 난처해지지 않도록 너희를 옹호할 것이다.》

15 So the guards accepted the bribe and said what they were told to say. Their story spread widely among the Jews, and they still tell it today.

15 그래서 경비병들은 뢰물을 받고 그들이 말하라고 한 대로 말했다. 그들의 이야기는 유태인들 사이에 널리 퍼졌다. 그리하여 그들은 오늘날 아직도 그것을 말하고 있다.

The Great Commission

위임받은 고귀한 명령

16 Then the eleven disciples left for Galilee, going to the mountain where Jesus had told them to go.

16 그때 열한 제자들은 예수님이 그들에게 가라고 말씀하셨던 산으로 가려고, 갈릴리를 향해 떠났다.

17 When they saw him, they worshiped him—but some of them doubted!

17 그들이 그분을 보았을 때, 그들은 그분을 마음속깊이 우러러 존경
했다—그러나 그들 중 몇은 의심했다!

18 **Jesus came and told his disciples, "I have been given all authority in heav-
en and on earth.**

18 예수님이 와서 그분의 제자들에게 말씀하셨다,《나는 하늘과 땅에 있
는 모든 권한을 받았다.》

19 **Therefore, go and make disciples of all the nations, baptizing them in the
name of the Father and the Son and the Holy Spirit.**

19 그러므로, 가거라. 그리고 모든 민족을 제자로 만들어, 아버지와 아
들과 그리고 성령의 이름으로 그들에게 세례를 주어라.

20 **Teach these new disciples to obey all the commands I have given you.
And be sure of this: I am with you always, even to the end of the age."**

20 이 새로운 제자들이 내가 너희에게 주었던 모든 명령들을 지키도록
가르쳐라. 그리고 이것을 명심하여라: 나는 언제나, 지어 세상의 끝 날
까지, 너희와 함께 있다.

Mark

마가가 전하는 반가운 소식

Mark

마가가 전하는 반가운 소식

1

John the Baptist Prepares the Way

세례자 요한이 길을 준비하다

1 This is the Good News about Jesus the Messiah, the Son of God. It began

1 이것은 하나님의 아들, 구세주 예수님에 대한 반가운 소식이다. 그것은 시작되였다.

2 just as the prophet Isaiah had written: "Look, I am sending my messenger ahead of you, and he will prepare your way.

2 예언자 이사야가 썼던 바로 그대로였다: 《보아라, 내가 나의 심부름군을 너 앞서 보낸다, 그러면 그가 너의 길을 준비할 것이다.

3 He is a voice shouting in the wilderness, 'Prepare the way for the LORD's coming! Clear the road for him!'"

3 그는 황야에서 웨치는 목소리이다, 〈주님의 오심을 위해 길을 준비하라! 그분을 위해 길을 깨끗이 치워라!〉》

4 This messenger was John the Baptist. He was in the wilderness and preached that people should be baptized to show that they had repented of their sins and turned to God to be forgiven.

4 이 심부름군은 세례자 요한이였다. 그는 황야에 있었고 사람들이 자기들의 죄를 뉘우치고 용서받기 위해 하나님께로 돌아섰다는 것을 보여주기 위해 그들이 세례를 받아야 한다고 설교했다.

5 All of Judea, including all the people of Jerusalem, went out to see and hear John. And when they confessed their sins, he baptized them in the Jordan River.

5 예루살렘의 모든 사람들을 포함한, 온 유태 사람들이, 요한을 보며 말을 들으려고 나갔다. 그리고 그들이 자기들의 죄를 고백할 때, 그는 요단강에서 그들에게 세례를 주었다.

6 His clothes were woven from coarse camel hair, and he wore a leather belt around his waist. For food he ate locusts and wild honey.

6 그의 옷은 거치른 락타 털로 짜여져 있었다, 그리고 그는 자기 허리에 가죽허리띠를 띠였다. 식량으로 그는 메뚜기와 들꿀을 먹었다.

7 John announced: "Someone is coming soon who is greater than I am—so much greater that I'm not even worthy to stoop down like a slave and untie the straps of his sandals.

7 요한은 널리 알렸다:《나보다 더 위대한 어떤 분이 곧 오실 것이다. 너무나 위대하셔서 내가 노예처럼 몸을 굽혀 그분의 신발 끈을 풀 자격조차 없다.

8 I baptize you with water, but he will baptize you with the Holy Spirit!"

8 나는 너희에게 물로 세례를 준다, 그러나 그분은 너희에게 성령으로 세례를 주실 것이다!》

The Baptism and Temptation of Jesus

예수님의 세례와 유혹

9 One day Jesus came from Nazareth in Galilee, and John baptized him in the Jordan River.

9 어느 날 예수님이 갈릴리의 나사렛으로부터 오셨다, 그리고 요한은 그분에게 요단강에서 세례를 주었다.

10 As Jesus came up out of the water, he saw the heavens splitting apart and the Holy Spirit descending on him like adove.

10 예수님이 물에서 나오실 때, 그분은 하늘이 갈라지고 성령님이 비둘기처럼 자신 우에 내려오는 것을 보셨다.

11 And a voice from heaven said, "You are my dearly loved Son, and you bring me great joy."

11 그리고 하늘로부터 목소리가 말하였다,《너는 나의 극진히 사랑하는 아들이다, 그리고 너는 나에게 큰 기쁨을 가져다준다.》

12 The Spirit then compelled Jesus to go into the wilderness,

12 성령님은 그러고 나서 예수님이 황야로 나가도록 내보내셨다,

13 where he was tempted by Satan for forty days. He was out among the wild animals, and angels took care of him.

13 그곳에서 그분은 대악마에 의해 40일 동안 유혹을 받으셨다. 그분은 들짐승들 가운데 나가 계셨다. 그리하여 천사들이 그분을 돌보아 드렸다.

14 Later on, after John was arrested, Jesus went into Galilee, where he preached God's Good News.

14 나중에, 요한이 붙잡힌 후, 예수님은 자신이 하나님의 반가운 소식을 전할 갈릴리로 가셨다.

15 "The time promised by God has come at last!" he announced. "The Kingdom of God is near! Repent of your sins and believe the Good News!"

15 《하나님에 의해 약속된 때가 드디어 왔다!》 그분은 널리 알리셨다. 《하나님의 나라가 가까이 왔다! 너희의 죄를 뉘우쳐 돌아서라. 그리고 반가운 소식을 믿으라!》

The First Disciples

첫 제자들

16 One day as Jesus was walking along the shore of the Sea of Galilee, he saw Simon and his brother Andrew throwing a net into the water, for they fished for a living.

16 어느 날 예수님이 갈릴리 바다 해안가를 따라 걷고 있었을 때, 그분은 시몬과 그의 동생 안드레가 물에 그물을 던지고 있는 것을 보셨다. 왜냐하면 그들은 살아가기 위해 물고기를 잡았기 때문이였다.

17 Jesus called out to them, "Come, follow me, and I will show you how to fish for people!"

17 예수님은 그들을 큰 소리로 부르셨다. 《오너라, 나를 따르라, 그러면 내가 너희에게 사람들을 낚는 방법을 알려 주겠다!》

18 And they left their nets at once and followed him.

18 그러자 그들은 곧 자기들의 그물을 내버려 두고 그분을 따라갔다.

19 A little farther up the shore Jesus saw Zebedee's sons, James and John, in a boat repairing their nets.

19 해변 조금 더 멀리서 예수님은 세베대의 아들들인, 야고보와 요한이, 자기들의 그물을 수리하면서 배 안에 있는 것을 보셨다.

20 He called them at once, and they also followed him, leaving their father, Zebedee, in the boat with the hired men.

20 그분은 그들을 당장 부르셨다. 그래서 그들은, 자기들의 아버지인,

세베대를 삯군들과 함께 배에 남겨 두고 역시 그분을 따라갔다.

Jesus Casts Out an Evil Spirit
예수님이 악독한 령을 내쫓으시다

21 Jesus and his companions went to the town of Capernaum. When the Sabbath day came, he went into the synagogue and began to teach.

21 예수님과 그분의 일행은 가버나움 마을로 가셨다. 은정의 휴식일이 왔을 때, 그분은 군중회관에 들어가서 가르치기 시작하셨다.

22 The people were amazed at his teaching, for he taught with real authority—quite unlike the teachers of religious law.

22 사람들은 그분의 가르침에 깜짝 놀랐다, 왜냐하면 그분은 진정한 권위로—종교법 선생들과는 전혀 다르게—가르치셨기 때문이였다.

23 Suddenly, a man in the synagogue who was possessed by an evil spirit began shouting,

23 갑자기, 군중회관에서 악독한 령에 사로잡힌 한 남자가 웨치기 시작했다,

24 "Why are you interfering with us, Jesus of Nazareth? Have you come to destroy us? I know who you are—the Holy One sent from God!"

24《나사렛 예수여, 왜 당신은 우리를 방해하고 있습니까? 당신은 우리를 멸망시키기 위해 왔습니까? 나는 당신이 누군지 알고 있습니다. 하나님의 거룩한 분이십니다!

25 Jesus cut him short. "Be quiet! Come out of the man," he ordered.

25 예수님이 그의 말을 막으셨다.《조용하라! 그 사람에게서 나오라,》그분이 명령하셨다.

26 At that, the evil spirit screamed, threw the man into a convulsion, and then came out of him.

26 그러자, 그 악독한 령은 비명을 질렀고, 그 사람에게 경련을 일으키게 했다, 그러고 나서 그에게서 나갔다.

27 Amazement gripped the audience, and they began to discuss what had happened. "What sort of new teaching is this?" they asked excitedly. "It has such authority! Even evil spirits obey his orders!"

27 놀라움이 지켜보던 사람들을 사로잡았다, 그래서 그들은 일어났던 일을 토의하기 시작했다.《이것은 어떻게 된 새 가르침인가?》그들은 흥분해서 물었다.《그것은 대단한 권위가 있다! 악독한 령들조차도 그의 명령에 복종한다!》

28 The news about Jesus spread quickly throughout the entire region of

Galilee.

28 예수님에 대한 소문은 갈릴리 전 지역으로 빨리 퍼져 나갔다.

Jesus Heals Many People

예수님이 많은 사람들을 고치시다

29 **After Jesus left the synagogue with James and John, they went to Simon and Andrew's home.**

29 예수님이 야고보와 요한과 함께 군중회관을 떠나신 후에, 그들은 시몬과 안드레의 집으로 갔다.

30 **Now Simon's mother-in-law was sick in bed with a high fever. They told Jesus about her right away.**

30 그때 시몬의 가시어머니가 높은 열로 아파서 누워 있었다. 그들은 바로 그 녀자에 대해 예수님에게 말씀드렸다.

31 **So he went to her bedside, took her by the hand, and helped her sit up. Then the fever left her, and she prepared a meal for them.**

31 그래서 그분은 그 녀자의 머리맡으로 가셨다. 그 녀자의 손을 잡아서, 그 녀자가 일어나 앉도록 도와주셨다. 그러자 높은 열이 그 녀자를 떠났고, 그 녀자가 그들을 위해 식사를 준비했다.

32 **That evening after sunset, many sick and demon-possessed people were brought to Jesus.**

32 그날 저녁 해가 진 후에, 많은 병자들과 귀신들린 사람들을 예수님에게로 데려왔다.

33 **The whole town gathered at the door to watch.**

33 온 동네 사람들이 지켜보려고 문가에 모였다.

34 **So Jesus healed many people who were sick with various diseases, and he cast out many demons. But because the demons knew who he was, he did not allow them to speak.**

34 그래서 예수님은 여러 가지 병을 앓던 많은 사람들을 고쳐 주셨다. 그리고 그분은 많은 귀신을 쫓아내셨다. 그러나 그 귀신들은 그분이 누구인지 알았기 때문에, 그분은 그들에게 말하는 것을 허락하지 않으셨다.

Jesus Preaches in Galilee

예수님이 갈릴리에서 설교하시다

35 **Before daybreak the next morning, Jesus got up and went out to an isolated place to pray.**

35 다음 날 아침 날이 밝기 전에, 예수님은 일어나서 기도하기 위해 외

딴 곳으로 나가셨다.

36 Later Simon and the others went out to find him.

36 나중에 시몬과 다른 사람들이 그분을 찾기 위해 나갔다.

37 When they found him, they said, "Everyone is looking for you."

37 그들이 그분을 찾아냈을 때, 그들은 말했다, 《모든 사람들이 당신을 찾고 있습니다.》

38 But Jesus replied, "We must go on to other towns as well, and I will preach to them, too. That is why I came."

38 그러나 예수님은 대답하셨다, 《우리는 다른 마을들에도 계속해서 가야 한다, 그리고 나는 그들에게도 역시 설교할 것이다. 그것이 내가 온 리유이다.》

39 So he traveled throughout the region of Galilee, preaching in the synagogues and casting out demons.

39 그래서 그분은, 군중회관에서 설교하면서 또 귀신들을 쫓아내면서, 갈릴리 지역을 두루 다니셨다.

Jesus Heals a Man with Leprosy
예수님이 문둥병 걸린 한 사람을 치료하시다

40 A man with leprosy came and knelt in front of Jesus, begging to be healed. "If you are willing, you can heal me and make me clean," he said.

40 문둥병 걸린 한 사람이 와서, 낫게 되기를 애걸하면서 예수님 앞에 무릎을 꿇었다. 《만일 당신이 원하시면, 당신은 나를 고칠 수 있고 나를 깨끗하게 해주실 수 있습니다.》 그가 말했다.

41 Moved with compassion, Jesus reached out and touched him. "I am willing," he said. "Be healed!"

41 동정심으로 감동되여, 예수님은 손을 내밀어 그를 만지셨다. 《내가 기꺼이 해주겠다.》 그분이 말씀하셨다. 《낫거라!》

42 Instantly the leprosy disappeared, and the man was healed.

42 즉시 그 문둥병이 사라졌다, 그리고 그 사람은 낫게 되였다.

43 Then Jesus sent him on his way with a stern warning:

43 그러고 나서 예수님은 엄격한 경고를 주고 그를 자기가 가던 길로 보내셨다.

44 "Don't tell anyone about this. Instead, go to the priest and let him examine you. Take along the offering required in the law of Moses for those who have been healed of leprosy. This will be a public testimony that you have been cleansed."

44 《이것에 대해 아무에게도 말하지 말아라. 대신에, 제사장에게 가서 그가 너를 검사하도록 하여라. 모세의 법에서 문둥병에서 낫게 된 사람들에게 요구된 헌납품을 가지고 가거라. 이것이 네가 깨끗해졌다는 공개적인 증명이 될 것이다.》

45 **But the man went and spread the word, proclaiming to everyone what had happened. As a result, large crowds soon surrounded Jesus, and he couldn't publicly enter a town anywhere. He had to stay out in the secluded places, but people from everywhere kept coming to him.**

45 그러나 그 사람은 가서, 일어났던 일을 모든 사람들에게 공공연히 널리 알리면서 그 소식을 퍼뜨렸다. 그 결과 많은 군중들이 곧 예수님을 둘러쌌다, 그래서 그분은 어느 동네에도 공개적으로 들어갈 수 없었다. 그분은 외딴 곳에 계셔야 했다, 그러나 여러 곳에서 오는 사람들이 계속해서 그분에게 왔다.

2

Jesus Heals a Paralyzed Man

예수님이 한 마비된 사람을 고치시다

1 **When Jesus returned to Capernaum several days later, the news spread quickly that he was back home.**

1 예수님이 몇일 후에 가버나움으로 돌아왔을 때, 그분이 집으로 돌아오셨다는 소식이 빨리 퍼졌다.

2 **Soon the house where he was staying was so packed with visitors that there was no more room, even outside the door. While he was preaching God's word to them,**

2 얼마 안 있어 그분이 머물고 계시던 집은 방문자들로 꽉 들어차서 지어 문 바깥에까지, 여지가 없었다. 그분이 하나님의 말씀을 그들에게 설교하고 계시는 동안,

3 **four men arrived carrying a paralyzed man on a mat.**

3 네 명의 남자들이 마비된 사람을 깔개 우에 태워 도착했다.

4 **They couldn't bring him to Jesus because of the crowd, so they dug a hole through the roof above his head. Then they lowered the man on his mat, right down in front of Jesus.**

4 그들은 군중들 때문에 그를 예수님에게 데려갈 수가 없었다, 그래서 그들은 그분 머리 우의 지붕에 구멍을 뚫었다. 그러고 나서 그들은 깔개 우의 그 남자를, 예수님 바로 앞으로 내려뜨렸다.

5 Seeing their faith, Jesus said to the paralyzed man, "My child, your sins are forgiven."

5 그들의 믿음을 보시고, 예수님은 그 마비된 사람에게 말씀하셨다. 《나의 아들아, 너의 죄가 용서되였다.》

6 But some of the teachers of religious law who were sitting there thought to themselves,

6 그러나 그곳에 앉아 있던 몇 종교법 선생들은 속으로 생각했다.

7 "What is he saying? This is blasphemy! Only God can forgive sins!"

7 《그가 무슨 말을 하고 있는가? 이것은 하나님 모독이다! 오직 하나님만이 죄를 용서하실 수 있다!》

8 Jesus knew immediately what they were thinking, so he asked them, "Why do you question this in your hearts?

8 예수님은 그들이 무슨 생각을 하고 있었는가를 즉시 아셨다. 그래서 그분은 그들에게 물으셨다. 《왜 너희는 자기 마음속으로 이것을 문제시하는가?

9 Is it easier to say to the paralyzed man 'Your sins are forgiven,' or 'Stand up, pick up your mat, and walk'?

9 마비된 사람에게 〈너의 죄가 용서되였다.〉라고 말하는 것이 쉬운가, 아니면 〈일어나서, 너의 깔개를 집어 들고, 걸어라〉라고 말하는 것이 더 쉽겠는가?

10 So I will prove to you that the Son of Man has the authority on earth to forgive sins." Then Jesus turned to the paralyzed man and said,

10 그래서 나는 사람의 아들이 이 세상에서 죄를 용서하는 권한을 가지고 있다는 것을 너희에게 증명할 것이다.》 그런 다음 예수님은 그 마비된 사람을 돌아보며 말씀하셨다.

11 "Stand up, pick up your mat, and go home!"

11 《일어나라, 너의 깔개를 집어 들어라, 그리고 집으로 가거라!》

12 And the man jumped up, grabbed his mat, and walked out through the stunned onlookers. They were all amazed and praised God, exclaiming, "We've never seen anything like this before!"

12 그러자 그 사람은 벌떡 일어나, 자기 깔개를 집어 들었다. 그리고 어리둥절해진 구경군들을 지나서 걸어 나갔다. 그들은 모두 깜짝 놀라서 웨치면서 하나님을 찬양했다. 《우리는 이전에 이와 같은 일을 한 번도 본 적이 없다!》

Jesus Calls Levi (Matthew)

예수님이 레위(마태)를 부르시다

13 Then Jesus went out to the lakeshore again and taught the crowds that were coming to him.

13 그러고 나서 예수님은 다시 호수가로 나가셨다 그리고 자기에게 다가오고 있던 군중들을 가르치셨다.

14 As he walked along, he saw Levi son of Alphaeus sitting at his tax collector's booth. "Follow me and be my disciple," Jesus said to him. So Levi got up and followed him.

14 그분이 계속 걷고 있을 때, 그분은 알패오의 아들 레위가 자기의 세금 징수원실에 앉아 있는 것을 보셨다. 《나를 따라오너라. 그리고 나의 제자가 되어라.》 예수님이 그에게 말씀하셨다. 그래서 레위는 일어나서 그분을 따라갔다.

15 Later, Levi invited Jesus and his disciples to his home as dinner guests, along with many tax collectors and other disreputable sinners. (There were many people of this kind among Jesus' followers.)

15 후에, 레위는 예수님과 그분의 제자들, 많은 세금 징수원들과 평판 나쁜 다른 죄인들과 함께, 자기 집에 저녁식사 손님들로 초대했다. (예수님을 따르는 사람들 중에는 이런 부류의 사람들이 많이 있었다.)

16 But when the teachers of religious law who were Pharisees saw him eating with tax collectors and other sinners, they asked his disciples, "Why does he eat with such scum?"

16 그런데 바리새파 사람들이였던 종교법 선생들이 그분이 세금 징수원들과 다른 죄인들과 함께 식사하는 것을 보았을 때, 그들은 그분의 제자들에게 물었다, 《왜 그는 저런 인간쓰레기들과 함께 먹는가?》

17 When Jesus heard this, he told them, "Healthy people don't need a doctor—sick people do. I have come to call not those who think they are righteous, but those who know they are sinners."

17 예수님이 이 말을 들었을 때, 그분은 그들에게 말씀하셨다, 《건강한 사람은 의사가 필요하지 않다—병든 사람은 필요하다. 나는 자기들이 옳바르다고 생각하는 사람들이 아니라 자기들이 죄인들이라고 생각하는 사람들을 부르러 왔다.》

A Discussion about Fasting

단식에 대한 토론

18 Once when John's disciples and the Pharisees were fasting, some people

came to Jesus and asked, “Why don’t your disciples fast like John’s disciples and the Pharisees do?”

18 한번은 요한의 제자들과 바리새파 사람들이 단식하고 있었을 때, 몇 사람들이 예수님에게 와서 물었다, 《왜 당신의 제자들은 요한의 제자들과 바리새파 사람들처럼 단식하지 않습니까?》

19 Jesus replied, “Do wedding guests fast while celebrating with the groom? Of course not. They can’t fast while the groom is with them.

19 예수님이 대답하셨다, 《결혼식 손님들이 새서방과 함께 축하하면서 단식하는가? 물론 안 한다. 그들은 새서방이 자기들과 함께 있을 동안은 단식할 수 없다.

20 But someday the groom will be taken away from them, and then they will fast.

20 그러나 언젠가 새서방이 그들에게서 빼앗기게 될 것이다. 그러면 그들은 그때 단식할 것이다.

21 “Besides, who would patch old clothing with new cloth? For the new patch would shrink and rip away from the old cloth, leaving an even bigger tear than before.

21 《더우기, 누가 오래된 옷에 새 천 쪼각을 덧대여 깁겠는가? 왜냐하면 그 새 천 쪼각이 잡아당겨 이전보다 훨씬 더 큰 째진 틈을 남기면서 낡은 옷에서 찢겨 나가기 때문이다.

22 “And no one puts new wine into old wineskins. For the wine would burst the wineskins, and the wine and the skins would both be lost. New wine calls for new wineskins.”

22 《그리고 아무도 새 포도술을 낡은 포도술 가죽포대에 넣지 않는다. 왜냐하면 그 포도술이 그 포도술 가죽포대를 터트릴 것이다, 그리하여 그 포도술과 그 포대 둘 다 못쓰게 될 것이기 때문이다. 새 포도술은 새 포도술 가죽포대를 필요로 한다.》

A Discussion about the Sabbath

은정의 휴식일에 대한 토론

23 One Sabbath day as Jesus was walking through some grainfields, his disciples began breaking off heads of grain to eat.

23 어느 은정의 휴식일에 예수님이 어떤 낟알 밭을 지나 걸어가고 있었을 때 그분의 제자들이 먹기 위해 낟알 이삭을 자르기 시작했다.

24 But the Pharisees said to Jesus, “Look, why are they breaking the law by harvesting grain on the Sabbath?”

24 그러나 바리새파 사람들이 예수님에게 말했다, 《보십시오, 왜 그들은
은정의 휴식일에 낟알을 따므로써 법을 어기고 있습니까?》

25 **Jesus said to them, "Haven't you ever read in the Scriptures what David did when he and his companions were hungry?**

25 예수님이 그들에게 말씀하셨다, 《너희는 하나님말씀책에서 다윗이
자기와 자기의 일행이 배고팠을 때 무엇을 했는지 읽은 적이 없는가?

26 **He went into the house of God (during the days when Abiathar was high priest) and broke the law by eating the sacred loaves of bread that only the priests are allowed to eat. He also gave some to his companions."**

26 그는 하나님의 집으로 들어가서 (아비아달이 총제사장이였을 때) 제사
장들만이 먹도록 허용된 신성한 빵 덩이들을 먹음으로써 법을 어겼다.
그는 더러는 자기 일행에게도 주었다.》

27 **Then Jesus said to them, "The Sabbath was made to meet the needs of people, and not people to meet the requirements of the Sabbath.**

27 그런 다음 예수님이 그들에게 말씀하셨다, 《은정의 휴식일은 사람들
의 필요를 만족시키기 위해서 만들어진 것이다, 그리고 은정의 휴식일
의 요구들을 만족시키는 것은 사람이 아니다.

28 **So the Son of Man is Lord, even over the Sabbath!"**

28 그러므로 사람의 아들은, 지어 은정의 휴식일에도 주인이다!》

3

Jesus Heals on the Sabbath

예수님이 은정의 휴식일에 치료하시다

1 **Jesus went into the synagogue again and noticed a man with a deformed hand.**

1 예수님이 다시 군중회관으로 가셨다. 그리고 불구된 손을 가진 한 사
람을 자세히 보셨다.

2 **Since it was the Sabbath, Jesus' enemies watched him closely. If he healed the man's hand, they planned to accuse him of working on the Sabbath.**

2 그날이 은정의 휴식일이였기 때문에, 예수님의 원쑤들은 그분을 주의
깊게 눈여겨보았다. 만일 그분이 그 사람의 손을 치료해 준다면, 그들은
은정의 휴식일에 일한다는 것으로 그분을 고소할 계획이였다.

3 **Jesus said to the man with the deformed hand, "Come and stand in front of everyone."**

3 예수님이 불구된 손을 가진 사람에게 말씀하셨다, 《와서 모든 사람

앞에 서라.》

4 Then he turned to his critics and asked, "Does the law permit good deeds on the Sabbath, or is it a day for doing evil? Is this a day to save life or to destroy it?" But they wouldn't answer him.

4 그러고 나서 그분은 자신의 비판자들을 돌아보고 물으셨다. 《그 법은 은정의 휴식일에 좋은 일들을 하도록 허락하는가, 아니면 악한 것을 하기 위한 날인가? 이 날이 생명을 구원하는 날인가 아니면 그것을 멸망시키는 날인가?》 그러나 그들은 그분에게 대답하려고 하지 않았다.

5 He looked around at them angrily and was deeply saddened by their hard hearts. Then he said to the man, "Hold out your hand." So the man held out his hand, and it was restored!

5 그분은 성이 나서 그들을 둘러보셨다 그리고 그들의 무정한 마음으로 하여 깊은 슬픔에 잠기셨다. 그러고 나서 그분은 그 사람에게 말씀하셨다. 《너의 손을 내밀어라.》 그래서 그 사람은 자기의 손을 내밀었다. 그랬더니 그것이 회복되였다!

6 At once the Pharisees went away and met with the supporters of Herod to plot how to kill Jesus.

6 곧 바리새파 사람들은 가버렸다. 그리고 어떻게 예수님을 죽일지를 음모하기 위해 헤롯의 지지자들을 만났다.

Crowds Follow Jesus

군중들이 예수님을 따르다

7 Jesus went out to the lake with his disciples, and a large crowd followed him. They came from all over Galilee, Judea,

7 예수님이 자기 제자들과 함께 호수로 나가셨다. 그러자 큰 군중이 그분을 따라왔다. 그들은 갈릴리, 유태, 모든 지역으로부터 왔다.

8 Jerusalem, Idumea, from east of the Jordan River, and even from as far north as Tyre and Sidon. The news about his miracles had spread far and wide, and vast numbers of people came to see him.

8 예루살렘, 이두매, 요단강 동쪽으로부터, 그리고 지어 두로와 시돈과 같은 먼 북쪽으로부터 왔다. 그분의 기적들에 대한 소식은 멀리 그리고 넓게 퍼졌다. 그리하여 수많은 사람들이 그분을 보기 위해 왔다.

9 Jesus instructed his disciples to have a boat ready so the crowd would not crush him.

9 예수님은 군중이 자신을 떠밀치지 않도록 자기 제자들에게 배 한 척을 준비하도록 지시하셨다.

10 **He had healed many people that day, so all the sick people eagerly pushed forward to touch him.**

10 그분은 그날 많은 사람들을 치료하셨다. 그래서 모든 병든 사람들이 그분을 만져 보기 위해 열심히 앞으로 밀어 붙쳤다.

11 **And whenever those possessed by evil spirits caught sight of him, the spirits would throw them to the ground in front of him shrieking, "You are the Son of God!"**

11 그리고 악독한 령들에 의해 사로잡힌 사람들이 그분을 볼 때는 언제나, 그 령들은《당신은 하나님의 아들입니다!》라고 날카로운 소리를 지르면서 그분 앞에서 그들을 땅에 내동댕이쳤다.

12 **But Jesus sternly commanded the spirits not to reveal who he was.**

12 그러나 예수님은 그 령들에게 자신이 누구인지를 드러내지 말라고 엄격히 명령하셨다.

Jesus Chooses the Twelve Apostles

예수님이 열두 핵심제자들을 선택하시다

13 **Afterward Jesus went up on a mountain and called out the ones he wanted to go with him. And they came to him.**

13 그 후에 예수님이 산에 올라가셨다. 그리고 그분은 자신과 함께 가기를 원했던 그 사람들을 불러내셨다. 그래서 그들이 그분에게 왔다.

14 **Then he appointed twelve of them and called them his apostles. They were to accompany him, and he would send them out to preach,**

14 그런 다음 그분은 그들 중 열두 명을 임명하고 그들을 자신의 핵심제자들이라고 부르셨다. 그들이 자신을 따르게 하였고, 그분은 가르치게 하기 위해 그들을 밖으로 내보내셨다,

15 **giving them authority to cast out demons.**

15 그들에게 귀신들을 쫓아내는 권한을 주셨다.

16 **These are the twelve he chose: Simon (whom he named Peter),**

16 이들은 그분이 선택하신 그 열두 명이다: 시몬(그분이 베드로라고 이름 지으신),

17 **James and John (the sons of Zebedee, but Jesus nicknamed them "Sons of Thunder"),**

17 야고보와 요한(세배대의 아들들, 그러나 예수님은 그들에게《우뢰의 아들들》이라는 별명을 붙이셨다),

18 **Andrew, Philip, Bartholomew, Matthew, Thomas, James (son of Alphaeus), Thaddaeus, Simon (the zealot),**

18 안드레, 빌립, 바돌로매, 마태, 도마, 야고보(알패오의 아들), 다대오, 시몬(열성분자),

19 Judas Iscariot (who later betrayed him).

19 가롯 유다(후에 그분을 배반했던).

Jesus and the Prince of Demons

예수님과 귀신들의 우두머리

20 One time Jesus entered a house, and the crowds began to gather again. Soon he and his disciples couldn't even find time to eat.

20 한번은 예수님이 한 집에 들어가셨다. 그러자 군중들이 다시 모여들기 시작했다. 얼마 안 있어 그분과 그분의 제자들은 식사할 시간조차 낼 수 없었다.

21 When his family heard what was happening, they tried to take him away. "He's out of his mind," they said.

21 그분의 식구들이 무슨 일이 일어났는지를 들었을 때, 그들은 그분을 데려가려고 했다. 《그는 정신이 나갔다.》고 그들은 말했다.

22 But the teachers of religious law who had arrived from Jerusalem said, "He's possessed by Satan, the prince of demons. That's where he gets the power to cast out demons."

22 그러나 예루살렘으로부터 도착한 종교법 선생들이 말했다. 《그는 귀신들의 우두머리, 대악마에게 사로잡혀 있다. 그것이 그가 귀신들을 내쫓는 힘을 얻는 곳이다.》

23 Jesus called them over and responded with an illustration. "How can Satan cast out Satan?" he asked.

23 예수님은 그들을 불러 실례를 들어서 대답하셨다. 《어떻게 대악마가 대악마를 쫓아낼 수 있는가?》 그분이 물으셨다.

24 "A kingdom divided by civil war will collapse.

24 《내란에 의해 분렬된 나라는 붕괴될 것이다.

25 Similarly, a family splintered by feuding will fall apart.

25 마찬가지로, 불화에 의해 갈라진 가정은 무너질 것이다.

26 And if Satan is divided and fights against himself, how can he stand? He would never survive.

26 그리고 만일 대악마가 분렬되고 자기들끼리 맞서 싸운다면, 어떻게 그가 견디여 낼 수 있겠는가? 그는 결코 살아남지 못할 것이다.

27 Let me illustrate this further. Who is powerful enough to enter the house of a strong man like Satan and plunder his goods? Only someone even

stronger—someone who could tie him up and then plunder his house.

27 내가 이것을 실례를 들어 더 설명하겠다. 누가 대악마와 같은 강한 자의 집에 들어가서 그의 물건들을 략탈할 정도로 강한 힘을 가지고 있는가? 오직 훨씬 더 강한 누군가가 그를 꽁꽁 묶고, 그러고 나서 그의 집을 략탈할 수 있는 자이다.

28 "I tell you the truth, all sin and blasphemy can be forgiven,

28 《내가 너희에게 진실을 말한다, 모든 죄와 하나님 모독은 용서받을 수 있다,

29 but anyone who blasphemes the Holy Spirit will never be forgiven. This is a sin with eternal consequences."

29 그러나 성령을 모독하는 자는 누구든지 절대로 용서받지 못할 것이다. 이것은 변치 않는 결과와 련관된 죄이다.》

30 He told them this because they were saying, "He's possessed by an evil spirit."

30 그분은 그들이, 《그가 악독한 령에 의해 사로잡혀있다.》고 말하고 있었기 때문에 이것을 그들에게 말씀하셨다.

The True Family of Jesus

예수님의 진정한 가족

31 Then Jesus' mother and brothers came to see him. They stood outside and sent word for him to come out and talk with them.

31 그런 다음 예수님의 어머니와 형제들이 그분을 만나기 위해 왔다. 그들은 밖에 서 있었다. 그리고 그분으로 하여금 나와서 자기들과 이야기하자는 말을 전했다.

32 There was a crowd sitting around Jesus, and someone said, "Your mother and your brothers are outside asking for you."

32 예수님 주위에는 앉아 있는 군중이 있었다, 그런데 누군가가 말했다, 《당신의 어머니와 당신의 형제들이 당신을 찾으면서 밖에 있습니다.》

33 Jesus replied, "Who is my mother? Who are my brothers?"

33 예수님이 대답하셨다, 《누가 나의 어머니인가? 누가 나의 형제들인가?》

34 Then he looked at those around him and said, "Look, these are my mother and brothers.

34 그러고 나서 그분은 자신의 주위에 있는 사람들을 바라보고 말씀하셨다, 《보아라, 이들이 나의 어머니이고 형제들이다.

35 Anyone who does God's will is my brother and sister and mother."

35 하나님의 뜻을 실행하는 사람은 누구든지 나의 형제이고 자매이며 어머니이다.》

4

Parable of the Farmer Scattering Seed

씨 뿌리는 농민에 빗댄 이야기

1 **Once again Jesus began teaching by the lakeshore. Avery large crowd soon gathered around him, so he got into a boat. Then he sat in the boat while all the people remained on the shore.**

1 다시 한 번 예수님은 호수가에서 가르치기 시작하셨다. 아주 많은 군중이 곧 그분 주위로 모여들었다, 그래서 그분은 배에 올라타셨다. 그리고 나서 그분은 모든 사람들이 해변에 머무는 동안 배에 앉아 계셨다.

2 **He taught them by telling many stories in the form of parables, such as this one:**

2 그분은 빗댄 이야기 형식으로 많은 이야기들을 말씀하시므로써 그들을 가르치셨다, 다음과 같이:

3 **"Listen! A farmer went out to plant some seed.**

3《들어라! 한 농민이 얼마간의 씨를 뿌리러 나갔다.

4 **As he scattered it across his field, some of the seed fell on a footpath, and the birds came and ate it.**

4 그가 그것을 자기의 밭에 흩어 뿌렸을 때, 어떤 씨는 걸음길 우에 떨어졌다, 그리고 새들이 와서 그것을 먹었다.

5 **Other seed fell on shallow soil with underlying rock. The seed sprouted quickly because the soil was shallow.**

5 다른 씨는 밑에 바위가 있는 얕은 땅 우에 떨어졌다. 그 씨는 흙이 얕았기 때문에 빨리 싹이 났다.

6 **But the plant soon wilted under the hot sun, and since it didn't have deep roots, it died.**

6 그러나 그 식물은 뜨거운 태양 아래서 곧 시들었다, 그리고 그것이 깊은 뿌리들을 가지고 있지 않았기 때문에, 그것은 죽었다.

7 **Other seed fell among thorns that grew up and choked out the tender plants so they produced no grain.**

7 다른 씨는 자라서 부드러운 식물들의 성장을 막는 가시나무들 사이에 떨어졌다 그래서 그것들은 어떤 낟알도 생산하지 못했다.

8 **Still other seeds fell on fertile soil, and they sprouted, grew, and produced**

a crop that was thirty, sixty, and even a hundred times as much as had been planted!"

8 또 다른 씨들은 비옥한 땅 우에 떨어졌다. 그래서 그것들은 싹이 나서, 자랐고 30배, 60배, 그리고 심었던 것보다 지어 100배나 많은 수확을 거두었다.

9 **Then he said, "Anyone with ears to hear should listen and understand."**

9 그러고 나서 그분은 말씀하셨다. 《들을 귀를 가진 사람들은 누구나 듣고 리해할 것이다.》

10 **Later, when Jesus was alone with the twelve disciples and with the others who were gathered around, they asked him what the parables meant.**

10 후에, 예수님이 열두 제자들과 주위에 모여든 다른 사람들과 따로 계실 때, 그들은 그분에게 그 빗댄 이야기들이 무엇을 의미하는지를 물었다.

11 **He replied, "You are permitted to understand the secret of the Kingdom of God. But I use parables for everything I say to outsiders,**

11 그분이 대답하셨다. 《너희에게는 하나님 나라의 비밀을 리해하는 것이 허락되였다. 그러나 나는 다른 사람들에게는 내가 말하는 모든 것에 대해 빗댄 이야기들을 사용한다,

12 **so that the Scriptures might be fulfilled: 'When they see what I do, they will learn nothing. When they hear what I say, they will not understand. Otherwise, they will turn to me and be forgiven.'"**

12 그래야 하나님말씀책이 실현될 것이다: 〈그들은 내가 하는 것을 보아도, 그들은 아무것도 배우지 못할 것이다. 그들이 내가 하는 말을 들어도, 그들은 리해하지 못할 것이다. 만일 그렇지 않으면, 그들은 내게로 돌아와서 용서받게 될 것이다.〉》

13 **Then Jesus said to them, "If you can't understand the meaning of this parable, how will you understand all the other parables?**

13 그러고 나서 예수님은 그들에게 말씀하셨다. 《만일 너희들이 이 빗댄 이야기의 의미를 리해할 수 없다면, 어떻게 너희가 다른 모든 빗댄 이야기들을 리해하겠는가?

14 **The farmer plants seed by taking God's word to others.**

14 그 농민은 하나님의 말씀을 다른 사람들에게 전하는 것으로써 씨를 심는다.

15 **The seed that fell on the footpath represents those who hear the message, only to have Satan come at once and take it away.**

15 걸음길 우에 떨어진 씨는 말씀을 듣기는 하지만, 대악마가 즉시 와서

그것을 빼앗아가는 사람들을 나타낸다.

16 The seed on the rocky soil represents those who hear the message and immediately receive it with joy.

16 바위투성이의 땅 우의 씨는 말씀을 듣고 즉시 그것을 기쁨으로 받아들이는 사람들을 나타낸다.

17 But since they don't have deep roots, they don't last long. They fall away as soon as they have problems or are persecuted for believing God's word.

17 그러나 그들은 깊은 뿌리를 가지고 있지 않기 때문에, 그들은 오래가지 못한다. 그들은 문제가 생기거나 하나님의 말씀을 믿는 것 때문에 박해를 받자마자 변절한다.

18 The seed that fell among the thorns represents others who hear God's word,

18 가시나무들 사이에 떨어진 씨는 하나님의 말씀을 듣는 다른 사람들을 나타낸다,

19 but all too quickly the message is crowded out by the worries of this life, the lure of wealth, and the desire for other things, so no fruit is produced.

19 그런데 모두 너무 빨리 그 말씀이 이 세상의 근심들과, 부유함의 유혹, 그리고 다른 것들에 대한 욕망에 의해 밀어 내쳐진다, 그리하여 아무 열매도 맺지 못한다.

20 And the seed that fell on good soil represents those who hear and accept God's word and produce a harvest of thirty, sixty, or even a hundred times as much as had been planted!"

20 그리고 좋은 땅 우에 떨어진 씨는 하나님의 말씀을 듣고 받아들여서 심었던 것보다 30배, 60배, 또는 지어 100배나 많은 수확을 거두는 사람들을 나타낸다!》

Parable of the Lamp

등불에 대한 빗댄 이야기

21 Then Jesus asked them, "Would anyone light a lamp and then put it under a basket or under a bed? Of course not! A lamp is placed on a stand, where its light will shine.

21 그러자 예수님이 그들에게 물으셨다, 《누구든지 등불을 켜고 나서 그것을 바구니나 침대 아래에 두겠는가? 물론 그러지 않는다! 등불은, 그것의 빛이 빛날 받침대 우에 놓인다.

22 For everything that is hidden will eventually be brought into the open,

and every secret will be brought to light.

22 왜냐하면 감추어진 모든 것은 그 언젠가는 밝혀질 것이고, 모든 비밀은 폭로될 것이기 때문이다.

23 Anyone with ears to hear should listen and understand."

23 들을 귀를 가진 모든 사람은 듣고 리해할 것이다.》

24 Then he added, "Pay close attention to what you hear. The closer you listen, the more understanding you will be given—and you will receive even more.

24 그러고 나서 그분은 덧붙이셨다, 《너희가 듣는 것에 세심한 주의를 기울여라. 너희가 더 깐깐히 들을수록, 더 많은 리해가 너희에게 주어질 것이다—그리고 너희는 훨씬 더 많이 받을 것이다.

25 To those who listen to my teaching, more understanding will be given. But for those who are not listening, even what little understanding they have will be taken away from them."

25 나의 가르침을 듣는 사람들에게는, 더 많은 리해가 주어질 것이다. 그러나 들으려고 하지 않는 사람들에게는, 그들이 가지고 있는 보잘것없는 리해조차도 자신들에게서 빼앗길 것이다.》

Parable of the Growing Seed

자라는 씨에 대한 빗댄 이야기

26 Jesus also said, "The Kingdom of God is like a farmer who scatters seed on the ground.

26 예수님은 또 말씀하셨다, 《하나님 나라는 땅 우에 씨를 뿌리는 농민과 같다.

27 Night and day, while he's asleep or awake, the seed sprouts and grows, but he does not understand how it happens.

27 밤이나 낮이나, 그가 잘 때나 깨여 있을 때나, 그 씨는 싹이 나고 자란다, 그러나 그는 어떻게 그것이 되여 가는지를 리해하지 못한다.

28 The earth produces the crops on its own. First a leaf blade pushes through, then the heads of wheat are formed, and finally the grain ripens.

28 땅은 저절로 농작물을 맺게 한다. 처음에는 잎사귀가 돋아나고, 다음에 이삭들이 만들어지고, 그리고 마침내 그 낟알이 여문다.

29 And as soon as the grain is ready, the farmer comes and harvests it with a sickle, for the harvest time has come."

29 그리고 그 낟알이 익자마자, 농민이 와서 낫을 가지고 그것을 수확한다, 왜냐하면 가을걷이 때가 왔기 때문이다.》

Parable of the Mustard Seed
겨자씨에 대한 빗댄 이야기

30 **Jesus said, "How can I describe the Kingdom of God? What story should I use to illustrate it?**

30 예수님이 말씀하셨다, 《내가 하나님 나라를 어떻게 묘사할 수 있을까? 내가 그것을 례를 들어 설명하기 위해 무슨 이야기를 사용해야 하겠는가?

31 **It is like a mustard seed planted in the ground. It is the smallest of all seeds,**

31 그것은 땅 속에 심어진 겨자씨 한 알과 같다. 그것은 모든 씨들 중에서도 가장 작다,

32 **but it becomes the largest of all garden plants; it grows long branches, and birds can make nests in its shade."**

32 그러나 그것은 모든 정원 식물들 중에서 가장 크게 자라게 된다, 그리하여 새들이 그것의 그늘에 둥지를 틀 수 있다.》

33 **Jesus used many similar stories and illustrations to teach the people as much as they could understand.**

33 예수님은 사람들이 될 수 있는 대로 잘 리해할 수 있도록 그들을 가르치기 위해 많은 비슷한 이야기들과 실례들을 사용하셨다.

34 **In fact, in his public ministry he never taught without using parables; but afterward, when he was alone with his disciples, he explained everything to them.**

34 사실, 자신의 공개 활동에서 그분은 빗댄 이야기들을 사용하지 않고는 결코 가르친 적이 없으셨다; 그런데 나중에, 그분은 자신의 제자들과 따로 계실 때에, 그분은 모든 것을 그들에게 설명해 주셨다.

Jesus Calms the Storm
예수님이 폭풍을 잔잔하게 하시다

35 **As evening came, Jesus said to his disciples, "Let's cross to the other side of the lake."**

35 저녁이 왔을 때, 예수님은 자기 제자들에게 말씀하셨다, 《호수의 건너편으로 건너가자.》

36 **So they took Jesus in the boat and started out, leaving the crowds behind (although other boats followed).**

36 그래서 그들은, 군중들을 뒤에 남겨 두고, 예수님을 배에 태우시고 출발했다(비록 다른 배들이 따라왔지만).

37 But soon a fierce storm came up. High waves were breaking into the boat, and it began to fill with water.

37 그러나 곧 사나운 폭풍이 일어났다. 높은 파도가 배에 들이닥쳤다. 그래서 배는 물로 가득 차기 시작했다.

38 Jesus was sleeping at the back of the boat with his head on a cushion. The disciples woke him up, shouting, "Teacher, don't you care that we're going to drown?"

38 예수님은 자신의 머리를 베개에 대고 배의 뒤쪽에서 주무시고 계셨다. 제자들이 웨치면서 그분을 깨웠다.《선생님, 우리가 물에 빠져 죽어가는 것을 돌보지 않으십니까?》

39 When Jesus woke up, he rebuked the wind and said to the waves, "Silence! Be still!" Suddenly the wind stopped, and there was a great calm.

39 예수님이 깨여났을 때, 그분은 바람을 꾸짖고 파도를 향해 말씀하셨다.《고요하라! 잠잠해져라!》갑자기 바람이 멈추었다. 그리고 아주 고요해졌다.

40 Then he asked them, "Why are you afraid? Do you still have no faith?"

40 그런 다음 그분은 그들에게 물으셨다.《왜 너희는 무서워하는가? 너희는 아직도 믿음이 없는가?》

41 The disciples were absolutely terrified. "Who is this man?" they asked each other. "Even the wind and waves obey him!"

41 제자들은 완전히 겁에 질렸다.《이분은 누구신가?》그들은 서로 물었다.《지어 바람과 파도까지도 그분에게 복종하는구나!》

5

Jesus Heals a Demon-Possessed Man

예수님이 귀신 들린 사람을 고치시다

1 So they arrived at the other side of the lake, in the region of the Gerasenes.

1 그래서 그들은 호수의 건너편, 거라사 지방에 도착했다.

2 When Jesus climbed out of the boat, a man possessed by an evil spirit came out from a cemetery to meet him.

2 예수님이 배에서 나오셨을 때, 악독한 령에 사로잡힌 한 사람이 그분을 만나려고 공동묘지에서 나왔다.

3 This man lived among the burial caves and could no longer be restrained, even with a chain.

3 이 사람은 묘지 동굴들 사이에서 살았고, 지어 쇠사슬로도 더 이상 잡
아 둘 수 없었다.

4 **Whenever he was put into chains and shackles—as he often was—he snapped the chains from his wrists and smashed the shackles. No one was strong enough to subdue him.**

4 그가 쇠사슬이나 쇠고랑에 묶여 있었을 때마다—그가 자주 그랬듯
이—그는 자기 손목에서 쇠사슬을 끊고 쇠고랑을 짓부셨다. 그를 억제
할 만큼 힘센 사람은 아무도 없었다.

5 **Day and night he wandered among the burial caves and in the hills, howling and cutting himself with sharp stones.**

5 밤낮으로 그는 울부짖고 날카로운 돌들로 자기 자신에게 상처를 내면
서, 묘지 동굴들 사이에서와 언덕들에서 헤매고 다녔다.

6 **When Jesus was still some distance away, the man saw him, ran to meet him, and bowed low before him.**

6 예수님이 아직 조금 떨어진 거리에 계셨을 때, 그 사람은 그분을 보
았고, 그분을 만나기 위해 달려왔다, 그리고 그분 앞에 엎드려 절했다.

7 **With a shriek, he screamed, "Why are you interfering with me, Jesus, Son of the Most High God? In the name of God, I beg you, don't torture me!"**

7 째는 듯한 웨침 소리로, 그는 비명을 질렀다, 《가장 높으신 하나님의
아들이신, 예수님, 왜 당신은 저한테 간섭하십니까? 제가 당신에게 간
청합니다, 하나님의 이름으로, 저를 괴롭히지 말아 주십시오!》

8 **For Jesus had already said to the spirit, "Come out of the man, you evil spirit."**

8 왜냐하면 예수님이 이미 그 령에게 말씀하셨기 때문이였다, 《너 악독
한 령아, 그 사람에게서 나오라.》

9 **Then Jesus demanded, "What is your name?" And he replied, "My name is Legion, because there are many of us inside this man."**

9 그러고 나서 예수님이 요구하셨다, 《네 이름이 무엇이냐?》 그러자 그
가 대답했다, 《제 이름은 집단군입니다, 왜냐하면 이 사람 안에 우리의
많은 수가 있기 때문입니다.》

10 **Then the evil spirits begged him again and again not to send them to some distant place.**

10 그러고 나서 그 악독한 령들은 그분에게 자기들을 어딘가 먼 곳으로
보내지 말아 달라고 거듭 간청했다.

11 **There happened to be a large herd of pigs feeding on the hillside nearby.**

11 마침 근처의 산비탈에 먹이를 먹고 있는 큰 돼지 떼가 있었다.

12 "Send us into those pigs," the spirits begged. "Let us enter them."

12《우리를 저 돼지들 속으로 보내 주십시오.》그 령들이 간청했다.《우리를 저것들에게 들어가게 해주십시오.》

13 So Jesus gave them permission. The evil spirits came out of the man and entered the pigs, and the entire herd of about 2,000 pigs plunged down the steep hillside into the lake and drowned in the water.

13 그래서 예수님은 그것들에게 허락해 주셨다. 그 악독한 령들은 그 사람에게서 나와서 돼지들에게 들어갔다. 그러자 약 2,000마리의 전체 돼지 떼가 가파른 산비탈 아래 호수로 돌진하여 물에 빠져 죽었다.

14 The herdsmen fled to the nearby town and the surrounding countryside, spreading the news as they ran. People rushed out to see what had happened.

14 짐승치기들은 그들이 달려가서 그 소식을 퍼뜨리면서, 가까운 마을과 근처 지방으로 도망쳤다. 사람들은 무슨 일이 일어났는지를 보려고 급히 나왔다.

15 A crowd soon gathered around Jesus, and they saw the man who had been possessed by the legion of demons. He was sitting there fully clothed and perfectly sane, and they were all afraid.

15 곧 군중이 예수님 주위로 모여들었다. 그리고 그들은 집단군 귀신에 사로잡혔던 사람을 보았다. 그는 옷을 다 입고 온전히 제정신이 되어 그 곳에 앉아 있었다. 그래서 그들은 모두 두려워하였다.

16 Then those who had seen what happened told the others about the demon-possessed man and the pigs.

16 그때 일어난 일을 보았던 사람들이 다른 사람들에게 그 귀신 들렸던 사람과 그 돼지들에 대해서 말해 주었다.

17 And the crowd began pleading with Jesus to go away and leave them alone.

17 그러자 군중은 예수님에게 떠나가실 것과 자기들을 내버려 두어 달라고 간청하기 시작했다.

18 As Jesus was getting into the boat, the man who had been demon possessed begged to go with him.

18 예수님이 그 배에 올라타려고 하실 때 귀신 들렸던 사람이 자기도 함께 가게 해달라고 간청했다.

19 But Jesus said, "No, go home to your family, and tell them everything the Lord has done for you and how merciful he has been."

19 그러나 예수님은 말씀하셨다.《아니다. 집으로 너의 가족에게로 가거

라, 그리고 그들에게 주님이 너를 위해 하신 모든 일과 그분이 얼마나 큰 은정을 베푸셨는지를 말해 주어라.》

20 **So the man started off to visit the Ten Towns of that region and began to proclaim the great things Jesus had done for him; and everyone was amazed at what he told them.**

20 그래서 그 사람은 그 지역의 열 도시들에 가기 위해 떠났다. 그리고 예수님이 자신을 위해 하셨던 위대한 일들을 내놓고 찬양하기 시작했다; 그러자 모든 사람들은 그가 자기들에게 말해준 것에 깜짝 놀랐다.

Jesus Heals in Response to Faith

예수님이 믿음에 대한 응답으로 고쳐 주시다

21 **Jesus got into the boat again and went back to the other side of the lake, where a large crowd gathered around him on the shore.**

21 예수님이 다시 배에 오르셨다. 그리고 그 호수 건너편으로 돌아가셨다. 그곳 기슭에서 큰 군중이 그분 주위에 모여들었다.

22 **Then a leader of the local synagogue, whose name was Jairus, arrived. When he saw Jesus, he fell at his feet,**

22 그때 그의 이름이 야이로인, 그 지역 군중회관의 지도자가 도착했다. 그가 예수님을 보았을 때, 그는 그분의 발 앞에 엎드렸다.

23 **pleading fervently with him. "My little daughter is dying," he said. "Please come and lay your hands on her; heal her so she can live."**

23 그분에게 간절히 탄원하였다. 《제 어린 딸이 죽어 가고 있습니다.》 그가 말했다. 《부디 오셔서 당신의 손을 녀자아이에게 얹어 주십시오; 그 아이가 살 수 있도록 아이를 치료해 주십시오.》

24 **Jesus went with him, and all the people followed, crowding around him.**

24 예수님은 그와 함께 가셨다. 그리고 모든 사람들이, 그분 주위에 몰려들면서 따라갔다.

25 **A woman in the crowd had suffered for twelve years with constant bleeding.**

25 군중 속의 한 녀자가 12년 동안 끊임없는 출혈로 고통을 받아 왔다.

26 **She had suffered a great deal from many doctors, and over the years she had spent everything she had to pay them, but she had gotten no better. In fact, she had gotten worse.**

26 그 녀자는 많은 의사들로부터 혹독한 일을 겪었다. 여러 해 동안 그 녀자는 그들에게 돈을 주기 위해 자기가 가진 모든 것을 써버렸다. 그러나 그 녀자는 더 나아지지 않았다. 실제, 그 녀자는 더 나빠졌다.

27 She had heard about Jesus, so she came up behind him through the crowd and touched his robe.

27 그 녀자는 예수님에 대해 들었다. 그래서 그 녀자는 군중 사이를 지나 그분 뒤로 다가갔다. 그리고 그분의 옷에 손을 댔다.

28 For she thought to herself, “If I can just touch his robe, I will be healed.”

28 왜냐하면 그 녀자는 속으로 생각했기 때문이였다. 《만일 내가 그분의 옷에 손을 댈 수만 있다면, 나는 치료될 것이다.》

29 Immediately the bleeding stopped, and she could feel in her body that she had been healed of her terrible condition.

29 즉시 그 출혈은 멈추었다. 그리고 그 녀자는 자신의 끔찍한 상태에서 치료되였다는 것을 자신의 몸으로 느낄 수 있었다.

30 Jesus realized at once that healing power had gone out from him, so he turned around in the crowd and asked, “Who touched my robe?”

30 예수님은 치료하는 능력이 자신에게서 나간 것을 즉시 아셨다. 그래서 그분은 군중을 돌아보고 물으셨다. 《누가 내 옷에 손댔는가?》

31 His disciples said to him, “Look at this crowd pressing around you. How can you ask, ‘Who touched me?’”

31 그분의 제자들이 그분에게 말했다. 《당신을 에워싸고 밀치고 있는 이 군중을 보십시오. 어떻게 당신은, 〈누가 나에게 손을 댔는가?〉라고 물으실 수 있습니까?》

32 But he kept on looking around to see who had done it.

32 그러나 그분은 누가 그것을 했는지 보기 위해 계속해서 둘러보셨다.

33 Then the frightened woman, trembling at the realization of what had happened to her, came and fell to her knees in front of him and told him what she had done.

33 그러자 겁에 질린 그 녀자가, 자기에게 어떤 일이 일어났는지를 깨닫고 떨면서, 와서 그분 앞에 자기 무릎을 꿇었다. 그리고 자기가 했던 일을 그분에게 말씀드렸다.

34 And he said to her, “Daughter, your faith has made you well. Go in peace. Your suffering is over.”

34 그런 다음 그분이 그 녀자에게 말씀하셨다. 《딸아, 너의 믿음이 너를 낫게 하였다. 평안히 가거라. 너의 고통은 끝났다.》

35 While he was still speaking to her, messengers arrived from the home of Jairus, the leader of the synagogue. They told him, “Your daughter is dead. There’s no use troubling the Teacher now.”

35 그분이 아직 그 녀자에게 말씀하고 계시는 동안, 심부름군들이 군

중회관 지도자인, 야이로의 집으로부터 도착했다. 그들은 그에게 말했다, 《당신의 따님이 죽었습니다. 이제 선생님을 성가시게 할 필요가 없습니다.》

36 **But Jesus overheard them and said to Jairus, "Don't be afraid. Just have faith."**

36 그러나 예수님께서 그들의 말을 무심히 듣고 야이로에게 말씀하셨다, 《두려워하지 말라. 믿음만 가져라.》

37 **Then Jesus stopped the crowd and wouldn't let anyone go with him except Peter, James, and John(the brother of James).**

37 그 후 예수님은 그 군중을 막으셨다. 그리고 베드로, 야고보, 그리고 요한(야고보의 동생) 외에는 아무도 자신과 함께 가는 것을 허락하지 않으셨다.

38 **When they came to the home of the synagogue leader, Jesus saw much commotion and weeping and wailing.**

38 그들이 군중회관 지도자의 집에 왔을 때, 예수님은 큰 소란과 울부짖는 것과 비통해하는 것을 보셨다.

39 **He went inside and asked, "Why all this commotion and weeping? The child isn't dead; she's only asleep."**

39 그분은 안으로 들어가서 물으셨다, 《어째서 이 모든 소란과 울부짖음인가? 그 아이는 죽은 것이 아니다; 그저 잠들어 있을 뿐이다.》

40 **The crowd laughed at him. But he made them all leave, and he took the girl's father and mother and his three disciples into the room where the girl was lying.**

40 군중은 그분을 비웃었다. 그러나 그분은 사람들을 모두 떠나게 하셨다, 그리고 그분은 그 소녀의 아버지와 어머니 그리고 자신의 세 제자들을 데리고 소녀가 누워 있는 방으로 들어가셨다.

41 **Holding her hand, he said to her, "Talitha koum," which means "Little girl, get up!"**

41 그 녀자아이의 손을 잡으시면서, 그분은 그 애에게 말씀하셨다, 《달리다 굼,》 그것은 《어린 소녀야, 일어나거라!》라는 뜻이다.

42 **And the girl, who was twelve years old, immediately stood up and walked around! They were overwhelmed and totally amazed.**

42 그러자 12세인, 그 소녀는 즉시 일어나서 걸어 다녔다! 사람들은 당황하였고 아주 깜짝 놀랐다.

43 **Jesus gave them strict orders not to tell anyone what had happened, and then he told them to give her something to eat.**

43 예수님은 일어났던 일을 아무에게도 말하지 말라고 그들에게 엄한 명령을 내렸다. 그러고 나서 그분은 그 녀자아이에게 무언가 먹을 것을 주라고 사람들에게 말씀하셨다.

6

Jesus Rejected at Nazareth

나사렛에서 배척당하신 예수님

1 **Jesus left that part of the country and returned with his disciples to Nazareth, his hometown.**

1 예수님은 시골의 그 지역을 떠나서 자기 제자들과 함께 자신의 고향인, 나사렛으로 돌아오셨다.

2 **The next Sabbath he began teaching in the synagogue, and many who heard him were amazed. They asked, "Where did he get all this wisdom and the power to perform such miracles?"**

2 그다음 은정의 휴식일에 그분은 군중회관에서 가르치기 시작하셨다. 그리고 그분의 말씀을 들은 많은 사람들은 깜짝 놀랐다. 그들이 물었다, 《어디에서 그는 이 모든 지혜와 그러한 기적들을 낳는 능력을 얻었을까?》

3 **Then they scoffed, "He's just a carpenter, the son of Mary and the brother of James, Joseph, Judas, and Simon. And his sisters live right here among us." They were deeply offended and refused to believe in him.**

3 그러고 그들은 비웃었다, 《그는 마리아의 아들이고 야고보, 요셉, 유다, 그리고 시몬의 형인 목수에 불과하다. 그리고 그의 누이들도 바로 여기 우리 가운데에서 살고 있다.》 그들은 매우 기분이 상했고 그분 믿기를 거절했다.

4 **Then Jesus told them, "A prophet is honored everywhere except in his own hometown and among his relatives and his own family."**

4 그러자 예수님이 그들에게 말씀하셨다, 《예언자는 자기 자신의 고향과 자기의 친척들 그리고 자기 자신의 가족을 내놓고서는 어디서나 존경을 받는다.》

5 **And because of their unbelief, he couldn't do any miracles among them except to place his hands on a few sick people and heal them.**

5 그리고 그들의 믿지 않는 마음 때문에, 그분은 자신의 손을 몇 명의 병든 사람들 우에 얹어서 그들을 치료한 것 이외에는 그들 가운데서 어떤 기적도 실행하실 수 없었다.

6 **And he was amazed at their unbelief.**

6 그리고 그분은 그들의 믿지 않는 마음에 깜짝 놀라셨다.

Jesus Sends Out the Twelve Disciples

예수님이 열두 제자를 보내시다

Then Jesus went from village to village, teaching the people.

그 후 예수님은 사람들을 가르치면서, 마을에서 마을로 다니셨다.

7 **And he called his twelve disciples together and began sending them out two by two, giving them authority to cast out evil spirits.**

7 그리고 그분은 자신의 열두 제자들을 불러 모으셨다. 그러고서 그들에게 악독한 령들을 내쫓는 권한을 주면서, 그들을 두 사람씩 짝을 지어 보내기 시작하셨다.

8 **He told them to take nothing for their journey except a walking stick—no food, no traveler's bag, no money.**

8 그분은 그들에게 자기들의 려행을 위해 지팽이 외에는 아무것도 가지고 가지 말라고 말씀하셨다. 식량도, 려행자의 가방도, 돈도.

9 **He allowed them to wear sandals but not to take a change of clothes.**

9 그분은 그들에게 신발은 신지만 갈아입을 옷을 가지고 가는 것은 허락하지 않으셨다.

10 **"Wherever you go," he said, "stay in the same house until you leave town.**

10《너희가 어디를 가든지,》그분이 말씀하셨다,《너희가 마을을 떠날 때까지 같은 집에 머물러라.

11 **But if any place refuses to welcome you or listen to you, shake its dust from your feet as you leave to show that you have abandoned those people to their fate."**

11 그러나 만일 어떤 곳이라도 너희를 환영하지 않거나 또는 너희의 말 듣기를 거절하면, 너희는 그 사람들을 자기들의 운명에 내여주었다는 것을 보여 주기 위해 너희가 떠나면서 너희 발에서 거기의 먼지를 털어 버려라.》

12 **So the disciples went out, telling everyone they met to repent of their sins and turn to God.**

12 그래서 그 제자들은 그들이 만나는 모든 사람들에게 자신들의 죄를 뉘우치고 하나님께 돌아오라고 말하면서 다녔다.

13 **And they cast out many demons and healed many sick people, anointing them with olive oil.**

13 그리고 그들은 많은 귀신들을 내쫓고 많은 병자들에게 올리브기름으

로 그들에게 뿌려 깨끗하게 하면서, 그들을 치료하였다.

The Death of John the Baptist

세례자 요한의 죽음

14 Herod Antipas, the king, soon heard about Jesus, because everyone was talking about him. Some were saying, "This must be John the Baptist raised from the dead. That is why he can do such miracles."

14 왕인, 헤롯 안티파스는 모든 사람이 예수님에 대해 이야기하고 있었기 때문에 얼마 안 있어 그분에 대해 들었다. 어떤 사람들은 말하고 있었다, 《이는 죽은 사람들로부터 살아난 세례자 요한임에 틀림없다. 그것이 그가 이러한 기적들을 실행할 수 있는 리유이다.》

15 Others said, "He's the prophet Elijah." Still others said, "He's a prophet like the other great prophets of the past."

15 다른 사람들은 말했다, 《그는 예언자 엘리야이다.》 또한 다른 사람들은 말했다, 《그는 과거의 다른 위대한 예언자들과 같은 한 예언자이다.》

16 When Herod heard about Jesus, he said, "John, the man I beheaded, has come back from the dead."

16 헤롯이 예수님에 대해 들었을 때, 《내가 목을 벤 그 사람 요한이, 다시 살아났다》고 그는 말했다.

17 For Herod had sent soldiers to arrest and imprison John as a favor to Herodias. She had been his brother Philip's wife, but Herod had married her.

17 왜냐하면 헤롯이 헤로디아에게 베푸는 호의로 요한을 체포하여 감옥에 가두기 위해 군인들을 보냈기 때문이였다. 그 녀자는 그의 동생 빌립의 안해였는데, 헤롯이 그 녀자와 결혼했다.

18 John had been telling Herod, "It is against God's law for you to marry your brother's wife."

18 요한은 헤롯에게 말해 왔다, 《당신이 당신 동생의 안해와 결혼하는 것은 하나님의 법에 어긋나는 것입니다.》

19 So Herodias bore a grudge against John and wanted to kill him. But without Herod's approval she was powerless,

19 그래서 헤로디아는 요한에게 원한을 품었고 그를 죽이고 싶어 했다. 그러나 헤롯의 승인 없이는 그 녀자는 무력했다,

20 for Herod respected John; and knowing that he was a good and holy man, he protected him. Herod was greatly disturbed whenever he talked with John, but even so, he liked to listen to him.

20 왜냐하면 헤롯이 요한을 존경했기 때문이였다; 그리고 그가 선량하고 거룩한 사람인 것을 알고, 그는 그를 보호했다. 헤롯은 그가 요한과 이야기를 할 때마다 매우 난처해졌다, 그러나 그렇다 해도, 그는 그의 말 듣기를 좋아했다.

21 Herodias's chance finally came on Herod's birthday. He gave a party for his high government officials, army officers, and the leading citizens of Galilee.

21 헤로디아의 기회가 드디어 헤롯의 생일날에 왔다. 그는 자기의 정부 고급관리들, 군 장령들, 그리고 갈릴리의 지도적인 시민들을 위해 연회를 차렸다.

22 Then his daughter, also named Herodias, came in and performed a dance that greatly pleased Herod and his guests. "Ask me for anything you like," the king said to the girl, "and I will give it to you."

22 그때 역시 헤로디아라는 이름을 가진 그의 딸이 들어와서 헤롯과 그의 손님들을 대단히 기쁘게 한 춤을 추어 보였다. 《네가 원하는 것은 무엇이든지 나에게 요구하여라,》 왕이 그 소녀에게 말했다, 《그러면 내가 그것을 너에게 주겠다.》

23 He even vowed, "I will give you whatever you ask, up to half my kingdom!"

23 그는 지어 맹세까지 했다, 《나는 네가 무엇을 요구하든지, 내 나라의 절반이라도 너에게 주겠다!》

24 She went out and asked her mother, "What should I ask for?" Her mother told her, "Ask for the head of John the Baptist!"

24 그 녀자는 나가서 자기 어머니에게 물었다, 《내가 무엇을 요구해야 할까요?》 그 녀자의 어머니가 그 녀자에게 말했다, 《세례자 요한의 머리를 요구하여라!》

25 So the girl hurried back to the king and told him, "I want the head of John the Baptist, right now, on a tray!"

25 그래서 그 소녀는 왕에게 서둘러 돌아가서 그에게 말했다, 《나는 지금 당장, 쟁반 우에, 세례자 요한의 머리를 원합니다!》

26 Then the king deeply regretted what he had said; but because of the vows he had made in front of his guests, he couldn't refuse her.

26 그러자 왕은 자기가 말했던 것을 깊이 후회했다; 그러나 그가 자기 손님들 앞에서 했던 맹세 때문에, 그는 그 녀자의 요구를 거절할 수 없었다.

27 So he immediately sent an executioner to the prison to cut off John's head

and bring it to him. The soldier beheaded John in the prison,

27 그래서 그는 즉시 요한의 머리를 베여 자기에게 그것을 가져오도록 사형 집행자를 감옥으로 보냈다. 그 군인은 감옥에서 요한의 목을 베여서,

28 brought his head on a tray, and gave it to the girl, who took it to her mother.

28 그의 머리를 쟁반 우에 담아 가지고 와서, 그것을 그 소녀에게 주었다, 그리고 그 소녀는 그것을 자기 어머니에게 가져갔다.

29 When John's disciples heard what had happened, they came to get his body and buried it in a tomb.

29 요한의 제자들이 무슨 일이 일어났는지를 들었을 때, 그들은 그의 시체를 가지러 와서 그것을 무덤에 묻었다.

Jesus Feeds Five Thousand

예수님이 5,000명을 먹이시다

30 The apostles returned to Jesus from their ministry tour and told him all they had done and taught.

30 핵심제자들이 자기들의 임무 려행으로부터 예수님에게 돌아와서 그분에게 자기들이 실행하고 가르쳤던 모든 것을 말씀드렸다.

31 Then Jesus said, "Let's go off by ourselves to a quiet place and rest awhile." He said this because there were so many people coming and going that Jesus and his apostles didn't even have time to eat.

31 그러자 예수님이 말씀하셨다, 《우리끼리 조용한 곳으로 가서 잠간 쉬자.》 예수님은 그곳에 너무 많은 사람들이 오고 가고 하고 있어서 그분과 그분의 핵심제자들이 지어 식사할 시간조차 없었기 때문에 이렇게 말씀하셨다.

32 So they left by boat for a quiet place, where they could be alone.

32 그래서 그들은 자기들이 홀로 있을 수 있는 조용한 곳을 찾아 배로 떠났다.

33 But many people recognized them and saw them leaving, and people from many towns ran ahead along the shore and got there ahead of them.

33 그러나 많은 사람들이 그들을 알아보고 그들이 떠나는 것을 보았다, 그리고 여러 마을에서부터 온 사람들은 기슭을 따라 먼저 달려가서 그들보다 먼저 그곳에 도착했다.

34 Jesus saw the huge crowd as he stepped from the boat, and he had compassion on them because they were like sheep without a shepherd. So he

began teaching them many things.

34 예수님이 배에서 내리셨을 때 그분은 거대한 군중을 보셨다. 그리고 그분은 그들이 양몰이군 없는 양 같아서 그들을 불쌍히 여기셨다. 그래서 그분은 그들에게 많은 것들을 가르치기 시작하셨다.

35 **Late in the afternoon his disciples came to him and said, "This is a remote place, and it's already getting late.**

35 오후 늦게 그분의 제자들이 그분에게 와서 말했다. 《이곳은 사람이 사는 집들에서 떨어진 곳입니다. 그리고 이미 날이 저물었습니다.

36 **Send the crowds away so they can go to the nearby farms and villages and buy something to eat."**

36 군중들이 가까운 농장들과 마을들로 가서 무엇인가 먹을 것을 살 수 있도록 그들을 보내십시오.》

37 **But Jesus said, "You feed them." "With what?" they asked. "We'd have to work for months to earn enough money to buy food for all these people!"**

37 그러나 예수님은 말씀하셨다. 《너희들이 그들을 먹여라.》《무엇을 가지고 말입니까?》 그들이 물었다. 《이 모든 사람들을 위한 먹을 것을 사는 데 충분한 돈을 벌려면 우리가 몇 달 동안 일을 해야 할 것입니다!》

38 **"How much bread do you have?" he asked. "Go and find out." They came back and reported, "We have five loaves of bread and two fish."**

38 《너희는 얼마나 많은 빵을 가지고 있는가?》 그분이 물으셨다. 《가서 찾아보아라.》 그들은 돌아와서 보고했다. 《우리는 빵 다섯 덩이와 물고기 두 마리를 가지고 있습니다.》

39 **Then Jesus told the disciples to have the people sit down in groups on the green grass.**

39 그러자 예수님은 사람들을 푸른 풀밭 우에 무리 지어 앉게 하라고 제자들에게 말씀하셨다.

40 **So they sat down in groups of fifty or a hundred.**

40 그래서 그들은 50명 또는 100명씩 무리 지어 앉았다.

41 **Jesus took the five loaves and two fish, looked up toward heaven, and blessed them. Then, breaking the loaves into pieces, he kept giving the bread to the disciples so they could distribute it to the people. He also divided the fish for everyone to share.**

41 예수님은 빵 다섯 덩이와 물고기 두 마리를 들고, 하늘을 향하여 우러러보시고, 그것들을 축복하셨다. 그리고, 그 덩이들을 조각들로 떼면서, 그분은 제자들이 그 빵을 사람들에게 나누어줄 수 있도록 계속해서 그것을 그들에게 주셨다. 그분은 또한 모든 사람들이 나누어줄 수 있도

록 물고기도 쪼개셨다.

42 They all ate as much as they wanted,

42 그들은 모두 자기들이 원했던 만큼 많이 먹었다,

43 and afterward, the disciples picked up twelve baskets of leftover bread and fish.

43 그리고 나중에, 제자들은 남은 빵과 물고기 열두 바구니를 거두었다.

44 A total of 5,000 men and their families were fed from those loaves!

44 모두 합쳐 5,000명의 남자들과 그들의 가족들이 그 빵 덩이를 먹었다!

Jesus Walks on Water

예수님이 물 우를 걸으시다

45 Immediately after this, Jesus insisted that his disciples get back into the boat and head across the lake to Bethsaida, while he sent the people home.

45 이 일이 있은 직후, 예수님은 자기 제자들이 배로 돌아가서 호수 건너 벳세다로 향해 가야 한다고 강조하셨다. 그동안에 그분은 사람들을 집으로 돌려보내셨다.

46 After telling everyone good-bye, he went up into the hills by himself to pray.

46 모든 사람들에게 작별 인사를 한 후, 그분은 혼자 기도하러 산으로 올라가셨다.

47 Late that night, the disciples were in their boat in the middle of the lake, and Jesus was alone on land.

47 그날 밤늦게, 제자들은 호수의 한가운데서 자기들의 배 안에 있었다, 그리고 예수님은 홀로 륙지에 계셨다.

48 He saw that they were in serious trouble, rowing hard and struggling against the wind and waves. About three o'clock in the morning Jesus came toward them, walking on the water. He intended to go past them,

48 그분은 그들이, 힘겹게 노를 젓고 바람과 파도에 맞서 싸우면서, 심각한 어려움에 처한 것을 보셨다. 아침 3시쯤에 예수님이, 물 우를 걸어서 그들을 향해 오셨다. 그분은 그들을 지나쳐 가실 생각이셨다,

49 but when they saw him walking on the water, they cried out in terror, thinking he was a ghost.

49 그러나 그들이 물 우를 걸으시는 그분을 보았을 때, 그들은 그분이 유령이라고 생각하면서, 겁에 질려서 소리쳤다.

50 They were all terrified when they saw him. But Jesus spoke to them at once. "Don't be afraid," he said. "Take courage! I am here!"

50 그들 모두가 그분을 보았을 때 무서워했다. 그러나 예수님은 즉시 그들에게 말씀하셨다. 《무서워하지 말아라.》 그분이 말씀하셨다. 《용기를 내여라! 내가 여기에 있다!》

51 Then he climbed into the boat, and the wind stopped. They were totally amazed,

51 그러고 나서 그분은 배에 올라타셨다. 그러자 바람이 멈추었다. 그들은 아주 깜짝 놀랐다.

52 for they still didn't understand the significance of the miracle of the loaves. Their hearts were too hard to take it in.

52 왜냐하면 그들은 빵 덩이에 대한 기적의 의미를 여전히 리해하지 못했기 때문이였다. 그들의 마음이 너무 무디어져 그것을 받아들일 수가 없었다.

53 After they had crossed the lake, they landed at Gennesaret. They brought the boat to shore.

53 그들이 그 호수를 건넌 후에, 그들은 게네사렛에 내렸다. 그들은 배를 기슭에 댔다.

54 and climbed out. The people recognized Jesus at once,

54 그리고 밖으로 나왔다. 사람들은 즉시 예수님을 알아보았다.

55 and they ran throughout the whole area, carrying sick people on mats to wherever they heard he was.

55 그리고 그들은 전 지역을 구석구석 뛰여다녔다. 사람들은 그분이 계신다고 들은 곳마다 병자들을 깔개 우에 눕혀 데리고 왔다.

56 Wherever he went—in villages, cities, or the countryside—they brought the sick out to the marketplaces. They begged him to let the sick touch at least the fringe of his robe, and all who touched him were healed.

56 그분이 가셨던 곳마다—마을들, 도시들, 또는 시골—사람들은 병자들을 장마당으로 데려왔다. 사람들은 병자들이 적어도 그분의 옷 언저리라도 만질 수 있게 해달라고 간청했다. 그리고 그분을 만져 본 모든 사람들은 병이 나았다.

7

Jesus Teaches about Inner Purity

예수님이 내적인 깨끗함을 가르치시다

1 One day some Pharisees and teachers of religious law arrived from Jerusalem to see Jesus.

1 어느 날 몇 바리새파 사람들과 종교법 선생들이 예수님을 만나기 위해 예루살렘으로부터 왔다.

2 They noticed that some of his disciples failed to follow the Jewish ritual of hand washing before eating.

2 그들은 그분의 제자들 중 몇이 먹기 전에 손을 씻는 유태 례식을 따르지 않는 것을 눈여겨보았다.

3 (The Jews, especially the Pharisees, do not eat until they have poured water over their cupped hands, as required by their ancient traditions.

3 (유태인들, 특히 바리새파 사람들은, 그들의 오랜 전통에서 요구된 대로, 자신들의 찻잔 모양의 손 우에 물을 부을 때까지는 먹지 않는다.

4 Similarly, they don't eat anything from the market until they immerse their hands in water. This is but one of many traditions they have clung to—such as their ceremonial washing of cups, pitchers, and kettles.)

4 마찬가지로, 그들은 시장에서 와서 자신들의 손을 물속에 담그기까지는 아무것도 먹지 않는다. 이것은 그들이 지켜온 많은 전통들—례를 들어 잔들, 물 주전자들, 그리고 남비들을 씻는 그들의 례식 중 하나에 지나지 않는다.)

5 So the Pharisees and teachers of religious law asked him, "Why don't your disciples follow our age-old tradition? They eat without first performing the hand-washing ceremony."

5 그래서 바리새파 사람들과 종교법 선생들이 그분에게 물었다, 《왜 당신의 제자들은 옛날부터 전해 오는 우리의 전통을 따르지 않습니까? 그들은 손 씻기 례식을 먼저 실행하지 않고 먹습니다.》

6 Jesus replied, "You hypocrites! Isaiah was right when he prophesied about you, for he wrote, 'These people honor me with their lips, but their hearts are far from me.

6 예수님이 대답하셨다, 《너희 위선자들아! 이사야가 너희에 대해 예언했을 때 그가 옳았다, 왜냐하면 그는 다음과 같이 썼기 때문이다, 〈이 사람들은 나를 자기들의 입술로는 존경한다, 그러나 자기들의 마음은 내게서부터 멀리에 있다.

7 **Their worship is a farce, for they teach man-made ideas as commands from God.'**

7 그들의 례배는 광대놀음이다, 왜냐하면 그들은 사람이 만든 생각들을 하나님의 명령으로 가르치기 때문이다.〉

8 **For you ignore God's law and substitute your own tradition."**

8 왜냐하면 너희는 하나님의 법을 무시하고 너희 자신의 전통으로 바꿔 쓰고 있다.》

9 **Then he said, "You skillfully sidestep God's law in order to hold on to your own tradition.**

9 그런 다음 그분은 말씀하셨다, 《너희는 너희 자신의 전통을 지키기 위해 하나님의 법을 교묘하게 에돌아서 피한다.

10 **For instance, Moses gave you this law from God: 'Honor your father and mother,' and 'Anyone who speaks disrespectfully of father or mother must be put to death.'**

10 례를 들면, 모세는 하나님으로부터 받은 이 법을 너희에게 주었다: 〈너희 아버지와 어머니를 존경하라,〉 그리고 〈아버지나 어머니에 대해 무례하게 말하는 사람은 누구든지 사형에 처해야 한다.〉

11 **But you say it is all right for people to say to their parents, 'Sorry, I can't help you. For I have vowed to give to God what I would have given to you.'**

11 그러나 너희는 사람들이 자기들의 부모에게, 〈미안합니다, 저는 당신들을 도울 수 없습니다. 왜냐하면 저는 당신들에게 드리려 했던 것을 하나님께 드리기로 맹세했기 때문입니다.〉라고 말하는 것이 나무랄 데 없다고 말한다.

12 **In this way, you let them disregard their needy parents.**

12 이런 식으로, 너희는 그들로 하여금 자기들의 가난한 부모를 거들떠보지 않게 한다.

13 **And so you cancel the word of God in order to hand down your own tradition. And this is only one example among many others."**

13 그래서 너희는 너희 자신의 전통을 물려주기 위해 하나님의 말씀을 없애 버린다. 그리고 이것은 다른 많은 것들 중 단 하나의 실례에 불과하다.》

14 **Then Jesus called to the crowd to come and hear. "All of you listen," he said, "and try to understand.**

14 그런 다음 예수님은 와서 들으라고 군중을 부르셨다. 《너희 모두는 들어라,》 그분은 말씀하셨다, 《그리고 리해하기 위해 노력하여라.

15 **It's not what goes into your body that defiles you; you are defiled by what comes from your heart."**

15 너희를 더럽히는 것은 너희의 몸으로 들어가는 것이 아니다; 너희의 마음에서 나오는 것에 의해서 너희가 더럽혀진다.》

16

16 없음

17 **Then Jesus went into a house to get away from the crowd, and his disciples asked him what he meant by the parable he had just used.**

17 그러고 나서 예수님은 군중으로부터 벗어나려고 한 집으로 들어가셨다. 그리고 그분의 제자들은 그분이 방금 사용했던 빗댄 이야기를 통해 무슨 뜻을 나타내려 하셨는지 그분에게 물었다.

18 **"Don't you understand either?" he asked. "Can't you see that the food you put into your body cannot defile you?**

18《너희도 리해하지 못하는가?》 그분이 물으셨다.《너희는 너희의 몸 안으로 들어가는 음식이 너희를 더럽히지 못하는 것을 알지 못하는가?

19 **Food doesn't go into your heart, but only passes through the stomach and then goes into the sewer." (By saying this, he declared that every kind of food is acceptable in God's eyes.)**

19 음식은 너희의 마음속으로 들어가지 않는다, 그러나 오직 위를 거쳐서 지나간다. 그러고 나서 배설기관으로 들어간다.》(이렇게 말씀하심으로써, 그분은 모든 종류의 음식이 하나님 보시기에 허용할 수 있다고 선언하신 것이다.)

20 **And then he added, "It is what comes from inside that defiles you.**

20 그러고 나서 그분은 덧붙이셨다.《너희를 더럽히는 것은 너희 속으로부터 나오는 것이다.

21 **For from within, out of a person's heart, come evil thoughts, sexual immorality, theft, murder,**

21 왜냐하면 안으로부터, 사람의 마음으로부터, 악독한 생각들, 성적 비도덕성, 도적질, 살인,

22 **adultery, greed, wickedness, deceit, lustful desires, envy, slander, pride, and foolishness.**

22 부화방탕, 욕심, 심술궂음, 협잡, 음탕한 욕망들, 질투, 비방, 교만 그리고 어리석음이 나온다.

23 **All these vile things come from within; they are what defile you."**

23 이 모든 너절한 것들은 안으로부터 나온다; 그것들이 너희를 더럽히는 것이다.》

The Faith of a Gentile Woman
비유태인 녀자의 믿음

24 Then Jesus left Galilee and went north to the region of Tyre. He didn't want anyone to know which house he was staying in, but he couldn't keep it a secret.

24 그다음 예수님은 갈릴리를 떠나 북쪽 두레 지방으로 가셨다. 그분은 그 누구도 자신이 어느 집에 머무는지 아는 것을 원하지 않으셨다. 그러나 그분은 그것을 비밀로 지킬 수 없었다.

25 Right away a woman who had heard about him came and fell at his feet. Her little girl was possessed by an evil spirit,

25 곧 그분에 대해 들었던 한 녀자가 와서 그분의 발 앞에 엎드렸다. 그 녀자의 어린 딸이 악독한 령에게 사로잡혀 있었다,

26 and she begged him to cast out the demon from her daughter. Since she was a Gentile, born in Syrian Phoenicia,

26 그래서 그 녀자는 그분에게 자기 딸에게서 귀신을 내쫓아 달라고 애걸했다. 그 녀자는, 수리아의 페니키아에서 출생한 비유태인이였기 때문에,

27 Jesus told her, "First I should feed the children—my own family, the Jews. It isn't right to take food from the children and throw it to the dogs."

27 예수님은 그 녀자에게 말씀하셨다, 《먼저 나는 아들딸들—내 자신의 가족, 유태인들을 먹여야 한다. 아들딸들에게서 음식을 빼앗아서 그것을 개들에게 던져 주는 것은 옳지 않다.》

28 She replied, "That's true, Lord, but even the dogs under the table are allowed to eat the scraps from the children's plates."

28 그 녀자가 대답했다, 《주님, 그것은 옳습니다, 그러나 지어 밥상 밑의 개들도 아들딸들의 접시에서 떨어지는 부스레기들을 먹게 내버려 둡니다.》

29 "Good answer!" he said. "Now go home, for the demon has left your daughter."

29 《훌륭한 대답이다!》 그분이 말씀하셨다. 《이제 집으로 가거라, 왜냐하면 귀신이 너의 딸을 떠났기 때문이다.》

30 And when she arrived home, she found her little girl lying quietly in bed, and the demon was gone.

30 그리고 그 녀자가 집에 도착했을 때, 그 녀자는 자리에 조용히 누워 있는 자기의 어린 딸을 보게 되였다, 그리고 그 귀신은 떠나가 버렸다.

Jesus Heals a Deaf Man

예수님이 귀가 먹은 사람을 고치시다

31 Jesus left Tyre and went up to Sidon before going back to the Sea of Galilee and the region of the Ten Towns.

31 예수님은 두로를 떠나 갈릴리 바다와 데가볼리 지방으로 돌아가시기 전에 시돈으로 올라가셨다.

32 A deaf man with a speech impediment was brought to him, and the people begged Jesus to lay his hands on the man to heal him.

32 언어장애를 가진 한 귀가 먹은 사람을 그분에게 데려왔다. 그리고 사람들은 그를 고치기 위해 그 사람 우에 그분의 손을 얹어 달라고 예수님에게 간절히 청했다.

33 Jesus led him away from the crowd so they could be alone. He put his fingers into the man's ears. Then, spitting on his own fingers, he touched the man's tongue.

33 예수님은 그를 군중으로부터 데리고 나오셨다. 그래서 그들은 따로 있을 수 있었다. 그분은 자신의 손가락을 그 사람의 귀 속에 넣으셨다. 그리고 나서, 자기 자신의 손가락 우에 침을 뱉어서, 그분은 그 사람의 혀를 만지셨다.

34 Looking up to heaven, he sighed and said, "Ephphatha," which means, "Be opened!"

34 하늘을 우러러 보시면서, 그분은 한숨 쉬며 말씀하셨다, 《에바다,》 그 뜻은 《열려라!》이다.

35 Instantly the man could hear perfectly, and his tongue was freed so he could speak plainly!

35 즉시 그 사람은 완전히 들을 수 있었다, 그리고 그의 혀는 그가 똑똑하게 말할 수 있도록 자유로워졌다!

36 Jesus told the crowd not to tell anyone, but the more he told them not to, the more they spread the news.

36 예수님은 아무에게도 말하지 말라고 군중에게 말씀하셨다. 그러나 그분이 그들에게 말하지 말라고 하면 할수록, 그들은 그 소식을 더욱 더 널리 퍼뜨렸다.

37 They were completely amazed and said again and again, "Everything he does is wonderful. He even makes the deaf to hear and gives speech to those who cannot speak."

37 그들은 아주 깜짝 놀라서 몇 번이고 말했다, 《그분이 하시는 모든 일은 놀랍다. 그분은 지어 귀가 먹은 사람들도 듣게 하고 말할 수 없는 사

람들도 말하게 하신다.》

8

Jesus Feeds Four Thousand

예수님이 4,000명을 먹이시다

1 About this time another large crowd had gathered, and the people ran out of food again. Jesus called his disciples and told them,

1 그 무렵 또 다른 큰 군중이 모여 있었다. 그리고 사람들은 다시 먹을 것이 떨어졌다. 예수님은 자기 제자들을 불러서 그들에게 말씀하셨다.

2 "I feel sorry for these people. They have been here with me for three days, and they have nothing left to eat.

2《나는 이 사람들에 대해서 가엾게 느낀다. 그들은 여기에 나와 함께 3일 동안 있었다. 그래서 그들은 남아 있는 먹을 것이 아무것도 없다.

3 If I send them home hungry, they will faint along the way. For some of them have come a long distance."

3 만일 내가 그들을 배고픈 채 집으로 보낸다면, 그들은 가는 도중에 기진해질 것이다. 왜냐하면 그들 중 일부는 먼 거리에서 왔기 때문이다.》

4 His disciples replied, "How are we supposed to find enough food to feed them out here in the wilderness?"

4 그분의 제자들이 대답했다. 《어떻게 우리가 여기 황야에서 그들이 먹을 충분한 량식을 구할 수 있겠습니까?》

5 Jesus asked, "How much bread do you have?" "Seven loaves," they replied.

5 예수님이 물으셨다. 《너희에게는 빵이 얼마나 있는가?》《일곱 덩이 있습니다.》 그들이 대답했다.

6 So Jesus told all the people to sit down on the ground. Then he took the seven loaves, thanked God for them, and broke them into pieces. He gave them to his disciples, who distributed the bread to the crowd.

6 그래서 예수님은 모든 사람들에게 땅에 앉으라고 말씀하셨다. 그러고 나서 그분은 빵 일곱 덩이를 가지고, 그것들에 대해 하나님께 감사드렸다. 그리고 그것들을 여러 쪼각으로 쪼개셨다. 그분은 그것들을 자기 제자들에게 주셨고, 그들은 그 빵을 군중에게 나누어 주었다.

7 A few small fish were found, too, so Jesus also blessed these and told the disciples to distribute them.

7 몇 마리 작은 물고기도 찾아냈다. 그래서 예수님은 이것들에 대해서도

축복하시고 제자들에게 그것들을 나누어 주라고 말씀하셨다.

8 They ate as much as they wanted. Afterward, the disciples picked up seven large baskets of leftover food.

8 사람들은 자기들이 원하는 만큼 먹었다. 후에, 제자들은 남은 음식을 일곱 개의 커다란 광주리에 주어 담았다.

9 There were about 4,000 people in the crowd that day, and Jesus sent them home after they had eaten.

9 그날 그 군중 속에는 약 4,000명의 사람들이 있었다, 그리고 예수님은 그들이 먹은 후에 그들을 집으로 보내셨다.

10 Immediately after this, he got into a boat with his disciples and crossed over to the region of Dalmanutha.

10 이 일이 있은 후 즉시, 그분은 자기 제자들과 함께 배에 오르셨고 달마누다 지방으로 건너가셨다.

Pharisees Demand a Miraculous Sign

바리새파 사람들이 기적의 증표를 요구하다

11 When the Pharisees heard that Jesus had arrived, they came and started to argue with him. Testing him, they demanded that he show them a miraculous sign from heaven to prove his authority.

11 바리새파 사람들이 예수님이 도착했음을 들었을 때, 그들은 와서 그분과 론쟁하기 시작했다. 그분을 떠보면서, 그들은 그분이 자신의 권위를 증명하기 위해 자기들에게 하늘로부터의 기적의 증표를 보여 달라고 요구했다.

12 When he heard this, he sighed deeply in his spirit and said, "Why do these people keep demanding a miraculous sign? I tell you the truth, I will not give this generation any such sign."

12 그분이 이 말을 들었을 때, 그분은 자신의 령 안에서 깊이 한숨 쉬며 말씀하셨다, 《왜 이 사람들은 계속해서 기적의 증표를 요구하는가? 내가 너희에게 진실을 말한다, 나는 이 세대에게 어떤 그러한 증표도 주지 않겠다.》

13 So he got back into the boat and left them, and he crossed to the other side of the lake.

13 그래서 그분은 다시 배를 타고 그들을 떠나셨다, 그리고 그분은 호수의 다른 편으로 건너가셨다.

Yeast of the Pharisees and Herod
바리새파 사람들과 헤롯의 효모

14 But the disciples had forgotten to bring any food. They had only one loaf of bread with them in the boat.

14 그런데 제자들은 그 어떤 음식도 가져오는 것을 잊어버렸다. 그들은 배에 빵 한 덩이만을 가지고 있을 뿐이였다.

15 As they were crossing the lake, Jesus warned them, "Watch out! Beware of the yeast of the Pharisees and of Herod."

15 그들이 호수를 건너고 있었을 때, 예수님이 그들에게 경고하셨다. 《주의하여라! 바리새파 사람들과 헤롯의 효모를 조심하여라.》

16 At this they began to argue with each other because they hadn't brought any bread.

16 이 말씀에 그들은 아무런 빵도 가져오지 않았기 때문에 그들은 서로 론쟁하기 시작했다.

17 Jesus knew what they were saying, so he said, "Why are you arguing about having no bread? Don't you know or understand even yet? Are your hearts too hard to take itin?

17 예수님은 그들이 무엇을 말하고 있는지를 아셨다. 그래서 그분이 말씀하셨다. 《왜 너희는 빵을 가지고 있지 않는 것에 대해 론쟁하는가? 너희는 아직도 알지도 리해하지도 못하겠는가? 너희의 마음이 그것을 받아들이기에 너무도 무디여 있는가?

18 'You have eyes—can't you see? You have ears—can't you hear?' Don't you remember anything at all?

18 〈너희는 눈이 있는데—너희는 보지 못하는가? 너희는 귀가 있는데—너희는 듣지 못하는가?〉 너희는 전혀 아무것도 기억하지 못하는가?

19 When I fed the 5,000 with five loaves of bread, how many baskets of leftovers did you pick up afterward?" "Twelve," they said.

19 내가 빵 다섯 덩이로 5,000명을 먹였을 때, 그 후에 얼마나 많은 남은 음식의 광주리를 너희가 거두었는가?》 《열두 개입니다.》 그들이 말했다.

20 "And when I fed the 4,000 with seven loaves, how many large baskets of leftovers did you pick up?" "Seven," they said.

20 《그리고 내가 빵 일곱 덩이를 가지고 4,000명을 먹였을 때, 얼마나 많은 남은 음식의 커다란 광주리들을 너희가 거두었는가?》 《일곱 개입니다.》 그들이 말했다.

21 "Don't you understand yet?" he asked them.

21《너희는 아직도 리해하지 못하는가?》그분이 그들에게 물으셨다.

Jesus Heals a Blind Man

예수님이 눈먼 사람을 고치시다

22 When they arrived at Bethsaida, some people brought a blind man to Jesus, and they begged him to touch the man and heal him.

22 그들이 벳세다에 도착했을 때, 어떤 사람들이 예수님에게 한 눈먼 사람을 데리고 왔다. 그리고 그들은 그 사람을 만져서 그를 낫게 해달라고 그분에게 간절히 요청했다.

23 Jesus took the blind man by the hand and led him outof the village. Then, spitting on the man's eyes, he laid his hands on him and asked, "Can you see anything now?"

23 예수님은 그 눈먼 사람의 손을 잡고 그를 마을 밖으로 데리고 가셨다. 그러고 나서, 그 사람의 눈 우에 침을 뱉으시면서, 그분은 자신의 손을 그 사람 우에 얹으시고 물으셨다.《네가 이제 무엇을 볼 수 있는가?》

24 The man looked around. "Yes," he said, "I see people, but I can't see them very clearly. They look like trees walking around."

24 그 사람은 주위를 둘러보았다.《예》그가 말했다.《저는 사람들이 보입니다. 그렇지만 저는 그들을 아주 분명히 볼 수는 없습니다. 그들이 걸어 다니는 나무들같이 보입니다.》

25 Then Jesus placed his hands on the man's eyes again, and his eyes were opened. His sight was completely restored, and he could see everything clearly.

25 그러자 예수님은 자신의 손을 다시 그 사람의 눈 우에 얹으셨다. 그러자 그의 눈이 열렸다. 그의 시력은 완전히 회복되였다. 그래서 그는 모든 것을 분명하게 볼 수 있었다.

26 Jesus sent him away, saying, "Don't go back into the village on your way home."

26 예수님은,《네 집으로 가는 도중에 마을로 다시 들어가지 말아라.》고 말씀하시면서 그를 보내셨다.

Peter's Declaration about Jesus

예수님에 대한 베드로의 선언

27 Jesus and his disciples left Galilee and went up to the villages near Caesarea Philippi. As they were walking along, he asked them, "Who do people say I am?"

27 예수님과 그분의 제자들은 갈릴리를 떠나서 가이사라 빌립보 근처의 마을들까지 올라갔다. 그들이 걷고 있을 때, 그분은 그들에게 물으셨다, 《사람들은 내가 누구라고 말하는가?》

28 **"Well," they replied, "some say John the Baptist, some say Elijah, and others say you are one of the other prophets."**

28 《글쎄요,》 그들이 대답했다, 《어떤 사람들은 세례자 요한이라고 말하고, 어떤 사람들은 엘리야라고 말합니다, 그리고 다른 사람들은 당신이 다른 예언자들 중 한 사람이라고 말합니다.》

29 **Then he asked them, "But who do you say I am?" Peter replied, "You are the Messiah."**

29 그러자 그분이 그들에게 물으셨다, 《그렇다면 너희는 내가 누구라고 말하는가?》 베드로가 대답했다, 《당신은 구세주이십니다.》

30 **But Jesus warned them not to tell anyone about him.**

30 그러나 예수님은 그들에게 자기에 대해 누구에게도 말하지 말라고 주의를 시켰다.

Jesus Predicts His Death

예수님이 자신의 죽음을 예언하시다

31 **Then Jesus began to tell them that the Son of Man must suffer many terrible things and be rejected by the elders, the leading priests, and the teachers of religious law. He would be killed, but three days later he would rise from the dead.**

31 그러고 나서 예수님은 그들에게 사람의 아들이 많은 끔직한 일들을 당해야 한다, 그리고 장로들, 총제사장들, 종교법 선생들에 의해 배척당해야 한다고 말씀하기 시작하셨다. 그분은 죽게 될 것이지만, 3일 후에 그분이 죽은 사람들로부터 살아나실 것이다.

32 **As he talked about this openly with his disciples, Peter took him aside and began to reprimand him for saying such things.**

32 그분이 이것에 대해 자기 제자들과 숨김없이 이야기하셨을 때, 베드로가 그분을 따로 모시고 가서 그런 일들을 말씀하신 것에 대해 그분을 나무라기 시작했다.

33 **Jesus turned around and looked at his disciples, then reprimanded Peter. "Get away from me, Satan!" he said. "You are seeing things merely from a human point of view, not from God's."**

33 예수님은 돌아서서 자기 제자들을 보셨다, 그러고 나서 베드로를 엄하게 꾸짖으셨다. 《대악마야, 나에게서 떠나가라!》 그분이 말씀하셨다.

《너는 하나님의 관점에서가 아니라, 단지 인간의 관점에서 일들을 보고 있다.》

34 **Then, calling the crowd to join his disciples, he said, "If any of you wants to be my follower, you must turn from your selfish ways, take up your cross, and follow me.**

34 그리고 나서, 군중을 자기 제자와 함께 부르면서, 그분은 말씀하셨다, 《만일 너희 중 누구라도 나를 따르는 사람이 되기를 원한다면, 너희는 자신의 리기적인 방법들로부터 돌아서야 하고, 자신의 십자사형틀을 져야 한다, 그리고 나를 따라야 한다.

35 **If you try to hang on to your life, you will lose it. But if you give up your life for my sake and for the sake of the Good News, you will save it.**

35 만일 너희가 자신의 생명에 매달려 있으면, 너희는 그것을 잃을 것이다. 그러나 만일 너희가 나를 위해 그리고 반가운 소식을 위해 자기 생명을 버린다면, 너희는 그것을 구원할 것이다.

36 **And what do you benefit if you gain the whole world but lose your own soul?**

36 그리고 만일 너희가 온 세상을 얻었지만 너희 자신의 령혼을 잃어버린다면 너희가 무슨 리익을 얻겠는가?

37 **Is anything worth more than your soul?**

37 너희의 령혼보다 더 가치 있는 어떤 것이 있겠는가?

38 **If anyone is ashamed of me and my message in these adulterous and sinful days, the Son of Man will be ashamed of that person when he returns in the glory of his Father with the holy angels."**

38 만일 누구라도 이 부화하고 죄 많은 시대에, 나와 나의 가르침을 부끄러워하면, 사람의 아들이 거룩한 천사들과 함께 자기 아버지의 영광으로 다시 올 때 그 사람을 부끄럽게 여길 것이다.》

9

1 **Jesus went on to say, "I tell you the truth, some standing here right now will not die before they see the Kingdom of God arrive in great power!"**

1 예수님이 계속해서 말씀하셨다, 《내가 너희에게 진실을 말한다, 바로 지금 이곳에 서 있는 어떤 사람들은 그들이 하나님의 나라가 위엄당당하게 오는 것을 보기 전에는 죽지 않을 것이다.》

The Transfiguration

모습바뀌기

2 **Six days later Jesus took Peter, James, and John, and led them up a high mountain to be alone. As the men watched, Jesus'appearance was transformed,**

2 6일 후에 예수님은 베드로, 야고보 그리고 요한을 데리고, 따로 있기 위해 높은 산으로 그들을 데려가셨다. 그 사람들이 지켜보고 있었을 때, 예수님의 모습이 바뀌였다.

3 **and his clothes became dazzling white, far whiter than any earthly bleach could ever make them.**

3 그리고 그분의 옷은 이 세상의 그 어떤 표백제가 그것들을 희게 할 수 있는 것보다 훨씬 더 하얀, 눈부신 흰색이 되였다.

4 **Then Elijah and Moses appeared and began talking with Jesus.**

4 그러자 엘리야와 모세가 나타나서 예수님과 함께 이야기하기 시작했다.

5 **Peter exclaimed, "Rabbi, it's wonderful for us to be here! Let's make three shelters as memorials—one for you, one for Moses, and one for Elijah."**

5 베드로가 웨쳤다. 《선생님, 여기에 있는 것이 우리에게 아주 좋습니다! 기념물로서 3개의 오두막을 만듭시다—당신을 위해 하나, 모세를 위해 하나, 그리고 엘리야를 위해 하나.》

6 **He said this because he didn't really know what else to say, for they were all terrified.**

6 그는 자기가 달리 무슨 말을 할지 정말 몰랐기 때문에 이렇게 말했다, 왜냐하면 그들은 모두 두려웠기 때문이였다.

7 **Then a cloud overshadowed them, and a voice from the cloud said, "This is my dearly loved Son. Listen to him."**

7 그때 구름이 그들을 가리웠다. 그리고 그 구름으로부터 한 목소리가 말했다. 《이 사람은 나의 극진히 사랑하는 아들이다. 그의 말을 들어라.》

8 **Suddenly, when they looked around, Moses and Elijah were gone, and they saw only Jesus with them.**

8 갑자기, 그들이 둘러보았을 때, 모세와 엘리야가 사라지고 없었다. 그리고 그들은 예수님만이 자기들과 함께 계신 것을 보았다.

9 **As they went back down the mountain, he told them not to tell anyone what they had seen until the Son of Man had risen from the dead.**

9 그들이 산 아래로 되돌아갔을 때, 그분은 그들에게 사람의 아들이 죽

은 사람들로부터 다시 살아날 때까지는 그들이 보았던 것을 아무에게도 말하지 말라고 말씀하셨다.

10 **So they kept it to themselves, but they often asked each other what he meant by "rising from the dead."**

10 그래서 그들은 그것을 속으로만 간직했다. 그러나 그들은 자주 《죽은 사람들로부터 다시 살아난다는 것》에 대해 그분이 무엇을 의미한 것인지를 서로에게 물었다.

11 **Then they asked him, "Why do the teachers of religious law insist that Elijah must return before the Messiah comes?"**

11 그다음에 그들은 그분에게 물었다. 《왜 종교법 선생들은 구세주가 오기 전에 엘리야가 먼저 돌아와야 한다고 주장합니까?》

12 **Jesus responded, "Elijah is indeed coming first to get everything ready. Yet why do the Scriptures say that the Son of Man must suffer greatly and be treated with utter contempt?**

12 예수님이 대답하셨다. 《엘리야는 모든 것을 준비하기 위해 실제로 먼저 올 것이다. 그런데도 왜 하나님말씀책은 사람의 아들이 몹시 고통을 겪어야 하고 온갖 모욕을 당해야 한다고 말하는가?

13 **But I tell you, Elijah has already come, and they chose to abuse him, just as the Scriptures predicted."**

13 그러나 내가 너희에게 말한다. 엘리야는 이미 왔다. 그런데도 그들은, 하나님말씀책이 예언한 것과 꼭 같이, 그를 학대하기로 선택했다.

Jesus Heals a Demon-Possessed Boy

예수님이 귀신 들린 소년을 고치시다

14 **When they returned to the other disciples, they saw a large crowd surrounding them, and some teachers of religious law were arguing with them.**

14 그들이 다른 제자들에게로 돌아왔을 때, 그들은 자기들을 둘러싸고 있는 큰 군중을 보았다. 그리고 몇 종교법 선생들이 그들과 함께 론쟁하고 있었다.

15 **When the crowd saw Jesus, they were overwhelmed with awe, and they ran to greet him.**

15 군중이 예수님을 보았을 때, 그들은 존경의 두려움으로 휩싸였다. 그래서 그들은 그분에게 인사하기 위해 달려왔다.

16 **"What is all this arguing about?" Jesus asked.**

16 《이 모든 론쟁은 무엇에 대한 것인가?》 예수님이 물으셨다.

17 One of the men in the crowd spoke up and said, "Teacher, I brought my son so you could heal him. He is possessed by an evil spirit that won't let him talk.

17 군중 속에 있던 사람들 중 하나가 소리 높여 말했다, 《선생님, 저는 제 아들을 당신이 고쳐 주실 수 있도록 그를 데려왔습니다. 그는 자신을 말 못 하게 하는 악독한 령에 사로잡혀 있습니다.

18 And whenever this spirit seizes him, it throws him violently to the ground. Then he foams at the mouth and grinds his teeth and becomes rigid. So I asked your disciples to cast out the evil spirit, but they couldn't do it."

18 그리고 이 령이 그를 사로잡을 때마다, 그것은 그를 란폭하게 땅에 내동댕이칩니다. 그리고 나면 그는 입에 거품을 내고 자기의 이발을 갈고 몸이 빳빳해집니다. 그래서 저는 당신의 제자들에게 그 악독한 령을 내쫓아 달라고 부탁했습니다, 그러나 그들은 그것을 할 수 없었습니다.》

19 Jesus said to them, "You faithless people! How long must I be with you? How long must I put up with you? Bring the boy tome."

19 예수님이 그들에게 말씀하셨다, 《너희 믿음 없는 사람들아! 내가 얼마나 오래 너희와 함께 있어야 하겠는가? 얼마나 오래동안 내가 너희를 참아야 하겠는가? 그 소년을 내게로 데려오라.》

20 So they brought the boy. But when the evil spirit saw Jesus, it threw the child into a violent convulsion, and he fell to the ground, writhing and foaming at the mouth.

20 그래서 그들은 그 소년을 데려왔다. 그러나 악독한 령이 예수님을 보았을 때, 그것은 그 아이에게 격렬한 경련을 일으키게 하였다, 그리고 그는 몸을 뒤틀며 입에 거품을 내면서 땅에 쓰러졌다.

21 "How long has this been happening?" Jesus asked the boy's father. He replied, "Since he was a little boy.

21 《얼마나 오래동안 이 일이 있었는가?》 예수님이 그 소년의 아버지에게 물으셨다. 그는 대답했다, 《그가 어린 소년이였을 때부터였습니다.

22 The spirit often throws him into the fire or into water, trying to kill him. Have mercy onus and help us, if you can."

22 그 령은, 그를 죽이려고 하면서, 자주 그를 불 속이나 물속으로 던져 넣었습니다. 만일 당신이 하실 수 있다면, 우리에게 은정을 베푸셔서 우리를 도와주십시오.》

23 "What do you mean, 'If I can'?" Jesus asked. "Anything is possible if a person believes."

23 《〈내가 할 수 있다면〉이라니, 너는 그것이 무슨 의미인가?》 예수님이 물으셨다. 《만일 한 사람이 믿는다면 모든 것이 가능하다.》

24 **The father instantly cried out, "I do believe, but help me overcome my unbelief!"**

24 그 아버지가 즉시 웨쳤다, 《제가 진정으로 믿습니다, 그러나 저의 의심을 타승할 수 있도록 저를 도와주십시오.》

25 **When Jesus saw that the crowd of onlookers was growing, he rebuked the evil spirit. "Listen, you spirit that makes this boy unable to hear and speak," he said. "I command you to come out of this child and never enter him again!"**

25 예수님이 구경군들의 무리가 늘어나는 것을 보셨을 때, 그분은 악독한 령을 꾸짖으셨다, 《들어라, 이 소년을 듣지도 말하지도 못하게 하는 너 령아,》 그분이 말씀하셨다. 《이 아이에게서 나와서 다시는 그에게 들어가지 말도록 내가 너에게 명령한다!》

26 **Then the spirit screamed and threw the boy into another violent convulsion and left him. The boy appeared to be dead. A murmur ran through the crowd as people said, "He's dead."**

26 그러자 그 령이 비명을 질렀고 그 소년을 또 한 번 격렬한 경련을 일으키게 하였다. 그리고 그를 떠났다. 그 소년은 죽은 것처럼 보였다. 사람들이, 《그는 죽었다.》고 말하자, 수군거림이 군중 사이에 일어났다.

27 **But Jesus took him by the hand and helped him to his feet, and he stood up.**

27 그러나 예수님은 손을 잡아 그를 일으켜 자기 발로 일어서도록 그를 도와주셨다, 그러자 그가 일어섰다.

28 **Afterward, when Jesus was alone in the house with his disciples, they asked him, "Why couldn't we cast out that evil spirit?"**

28 그 후, 예수님이 자기 제자들과 함께 따로 집에 계셨을 때, 그들이 그분에게 물었다, 《왜 우리는 그 악독한 령을 쫓아내지 못했습니까?》

29 **Jesus replied, "This kind can be cast out only by prayer."**

29 예수님이 대답하셨다, 《이런 것은 오직 기도로써만 내쫓을 수 있다.》

Jesus Again Predicts His Death

예수님이 다시 자신의 죽음을 예언하시다

30 **Leaving that region, they traveled through Galilee. Jesus didn't want anyone to know he was there,**

30 그 지방을 떠나, 그들은 갈릴리를 거쳐서 갔다. 예수님은 자신이 그

곳에 계신 것을 그 누구도 아는 것을 원치 않으셨다.

31 for he wanted to spend more time with his disciples and teach them. He said to them, "The Son of Man is going to be betrayed into the hands of his enemies. He will be killed, but three days later he will rise from the dead."

31 왜냐하면 그분은 자기 제자들과 함께 더 많은 시간을 보내며 그들을 가르치기 원하셨기 때문이였다. 그분은 그들에게 말씀하셨다. 《사람의 아들이 자기 원쑤들의 손에 넘겨져 배반당하게 될 것이다. 그는 살해될 것이나, 3일 후에 그는 죽은 사람들로부터 다시 살아날 것이다.》

32 They didn't understand what he was saying, however, and they were afraid to ask him what he meant.

32 그렇지만, 그들은 그분이 무엇을 말씀하시는지 리해하지 못했다. 그리고 그들은 그분이 무엇을 의미하는지를 그분에게 묻기를 두려워했다.

The Greatest in the Kingdom

하나님 나라에서 가장 큰 사람

33 After they arrived at Capernaum and settled in a house, Jesus asked his disciples, "What were you discussing out on the road?"

33 그들이 가버나움에 도착하여 한 집에 자리를 잡은 후에, 예수님은 자기 제자들에게 물으셨다. 《너희는 오는 길에 무엇을 론쟁하고 있었는가?》

34 But they didn't answer, because they had been arguing about which of them was the greatest.

34 그러나 그들은 대답하지 않았다. 왜냐하면 그들이 자기들 중에 누가 가장 높은가에 대해 론쟁하고 있었기 때문이였다.

35 He sat down, called the twelve disciples over to him, and said, "Whoever wants to be first must take last place and be the servant of everyone else."

35 그분은 앉아서, 열두 제자들을 자기에게 오라고 부르셨다. 그리고 말씀하셨다. 《누구든지 첫째가 되고 싶어 하는 사람은 마지막 자리를 잡고 다른 모든 사람의 종이 되여야 한다.》

36 Then he put a little child among them. Taking the child in his arms, he said to them,

36 그러고 나서 그분은 그들 가운데 한 어린아이를 세우셨다. 그 아이를 자신의 팔로 안으시면서, 그분은 그들에게 말씀하셨다.

37 "Anyone who welcomes a little child like this on my behalf welcomes me, and anyone who welcomes me welcomes not only me but also my Father

who sent me."

37《나를 대신하여 이와 같은 어린아이를 환영하는 사람은 누구나 나를 환영하는 것이다. 그리고 나를 환영하는 사람은 누구든지 나뿐만 아니라 나를 보내신 나의 아버지도 환영하는 것이다.》

Using the Name of Jesus

예수님의 이름을 리용하기

38 **John said to Jesus, "Teacher, we saw someone using your name to cast out demons, but we told him to stop because he wasn't in our group."**

38 요한이 예수님에게 말했다.《선생님, 우리는 어떤 사람이 당신의 이름을 리용해서 귀신들을 내쫓는 것을 보았습니다. 그러나 그가 우리 집단에 있지 않았기 때문에 우리는 그에게 하지 말라고 말했습니다.》

39 **"Don't stop him!" Jesus said. "No one who performs a miracle in my name will soon be able to speak evil of me.**

39《그를 막지 말아라!》예수님이 말씀하셨다.《내 이름으로 기적을 보이고 곧바로 나에 대해 악하게 말할 수 있는 사람은 아무도 없을 것이다.

40 **Anyone who is not against us is for us.**

40 우리를 반대하지 않는 사람은 누구나 우리를 위하는 사람이다.

41 **If anyone gives you even a cup of water because you belong to the Messiah, I tell you the truth, that person will surely be rewarded.**

41 만일 너희가 구세주에게 속하였다는 리유로 누군가 너희에게 지어 물 한 잔이라도 준다면, 내가 너희에게 진실을 말하는데, 그 사람은 틀림없이 보상받게 될 것이다.

42 **"But if you cause one of these little ones who trusts in me to fall into sin, it would be better for you to be thrown into the sea with a large millstone hung around your neck.**

42《그러나 만일 너희가 나를 믿는 이 어린아이들 중 하나를 죄에 빠지게 한다면, 너희의 목에 큰 망돌을 매달고 바다 속으로 던져지는 것이 너희에게 더 나을 것이다.

43 **If your hand causes you to sin, cut it off. It's better to enter eternal life with only one hand than to go into the unquenchable fires of hell with two hands.**

43 만일 너희의 손이 너희를 죄짓게 한다면, 그것을 잘라 버려라. 두 손을 가지고 지옥의 끌 수 없는 불에 들어가는 것보다 한 손만으로 영원한 생명에 들어가는 것이 낫다.

44

44 (없음)

45 If your foot causes you to sin, cut it off. It's better to enter eternal life with only one foot than to be thrown into hell with two feet.

45 만일 너희의 발이 너희를 죄짓게 한다면, 그것을 잘라 버리라. 두 발을 가지고 지옥에 던져지는 것보다 한 발만 가지고 영원한 생명에 들어가는 것이 더 낫다.

46

46 (없음)

47 And if your eye causes you to sin, gouge it out. It's better to enter the Kingdom of God with only one eye than to have two eyes and be thrown into hell,

47 그리고 만일 너희의 눈이 너희를 죄짓게 한다면, 그것을 도려내라. 두 눈을 가지고 지옥에 던져지는 것보다 한 눈만 가지고 하나님의 나라에 들어가는 것이 더 낫다,

48 'where the maggots never die and the fire never goes out.'

48 〈그곳에서는 구데기들이 결코 죽지 않고 불도 결코 꺼지지 않는다.〉

49 "For everyone will be tested with fire.

49 《왜냐하면 모든 사람이 불로 시험을 받을 것이기 때문이다.

50 Salt is good for seasoning. But if it loses its flavor, how do you make it salty again? You must have the qualities of salt among yourselves and live in peace with each other."

50 소금은 양념감으로 맛내기에 좋은 것이다. 그런데 만일 그것이 자기의 맛을 잃는다면, 어떻게 너희가 그것을 다시 짜게 하겠는가? 너희는 너희 자신들 속에 소금의 그 특성을 지녀야 한다. 그리고 서로 평화롭게 살아야 한다.》

10

Discussion about Divorce and Marriage

리혼과 결혼에 대한 토론

1 Then Jesus left Capernaum and went down to the region of Judea and into the area east of the Jordan River. Once again crowds gathered around him, and as usual he was teaching them.

1 그런 후 예수님은 가버나움을 떠나 유태 지방과 요단강 동쪽 지역으로 내려가셨다. 또 다시 군중들이 그분 주위에 모여들었고, 여느 때와 마찬가지로 그분은 그들을 가르치고 계셨다.

2 **Some Pharisees came and tried to trap him with this question: "Should a man be allowed to divorce his wife?"**

2 몇 바리새파 사람들이 와서 이 질문으로 그분을 함정에 빠뜨리려고 하였다: 《한 남자가 자기 안해와 리혼해도 됩니까?》

3 **Jesus answered them with a question: "What did Moses say in the law about divorce?"**

3 예수님은 한 가지 질문으로 그들에게 대답하셨다: 《모세는 법에서 리혼에 대해 무엇이라고 말하였는가?》

4 **"Well, he permitted it," they replied. "He said a man can give his wife a written notice of divorce and send her away."**

4 《글쎄요, 그는 그것을 허락했습니다.》 그들이 대답했다. 《그는 남자가 자기 안해에게 리혼 통지서를 주고 그 녀자를 내쫓을 수 있다고 말했습니다.》

5 **But Jesus responded, "He wrote this commandment only as a concession to your hard hearts.**

5 그러나 예수님은 대답하셨다, 《그는 단지 너희의 무정한 마음에 대한 허용으로서 이 명령을 썼을 뿐이다.

6 **But 'God made them male and female' from the beginning of creation.**

6 그러나 창조의 시작부터 〈하나님은 그들을 남자와 녀자로 만드셨다.〉

7 **'This explains why a man leaves his father and mother and is joined to his wife,**

7 〈이것이 왜 한 남자가 자기 아버지와 어머니를 떠나서 자기의 안해와 결합되는지를 설명한다,

8 **and the two are united into one.' Since they are no longer two but one,**

8 그리고 그 둘이 하나로 결합되는지도.〉 왜냐하면 그들은 더 이상 둘이 아니라 하나이기 때문에,

9 **let no one split apart what God has joined together."**

9 아무도 하나님께서 한데 결합시키신 것을 갈라놓지 못하게 하여라.》

10 **Later, when he was alone with his disciples in the house, they brought up the subject again.**

10 후에, 그분이 자기 제자들과 그 집에 따로 계셨을 때, 그들은 그 화제를 다시 꺼냈다.

11 **He told them, "Whoever divorces his wife and marries someone else commits adultery against her.**

11 그분이 그들에게 말씀하셨다, 《자기 안해와 리혼하고 어떤 다른 사람과 결혼하는 사람은 누구든지 그 녀자에 대해 부화방탕을 저지르는

것이다.

12 **And if a woman divorces her husband and marries someone else, she commits adultery."**

12 그리고 만일 한 녀자가 자기 남편과 리혼하고 어떤 다른 사람과 결혼 한다면, 그 녀자는 부화방탕을 저지르는 것이다.》

Jesus Blesses the Children

예수님이 어린이들을 축복하시다

13 **One day some parents brought their children to Jesus so he could touch and bless them. But the disciples scolded the parents for bothering him.**

13 어느 날 몇 부모들은 예수님이 손을 대여 자기 자녀들을 축복해 주시도록 그들을 그분에게 데리고 왔다. 그러나 그 제자들은 그분을 귀찮게 군다고 그 부모들을 꾸짖었다.

14 **When Jesus saw what was happening, he was angry with his disciples. He said to them, "Let the children come to me. Don't stop them! For the Kingdom of God belongs to those who are like these children.**

14 예수님이 무슨 일이 일어나고 있는지를 보셨을 때, 그분은 자기 제자들에게 성을 내셨다. 그분은 그들에게 말씀하셨다, 《그 아이들을 내게로 오게 하여라. 그들을 막지 말아라! 왜냐하면 하나님의 나라는 이 어린아이들과 같은 사람들에게 속해 있기 때문이다.

15 **I tell you the truth, anyone who doesn't receive the Kingdom of God like a child will never enter it."**

15 내가 너희에게 진실을 말한다, 하나님의 나라를 어린아이처럼 받아들이지 않는 사람은 그 누구도 결코 그곳에 들어가지 못할 것이다.》

16 **Then he took the children in his arms and placed his hands on their heads and blessed them.**

16 그러고 나서 그분은 어린아이들을 자기 팔에 안으시고 자신의 손을 그들의 머리 우에 얹으셨다. 그리고 그들을 축복하셨다.

The Rich Man

부유한 사람

17 **As Jesus was starting out on his way to Jerusalem, a man came running up to him, knelt down, and asked, "Good Teacher, what must I do to inherit eternal life?"**

17 예수님이 예루살렘을 향하여 자신의 길을 떠나려고 하셨을 때, 한 사람이 그분에게 달려와서, 무릎을 꿇었다, 그리고 물었다, 《선량한 선생

님, 영원한 생명을 이어받으려면 제가 무엇을 해야 합니까?》
18 "Why do you call me good?" Jesus asked. "Only God is truly good.
18《왜 너는 나를 선량하다고 부르는가?》 예수님이 물으셨다.《오직 하
나님만이 참으로 선량하시다.
19 But to answer your question, you know the commandments: 'You must
not murder. You must not commit adultery. You must not steal. You must
not testify falsely. You must not cheat anyone. Honor your father and
mother.'"
19 그러나 너의 질문에 대답하자면, 너는 그 명령들을 알고 있다:〈너는
살인해서는 안 된다. 너는 부화방탕해서는 안 된다. 너는 도적질을 해서
는 안 된다. 너는 거짓으로 립증해서는 안 된다. 너는 누구도 속여서는
안 된다. 너의 아버지와 어머니를 공손하게 받들어 모셔라.〉》
20 "Teacher," the man replied, "I've obeyed all these commandments since I
was young."
20《선생님,》 그 사람이 대답했다,《저는 이 모든 명령들을 제가 어렸을
때부터 지켰습니다.》
21 Looking at the man, Jesus felt genuine love for him. "There is still one
thing you haven't done," he told him. "Go and sell all your possessions
and give the money to the poor, and you will have treasure in heaven.
Then come, follow me."
21 그 사람을 보면서, 예수님은 그에 대해 진심 어린 사랑을 느끼셨다.
《아직도 네가 하지 않은 한 가지가 있다,》 그분이 그에게 말씀하셨다.
《가서 너의 모든 재산들을 팔아라. 그리고 그 돈을 가난한 사람들에게
주어라, 그러면 너는 하늘에서 보물을 가지게 될 것이다. 그런 다음 와
서, 나를 따르라.》
22 At this the man's face fell, and he went away sad, for he had many posses-
sions.
22 이것에 대해 그 사람의 얼굴이 침울해졌다, 그는 슬퍼하며 떠나갔다,
왜냐하면 그는 많은 재산을 가지고 있었기 때문이였다.
23 Jesus looked around and said to his disciples, "How hard it is for the rich
to enter the Kingdom of God!"
23 예수님은 주위를 둘러보시고 자기 제자들에게 말씀하셨다,《부자들
이 하나님의 나라에 들어가기가 얼마나 어려운가!》
24 This amazed them. But Jesus said again, "Dear children, it is very hard to
enter the Kingdom of God.
24 이것은 그들을 깜짝 놀라게 했다. 그러나 예수님은 다시 말씀하셨

다, 《사랑하는 아들딸들아, 하나님의 나라에 들어가기는 아주 어렵다.

25 In fact, it is easier for a camel to the eye of a needle than for a rich person to enter the Kingdom of God!"

25 실제로, 락타가 바늘귀로 들어가는 것이 부유한 사람이 하나님의 나라에 들어가는 것보다 더 쉽다!》

26 The disciples were astounded. "Then who in the world can be saved?" they asked.

26 제자들은 몹시 놀랐다. 《그렇다면 누가 세상에서 구원받을 수 있습니까?》 그들이 물었다.

27 Jesus looked at them intently and said, "Humanly speaking, it is impossible. But not with God. Everything is possible with God."

27 예수님이 골똘히 그들을 바라보고 말씀하셨다, 《인간적으로 말하자면, 그것은 불가능하다. 그러나 하나님께서는 그렇지 않다. 하나님께서는 모든 것이 가능하다.》

28 Then Peter began to speak up. "We've given up everything to follow you," he said.

28 그러자 베드로가 목청을 돋구어 말하기 시작했다. 《우리는 당신을 따르기 위해 모든 것을 버렸습니다,》 그가 말했다.

29 "Yes," Jesus replied, "and I assure you that everyone who has given up house or brothers or sisters or mother or father or children or property, for my sake and for the Good News,

29 《그렇다,》 예수님이 대답하셨다, 그리고 나는 너희에게 담보한다. 나를 위해 그리고 반가운 소식을 위해, 집이나 형제들이나 자매들이나 어머니나 아버지나 자식들이나 재산을 버린 사람은 누구나,

30 will receive now in return a hundred times as many houses, brothers, sisters, mothers, children, and property—along with persecution. And in the world to come that person will have eternal life.

30 이제 그 보답으로 집들, 형제들, 자매들, 어머니들, 아이들, 그리고 재산을 100배나 많이—박해와 함께—받을 것이다.》 그리고 다가올 세상에서 그 사람은 영원한 생명을 얻게 될 것이다.

31 But many who are the greatest now will be least important then, and those who seem least important now will be the greatest then."

31 그러나 지금 가장 위대한 사람들 중 많은 이들이 그때는 전혀 중요하지 않게 될 것이다, 그리고 지금 전혀 중요하지 않게 보이는 사람들이 그때는 가장 위대한 사람이 될 것이다.》

Jesus Again Predicts His Death
예수님이 자신의 죽음을 다시 예언하시다

32 **They were now on the way up to Jerusalem, and Jesus was walking ahead of them. The disciples were filled with awe, and the people following behind were overwhelmed with fear. Taking the twelve disciples aside, Jesus once more began to describe everything that was about to happen to him.**

32 그들은 곧 예루살렘으로 올라가는 도중이였다. 그리고 예수님은 그들보다 앞서 걸어가고 계셨다. 제자들은 존경의 두려움으로 가득 차 있었고, 뒤따르는 사람들은 두려움에 압도되여 있었다. 열두 제자들을 곁에 데리고, 예수님은 자신에게 곧 일어나게 될 모든 일을 다시 한 번 설명하기 시작하셨다.

33 **"Listen," he said, "we're going up to Jerusalem, where the Son of Man will be betrayed to the leading priests and the teachers of religious law. They will sentence him to die and hand him over to the Romans.**

33 《들어라.》 그분이 말씀하셨다. 《우리는 사람의 아들이 상급제사장들과 종교법 선생들에게 배반당하게 될, 예루살렘으로 올라갈 것이다. 그들은 그에게 사형 판결을 내리고 그를 로마 사람들에게 넘겨줄 것이다.

34 **They will mock him, spit on him, flog him with a whip, and kill him, but after three days he will rise again."**

34 그들은 그를 비웃고, 그에게 침을 뱉으며, 채찍으로 때리고, 그를 죽일 것이다. 그러나 3일 후에 그는 다시 살아날 것이다.》

Jesus Teaches about Serving Others
예수님이 다른 사람들을 위해 봉사하는 것에 대해 가르치시다

35 **Then James and John, the sons of Zebedee, came over and spoke to him. "Teacher," they said, "we want you to do us a favor."**

35 그리고 나서 세배대의 아들들인 야고보와 요한이 와서 그분에게 말했다. 《선생님,》 그들이 말했다. 《우리는 당신이 우리의 부탁을 들어주셨으면 합니다.》

36 **"What is your request?" he asked.**

36 《너희의 요구가 무엇인가?》 그분이 물으셨다.

37 **They replied, "When you sit on your glorious throne, we want to sit in places of honor next to you, one on your right and the other on your left."**

37 그들이 대답했다. 《당신이 영광스러운 왕좌에 앉으실 때, 우리는 당신 곁 명예석에 앉기를 원합니다. 한 명은 당신의 오른쪽에 그리고 다

른 한 명은 당신의 왼쪽에.》

38 But Jesus said to them, "You don't know what you are asking! Are you able to drink from the bitter cup of suffering I am about to drink? Are you able to be baptized with the baptism of suffering I must be baptized with?"

38 그러나 예수님은 그들에게 말씀하셨다. 《너희는 자신들이 무엇을 요구하고 있는지 모르고 있다! 너희는 내가 이제 곧 마시려고 하는 고난의 쓴잔을 마실 수 있는가? 너희는 내가 세례받아야 하는 고난의 세례로 세례받을 수 있는가?》

39 "Oh yes," they replied, "we are able!" Then Jesus told them, "You will indeed drink from my bitter cup and be baptized with my baptism of suffering.

39 《오오 그렇습니다.》 그들이 대답했다. 《우리는 할 수 있습니다!》 그러자 예수님이 그들에게 말씀하셨다. 《너희는 실제로 나의 쓴잔으로 마시고 나의 고난의 세례로 세례를 받을 것이다.

40 But I have no right to say who will sit on my right or my left. God has prepared those places for the ones he has chosen."

40 그러나 나에게는 누가 내 오른쪽 또는 내 왼쪽에 앉을 것인지 말할 권한이 없다. 하나님께서 자신이 선택하신 사람들을 위해 그 자리들을 마련해 두셨다.

41 When the ten other disciples heard what James and John had asked, they were indignant.

41 다른 열 명의 제자들이 야고보와 요한이 요구했던 것을 들었을 때, 그들은 격분했다.

42 So Jesus called them together and said, "You know that the rulers in this world lord it over their people, and officials flaunt their authority over those under them.

42 그래서 예수님은 그들을 함께 불러 말씀하셨다. 《너희는 이 세상의 통치자들이 자기 백성들에게 주인 행세를 하며, 관리들이 자기 아래에 있는 사람들에게 저들의 권력을 휘두르며 뽐내고 있다는 것을 알고 있다.

43 But among you it will be different. Whoever wants to be a leader among you must be your servant,

43 그렇지만 너희들 가운데서는 그것이 다를 것이다. 너희들 중에서 지도자 되기를 원하는 사람은 누구든지 너희들의 종이 되여야 한다.

44 and whoever wants to be first among you must be the slave of everyone else.

44 그리고 누구든지 너희들 중에서 첫째가 되기를 원하는 사람은 다른 모든 사람의 종이 되여야 한다.

45 For even the Son of Man came not to be served but to serve others and to give his life as a ransom for many."

45 왜나하면 지어 사람의 아들도 대접을 받기 위해서가 아니라 다른 사람들을 대접하고 자신의 생명을 많은 사람들을 위한 몸값으로 주기 위해 왔기 때문이다.》

Jesus Heals Blind Bartimaeus

예수님께서 눈먼 바디매오를 고치시다

46 Then they reached Jericho, and as Jesus and his disciples left town, a large crowd followed him. A blind beggar named Bartimaeus (son of Timaeus) was sitting beside the road.

46 그러고 나서 그들은 여리고에 도착했다. 그리고 예수님과 그분의 제자들이 마을을 떠날 때, 큰 군중이 그분을 뒤따라왔다. 바디매오(디매오의 아들)라 이름 불리는 한 눈먼 거지가 길 가에 앉아 있었다.

47 When Bartimaeus heard that Jesus of Nazareth was nearby, he began to shout, "Jesus, Son of David, have mercy on me!"

47 바디매오가 나사렛 예수님이 가까이에 계심을 들었을 때, 그는 웨치기 시작했다.《다윗의 후손, 예수님, 저에게 은정을 베풀어 주십시오!》

48 "Be quiet!" many of the people yelled at him. But he only shouted louder, "Son of David, have mercy on me!"

48《조용히 하라!》사람들 중 많은 이들이 그에게 소리쳤다. 그러나 그는 더욱더 크게 웨칠 뿐이였다.《다윗의 후손이여, 저에게 은정을 베풀어 주십시오!》

49 When Jesus heard him, he stopped and said, "Tell him to come here." So they called the blind man. "Cheer up," they said. "Come on, he's calling you!"

49 예수님이 그의 소리를 들었을 때, 그분은 멈춰 서서 말씀하셨다.《그에게 여기로 오라고 말하여라.》그래서 그들은 그 눈먼 사람을 불렀다.《힘을 내라,》그들이 말했다.《이리로 오라, 그분이 너를 부르고 계신다!》

50 Bartimaeus threw aside his coat, jumped up, and came to Jesus.

50 바디매오는 자기의 겉옷을 버리고, 벌떡 일어나, 예수님에게 왔다.

51 "What do you want me to do for you?" Jesus asked. "My rabbi," the blind man said, "I want to see!"

51《내가 너를 위해 무엇을 해주기를 원하는가?》 예수님이 물으셨다. 《나의 선생님,》 그 눈먼 사람이 말했다, 《저는 보기를 원합니다!》

52 **And Jesus said to him, "Go, for your faith has healed you." Instantly the man could see, and he followed Jesus down the road.**

52 그래서 예수님은 그에게 말씀하셨다, 《가거라, 왜냐하면 너의 믿음이 너를 고쳤기 때문이다.》 즉시 그 사람은 볼 수 있었다, 그리고 그는 그 길로 예수님을 따라갔다.

11

Jesus' Triumphant Entry

예수님의 승리의 입성

1 **As Jesus and his disciples approached Jerusalem, they came to the towns of Bethphage and Bethany on the Mount of Olives. Jesus sent two of them on ahead.**

1 예수님과 그분의 제자들이 예루살렘 가까이 가고 있었을 때, 그들은 올리브 산 우에 있는 벳바게와 베다니 마을에 왔다. 예수님은 그들 중 두 명을 먼저 보내셨다.

2 **"Go into that village over there," he told them. "As soon as you enter it, you will see a young donkey tied there that no one has ever ridden. Untie it and bring it here.**

2《저기 저 마을로 들어가라,》 그분이 그들에게 말씀하셨다. 《너희가 그곳에 들어가자마자, 너희는 아무도 탄 적이 없는 한 어린 나귀가 그곳에 매여 있는 것을 볼 것이다. 그것을 풀어서 그것을 여기로 데리고 오너라.

3 **If anyone asks, 'What are you doing?' just say, 'The Lord needs it and will return it soon.'"**

3 만일 누군가가 〈당신은 무엇을 하고 있는가?〉라고 물으면, 그저 말하여라, 〈주님께서 그것이 필요하시다 그리고 그것을 곧 돌려주실 것이다.〉》

4 **The two disciples left and found the colt standing in the street, tied outside the front door.**

4 그 두 제자는 떠났다 그리고 정문 밖에 묶인, 거리에 서 있는 그 수망아지를 찾아냈다.

5 **As they were untying it, some bystanders demanded, "What are you doing, untying that colt?"**

5 그들이 그것을 풀고 있었을 때, 몇 곁에서 보는 사람들이 캐여물었
다, 《당신들은 무엇을 하고 있는 것이오, 그 수망아지를 풀고 있으니?》

6 They said what Jesus had told them to say, and they were permitted to take it.

6 그들은 예수님이 자기들에게 말하라고 말씀하셨던 것을 말했다, 그리하여 그들은 그것을 가지고 가도록 허락을 받았다.

7 Then they brought the colt to Jesus and threw their garments over it, and he sat on it.

7 그러고 나서 그들은 그 수망아지를 예수님에게 가져와서 그것 우에 자기들의 옷들을 걸쳐 덮었다, 그러자 그분이 그 우에 앉으셨다.

8 Many in the crowd spread their garments on the road ahead of him, and others spread leafy branches they had cut in the fields.

8 군중 속에 많은 사람들이 그분이 가시는 길 앞에 자기들의 옷들을 펴 놓았다, 그리고 다른 사람들은 자기들이 들판에서 꺾은 잎이 무성한 가지들을 펼쳐 놓았다.

9 Jesus was in the center of the procession, and the people all around him were shouting, "Praise God! Blessings on the one who comes in the name of the LORD!

9 예수님은 그 행렬의 중심에 계셨다, 그리고 그분을 둘러싼 사람들은 모두 웨치고 있었다, 《하나님을 찬양하라! 주님의 이름으로 오시는 분 우에 축복이 있기를!

10 Blessings on the coming Kingdom of our ancestor David! Praise God in highest heaven!"

10 다가오고 있는 우리 선조 다윗의 나라 우에 축복을! 가장 높은 하늘에 계신 하나님을 찬양하여라!》

11 So Jesus came to Jerusalem and went into the Temple. After looking around carefully at everything, he left because it was late in the afternoon. Then he returned to Bethany with the twelve disciples.

11 그렇게 예수님은 예루살렘으로 오셔서 신전으로 들어가셨다. 모든 것을 주의 깊게 둘러보신 다음, 그분은 오후에 늦었기 때문에 떠나셨다. 그러고 나서 그분은 열두 제자들과 함께 베다니로 돌아가셨다.

Jesus Curses the Fig Tree

예수님이 무화과나무를 저주하시다

12 The next morning as they were leaving Bethany, Jesus was hungry.

12 다음날 아침 그들이 베다니를 떠나고 있었을 때, 예수님은 배가 고

프셨다.

13 He noticed a fig tree in full leaf a little way off, so he went over to see if he could find any figs. But there were only leaves because it was too early in the season for fruit.

13 그분은 조금 떨어진 곳에 잎사귀가 무성한 한 무화과나무를 보셨다. 그래서 그분은 자신이 무화과 열매라도 찾을 수 있을지 보려고 가셨다. 그러나 열매 맺기에는 너무 이른 철이였기 때문에 잎사귀들만 있었다.

14 Then Jesus said to the tree, “May no one ever eat your fruit again!” And the disciples heard him say it.

14 그러자 예수님이 그 나무에게 말씀하셨다. 《아무도 다시는 너의 열매를 먹는 사람이 없기를!》 그리고 제자들은 그분이 그렇게 말씀하시는 것을 들었다.

Jesus Clears the Temple

예수님이 신전을 깨끗하게 하시다

15 When they arrived back in Jerusalem, Jesus entered the Temple and began to drive out the people buying and selling animals for sacrifices. He knocked over the tables of the money changers and the chairs of those selling doves,

15 그들이 예루살렘에 돌아왔을 때, 예수님은 신전에 들어가서 희생제사에 쓸 동물들을 사고파는 사람들을 쫓아내기 시작하셨다. 그분은 돈 바꾸는 사람들의 상들과 비둘기들을 파는 사람들의 걸상들을 뒤엎으셨다.

16 and he stopped everyone from using the Temple as a marketplace.

16 그리고 그분은 모든 사람들이 신전을 장터로 리용하는 것을 그만두게 하셨다.

17 He said to them, “The Scriptures declare, ‘My Temple will be called a house of prayer for all nations,’ but you have turned it into a den of thieves.”

17 그분은 그들에게 말씀하셨다. 《하나님말씀책은 선언하고 있다. 〈내 신전은 모든 민족들을 위한 기도의 집이라고 불릴 것이다〉. 그러나 너희들은 그것을 도적들의 소굴로 바꿔버렸다.》

18 When the leading priests and teachers of religious law heard what Jesus had done, they began planning how to kill him. But they were afraid of him because the people were so amazed at his teaching.

18 상급제사장들과 종교법 선생들이 예수님이 하셨던 일을 들었을 때, 그들은 어떻게 그분을 죽일 것인가를 획책하기 시작했다. 그러나 그들

은 그분을 두려워했다. 왜냐하면 사람들이 그분의 가르침을 매우 놀라워했기 때문이였다.

19 **That evening Jesus and the disciples left the city.**

19 그날 저녁 예수님과 제자들은 그 도시를 떠났다.

20 **The next morning as they passed by the fig tree he had cursed, the disciples noticed it had withered from the roots up.**

20 그다음 날 아침 제자들이 그분이 저주하셨던 무화과나무 곁을 지나갔을 때, 그들은 그것이 뿌리로부터 우까지 말라 버린 것을 눈여겨보았다.

21 **Peter remembered what Jesus had said to the tree on the previous day and exclaimed, "Look, Rabbi! The fig tree you cursed has withered and died!"**

21 베드로는 전날 예수님이 그 나무에게 말씀하셨던 것을 기억하고 웨쳤다, 《보십시오, 선생님! 당신이 저주하신 무화과나무가 말라서 죽었습니다!》

22 **Then Jesus said to the disciples, "Have faith in God.**

22 그러자 예수님이 제자들에게 말씀하셨다, 《하나님을 믿어라.

23 **I tell you the truth, you can say to this mountain, 'May you be lifted up and thrown into the sea,' and it will happen. But you must really believe it will happen and have no doubt in your heart.**

23 내가 너희에게 진실을 말한다, 너희는 이 산에게 말할 수 있다, 〈네가 들려서 바다에 빠져라,〉 그러면 그 일이 일어날 것이다. 그러나 너희는 그것이 실제로 일어날 것이라고 믿어야 한다. 그리고 너희 마음속에 아무런 의심이 없어야 한다.

24 **I tell you, you can pray for anything, and if you believe that you've received it, it will be yours.**

24 내가 너희에게 말한다, 너희가 무엇이든지 위해서 기도할 수 있다, 그리고 만일 너희가 그것을 받았다고 너희가 믿는다면, 그것은 너희의 것이 될 것이다.

25 **But when you are praying, first forgive anyone you are holding a grudge against, so that your Father in heaven will forgive your sins, too."**

25 그러나 너희가 기도하고 있을 때, 우선 너희가 원한을 품고 있는 사람은 누구든지 용서하여라, 그래야 하늘에 계신 너희 아버지께서도 역시 너희의 죄들을 용서하실 것이다.

26

26 (없음)

The Authority of Jesus Challenged

예수님의 권위가 론쟁되다

27 **Again they entered Jerusalem. As Jesus was walking through the Temple area, the leading priests, the teachers of religious law, and the elders came up to him.**

27 그들은 다시 예루살렘으로 들어갔다. 예수님이 신전 구역을 거닐고 계실 때, 상급 제사장들, 종교법 지도자들, 그리고 장로들이 그분에게 다가왔다.

28 **They demanded, "By what authority are you doing all these things? Who gave you the right to do them?"**

28 그들이 물었다, 《당신은 무슨 권한으로 이 모든 것들을 하고 있습니까? 누가 당신에게 그것들을 할 권리를 주었습니까?》

29 **"I'll tell you by what authority I do these things if you answer one question," Jesus replied.**

29 《만일 너희가 한 가지 질문에 대답하면 내가 무슨 권한으로 이러한 일들을 하는지 너희에게 말하겠다.》 예수님이 대답하셨다.

30 **"Did John's authority to baptize come from heaven, or was it merely human? Answer me!"**

30 《요한의 세례 주는 권한이 하늘로부터 왔는가 아니면 그것은 단지 인간적인 것인가? 나에게 대답하여라!》

31 **They talked it over among themselves. "If we say it was from heaven, he will ask why we didn't believe John.**

31 그들은 자기들끼리 그것에 대해 이야기를 나누었다. 《만일 우리가 그것이 하늘로부터 왔다고 말하면, 우리가 왜 요한을 믿지 않았는가 그가 물을 것이다.

32 **But do we dare say it was merely human?" For they were afraid of what the people would do, because everyone believed that John was a prophet.**

32 그렇다고 그것이 단지 인간적인 것이였다고 우리가 감히 말할 용기가 있는가?》 왜냐하면 모든 사람이 요한이 예언자라는 것을 믿었기 때문에, 그들은 사람들이 무엇을 할지 두려웠기 때문이였다.

33 **So they finally replied, "We don't know." And Jesus responded, "Then I won't tell you by what authority I do these things."**

33 그래서 그들은 마침내 대답했다, 《우리는 모릅니다.》 그러자 예수님이 대답하셨다, 《그렇다면 나도 무슨 권한으로 내가 이러한 일들을 하는지 너희에게 말하지 않겠다.》

12

Parable of the Evil Farmers

악독한 농민들에 대한 빗댄 이야기

1 Then Jesus began teaching them with stories: "A man planted a vineyard.
He built a wall around it, dug a pit for pressing out the grape juice, and
built a lookout tower. Then he leased the vineyard to tenant farmers and
moved to another country.

1 그러고 나서 예수님은 그들에게 이야기로 가르치기 시작하셨다: 《한
사람이 포도원을 가꾸었다. 그는 그것의 둘레에 담을 쌓고, 포도즙을 짜
내기 위한 구덩이를 팠으며, 망보기 탑을 세웠다. 그러고 나서 그는 그
포도원을 소작 농민들에게 세를 주고 다른 나라로 떠났다.

2 At the time of the grape harvest, he sent one of his servants to collect his
share of the crop.

2 포도 수확 때가 되자, 그는 수확물 중 자기 몫을 거두어 오기 위해 자
기 종들 중 한 사람을 보냈다.

3 But the farmers grabbed the servant, beat him up, and sent him back
empty-handed.

3 그러나 그 농민들은 그 종을 붙잡아, 매질하고, 그를 빈손으로 되돌
려 보냈다.

4 The owner then sent another servant, but they insulted him and beat him
over the head.

4 그러자 그 주인은 또 다른 종을 보냈다, 그러나 그들은 그를 모욕하고
그의 머리를 때렸다.

5 The next servant he sent was killed. Others he sent were either beaten or
killed,

5 그가 보낸 다음 종이 피살되었다. 그가 보낸 다른 사람들은 매를 맞
거나 피살되었다,

6 until there was only one left—his son whom he loved dearly. The owner
finally sent him, thinking, 'Surely they will respect my son.'

6 오직 한 사람—그가 극진히 사랑하던 자기 아들이 남아 있을 때까지.
그 주인은 〈그들이 틀림없이 내 아들은 존중할 거야〉라고 생각하면서,
마침내 그를 보냈다.

7 "But the tenant farmers said to one another, 'Here comes the heir to this
estate. Let's kill him and get the estate for ourselves!'

7 《그러나 그 소작 농민들은 서로 말했다, 〈여기에 이 재산의 후계자가

온다. 그를 죽이고 그 유산을 우리들 자신이 차지하자!〉

8 So they grabbed him and murdered him and threw his body out of the vineyard.

8 그래서 그들은 그를 붙잡아 그를 죽이고 그의 시체를 포도원 밖으로 던져 버렸다.

9 "What do you suppose the owner of the vineyard will do?" Jesus asked. "I'll tell you—he will come and kill those farmers and lease the vineyard to others.

9《너희는 그 포도원의 주인이 어떻게 할 것이라고 생각하는가?》예수님이 물으셨다.《내가 너희에게 말한다. 그는 와서 그 농민들을 죽이고 그 포도원을 다른 농민들에게 세 줄 것이다.

10 Didn't you ever read this in the Scriptures? 'The stone that the builders rejected has now become the cornerstone.

10 너희는 하나님말씀책에서 이것을 읽은 적이 없는가? 〈건축가들이 내버린 돌이 이제는 주추돌이 되였다.

11 This is the LORD's doing, and it is wonderful to see.'"

11 이것은 주님께서 하시는 일이다, 그리고 그것은 보기에 놀라운 것이다.〉》

12 The religious leaders wanted to arrest Jesus because they realized he was telling the story against them—they were the wicked farmers. But they were afraid of the crowd, so they left him and went away.

12 종교 지도자들은 예수님을 체포하기를 원했다 왜냐하면 그들은 그분이 자기들을—그들이 악독한 농민이였고—반대하는 이야기를 하셨다는 것을 알았기 때문이였다. 그러나 그들은 군중을 두려워하였다 그래서 그들은 그분을 남겨 두고 가버렸다.

Taxes for Caesar

가이사를 위한 세금

13 Later the leaders sent some Pharisees and supporters of Herod to trap Jesus into saying something for which he could be arrested.

13 후에 그 지도자들은 예수님이 체포될 만한 무엇인가를 말하게 하므로써 함정에 빠뜨리기 위해 몇 바리새파 사람들과 헤롯의 지지자들을 보냈다.

14 "Teacher," they said, "we know how honest you are. You are impartial and don't play favorites. You teach the way of God truthfully. Now tell us—is it right to pay taxes to Caesar or not?

14 《선생님,》 그들이 말했다, 《우리는 당신이 얼마나 정직한지 압니다. 당신은 공평하고 어느 한쪽에도 치우치지 않습니다. 당신은 하나님의 길을 진실하게 가르칩니다. 이제 우리에게 말씀해 주십시오—가이사에게 세금을 내는 것이 옳습니까 아니면 그렇지 않습니까?

15 Should we pay them, or shouldn't we?" Jesus saw through their hypocrisy and said, "Why are you trying to trap me? Show me a Roman coin, and I'll tell you."

15 우리가 그것을 내야 합니까 아니면 우리가 내지 말아야 합니까?》 예수님은 그들의 위선을 꿰뚫어 보고 말씀하셨다, 《왜 너희는 나를 함정에 빠뜨리려고 하는가? 로마의 동전을 나에게 보여라, 그러면 내가 너희에게 말해 주겠다.》

16 When they handed it to him, he asked, "Whose picture and title are stamped on it?" "Caesar's," they replied.

16 그들이 그것을 그분에게 넘겨주었을 때, 그분이 물으셨다, 《그 우에 찍혀 있는 것이 누구의 사진과 칭호인가?》 《가이사의 것입니다.》 그들이 대답했다.

17 "Well, then," Jesus said, "give to Caesar what belongs to Caesar, and give to God what belongs to God." His reply completely amazed them.

17 《자, 그렇다면,》 예수님이 말씀하셨다, 《가이사에게 속해 있는 것은 가이사에게 주어라, 그리고 하나님께 속해 있는 것은 하나님께 드려라.》 그분의 대답은 그들을 크게 놀라게 했다.

Discussion about Resurrection

부활에 대한 토론

18 Then Jesus was approached by some Sadducees—religious leaders who say there is no resurrection from the dead. They posed this question:

18 그러고 나서 예수님에게 몇 사두개파 사람들—죽은 사람들로부터 부활이 없다고 말하는 종교 지도자들이 다가왔다. 그들은 다음의 질문을 제기했다:

19 "Teacher, Moses gave us a law that if a man dies, leaving a wife without children, his brother should marry the widow and have a child who will carry on the brother's name.

19 《선생님, 모세는 만일 한 남자가, 아들딸들 없이 안해를 남겨 두고 죽으면, 그의 동생이 그 과부와 결혼하여 그 형의 이름을 이을 아이를 가져야 한다는 법을 우리에게 주었습니다.

20 Well, suppose there were seven brothers. The oldest one married and

then died without children.

20 그렇다면, 일곱 형제들이 있었다고 가정해 보십시오. 가장 큰 형이 결혼했는데 그러고 나서 아들딸들이 없이 죽었습니다.

21 **So the second brother married the widow, but he also died without children. Then the third brother married her.**

21 그래서 둘째 형이 그 과부와 결혼했습니다. 그러나 그도 아들딸들 없이 죽었습니다. 그후 셋째 형이 그 녀자와 결혼했습니다.

22 **This continued with all seven of them, and still there were no children. Last of all, the woman also died.**

22 이것이 그들 일곱 사람 모두에게 계속되였습니다. 그런데도 여전히 아들딸들이 없었습니다. 마지막으로, 그 녀자도 역시 죽었습니다.

23 **So tell us, whose wife will she be in the resurrection? For all seven were married to her."**

23 그러면 우리에게 말씀해 주십시오. 그 녀자는 부활할 때에 누구의 안해가 되겠습니까? 왜냐하면 일곱 사람 모두 그 녀자와 결혼했기 때문입니다.》

24 **Jesus replied, "Your mistake is that you don't know the Scriptures, and you don't know the power of God.**

24 예수님이 대답하셨다. 《너희의 잘못은 너희가 하나님말씀책을 모르며, 너희가 하나님의 능력도 모른다는 것이다.

25 **For when the dead rise, they will neither marry nor be given in marriage. In this respect they will be like the angels in heaven.**

25 왜냐하면 죽은 사람들이 살아날 때, 그들은 장가도 가지 않고 시집도 가지 않을 것이기 때문이다. 이러한 점에서 그들은 하늘에 있는 천사들과 같이 될 것이다.

26 **"But now, as to whether the dead will be raised—haven't you ever read about this in the writings of Moses, in the story of the burning bush? Long after Abraham, Isaac, and Jacob had died, God said to Moses, 'I am the God of Abraham, the God of Isaac, and the God of Jacob.'**

26 《그런데 이제, 죽은 사람들이 다시 살아날지 그렇지 않을지에 대해서는—너희는 모세의 글들 중, 불타는 떨기나무 이야기에서 이것에 대해 읽어 본 적이 없는가? 아브라함, 이삭, 그리고 야곱이 죽고 나서 한참 후에, 하나님께서 모세에게 말씀하셨다. 〈나는 아브라함의 하나님, 이삭의 하나님, 그리고 야곱의 하나님이다.〉

27 **So he is the God of the living, not the dead. You have made a serious error."**

27 그러므로 그분은 죽은 사람들이 아니라, 살아 있는 사람들의 하나님 이시다. 너희는 대단히 잘못된 생각을 한 것이다.》

The Most Important Commandment

가장 중요한 명령

28 **One of the teachers of religious law was standing there listening to the debate. He realized that Jesus had answered well, so he asked, "Of all the commandments, which is the most important?"**

28 종교법 선생들 중 한 사람이 그 론쟁을 들으면서 그곳에 서 있었다. 그는 예수님이 잘 대답하셨다는 것을 깨달았다, 그래서 그가 물었다, 《모든 명령들 중에서, 어느 것이 가장 중요합니까?》

29 **Jesus replied, "The most important commandment is this: 'Listen, O Israel! The LORD our God is the one and only LORD.**

29 예수님은 대답하셨다, 《가장 중요한 명령은 이것이다: 〈들으라, 오오 이스라엘아! 주님이신 우리 하나님은 유일하신 주님이시다.

30 **And you must love the LORD your God with all your heart, all your soul, all your mind, and all your strength.'**

30 그리고 너희는 주님이신 너희 하나님을 너의 마음과, 너의 온 령혼과, 너의 온 정신과, 그리고 너의 온 힘을 다하여 사랑해야 한다.〉

31 **The second is equally important: 'Love your neighbor as yourself.' No other commandment is greater than these."**

31 두 번째도 똑같이 중요하다: 〈너희의 이웃을 자기 자신처럼 사랑하여라.〉 이것들보다 더 중요한 다른 명령은 없다.》

32 **The teacher of religious law replied, "Well said, Teacher. You have spoken the truth by saying that there is only one God and no other.**

32 그 종교법 선생이 대답했다, 《잘 말씀하셨습니다, 선생님. 당신이 하나님은 오직 한 분만이 계시고 다른 이는 없다고 하심으로써 진실을 말씀하셨습니다.

33 **And I know it is important to love him with all my heart and all my understanding and all my strength, and to love my neighbor as myself. This is more important than to offer all of the burnt offerings and sacrifices required in the law."**

33 그리고 저는 그분을 나의 온 마음과 나의 온 지혜와 나의 온 힘을 다하여 사랑하고, 나의 이웃을 나 자신과 같이 사랑하는 것이 중요하다는 것을 압니다. 이것이 그 법에서 요구되는 모든 태워 드리는 제사들과 희생제사들을 드리는 것보다 더 중요합니다.

34 Realizing how much the man understood, Jesus said to him, "You are not far from the Kingdom of God." And after that, no one dared to ask him any more questions.

34 그 사람이 얼마나 많이 리해하고 있는지를 아시고, 예수님이 그에게 말씀하셨다, 《너는 하나님 나라에서 멀지 않은 곳에 있다. 그러자 그 후에는, 아무도 감히 그분에게 더 이상 질문들을 하지 않았다.》

Whose Son Is the Messiah?

구세주는 누구의 후손인가?

35 Later, as Jesus was teaching the people in the Temple, he asked, "Why do the teachers of religious law claim that the Messiah is the son of David?

35 후에, 예수님이 신전에서 사람들을 가르쳤을 때, 그분은 물으셨다, 《왜 종교법 선생들은 구세주가 다윗의 후손이라고 주장하는가?

36 For David himself, speaking under the inspiration of the Holy Spirit, said, 'The LORD said to my Lord, Sit in the place of honor at my right hand until I humble your enemies beneath your feet.'

36 왜냐하면 다윗 자신이, 성령님의 감동을 받아 발언하면서, 말했기 때문이다. 〈주님이신 하나님께서 나의 주님에게 말씀하셨다, 내가 너의 원쑤들을 너의 발아래 보잘것없이 되게 하기까지 나의 오른편 영예의 자리에 앉아 있으라.〉

37 Since David himself called the Messiah 'my Lord,' how can the Messiah be his son?" The large crowd listened to him with great delight.

37 다윗 자신이 구세주를 〈내 주님,〉이라고 불렀다, 어떻게 구세주가 그의 후손이 될 수 있겠는가?》 그 큰 군중은 큰 기쁨으로 그분에게 귀를 기우렸다.

38 Jesus also taught: "Beware of these teachers of religious law! For they like to parade around in flowing robes and receive respectful greetings as they walk in the marketplaces.

38 예수님은 또 가르치셨다: 《이 종교법 선생들을 조심하여라! 왜냐하면 그들은 례복을 입고 뽐내며 다니고 그들이 장마당에서 걸어 다닐 때 경의를 표하는 인사받기를 좋아하기 때문이다.

39 And how they love the seats of honor in the synagogues and the head table at banquets.

39 그리고 그들이 군중회관에서 주석단과 연회에서 주빈석에 앉기를 얼마나 좋아하는지 모른다.

40 Yet they shamelessly cheat widows out of their property and then pre-

tend to be pious by making long prayers in public. Because of this, they will be more severely punished."

40 그러면서도 그들은 파렴치하게도 과부들에게서 그들의 재산을 속여 가로챈다. 그러고 나서 대중 앞에서 긴 기도를 함으로써 신앙심이 두터운 척한다. 이것 때문에, 그들은 더 호되게 처벌받을 것이다.》

The Widow's Offering

과부의 헌금

41 Jesus sat down near the collection box in the Temple and watched as the crowds dropped in their money. Many rich people put in large amounts.

41 예수님은 신전의 헌금함 가까이에 앉으셨다 그리고 군중이 그들의 돈을 넣을 때 지켜보셨다. 많은 부유한 사람들은 큰 금액을 넣었다.

42 Then a poor widow came and dropped in two small coins.

42 그때 한 가난한 과부가 와서 두 개의 작은 쇠돈을 넣었다.

43 Jesus called his disciples to him and said, "I tell you the truth, this poor widow has given more than all the others who are making contributions.

43 예수님이 자신의 제자들을 자기에게 불러 말씀하셨다, 《내가 너희에게 진실을 말한다, 이 가난한 과부는 헌금하고 있는 다른 모든 사람들보다 더 많이 드렸다.

44 For they gave a tiny part of their surplus, but she, poor as she is, has given everything she had to live on."

44 왜냐하면 그들은 자기들의 나머지 중에서 아주 작은 부분을 드렸기 때문이다, 그러나 그 녀자는, 자기가 가난함에도 불구하고, 자기가 먹고 살아가야 할 모든 것을 드렸기 때문이다.》

13

Jesus Foretells the Future

예수님이 미래를 예언하시다

1 As Jesus was leaving the Temple that day, one of his disciples said, "Teacher, look at these magnificent buildings! Look at the impressive stones in the walls."

1 그날 예수님이 신전을 떠나려고 하실 때, 그분의 제자들 중 한 사람이 말했다, 《선생님, 이 웅장한 건물들을 보십시오! 벽들에서 저 강한 인상을 주는 돌들을 보십시오.》

2 Jesus replied, "Yes, look at these great buildings. But they will be com-

pletely demolished. Not one stone will be left on top of another!"

2 예수님이 대답하셨다. 《그렇다. 이 거대한 건물들을 보아라. 그러나 그것은 완전히 파괴될 것이다. 하나의 돌도 다른 돌 우에 남아 있지 않게 될 것이다!》

3 **Later, Jesus sat on the Mount of Olives across the valley from the Temple. Peter, James, John, and Andrew came to him privately and asked him,**

3 나중에, 예수님은 신전으로부터 계곡 맞은편에 있는 올리브 산 우에 앉으셨다. 베드로, 야고보, 요한, 그리고 안드레가 남의 눈에 띄지 않게 그분에게 와서 물었다.

4 **"Tell us, when will all this happen? What sign will show us that these things are about to be fulfilled?"**

4 《우리에게 말씀해 주십시오. 이 모든 일이 언제 일어나겠습니까? 어떤 징조가 이러한 일들이 곧 이루어지리라는 것을 우리에게 보여 줄 것입니까?》

5 **Jesus replied, "Don't let anyone mislead you,**

5 예수님이 대답하셨다. 《아무도 너희를 잘못 이끌지 못하게 하여라.

6 **for many will come in my name, claiming, 'I am the Messiah.' They will deceive many.**

6 왜냐하면 많은 사람들이 〈내가 구세주이다.〉라고 주장하면서, 내 이름으로 올 것이기 때문이다. 그들은 많은 사람들을 속일 것이다.

7 **And you will hear of wars and threats of wars, but don't panic. Yes, these things must take place, but the end won't follow immediately.**

7 그리고 너희는 전쟁과 전쟁들의 위협에 대해 들을 것이다. 그러나 당황하지 말아라. 그렇다. 이러한 일들은 반드시 일어날 것이다. 그러나 그 끝은 곧 뒤따라오지 않을 것이다.

8 **Nation will go to war against nation, and kingdom against kingdom. There will be earthquakes in many parts of the world, as well as famines. But this is only the first of the birth pains, with more to come.**

8 민족이 민족을 등지고, 나라가 나라를 등져서 전쟁을 일으킬 것이다. 세계의 많은 지역들에서 기근뿐 아니라 지진들이 있을 것이다. 그러나 이것은 해산의 고통의 시작일 뿐. 훨씬 더 큰 것이 다가올 것이다.

9 **"When these things begin to happen, watch out! You will be handed over to the local councils and beaten in the synagogues. You will stand trial before governors and kings because you are my followers. But this will be your opportunity to tell them about me.**

9 《이러한 일들이 일어나기 시작할 때, 주의하여라! 너희는 지방 심의

회에 넘겨질 것이고 군중회관에서 두들겨 맞을 것이다. 너희는 나를 따르는 사람들이라는 리유로 통치자들과 왕들 앞에서 재판을 받을 것이다. 그러나 이것은 그들에게 나에 대해 말하기 위한 너희의 기회가 될 것이다.

10 **For the Good News must first be preached to all nations.**

10 왜냐하면 먼저 반가운 소식이 모든 민족들에게 전해져야 하기 때문이다.

11 **But when you are arrested and stand trial, don't worry in advance about what to say. Just say what God tells you at that time, for it is not you who will be speaking, but the Holy Spirit.**

11 그러나 너희가 체포되여 재판을 받을 때, 무엇을 말할지에 대해 미리 걱정하지 말아라. 그저 하나님께서 그 때에 너희에게 말씀해주시는 대로 말하여라. 왜냐하면 말씀하실 분은 너희가 아니라, 성령님이시기 때문이다.

12 **"A brother will betray his brother to death, a father will betray his own child, and children will rebel against their parents and cause them to be killed.**

12《형제가 자기 형제를 죽음에 넘겨줄 것이다, 아버지가 자신의 친자식을 배반할 것이다, 그리고 아들딸들은 자기 부모들을 반대하여 그들이 살해당하도록 할 것이다.

13 **And everyone will hate you because you are my followers. But the one who endures to the end will be saved.**

13 그리고 모든 사람들이 너희가 나를 따르는 사람들이라는 리유로 너희를 미워할 것이다. 그러나 끝까지 참고 견디여 내는 사람은 구원될 것이다.

14 **"The day is coming when you will see the sacrilegious object that causes desecration standing where he should not be." (Reader, pay attention!) "Then those in Judea must flee to the hills.**

14《너희가 하나님을 모독하는 더러운 것들이 그가 있지 않아야 할 곳에서 있는 것을 보게 될 그날이 오고 있다.》(읽은 사람은, 주의하여라!)《그 때 유태에 있는 사람들은 산들로 달아나야 한다.

15 **A person out on the deck of a roof must not go down into the house to pack.**

15 지붕 우에 있는 사람은 짐을 꾸리려고 집으로 내려가서는 안 된다.

16 **A person out in the field must not return even to get a coat.**

16 들판에 나가 있는 사람은 지어 겉옷을 가지러 돌아가서도 안 된다.

17 **How terrible it will be for pregnant women and for nursing mothers in those days.**

17 그날들에 임신한 녀자들과 젖먹이는 어머니들에게 얼마나 끔찍할 것인가.

18 **And pray that your flight will not be in winter.**

18 그리고 너희의 탈출이 겨울에 있지 않도록 기도하여라.

19 **For there will be greater anguish in those days than at any time since God created the world. And it will never be so great again.**

19 왜냐하면 그날에는 하나님께서 세상을 창조하신 이후 그 어느 때보다 더 심한 고통이 있을 것이기 때문이다. 그리고 그렇게 큰 고통은 결코 다시는 없을 것이다.

20 **In fact, unless the Lord shortens that time of calamity, not a single person will survive. But for the sake of his chosen ones he has shortened those days.**

20 사실, 주님께서 재난의 기간을 줄이지 않으신다면, 단 한 사람도 살아남지 못할 것이다. 그러나 그분이 선택하신 사람들을 위해, 그분은 그 날들을 줄이셨다.

21 **"Then if anyone tells you, 'Look, here is the Messiah,' or 'There he is,' don't believe it.**

21 《그러고 나서 만일 누군가가 너희에게, 〈보아라, 여기에 구세주가 계시다,〉 또는 〈그뷴이 저기에 계시다,〉리고 말하면, 그것을 믿지 말아라.

22 **For false messiahs and false prophets will rise up and perform signs and wonders so as to deceive, if possible, even God's chosen ones.**

22 왜냐하면 거짓 구세주들과 거짓 예언자들이 일어나, 가능하다면, 지어 하나님의 선택된 사람들이라도 속이기 위해 증표들과 기적들을 나타낼 것이기 때문이다.

23 **Watch out! I have warned you about this ahead of time!**

23 주의하여라! 내가 이것에 대해 너희에게 미리 경고하였다!

24 **"At that time, after the anguish of those days, the sun will be darkened, the moon will give no light,**

24 《그때에, 그 날들의 고통이 지난 후, 해는 어두워질 것이고, 달은 빛을 내지 않을 것이다,

25 **the stars will fall from the sky, and the powers in the heavens will be shaken.**

25 별들이 하늘로부터 떨어질 것이고, 하늘의 권위들이 흔들릴 것이다.

26 **Then everyone will see the Son of Man coming on the clouds with great**

power and glory.

26 그러고 나서 모든 사람이 큰 능력과 영광으로 구름을 타고 오시는 사
람의 아들을 볼 것이다.

27 **And he will send out his angels to gather his chosen ones from all over the world—from the farthest ends of the earth and heaven.**

27 그리고 그분은 세상의 모든 곳—땅과 하늘의 가장 먼 끝에서부터—자
신이 선택한 사람들을 모으기 위해 자기의 천사들을 보내실 것이다

28 **"Now learn a lesson from the fig tree. When its branches bud and its leaves begin to sprout, you know that summer is near.**

28 《이제 무화과나무로부터 교훈을 배워라. 그것의 가지들이 싹트고 그
것의 잎들이 나기 시작하면, 너희는 여름이 가까운 것을 안다.

29 **In the same way, when you see all these things taking place, you can know that his return is very near, right at the door.**

29 이처럼, 너희가 이 모든 것들이 일어나는 것을 보면, 너희는 그분의
다시 오심이 매우 가까이, 바로 문 앞에 온 것을 알 수 있다.

30 **I tell you the truth, this generation will not pass from the scene before all these things take place.**

30 내가 너희에게 진실을 말한다, 이 세대가 현 세상에서 사라지기 전에
이 모든 일이 일어날 것이다.

31 **Heaven and earth will disappear, but my words will never disappear.**

31 하늘과 땅은 없어질 것이다, 그러나 내 말들은 결코 없어지지 않을
것이다.

32 **"However, no one knows the day or hour when these things will happen, not even the angels in heaven or the Son himself. Only the Father knows.**

32 《그렇지만, 이 일들이 언제 일어날런지, 지어 하늘의 천사들이나 아
들 자신까지도, 그 날이나 그 시간은 아무도 알지 못한다. 오직 아버지
께서만 아신다.

33 **And since you don't know when that time will come, be on guard! Stay alert!**

33 그리고 그때가 언제 올지 너희가 모르기 때문에, 망보고 있으라! 경
각성을 견지하라!

34 **"The coming of the Son of Man can be illustrated by the story of a man going on a long trip. When he left home, he gave each of his slaves instructions about the work they were to do, and he told the gatekeeper to watch for his return.**

34 《사람의 아들의 오심은 긴 려행 길에 나서는 한 사람의 이야기로써

설명될 수 있다. 그가 집을 떠날 때, 그는 자기 종들 매 사람에게 그들이 해야 할 일에 대한 지시들을 하였다, 그리고 그는 문지기에게 자신이 돌아오기를 기다리고 있으라고 말하였다.

35 You, too, must keep watch! For you don't know when the master of the household will return—in the evening, at midnight, before dawn, or at daybreak.

35 너희도, 역시, 감시를 계속하고 있어야 한다! 왜냐하면 너희는 그 집 주인이 언제 돌아올지—해 질 무렵, 한밤중, 동트기 전, 아니면 새벽일지 알지 못하기 때문이다.

36 Don't let him find you sleeping when he arrives without warning.

36 그가 예고 없이 돌아왔을 때 너희가 잠들어 있는 것을 그가 보지 않도록 하라.

37 I say to you what I say to everyone: Watch for him!"

37 내가 모든 사람에게 하는 말을 너희에게도 말한다: 그분이 오시기를 기다려라!

14

Jesus Anointed at Bethany

베다니에서 기름 뿌리심을 받은 예수님

1 It was now two days before Passover and the Festival of Unleavened Bread. The leading priests and the teachers of religious law were still looking for an opportunity to capture Jesus secretly and kill him.

1 때는 건너뜀명절과 무효모빵 명절 이틀 전이였다. 상급 제사장들과 종교법 선생들은 여전히 예수님을 비밀리에 체포하여 그분을 죽일 기회를 찾고 있었다.

2 "But not during the Passover celebration," they agreed, "or the people may riot."

2《그러나 건너뜀명절을 축하하는 동안에는 안 된다,》그들은 동의했다, 《그렇지 않으면 사람들이 폭동을 일으킬지도 모른다.》

3 Meanwhile, Jesus was in Bethany at the home of Simon, a man who had previously had leprosy. While he was eating, a woman came in with a beautiful alabaster jar of expensive perfume made from essence of nard. She broke open the jar and poured the perfume over his head.

3 그러는 동안, 예수님은 전에 문둥병을 앓았던 사람인, 시몬의 집이 있는 베다니에 계셨다. 그분이 식사하는 동안, 한 녀자가 감송 추출물

로 만든 값비싼 향료가 든 아름다운 눈꽃석고로 만든 단지를 가지고 들어왔다. 그 녀자는 그 병을 깨뜨려 열어서 그 향료를 그분의 머리 우에 부었다.

4 **Some of those at the table were indignant. "Why waste such expensive perfume?" they asked.**

4 식탁에 있던 사람들 중 몇은 성을 냈다.《왜 그런 비싼 향료를 랑비하는가?》그들이 물었다.

5 **"It could have been sold for a year's wages and the money given to the poor!" So they scolded her harshly.**

5《그것은 1년분의 로임으로 팔릴 수 있었고 그 돈은 가난한 사람들에게 줄 수 있었을 것이였다!》그래서 그들은 그 녀자를 호되게 꾸짖었다.

6 **But Jesus replied, "Leave her alone. Why criticize her for doing such a good thing to me?**

6 그러나 예수님은 대답하셨다,《그 녀자를 내벼려 두어라. 왜 나에게 그렇게 좋은 일을 한 것을 가지고 그 녀자를 비난하는가?

7 **You will always have the poor among you, and you can help them whenever you want to. But you will not always have me.**

7 너희 가운데 가난한 사람들은 언제나 있을 것이다, 그래서 너희는 원하는 때마다 언제든지 그들을 도울 수 있다. 그렇지만 너희는 항상 나와 함께 있지 않을 것이다.

8 **She has done what she could and has anointed my body for burial ahead of time.**

8 그 녀자는 자기가 할 수 있는 것을 했다 그래서 장례에 앞서 나의 몸에 기름 뿌려 깨끗이 하였다.

9 **I tell you the truth, wherever the Good News is preached throughout the world, this woman's deed will be remembered and discussed."**

9 내가 너희에게 진실을 말한다, 온 세상에 반가운 소식이 전해지는 곳마다 이 녀자의 행동은 기억될 것이고 서로 이야기될 것이다.

Judas Agrees to Betray Jesus

유다가 예수님을 배반하는 데 동의하다

10 **Then Judas Iscariot, one of the twelve disciples, went to the leading priests to arrange to betray Jesus to them.**

10 그러고 나서 열두 제자 중 하나인, 가룟 유다가, 예수님을 상급제사장들에게 넘겨주기를 계획하기 위해 그들에게 갔다.

11 **They were delighted when they heard why he had come, and they prom-**

ised to give him money. So he began looking for an opportunity to betray Jesus.

11 그들은 그가 왜 왔는지에 대해 들었을 때 기뻐하였다, 그리고 그들은 그에게 돈을 주기로 약속했다. 그래서 그는 예수님을 넘겨줄 기회를 찾기 시작했다.

The Last Supper

마지막 만찬

12 **On the first day of the Festival of Unleavened Bread, when the Passover lamb is sacrificed, Jesus' disciples asked him, "Where do you want us to go to prepare the Passover meal for you?"**

12 무효모빵 명절의 첫 날, 건너뜀명절의 양이 희생제물로 바쳐질 때, 예수님의 제자들이 그분에게 물었다, 《당신은 자신을 위한 건너뜀명절 식사 준비를 위해 우리가 어디로 가기 원하십니까?》

13 **So Jesus sent two of them into Jerusalem with these instructions: "As you go into the city, a man carrying a pitcher of water will meet you. Follow him.**

13 그래서 예수님은 이런 지시를 주면서 그들 중 두 사람을 예루살렘으로 보내셨다: 《너희가 그 도시로 들어갈 때, 물항아리를 가지고 가는 한 사람이 너희를 만나게 될 것이다. 그를 따라가거라.

14 **At the house he enters, say to the owner, 'The Teacher asks: Where is the guest room where I can eat the Passover meal with my disciples?'**

14 그가 들어가는 집에서, 그 주인에게 말하여라, 〈선생님이 물으십니다: 내가 내 제자들과 함께 건너뜀명절 식사를 할 수 있는 손님방이 어디 있는가?〉

15 **He will take you upstairs to a large room that is already set up. That is where you should prepare our meal."**

15 그가 너희를 이미 준비되어 있는 웃층의 큰 방으로 데려갈 것이다. 그곳이 너희가 우리의 식사를 준비해야 할 곳이다.》

16 **So the two disciples went into the city and found everything just as Jesus had said, and they prepared the Passover meal there.**

16 그래서 그 두 제자는 그 도시로 가서 모든 것이 예수님이 말씀하셨던 그대로인 것을 알게 되였다, 그리하여 그들은 건너뜀명절 식사를 그곳에서 준비했다.

17 **In the evening Jesus arrived with the twelve disciples.**

17 저녁 때 예수님이 열두 제자들과 함께 도착하셨다.

18 As they were at the table eating, Jesus said, "I tell you the truth, one of you eating with me here will betray me."

18 그들이 식탁에서 먹고 있었을 때, 예수님이 말씀하셨다, 《내가 너희에게 진실을 말한다, 나와 함께 여기서 먹고 있는 너희 중 한 사람이 나를 배반할 것이다.》

19 Greatly distressed, each one asked in turn, "Am I the one?"

19 크게 근심이 되어서, 한 사람씩 차례로 물었다, 《제가 그 사람입니까?》

20 He replied, "It is one of you twelve who is eating from this bowl with me.

20 그분이 대답하셨다, 《나와 함께 이 사발에서 먹고 있는 너희 열둘 중 한 사람이다.

21 For the Son of Man must die, as the Scriptures declared long ago. But how terrible it will be for the one who betrays him. It would be far better for that man if he had never been born!"

21 왜냐하면 사람의 아들은, 하나님말씀책이 오래전에 선언한 대로 반드시 죽어야 하기 때문이다. 그러나 그를 배반하는 그 사람에게는 그것이 얼마나 끔찍한 것인가. 그 사람에게는 차라리 그가 결코 태여나지 않았다면 훨씬 좋았을 것이다!》

22 As they were eating, Jesus took some bread and blessed it. Then he broke it in pieces and gave it to the disciples, saying, "Take it, for this is my body."

22 그들이 먹고 있었을 때, 예수님은 빵을 조금 떼여서 그것을 축복하셨다. 그러고 나서 그분은 그것을 쪼각들로 찢어서 제자들에게 그것을 주시면서 말씀하셨다, 《이것을 받아라, 왜냐하면 이것은 나의 몸이기 때문이다.》

23 And he took a cup of wine and gave thanks to God for it. He gave it to them, and they all drank from it.

23 그리고 그분은 포도술 한 잔을 들어서 그것에 대해 하나님께 감사를 드리셨다. 그분은 그것을 그들에게 주셨고, 그들 모두는 그것을 마셨다.

24 And he said to them, "This is my blood, which confirms the covenant between God and his people. It is poured out as a sacrifice for many.

24 그리고 그분은 그들에게 말씀하셨다, 《이것은 하나님과 그분 백성들 사이에 맺은 계약을 확증하는, 나의 피다. 이것은 많은 사람들을 위한 희생제물로 부어진다.

25 I tell you the truth, I will not drink wine again until the day I drink it new in the Kingdom of God."

25 내가 너희에게 진실을 말한다. 내가 하나님 나라에서 이것을 새로 마시게 될 때까지 나는 다시는 포도술을 마시지 않을 것이다.》

26 Then they sang a hymn and went out to the Mount of Olives.

26 그러고 나서 그들은 찬송가를 불렀고 올리브 산으로 나갔다.

Jesus Predicts Peter's Denial

예수님이 베드로의 부인을 예언하시다

27 On the way, Jesus told them, "All of you will desert me. For the Scriptures say, 'God will strike the Shepherd, and the sheep will be scattered.'

27 길 가던 중에, 예수님은 그들에게 말씀하셨다. 《너희들 모두가 나를 저버릴 것이다. 왜냐하면 하나님말씀책이 말하기 때문이다. 〈하나님께서 양치는 사람을 치실 것이다. 그러면 양들은 흩어질 것이다.〉

28 But after I am raised from the dead, I will go ahead of you to Galilee and meet you there."

28 그렇지만 내가 죽은 사람들로부터 살아난 후에, 나는 너희보다 먼저 갈릴리로 가서 그곳에서 너희를 만날 것이다.》

29 Peter said to him, "Even if everyone else deserts you, I never will."

29 베드로가 그분에게 말했다. 《다른 모든 사람이 당신을 저버린다 할지라도, 저는 절대로 그러지 않겠습니다.》

30 Jesus replied, "I tell you the truth, Peter—this very night, before the rooster crows twice, you will deny three times that you even know me."

30 예수님이 대답하셨다. 《내가 너에게 진실을 말한다, 베드로야—바로 오늘 밤, 수탉이 두 번 울기 전에, 너는 지어 나를 알지도 못한다고 세 번 부인할 것이다.》

31 "No!" Peter declared emphatically. "Even if I have to die with you, I will never deny you!" And all the others vowed the same.

31 《아닙니다!》 베드로가 단호하게 선언했다. 《비록 제가 당신과 함께 죽어야 한다고 해도, 저는 결코 당신을 부인하지 않을 것입니다!》 그러자 모든 다른 사람들도 똑같이 맹세했다.

Jesus Prays in Gethsemane

예수님이 겟세마네에서 기도하시다

32 They went to the olive grove called Gethsemane, and Jesus said, "Sit here while I go and pray."

32 그들은 겟세마네라고 불리우는 올리브 나무 숲으로 갔다. 그리고 예수님은 말씀하셨다. 《내가 가서 기도할 동안 여기에 앉아 있어라.》

33 **He took Peter, James, and John with him, and he became deeply troubled and distressed.**

33 그분은 베드로, 야고보, 그리고 요한을 자신과 함께 데리고 가셨다, 그리고 그분은 매우 근심하며 괴로워하셨다.

34 **He told them, "My soul is crushed with grief to the point of death. Stay here and keep watch with me."**

34 그분이 그들에게 말씀하셨다, 《내 령혼이 슬픔에 짓눌려 죽을 지경이다. 여기 머물러서 나와 함께 깨여 있으라.》

35 **He went on a little farther and fell to the ground. He prayed that, if it were possible, the awful hour awaiting him might pass him by.**

35 그분은 조금 더 멀리 가서 땅에 엎드리셨다. 그분은, 만일 그것이 가능하다면, 자기를 기다리고 있는 그 지독한 시간이 자신을 지나쳐 가게 해달라고 기도하셨다.

36 **"Abba, Father," he cried out, "everything is possible for you. Please take this cup of suffering away from me. Yet I want your will to be done, not mine."**

36 《하나님, 아버지,》 그분이 웨치셨다, 《모든 것이 당신에게는 가능합니다. 부디 이 고난의 잔을 저에게서 가져가 주십시오. 그러나 저는 저의 뜻이 아니라, 당신의 뜻이 이루어지기를 원합니다.》

37 **Then he returned and found the disciples asleep. He said to Peter, "Simon, are you asleep? Couldn't you watch with me even one hour?**

37 그러고 나서 그분은 돌아오셨다. 그리고 제자들이 잠들어 있는 것을 보셨다. 그분은 베드로에게 말씀하셨다, 《시몬아, 너는 자는가? 너는 지어 한 시간도 나와 함께 깨여 있을 수 없었는가?

38 **Keep watch and pray, so that you will not give into temptation. For the spirit is willing, but the body is weak."**

38 계속 깨여 있으면서 기도하여라, 그래야 너희가 유혹에 굴복하지 않게 될 것이다. 왜냐하면 령혼은 원하는데, 육체가 약하기 때문이다.》

39 **Then Jesus left them again and prayed the same prayer as before.**

39 그러고 나서 예수님은 다시 그들을 떠나셨다 그리고 이전처럼 같은 기도를 하셨다.

40 **When he returned to them again, he found them sleeping, for they couldn't keep their eyes open. And they didn't know what to say.**

40 그분이 다시 그들에게 돌아왔을 때, 그분은 그들이 자고 있는 것을 보셨다, 왜냐하면 그들은 자기들의 눈을 뜨고 있을 수 없기 때문이였다. 그래서 그들은 무슨 말을 할지를 몰랐다.

41 When he returned to them the third time, he said, “Go ahead and sleep. Have your rest. But no—the time has come. The Son of Man is betrayed into the hands of sinners.

41 그분이 세 번째로 그들에게 돌아왔을 때, 그분이 말씀하셨다. 《가서 자거라. 너희는 쉬여라. 그러나 아니다—때가 왔다. 사람의 아들이 죄인들의 손에 넘겨진다.

42 Up, let’s be going. Look, my betrayer is here!”

42 일어나거라, 가자. 보아라, 나의 배반자가 여기에 있다!》

Jesus Is Betrayed and Arrested

예수님이 배반당하여 체포되시다

43 And immediately, even as Jesus said this, Judas, one of the twelve disciples, arrived with a crowd of men armed with swords and clubs. They had been sent by the leading priests, the teachers of religious law, and the elders.

43 그리고 바로, 예수님이 이 말씀을 하고 계시는데도, 열두 제자 중 한 사람인, 유다가 칼과 곤봉으로 무장한 사람들의 무리와 함께 도착했다. 그들은 상급제사장들, 종교법 선생들, 그리고 장로들이 보낸 사람들이였다.

44 The traitor, Judas, had given them a prearranged signal: “You will know which one to arrest when I greet him with a kiss. Then you can take him away under guard.”

44 그 배반자, 유다는, 그들에게 미리 정한 신호를 보냈다: 《당신들은 체포할 사람이 누구인지 내가 입맞춤으로 그에게 인사할 때 알게 될 것입니다. 그러면 당신들은 그를 잡아 호위병에게 데려가면 됩니다.》

45 As soon as they arrived, Judas walked up to Jesus. “Rabbi!” he exclaimed, and gave him the kiss.

45 그들이 도착하자마자, 유다는 예수님에게 걸어갔다. 《선생님!》 그가 웨쳤다, 그리고 그분에게 입 맞추었다.

46 Then the others grabbed Jesus and arrested him.

46 그러자 다른 사람들이 예수님을 붙잡아 그분을 체포했다.

47 But one of the men with Jesus pulled out his sword and struck the high priest’s slave, slashing off his ear.

47 그러나 예수님과 함께 있던 사람들 중 한 사람이 자기 칼을 꺼내여 총제사장의 종을 쳐서, 그의 귀를 썩 베여 버렸다.

48 Jesus asked them, “Am I some dangerous revolutionary, that you come

with swords and clubs to arrest me?

48 예수님이 그들에게 물으셨다, 《너희가 칼들과 곤봉들을 가지고 나를 체포하기 위해 오다니, 내가 무슨 위험한 혁명가인가?

49 **Why didn't you arrest me in the Temple? I was there among you teaching every day. But these things are happening to fulfill what the Scriptures say about me."**

49 왜 너희는 나를 신전에서 체포하지 않았는가? 나는 날마다 가르치면서 그곳에 너희 가운데 있었다. 그러나 이러한 일들은 나에 대해 하나님 말씀책이 말한 것들을 실현하기 위해 일어나고 있는 것이다.

50 **Then all his disciples deserted him and ran away.**

50 그러자 그분의 모든 제자들이 그분을 저버리고 달아났다.

51 **One young man following behind was clothed only in a long linen shirt. When the mob tried to grab him,**

51 뒤에서 따라오고 있던 한 젊은 사람이 긴 아마 옷만 걸치고 있었다. 군중이 그를 잡으려 하자,

52 **he slipped out of his shirt and ran away naked.**

52 그는 자기 옷을 벗어 버리고 벌거벗은 채로 도망쳤다.

Jesus before the Council

심의회 앞에 선 예수님

53 **They took Jesus to the high priest's home where the leading priests, the elders, and the teachers of religious law had gathered.**

53 그들은 총제사장의 집으로 예수님을 데려갔다. 거기에는 상급제사장들, 장로들, 그리고 종교법 선생들이 모여 있었다.

54 **Meanwhile, Peter followed him at a distance and went right into the high priest's courtyard. There he sat with the guards, warming himself by the fire.**

54 그러는 동안, 베드로는 그분을 멀리 떨어져서 따라갔다 그리고 총제사장의 안마당으로 바로 들어갔다. 그곳에서 그는 호위병들과 함께, 불곁에서 몸을 따뜻하게 하면서 앉아 있었다.

55 **Inside, the leading priests and the entire high council were trying to find evidence against Jesus, so they could put him to death. But they couldn't find any.**

55 안에서는, 상급제사장들과 최고 총 심의회가 예수님을 반대할 증거를 찾으려 하고 있었다, 그래야 그들이 그분을 사형시킬 수 있었기 때문이였다. 그러나 그들은 이무런 증거도 찾을 수 없었다.

56 Many false witnesses spoke against him, but they contradicted each other.

56 많은 거짓 증인들이 그분을 반대하는 말을 했다, 그러나 그들은 서로 모순되였다.

57 Finally, some men stood up and gave this false testimony:

57 마침내, 몇 사람이 일어나서 이러한 거짓 증언을 하였다:

58 "We heard him say, 'I will destroy this Temple made with human hands, and in three days I will build another, made without human hands.'"

58《우리는 그가 말하는 것을 들었습니다, 〈내가 사람들의 손으로 지은 이 신전을 무너뜨려 버릴 것이다, 그리고 3일 후에는, 사람의 손으로가 아닌, 다른 것을 세울 것이다.〉》

59 But even then they didn't get their stories straight!

59 그러나 그때조차도 그들은 자기들의 이야기를 분명히 하지 못했다!

60 Then the high priest stood up before the others and asked Jesus, "Well, aren't you going to answer these charges? What do you have to say for yourself?"

60 그때 총제사장이 다른 사람들 앞에 일어서서 예수님에게 물었다,《자, 당신은 이러한 고소에 대해 대답하지 않을 것이오? 당신은 자기 자신을 위해 말할 것이 있소?》

61 But Jesus was silent and made no reply. Then the high priest asked him, "Are you the Messiah, the Son of the Blessed One?"

61 그러나 예수님은 침묵하였고 아무 대답도 하지 않으셨다. 그러자 총제사장이 그분에게 물었다,《당신이 찬양받을 분의 아들, 그 구세주요?》

62 Jesus said, "I AM. And you will see the Son of Man seated in the place of power at God's righthand and coming on the clouds of heaven."

62 예수님이 말씀하셨다,《내가 그다. 그리고 너희는 사람의 아들이 하나님의 오른쪽에 권위의 자리에 앉은 것과 하늘의 구름을 타고 오는 것을 보게 될 것이다.》

63 Then the high priest tore his clothing to show his horror and said, "Why do we need other witnesses?

63 그러자 총제사장이 자기의 지독함을 보여 주기 위해 자기의 옷을 찢고 말했다,《왜 우리에게 다른 증인들이 필요한가?

64 You have all heard his blasphemy. What is your verdict?" "Guilty!" they all cried. "He deserves to die!"

64 너희는 모두 그가 하나님 모독하는 소리를 들었다. 너희들의 판결은

무엇이냐?》《유죄요!》 그들 모두가 웨쳤다. 《그는 죽어 마땅합니다!》

65 **Then some of them began to spit at him, and they blindfolded him and beat him with their fists. "Prophesy to us," they jeered. And the guards slapped him as they took him away.**

65 그때 그들 중 몇 사람이 그분에게 침을 뱉기 시작했다, 그리고 그들은 그분의 눈을 가리고 자기들의 주먹으로 그분을 때렸다. 《우리에게 예언해 보아라.》 그들이 조소했다. 그리고 경비병들은 그분을 데리고 갈 때 그분을 때렸다.

Peter Denies Jesus

베드로가 예수님을 부인하다

66 **Meanwhile, Peter was in the courtyard below. One of the servant girls who worked for the high priest came by**

66 그러는 동안, 베드로는 아래쪽 안마당에 있었다. 총제사장을 위해 일하는 녀자 종들 중 한 사람이 다가와서

67 **and noticed Peter warming himself at the fire. She looked at him closely and said, "You were one of those with Jesus of Nazareth."**

67 베드로가 불에 자기 몸을 따뜻하게 하고 있는 것을 보았다. 그 녀자는 그를 뚫어지게 보고는 말했다, 《당신은 나사렛 예수와 함께 있던 사람들 중 한 사람이오.》

68 **But Peter denied it. "I don't know what you're talking about," he said, and he went out into the entryway. Just then, a rooster crowed.**

68 그러나 베드로는 그것을 부인했다. 《나는 네가 무슨 말을 하고 있는지 모르겠다.》 그가 말했다, 그리고 그는 입구 쪽으로 나갔다. 바로 그 때, 수탉이 울었다.

69 **When the servant girl saw him standing there, she began telling the others, "This man is definitely one of them!"**

69 그 녀자 종이 그가 거기에 서 있는 것을 보았을 때, 그 녀자는 다른 사람들에게 말하기 시작했다, 《이 사람은 분명히 그들 중 한 사람입니다!》

70 **But Peter denied it again. A little later some of the other bystanders confronted Peter and said, "You must be one of them, because you are a Galilean."**

70 그러나 베드로는 그것을 다시 부인했다. 얼마 후에 다른 구경군들 중 몇 사람이 베드로를 마주보고 말했다, 《당신은 갈릴리 사람이기 때문에, 그들 중 한 사람임에 틀림없소.》

71 **Peter swore, "A curse on me if I'm lying—I don't know this man you're**

talking about!"

71 베드로가 맹세했다. 《만일 내가 거짓말을 하고 있다면 내게 저주가 있을 것이오—나는 당신들이 말하는 이 사람을 알지 못하오!》

72 And immediately the rooster crowed the second time. Suddenly, Jesus' words flashed through Peter's mind: "Before the rooster crows twice, you will deny three times that you even know me." And he broke down and wept.

72 그러자 바로 수탉이 두 번째로 울었다. 갑자기, 예수님의 말씀이 베드로의 머리에 떠올랐다: 《수탉이 두 번 울기 전에, 너는 나를 지어 알지도 못한다고 세 번 부인할 것이다.》 그러자 그는 마음이 무너져 내려 흐느껴 울었다.

15

Jesus' Trial before Pilate

빌라도 앞에서 예수님의 재판

1 Very early in the morning the leading priests, the elders, and the teachers of religious law—the entire high council—met to discuss their next step. They bound Jesus, led him away, and took him to Pilate, the Roman governor.

1 아주 이른 아침 상급 제사장들, 장로들, 그리고 종교법 선생들—최고 총 심의회가—그들의 다음 단계를 토의하기 위해 만났다. 그들은 예수님을 묶고, 그분을 끌고서, 로마 총독인, 빌라도에게 그분을 데려갔다.

2 Pilate asked Jesus, "Are you the king of the Jews?" Jesus replied, "You have said it."

2 빌라도가 예수님에게 물었다. 《당신이 유태인의 왕이요?》 예수님이 대답하셨다. 《당신이 말한 대로요.》

3 Then the leading priests kept accusing him of many crimes,

3 그러자 상급 제사장들이 많은 범죄 행위에 대해 그분을 계속해서 고발했다.

4 and Pilate asked him, "Aren't you going to answer them? What about all these charges they are bringing against you?"

4 그리고 빌라도가 그분에게 물었다. 《당신은 그들의 질문에 대답하지 않으려는 것이오? 그들이 당신에 대해 제기하는 이 모든 고소들에 대해 어떻게 생각하오?》

5 But Jesus said nothing, much to Pilate's surprise.

5 그러나 예수님은 아무 말씀도 하지 않으셨다. 이것은 빌라도를 매우
놀라게 했다.

6 **Now it was the governor's custom each year during the Passover celebration to release one prisoner—anyone the people requested.**

6 그때는 건너뜀명절 동안 해마다 죄수 한 사람을—사람들이 요구하는
어떤 죄인이든지—풀어 주는 것이 총독의 관례였다.

7 **One of the prisoners at that time was Barabbas, a revolutionary who had committed murder in an uprising.**

7 당시 죄수들 중 한 사람은 반란 속에서 살인을 저지른 혁명분자인, 바
라바였다.

8 **The crowd went to Pilate and asked him to release a prisoner as usual.**

8 군중은 빌라도에게 가서 늘 하던 대로 죄수 한 사람의 석방을 그에게
요구하였다.

9 **"Would you like me to release to you this 'King of the Jews'?" Pilate asked.**

9 《너희는 내가 너희에게 이 〈유태인의 왕〉을 석방하기를 원하는가?》
빌라도가 물었다.

10 **(For he realized by now that the leading priests had arrested Jesus out of envy.)**

10 (왜냐하면 그는 상급제사장들이 질투하여 예수님을 체포했다는 것을 이제
는 알게 되였기 때문이였다.)

11 **But at this point the leading priests stirred up the crowd to demand the release of Barabbas instead of Jesus.**

11 그러나 이때 상급제사장들이 군중들을 선동하여 예수님 대신 바라바
를 풀어 줄 것을 요구했다.

12 **Pilate asked them, "Then what should I do with this man you call the king of the Jews?"**

12 빌라도가 그들에게 물었다. 《그렇다면 너희는 유태인의 왕이라고 부
르는 이 사람을 내가 어떻게 해야 하겠는가?》

13 **They shouted back, "Crucify him!"**

13 그들이 웨쳤다. 《그를 십자가사형틀에 못 박아 죽이시오!》

14 **"Why?" Pilate demanded. "What crime has he committed?" But the mob roared even louder, "Crucify him!"**

14 《왜 그러는가?》 빌라도가 물었다. 《그가 어떤 범죄를 저질렀는가?》
그러나 그 군중은 훨씬 더 크게 고함을 쳤다. 《그를 십자사형틀에 못 박
아 죽이시오!》

15 **So to pacify the crowd, Pilate released Barabbas to them. He ordered Je-**

sus flogged with a lead-tipped whip, then turned him over to the Roman soldiers to be crucified.

15 그래서 그 군중을 진정시키기 위해, 빌라도는 바라바를 그들에게 놓아 주었다. 그는 끝에 납이 달린 채찍으로 예수님을 치도록 명령했다, 그리고 나서 그분을 십자사형틀에 못 박아 죽이도록 그분을 로마 군인들에게 넘겨주었다.

The Soldiers Mock Jesus

군인들이 예수님을 깔보며 업신여기다

16 The soldiers took Jesus into the courtyard of the governor's headquarters (called the Praetorium) and called out the entire regiment.

16 군인들은 예수님을 (프라토리움이라고 불리는) 총독의 본부 뜰 안으로 끌고 갔다 그리고 온 련대를 불러 모았다.

17 They dressed him in a purple robe, and they wove thorn branches into a crown and put it on his head.

17 그들은 그분에게 자주색 긴 겉옷을 입혔다, 그리고 가시나무가지들을 왕관으로 엮어 그것을 그분의 머리 우에 씌웠다.

18 Then they saluted him and taunted, "Hail! King of the Jews!"

18 그러고 나서 그들은 그분에게 인사하고 비웃었다,《만세! 유태인의 왕이여!》

19 And they struck him on the head with a reed stick, spit on him, and dropped to their knees in mock worship.

19 그리고 그들은 그분의 머리 우를 갈대 막대기로 치고, 그분에게 침을 뱉었다, 그리고 자기들의 무릎을 꿇고 례배하는 흉내를 내며 놀렸다.

20 When they were finally tired of mocking him, they took off the purple robe and put his own clothes on him again. Then they led him away to be crucified.

20 마침내 그들이 그분을 깔보고 업신여기는 것에 싫증 났을 때, 그들은 그 자주색 긴 겉옷을 벗기고 다시 그분 자신의 옷을 입혔다. 그런 후 그들은 십자사형틀에 못 박아 죽이기 위해 그분을 끌고 나갔다.

The Crucifixion

십자사형틀에 못박혀 죽으심

21 A passerby named Simon, who was from Cyrene, was coming in from the countryside just then, and the soldiers forced him to carry Jesus' cross. (Simon was the father of Alexander and Rufus.)

21 시몬이라 이름 불리는 지나가던 한 사람은, 구레네 사람이였는데, 바로 그때 시골로부터 들어오고 있었다, 그래서 군인들은 그에게 강제로 예수님의 십자사형틀을 지고 가게 했다. (시몬은 알렉산더와 루포의 아버지였다.)

22 And they brought Jesus to a place called Golgotha(which means "Place of the Skull").

22 그리고 그들은 예수님을 골고다(《해골의 지역》이라는 의미)라고 불리는 곳으로 데리고 갔다.

23 They offered him wine drugged with myrrh, but he refused it.

23 그들은 그분에게 몰약 향료를 탄 포도술을 주었으나, 그분은 그것을 거절하셨다.

24 Then the soldiers nailed him to the cross. They divided his clothes and threw dice to decide who would get each piece.

24 그리고 나서 군인들은 그분을 십자사형틀에 못 박았다. 그들은 그분의 옷들을 나누었고 누가 각 부분을 가져갈 것인지를 정하려고 주사위를 던졌다.

25 It was nine o'clock in the morning when they crucified him.

25 그들이 그분을 십자사형틀에 못 박았던 때는 오전 9시였다.

26 A sign announced the charge against him. It read, "The King of the Jews."

26 한 표시판이 그분에 대한 고소 내용을 알렸다. 그것에 적힌 것은, 《유태인의 왕》이였다.

27 Two revolutionaries were crucified with him, one on his right and one on his left.

27 두 사람의 혁명분자들이 그분과 함께 십자사형틀에 못 박혔다, 한 사람은 그분의 오른쪽에 그리고 한 사람은 그분의 왼쪽에.

28

28 (없음)

29 The people passing by shouted abuse, shaking their heads in mockery. "Ha! Look at you now!" they yelled at him. "You said you were going to destroy the Temple and rebuild it in three days.

29 지나가는 사람들은 욕을 웨쳐 대고, 비웃으면서 자기들의 머리를 흔들었다. 《하하! 지금 네 꼴을 보아라!》 그들은 그분에게 소리쳤다. 《너는 신전을 무너뜨릴 것이고 3일 만에 그것을 다시 짓겠다고 말했다.

30 Well then, save yourself and come down from the cross!"

30 그렇다면, 너 자신을 구원해서 그 십자사형틀에서 내려오라!》

31 The leading priests and teachers of religious law also mocked Jesus. "He

saved others," they scoffed, "but he can't save himself!

31 상급제사장들과 종교법 선생들 역시 예수님을 업신여겼다. 《그는 다른 사람들을 구원했다.》 그들은 비웃었다. 《그러나 그는 자기 자신은 구원하지 못하는구나!

32 **Let this Messiah, this King of Israel, come down from the cross so we can see it and believe him!" Even the men who were crucified with Jesus ridiculed him.**

32 이스라엘의 왕인, 이 구세주더러 그 십자사형틀에서 내려와 보라고 하라. 그래서 우리가 그것을 보고 그를 믿을 수 있게!》 지어 예수님과 함께 십자사형틀에 못 박혔던 사람들도 그분을 비웃었다.

The Death of Jesus

예수님의 죽음

33 **At noon, darkness fell across the whole land until three o'clock.**

33 낮 12시에, 어둠이 온 땅에 내려 3시까지 덮여 있었다.

34 **Then at three o'clock Jesus called out with a loud voice, "Eloi, Eloi, lema sabachthani?" which means "My God, my God, why have you abandoned me?"**

34 그런 다음 3시에 예수님이 큰 목소리로 웨치셨다. 《엘리, 엘리, 라마 사박다니?》 그것은 《나의 하나님, 나의 하나님, 왜 당신이 저를 버리십니까?》라는 의미이다.

35 **Some of the bystanders misunderstood and thought he was calling for the prophet Elijah.**

35 구경군들 중 어떤 사람들은 오해하여 그분이 예언자 엘리야를 부르고 있다고 생각했다.

36 **One of them ran and filled a sponge with sour wine, holding it up to him on a reed stick so he could drink. "Wait!" he said. "Let's see whether Elijah comes to take him down!"**

36 그들 중 한 사람이 달려가서 해면에 신 포도술을 흠빽 적셔 그것을 갈대 막대에 끼우고 그분에게 들어 올려서 그분이 마실 수 있게 했다. 《기다리자!》 그가 말했다. 《엘리야가 와서 그를 내려 주는지 보자!》

37 **Then Jesus uttered another loud cry and breathed his last.**

37 그러자 예수님은 또 한 번 큰 소리를 지르시고 숨을 거두셨다.

38 **And the curtain in the sanctuary of the Temple was torn in two, from top to bottom.**

38 그리고 신전 제사실 안의 휘장이, 꼭대기에서부터 바닥까지, 둘로

찢어졌다.

39 **When the Roman officer who stood facing him saw how he had died, he exclaimed, "This man truly was the Son of God!"**

39 그분을 마주보고 서 있던 그 로마 장교가 어떻게 그분이 죽으시는가를 보더니, 그는 웨쳤다. 《이 사람은 실제로 하나님의 아들이였다!》

40 **Some women were there, watching from a distance, including Mary Magdalene, Mary (the mother of James the younger and of Joseph), and Salome.**

40 막달라 마리아, 마리아(동생 야고보와 요셉의 어머니), 그리고 살로메를 포함하여 몇 명의 녀자들이 멀리서 지켜보면서, 그곳에 있었다.

41 **They had been followers of Jesus and had cared for him while he was in Galilee. Many other women who had come with him to Jerusalem were also there.**

41 그들은 예수님을 따르던 사람들이였고 그분이 갈릴리에 계실 동안 그분을 돌봐드렸다. 그분과 함께 예루살렘으로 왔던 다른 많은 녀자들도 역시 그곳에 있었다.

The Burial of Jesus
예수님의 장례

42 **This all happened on Friday, the day of preparation, the day before the Sabbath. As evening approached,**

42 이 일은 모두 은정의 휴식일 하루 전, 준비일인, 금요일에 일어났다. 저녁이 다가오자,

43 **Joseph of Arimathea took a risk and went to Pilate and asked for Jesus' body. (Joseph was an honored member of the high council, and he was waiting for the Kingdom of God to come.)**

43 아리마대의 요셉은 위험을 무릅쓰고 빌라도에게 가서 예수님의 시체를 달라고 요청했다. (요셉은 최고 심의회의 존경받는 성원이였고, 그는 하나님의 나라가 오기를 기다리고 있었다.)

44 **Pilate couldn't believe that Jesus was already dead, so he called for the Roman officer and asked if he had died yet.**

44 빌라도는 예수님이 벌써 죽었다는 것을 믿을 수가 없었다. 그래서 그는 로마 장교를 불러서 그가 이미 죽었는지를 물었다.

45 **The officer confirmed that Jesus was dead, so Pilate told Joseph he could have the body.**

45 그 장교는 예수님이 죽었다고 확인했다. 그래서 빌라도는 요셉에게 시체를 가져갈 수 있다고 말했다.

46 **Joseph bought a long sheet of linen cloth. Then he took Jesus' body down from the cross, wrapped it in the cloth, and laid it in a tomb that had been carved out of the rock. Then he rolled a stone in front of the entrance.**

46 요셉은 긴 아마 천을 구입했다. 그러고 나서 그는 예수님의 시체를 십자사형틀에서 내리고, 그것을 그 천에 쌌다. 그리고 바위를 깎아 만들어진 무덤 안에 그것을 놓았다. 그러고 나서 그는 입구 앞에 돌을 굴려놓았다.

47 **Mary Magdalene and Mary the mother of Joseph saw where Jesus' body was laid.**

47 막달라 마리아와 요셉의 어머니 마리아는 예수님의 시체가 놓인 곳을 보았다.

16

1 **Saturday evening, when the Sabbath ended, Mary Magdalene, Mary the mother of James, and Salome went out and purchased burial spices so they could anoint Jesus' body.**

1 토요일 저녁, 은정의 휴식일이 끝났을 때, 막달라 마리아, 야고보의 어머니 마리아, 그리고 살로메는 나가서 그들이 예수님의 시체에 바를 수 있는 장례식 향료를 샀다.

2 **Very early on Sunday morning, just at sunrise, they went to the tomb.**

2 매우 이른 일요일 아침, 바로 해돋이 때에, 그들은 무덤으로 갔다.

3 **On the way they were asking each other, "Who will roll away the stone for us from the entrance to the tomb?"**

3 가는 길에 그들은 서로 묻고 있었다, 《누가 우리를 위해 무덤 입구에서 돌을 굴려 줄 것인가?》

4 **But as they arrived, they looked up and saw that the stone, which was very large, had already been rolled aside.**

4 그러나 그들이 도착했을 때, 그들이 쳐다보니 매우 컸던, 그 돌이 이미 옆으로 굴려져 있었다.

5 **When they entered the tomb, they saw a young man clothed in a white robe sitting on the right side. The women were shocked,**

5 그들이 무덤으로 들어갔을 때, 그들은 한 젊은이가 긴 흰 옷을 입고 오른쪽에 앉아 있는 것을 보았다. 그 녀자들은 깜짝 놀랐다,

6 **but the angel said, "Don't be alarmed. You are looking for Jesus of Nazareth, who was crucified. He isn't here! He is risen from the dead! Look,**

this is where they laid his body.

6 그런데 그 천사가 말했다, 《놀라지 말아라. 너희는, 십자사형틀에 못 박혔던, 나사렛 예수님을 찾고 있구나. 그분은 여기에 계시지 않는다! 그분은 죽은 사람들로부터 다시 살아나셨다! 보아라, 여기가 사람들이 그분의 시체를 모셨던 곳이다.

7 **Now go and tell his disciples, including Peter, that Jesus is going ahead of you to Galilee. You will see him there, just as he told you before he died."**

7 이제 가서, 베드로를 포함한, 그분의 제자들에게 예수님이 너희보다 먼저 갈릴리로 가실 것이라고 말해 주어라. 너희는, 그분이 돌아가시기 전에 너희에게 말씀하신 대로, 거기에서 그분을 보게 될 것이다.》

8 **The women fled from the tomb, trembling and bewildered, and they said nothing to anyone because they were too frightened. [Shorter Ending of Mark] Then they briefly reported all this to Peter and his companions. Afterward Jesus himself sent them out from east to west with the sacred and unfailing message of salvation that gives eternal life. Amen.**

8 그 녀자들은, 벌벌 떨면서 당황하여, 무덤에서 달아났다, 그리고 그들은 너무 두려웠기 때문에 그 누구에게도 아무 말도 하지 않았다. [더 짧게 끝나는 마가] 그러고 나서 그들은 이 모든 것을 베드로와 그의 친구들에게 간단히 보고하였다. 후에 예수님은 친히 영원한 생명을 주는 거룩하고 없어지지 않는 구원의 말씀을 가지고 사방으로 가도록 그들을 보내시였다. 아멘.

9 **[Longer Ending of Mark] After Jesus rose from the dead early on Sunday morning, the first person who saw him was Mary Magdalene, the woman from whom he had cast out seven demons.**

9 [더 길게 끝나는 마가] 예수님이 일요일 아침 일찍 죽은 사람들로부터 살아나신 후에, 그분을 맨 처음 본 사람은, 그분이 일곱 귀신들을 내쫓아 주신 녀자인, 막달라 마리아였다.

10 **She went to the disciples, who were grieving and weeping, and told them what had happened.**

10 그 녀자는 슬퍼하며 울고 있던, 제자들에게 가서, 무슨 일이 일어났었는지를 그들에게 말해 주었다.

11 **But when she told them that Jesus was alive and she had seen him, they didn't believe her.**

11 그러나 그 녀자가 예수님이 살아 계시며 자기가 그분을 보았다고 그들에게 말했을 때, 그들은 그 녀자를 믿지 않았다.

12 **Afterward he appeared in a different form to two of his followers who**

were walking from Jerusalem into the country.

12 후에 그분은 예루살렘에서 시골로 걸어가고 있었던 그분의 제자들 중의 두 사람에게 다른 모습으로 나타나셨다.

13 They rushed back to tell the others, but no one believed them.

13 그들은 다른 사람들에게 말해 주려고 서둘러 돌아갔다, 그러나 아무도 그들을 믿지 않았다.

14 Still later he appeared to the eleven disciples as they were eating together. He rebuked them for their stubborn unbelief because they refused to believe those who had seen him after he had been raised from the dead.

14 한참이나 지난 후에 그분은 그들이 함께 음식을 먹고 있었을 때 열한 명의 제자들에게 나타나셨다. 그분은 그들의 완고한 불신앙을 책망하셨다 왜냐하면 그분이 죽은 사람들로부터 다시 살아나신 후에 그들은 그분을 보았던 사람들의 말을 믿는 것을 거부했기 때문이였다.

15 And then he told them, "Go into all the world and preach the Good News to everyone.

15 그러고 나서 그분은 그들에게 말씀하셨다, 《온 세상 속으로 들어가서 모든 사람에게 반가운 소식을 전하여라.

16 Anyone who believes and is baptized will be saved. But anyone who refuses to believe will be condemned.

16 믿고 세례를 받는 사람은 누구나 구원을 받을 것이다. 그러나 믿기를 거부하는 사람은 누구든지 심판을 받게 될 것이다.

17 These miraculous signs will accompany those who believe: They will cast out demons in my name, and they will speak in new languages.

17 이러한 기적의 증표들이 믿는 사람들에게는 동시에 일어날 것이다: 그들은 나의 이름으로 귀신들을 내쫓을 것이다, 그리고 그들은 새로운 언어들로 말할 것이다.

18 They will be able to handle snakes with safety, and if they drink anything poisonous, it won't hurt them. They will be able to place their hands on the sick,
and they will be healed."

18 그들은 뱀들을 안전하게 다룰 수 있을 것이다, 그리고 만일 그들이 독이 든 어떤 것을 마신다 해도, 그것이 그들을 해치지 못할 것이다. 그들이 자기 손을 병자들 우에 얹으면 그들은 낫게 될 것이다.》

19 When the Lord Jesus had finished talking with them, he was taken up into heaven and sat down in the place of honor at God's right hand.

19 주 예수님이 그들과 이야기하는 것을 마쳤을 때, 그분은 하늘로 들리

여 올라가 하나님의 오른쪽 영예의 자리에 앉으셨다.

20 **And the disciples went everywhere and preached, and the Lord worked through them, confirming what they said by many miraculous signs.**

20 그리고 제자들은 온 지역을 돌아다니면서 설교하였다, 그리고 주님은 그들이 많은 기적적인 증표들로써 말한 것을 확증해 주시면서, 그들을 통해 일하셨다.

Luke

누가가 전하는 반가운 소식

Luke

누가가 전하는 반가운 소식

1

Introduction

머리말

1 Many people have set out to write accounts about the events that have been fulfilled among us.

1 많은 사람들이 우리들 가운데서 일어난 사건들에 대해 이야기들을 쓰려고 나섰습니다.

2 They used the eyewitness reports circulating among us from the early disciples.

2 그들은 초기 제자들로부터 나와서 우리들 사이에 돌던 목격자의 보고들을 리용하였습니다.

3 Having carefully investigated everything from the beginning, I also have decided to write a careful account for you, most honorable Theophilus,

3 그 시작부터 모든 것을 심중하게 조사하였기에, 나도 가장 존경하는 데오빌로 각하, 당신을 위해서 자세한 이야기를 쓰려고 결심하였습니다.

4 so you can be certain of the truth of everything you were taught.

4 그래서 당신이 배운 모든 것의 진실에 대해 당신이 확신할 수 있도록 하기 위해서입니다.

The Birth of John the Baptist Foretold
예언된 세례자 요한의 출생

5 When Herod was king of Judea, there was a Jewish priest named Zechariah. He was a member of the priestly order of Abijah, and his wife, Elizabeth, was also from the priestly line of Aaron.

5 헤롯이 유태의 왕이였을때, 사가랴라고 부르는 유태인 제사장이 있었다. 그는 아비야 제사장조의 성원이였고 그의 안해 엘리자베스 역시 제사장 아론의 가계 출신이였다.

6 Zechariah and Elizabeth were righteous in God's eyes, careful to obey all of the Lord's commandments and regulations.

6 사가랴와 엘리사벳은, 하나님 보시기에 올바랐다, 주님의 모든 명령들과 규정들을 지키기 위해 고심했다.

7 They had no children because Elizabeth was unable to conceive, and they were both very old.

7 그들에게는 엘리사벳이 임신을 할 수 없었기 때문에 아들딸들이 없었다, 그리고 그들은 둘 다 매우 늙었다.

8 One day Zechariah was serving God in the Temple, for his order was on duty that week.

8 어느 날 사가랴가 신전에서 하나님을 위해 일하고 있었다, 왜냐하면 그의 조가 그 주간에 당번이였기 때문이였다.

9 As was the custom of the priests, he was chosen by lot to enter the sanctuary of the Lord and burn incense.

9 제사장들의 관습에 따라 제비뽑기를 통해 그가 주님의 제사실에 들어가 향을 피우도록 선발되였다.

10 While the incense was being burned, a great crowd stood outside, praying.

10 향이 피워지고 있는 동안, 많은 군중이 기도하면서 밖에 서 있었다.

11 While Zechariah was in the sanctuary, an angel of the Lord appeared to him, standing to the right of the incense altar.

11 사가랴가 제사실에 있었을때, 주님의 천사가 그에게 나타나서, 향 제사단의 오른쪽에 서 있었다.

12 Zechariah was shaken and overwhelmed with fear when he saw him.

12 사가랴가 그를 보았을 때 부들부들 떨렸고 두려움에 휩싸였다.

13 But the angel said, "Don't be afraid, Zechariah! God has heard your prayer. Your wife, Elizabeth, will give you a son, and you are to name him John.

13 그러나 그 천사는 말했다. 《무서워하지 말아라, 사가랴야! 하나님께

서 너의 기도를 들으셨다. 너의 안해, 엘리사벳이 너에게 아들을 낳아
줄 것이다. 그러면 너는 그를 요한이라고 이름 지어라.

14 You will have great joy and gladness, and many will rejoice at his birth,

14 너에게는 큰 기쁨과 즐거움이 있을 것이며, 많은 사람들이 그의 태여
남에 기뻐할 것이다.

15 for he will be great in the eyes of the Lord. He must never touch wine or other alcoholic drinks. He will be filled with the Holy Spirit, even before his birth.

15 왜냐하면 그는 주님이 보시기에 위대해질 것이기 때문이다. 그는 절
대로 포도술이나 다른 주정 음료를 입에 대서는 안 된다. 그는 지어 그
의 출생 전부터, 성령으로 가득 차 있을 것이다.

16 And he will turn many Israelites to the Lord their God.

16 그리고 그는 많은 이스라엘 백성들을 그들의 하나님이신 주님께로
돌아오게 할 것이다.

17 He will be a man with the spirit and power of Elijah. He will prepare the people for the coming of the Lord. He will turn the hearts of the fathers to their children, and he will cause those who are rebellious to accept the wisdom of the godly."

17 그는 엘리야의 령과 능력을 가진 사람이 될 것이다. 그는 주님의 오
심을 위해 사람들을 준비시킬 것이다. 그는 아버지들의 마음을 그들의
아들딸들에게로 돌이킬 것이다. 그리고 그는 반역적인 사람들로 하여금
신앙심이 깊은 사람들의 지혜를 받아들이도록 해줄 것이다.》

18 Zechariah said to the angel, "How can I be sure this will happen? I'm an old man now, and my wife is also well along in years."

18 사가랴는 그 천사에게 말했다.《어떻게 내가 이 일이 일어날 것이라
고 확신할 수 있습니까? 나는 지금 늙은 사람이고 내 안해도 나이가 너
무 많습니다.》

19 Then the angel said, "I am Gabriel! I stand in the very presence of God. It was he who sent me to bring you this good news!

19 그러자 그 천사가 말했다.《나는 가브리엘이다! 나는 하나님 바로 앞
에 서 있다. 너에게 이 반가운 소식을 가져다주라고 나를 보내신 분이
바로 그분이시였다!

20 But now, since you didn't believe what I said, you will be silent and unable to speak until the child is born. For my words will certainly be fulfilled at the proper time."

20 그러나 지금, 내가 한 말을 네가 믿지 않았으므로, 너는 그 아이가 태

여날 때까지 목소리를 내지 못하고 말을 하지 못할 것이다. 왜냐하면 내 말은 적절한 때에 어김없이 이루어질 것이기 때문이다.》

21 **Meanwhile, the people were waiting for Zechariah to come out of the sanctuary, wondering why he was taking so long.**

21 그러는 동안에, 사람들은, 왜 사가랴가 그렇게 오래 걸리는지 궁금해 하면서, 그가 제사실에서 나오기를 기다리고 있었다.

22 **When he finally did come out, he couldn't speak to them. Then they realized from his gestures and his silence that he must have seen a vision in the sanctuary.**

22 드디어 그가 나왔을 때, 그는 사람들에게 말을 하지 못했다. 그러자 사람들은 그의 몸짓과 그의 말 못함으로 하여 그가 제사실에서 환상을 본 것이 틀림없다는 것을 알게 되였다.

23 **When Zechariah's week of service in the Temple was over, here turned home.**

23 사가랴의 신전에서의 근무 주간이 끝났을 때, 그는 집으로 돌아갔다.

24 **Soon afterward his wife, Elizabeth, became pregnant and went into seclusion for five months.**

24 이후 곧 그의 안해, 엘리사벳은, 임신이 되었다 그리하여 5개월 동안 숨어 살았다.

25 **"How kind the Lord is!" she exclaimed. "He has taken away my disgrace of having no children."**

25《주님은 얼마나 자애로우신가!》 그 녀자는 감탄하며 웨쳤다.《그분은 자식이 없는 나의 부끄러움을 없애 주셨다.》

The Birth of Jesus Foretold

예언된 예수님의 탄생

26 **In the sixth month of Elizabeth's pregnancy, God sent the angel Gabriel to Nazareth, a village in Galilee,**

26 엘리사벳의 임신 6개월째에 하나님께서 천사 가브리엘을 갈릴리의 한 마을, 나사렛으로 보내셨다,

27 **to a virgin named Mary. She was engaged to be married to a man named Joseph, a descendant of King David.**

27 마리아라고 부르는 한 처녀에게로. 그 녀자는 다윗 왕의 후손인 요셉이라 부르는, 한 남자와 결혼하기로 약속이 되여 있었다.

28 **Gabriel appeared to her and said, "Greetings, favored woman! The Lord is with you!"**

28 가브리엘이 그 녀자에게 나타나서 말했다.《평안한가, 은정을 입은 녀인이여! 주님께서 너와 함께 계신다!》

29 Confused and disturbed, Mary tried to think what the angel could mean.

29 혼란스럽고 당황해져서, 마리아는 그 천사가 무엇을 의미하는지를 생각해 보려고 애썼다.

30 "Don't be afraid, Mary," the angel told her, "for you have found favor with God!

30《두려워하지 말아라, 마리아야, 그 천사가 그 녀자에게 말했다.《왜냐하면 너는 하나님의 은정을 받았기 때문이다!

31 You will conceive and give birth to a son, and you will name him Jesus.

31 너는 임신하여 아들을 낳을 것이다, 그러고 너는 그를 예수라고 이름 지을 것이다.

32 He will be very great and will be called the Son of the Most High. The Lord God will give him the throne of his ancestor David.

32 그는 아주 위대해질 것이고 가장 높으신 분의 아들이라 불리울 것이다. 주 하나님께서 그분에게 그의 선조 다윗의 왕권을 주실 것이다.

33 And he will reign over Israel forever; his Kingdom will never end!"

33 그리고 그분은 이스라엘을 영원히 다스릴 것이다; 그의 나라는 결코 끝나지 않을 것이다!》

34 Mary asked the angel, "But how can this happen? I am a virgin."

34 마리아는 그 천사에게 물었다.《그러나 어떻게 이 일이 일어날 수 있습니까? 저는 처녀입니다.》

35 The angel replied, "The Holy Spirit will come upon you, and the power of the Most High will overshadow you. So the baby to be born will be holy, and he will be called the Son of God.

35 그 천사가 대답했다.《성령님이 너에게 오실 것이다, 그리고 가장 높으신 분의 능력이 너를 감싸 주실 것이다. 그리하여 태여날 아기는 거룩할 것이다. 그리고, 그는 하나님의 아들이라고 불리워질 것이다.

36 What's more, your relative Elizabeth has become pregnant in her old age! People used to say she was barren, but she has conceived a son and is now in her sixth month.

36 더욱이, 너의 친척 엘리사벳은 늙은 나이에 임신이 되였다! 사람들은 그 녀자가 아이를 낳지 못한다고 말하곤 했다, 그러나 그 녀자는 아들을 임신하였고 벌써 여섯 달째이다.

37 For nothing is impossible with God."

37 왜냐하면 아무것도 하나님께는 불가능하지 않기 때문이다.》

38 Mary responded, "I am the Lord's servant. May everything you have said about me come true." And then the angel left her.

38 마리아는 대답하였다, 《나는 주님의 종입니다. 당신이 나에 대해 말씀하신 모든 것이 이루어지기를 바랍니다.》 그러자 그 천사는 그 녀자를 떠났다.

Mary Visits Elizabeth

마리아가 엘리사벳을 찾아가다

39 A few days later Mary hurried to the hill country of Judea, to the town

39 며칠 후에 마리아는 유태의 산골, 그 마을로 서둘러 갔다,

40 where Zechariah lived. She entered the house and greeted Elizabeth.

40 사가랴가 살던 그곳. 그 녀자는 집에 들어가서 엘리사벳에게 인사했다.

41 At the sound of Mary's greeting, Elizabeth's child leaped within her, and Elizabeth was filled with the Holy Spirit.

41 마리아의 인사 소리에, 엘리사벳의 아기가 그 녀자 속에서 뛰놀았다, 그리고 엘리사벳은 성령으로 차고 넘쳤다.

42 Elizabeth gave a glad cry and exclaimed to Mary, "God has blessed you above all women, and your child is blessed.

42 엘리사벳은 환성을 올리며 마리아에게 기쁨으로 웨쳤다. 《하나님께서 모든 녀자들보다 당신을 축복하셨습니다. 그리고 당신의 아기는 복을 받았습니다.

43 Why am I so honored, that the mother of my Lord should visit me?

43 나의 주님의 어머니가 나를 찾아오시다니, 어찌하여 내가 이런 영예를 받습니까?

44 When I heard your greeting, the baby in my womb jumped for joy.

44 내가 당신의 인사하는 소리를 들었을 때, 나의 배 속의 아기가 기뻐 뛰여놀았습니다.

45 You are blessed because you believed that the Lord would do what he said."

45 당신은 주님이신 그분이 말씀하신 것을 실행하리라는 것을 믿었기 때문에 당신은 복이 있습니다.》

The Magnificat: Mary's Song of Praise

송가: 마리아의 찬양노래

46 Mary responded, "Oh, how my soul praises the Lord.

46 마리아가 응답하였다, 《오오, 얼마나 나의 령혼이 주님을 찬양하는가.

47 How my spirit rejoices in God my Savior!

47 얼마나 내 령혼이 나의 구세주 하나님 안에서 기뻐하는가!

48 For he took notice of his lowly servant girl, and from now on all generations will call me blessed.

48 왜냐하면 그분은 자신의 보잘것없는 녀자 종을 눈여겨보셨기 때문입니다, 그리고 지금부터는 모든 세대가 내가 복을 받았다고 말할 것이다.

49 For the Mighty One is holy, and he has done great things forme.

49 왜냐하면 비상히 탁월한 그분은 거룩하시다, 그리고 나를 위하여 위대한 일들을 해주셨기 때문입니다.

50 He shows mercy from generation to generation to all who fear him.

50 그분은 자기를 두려워하는 모든 사람들에게 대대손손 은정을 베풀어 주십니다.

51 His mighty arm has done tremendous things! He has scattered the proud and haughty ones.

51 그분의 강력한 팔은 정말 굉장한 일들을 하셨습니다! 그분은 거만하고 건방진 자들을 뿔뿔이 흩어지게 하셨습니다.

52 He has brought down princes from their thrones and exalted the humble.

52 그분은 왕자들을 그들의 왕좌에서 끌어내리시고 겸손한 사람들을 높이셨습니다.

53 He has filled the hungry with good things and sent the rich away with empty hands.

53 그분은 배고픈 사람들을 좋은 것들로 채우시고 부자들을 빈손으로 보내셨습니다.

54 He has helped his servant Israel and remembered to be merciful.

54 그분은 자신의 종 이스라엘을 도와주시고 은정 베푸시기를 잊지 않으셨습니다.

55 For he made this promise to our ancestors, to Abraham and his children forever."

55 왜냐하면 그분은 우리의 선조들, 아브라함과 그의 후손들에게 영원히 이 약속을 하셨기 때문입니다.》

56 Mary stayed with Elizabeth about three months and then went back to her own home.

56 마리아가 엘리사벳과 함께 3개월쯤 머물다가 그 후 자기 집으로 돌아갔다.

The Birth of John the Baptist
세례자 요한의 출생

57 When it was time for Elizabeth's baby to be born, she gave birth to a son.

57 엘리사벳의 아기가 태여날 때가 되었을 때, 그 녀자는 아들을 낳았다.

58 And when her neighbors and relatives heard that the Lord had been very merciful to her, everyone rejoiced with her.

58 그리고 그 녀자의 이웃과 친척들은 주님께서 그 녀자에게 은정을 베푸셨다는 것을 들었을 때, 모두가 그 녀자와 함께 기뻐하였다.

59 When the baby was eight days old, they all came for the circumcision ceremony. They wanted to name him Zechariah, after his father.

59 아기가 8일이 되었을때, 그들 모두는 잘라냄례식을 위해서 왔다. 그들은 그를 그의 아버지를 본 따서 사가랴로 이름 짓기를 바랬다.

60 But Elizabeth said, "No! His name is John!"

60 그러나 엘리사벳은 말했다, 《아닙니다! 그의 이름은 요한입니다!》

61 "What?" they exclaimed. "There is no one in all your family by that name."

61 《무엇이라고요?》 그들은 놀라서 웨쳤다. 《당신의 모든 가족 중에 그런 이름의 사람은 아무도 없습니다.》

62 So they used gestures to ask the baby's father what he wanted to name him.

62 그래서 그들은 그 아기의 아버지에게 그가 아기를 어떤 이름으로 부르고 싶은지를 묻기 위하여 몸짓을 사용했다.

63 He motioned for a writing tablet, and to everyone's surprise he wrote, "His name is John."

63 그는 글쓰기 판을 달라고 손짓으로 알렸다. 그리하여 모든 사람들에게 놀랍게도 그는 썼다, 《그의 이름은 요한입니다.》

64 Instantly Zechariah could speak again, and he began praising God.

64 즉시 사가랴는 다시 말할 수 있었다, 그리고 그는 하나님을 찬양하기 시작했다.

65 Awe fell upon the whole neighborhood, and the news of what had happened spread throughout the Judean hills.

65 존경의 두려움이 온 이웃을 휩쓸었다, 그리고 일어났던 일에 대한 소식이 온 유태 산골에 퍼졌다.

66 Everyone who heard about it reflected on these events and asked, "What will this child turn out to be?" For the hand of the Lord was surely upon him in a special way.

66 이것에 대해 들은 모든 사람들은 이 사건들에 대해 곰곰이 생각하고

물어보았다. 《이 아이가 어떤 사람으로 자랄 것인가?》 왜냐하면 주님의 손이 아기 우에 특별한 방식으로 확실하게 놓여 있었기 때문이였다.

Zechariah's Prophecy

사가랴의 예언

67 **Then his father, Zechariah, was filled with the Holy Spirit and gave this prophecy:**

67 그러고 나서 그의 아버지, 사가랴는 성령으로 가득 차서 이러한 예언을 하였다.

68 **"Praise the Lord, the God of Israel, because he has visited and redeemed his people.**

68 《이스라엘의 하나님이신, 주님을 찬양하라, 왜냐하면 그분이 오셔서 자기의 백성들을 구원해 내셨기 때문이다.

69 **He has sent us a mighty Savior from the royal line of his servant David,**

69 그분께서 자신의 종인 다윗왕의 가계 출신으로 비상히 탁월하신 구세주를 우리에게 보내주셨습니다.

70 **just as he promised through his holy prophets long ago.**

70 그분께서 오래전에 자신의 거룩한 예언자들을 통해서 약속해 주셨던 대로.

71 **Now we will be saved from our enemies and from all who hate us.**

71 이제 우리는 우리의 원쑤들과 우리를 미워하는 모든 사람들로부터 구원을 받을 것입니다.

72 **He has been merciful to our ancestors by remembering his sacred covenant.**

72 그분은 자신의 거룩한 서약을 기억함으로써 우리의 선조들에게 은정을 베푸셨습니다.

73 **the covenant he swore with an oath to our ancestor Abraham.**

73 그 서약은 그분께서 우리의 선조 아브라함에게 맹세로 선서하신 것입니다.

74 **We have been rescued from our enemies so we can serve God without fear,**

74 우리는 우리의 원쑤들로부터 구원을 받았습니다. 그래서 우리는 두려움 없이 하나님을 위해 일할 수 있습니다,

75 **in holiness and righteousness for as long as we live.**

75 우리가 사는 동안 거룩함과 옳바름 속에서.

76 **"And you, my little son, will be called the prophet of the Most High, be-**

cause you will prepare the way for the Lord.

76《그리고 나의 어린 아들, 너는 가장 높으신 분의 예언자라 불리워 질 것이다. 왜냐하면 너는 주님을 위해 길을 준비할 것이기 때문이다.

77 You will tell his people how to find salvation through forgiveness of their sins.

77 너는 그분의 백성들에게 자기들의 죄를 용서받음으로써 어떻게 구원 얻는지를 말해 줄 것이다.

78 Because of God's tender mercy, the morning light from heaven is about to break upon us,

78 하나님의 다정다감한 은정으로 하여, 하늘로부터 아침 해살이 우리 우에 막 비쳐 오려고 한다,

79 to give light to those who sit in darkness and in the shadow of death, and to guide us to the path of peace."

79 어두움과 죽음의 그늘에 앉아 있는 사람들에게 빛을 주고, 우리를 평화의 길로 인도하시기 위해.》

80 John grew up and became strong in spirit. And he lived in the wilderness until he began his public ministry to Israel.

80 요한은 자라서 령적으로 굳세여졌다. 그리고 그는 이스라엘을 위한 자기의 공개적인 임무를 시작할 때까지 황야에서 살았다.

2

The Birth of Jesus

예수님의 탄생

1 At that time the Roman emperor, Augustus, decreed that a census should be taken throughout the Roman Empire.

1 그때에 로마의 황제, 아구스도는, 인구 조사가 로마 제국 전 지역에서 진행되여야 한다고 포고하였다.

2 (This was the first census taken when Quirinius was governor of Syria.)

2 (이것은 구레뇨가 수리아 총독이였을 때 진행된 첫 인구 조사였다.)

3 All returned to their own ancestral towns to register for this census.

3 모든 사람들이 이 인구 조사 등록을 위해 그들 자신의 선조의 마을들로 돌아갔다.

4 And because Joseph was a descendant of King David, he had to go to Bethlehem in Judea, David's ancient home. He traveled therefrom the village of Nazareth in Galilee.

4 그리하여 요셉은 다윗 왕의 후손이였기 때문에, 그는 다윗의 옛 고향
인 유태의 베들레헴으로 가야 했다. 그는 갈릴리 나사렛 마을에서부터
그곳으로 려행하였다.

5 **He took with him Mary, his fiance', who was now obviously pregnant.**

5 그는 그때 확실하게 임신했던 자기 약혼녀인 마리아를 자기와 함께
데리고 갔다.

6 **And while they were there, the time came for her baby to be born.**

6 그리고 그들이 그 곳에 있는 동안, 그 녀자에게 아기가 태여날 때가
되였다.

7 **She gave birth to her first child, a son. She wrapped him snugly in strips of cloth and laid him in a manger, because there was no lodging available for them.**

7 그 녀자는 자기의 첫 아기인, 아들을 낳았다. 그 녀자는 그를 포대기
로 포근하게 싸서 그를 여물통 안에 눕혔다, 왜냐하면 그들이 리용할 수
있는 숙박소가 없었기 때문이였다.

The Shepherds and Angels

양치기들과 천사들

8 **That night there were shepherds staying in the fields nearby, guarding their flocks of sheep.**

8 그날 밤 자기들의 양 떼를 지키면서, 가까이에 있는 들판에 머물고 있
던 양치기들이 있었다.

9 **Suddenly, an angel of the Lord appeared among them, and the radiance of the Lord's glory surrounded them. They were terrified,**

9 갑자기, 주님의 한 천사가 그들 가운데 나타났다, 그리고 주님의 영광
의 환한 빛이 그들을 둘러쌌다. 그들은 겁이 났다,

10 **but the angel reassured them. "Don't be afraid!" he said. "I bring you good news that will bring great joy to all people.**

10 그러나 그 천사는 그들을 안심시켰다.《무서워하지 말아라!》그는 말
했다.《내가 모든 사람들에게 큰 기쁨을 가져다 줄 반가운 소식을 너희
에게 가지고 왔다.

11 **The Savior—yes, the Messiah, the Lord—has been born today in Bethlehem, the city of David!**

11 구원자가—그렇다, 주님이신 구세주가 오늘 다윗의 도시, 베들레헴
에서 탄생하셨다!

12 **And you will recognize him by this sign: You will find a baby wrapped**

snugly in strips of cloth, lying in a manger."

12 그리고 너희들은 이 표시로 그를 알아볼 것이다: 너희는 포대기에 포근하게 싸여서, 여물통에 누워 있는 한 아기를 찾아낼 것이다.

13 Suddenly, the angel was joined by a vast host of others—the armies of heaven—praising God and saying,

13 갑자기, 그 천사는 하나님을 찬양하며 말하고 있는 다른 거대한 군중과—하늘의 군대들—합쳐졌다.

14 "Glory to God in highest heaven, and peace on earth to those with whom God is pleased."

14 《가장 높은 하늘에서는 하나님께 영광, 그리고 땅 우에서는, 하나님이 기뻐하시는 사람들에게 평화.》

15 When the angels had returned to heaven, the shepherds said to each other, "Let's go to Bethlehem! Let's see this thing that has happened, which the Lord has told us about."

15 그 천사들이 하늘로 돌아갔을 때, 그 양치기들은 서로에게 말했다, 《베들레헴으로 가자! 주님께서 우리에게 말씀하신, 일어난 그 일을 보자!》

16 They hurried to the village and found Mary and Joseph. And there was the baby, lying in the manger.

16 그들은 그 마을로 서둘러 가서 마리아와 요셉을 찾아냈다. 그리고 여물통에 누워 있는 그 아기가 있었다.

17 After seeing him, the shepherds told everyone what had happened and what the angel had said to them about this child.

17 그 아기를 보고 나서, 그 양치기들은 모든 사람에게 무슨 일이 일어났는지와 그 천사가 이 아기에 대해 그들에게 말한 것을 이야기했다.

18 All who heard the shepherds' story were astonished,

18 그 양치기들의 이야기를 들은 모든 사람들은 깜짝 놀랐다,

19 but Mary kept all these things in her heart and thought about them often.

19 그러나 마리아는 이 모든 일들을 자기의 마음속에 간직하였고 그것들에 대해 자주 생각했다.

20 The shepherds went back to their flocks, glorifying and praising God for all they had heard and seen. It was just as the angel had told them.

20 그 양치기들은 자기들이 듣고 본 모든 것에 대해 하나님께 영광을 돌리고 찬양하면서 자기들의 양 떼에게로 돌아갔다. 그것은 그 천사가 그들에게 말했던 바로 그대로였다.

Jesus Is Presented in the Temple

예수님이 신전에 모습을 나타내시다

21 Eight days later, when the baby was circumcised, he was named Jesus, the name given him by the angel even before he was conceived.

21 8일 후, 그 아기가 잘라냄례식을 했을 때, 그는 예수라고 불리워졌다, 그 이름은 그가 임신되기도 전에 그 천사에 의해 그에게 주어졌다.

22 Then it was time for their purification offering, as required by the law of Moses after the birth of a child; so his parents took him to Jerusalem to present him to the Lord.

22 그러고 나서 아기의 출생 후에 모세의 법에 따라 요구된 대로 그들의 깨끗이씻기제사를 드릴 때가 되였다; 그래서 그의 부모는 그를 주님에게 드리기 위해 예루살렘으로 그를 데리고 갔다.

23 The law of the Lord says, "If a woman's first child is a boy, he must be dedicated to the LORD."

23 주님의 그 률법은 말하고 있다, 《만일 한 녀자의 첫 아기가 남자아이면, 그는 주님에게 드려져야 한다.》

24 So they offered the sacrifice required in the law of the Lord— "either a pair of turtledoves or two young pigeons."

24 그래서 그들은 주님의 그 률법에서 요구된 희생제사를 드렸다—《산비둘기 한 쌍이나 어린 집비둘기 두 마리.》

The Prophecy of Simeon

시므온의 예언

25 At that time there was a man in Jerusalem named Simeon. He was righteous and devout and was eagerly waiting for the Messiah to come and rescue Israel. The Holy Spirit was upon him

25 당시에 예루살렘에 시므온이라고 불리는 한 사람이 있었다. 그는 정직하고 믿음이 깊었으며 구세주가 와서 이스라엘을 구해 내기를 간절히 기다리고 있었다. 성령님이 그의 우에 계셨다.

26 and had revealed to him that he would not die until he had seen the Lord's Messiah.

26 그리고 그가 주님의 구세주를 볼 때까지 그는 죽지 않으리라고 그에게 알려주셨다.

27 That day the Spirit led him to the Temple. So when Mary and Joseph came to present the baby Jesus to the Lord as the law required,

27 그날 성령님이 그를 신전으로 이끄셨다. 그래서 마리아와 요셉이 그

법이 요구한 대로 아기 예수를 주님에게 드리기 위해 왔을 때,

28 Simeon was there. He took the child in his arms and praised God, saying,

28 시므온이 거기에 있었다. 그는 그 아기를 자기의 팔에 안고 하나님을 찬양하고, 말했다,

29 "Sovereign Lord, now let your servant die in peace, as you have promised.

29 《가장 높으신 주님, 이제 당신의 종이 당신이 약속하신 대로 평안히 죽게 해주십시오,

30 I have seen your salvation,

30 나는 당신의 구원을 보았습니다,

31 which you have prepared for all people.

31 그것은 당신이 모든 사람들을 위해 준비해 오신 것입니다.

32 He is a light to reveal God to the nations, and he is the glory of your people Israel!"

32 그는 민족들에게 하나님을 보여 주기 위한 한 빛입니다, 그리고 그는 당신의 백성 이스라엘의 영광입니다!》

33 Jesus' parents were amazed at what was being said about him.

33 예수님의 부모는 그에 대해 말하고 있는 것에 깜짝 놀랐다.

34 Then Simeon blessed them, and he said to Mary, the baby's mother, "This child is destined to cause many in Israel to fall, but he will be a joy to many others. He has been sent as a sign from God, but many will oppose him.

34 그런 다음 시므온은 그들을 축복하였나, 그리고 그는 그 아기의 어머니 마리아에게 말했다, 《이 아기로 하여 이스라엘에서 많은 사람들이 넘어지게 예정되어 있지만 그는 많은 다른 사람들에게 기쁨이 될 것입니다. 그는 하나님으로부터 한 표적으로 보내여졌습니다, 그러나 많은 사람들이 그를 반대할 것입니다.

35 As a result, the deepest thoughts of many hearts will be revealed. And a sword will pierce your very soul."

35 그 결과, 많은 사람들의 진짜 속심이 드러날 것입니다. 그리고 한 칼이 당신의 속마음을 뼈저리게 할 것입니다.》

The Prophecy of Anna

안나의 예언

36 Anna, a prophet, was also there in the Temple. She was the daughter of Phanuel from the tribe of Asher, and she was very old. Her husband died when they had been married only seven years.

36 예언자, 안나 역시 거기 그 신전에 있었다. 그 녀자는 아셀 가문 출신의 바누엘의 딸이였다, 그리고 그 녀자는 매우 늙었다. 그 녀자의 남편은 그들이 결혼한 지 7년 만에 죽었다.

37 Then she lived as a widow to the age of eighty-four. She never left the Temple but stayed there day and night, worshiping God with fasting and prayer.

37 그러고 나서 그 녀자는 84세의 나이까지 과부로 살았다. 그 녀자는 신전을 조금도 떠나지 않고 금식과 기도로 하나님을 례배하면서 그곳에 밤낮으로 머물렀다.

38 She came along just as Simeon was talking with Mary and Joseph, and she began praising God. She talked about the child to everyone who had been waiting expectantly for God to rescue Jerusalem.

38 그 녀자는 시므온이 마리아와 요셉과 이야기하고 있을 때 마침 다가왔다, 그리고 그 녀자는 하나님을 찬양하기 시작했다. 그 녀자는 예루살렘을 구해 주시도록 하나님을 간절히 기다려 왔던 모든 사람들에게 그 아기에 대해서 말했다.

39 When Jesus' parents had fulfilled all the requirements of the law of the Lord, they returned home to Nazareth in Galilee.

39 예수의 부모는 주님의 그 률법의 모든 요구조건들을 실행했을 때, 그들은 갈릴리의 나사렛 집으로 돌아갔다.

40 There the child grew up healthy and strong. He was filled with wisdom, and God's favor was on him.

40 거기에서 그 어린이는 건강하고 강하게 자라났다. 그는 지혜로 가득 차 있었고, 하나님의 은정이 그의 우에 있었다.

Jesus Speaks with the Teachers

예수님이 선생들과 이야기하시다

41 Every year Jesus' parents went to Jerusalem for the Passover festival.

41 해마다, 예수님의 부모는 건너뜀명절을 위해 예루살렘으로 갔다.

42 When Jesus was twelve years old, they attended the festival as usual.

42 예수님이 12세였을 때, 그들은 여느 때와 같이 그 명절에 참가했다.

43 After the celebration was over, they started home to Nazareth, but Jesus stayed behind in Jerusalem. His parents didn't miss him at first,

43 그 축전이 끝난 후, 그들은 나사렛의 집으로 출발했다, 그러나 예수님은 예루살렘에 그대로 남아 있었다. 그의 부모는 처음에는 그가 없음을 알아차리지 못했다,

44 **because they assumed he was among the other travelers. But when he didn't show up that evening, they started looking for him among their relatives and friends.**

44 왜냐하면 그들은 그가 다른 려행자들 사이에 있을 것이라고 생각했기 때문이였다. 그러나 그가 그 저녁에 보이지 않았을 때, 그들은 자기들의 친척들과 친구들 중에서 그를 찾기 시작했다.

45 **When they couldn't find him, they went back to Jerusalem to search for him there.**

45 그들이 그를 찾을 수 없었을 때, 그들은 예루살렘에서 그를 찾기 위해 그곳으로 되돌아갔다.

46 **Three days later they finally discovered him in the Temple, sitting among the religious teachers, listening to them and asking questions.**

46 3일 후에 그들은 마침내 신전에서 종교 선생들 가운데 앉아서 그들의 말을 들으면서 질문들을 하고 있는 그를 찾아냈다.

47 **All who heard him were amazed at his understanding and his answers.**

47 그의 말을 들은 모든 사람들은 그의 리해력과 그의 대답들에 깜짝 놀랐다.

48 **His parents didn't know what to think. "Son," his mother said to him, "why have you done this to us? Your father and I have been frantic, searching for you everywhere."**

48 그의 부모는 어떻게 생각해야 할지 몰랐다. 《아들아,》 그의 어머니가 그에게 말했다, 《왜 너는 우리에게 이렇게 하였는가'? 너의 아버지와 내가 이르는 곳마다 너를 찾으면서, 미칠 것 같았다.》

49 **"But why did you need to search?" he asked. "Didn't you know that I must be in my Father's house?"**

49 《그런데 왜 당신들은 찾으셔야 했습니까?》 그가 물었다. 《당신들은 내가 내 아버지의 집에 있어야 한다는 것을 모르셨습니까?》

50 **But they didn't understand what he meant.**

50 그러나 그들은 그의 말뜻을 리해하지 못했다.

51 **Then he returned to Nazareth with them and was obedient to them. And his mother stored all these things in her heart.**

51 그러고 나서 그는 그들과 함께 나사렛으로 돌아갔고 그들에게 복종했다. 그리고 그의 어머니는 이 모든 것들을 그 자신의 마음속에 담아두었다.

52 **Jesus grew in wisdom and in stature and in favor with God and all the people.**

52 예수는 지혜와 키가 하나님과 모든 사람들의 은정 속에서 자랐다.

3

John the Baptist Prepares the Way

세례자 요한이 길을 준비하다

1 **It was now the fifteenth year of the reign of Tiberius, the Roman emperor. Pontius Pilate was governor over Judea; Herod Antipas was ruler over Galilee; his brother Philip was ruler over Iturea and Traconitis; Lysanias was ruler over Abilene.**

1 그때는 로마 황제, 디베료가 다스린 지 15년째 되던 해였다. 본디오 빌라도는 유태의 총독이였고; 헤롯 안티파스는 갈릴리의 통치자였다; 그의 동생 빌립은 이두래와 드라고닛의 통치자였다; 루사니아는 아빌레네의 통치자였다.

2 **Annas and Caiaphas were the high priests. At this time a message from God came to John son of Zechariah, who was living in the wilderness.**

2 안나스와 가야바는 총제사장들이였다. 이때에 하나님으로부터 전하는 말씀이, 황야에 살고 있던 사가랴의 아들 요한에게 이르렀다.

3 **Then John went from place to place on both sides of the Jordan River, preaching that people should be baptized to show that they had repented of their sins and turned to God to be forgiven.**

3 그때 요한은 사람들이 자기들의 죄를 뉘우치고 용서받기 위해 하나님에게로 돌아섰다는 것을 보여 주기 위해 세례를 받아야 한다고 설교하면서, 요단강 량편 이곳저곳을 다녔다.

4 **Isaiah had spoken of John when he said, “He is a voice shouting in the wilderness, ‘Prepare the way for the LORD’s coming! Clear the road for him!**

4 이사야가 말했을 때는 그가 요한에 대해 말한 것이였다. 《그는 황야에서 웨치고 있는 목소리이다, 〈주님이 오시는 길을 준비하라! 그분을 위해 길을 깨끗하게 하라!

5 **The valleys will be filled, and the mountains and hills made level. The curves will be straightened, and the rough places made smooth.**

5 골짜기들이 메워지고 산들과 언덕들이 평지로 될 것이다. 굽은 것들이 곧아지고, 울퉁불퉁한 곳들이 고르게 될 것이다.

6 **And then all people will see the salvation sent from God.’”**

6 그러면 모든 사람들이 하나님으로부터 보내신 구원을 보게 될 것이

다.〉》

7 When the crowds came to John for baptism, he said, "You brood of snakes! Who warned you to flee God's coming wrath?

7 군중들이 세례를 받기 위해 요한에게 왔을 때, 그는 말했다, 《너희 독사의 무리들아! 누가 너희에게 하나님의 다가올 분노를 피하라고 알려 주었는가?

8 Prove by the way you live that you have repented of your sins and turned to God. Don't just say to each other, 'We're safe, for we are descendants of Abraham.' That means nothing, for I tell you, God can create children of Abraham from these very stones.

8 너희는 자신의 죄를 뉘우치고 하나님께로 돌아섰다는 것을 너희의 사는 행실로 증명하라. 서로에게 말로만 하지 말아라, 〈우리는 안전하다, 왜냐하면 우리는 아브라함의 후손들이기 때문에.〉 그것은 아무런 의미가 없다, 왜냐하면 내가 너희에게 말한다, 하나님께서는 바로 이 돌들로도 아브라함의 아들딸들을 만들 수 있기 때문이다.

9 Even now the ax of God's judgment is poised, ready to sever the roots of the trees. Yes, every tree that does not produce good fruit will be chopped down and thrown into the fire."

9 지금이라도 하나님의 심판의 도끼가 나무들의 뿌리를 잘라 버릴 수 있게 놓여 있다. 그렇다, 좋은 열매를 맺지 못하는 모든 나무는 찍혀 불 속에 던져질 것이다.》

10 The crowds asked, "What should we do?"

10 그 군중들이 물었다, 《우리는 무엇을 해야 합니까?》

11 John replied, "If you have two shirts, give one to the poor. If you have food, share it with those who are hungry."

11 요한이 대답했다, 《만일 너희에게 두 벌의 샤쯔가 있다면 한 벌을 가난한 사람들에게 주어라. 만일 너희에게 식량이 있다면 배고픈 사람들과 그것을 나누어라.》

12 Even corrupt tax collectors came to be baptized and asked, "Teacher, what should we do?"

12 지어 부패한 세금 징수원들도 세례를 받기 위해 와서 물었다, 《선생님, 우리는 무엇을 해야 합니까?》

13 He replied, "Collect no more taxes than the government requires."

13 그는 대답했다, 《정부가 요구하는 것보다 더 많은 세금을 거두지 말아라.》

14 "What should we do?" asked some soldiers. John replied, "Don't extort

money or make false accusations. And be content with your pay."

14 《우리는 무엇을 해야 합니까?》 몇 군인들이 물었다. 요한이 대답했다. 《돈을 비법적으로 빼앗거나 거짓 고발을 하지 말아라. 그리고 너희의 로임으로 만족하여라.》

15 **Everyone was expecting the Messiah to come soon, and they were eager to know whether John might be the Messiah.**

15 모든 사람들이 구세주가 곧 오시기를 기대하고 있었다. 그래서 그들은 요한이 혹시 그 구세주인지 아닌지를 간절히 알고 싶어 했다.

16 **John answered their questions by saying, "I baptize you with water; but someone is coming soon who is greater than I am—so much greater that I'm not even worthy to be his slave and untie the straps of his sandals. He will baptize you with the Holy Spirit and with fire.**

16 요한은 그들의 질문들에 이런 말로 대답했다. 《나는 너희에게 물로 세례를 준다; 그러나 나보다 더 위대한 분—나는 그분의 종이 될 수도 없고 그분의 신발 끈을 풀 자격조차 없는 훨씬 위대한 어떤 분이 곧 오실 것이다. 그분은 너희에게 성령과 불로 세례를 주실 것이다.

17 **He is ready to separate the chaff from the wheat with his winnowing fork. Then he will clean up the threshing area, gathering the wheat into his barn but burning the chaff with never-ending fire."**

17 그분은 자신의 키를 가지고 밀에서 왕겨를 가려낼 준비가 되어 있다. 그때 그분은, 밀은 고간에 모아들이지만 왕겨는 결코 꺼지지 않는 불에 태우면서 탈곡 마당을 정리하실 것이다.

18 **John used many such warnings as he announced the Good News to the people.**

18 요한은 사람들에게 반가운 소식을 알릴 때 그런 많은 경고들을 사용하였다.

19 **John also publicly criticized Herod Antipas, the ruler of Galilee, for marrying Herodias, his brother's wife, and for many other wrongs he had done.**

19 요한은 또 갈릴리의 통치자, 헤롯 안티파스를 공개적으로 비판했다, 왜냐하면 자기 동생의 안해, 헤로디아와 결혼한 것과, 그가 저지른 다른 많은 잘못들 때문이였다.

20 **So Herod put John in prison, adding this sin to his many others.**

20 그래서 헤롯은 그의 많은 다른 죄들에 이 죄를 더하여, 요한을 감옥에 가두었다.

The Baptism of Jesus
예수님의 세례

21 One day when the crowds were being baptized, Jesus himself was baptized. As he was praying, the heavens opened,

21 어느 날 군중들이 세례를 받고 있었을 때, 예수님 자신이 세례를 받으셨다. 그분이 기도하고 있을 때 하늘이 열렸다,

22 and the Holy Spirit, in bodily form, descended on him like a dove. And a voice from heaven said, "You are my dearly loved Son, and you bring me great joy."

22 그리고 성령님이, 형태가 있는 모습으로, 그분 우에 비둘기처럼 내려왔다. 그러자 하늘에서 한 목소리가 말했다, 《너는 나의 극진히 사랑하는 아들이다, 그리고 너는 나에게 큰 기쁨을 가져다준다.》

The Ancestors of Jesus
예수님의 선조들

23 Jesus was about thirty years old when he began his public ministry. Jesus was known as the son of Joseph. Joseph was the son of Heli.

23 예수님이 자신의 공개 활동을 시작하셨을 때 그분은 30세쯤이였다. 예수님은 요셉의 아들로 알려져 있었다. 요셉은 헬리의 아들이였다.

24 Heli was the son of Matthat. Matthat was the son of Levi. Levi was the son of Melki. Melki was the son of Jannai. Jannai was the son of Joseph.

24 헬리는 맛닷의 아들이였다. 맛닷은 레위의 아들이였다. 레위는 멜기의 아들이였다. 멜기는 얀나의 아들이였다. 얀나는 요셉의 아들이였다.

25 Joseph was the son of Mattathias. Mattathias was the son of Amos. Amos was the son of Nahum. Nahum was the son of Esli. Esli was the son of Naggai.

25 요셉은 맛다디아의 아들이였다. 맛다디아는 아모스의 아들이였다. 아모스는 나훔의 아들이였다. 나훔은 에슬리의 아들이였다. 에슬리는 낙개의 아들이였다.

26 Naggai was the son of Maath. Maath was the son of Mattathias. Mattathias was the son of Semein. Semein was the son of Josech. Josech was the son of Joda.

26 낙개는 마앗의 아들이였다. 마앗은 맛다디아의 아들이였다. 맛다디아는 서머인의 아들이였다. 서머인은 요섹의 아들이였다. 요섹은 요다의 아들이였다.

27 Joda was the son of Joanan. Joanan was the son of Rhesa. Rhesa was the

son of Zerubbabel. Zerubbabel was the son of Shealtiel. Shealtiel was the son of Neri.

27 요다는 요나안의 아들이였다. 요나안은 레사의 아들이었다. 레사는 스룹바벨의 아들이였다. 스룹바벨은 스알디엘의 아들이였다. 스알디엘은 네리의 아들이였다.

28 **Neri was the son of Melki. Melki was the son of Addi. Addi was the son of Cosam. Cosam was the son of Elmadam. Elmadam was the son of Er.**

28 네리는 멜기의 아들이였다. 멜기는 앗디의 아들이였다. 앗디는 고삼의 아들이였다. 고삼은 엘마담의 아들이였다. 엘마담은 에르의 아들이였다.

29 **Er was the son of Joshua. Joshua was the son of Eliezer. Eliezer was the son of Jorim. Jorim was the son of Matthat. Matthat was the son of Levi.**

29 에르는 여호수아의 아들이였다. 여호수아는 엘리에서의 아들이였다. 엘리에서는 요림의 아들이였다. 요림은 맛닷의 아들이였다. 맛닷은 레위의 아들이였다.

30 **Levi was the son of Simeon. Simeon was the son of Judah. Judah was the son of Joseph. Joseph was the son of Jonam. Jonam was the son of Eliakim.**

30 레위는 시므온의 아들이였다. 시므온은 유다의 아들이였다. 유다는 요셉의 아들이였다. 요셉은 요남의 아들이였다. 요남은 엘리아김의 아들이였다.

31 **Eliakim was the son of Melea. Melea was the son of Menna. Menna was the son of Mattatha. Mattatha was the son of Nathan. Nathan was the son of David.**

31 엘리아김은 멜레아의 아들이였다. 멜레아는 멘나의 아들이였다. 멘나는 맛다다의 아들이였다. 맛다다는 나단의 아들이였다. 나단은 다윗의 아들이였다.

32 **David was the son of Jesse. Jesse was the son of Obed. Obed was the son of Boaz. Boaz was the son of Salmon. Salmon was the son of Nahshon.**

32 다윗은 이새의 아들이였다. 이새는 오벳의 아들이였다. 오벳은 보아스의 아들이였다. 보아스는 살몬의 아들이였다. 살몬은 나손의 아들이였다.

33 **Nahshon was the son of Amminadab. Amminadab was the son of Admin. Admin was the son of Arni. Arni was the son of Hezron. Hezron was the son of Perez. Perez was the son of Judah.**

33 나손은 아미나답의 아들이였다. 아미나답은 아드민의 아들이였다.

아드민은 아니의 아들이였다. 아니는 헤스론의 아들이였다. 헤스론은 베레스의 아들이였다. 베레스는 유다의 아들이였다.

34 Judah was the son of Jacob. Jacob was the son of Isaac. Isaac was the son of Abraham. Abraham was the son of Terah. Terah was the son of Nahor.

34 유다는 야곱의 아들이였다. 야곱은 이삭의 아들이였다. 이삭은 아브라함의 아들이였다. 아브라함은 데라의 아들이였다. 데라는 나홀의 아들이였다.

35 Nahor was the son of Serug. Serug was the son of Reu. Reu was the son of Peleg. Peleg was the son of Eber. Eberwas the son of Shelah.

35 나홀은 스룩의 아들이였다. 스룩은 르우의 아들이였다. 르우는 벨렉의 아들이였다. 벨렉은 헤버의 아들이였다. 헤버는 살라의 아들이였다.

36 Shelah was the son of Cainan. Cainan was the son of Arphaxad. Arphaxad was the son of Shem. Shem was the son of Noah. Noah was the son of Lamech.

36 살라는 가이난의 아들이였다. 가이난은 아박삿의 아들이였다. 아박삿은 셈의 아들이였다. 셈은 노아의 아들이였다. 노아는 레멕의 아들이였다.

37 Lamech was the son of Methuselah. Methuselah was the son of Enoch. Enoch was the son of Jared. Jared was the son of Mahalalel. Mahalalel was the son of Kenan.

37 레멕은 므두셀라의 아들이였다. 므두셀라는 에녹의 아들이였다. 에녹은 야렛의 아들이였다. 야렛은 마할랄렐의 아들이였다. 마할랄렐은 가이난의 아들이였다.

38 Kenan was the son of Enosh. Enosh was the son of Seth. Seth was the son of Adam. Adam was the son of God.

38 가이난은 에노스의 아들이였다. 에노스는 셋의 아들이였다. 셋은 아담의 아들이였다. 아담은 하나님의 아들이였다.

4

The Temptation of Jesus

예수님에 대한 유혹

1 Then Jesus, full of the Holy Spirit, returned from the Jordan River. He was led by the Spirit in the wilderness,

1 그다음에 예수님은, 성령으로 가득 차서 요단강으로부터 돌아오셨다. 그분은 황야에서 성령님에 의해 이끌리셨다.

2 **where he was tempted by the devil for forty days. Jesus ate nothing all that time and became very hungry.**

2 거기에서 그분은 40일 동안 악마에게 유혹을 받으셨다. 예수님은 그 기간 내내 아무것도 먹지 않으셨고 매우 배가 고파지셨다.

3 **Then the devil said to him, "If you are the Son of God, tell this stone to become a loaf of bread."**

3 그때 그 악마가 그분에게 말했다, 만일 네가 하나님의 아들이라면, 이 돌에게 한 덩이의 빵이 되라고 말하라.》

4 **But Jesus told him, "No! The Scriptures say, 'People do not live by bread alone.'"**

4 그러나 예수님은 그에게 말씀하셨다, 《아니다! 하나님말씀책은 말한다, 〈사람이 빵으로만 살지 않는다.〉》

5 **Then the devil took him up and revealed to him all the kingdoms of the world in a moment of time.**

5 그러자 그 악마가 그분을 데리고 올라가 그분에게 순식간에 세상의 모든 왕국들을 드러내 보였다.

6 **"I will give you the glory of these kingdoms and authority over them," the devil said, "because they are mine to give to anyone I please.**

6 《내가 너에게 이 왕국들에 대한 영광과 그것들을 다스리는 권한을 주겠다.》, 그 악마가 말했다, 《왜냐하면 그것은 내가 원하는 누구에게라도 줄 수 있는 나의 것이기 때문이다.

7 **I will give it all to you if you will worship me."**

7 만일 네가 나를 숭배하면 내가 그것을 모두 너에게 주겠다.》

8 **Jesus replied, "The Scriptures say, 'You must worship the LORD your God and serve only him.'"**

8 예수님이 대답하셨다, 《하나님말씀책은 말한다, 〈너는 너의 하나님이신 주님을 숭배하고 그분만을 섬겨야 한다.〉》

9 **Then the devil took him to Jerusalem, to the highest point of the Temple, and said, "If you are the Son of God, jump off!**

9 그러자 그 악마가 그분을 예루살렘, 신전의 가장 높은 곳으로 데리고 가서 말했다, 《만일 네가 하나님의 아들이라면, 뛰어내려라!

10 **For the Scriptures say, 'He will order his angels to protect and guard you.**

10 왜냐하면 하나님말씀책이 말하기 때문이다, 〈그분은 자기 천사들에게 너를 보호하고 지키라고 명령할 것이다.

11 **And they will hold you up with their hands so you won't even hurt your foot on a stone.'"**

11 그리고 그들은 자기들의 손으로 너를 떠받쳐 들어서 너의 발조차 돌
에 다치게 하지 않을 것이다.》

12 Jesus responded, "The Scriptures also say, 'You must not test the LORD your God.'"

12 예수님이 대답하셨다, 《하나님말씀책은 또한 말한다, 〈너는 너의 하
나님이신 주님을 떠보아서는 안 된다.〉》

13 When the devil had finished tempting Jesus, he left him until the next opportunity came.

13 그 악마가 예수님을 유혹하는 것을 끝내자, 그는 다음 기회가 올 때
까지 그분을 떠났다.

Jesus Rejected at Nazareth

예수님이 나사렛에서 거절당하시다

14 Then Jesus returned to Galilee, filled with the Holy Spirit's power. Reports about him spread quickly through the whole region.

14 그러고 나서 예수님은 성령의 능력으로 가득 차서, 갈릴리로 돌아가
셨다. 그분에 대한 소문들이 그 온 지역에 빠르게 퍼져 나갔다.

15 He taught regularly in their synagogues and was praised by everyone.

15 그분은 그들의 군중회관에서 규칙적으로 가르치셨고 모든 사람들에
게서 칭찬을 받으셨다.

16 When he came to the village of Nazareth, his boyhood home, he went as usual to the synagogue on the Sabbath and stood up to read the Scriptures.

16 그분이 자기의 소년 시절의 집, 나사렛 마을에 오셨을 때, 그분은 여
느 때와 같이 은정의 휴식일에 군중회관으로 가서 하나님말씀책을 읽
으려고 일어나셨다.

17 The scroll of Isaiah the prophet was handed to him. He unrolled the scroll and found the place where this was written:

17 예언자 이사야의 두루마리 책이 그분에게 넘겨졌다. 그분은 그 두루
마리를 펼쳐서 이것이 적혀 있던 곳을 찾으셨다:

18 "The Spirit of the LORD is upon me, for he has anointed me to bring Good News to the poor. He has sent me to proclaim that captives will be released, that the blind will see, that the oppressed will be set free,

18 《주님의 성령이 내 우에 있다, 왜냐하면 그분이 가난한 사람들에게 반
가운 소식을 가져다주기 위해 나에게 기름을 뿌리셨기 때문이다. 그분
은 포로들이 풀려날 것이고, 눈 먼 사람들이 볼 것이며, 억압당하는 사

람들이 자유롭게 될 것이라고 선포하도록 나를 보내셨다,

19 **and that the time of the LORD's favor has come."**

19 그리고 주님의 은정의 때가 왔다고 선포하라고 나를 보내셨다.》

20 **He rolled up the scroll, handed it back to the attendant, and sat down. All eyes in the synagogue looked at him intently.**

20 그분은 그 두루마리를 말아서, 그것을 그 시중드는 사람에게 넘겨주고, 앉으셨다. 군중회관에 있는 모든 눈들이 그를 진지하게 바라보았다.

21 **Then he began to speak to them. "The Scripture you've just heard has been fulfilled this very day!"**

21 그러자 그분은 그들에게 말씀하기 시작하셨다. 《너희가 방금 들은 하나님말씀이 바로 이날에 실현되였다!》

22 **Everyone spoke well of him and was amazed by the gracious words that came from his lips. "How can this be?" they asked. "Isn't this Joseph's son?"**

22 모든 사람이 그분에 대해 좋게 말했고 그분의 입에서 나오는 은정 어린 말씀에 깜짝 놀랐다. 《어떻게 이런 일이 있을 수 있는가?》 그들은 물었다. 《이는 요셉의 아들이 아닌가?》

23 **Then he said, "You will undoubtedly quote me this proverb: 'Physician, heal yourself'.meaning, 'Do miracles here in your hometown like those you did in Capernaum.'**

23 그러자 그분이 말씀하셨다, 《너희는 의심할 바 없이 나에게 이 속담을 인용할 것이다: 〈의사여, 당신 자신이나 고치시오〉 〈당신이 가버나움에서 했던 것들과 같은 기적을 여기 당신 고향에서 해보시오.〉라는 의미로.

24 **But I tell you the truth, no prophet is accepted in his own hometown.**

24 그러나 내가 너희에게 진실을 말한다, 어떤 예언자도 자기 자신의 고향에서는 인정하지 않는다.

25 **"Certainly there were many needy widows in Israel in Elijah's time, when the heavens were closed for three and a half years, and a severe famine devastated the land.**

25 《하늘이 3년 반 동안 닫혀 있었고, 심한 기근이 그 땅을 황폐하게 했던 엘리야의 시대에도 분명히 이스라엘에 많은 가난한 과부들이 있었다.

26 **Yet Elijah was not sent to any of them. He was sent instead to a foreigner—a widow of Zarephath in the land of Sidon.**

26 그러나 엘리야는 그들 중 누구에게도 보냄을 받지 않았다. 그는 대신에 한 외국인—시돈의 땅에 있는 사렙다의 한 과부—에게 보내졌다

27 **And there were many lepers in Israel in the time of the prophet Elisha, but the only one healed was Naaman, a Syrian."**

27 그리고 예언자 엘리사의 시대에 이스라엘에는 많은 문둥병자들이 있었다. 그러나 낫게 된 유일한 사람은 수리아 사람, 나아만이였다.》

28 **When they heard this, the people in the synagogue were furious.**

28 그들이 이것을 들었을 때, 군중회관에 있던 그 사람들은 몹시 성이 났다.

29 **Jumping up, they mobbed him and forced him to the edge of the hill on which the town was built. They intended to push him over the cliff,**

29 길길이 뛰면서, 그들은 그분에게 몰려들어 그 마을이 세워진 언덕 가장자리로 그분을 떠밀어 나갔다. 그들은 그분을 낭떠러지 너머로 밀쳐 내려고 했다,

30 **but he passed right through the crowd and went on his way.**

30 그러나 그분은 그 군중을 곧장 뚫고 지나가서 자기 길을 가셨다.

Jesus Casts Out a Demon

예수님이 귀신을 쫓아내시다

31 **Then Jesus went to Capernaum, a town in Galilee, and taught there in the synagogue every Sabbath day.**

31 그러고 나서 예수님은 갈릴리의 한 마을, 가버나움으로 가셨고, 은정의 휴식일마다 거기 군중회관에서 가르치셨다.

32 **There, too, the people were amazed at his teaching, for he spoke with authority.**

32 그곳에서도, 사람들은 그분의 가르침에 깜짝 놀랐다, 왜냐하면 그분이 위신 있게 말씀하셨기 때문이였다.

33 **Once when he was in the synagogue, a man possessed by a demon—an evil spirit—began shouting at Jesus,**

33 한번은 그분이 군중회관에 계셨을 때, 귀신—악한 령—에 사로잡힌 한 남자가 예수님에게 웨치기 시작했다,

34 **"Go away! Why are you interfering with us, Jesus of Nazareth? Have you come to destroy us? I know who you are—the Holy One of God!"**

34《떠나십시오! 나사렛의 예수여, 왜 당신은 우리를 방해하고 있습니까? 당신은 우리를 멸망시키려 오셨습니까? 나는 당신이 누구인지 알고 있습니다—하나님의 거룩한 분이십니다!》

35 **Jesus cut him short. "Be quiet! Come out of the man," he ordered. At that, the demon threw the man to the floor as the crowd watched; then it came**

out of him without hurting him further.

35 예수님은 그의 말을 가로막았다. 《조용히 하라! 그 남자에게서 나가라,》 그분이 명령하셨다. 그 말씀에, 그 악마는 군중이 보고 있는 가운데 그 남자를 바닥에 쓰러뜨렸다; 그러자 그것은 그를 더 이상 해치지 않고 그에게서 나왔다.

36 Amazed, the people exclaimed, "What authority and power this man's words possess! Even evil spirits obey him, and they flee at his command!"

36 깜짝 놀라서, 사람들은 웨쳤다, 《이 사람의 말이 가진 권위와 능력은 얼마나 대단한가! 악한 령들조차도 그분에게 복종한다, 그리고 그들은 그분의 명령에 도망치는구나!》

37 The news about Jesus spread through every village in the entire region.

37 예수님에 대한 소식은 그 지역 전체의 모든 마을에 퍼져 나갔다.

Jesus Heals Many People

예수님이 많은 사람들을 고치시다

38 After leaving the synagogue that day, Jesus went to Simon's home, where he found Simon's mother-in-law very sick with a high fever. "Please heal her," everyone begged.

38 그날 군중회관을 떠나신 후에, 예수님은 시몬의 집으로 가셨다, 그곳에서 그분은 시몬의 가시어머니가 높은 열로 매우 아픈 것을 보았다. 제발 그 녀자를 고쳐 주십시오,》 모든 사람들이 부탁하였다.

39 Standing at her bedside, he rebuked the fever, and it left her. And she got up at once and prepared a meal for them.

39 그 녀자의 머리맡에 서서, 그분은 열병을 꾸짖으셨다, 그러자 그것이 그 녀자를 떠났다. 그리고 그 녀자는 즉시 일어나서 그들을 위해 식사를 준비했다.

40 As the sun went down that evening, people throughout the village brought sick family members to Jesus. No matter what their diseases were, the touch of his hand healed every one.

40 그날 저녁 해가 지자, 그 마을 곳곳에서 사람들은 아픈 가족들을 예수님에게 데리고 왔다. 그들의 병이 무엇이든지, 그분의 손이 닿으면 모든 사람을 고쳐 주셨다.

41 Many were possessed by demons; and the demons came out at his command, shouting, "You are the Son of God!" But because they knew he was the Messiah, he rebuked them and refused to let them speak.

41 많은 사람들이 귀신들에 사로잡혀 있었다; 그리고 그 귀신들은 그분

의 명령에, 《당신은 하나님의 아들이십니다!》라고 소리치며 밖으로 나왔다.》 그러나 그들이 그분이 구세주라는 것을 알았기 때문에, 그분은 그들을 꾸짖고 그들이 말하는 것을 허락하지 않으셨다.

Jesus Continues to Preach

예수님이 설교를 계속하시다

42 Early the next morning Jesus went out to an isolated place. The crowds searched everywhere for him, and when they finally found him, they begged him not to leave them.

42 그다음 날 아침 일찍 예수님은 아무도 없는 곳으로 나가셨다. 군중들은 이르는 곳마다 그분을 찾아다녔다, 그리고 그들이 마침내 그분을 찾아냈을 때, 그들은 그분에게 자기들을 떠나지 말아 달라고 간절히 바랬다.

43 But he replied, "I must preach the Good News of the Kingdom of God in other towns, too, because that is why I was sent."

43 그러나 그분은 대답하였다, 《나는 하나님의 왕국에 대한 반가운 소식을 다른 마을들에서도 전해야 한다, 왜냐하면 그것이 내가 온 리유이기 때문이다.》

44 So he continued to travel around, preaching in synagogues throughout Judea.

44 그래서 그분은 유태 도처의 군중회관들에서 설교하면서 이곳저곳 려행하기를 계속하셨다.

5

The First Disciples

첫 번째 제자들

1 One day as Jesus was preaching on the shore of the Sea of Galilee, great crowds pressed in on him to listen to the word of God.

1 어느 날 예수님이 갈릴리 바다의 기슭에서 설교하고 계셨을 때, 많은 군중들이 하나님의 말씀을 들으려고 그분에게 밀려들었다.

2 He noticed two empty boats at the water's edge, for the fishermen had left them and were washing their nets.

2 그분은 그 물가에서 두 척의 빈 배가 있는 것을 눈여겨보셨다, 왜냐하면 어부들이 그것들을 놔두고 자기들의 그물들을 씻고 있었기 때문이였다.

3 Stepping into one of the boats, Jesus asked Simon, its owner, to push it out into the water. So he sat in the boat and taught the crowds from there.

3 그 배들 중 하나에 올라가서, 예수님은 그것의 주인인 시몬에게 그것을 물속으로 밀어내 달라고 부탁하셨다. 그래서 그분은 그 배 안에 앉아서 거기서 군중들을 가르치셨다.

4 When he had finished speaking, he said to Simon, "Now go out where it is deeper, and let down your nets to catch some fish."

4 그분이 말씀하시기를 마쳤을 때, 그분은 시몬에게 말씀하셨다, 《이제 더 깊은 곳으로 나가라, 그리고 물고기를 잡기 위해 너의 그물들을 내려라.》

5 "Master," Simon replied, "we worked hard all last night and didn't catch a thing. But if you say so, I'll let the nets down again."

5 《선생님,》 시몬이 대답했다, 《우리는 지난 밤새 열심히 일했는데 하나도 잡지 못했습니다. 그러나 만일 당신이 그렇게 말씀하신다면, 제가 그 물들을 다시 내리겠습니다.》

6 And this time their nets were so full of fish they began to tear!

6 그런데 이번에는 그들의 그물들이 물고기로 너무 가득 차서 그것들이 찢어지기 시작했다!

7 A shout for help brought their partners in the other boat, and soon both boats were filled with fish and on the verge of sinking.

7 도와 달라는 웨침이 다른 배에 있는 그들의 동료들을 오게 하였다, 그리고 곧 두 배는 물고기들로 가득 차서 거의 가라앉게 되였다.

8 When Simon Peter realized what had happened, he fell to his knees before Jesus and said, "Oh, Lord, please leave me—I'm too much of a sinner to be around you."

8 시몬 베드로가 무슨 일이 일어났는지를 알았을 때, 그는 예수님 앞에 무릎을 꿇고 말했다, 《오오, 주님, 제발 저를 떠나 주십시오—저는 당신의 주위에 있기에는 너무나 큰 죄인입니다.》

9 For he was awe struck by the number of fish they had caught, as were the others with him.

9 왜냐하면 그는 그와 함께 있던 나머지 사람들이 그랬던 것처럼, 자기들이 잡은 물고기들의 수로 하여 위압당했기 때문이였다.

10 His partners, James and John, the sons of Zebedee, were also amazed. Jesus replied to Simon, "Don't be afraid! From now on you'll be fishing for people!"

10 그의 동료들인, 세베대의 아들들, 야고보와 요한도 깜짝 놀랐다. 예

수님은 시몬에게 대답하셨다, 《두려워하지 말라! 이제부터 너는 사람들을 낚게 될 것이다!》

11 **And as soon as they landed, they left everything and followed Jesus.**

11 그리고 그들이 륙지에 오르자마자, 그들은 모든 것을 남겨 두고 예수님을 따라갔다.

Jesus Heals a Man with Leprosy

예수님이 문둥병에 걸린 한 사람을 고치시다

12 **In one of the villages, Jesus met a man with an advanced case of leprosy. When the man saw Jesus, he bowed with his face to the ground, begging to be healed. "Lord," he said, "if you are willing, you can heal me and make me clean."**

12 마을들 중 한 곳에서, 예수님은 문둥병이 심한 상태의 한 사람을 만나셨다. 그 사람이 예수님을 보았을 때, 그는 고침받기를 간절히 바라면서, 자기 얼굴을 땅에 댄 채로 절하였다. 《주님,》 그가 말했다, 《만일 당신이 원하시면, 당신은 저를 고칠 수 있고 저를 깨끗하게 만들 수 있습니다.》

13 **Jesus reached out and touched him. "I am willing," he said. "Be healed!" And instantly the leprosy disappeared.**

13 예수님은 손을 내밀어 그를 만지셨다. 《내가 원한다,》 그분은 말씀하셨다. 《고쳐져라!》 그러자 즉시 그 문둥병이 사라졌다.

14 **Then Jesus instructed him not to tell anyone what had happened. He said, "Go to the priest and let him examine you. Take along the offering required in the law of Moses for those who have been healed of leprosy. This will be a public testimony that you have been cleansed."**

14 그런 다음 예수님은 그에게 일어난 일에 대해 누구에게도 말하지 말라고 지시하셨다. 그분이 말씀하셨다, 《제사장에게 가서 그가 너를 검사하게 하라. 문둥병 고침을 받은 사람들을 위해 모세의 법에 요구된 제물을 가지고 가라. 이것은 네가 깨끗해졌다는 공개적인 립증이 될 것이다.》

15 **But despite Jesus' instructions, the report of his power spread even faster, and vast crowds came to hear him preach and to be healed of their diseases.**

15 그러나 예수님의 지시들에도 불구하고, 그분의 능력에 대한 소문은 한층 더 빨리 퍼져 나갔고, 수많은 군중들이 그분의 설교를 듣기 위하여 그리고 자기들의 병들을 고침받기 위하여 왔다.

16 But Jesus often withdrew to the wilderness for prayer.

16 그러나 예수님은 기도를 위해서 자주 황야로 물러나셨다.

Jesus Heals a Paralyzed Man

예수님이 한 마비된 사람을 고치시다

17 One day while Jesus was teaching, some Pharisees and teachers of religious law were sitting nearby. (It seemed that these men showed up from every village in all Galilee and Judea, as well as from Jerusalem.) And the Lord's healing power was strongly with Jesus.

17 어느 날 예수님이 가르치고 있는 동안, 몇 바리새파 사람들과 종교법 선생들이 가까이에 앉아 있었다. (이 사람들은 예루살렘에서뿐 아니라, 온 갈릴리와 유태 모든 마을에서 온 것 같았다.) 그리고 주님의 병 고치는 능력은 철저하게 예수님과 함께 있었다.

18 Some men came carrying a paralyzed man on a sleeping mat. They tried to take him inside to Jesus,

18 몇 사람들이 한 마비된 사람을 잠 깔개 우에 태워 데려왔다. 그들은 그를 안에 예수님에게로 데려가려고 애썼다

19 but they couldn't reach him because of the crowd. So they went up to the roof and took off some tiles. Then they lowered the sick man on his mat down into the crowd, right in front of Jesus.

19 그러나 그들은 군중 때문에 그분에게 다다를 수 없었다. 그래서 그들은 지붕으로 올라가서 몇 장의 기와를 떼여 냈다. 그러고 나서 그들은 그의 깔개 우에 있는 그 병든 사람을 군중 가운데 예수님 바로 앞에 내려뜨렸다.

20 Seeing their faith, Jesus said to the man, "Young man, your sins are forgiven."

20 그들의 믿음을 보시고, 예수님은 그 사람에게 말씀하셨다, 《젊은이여, 너의 죄들이 용서받았다.》

21 But the Pharisees and teachers of religious law said to themselves, "Who does he think he is? That's blasphemy! Only God can forgive sins!"

21 그러나 그 바리새파 사람들과 종교법 선생들은 속으로 말했다, 《그는 자기가 누구라고 생각하는가? 저것은 하나님 모독이다! 오직 하나님만이 죄들을 용서하실 수 있다!》

22 Jesus knew what they were thinking, so he asked them, "Why do you question this in your hearts?

22 예수님은 그들이 무슨 생각을 하고 있는지 아셨다, 그래서 그들에게

물으셨다. 《왜 너희는 너희의 마음속에서 이것을 질문하는가?

23 Is it easier to say 'Your sins are forgiven,' or 'Stand up and walk'?

23 〈너희의 죄들이 용서되었다.〉가 말하기가 더 쉬운가, 아니면 〈일어나 걸어라〉가 말하기가 더 쉬운가?

24 So I will prove to you that the Son of Man has the authority on earth to forgive sins." Then Jesus turned to the paralyzed man and said, "Stand up, pick up your mat, and go home!"

24 그래서 나는 사람의 아들이 땅에서 죄들을 용서하는 권한을 가지고 있다는 것을 너희에게 립증할 것이다.》 그러고 나서 예수님은 그 마비된 사람을 돌아보고 말씀하셨다. 《일어나라, 네 깔개를 집어 들어라, 그리고 집으로 가라!》

25 And immediately, as everyone watched, the man jumped up, picked up his mat, and went home praising God.

25 그러자 즉시, 모든 사람들이 지켜보고 있을 때, 그 사람은 벌떡 일어나, 자기 깔개를 집어 들었다. 그리고 하나님을 찬양하면서 집으로 갔다.

26 Everyone was gripped with great wonder and awe, and they praised God, exclaiming, "We have seen amazing things today!"

26 모든 사람들이 큰 놀라움과 두려움에 사로잡혔다. 그리고 그들은 《우리는 오늘 놀라운 일들을 보았다!》라고 웨치면서 하나님을 찬양하였다.

Jesus Calls Levi(Matthew)

예수님이 레위(마태)를 부르시다

27 Later, as Jesus left the town, he saw a tax collector named Levi sitting at his tax collector's booth. "Follow me and be my disciple," Jesus said to him.

27 후에, 예수님이 그 마을을 떠나실 때, 그분은 레위라고 이름 불리는 한 세금징수원이 자기 세금징수원실에 앉아 있는 것을 보셨다. 《나를 따르라 그리고 나의 제자가 되여라.》 예수님이 그에게 말씀하셨다.

28 So Levi got up, left everything, and followed him.

28 그래서 레위는 일어나서, 모든 것을 버리고, 그분을 따랐다.

29 Later, Levi held a banquet in his home with Jesus as the guest of honor. Many of Levi's fellow tax collectors and other guests also ate with them.

29 후에, 레위가 자기 집에서 예수님을 귀빈으로 모시고 연회를 열었다. 많은 레위의 동료 세금징수원들과 다른 손님들도 그들과 함께 먹었다.

30 But the Pharisees and their teachers of religious law complained bitterly

to Jesus' disciples, "Why do you eat and drink with such scum?"

30 그러나 바리새파 사람들과 그들의 종교법 선생들은 예수님의 제자들에게 적의에 차서 불평했다, 《왜 너희는 저런 인간쓰레기와 함께 먹고 마시는가?》

31 **Jesus answered them, "Healthy people don't need a doctor—sick people do.**

31 예수님이 그들에게 대답하셨다, 《건강한 사람들은 의사가 필요하지 않다—병든 사람이 필요하다.

32 **I have come to call not those who think they are righteous, but those who know they are sinners and need to repent."**

32 나는 자기들이 옳바르다고 생각하는 사람들이 아니라, 자기들이 죄인들이고 뉘우칠 필요가 있다는 것을 아는 사람들을 부르기 위하여 왔다.》

A Discussion about Fasting

단식에 대한 토론

33 **One day some people said to Jesus, "John the Baptist's disciples fast and pray regularly, and so do the disciples of the Pharisees. Why are your disciples always eating and drinking?"**

33 어느 날 어떤 사람들이 예수님에게 말했다, 《세례자 요한의 제자들은 규칙적으로 단식하고 기도합니다, 그리고 바리새파 사람들의 제자들도 그렇게 합니다. 왜 당신의 제자들은 언제나 먹고 마시고 있습니까?》

34 **Jesus responded, "Do wedding guests fast while celebrating with the groom? Of course not.**

34 예수님이 대답하셨다, 《결혼식 손님들이 새서방과 함께 축하하는 동안 단식하는가? 물론 안 한다.

35 **But someday the groom will be taken away from them, and then they will fast."**

35 그러나 언젠가 그 새서방이 그들로부터 빼앗겨질 것이다, 그러면 그들은 단식할 것이다.》

36 **Then Jesus gave them this illustration: "No one tears apiece of cloth from a new garment and uses it to patch an old garment. For then the new garment would be ruined, and the new patch wouldn't even match the old garment.**

36 그리고 나서 예수님은 그들에게 이 실례를 들어 주셨다: 《누구도 새 옷에서 천 쪼각을 찢어 내여 그것을 오래된 옷에 깁기 위해 사용하지 않는다. 왜냐하면 그러면 그 새 옷이 못 쓰게 되여질 것이기 때문이다, 그

리고 그 새 천 쪼각은 그 헌 옷에 어울리지도 않을 것이다.

37 "And no one puts new wine into old wineskins. For the new wine would burst the wineskins, spilling the wine and ruining the skins.

37《그리고 아무도 새 포도술을 오래된 포도술용 가죽포대들에 넣지 않는다. 왜냐하면 새 포도술이 포도주용 가죽포대를 터뜨리고, 포도술을 쏟고 가죽포대를 못 쓰게 할 것이기 때문이다.

38 New wine must be stored in new wineskins.

38 새 포도술은 새 포도술용 가죽포대에 저장되여야 한다.

39 But no one who drinks the old wine seems to want the new wine. 'The old is just fine,' they say."

39 그러나 오래된 포도술을 마시는 사람은 아무도 새 포도술을 원하는 것 같지 않다. 〈오래된 것이 당연히 좋다.〉고 사람들은 말한다.》

6

A Discussion about the Sabbath

은정의 휴식일에 대한 토론

1 One Sabbath day as Jesus was walking through some grain fields, his disciples broke off heads of grain, rubbed off the husks in their hands, and ate the grain.

1 어느 은정의 휴식일 예수님이 어떤 낟알 밭을 지나 걸어가고 있을 때, 그분의 제자들이 낟알 이삭들을 꺾어서, 자기들의 손으로 껍질들을 비벼 벗기고, 그 낟알을 먹었다.

2 But some Pharisees said, "Why are you breaking the law by harvesting grain on the Sabbath?"

2 그러나 몇 바리새파 사람들이 말했다.《왜 당신들은 은정의 휴식일에 낟알을 추수함으로써 그 법을 어기고 있습니까?》

3 Jesus replied, "Haven't you read in the Scriptures what David did when he and his companions were hungry?

3 예수님이 대답하셨다.《너희는 하나님말씀책에서 다윗이 그와 자기의 동료들이 배고팠을 때 했던 일을 읽지 못했는가?》

4 He went into the house of God and broke the law by eating the sacred loaves of bread that only the priests can eat. He also gave some to his companions."

4 그는 하나님의 집에 들어가서 제사장들만이 먹을 수 있는 거룩한 빵덩이들을 먹음으로써 그 법을 어겼다. 그는 또한 얼마간을 그의 동료들

에게도 주었다.》

5 And Jesus added, “The Son of Man is Lord, even over the Sabbath.”

5 그리고 예수님은 덧붙이셨다. 《사람의 아들은 은정의 휴식일에도 주인이다.》

Jesus Heals on the Sabbath

예수님이 은정의 휴식일에 병 고치시다

6 On another Sabbath day, a man with a deformed right hand was in the synagogue while Jesus was teaching.

6 또 다른 은정의 휴식일에, 불구가 된 오른손을 가진 한 사람이 예수님이 가르치는 동안 군중회관 안에 있었다.

7 The teachers of religious law and the Pharisees watched Jesus closely. If he healed the man’s hand, they planned to accuse him of working on the Sabbath.

7 종교법 선생들과 바리새파 사람들이 예수님을 자세히 지켜보았다. 만일 그분이 그 사람의 손을 고쳐 준다면, 그들은 은정의 휴식일에 일한다는 것으로 그분을 고소할 계획이였다.

8 But Jesus knew their thoughts. He said to the man with the deformed hand, “Come and stand in front of everyone.” So the man came forward.

8 그러나 예수님은 그들의 생각을 아셨다. 그분은 불구의 손을 가진 사람에게 말씀하셨다. 《와서 모든 사람 앞에 서라.》 그래서 그 사람은 앞으로 나왔다.

9 Then Jesus said to his critics, “I have a question for you. Does the law permit good deeds on the Sabbath, or is it aday for doing evil? Is this a day to save life or to destroy it?”

9 그러자 예수님은 자신의 비판자들에게 말씀하셨다. 《내가 너희에게 한 가지 질문이 있다. 그 법이 은정의 휴식일에 좋은 일을 하라고 하는가, 아니면 나쁜 일을 하라고 하는 날인가? 이날이 생명을 구원하는 날인가 아니면 그것을 죽이는 날인가?》

10 He looked around at them one by one and then said to the man, “Hold out your hand.” So the man held out his hand, and it was restored!

10 그분은 그들을 한 사람 한 사람 둘러보셨다. 그러고 나서 그 사람에게 말씀하셨다. 《너의 손을 내밀어라.》 그래서 그 사람은 자기의 손을 내밀었다. 그러자 그것이 회복되였다!

11 At this, the enemies of Jesus were wild with rage and began to discuss what to do with him.

11 이것에 대해, 예수님의 원쑤들은 분노로 사나워졌고 그분을 어떻게
할지를 토론하기 시작했다.

Jesus Chooses the Twelve Apostles

예수님이 열두 핵심제자들을 선택하시다

12 **One day soon afterward Jesus went up on a mountain to pray, and he prayed to God all night.**

12 그 무렵에 예수님이 기도하기 위해 산 우로 올라가셨다. 그리고 그분은 하나님께 밤새도록 기도하셨다.

13 **At daybreak he called together all of his disciples and chose twelve of them to be apostles. Here are their names:**

13 새벽에 그분은 자기의 모든 제자들을 함께 불러서 그들 중 열두 사람이 핵심제자가 되도록 뽑으셨다. 여기에 그들의 이름들이 있다:

14 **Simon (whom he named Peter), Andrew (Peter's brother), James, John, Philip, Bartholomew,**

14 시몬(그분이 베드로라고 이름 지은), 안드레(베드로의 형제), 야고보, 요한, 빌립, 바돌로매,

15 **Matthew, Thomas, James (son of Alphaeus), Simon (who was called the zealot),**

15 마태, 도마, 야고보(알패오의 아들), 시몬(셀롯이라고 불리웠던 사람),

16 **Judas (son of James), Judas Iscariot (who later betrayed him).**

16 유다(야고보의 아들), 가룟 유다(후에 그분을 배반한 자).

Crowds Follow Jesus

군중들이 예수님을 따르다

17 **When they came down from the mountain, the disciples stood with Jesus on a large, level area, surrounded by many of his followers and by the crowds. There were people from all over Judea and from Jerusalem and from as far north as the seacoasts of Tyre and Sidon.**

17 그들이 산에서 아래로 내려왔을 때, 그 제자들은 그분을 따르는 많은 사람들과 군중들에게 둘러싸여 넓고 평평한 지대에 예수님과 함께 서 있었다. 온 유태와 예루살렘으로부터 그리고 북쪽 해안 먼 곳 두로와 시돈으로부터 온 사람들이 있었다.

18 **They had come to hear him and to be healed of their diseases; and those troubled by evil spirits were healed.**

18 그들은 그분의 말씀을 듣기 위해 그리고 자기들의 병들을 고침받기

위해 왔다; 그리하여 악한 령들에 의해 고통받는 사람들은 고침을 받
았다.

19 **Everyone tried to touch him, because healing power went out from him, and he healed everyone.**

19 모든 사람이 그분을 만지려고 하였다, 왜냐하면 고치는 능력이 그분에게서 나갔고, 그분은 모든 사람을 고치셨기 때문이였다.

The Beatitudes

더 없는 행복들

20 **Then Jesus turned to his disciples and said, "God blesses you who are poor, for the Kingdom of God is yours.**

20 그런 다음 예수님은 그분의 제자들을 돌아보시고 말씀하셨다, 《하나님께서 가난한 너희를 축복하신다, 왜냐하면 하나님의 나라가 너희의 것이기 때문이다.

21 **God blesses you who are hungry now, for you will be satisfied. God blesses you who weep now, for in due time you will laugh.**

21 하나님께서는 지금 굶주린 너희를 축복하신다, 왜냐하면 너희는 배부르게 될 것이기 때문이다. 하나님께서는 지금 우는 너희를 축복하신다, 왜냐하면 때가 되면 너희는 웃을 것이기 때문이다.

22 **What blessings await you when people hate you and exclude you and mock you and curse you as evil because you follow the Son of Man.**

22 너희가 사람의 아들을 따르기 때문에 사람들이 너희를 미워하고 너희를 배척하고 너희를 업신여기고 너희를 악하다고 저주할 때 얼마나 큰 축복이 너희를 기다리고 있는지.

23 **When that happens, be happy! Yes, leap for joy! For a great reward awaits you in heaven. And remember, their ancestors treated the ancient prophets that same way.**

23 그런 일이 일어나면, 행복해하여라! 그렇다, 기쁨으로 뛰여라! 왜냐하면 큰 보상이 하늘에서 너희를 기다리고 있기 때문이다. 그리고 기억하여라, 그들의 선조들이 옛 예언자들을 그와 같은 방법으로 대우하였다.

Sorrows Foretold

예고된 슬픔들

24 **"What sorrow awaits you who are rich, for you have your only happiness now.**

24《얼마나 큰 슬픔이 부자인 너희를 기다리고 있는지, 왜냐하면 너희는
자신들의 바로 그 행복을 지금 가지고 있기 때문이다.

25 **What sorrow awaits you who are fat and prosperous now, for a time of awful hunger awaits you. What sorrow awaits you who laugh now, for your laughing will turn to mourning and sorrow.**

25 얼마나 큰 슬픔이 지금 부유하고 번영하는 너희를 기다리고 있는지,
왜냐하면 끔찍한 배고픔의 때가 너희를 기다리고 있기 때문이다. 얼마
나 큰 슬픔이 지금 웃는 너희를 기다리고 있는지, 왜냐하면 너희의 웃음
이 슬픔과 비애로 변할 것이기 때문이다.

26 **What sorrow awaits you who are praised by the crowds, for their ancestors also praised false prophets.**

26 얼마나 큰 슬픔이 군중들에 의해 칭찬받는 너희를 기다리고 있는
지, 왜냐하면 그들의 선조들 역시 거짓 예언자들을 칭찬했기 때문이다.

Love for Enemies

원수들에 대한 사랑

27 **"But to you who are willing to listen, I say, love your enemies! Do good to those who hate you.**

27《그러나 기꺼이 들으려고 하는 너희에게, 내가 말한다, 너희의 원수
들을 사랑하여라! 너희를 미워하는 사람들에게 잘 대하여라.

28 **Bless those who curse you. Pray for those who hurt you.**

28 너희를 저주하는 사람들을 축복하여라. 너희를 해치는 사람들을 위
하여 기도하여라.

29 **If someone slaps you on one cheek, offer the other cheek also. If someone demands your coat, offer your shirt also.**

29 만일 누군가가 너희 한쪽 뺨을 때리거든, 다른 뺨도 내놓아라. 만일
누군가가 너희의 겉옷을 요구하면, 너희의 속옷까지도 내주어라.

30 **Give to anyone who asks; and when things are taken away from you, don't try to get them back.**

30 요구하는 누구에게나 주어라; 그리고 물건들이 너에게서 빼앗겨질
때, 그것들을 되찾으려고 애쓰지 말아라.

31 **Do to others as you would like them to do to you.**

31 다른 사람들이 너희에게 해주기를 바라는 대로 그들에게 해주어라.

32 **"If you love only those who love you, why should you get credit for that? Even sinners love those who love them!**

32《만일 너희가 너희를 사랑하는 사람들만 사랑하면, 너희는 왜 그것

에 대해서 칭찬을 받아야 하겠는가? 죄인들조차도 자기들을 사랑하는 사람들을 사랑한다!

33 **And if you do good only to those who do good to you, why should you get credit? Even sinners do that much!**

33 그리고 만일 너희가 너희에게 잘 해주는 사람들에게만 잘 해준다면, 왜 너희가 칭찬을 받아야 하겠는가? 죄인들조차도 그만큼은 한다!

34 **And if you lend money only to those who can repay you, why should you get credit? Even sinners will lend to other sinners for a full return.**

34 그리고 만일 너희가 너희에게 갚을 수 있는 사람들에게만 돈을 빌려준다면, 왜 너희가 칭찬을 받겠느냐? 죄인들조차도 모두 되받기 바라서 다른 죄인들에게 빌려줄 것이다.

35 **"Love your enemies! Do good to them. Lend to them without expecting to be repaid. Then your reward from heaven will be very great, and you will truly be acting as children of the Most High, for he is kind to those who are unthankful and wicked.**

35 《너희의 원쑤들을 사랑하라! 그들에게 잘 해주어라. 되돌려 받기를 기대하지 말고 그들에게 빌려주어라. 그러면 하늘로부터의 너희의 보상이 매우 클 것이다, 그리고 너희는 진정으로 가장 높으신 분의 아들딸들로서 행동하고 있는 것이 될 것이다, 왜냐하면 그분은 고마워하지 않고 악한 자들에게 친절하시기 때문이다.

36 **You must be compassionate, just as your Father is compassionate.**

36 너희는 너희 아버지께서 동정심이 많은 것처럼, 동정심이 많아야 한다.

Do Not Judge Others

남들을 비판하지 말라

37 **"Do not judge others, and you will not be judged. Do not condemn others, or it will all come back against you. Forgive others, and you will be forgiven.**

37 《남들을 비판하지 말라, 그러면 너희도 비판받지 않을 것이다. 남들을 비난하지 말아라, 그렇지 않으면 그것이 모두 너희에게 돌아올 것이다. 남들을 용서하여라, 그러면 너희도 용서받을 것이다.

38 **Give, and you will receive. Your gift will return to you in full—pressed down, shaken together to make room for more, running over, and poured into your lap. The amount you give will determine the amount you get back."**

38 주어라, 그러면 너희는 받을 것이다. 너희의 선물이 전부 너희에게 돌아올 것이다—꽉 눌려지고, 더 많은 것을 위한 공간을 만들기 위해 잘 흔들려서 채워지고, 흘러 넘쳐서, 너희의 무릎으로 쏟아진다. 너희가 주는 총량이 너희가 돌려받는 총량을 결정할 것이다.》

39 Then Jesus gave the following illustration: "Can one blind person lead another? Won't they both fall into a ditch?

39 그런 다음 예수님은 다음과 같은 실례를 들어 주셨다: 한 눈먼 사람이 또 다른 눈먼 사람을 이끌 수 있는가? 그들 둘 다 도랑에 빠지지 않겠는가?

40 Students are not greater than their teacher. But the student who is fully trained will become like the teacher.

40 학생들이 자기들의 선생보다 더 위대하지 않다. 그러나 충분히 훈련된 학생은 그 선생과 같이 될 것이다.

41 "And why worry about a speck in your friend's eye when you have a log in your own?

41 《그런데 왜 너희는 자신의 눈에 통나무를 가지고 있으면서 너의 친구의 눈 속에 있는 한 흠집에 대해 걱정하는가?

42 How can you think of saying, 'Friend, let me help you get rid of that speck in your eye,' when you can't see past the log in your own eye? Hypocrite! First get rid of the log in your own eye; then you will see well enough to deal with the speck in your friend's eye.

42 너희가 자신의 눈 속에 통나무는 보지 못하면서, 어떻게, 〈친구야, 네 눈 속에 있는 그 흠집을 빼내도록 내가 돕게 해다오.〉라고 말할 생각을 할 수 있는가? 위선자여! 우선 네 자신의 눈 속에 있는 통나무를 없애라; 그러면 너희는 너희 친구의 눈 속의 그 흠집을 다룰 수 있을 만큼 충분히 잘 볼 수 있을 것이다.

The Tree and Its Fruit

나무와 그 열매

43 "A good tree can't produce bad fruit, and a bad tree can't produce good fruit.

43 《좋은 나무는 나쁜 열매를 맺을 수 없다, 그리고 나쁜 나무는 좋은 열매를 맺을 수 없다.

44 A tree is identified by its fruit. Figs are never gathered from thorn bushes, and grapes are not picked from bramble bushes.

44 나무는 그것의 열매로 증명된다. 무화과들은 절대로 가시나무 덤불

들로부터 거두어지지 않는다. 그리고 포도들은 가시 떨기나무 덤불들
에서 따지지 않는다.

45 A good person produces good things from the treasury of a good heart, and an evil person produces evil things from the treasury of an evil heart. What you say flows from what is in your heart.

45 좋은 사람은 좋은 마음의 보물고로부터 좋은 것들을 만들어 내고, 악한 사람은 악한 마음의 금고로부터 악한 것들을 만들어 낸다. 너희가 말하는 것은 너희의 마음속에 있는 것으로부터 흘러나온다.

Building on a Solid Foundation

단단한 기초 우에 세우기

46 "So why do you keep calling me 'Lord, Lord!' when you don't do what I say?

46 《그러면 너희는 내가 말한 것을 실행하지 않으면서 너희는 왜 나를 〈주여, 주여!〉라고 부르기를 계속하는가?

47 I will show you what it's like when someone comes to me, listens to my teaching, and then follows it.

47 나는 누군가가 내게 와서, 내 가르침에 귀 기우리고, 그런 다음 그것을 따를 때 그것이 무엇과 같은지 너희에게 보여 주겠다.

48 It is like a person building a house who digs deep and lays the foundation on solid rock. When the flood waters rise and break against that house, it stands firm because it is well built.

48 그것은 한 사람이 땅을 깊이 파고 단단한 바위 우에 기초를 놓아 집을 짓는 것과 같다. 홍수가 일어나서 그 집에 부디칠 때, 그것이 잘 지어졌기 때문에 그것은 단단하게 서 있다.

49 But anyone who hears and doesn't obey is like a person who builds a house without a foundation. When the floods sweep down against that house, it will collapse into a heap of ruins."

49 그러나 누구든지 듣고 복종하지 않는 사람은 기초 없이 집을 짓는 사람과 같다. 홍수가 그 집에 휩쓸어 내릴 때, 그것은 잔해 더미로 무너져 내릴 것이다.

7

The Faith of a Roman Officer

한 로마 군관의 믿음

1 **When Jesus had finished saying all this to the people, he returned to Capernaum.**

1 예수님이 사람들에게 이 모든 것을 말하기를 마치고, 그분은 가버나움으로 돌아가셨다.

2 **At that time the highly valued slave of a Roman officer was sick and near death.**

2 그때 한 로마 군관의 매우 소중한 종이 병들었고 거의 죽게 되였다.

3 **When the officer heard about Jesus, he sent some respected Jewish elders to ask him to come and heal his slave.**

3 그 군관은 예수님에 대해서 들었을 때, 그는 그분에게 오셔서 자기 종을 고쳐 달라고 부탁하기 위해 몇 존경받는 유태 장로들을 보냈다.

4 **So they earnestly begged Jesus to help the man. "If anyone deserves your help, he does," they said,**

4 그래서 그들은 예수님에게 그 사람을 도와 달라고 진심으로 부탁했다. 《만일 누군가 당신의 도움을 받을 자격이 있다면, 그가 그런 사람입니다.》 그들이 말했다,

5 **"for he loves the Jewish people and even built a synagogue for us."**

5 《왜냐하면 그는 유태 사람들을 사랑하고 지어 우리를 위해 군중회관도 지어 주었기 때문입니다.》

6 **So Jesus went with them. But just before they arrived at the house, the officer sent some friends to say, "Lord, don't trouble yourself by coming to my home, for I am not worthy of such an honor.**

6 그래서 예수님은 그들과 함께 가셨다. 그러나 그들이 그 집에 도착하기 바로 전에, 그 군관은 말하기 위해 몇 친구들을 보냈다. 《주님, 저의 집에 오시는 것으로 당신 자신이 고생하지 마십시오, 왜냐하면 저는 그러한 특권을 받을 만한 자격이 없기 때문입니다.

7 **I am not even worthy to come and meet you. Just say the word from where you are, and my servant will be healed.**

7 저는 당신을 가서 만날 만한 자격조차 없습니다. 그저 당신이 계신 곳에서 말씀만 하십시오, 그러면 저의 종이 고침을 받을 것입니다.

8 **I know this because I am under the authority of my superior officers, and I have authority over my soldiers. I only need to say, 'Go,' and they go, or**

'Come,' and they come. And if I say to my slaves, 'Do this,' they do it."

8 저는 저의 상급군관들의 권위 아래 있고, 저도 제 병사들에 대한 다스리는 권한을 가지고 있기 때문에 이것을 압니다. 제가, 〈가라,〉고 말하기만 하면 됩니다, 그러면 그들은 갑니다, 또는 〈오라,〉 그러면 그들이 옵니다. 그리고 만일 제가 제 종들에게, 〈이것을 하라,〉 고 하면 그들은 그것을 합니다.》

9 **When Jesus heard this, he was amazed. Turning to the crowd that was following him, he said, "I tell you, I haven't seen faith like this in all Israel!"**

9 예수님이 이것을 들었을 때, 그분은 놀라셨다. 그분을 따르고 있던 군중들을 돌아보시면서, 그분은 말씀하셨다, 《내가 너희에게 말한다, 나는 온 이스라엘에서 이와 같은 믿음을 본 적이 없다!》

10 **And when the officer's friends returned to his house, they found the slave completely healed.**

10 그리고 그 군관의 친구들이 그의 집으로 돌아왔을 때, 그들은 그 종이 완전히 나은 것을 보았다.

Jesus Raises a Widow's Son

예수님이 과부의 아들을 일으키시다

11 **Soon afterward Jesus went with his disciples to the village of Nain, and a large crowd followed him.**

11 그 후 곧 예수님은 그분의 제자들과 함께 나인이라는 마을로 가셨다, 그리고 큰 군중이 그분을 따라갔다.

12 **A funeral procession was coming out as he approached the village gate. The young man who had died was a widow's only son, and a large crowd from the village was with her.**

12 그분이 마을 어구에 다가갔을 때 장례 행렬이 나오고 있었다. 죽은 젊은 청년은 한 과부의 외아들이였고, 그 마을의 큰 군중이 그 녀자와 함께 있었다.

13 **When the Lord saw her, his heart overflowed with compassion. "Don't cry!" he said.**

13 주님이 그 녀자를 보았을 때, 그분의 마음은 동정심으로 흘러넘쳤다. 《울지 말아라!》 그분이 말씀하셨다.

14 **Then he walked over to the coffin and touched it, and the bearers stopped. "Young man," he said, "I tell you, get up."**

14 그러고 나서 그분은 관으로 걸어가서 그것을 만지셨다, 그러자 관을 멘 사람들이 멈춰 섰다. 《젊은이,》 그분이 말씀하셨다, 《내가 너에게 말

한다, 일어나거라.》

15 **Then the dead boy sat up and began to talk! And Jesus gave him back to his mother.**

15 그러자 그 죽은 소년이 일어나 앉아서 말하기 시작했다! 그러자 예수님이 그를 그의 어머니에게 돌려주셨다.

16 **Great fear swept the crowd, and they praised God, saying, "A mighty prophet has risen among us," and "God has visited his people today."**

16 큰 두려움이 그 군중을 휩쓸었다, 그리고 그들은 하나님을 찬양하며, 말했다, 《한 위대한 예언자가 우리들 가운데 일어나셨다.》 그리고 《하나님이 오늘 자신의 백성을 찾아오셨다.》

17 **And the news about Jesus spread throughout Judea and the surrounding countryside.**

17 그리고 예수님에 대한 그 소식은 유태와 그 주변 시골 도처에 퍼졌다.

Jesus and John the Baptist

예수님과 세례자 요한

18 **The disciples of John the Baptist told John about everything Jesus was doing. So John called for two of his disciples,**

18 세례자 요한의 제자들이 예수님이 하시고 있던 모든 것에 대해서 요한에게 말했다. 그래서 요한은 그의 제자들 중 두 명을 불렀다,

19 **and he sent them to the Lord to ask him, "Are you the Messiah we've been expecting, or should we keep looking for someone else?"**

19 그리고 그는 《당신이 우리가 기다리고 있는 구세주입니까, 아니면 우리가 계속 다른 어떤 분을 기다려야 합니까?》라고 그분에게 묻기 위해 그들을 주님에게 보냈다.

20 **John's two disciples found Jesus and said to him, "John the Baptist sent us to ask, 'Are you the Messiah we've been expecting, or should we keep looking for someone else?'"**

20 요한의 두 제자들은 예수님을 찾아서 그분에게 말했다, 《세례자 요한이, 〈당신이 우리가 기다리고 있던 구세주입니까, 아니면 우리가 계속 다른 어떤 분을 기다려야 합니까?〉》라고 묻기 위해 우리를 보냈습니다.

21 **At that very time, Jesus cured many people of their diseases, illnesses, and evil spirits, and he restored sight to many who were blind.**

21 바로 그때에, 예수님이 많은 사람들을 그들의 질병들, 병들, 그리고 악한 령들에 시달리는 것을 고쳐 주셨다, 그리고 그분은 눈이 멀었던 많은 사람들에게 시력을 회복시켜 주셨다.

22 **Then he told John's disciples, "Go back to John and tell him what you have seen and heard—the blind see, the lame walk, the lepers are cured, the deaf hear, the dead are raised to life, and the Good News is being preached to the poor.**

22 그리고 나서 그분은 요한의 제자들에게 말씀하셨다, 《요한에게 돌아가서 너희가 보고 들은 것을 그에게 말하여라—소경들이 보고, 절름발이들이 걷고, 문둥병자들이 고침을 받으며, 귀먹어리들이 듣고, 죽은 사람들이 살아난다, 그리고 반가운 소식은 가난한 사람들에게 전해지고 있다.

23 **And tell him, 'God blesses those who do not turn away because of me.'"**

23 그리고 그에게 말하여라, 〈하나님은 나로 하여 돌아서지 않는 사람들을 축복하신다.〉》

24 **After John's disciples left, Jesus began talking about him to the crowds. "What kind of man did you go into the wilderness to see? Was he a weak reed, swayed by every breath of wind?**

24 요한의 제자들이 떠난 후에, 예수님은 군중들에게 그에 대하여 말하기 시작하셨다. 《너희는 어떤 류형의 사람을 보려고 황야에 나갔는가? 그는 모든 바람결에 흔들리는 연약한 갈대였는가?

25 **Or were you expecting to see a man dressed in expensive clothes? No, people who wear beautiful clothes and live in luxury are found in palaces.**

25 아니면 너희는 값비싼 옷을 입은 한 사람을 보기를 기대하였는가? 아니다, 아름다운 옷들을 입고 사치스럽게 사는 사람들은 궁전들에서 만나게 된다.

26 **Were you looking for a prophet? Yes, and he is more than a prophet.**

26 너희가 예언자를 찾고 있었는가? 그렇다, 그리고 그는 예언자 그 이상이다.

27 **John is the man to whom the Scriptures refer when they say, 'Look, I am sending my messenger ahead of you, and he will prepare your way before you.'**

27 요한은 〈보아라, 내가 너보다 앞서서 내 심부름군을 보낼 것이다, 그는 네 앞에서 너의 길을 준비할 것이다.〉라고 사람들이 말할 때, 하나님 말씀책이 언급한 그 사람이다.

28 **I tell you, of all who have ever lived, none is greater than John. Yet even the least person in the Kingdom of God is greater than he is!"**

28 내가 너희에게 말한다, 지금까지 살았던 모든 사람들 중에, 아무도 요한보다 더 위대한 사람이 없다. 그러나 하나님의 나라에서는 가장 작

은 사람이라도 그보다 더 위대하다!》

29 When they heard this, all the people—even the tax collectors—agreed that God's way was right, for they had been baptized by John.

29 그들이 이것을 들었을 때, 모든 사람들이—지어 세금 수집원들도—하나님의 방법이 옳았다는 것을 동의했다, 왜냐하면 그들이 요한에 의해서 세례를 받았기 때문이였다.

30 But the Pharisees and experts in religious law rejected God's plan for them, for they had refused John's baptism.

30 그러나 바리새파 사람들과 종교법 전문가들은 그들을 위한 하나님의 계획을 거부했다, 왜냐하면 그들은 요한의 세례를 거절했기 때문이였다.

31 "To what can I compare the people of this generation?" Jesus asked. "How can I describe them?

31 《내가 이 세대의 사람들을 무엇에 비교할 수 있을까?》 예수님이 물으셨다. 《내가 어떻게 그들을 묘사할 수 있을까?

32 They are like children playing a game in the public square. They complain to their friends, 'We played wedding songs, and you didn't dance, so we played funeral songs, and you didn't weep.'

32 그들은 공공광장에서 놀이를 하고 있는 어린애들과 같다. 그들은 자기들의 친구들에게 불평한다, 〈우리가 결혼식 노래들을 불렀다, 그런데 너희는 춤추지 않았다, 그래서 우리는 장례식 노래를 불렀다, 그런데 너희는 울지 않았다.〉

33 For John the Baptist didn't spend his time eating bread or drinking wine, and you say, 'He's possessed by a demon.'

33 세례자 요한이 자기 시간을 빵을 먹거나 포도술을 마시는 데 쓰지 않는 것 때문에, 너희는 말한다, 〈그는 귀신에 사로잡혀 있다.〉

34 The Son of Man, on the other hand, feasts and drinks, and you say, 'He's a glutton and a drunkard, and a friend of tax collectors and other sinners!'

34 사람의 아들은, 반면에, 축하연을 열고 축배를 든다, 그러자 너희는 말한다, 〈그는 대식가이고 술주정뱅이다, 그리고 세금 징수원들과 다른 죄인들의 친구이다!〉

35 But wisdom is shown to be right by the lives of those who follow it."

35 그러나 지혜는 그것을 따르는 사람들의 삶들에 의해 옳다는 것이 드러난다.》

Jesus Anointed by a Sinful Woman

죄 많은 녀자에 의해 기름 뿌리심을 받은 예수님

36 One of the Pharisees asked Jesus to have dinner with him, so Jesus went to his home and sat down to eat.

36 바리새파 사람들 중 한 사람이 예수님에게 자기와 함께 저녁 식사를 하자고 요청했다. 그래서 예수님은 그의 집으로 가서 먹기 위해 앉으셨다.

37 When a certain immoral woman from that city heard he was eating there, she brought a beautiful alabaster jar filled with expensive perfume.

37 그 도시에서 품행이 나쁜 어떤 한 녀자가 그분이 거기서 식사하고 있음을 들었을 때, 그 녀자는 비싼 향수로 가득 찬 아름다운 설화석고 단지를 가져왔다.

38 Then she knelt behind him at his feet, weeping. Her tears fell on his feet, and she wiped them off with her hair. Then she kept kissing his feet and putting perfume on them.

38 그러고 나서 그 녀자는 울면서, 그분 뒤 그분의 발치에 무릎을 꿇었다. 그 녀자의 눈물이 그분의 발에 떨어졌고, 그 녀자는 자기의 머리칼로 그것들을 닦아 냈다. 그러고 나서 그 녀자는 그분의 발에 입 맞추고 그것 우에 향유를 계속 부었다.

39 When the Pharisee who had invited him saw this, he said to himself, "If this man were a prophet, he would know what kind of woman is touching him. She's a sinner!"

39 그분을 초대했던 바리새파 사람이 이것을 보았을 때, 그는 속으로 말했다. 《만일 이 사람이 예언자라면, 그는 어떤 류형의 녀자가 자기를 만지고 있는지 알았을 터인데. 그 녀자는 죄인이다!》

40 Then Jesus answered his thoughts. "Simon," he said to the Pharisee, "I have something to say to you." "Go ahead,
Teacher," Simon replied.

40 그때 예수님은 그의 생각에 대답하셨다. 《시몬아,》 그분은 바리새파 사람에게 말씀하셨다. 《내가 너에게 할 말이 있다.》 《말씀하십시오, 선생님,》 시몬이 대답했다.

41 Then Jesus told him this story: "A man loaned money to two people—500 pieces of silver to one and 50 pieces to the other.

41 그러자 예수님이 그에게 이 이야기를 하셨다: 《한 사람이 두 사람에게 돈을 빌려주었다—한 사람에게는 은 500개를 그리고 다른 사람에게는 은 50개를.

42 But neither of them could repay him, so he kindly forgave them both, canceling their debts. Who do you suppose loved him more after that?"

42 그러나 그들 중 아무도 그에게 돈을 갚지 않았다, 그래서 그는 그들의 빚을 없애 주면서, 인정 깊게 그들 둘 다 면제해 주었다. 너희는 그 이후에 누가 더 그를 사랑했을 거라고 생각하는가?

43 Simon answered, "I suppose the one for whom he canceled the larger debt." "That's right," Jesus said.

43 시몬이 대답했다, 《저는 그가 더 큰 빚을 취소해 준 사람이라고 생각합니다.》《그것이 맞다.》 예수님이 말씀하셨다.

44 Then he turned to the woman and said to Simon, "Look at this woman kneeling here. When I entered your home, you didn't offer me water to wash the dust from my feet, but she has washed them with her tears and wiped them with her hair.

44 그러고 나서 그분은 그 녀자에게 돌아서서 시몬에게 말씀하셨다, 《여기에 무릎을 꿇고 있는 이 녀자를 보아라. 내가 너의 집에 들어왔을 때, 너는 나의 발에서 먼지를 씻어 낼 물을 나에게 주지 않았다, 그러나 그 녀자는 그것들을 자기 눈물로 씻고 자기 머리카락으로 그것들을 닦았다.

45 You didn't greet me with a kiss, but from the time I first came in, she has not stopped kissing my feet.

45 너는 입맞춤으로 나를 맞이하지 않았다, 그러나 내가 처음 들어올 때부터, 그 녀자는 나의 발에 입 맞추기를 멈추지 않았다.

46 You neglected the courtesy of olive oil to anoint my head, but she has anointed my feet with rare perfume.

46 너는 내 머리에 기름 뿌리기 위한 올리브 기름의 례의를 소홀히 했다, 그러나 그 녀자는 아주 드문 향수로 나의 발에 기름 뿌렸다.

47 "I tell you, her sins—and they are many—have been forgiven, so she has shown me much love. But a person who is forgiven little shows only little love."

47 《내가 너에게 말한다, 그 녀자의 죄들은—그리고 그것들은 많다—용서를 받았다, 그래서 그 녀자는 나에게 많은 사랑을 보였다. 그러나 적게 용서받은 사람은 적은 사랑밖에 보여 주지 않는다.》

48 Then Jesus said to the woman, "Your sins are forgiven."

48 그러고 나서 예수님은 그 녀자에게 말씀하셨다, 《너의 죄들은 용서받았다.》

49 The men at the table said among themselves, "Who is this man, that he

goes around forgiving sins?"

49 식탁에 있던 사람들은 자기들끼리 말했다. 《그가 죄들을 용서하면서 다닌다니, 이 사람은 누구인가?》

50 And Jesus said to the woman, "Your faith has saved you; go in peace."

50 그리고 예수님은 그 녀자에게 말했다. 《너의 믿음이 너를 구원하였다; 평안히 가거라.》

8

Women Who Followed Jesus

예수님을 따라온 녀자들

1 Soon afterward Jesus began a tour of the nearby towns and villages, preaching and announcing the Good News about the Kingdom of God. He took his twelve disciples with him,

1 그 후 곧 예수님은 하나님 나라에 대한 반가운 소식을 설교하고 알리면서, 가까운 동네와 마을들을 려행하기 시작하셨다. 그분은 자신의 열두 제자들을 자기와 함께 데리고 가셨다,

2 along with some women who had been cured of evil spirits and diseases. Among them were Mary Magdalene, from whom he had cast out seven demons;

2 악한 령과 병을 치료받았던 몇 녀자들과 함께. 그들 중에는, 그분이 그 녀자로부터 일곱 귀신들을 쫓아냈던 막달라 마리아도 있었다;

3 Joanna, the wife of Chuza, Herod's business manager; Susanna; and many others who were contributing from their own resources to support Jesus and his disciples.

3 헤롯의 사업관리인, 구사의 아내 요안나; 수산나; 예수님과 그분의 제자들을 돕기 위해 자기 자신들의 자금에서 기부했던 많은 다른 사람들이 있었다.

Parable of the Farmer Scattering Seed

씨를 뿌리는 농민에 빗댄 이야기

4 One day Jesus told a story in the form of a parable to a large crowd that had gathered from many towns to hear him:

4 어느 날 예수님은 그분의 말씀을 듣기 위해 많은 마을로부터 모인 큰 군중들에게 빗댄 이야기 형식으로 말씀해 주셨다.

5 "A farmer went out to plant his seed. As he scattered it across his field,

some seed fell on a footpath, where it was stepped on, and the birds ate it.

5《한 농민이 그의 씨앗을 뿌리려고 나갔다. 그가 그것을 자기 밭에 이리저리 뿌렸을 때, 어떤 씨는 걸음길 우에 떨어져서, 새들이 그것을 먹었다.

6 Other seed fell among rocks. It began to grow, but the plant soon wilted and died for lack of moisture.

6 다른 씨는 바위들 가운데 떨어졌다. 그것은 자라기 시작했다, 그러나 그 식물은 수분의 부족 때문에 곧 시들었고 죽었다.

7 Other seed fell among thorns that grew up with it and choked out the tender plants.

7 다른 씨는 가시나무들 사이에 떨어져서 그것과 함께 자라서 부드러운 식물들을 질식시켰다.

8 Still other seed fell on fertile soil. This seed grew and produced a crop that was a hundred times as much as had been planted!" When he had said this, he called out, "Anyone with ears to hear should listen and understand."

8 또한 다른 씨는 비옥한 토양 우에 떨어졌다. 이 씨는 자라서 심겨졌던 것보다 100배나 되는 수확을 거두었다!》 그분이 이것을 말씀하고, 웨치셨다,《들을 귀를 가진 사람들은 누구나 듣고 리해할 것이다.》

9 His disciples asked him what this parable meant.

9 그분의 제자들은 이 빗낸 이야기가 무엇을 의미하는지 그분에게 물었다.

10 He replied, "You are permitted to understand the secrets of the Kingdom of God. But I use parables to teach the others so that the Scriptures might be fulfilled: 'When they look, they won't really see. When they hear, they won't understand.'

10 그분은 대답하셨다,《너희는 하나님 나라의 비밀을 리해하도록 허락되였다. 그러나 나는 하나님말씀책이 실현될 수 있도록 다른 사람들을 가르치기 위해 빗댄 이야기들을 사용한다: 〈그들이 보면서, 그들은 정말로 보지 못할 것이다. 그들이 들으면서, 그들은 리해하지 못할 것이다.〉

11 "This is the meaning of the parable: The seed is God's word.

11《이것이 그 빗댄 이야기의 의미이다: 그 씨는 하나님의 말씀이다.

12 The seeds that fell on the footpath represent those who hear the message, only to have the devil come and take it away from their hearts and pre-

vent them from believing and being saved.

12 걸음길 우에 떨어진 씨들은 말씀을 들었으나 악마가 와서 그들의 마음에서 그것을 빼앗아가고 믿고 구원받는 것으로부터 그들을 방해하는 자들을 나타낸다.

13 The seeds on the rocky soil represent those who hear the message and receive it with joy. But since they don't have deep roots, they believe for a while, then they fall away when they face temptation.

13 바위 땅 우의 씨들은 말씀을 듣고 그것을 기쁨으로 받는 사람들을 나타낸다. 그러나 그들이 깊은 뿌리를 가지고 있지 않기 때문에, 그들은 잠깐 동안 믿는다, 그러고 나서 그들이 유혹을 만나면 떨어져 나간다.

14 The seeds that fell among the thorns represent those who hear the message, but all too quickly the message is crowded out by the cares and riches and pleasures of this life. And so they never grow into maturity.

14 가시나무들 가운데 떨어졌던 씨들은 말씀을 들은 사람들을 나타낸다, 그러나 모두 너무 빨리 그 말씀이 이 세상의 근심과 재물과 즐거움에 의해 밀려 나간다. 그래서 그들은 결코 무르익지 못한다.

15 And the seeds that fell on the good soil represent honest, good-hearted people who hear God's word, cling to it, and patiently produce a huge harvest.

15 그리고 좋은 땅 우에 떨어진 씨들은 하나님의 말씀을 듣고, 그것을 꼭 붙잡는다, 그리고 참을성 있게 많은 수확을 거두는 정직하고, 좋은 마음씨를 가진 사람들을 나타낸다.

Parable of the Lamp

등불에 빗댄 이야기

16 "No one lights a lamp and then covers it with a bowl or hides it under a bed. A lamp is placed on a stand, where its light can be seen by all who enter the house.

16 《아무도 등불을 켜고 그런 다음 그것을 사발로 덮거나 침대 아래에 그것을 감추지 않는다. 등불은 얹음대 우에 놓인다, 거기서 그것의 빛은 그 집에 들어가는 모든 사람들에게 보여질 수 있다.

17 For all that is secret will eventually be brought into the open, and everything that is concealed will be brought to light and made known to all.

17 왜냐하면 비밀인 모든 것이 언젠가는 공개될 것이다, 그리고 감추어진 모든 것은 밝혀질 것이며 모두에게 알려질 것이기 때문이다.

18 "So pay attention to how you hear. To those who listen to my teaching,

more understanding will be given. But for those who are not listening, even what they think they understand will be taken away from them."

18 《그래서 너희가 듣는 것에 주의를 기울여라. 나의 가르침에 귀를 기울이는 사람들에게는 더 많은 리해가 있게 될 것이다. 그러나 귀를 기울이지 않는 사람들에게는, 그들이 리해한다고 생각하는 것마져도 그들에게서 빼앗길 것이다.》

The True Family of Jesus

예수님의 진정한 가족

19 **Then Jesus' mother and brothers came to see him, but they couldn't get to him because of the crowd.**

19 그때 예수님의 어머니와 형제들이 그분을 보기 위해 왔다. 그러나 그들은 군중 때문에 그분을 만날 수 없었다.

20 **Someone told Jesus, "Your mother and your brothers are outside, and they want to see you."**

20 누군가 예수님에게 말했다. 《당신의 어머니와 당신의 형제들이 밖에 있습니다. 그리고 그들이 당신을 만나고 싶어 합니다.》

21 **Jesus replied, "My mother and my brothers are all those who hear God's word and obey it."**

21 예수님이 대답하셨다. 《나의 어머니와 나의 형제들은 하나님의 말씀을 듣고 그것을 따르는 모든 사람들이다.》

Jesus Calms the Storm

예수님이 폭풍우를 잔잔케 하시다

22 **One day Jesus said to his disciples, "Let's cross to the other side of the lake." So they got into a boat and started out.**

22 어느 날 예수님이 그분의 제자들에게 말씀하셨다. 《호수의 건너편으로 건너가자.》 그래서 그들은 배에 타고 출발했다.

23 **As they sailed across, Jesus settled down for a nap. But soon a fierce storm came down on the lake. The boat was filling with water, and they were in real danger.**

23 그들이 배로 건너가고 있을 때, 예수님은 낮잠에 들어 계셨다. 그러나 곧 사나운 폭풍우가 호수 우에 내리 닥쳤다. 그 배는 물이 차고 있었고, 그들은 완전히 위험에 처해 있었다.

24 **The disciples went and woke him up, shouting, "Master, Master, we're going to drown!" When Jesus woke up, he rebuked the wind and the raging**

waves. Suddenly the storm stopped and all was calm.

24 제자들은 가서 웨치면서, 그분을 깨웠다, 선생님, 선생님, 우리가 빠져 죽게 되였습니다!》 예수님이 깨여나셨을 때, 그분은 바람과 성난 파도를 꾸지지셨다. 갑자기 그 폭풍우는 멈췄고 모든 것이 잔잔해졌다.

25 **Then he asked them, "Where is your faith?" The disciples were terrified and amazed. "Who is this man?" they asked each other. "When he gives a command, even the wind and waves obey him!"**

25 그러자 그분이 그들에게 물으셨다, 《너희들의 믿음이 어디 있는가?》 제자들은 무서워하며 깜짝 놀랐다. 《이분은 누구신가?》 그들은 서로 물었다. 《그분이 명령을 내리자, 바람과 파도조차도 그분에게 복종하는구나!》

Jesus Heals a Demon-Possessed Man

예수님이 귀신 들린 한 사람을 고치시다

26 **So they arrived in the region of the Gerasenes, across the lake from Galilee.**

26 그래서 그들은 갈릴리 호수 바로 맞은편, 거라사인 지방에 도착했다.

27 **As Jesus was climbing out of the boat, a man who was possessed by demons came out to meet him. For a longtime he had been homeless and naked, living in a cemetery outside the town.**

27 예수님이 배에서 나와 올라가고 계셨을 때, 귀신들에게 사로잡힌 한 사람이 그분을 만나려고 나왔다. 오래동안 그는 마을 밖 공동묘지에서 살면서, 집이 없고 벌거벗고 있었다.

28 **As soon as he saw Jesus, he shrieked and fell down in front of him. Then he screamed, "Why are you interfering with me, Jesus, Son of the Most High God? Please, I beg you, don't torture me!"**

28 그가 예수님을 보자마자, 그는 날카롭게 소리치고 그분 앞에 엎드렸다. 그러고 나서 그는 비명을 질렀다, 《왜 당신은 나에게 간섭하십니까, 가장 높으신 하나님의 아들, 예수님? 제가 당신에게 간청하니, 제발, 저를 괴롭히지 말아 주십시오!》

29 **For Jesus had already commanded the evil spirit to come out of him. This spirit had often taken control of the man. Even when he was placed under guard and put in chains and shackles, he simply broke them and rushed out into the wilderness, completely under the demon's power.**

29 왜냐하면 예수님이 이미 그 악한 령에게 그에게서 나오도록 명령하셨기 때문이였다. 이 령은 자주 그 사람을 제압했었다. 지어 그가 감시

하에 있었고 쇠사슬과 쇠고랑에 묶였을 때에도, 그는 쉽게 그것들을 깨
부시고, 완전히 귀신의 능력에 사로잡혀 황야로 세차게 달려 나갔다.

30 Jesus demanded, "What is your name?" "Legion," he replied, for he was filled with many demons.

30 예수님이 물으셨다, 《너의 이름이 무엇인가?》《집단군입니다.》 그가 대답했다, 왜냐하면 그는 많은 귀신들로 가득 차 있었기 때문이였다.

31 The demons kept begging Jesus not to send them into the bottomless pit.

31 귀신들은 자기들을 바닥 없는 구뎅이 속으로 보내지 말아 달라고 예수님에게 빌기를 계속했다.

32 There happened to be a large herd of pigs feeding on the hillside nearby, and the demons begged him to let them enter into the pigs. So Jesus gave them permission.

32 바로 그때에 근처 언덕 비탈 우에서 먹이를 먹고 있던 큰 돼지 떼가 있었다. 그래서 귀신들은 자기들을 그 돼지들에게 들어가게 해달라고 그분에게 빌었다. 그래서 예수님은 그들에게 허락해 주셨다.

33 Then the demons came out of the man and entered the pigs, and the entire herd plunged down the steep hillside into the lake and drowned.

33 그러자 그 귀신들은 그 사람에게서 나와서 그 돼지들에게 들어갔다, 그리고 그 돼지 떼는 전부 가파른 언덕비탈에서 호수로 뛰여들어 물에 빠져 죽었다.

34 When the herdsmen saw it, they fled to the nearby town and the surrounding countryside, spreading the news as they ran.

34 돼지치기들이 그것을 보았을 때, 그들은 가까운 곳의 마을과 그 주변의 농촌으로 도망쳤다, 그들은 그 소식을 퍼뜨리며 달아났다.

35 People rushed out to see what had happened. A crowd soon gathered around Jesus, and they saw the man who had been freed from the demons. He was sitting at Jesus'feet, fully clothed and perfectly sane, and they were all afraid.

35 사람들이 일어난 일을 보려고 세차게 달려 나왔다. 군중이 곧 예수님 주변에 모였다, 그리고 그들은 귀신들에게서 풀려난 그 사람을 보았다. 그는 옷을 다 입고 완전히 제정신이 들어, 예수님의 발치에 앉아 있었다, 그리하여 그들은 모두 두려워했다.

36 Then those who had seen what happened told the others how the demon-possessed man had been healed.

36 그러자 일어난 일을 보았던 사람들이 다른 사람들에게 그 귀신 들린 사람이 어떻게 고쳐졌는지를 말해 주었다.

37 And all the people in the region of the Gerasenes begged Jesus to go away and leave them alone, for a great wave of fear swept over them. So Jesus returned to the boat and left, crossing back to the other side of the lake.

37 그런 다음 거라사인 지방의 모든 사람들이 예수님에게 떠나 달라고 하며 그들을 자기들끼리만 있게 해달라고 간청했다. 왜냐하면 큰 두려움의 물결이 그들을 휩쓸었기 때문이였다. 그래서 예수님은 호수의 건너편으로 다시 건너가기 위해 배로 돌아가서 떠나셨다.

38 The man who had been freed from the demons begged to go with him. But Jesus sent him home, saying,

38 귀신들에게서 풀려난 그 사람은 그분과 함께 가기를 간청했다. 그러나 예수님은 이렇게 말하면서 그를 집으로 보내셨다,

39 "No, go back to your family, and tell them everything God has done for you." So he went all through the town proclaiming the great things Jesus had done for him.

39《아니다, 네 가족에게로 돌아가거라, 그리고 하나님께서 너를 위해 실행하신 모든 것을 그들에게 말해 주어라.》그래서 그는 예수님이 자기를 위해 해주신 위대한 일들을 선포하면서 온 마을을 두루 다녔다.

Jesus Heals in Response to Faith

예수님이 믿음에 대한 응답으로 고치시다

40 On the other side of the lake the crowds welcomed Jesus, because they had been waiting for him.

40 호수의 건너편에서 군중들이 예수님을 환영하였다, 왜냐하면 그들은 그분을 기다리고 있었기 때문이였다.

41 Then a man named Jairus, a leader of the local synagogue, came and fell at Jesus' feet, pleading with him to come home with him.

41 그때 그 지방 군중회관의 한 지도자인 야이로라고 불리는 한 사람이, 와서 자기와 함께 집으로 오시기를 예수님께 탄원하면서, 그분의 발 앞에 엎드렸다.

42 His only daughter, who was about twelve years old, was dying. As Jesus went with him, he was surrounded by the crowds.

42 열두 살쯤 되였던, 그의 외딸이 죽어 가고 있었다. 예수님이 그와 함께 갔을 때, 그분은 군중들에 의해 둘러싸였다.

43 A woman in the crowd had suffered for twelve years with constant bleeding, and she could find no cure.

43 군중 속의 한 녀자가 12년 동안 끊임없이 계속되는 출혈로 고통받고

있었다, 그리고 그 녀자는 아무런 치료법도 찾을 수 없었다.

44 Coming up behind Jesus, she touched the fringe of his robe. Immediately, the bleeding stopped.

44 예수님 뒤로 와서, 그 녀자는 그분의 겉옷의 가장자리를 만졌다. 즉시, 그 출혈은 멈췄다.

45 "Who touched me?" Jesus asked. Everyone denied it, and Peter said, "Master, this whole crowd is pressing up against you."

45 《누가 나를 만졌는가?》 예수님이 물으셨다. 모두 다 그것을 부인했다. 그러자 베드로가 말했다, 《선생님, 이 모든 군중이 당신을 밀치고 있습니다.》

46 But Jesus said, "Someone deliberately touched me, for I felt healing power go out from me."

46 그러나 예수님이 말씀하셨다, 《누군가 나를 일부러 만졌다, 왜냐하면 나는 병 고치는 힘이 나에게서 나간 것을 느꼈기 때문이다.》

47 When the woman realized that she could not stay hidden, she began to tremble and fell to her knees in front of him. The whole crowd heard her explain why she had touched him and that she had been immediately healed.

47 그 녀자가 계속 숨어 있을 수 없다는 것을 자신이 깨달았을 때, 그 녀자는 떨기 시작했고 그분 앞에서 자기의 무릎을 꿇었다. 모든 군중은 그 녀자가 왜 그분을 만졌는지와 그 녀자가 즉시 고침을 받았다는 것을 그 자신이 설명하는 것을 들었나.

48 "Daughter," he said to her, "your faith has made you well. Go in peace."

48 《딸아,》 그분이 그 녀자에게 말씀하셨다, 《너의 믿음이 너를 낫게 하였다. 평안히 가거라.》

49 While he was still speaking to her, a messenger arrived from the home of Jairus, the leader of the synagogue. He told him, "Your daughter is dead. There's no use troubling the Teacher now."

49 그분이 아직 그 녀자에게 말하고 있는 동안, 군중회관의 지도자, 야이로의 집에서 심부름군이 도착했다. 그가 그에게 말했다, 《당신의 따님은 죽었습니다. 이제는 선생님을 수고스럽게 해도 소용이 없습니다.》

50 But when Jesus heard what had happened, he said to Jairus, "Don't be afraid. Just have faith, and she will be healed."

50 그러나 예수님이 일어난 일을 들었을 때, 그분은 야이로에게 말씀하셨다, 《두려워하지 말아라, 오직 믿음만을 가져라, 그러면 그 녀자애는 고쳐질 것이다.》

51 **When they arrived at the house, Jesus wouldn't let anyone go in with him except Peter, John, James, and the little girl's father and mother.**

51 그들이 집에 도착했을 때, 예수님은 베드로, 요한, 야고보 그리고 그 어린 소녀의 아버지와 어머니를 제외하고는 어느 누구도 자기와 함께 들어가지 못하게 하셨다.

52 **The house was filled with people weeping and wailing, but he said, "Stop the weeping! She isn't dead; she's only asleep."**

52 그 집은 울면서 통곡하는 사람들로 가득 차 있었다, 그러나 그분이 말씀하셨다, 《울기를 멈추어라! 그 녀자애는 죽지 않았다; 그 애는 단지 잠자고 있을 뿐이다.》

53 **But the crowd laughed at him because they all knew she had died.**

53 그러나 군중은 자기들이 모두 그 녀자애가 죽었다는 것을 알고 있었기 때문에 그분을 비웃었다.

54 **Then Jesus took her by the hand and said in a loud voice, "My child, get up!"**

54 그러자 예수님이 그 녀자애의 손을 잡고 큰 목소리로 말씀하셨다, 《내 아이야, 일어나거라!》

55 **And at that moment her life returned, and she immediately stood up! Then Jesus told them to give her something to eat.**

55 그러자 그 순간 그 녀자애의 생명이 돌아왔다, 그리하여 그 녀자애는 즉시 일어섰다! 그러자 예수님은 그 녀자애에게 먹을 것을 주라고 그들에게 말씀하셨다.

56 **Her parents were overwhelmed, but Jesus insisted that they not tell anyone what had happened.**

56 그 녀자애의 부모는 어리둥절했다, 그러나 예수님은 그들이 일어난 일을 아무에게도 말하지 말라고 강조하셨다.

9

Jesus Sends Out the Twelve Disciples

예수님이 12 제자들을 보내시다

1 **One day Jesus called together his twelve disciples and gave them power and authority to cast out all demons and to heal all diseases.**

1 어느 날 예수님은 자신의 열두 제자들을 함께 불러 그들에게 모든 귀신을 쫓아내고 모든 병을 고치는 능력과 권한을 주셨다.

2 **Then he sent them out to tell everyone about the Kingdom of God and to**

heal the sick.

2 그런 다음 그분은 모든 사람에게 하나님의 나라에 대해 말씀하시고 병든 사람들을 고치라고 그들을 보내셨다.

3 “Take nothing for your journey,” he instructed them. “Don’t take a walking stick, a traveler’s bag, food, money, or even a change of clothes.

3《너희의 려행을 위해 아무것도 가져가지 말아라,》 그분은 그들에게 지시하셨다.《지팽이, 려행자의 가방, 식량, 돈 또는 지어 갈아입을 옷도 가져가지 말아라.

4 Wherever you go, stay in the same house until you leave town.

4 너희가 어디를 가든지, 너희는 마을을 떠날 때까지 같은 집에 머물러라.

5 And if a town refuses to welcome you, shake its dust from your feet as you leave to show that you have abandoned those people to their fate.”

5 그리고 만일 어떤 마을이 너희를 환영하기를 거절하면, 너희는 그 사람들을 자신들의 운명에 내맡겼다는 것을 보여 주기 위해 너희가 떠날 때 너희의 발에서 그것의 먼지를 털어 버려라.》

6 So they began their circuit of the villages, preaching the Good News and healing the sick.

6 그래서 그들은 반가운 소식을 전하고 병든 사람들을 고치면서 마을들에 대한 그들의 순회를 시작했다.

Herod’s Confusion

헤롯의 혼란

7 When Herod Antipas, the ruler of Galilee, heard about everything Jesus was doing, he was puzzled. Some were saying that John the Baptist had been raised from the dead.

7 갈릴리의 통치자, 헤롯 안티파스가 예수님이 하고 있던 모든 일에 대해 들었을 때, 그는 당황해졌다. 어떤 사람들은 세례자 요한이 죽은 사람들로부터 되살아났다고 말하고 있었다.

8 Others thought Jesus was Elijah or one of the other prophets risen from the dead.

8 다른 사람들은 예수님이 엘리야이거나 죽은 사람들로부터 되살아난 예언자들 중 하나라고 생각했다.

9 “I beheaded John,” Herod said, “so who is this man about whom I hear such stories?” And he kept trying to see him.

9《내가 요한의 목을 베였다,》 헤롯이 말했다,《그렇다면 내가 그에 대

한 이 같은 이야기를 듣고 있는 이 사람은 누구인가?》 그리고 그는 그분을 만나기 위해 계속 노력했다.

Jesus Feeds Five Thousand

예수님이 5천 명을 먹이시다

10 When the apostles returned, they told Jesus everything they had done. Then he slipped quietly away with them toward the town of Bethsaida.

10 핵심제자들이 돌아왔을 때, 그들은 예수님에게 그들이 했던 모든 일에 대해 말씀드렸다. 그러자 그분은 그들과 함께 벳세다 마을을 향해 조용히 빠져나가셨다.

11 But the crowds found out where he was going, and they followed him. He welcomed them and taught them about the Kingdom of God, and he healed those who were sick.

11 그러나 군중들은 그분이 어디로 가고 있었는지를 알아냈다. 그리하여 그들은 그분을 따라 갔다. 그분은 그들을 환영했고 그들에게 하나님 나라에 대해 가르치셨다. 그리고 그분은 병든 사람들을 고치셨다.

12 Late in the afternoon the twelve disciples came to him and said, "Send the crowds away to the nearby villages and farms, so they can find food and lodging for the night. There is nothing to eat here in this remote place."

12 오후 늦게 그 열두 제자들은 그분에게 와서 말씀드렸다. 《군중들을 가까이에 있는 마을들이나 농가들로 보내십시오. 그래야 그들이 밤을 지낼 식량과 숙소를 찾을 수 있습니다. 여기 이 외딴 곳에는 아무것도 먹을 것이 없습니다.》

13 But Jesus said, "You feed them." "But we have only five loaves of bread and two fish," they answered. "Or are you expecting us to go and buy enough food for this whole crowd?"

13 그러나 예수님이 말씀하셨다. 《너희가 그들을 먹여라.》《그러나 우리는 단지 빵 다섯 덩이와 두 마리의 물고기를 가지고 있을 뿐입니다.》 그들이 대답했다. 《그렇지 않으면 당신은 이 모든 군중을 위한 충분한 식량을 우리가 가서 사 오기를 기대하십니까?》

14 For there were about 5,000 men there. Jesus replied, "Tell them to sit down in groups of about fifty each."

14 왜냐하면 거기에는 약 5,000명의 남자들이 있었기 때문이였다. 예수님이 대답하셨다. 《그들에게 각각 약 50명씩 무리 지어 앉으라고 말하여라.》

15 So the people all sat down.

15 그래서 그 사람들은 모두 앉았다.

16 Jesus took the five loaves and two fish, looked up toward heaven, and blessed them. Then, breaking the loaves into pieces, he kept giving the bread and fish to the disciples so they could distribute it to the people.

16 예수님은 그 다섯 덩이 빵과 두 마리 물고기를 들고, 하늘을 향하여 우러러보셨다. 그리고 그것들을 축복하셨다. 그러고 나서, 그 빵 덩이를 쪼각으로 쪼개면서, 그분은 빵과 물고기를 제자들에게 계속 주셨다. 그리하여 그들이 그것을 사람들에게 나누어 줄 수 있었다.

17 They all ate as much as they wanted, and afterward, the disciples picked up twelve baskets of leftovers!

17 그들은 모두 자기들이 원하는 만큼 많이 먹었다. 그리고 그 후에, 그 제자들은 먹고 남은 음식의 열두 바구니를 거두었다!

Peter's Declaration about Jesus

예수님에 대한 베드로의 선언

18 One day Jesus left the crowds to pray alone. Only his disciples were with him, and he asked them, "Who do people say I am?"

18 어느 날 예수님은 혼자서 기도하기 위해 군중들을 떠나셨다. 그분의 제자들만 그분과 함께 있었고, 그분은 그들에게 물으셨다, 《사람들이 나를 누구라고 하는가?》

19 "Well," they replied, "some say John the Baptist, some say Elijah, and others say you are one of the other ancient prophets risen from the dead."

19 《글쎄요,》 그들이 대답했다, 《어떤 사람들은 세례자 요한이라고 말합니다, 어떤 사람들은 엘리야라고 말하고, 또 다른 사람들은 당신이 죽은 사람들로부터 되살아난 다른 옛 예언자들 중 하나라고 말하고 있습니다.》

20 Then he asked them, "But who do you say I am?" Peter replied, "You are the Messiah sent from God!"

20 그러자 그분이 그들에게 물으셨다, 《그러면 너희는 나를 누구라고 말하는가?》 베드로가 대답했다, 《당신은 하나님께서 보내신 구세주이십니다!》

Jesus Predicts His Death

예수님이 자신의 죽음을 예언하시다

21 Jesus warned his disciples not to tell anyone who he was.

21 예수님은 자기 제자들에게 자신이 누구인지 아무에게도 말하지 말

라고 경고하셨다.

22 "The Son of Man must suffer many terrible things," he said. "He will be rejected by the elders, the leading priests, and the teachers of religious law. He will be killed, but on the third day he will be raised from the dead."

22 《사람의 아들이 많은 끔찍한 일들을 겪어야 한다.》 그분은 말씀하셨다. 《그는 장로들과, 총제사장들과, 종교법 선생들에 의해 배척당할 것이다. 그는 살해당할 것이다, 그러나 3일째 되는 날에 그는 죽은 사람들로부터 다시 살아날 것이다.》

23 Then he said to the crowd, "If any of you wants to be my follower, you must turn from your selfish ways, take upyour cross daily, and follow me.

23 그러고 나서 그분은 군중에게 말씀하셨다. 《만일 너희 중 누구라도 나를 따르는 사람이 되고 싶으면, 너희는 자신의 리기적인 길에서 돌아서서, 날마다 자신의 십자사형틀을 지고, 나를 따라야 한다.

24 If you try to hang on to your life, you will lose it. But if you give up your life for my sake, you will save it.

24 만일 너희가 자신의 목숨을 붙잡으려고 하면, 너희는 그것을 잃을 것이다. 그러나 만일 너희가 나를 위해 자신의 목숨을 포기하면, 너희는 그것을 구원할 것이다.

25 And what do you benefit if you gain the whole world but are yourself lost or destroyed?

25 그런데 만일 너희가 온 세상을 얻으면서도 너희 자신을 잃거나 망하게 된다면 너희는 무슨 리익이 있겠는가?

26 If anyone is ashamed of me and my message, the Son of Man will be ashamed of that person when he returns in his glory and in the glory of the Father and the holy angels.

26 만일 누구든지 나와 나의 말을 부끄러워한다면, 사람의 아들이 그가 자신의 영광과 아버지의 영광과 거룩한 천사들의 영광 속에 돌아올 때 그 사람을 부끄럽게 여길 것이다.

27 I tell you the truth, some standing here right now will not die before they see the Kingdom of God."

27 내가 너희에게 진실을 말한다. 바로 지금 여기에 서 있는 어떤 사람들은 그들이 하나님의 나라를 보기 전에 죽지 않을 것이다.》

The Transfiguration
모습 바뀌기

28 About eight days later Jesus took Peter, John, and James up on a mountain to pray.

28 8일쯤 지나서 예수님은 기도하기 위해 베드로, 요한, 그리고 야고보를 산 우로 데리고 가셨다.

29 And as he was praying, the appearance of his face was transformed, and his clothes became dazzling white.

29 그리고 그분이 기도하고 계셨을 때, 그분의 얼굴 모습이 바뀌였다. 그리고 그분의 옷은 눈부신 흰색이 되였다.

30 Suddenly, two men, Moses and Elijah, appeared and began talking with Jesus.

30 갑자기, 두 사람, 모세와 엘리야가 나타났고 예수님과 이야기하기 시작했다.

31 They were glorious to see. And they were speaking about his exodus from this world, which was about to be fulfilled in Jerusalem.

31 그들은 보기에 장엄하였다. 그리고 그들은 예루살렘에서 실현될 이 세상으로부터의 그분의 떠나심에 대해 이야기하고 있었다.

32 Peter and the others had fallen asleep. When they woke up, they saw Jesus' glory and the two men standing with him.

32 베드로와 다른 사람들은 잠들었다. 그들이 깨여났을 때, 그들은 예수님의 영광과 그분과 함께 서 있는 두 사람을 보았다.

33 As Moses and Elijah were starting to leave, Peter, not even knowing what he was saying, blurted out, "Master, it's wonderful for us to be here! Let's make three shelters as memorials—one for you, one for Moses, and one for Elijah."

33 모세와 엘리야가 떠나려 할 때, 베드로는, 지어 자기가 무슨 말을 하고 있는지도 모르면서, 불쑥 말을 꺼냈다, 《선생님, 우리가 여기에 있는 것이 신기합니다! 기념물로서 세 개의 쉼터를 만들겠습니다—하나는 당신을 위해, 하나는 모세를 위해, 그리고 하나는 엘리야를 위해.》

34 But even as he was saying this, a cloud overshadowed them, and terror gripped them as the cloud covered them.

34 그러나 그가 이것을 말하고 있었을 바로 그때, 구름이 그들을 가렸다. 그리고 그 구름이 그들을 덮자 두려움이 그들을 사로잡았다.

35 Then a voice from the cloud said, "This is my Son, my Chosen One. Listen to him."

35 그러자 그 구름으로부터 한 목소리가 말씀하셨다, 《이는 나의 아들, 내가 선택한 사람이다. 그의 말을 들어라.》

36 **When the voice finished, Jesus was there alone. They didn't tell anyone at that time what they had seen.**

36 그 목소리가 끝났을 때, 예수님이 거기에 혼자 계셨다. 그들은 그때 자기들이 본 것을 아무에게도 말하지 않았다.

Jesus Heals a Demon-Possessed Boy

예수님이 한 귀신 들린 소년을 고치시다

37 **The next day, after they had come down the mountain, a large crowd met Jesus.**

37 그다음 날, 그들이 산에서 내려온 후에, 큰 군중이 예수님을 만났다.

38 **A man in the crowd called out to him, "Teacher, I beg you to look at my son, my only child.**

38 군중 속의 한 사람이 그분에게 웨쳤다, 《선생님, 저는 내 아들, 내 하나뿐인 아이를 돌보아 달라고 당신에게 간청합니다.

39 **An evil spirit keeps seizing him, making him scream. It throws him into convulsions so that he foams at the mouth. It batters him and hardly ever leaves him alone.**

39 한 악한 령이 그를 소리 지르게 하면서, 그를 계속 붙잡고 있습니다. 그것은 그로 하여금 발작을 일으키게 하여 그가 입에 거품을 물도록 합니다. 그것은 그를 때리고 좀처럼 그를 혼자 내버려 두지 않습니다.

40 **I begged your disciples to cast out the spirit, but they couldn't do it."**

40 제가 당신의 제자들에게 그 령을 쫓아내 달라고 간청했습니다, 그러나 그들은 그것을 할 수 없었습니다.》

41 **Jesus said, "You faithless and corrupt people! How long must I be with you and put up with you?" Then he said to the man, "Bring your son here."**

41 예수님이 말씀하셨다, 《너희 믿음 없고 타락한 자들아! 얼마나 오래 동안 내가 너희와 함께 있어야 하고 너희를 참고 견뎌야 하겠는가?》 그러고 나서 그분은 그 사람에게 말씀하셨다, 《너의 아들을 이리로 데리고 오너라.》

42 **As the boy came forward, the demon knocked him to the ground and threw him into a violent convulsion. But Jesus rebuked the evil spirit and healed the boy. Then he gave him back to his father.**

42 그 소년이 앞으로 나왔을 때, 그 귀신은 그를 땅에 때려눕히고 그로

하여금 격렬한 발작을 일으키게 했다. 그러나 예수님은 그 악한 령을 꾸짖고 그 소년을 고치셨다. 그러고 나서 그분은 그를 그의 아버지에게 돌려보내셨다.

43 Awe gripped the people as they saw this majestic display of God's power.

43 사람들이 이 위엄 있는 하나님의 능력의 나타남을 보자 두려움이 그 사람들을 사로잡았다.

Jesus Again Predicts His Death

예수님이 자신의 죽음을 다시 예언하시다

While everyone was marveling at everything he was doing, Jesus said to his disciples,

모든 사람들이 그분이 하고 있었던 모든 일에 놀라는 동안, 예수님이 그분의 제자들에게 말씀하셨다,

44 "Listen to me and remember what I say. The Son of Man is going to be betrayed into the hands of his enemies."

44《나에게 귀를 기울이고 내가 말하는 것을 기억하여라. 사람의 아들이 자기 원쑤들의 손에 넘겨지게 될 것이다.》

45 But they didn't know what he meant. Its significance was hidden from them, so they couldn't understand it, and they were afraid to ask him about it.

45 그러나 그들은 그분의 말씀이 무슨 뜻인지 알지 못했다 . 그것의 깊은 뜻이 그들에게 가려져 있었다. 그래서 그들은 그것을 리해하지 못했다. 그리하여 그들은 그것에 대해 그분에게 물어보기가 두려웠다.

The Greatest in the Kingdom

하나님 나라에서 가장 큰 사람

46 Then his disciples began arguing about which of them was the greatest.

46 그 후 그분의 제자들은 그들 중에서 누가 가장 큰 사람인가에 대해 론쟁하기 시작했다.

47 But Jesus knew their thoughts, so he brought a little child to his side.

47 그러나 예수님이 그들의 생각을 아셨다. 그래서 그분은 한 어린아이를 자기 곁에 데려오셨다.

48 Then he said to them, "Anyone who welcomes a little childlike this on my behalf welcomes me, and anyone who welcomes me also welcomes my Father who sent me. Whoever is the least among you is the greatest."

48 그러고 나서 그분은 그들에게 말씀하셨다,《나 대신 이와 같은 어린

아이를 환영하는 사람은 누구든지 나를 환영하는 것이다, 그리고 나를 환영하는 사람은 누구든지 나를 보내신 나의 아버지도 환영하는 것이다. 누구든지 너희 가운데 가장 보잘것없는 사람이 가장 큰 사람이다.》

Using the Name of Jesus
예수님의 이름을 사용하는 것

49 **John said to Jesus, "Master, we saw someone using your name to cast out demons, but we told him to stop because he isn't in our group."**

49 요한이 예수님에게 말했다, 《선생님, 우리는 귀신들을 쫓아내기 위해 당신의 이름을 리용하는 어떤 사람을 보았습니다, 그런데 우리는 그가 우리 집단에 속해 있지 않기 때문에 그를 못하게 하였습니다.》

50 **But Jesus said, "Don't stop him! Anyone who is not against you is for you."**

50 그러나 예수님이 말씀하셨다, 《그를 못하게 하지 말아라! 너희를 반대하지 않는 사람은 누구나 너희를 위하는 사람이다.

Opposition from Samaritans
사마리아 사람들로부터의 반대

51 **As the time drew near for him to ascend to heaven, Jesus resolutely set out for Jerusalem.**

51 그분이 하늘로 올라갈 때가 가까워지자, 예수님은 단호하게 예루살렘을 향하여 떠나셨다.

52 **He sent messengers ahead to a Samaritan village to prepare for his arrival.**

52 그분은 자신의 도착을 준비하도록 사마리아의 한 마을에 심부름군들을 미리 보내셨다.

53 **But the people of the village did not welcome Jesus because he was on his way to Jerusalem.**

53 그러나 그 마을 사람들은 예수님이 예루살렘으로 가는 도중이였기 때문에 그분을 환영하지 않았다.

54 **When James and John saw this, they said to Jesus, "Lord, should we call down fire from heaven to burn them up?"**

54 야고보와 요한이 이것을 보았을 때, 그들이 예수님에게 말했다, 《주님, 우리가 그들을 태워 버리도록 하늘에서 불을 내려 달라고 해야 하겠습니까?》

55 **But Jesus turned and rebuked them.**

55 그러나 예수님은 돌아보시며 그들을 꾸짖으셨다.

56 **So they went on to another village.**

56 그래서 그들은 계속해서 다른 마을로 갔다.

The Cost of Following Jesus

예수님을 따르는 대가

57 **As they were walking along, someone said to Jesus, "I will follow you wherever you go."**

57 그들이 걸어가고 있었을 때, 어떤 사람이 예수님에게 말했다, 《나는 당신이 어디를 가든지 당신을 따르겠습니다.》

58 **But Jesus replied, "Foxes have dens to live in, and birds have nests, but the Son of Man has no place even to lay his head."**

58 그러나 예수님이 대답하셨다, 《여우들은 들어가 살 굴을 가지고 있다, 그리고 새들은 둥지를 가지고 있다, 그러나 사람의 아들은 자신의 머리를 둘 곳조차도 없다.》

59 **He said to another person, "Come, follow me." The man agreed, but he said, "Lord, first let me return home and bury my father."**

59 그분은 또 다른 사람에게 말씀하셨다, 《오너라, 나를 따르거라.》 그 사람은 동의했다, 그러나 그는 말했다, 《주님, 먼저 나로 하여금 집으로 돌아가서 나의 아버지의 장례를 치르게 해주십시오.》

60 **But Jesus told him, "Let the spiritually dead bury their own dead! Your duty is to go and preach about the Kingdom of God."**

60 예수님은 그에게 말씀하셨다, 《령적으로 죽은 자들이 그들 자신의 죽은 자들을 장례하도록 하여라! 너희의 임무는 가서 하나님 나라에 대해 가르치는 것이다.》

61 **Another said, "Yes, Lord, I will follow you, but first let me say good-bye to my family."**

61 또 다른 사람이 말했다, 《예, 주님, 제가 당신을 따르겠습니다, 그러나 먼저 저로 하여금 제 가족에게 작별 인사를 하게 해주십시오.》

62 **But Jesus told him, "Anyone who puts a hand to the plow and then looks back is not fit for the Kingdom of God."**

62 그러나 예수님은 그에게 말씀하셨다, 《누구든지 한 손에 쟁기를 잡고 그러고 나서 뒤돌아보는 사람은 하나님의 나라에 어울리지 않는다.》

10

Jesus Sends Out His Disciples

예수님이 자기 제자들을 보내시다

1 **The Lord now chose seventy-two other disciples and sent them ahead in pairs to all the towns and places he planned to visit.**

1 주님은 이제 일흔두 명의 다른 제자들을 선택하여 그들을 둘씩 짝을 지어 자신이 방문하려고 계획한 모든 마을들과 장소들에 미리 보내셨다.

2 **These were his instructions to them: "The harvest is great, but the workers are few. So pray to the Lord who is in charge of the harvest; ask him to send more workers into his fields.**

2 이것들은 그들에게 주신 그분의 지시들이였다: 《가을걷이할 것이 많다, 그러나 일군들은 거의 없다. 그러므로 가을걷이를 책임지신 주님에게 기도하여라; 그분에게 자신의 밭에 더 많은 일군들을 보내 달라고 요청하여라.

3 **Now go, and remember that I am sending you out as lambs among wolves.**

3 이제 가거라, 그리고 내가 너희를 승냥이들 가운데 새끼 양들처럼 보내고 있다는 것을 기억하여라.

4 **Don't take any money with you, nor a traveler's bag, nor an extra pair of sandals. And don't stop to greet anyone on the road.**

4 어떤 돈도, 려행자의 가방도, 여분의 신발 한 켤레도 너희는 가지고 가지 말아라. 그리고 길에서 누구와도 인사하려고 멈춰 서지 말아라.

5 **"Whenever you enter someone's home, first say, 'May God's peace be on this house.'**

5 《너희가 누군가의 집에 들어갈 때마다, 먼저 말하여라, 〈하나님의 평화가 이 집 우에 있기를 바랍니다.〉

6 **If those who live there are peaceful, the blessing will stand; if they are not, the blessing will return to you.**

6 만일 그곳에 사는 사람들이 평화적이면, 그 축복은 그대로 있을 것이다; 만일 그들이 그렇지 않다면, 그 축복은 너희에게 되돌아올 것이다.

7 **Don't move around from home to home. Stay in one place, eating and drinking what they provide. Don't hesitate to accept hospitality, because those who work deserve their pay.**

7 집에서 집으로 옮겨 다니지 말아라. 그들이 마련해 주는 것을 먹고 마시면서 한 곳에 머물러라. 환대 받기를 주저하지 말아라, 왜냐하면 일하

는 사람들은 자기들의 로임을 받아 마땅하기 때문이다.

8 "If you enter a town and it welcomes you, eat whatever is set before you.

8《만일 너희가 한 마을에 들어가 그곳이 너희를 환영한다면, 너희 앞에 차려진 것은 무엇이든지 먹어라.

9 Heal the sick, and tell them, 'The Kingdom of God is near you now.'

9 병든 사람들을 고쳐 주어라, 그리고 그들에게 말하여라, 〈하나님 나라가 지금 너희 가까이에 있다.〉

10 But if a town refuses to welcome you, go out into its streets and say,

10 그러나 만일 한 마을이 너희를 환영하기를 거절한다면, 그곳 거리로 나가서 말하여라,

11 'We wipe even the dust of your town from our feet to show that we have abandoned you to your fate. And know this—the Kingdom of God is near!'

11 〈우리가 너희를 자신들의 운명에 내 맡겼다는 것을 보여 주기 위해 우리 발에서 너희 마을의 먼지까지도 닦아 버린다. 그리고 이것을 알아라. 하나님 나라가 가까이에 있다!〉

12 I assure you, even wicked Sodom will be better off than such a town on judgment day.

12 나는 너희에게 담보한다, 악한 소돔까지도 심판 날에 그러한 마을보다 훨씬 더 나을 것이다.

13 "What sorrow awaits you, Korazin and Bethsaida! For if the miracles I did in you had been done in wicked Tyre and Sidon, their people would have repented of their sins long ago, clothing themselves in burlap and throwing ashes on their heads to show their remorse.

13《얼마나 큰 슬픔이 너희를 기다리고 있는가, 고라신과 벳세다야! 왜냐하면 만일 내가 너희 안에서 실행했던 기적들을 악한 두로와 시돈에서 했더라면, 그곳 사람들은 자기들의 량심의 가책을 보여 주기 위해 그들의 황마천 옷을 입고 저들의 머리 우에 재를 뿌리면서 오래전에 자기들의 죄를 뉘우쳤을 것이기 때문이다.

14 Yes, Tyre and Sidon will be better off on judgment day than you.

14 그렇다, 두로와 시돈이 심판 날에 너희보다 훨씬 더 나을 것이다.

15 And you people of Capernaum, will you be honored in heaven? No, you will go down to the place of the dead."

15 그리고 너희 가버나움 사람들아, 너희가 하늘에서 영광을 받겠는가? 아니다, 너희는 죽은 자들의 자리로 내려갈 것이다.》

16 Then he said to the disciples, "Anyone who accepts your message is also accepting me. And anyone who rejects you is rejecting me. And anyone

who rejects me is rejecting God, who sent me."

16 그러고 나서 그분은 제자들에게 말씀하셨다, 《누구든지 너희의 전하는 말을 받아들이는 사람은 나를 또한 받아들이는 것이다. 그리고 너희를 배척하는 사람은 누구든지 나를 배척하는 것이다. 그리고 나를 배척하는 사람은 누구든지 나를 보내신 하나님을 배척하는 것이다.》

17 **When the seventy-two disciples returned, they joyfully reported to him, "Lord, even the demons obey us when we use your name!"**

17 그 일흔두 명의 제자들이 돌아왔을 때, 그들은 그분에게 기쁘게 보고했다, 《주님, 우리가 당신의 이름을 사용할 때 귀신들조차도 우리에게 복종합니다!》

18 **"Yes," he told them, "I saw Satan fall from heaven like lightning!**

18 《그렇다,》 그분이 그들에게 말씀하셨다, 《나는 대악마가 번개불처럼 하늘에서 떨어지는 것을 보았다!

19 **Look, I have given you authority over all the power of the enemy, and you can walk among snakes and scorpions and crush them. Nothing will injure you.**

19 보아라, 내가 너희에게 원쑤들의 모든 권력을 다스릴 권한을 주었다. 그래서 너희는 뱀들과 전갈들 사이를 거닐 수 있고 그것들을 짓부실 수 있다. 아무것도 너희를 해치지 못할 것이다.

20 **But don't rejoice because evil spirits obey you; rejoice because your names are registered in heaven."**

20 그러나 악독한 령들이 너희에게 복종하는 것 때문에 기뻐하지 말아라; 너희의 이름이 하늘에 등록되는 것 때문에 기뻐하여라.》

Jesus' Prayer of Thanksgiving

예수님의 감사의 기도

21 **At that same time Jesus was filled with the joy of the Holy Spirit, and he said, "O Father, Lord of heaven and earth, thank you for hiding these things from those who think themselves wise and clever, and for revealing them to the childlike. Yes, Father, it pleased you to do it this way.**

21 바로 그때 예수님은 성령의 기쁨으로 가득해지셨다, 그래서 그분은 말씀하셨다, 《오오, 하늘과 땅의 주님이신 아버지시여, 이러한 것들을 자기들 스스로 현명하고 령리하다고 생각하는 사람들에게는 숨기시고, 어린아이 같은 사람들에게는 그것들을 드러내 주시는 것에 감사합니다. 그렇습니다, 아버지, 이런 식으로 그것을 실행하는 것이 당신을 기쁘게 하였습니다.

22 "My Father has entrusted everything tome. No one truly knows the Son except the Father, and no one truly knows the Father except the Son and those to whom the Son chooses to reveal him."

22 《나의 아버지께서 모든 것을 나에게 맡기셨습니다. 아버지 외에는 아무도 아들을 진실로 알지 못합니다, 그리고 아들과 그 아들이 자신을 드러내기 위해 선택한 사람들 외에는 아무도 진실로 아버지를 알지 못합니다.》

23 Then when they were alone, he turned to the disciples and said, "Blessed are the eyes that see what you have seen.

23 그 후에 그들만이 있었을 때, 그분은 제자들을 돌아보며 말씀하셨다, 《너희가 보고 있는 것을 보는 눈은 복이 있다.

24 I tell you, many prophets and kings longed to see what you see, but they didn't see it. And they longed to hear what you hear, but they didn't hear it."

24 내가 너희에게 말한다, 많은 예언자들과 왕들이 너희가 보는 것을 보기를 갈망했다, 그러나 그들은 그것을 보지 못했다. 그리고 그들은 너희가 듣는 것을 듣기를 갈망했다, 그러나 그들은 그것을 듣지 못했다.》

The Most Important Commandment

가장 중요한 명령

25 One day an expert in religious law stood up to test Jesus by asking him this question: "Teacher, what should I do to inherit eternal life?"

25 어느 날 한 종교법 전문가가 예수님에게 이 질문을 함으로써 그분을 떠보려고 일어섰다: 《선생님, 영원한 생명을 물려받기 위해 내가 무엇을 해야 합니까?》

26 Jesus replied, "What does the law of Moses say? How do you read it?"

26 예수님이 대답하셨다, 《모세의 률법은 무엇이라고 말하고 있는가? 너는 그것을 어떻게 리해했는가?》

27 The man answered, "'You must love the LORD your God with all your heart, all your soul, all your strength, and all your mind.' And, 'Love your neighbor as yourself.'"

27 그 사람이 대답했다, 《〈너는 너의 하나님이신 주님을 온 마음과 너의 온 령혼과 너의 온 힘과 너의 온 정신을 다해 사랑해야 한다.〉 그리고, 〈너의 이웃을 너 자신과 같이 사랑하여라.〉》

28 "Right!" Jesus told him. "Do this and you will live!"

28 《옳다!》 예수님이 그에게 말씀하셨다. 《이것을 실행하여라 그러면 너

는 살 것이다!》

29 The man wanted to justify his actions, so he asked Jesus, "And who is my neighbor?"

29 그 사람은 자기 행동을 정당화하기를 원했다, 그래서 그는 예수님에게 물었다, 《그러면 누가 나의 이웃입니까?》

Parable of the Good Samaritan

선량한 사마리아 사람에 대한 빗댄이야기

30 Jesus replied with a story: "A Jewish man was traveling from Jerusalem down to Jericho, and he was attacked by bandits. They stripped him of his clothes, beat him up, and left him half dead beside the road.

30 예수님은 한 이야기를 가지고 대답하셨다: 《한 유태 사람이 예루살렘에서 아래 여리고로 려행하고 있었다, 그런데 그는 강도들에 의해 습격당했다. 그들은 그에게서 그의 옷들을 벗기고, 그를 두들겨 패고, 그를 길 옆에 반쯤 죽은 채로 내버려 두었다.

31 "By chance a priest came along. But when he saw the man lying there, he crossed to the other side of the road and passed him by.

31 《우연히 한 제사장이 지나갔다. 그러나 그가 거기 누워 있는 그 사람을 보았을 때, 그는 그 길의 다른 쪽으로 건너가서 그를 지나쳐 갔다.

32 A Temple assistant walked over and looked at him lying there, but he also passed by on the other side.

32 한 신전 보조자가 지나가다가 거기 누워 있는 그를 보았다, 그러나 그도 역시 다른 쪽으로 지나갔다.

33 "Then a despised Samaritan came along, and when he saw the man, he felt compassion for him.

33 《그때 한 멸시받는 사마리아 사람이 지나갔다, 그리고 그가 그 사람을 보았을 때, 그는 그에게 측은함을 느꼈다.

34 Going over to him, the Samaritan soothed his wounds with olive oil and wine and bandaged them. Then he put the man on his own donkey and took him to an inn, where he took care of him.

34 그에게로 다가가서, 그 사마리아 사람은 그의 상처들을 올리브기름과 포도술로 가라앉히고 그것들을 붕대로 감아 주었다. 그러고 나서 그는 그 사람을 자기 당나귀 우에 태우고 그를 려인숙으로 데리고 갔다, 거기서 그는 그를 돌봐 주었다.

35 The next day he handed the innkeeper two silver coins, telling him, 'Take care of this man. If his bill runs higher than this, I'll pay you the next time

I'm here.'

35 그다음 날 그는 려인숙 주인에게 이렇게 말하면서 은전 두 개를 건네 주었다, 〈이 사람을 돌봐 주시오. 만일 그의 청구서가 이것보다 더 비싸게 나오면, 다음에 내가 여기에 올 때 내가 당신에게 갚겠소.〉

36 "Now which of these three would you say was a neighbor to the man who was attacked by bandits?" Jesus asked.

36 《이제 이 세 사람 중에서 누가 강도들에게 습격받은 사람의 이웃이였다고 너희는 말하겠는가?》 예수님이 물으셨다.

37 The man replied, "The one who showed him mercy." Then Jesus said, "Yes, now go and do the same."

37 그 사람이 대답했다, 《그에게 동정심을 보여 준 사람입니다.》 그러자 예수님이 말씀하셨다, 《그렇다, 이제 가서 똑같이 하여라.》

Jesus Visits Martha and Mary

예수님이 마르다와 마리아를 방문하시다

38 As Jesus and the disciples continued on their way to Jerusalem, they came to a certain village where a woman named Martha welcomed him into her home.

38 예수님과 제자들이 계속해서 예루살렘으로 가는 길에, 그들은 마르다라고 부르는 한 녀자가 그분을 자기 집으로 반가이 맞이한 어느 마을에 왔다.

39 Her sister, Mary, sat at the Lord's feet, listening to what he taught.

39 그 녀자의 녀동생, 마리아는 그분이 가르치시는 것을 들으면서 주님의 발 앞에 앉아 있었다.

40 But Martha was distracted by the big dinner she was preparing. She came to Jesus and said, "Lord, doesn't it seem unfair to you that my sister just sits here while I do all the work? Tell her to come and help me."

40 그러나 마르다는 자기가 준비하고 있던 큰 저녁 식사로 하여 마음이 분주해졌다. 그 녀자가 예수님에게 와서 말했다, 《주님, 제가 모든 일을 하는 동안에 저의 녀동생은 그냥 여기에 앉아 있는 것이 당신한테는 부당하게 보이지 않으십니까? 와서 저를 도와주라고 그 녀자에게 말씀해 주십시오.》

41 But the Lord said to her, "My dear Martha, you are worried and upset over all these details!

41 그러나 주님은 그 녀자에게 말씀하셨다, 《나의 사랑하는 마르다야, 네가 이 모든 사소한 일에 대해 근심하고 속상해하는구나!》

42 There is only one thing worth being concerned about. Mary has discovered it, and it will not betaken away from her."

42 관심을 가져야 할 가치 있는 일은 단지 한 가지뿐이다. 마리아는 그 것을 찾았다, 그리고 그것은 그 녀자에게서 빼앗겨지지 않을 것이다.》

11

Teaching about Prayer

기도에 대한 가르침

1 Once Jesus was in a certain place praying. As he finished, one of his disciples came to him and said, "Lord, teach us to pray, just as John taught his disciples."

1 한 번은 예수님이 기도하면서 어떤 곳에 계셨다. 그분이 마치시자, 그분의 제자들 중 하나가 그분에게 와서 말했다, 《주님, 요한이 자기 제자들에게 가르쳤던 것과 꼭 같이 우리에게 기도하는 것을 가르쳐 주십시오.》

2 Jesus said, "This is how you should pray: "Father, may your name be kept holy. May your Kingdom come soon.

2 예수님이 말씀하셨다, 《이것이 너희가 기도해야 하는 방법이다: 《아버지이시여, 당신의 이름이 거룩하게 보존되기를 바랍니다. 당신의 나라가 곧 오기를 바랍니다.

3 Give us each day the food we need,

3 매일 우리에게 우리가 필요로 하는 량식을 주십시오,

4 and forgive us our sins, as we forgive those who sin against us. And don't let us yield to temptation."

4 그리고 우리가 우리에게 죄를 지은 사람들을 용서하는 것같이 우리를 우리의 죄에서 용서하여 주십시오. 그리고 우리로 하여금 유혹에 굴복하지 않게 하여 주십시오.》

5 Then, teaching them more about prayer, he used this story: "Suppose you went to a friend's house at midnight, wanting to borrow three loaves of bread. You say to him,

5 그러고 나서, 그들에게 기도에 대해 더 많은 것을 가르쳐 주시면서, 그분은 이 이야기를 사용하셨다: 《네가 세 덩이의 빵을 빌리고 싶어서, 한밤중에 한 친구의 집에 갔다고 생각해 보아라. 네가 그에게 말한다,

6 'A friend of mine has just arrived for a visit, and I have nothing for him to eat.'

6 〈내 친구 중 하나가 방문하려 이제 막 도착했는데, 나에게는 그가 먹을 것이 아무것도 없다.〉

7 **And suppose he calls out from his bedroom, 'Don't bother me. The door is locked for the night, and my family and I are all in bed. I can't help you.'**

7 그리고 그가 자기의 침실에서 웨친다고 생각해 보아라, 〈나를 귀찮게 굴지 말아라. 문은 오늘 밤 잠겼고, 나의 가족과 나는 모두 잠자리에 들었다. 나는 너를 도와줄 수 없다.〉

8 **But I tell you this—though he won't do it for friendship's sake, if you keep knocking long enough, he will get up and give you whatever you need because of your shameless persistence.**

8 그러나 내가 너희에게 이것을 말한다—그가 우정을 위해서는 그것을 하지 않는다고 해도, 만일 네가 아주 오래동안 문을 계속 두드리면, 그는 일어나서 네가 필요로 하는 무엇이든 줄 것이다. 왜냐하면 너의 부끄럼 모르는 집요함 때문이다.

9 **"And so I tell you, keep on asking, and you will receive what you ask for. Keep on seeking, and you will find. Keep on knocking, and the door will be opened to you.**

9 《그래서 나는 너희에게 말한다, 요구하기를 계속하여라, 그러면 너희는 너희가 요구하는 것을 받을 것이다. 찾기를 계속하여라, 그러면 너희가 얻을 것이다. 두드리기를 계속하여라, 그러면 문이 너희에게 열려질 것이다.

10 **For everyone who asks, receives. Everyone who seeks, finds. And to everyone who knocks, the door will be opened.**

10 왜냐하면 요구하는 사람 누구나가, 받기 때문이다. 얻으려고 하는 사람 누구나가, 찾는다. 그리고 두드리는 사람 누구나에게, 그 문이 열려질 것이다.

11 **"You fathers—if your children ask for a fish, do you give them a snake instead?**

11 《너희 아버지들아—만일 너희의 아들딸들이 물고기를 요구하면, 너희는 그들에게 대신 뱀을 주겠는가?

12 **Or if they ask for an egg, do you give them a scorpion? Of course not!**

12 혹은 만일 그들이 닭알을 요구하면, 너희는 그들에게 전갈을 주겠는가? 물론 그렇지 않다!

13 **So if you sinful people know how to give good gifts to your children, how much more will your heavenly Father give the Holy Spirit to those who ask him."**

13 그러므로 만일 너희 죄 많은 사람들이 좋은 선물들을 너희 아들딸들에게 주는 방법을 안다면, 하물며 너희 하늘의 아버지께서 그분에게 요구하는 사람들에게 성령님을 보내시지 않겠는가.》

Jesus and the Prince of Demons

예수님과 귀신들의 우두머리

14 One day Jesus cast out a demon from a man who couldn't speak, and when the demon was gone, the man began to speak. The crowds were amazed,

14 어느 날 예수님이 말을 못하는 한 사람에게서 귀신을 내쫓아내셨다, 그리고 그 귀신이 나갔을 때, 그 사람이 말하기 시작했다. 군중들은 깜짝 놀랐다,

15 but some of them said, "No wonder he can cast out demons. He gets his power from Satan, the prince of demons."

15 그러나 그들 중 몇은 말했다, 《그분이 귀신들을 쫓아낼 수 있는 것은 조금도 이상하지 않다. 그분은 귀신들의 우두머리인 마왕으로부터 자신의 능력을 얻는다.》

16 Others, trying to test Jesus, demanded that he show them a miraculous sign from heaven to prove his authority.

16 다른 사람들은, 예수님을 떠보려고 하면서, 그분이 자신의 권한을 립증하기 위해 하늘로부터 기적적인 증표를 그들에게 보여 달라고 요구했다.

17 He knew their thoughts, so he said, "Any kingdom divided by civil war is doomed. A family splintered by feuding will fall apart.

17 그분은 그들의 생각을 아셨다, 그래서 그분은 말씀하셨다, 《내부 전쟁으로 분렬된 어느 나라라도 파멸될 운명에 처한다. 불화로 인해 갈라진 가정은 산산쪼각 날 것이다.

18 You say I am empowered by Satan. But if Satan is divided and fighting against himself, how can his kingdom survive?

18 너희는 내가 마왕에 의해 권한을 부여받는다고 말한다. 그러나 만일 마왕이 분렬되고 그 자신을 반대해서 싸우고 있다면, 어떻게 그의 나라가 살아남을 수 있겠는가?

19 And if I am empowered by Satan, what about your own exorcists? They cast out demons, too, so they will condemn you for what you have said.

19 그리고 만일 내가 마왕에 의해 권한을 부여받는다면, 너희들 자신의 귀신 쫓아내는 자들은 어떻게 되겠는가? 그들도 역시, 귀신들을 쫓아

낸다. 그래서 그들은 너희가 말한 것으로 하여 너희를 비난하게 될 것
이다.

20 **But if I am casting out demons by the power of God, then the Kingdom of God has arrived among you.**

20 그러나 만일 내가 하나님의 능력으로 귀신들을 쫓아내고 있다면, 그 때에 하나님의 나라는 너희 가운데 이른 것이다.

21 **For when a strong man like Satan is fully armed and guards his palace, his possessions are safe—**

21 왜냐하면 마왕과 같이 힘센 자가 완전히 무장하고 자기 궁전을 지킬 때, 그의 재산은 안전하기 때문이다—

22 **until someone even stronger attacks and overpowers him, strips him of his weapons, and carries off his belongings.**

22 더욱 힘센 누군가가 그를 공격하여 제압하고, 그에게서 그의 무기들을 빼앗고, 그의 소유물들을 앗아갈 때까지는.

23 **"Anyone who isn't with me opposes me, and anyone who isn't working with me is actually working against me.**

23 《누구든지 나와 함께 있지 않는 사람은 나를 반대한다, 그리고 누구든지 나와 함께 일하고 있지 않으면 실제로 나를 반대하여 일하고 있다.

24 **"When an evil spirit leaves a person, it goes into the desert, searching for rest. But when it finds none, it says, 'I will return to the person I came from.'**

24 《악한 령이 한 사람을 떠날 때, 그것은 쉴 곳을 찾으면서, 황아로 들어간다. 그러나 그것이 아무것도 찾지 못할 때, 그것은 말한다, 〈나는 내가 나왔던 그 사람에게로 돌아가겠다.〉

25 **So it returns and finds that its former home is all swept and in order.**

25 그래서 그것은 돌아가서 그것의 이전의 집이 모두 청소되고 정돈되여 있는 것을 알게 된다.

26 **Then the spirit finds seven other spirits more evil than itself, and they all enter the person and live there. And so that person is worse off than before."**

26 그러자 그 령은 자기 자신보다 더 악한 다른 일곱 령들을 찾아낸다, 그리고 그들은 모두 그 사람에게 들어가서 그곳에서 산다. 그래서 그 사람은 전보다 한층 더 나쁘게 된다.》

27 **As he was speaking, a woman in the crowd called out, "God bless your mother—the womb from which you came, and the breasts that nursed you!"**

27 그분이 말씀하고 계셨을 때, 군중 속의 한 녀자가 웨쳤다, 《하나님께서 당신의 어머니를 축복하신다—당신이 나온 그 애기집, 그리고 당신에게 젖을 먹였던 그 가슴!

28 Jesus replied, "But even more blessed are all who hear the word of God and put it into practice."

28 예수님이 대답하셨다, 《그러나 더욱더 복이 있는 것은 하나님의 말씀을 듣고 그것을 실천에 옮기는 모든 사람들이다.》

The Sign of Jonah

요나의 증표

29 As the crowd pressed in on Jesus, he said, "This evil generation keeps asking me to show them a miraculous sign. But the only sign I will give them is the sign of Jonah.

29 군중이 예수님에게 밀려들자, 그분이 말씀하셨다, 《이 악한 세대는 그들에게 기적적인 증표를 보여 달라고 나에게 계속 요청하고 있다. 그러나 내가 그들에게 줄 유일한 증표는 요나의 증표이다.

30 What happened to him was a sign to the people of Nineveh that God had sent him. What happens to the Son of Man will be a sign to these people that he was sent by God.

30 그에게 일어났던 일은 하나님께서 그를 보내셨던 니느웨의 사람들에 대한 증표였다. 사람의 아들에게 일어나는 일은 이 사람들에게 그분이 하나님께서 보내셨다는 증표가 될 것이다.

31 "The queen of Sheba will stand up against this generation on judgment day and condemn it, for she came from a distant land to hear the wisdom of Solomon. Now someone greater than Solomon is here—but you refuse to listen.

31 《시바의 녀왕이 심판 날에 이 세대에 맞서 일어나서 그것을 비난할 것이다, 왜냐하면 그 녀자는 솔로몬의 지혜를 듣기 위해 먼 땅으로부터 왔기 때문이다. 지금 솔로몬보다 더 위대한 대단한 분이 여기에 있다—그러나 너희는 듣기를 거부한다.

32 The people of Nineveh will also stand up against this generation on judgment day and condemn it, for they repented of their sins at the preaching of Jonah. Now someone greater than Jonah is here—but you refuse to repent.

32 니느웨의 사람들 역시 심판 날에 이 세대에 맞서 일어나서 그것을 비난할 것이다, 왜냐하면 그들은 요나의 설교에 자신들의 죄를 뉘우쳤기

때문이다. 지금 요나보다 더 위대한 대단한 분이 여기에 있다—그러나 너희는 뉘우치기를 거부한다.

Receiving the Light

빛을 받아 들이기

33 “No one lights a lamp and then hides it or puts it under a basket. Instead, a lamp is placed on a stand, where its light can be seen by all who enter the house.

33 《누구도 등을 켠 다음 그것을 감추거나 광주리 아래에 그것을 두지 않는다. 대신, 등불은 그것의 빛이 그 집에 들어오는 모든 사람들로 하여금 보여질 수 있는 얹음대 우에 놓여진다.

34 “Your eye is a lamp that provides light for your body. When your eye is good, your whole body is filled with light. But when it is bad, your body is filled with darkness.

34 《너희의 눈은 너희의 몸을 위해 빛을 주는 등불이다. 너희의 눈이 좋으면, 너희의 온몸이 빛으로 가득 찬다. 그러나 그것이 나쁠 때, 너희의 몸은 어두움으로 가득 찬다.

35 Make sure that the light you think you have is not actually darkness.

35 너희가 가지고 있다고 생각하는 그 빛이 실제로 어두움이 아닌지 확인하여라.

36 If you are filled with light, with no dark corners, then your whole life will be radiant, as though a floodlight were filling you with light.”

36 만일 너희가, 어떤 어두운 구석도 없이, 빛으로 채워져 있다면, 그 때 너희의 온 삶은 마치 강렬한 조명등이 너희를 빛으로 채우고 있듯이 빛날 것이다.

Jesus Criticizes the Religious Leaders

예수님이 종교 지도자들을 비판하시다

37 As Jesus was speaking, one of the Pharisees invited him home for a meal. So he went in and took his place at the table.

37 예수님이 말씀하고 계셨을 때, 바리새파 사람들 중 한 사람이 식사를 위해 그분을 집으로 초대했다. 그래서 그분은 들어가서 식탁에서 그분의 자리에 앉으셨다.

38 His host was amazed to see that he sat down to eat without first performing the hand-washing ceremony required by Jewish custom.

38 그분의 접대주인은 그분이 유태 관습에 따라 요구되는 손씻기례식을

먼저 하지 않고 드시기 위해 앉으신 것을 보고 깜짝 놀랐다.

39 **Then the Lord said to him, "You Pharisees are so careful to clean the outside of the cup and the dish, but inside you are filthy—full of greed and wickedness!**

39 그러자 주님이 그에게 말씀하셨다, 《너희 바리새파 사람들은 잔과 접시의 겉을 깨끗하게 하기 위해 매우 조심한다, 그러나 너희 속은 더럽다—욕심과 부정이 가득 차서!

40 **Fools! Didn't God make the inside as well as the outside?**

40 어리석은 사람들아! 하나님께서 겉뿐만 아니라 속도 만들지 않으셨는가?

41 **So clean the inside by giving gifts to the poor, and you will be clean all over.**

41 그러나 가난한 사람들에게 선물들을 주는 것으로 하여 속을 깨끗이 하여라, 그러면 너희는 전부 깨끗해질 것이다.

42 **"What sorrow awaits you Pharisees! For you are careful to tithe even the tiniest income from your herb gardens, but you ignore justice and the love of God. You should tithe, yes, but do not neglect the more important things.**

42 《얼마나 큰 슬픔이 너희 바리새파 사람들을 기다리고 있는지! 왜냐하면 너희는 너희의 약초밭에서 나오는 가장 적은 수입이라도 10분의 1 세금에 대해 조심하지만, 너희는 정의와 하나님의 사랑을 무시한다. 그렇다, 너희는 10분의 1 세금을 내야 한다, 그러나 더 중요한 것들을 소홀히 하지 말아라.

43 **"What sorrow awaits you Pharisees! For you love to sit in the seats of honor in the synagogues and receive respectful greetings as you walk in the marketplaces.**

43 《얼마나 큰 슬픔이 너희 바리새파 사람들을 기다리고 있는지! 왜냐하면 너희는 군중회관들에서 영광의 자리에 앉기를 그리고 너희가 시장에서 걸어갈 때 경의를 표하는 인사 받기를 좋아하기 때문이다.

44 **Yes, what sorrow awaits you! For you are like hidden graves in a field. People walk over them without knowing the corruption they are stepping on."**

44 그렇다, 얼마나 큰 슬픔이 너희를 기다리고 있는지! 왜냐하면 너희는 들판에 숨겨진 무덤과 같기 때문이다. 사람들은 그들이 밟고 있는 부패한 것을 모르는 채로 그것들 위로 걷는다.》

45 **"Teacher," said an expert in religious law, "you have insulted us, too, in**

what you just said.”

45 《선생님,》 한 종교법 전문가가 말했다, 《당신은 방금 당신이 말한 것으로, 우리도 역시 모욕하였습니다.》

46 **“Yes,” said Jesus, “what sorrow also awaits you experts in religious law! For you crush people with unbearable religious demands, and you never lift a finger to ease the burden.**

46 《그렇다,》 예수님이 말씀하셨다, 《얼마나 큰 슬픔이 너희 종교법 전문가들을 역시 기다리고 있는지! 왜냐하면 너희는 견디기 힘든 종교적 요구들로 사람들을 짓누르고, 그리고 너희는 그 짐을 덜어 주기 위해 결코 손가락 하나도 까딱하지 않기 때문이다.

47 **What sorrow awaits you! For you build monuments for the prophets your own ancestors killed long ago.**

47 얼마나 큰 슬픔이 너희를 기다리고 있는지! 왜냐하면 너희는 너희 자신의 선조들이 오래전에 죽였던 예언자들을 위한 기념비들을 세우고 있기 때문이다.

48 **But in fact, you stand as witnesses who agree with what your ancestors did. They killed the prophets, and you join in their crime by building the monuments!**

48 그러나 사실, 너희는 너희의 선조들이 했던 것에 동의하는 증인들로서 서 있다. 그들은 예언자들을 죽였다, 그리고 너희는 기념비들을 세움으로써 그들의 범죄에 합류하고 있다!

49 **This is what God in his wisdom said about you: ‘I will send prophets and apostles to them, but they will kill some and persecute the others.’**

49 이것이 하나님께서 그분의 지혜로 너희에 대하여 말씀하신 것이다: 〈나는 예언자들과 핵심제자들을 그들에게 보낼 것이다, 그러나 그들이 어떤 사람들은 죽이고 다른 사람들은 박해할 것이다.〉

50 **“As a result, this generation will be held responsible for the murder of all God’s prophets from the creation of the world—**

50 《결과적으로, 이 세대는 세상의 창조에서부터 하나님의 모든 예언자들의 살해에 대한 책임을 지게 될 것이다—

51 **from the murder of Abel to the murder of Zechariah, who was killed between the altar and the sanctuary. Yes, it will certainly be charged against this generation.**

51 아벨의 살해에서부터 제물대와 신성한 곳 사이에서 살해된 사가랴 살인까지. 그렇다, 그것은 확실히 이 세대에 책임이 지워질 것이다.

52 **“What sorrow awaits you experts in religious law! For you remove the key**

to knowledge from the people. You don't enter the Kingdom yourselves, and you prevent others from entering."

52《얼마나 큰 슬픔이 너희 종교법 전문가들을 기다리고 있는지! 왜냐하면 너희는 사람들로부터 지식의 열쇠를 치워 버렸기 때문이다. 너희 자신들이 하늘나라에 들어가지 않는다. 그리고 너희는 다른 사람들이 들어가는 것도 방해한다.》

53 **As Jesus was leaving, the teachers of religious law and the Pharisees became hostile and tried to provoke him with many questions.**

53 예수님이 떠나실 때에, 종교법 선생들과 바리새파 사람들은 적개심을 갖게 되였고 많은 질문들로 그분을 성나게 하려 했다.

54 **They wanted to trap him into saying something they could use against him.**

54 그들은 그분으로 하여금 거슬리게 하여 무엇인가를 말하게 하여 그분을 함정에 빠뜨리려고 했다.

12

A Warning against Hypocrisy

위선에 대한 경고

1 **Meanwhile, the crowds grew until thousands were milling about and stepping on each other. Jesus turned first to his disciples and warned them, "Beware of the yeast of the Pharisees—their hypocrisy.**

1 그동안, 군중들은 수천 명으로 밀려들고 서로를 밟을 지경에까지 늘어났다. 예수님은 먼저 자신의 제자들을 돌아보고 그들에게 경고하셨다. 《바리새파 사람들의 누룩—그들의 위선을 조심하여라.

2 **The time is coming when everything that is covered up will be revealed, and all that is secret will be made known to all.**

2 감추어졌던 모든 것이 드러나게 될 때가 오고 있다. 그러면 보이지 않는 모든 것이 모두에게 알려지게 될 것이다.

3 **Whatever you have said in the dark will be heard in the light, and what you have whispered behind closed doors will be shouted from the housetops for all to hear!**

3 너희가 어두움 속에서 말하던 무엇이든지 밝은 데서 들릴 것이다. 그리고 너희가 닫힌 문 뒤에서 속삭이던 것은 모든 사람들이 듣도록 집 꼭대기에서부터 웨쳐질 것이다!

4 **"Dear friends, don't be afraid of those who want to kill your body; they**

cannot do any more to you after that.

4《사랑하는 친구들아, 너희의 몸을 죽이려 하는 사람들을 두려워하지 말아라; 그들은 그 이후에는 너희에게 더 이상 아무것도 할 수 없다.》

5 **But I'll tell you whom to fear. Fear God, who has the power to kill you and then throw you into hell. Yes, he's the one to fear.**

5 그러나 내가 너희에게 누구를 두려워해야 할지를 말해 주겠다. 너희를 죽이고 그러고 나서 너희를 지옥에 던져 넣을 능력이 있는 분인, 하나님을 두려워하여라. 그렇다, 그분이 두려워해야 할 분이시다.

6 **"What is the price of five sparrows—two copper coins? Yet God does not forget a single one of them.**

6《다섯 마리 참새 값이 얼마냐—동전 두 개인가? 그러나 하나님께서 그것들 중 단 한 마리도 잊지 않으신다.

7 **And the very hairs on your head are all numbered. So don't be afraid; you are more valuable to God than a whole flock of sparrows.**

7 그리고 너희 머리 우의 그 머리카락까지도 모두 세여져 있다. 그러므로 두려워하지 말아라; 너희는 모든 참새 떼보다 하나님께 더욱 소중하다.

8 **"I tell you the truth, everyone who acknowledges me publicly here on earth, the Son of Man will also acknowledge in the presence of God's angels.**

8《내가 너희에게 진실을 말한다, 여기 세상에서 나를 공개적으로 인정하는 모든 사람을, 사람의 아들 역시 하나님의 천사들 앞에서 인정할 것이다.

9 **But anyone who denies me here on earth will be denied before God's angels.**

9 그러나 여기 세상에서 나를 부인하는 사람은 누구라도 하나님의 천사들 앞에서 부인당하게 될 것이다.

10 **Anyone who speaks against the Son of Man can be forgiven, but anyone who blasphemes the Holy Spirit will not be forgiven.**

10 사람의 아들을 반대하여 말하는 사람은 누구든지 용서될 수 있다, 그러나 성령님을 모독하는 자는 누구든지 용서받지 못할 것이다.

11 **"And when you are brought to trial in the synagogues and before rulers and authorities, don't worry about how to defend yourself or what to say,**

11《그리고 너희가 군중회관들에서와 통치자들과 권력자들 앞의 재판에 끌려갈 때, 너 자신을 어떻게 변호할지 혹은 무엇을 말할지에 대해서 념려하지 말아라,

12 for the Holy Spirit will teach you at that time what needs to be said."

12 왜냐하면 성령님이 그때에 무엇을 말해야 하는지를 너희에게 가르칠 것이기 때문이다.》

Parable of the Rich Fool

어리석은 부자에 빗댄 이야기

13 Then someone called from the crowd, "Teacher, please tell my brother to divide our father's estate with me."

13 그때 군중으로부터 어떤 사람이 불렀다,《선생님, 내 형에게 우리 아버지의 유산을 나와 나누라고 말해 주십시오.》

14 Jesus replied, "Friend, who made me a judge over you to decide such things as that?"

14 예수님이 대답하셨다,《친구여, 누가 나를 그와 같은 일을 결정하는 너희의 재판관으로 세웠는가?》

15 Then he said, "Beware! Guard against every kind of greed. Life is not measured by how much you own."

15 그리고 나서 그분이 말씀하셨다,《조심하여라! 온갖 탐욕에 대해 경계하여라. 생명은 너희가 얼마나 많이 가지고 있는가에 달려 있지 않다.》

16 Then he told them a story: "A rich man had a fertile farm that produced fine crops.

16 그런 다음 그분은 그들에게 한 이야기를 해주셨다:《돈 많은 한 사람이 좋은 농작물들을 생산하는 비옥한 농장을 가지고 있었다.

17 He said to himself, 'What should I do? I don't have room for all my crops.'

17 그는 속으로 말했다,〈내가 어떻게 해야 할까? 나는 나의 모든 수확물을 넣을 공간이 없다.〉

18 Then he said, 'I know! I'll tear down my barns and build bigger ones. Then I'll have room enough to store all my wheat and other goods.

18 그러고 나서 그는 말했다,〈알았다! 나는 내 고간들을 허물고 더 큰 것들을 지을 것이다. 그러면 나는 나의 모든 밀과 다른 물건들을 저장할 충분한 공간을 가지게 될 것이다.

19 And I'll sit back and say to myself, "My friend, you have enough stored away for years to come. Now take it easy! Eat, drink, and be merry!"'

19 그리고 나는 편히 앉아 내 자신에게 말할 것이다,《내 친구야, 너는 앞으로 올 여러 해 동안을 위해 충분히 쌓아두었다. 이제 편히 쉬어라! 먹고, 마시고, 즐거워하여라!》〉

20 “But God said to him, ‘You fool! You will die this very night. Then who will get everything you worked for?’

20《그러나 하나님께서 그에게 말씀하셨다, 〈너 어리석은 사람아! 너는 바로 오늘 밤에 죽을 것이다. 그러면 네가 마련한 모든 것을 누가 가져가겠는가?〉

21 “Yes, a person is a fool to store up earthly wealth but not have a rich relationship with God.”

21《그렇다, 세상의 재부를 쌓아 두지만 하나님과 귀중한 관계를 가지고 있지 않은 자는 어리석은 사람이다.》

Teaching about Money and Possessions

돈과 소유물들에 대한 가르침

22 Then, turning to his disciples, Jesus said, “That is why I tell you not to worry about everyday life—whether you have enough food to eat or enough clothes to wear.

22 그러고 나서, 자신의 제자들을 돌아보며, 예수님이 말씀하셨다, 《내가 너희에게 일상생활에 대해—너희에게 먹을 충분한 식량이 있는지 또는 입을 충분한 옷이 있는지 념려하지 말라고 아야기하는 그 리유이다.

23 For life is more than food, and your body more than clothing.

23 왜냐하면 생명이 식량보다 더 중요하고, 너희 몸이 옷보다 더 중요하기 때문이다.

24 Look at the ravens. They don’t plant or harvest or store food in barns, for God feeds them. And you are far more valuable to him than any birds!

24 까마귀들을 보아라. 그것들은 심거나 거두어들이거나 고간에 식량을 저장하지 않는다, 왜냐하면 하나님께서 그들을 먹이시기 때문이다. 그리고 너희는 어떤 새들보다도 그분에게 훨씬 더 귀중하다!

25 Can all your worries add a single moment to your life?

25 너희의 모든 념려들이 너희의 생명을 한 순간이라도 늘릴 수 있는가?

26 And if worry can’t accomplish a little thing like that, what’s the use of worrying over bigger things?

26 그리고 념려가 그와 같이 작은 일도 해내지 못하면서, 더 큰 일들에 대해 념려하는 것이 무슨 소용이 있겠는가?

27 “Look at the lilies and how they grow. They don’t work or make their clothing, yet Solomon in all his glory was not dressed as beautifully as they are.

27《나리꽃들을 보아라. 그리고 그것들이 어떻게 자라는지를 보아라. 그

것들은 일하거나 자신들의 옷을 만들지 않는다. 그러나 솔로몬은 그의 모든 영광 속에서도 그것들만큼 아름답게 차려입지 못했다.

28 And if God cares so wonderfully for flowers that are here today and thrown into the fire tomorrow, he will certainly care for you. Why do you have so little faith?

28 그리고 하나님께서 오늘 여기에 있다가 래일 불에 던져질 꽃들조차도 그렇게 살뜰히 돌보신다면, 그분은 틀림없이 너희를 돌보실 것이다. 왜 너희는 그렇게도 적은 믿음을 가지고 있는가?

29 "And don't be concerned about what to eat and what to drink. Don't worry about such things.

29《그리고 무엇을 먹을지와 무엇을 마실지에 대해 걱정하지 말아라. 그러한 것들에 대해 념려하지 말아라.

30 These things dominate the thoughts of unbelievers all over the world, but your Father already knows your needs.

30 이러한 것들은 온 세상의 믿지 않는 사람들의 생각을 사로잡는다. 그러나 너희 아버지께서는 이미 너희의 필요들을 아신다.

31 Seek the Kingdom of God above all else, and he will give you everything you need.

31 다른 어떤 것보다도 하나님 나라를 얻으려고 힘쓰거라. 그러면 그분이 너희에게 너희가 필요로 하는 모든 것을 주실 것이다.

32 "So don't be afraid, little flock. For it gives your Father great happiness to give you the Kingdom.

32《그러므로 어린양들아, 두려워하지 말아라. 왜냐하면 하나님 나라를 너희에게 주는 것이 너희 아버지에게 커다란 행복이 되기 때문이다.

33 "Sell your possessions and give to those in need. This will store up treasure for you in heaven! And the purses of heaven never get old or develop holes. Your treasure will be safe; no thief can steal it and no moth can destroy it.

33《너희의 재산을 팔아 가난한 사람들에게 주어라. 이것은 너희를 위해 하늘에 보물을 저장하게 될 것이다! 그리고 하늘의 돈 지갑은 절대 낡아지거나 구멍이 생기지 않는다. 너희의 보물은 안전할 것이다; 어떤 도적도 그것을 훔칠 수 없고 어떤 좀벌레도 그것을 못 쓰게 만들 수 없다.

34 Wherever your treasure is, there the desires of your heart will also be.

34 너희의 보물이 어디에 있든지, 그곳에 너희들의 마음의 소원도 있을 것이다.

Be Ready for the Lord's Coming

주님의 오심을 준비하고 있어라

35 "Be dressed for service and keep your lamps burning,

35 《례식을 위한 옷차림을 하고 너희의 등불이 계속 타오르게 하라,

36 as though you were waiting for your master to return from the wedding
feast. Then you will be ready to open the door and let him in the moment
he arrives and knocks.

36 마치 너희가 결혼식 잔치에서 돌아올 너희 주인을 기다리고 있는 것
처럼. 그래야 너희는 문을 열고 그분이 도착해서 문을 두드리는 그 순간
에 그분을 안으로 들어오게 할 준비가 되여 있을 것이다.

37 The servants who are ready and waiting for his return will be rewarded.
I tell you the truth, he himself will seat them, put on an apron, and serve
them as they sit and eat!

37 그분의 돌아오심에 준비되여 기다리고 있는 종들은 보상을 받을 것이
다. 나는 너희에게 진실을 말한다, 그분 자신이 그들을 앉히고, 앞치마
를 두르며, 그리고 그들이 앉아서 먹을 때 그들의 시중을 드실 것이다!

38 He may come in the middle of the night or just before dawn. But when-
ever he comes, he will reward the servants who are ready.

38 그분은 한밤중에 올 수도 있고 동트기 직전에 오실 수도 있다. 그러나
그분이 언제 오시든지, 그분은 준비되여 있는 종들을 보상하실 것이다.

39 "Understand this: If a homeowner knew exactly when a burglar was com-
ing, he would not permit his house to be broken into.

39 《이것을 리해하여라: 만일 집주인이 도적이 언제 올지를 정확히 안다
면, 그는 자기 집에 불쑥 들어오게 놔두지 않을 것이다.

40 You also must be ready all the time, for the Son of Man will come when
least expected."

40 너희들 역시 항상 준비되여 있어야 한다, 왜냐하면 사람의 아들이 전
혀 예상하고 있지 않을 때 오실 것이기 때문이다.》

41 Peter asked, "Lord, is that illustration just for us or for everyone?"

41 베드로가 물었다, 《주님, 그 실례는 그냥 우리만을 위한 것입니까 아
니면 모든 사람을 위한 것입니까?》

42 And the Lord replied, "A faithful, sensible servant is one to whom the
master can give the responsibility of managing his other household ser-
vants and feeding them.

42 그러자 주님이 대답하셨다, 《충실하고, 령리한 종은 주인이 그에게
자기 집안의 다른 종들을 관리하고 그들을 먹이는 책임을 맡길 수 있

는 사람이다.

43 **If the master returns and finds that the servant has done a good job, there will be a reward.**

43 만일 그 주인이 돌아와서 그 종이 일을 잘했다는 것을 인정하면, 보상이 있을 것이다.

44 **I tell you the truth, the master will put that servant in charge of all he owns.**

44 내가 너희에게 진실을 말한다, 그 주인은 그 종에게 자기가 소유한 모든 것에 대한 책임을 맡길 것이다.

45 **But what if the servant thinks, 'My master won't be back for a while,' and he begins beating the other servants, partying, and getting drunk?**

45 그러나 만일 그 종이, 〈우리 주인은 한동안 돌아오지 않을 것이다,〉 라고 생각하고 그가 다른 종들을 때리고, 연회를 열고, 술 취하기 시작한다면 어떻게 되겠는가?

46 **The master will return unannounced and unexpected, and he will cut the servant in pieces and banish him with the unfaithful.**

46 그 주인이 예고 없이 예상치 않게 돌아올 것이다, 그리고 그는 그 종을 여지없이 내리치고 충직하지 못한 자들과 함께 그를 추방할 것이다.

47 **"And a servant who knows what the master wants, but isn't prepared and doesn't carry out those instructions, will be severely punished.**

47 《그리고 주인이 원하는 것이 무엇인지 알지만 준비되여 있지 않고 그러한 지시들을 실행하지 않는 종은, 엄중하게 처벌될 것이다.

48 **But someone who does not know, and then does something wrong, will be punished only lightly. When someone has been given much, much will be required in return; and when someone has been entrusted with much, even more will be required.**

48 그러나 몰라서, 무언가를 잘못하는 어떤 사람은 그저 가볍게 처벌될 것이다. 누군가 많이 받았을 때, 그 보답으로 많은 것이 요구될 것이다; 그리고 누군가에게 많은 것이 맡겨졌을 때, 더욱더 많은 것이 요구될 것이다.

Jesus Causes Division

예수님이 분렬을 일으키시다

49 **"I have come to set the world on fire, and I wish it were already burning!**

49 《나는 세상에 불을 붙이러 왔다, 그리고 나는 그것이 이미 타오르고 있기를 얼마나 바랬던가!

50 **I have a terrible baptism of suffering ahead of me, and I am under a heavy burden until it is accomplished.**

50 나는 내 앞에 끔찍한 고난의 세례가 있다. 그리고 그것이 이루어질 때까지 나는 쓰라린 괴로움 아래에 있다.

51 **Do you think I have come to bring peace to the earth? No, I have come to divide people against each other!**

51 너희는 내가 세상에 평화를 가져오기 위해 왔다고 생각하는가? 아니다. 나는 사람들을 서로 등져 갈라놓기 위해 왔다!

52 **From now on families will be split apart, three in favor of me, and two against—or two in favor and three against.**

52 지금부터는 가족들이 갈라질 것이다. 셋은 나를 지지하고, 둘은 나를 반대할 것이다—혹은 둘은 내 편 그리고 셋은 반대.

53 **'Father will be divided against son and son against father; mother against daughter and daughter against mother; and mother-in-law against daughter-in-law and daughter-in-law against mother-in-law.'"**

53 〈아버지가 아들을 반대하여 갈라질 것이고 아들이 아버지를 반대하여 갈라질 것이다; 어머니가 딸을 딸이 어머니를 반대할 것이다; 그리고 시어머니가 며느리를 며느리가 시어머니를 반대하여 갈라질 것이다.〉》

54 **Then Jesus turned to the crowd and said, "When you see clouds beginning to form in the west, you say, 'Here comes a shower.' And you are right.**

54 그러고 나서 예수님은 군중들을 돌아보고 말씀하셨다. 《너희가 서쪽에서 생기기 시작하는 구름을 볼 때, 너희는, 〈여기에 소나기가 오는구나〉라고 말한다. 그러면 너희가 맞다.

55 **When the south wind blows, you say, 'Today will be a scorcher.' And it is.**

55 남풍이 불면, 너희는, 〈오늘은 찌는 듯이 덥겠구나〉라고 말한다. 그것도 맞다.

56 **You fools! You know how to interpret the weather signs of the earth and sky, but you don't know how to interpret the present times.**

56 너희 어리석은 사람들아! 너희는 땅과 하늘의 날씨 징조를 해명할 줄 알지만 너희는 지금의 시대를 판단할 줄 모른다.

57 **"Why can't you decide for yourselves what is right?**

57 《왜 너희는 무엇이 옳은지를 너희 스스로 결정하지 못하는가?

58 **When you are on the way to court with your accuser, try to settle the matter before you get there. Otherwise, your accuser may drag you before the judge, who will hand you over to an officer, who will throw you into**

prison.

58 네가 너의 고발자와 함께 법정에 가는 도중에, 네가 그곳에 다다르기
전에 그 문제를 결말짓기 위해 노력하여라. 만일 그렇지 않으면, 너의
고발자가 너를 재판관 앞에 끌고 갈 수 있고, 그 재판관은 관리에게 너
를 넘겨줄 것이며, 그 관리는 너를 감옥에 쳐 넣을 것이다.

59 And if that happens, you won't be free again until you have paid the very
last penny."

59 그리고 만일 그 일이 일어난다면, 너는 마지막 한 푼까지 갚기 전에
는 네가 다시 풀려나지 못할 것이다.》

13

A Call to Repentance

뉘우쳐 돌아서도록 부르심

1 About this time Jesus was informed that Pilate had murdered some peo-
ple from Galilee as they were offering sacrifices at the Temple.

1 이때쯤 예수님은 빌라도가 갈릴리 출신 몇 사람을 그들이 신전에서 제
물을 바치고 있었을 때 살해했다는 소식을 들으셨다.

2 "Do you think those Galileans were worse sinners than all the other peo-
ple from Galilee?" Jesus asked. "Is that why they suffered?

2 《너희는 그 갈릴리 사람들이 다른 모든 갈릴리 출신 사람들보다 더 나
쁜 죄인들이라고 생각하는가?》 예수님이 물으셨다. 《그것이 그들이 고
통받은 리유인가?

3 Not at all! And you will perish, too, unless you repent of your sins and
turn to God.

3 전혀 그렇지 않다! 그리고 너희가 자신의 죄를 뉘우치고 하나님께로
돌아서지 않는다면, 너희도 역시 멸망할 것이다.

4 And what about the eighteen people who died when the tower in Siloam
fell on them? Were they the worst sinners in Jerusalem?

4 그리고 실로암의 탑이 그들 우로 무너졌을 때 죽었던 열여덟 명의 사
람들은 어떠한가? 그들이 예루살렘에서 가장 나쁜 죄인들이였는가?

5 No, and I tell you again that unless you repent, you will perish, too."

5 아니다, 그리고 만일 너희가 뉘우치지 않는다면 너희도 역시 멸망할
것이라고 나는 너희에게 다시 말한다.》

Parable of the Barren Fig Tree

열매를 맺지 않는 무화과나무에 빗댄 이야기

6 **Then Jesus told this story: "A man planted a fig tree in his garden and came again and again to see if there was any fruit on it, but he was always disappointed.**

6 그러고 나서 예수님은 이 이야기를 해주셨다: 《한 사람이 자기의 정원에 한 그루의 무화과나무를 심었다. 그리고 그것에 열매가 하나라도 있는지 보려고 여러 번 왔다. 그러나 그는 언제나 실망했다.

7 **Finally, he said to his gardener, 'I've waited three years, and there hasn't been a single fig! Cut it down. It's just taking up space in the garden.'**

7 마침내, 그가 자기 정원사에게 말했다, 〈나는 3년을 기다렸다, 그런데 단 하나의 무화과도 없었다! 그것을 베여 넘어뜨려라. 그것은 정원에서 자리만 차지하고 있을 뿐이다.〉

8 **"The gardener answered, 'Sir, give it one more chance. Leave it another year, and I'll give it special attention and plenty of fertilizer.**

8 《그 정원사가 대답했다, 〈주인님, 그것에게 한 번의 기회를 더 주십시오. 그것을 한 해 더 두십시오, 그러면 제가 그것에게 특별한 보살핌을 주고 많은 거름을 주겠습니다.

9 **If we get figs next year, fine. If not, then you can cut it down.'"**

9 만일 우리가 다음 해에 무화과들을 따면, 좋겠습니다. 만일 그렇지 않으면, 그때 당신이 그것을 베여 넘어뜨리십시오.〉》

Jesus Heals on the Sabbath

예수님이 은정의 휴식일에 치료하시다

10 **One Sabbath day as Jesus was teaching in a synagogue,**

10 어느 은정의 휴식일에 예수님이 군중회관에서 가르치고 계셨을 때

11 **he saw a woman who had been crippled by an evil spirit. She had been bent double for eighteen years and was unable to stand up straight.**

11 그분은 악한 령에 의해 불구가 된 한 녀자를 보셨다. 그 녀자는 18년 동안 허리가 접힐 정도로 구부러져 있어서 똑바로 일어설 수 없었다.

12 **When Jesus saw her, he called her over and said, "Dear woman, you are healed of your sickness!"**

12 예수님이 그 녀자를 보았을 때, 그분은 그 녀자를 불러서 말씀하셨다, 《사랑하는 녀인이여, 너는 너의 병에서 낫게 되였다!》

13 **Then he touched her, and instantly she could stand straight. How she praised God!**

13 그러고 나서 그분은 그 녀자에게 손을 대셨다. 그러자 즉시 그 녀자는 똑바로 설 수 있었다. 그 녀자가 하나님을 얼마나 찬양했는지!

14 But the leader in charge of the synagogue was indignant that Jesus had healed her on the Sabbath day. "There are six days of the week for working," he said to the crowd. "Come on those days to be healed, not on the Sabbath."

14 그러나 군중회관 관리 책임자는 예수님이 은정의 휴식일에 그 녀자를 고쳤다고 분개하였다. 《일하는 날이 일주일에 6일이 있다.》 그가 군중에게 말했다. 《치료를 받으려면 은정의 휴식일이 아니라, 그런 날들에 오시오.》

15 But the Lord replied, "You hypocrites! Each of you works on the Sabbath day! Don't you untie your ox or your donkey from its stall on the Sabbath and lead it out for water?

15 그러나 주님은 대답하셨다. 《너희 위선자들아! 너희 매 사람은 은정의 휴식일에 일한다! 너희는 은정의 휴식일에 자기 황소나 자기 당나귀를 그것들의 외양간으로부터 풀어서 물을 먹이기 위해 그것을 끌어내지 않는가?

16 This dear woman, a daughter of Abraham, has been held in bondage by Satan for eighteen years. Isn't it right that she be released, even on the Sabbath?"

16 아브라함의 딸인 이 소중한 녀자가, 18년 동안 마왕에게 사로잡혀 있었다. 지어 은정의 휴식일이라도, 그 녀자가 벗어나는 것이 옳지 않겠는가?》

17 This shamed his enemies, but all the people rejoiced at the wonderful things he did.

17 이것은 그분의 원쑤들을 부끄럽게 하였다. 그러나 모든 사람들은 그분이 하신 훌륭한 일들에 기뻐하였다.

Parable of the Mustard Seed

겨자 씨에 빗댄 이야기

18 Then Jesus said, "What is the Kingdom of God like? How can I illustrate it?

18 그때 예수님이 말씀하셨다. 《하나님 나라는 무엇과 같을까? 어떻게 내가 그것을 설명할 수 있을까?

19 It is like a tiny mustard seed that a man planted in a garden; it grows and becomes a tree, and the birds make nests in its branches."

19 그것은 한 사람이 정원에 심은 하나의 작은 겨자 씨와 같다; 그것

은 자라서 나무가 된다, 그리고 새들이 그것의 가지들에 둥지를 튼다.》

Parable of the Yeast
효모에 빗댄 이야기

20 He also asked, "What else is the Kingdom of God like?

20 그분은 또 물으셨다, 《하나님의 나라는 그밖에 또 무엇과 같을까?

21 It is like the yeast a woman used in making bread. Even though she put only a little yeast in three measures of flour, it permeated every part of the dough."

21 그것은 한 녀자가 빵을 만들기 위해 사용한 효모와 같다. 비록 그 녀자가 밀가루 세 자루에 단지 조금의 효모만을 넣었지만, 그것은 반죽의 모든 부분으로 스며들었다.》

The Narrow Door
좁은 문

22 Jesus went through the towns and villages, teaching as he went, always pressing on toward Jerusalem.

22 예수님은 동네들과 마을들을 지나가며, 그분이 가실 때 가르치면서, 항상 예루살렘을 향해 서둘러 가셨다.

23 Someone asked him, "Lord, will only a few be saved?" He replied,

23 어떤 사람이 그분에게 물었다, 《주님, 오직 몇 사람만 구원됩니까?》 그분이 대답하셨다,

24 "Work hard to enter the narrow door to God's Kingdom, for many will try to enter but will fail.

24 《하나님 나라로 가기 위해 좁은 문으로 들어가기를 힘써라, 왜냐하면 많은 사람들이 들어가려고 애쓰지만 실패할 것이기 때문이다.

25 When the master of the house has locked the door, it will be too late. You will stand outside knocking and pleading, 'Lord, open the door for us!' But he will reply, 'I don't know you or where you come from.'

25 집주인이 문을 잠가 버리면, 너무 늦을 것이다. 너희는 문을 두드리면서 그리고 〈주인님 우리를 위해 문을 열어 주십시오!〉라고 간청하면서 밖에 서 있을 것이다, 그러나 그는 대답할 것이다, 〈나는 너희를 모르고 너희가 어디서 왔는지도 모른다.〉

26 Then you will say, 'But we ate and drank with you, and you taught in our streets.'

26 그때에 너희는 말할 것이다, 〈그러나 우리는 당신과 함께 먹고 마셨

습니다, 그리고 당신은 우리의 거리들에서 가르쳤습니다.〉

27 And he will reply, 'I tell you, I don't know you or where you come from. Get away from me, all you who do evil.'

27 그러면 그는 대답할 것이다, 〈내가 너희에게 말한다, 나는 너희를 모르고 너희가 어디로부터 왔는지도 모른다. 나쁜 짓을 하는 모든 너희는, 나에게서 떠나가거라.〉

28 "There will be weeping and gnashing of teeth, for you will see Abraham, Isaac, Jacob, and all the prophets in the Kingdom of God, but you will be thrown out.

28 《거기서는 눈물을 흘리고 이를 갈 것이다, 왜냐하면 너희는 하나님 나라에 있는 아브라함, 이삭, 야곱, 그리고 모든 예언자들을 볼 것이나, 너희는 내던져질 것이기 때문이다.

29 And people will come from all over the world—from east and west, north and south—to take their places in the Kingdom of God.

29 그리고 사람들이 하나님 나라에서 자기들의 자리를 차지하기 위해 세계 도처로—동과 서, 북과 남—부터 올 것이다.

30 And note this: Some who seem least important now will be the greatest then, and some who are the greatest now will be least important then."

30 그리고 이것에 주목하여라: 지금 전혀 중요해 보이지 않는 어떤 사람들은 그때에 가장 위대해질 것이다, 그리고 지금 가장 위대한 어떤 사람들은 그때 전혀 중요하지 않게 될 것이다.》

Jesus Grieves over Jerusalem

예수님이 예루살렘에 대해 마음 아파하시다

31 At that time some Pharisees said to him, "Get away from here if you want to live! Herod Antipas wants to kill you!"

31 그때에 몇 바리새파 사람들이 그분에게 말했다, 《만일 당신이 살고 싶다면 여기로부터 떠나시오! 헤롯 안티파스가 당신을 죽이고 싶어 하오!》

32 Jesus replied, "Go tell that fox that I will keep on casting out demons and healing people today and tomorrow; and the third day I will accomplish my purpose.

32 예수님이 대답하셨다, 《그 여우에게 가서 말하여라. 내가 오늘과 래일은 계속 귀신들을 쫓아내고 사람들을 치료할 것이다; 그리고 셋째 날에 나는 내 목적을 달성할 것이다 .

33 Yes, today, tomorrow, and the next day I must proceed on my way. For it

wouldn't do for a prophet of God to be killed except in Jerusalem!

33 그렇다, 오늘, 래일, 그리고 그다음 날 나는 나의 길을 계속 가야 한다. 왜냐하면 예루살렘이 아니면 하나님의 예언자가 살해당하지 않을 것이기 때문이다!

34 "O Jerusalem, Jerusalem, the city that kills the prophets and stones God's messengers! How often I have wanted to gather your children together as a hen protects her chicks beneath her wings, but you wouldn't let me.

34《오오 예루살렘아, 예루살렘아, 예언자들을 죽이고 하나님의 심부름군들에게 돌을 던지는 도시여! 얼마나 자주 내가 암탉이 자기의 병아리들을 자신의 날개 아래 보호하듯이 너희의 아들딸들을 한데 모으기를 원했던가, 그러나 너희는 나를 원하지 않았다.

35 And now, look, your house is abandoned. And you will never see me again until you say, 'Blessings on the one who comes in the name of the LORD!'"

35 그리고 이제, 보아라, 너희의 집은 버림받는다. 그리고 너희는, 〈주님의 이름으로 오시는 분에게 축복이 있으라!〉고 너희가 말하게 될 때까지 나를 결코 다시 보지 못할 것이다.〉》

14

Jesus Heals on the Sabbath

예수님이 은정의 휴식일에 치료하시다

1 One Sabbath day Jesus went to eat dinner in the home of a leader of the Pharisees, and the people were watching him closely.

1 어느 은정의 휴식일에 예수님이 바리새파 한 지도자의 집에 저녁 식사를 하기 위해 가셨다, 그런데 사람들이 그분을 주의 깊게 보고 있었다.

2 There was a man there whose arms and legs were swollen.

2 거기에는 팔과 다리가 부어오른 한 사람이 있었다.

3 Jesus asked the Pharisees and experts in religious law, "Is it permitted in the law to heal people on the Sabbath day, or not?"

3 예수님이 바리새파 사람들과 종교법 전문가들에게 물으셨다,《은정의 휴식일에 사람들을 치료하는 것이 법에서 허락되여 있는가, 그렇지 않은가?》

4 When they refused to answer, Jesus touched the sick man and healed him and sent him away.

4 그들이 대답하기를 거절했을 때, 예수님이 그 병든 사람을 만져서 그

를 치료하셨다. 그리고 그를 보내셨다.

5 **Then he turned to them and said, "Which of you doesn't work on the Sab-**
bath? If your son or your cow falls into a pit, don't you rush to get him out?"

5 그러고 나서 그분은 그들을 돌아보며 말씀하셨다, 《너희 중 어느 사람이 은정의 휴식일에 일하지 않겠느냐? 만일 너희의 아들이나 너희의 소가 구덩이에 빠진다면, 너희는 그를 꺼내기 위해 한달음에 달려가지 않겠는가?》

6 **Again they could not answer.**

6 또다시 그들은 대답할 수 없었다.

Jesus Teaches about Humility

예수님이 겸손에 대해 가르치시다

7 **When Jesus noticed that all who had come to the dinner were trying to sit in the seats of honor near the head of the table, he gave them this advice:**

7 예수님이 저녁 식사에 왔던 모든 사람들이 주빈탁 가까이 귀빈석에 앉으려고 하는 것을 눈치 챘을 때, 그분은 그들에게 이 충고를 해주셨다:

8 **"When you are invited to a wedding feast, don't sit in the seat of honor. What if someone who is more distinguished than you has also been invited?**

8 《너희가 결혼 잔치에 초대되었을 때, 귀빈석에 앉지 말아라. 만일 너희보다 더 유명한 누군가가 역시 초대되었다면 어떻게 되겠는가?

9 **The host will come and say, 'Give this person your seat.' Then you will be embarrassed, and you will have to take whatever seat is left at the foot of the table!**

9 집주인이 와서 말할 것이다, 〈이 사람에게 당신의 자리를 내주시오.〉 그러면 너희는 난처해질 것이다, 그리하여 너희는 식탁의 끝에 남아 있는 어떤 자리에든 앉아야 할 것이다!

10 **"Instead, take the lowest place at the foot of the table. Then when your host sees you, he will come and say, 'Friend, we have a better place for you!' Then you will be honored in front of all the other guests.**

10 《대신, 식탁의 끝에서 가장 낮은 자리에 앉거라. 그러면 너희의 주인이 너를 보면, 그가 와서 말할 것이다, 〈친구여, 우리에게는 당신을 위한 보다 좋은 자리가 있소!〉 그러면 너는 다른 모든 손님들 앞에서 존경받게 될 것이다.

11 **For those who exalt themselves will be humbled, and those who humble**

themselves will be exalted."

11 왜냐하면 자신들을 높이는 사람들은 낮아질 것이고, 자신들을 낮추는 사람들은 높아질 것이기 때문이다.》

12 Then he turned to his host. "When you put on a luncheon or a banquet," he said, "don't invite your friends, brothers, relatives, and rich neighbors. For they will invite you back, and that will be your only reward.

12 그러고 나서 그분은 그 주인을 돌아보셨다. 《네가 점심이나 연회를 베풀 때,》 그분이 말씀하셨다, 《너의 친구들, 형제들, 친척들, 그리고 부유한 이웃들을 초대하지 말아라. 왜냐하면 그들은 너를 다시 초대할 것이고, 그러면 그것이 너에 대한 유일한 보답이 될 것이기 때문이다.

13 Instead, invite the poor, the crippled, the lame, and the blind.

13 대신에, 가난한 사람들, 불구자들, 절름발이들, 그리고 눈먼 사람들을 초대하여라.

14 Then at the resurrection of the righteous, God will reward you for inviting those who could not repay you."

14 그러면 의로운 사람들의 부활 때, 하나님께서 너에게 갚을 수 없는 사람들을 초대한 것으로 하여 너에게 보답하실 것이다.

Parable of the Great Feast

큰 잔치에 대한 빗댄 이야기

15 Hearing this, a man sitting at the table with Jesus exclaimed, "What a blessing it will be to attend a banquet in the Kingdom of God!"

15 이것을 듣고, 예수님과 함께 식탁에 앉아 있던 한 사람이 웨쳤다, 《하나님 나라 연회에 참석하는 것이 얼마나 큰 축복인가!》

16 Jesus replied with this story: "A man prepared a great feast and sent out many invitations.

16 예수님은 이 이야기로 대답하셨다: 《한 사람이 큰 잔치를 준비하고 많은 초대장을 보냈다.

17 When the banquet was ready, he sent his servant to tell the guests, 'Come, the banquet is ready.'

17 그 연회가 준비되였을 때, 그는 손님들에게, 〈오십시오, 연회가 준비되여 있습니다.〉고 말하라고 자기 종들을 보냈다.

18 But they all began making excuses. One said, 'I have just bought a field and must inspect it. Please excuse me.'

18 그러나 그들은 모두 변명하기 시작했다. 한 사람은 말했다, 〈나는 방금 밭을 샀고 그것을 세밀히 조사해야 합니다. 나를 너그러이 보아주

십시오.〉

19 Another said, 'I have just bought five pairs of oxen, and I want to try them out. Please excuse me.'

19 또 한 사람은 말했다, 〈나는 방금 다섯 쌍의 황소를 샀습니다, 그래서 나는 그것들을 시험해 보고 싶습니다. 나를 너그러이 보아주십시오.〉

20 Another said, 'I now have a wife, so I can't come.'

20 또 한 사람은 말했다, 〈나는 이제 안해를 맞아들였습니다. 그래서 나는 갈 수 없습니다.〉

21 "The servant returned and told his master what they had said. His master was furious and said, 'Go quickly into the streets and alleys of the town and invite the poor, the crippled, the blind, and the lame.'

21 《그 종은 돌아와서 자기 주인에게 그들이 말했던 것을 전해 주었다. 그의 주인은 몹시 화가 나서 말했다, 〈빨리 동네의 거리와 골목들에 가서 가난한 사람들, 불구자들, 눈먼 사람들, 그리고 절름발이들을 초대하여라.〉

22 After the servant had done this, he reported, 'There is still room for more.'

22 그 종이 이것을 실행한 후에, 그는 보고했다, 〈아직도 더 많은 사람들을 위한 자리가 있습니다.〉

23 So his master said, 'Go out into the country lanes and behind the hedges and urge anyone you find to come, so that the house will be full.

23 그래서 그의 주인이 말했다, 〈시골길들과 울타리 밖에 나가서, 네가 만나는 누구에게든지 오라고 재촉하여라, 그래야 그 집이 꽉 차게 될 것이다.

24 For none of those I first invited will get even the smallest taste of my banquet.'"

24 왜냐하면 내가 먼저 초대했던 사람들 중 아무도 나의 연회 음식을 조금이라도 맛보지 못할 것이기 때문이다.〉》

The Cost of Being a Disciple

제자가 되는 것의 대가

25 A large crowd was following Jesus. He turned around and said to them,

25 큰 군중이 예수님을 따르고 있었다. 그분은 돌아보시고 그들에게 말씀하셨다,

26 "If you want to be my disciple, you must hate everyone else by comparison—your father and mother, wife and children, brothers and sisters—

yes, even your own life. Otherwise, you cannot be my disciple.

26 《너희가 나의 제자가 되고 싶으면, 너희는 다른 모든 사람, 비교하자면—너희의 아버지와 어머니, 안해와 아들딸들, 형제들과 자매들을—미워해야 한다. 그렇다, 지어 너희 자신의 목숨까지도. 그렇지 않으면, 너희는 나의 제자가 될 수 없다.

27 **And if you do not carry your own cross and follow me, you cannot be my disciple.**

27 그리고 만일 너희가 너희 자신의 십자사형틀을 지고 나를 따르지 않는다면, 너희는 내 제자가 될 수 없다.

28 **"But don't begin until you count the cost. For who would begin construction of a building without first calculating the cost to see if there is enough money to finish it?**

28 《그러나 너희는 그 비용을 계산할 때까지는 시작하지 말아라. 왜냐하면 그것을 완성할 충분한 돈이 있는지 알아보기 위해 그 비용을 우선 계산하지 않고 누가 건물의 건설을 시작하겠는가?

29 **Otherwise, you might complete only the foundation before running out of money, and then everyone would laugh at you.**

29 그렇게 하지 않으면, 너희는 돈이 떨어지기 전에 오직 기초만 완성할지 모른다, 그리고 나면 모든 사람이 너희를 비웃을 것이다.

30 **They would say, 'There's the person who started that building and couldn't afford to finish it!'**

30 그들은 말할 것이다, 〈저 건물을 시작해서 그것을 끝낼 수가 없었던 사람이였구나!〉

31 **"Or what king would go to war against another king without first sitting down with his counselors to discuss whether his army of 10,000 could defeat the 20,000 soldiers marching against him?**

31 《또는 어떤 왕이 자기 군대 1만 명이 자기를 맞서 진격해 오는 2만 명의 군인들을 쳐부실 수 있는지 없는지를 자기네 고문들과 먼저 앉아 의논하지 않고 다른 왕과의 전쟁에 나가겠는가?

32 **And if he can't, he will send a delegation to discuss terms of peace while the enemy is still far away.**

32 그리고 만일 그가 할 수 없다면, 그는 그 원쑤가 아직 멀리 떨어져 있을 때에 평화의 조건들을 토론하기 위해 대표단을 보낼 것이다.

33 **So you cannot become my disciple without giving up everything you own.**

33 그러므로 너희는 자기가 소유한 모든 것을 포기하지 않고서는 내 제

자가 될 수 없다.

34 "Salt is good for seasoning. But if it loses its flavor, how do you make it salty again?

34《소금은 맛을 내기에 좋다. 그러나 만일 그것이 자기의 맛을 잃는다면, 너희가 어떻게 그것을 다시 짜게 만들겠는가?

35 Flavorless salt is good neither for the soil nor for the manure pile. It is thrown away. Anyone with ears to hear should listen and understand!"

35 맛을 잃은 소금은 토양에도 쓸모가 없고 거름더미에도 쓸모가 없다. 그것은 내버려진다. 누구든지 들을 귀가 있는 사람들은 듣고 리해할 것이다!》

15

Parable of the Lost Sheep

잃어버린 양에 빗댄 이야기

1 Tax collectors and other notorious sinners often came to listen to Jesus teach.

1 세금 징수원들과 다른 이름난 죄인들은 예수님이 가르치는 것을 듣기 위해 자주 왔다.

2 This made the Pharisees and teachers of religious law complain that he was associating with such sinful people—even eating with them!

2 이것으로 하여 바리새파 사람들과 종교법 선생들로 하여금 그분이 그러한 죄 많은 사람들과 사귀고 있으면서—지어 그들과 함께 식사도 한다고 불평하였다!

3 So Jesus told them this story:

3 그래서 예수님은 그들에게 이 이야기를 해주셨다:

4 "If a man has a hundred sheep and one of them gets lost, what will he do? Won't he leave the ninety-nine others in the wilderness and go to search for the one that is lost until he finds it?

4《만일 한 사람이 100마리의 양을 가지고 있고, 그것들 중 한 마리가 길을 잃는다면, 그는 어떻게 하겠는가? 그가 다른 99마리를 황야에 남겨 두고 그가 그것을 찾을 때까지 그 한 마리를 찾으러 가지 않겠는가?

5 And when he has found it, he will joyfully carry it home on his shoulders.

5 그리고 그가 그것을 찾았을 때, 그는 그것을 자기 어깨에 메고 즐겁게 집으로 데려갈 것이다.

6 When he arrives, he will call together his friends and neighbors, saying,

'Rejoice with me because I have found my lost sheep.'

6 그가 도착하면, 그는 자기의 친구들과 이웃들을 함께 불러서, 말할 것이다, 〈내가 나의 잃었던 양을 찾았기 때문에 나와 함께 기뻐합시다.〉

7 In the same way, there is more joy in heaven over one lost sinner who repents and returns to God than over ninety-nine others who are righteous and haven't strayed away!

7 이와 같이, 하늘에서는 의롭고 길을 벗어나지 않은 99명의 다른 사람들에 대해서보다 하나님께 뉘우치고 돌아오는 잃어버렸던 한 죄인에 대해 더 큰 기쁨이 있다!

Parable of the Lost Coin

잃어버린 동전에 빗댄 이야기

8 "Or suppose a woman has ten silver coins and loses one. Won't she light a lamp and sweep the entire house and search carefully until she finds it?

8 《또는 한 녀자가 열 개의 은화를 가지고 있다가 한 개를 잃었다고 가정해 보아라. 그 녀자는 등불을 켜고 온 집안을 청소하고 자신이 그것을 찾을 때까지 주의 깊게 찾지 않겠는가?

9 And when she finds it, she will call in her friends and neighbors and say, 'Rejoice with me because I have found my lost coin.'

9 그리고 그 녀자는 그것을 찾으면, 그 녀자가 자기 친구들과 이웃들을 불러서 말할 것이다, 〈내가 내 잃었던 쇠돈을 찾았으니 나와 함께 기뻐합시다.〉

10 In the same way, there is joy in the presence of God's angels when even one sinner repents."

10 이와 같이, 한 죄인이라도 뉘우칠 때 하나님의 천사들이 있는 곳에 기쁨이 있다.

Parable of the Lost Son

잃어버린 아들에 빗댄 이야기

11 To illustrate the point further, Jesus told them this story: "A man had two sons.

11 그 점을 실례 들어 더 설명하기 위해, 예수님은 그들에게 이 이야기를 해주셨다: 《한 사람에게 두 아들이 있었다.

12 The younger son told his father, 'I want my share of your estate now before you die.' So his father agreed to divide his wealth between his sons.

12 작은아들이 자기 아버지에게 말했다, 〈나는 당신이 돌아가시기 전에

당신의 재산 중에서 내 몫을 지금 원합니다.〉 그래서 그의 아버지는 자기 재산을 그의 두 아들 사이에 나누어 주기로 동의하였다.

13 **"A few days later this younger son packed all his belongings and moved to a distant land, and there he wasted all his money in wild living.**

13《몇일 뒤에 이 작은 아들이 자기의 모든 재산을 꾸렸다 그리고 먼 지방으로 옮겨갔다. 그리고 그곳에서 그는 자신의 모든 돈을 무모한 생활에 랑비했다.

14 **About the time his money ran out, a great famine swept over the land, and he began to starve.**

14 그의 돈이 다 떨어졌을 무렵, 큰 기근이 그 지방을 휩쓸었다. 그리하여 그는 굶주리기 시작했다.

15 **He persuaded a local farmer to hire him, and the man sent him into his fields to feed the pigs.**

15 그는 지방의 한 농민에게 자기를 써달라고 설복했다. 그리하여 그 사람은 돼지를 치도록 그를 자신의 들판으로 보냈다.

16 **The young man became so hungry that even the pods he was feeding the pigs looked good to him. But no one gave him anything.**

16 그 젊은이는 너무 배고파져서 그가 돼지에게 먹이고 있던 콩깍지조차 그에게는 맛있어 보였다. 그러나 누구도 그에게 아무것도 주지 않았다.

17 **"When he finally came to his senses, he said to himself, 'At home even the hired servants have food enough to spare, and here I am dying of hunger!**

17《그가 마침내 제정신으로 돌아왔을 때, 그는 자기 자신에게 말했다. 〈집에는 지어 고용된 종들에게조차도 나눠 줄 충분한 식량이 있는데, 여기서 나는 굶주림으로 죽어 가는구나!

18 **I will go home to my father and say, "Father, I have sinned against both heaven and you,**

18 나는 집으로 가서 나의 아버지에게 말하겠다.《아버지, 제가 하늘과 당신 두 분 다에게 죄를 지였습니다.

19 **and I am no longer worthy of being called your son. Please take me on as a hired servant."'**

19 그래서, 저는 더 이상 당신의 아들이라고 불릴 만한 자격이 없습니다. 부디 저를 고용된 종으로 여겨 주십시오.〉》

20 **"So he returned home to his father. And while he was still along way off, his father saw him coming. Filled with love and compassion, he ran to his son, embraced him, and kissed him.**

20《그래서 그는 집에 그의 아버지에게로 돌아갔다. 그리고 그가 아직

멀리 떨어져 있는데, 그의 아버지는 그가 오는 것을 보았다. 사랑과 동정심으로 가득 차서, 그는 자기 아들에게로 달려가, 그를 껴안고, 그에게 입 맞추었다.

21 **His son said to him, 'Father, I have sinned against both heaven and you, and I am no longer worthy of being called your son.'**

21 그의 아들은 그에게 말했다, 〈아버지, 저는 하늘과 당신 두 분 다에게 죄를 지었습니다, 그래서 저는 더 이상 당신의 아들이라 불릴 만한 자격이 없습니다.〉

22 **"But his father said to the servants, 'Quick! Bring the finest robe in the house and put it on him. Get a ring for his finger and sandals for his feet.**

22 《그러나 그의 아버지는 종들에게 말했다, 〈빨리! 집에서 제일 좋은 옷을 가지고 와서 그것을 그에게 입혀라. 그의 손가락에 낄 반지와 그의 발에 신을 신발을 가져오너라.

23 **And kill the calf we have been fattening. We must celebrate with a feast,**

23 그리고 우리가 살찌운 송아지를 잡아라. 우리는 잔치로 축하해야 한다,

24 **for this son of mine was dead and has now returned to life. He was lost, but now he is found.' So the party began.**

24 왜냐하면 나의 이 아들이 죽었는데 이제 다시 살아났기 때문이다. 그를 잃어버렸다가, 이제 그를 찾았다.〉 그래서 그 잔치는 시작되였다.

25 **"Meanwhile, the older son was in the fields working. When he returned home, he heard music and dancing in the house,**

25 《그러는 동안에, 큰아들은 일하면서 들판에 있었다. 그가 집으로 돌아왔을 때, 그는 집에서 음악과 춤추는 소리를 들었다,

26 **and he asked one of the servants what was going on.**

26 그래서 그는 종들 중 한 사람에게 무슨 일이 일어나고 있었는지를 물었다.

27 **'Your brother is back,' he was told, 'and your father has killed the fattened calf. We are celebrating because of his safe return.'**

27 〈당신의 동생이 돌아왔습니다,〉 그는 들었다, 〈그리고 당신의 아버지가 살찐 송아지를 잡았습니다. 우리는 그의 무사히 돌아옴 때문에 축하하고 있습니다.〉

28 **"The older brother was angry and wouldn't go in. His father came out and begged him,**

28 《큰 형은 성이 나서 들어가려고 하지 않았다. 그의 아버지가 나와서 그에게 간청했다,

29 **but he replied, 'All these years I've slaved for you and never once refused to do a single thing you told me to. And in all that time you never gave me even one young goat for a feast with my friends.**

29 그러나 그는 대답했다, 〈이 모든 세월 동안 저는 당신을 위해 노예와 같이 일했고 한 번도 당신이 저에게 하라고 말한 것을 단 한 가지도 거절하지 않았습니다. 그런데 그동안 당신은 나에게 내 친구들과 잔치를 위해 한 마리의 어린 염소조차 주지 않았습니다.

30 **Yet when this son of yours comes back after squandering your money on prostitutes, you celebrate by killing the fattened calf!'**

30 그러나 당신의 이 아들이 매춘부들에게 당신의 돈을 랑비한 후 돌아오자, 당신은 살찐 송아지를 잡아서 축하를 하십니다!〉

31 **"His father said to him, 'Look, dear son, you have always stayed by me, and everything I have is yours.**

31 《그의 아버지는 그에게 말했다, 〈보아라, 사랑하는 아들아, 너는 늘 나의 곁에 머물렀고, 내가 가지고 있는 모든 것이 너의 것이다.

32 **We had to celebrate this happy day. For your brother was dead and has come back to life! He was lost, but now he is found!'"**

32 우리는 이 행복한 날을 축하해야 했다. 왜냐하면 너의 동생이 죽었다가 다시 살아 돌아왔기 때문이다! 그를 잃어버렸다가 이제 그를 찾았다!〉》

16

Parable of the Shrewd Manager

약삭바른 관리인에 빗댄 이야기

1 **Jesus told this story to his disciples: "There was a certain rich man who had a manager handling his affairs. One day a report came that the manager was wasting his employer's money.**

1 예수님이 이 이야기를 자신의 제자들에게 해주셨다: 《자기 사무를 처리하는 관리인을 둔 어떤 부자가 있었다. 어느 날 그 관리인이 자기 주인의 돈을 랑비하고 있다는 보고가 들어왔다.

2 **So the employer called him in and said, 'What's this I hear about you? Get your report in order, because you are going to be fired.'**

2 그래서 그 주인은 그를 불러서 말했다, 내가 너에 대해 듣는 이것이 어찌 된 일인가? 너의 일을 정리하라, 왜냐하면 너는 철직될 것이기 때문이다.〉

3 “The manager thought to himself, ‘Now what? My boss has fired me. I don’t have the strength to dig ditches, and I’m too proud to beg.

3《그 관리인은 자기 속으로 생각했다, 〈이제 어떻게 할까? 나의 책임자가 나를 철직시켰다. 나는 도랑을 파기에는 힘이 없다, 그리고 나는 자존심이 너무 강해서 빌어먹지 못한다.

4 Ah, I know how to ensure that I’ll have plenty of friends who will give me a home when I am fired.’

4 아아, 내가 철직당했을 때 나에게 집을 줄 많은 친구들이 있으리라는 것을 담보할 방법을 나는 알고 있다.〉

5 “So he invited each person who owed money to his employer to come and discuss the situation. He asked the first one, ‘How much do you owe him?’

5《그래서 그는 자기의 주인에게 빚진 매 사람에게 가서 그 상황을 의논하자고 초대했다. 그는 첫 번째 사람에게 물었다, 〈당신은 그에게 얼마나 많은 빚을 졌습니까?〉

6 The man replied, ‘I owe him 800 gallons of olive oil.’ So the manager told him, ‘Take the bill and quickly change it to 400 gallons.’

6 그 사람은 대답했다, 〈저는 그에게 올리브기름 800갈론을 빚졌습니다.〉 그래서 그 관리인은 그에게 말했다, 〈그 계산서를 가지고 빨리 그것을 400갈론이라고 고치시오.〉

7 “‘And how much do you owe my employer?’ he asked the next man. ‘I owe him 1,000 bushels of wheat,’ was the reply. ‘Here,’ the manager said, ‘take the bill and change itto 800 bushels.’

7《그리고 당신은 내 주인에게 얼마나 많이 빚졌습니까?〉 그가 그다음 사람에게 물었다. 〈나는 그에게 1,000부쉘의 밀을 빚졌습니다.〉라는 대답이였다. 〈여기,〉 그 관리인이 말했다, 〈계산서를 가지고 그것을 800부쉘이라고 고치시오.〉

8 “The rich man had to admire the dishonest rascal for being so shrewd. And it is true that the children of this world are more shrewd in dealing with the world around them than are the children of the light.

8《그 부자는 그 정직치 못한 불량자의 아주 약삭바름에 대해 감탄할 수밖에 없었다. 그리고 이 세상의 아들딸들이 자신들 주위의 세상을 다루는 데 있어서는 빛의 아들딸들보다 더 약삭바른 것은 사실이다.

9 Here’s the lesson: Use your worldly resources to benefit others and make friends. Then, when your earthly possessions are gone, they will welcome you to an eternal home.

9 이것이 그 교훈이다: 너희의 속세의 자금을 다른 사람들을 리롭게 하

고 친구들을 만드는 데 리용하여라. 그러면, 너희의 속세의 소유물들 이 사라질 때, 그들이 너희를 영원한 집으로 기꺼이 맞아들일 것이다.

10 "If you are faithful in little things, you will be faithful in large ones. But if you are dishonest in little things, you won't be honest with greater responsibilities.

10 《만일 너희가 작은 일에 충실하면, 너희는 큰일에도 충실할 것이다. 그러나 만일 너희가 작은 일에 정직하지 못하면, 너희는 더 큰 책임에 대해서도 정직하지 않을 것이다.

11 And if you are untrustworthy about worldly wealth, who will trust you with the true riches of heaven?

11 그리고 만일 너희가 속세의 재부에 대해 믿음직스럽지 못하다면, 누가 너희에게 하늘나라의 진정한 재산을 맡기겠는가?

12 And if you are not faithful with other people's things, why should you be trusted with things of your own?

12 그리고 만일 너희가 다른 사람들의 것들에 충실하지 못하다면, 어찌 너희에게 너희 자신의 몫이 맡겨지겠는가?

13 "No one can serve two masters. For you will hate one and love the other; you will be devoted to one and despise the other. You cannot serve both God and money."

13 《아무도 두 주인을 섬길 수 없다. 왜냐하면 너희는 한 사람을 미워하고 다른 한 사람을 사랑할 것이기 때문이다; 너희는 한 사람에게 헌신하게 되고 다른 한 사람을 멸시할 것이다. 너희는 하나님과 돈을 둘 다 섬길 수 없다.》

14 The Pharisees, who dearly loved their money, heard all this and scoffed at him.

14 자기들의 돈을 아주 좋아하던 바리새파 사람들은, 이 모든 것을 들었다. 그리고 그분을 비웃었다.

15 Then he said to them, "You like to appear righteous in public, but God knows your hearts. What this world honors is detestable in the sight of God.

15 그리자 그분은 그들에게 말씀하셨다, 《너희는 사람들 앞에서 바르게 보이기를 좋아한다, 그러나 하나님께서는 너희의 마음들을 아신다. 이 세상이 우러러보는 것은 하나님의 눈에는 진저리가 난다.

16 "Until John the Baptist, the law of Moses and the messages of the prophets were your guides. But now the Good News of the Kingdom of God is preached, and everyone is eager to get in.

16《세례자 요한까지는, 모세의 률법과 예언자들의 전하는 말이 너희의
안내서들이였다. 그러나 이제는 하나님 나라에 대한 반가운 소식이 전
해지고 있다, 그리고 누구나 다 들어가기를 간절히 바란다.

17 **But that doesn't mean that the law has lost its force. It is easier for heaven and earth to disappear than for the smallest point of God's law to be overturned.**

17 그러나 그것은 률법이 그것의 힘을 잃었다는 것을 의미하지는 않는
다. 하나님의 률법의 가장 작은 획이 뒤집혀지는 것보다 하늘과 땅이 사
라지는 것이 더 쉽다.

18 **"For example, a man who divorces his wife and marries someone else commits adultery. And anyone who marries a woman divorced from her husband commits adultery."**

18《실례를 들어서, 자신의 안해와 리혼하고 다른 누군가와 결혼하는 남
자는 부화방탕하는 것이다. 그리고 자신의 남편과 리혼한 녀자와 결혼
하는 사람은 누구든지 부화방탕하는 것이다.》

Parable of the Rich Man and Lazarus

부자와 나사로에 빗댄 이야기

19 **Jesus said, "There was a certain rich man who was splendidly clothed in purple and fine linen and who lived each day in luxury.**

19 예수님이 말씀하셨다,《자주색과 고운 아마천으로 화려하게 옷을 입
고 날마다 호화스럽게 살던 어떤 부자가 있었다.

20 **At his gate lay a poor man named Lazarus who was covered with sores.**

20 그의 대문가에 헌데로 뒤덮힌 나사로라고 이름 불리는 한 가난한 남
자가 누워 있었다.

21 **As Lazarus lay there longing for scraps from the rich man's table, the dogs would come and lick his open sores.**

21 나사로가 그 부자의 식탁에 있는 부스레기들을 간절히 바라면서 그곳
에 누워 있을 때, 개들이 와서 그의 드러난 헌데들을 핥군 했다.

22 **"Finally, the poor man died and was carried by the angels to be with Abraham. The rich man also died and was buried,**

22《마침내, 그 가난한 사람이 죽었고 아브라함과 함께 있기 위해 천사
들에 의해 옮겨졌다. 그 부자도 죽어서 묻혔다,

23 **and his soul went to the place of the dead. There, in torment, he saw Abraham in the far distance with Lazarus at his side.**

23 그리고 그의 령혼은 죽은 사람들의 자리로 갔다. 그곳에서, 고통 속

에, 그는 저 멀리 나사로를 자기 곁에 데리고 있는 아브라함을 보았다.

24 **"The rich man shouted, 'Father Abraham, have some pity! Send Lazarus over here to dip the tip of his finger in water and cool my tongue. I am in anguish in these flames.'**

24 《그 부자는 웨쳤다, 〈아브라함 아버지여, 좀 불쌍히 여겨 주십시오! 나사로의 손가락 끝을 물에 담가서 저의 혀를 시원케 하기 위해 그를 여기로 보내 주십시오. 저는 이 불길 속에서 너무 고통스럽습니다.

25 **"But Abraham said to him, 'Son, remember that during your lifetime you had everything you wanted, and Lazarus had nothing. So now he is here being comforted, and you are in anguish.**

25 《그러나 아브라함은 그에게 말했다, 〈아들아, 너의 일생 동안 너는 네가 원했던 모든 것을 가졌다. 그러나 나사로는 아무것도 없었던 것을 기억하여라. 그래서 지금 그는 위로를 받으면서 여기에 있고, 너는 고통 속에 있다.

26 **And besides, there is a great chasm separating us. No one can cross over to you from here, and no one can cross over to us from there.'**

26 게다가, 우리를 갈라놓고 있는 폭넓게 깊이 갈라진 틈이 있다. 아무도 여기로부터 너에게 건너갈 수 없고 아무도 거기로부터 우리에게 건너올 수 없다.〉

27 **"Then the rich man said, 'Please, Father Abraham, at least send him to my father's home.**

27 《그러자 그 부자가 말했다, 〈제발, 아버지 아브라함이여, 적어도 그를 제 아버지의 집으로 보내 주십시오.

28 **For I have five brothers, and I want him to warn them so they don't end up in this place of torment.'**

28 왜냐하면 저는 다섯 형제들이 있기 때문입니다. 그리고 저는 그들이 이 고통스러운 곳에 오지 않도록 그가 그들에게 경고해 주기 바랍니다.〉

29 **"But Abraham said, 'Moses and the prophets have warned them. Your brothers can read what they wrote.'**

29 《그러나 아브라함은 말했다, 〈모세와 예언자들이 그들에게 경고했다. 너의 형제들은 그들이 써놓은 것을 읽을 수 있다.〉

30 **"The rich man replied, 'No, Father Abraham! But if someone is sent to them from the dead, then they will repent of their sins and turn to God.'**

30 《그 부자는 대답했다, 〈아닙니다, 아브라함 아버지! 그러나 만일 누군가가 죽은 사람들로부터 그들에게 보내여진다면, 그러면 그들은 자기들의 죄를 뉘우치고 하나님께로 돌아설 것입니다.〉

31 "But Abraham said, 'If they won't listen to Moses and the prophets, they won't listen even if someone rises from the dead.'"

31 《그러나 아브라함은 말했다, 〈만일 그들이 모세와 예언자들의 말을 듣지 않는다면, 그들은 비록 누군가가 죽은 사람들로부터 살아난다 하더라도 듣지 않을 것이다.〉》

17

Teachings about Forgiveness and Faith

용서와 믿음에 대한 가르침

1 One day Jesus said to his disciples, "There will always be temptations to sin, but what sorrow awaits the person who does the tempting!

1 어느 날 예수님이 그분의 제자들에게 말씀하셨다, 《죄짓게 하는 유혹이 언제나 있을 것이다, 그러나 유혹하는 그 사람에게 얼마나 큰 슬픔이 기다리고 있는지!

2 It would be better to be thrown into the sea with a millstone hung around your neck than to cause one of these little ones to fall into sin.

2 이런 어린아이 중 하나를 죄에 빠지게 하는 것보다 너희의 목에 매달린 맷돌과 함께 바다속으로 던져지는 것이 더 나을 것이다.

3 So watch yourselves! "If another believer sins, rebuke that person; then if there is repentance, forgive.

3 그러므로 너희 스스로 조심하여라! 《만일 또 다른 믿는 사람이 죄를 지으면, 그 사람을 꾸짖어라; 그러고 나서 만일 뉘우침이 있으면, 용서하여라.

4 Even if that person wrongs you seven times a day and each time turns again and asks forgiveness, you must forgive."

4 비록 그 사람이 너희에게 하루에 일곱 번 잘못한다 해도 그때마다 다시 돌아와 용서를 구하면, 너희는 용서해야 한다.》

5 The apostles said to the Lord, "Show us how to increase our faith."

5 핵심제자들이 주님에게 말했다, 《우리에게 우리의 믿음을 다질 방법을 보여 주십시오.》

6 The Lord answered, "If you had faith even as small as a mustard seed, you could say to this mulberry tree, 'May you be uprooted and thrown into the sea,' and it would obey you!

6 주님이 대답하셨다, 《만일 너희가 겨자씨만큼 한 작은 믿음이라도 있다면, 너희가 이 뽕나무에게 말할 수 있을 것이다, 〈네가 뿌리채 뽑혀서

바다에 던져지기를 바란다.〉 그러면 그것이 너희를 따를 것이다!

7 "When a servant comes in from plowing or taking care of sheep, does his master say, 'Come in and eat with me'?

7 《종이 밭을 갈거나 양을 돌보고 들어왔을 때, 그의 주인이, 〈들어와서 나와 함께 먹자〉고 말하겠는가?

8 No, he says, 'Prepare my meal, put on your apron, and serve me while I eat. Then you can eat later.'

8 아니다, 그는 말한다, 〈내 식사를 준비하여라, 너의 앞치마를 두르고 내가 먹는 동안 내 시중을 들어라. 그러고 나서 너는 나중에 먹으면 된다.〉

9 And does the master thank the servant for doing what he was told to do? Of course not.

9 그리고 주인은 자기가 하라고 말한 것을 실행한 종에게 감사하다고 하겠는가? 물론 아니다.

10 In the same way, when you obey me you should say, 'We are unworthy servants who have simply done our duty.'"

10 이와 같이, 너희가 나를 따를 때 너희는 말해야 한다, 〈우리는 오직 우리의 의무를 다한 보잘것없는 종들입니다.〉》

Ten Healed of Leprosy

문둥병이 낫게 된 열 사람

11 As Jesus continued on toward Jerusalem, he reached the border between Galilee and Samaria.

11 예수님이 예루살렘을 향해 계속 가시다가, 그분은 갈릴리와 사마리아 사이의 경계에 도달하셨다.

12 As he entered a village there, ten lepers stood at a distance,

12 그분이 그곳 마을에 들어가셨을 때, 열 명의 문둥병자가 멀리에 서 있었다,

13 crying out, "Jesus, Master, have mercy on us!"

13 《예수, 선생님, 우리에게 은정을 베풀어 주십시오!》라고 웨치면서.

14 He looked at them and said, "Go show yourselves to the priests." And as they went, they were cleansed of their leprosy.

14 그분은 그들을 보고 말씀하셨다, 《제사장들에게 가서 너희들 자신을 보여라.》 그리하여 그들이 가던 동안에, 그들은 자기들의 문둥병에서 깨끗해졌다.

15 One of them, when he saw that he was healed, came back to Jesus, shout-

ing, "Praise God!"

15 그들 중 한 사람이, 그는 자기가 낫은 것을 보았을 때, 《하나님을 찬양하여라!》고 웨치면서, 예수님에게 돌아왔다.

16 He fell to the ground at Jesus' feet, thanking him for what he had done. This man was a Samaritan.

16 예수님이 하셨던 일에 대해 그분에게 감사하면서, 그는 그분의 발 앞 땅에 엎드렸다. 이 사람은 사마리아 사람이였다.

17 Jesus asked, "Didn't I heal ten men? Where are the other nine?

17 예수님이 물으셨다. 《내가 열 사람을 고쳐 주지 않았는가? 나머지 아홉 사람은 어디에 있는가?

18 Has no one returned to give glory to God except this foreigner?"

18 이 외국 사람 외에는 하나님께 영광을 드리러 돌아온 사람이 아무도 없는가?》

19 And Jesus said to the man, "Stand up and go. Your faith has healed you."

19 그리고 예수님이 그 사람에게 말씀하셨다. 《일어나서 가거라. 너의 믿음이 너를 낫게 하였다.》

The Coming of the Kingdom

하나님 나라가 오고 있다

20 One day the Pharisees asked Jesus, "When will the Kingdom of God come?" Jesus replied, "The Kingdom of God can't be detected by visible signs.

20 어느 날 바리새파 사람들이 예수님에게 물었다. 《하나님의 나라가 언제 올 것입니까?》 예수님이 대답하셨다. 《하나님의 나라는 눈에 보이는 증표들에 의해 알아낼 수 없다.

21 You won't be able to say, 'Here it is!' or 'It's over there!' For the Kingdom of God is already among you."

21 너희는 말할 수 없을 것이다. 〈그것이 여기에 있다!〉 아니면 〈그것이 저기에 있다!〉 왜냐하면 하나님 나라는 이미 너희 가운데 있기 때문이다.》

22 Then he said to his disciples, "The time is coming when you will long to see the day when the Son of Man returns, but you won't see it.

22 그러고 나서 그분은 자신의 제자들에게 말씀하셨다. 《너희가 사람의 아들이 돌아올 그날을 보기를 간절히 바랄 그때가 오고 있다. 그러나 너희는 그것을 보지 못할 것이다.

23 People will tell you, 'Look, there is the Son of Man,' or 'Here he is,' but

don't go out and follow them.

23 사람들이 너희에게 말할 것이다, 〈보아라, 저기에 사람의 아들이 있다.〉 또는 〈여기에 그가 있다.〉 그러나 나가서 그들을 따라가지 말아라.

24 **For as the lightning flashes and lights up the sky from one end to the other, so it will be on the day when the Son of Man comes.**

24 왜냐하면 번개가 번쩍이고 하늘 한쪽 끝에서 다른 쪽까지 환하게 되는 것처럼, 사람의 아들이 오는 그날에도 그럴 것이기 때문이다.

25 **But first the Son of Man must suffer terribly and be rejected by this generation.**

25 그러나 먼저 사람의 아들은 고통을 지독하게 받아야 하고 이 세대에 의해 배척당해야 한다.

26 **"When the Son of Man returns, it will be like it was in Noah's day.**

26 《사람의 아들이 돌아올 때, 노아의 날에 그랬던 것과 같을 것이다.

27 **In those days, the people enjoyed banquets and parties and weddings right up to the time Noah entered his boat and the flood came and destroyed them all.**

27 그 당시에, 사람들은 노아가 자기 배에 들어가고 홍수가 와서 그들을 모두 멸망시키기 바로 그때까지 연회와 사교 모임과 결혼식을 즐겼다.

28 **"And the world will be as it was in the days of Lot. People went about their daily business—eating and drinking, buying and selling, farming and building.**

28 《그리고 세상은 롯의 시대와 같을 것이다. 사람들은 자기들의 매일 하는 일—먹고 마시기, 사고팔기, 농사와 집짓기—을 하고 다녔다.

29 **until the morning Lot left Sodom. Then fire and burning sulfur rained down from heaven and destroyed them all.**

29 롯이 소돔을 떠난 아침까지. 그런 다음 불과 타오르는 류황이 하늘에서부터 비처럼 쏟아져 내렸고 그들을 모두 멸망시켰다.

30 **Yes, it will be 'business as usual' right up to the day when the Son of Man is revealed.**

30 그렇다, 그것은 사람의 아들이 나타나는 바로 그날까지 〈평상시와 같은 일〉일 것이다.

31 **On that day a person out on the deck of a roof must not go down into the house to pack. A person out in the field must not return home.**

31 그날에 지붕 우에 나가 있던 사람은 짐을 꾸리러 집 안으로 내려가서는 안 된다. 들판에 나가 있던 사람은 집으로 돌아가서는 안 된다.

32 **Remember what happened to Lot's wife!**

32 롯의 안해에게 일어났던 일을 기억하여라!

33 If you cling to your life, you will lose it, and if you let your life go, you will save it.

33 만일 너희가 자신의 생명에 매달리면, 너희는 그것을 잃을 것이다. 그리고 만일 너희가 자기 생명을 버리면, 너희는 그것을 구원할 것이다.

34 That night two people will be asleep in one bed; one will be taken, the other left.

34 그날 밤 두 사람이 한 침대에서 잠들어 있을 것이다; 한 사람은 데려가고, 다른 사람은 남겨질 것이다.

35 Two women will be grinding flour together at the mill; one will be taken, the other left."

35 두 녀자가 함께 방아간에서 밀가루를 갈고 있을 것이다; 한 사람은 데려가고, 다른 하나는 남겨질 것이다.》

36 "Where will this happen, Lord?" the disciples asked. Jesus replied, "Just as the gathering of vultures shows there is a carcass nearby, so these signs indicate that the end is near."

36 《이것이 어디에서 일어날 것입니까, 주님?》 제자들이 물었다. 예수님이 대답하셨다, 《번대수리들이 모여드는 것은 가까이에 시체가 있다는 것을 보여 주는 것과 꼭 마찬가지로, 그래서 이러한 증표들은 그 끝이 가까이 있다는 것을 보여 준다.》

18

Parable of the Persistent Widow

근기 있는 과부에 빗댄 이야기

1 One day Jesus told his disciples a story to show that they should always pray and never give up.

1 어느 날 예수님이 자신의 제자들에게 그들이 항상 기도하고 결코 포기하지 말아야 할 것을 보여 주기 위해 한 이야기를 해주셨다.

2 "There was a judge in a certain city," he said, "who neither feared God nor cared about people.

2 《어떤 도시에 한 재판관이 있었다.》 그분이 말씀하셨다, 《그는 하나님을 두려워하지도 않고 사람에 대해 마음도 쓰지 않았다.

3 A widow of that city came to him repeatedly, saying, 'Give me justice in this dispute with my enemy.'

3 그 도시의 한 과부가 그에게 거듭 와서 말했다, 〈나의 원쑤와의 이 론

쟁에서 나에게 공평하게 해주십시오.〉

4 **The judge ignored her for a while, but finally he said to himself, 'I don't fear God or care about people,**

4 그 재판관은 한동안 그 녀자를 무시했다, 그러나 마침내 그는 속으로 말했다, 〈나는 하나님을 두려워하지도 않고, 사람들에 대해 마음을 쓰지 않는다,

5 **but this woman is driving me crazy. I'm going to see that she gets justice, because she is wearing me out with her constant requests!'"**

5 그러나 이 녀자는 나를 정신 나가게 한다. 나는 그 녀자로 하여금 정당하다는 것을 알도록 하겠다, 왜냐하면 그 녀자가 끊임없는 간청으로 나를 지치게 하고 있기 때문이다!〉》

6 **Then the Lord said, "Learn a lesson from this unjust judge.**

6 그때 주님이 말씀하셨다, 《이 불공평한 재판관으로부터 교훈을 배워라.

7 **Even he rendered a just decision in the end. So don't you think God will surely give justice to his chosen people who cry out to him day and night? Will he keep putting them off?**

7 지어 그도 마침내 옳은 결정을 하게 되였다. 그러므로 너희는 하나님께서 자신에게 밤낮으로 웨치는 자신의 선택하신 백성들에게 반드시 공평함을 주실 것이라고 생각하지 않는가? 그분께서 그들을 계속 내버려두실 것 같은가?

8 **I tell you, he will grant justice to them quickly! But when the Son of Man returns, how many will he find on the earth who have faith?"**

8 내가 너희에게 말한다, 그분께서 그들에게 지체 없이 공평함을 주실 것이다! 그러나 사람의 아들이 다시 돌아올 때, 그분이 세상에서 믿음 있는 사람들을 얼마나 많이 찾아볼 수 있겠는가?》

Parable of the Pharisee and Tax Collector

바리새파 사람들과 세금징수원에 빗댄 이야기

9 **Then Jesus told this story to some who had great confidence in their own righteousness and scorned everyone else:**

9 그러고 나서 예수님은 그들 자신들의 정직에 큰 자신감을 가진 사람, 그리고 그 밖의 모든 사람을 멸시한 몇 사람에게 이 이야기를 해주셨다:

10 **"Two men went to the Temple to pray. One was a Pharisee, and the other was a despised tax collector.**

10 《두 사람이 기도하러 신전에 갔다. 한 사람은 바리새파 사람이였고,

다른 한 사람은 멸시 받던 세금 징수원이였다.

11 The Pharisee stood by himself and prayed this prayer: 'I thank you, God, that I am not a sinner like everyone else. For I don't cheat, I don't sin, and I don't commit adultery. I'm certainly not like that tax collector!

11 그 바리새파 사람은 혼자 서서 이 기도를 드렸다: 〈저는 제가 다른 모든 사람처럼 죄인이 아닌 것을 하나님, 당신께 감사드립니다. 왜냐하면 저는 속이지 않고, 저는 죄를 짓지 않았으며, 저는 부화방탕하지도 않기 때문입니다. 저는 틀림없이 저 세금 징수원과 같지 않습니다!

12 I fast twice a week, and I give you a tenth of my income.'

12 저는 일주일에 두 번씩 단식합니다, 그리고 저는 제 수입의 10분의 1을 당신께 드립니다.〉

13 "But the tax collector stood at a distance and dared not even lift his eyes to heaven as he prayed. Instead, he beat his chest in sorrow, saying, 'O God, be merciful to me, for I am a sinner.'

13 《그러나 세금 징수원은 멀리에 서 있었다. 그리고 그는 기도할 때에 감히 자기의 눈을 하늘을 향해 올려다보기조차 못했다. 대신에, 그는 슬픔 속에 자신의 가슴을 치며, 말했다, 〈오오 하나님, 저에게 은정을 베풀어 주십시오, 왜냐하면 저는 죄인이기 때문입니다.〉

14 I tell you, this sinner, not the Pharisee, returned home justified before God. For those who exalt themselves will be humbled, and those who humble themselves will be exalted."

14 내가 너희에게 말한다, 바리새파 사람이 아닌, 이 죄인이 하나님 앞에서 옳바르다고 인정받고 집으로 돌아갔다. 왜냐하면 자신을 높이는 사람들은 낮아질 것이고, 자신을 낮추는 사람들은 높아질 것이기 때문이다.》

Jesus Blesses the Children
예수님이 어린이들을 축복하시다

15 One day some parents brought their little children to Jesus so he could touch and bless them. But when the disciples saw this, they scolded the parents for bothering him.

15 어느 날 몇 부모들은 예수님이 자기들의 어린아이들에게 손을 얹고 축복해 주실 수 있도록 그들을 그분에게 데리고 갔다. 그러나 제자들이 이것을 보았을 때, 그들은 그분을 괴롭힌다고 부모들을 꾸짖었다.

16 Then Jesus called for the children and said to the disciples, "Let the children come to me. Don't stop them! For the Kingdom of God belongs to

those who are like these children.

16 그러자 예수님은 그 어린아이들을 부르셨다. 그리고 제자들에게 말씀하셨다, 《그 어린아이들이 나에게 오도록 하여라. 그들을 막지 말아라! 왜냐하면 하나님 나라는 이 어린아이들과 같은 사람들의 것이기 때문이다.

17 I tell you the truth, anyone who doesn't receive the Kingdom of God like a child will never enter it."

17 내가 너희에게 진실을 말한다, 누구든지 하나님 나라를 어린아이와 같이 받아들이지 않는 사람은 결코 거기에 들어가지 못할 것이다.》

The Rich Man

부유한 사람

18 Once a religious leader asked Jesus this question: "Good Teacher, what should I do to inherit eternal life?"

18 한번은 한 종교 지도자가 예수님에게 이 질문을 하였다: 《선량한 선생님, 제가 영원한 생명을 이어받기 위해 무엇을 해야 합니까?》

19 "Why do you call me good?" Jesus asked him. "Only God is truly good.

19 《왜 너는 나를 선량하다고 부르는가?》 예수님이 그에게 물으셨다. 《오직 하나님만이 진실로 선량하시다.

20 But to answer your question, you know the commandments: 'You must not commit adultery. You mustnot murder. You must not steal. You must not testify falsely. Honor your father and mother.'"

20 그러나 너의 질문에 대답하기 위한, 그 명령을 너는 알고 있다: 〈너희는 부화방탕해서는 안 된다. 너희는 살인해서는 안 된다. 너희는 도적질을 해서는 안 된다, 너희는 거짓으로 립증해서는 안 된다. 너희의 아버지와 어머니를 받들어 모셔라.〉》

21 The man replied, "I've obeyed all these commandments since I was young."

21 그 사람은 대답했다, 《저는 이런 모든 명령을 제가 어렸을 때부터 지켰습니다.》

22 When Jesus heard his answer, he said, "There is still one thing you haven't done. Sell all your possessions and give the money to the poor, and you will have treasure in heaven. Then come, follow me."

22 예수님이 그의 대답을 들으시고, 그분은 말씀하셨다, 《네가 아직 하지 않은 한 가지가 있다. 모든 너의 재산을 팔아서 그 돈을 가난한 사람들에게 주어라, 그러면 너는 하늘에서 보물을 가질 것이다. 그리고 와

서, 나를 따르라.》

23 But when the man heard this he became very sad, for he was very rich.

23 그러나 그 사람이 이것을 들었을 때 그는 아주 침울해졌다, 왜냐하면 그는 매우 부유했기 때문이였다.

24 When Jesus saw this, he said, "How hard it is for the rich to enter the Kingdom of God!

24 예수님이 이것을 보시고, 그분은 말씀하셨다, 《부자들이 하나님 나라에 들어가는 것이 얼마나 어려운가!

25 In fact, it is easier for a camel to go through the eye of a needle than for a rich person to enter the Kingdom of God!"

25 사실은, 한 부유한 사람이 하나님 나라에 들어가는 것보다 락타가 바늘귀를 통해 들어가는 것이 더 쉽다!》

26 Those who heard this said, "Then who in the world can be saved?"

26 이것을 들은 사람들이 말했다, 《그러면 세상에서 누가 구원받을 수 있습니까?》

27 He replied, "What is impossible for people is possible with God."

27 그분이 대답하셨다, 《사람으로 할 수 없는 것을 하나님께서는 하실 수 있다.》

28 Peter said, "We've left our homes to follow you."

28 베드로가 말했다, 《우리는 당신을 따르기 위해 우리의 가정들을 버렸습니다.》

29 "Yes," Jesus replied, "and I assure you that everyone who has given up house or wife or brothers or parents or children, for the sake of the Kingdom of God,

29 《그렇다,》 예수님이 대답하셨다, 그리고 나는 너희에게 담보한다, 집이나 안해나 형제들이나 부모나 아들딸들을, 하나님 나라를 위해 버린 사람은 누구나,

30 will be repaid many times over in this life, and will have eternal life in the world to come."

30 이 생애에서 여러 배로 돌려받을 것이다, 그리고 오는 세상에서 영원한 생명을 갖게 될 것이다.》

Jesus Again Predicts His Death

예수님이 자신의 죽음을 다시 예언하시다

31 Taking the twelve disciples aside, Jesus said, "Listen, we're going up to Jerusalem, where all the predictions of the prophets concerning the Son

of Man will come true.

31 열두 제자들을 곁에 데리고, 예수님이 말씀하셨다, 《들어라, 우리는, 사람의 아들에 대한 예언자들의 모든 예언들이 이루어질 예루살렘으로 올라갈 것이다.

32 **He will be handed over to the Romans, and he will be mocked, treated shamefully, and spit upon.**

32 그는 로마 사람들에게 넘겨질 것이다, 그리고 그는 업신여김을 받고, 수치스럽게 다루어지며, 침 뱉음 당할 것이다.

33 **They will flog him with a whip and kill him, but on the third day he will rise again."**

33 그들은 그분을 채찍으로 때리고 죽일 것이다, 그러나 3일 만에 그분은 다시 살아나실 것이다.》

34 **But they didn't understand any of this. The significance of his words was hidden from them, and they failed to grasp what he was talking about.**

34 그러나 그들은 이것에 대해 전혀 리해하지 못했다. 그분 말씀의 뜻이 그들에게는 가려져 있었다, 그리하여 그들은 그분이 무엇에 대해 말씀하셨는지 파악하지 못했다.

Jesus Heals a Blind Beggar

예수님이 눈먼 거지를 고치시다

35 **As Jesus approached Jericho, a blind beggar was sitting beside the road.**

35 예수님이 여리고에 다가가고 계셨을 때, 한 눈먼 거지가 길가에 앉아 있었다.

36 **When he heard the noise of a crowd going past, he asked what was happening.**

36 그가 지나가고 있는 군중의 시끄러운 소리를 들었을 때, 그는 무슨 일이 일어나고 있는지 물어보았다.

37 **They told him that Jesus the Nazarene was going by.**

37 사람들은 나사렛 사람 예수님이 지나가고 있다고 그에게 말해 주었다.

38 **So he began shouting, "Jesus, Son of David, have mercy on me!"**

38 그래서 그는, 《다윗의 자손이신, 예수님, 저에게 은정을 베풀어 주십시오!》라고 웨치기 시작했다,

39 **"Be quiet!" the people in front yelled at him. But he only shouted louder, "Son of David, have mercy on me!"**

39 《조용해라!》 앞에 있던 사람들이 그에게 소리쳤다. 그러나 그는 더

크게 웨칠 뿐이였다. 《다윗의 후손이시여, 저에게 은정을 베풀어 주십시오!》

40 When Jesus heard him, he stopped and ordered that the man be brought to him. As the man came near, Jesus asked him,

40 예수님이 그가 하는 말을 들었을 때, 그분은 멈춰서서 그 사람을 자기에게 데려오도록 지시하셨다. 그 사람이 가까이 오자, 예수님은 그에게 물으셨다.

41 "What do you want me to do for you?" "Lord," he said, "I want to see!"

41 《너는 내가 너를 위해 무엇을 해주기를 바라는가?》《주님,》 그가 말했다. 《저는 보기를 원합니다!》

42 And Jesus said, "All right, receive your sight! Your faith has healed you."

42 그러자 예수님이 말씀하셨다. 《됐다, 네가 보게 되여라! 너의 믿음이 너를 고쳤다.》

43 Instantly the man could see, and he followed Jesus, praising God. And all who saw it praised God, too.

43 즉시 그 사람은 볼 수 있게 되였다. 그리고 그는 하나님을 찬양하면서 예수님을 따라갔다. 그리하여 그것을 본 모든 사람들도 역시, 하나님을 찬양했다.

19

Jesus and Zacchaeus

예수님과 삭개오

1 Jesus entered Jericho and made his way through the town.

1 예수님이 여리고에 들어가서 그 마을을 지나고 계셨다.

2 There was a man there named Zacchaeus. He was the chief tax collector in the region, and he had become very rich.

2 거기에는 삭개오라는 이름을 가진 한 사람이 있었다. 그는 그 지역의 세금 징수원 책임자였다. 그래서 그는 큰 부자가 되여 있었다.

3 He tried to get a look at Jesus, but he was too short to see over the crowd.

3 그는 예수님을 보려고 애를 썼다. 그러나 그는 키가 너무 작아서 군중들 너머로 볼 수가 없었다.

4 So he ran ahead and climbed a sycamore-fig tree beside the road, for Jesus was going to pass that way.

4 그래서 그는 앞서 달려가서 길가의 한 씨카모르-무화과나무로 올라갔다. 왜냐하면 예수님이 그 길로 지나가려고 하셨기 때문이였다.

5 **When Jesus came by, he looked up at Zacchaeus and called him by name. "Zacchaeus!" he said. "Quick, come down! I must be a guest in your home today."**

5 예수님이 다가왔을 때, 그분이 삭개오를 올려다보고 그의 이름을 부르셨다. 《삭개오야!》 그분이 말씀하셨다. 《얼른, 내려오너라! 나는 오늘 너의 집에 손님이 되어야 하겠다.》

6 **Zacchaeus quickly climbed down and took Jesus to his house in great excitement and joy.**

6 삭개오는 빨리 내려와서 대단한 흥분과 기쁨으로 예수님을 자기 집에 모셨다.

7 **But the people were displeased. "He has gone to be the guest of a notorious sinner," they grumbled.**

7 그러나 사람들은 못마땅해 하였다. 《그분이 소문난 죄인의 손님이 되기 위해 가셨다.》 그들은 투덜거렸다.

8 **Meanwhile, Zacchaeus stood before the Lord and said, "I will give half my wealth to the poor, Lord, and if I have cheated people on their taxes, I will give them back four times as much!"**

8 한편, 삭개오는 주님 앞에 서서 말했다, 《주님, 저는 저의 재산의 절반을 가난한 사람들에게 주겠습니다, 그리고 만일 제가 사람들을 세금과 관련하여 그들을 속였다면, 저는 그들에게 그 네 배를 돌려주겠습니다!》

9 **Jesus responded, "Salvation has come to this home today, for this man has shown himself to be a true son of Abraham.**

9 예수님이 대답하셨다, 《구원이 오늘 이 집에 이르렀다, 왜냐하면 이 사람은 참된 아브라함의 후손이라는 것을 그 스스로 보여 주었기 때문이다.

10 **For the Son of Man came to seek and save those who are lost."**

10 왜냐하면 사람의 아들은 잃어버린 사람들을 찾아 구원하기 위해 왔기 때문이다.》

Parable of the Ten Servants

열 사람의 종들에 빗댄 이야기

11 **The crowd was listening to everything Jesus said. And because he was nearing Jerusalem, he told them a story to correct the impression that the Kingdom of God would begin right away.**

11 군중은 예수님이 말씀하신 모든 것을 듣고 있었다. 그리고 그분이

예루살렘에 가까이 오셨기 때문에, 그분은 하나님의 나라가 당장 시작될 것이라는 인상을 바로잡기 위해 그들에게 이야기 하나를 해주셨다.

12 **He said, "A nobleman was called away to a distant empire to be crowned king and then return.**

12 그분이 말씀하셨다, 《한 귀족이 왕위를 받아 가지고 돌아오기 위해 먼 제국으로 불려갔다.

13 **Before he left, he called together ten of his servants and divided among them ten pounds of silver, saying, 'Invest this for me while I am gone.'**

13 그가 떠나기 전에, 그는 자기의 종들 열 사람을 함께 불러서, 〈내가 간 동안 나를 위해 이것을 투자하거라.〉 말하면서, 그들에게 은 10파운드씩을 나누어 주었다.

14 **But his people hated him and sent a delegation after him to say, 'We do not want him to be our king.'**

14 그러나 그의 백성들은 그를 몹시 싫어했다 그래서 그를 뒤쫓아가서, 〈우리는 그가 우리 왕이 되는 것을 원하지 않습니다.〉라고 말하게 하기 위해 한 대표자를 보냈다.

15 **"After he was crowned king, he returned and called in the servants to whom he had given the money. He wanted to find out what their profits were.**

15 《그가 왕위에 오른 후에, 그는 돌아와서 자기가 돈을 주었던 종들을 불렀다. 그는 그들의 리득이 얼마인지를 알고 싶었다.

16 **The first servant reported, 'Master, I invested your money and made ten times the original amount!'**

16 첫 번째 종이 보고했다, 〈주인님, 저는 당신의 돈을 투자해서 본래의 금액을 열 배로 만들었습니다!〉

17 **"'Well done!' the king exclaimed. 'You are a good servant. You have been faithful with the little I entrusted to you, so you will be governor of ten cities as your reward.'**

17 《〈잘했다!〉 그 왕이 웨쳤다. 〈너는 유능한 종이다. 너는 내가 너에게 맡긴 작은 것에 충실했다, 그러므로 너는 너의 보상으로 열 개 도시의 통치자가 될 것이다.〉

18 **"The next servant reported, 'Master, I invested your money and made five times the original amount.'**

18 《다음 종이 보고했다, 〈주인님, 저는 당신의 돈을 투자하여 본래의 금액을 다섯 배로 만들었습니다.〉

19 **"'Well done!' the king said. 'You will be governor over five cities.'**

19 《〈잘했다!〉 그 왕이 말했다. 〈너는 다섯 개 도시를 다스리는 통치자가 될 것이다.〉

20 "But the third servant brought back only the original amount of money and said, 'Master, I hid your money and kept it safe.

20 《그러나 세 번째 종은 단지 돈의 본래 금액만 도로 가지고 와서 말했다, 〈주인님, 저는 당신의 돈을 감추어 그것을 안전하게 보관했습니다.

21 I was afraid because you are a hard man to deal with, taking what isn't yours and harvesting crops you didn't plant.'

21 저는 당신이, 자기 것이 아닌 것을 가져가고 자기가 심지 않은 농작물들을 거두어 가는, 대하기 어려운 분이기 때문에 두려웠습니다.

22 "'You wicked servant!' the king roared. 'Your own words condemn you. If you knew that I'm a hard man who takes what isn't mine and harvests crops I didn't plant,

22 《〈너 못된 종아!〉 그 왕은 고함쳤다. 〈너 자신의 말이 너를 죄 있다고 한다. 만일 내가 내 것이 아닌 것을 가져가고 내가 심지 않은 농작물들을 거두어 가는 무정한 사람이라는 것을 네가 알았더라면,

23 why didn't you deposit my money in the bank? At least I could have gotten some interest on it.'

23 왜 너는 내 돈을 은행에 맡기지 않았는가? 적어도 나는 그것에 대한 얼마간의 리자라도 얻을 수 있었을 것이다.〉

24 "Then, turning to the others standing nearby, the king ordered, 'Take the money from this servant, and give it to the one who has ten pounds.'

24 《그러고 나서, 가까이에 서 있는 다른 사람들을 돌아보면서, 그 왕은 명령했다, 〈이 종으로부터 돈을 빼앗아 그것을 10파운드 가진 사람에게 주어라.〉

25 "'But, master,' they said, 'he already has ten pounds!'

25 《그러나, 주인님,〉 그들이 말했다, 〈그는 이미 10파운드나 가지고 있습니다!〉

26 "'Yes,' the king replied, 'and to those who use well what they are given, even more will be given. But from those who do nothing, even what little they have will be taken away.

26 《〈그렇다,〉 그 왕은 대답했다, 〈그런데 그들에게 주어진 것을 잘 리용하는 사람들에게는, 더욱더 주어질 것이다. 그러나 아무것도 하지 않은 사람들에게서는, 그들이 가진 아주 적은 것마져도 빼앗길 것이다.

27 And as for these enemies of mine who didn't want me to be their king—bring them in and execute them right here in front of me.'"

27 그리고 내가 자기들의 왕이 되기를 원하지 않았던 나의 이 원쑤들에 대해서는—그들을 데려와서 바로 여기 내 앞에서 그들을 사형시켜라.》

Jesus' Triumphant Entry

예수님의 승리적인 입성

28 **After telling this story, Jesus went on toward Jerusalem, walking ahead of his disciples.**

28 이 이야기를 하고 나서, 예수님은 자기 제자들보다 앞장서 걸어서, 예루살렘을 향하여 계속 가셨다.

29 **As he came to the towns of Bethphage and Bethany on the Mount of Olives, he sent two disciples ahead.**

29 그분이 올리브산 우의 벳바게와 베다니 동네에 왔을 때, 그분은 두 제자를 앞서 보내셨다.

30 **"Go into that village over there," he told them. "As you enter it, you will see a young donkey tied there that no one has ever ridden. Untie it and bring it here.**

30 《저기에 있는 저 마을로 들어가거라.》 그분이 그들에게 말씀하셨다. 《너희가 그곳에 들어가면, 너희는 아직 아무도 타본 적이 없는 어린 당나귀 한 마리가 거기에 매여 있는 것을 볼 것이다. 그것을 풀어서 여기로 끌고 오너라.

31 **If anyone asks, 'Why are you untying that colt?' just say, 'The Lord needs it.'"**

31 만일 누군가가, 〈왜 당신들은 그 망아지를 풀고 있소?〉라고 물으면, 그냥, 〈주님이 그것을 필요로 하십니다.〉》라고 말하여라.

32 **So they went and found the colt, just as Jesus had said.**

32 그래서 그들은 갔다 그리고 예수님이 말씀하셨던 그대로, 그 망아지를 발견했다.

33 **And sure enough, as they were untying it, the owners asked them, "Why are you untying that colt?"**

33 그리고 실제로, 그들이 그것을 풀고 있었을 때, 그 주인이 그들에게 물었다, 《왜 당신들이 그 망아지를 풀고 있소?》

34 **And the disciples simply replied, "The Lord needs it."**

34 그러자 그 제자들은 간단히 대답했다, 《주님이 그것을 필요로 하십니다.》

35 **So they brought the colt to Jesus and threw their garments over it for him to ride on.**

35 그리하여 그들은 그 망아지를 예수님에게 끌고 와서 그분이 그 우에 타시도록 자기들의 겉옷들을 그것 우에 걸쳤다.

36 As he rode along, the crowds spread out their garments on the road ahead of him.

36 그분이 타고 가시는 중에, 군중들은 그분 앞의 길 우에 자기들의 옷들을 펼쳐 놓았다.

37 When he reached the place where the road started down the Mount of Olives, all of his followers began to shout and sing as they walked along, praising God for all the wonderful miracles they had seen.

37 그분이 올리브 산을 따라 내려가서 시작된 길이 있는 곳에 이르렀을 때, 그분을 따라다니는 모든 사람들은 자기들이 보았던 모든 놀라운 기적들에 대해 하나님을 찬양하면서, 웨치고 그들이 걷는 동안 노래하기 시작했다.

38 "Blessings on the King who comes in the name of the LORD! Peace in heaven, and glory in highest heaven!"

38 《주님의 이름으로 오시는 왕에게 축복이 있기를! 하늘에는 평화, 그리고 가장 높은 하늘에서는 영광!》

39 But some of the Pharisees among the crowd said, "Teacher, rebuke your followers for saying things like that!"

39 그러나 군중 가운데 있던 바리새파 사람들 중 몇은 말했다, 《선생님, 저렇게 말하는 것에 대해 당신의 제자들을 꾸짖으십시오!》

40 He replied, "If they kept quiet, the stones along the road would burst into cheers!"

40 그분은 대답하셨다, 《만일 사람들이 조용히 있다면, 길가의 돌들이 박수갈채할 것이다!》

Jesus Weeps over Jerusalem

예수님이 예루살렘을 두고 한탄하시다

41 But as he came closer to Jerusalem and saw the city ahead, he began to weep.

41 그런데 그분이 예루살렘에 가까이 와서 앞에 있는 도시를 보시자, 그분은 울기 시작하셨다.

42 "How I wish today that you of all people would understand the way to peace. But now it is too late, and peace is hidden from your eyes.

42 《내가 너희 모든 사람들이 평화에 이르는 길을 알기를 오늘 얼마나 바랬던가. 그러나 이제는 너무 늦었다, 그리고 평화는 너희의 눈에 가

리워져 있다.

43 Before long your enemies will build ramparts against your walls and encircle you and close in on you from every side.

43 얼마 지나지 않아 너희의 원쑤들은 너희의 성벽들에 대한 방어벽들을 쌓고 너희를 에워싸고 사방에서 너희를 육박해 올 것이다.

44 They will crush you into the ground, and your children with you. Your enemies will not leave a single stone in place, because you did not accept your opportunity for salvation."

44 그들은 너희를, 그리고 너희와 함께 너희의 아들딸들을 땅에 짓밟아 버릴 것이다. 너희의 원쑤들은 돌 하나도 그 자리에 남기지 않을 것이다. 왜냐하면 너희가 구원을 위한 너희의 기회를 받아들이지 않았기 때문이다.

Jesus Clears the Temple

예수님이 신전을 깨끗하게 하시다

45 Then Jesus entered the Temple and began to drive out the people selling animals for sacrifices.

45 그 후에 예수님은 신전으로 들어가셨다. 그리고 제물을 위해 짐승들을 파는 사람들을 쫓아내기 시작하셨다.

46 He said to them, "The Scriptures declare, 'My Temple will be a house of prayer,' but you have turned it into a den of thieves."

46 그분은 그들에게 말씀하셨다, 《하나님말씀책이 선언하고 있다, 〈나의 신전은 기도의 집이 될 것이다.〉 그러나 너희는 그것을 도적들의 소굴로 바꿔 놓았다.》

47 After that, he taught daily in the Temple, but the leading priests, the teachers of religious law, and the other leaders of the people began planning how to kill him.

47 그 후에, 그분은 날마다 신전에서 가르치셨다, 그러나 상급제사장들, 종교법 선생들, 그리고 백성들의 다른 지도자들은 그분을 죽일 방도를 꾸미기 시작했다.

48 But they could think of nothing, because all the people hung on every word he said.

48 그러나 모든 사람들이 그분이 하신 모든 말씀마다 귀담아들었기 때문에 그들은 아무것도 생각해 낼 수 없었다.

20

The Authority of Jesus Challenged

예수님의 권위에 대해 맞서 나서다

1 One day as Jesus was teaching the people and preaching the Good News in the Temple, the leading priests, the teachers of religious law, and the elders came up to him.

1 어느 날 예수님이 신전에서 사람들을 가르치고 반가운 소식을 전하고 계셨을 때, 총제사장들, 종교법 선생들, 그리고 장로들이 그분에게 다가왔다.

2 They demanded, "By what authority are you doing all these things? Who gave you the right?"

2 그들은 요구했다, 《당신은 무슨 권한으로 이 모든 일들을 하고 있습니까? 누가 당신에게 그 권리를 주었습니까?》

3 "Let me ask you a question first," he replied.

3 《내가 먼저 너희에게 질문을 하도록 하자,》 그분이 대답하셨다.

4 "Did John's authority to baptize come from heaven, or was it merely human?"

4 《요한의 세례 주는 권한이 하늘로부터 왔는가, 아니면 단순히 인간적인 것이였는가?》

5 They talked it over among themselves. "If we say it was from heaven, he will ask why we didn't believe John.

5 그들은 자기들끼리 그것에 대해 의논했다. 《만일 우리가 그것이 하늘로부터 왔다고 말하면, 그분은 우리가 왜 요한을 믿지 않았는가 물을 것이다.

6 But if we say it was merely human, the people will stone us because they are convinced John was a prophet."

6 그러나 만일 우리가 그것이 단순히 인간적인 것이였다고 말하면, 사람들은 우리에게 돌을 던질 것이다. 왜냐하면 자기들이 요한은 예언자였다고 확신하기 때문이다.

7 So they finally replied that they didn't know.

7 그래서 그들은 결국 자기들은 모른다고 대답했다.

8 And Jesus responded, "Then I won't tell you by what authority I do these things."

8 그러자 예수님이 대답하셨다, 《그렇다면 나도 무슨 권한으로 내가 이러한 일들을 하는지 너희에게 말하지 않겠다.》

Parable of the Evil Farmers
악한 농민들에 빗댄 이야기

9 Now Jesus turned to the people again and told them this story: "A man planted a vineyard, leased it to tenant farmers, and moved to another country to live for several years.

9 그러고서 예수님이 다시 사람들을 돌아보고 그들에게 이 이야기를 하셨다: 《한 사람이 포도밭을 만들어, 그것을 소작농민들에게 빌려주었다, 그리고 몇 년 동안 살기 위해 다른 나라로 이사하였다.

10 At the time of the grape harvest, he sent one of his servants to collect his share of the crop. But the farmers attacked the servant, beat him up, and sent him back empty-handed.

10 포도걷이를 할 때가 되여, 그는 수확물 중 자기의 몫을 걷어 오려고 자기의 종들 중 하나를 보냈다. 그러나 그 농민들은 그 종에게 덤벼들어, 그를 두들겨 팼다, 그리고 그를 빈손으로 돌려보냈다.

11 So the owner sent another servant, but they also insulted him, beat him up, and sent him away empty-handed.

11 그래서 그 주인은 다른 종을 보냈다, 그러나 그들은 그도 역시 모욕했고, 두들겨 팼다, 그리고 그를 빈손으로 돌려보냈다.

12 A third man was sent, and they wounded him and chased him away.

12 세 번째 사람이 보내여졌다, 그리고 그들은 그에게 상처를 입히고 그를 쫓아 버렸다.

13 "'What will I do?' the owner asked himself. 'I know! I'll send my cherished son. Surely they will respect him.'

13 《내가 어떻게 할까?》 그 주인은 자기 자신에게 물었다. 〈맞다! 나는 내가 소중히 여기는 아들을 보낼 것이다. 틀림없이 그들은 그를 존중할 것이다.〉

14 "But when the tenant farmers saw his son, they said to each other, 'Here comes the heir to this estate. Let's kill him and get the estate for ourselves!'

14 《〈그러나 그 소작농민들이 그의 아들을 보았을 때, 그들은 서로에게 말했다, 〈여기 이 땅의 상속인이 온다. 그를 죽이고 우리 자신들을 위해 그 땅을 가지자!〉

15 So they dragged him out of the vineyard and murdered him. "What do you suppose the owner of the vineyard will do to them?" Jesus asked.

15 그래서 그들은 그를 포도밭 밖으로 끌어내여 그를 죽였다. 《너희는 포도밭의 주인이 그들에게 어떻게 할 것이라고 생각하는가?》 예수님

이 물으셨다.

16 "I'll tell you—he will come and kill those farmers and lease the vineyard to others." "How terrible that such a thing should ever happen," his listeners protested.

16 《내가 너희에게 말해 주겠다—그는 와서 이 농민들을 죽이고 그 포도밭을 다른 사람들에게 빌려줄 것이다.》《그런 일이 일어난다면 얼마나 끔찍한가.》 그분의 말씀을 들은 사람들이 항의했다.

17 Jesus looked at them and said, "Then what does this Scripture mean? 'The stone that the builders rejected has now become the cornerstone.'

17 예수님이 그들을 보고 말씀하셨다. 《그러면 이 하나님말씀책은 무엇을 의미하는가? 〈건설자들이 버린 돌이 이제는 주추돌이 되였다.〉

18 Everyone who stumbles over that stone will be broken to pieces, and it will crush anyone it falls on."

18 그 돌에 걸려 넘어지는 사람은 누구나 산산이 부서질 것이다. 그리고 그것이 그 우에 떨어지는 사람 누구나를 짓뭉개 버릴 것이다.》

19 The teachers of religious law and the leading priests wanted to arrest Jesus immediately because they realized he was telling the story against them—they were the wicked farmers. But they were afraid of the people's reaction.

19 종교법 선생들과 상급제사장들은 예수님을 즉시 체포하고 싶어 했다. 왜냐하면 그들은 그분이 자기들에 대해—그들이 그 고약한 농민이라는, 이야기를 하고 있었다는 것을 깨달았기 때문이였다. 그러나 그들은 백성들의 반발이 두려웠다.

Taxes for Caesar

씨저를 위한 세금

20 Watching for their opportunity, the leaders sent spies pretending to be honest men. They tried to get Jesus to say something that could be reported to the Roman governor so he would arrest Jesus.

20 자기들의 기회를 엿보면서, 그 지도자들은 정직한 사람들인 척하는 정탐군들을 보냈다. 그들은 로마 총독에게 보고될 만한 무엇인가를 예수님이 말하게 하려고 노력했다. 그래서 그가 예수님을 체포하려는 것이였다.

21 "Teacher," they said, "we know that you speak and teach what is right and are not influenced by what others think. You teach the way of God truthfully.

21《선생님,》 그들이 말했다,《우리는 당신이 옳바른 것을 말하고 가르치며 다른 사람들이 생각하는 것으로 하여 영향을 받지 않는다는 것을 압니다. 당신은 하나님의 길을 참되게 가르칩니다.

22 Now tell us—is it right for us to pay taxes to Caesar or not?"

22 이제 우리에게 말해 주십시오—우리가 씨저에게 세금을 내는 것이 옳습니까 아니면 그렇지 않습니까?》

23 He saw through their trickery and said,

23 그분은 그들의 속임수를 뚫어보고 말씀하셨다,

24 "Show me a Roman coin. Whose picture and title are stamped on it?" "Caesar's," they replied.

24《나에게 로마 쇠돈을 보여 다오. 그 우에 누구의 초상과 이름이 새겨져 있는가?》《씨저의 것입니다,》 그들이 대답했다.

25 "Well then," he said, "give to Caesar what belongs to Caesar, and give to God what belongs to God."

25《그래 그렇다면,》 그분이 말씀하셨다,《씨저에게 속해 있는 것은 씨저에게 주어라, 그리고 하나님께 속해 있는 것은 하나님께 드려라.》

26 So they failed to trap him by what he said in front of the people. Instead, they were amazed by his answer, and they became silent.

26 그래서 그들은 사람들 앞에서 그분이 말씀하신 것으로 하여 그분을 함정에 빠뜨리는 데 실패했다. 그 대신에, 그들은 그분의 대답에 깜짝 놀랐다, 그리고 그들은 조용해졌다.

Discussion about Resurrection

부활에 대한 토론

27 Then Jesus was approached by some Sadducees—religious leaders who say there is no resurrection from the dead.

27 그러고 나서 예수님에게 몇 사두개파 사람들이—죽은 자들로부터 부활이 없다고 말하는 종교 지도자들이 가까이 왔다.

28 They posed this question: "Teacher, Moses gave us a law that if a man dies, leaving a wife but no children, his brother should marry the widow and have a child who will carry on the brother's name.

28 그들은 이 질문을 제기했다:《선생님, 모세는 만일 한 남자가 아들딸들 없이 안해를 두고 죽으면, 그의 동생이 그 과부와 결혼해서 형의 이름을 이을 아이를 가져야 한다는 법을 우리에게 주었습니다.

29 Well, suppose there were seven brothers. The oldest one married and then died without children.

29 그렇다면, 일곱 명의 형제들이 있었다고 가정해 보십시오. 가장 큰 형이 결혼했는데 그 후 아들딸들 없이 죽었습니다.

30 So the second brother married the widow, but he also died.

30 그래서 둘째 형이 그 과부와 결혼했는데, 그도 역시 죽었습니다.

31 Then the third brother married her. This continued with all seven of them, who died without children.

31 그 후 셋째 형이 그 녀자와 결혼했습니다. 이렇게 계속해서 그들 일곱 명 모두가 아들딸들 없이 죽었습니다.

32 Finally, the woman also died.

32 마침내, 그 녀자 역시 죽었습니다.

33 So tell us, whose wife will she be in the resurrection? For all seven were married to her!"

33 그러면 저희에게 말씀해 주십시오, 부활 때에 그 녀자는 누구의 안해가 될 것입니까? 왜냐하면 일곱 명 모두가 그 녀자와 결혼했기 때문입니다!》

34 Jesus replied, "Marriage is for people here on earth.

34 예수님이 대답하셨다, 《결혼은 이 세상에 있는 사람들을 위한 것이다.

35 But in the age to come, those worthy of being raised from the dead will neither marry nor be given in marriage.

35 그러나 다가올 세상에서는, 죽은 사람들 가운데서 살아날 자격이 있는 사람들은 장가가지도 않고 시집가지도 않을 것이다.

36 And they will never die again. In this respect they will be like angels. They are children of God and children of the resurrection.

36 그리고 그들은 결코 다시 죽지 않을 것이다. 이런 점에서는 그들이 천사들과 같을 것이다. 그들은 하나님의 아들딸들이고 부활의 아들딸들이다.

37 "But now, as to whether the dead will be raised—even Moses proved this when he wrote about the burning bush. Long after Abraham, Isaac, and Jacob had died, he referred to the Lord as 'the God of Abraham, the God of Isaac, and the God of Jacob.'

37 《그런데 이제, 죽은 사람들이 되살아날 것인지 아닌지에 대해—지어 모세도 그 불타는 덤불에 대해 그가 기록했을 때 이것을 립증하였다. 아브라함, 이삭, 그리고 야곱이 죽은 지 오랜 뒤에, 그는 주님을 〈아브라함의 하나님, 이삭의 하나님, 그리고 야곱의 하나님〉이라고 언급했다.

38 So he is the God of the living, not the dead, for they are all alive to him."

38 그러므로 그분은 죽은 사람들이 아니라, 살아 있는 사람들의 하나님 이시다. 왜냐하면 그분에게는 그들 모두가 살아 있기 때문이다.》

39 "Well said, Teacher!" remarked some of the teachers of religious law who were standing there.

39 《선생님, 잘 말씀하셨습니다!》 그곳에 서 있던 종교법 선생들 중 몇이 소견을 말했다.

40 And then no one dared to ask him any more questions.

40 그러고 나서는 아무도 감히 그분에게 더 이상의 질문들을 하지 못했다.

Whose Son Is the Messiah?

구세주는 누구의 후손인가?

41 Then Jesus presented them with a question. "Why is it," he asked, "that the Messiah is said to be the son of David?

41 그런 다음 예수님이 그들에게 한 질문을 내놓으셨다. 그분이 물으셨다. 《구세주가 다윗의 후손이라고 말하는데, 그것은 왜 그런가?》

42 For David himself wrote in the book of Psalms: 'The LORD said to my Lord, Sit in the place of honor at my right hand

42 왜냐하면 다윗 자신이 시 묶음책에 썼기 때문이다: 〈주님께서 내 주에게 말씀하셨습니다. 내 오른쪽에 영예의 자리에 앉으라.

43 until I humble your enemies, making them a footstool under your feet.'

43 내가 너희의 원쑤들을 너희의 발아래 발판이 되게 하면서, 그들을 보잘것없이 되게 하기까지.〉

44 Since David called the Messiah 'Lord,' how can the Messiah be his son?"

44 다윗이 구세주를 〈주님,〉이라고 불렀는데, 어떻게 구세주가 그의 후손이 될 수 있겠는가?》

45 Then, with the crowds listening, he turned to his disciples and said,

45 그러고 나서, 군중들이 듣고 있는데, 그분은 자신의 제자들을 돌아보고 말씀하셨다,

46 "Beware of these teachers of religious law! For they like to parade around in flowing robes and love to receive respectful greetings as they walk in the marketplaces. And how they love the seats of honor in the synagogues and the head table at banquets.

46 《종교법 선생들을 조심하여라! 왜냐하면 그들은 길게 늘어진 옷들을 입고 뽐내면서 다니기를 좋아하고 그들이 시장에서 걸어 다닐 때 정중한 인사 받기를 좋아하기 때문이다. 그리고 그들은 군중회관에서 주석

단과 연회에서 주빈석에 앉기를 얼마나 좋아하는가.

47 **Yet they shamelessly cheat widows out of their property and then pretend to be pious by making long prayers in public. Because of this, they will be severely punished."**

47 그럼에도 그들은 파렴치하게도 과부들에게서 그들의 재산을 속여 빼앗는다. 그러고 나서 대중 앞에서 긴 기도를 함으로써 신앙심이 두터운 척한다. 이것 때문에, 그들은 호되게 처벌받을 것이다.》

21

The Widow's Offering

과부의 헌금

1 **While Jesus was in the Temple, he watched the rich people dropping their gifts in the collection box.**

1 예수님이 신전에 계신 동안, 그분은 헌금 통에 자기들의 헌금을 넣고 있는 부유한 사람들을 지켜보셨다.

2 **Then a poor widow came by and dropped in two small coins.**

2 그때 어떤 가난한 과부가 와서 두 개의 작은 쇠돈을 넣었다.

3 **"I tell you the truth," Jesus said, "this poor widow has given more than all the rest of them.**

3 《내가 너희에게 진실을 말한다.》 예수님이 말씀하셨다. 《이 가난한 과부는 그들 중 모든 나머지 사람들보다 더 많이 드렸다.

4 **For they have given a tiny part of their surplus, but she, poor as she is, has given everything she has."**

4 왜냐하면 그들은 자기들의 나머지 중에서 아주 작은 부분을 드렸다, 그러나 그 녀자는, 자기가 가난하기는 하지만, 자신이 가진 모든 것을 드렸기 때문이다.》

Jesus Foretells the Future

예수님이 앞날을 예언하시다

5 **Some of his disciples began talking about the majestic stonework of the Temple and the memorial decorations on the walls. But Jesus said,**

5 그분의 제자들 중 몇이 신전의 장엄한 돌 세공과 벽들 우의 기념장식물들에 대해 이야기하기 시작했다. 그러나 예수님이 말씀하셨다,

6 **"The time is coming when all these things will be completely demolished. Not one stone will be left on top of another!"**

6《이 모든 것들이 완전히 파괴될 그때가 오고 있다. 돌 하나도 다른 돌 우에 남지 않게 될 것이다!》

7 **"Teacher," they asked, "when will all this happen? What sign will show us that these things are about to take place?"**

7《선생님,》그들이 물었다. 《이 모든 것이 언제 일어날 것입니까? 어떤 징조가 이런 일들이 곧 일어난다는 것을 우리에게 보여 줄 것입니까?》

8 **He replied, "Don't let anyone mislead you, for many will come in my name, claiming, 'I am the Messiah,' and saying, 'The time has come!' But don't believe them.**

8 그분이 대답하셨다. 《누구든지 너희를 잘못 인도하지 않게 하여라. 왜냐하면 많은 사람들이, 〈내가 그 구세주다.〉라고 주장하고, 또 〈때가 왔다!〉고 말하면서, 내 이름으로 올 것이기 때문이다. 그러나 그들을 믿지 말아라.

9 **And when you hear of wars and insurrections, don't panic. Yes, these things must take place first, but the end won't follow immediately."**

9 그리고 너희가 전쟁들과 반란들에 대해 들을 때, 당황하지 말아라. 그렇다. 이러한 일들이 먼저 일어나야 한다. 그러나 그 종말은 즉시 뒤따라오지 않을 것이다.》

10 **Then he added, "Nation will go to war against nation, and kingdom against kingdom.**

10 그리고 나서 그분은 덧붙이셨다. 《민족이 민족을 반대하고, 나라가 나라를 반대하여 전쟁하러 갈 것이다.

11 **There will be great earthquakes, and there will be famines and plagues in many lands, and there will be terrifying things and great miraculous signs from heaven.**

11 큰 지진들이 있을 것이고, 많은 지역들에서 굶주림과 전염병들이 있을 것이다. 그리고 무서운 일들과 커다란 기적적인 징조들이 하늘로부터 있게 될 것이다.

12 **"But before all this occurs, there will be a time of great persecution. You will be dragged into synagogues and prisons, and you will stand trial before kings and governors because you are my followers.**

12《그러나 이 모든 일이 일어나기 전에, 대단한 박해의 때가 있을 것이다. 너희는 군중회관들과 감옥들로 끌려갈 것이다. 그리고 너희가 나를 따르는 사람들이기 때문에 너희는 왕들과 통치자들 앞에서 재판을 받게 될 것이다.

13 **But this will be your opportunity to tell them about me.**

13 그러나 이것은 너희가 나에 대해 그들에게 말해 줄 너희의 기회가 될 것이다.

14 So don't worry in advance about how to answer the charges against you,

14 그러므로 너희를 반대하는 고소에 어떻게 대답할지에 대해 미리 걱정하지 말아라.

15 for I will give you the right words and such wisdom that none of your opponents will be able to reply or refute you!

15 왜냐하면 나는 너희 적대자 중 한 사람도 너희에게 답변하거나 론박할 수 없도록 하는 적절한 말들과 그러한 지혜를 너희에게 줄 것이기 때문이다!

16 Even those closest to you—your parents, brothers, relatives, and friends—will betray you. They will even kill some of you.

16 지어 너희에게 가장 가까운 사람들—너희의 부모, 형제들, 친척들, 그리고 친구들—조차도 너희를 배반할 것이다. 그들은 지어 너희들 중 몇 사람을 죽이기까지 할 것이다.

17 And everyone will hate you because you are my followers.

17 그리고 너희가 나를 따르는 사람들이기 때문에 모두가 너희를 미워할 것이다.

18 But not a hair of your head will perish!

18 그러나 너희 머리카락 하나도 없어지지 않을 것이다!

19 By standing firm, you will win your souls.

19 굳건히 서 있는 것으로, 너희는 자신들의 령혼을 얻을 것이다.

20 "And when you see Jerusalem surrounded by armies, then you will know that the time of its destruction has arrived.

20《그리고 너희는 예루살렘이 군대들에 의해 포위된 것을 보면, 그때 너희는 그것의 멸망의 때가 왔다는 것을 알 것이다.

21 Then those in Judea must flee to the hills. Those in Jerusalem must get out, and those out in the country should not return to the city.

21 그때에 유태에 있는 사람들은 산들로 도망쳐야 한다. 예루살렘에 있는 사람들은 나가야 한다, 그리고 농촌에 떨어져 있는 사람들은 도시로 돌아와서는 안 된다.

22 For those will be days of God's vengeance, and the prophetic words of the Scriptures will be fulfilled.

22 왜냐하면 그것들이 하나님의 복수의 날들로 될 것이고, 하나님말씀책의 예언의 말씀이 이뤄질 것이기 때문이다.

23 How terrible it will be for pregnant women and for nursing mothers in

those days. For there will be disaster in the land and great anger against this people.

23 임신한 녀자들과 젖먹이는 어머니들에게 그날들이 얼마나 비통할 것인가. 왜냐하면 그 땅에 재난이 있을 것이고 이 백성들에 대해 격렬한 분노가 있을 것이기 때문이다.

24 They will be killed by the sword or sent away as captives to all the nations of the world. And Jerusalem will be trampled down by the Gentiles until the period of the Gentiles comes to an end.

24 그들은 칼로 살해당하거나 아니면 세계의 모든 나라들에 포로들로 잡혀갈 것이다. 그리고 예루살렘은 비유태인들의 시대가 끝날 때까지 비유태인들에 의해 짓밟혀질 것이다.

25 "And there will be strange signs in the sun, moon, and stars. And here on earth the nations will be in turmoil, perplexed by the roaring seas and strange tides.

25《그리고 해, 달, 별들에도 이상한 징조들이 있을 것이다. 그리하여 여기 땅에서는 나라들이, 으르렁거리는 바다와 이상한 조류로 하여 어찌할 바를 모르는, 혼란 속에 있게 될 것이다.

26 People will be terrified at what they see coming upon the earth, for the powers in the heavens will be shaken.

26 사람들은 그들이 땅에 닥쳐오고 있는 것을 보고 무서워할 것이다, 왜냐하면 하늘의 권력이 흔들릴 것이기 때문이다.

27 Then everyone will see the Son of Man coming on a cloud with power and great glory.

27 그때에 모든 사람이 능력과 큰 영광을 지니고 구름을 타고 오시는 사람의 아들을 볼 것이다.

28 So when all these things begin to happen, stand and look up, for your salvation is near!"

28 그래서 이 모든 일들이 일어나기 시작할 때, 일어서서 우를 바라보아라, 왜냐하면 너희의 구원이 가까이 있기 때문이다!》

29 Then he gave them this illustration: "Notice the fig tree, or any other tree.

29 그러고 나서 그분은 그들에게 이 실례를 들어 주셨다:《그 무화과나무, 혹은 어떤 다른 나무를 주목하라.

30 When the leaves come out, you know without being told that summer is near.

30 잎들이 나올 때, 너희는 말을 듣지 않고도 여름이 가까운 것을 안다.

31 In the same way, when you see all these things taking place, you can

know that the Kingdom of God is near.

31 같은 방법으로, 너희가 이 모든 일들이 일어나는 것을 볼 때, 너희는 하나님의 나라가 가까이 있다는 것을 알 수 있다.

32 **I tell you the truth, this generation will not pass from the scene until all these things have taken place.**

32 내가 너희에게 진실을 말한다, 이 세대는 이 모든 것들이 일어나기 전까지 그 현장에서 벗어나지 못할 것이다.

33 **Heaven and earth will disappear, but my words will never disappear.**

33 하늘과 땅이 없어질 것이다, 그러나 나의 말은 결코 없어지지 않을 것이다.

34 **"Watch out! Don't let your hearts be dulled by carousing and drunkenness, and by the worries of this life. Don't let that day catch you unaware,**

34 《조심하여라! 너희의 마음이 흥청거림과 술 취함, 그리고 세상 삶의 걱정거리들로 무디여지지 않도록 하여라. 그날이 뜻밖에 너희를 덮치지 못하게 하여라,

35 **like a trap. For that day will come upon everyone living on the earth.**

35 마치 올가미처럼. 왜냐하면 그날이 이 땅 우에 살고 있는 모든 사람 우에 올 것이기 때문이다.

36 **Keep alert at all times. And pray that you might be strong enough to escape these coming horrors and stand before the Son of Man."**

36 언제나 경각성을 유지하여라. 그리고 너희가 다가오는 이러한 공포들을 피할 수 있을 만큼 충분히 강해져서 사람의 아들 앞에 설 수 있도록 기도하여라.》

37 **Every day Jesus went to the Temple to teach, and each evening he returned to spend the night on the Mount of Olives.**

37 예수님은 가르치기 위해 날마다 신전으로 가셨다, 그리고 매일 저녁, 그분은 올리브 산 우에서 밤을 지내기 위해 돌아가셨다.

38 **The crowds gathered at the Temple early each morning to hear him.**

38 군중들은 매일 아침 일찍 그분의 말씀을 듣기 위해 신전에 모여들었다.

22

Judas Agrees to Betray Jesus

유다가 예수님을 배반하는 데 동의하다

1 **The Festival of Unleavened Bread, which is also called Passover, was ap-**

proaching.

1 건너뜀명절이라고 부르는, 무효모빵 명절이 다가오고 있었다.

2 The leading priests and teachers of religious law were plotting how to kill Jesus, but they were afraid of the people's reaction.

2 상급제사장들과 종교법 선생들은 어떻게 예수를 죽일지 음모를 꾸미고 있었다, 그러나 그들은 사람들의 반발이 두려웠다.

3 Then Satan entered into Judas Iscariot, who was one of the twelve disciples,

3 그때 대악마가 열두 제자들 중 하나였던 가롯 유다 속으로 들어갔다,

4 and he went to the leading priests and captains of the Temple guard to discuss the best way to betray Jesus to them.

4 그래서 그는 상급제사장들과 신전 경비대장들에게 예수님을 배반하여 넘길 가장 좋은 방도를 토의하기 위해 그들에게 갔다.

5 They were delighted, and they promised to give him money.

5 그들은 기뻐했다, 그리고 그들은 그에게 돈을 주기로 약속했다.

6 So he agreed and began looking for an opportunity to betray Jesus so they could arrest him when the crowds weren't around.

6 그래서 그는 동의했다. 그리고 군중들이 주위에 없을 때 그들이 예수님을 체포할 수 있도록 그분을 배반하여 넘길 기회를 찾기 시작했다.

The Last Supper

마지막 저녁식사

7 Now the Festival of Unleavened Bread arrived, when the Passover lamb is sacrificed.

7 이제 건너뜀명절 새끼 양이 희생제물로 바쳐지는, 무효모빵 명절이 왔다.

8 Jesus sent Peter and John ahead and said, "Go and prepare the Passover meal, so we can eat it together."

8 예수님은 베드로와 요한을 미리 보내며 말씀하셨다, 《가서 우리가 건너뜀명절 식사를 함께 먹을 수 있게 그것을 준비하여라.》

9 "Where do you want us to prepare it?" they asked him.

9 《당신은 우리가 어디서 그것을 준비하기를 원하십니까?》 그들이 그분에게 물었다.

10 He replied, "As soon as you enter Jerusalem, a man carrying a pitcher of water will meet you. Follow him. At the house he enters,

10 그분이 대답하셨다, 《너희가 예루살렘에 들어가자마자, 물 단지를 가

지고 가는 한 사람이 너희와 만나게 될 것이다. 그를 따라가거라. 그가 들어가는 집에서,

11 **say to the owner, 'The Teacher asks: Where is the guest room where I can eat the Passover meal with my disciples?'**

11 그 주인에게 말하여라, 〈선생님이 물으십니다: 내가 내 제자들과 함께 건너뜀명절 식사를 할 수 있는 손님방이 어디 있는가?〉

12 **He will take you upstairs to a large room that is already set up. That is where you should prepare our meal."**

12 그는 너희를 이미 준비되어 있는 웃층의 큰 방으로 데려갈 것이다. 거기서 너희가 우리 식사를 준비해야 할 곳이다.》

13 **They went off to the city and found everything just as Jesus had said, and they prepared the Passover meal there.**

13 그들은 그 도시로 떠났다. 그리고 모든 것이 예수님이 말씀하셨던 꼭 그대로인 것을 알게 되였다, 그래서 그들은 건너뜀명절 식사를 그곳에서 준비했다.

14 **When the time came, Jesus and the apostles sat down together at the table.**

14 그때가 되였을 때, 예수님과 핵심제자들은 식탁에 함께 앉았다.

15 **Jesus said, "I have been very eager to eat this Passover meal with you before my suffering begins.**

15 예수님이 말씀하셨다,《나는 나의 고난이 시작되기 전에 너희와 함께 이 건너뜀명절 식사하기를 매우 간절히 원했다.

16 **For I tell you now that I won't eat this meal again until its meaning is fulfilled in the Kingdom of God."**

16 왜냐하면 내가 이제 너희에게 말한다. 나는 이 식사의 의미가 하나님의 나라에서 실현될 때까지 이것을 다시 먹지 않을 것이기 때문이다.》

17 **Then he took a cup of wine and gave thanks to God for it. Then he said, "Take this and share it among yourselves.**

17 그러고 나서 그분은 한 잔의 포도술을 들고 그것에 대해 하나님께 감사를 드렸다. 그다음에 그분은 말씀하셨다,《이것을 받아라. 그리고 그것을 너희들끼리 나누어 마셔라.

18 **For I will not drink wine again until the Kingdom of God has come."**

18 왜냐하면 나는 하나님의 나라가 올 때까지 포도술을 다시 마시지 않을 것이기 때문이다.》

19 **He took some bread and gave thanks to God for it. Then he broke it in pieces and gave it to the disciples, saying, "This is my body, which is**

given for you. Do this to remember me."

19 그분은 빵을 조금 떼여 들고 그것에 대해 하나님께 감사드렸다. 그리고 나서 그분은 그것을 쪼각쪼각 떼여서 《이것은 너희에게 주는 나의 몸이다. 나를 기억하기 위해 이렇게 하여라.》 말씀하시면서, 그것을 제자들에게 주셨다.

20 After supper he took another cup of wine and said, "This cup is the new covenant between God and his people—an agreement confirmed with my blood, which is poured out as a sacrifice for you.

20 저녁 식사 후에 그분은 포도술 또 한 잔을 들고 말씀하셨다, 《이 잔은 하나님과 그분 백성 사이의 새로운 계약—너희를 위한 제사 음식으로서 부어지는 나의 피로 확인된 협정이다.

21 "But here at this table, sitting among us as a friend, is the man who will betray me.

21 《그러나 여기 이 식탁에, 친구로서 우리들 사이에 앉아 있으면서, 나를 배반할 사람이 있다.

22 For it has been determined that the Son of Man must die. But what sorrow awaits the one who betrays him."

22 왜냐하면 사람의 아들은 반드시 죽어야 한다고 확정되여 있기 때문이다. 그러나 그를 배반하는 그 사람에게는 얼마나 큰 슬픔이 기다리고 있는가.》

23 The disciples began to ask each other which of them would ever do such a thing.

23 제자들은 도대체 자기들 중 누가 그런 짓을 할 것인지 서로 묻기 시작했다.

24 Then they began to argue among themselves about who would be the greatest among them.

24 그러고 나서 그들은 자기들 중에서 누가 가장 높은 사람일 것인가에 대해 자기들끼리 론쟁하기 시작했다.

25 Jesus told them, "In this world the kings and great men lord it over their people, yet they are called 'friends of the people.'

25 예수님이 그들에게 말씀하셨다, 《이 세상에서는 왕들과 위대한 사람들이 자기 백성들을 지배한다, 그러면서도 그들은 〈백성들의 친구들〉이라고 불린다.

26 But among you it will be different. Those who are the greatest among you should take the lowest rank, and the leader should be like a servant.

26 그러나 너희들 사이에서는 그것이 다를 것이다. 너희 가운데 가장 높

은 사람들이 가장 낮은 지위를 맡아야 한다. 그리고 지도자는 종과 같아야 한다.

27 **Who is more important, the one who sits at the table or the one who serves? The one who sits at the table, of course. But not here! For I am among you as one who serves.**

27 누가 더 중요한가, 식탁에 앉아 있는 사람인가 아니면 시중드는 사람인가? 물론 식탁에 앉아 있는 사람이다. 그런데 여기서는 아니다! 왜냐하면 나는 시중드는 사람으로서 너희 가운데 있기 때문이다.

28 **"You have stayed with me in my time of trial.**

28 《너희는 나의 시련의 때에 나와 함께 있었다.

29 **And just as my Father has granted me a Kingdom, I now grant you the right**

29 그래서 나의 아버지께서 나에게 한 나라를 주신 것과 똑같이, 나도 이제 너희에게 권한을 준다.

30 **to eat and drink at my table in my Kingdom. And you will sit on thrones, judging the twelve tribes of Israel.**

30 나의 나라의 내 식탁에서 먹고 마실 권한. 그리고 너희는 이스라엘의 열두 가문을 심판하면서, 왕좌들에 앉을 것이다.

Jesus Predicts Peter's Denial

예수님이 베드로의 부인을 예견하시다

31 **"Simon, Simon, Satan has asked to sift each of you like wheat.**

31 《시몬아, 시몬아, 대악마가 너희 매 사람을 밀처럼 채로 치게 해달라고 요구하였다.

32 **But I have pleaded in prayer for you, Simon, that your faith should not fail. So when you have repented and turned to me again, strengthen your brothers."**

32 그러나 나는 시몬, 너를 위해 너희 믿음이 약해지지 않도록 기도로 탄원하였다. 그래서 네가 뉘우치고 다시 나에게로 돌아섰을 때, 너희 형제들을 굳세게 해주어라.》

33 **Peter said, "Lord, I am ready to go to prison with you, and even to die with you."**

33 베드로가 말했다. 《주님, 저는 당신과 함께 감옥에도 가고, 지어 당신과 함께 죽을 준비까지 되여 있습니다.》

34 **But Jesus said, "Peter, let me tell you something. Before the rooster crows tomorrow morning, you will deny three times that you even know me."**

34 그러나 예수님이 말씀하셨다, 《베드로야, 내가 너에게 무엇인가 말해야 하겠다. 래일 아침 수탉이 울기 전에, 너는 나를 안다는 것조차 세 번이나 부인할 것이다.》

35 Then Jesus asked them, "When I sent you out to preach the Good News and you did not have money, a traveler's bag, or an extra pair of sandals, did you need anything?" "No," they replied.

35 그러고 나서 예수님이 그들에게 물으셨다, 《내가 반가운 소식을 전하라고 너희를 내보냈다 그리고 너희가 돈, 려행자의 가방, 혹은 여분의 신발 한 켤레도 없었을 때, 너희에게 무엇이 필요하였는가?》《없었습니다,》 그들이 대답했다.

36 "But now," he said, "take your money and a traveler's bag. And if you don't have a sword, sell your cloak and buy one!

36 《그러나 이제,》 그분이 말씀하셨다, 《너희 돈과 려행자의 가방을 가지고 가거라. 그리고 만일 너희에게 칼이 없다면, 너희 겉옷을 팔아서 칼 하나를 사라!

37 For the time has come for this prophecy about me to be fulfilled: 'He was counted among the rebels.' Yes, everything written about me by the prophets will come true."

37 왜냐하면 나에 대한 이 예언이 이뤄질 때가 왔기 때문이다: 〈그분은 반역자의 한 사람으로 간주되였다.〉 그렇다, 예언자들에 의해 나에 대해 쓰인 모든 것이 실현될 것이다.》

38 "Look, Lord," they replied, "we have two swords among us." "That's enough," he said.

38 《주님, 보십시오,》 그들이 대답했다, 《우리는 우리 가운데 두 개의 칼을 갖고 있습니다.》《그것으로 충분하다,》 그분이 말씀하셨다.

Jesus Prays on the Mount of Olives

예수님이 올리브 산에서 기도하시다

39 Then, accompanied by the disciples, Jesus left the upstairs room and went as usual to the Mount of Olives.

39 그 후에, 제자들을 데리고, 예수님은 웃층 방을 떠나셨다, 그리고 여느 때처럼 올리브 산으로 가셨다.

40 There he told them, "Pray that you will not give in to temptation."

40 그곳에서 그분은 그들에게 말씀하셨다, 《너희가 유혹에 넘어가지 않도록 기도하여라.》

41 He walked away, about a stone's throw, and knelt down and prayed,

41 그분은 떠나가셨다, 돌 하나 던지면 닿을 거리쯤으로, 그리고 무릎을 꿇고 기도하셨다,

42 "Father, if you are willing, please take this cup of suffering away from me. Yet I want your will to be done, not mine."

42《아버지, 만일 당신이 원하시면, 이 고난의 잔을 저에게서 멀리 옮겨 주십시오. 그러나 저는 저의 뜻이 아닌, 당신의 뜻이 이루어지기를 원합니다.》

43 Then an angel from heaven appeared and strengthened him.

43 그러자 하늘로부터 한 천사가 나타나서 그분에게 기운을 돋구어 주었다.

44 He prayed more fervently, and he was in such agony of spirit that his sweat fell to the ground like great drops of blood.

44 그분은 더욱 열렬히 기도하셨다, 그리고 그분은 자신의 땀이 커다란 피방울처럼 땅에 떨어질 만큼의 령의 고통 속에 있었다.

45 At last he stood up again and returned to the disciples, only to find them asleep, exhausted from grief.

45 마침내 그분은 다시 일어나서 제자들에게 돌아가셨다, 다만 슬픔에 지쳐, 잠들어 있는 그들을 보셨다.

46 "Why are you sleeping?" he asked them. "Get up and pray, so that you will not give in to temptation."

46《왜 너희는 잠자고 있는가?》그분이 그들에게 물으셨다.《일어나서 너희가 유혹에 빠지지 않도록 기도하여라.》

Jesus Is Betrayed and Arrested

예수님이 배반당하고 체포되시다

47 But even as Jesus said this, a crowd approached, led by Judas, one of the twelve disciples. Judas walked over to Jesus to greet him with a kiss.

47 그런데 예수님이 이 말씀하신 그 순간에, 열두 제자들 중 하나인 유다에 이끌리여, 한 패거리가 다가왔다. 유다는 예수님에게 입맞춤으로 인사하기 위해 그분에게 걸어왔다.

48 But Jesus said, "Judas, would you betray the Son of Man with a kiss?"

48 그러나 예수님은 말씀하셨다,《유다야, 네가 입맞춤으로 사람의 아들을 배반하려 하는가?》

49 When the other disciples saw what was about to happen, they exclaimed, "Lord, should we fight? We brought the swords!"

49 다른 제자들이 무슨 일이 일어나려는 것을 알았을 때, 그들은 웨쳤

다, 《주님, 우리가 싸워야 합니까? 우리는 칼들을 가지고 왔습니다!》

50 **And one of them struck at the high priest's slave, slashing off his right ear.**

50 그리고 그들 중 한 사람이 총제사장의 종을 쳐서, 그의 오른쪽 귀를 베여 버렸다.

51 **But Jesus said, "No more of this." And he touched the man's ear and healed him.**

51 그러나 예수님이 말씀하셨다, 《이것을 더 이상 하지 말아라.》 그리고 그분이 그 사람의 귀를 만져서 그를 낫게 해주셨다.

52 **Then Jesus spoke to the leading priests, the captains of the Temple guard, and the elders who had come for him. "Am I some dangerous revolutionary," he asked, "that you come with swords and clubs to arrest me?**

52 그리고 나서 예수님은 자기를 잡으러 온 상급제사장들, 신전의 경비대장들, 그리고 장로들에게 말씀하셨다. 《내가 무슨 위험한 혁명가라도 되는가,》 그분이 물으셨다, 《너희가 나를 잡기 위해 칼들과 방망이들을 가지고 왔는가?

53 **Why didn't you arrest me in the Temple? I was there every day. But this is your moment, the time when the power of darkness reigns."**

53 왜 너희는 나를 신전에서 체포하지 않았는가? 나는 날마다 거기에 있었다. 그러나 이제는 너희들의 때, 어둠의 세력이 다스리는 때이다.》

Peter Denies Jesus
베드로가 예수님을 부인하다

54 **So they arrested him and led him to the high priest's home. And Peter followed at a distance.**

54 그래서 그들은 그분을 체포하여 총제사장의 집으로 그분을 끌고 갔다. 그리고 베드로는 멀리 떨어져서 따라갔다.

55 **The guards lit a fire in the middle of the courtyard and sat around it, and Peter joined them there.**

55 경비병들이 안마당 한가운데에 불을 피워놓고 그 둘레에 앉았다, 그리고 베드로도 거기에 그들과 함께 끼여 있었다.

56 **A servant girl noticed him in the firelight and began staring at him. Finally she said, "This man was one of Jesus' followers!"**

56 한 녀자 종이 불빛으로 그를 알아채고 그를 뚫어지게 바라보기 시작했다. 마침내 그 녀자가 말했다, 《이 사람은 예수의 제자들 중 한 사람이였습니다!》

57 **But Peter denied it. "Woman," he said, "I don't even know him!"**

57 그러나 베드로가 그것을 부인했다. 《녀자여,》 그가 말했다, 《나는 그를 알지도 못하오!》

58 **After a while someone else looked at him and said, "You must be one of them!" "No, man, I'm not!" Peter retorted.**

58 잠시 후에 다른 어떤 사람이 그를 바라보고 말했다, 《당신은 그들 중 하나임에 틀림없소!》 《아니오, 이 사람아, 나는 아니오!》 베드로는 반박했다.

59 **About an hour later someone else insisted, "This must be one of them, because he is a Galilean, too."**

59 한 시간쯤 후에 또 다른 사람이 주장했다, 《이 사람은 틀림없이 그들 중 하나요, 이 사람도 역시 갈릴리 사람이기 때문이요.》

60 **But Peter said, "Man, I don't know what you are talking about." And immediately, while he was still speaking, the rooster crowed.**

60 그러나 베드로는 말했다, 《이 사람아, 나는 당신이 무슨 말을 하고 있는지 모르겠소.》 그러자 곧, 그가 아직 말하고 있는 동안, 수탉이 울었다.

61 **At that moment the Lord turned and looked at Peter. Suddenly, the Lord's words flashed through Peter's mind: "Before the rooster crows tomorrow morning, you will deny three times that you even know me."**

61 바로 그 순간 주님이 돌아서서 베드로를 바라보셨다. 갑자기, 주님의 말씀이 베드로의 마음속을 피득 지나갔다: 《래일 아침 수탉이 울기 전에, 네가 나를 안다는 것조차 세 번이나 부인할 것이다.》

62 **And Peter left the courtyard, weeping bitterly.**

62 그리자 베드로는 섧게 울면서, 안마당을 떠났다.

63 **The guards in charge of Jesus began mocking and beating him.**

63 예수님을 담당한 경비병들이 그분을 비웃으며 때리기 시작했다.

64 **They blindfolded him and said, "Prophesy to us! Who hit you that time?"**

64 그들은 그분의 두 눈을 가리고 말했다, 《우리에게 알아맞혀 봐라! 누가 방금 너를 때렸는가?》

65 **And they hurled all sorts of terrible insults at him.**

65 그리고 그들은 그분에게 온갖 종류의 지독한 모욕을 퍼부었다.

Jesus before the Council

예수님이 의회 앞에 서시다

66 **At daybreak all the elders of the people assembled, including the leading**

priests and the teachers of religious law. Jesus was led before this high council,

66 동틀 무렵에 상급제사장들, 종교법 선생들을 포함한, 백성들의 모든 장로들이 모였다. 예수님은 이 최고 심의회 앞으로 끌려가셨다,

67 **and they said, "Tell us, are you the Messiah?" But he replied, "If I tell you, you won't believe me.**

67 그리고 그들이 말했다, 《우리에게 말하라, 네가 구세주인가?》 그러나 그분은 대답하셨다, 《만일 내가 너희에게 말한다고 해도, 너희는 나를 믿지 않을 것이다.

68 **And if I ask you a question, you won't answer.**

68 그리고 만일 내가 너희에게 질문을 한다고 해도, 너희는 대답하지 않을 것이다.

69 **But from now on the Son of Man will be seated in the place of power at God's right hand."**

69 그러나 이제부터는 사람의 아들이 하나님의 오른쪽 권위의 자리에 앉게 될 것이다.

70 **They all shouted, "So, are you claiming to be the Son of God?" And he replied, "You say that I am."**

70 그들 모두는 웨쳤다, 《그러면, 네가 하나님의 아들이라고 주장하는 것인가?》 그러자 그분이 대답하셨다, 《내가 그러하다고 너희가 말하고 있다.》

71 **"Why do we need other witnesses?" they said. "We ourselves heard him say it."**

71 《왜 우리에게 다른 증인들이 필요한가?》 그들이 말했다. 《우리들 자신이 그가 그것을 말하는 것을 들었다.》

23

Jesus' Trial before Pilate

빌라도 앞에서 예수님의 재판

1 **Then the entire council took Jesus to Pilate, the Roman governor.**

1 그러고 나서 총심의회는 예수님을 로마 통치자인 빌라도에게 데리고 갔다.

2 **They began to state their case: "This man has been leading our people astray by telling them not to pay their taxes to the Roman government and by claiming he is the Messiah, a king."**

2 그들은 자기들의 립장을 진술하기 시작했다:《이 사람은 우리 백성들
에게 그들의 세금을 로마 정부에 내지 말라고 그들에게 말하고 또 자기
가 왕인, 구세주라고 주장함으로써 그들을 못된 길로 이끌었습니다.》

3 **So Pilate asked him, "Are you the king of the Jews?" Jesus replied, "You have said it."**

3 그래서 빌라도는 그분에게 물었다,《네가 유태인의 왕인가?》 예수님
이 대답하셨다,《네가 그렇다고 말했다.》

4 **Pilate turned to the leading priests and to the crowd and said, "I find nothing wrong with this man!"**

4 빌라도는 상급제사장들과 군중을 돌아보고 말했다,《나는 이 사람에
게서 아무 잘못도 찾을 수가 없소!》

5 **Then they became insistent. "But he is causing riots by his teaching wherever he goes—all over Judea, from Galilee to Jerusalem!"**

5 그러자 그들은 우겨 댔다.《그러나 그는 그가 가는 곳마다에서—온 유
태, 갈릴리에서 예루살렘까지 자기의 가르침으로 소동을 일으키고 있
습니다!》

6 **"Oh, is he a Galilean?" Pilate asked.**

6《오오, 그가 갈릴리 사람인가?》 빌라도가 물었다.

7 **When they said that he was, Pilate sent him to Herod Antipas, because Galilee was under Herod's jurisdiction, and Herod happened to be in Jerusalem at the time.**

7 그들은 그분이 그렇다고 말하자, 빌라도는 그분을 헤롯 안티파스에게
보냈다, 왜냐하면 갈릴리가 헤롯의 관할구역에 속해 있었기 때문이였
다, 그리고 헤롯은 그 당시에 마침 예루살렘에 있었다.

8 **Herod was delighted at the opportunity to see Jesus, because he had heard about him and had been hoping for a long time to see him perform a miracle.**

8 헤롯은 예수님을 볼 수 있는 기회로 하여 기뻐했다, 왜냐하면 그가 그
분에 대해 들었고 기적을 낳는 그분 만나기를 오래동안 희망했기 때문
이였다.

9 **He asked Jesus question after question, but Jesus refused to answer.**

9 그는 예수님에게 련이어 질문을 하였다, 그러나 예수님은 대답하기
를 거절하셨다.

10 **Meanwhile, the leading priests and the teachers of religious law stood there shouting their accusations.**

10 그동안, 상급제사장들과 종교법 선생들은 자기들의 고발을 웨치면

서 거기에 서 있었다.

11 **Then Herod and his soldiers began mocking and ridiculing Jesus. Finally, they put a royal robe on him and sent him back to Pilate.**

11 그때 헤롯과 그의 군인들은 예수님을 업신여기고 비웃기 시작했다. 마침내, 그들은 그분에게 왕의 례복을 입히고 그분을 빌라도에게 돌려 보냈다.

12 **(Herod and Pilate, who had been enemies before, became friends that day.)**

12 (이전에 원수였던, 헤롯과 빌라도는 그날 친구가 되였다.)

13 **Then Pilate called together the leading priests and other religious leaders, along with the people,**

13 그러자 빌라도가 상급제사장들과 다른 종교지도자들을, 백성들과 함께 불러 모았다,

14 **and he announced his verdict. "You brought this man tome, accusing him of leading a revolt. I have examined him thoroughly on this point in your presence and find him innocent.**

14 그리고 그는 자기의 판결을 발표했다.《너희는 이 사람이 반란을 이끈다고 고발하면서, 그를 나에게 데려왔다. 내가 너희 앞에서 이 점에 대해 그를 철저하게 조사해 보았다. 그런데 그가 아무 죄가 없음을 알아냈다.

15 **Herod came to the same conclusion and sent him back to us. Nothing this man has done calls for the death penalty.**

15 헤롯도 같은 결론에 이르렀다. 그래서 그를 우리에게 돌려 보냈나. 이 사람은 사형처벌의 판결을 받을 일은 아무것도 하지 않았다.

16 **So I will have him flogged, and then I will release him."**

16 그래서 나는 그에게 때려서 벌주고, 그런 다음 나는 그를 풀어 줄 것이다.》

17

17 (없음)

18 **Then a mighty roar rose from the crowd, and with one voice they shouted, "Kill him, and release Barabbas to us!"**

18 그러자 군중으로부터 대단한 고함 소리가 일어났다, 그리고 그들은 한목소리로 웨쳤다,《그를 죽이시오, 그리고 바라바를 우리에게 풀어주시오!》

19 **(Barabbas was in prison for taking part in an insurrection in Jerusalem against the government, and for murder.)**

19 (바라바는 예루살렘에서 정부를 반대하는 폭동에 가담한 것과 살인 때문

에 감옥에 있었다.)

20 **Pilate argued with them, because he wanted to release Jesus.**

20 빌라도는, 자기가 예수님을 풀어 주고 싶었기 때문에, 그들과 론쟁했다.

21 **But they kept shouting, "Crucify him! Crucify him!"**

21 그러나 그들은 계속해서 웨쳤다, 《그를 십자사형틀에 못 박으시오! 그를 십자사형틀에 못 박으시오!》

22 **For the third time he demanded, "Why? What crime has he committed? I have found no reason to sentence him to death. So I will have him flogged, and then I will release him."**

22 그는 세 번째 요구했다, 《왜 그러는가? 그가 무슨 죄를 범했는가? 나는 그에게서 사형에 처할 아무런 리유를 찾지 못했다. 그래서 나는 그를 때려서 벌주고, 그런 다음 나는 그를 풀어 줄 것이다.》

23 **But the mob shouted louder and louder, demanding that Jesus be crucified, and their voices prevailed.**

23 그러나 그 군중은 예수님이 십자사형틀에 못 박혀야 된다고 요구하면서, 더욱더 크게 웨쳤다, 그리고 그들의 목소리들이 우세하였다.

24 **So Pilate sentenced Jesus to die as they demanded.**

24 그래서 빌라도는 그들이 요구했던 대로 예수님에게 사형을 판결했다.

25 **As they had requested, he released Barabbas, the man in prison for insurrection and murder. But he turned Jesus over to them to do as they wished.**

25 그들이 요구했던 대로, 그는 폭동과 살인 때문에 감옥에 있던 바라바를 풀어 주었다. 그러나 그는 그들이 원하는 대로 처리하도록 예수님을 그들에게 넘겨주었다.

The Crucifixion

십자사형틀에 못 박힘

26 **As they led Jesus away, a man named Simon, who was from Cyrene, happened to be coming in from the countryside. The soldiers seized him and put the cross on him and made him carry it behind Jesus.**

26 그들이 예수님을 끌어냈을 때, 구레네 출신 시몬이라 불리는 한 사람이, 때마침 시골로부터 들어오고 있었다. 군인들은 그를 붙잡아서 그에게 십자사형틀을 지웠다. 그리고 그로 하여금 예수님 뒤에서 그것을 지고 가게 했다.

27 **A large crowd trailed behind, including many grief-stricken women.**

27 슬픔에 잠긴 많은 녀자들을 포함한, 큰 군중이 뒤를 따라갔다.

28 But Jesus turned and said to them, "Daughters of Jerusalem, don't weep for me, but weep for yourselves and for your children.

28 그러나 예수님이 돌아보시고 그들에게 말씀하셨다, 《예루살렘의 딸들아, 나를 위해 울지 말고, 너희 자신들과 너희 아들딸들을 위해 울어라.

29 For the days are coming when they will say, 'Fortunate indeed are the women who are childless, the wombs that have not borne a child and the breasts that have never nursed.'

29 왜냐하면 그들이 말할 때 그날이 오고 있기 때문이다, 〈어린애가 없는 녀자들과, 아이를 낳지 않는 자궁들 그리고 결코 젖 먹이지 않은 가슴들이 참으로 행복하다.〉

30 People will beg the mountains, 'Fall on us,' and plead with the hills, 'Bury us.'

30 사람들은 산들에게 간청할 것이다, 〈우리 우에 떨어져라,〉 그리고 언덕들에 탄원할 것이다, 〈우리를 파묻어라.〉

31 For if these things are done when the tree is green, what will happen when it is dry?"

31 왜냐하면 만일 이러한 일들이 나무가 푸르를 때에 일어난다면 그것이 말라 있을 때는 어떤 일이 일어나겠는가?》

32 Two others, both criminals, were led out to be executed with him.

32 다른, 범죄자들 둘 다, 그분과 함께 처형되기 위해 끌려 나왔다.

33 When they came to a place called The Skull, they nailed him to the cross. And the criminals were also crucified. one on his right and one on his left.

33 그들이 해골이라고 불리는 곳에 왔을 때, 사람들은 그분을 십자사형틀에 못 박았다. 그리고 그 범죄자들도 역시 십자사형틀에 못 박혔다—한 사람은 그분의 오른쪽에 그리고 한 사람은 그분의 왼쪽에.

34 Jesus said, "Father, forgive them, for they don't know what they are doing." And the soldiers gambled for his clothes by throwing dice.

34 예수님이 말씀하셨다, 《아버지, 저 사람들을 용서해 주십시오, 왜냐하면 그들은 자기들이 무엇을 하고 있는지 모르기 때문입니다.》 그리고 그 군인들은 제비를 뽑아서 그분의 옷을 갖기 위한 내기를 했다.

35 The crowd watched and the leaders scoffed. "He saved others," they said, "let him save himself if he is really God's Messiah, the Chosen One."

35 군중은 지켜보았고 지도자들은 비웃었다. 《그는 다른 사람들을 구원하였다,》 그들은 말했다, 《자기가 선택된 사람이고, 실제로 하나님의 구

세주라면 그가 자기 자신을 구원하게 하여라.》

36 The soldiers mocked him, too, by offering him a drink of sour wine.

36 군인들 역시, 그분에게 신 포도술 한 잔을 주는 것으로서, 그분을 업신여겼다.

37 They called out to him, "If you are the King of the Jews, save yourself!"

37 사람들은 그분에게 웨쳤다, 《만일 네가 유태인의 왕이라면 너 자신을 구원해 보아라!》

38 A sign was fastened above him with these words: "This is the King of the Jews."

38 그분 우에 이러한 말로 된 표식판이 붙어 있었다: 《이 사람은 유태인의 왕이다.》

39 One of the criminals hanging beside him scoffed, "So you're the Messiah, are you? Prove it by saving yourself—and us, too, while you're at it!"

39 그분 옆에 매달린 범죄자들 중 한 사람이 비웃었다, 《그래 당신이 구세주요, 그렇지요? 당신 자신을 구원함으로써 그것을 립증하시오—우리, 역시, 동시에 당신이 그것을 하시오!》

40 But the other criminal protested, "Don't you fear God even when you have been sentenced to die?

40 그러나 다른 범죄자가 반대 의견을 제기했다, 《너는 사형선고를 받았는데도 하나님을 두려워하지 않는가?

41 We deserve to die for our crimes, but this man hasn't done anything wrong."

41 우리는 우리의 범죄로 하여 죽는 것이 마땅하지만, 이분은 아무것도 잘못하지 않았다.》

42 Then he said, "Jesus, remember me when you come into your Kingdom."

42 그러고 나서 그가 말했다, 《예수님, 당신이 당신의 나라로 들어가실 때 나를 기억해 주십시오.》

43 And Jesus replied, "I assure you, today you will be with me in paradise."

43 그러자 예수님이 대답하셨다, 《내가 너에게 담보한다, 오늘 너는 나와 함께 락원에 있을 것이다.》

The Death of Jesus

예수님의 죽음

44 By this time it was about noon, and darkness fell across the whole land until three o'clock.

44 이때가 낮 12시쯤이였다, 그런데 어두움이 3시까지 온 땅에 드리워

졌다.

45 The light from the sun was gone. And suddenly, the curtain in the sanctuary of the Temple was torn down the middle.

45 태양으로부터의 빛이 사라졌다. 그리고 갑자기, 신전 성소 안의 휘장 한가운데가 찢어졌다.

46 Then Jesus shouted, “Father, I entrust my spirit into your hands!” And with those words he breathed his last.

46 그러자 예수님이 웨치셨다, 《아버지시여, 저는 저의 령혼을 당신의 손에 맡깁니다!》 그리고 그 말씀을 하시고 그분은 숨을 거두시였다.

47 When the Roman officer overseeing the execution saw what had happened, he worshiped God and said, “Surely this man was innocent.”

47 사형집행을 감독하던 로마 장교가 그 일어난 일을 보자, 그는 하나님을 마음속 깊이 존경하며 말했다, 《틀림없이 이 사람은 죄가 없었다.》

48 And when all the crowd that came to see the crucifixion saw what had happened, they went home in deep sorrow.

48 그리고 십자사형틀에서 못 박히는 것을 보려고 왔던 모든 군중은 일어난 일을 보고, 그들은 깊은 슬픔에 잠겨 집으로 갔다.

49 But Jesus’ friends, including the women who had followed him from Galilee, stood at a distance watching.

49 그러나 갈릴리에서부터 그분을 따라왔던 녀자들을 포함하여, 예수님의 친구들은 멀리서 지켜보며 서 있었다.

The Burial of Jesus

예수님의 묘지

50 Now there was a good and righteous man named Joseph. He was a member of the Jewish high council,

50 그때 요셉이라고 부르는 한 선량하고 옳바른 사람이 있었다. 그는 유태 최고 심의회의 한 성원이였다.

51 but he had not agreed with the decision and actions of the other religious leaders. He was from the town of Arimathea in Judea, and he was waiting for the Kingdom of God to come.

51 그러나 그는 다른 종교 지도자들의 결정과 행동에 동의하지 않았다. 그는 유태의 아리마데 마을 출신이였다, 그리고 그는 하나님의 나라가 오기를 기다리고 있었다.

52 He went to Pilate and asked for Jesus’ body.

52 그는 빌라도에게 가서 예수님의 시체를 달라고 요구했다.

53 Then he took the body down from the cross and wrapped it in a long sheet of linen cloth and laid it in anew tomb that had been carved out of rock.

53 그러고 나서 그는 그 시체를 십자사형틀로부터 끌어내려서 그것을 아마천 긴 홑이불에 감쌌다. 그리고 그것을 바위를 쪼아내어 만든 새 무덤에 눕혔다.

54 This was done late on Friday afternoon, the day of preparation, as the Sabbath was about to begin.

54 이것은 은정의 휴식일이 막 시작되려고 하던, 준비일인, 금요일 오후 늦게 이루워졌다.

55 As his body was taken away, the women from Galilee followed and saw the tomb where his body was placed.

55 그분의 시체가 옮겨질 때, 갈릴리로부터 온 녀자들은 따라와서 그분의 시체가 놓였던 무덤을 보았다.

56 Then they went home and prepared spices and ointments to anoint his body. But by the time they were finished the Sabbath had begun, so they rested as required by the law.

56 그런 다음 그들은 집으로 가서 그분의 시체에 바를 향료들과 연고들을 준비했다. 그러나 그들이 마쳤을 무렵 은정의 휴식일이 시작되였다, 그래서 그들은 법에서 요구된 대로 휴식하였다.

24

The Resurrection

부활

1 But very early on Sunday morning the women went to the tomb, taking the spices they had prepared.

1 그러나 일요일 아침 아주 일찍 그 녀자들은 자기들이 준비한 향료를 가지고, 그 무덤으로 갔다.

2 They found that the stone had been rolled away from the entrance.

2 그들은 돌이 입구로부터 굴러가 있는 것을 보게 되였다.

3 So they went in, but they didn't find the body of the Lord Jesus.

3 그래서 그들은 안으로 들어갔다, 그러나 그들은 주 예수님의 시체를 찾지 못했다.

4 As they stood there puzzled, two men suddenly appeared to them, clothed in dazzling robes.

4 그들이 어찌할 바를 몰라 그곳에 서 있었을 때, 눈부신 긴 옷을 입은, 두 사람이 갑자기 그들에게 나타났다.

5 The women were terrified and bowed with their faces to the ground. Then the men asked, "Why are you looking among the dead for someone who is alive?

5 그 녀자들은 두려워서 자기들의 얼굴을 땅에 숙였다. 그러자 그 사람들이 물었다, 《왜 너희는 살아 있는 그분을 죽은 사람들 가운데서 찾고 있는가?

6 He isn't here! He is risen from the dead! Remember what he told you back in Galilee,

6 그분은 여기에 계시지 않는다! 그분은 죽은 사람들로부터 살아나셨다! 그분이 전에 갈릴리에서 너희에게 말씀하신 것을 기억하여라,

7 that the Son of Man must be betrayed into the hands of sinful men and be crucified, and that he would rise again on the third day."

7 사람의 아들이 죄 많은 인간들의 손에 넘겨져 배반당하고 십자사형틀에 못 박혀야 하며, 또 그분이 셋째 날에 다시 살아날 것이라고 하신 것을.》

8 Then they remembered that he had said this.

8 그러자 그들은 그분이 이것을 말씀하셨던 것을 기억해 냈다.

9 So they rushed back from the tomb to tell his eleven disciples—and everyone else—what had happened.

9 그래서 그들은 그분의 열한 제자들에게—그리고 다른 모든 사람에게—무슨 일이 일어났는지를 말하기 위해 무덤에서부터 서둘러 돌아갔다.

10 It was Mary Magdalene, Joanna, Mary the mother of James, and several other women who told the apostles what had happened.

10 무슨 일이 일어났는지를 핵심제자들에게 말해 주었던 사람은 막달라 마리아, 요안나, 야고보의 어머니 마리아, 그리고 다른 몇 녀자들이였다.

11 But the story sounded like nonsense to the men, so they didn't believe it.

11 그러나 그 이야기는 그 사람들에게 헛튼소리처럼 들렸다, 그래서 그들은 그것을 믿지 않았다.

12 However, Peter jumped up and ran to the tomb to look. Stooping, he peered in and saw the empty linen wrappings; then he went home again, wondering what had happened.

12 그러나, 베드로는 벌떡 일어나서 확인하기 위해 그 무덤으로 달려갔

다. 허리를 굽히고, 그는 안을 눈여겨보았다. 그리고 빈 아마천 싸개들을 보았다; 그러고 나서 그는 일어난 일을 이상하게 여기면서, 다시 집으로 갔다.

The Walk to Emmaus

엠마오로 걸어가는 길

13 That same day two of Jesus' followers were walking to the village of Emmaus, seven miles from Jerusalem.

13 같은 날 예수님의 제자들 중 두 사람이, 예루살렘에서 7마일 떨어진, 엠마오라는 마을로 걸어가고 있었다.

14 As they walked along they were talking about everything that had happened.

14 그들이 길을 따라 걸어갈 때 그들은 일어났던 모든 일에 대해 이야기하고 있었다.

15 As they talked and discussed these things, Jesus himself suddenly came and began walking with them.

15 그들이 이야기하며 이러한 일들을 의논하고 있었을 때 , 예수님이 직접 뜻밖에 와서 그들과 함께 걷기 시작하셨다.

16 But God kept them from recognizing him.

16 그러나 하나님께서 그들이 그분을 알아보지 못하게 하셨다.

17 He asked them, "What are you discussing so intently as you walk along?" They stopped short, sadness written across their faces.

17 그분이 그들에게 물으셨다, 《너희가 걸어가면서 무엇을 그렇게 열심히 의논하고 있는가?》 그들은 자기들의 온 얼굴에 슬픔을 띤 채, 갑자기 멈추었다.

18 Then one of them, Cleopas, replied, "You must be the only person in Jerusalem who hasn't heard about all the things that have happened there the last few days."

18 그러자 그들 중 한 사람인, 글로바가 대답했다, 《당신은 지난 몇일간에 예루살렘에서 일어난 모든 일들에 대해 듣지 못한 그곳의 단 한사람임에 틀림없소.》

19 "What things?" Jesus asked. "The things that happened to Jesus, the man from Nazareth," they said. "He was a prophet who did powerful miracles, and he was a mighty teacher in the eyes of God and all the people.

19 《무슨 일들이오?》 예수님이 물으셨다. 《나사렛 사람, 예수님에게 일어났던 일들 말입니다,》 그들은 말했다. 《그분은 대단한 기적들을 보여

준 예언자였습니다. 그리고 그분은 하나님과 모든 백성들 눈에 탁월한 선생님이였습니다.

20 **But our leading priests and other religious leaders handed him over to be condemned to death, and they crucified him.**

20 그런데도 우리의 상급 제사장들과 다른 종교 지도자들이 그분을 사형선고받도록 넘겨주었습니다. 그리고 그들은 그분을 십자사형틀에 못 박았습니다.

21 **We had hoped he was the Messiah who had come to rescue Israel. This all happened three days ago.**

21 우리는 그분이 이스라엘을 구해 주려고 오신 구세주였기를 바랬습니다. 이 모든 것이 3일 전에 일어났습니다.

22 **"Then some women from our group of his followers were at his tomb early this morning, and they came back with an amazing report.**

22 《그런데 그분의 제자 중 우리 모임의 몇 녀자들이 오늘 아침 일찍 그분의 무덤에 갔습니다. 그리고 그들은 놀라운 소식을 가지고 돌아왔습니다.

23 **They said his body was missing, and they had seen angels who told them Jesus is alive!**

23 그들은 그분의 시체가 없어졌다는 것과, 자기들에게 예수님이 살아있다고 말해 준 천사들을 보았다는 것을 말했습니다!

24 **Some of our men ran out to see, and sure enough, his body was gone, just as the women had said."**

24 우리 사람들 중 몇이 보기 위해 달려갔는데, 실제로 그 녀자들이 말했던 대로, 그분의 시체는 없어졌습니다.》

25 **Then Jesus said to them, "You foolish people! You find it so hard to believe all that the prophets wrote in the Scriptures.**

25 그러자 예수님이 그들에게 말씀하셨다. 《너희 어리석은 사람들아! 너희는 그가 하나님말씀책에 예언자들이 쓴 모든 것들을 믿는 것을 그렇게도 어려워하는구나.

26 **Wasn't it clearly predicted that the Messiah would have to suffer all these things before entering his glory?"**

26 구세주가 자신의 영광에 들어가기 전에 이 모든 일들을 겪어야 할 것이라고 분명하게 예언되여 있지 않은가?》

27 **Then Jesus took them through the writings of Moses and all the prophets, explaining from all the Scriptures the things concerning himself.**

27 그리고 나서 예수님은 하나님말씀책에서 자신과 관련된 것들을 설명

하면서, 그들에게 모세와 모든 예언자들의 글들을 통달하도록 하셨다.

28 By this time they were nearing Emmaus and the end of their journey.
Jesus acted as if he were going on,

28 그들이 엠마오 가까이 가서 그들의 려행이 끝날 무렵에, 예수님은 그분이 마치 계속 가시려는 것처럼 보이셨다,

29 but they begged him, “Stay the night with us, since it is getting late.” So
he went home with them.

29 그러나 그들이 그분에게 간절히 바랬다, 《날이 저물어지고 있으니, 우리와 함께 밤을 지내십시오.》 그래서 그분은 그들과 함께 집으로 가셨다.

30 As they sat down to eat, he took the bread and blessed it. Then he broke
it and gave it to them.

30 그들이 식사하기 위해 앉았을 때, 그분은 빵을 손에 들고 그것을 축복하셨다. 그러고 나서 그분은 그것을 떼여 그들에게 주셨다.

31 Suddenly, their eyes were opened, and they recognized him. And at that
moment he disappeared!

31 갑자기, 그들의 눈이 열렸다, 그래서 그들은 그분을 알아보았다. 그리고 그 순간 그분은 사라지셨다!

32 They said to each other, “Didn't our hearts burn within us as he talked
with us on the road and explained the Scriptures to us?”

32 그들은 서로에게 말했다, 《그분이 길에서 우리와 함께 말씀하고 우리에게 하나님말씀책을 설명해 주셨을 때 우리들 마음속이 뜨겁지 않았는가?》

33 And within the hour they were on their way back to Jerusalem. There
they found the eleven disciples and the others who had gathered with
them,

33 그리고 한 시간 내에 그들은 예루살렘으로 다시 돌아가는 길에 올라 있었다. 그곳에서 그들은 열한 제자들과 그들과 함께 모였던 다른 사람들을 보게 되였다,

34 who said, “The Lord has really risen! He appeared to Peter.”

34 그들은 말했다, 《주님이 정말 살아나셨습니다! 그분이 베드로에게 나타나셨습니다.》

Jesus Appears to the Disciples

예수님이 제자들에게 나타나시다

35 Then the two from Emmaus told their story of how Jesus had appeared to

them as they were walking along the road, and how they had recognized him as he was breaking the bread.

35 그런 후 엠마오로부터 온 그 두 사람이 그들의 길을 따라 걸어가고 있었을 때 예수님이 어떻게 자기들에게 나타나셨는지, 그리고 그분이 빵을 떼여 주실 때 자기들이 어떻게 그분을 알아보았는지에 대한 그들의 이야기를 해주었다.

36 **And just as they were telling about it, Jesus himself was suddenly standing there among them. "Peace be with you," he said.**

36 그리고 그들이 그것에 대해 말하고 있는 바로 그때에, 예수님 자신이 갑자기 그곳 그들 가운데 서 계셨다. 《평화가 너희와 함께 있기를.》 그분이 말씀하셨다.

37 **But the whole group was startled and frightened, thinking they were seeing a ghost!**

37 그러나 그 모였던 사람 모두가, 자기들이 유령을 보고 있는 것으로 생각하면서, 깜짝 놀랐고 두려워졌다!

38 **"Why are you frightened?" he asked. "Why are your hearts filled with doubt?**

38 《너희는 왜 두려워하는가?》 그분이 물으셨다. 《왜 너희의 마음이 의심으로 가득 차 있는가?

39 **Look at my hands. Look at my feet. You can see that it's really me. Touch me and make sure that I am not a ghost, because ghosts don't have bodies, as you see that I do."**

39 내 손을 보아라. 내 발을 보아라. 너희는 확실히 나라는 것을 알 수 있다. 나를 만져 보고 유령이 아니라는 것을 확인하여라, 왜냐하면 너희가 보는 것처럼 나는 몸을 가지고 있지만, 유령들은 몸을 가지고 있지 않기 때문이다.》

40 **As he spoke, he showed them his hands and his feet.**

40 그분은 말씀하시면서, 그들에게 그분의 손과 그분의 발을 보여 주셨다.

41 **Still they stood there in disbelief, filled with joy and wonder. Then he asked them, "Do you have anything hereto eat?"**

41 여전히 그들은 기쁨과 놀라움으로 가득 차서, 믿지 못하고 그곳에 서 있었다. 그러자 그분이 그들에게 물으셨다, 《너희에게 무슨 먹을 것이 여기에 있는가?》

42 **They gave him a piece of broiled fish,**

42 그들은 그분에게 구운 물고기 한 토막을 드렸다,

43 **and he ate it as they watched.**

43 그러자 그분은 그들이 지켜보는 데서 그것을 잡수셨다.

44 **Then he said, "When I was with you before, I told you that everything written about me in the law of Moses and the prophets and in the Psalms must be fulfilled."**

44 그러고 나서 그분이 말씀하셨다. 《내가 이전에 너희와 함께 있었을 때, 모세의 법과 예언서들과 시묶음에서 나에 대해 씌여진 모든 것이 반드시 실현되여야 한다고 내가 너희에게 말했다.》

45 **Then he opened their minds to understand the Scriptures.**

45 그러고 나서 그분은 하나님말씀책을 리해할 수 있도록 그들의 마음을 열어 주셨다.

46 **And he said, "Yes, it was written long ago that the Messiah would suffer and die and rise from the dead on the third day.**

46 그리고 그분은 말씀하셨다. 《그렇다. 구세주가 고통당해 죽을 것이고 세 번째 되는 날에 죽은 사람들로부터 살아날 것이라고 오래전에 기록되여 있었다.

47 **It was also written that this message would be proclaimed in the authority of his name to all the nations, beginning in Jerusalem: 'There is forgiveness of sins for all who repent.'**

47 또한 〈뉘우쳐 돌아서는 모든 사람들의 죄는 용서받는다.〉는 이 말씀이 예루살렘에서 시작하여, 모든 백성들에게 그분의 이름의 권위로 선포될 것이라고 기록되여 있다.》

48 **You are witnesses of all these things.**

48 너희는 이 모든 일들에 대한 목격자들이다.

49 **"And now I will send the Holy Spirit, just as my Father promised. But stay here in the city until the Holy Spirit comes and fills you with power from heaven."**

49 《그리고 이제 내가, 나의 아버지께서 약속하셨던 그대로, 성령님을 보낼 것이다. 그러나 성령님이 오셔서 하늘로부터의 능력으로 너희의 마음을 채울 때까지 이 도시에 머물러 있어라.》

The Ascension

하늘로 오르심

50 **Then Jesus led them to Bethany, and lifting his hands to heaven, he blessed them.**

50 그런 다음 예수님은 그들을 베다니로 이끌고 가셨다. 그리고 자신의

손을 하늘로 드시면서, 그분은 그들을 축복하셨다.

51 While he was blessing them, he left them and was taken up to heaven.

51 그분이 그들을 축복함과 동시에 그분은 그들을 남겨 두고 하늘로 들려 올라가셨다.

52 So they worshiped him and then returned to Jerusalem filled with great joy.

52 그래서 그들은 그분을 우러러 존경하였다, 그리고 나서 큰 기쁨으로 가득 차서 예루살렘으로 돌아왔다.

53 And they spent all of their time in the Temple, praising God.

53 그리고 그들은 자기들의 모든 시간을 하나님을 찬양하면서, 신전에서 보냈다.

John

요한이 전하는 반가운 소식

John

요한이 전하는 반가운 소식

1

Prologue: Christ, the Eternal Word

머리말: 구세주, 영원하신 말씀

1 In the beginning the Word already existed. The Word was with God, and the Word was God.

1 처음에 말씀이신 분이 이미 계셨다. 그 말씀이신 분은 하나님과 함께 계셨다. 그리고 그 말씀이신 분이 하나님이시였다.

2 He existed in the beginning with God.

2 그분은 처음에 하나님과 함께 계셨다.

3 God created everything through him, and nothing was created except through him.

3 하나님은 그분을 통해 모든 것을 창조하셨고, 그분을 통하지 않고서는 아무것도 창조되지 않았다.

4 The Word gave life to everything that was created, and his life brought light to everyone.

4 그 말씀이신 분은 창조된 모든 것에 생명을 주었고, 그분의 생명은 모든 사람들에게 빛을 가져왔다.

5 The light shines in the darkness, and the darkness can never extinguish it.

5 그 빛은 어둠 속에서 빛나고, 어둠은 그것을 결코 끌 수 없다.

6 God sent a man, John the Baptist,

6 하나님께서는 한 사람, 세례자 요한을 보내셨다,

7 to tell about the light so that everyone might believe because of his testimony.

7 그 빛에 대해 말하도록 그리하여 모든 사람이 그의 증언으로 하여 믿을 수 있게 하시려고.

8 John himself was not the light; he was simply a witness to tell about the light.

8 요한 자신은 그 빛이 아니였다; 그는 단지 그 빛에 대해 말하기 위한 증인이였다.

9 The one who is the true light, who gives light to everyone, was coming into the world.

9 참된 빛이며, 모든 사람에게 빛을 주는 분이 이 세상에 오고 계셨다.

10 He came into the very world he created, but the world didn't recognize him.

10 그분은 자신이 창조한 바로 그 세상에 오셨다, 그러나 그 세상은 그분을 알아보지 못했다.

11 He came to his own people, and even they rejected him.

11 그분은 그분 자신의 백성에게 오셨는데, 그들마져도 그분을 받아들이지 않았다.

12 But to all who believed him and accepted him, he gave the right to become children of God.

12 그러나 그분을 믿고 맞아들이는 모든 사람들에게, 그분은 하나님의 아들딸들이 되는 권한을 주셨다.

13 They are reborn—not with a physical birth resulting from human passion or plan, but a birth that comes from God.

13 그들은 다시 태여난다—인간의 열정이나 계획으로 생기는 육체적 태여남이 아니라, 하나님으로부터 오는 태여남이다.

14 So the Word became human and made his home among us. He was full of unfailing love and faithfulness. And we have seen his glory, the glory of the Father's one and only Son.

14 그리하여 그 말씀은 사람이 되였고 우리들 가운데 그분의 집을 잡으셨다. 그분은 무한한 사랑과 성실성으로 넘쳐나셨다. 그리고 우리는 그분의 영광, 아버지의 외아들의 영광을 보았다.

15 John testified about him when he shouted to the crowds, "This is the one I was talking about when I said, 'Someone is coming after me who is far

greater than I am, for he existed long before me.'"

15 요한이 군중에게 웨쳤을 때 그는 그분에 대해 증언하였다, 《이분은 내가 이야기했을 때 나보다 훨씬 더 위대한 분이 내 뒤에 오고 계신다고 말해왔던 그분이시다. 왜냐하면 그분은 나보다 오래전에 계셨기 때문이다.〉

16 From his abundance we have all received one gracious blessing after another.

16 그분의 넉넉함으로부터 우리 모두는 은정어린 축복을 련이어 받아왔다.

17 For the law was given through Moses, but God's unfailing love and faithfulness came through Jesus Christ.

17 왜냐하면 그 률법은 모세를 통해서 주어졌으나, 하나님의 무한한 사랑과 성실성은 예수 그리스도를 통하여 왔기 때문이다.

18 No one has ever seen God. But the unique One, who is himself God, is near to the Father's heart. He has revealed God to us.

18 지금까지 하나님을 본 사람은 아무도 없다. 그러나 그분 자신이 하나님이신, 그 유일하신 분이 아버지의 마음 가까이에 계신다. 그분이 우리에게 하나님을 나타내 주셨다.

The Testimony of John the Baptist

세례자 요한의 증언

19 This was John's testimony when the Jewish leaders sent priests and Temple assistants from Jerusalem to ask John, "Who are you?"

19 이것은 유태 지도자들이 요한에게 《당신은 누구요?》라고 물어보려고 제사장들과 신전 일군들을 예루살렘으로부터 보냈을 때 요한의 증언이였다.

20 He came right out and said, "I am not the Messiah."

20 요한은 서슴치 않고 말했다, 《나는 구세주가 아니오.》

21 "Well then, who are you?" they asked. "Are you Elijah?" "No," he replied. "Are you the Prophet we are expecting?" "No."

21 《그러면, 당신은 누구란 말이오?》 그들은 물었다. 《당신이 엘리야요?》《아니오.》 그는 대답하였다. 《당신은 우리가 기다리고 있는 그 예언자요?》《아니오.》

22 "Then who are you? We need an answer for those who sent us. What do you have to say about yourself?"

22 《그렇다면 당신은 누구요? 우리는 우리를 보낸 사람들을 위한 대답이

필요하오. 당신은 당신 자신에 대해 무엇이라 말하겠소?》
23 John replied in the words of the prophet Isaiah: "I am a voice shouting in the wilderness, 'Clear the way for the LORD's coming!'"
23 요한은 예언자 이사야의 말로 대답하였다: 《나는 황야에서 웨치는 목소리요, 〈주님의 오심을 위해 길을 깨끗하게 하라!〉》
24 Then the Pharisees who had been sent
24 그러자 파견된 바리새파 사람들이
25 asked him, "If you aren't the Messiah or Elijah or the Prophet, what right do you have to baptize?"
25 그에게 물었다, 《만일 당신이 구세주도 엘리야도 예언자도 아니라면, 당신은 세례를 줄 무슨 권한을 가지고 있소?》
26 John told them, "I baptize with water, but right here in the crowd is someone you do not recognize.
26 요한은 그들에게 말했다, 《나는 물로 세례를 주고 있소, 그러나 바로 여기 군중 속에 당신들이 알아보지 못하는 어떤 분이 계십니다.
27 Though his ministry follows mine, I'm not even worthy to be his slave and untie the straps of his sandal."
27 비록 그분의 직무가 나의 것 다음에 오더라도, 나는 그분의 종이 되여 그분 신발 끈을 풀어 드릴 만한 자격조차 없소.》
28 This encounter took place in Bethany, an area east of the Jordan River, where John was baptizing.
28 이 만남은 요단강의 동쪽 지역인 베다니에서 일어났다, 거기서는 요한이 세례를 주고 있었다.

Jesus, the Lamb of God

예수님, 하나님의 어린 양

29 The next day John saw Jesus coming toward him and said, "Look! The Lamb of God who takes away the sin of the world!
29 다음 날 요한은 자신을 향해 오시는 예수님을 보고 말했다, 《보십시오! 세상의 죄를 가져가시는 하나님의 어린양이십니다!
30 He is the one I was talking about when I said, 'A man is coming after me who is far greater than I am, for he existed long before me.'
30 그분은 내가 이야기할 때 〈나보다 훨씬 더 위대한 한 분이 내 뒤에 오고 계신다, 왜냐하면 그분은 나보다 오래전에 계셨기 때문이다.〉라고 말해 왔던 그분이십니다.
31 I did not recognize him as the Messiah, but I have been baptizing with

water so that he might be revealed to Israel."

31 나는 그분을 구세주로 알아보지 못했습니다, 그러나 나는 그분이 이
스라엘에게 알려지도록 물로 세례를 주고 있습니다.》

32 Then John testified, "I saw the Holy Spirit descending like a dove from
heaven and resting upon him.

32 그러고 나서 요한은 증언하였다, 《나는 하늘로부터 비둘기처럼 내려
와 그분 우에 머무르는 성령님을 보았습니다.

33 I didn't know he was the one, but when God sent me to baptize with wa-
ter, he told me, 'The one on whom you see the Spirit descend and rest is
the one who will baptize with the Holy Spirit.'

33 나는 그가 그분이였다는 것을 몰랐습니다, 그러나 하나님께서 물로
세례를 주기 위해 나를 보내셨을 때, 그분이 나에게 말씀하셨습니다,
〈성령이 내려와서 그 우에 머무르는 것을 네가 보는 그분이 성령으로 세
례를 주실 그분이시다.〉

34 I saw this happen to Jesus, so I testify that he is the Chosen One of God."

34 나는 이 일이 예수님한테서 일어난 것을 보았습니다, 그래서 나는 그
분이 하나님의 선택된 분이라는 것을 증언합니다.》

The First Disciples

첫 번째 제자들

35 The following day John was again standing with two of his disciples.

35 그다음 날 요한은 다시 자신의 두 제자들과 함께 서 있었다.

36 As Jesus walked by, John looked at him and declared, "Look! There is the
Lamb of God!"

36 예수님이 지나가셨을 때, 요한은 그분을 보고 웨쳤다, 《보십시오! 하
나님의 어린양이십니다.》

37 When John's two disciples heard this, they followed Jesus.

37 요한의 두 제자가 이것을 듣고, 그들은 예수님을 따라갔다.

38 Jesus looked around and saw them following. "What do you want?" he
asked them. They replied, "Rabbi" (which means "Teacher"), "where are
you staying?"

38 예수님이 주위를 둘러보고 그들이 따라오는 것을 보셨다. 《너희가 무
엇을 원하는가?》 그분이 그들에게 물으셨다. 그들은 대답했다, 《랍비
님》(선생님이라는 뜻), 《당신은 어디에 머물고 계십니까?》

39 "Come and see," he said. It was about four o'clock in the afternoon when
they went with him to the place where he was staying, and they remained

with him the rest of the day.

39 《와서 보아라.》 그분은 말씀하셨다. 그들이 그분과 함께 그분이 머물고 계셨던 장소로 갔을 때는 오후 4시쯤이였다. 그리고 그들은 그날의 남은 시간을 그분과 함께 머물었다.

40 Andrew, Simon Peter's brother, was one of these men who heard what John said and then followed Jesus.

40 시몬 베드로의 동생 안드레는 요한이 말한 것을 듣고 나서 예수님을 따랐던 이 사람들 중 한 사람이였다.

41 Andrew went to find his brother, Simon, and told him, "We have found the Messiah" (which means "Christ").

41 안드레는 그의 형 시몬을 찾으러 가서 그에게 말했다. 《우리는 구세주(그리스도라는 뜻)를 만났습니다.》

42 Then Andrew brought Simon to meet Jesus. Looking intently at Simon, Jesus said, "Your name is Simon, son of John—but you will be called Cephas"(which means "Peter").

42 그러고 나서 안드레는 예수님을 만나기 위해 시몬을 데려왔다. 시몬을 눈여겨보면서, 예수님이 말씀하셨다. 《너의 이름은 요한의 아들 시몬이다. 그러나 너는 게바(베드로라는 뜻)라고 불리울 것이다.》

43 The next day Jesus decided to go to Galilee. He found Philip and said to him, "Come, follow me."

43 다음 날 예수님은 갈릴리로 가기로 결심하셨다. 그분은 빌립을 만나서 그에게 말씀하셨다. 《와서, 나를 따라오너라.》

44 Philip was from Bethsaida, Andrew and Peter's hometown.

44 빌립은 안드레와 베드로의 고향, 벳새다 출신이였다.

45 Philip went to look for Nathanael and told him, "We have found the very person Moses and the prophets wrote about! His name is Jesus, the son of Joseph from Nazareth."

45 빌립은 나다나엘을 찾아가서 그에게 말했다. 《우리는 모세와 예언자들이 글로 쓴 바로 그분을 만났습니다! 그분의 이름은 예수인데 나사렛 출신 요셉의 아들입니다.》

46 "Nazareth!" exclaimed Nathanael. "Can anything good come from Nazareth?" "Come and see for yourself," Philip replied.

46 《나사렛!》 나다니엘이 웨쳤다. 《무슨 좋은 것이 나사렛에서 나올 수 있겠는가?》 《와서 당신 눈으로 확인하시오.》 빌립이 대답했다.

47 As they approached, Jesus said, "Now here is a genuine son of Israel—a man of complete integrity."

47 그들이 다가갔을 때, 예수님이 말씀하셨다, 《자 여기에 진짜 이스라엘의 아들—인격이 아주 고결한 사람이 있다!》

48 **"How do you know about me?" Nathanael asked. Jesus replied, "I could see you under the fig tree before Philip found you."**

48 《나에 대해서 당신은 어떻게 아십니까?》 나다나엘이 물었다. 예수님이 대답하셨다, 《나는 빌립이 너를 만나기 전에 네가 무화과나무 아래에 있는 것을 볼 수 있었다.》

49 **Then Nathanael exclaimed, "Rabbi, you are the Son of God—the King of Israel!"**

49 그러자 나다나엘이 웨쳤다, 《선생님, 당신은 하나님의 아들—이스라엘의 왕이십니다!》

50 **Jesus asked him, "Do you believe this just because I told you I had seen you under the fig tree? You will see greater things than this."**

50 예수님이 그에게 물으셨다, 《너는 단지 내가 무화과나무 아래에 있는 너를 보았다고 말했기 때문에 이 말을 믿는가? 너는 이것보다 훨씬 더 큰 일들을 볼 것이다.》

51 **Then he said, "I tell you the truth, you will all see heaven open and the angels of God going up and down on the Son of Man, the one who is the stairway between heaven and earth."**

51 그러고 나서 그분은 말씀하셨다, 《나는 너희에게 진실을 말한다, 너희 모두는 하늘이 열리고 하나님의 천사들이 하늘과 땅 사이의 층계 되신 분인 사람의 아들 우를 오르내리는 것을 볼 것이다.》

2

The Wedding at Cana

가나에서의 결혼잔치

1 **The next day there was a wedding celebration in the village of Cana in Galilee. Jesus' mother was there,**

1 다음 날 갈릴리에 있는 가나 마을에서 결혼 축하 모임이 있었다. 예수님의 어머니가 그곳에 계셨다,

2 **and Jesus and his disciples were also invited to the celebration.**

2 그리고 예수님과 그의 제자들도 또한 그 축하모임에 초대되였다.

3 **The wine supply ran out during the festivities, so Jesus' mother told him, "They have no more wine."**

3 축하행사 중에 포도술 공급이 중단되였다, 그래서 예수님의 어머니가

그분에게 말했다, 《그들에게 더 이상 포도술이 없습니다.》

4 "Dear woman, that's not our problem," Jesus replied. "My time has not yet come."

4 《친애하는 녀인이여, 그것은 우리의 문제가 아닙니다》, 예수님이 대답하셨다. 《나의 때가 아직 오지 않았습니다.》

5 But his mother told the servants, "Do whatever he tells you."

5 그러나 그분의 어머니는 심부름군들에게 말했다. 《그분이 너희에게 말씀하시는 무엇이든지 하여라.》

6 Standing nearby were six stone water jars, used for Jewish ceremonial washing. Each could hold twenty to thirty gallons.

6 가까이에 여섯 개의 돌 물항아리가 놓여 있었다. 그리고 그것은 유태인들의 씻기례식에 사용되는 것이였다. 매개는 12갈론에서 30갈론까지 담을 수 있었다.

7 Jesus told the servants, "Fill the jars with water." When the jars had been filled,

7 예수님이 심부름군들에게 말씀하셨다, 《항아리들을 물로 채우라.》 항아리들이 채워졌을 때,

8 he said, "Now dip some out, and take it to the master of ceremonies." So the servants followed his instructions.

8 그분은 말씀하셨다, 《이제 조금 떠내서 그것을 축하모임 책임자에게 가지고 가거라.》 그래서 심부름군들은 그분의 지시를 따랐다.

9 When the master of ceremonies tasted the water that was now wine, not knowing where it had come from (though, of course, the servants knew), he called the bridegroom over.

9 축하모임 책임자는 지금은 포도술이 된 그 물을 맛을 보았을 때, 그것이 어디서 왔는지 알지 못한 채, (물론 그 심부름군들은 알고 있었지만), 그는 새서방을 불렀다.

10 "A host always serves the best wine first," he said. "Then, when everyone has had a lot to drink, he brings out the less expensive wine. But you have kept the best until now!"

10 《주인은 항상 최고의 포도술을 제일 먼저 대접합니다》, 그가 말했다, 《그러고 나서, 모두가 많이 마셨을 때, 그는 값 눅은 포도술을 가져옵니다. 그러나 당신은 가장 좋은 것을 지금까지 남겨 두었군요!》

11 This miraculous sign at Cana in Galilee was the first time Jesus revealed his glory. And his disciples believed in him.

11 갈릴리 가나에서의 이 기적적인 증표는 예수님이 자신의 영광을 드러

내신 첫 번째였다. 그리하여 그분의 제자들은 그분을 믿었다.

12 After the wedding he went to Capernaum for a few days with his mother, his brothers, and his disciples.

12 결혼식 후 그분은 자신의 어머니, 자신의 형제들, 그리고 자신의 제자들과 함께 며칠 동안 가버나움으로 가셨다.

Jesus Clears the Temple

예수님이 신전을 깨끗이 하시다

13 It was nearly time for the Jewish Passover celebration, so Jesus went to Jerusalem.

13 유태인의 건너뜀명절에 가까운 때였다, 그래서 예수님은 예루살렘으로 가셨다.

14 In the Temple area he saw merchants selling cattle, sheep, and doves for sacrifices; he also saw dealers at tables exchanging foreign money.

14 신전 구역에서 그분은 희생제물을 위한 소, 양, 그리고 비둘기들을 팔고 있는 장사군들을 보셨다; 그분은 또한 책상에서 외화를 바꾸어 주고 있는 상인도 보셨다.

15 Jesus made a whip from some ropes and chased them all out of the Temple. He drove out the sheep and cattle, scattered the money changers' coins over the floor, and turned over their tables.

15 예수님은 몇 개의 끈들로 채찍을 만들어서 그들 모두를 신전 밖으로 쫓아내셨다. 그분은 양과 소들을 쫓아내고, 돈 바꾸는 사람들의 동전들을 바닥에 흩뿌리고, 그들의 책상들을 뒤엎으셨다.

16 Then, going over to the people who sold doves, he told them, "Get these things out of here. Stop turning my Father's house into a marketplace!"

16 그러고 나서, 그분은 비둘기들을 파는 사람들에게로 가서 그들에게 말씀하셨다, 《이것들을 여기서 치워라. 내 아버지의 집을 장마당으로 바꾸는 것을 그만두어라!》

17 Then his disciples remembered this prophecy from the Scriptures: "Passion for God's house will consume me."

17 그러고 나서 그분의 제자들은 하나님말씀책에서 이 예언을 기억했다: 《하나님의 집에 대한 열정이 나를 태워 버릴 것이다.》

18 But the Jewish leaders demanded, "What are you doing? If God gave you authority to do this, show us a miraculous sign to prove it."

18 그러나 유태인 지도자들은 캐여물었다. 《당신은 무엇을 하고 있소? 만일 하나님께서 당신에게 이것을 할 권한을 주셨다면, 그것을 립증하

기 위해 기적적인 증표를 우리에게 보여 주시오.》

19 **"All right," Jesus replied. "Destroy this temple, and in three days I will raise it up."**

19《좋습니다,》 예수님이 대답하셨다.《이 신전을 허무시오, 그러면 3일 만에 내가 그것을 세울 것이오.》

20 **"What!" they exclaimed. "It has taken forty-six years to build this Temple, and you can rebuild it in three days?"**

20《뭐라구!》 그들은 웨쳤다.《이 신전을 짓는 데 46년이 걸렸소, 그런데도 당신이 이것을 3일 안에 다시 세울 수 있다구요?》

21 **But when Jesus said "this temple," he meant his own body.**

21 그러나 예수님이《이 신전》이라고 말씀하셨을 때, 그분은 자기 자신의 몸을 의미하셨다.

22 **After he was raised from the dead, his disciples remembered he had said this, and they believed both the Scriptures and what Jesus had said.**

22 그분이 죽은 사람들로부터 되살아나신 후에, 그분의 제자들은 그분이 이것을 말씀하셨던 것을 기억했다, 그리고 그들은 하나님말씀책과 예수님이 말씀하셨던 것을 둘 다 믿었다.

Jesus and Nicodemus

예수님과 니고데모

23 **Because of the miraculous signs Jesus did in Jerusalem at the Passover celebration, many began to trust in him.**

23 예수님이 건너뜀 명절에 예루살렘에서 보여 주신 기적적인 증표들 때문에, 많은 사람들이 그분을 믿기 시작했다.

24 **But Jesus didn't trust them, because he knew human nature.**

24 그러나 예수님은 그들을 믿지 않으셨다, 왜냐하면 그분은 인간의 본성을 아셨기 때문이다.

25 **No one needed to tell him what mankind is really like.**

25 어느 누구도 인간이 실제로 어떠한지 그분에게 말씀드릴 필요가 없었다.

3

1 **There was a man named Nicodemus, a Jewish religious leader who was a Pharisee.**

1 니고데모라는 이름을 가진 사람이 있었다, 바리새파 사람이였던 유

태 종교 지도자였다.

2 After dark one evening, he came to speak with Jesus. "Rabbi," he said, "we all know that God has sent you to teach us. Your miraculous signs are evidence that God is with you."

2 어느 저녁 어두워진 후, 그는 예수님과 이야기하기 위해 왔다. 《선생님,》 그가 말했다. 《우리 모두는 하나님께서 우리를 가르치기 위해 당신을 보내신 것을 압니다. 당신의 기적적인 증표들은 하나님께서 당신과 함께 계신다는 증거입니다.》

3 Jesus replied, "I tell you the truth, unless you are born again, you cannot see the Kingdom of God."

3 예수님이 대답하셨다, 《내가 너희에게 진실을 말한다, 만일 너희가 다시 태어나지 않는다면, 너희는 하나님 나라를 볼 수 없다.》

4 "What do you mean?" exclaimed Nicodemus. "How can an old man go back into his mother's womb and be born again?"

4 《당신의 말씀은 무슨 뜻입니까?》 니고데모가 큰 소리로 말했다. 《어떻게 늙은 사람이 자기 어머니의 배 속으로 되돌아갔다가 다시 태어날 수 있습니까?》

5 Jesus replied, "I assure you, no one can enter the Kingdom of God without being born of water and the Spirit.

5 예수님이 대답하셨다, 《내가 너희에게 확실히 말한다, 누구라도 물과 성령으로 태어나지 않고서는 하나님 나라에 들어갈 수 없다.》

6 Humans can reproduce only human life, but the Holy Spirit gives birth to spiritual life.

6 사람들은 오직 인간의 생명만을 낳을 수 있으나, 성령님은 령적인 생명을 낳는다.

7 So don't be surprised when I say, 'You must be born again.'

7 그러므로 내가 〈너희는 다시 태어나야 한다〉고 말할 때 놀라지 말아라.

8 The wind blows wherever it wants. Just as you can hear the wind but can't tell where it comes from or where it is going, so you can't explain how people are born of the Spirit."

8 바람은 어디든 그것이 원하는 곳으로 분다. 너희가 바람 소리를 들을 수는 있지만 그것이 어디에서 오는지, 혹은 어디로 가는지를 말할 수 없는 것처럼, 또한 너희는 사람들이 어떻게 성령으로 태어나는지를 설명할 수 없다.》

9 "How are these things possible?" Nicodemus asked.

9 《어떻게 이러한 일들이 가능합니까?》 니고데모가 물었다.

10 **Jesus replied, "You are a respected Jewish teacher, and yet you don't understand these things?**

10 예수님이 대답하셨다. 《너는 존경받는 유태인의 선생이다. 그럼에도 불구하고 너는 이러한 일들을 리해하지 못하는가?

11 **I assure you, we tell you what we know and have seen, and yet you won't believe our testimony.**

11 내가 너희에게 자신 있게 말한다. 우리는 우리가 아는 것과 본 것을 너희에게 말한다. 그런데도 너희는 우리의 증언을 믿지 않을 것이다.

12 **But if you don't believe me when I tell you about earthly things, how can you possibly believe if I tell you about heavenly things?**

12 그러나 만일 내가 너희에게 이 세상의 일들에 대해 말할 때 너희가 나를 믿지 않는다면, 내가 너희에게 하늘의 일들에 대해 말한다 하더라도 어떻게 너희가 믿을 수 있단 말인가?

13 **No one has ever gone to heaven and returned. But the Son of Man has come down from heaven.**

13 하늘에 갔다가 되돌아온 사람은 아무도 없다. 그러나 사람의 아들은 하늘에서 내려왔다.

14 **And as Moses lifted up the bronze snake on a pole in the wilderness, so the Son of Man must be lifted up,**

14 그리고 모세가 황야에서 장대 우에 구리 뱀을 들어 올린 것처럼, 사람의 아들도 들어 올려져야 한다,

15 **so that everyone who believes in him will have eternal life.**

15 그래서 그분을 믿는 모든 사람들은 영원한 생명을 가질 것이다.

16 **"For God loved the world so much that he gave his one and only Son, so that everyone who believes in him will not perish but have eternal life.**

16 《하나님께서 자신의 외아들을 주실 만큼 세상을 사랑하셨기에, 그분을 믿는 모든 사람은 멸망하지 않고 영원한 생명을 얻게 될 것이다.

17 **God sent his Son into the world not to judge the world, but to save the world through him.**

17 하나님께서는 세상을 심판하기 위해서가 아니라, 그분의 아들을 통해 세상을 구원하기 위해 그를 세상으로 보내셨다.

18 **"There is no judgment against anyone who believes in him. But anyone who does not believe in him has already been judged for not believing in God's one and only Son.**

18 《그분을 믿는 누구에게도 불리한 심판은 없다. 그러나 그분을 믿지

않는 사람은 누구든지 하나님의 외아들을 믿지 않는 것으로 하여 이미 심판을 받았다.

19 And the judgment is based on this fact: God's light came into the world, but people loved the darkness more than the light, for their actions were evil.

19 그리고 그 심판은 다음의 사실에 근거한다: 하나님의 빛이 세상에 들어왔으나, 사람들은 그 빛보다 어둠을 더 사랑했다, 왜냐하면 그들의 행실이 악했기 때문이다.

20 All who do evil hate the light and refuse to go near it for fear their sins will be exposed.

20 악한 일을 하는 모든 사람은 그들의 죄가 드러나게 되는 두려움 때문에 빛을 싫어하고 그것에 가까이 가기를 거부한다.

21 But those who do what is right come to the light so others can see that they are doing what God wants."

21 그러나 옳은 일을 하는 사람들은 빛으로 나온다, 그래서 다른 사람들로 하여금 그들이 하나님께서 원하시는 것을 하고 있다는 것을 볼 수 있다.》

John the Baptist Exalts Jesus

세례자 요한이 예수님을 찬양하다

22 Then Jesus and his disciples left Jerusalem and went into the Judean countryside. Jesus spent some time with them there, baptizing people.

22 그러고 나서 예수님과 그분의 제자들은 예루살렘을 떠나 유태 시골로 가셨다. 예수님은 그들과 함께 그곳에서 얼마간 시간을 보내며, 사람들에게 세례를 주셨다.

23 At this time John the Baptist was baptizing at Aenon, near Salim, because there was plenty of water there; and people kept coming to him for baptism.

23 이때에 세례자 요한은 살렘 근처에 있는 애논에서 세례를 주고 있었다, 왜냐하면 거기에 물이 많았기 때문이였다; 그리고 사람들이 세례를 위해 그에게로 계속 왔다.

24 (This was before John was thrown into prison.)

24 (이것은 요한이 감옥에 갇히기 전이였다.)

25 A debate broke out between John's disciples and a certain Jew over ceremonial cleansing.

25 요한의 제자들과 어떤 유태 사람 사이에 씻기례식에 대한 론쟁이 일

어났다.

26 So John's disciples came to him and said, "Rabbi, the man you met on the other side of the Jordan River, the one you identified as the Messiah, is also baptizing people. And everybody is going to him instead of coming to us."

26 그래서 요한의 제자들이 그에게 와서 말했다, 《선생님, 당신이 요단 강 건너편에서 만났던 그 사람, 당신이 구세주가 틀림없음을 확인하셨던 그분도, 역시 사람들에게 세례를 주고 있습니다. 그리고 모두가 우리에게로 오는 대신에 그분한테로 가고 있습니다.》

27 John replied, "No one can receive anything unless God gives it from heaven.

27 요한이 대답했다, 《하나님께서 하늘로부터 그것을 주시지 않으면 어느 누구도 아무것도 받을 수 없다.

28 You yourselves know how plainly I told you, 'I am not the Messiah. I am only here to prepare the way for him.'

28 너희 자신은 내가 너희들에게 얼마나 명백히 말했는지 알고 있다. 〈나는 구세주가 아니다. 나는 오직 그분을 위한 그 길을 준비하기 위해 여기에 있다.〉

29 It is the bridegroom who marries the bride, and the best man is simply glad to stand with him and hear his vows. Therefore, I am filled with joy at his success.

29 새색시와 결혼하는 사람은 새서방이다, 그리고 새서방 둘러리는 그와 함께 서서 그의 맹세를 듣는 것만으로도 그저 기뻐한다. 그러므로, 나는 그분의 성공으로 하여 기쁨에 가득 차 있다.

30 He must become greater and greater, and I must become less and less.

30 그분은 더욱더 위대해지셔야 하고, 나는 더욱더 작아져야 한다.

31 "He has come from above and is greater than anyone else. We are of the earth, and we speak of earthly things, but he has come from heaven and is greater than anyone else.

31 《그분은 우로부터 오셨고 다른 누구보다도 더 위대하시다. 우리는 땅에 속했고, 우리는 땅의 것들에 대해 말한다, 그러나 그분은 하늘로부터 오셨고 다른 누구보다도 더 위대하시다.

32 He testifies about what he has seen and heard, but how few believe what he tells them!

32 그분은 자신이 본 것과 들은 것에 대해 증언하신다, 그러나 그분이 그들에게 말한 것을 믿는 사람이 거의 없지 않는가!

33 Anyone who accepts his testimony can affirm that God is true.

33 그분의 증언을 받아들이는 사람은 누구든지 하나님이 참되시다는 것을 확언할 수 있다.

34 For he is sent by God. He speaks God's words, for God gives him the Spirit without limit.

34 왜냐하면 그분은 하나님이 보내셨기 때문이다. 그분은 하나님의 말씀을 전한다. 왜냐하면 하나님께서 그분에게 아낌없이 성령을 주시기 때문이다.

35 The Father loves his Son and has put everything into his hands.

35 아버지께서는 자기 아들을 사랑하시여 모든 것을 그분의 손에 맡기셨다.

36 And anyone who believes in God's Son has eternal life. Anyone who doesn't obey the Son will never experience eternal life but remains under God's angry judgment."

36 그리고 하나님의 아들을 믿는 사람은 누구든지 영원한 생명을 얻는다. 아들을 따르지 않는 어느 누구도 영원한 생명을 결코 맛보지 못할 것이고 다만 하나님의 분노의 심판 아래에 남겨진다.》

4

Jesus and the Samaritan Woman

예수님과 사마리아 녀자

1 Jesus knew the Pharisees had heard that he was baptizing and making more disciples than John

1 예수님이 세례를 주고 요한보다 더 많은 제자들을 얻고 있는 것을 바리새파 사람들이 들었다는 것을 그분은 알고 계셨다.

2 (though Jesus himself didn't baptize them—his disciples did).

2 (물론 예수님 자신이 그들에게 세례를 주지는 않으셨지만—그의 제자들이 주었다.)

3 So he left Judea and returned to Galilee.

3 그래서 그분은 유태를 떠나 갈릴리로 되돌아가셨다.

4 He had to go through Samaria on the way.

4 그분은 가시는 길에 사마리아를 거쳐 가셔야 했다.

5 Eventually he came to the Samaritan village of Sychar, near the field that Jacob gave to his son Joseph.

5 마침내 그분은 야곱이 그의 아들 요셉에게 준 땅 근처인, 사마리아 마

을 수가에 오셨다.

6 Jacob's well was there; and Jesus, tired from the long walk, sat wearily beside the well about noontime.

6 야곱의 우물이 거기에 있었다; 그리고 먼 거리를 걸어서 피곤해진, 예수님은, 낮 12시쯤에 우물곁에 지쳐서 앉으셨다.

7 Soon a Samaritan woman came to draw water, and Jesus said to her, "Please give me a drink."

7 얼마 안 있어 한 사마리아 녀자가 물을 길으러 왔고, 예수님은 그 녀자에게 말씀하셨다, 《나에게 마실 것을 좀 주시오.》

8 He was alone at the time because his disciples had gone into the village to buy some food.

8 그분은 그의 제자들이 마을에 얼마간의 음식을 사러 들어갔기 때문에 그때 홀로 계셨다.

9 The woman was surprised, for Jews refuse to have anything to do with Samaritans. She said to Jesus, "You are a Jew, and I am a Samaritan woman. Why are you asking me for a drink?"

9 그 녀자는 놀랐다, 왜냐하면 유태 사람들은 사마리아 사람들과 아무런 대상도 하지 않았기 때문이였다. 그 녀자는 예수님에게 말했다. 《당신은 유태 사람이고, 나는 사마리아 녀자입니다. 어찌하여 당신은 나에게 마실 것을 부탁하십니까?》

10 Jesus replied, "If you only knew the gift God has for you and who you are speaking to, you would ask me, and I would give you living water."

10 예수님이 대답하셨다, 《만일 네가 하나님께서 너를 위해 마련하신 그 선물과 네가 누구와 말하고 있는지만 알았어도, 너는 나에게 청했을 것이고, 나는 너에게 생명수를 주었을 것이다.》

11 "But sir, you don't have a rope or a bucket," she said, "and this well is very deep. Where would you get this living water?

11 《그러나 선생님, 당신에게는 바줄이나 드레박이 없습니다,》 그 녀자가 말했다, 《그리고 이 우물은 아주 깊습니다. 어디에서 당신은 이런 생명수를 얻겠습니까?

12 And besides, do you think you're greater than our ancestor Jacob, who gave us this well? How can you offer better water than he and his sons and his animals enjoyed?"

12 더우기, 당신은 우리에게 이 우물을 주었던, 우리의 선조 야곱보다 당신이 더 위대하다고 생각하십니까? 어떻게 당신은 그와 그의 아들들 그리고 그의 짐승들이 누렸던 것보다 더 좋은 물을 줄 수 있습니까?》

13 Jesus replied, "Anyone who drinks this water will soon become thirsty again.

13 예수님이 대답하셨다, 《이 물을 마시는 사람은 누구나가 다시 곧 목마르게 될 것이다.

14 But those who drink the water I give will never be thirsty again. It becomes a fresh, bubbling spring within them, giving them eternal life."

14 그러나 내가 주는 물을 마시는 사람들은 결코 다시 목마르지 않을 것이다. 그것은 그들 안에서 신선하고, 솟아오르는 샘이 된다, 그들에게 영원한 생명을 준다.》

15 "Please, sir," the woman said, "give me this water! Then I'll never be thirsty again, and I won't have to come here to get water."

15 《선생님, 어서.》 그 녀자가 말했다, 《이 물을 나에게 주십시오! 그리하면 나는 결코 다시 목마르지 않을 것입니다, 그리고 물을 길으러 여기에 오지 않아도 될 것입니다.》

16 "Go and get your husband," Jesus told her.

16 《가서 너의 남편을 데려 오너라.》 예수님이 그 녀자에게 말씀하셨다.

17 "I don't have a husband," the woman replied. Jesus said, "You're right! You don't have a husband—

17 《저는 남편이 없습니다.》 그 녀자가 대답했다. 예수님이 말씀하셨다, 《네가 옳다! 너는 남편이 없다—

18 for you have had five husbands, and you aren't even married to the man you're living with now. You certainly spoke the truth!"

18 왜냐하면 너에게는 다섯 사람의 남편이 있었다, 그런데 네가 지금 함께 살고 있는 남자와는 결혼조차 안 했기 때문이다. 너는 확실하게 진실을 말했다!》

19 "Sir," the woman said, "you must be a prophet.

19 《선생님,》 그 녀자가 말했다, 《당신은 틀림없이 예언자이십니다.

20 So tell me, why is it that you Jews insist that Jerusalem is the only place of worship, while we Samaritans claim it is here at Mount Gerizim, where our ancestors worshiped?"

20 그래서 저에게 말씀해 주십시오, 왜 당신들 유태 사람들은 예루살렘이 례배의 유일한 장소라고 주장합니까? 반면에 우리 사마리아 사람들은 우리 선조들이 례배했던 곳인 여기 그리심 산이라고 단언합니다.》

21 Jesus replied, "Believe me, dear woman, the time is coming when it will no longer matter whether you worship the Father on this mountain or in Jerusalem.

21 예수님이 대답하셨다, 《내 말을 믿으라, 녀자여, 너희가 아버지께 이 산에서든지 혹은 예루살렘에서든지 례배를 드려도 더 이상 문제가 되지 않을 때가 오고 있다.

22 **You Samaritans know very little about the one you worship, while we Jews know all about him, for salvation comes through the Jews.**

22 너희 사마리아 사람들은 너희가 례배드리는 그분에 대해 너무 적게 알고 있다, 그런데 한편 우리 유태인들은 그분에 대해 모든 것을 알고 있다, 왜냐하면 구원은 유태인들을 통해 오기 때문이다.

23 **But the time is coming—indeed it's here now—when true worshipers will worship the Father in spirit and in truth. The Father is looking for those who will worship him that way.**

23 그러나 그때가 오고 있다. 실제로 그것은 지금 여기다. 진실한 례배자들이 령과 진리로 아버지를 례배할 때가 올 것이다. 아버지께서는 이와 같이 자신을 례배할 사람들을 찾고 계신다.

24 **For God is Spirit, so those who worship him must worship in spirit and in truth."**

24 아버지께서는 령이시기 때문에, 그분을 례배하는 사람들은 령과 진리로 례배해야 한다.》

25 **The woman said, "I know the Messiah is coming— the one who is called Christ. When he comes, he will explain everything to us."**

25 그 녀자가 말했다, 《나는 구세주가 오실 것을 압니다—그리스도라고 불리우는 그분. 그분이 오실 때, 그분은 우리에게 모든 것을 설명해 주실 것입니다.》

26 **Then Jesus told her, "I AM the Messiah!"**

26 그러자 예수님이 그 녀자에게 말씀하셨다, 《내가 그 구세주이다!》

27 **Just then his disciples came back. They were shocked to find him talking to a woman, but none of them had the nerve to ask, "What do you want with her?" or "Why are you talking to her?"**

27 바로 그때 그의 제자들이 돌아왔다. 그들은 그 녀자와 이야기하고 있는 그분을 보고 몹시 놀랐다, 그러나 그들 중 아무도 《그 녀자에게서 무엇을 원하십니까?》 또는 《왜 그 녀자와 이야기하고 계십니까?》라고 물어 볼 용기가 없었다.

28 **The woman left her water jar beside the well and ran back to the village, telling everyone,**

28 그 녀자는 자기 물동이를 우물곁에 내버려 두고 모든 사람에게 알리면서 마을로 뛰여 돌아갔다,

29 "Come and see a man who told me everything I ever did! Could he possibly be the Messiah?"

29 《내가 지금까지 했던 모든 것을 나에게 말한 사람을 와서 보시오! 그 분이 혹시 그 구세주이실까요?》

30 So the people came streaming from the village to see him.

30 그래서 사람들은 그분을 보기 위해 마을로부터 련이어 나왔다.

31 Meanwhile, the disciples were urging Jesus, "Rabbi, eat something."

31 그러는 동안에 제자들은 예수님에게 권고했다, 《선생님, 무엇을 좀 잡수십시오.》

32 But Jesus replied, "I have a kind of food you know nothing about."

32 그러나 예수님은 대답하셨다, 《나에게는 너희가 전혀 알지 못하는 한 가지 먹을 것이 있다.》

33 "Did someone bring him food while we were gone?" the disciples asked each other.

33 《우리가 떠나 있는 동안 누군가가 그분에게 먹을 것을 갖다 드렸을까?》 제자들이 서로 물었다.

34 Then Jesus explained: "My nourishment comes from doing the will of God, who sent me, and from finishing his work.

34 그때 예수님이 설명하셨다: 《나의 음식은 나를 보내신 하나님의 뜻을 실현하는 것과, 그분의 일을 완성하는 데서 온다.

35 You know the saying, 'Four months between planting and harvest.' But I say, wake up and look around. The fields are already ripe for harvest.

35 너희는 그 속담을 알고 있다, 〈씨뿌리기와 가을걷이 사이의 넉 달.〉 그러나 나는 말한다, 깨여서 주위를 둘러보아라. 그 들판들은 가을걷이를 위해 이미 무르익었다.

36 The harvesters are paid good wages, and the fruit they harvest is people brought to eternal life. What joy awaits both the planter and the harvester alike!

36 거두어들이는 사람들은 좋은 품삯을 받게 된다, 그리고 그들이 가을걷이한 그 열매는 영원한 삶에 이르게 된 사람들이다. 얼마나 큰 즐거움이 씨 뿌리는 사람과 가을걷이하는 사람 둘 다 똑같이 기다리고 있는가!

37 You know the saying, 'One plants and another harvests.' And it's true.

37 너희는 그 속담을 알고 있다, 〈한 사람은 씨 뿌리고 다른 사람은 가을걷이한다.〉 그리고 그것은 사실이다.

38 I sent you to harvest where you didn't plant; others had already done the work, and now you will get to gather the harvest."

38 나는 너희가 씨 뿌리지 않은 곳에 가을걷이하라고 너희를 보냈다; 다른 사람들이 이미 그 일을 했다, 그리고 이제 너희는 그 가을걷이를 시작할 것이다.》

Many Samaritans Believe

많은 사마리아 사람들이 믿다

39 **Many Samaritans from the village believed in Jesus because the woman had said, "He told me everything I ever did!"**

39 동네에서 온 많은 사마리아 사람들은 예수님을 믿었다. 왜냐하면 그 녀자가 《그분은 나에게 내가 지금까지 한 모든 것을 말씀하셨다!》고 말했기 때문이였다.

40 **When they came out to see him, they begged him to stay in their village. So he stayed for two days,**

40 그들이 그분을 보기 위해 나왔을 때, 그들은 그분에게 자기들의 동네에 머물러 달라고 간청했다. 그래서 그분은 이틀 동안 머무셨다,

41 **long enough for many more to hear his message and believe.**

41 그분의 말씀을 듣고 믿게 될 더 많은 사람들을 위해 충분히 오래동안.

42 **Then they said to the woman, "Now we believe, not just because of what you told us, but because we have heard him ourselves. Now we know that he is indeed the Savior of the world."**

42 그러고 나서 그들이 그 녀자에게 말했다. 《이제 우리는 믿는다, 단지 네가 우리에게 말한 것 때문이 아니라, 우리가 직접 그분의 말씀을 들었기 때문이다. 이제 우리는 그분이 진정으로 세상의 구세주이시라는 것을 안다.》

Jesus Heals an Official's Son

예수님이 한 관리의 아들을 치료하시다

43 **At the end of the two days, Jesus went on to Galilee.**

43 그 이틀 중의 마지막에, 예수님이 갈릴리로 가셨다.

44 **He himself had said that a prophet is not honored in his own hometown.**

44 그분 자신은 예언자가 자기 자신의 고향에서는 존경을 받지 못한다고 말씀하셨다.

45 **Yet the Galileans welcomed him, for they had been in Jerusalem at the Passover celebration and had seen everything he did there.**

45 그러나 갈릴리 사람들은 그분을 환영하였다, 왜냐하면 그들은 건너뛤명절에 예루살렘에 있었고 그분이 거기에서 하신 모든 것을 보았기

때문이였다.

46 As he traveled through Galilee, he came to Cana, where he had turned the water into wine. There was a government official in nearby Capernaum whose son was very sick.

46 그분이 갈릴리를 여기저기 려행하실 때, 그분이 물을 포도술로 바꾼 곳인 가나로 오셨다. 가버나움 가까이에 아들이 몹시 앓는 한 정부 관리가 있었다.

47 When he heard that Jesus had come from Judea to Galilee, he went and begged Jesus to come to Capernaum to heal his son, who was about to die.

47 그가 예수님이 유태로부터 갈릴리에 오셨다는 것을 들었을 때, 그는 예수님에게 가서 가버나움으로 오셔서 거의 죽게 된 자기 아들을 고쳐 달라고 간청했다.

48 Jesus asked, "Will you never believe in me unless you see miraculous signs and wonders?"

48 예수님이 물으셨다, 《너희는 기적적인 증표들과 놀라운 일들을 보지 않는다면 너희는 결코 나를 믿지 않을 것인가?》

49 The official pleaded, "Lord, please come now before my little boy dies."

49 그 관리는 간청했다, 《주님, 부디 제 어린아이가 죽기 전에 지금 와 주십시오.》

50 Then Jesus told him, "Go back home. Your son will live!" And the man believed what Jesus said and started home.

50 그러자 예수님이 그에게 말씀하셨다, 《집으로 돌아가거라. 너의 아들은 살 것이다!》 그래서 그 사람은 예수님이 하신 말씀을 믿고 집으로 떠났다.

51 While the man was on his way, some of his servants met him with the news that his son was alive and well.

51 그 사람이 가는 도중에, 그의 심부름군들 중 몇 사람이 그의 아들이 살아서 건강하다는 소식을 가지고 그를 만났다.

52 He asked them when the boy had begun to get better, and they replied, "Yesterday afternoon at one o'clock his fever suddenly disappeared!"

52 그는 언제 그 아이가 병이 나아지기 시작했는지 그들에게 물었고 그들은 대답하였다, 《어제 오후 1시에 그의 열이 갑자기 내렸습니다!》

53 Then the father realized that that was the very time Jesus had told him, "Your son will live." And he and his entire household believed in Jesus.

53 그러자 그 아버지는 그것이 예수님이 그에게 《너의 아들이 살 것이다.》라고 말씀하신 바로 그 시간인 것을 알게 되였다. 그래서 그와 그의

온 집안사람들은 예수님을 믿었다.

54 This was the second miraculous sign Jesus did in Galilee after coming from Judea.

54 이것이 예수님이 유태로부터 오신 후 갈릴리에서 실행하신 두 번째 기적적인 증표였다.

5

Jesus Heals a Lame Man

예수님이 절름발이를 고치시다

1 Afterward Jesus returned to Jerusalem for one of the Jewish holy days.

1 후에 예수님은 유태인의 명절들 중 하나를 위해 예루살렘으로 돌아가셨다.

2 Inside the city, near the Sheep Gate, was the pool of Bethesda, with five covered porches.

2 그 도시 안에, 양의 문 근처에는, 5개의 웃설미 달린 복도가 있는, 베데스다 못이 있었다.

3 Crowds of sick people—blind, lame, or paralyzed—lay on the porches.

3 병든 여러 사람들이—앞 못 보고, 다리 절고, 또는 마비된—복도들에 누워 있었다.

4

4 (없음)

5 One of the men lying there had been sick for thirty-eight years.

5 거기에 누워 있는 사람들 중 한 사람은 38년 동안 병들어 있었다.

6 When Jesus saw him and knew he had been ill for a long time, he asked him, "Would you like to get well?"

6 예수님이 그를 보고 그가 오래동안 앓고 있었다는 것을 아셨을 때, 그분은 그에게 물으셨다, 《네가 낫기를 원하는가?》

7 "I can't, sir," the sick man said, "for I have no one to put me into the pool when the water bubbles up. Someone else always gets there ahead of me."

7 《저는 못합니다, 선생님,》 그 병든 사람이 말했다, 《왜냐하면 물이 거품을 일으킬 때 저를 못 속에 넣어 줄 사람이 아무도 없기 때문입니다. 다른 누군가가 언제나 저보다 앞서 거기에 들어갑니다.》

8 Jesus told him, "Stand up, pick up your mat, and walk!"

8 예수님이 그에게 말씀하셨다, 《일어나거라. 너의 깔개를 들고 걸어가거라!》

9 Instantly, the man was healed! He rolled up his sleeping mat and began walking! But this miracle happened on the Sabbath,

9 즉시, 그 사람은 낫게 되였다! 그는 자기 잠자리 깔개를 말아 들고 걷기 시작했다! 그러나 이 기적은 은정의 휴식일에 일어났다,

10 so the Jewish leaders objected. They said to the man who was cured, "You can't work on the Sabbath! The law doesn't allow you to carry that sleeping mat!"

10 그래서 유태인 지도자들이 반대했다. 그들은 낫게 된 그 사람에게 말했다.《너는 은정의 휴식일에 일할 수 없다. 그 법은 네가 그 잠자리 깔개를 가져가는 것을 허락하지 않는다!》

11 But he replied, "The man who healed me told me, 'Pick up your mat and walk.'"

11 그러나 그는 대답했다,《나를 낫게 해준 그분이 나에게 말했습니다, 〈너의 깔개를 들고 걸어가라.〉》

12 "Who said such a thing as that?" they demanded.

12《누가 그와 같이 그런 말을 했는가?》그들은 추궁했다.

13 The man didn't know, for Jesus had disappeared into the crowd.

13 그 사람은 예수님이 군중 속으로 사라지셨기 때문에 알지 못했다.

14 But afterward Jesus found him in the Temple and told him, "Now you are well; so stop sinning, or something even worse may happen to you."

14 그러나 그 후에 예수님이 신전에서 그를 만나 그에게 말씀하셨다,《이제 너는 다 나았다, 그러니 죄짓기를 그만두어라, 그렇지 않으면 훨씬 더 나쁜 어떤 일이 너에게 일어날 수도 있다.》

15 Then the man went and told the Jewish leaders that it was Jesus who had healed him.

15 그러자 그 사람은 가서 유태 지도자들에게 그를 고쳐 준 분은 예수님이라고 말했다.

Jesus Claims to Be the Son of God

예수님이 하나님의 아들임을 단언하시다

16 So the Jewish leaders began harassing Jesus for breaking the Sabbath rules.

16 그리하여 유태 지도자들은 은정의 휴식일 규칙을 어긴 것으로 하여 예수님을 괴롭히기 시작하였다.

17 But Jesus replied, "My Father is always working, and so am I."

17 그러나 예수님은 대답하셨다.《나의 아버지는 언제나 일을 하고 계신

다, 그래서 나도 일한다.》

18 **So the Jewish leaders tried all the harder to find a way to kill him. For he not only broke the Sabbath, he called God his Father, thereby making himself equal with God.**

18 그리하여 유태 지도자들은 그분을 죽일 방도를 찾으려고 더욱더 애썼다. 왜냐하면 그분은 은정의 휴식일을 지키지 않았을 뿐 아니라, 그분이 하나님을 자신의 아버지라고 불렀고, 그것으로 하여 자기 자신을 하나님과 동등하게 여겼기 때문이였다.

19 **So Jesus explained, "I tell you the truth, the Son can do nothing by himself. He does only what he sees the Father doing. Whatever the Father does, the Son also does.**

19 그래서 예수님은 설명하셨다, 《내가 너희에게 진리를 말한다, 그 아들은 아무것도 혼자서는 할 수 없다. 그는 오직 아버지께서 하시는 것을 그가 본 것만 한다. 아버지께서 하시는 무엇이든지 그 아들도 또한 실행한다.

20 **For the Father loves the Son and shows him everything he is doing. In fact, the Father will show him how to do even greater works than healing this man. Then you will truly be astonished.**

20 왜냐하면 아버지께서는 아들을 사랑하셔서 그에게 자신이 하고 있는 모든 것을 보여 주시기 때문이다. 실제로, 아버지께서는 이 사람을 고치는 것보다 훨씬 더 큰 일들을 어떻게 하는지를 그에게 보여 주실 것이다. 그러면 너희는 진정 깜짝 놀라게 될 것이다.

21 **For just as the Father gives life to those he raises from the dead, so the Son gives life to anyone he wants.**

21 왜냐하면 아버지께서 죽음에서 되살리시는 사람들에게 그분이 생명을 주시는 것과 같이 아들도 그가 원하는 누구에게든지 생명을 주기 때문이다.

22 **In addition, the Father judges no one. Instead, he has given the Son absolute authority to judge,**

22 게다가 아버지께서는 아무도 심판하지 않으신다. 대신에, 그분은 심판할 절대적인 권한을 아들에게 주셨다,

23 **so that everyone will honor the Son, just as they honor the Father. Anyone who does not honor the Son is certainly not honoring the Father who sent him.**

23 그래서 모두가 아버지를 존경하는 것과 같이, 사람들이 아들을 존경하게 하려는 것이다. 누구든지 아들을 존경하지 않는 사람은 그를 보내

신 아버지도 틀림없이 존경하지 않는다.

24 "I tell you the truth, those who listen to my message and believe in God who sent me have eternal life. They will never be condemned for their sins, but they have already passed from death into life.

24 《내가 너희에게 진리를 말한다, 나의 말을 듣고 나를 보내신 하나님을 믿는 사람들에게는 영원한 생명이 있다. 그들은 절대로 자신들의 죄로 하여 유죄판결을 받지 않을 것이다, 그러나 그들은 이미 죽음에서 생명으로 옮겨졌다.

25 "And I assure you that the time is coming, indeed it's here now, when the dead will hear my voice—the voice of the Son of God. And those who listen will live.

25 《그리고 나는 너희에게 자신 있게 말한다. 죽은 사람들이 나의 목소리—하나님의 아들의 목소리를 들을 때가 오고 있다, 실제로 그때가 바로 지금이다. 그리고 듣는 사람들은 살 것이다.

26 The Father has life in himself, and he has granted that same life-giving power to his Son.

26 아버지께서는 그분 자신 속에 생명을 가지고 계신다, 그리고 그분은 자신의 아들에게 바로 그 생명을 주는 능력을 주셨다.

27 And he has given him authority to judge everyone because he is the Son of Man.

27 그리고 하나님께서는 그가 사람의 아들이기 때문에 그에게 모든 사람을 심판할 권한을 주셨다.

28 Don't be so surprised! Indeed, the time is coming when all the dead in their graves will hear the voice of God's Son,

28 너무 놀라지 말아라! 실제로, 그들의 무덤 속에 있는 모든 죽은 사람들이 하나님의 아들의 목소리를 들을 때가 올 것이다,

29 and they will rise again. Those who have done good will rise to experience eternal life, and those who have continued in evil will rise to experience judgment.

29 그리고 그들은 다시 살아날 것이다. 좋은 일을 한 사람들은 영원한 생명을 체험하기 위해 살아날 것이고, 악독한 일을 계속한 사람들은 심판을 체험하기 위해 살아날 것이다.

30 I can do nothing on my own. I judge as God tells me. Therefore, my judgment is just, because I carry out the will of the one who sent me, not my own will.

30 나는 내 스스로는 아무것도 할 수 없다. 나는 하나님께서 말씀하시

는 대로 심판한다. 그러므로 나의 심판은 정의롭다. 왜냐하면 나는 나를 보내신 분의 뜻을 수행하는 것이고, 나 자신의 뜻을 실행하는 것은 아니기 때문이다.

Witnesses to Jesus

예수님에 대한 증언들

31 **"If I were to testify on my own behalf, my testimony would not be valid.**

31 《만일 내가 나의 자신을 대신하여 증언하면, 나의 증언은 정당하지 않을 것이다.

32 **But someone else is also testifying about me, and I assure you that everything he says about me is true.**

32 그러나 다른 분이 역시 나에 대해 증언하고 계신다, 그리고 나는 그 분이 나에 대하여 말씀하시는 모든 것이 진실이라는 것을 너희에게 자신 있게 말한다.

33 **In fact, you sent investigators to listen to John the Baptist, and his testimony about me was true.**

33 실제로, 너희는 세례자 요한의 말을 듣기 위해 조사하는 사람들을 보냈다, 그런데 나에 대한 그의 증언은 사실 그대로였다.

34 **Of course, I have no need of human witnesses, but I say these things so you might be saved.**

34 더 말할 것 없이, 나는 사람의 증언을 필요로 하지 않는다, 그러나 나는 너희가 구원을 받을 수 있도록 이런 것들을 말한다.

35 **John was like a burning and shining lamp, and you were excited for a while about his message.**

35 요한은 타오르며 빛을 내는 등불과 같았다, 그리하여 너희는 그가 전하는 말에 대해서 잠시 즐거워했다.

36 **But I have a greater witness than John—my teachings and my miracles. The Father gave me these works to accomplish, and they prove that he sent me.**

36 그러나 나는 요한보다 더 큰 증거를 가지고 있다—나의 가르침과 나의 기적들. 아버지께서 나에게 이 일들을 이룩하라고 주셨다, 그리고 그것들은 그분께서 나를 보내신 것을 증명한다.

37 **And the Father who sent me has testified about me himself. You have never heard his voice or seen him face to face,**

37 그리고 나를 보내신 아버지께서 친히 나에 대해 증언하셨다. 너희는 결코 그분의 목소리를 듣거나 그분을 직접 본 적이 없다,

38 **and you do not have his message in your hearts, because you do not believe me—the one he sent to you.**

38 그리고 너희는 너희 마음속에 그분의 말씀을 가지고 있지 않다, 왜냐하면 너희는 그분께서 너희에게 보내신 사람인 나를 믿지 않기 때문이다.

39 **"You search the Scriptures because you think they give you eternal life. But the Scriptures point to me!**

39《너희는 하나님말씀책을 자세히 본다, 왜냐하면 너희는 그것이 너희에게 영원한 생명을 준다고 생각하기 때문이다. 그런데 그 하나님말씀책은 나를 가리키고 있다!

40 **Yet you refuse to come to me to receive this life.**

40 그러나 너희는 이 생명을 받기 위해 나에게 오기를 거부한다.

41 **"Your approval means nothing to me,**

41《너희의 동의는 나에게 아무런 의미도 없다,

42 **because I know you don't have God's love within you.**

42 왜냐하면 나는 하나님의 사랑이 너희 안에 없다는 것을 알고 있기 때문이다.

43 **For I have come to you in my Father's name, and you have rejected me. Yet if others come in their own name, you gladly welcome them.**

43 왜냐하면 나는 나의 아버지의 이름으로 너희에게 왔는데, 너희가 나를 받아들이지 않았기 때문이다. 그러나 만일 다른 사람이 그들 자신의 이름으로 오면 너희는 그들을 반갑게 맞이할 것이다.

44 **No wonder you can't believe! For you gladly honor each other, but you don't care about the honor that comes from the one who alone is God.**

44 너희가 믿지 못하는 것이 놀랍지 않다! 왜냐하면 너희는 기꺼이 서로를 추켜세우지만, 홀로 하나님이신 그분으로부터 오는 영광에 대해서는 너희가 마음 쓰지 않기 때문이다.

45 **"Yet it isn't I who will accuse you before the Father. Moses will accuse you! Yes, Moses, in whom you put your hopes.**

45《그러나 아버지 앞에서 너희를 고소할 사람은 내가 아니다. 모세가 너희를 고소할 것이다! 그렇다, 너희가 너희의 소망을 두고 있는 모세이다.

46 **If you really believed Moses, you would believe me, because he wrote about me.**

46 만일 너희가 진실로 모세를 믿었다면, 너희는 나를 믿었을 것이다, 왜냐하면 그가 나에 대해서 기록하였기 때문이다.

47 But since you don't believe what he wrote, how will you believe what I say?"

47 그러나 너희가 그가 기록한 것을 믿지 않는 이상, 어떻게 너희가 내가 하는 말을 믿겠는가?》

6

Jesus Feeds Five Thousand

예수님이 5천 명을 먹이시다

1 After this, Jesus crossed over to the far side of the Sea of Galilee, also known as the Sea of Tiberias.

1 이런 일 후에, 예수님이, 디베랴 바다라고도 알려진, 갈릴리 바다 건너편으로 가셨다.

2 A huge crowd kept following him wherever he went, because they saw his miraculous signs as he healed the sick.

2 많은 군중이 그분이 어디로 가시든지 그분을 계속 따라갔다, 왜냐하면 그들은 그분이 병든 사람들을 고치시는 것으로 그분의 기적적인 증표들을 보았기 때문이였다.

3 Then Jesus climbed a hill and sat down with his disciples around him.

3 그 후에 예수님은 언덕으로 올라가서 그분 둘레의 자기 제자들과 함께 앉으셨다.

4 (It was nearly time for the Jewish Passover celebration.)

4 (그때는 유태인의 건너뛤명절이 가까운 시기였다).

5 Jesus soon saw a huge crowd of people coming to look for him. Turning to Philip, he asked, "Where can we buy bread to feed all these people?"

5 예수님은 얼마 안 있어 그분을 찾아오는 대단히 많은 군중을 보셨다. 빌립을 돌아보시며, 그분은 물으셨다. 《어디서 우리가 이 모두 사람들에게 먹일 빵을 살 수 있겠는가?》

6 He was testing Philip, for he already knew what he was going to do.

6 그분은 빌립을 떠보셨다, 왜냐하면 그분은 자신이 어떻게 하실지를 이미 알고 계셨기 때문이였다.

7 Philip replied, "Even if we worked for months, we wouldn't have enough money to feed them!"

7 빌립이 대답했다, 《우리가 몇 달 동안 일을 한다 할지라도, 우리는 그들을 먹일 충분한 돈을 얻지 못할 것입니다!》

8 Then Andrew, Simon Peter's brother, spoke up.

8 그때, 시몬 베드로의 동생인 안드레가 말했다.

9 "There's a young boy here with five barley loaves and two fish. But what good is that with this huge crowd?"

9 《보리 빵 다섯 덩이와 물고기 두 마리를 가진 어린 소년이 여기에 있습니다. 그러나 이 많은 군중에게 그것이 무슨 도움이 되겠습니까?》

10 "Tell everyone to sit down," Jesus said. So they all sat down on the grassy slopes. (The men alone numbered about 5,000.)

10 《모든 사람에게 앉으라고 말하여라.》 예수님이 말씀하셨다. 그래서 그들 모두는 풀이 무성한 비탈에 앉았다. (남자 어른들만 5,000명쯤 되었다.)

11 Then Jesus took the loaves, gave thanks to God, and distributed them to the people. Afterward he did the same with the fish. And they all ate as much as they wanted.

11 그러고서 예수님은 빵 덩이들을 들고 하나님께 감사를 드렸다. 그리고 사람들에게 그것들을 나눠 주셨다. 그다음에 그분은 물고기를 가지고 똑같이 하셨다. 그리하여 그들 모두는 그들이 원하는 만큼 먹었다.

12 After everyone was full, Jesus told his disciples, "Now gather the leftovers, so that nothing is wasted."

12 모두가 배불리 먹은 후, 예수님이 자기 제자들에게 말씀하셨다. 《이제는 버리는 것이 하나도 없도록, 남은 것들을 모아라.》

13 So they picked up the pieces and filled twelve baskets with scraps left by the people who had eaten from the five barley loaves.

13 그래서 그들은 남은 쪼각들을 주었다, 보리빵 다섯 덩이로 먹은 사람들로부터 남은 부스러기들로 열두 바구니를 채웠다.

14 When the people saw him do this miraculous sign, they exclaimed, "Surely, he is the Prophet we have been expecting!"

14 그 사람들은 그분이 이런 기적적인 증표를 보이는 것을 보고, 그들은 웨쳤다, 《틀림없이, 그분은 우리가 기대하고 있던 그 예언자이시다!》

15 When Jesus saw that they were ready to force him to be their king, he slipped away into the hills by himself.

15 예수님은 그들이 억지로 자기를 그들의 왕이 되게 하려는 것을 미리 아시고, 그분 혼자 산으로 빠져나가셨다.

Jesus Walks on Water

예수님이 물 우를 걸으시다

16 That evening Jesus' disciples went down to the shore to wait for him.

16 그날 저녁 예수님의 제자들은 그분을 기다리기 위해 바다가로 내려갔다.

17 But as darkness fell and Jesus still hadn't come back, they got into the boat and headed across the lake toward Capernaum.

17 그러나 어둠이 내렸고 예수님이 아직 돌아오지 않으시자, 그들은 배를 타고 가버나움을 향해 호수를 건너갔다.

18 Soon a gale swept down upon them, and the sea grew very rough.

18 얼마 지나지 않아 세찬 바람이 그들 우로 쓸어내리고, 바다는 몹시 사나워졌다.

19 They had rowed three or four miles when suddenly they saw Jesus walking on the water toward the boat. They were terrified,

19 그들이 3, 4마일 노를 저어 갔는데 그때 갑자기 그들은 배를 향해 물우를 걸어오시는 예수님을 보았다. 그들은 겁에 질렸다.

20 but he called out to them, "Don't be afraid. I am here!"

20 그러나 그분은 그들에게 웨치셨다.《두려워하지 말아라. 내가 여기에 있다!》

21 Then they were eager to let him in the boat, and immediately they arrived at their destination!

21 그러자 그들은 배 안으로 그분을 반갑게 모셔 들였다. 그리고 곧 그들은 자기들의 목적지에 다다랐다!

Jesus, the Bread of Life

예수님, 생명의 빵

22 The next day the crowd that had stayed on the far shore saw that the disciples had taken the only boat, and they realized Jesus had not gone with them.

22 다음 날, 호수 건너편에 머무르던 군중은 제자들이 한 척뿐인 배를 가져간 것을 알았다. 그리하여 그들은 예수님이 그들과 함께 가지 않으셨다는 것을 알아차렸다.

23 Several boats from Tiberias landed near the place where the Lord had blessed the bread and the people had eaten.

23 디베랴에서 온 몇 척의 배들이 주님이 빵으로 축복하시고 사람들이 먹었던 장소 근처에 도착했다.

24 So when the crowd saw that neither Jesus nor his disciples were there, they got into the boats and went across to Capernaum to look for him.

24 그리하여 군중은 예수님도 그의 제자들도 거기에 없는 것을 알고서,

그들은 배들을 타고 그분을 찾으러 가버나움으로 건너갔다.

25 **They found him on the other side of the lake and asked, "Rabbi, when did you get here?"**

25 그들이 호수 건너편에서 그분을 찾아내여 물었다. 《선생님, 언제 여기에 오셨습니까?》

26 **Jesus replied, "I tell you the truth, you want to be with me because I fed you, not because you understood the miraculous signs.**

26 예수님이 대답하셨다. 《내가 너희에게 진리를 말한다. 너희는 나와 함께 있기를 원한다, 왜냐하면 너희가 기적적인 증표들을 리해해서가 아니라, 내가 너희를 먹여 주었기 때문이다.

27 **But don't be so concerned about perishable things like food. Spend your energy seeking the eternal life that the Son of Man can give you. For God the Father has given me the seal of his approval."**

27 그러나 썩어 없어질 음식 같은 것들에 대해 너무 념려하지 말아라. 너희의 힘을 사람의 아들이 너희에게 줄 수 있는 영원한 생명을 얻기 위해 기우려라. 왜냐하면 아버지 하나님께서 나에게 자신의 승인의 표시를 주셨기 때문이다.》

28 **They replied, "We want to perform God's works, too. What should we do?"**

28 그들이 대답했다. 《우리 역시, 하나님의 일을 하고 싶습니다. 우리가 무엇을 해야 합니까?》

29 **Jesus told them, "This is the only work God wants from you: Believe in the one he has sent."**

29 예수님이 그들에게 말씀하셨다. 《이것이 하나님께서 너희에게 원하시는 유일한 일이다: 그분께서 보내신 사람을 믿어라.》

30 **They answered, "Show us a miraculous sign if you want us to believe in you. What can you do?**

30 사람들이 대답했다. 《만일 당신이 우리가 당신을 믿기 원한다면 우리에게 기적적인 증표를 보여 주십시오. 당신은 무엇을 할 수 있습니까?

31 **After all, our ancestors ate manna while they journeyed through the wilderness! The Scriptures say, 'Moses gave them bread from heaven to eat.'"**

31 결국, 우리 선조들은 그들이 황야를 지나 려행하는 동안 만나를 먹었습니다! 하나님말씀책은 말합니다 〈모세가 그들에게 하늘로부터 먹을 빵을 주었다.〉》

32 **Jesus said, "I tell you the truth, Moses didn't give you bread from heaven. My Father did. And now he offers you the true bread from heaven.**

32 그러자 예수님이 그들에게 말씀하셨다. 《내가 너희에게 진리를 말한다. 모세는 너희에게 하늘로부터 빵을 주지 않았다. 나의 아버지께서 주셨다. 그리고 이제 그분께서 너희에게 하늘로부터 참된 빵을 주신다.

33 The true bread of God is the one who comes down from heaven and gives life to the world."

33 하나님의 참된 빵은 하늘로부터 내려와서 세상에 생명을 주는 그 사람이다.》

34 "Sir," they said, "give us that bread every day."

34 《선생님,》 그들이 말했다. 《그 빵을 우리에게 날마다 주십시오.》

35 Jesus replied, "I am the bread of life. Whoever comes to me will never be hungry again. Whoever believes in me will never be thirsty.

35 예수님이 대답하셨다. 《내가 생명의 빵이다. 나에게 오는 사람은 누구든지 결코 다시 배고프지 않을 것이다. 나를 믿는 사람은 누구든지 결코 목마르지 않을 것이다.》

36 But you haven't believed in me even though you have seen me.

36 그러나 너희가 나를 보았는데도 불구하고 너희는 나를 믿지 않았다.

37 However, those the Father has given me will come to me, and I will never reject them.

37 그러나, 아버지께서 나에게 주신 사람들은 내게로 올 것이다, 그리고 나는 그들을 결코 거부하지 않을 것이다.

38 For I have come down from heaven to do the will of God who sent me, not to do my own will.

38 왜냐하면 나는 내 자신의 뜻을 실현하기 위해서가 아니라, 나를 보내신 하나님의 뜻을 실현하려고 하늘로부터 내려왔기 때문이다.

39 And this is the will of God, that I should not lose even one of all those he has given me, but that I should raise them up at the last day.

39 그리고 이것이, 내가 그분께서 내게 주신 모든 사람들 중 한 사람도 잃지 않고, 내가 마지막 날에 그들을 살리는 것이 하나님의 뜻이다.

40 For it is my Father's will that all who see his Son and believe in him should have eternal life. I will raise them up at the last day."

40 왜냐하면 그것은, 그분의 아들을 보고 그를 믿는 사람들 모두가 영원한 생명을 얻도록 하는 것이 나의 아버지의 뜻이기 때문이다. 나는 마지막 날에 그들을 살릴 것이다.》

41 Then the people began to murmur in disagreement because he had said, "I am the bread that came down from heaven."

41 그러자 사람들이 의견 불일치로 수군대기 시작했다 왜냐하면 그분이

《나는 하늘로부터 내려온 빵이다》라고 말했기 때문이였다.

42 **They said, "Isn't this Jesus, the son of Joseph? We know his father and mother. How can he say, 'I came down from heaven'?"**

42 그들이 말했다, 《이 예수는, 요셉의 아들이 아닌가? 우리가 그의 아버지와 어머니를 알고 있다. 그가 어떻게 〈나는 하늘로부터 내려온 빵이다〉라고 말할 수 있는가?》

43 **But Jesus replied, "Stop complaining about what I said.**

43 그러나 예수님이 대답하셨다, 《내가 말한 것에 대해 투덜거리기를 그만두어라.

44 **For no one can come to me unless the Father who sent me draws them to me, and at the last day I will raise them up.**

44 왜냐하면 나를 보내신 아버지께서 그들을 나에게 이끌어 주지 않으시면, 나에게로 올 수 있는 사람은 아무도 없기 때문이다, 그리고 마지막 날에 나는 그들을 살릴 것이다.

45 **As it is written in the Scriptures, 'They will all be taught by God.' Everyone who listens to the Father and learns from him comes to me.**

45 하나님말씀책에 씌여져 있다, 〈그들은 모두 하나님에게서 배울 것이다.〉 아버지의 말씀을 듣고 그분으로부터 배우는 모든 사람들은 내게로 온다.

46 **(Not that anyone has ever seen the Father; only I, who was sent from God, have seen him.)**

46 (누구라도 아버지를 본 적이 있다는 것은 아니다; 오직 하나님으로부터 보내진 나만이 그분을 보았다.)

47 **"I tell you the truth, anyone who believes has eternal life.**

47 《내가 너희에게 진리를 말한다, 믿는 사람 누구든지 영원한 생명을 가진다.

48 **Yes, I am the bread of life!**

48 그렇다, 나는 생명의 빵이다!

49 **Your ancestors ate manna in the wilderness, but they all died.**

49 너희 선조들은 황야에서 만나를 먹었다, 그러나 그들은 죽었다.

50 **Anyone who eats the bread from heaven, however, will never die.**

50 그러나 하늘로부터 오는 빵을 먹는 사람은 누구도 결코 죽지 않을 것이다.

51 **I am the living bread that came down from heaven. Anyone who eats this bread will live forever; and this bread, which I will offer so the world may live, is my flesh."**

51 나는 하늘로부터 내려온 살아 있는 빵이다. 이 빵을 먹는 사람은 누구든지 영원히 살 것이다; 그리고 세상이 살 수 있도록, 내가 내여 줄, 이 빵은, 내 살이다.》

52 **Then the people began arguing with each other about what he meant. "How can this man give us his flesh to eat?" they asked.**

52 그러자 그분이 무엇을 의미하는지에 대해 사람들이 서로 론쟁하기 시작했다,《어떻게 이 사람이 우리에게 자기 살을 먹으라고 줄 수 있는가?》 그들은 물었다.

53 **So Jesus said again, "I tell you the truth, unless you eat the flesh of the Son of Man and drink his blood, you cannot have eternal life within you.**

53 그래서 예수님이 그들에게 말씀하셨다,《내가 너희에게 진리를 말한다, 너희가 사람의 아들의 살을 먹고 그의 피를 마시지 않으면, 너희는 너희 속에 영원한 생명을 가질 수 없다.》

54 **But anyone who eats my flesh and drinks my blood has eternal life, and I will raise that person at the last day.**

54 그러나 내 살을 먹고 내 피를 마시는 사람은 누구나 영원한 생명을 갖는다, 그리고 마지막 날에 나는 그 사람을 살릴 것이다.

55 **For my flesh is true food, and my blood is true drink.**

55 왜냐하면 나의 살은 참된 량식이고, 나의 피는 참된 음료이기 때문이다.

56 **Anyone who eats my flesh and drinks my blood remains in me, and I in him.**

56 나의 살을 먹고 나의 피를 마시는 누구나가 내 안에 머무르고, 나는 그의 안에 머무른다.

57 **I live because of the living Father who sent me; in the same way, anyone who feeds on me will live because of me.**

57 나는 나를 보내신 살아 계신 아버지로 하여 산다; 이와 마찬가지로, 나를 먹는 사람 누구나 나로 하여 살 것이다.

58 **I am the true bread that came down from heaven. Anyone who eats this bread will not die as your ancestors did (even though they ate the manna) but will live forever."**

58 나는 하늘로부터 내려온 참된 빵이다. 너희 선조들은 죽었으나 (그들이 만나를 먹었음에도 불구하고), 이 빵을 먹는 사람 누구나 죽지 않을 것이고 영원히 살 것이다.》

59 **He said these things while he was teaching in the synagogue in Capernaum.**

59 그분은 가버나움에 있는 군중회관에서 그분이 가르칠 동안에 이런 것들을 말씀하셨다.

Many Disciples Desert Jesus

많은 제자들이 예수님을 떠나다

60 **Many of his disciples said, "This is very hard to understand. How can anyone accept it?"**

60 그분의 제자들 중 많은 사람이 말했다. 《이것은 리해하기 매우 어렵다. 어느 누가 이것을 받아드릴 수 있겠는가?》

61 **Jesus was aware that his disciples were complaining, so he said to them, "Does this offend you?**

61 예수님은 자기 제자들이 투덜대고 있는 것을 아셨다. 그래서 그분은 그들에게 말씀하셨다. 《이 말이 너희를 거슬리게 하는가?

62 **Then what will you think if you see the Son of Man ascend to heaven again?**

62 그러면 만일 너희가 사람의 아들이 하늘로 다시 올라가는 것을 보면 너희는 어떻게 생각할 것인가?

63 **The Spirit alone gives eternal life. Human effort accomplishes nothing. And the very words I have spoken to you are spirit and life.**

63 성령만이 영원한 생명을 주신다. 인간의 노력은 아무것도 달성하지 못한다! 그런데 내가 너희에게 말한 바로 그 말들이 령이고 생명이다.

64 **But some of you do not believe me." (For Jesus knew from the beginning which ones didn't believe, and he knew who would betray him.)**

64 그러나 너희 중 몇 사람은 나를 믿지 않는다.》 (왜냐하면 예수님은 처음부터 어떤 사람들이 믿지 않았는지 아셨고 그분은 누가 자기를 배반할지 알고 계셨기 때문이였다.)

65 **Then he said, "That is why I said that people can't come to me unless the Father gives them to me."**

65 그런 다음 그분이 말씀하셨다. 《이것이 아버지께서 그들을 나에게 주지 않으시면 사람들이 나에게 올 수 없다고 내가 말한 리유이다.》

66 **At this point many of his disciples turned away and deserted him.**

66 그 순간에 그의 제자들 중 많은 사람이 돌아섰고, 그분을 떠났다.

67 **Then Jesus turned to the Twelve and asked, "Are you also going to leave?"**

67 그러자 예수님은 열두 제자를 향해 돌아서 물으셨다. 《너희들도 떠나려고 하는가?》

68 **Simon Peter replied, "Lord, to whom would we go? You have the words**

that give eternal life.

68 시몬 베드로가 대답했다. 《주님, 누구한테 우리가 가겠습니까? 당신은 영원한 생명을 주시는 말씀을 가지고 계십니다.

69 **We believe, and we know you are the Holy One of God."**

69 우리는 믿습니다. 그리고 우리는 당신이 하나님의 거룩한 분이신 것을 알고 있습니다.》

70 **Then Jesus said, "I chose the twelve of you, but one is a devil."**

70 그러자 예수님이 말씀하셨다. 《내가 너희 열두 사람을 선택했다. 그러나 한 사람은 악마다.》

71 **He was speaking of Judas, son of Simon Iscariot, one of the Twelve, who would later betray him.**

71 그분은 열두 사람 중 한 사람인, 나중에 그분을 배반할, 시몬 가룟의 아들, 유다에 대해 말씀하고 계셨다.

7

Jesus and His Brothers

예수님과 그분의 형제들

1 **After this, Jesus traveled around Galilee. He wanted to stay out of Judea, where the Jewish leaders were plotting his death.**

1 그 후에, 예수님은 갈릴리 여기저기를 돌아다니셨다. 그분은 유태 밖에서 머물기를 원하셨다. 거기서는 유태인 지도자들이 그분을 죽일 음모를 꾸미고 있었다.

2 **But soon it was time for the Jewish Festival of Shelters,**

2 그러나 곧 유태인의 초막축전 시기가 되였다.

3 **and Jesus' brothers said to him, "Leave here and go to Judea, where your followers can see your miracles!**

3 그러자 예수님의 형제들은 그분에게 말했다. 《여기를 떠나, 당신의 제자들이 당신의 기적들을 볼 수 있는 유태로 가십시오!》

4 **You can't become famous if you hide like this! If you can do such wonderful things, show yourself to the world!"**

4 만일 당신이 이 같이 숨어 있으면, 당신은 유명해질 수 없습니다! 만일 당신이 그렇게 놀라운 일들을 할 수 있다면, 당신 자신을 세상에 드러내십시오!》

5 **For even his brothers didn't believe in him.**

5 왜냐하면 지어 그분의 동생들도 그분을 믿지 않았기 때문이였다.

6 Jesus replied, "Now is not the right time for me to go, but you can go anytime.

6 예수님이 대답하셨다, 《지금은 내가 가야 할 적절한 때가 아니다, 그러나 너희는 언제든지 갈 수 있다.

7 The world can't hate you, but it does hate me because I accuse it of doing evil.

7 세상은 너희를 미워할 수 없다, 그러나 이것은 내가 나쁜 짓을 하는 세상을 고발하기 때문에 나를 미워한다.

8 You go on. I'm not going to this festival, because my time has not yet come."

8 너희는 가거라. 나는 이번 명절에는 가지 않을 것이다 왜냐하면 나의 때가 아직 오지 않았기 때문이다.》

9 After saying these things, Jesus remained in Galilee.

9 이런 것들을 말씀하신 후에, 예수님은 갈릴리에 남으셨다.

Jesus Teaches Openly at the Temple

예수님이 신전에서 공개적으로 가르치시다

10 But after his brothers left for the festival, Jesus also went, though secretly, staying out of public view.

10 그러나 그분의 형제들이 명절을 쇠러 떠난 후, 예수님도, 비밀리에 가시기는 했지만, 사람들의 눈에 띄지 않게 머무르셨다.

11 The Jewish leaders tried to find him at the festival and kept asking if anyone had seen him.

11 유태인 지도자들은 명절에 그분을 찾으려고 애썼고 누군가가 그분을 보았는지를 계속 물었다.

12 There was a lot of grumbling about him among the crowds. Some argued, "He's a good man," but others said, "He's nothing but a fraud who deceives the people."

12 군중들 속에서는 그분에 대해 많은 불평이 있었다. 어떤 사람들은《그분은 좋은 분이요.》라고 주장했지만, 다른 사람들은《그는 사람들을 속이는 협잡군일 뿐이요.》라고 말했다.

13 But no one had the courage to speak favorably about him in public, for they were afraid of getting in trouble with the Jewish leaders.

13 그러나 아무도 사람들 앞에서 그분에 대해 좋게 말할 용기를 가지고 있지 않았다, 왜냐하면 그들은 유태인 지도자들과 문제가 생기는 것을 두려워했기 때문이였다.

14 Then, midway through the festival, Jesus went up to the Temple and began to teach.

14 그 후, 명절이 절반쯤 지났을 때, 예수님은 신전으로 올라가서 가르치기 시작하셨다.

15 The people were surprised when they heard him. "How does he know so much when he hasn't been trained?" they asked.

15 그 사람들은 그분의 말씀을 듣고 놀랐다. 《그는 교육을 받지 않았는데 어떻게 그는 그렇게 많이 알고 있을까?》 그들은 물었다.

16 So Jesus told them, "My message is not my own; it comes from God who sent me.

16 그래서 예수님은 그들에게 말씀하셨다. 《나의 가르침은 내 자신의 것이 아니다; 그것은 나를 보내신 하나님에게서 온 것이다.

17 Anyone who wants to do the will of God will know whether my teaching is from God or is merely my own.

17 하나님의 뜻을 실현하기 원하는 사람이라면 누구든지 나의 가르침이 하나님께로부터 온 것인지 아니면 오직 내 자신의 것인지 알 것이다.

18 Those who speak for themselves want glory only for themselves, but a person who seeks to honor the one who sent him speaks truth, not lies.

18 자신들을 변론하는 사람들은 단지 자기 자신들을 위한 영광만을 원한다. 그러나 그를 보내신 분을 높이려고 노력하는 사람은 거짓이 아닌, 진실을 말한다.

19 Moses gave you the law, but none of you obeys it! In fact, you are trying to kill me."

19 모세가 너희에게 그 률법을 주었지만, 너희 중 어느 누구도 그것을 지키지 않는다! 실제로, 너희는 나를 죽이려 하고 있다.》

20 The crowd replied, "You're demon possessed! Who's trying to kill you?"

20 군중이 대답하였다. 《당신은 귀신 들렸소! 누가 당신을 죽이려고 합니까?》

21 Jesus replied, "I did one miracle on the Sabbath, and you were amazed.

21 예수님이 대답하셨다. 《내가 은정의 휴식일에 한 가지 기적을 보이자, 너희는 깜짝 놀랐다.

22 But you work on the Sabbath, too, when you obey Moses' law of circumcision. (Actually, this tradition of circumcision began with the patriarchs, long before the law of Moses.)

22 그러나 너희는 모세의 잘라냄례식의 법을 따를 때, 너희도 또한 은정의 휴식일에 일한다. (사실, 이런 잘라냄례식의 전통은 모세의 률법에 있기

훨씬 전에 조상들로부터 시작되었다.)

23 For if the correct time for circumcising your son falls on the Sabbath, you go ahead and do it so as not to break the law of Moses. So why should you be angry with me for healing a man on the Sabbath?

23 왜냐하면 만일 너희의 아들이 잘라냄례식을 해야 할 정확한 때가 은정의 휴식일이라면, 너희는 모세의 률법을 어기지 않기 위해 계속 진행한다. 그렇다면 왜 너희는 은정의 휴식일에 사람을 치료한 것에 대해 나에게 성을 내는가?

24 Look beneath the surface so you can judge correctly."

24 겉으로 나타나지 않는 것을 보아라. 그래야 너희는 올바르게 판단할 수 있다.》

Is Jesus the Messiah?

예수님이 구세주인가?

25 Some of the people who lived in Jerusalem started to ask each other, "Isn't this the man they are trying to kill?

25 예루살렘에 사는 사람들 중 몇 사람이 서로 묻기 시작했다. 《이 사람이 그들이 죽이려고 하는 사람이 아닌가?

26 But here he is, speaking in public, and they say nothing to him. Could our leaders possibly believe that he is the Messiah?

26 그러나 그분은 여기에 있고 사람들 앞에서 이야기하고 있다. 그런데도 그들은 그분에게 아무것도 말하지 않는다. 우리 지도자들도 그분이 구세주라고 혹시 믿는 것인가?

27 But how could he be? For we know where this man comes from. When the Messiah comes, he will simply appear; no one will know where he comes from."

27 그러나 어떻게 그가 그럴 수 있는가? 왜냐하면 우리는 이 사람이 어디서 왔는지 알기 때문이다. 구세주가 오실 때는, 그분은 단순히 나타나실 것이다; 아무도 그분이 어디서 오시는지 알지 못할 것이다.》

28 While Jesus was teaching in the Temple, he called out, "Yes, you know me, and you know where I come from. But I'm not here on my own. The one who sent me is true, and you don't know him.

28 예수님이 신전에서 가르치는 동안, 그분은 크게 웨치셨다. 《옳다, 너희는 나를 알고, 내가 어디서 왔는지 알고 있다. 그러나 나는 여기에 스스로 온 것이 아니다. 나를 보내신 그분은 참되시다, 그런데 너희는 그분을 알지 못한다.

29 But I know him because I come from him, and he sent me to you."

29 그러나 나는 내가 그분에게서 왔기 때문에 그분을 알고 있다, 그리고 그분은 나를 너희에게 보내셨다.》

30 Then the leaders tried to arrest him; but no one laid a hand on him, because his time had not yet come.

30 그러자 그 지도자들은 그분을 체포하려고 하였다; 그러나 어느 누구도 그분에게 손을 대지 않았다, 왜냐하면 그분의 때가 아직 오지 않았기 때문이였다.

31 Many among the crowds at the Temple believed in him. "After all," they said, "would you expect the Messiah to do more miraculous signs than this man has done?"

31 신전에 있던 군중들 중 많은 사람들이 그분을 믿었다. 그들은 말했다, 《결국, 너희는 구세주가 이 사람이 한 것보다 더 많은 기적적인 증표들을 보여 줄 것을 기대하는가?》

32 When the Pharisees heard that the crowds were whispering such things, they and the leading priests sent Temple guards to arrest Jesus.

32 바리새파 사람들은 군중들이 이런 것들을 속삭이는 것을 들었을 때, 그들과 상급제사장들은 예수님을 체포하기 위해 신전 경비병들을 보냈다.

33 But Jesus told them, "I will be with you only a little longer. Then I will return to the one who sent me.

33 그러나 예수님은 그들에게 말씀하셨다, 《나는 조금만 더 너희와 함께 있을 것이다. 그러고 나서 나는 나를 보내신 분에게로 돌아갈 것이다.

34 You will search for me but not find me. And you cannot go where I am going."

34 너희는 나를 찾으려고 하겠지만 나를 찾지 못할 것이다. 그리고 너희는 내가 가려는 곳에 갈 수 없다.》

35 The Jewish leaders were puzzled by this statement. "Where is he planning to go?" they asked. "Is he thinking of leaving the country and going to the Jews in other lands? Maybe he will even teach the Greeks!

35 유태인 지도자들은 이 말씀에 어리둥절해졌다. 《그는 어디로 가려고 작정하는가?》 그들이 물었다. 《그는 이 나라를 떠나 다른 나라에 있는 유태인들에게 가려고 생각하고 있는가? 어쩌면 그는 희랍인들을 가르치려고까지 하는가!》

36 What does he mean when he says, 'You will search for me but not find me,' and 'You cannot go where I am going'?"

36 그분이 〈너희가 나를 찾겠지만 나를 찾지 못할 것이다.〉 그리고 〈너희는 내가 가려는 곳에 갈 수 없다.〉라고 말하는데, 그분은 무슨 의미로 말하는가?》

Jesus Promises Living Water

예수님이 생명수를 약속하시다

37 **On the last day, the climax of the festival, Jesus stood and shouted to the crowds, "Anyone who is thirsty may come to me!**

37 명절의 절정인 마지막 날에, 예수님은 일어서서 군중에게 웨치셨다. 《목마른 사람은 누구든지 내게로 오라!

38 **Anyone who believes in me may come and drink! For the Scriptures declare, 'Rivers of living water will flow from his heart.'"**

38 나를 믿는 사람은 누구나 와서 마셔라! 왜냐하면 하나님말씀책은 〈생명수의 강이 그분의 가슴에서 흘러나올 것이다.〉》라고 밝히고 있기 때문이다

39 **(When he said "living water," he was speaking of the Spirit, who would be given to everyone believing in him. But the Spirit had not yet been given, because Jesus had not yet entered into his glory.)**

39 (그분이 《생명수》라고 말씀했을 때, 그분은 자기를 믿는 모든 사람들에게 주어질, 성령님에 대해 말씀하고 계셨다. 그러나 성령님은 아직 주어지지 않았다. 왜냐하면 예수님이 아직 자신의 영광으로 들어가지 않으셨기 때문이였다.)

Division and Unbelief

분렬과 불신앙

40 **When the crowds heard him say this, some of them declared, "Surely this man is the Prophet we've been expecting."**

40 군중들은 그분이 이 말씀 하시는 것을 들었을 때, 그들 중 몇 사람은 선언했다. 《틀림없이 이분은 우리가 기다려오던 예언자이시다.》

41 **Others said, "He is the Messiah." Still others said, "But he can't be! Will the Messiah come from Galilee?**

41 다른 사람들은 말했다. 《그분은 구세주이시다.》 또 다른 사람들은 말했다. 《그러나 그분이실 수 없다! 구세주가 갈릴리에서 나오겠는가?》

42 **For the Scriptures clearly state that the Messiah will be born of the royal line of David, in Bethlehem, the village where King David was born."**

42 왜냐하면 하나님말씀책은 구세주가 다윗 왕의 가계에서, 다윗 왕이

태여난 마을인 베들레헴에서 태여날 것이라고 명백히 말하고 있기 때문이다.》

43 So the crowd was divided about him.

43 그래서 군중은 그분에 대해 의견이 갈라졌다.

44 Some even wanted him arrested, but no one laid a hand on him.

44 몇 사람들은 심지여 그분이 체포되는 것을 원했으나, 아무도 그에게 손을 대지 않았다.

45 When the Temple guards returned without having arrested Jesus, the leading priests and Pharisees demanded, "Why didn't you bring him in?"

45 신전 경비병들이 예수님을 체포하지 못하고 돌아오자, 상급제사장들과 바리새파 사람들은 추궁했다, 《어찌하여 너희는 그를 데려오지 못했는가?》

46 "We have never heard anyone speak like this!" the guards responded.

46 《우리는 지금까지 어느 누구도 이렇게 말하는 것을 들어본 적이 없습니다!》 그 경비병들이 대답했다.

47 "Have you been led astray, too?" the Pharisees mocked.

47 《너희 역시, 속아 넘어갔는가?》라고 그 바리새파 사람들이 비웃었다.

48 "Is there a single one of us rulers or Pharisees who believes in him?

48 《우리 지도자들이나 바리새파 사람들 중에 그를 믿는 사람이 하나라도 있는가?

49 This foolish crowd follows him, but they are ignorant of the law. God's curse is on them!"

49 이 어리석은 군중이 그를 따르고 있으나, 그들은 그 률법을 깨닫지 못하고 있다. 하나님의 저주가 그들 우에 있다!》

50 Then Nicodemus, the leader who had met with Jesus earlier, spoke up.

50 그러자 그전에 예수님을 만난 적이 있는, 지도자인 니고데모가 서슴없이 말했다.

51 "Is it legal to convict a man before he is given a hearing?" he asked.

51 《그가 심문을 받기 전에 그 사람에게 유죄 판결을 내리는 것이 합법적인가?》라고 그는 물었다.

52 They replied, "Are you from Galilee, too? Search the Scriptures and see for yourself—no prophet ever comes from Galilee!"

52 그들은 대답했다, 《당신도, 갈릴리 사람이오? 하나님말씀책을 찾아서 직접 살펴보시오—어떤 예언자도 갈릴리에서 나온 적이 없소!》

[The most ancient Greek manuscripts do not include John 7:53-8:11.]

[대부분의 고대 희랍 원본들은 요한복음 7:53-8:11을 포함하지 않는

다.]

53 Then the meeting broke up, and everybody went home.

53 그러고 나서 모임은 끝났고, 모두 집으로 돌아갔다.

8

A Woman Caught in Adultery

부화하다 붙잡힌 녀자

1 Jesus returned to the Mount of Olives,

1 예수님이 올리브 산으로 돌아가셨다,

2 but early the next morning he was back again at the Temple. A crowd soon gathered, and he sat down and taught them.

2 그러나 다음 날 아침 일찍 그분은 신전으로 다시 돌아오셨다. 얼마 안 있어 군중이 모여들었고, 그분은 앉아서 그들을 가르치셨다.

3 As he was speaking, the teachers of religious law and the Pharisees brought a woman who had been caught in the act of adultery. They put her in front of the crowd.

3 그분이 말씀하고 계실 때, 종교법 선생들과 바리새파 사람들이 부화하다 잡힌 한 녀자를 데려왔다. 그들은 그 녀자를 군중 앞에 세웠다.

4 "Teacher," they said to Jesus, "this woman was caught in the act of adultery.

4 《선생님,》 그들이 예수님에게 말했다, 《이 녀자는 부화하다 잡혔습니다.

5 The law of Moses says to stone her. What do you say?"

5 모세의 률법은 그 녀자를 돌로 치라고 말합니다. 당신은 뭐라고 말씀하시겠습니까?》

6 They were trying to trap him into saying something they could use against him, but Jesus stooped down and wrote in the dust with his finger.

6 그들은 그분에게 불리하게 될 수 있는 무언가를 그분이 말하게 하여 그분을 함정에 빠지게 하려고 애쓰고 있었다, 그러나 예수님은 몸을 앞으로 굽히고 자신의 손가락으로 땅에 쓰셨다.

7 They kept demanding an answer, so he stood up again and said, "All right, but let the one who has never sinned throw the first stone!"

7 그들은 계속 대답을 요구했다, 그러자 그분은 다시 일어나 말씀하셨다. 《좋다, 그러면 전혀 죄지은 적이 없는 사람이 먼저 돌을 던져라!》

8 Then he stooped down again and wrote in the dust.

8 그런 후 그분은 다시 몸을 앞으로 굽히고 땅에 쓰셨다.

9 When the accusers heard this, they slipped away one by one, beginning with the oldest, until only Jesus was left in the middle of the crowd with the woman.

9 그 고발자들이 이것을 들었을 때, 그들은 제일 나이 많은 사람부터 시작하여, 군중 가운데 예수님만이 그 녀자와 남겨질 때까지 한 사람씩 빠져나갔다.

10 Then Jesus stood up again and said to the woman, "Where are your accusers? Didn't even one of them condemn you?"

10 그러자 예수님은 다시 일어나 그 녀자에게 말씀하셨다, 《너를 고발하는 사람들은 어디 있는가? 그들 중 단 한사람도 너를 고발하지 않았는가?》

11 "No, Lord," she said. And Jesus said, "Neither do I. Go and sin no more."

11 《예, 주님,》 그 녀자가 말했다. 그리고 예수님이 말씀하셨다, 《나도 하지 않는다. 가서 더 이상 죄를 짓지 말아라.》

Jesus, the Light of the World

예수님, 세상의 빛

12 Jesus spoke to the people once more and said, "I am the light of the world. If you follow me, you won't have to walk in darkness, because you will have the light that leads to life."

12 예수님이 사람들에게 한 번 더 이야기하며 말씀하셨다, 《나는 세상의 빛이다. 만일 너희가 나를 따르면, 너희는 어둠 속을 걷지 않을 것이다, 왜냐하면 너희는 생명에 이르게 하는 빛을 얻을 것이기 때문이다.》

13 The Pharisees replied, "You are making those claims about yourself! Such testimony is not valid."

13 바리새파 사람들이 대답했다, 《당신은 당신 자신에 대해 그러한 주장들을 하고 있다! 그런 증언은 타당치 않다.》

14 Jesus told them, "These claims are valid even though I make them about myself. For I know where I came from and where I am going, but you don't know this about me.

14 예수님이 그들에게 말씀하셨다, 《이러한 주장들은 내가 그것들을 내 자신에 대해 한다 해도 정당하다. 왜냐하면 나는 내가 어디에서 왔으며 어디로 가고 있는지를 알고 있기 때문이다, 그러나 너희는 나에 대한 이것을 알지 못한다.

15 You judge me by human standards, but I do not judge anyone.

15 너희는 나를 인간의 기준으로 판단하지만, 나는 아무도 판단하지 않는다.

16 And if I did, my judgment would be correct in every respect because I am not alone. The Father who sent me is with me.

16 그리고 만일 내가 판단한다 하더라도, 나는 혼자가 아니기 때문에 나의 판단은 모든 점에서 옳다. 나를 보내신 아버지께서 나와 함께 계신다.

17 Your own law says that if two people agree about something, their witness is accepted as fact.

17 너희 자신의 률법은 말하고 있다. 두 사람이 어떤 것에 대해 동의를 하면, 그들의 증언은 사실로 받아들여진다.

18 I am one witness, and my Father who sent me is the other."

18 내가 한 증인이고, 나를 보내신 나의 아버지가 다른 증인이시다.》

19 "Where is your father?" they asked. Jesus answered, "Since you don't know who I am, you don't know who my Father is. If you knew me, you would also know my Father."

19《당신의 아버지가 어디에 있습니까?》그들이 물었다. 예수님이 대답하셨다,《너희는 내가 누군지 모르기 때문에, 나의 아버지가 누구신지 알지 못한다. 만일 너희가 나를 알았다면, 나의 아버지 또한 알았을 것이다.》

20 Jesus made these statements while he was teaching in the section of the Temple known as the Treasury. But he was not arrested, because his time had not yet come.

20 예수님이 헌금을 보관하는 곳으로 알려진 신전의 구역에서 가르칠 때 이런 말씀들을 하셨다. 그러나 그분은 아직 체포되지 않으셨다, 왜냐하면 그분의 때가 아직 오지 않았기 때문이였다.

The Unbelieving People Warned

경고받은 믿지 않은 사람들

21 Later Jesus said to them again, "I am going away. You will search for me but will die in your sin. You cannot come where I am going."

21 그 후에 예수님이 그들에게 다시 말씀하셨다.《나는 떠날 것이다. 너희가 나를 찾겠지만 너희는 너희 죄 가운데에서 죽을 것이다. 너희는 내가 가는 곳으로 오지 못한다.》

22 The people asked, "Is he planning to commit suicide? What does he mean, 'You cannot come where I am going'?"

22 사람들이 물었다, 《그가 자살할 작정인가? 〈너희는 내가 가는 곳으로 오지 못한다.〉 그는 무슨 뜻으로 말하는 것인가?》

23 Jesus continued, "You are from below; I am from above. You belong to this world; I do not.

23 예수님이 계속하셨다, 《너희는 아래에서 왔고; 나는 우에서 왔다. 너희는 이 세상에 속해 있다; 나는 그렇지 않다.

24 That is why I said that you will die in your sins; for unless you believe that I Am who I claim to be, you will die in your sins."

24 그래서 내가 너희는 자신들의 죄 가운데서 죽을 것이라고 말했던 리유이다; 왜냐하면 너희는 내가 주장하는 바로 그 사람이라고 믿지 않는다면, 너희는 자신들의 죄 가운데서 죽을 것이기 때문이다.》

25 "Who are you?" they demanded. Jesus replied, "The one I have always claimed to be.

25 《당신은 누구요?》 그들이 물었다. 예수님은 대답하셨다, 《나는 내가 언제나 주장해 온 그 사람이다.

26 I have much to say about you and much to condemn, but I won't. For I say only what I have heard from the one who sent me, and he is completely truthful."

26 나는 너희에 대해 할 말도 많고 책망할 것도 많지만, 나는 그렇게 하지 않을 것이다. 왜냐하면 나는 나를 보내신 분으로부터 들은 것만 말하고, 그분은 전적으로 진실하시기 때문이다.》

27 But they still didn't understand that he was talking about his Father.

27 그러나 그들은 그분이 자신의 아버지에 대해 말씀하고 계시다는 것을 여전히 리해하지 못했다.

28 So Jesus said, "When you have lifted up the Son of Man on the cross, then you will understand that I Am he. I do nothing on my own but say only what the Father taught me.

28 그래서 예수님이 말씀하셨다, 《너희가 사람의 아들을 십자사형틀에 들어 올릴 때, 그때 너희는 내가 그 사람이라는 것을 알게 될 것이다. 나는 내 스스로는 아무것도 하지 않고 오직 아버지께서 나에게 가르치신 것만 말한다.

29 And the one who sent me is with me—he has not deserted me. For I always do what pleases him."

29 그리고 나를 보내신 분이 나와 함께 계신다—그분은 나를 버리지 않으셨다. 나는 항상 그분을 기쁘시게 하는 일을 하기 때문이다.》

30 Then many who heard him say these things believed in him.

30 그러자 그분이 이런 것들을 말씀하시는 것을 들은 많은 사람들이 그분을 믿었다.

Jesus and Abraham

예수님과 아브라함

31 Jesus said to the people who believed in him, "You are truly my disciples if you remain faithful to my teachings.

31 예수님이 자신을 믿은 사람들에게 말씀하셨다. 《만일 너희가 나의 가르침에 충실히 머물러 있으면, 너희는 진실로 나의 제자들이다.

32 And you will know the truth and the truth will set you free."

32 그리고 너희는 진리를 알게 될 것이고 그 진리가 너희를 자유롭게 할 것이다.》

33 "But we are descendants of Abraham," they said. "We have never been slaves to anyone. What do you mean, 'You will be set free'?"

33 《그러나 우리는 아브라함의 후손들이요.》라고 그들이 말했다. 《우리는 그 누구의 종이 되여 본 적이 없습니다! 당신이 〈너희가 자유롭게 될 것이다〉라는 말은 무슨 뜻입니까?》

34 Jesus replied, "I tell you the truth, everyone who sins is a slave of sin.

34 예수님이 대답하셨다. 《내가 너희에게 진리를 말한다, 죄를 짓는 모든 사람은 죄의 종이다.

35 A slave is not a permanent member of the family, but a son is part of the family forever.

35 종은 가족의 영원한 구성원이 아니지만, 아들은 영원히 가족의 한 부분이다.

36 So if the Son sets you free, you are truly free.

36 그러므로 만일 그 아들이 너희를 자유롭게 해주면, 너희는 진실로 자유롭다.

37 Yes, I realize that you are descendants of Abraham. And yet some of you are trying to kill me because there's no room in your hearts for my message.

37 그렇다, 나도 너희가 아브라함의 후손들인 것을 안다. 그러나 너희 마음속에 내 말에 대한 여지가 없기 때문에 너희 중 몇이 나를 죽이려고 한다.

38 I am telling you what I saw when I was with my Father. But you are following the advice of your father."

38 나는 내가 아버지와 함께 있을 때 본 것을 너희에게 말하고 있다. 그

러나 너희는 너희 아버지의 충고를 따르고 있다.》

39 "Our father is Abraham!" they declared. "No," Jesus replied, "for if you were really the children of Abraham, you would follow his example.

39 《우리 아버지는 아브라함이요!》 그들이 선언했다. 《아니다,》 예수님이 대답하셨다. 왜냐하면 《만일 너희가 진실로 아브라함의 아들딸들이라면, 너희는 그의 본을 따를 것이다.

40 Instead, you are trying to kill me because I told you the truth, which I heard from God. Abraham never did such a thing.

40 대신에, 너희는 내가 하나님에게서 들은 진리를 너희에게 말했다고 나를 죽이려고 한다. 아브라함은 결코 그런 일을 하지 않았다.

41 No, you are imitating your real father." They replied, "We aren't illegitimate children! God himself is our true Father."

41 아니다, 너희는 자신들의 진짜 아버지를 흉내 내고 있다.》 그들은 대답했다, 《우리는 사생아가 아니다! 하나님 그분 자신이 우리의 참된 아버지이시다.》

42 Jesus told them, "If God were your Father, you would love me, because I have come to you from God. I am not here on my own, but he sent me.

42 예수님이 그들에게 말씀하셨다. 《만일 하나님이 너희의 아버지였다면, 너희는 나를 사랑했을 것이다, 왜냐하면 나는 하나님에게서 왔기 때문이다. 나는 내 스스로 여기 있는 것이 아니라 그분이 나를 보내셨다.

43 Why can't you understand what I am saying? It's because you can't even hear me!

43 왜 너희는 내가 말하는 것을 리해할 수 없는가? 그것은 너희가 내 말을 들을 수조차 없기 때문이다!

44 For you are the children of your father the devil, and you love to do the evil things he does. He was a murderer from the beginning. He has always hated the truth, because there is no truth in him. When he lies, it is consistent with his character; for he is a liar and the father of lies.

44 너희는 너희의 아버지인 악마의 아들딸들이다, 그래서 너희는 그가 하는 악한 일들 하기를 좋아한다. 그는 처음부터 살인자였다. 그는 언제나 진리를 싫어했다, 왜냐하면 그 속에는 진리가 없기 때문이다. 그가 거짓말을 할 때, 그것은 그의 성격과 일치한다; 왜냐하면 그는 거짓말쟁이이고 거짓의 아버지이기 때문이다.

45 So when I tell the truth, you just naturally don't believe me!

45 그래서 내가 진리를 말할 때, 너희는 아주 당연하게 나를 믿지 않는다!

46 Which of you can truthfully accuse me of sin? And since I am telling you the truth, why don't you believe me?

46 너희 중 누가 나를 죄인이라고 사실대로 비난할 수 있는가? 그리고 내가 너희에게 진실을 말하는데, 왜 너희는 나를 믿지 않는가?

47 Anyone who belongs to God listens gladly to the words of God. But you don't listen because you don't belong to God."

47 누구든지 하나님께 속한 사람은 하나님의 말씀을 기쁘게 듣는다. 그러나 너희는 하나님께 속하지 않았기 때문에 듣지 않는다.》

48 The people retorted, "You Samaritan devil! Didn't we say all along that you were possessed by a demon?"

48 그 사람들이 되받아 쳤다.《이 사마리아 악마야! 우리가 당신이 귀신 들렸다고 계속해서 말하지 않았는가?》

49 "No," Jesus said, "I have no demon in me. For I honor my Father—and you dishonor me.

49《아니다.》 예수님이 말씀하셨다.《내 안에는 귀신이 없다. 나는 내 아버지께 영광을 돌리기 때문이다—그런데도 너희는 나를 멸시한다.

50 And though I have no wish to glorify myself, God is going to glorify me. He is the true judge.

50 그리고 비록 내가 나 자신에게 영광을 돌리려는 희망은 없지만, 하나님께서 나를 찬양하실 것이다. 그분은 참된 심판자이시다.

51 I tell you the truth, anyone who obeys my teaching will never die!"

51 나는 너희에게 진리를 말한다, 나의 가르침을 따르는 사람은 누구나 결코 죽지 않을 것이다!》

52 The people said, "Now we know you are possessed by a demon. Even Abraham and the prophets died, but you say, 'Anyone who obeys my teaching will never die!'

52 그 사람들이 말했다.《이제 우리는 당신이 귀신들렸다는 것을 알겠다! 아브라함과 예언자들조차도 죽었는데, 당신은 〈내 가르침을 따르는 사람은 누구나 결코 죽지 않을 것이다!〉라고 말한다.》

53 Are you greater than our father Abraham? He died, and so did the prophets. Who do you think you are?"

53 당신이 우리의 선조 아브라함보다 더 위대한가? 그는 죽었고 예언자들도 죽었다. 당신은 자신을 누구라고 생각하는가?》

54 Jesus answered, "If I want glory for myself, it doesn't count. But it is my Father who will glorify me. You say, 'He is our God,'

54 예수님이 대답하셨다.《만일 내가 내 자신을 위해 영광을 원한다면,

그것은 쓸모가 없다. 그러나 나를 영광스럽게 하실 분은 나의 아버지이시다. 너희는 말한다, 〈그분은 우리 하나님이시다.〉

55 but you don't even know him. I know him. If I said otherwise, I would be as great a liar as you! But I do know him and obey him.

55 그러나 너희는 그분을 알지도 못한다. 나는 그분을 안다. 만일 내가 달리 말한다면, 나는 너희들만큼 굉장한 거짓말쟁이가 될 것이다. 그러나 나는 그분을 알고 그분에게 복종한다.

56 Your father Abraham rejoiced as he looked forward to my coming. He saw it and was glad."

56 너희의 조상 아브라함은 내가 올 것을 몹시 기다리며 기뻐했다. 그는 그것을 보았고 기뻐했다.》

57 The people said, "You aren't even fifty years old. How can you say you have seen Abraham?"

57 그 사람들이 말했다. 《당신은 50살도 못 되였다. 어떻게 당신이 아브라함을 보았다고 말할 수 있는가?》

58 Jesus answered, "I tell you the truth, before Abraham was even born, I Am!"

58 예수님이 대답하셨다, 《내가 너희에게 진리를 말한다, 아브라함이 태여나기도 전에 내가 있었다!》

59 At that point they picked up stones to throw at him. But Jesus was hidden from them and left the Temple.

59 그 순간 그들은 그분에게 던지려고 돌들을 집어 들었다. 그러나 예수님은 그들을 피해 신전을 떠나셨다.

9

Jesus Heals a Man Born Blind

예수님이 나면서부터 눈먼 사람을 고치시다

1 As Jesus was walking along, he saw a man who had been blind from birth.

1 예수님이 걸어가시다가, 그분은 나면서부터 눈이 먼 한 사람을 보셨다.

2 "Rabbi," his disciples asked him, "why was this man born blind? Was it because of his own sins or his parents' sins?"

2 《선생님,》 그분의 제자들이 그분에게 물었다, 《왜 이 사람은 소경으로 태여났습니까? 그것은 자기 자신의 죄 때문입니까 아니면 그의 부모들의 죄 때문입니까?》

3 **"It was not because of his sins or his parents' sins," Jesus answered. "This happened so the power of God could be seen in him.**

3 《그것은 그의 죄 때문도 혹은 그의 부모의 죄 때문도 아니다》 예수님이 대답하셨다. 《이 일은 하나님의 능력이 그 사람 안에서 보여질 수 있게 하기 위해 일어났다.

4 **We must quickly carry out the tasks assigned us by the one who sent us. The night is coming, and then no one can work.**

4 우리는 우리를 보내신 분에 의해 우리에게 맡겨진 일들을 빨리 수행해야 한다. 밤이 오고 있다, 그러면 아무도 일할 수 없다.

5 **But while I am here in the world, I am the light of the world."**

5 그러나 내가 여기 세상에 있는 동안, 나는 세상의 빛이다.》

6 **Then he spit on the ground, made mud with the saliva, and spread the mud over the blind man's eyes.**

6 그러고 나서 그분은 땅에 침을 뱉어, 침으로 진흙을 만들어 그 눈먼 사람의 눈에 그 진흙을 바르셨다.

7 **He told him, "Go wash yourself in the pool of Siloam" (Siloam means "sent"). So the man went and washed and came back seeing!**

7 그분은 그에게 말씀하셨다, 《가서 너 스스로 실로암 못에서 씻어라.》 (실로암은 《보내졌다》는 뜻이다). 그리하여 그 사람은 가서 씻었고 보게 되어 돌아왔다.

8 **His neighbors and others who knew him as a blind beggar asked each other, "Isn't this the man who used to sit and beg?"**

8 그의 이웃들과 그를 눈이 먼 거지로 알았던 다른 사람들이 서로 물었다, 《이 사람은 앉아서 구걸하던 그 사람이 아닌가?》

9 **Some said he was, and others said, "No, he just looks like him!" But the beggar kept saying, "Yes, I am the same one!"**

9 어떤 사람들은 그가 맞다고 말했고, 다른 사람들은 말했다, 《아니다, 그는 단지 그를 닮았을 뿐이다!》 그러나 그 거지는 계속해서 말했다, 《맞소, 내가 바로 그 사람이오!》

10 **They asked, "Who healed you? What happened?"**

10 그들이 물었다, 《누가 너를 고쳐 주었는가? 무슨 일이 있었는가?》

11 **He told them, "The man they call Jesus made mud and spread it over my eyes and told me, 'Go to the pool of Siloam and wash yourself.' So I went and washed, and now I can see!"**

11 그는 그들에게 말했다, 《사람들이 예수라고 부르는 그 사람이 진흙을 만들어서 내 눈에 그것을 발랐소. 그리고 나에게 말했소, 〈실로암

못에 가서 너 스스로 씻어라.〉 그래서 내가 가서 씻었고, 이제 나는 볼 수 있소!》

12 "Where is he now?" they asked. "I don't know," he replied.

12《그는 지금 어디에 있는가?》 그들이 물었다. 《나는 모르오.》 그가 대답했다.

13 Then they took the man who had been blind to the Pharisees,

13 그러자 그들은 소경이였던 그 사람을 바리새파 사람들에게 데리고 갔다,

14 because it was on the Sabbath that Jesus had made the mud and healed him.

14 왜냐하면 예수님이 진흙을 만들어서 그를 고치셨던 날이 은정의 휴식일이였기 때문이였다.

15 The Pharisees asked the man all about it. So he told them, "He put the mud over my eyes, and when I washed it away, I could see!"

15 바리새파 사람들이 그에게 그 모든 일에 대해 물어보았다. 그래서 그는 그들에게 말했다, 《그분이 나의 눈에 진흙을 바르셨고, 나는 그것을 씻어 내였을 때, 내가 볼 수 있었습니다!》

16 Some of the Pharisees said, "This man Jesus is not from God, for he is working on the Sabbath." Others said, "But how could an ordinary sinner do such miraculous signs?" So there was a deep division of opinion among them.

16 바리새파 사람들 중 몇이 말했다, 《이 예수라는 사람은 하나님으로부터 오지 않았다, 왜냐하면 그가 은정의 휴식일에 일하고 있기 때문이다.》 다른 사람들은 말했다, 《그러나 평범한 죄인이 어떻게 그런 기적적인 증표들을 보일 수 있겠는가?》 그래서 그들 사이에 깊은 의견 분렬이 있었다.

17 Then the Pharisees again questioned the man who had been blind and demanded, "What's your opinion about this man who healed you?" The man replied, "I think he must be a prophet."

17 그러자 바리새파 사람들은 눈이 멀었던 사람에게 다시 묻고 또 물었다. 《너를 고쳐 준 이 사람에 대한 너의 생각은 어떤가?》 그 사람은 대답했다, 《나는 그가 틀림없이 예언자라고 생각합니다.》

18 The Jewish leaders still refused to believe the man had been blind and could now see, so they called in his parents.

18 유태인 지도자들은 그 사람이 소경이였었는데 지금은 볼 수 있다는 것을 여전히 믿기를 거부했다, 그래서 그들은 그의 부모를 불러들였다.

19 **They asked them, "Is this your son? Was he born blind? If so, how can he now see?"**

19 그들이 그 부모에게 물었다, 《이 사람이 당신의 아들이오? 그가 나면서부터 눈이 멀었소? 만일 그렇다면, 그가 지금은 어떻게 볼 수 있소?》

20 **His parents replied, "We know this is our son and that he was born blind,**

20 그의 부모가 대답했다, 《우리는 이 애가 우리 아들이고 그가 나면서부터 눈이 멀었다는 것을 압니다,

21 **but we don't know how he can see or who healed him. Ask him. He is old enough to speak for himself."**

21 그러나 우리는 그가 어떻게 볼 수 있는지 혹은 누가 그를 고쳐 주었는지 알지 못합니다. 그에게 물어보십시오. 그는 스스로 말할 만큼 충분히 나이가 들었습니다.》

22 **His parents said this because they were afraid of the Jewish leaders, who had announced that anyone saying Jesus was the Messiah would be expelled from the synagogue.**

22 그의 부모는 유태인 지도자들을 두려워했기 때문에 이렇게 말했다, 그리고 그 유태인 지도자들은 예수를 구세주라고 말하는 사람은 누구든지 군중회관에서 쫓겨날 것이라고 발표했다.

23 **That's why they said, "He is old enough. Ask him."**

23 그것이 그들이 말했던 리유이다, 《그는 충분히 나이가 많습니다. 그에게 물어보십시오.》

24 **So for the second time they called in the man who had been blind and told him, "God should get the glory for this, because we know this man Jesus is a sinner."**

24 그래서 그들은 소경이였던 그 사람을 두 번째로 불러들여 그에게 말했다, 《하나님은 이 일로 영광을 받으셔야 한다. 왜냐하면 우리는 이 예수라는 사람이 죄인이라는 것을 알기 때문이다.》

25 **"I don't know whether he is a sinner," the man replied. "But I know this: I was blind, and now I can see!"**

25 《나는 그가 죄인인지 아닌지 모릅니다.》 그 사람이 대답했다. 《그러나 나는 이것을 압니다: 나는 소경이였는데, 이제 나는 볼 수 있습니다!》

26 **"But what did he do?" they asked. "How did he heal you?"**

26 《그러나 그가 무엇을 하였는가?》라고 그들이 물었다. 《그가 어떻게 너를 고쳐 주었는가?》

27 **"Look!" the man exclaimed. "I told you once. Didn't you listen? Why do you want to hear it again? Do you want to become his disciples, too?"**

27 《보십시오!》 그 사람이 소리쳤다. 《내가 전에 당신들에게 말했습니
다. 당신들이 듣지 않았습니까? 어찌하여 당신들은 그것을 다시 듣고
싶어 합니까? 당신들도 그분의 제자들이 되기 원합니까?》

28 Then they cursed him and said, "You are his disciple, but we are disciples of Moses!

28 그러자 그들은 그에게 욕설을 퍼부으며 말했다. 《너는 그의 제자이지
만, 우리는 모세의 제자들이다!

29 We know God spoke to Moses, but we don't even know where this man comes from."

29 우리는 하나님이 모세에게 말씀하셨다는 것을 안다. 그러나 우리는
이 사람이 어디로부터 왔는지조차 알지 못한다.》

30 "Why, that's very strange!" the man replied. "He healed my eyes, and yet you don't know where he comes from?

30 《그것 참, 그것은 정말 이상합니다!》 그 사람이 대답했다. 《그분은 내
눈을 고쳐 주셨는데도, 당신들은 그분이 어디로부터 왔는지 모릅니까?

31 We know that God doesn't listen to sinners, but he is ready to hear those who worship him and do his will.

31 우리는 하나님이 죄인들의 말은 듣지 않으시지만, 그분을 받들어 모
시고 그분의 뜻을 실행하는 사람들의 말은 들으실 준비가 되여 있다는
것을 알고 있습니다.

32 Ever since the world began, no one has been able to open the eyes of someone born blind.

32 세상이 시작된 이후로, 아무도 소경으로 태여난 사람의 눈을 뜨게 할
수 있었던 사람은 없었습니다.

33 If this man were not from God, he couldn't have done it."

33 만일 이분이 하나님으로부터 오시지 않았다면, 그분은 그것을 실행
할 수 없었을 것입니다.》

34 "You were born a total sinner!" they answered. "Are you trying to teach us?" And they threw him out of the synagogue.

34 《너는 완전한 죄인으로 태여났다!》라고 그들이 대답했다. 《너는 우
리를 가르치려고 하는가?》 그리고 그들은 그를 군중회관 밖으로 쫓아
냈다.

Spiritual Blindness
령적으로 눈이 멀음

35 When Jesus heard what had happened, he found the man and asked, "Do

you believe in the Son of Man?"

35 예수님이 무슨 일이 일어났는지 들었을 때, 그분은 그 사람을 찾아서 물으셨다, 《네가 사람의 아들을 믿는가?》

36 The man answered, "Who is he, sir? I want to believe in him."

36 그 사람이 대답했다, 《그분이 누구십니까, 선생님? 저는 그분을 믿고 싶습니다.》

37 "You have seen him," Jesus said, "and he is speaking to you!"

37 《너는 이미 그를 보았다,》라고 예수님이 말씀하셨다, 《그리고 그가 너에게 말하고 있다!》

38 "Yes, Lord, I believe!" the man said. And he worshiped Jesus.

38 《네, 주님, 저는 믿습니다!》라고 그 사람이 말했다. 그리고 그는 예수님을 우러러 모셨다.

39 Then Jesus told him, "I entered this world to render judgment—to give sight to the blind and to show those who think they see that they are blind."

39 그러자 예수님이 그에게 말씀하셨다, 《나는 심판하기 위해 이 세상에 왔다—소경에게 시력을 주고 자기들이 본다고 생각하는 사람들에게 그들이 눈멀었다는 것을 보여 주기 위해서.》

40 Some Pharisees who were standing nearby heard him and asked, "Are you saying we're blind?"

40 가까이에 서 있던 몇 바리새파 사람들이 그분의 말을 듣고 물었다, 《당신은 우리가 소경이라고 말하고 있는 것이오?》

41 "If you were blind, you wouldn't be guilty," Jesus replied. "But you remain guilty because you claim you can see."

41 《만일 너희가 소경이라면, 너희는 죄가 없을 것이다,》라고 예수님이 대답하셨다. 《그러나 너희는 너희가 볼 수 있다고 주장하기 때문에 죄인으로 남아 있다.》

10

The Good Shepherd and His Sheep

선량한 목자와 그의 양

1 "I tell you the truth, anyone who sneaks over the wall of a sheepfold, rather than going through the gate, must surely be a thief and a robber!

1 《내가 너희에게 진실을 말한다, 문을 통해 가지 않고 양 우리의 벽을 몰래 넘는 사람은 누구든지 도적이고 강도임에 틀림없다.

2 But the one who enters through the gate is the shepherd of the sheep.

2 그러나 문을 통해 들어오는 사람은 양들의 목자이다.

3 The gatekeeper opens the gate for him, and the sheep recognize his voice and come to him. He calls his own sheep by name and leads them out.

3 문지기는 그를 위해 문을 열고, 양들은 그의 목소리를 알아듣고 그에게 온다. 그는 자기 자신의 양들을 이름으로 부르며 그들을 이끌어 낸다.

4 After he has gathered his own flock, he walks ahead of them, and they follow him because they know his voice.

4 그는 자기 자신의 양 떼를 모은 후에 그는 그것들보다 앞서 걸어간다, 그리고 그것들은 그의 목소리를 알기 때문에 그를 따른다.

5 They won't follow a stranger; they will run from him because they don't know his voice."

5 그것들은 낯선 사람을 따르지 않을 것이다; 그것들은 그의 목소리를 알아듣지 못하기 때문에 그로부터 도망칠 것이다.》

6 Those who heard Jesus use this illustration didn't understand what he meant,

6 예수님이 이 실례를 드는 것을 들은 사람들은 그분이 무엇을 의미했는지 리해하지 못했다.

7 so he explained it to them: "I tell you the truth, I am the gate for the sheep.

7 그래서 그분은 그것을 그들에게 설명하셨다.《내가 너희에게 진실을 말한다, 나는 양들을 위한 문이다.》

8 All who came before me were thieves and robbers. But the true sheep did not listen to them.

8 내 이전에 왔던 모든 사람들은 도적들이고 강도들이다. 그러나 진짜 양들은 그들의 말을 듣지 않았다.

9 Yes, I am the gate. Those who come in through me will be saved. They will come and go freely and will find good pastures.

9 그렇다, 나는 문이다. 나를 통해 들어오는 사람들은 구원될 것이다. 그들은 자유롭게 오고 갈 것이며, 좋은 목초지를 찾을 것이다.

10 The thief's purpose is to steal and kill and destroy. My purpose is to give them a rich and satisfying life.

10 도적의 목적은 훔치고 죽이고 파괴하는 것이다. 나의 목적은 그들에게 풍족하고 더할 나위 없는 삶을 주는 것이다.

11 "I am the good shepherd. The good shepherd sacrifices his life for the sheep.

11《나는 선량한 목자다. 선량한 목자는 양들을 위해 그의 목숨을 바친다.

12 A hired hand will run when he sees a wolf coming. He will abandon the sheep because they don't belong to him and he isn't their shepherd. And so the wolf attacks them and scatters the flock.

12 삯일군은 승냥이가 오는 것을 보고 달아날 것이다. 그는 양들이 그에게 속하지 않았고 그가 그들의 목자가 아니기 때문에 양들을 버릴 것이다. 그리하여 승냥이는 공격하고 무리를 흩어 버릴 것이다.

13 The hired hand runs away because he's working only for the money and doesn't really care about the sheep.

13 삯일군은 오직 돈을 위해서 일하고 양들을 진정으로 돌보지 않기 때문에 달아난다.

14 "I am the good shepherd; I know my own sheep, and they know me,

14《나는 선량한 목자다; 나는 내 자신의 양들을 알고, 그것들은 나를 안다,

15 just as my Father knows me and I know the Father. So I sacrifice my life for the sheep.

15 마치 아버지께서 나를 아시고 내가 아버지를 아는 것처럼. 그래서 나는 양들을 위해 내 목숨을 바친다.

16 I have other sheep, too that are not in this sheepfold. I must bring them also. They will listen to my voice, and there will be one flock with one shepherd.

16 나는 이 양 우리에 있지 않은, 또한, 다른 양들도 가지고 있다. 나는 그것들도 데리고 와야 한다. 그것들은 나의 목소리를 들을 것이고, 한 목자와 함께 하는 같은 무리가 될 것이다.

17 "The Father loves me because I sacrifice my life so I may take it back again.

17《아버지께서는 내가 생명을 다시 얻으려고 내 생명을 버리기 때문에 나를 사랑하신다.

18 No one can take my life from me. I sacrifice it voluntarily. For I have the authority to lay it down when I want to and also to take it up again. For this is what my Father has commanded."

18 아무도 나에게서 나의 목숨을 가져갈 수 없다. 나는 자발적으로 그것을 바친다. 왜냐하면 나는 내가 원할 때 그것을 버리고 또한 다시 얻을 권한도 가지고 있기 때문이다. 이것은 나의 아버지께서 명령하신 것이기 때문이다.》

19 **When he said these things, the people were again divided in their opinions about him.**

19 그분이 이러한 것들을 말씀하셨을 때, 사람들은 다시 그분에 대한 의견들이 갈라졌다.

20 **Some said, "He's demon possessed and out of his mind Why listen to a man like that?"**

20 어떤 사람들이 말했다, 《그는 귀신이 들렸고 정신이 나갔다. 왜 그 같은 사람의 말을 듣는가?》

21 **Others said, "This doesn't sound like a man possessed by a demon! Can a demon open the eyes of the blind?"**

21 다른 사람들은 말했다, 《이것은 귀신 들린 사람의 말처럼 들리지 않는다! 귀신이 소경의 눈을 뜨게 할 수 있는가?》

Jesus Claims to Be the Son of God

예수님이 하나님의 아들이라고 주장하시다

22 **It was now winter, and Jesus was in Jerusalem at the time of Hanukkah, the Festival of Dedication.**

22 때는 겨울이였고, 예수님은 신전 복구 축전인, 하누카 때 예루살렘에 계셨다.

23 **He was in the Temple, walking through the section known as Solomon's Colonnade.**

23 그분은 신전 안에 계시면서 솔로몬의 줄기둥으로 알려진 구역을 걸어 다니셨다.

24 **The people surrounded him and asked, "How long are you going to keep us in suspense? If you are the Messiah tell us plainly."**

24 사람들은 그분을 둘러싸고 물었다 《당신은 얼마나 오래동안 우리를 의심하게 하려고 합니까? 만일 당신이 구세주라면, 우리에게 분명히 말해 주시오.》

25 **Jesus replied, "I have already told you, and you don't believe me. The proof is the work I do in my Father's name.**

25 예수님은 대답하셨다. 《내가 이미 너희에게 말했고, 너희는 나를 믿지 않는다. 그 증거는 내 아버지의 이름으로 내가 하는 일이다.》

26 **But you don't believe me because you are not my sheep.**

26 그러나 너희는 내 양들이 아니기 때문에 나를 믿지 않는다.

27 **My sheep listen to my voice; I know them, and they follow me.**

27 내 양들은 내 목소리를 듣는다; 나는 그들을 알고, 그들은 나를 따

른다.

28 I give them eternal life, and they will never perish. No one can snatch them away from me,

28 나는 그들에게 영원한 생명을 준다. 그리고 그들은 결코 멸망하지 않을 것이다. 아무도 그들을 나에게서 빼앗을 수 없다,

29 for my Father has given them to me, and he is more powerful than anyone else. No one can snatch them from the Father's hand.

29 나의 아버지께서 그들을 나에게 주셨고, 그분은 그 누구보다도 더 강하시기 때문이다. 아무도 그들을 아버지의 손에서 빼앗을 수 없다.

30 The Father and I are one."

30 아버지와 나는 하나이다.》

31 Once again the people picked up stones to kill him.

31 다시 한 번 그 사람들은 그를 죽이기 위해 돌들을 집어 들었다.

32 Jesus said, "At my Father's direction I have done many good works. For which one are you going to stone me?"

32 예수님이 말씀하셨다,《나의 아버지의 지시에 따라 나는 많은 좋은 일들을 했다. 무슨 일 때문에 너희는 나를 돌로 치려 하는가?》

33 They replied, "We're stoning you not for any good work, but for blasphemy! You, a mere man, claim to be God."

33 그들은 대답했다,《우리는 어떤 좋은 일 때문이 아니라 하나님에 대한 모독 때문에 당신을 돌로 치려는 것이오! 당신은 한 인간에 지나지 않으면서 신이라고 주장하기 때문이오.》

34 Jesus replied, "It is written in your own Scriptures that God said to certain leaders of the people, 'I say, you are gods!'

34 예수님이 대답하셨다,《하나님께서 그 사람들 중 몇 지도자들에게 말씀하셨다, 〈보아라, 너희는 신들이다!〉라고 너희 자신들의 하나님말씀책에 쓰여 있다,

35 And you know that the Scriptures cannot be altered. So if those people who received Gods message were called gods,'

35 그리고 너희는 하나님말씀책이 변경될 수 없다는 것을 안다. 그래서 만일 하나님의 말씀을 받은 사람들이 〈신들〉이라고 불리웠다면,

36 why do you call it blasphemy when I say, 'I am the Son of God? After all, the Father set me apart and sent me into the world.

36 왜 너희는 내가 〈나는 하나님의 아들이다〉라고 말할 때, 그것을 하나님에 대한 모독이라고 하는가? 결국, 아버지께서는 나를 구별하여 세상으로 보내셨다.

37 **Don't believe me unless I carry out my Father's work.**

37 내가 내 아버지의 일을 수행하지 않는다면, 나를 믿지 말아라.

38 **But if I do his work, believe in the evidence of the miraculous works I have done, even if you don't believe me. Then you will know and understand that the Father is in me, and I am in the Father."**

38 그러나 만일 내가 그분의 일을 한다면, 비록 너희가 나를 믿지 않더라도 내가 한 기적적인 증거를 믿어라. 그러면 너희는 아버지께서 내 안에 계시다는 것과 내가 아버지 안에 있다는 것을 알고 리해하게 될 것이다.》

39 **Once again they tried to arrest him, but he got away and left them.**

39 다시 한 번 그들은 그분을 체포하려고 했지만, 그분은 피해서 그들을 떠나셨다.

40 **He went beyond the Jordan River near the place where John was first baptizing and stayed there awhile.**

40 그분은 요한이 처음으로 세례를 주고 있었던 장소 근처 요단강 너머로 가서 그곳에서 잠시 머무르셨다.

41 **And many followed him, "John didn't perform miraculous signs," they remarked to one another, "but everything he said about this man has come true."**

41 그리고 많은 사람들이 그분을 따랐다. 그들은 서로에게 소견을 말했다, 《요한은 기적적인 일들을 보여 주지 않았다.》《그러나 그가 이분에 대해 말했던 모든 것들은 실현되였다.》

42 **And many who were there believed in Jesus.**

42 그리하여 그곳에 있었던 많은 사람들이 예수님을 믿었다.

11

The Raising of Lazarus

되살아난 나사로

1 **A man named Lazarus was sick. He lived in Bethany with his sisters, Mary and Martha.**

1 나사로란 이름의 한 사람이 병들었다. 그는 그의 녀동생들인 마리아와 마르다와 함께 베다니에서 살았다.

2 **This is the Mary who later poured the expensive perfume on the Lord's feet and wiped them with her hair. Her brother, Lazarus, was sick.**

2 이는 후에 비싼 향수를 주님의 발에 붓고 그 녀자의 머리카락으로 그

것들을 닦은 바로 그 마리아이다. 그 녀자의 오빠, 나사로가, 병이 들었다.

3 **So the two sisters sent a message to Jesus telling him, "Lord, your dear friend is very sick."**

3 그래서 그 두 자매는 예수님에게 소식을 보내어 그분에게 말했다,《주님, 당신의 소중한 친구가 매우 아픕니다.》

4 **But when Jesus heard about it he said, "Lazarus's sickness will not end in death. No, it happened for the glory of God so that the Son of God will receive glory from this."**

4 그러나 예수님은 그것에 대해서 듣고 그분은 말씀하셨다,《나사로의 병은 죽음으로 끝나지 않을 것이다. 아니다, 그것은 하나님의 영광을 위해 일어났다. 그리하여 하나님의 아들이 이 일로 하여 영광을 받을 것이다.》

5 **So although Jesus loved Martha, Mary, and Lazarus,**

5 그래서 예수님은 마르다, 마리아와 나사로를 사랑했음에도 불구하고,

6 **he stayed where he was for the next two days.**

6 그분은 자신이 있던 곳에 그다음 이틀 동안 머무르셨다.

7 **Finally, he said to his disciples, "Let's go back to Judea."**

7 마침내, 그분은 자신의 제자들에게 말씀하셨다,《유태로 돌아가자.》

8 **But his disciples objected. "Rabbi," they said, "only a few days ago the people in Judea were trying to stone you. Are you going there again?"**

8 그러나 그분의 제자들은 반대했다.《선생님,》그들이 말했다,《불과 며칠 전에 유태 사람들이 당신을 돌로 치려고 했습니다. 당신은 그곳에 다시 가려고 하십니까?》

9 **Jesus replied, "There are twelve hours of daylight every day. During the day people can walk safely. They can see because they have the light of this world.**

9 예수님이 대답하셨다,《매일 열두 시간의 낮 시간이 있다. 낮 동안 사람들은 안전하게 걸어 다닐 수 있다. 그들은 이 세상의 빛을 갖고 있기 때문에 볼 수 있다.

10 **But at night there is danger of stumbling because they have no light."**

10 그러나 밤에는 그들이 빛을 갖고 있지 않기 때문에 넘어질 위험이 있다.》

11 **Then he said, "Our friend Lazarus has fallen asleep, but now I will go and wake him up."**

11 그러고 나서 그분은 말씀하셨다.《우리의 친구 나사로는 잠이 들었

다, 그러나 이제 내가 가서 그를 깨울 것이다.》

12 **The disciples said, "Lord, if he is sleeping, he will soon get better!"**

12 제자들이 말했다. 《주님, 만일 그가 자고 있다면, 그는 곧 병이 나을 것입니다!》

13 **They thought Jesus meant Lazarus was simply sleeping, but Jesus meant Lazarus had died.**

13 그들은 예수님이 나사로가 단순히 잠자고 있다는 뜻으로 생각했다, 그러나 예수님은 나사로가 죽었다는 것을 의미했다.

14 **So he told them plainly, "Lazarus is dead.**

14 그래서 그분은 그들에게 명백하게 말씀하셨다, 《나사로가 죽었다.

15 **And for your sakes, I'm glad I wasn't there, for now you will really believe. Come, let's go see him."**

15 그리고 너희들을 위해, 내가 그곳에 있지 않았던 것을 기뻐한다, 왜냐하면 이제 너희가 실제로 믿을 것이기 때문이다. 자, 가서 그를 보자.》

16 **Thomas, nicknamed the Twin, said to his fellow disciples, "Let's go, too—and die with Jesus."**

16 쌍둥이라는 별명을 가진 도마가 그의 동료 제자들에게 말했다, 《우리도 가자—그리고 예수님과 함께 죽자.》

17 **When Jesus arrived at Bethany, he was told that Lazarus had already been in his grave for four days.**

17 예수님이 베다니에 도착했을 때, 그분은 나사로가 이미 4일 동안 그의 무덤에 있었다는 것을 들으셨다.

18 **Bethany was only a few miles down the road from Jerusalem,**

18 베다니는 예루살렘으로부터 겨우 몇 마일 떨어져 있었다,

19 **and many of the people had come to console Martha and Mary in their loss.**

19 그리고 많은 사람들이 슬픔에 잠겨 있는 마르다와 마리아를 위로하기 위해 왔다.

20 **When Martha got word that Jesus was coming, she went to meet him. But Mary stayed in the house.**

20 마르다가 예수님이 오신다는 말을 듣고, 그 녀자는 그분을 만나러 갔다. 그러나 마리아는 집에 머물러 있었다.

21 **Martha said to Jesus, "Lord, if only you had been here, my brother would not have died.**

21 마르다가 예수님에게 말했다, 《주님, 만일 당신이 여기에 계셨다면, 나의 오빠는 죽지 않았을 것입니다.

22 But even now I know that God will give you whatever you ask."

22 그러나 지금이라도 나는 하나님께서 당신이 요청하는 것은 무엇이든지 당신에게 주실 것을 압니다.》

23 Jesus told her, "Your brother will rise again."

23 예수님이 그 녀자에게 말씀하셨다,《너의 오빠는 다시 살아날 것이다.》

24 "Yes," Martha said, "he will rise when everyone else rises, at the last day."

24《네.》마르다가 말했다,《마지막 날에, 다른 모든 사람들이 살아날 때 그는 살아날 것입니다.》

25 Jesus told her, "I am the resurrection and the life. Anyone who believes in me will live, even after dying.

25 예수님이 그 녀자에게 말씀하셨다,《나는 부활이고 생명이다. 나를 믿는 사람은 누구든지 죽은 후에라도 살아날 것이다.

26 Everyone who lives in me and believes in me will never ever die. Do you believe this, Martha?"

26 내 안에 살고 그리고 나를 믿는 사람은 누구든지 절대로 영원히 죽지 않을 것이다. 마르다야, 네가 이것을 믿는가?》

27 "Yes, Lord," she told him. "I have always believed you are the Messiah, the Son of God, the one who has come into the world from God."

27《네, 주님,》그 녀자가 예수님에게 대답했다.《나는 언제나 당신이 구세주, 하나님의 아들, 하나님으로부터 이 세상에 오신 그분이라는 것을 믿습니다.》

28 Then she returned to Mary. She called Mary aside from the mourners and told her, "The Teacher is here and wants to see you."

28 그러고 나서 그 녀자는 마리아에게 돌아갔다. 그 녀자는 마리아를 슬퍼하는 사람들로부터 따로 불러서 말했다.《선생님이 여기에 계시고 너를 보기 원하신다.》

29 So Mary immediately went to him.

29 그래서 마리아는 즉시 그분에게로 갔다.

30 Jesus had stayed outside the village, at the place where Martha met him.

30 예수님은 마르다가 그분을 만났던 장소인, 동네 밖에 남아 계셨다.

31 When the people who were at the house consoling Mary saw her leave so hastily, they assumed she was going to Lazarus's grave to weep. So they followed her there.

31 마리아를 위로하면서 집에 있던 사람들이 그 녀자가 아주 급하게 떠나는 것을 보았을 때, 그들은 그 녀자가 울기 위해 나사로의 무덤으로

가는 것이라고 생각했다. 그래서 그들은 거기로 그 녀자를 따라갔다.

32 When Mary arrived and saw Jesus, she fell at his feet and said, "Lord, if only you had been here, my brother would not have died."

32 마리아가 도착해서 예수님을 보았을 때, 그 녀자는 그분의 발에 엎드려 말했다, 《주님, 만일 당신이 여기에 계시기만 했다면, 내 오빠는 죽지 않았을 것입니다.》

33 When Jesus saw her weeping and saw the other people wailing with her, a deep anger welled up within him, and he was deeply troubled.

33 예수님은 그 녀자가 울고 있는 것을 보고 그리고 다른 사람들이 그 녀자와 함께 통곡하고 있는 것을 보며, 깊은 아픔이 그분 속에서 솟구쳐 나왔다, 그리하여 그분은 매우 괴로워하셨다.

34 "Where have you put him?" he asked them. They told him, "Lord, come and see."

34 《어디에 너희가 그를 두었는가?》 그분이 그들에게 물으셨다. 그들은 그분에게 말했다, 《주님, 와서 보십시오.》

35 Then Jesus wept.

35 그러자 예수님이 눈물을 흘리셨다.

36 The people who were standing nearby said, "See how much he loved him!"

36 가까이에 서 있던 사람들이 말했다, 《보십시오 그분이 얼마나 그를 사랑했는지!》

37 But some said, "This man healed a blind man. Couldn't he have kept Lazarus from dying?"

37 그러나 어떤 사람들은 말했다, 《이 사람은 앞을 못 보는 사람을 고쳤다. 그분이 나사로를 죽음에서 지키실 수 없었을까?》

38 Jesus was still angry as he arrived at the tomb, a cave with a stone rolled across its entrance.

38 예수님은 돌을 굴려 그 입구를 가로막은 동굴인, 그 무덤에 도착하였을 때도 여전히 아파하셨다.

39 "Roll the stone aside," Jesus told them. But Martha, the dead man's sister, protested, "Lord, he has been dead for four days. The smell will be terrible."

39 《그 돌을 옆으로 굴려라,》 예수님이 그들에게 말씀하셨다. 그러나 그 죽은 사람의 누이, 마르다는, 제기했다, 《주님, 그가 죽은 지 4일이나 되였습니다. 냄새가 지독할 것입니다.》

40 Jesus responded, "Didn't I tell you that you would see God's glory if you

believe?"

40 예수님이 대답하셨다, 《만일 네가 믿으면 하나님의 영광을 볼 것이라고 내가 너에게 말하지 않았는가?》

41 So they rolled the stone aside. Then Jesus looked up to heaven and said, "Father, thank you for hearing me.

41 그래서 그들은 돌을 옆으로 굴렸다. 그러고 나서 예수님은 하늘을 우러러보고 말씀하셨다. 《아버지, 제 말을 들어주셔서 감사합니다.

42 You always hear me, but I said it out loud for the sake of all these people standing here, so that they will believe you sent me."

42 당신은 언제나 저의 말을 들어주십니다, 그러나 나는 여기 서 있는 이 모든 사람들을 위해 큰 소리로 말했습니다, 그래서 그들은 당신이 나를 보내셨다는 것을 믿을 것입니다.》

43 Then Jesus shouted, "Lazarus, come out!"

43 그러고 나서 예수님은 웨치셨다, 《나사로야, 나오너라!》

44 And the dead man came out, his hands and feet bound in graveclothes, his face wrapped in a headcloth. Jesus told them, "Unwrap him and let him go!"

44 그리하여 그 죽은 사람이 나왔다. 그의 손과 발은 시체에 입히는 옷으로 동여매 있었고, 그의 얼굴은 머리쓰개로 감싸 있었다. 예수님이 그들에게 말씀하셨다 《그를 풀어 주어 그를 가도록 하여라!》

The Plot to Kill Jesus

예수님을 죽이려는 음모

45 Many of the people who were with Mary believed in Jesus when they saw this happen.

45 마리아와 함께 있었던 많은 사람들이 이 일이 일어나는 것을 그들이 보았을 때 예수님을 믿었다.

46 But some went to the Pharisees and told them what Jesus had done.

46 그러나 어떤 사람들은 바리새파 사람들에게 가서 그들에게 예수님이 하셨던 일을 말했다.

47 Then the leading priests and Pharisees called the high council together. "What are we going to do?" they asked each other. "This man certainly performs many miraculous signs.

47 그러자 상급제사장들과 바리새파 사람들이 최고심의회를 함께 소집했다. 《우리가 무엇을 해야 합니까?》 그들은 서로 물었다. 《이 사람은 확실히 많은 기적적인 일들을 보이고 있소.

48 **If we allow him to go on like this, soon everyone will believe in him. Then the Roman army will come and destroy both our Temple and our nation."**

48 만일 우리가 그를 이렇게 계속 내버려 두면, 곧 모든 사람들이 그를 믿을 것이오. 그러면 로마 군인이 와서, 우리의 신전과 민족 둘 다 파괴해 버릴 것입니다.》

49 **Caiaphas, who was high priest at that time, said, "You don't know what you're talking about!**

49 그때에 총제사장이던, 가야바가 말했다, 《당신들은 자신들이 무엇에 대해 말하고 있는지 모르고 있소!

50 **You don't realize that it's better for you that one man should die for the people than for the whole nation to be destroyed."**

50 당신들은 한 사람이 민족을 위해 죽는 것이 온 나라가 멸망하는 것보다 당신들에게 더 좋다는 것을 깨닫지 못하고 있소.》

51 **He did not say this on his own; as high priest at that time he was led to prophesy that Jesus would die for the entire nation.**

51 그는 자기 스스로 이것을 말하지 않았다; 그 당시 총제사장으로서 그는 예수님이 온 민족을 위해 죽을 것이라고 예언한 것이였다.

52 **And not only for that nation, but to bring together and unite all the children of God scattered around the world.**

52 그리고 그 민족을 위해서만이 아니라 세상에 흩어져 있는 하나님의 모든 아들딸들을 다함께 모으고 결합시키기 위한 것이다.

53 **So from that time on, the Jewish leaders began to plot Jesus' death.**

53 그리하여 그때부터 유태 지도자들은 예수님의 죽음을 음모하기 시작했다.

54 **As a result, Jesus stopped his public ministry among the people and left Jerusalem. He went to a place near the wilderness, to the village of Ephraim, and stayed there with his disciples.**

54 그 결과, 예수님은 사람들 사이에서 공개적 활동을 그만두고 예루살렘을 떠나셨다. 그분은 황야 가까이에 있는 한 곳, 에브라임 마을로 가서, 그의 제자들과 함께 그곳에 머무셨다.

55 **It was now almost time for the Jewish Passover celebration, and many people from all over the country arrived in Jerusalem several days early so they could go through the purification ceremony before Passover began.**

55 유태인의 건너뜀명절 축전이 거의 다가왔다, 그리하여 많은 사람들이 건너뜀명절이 시작되기 전에 청결례식을 받을 수 있도록 온 나라 방

방곡곡에서 예루살렘에 며칠 일찍 도착했다.

56 They kept looking for Jesus, but as they stood around in the Temple, they said to each other, "What do you think? He won't come for Passover, will he?"

56 그들은 계속 예수님을 찾았다. 그러나 그들은 신전 안에 둘러서서 서로에게 말했다. 《당신은 어떻게 생각합니까? 그분은 건너뜀명절을 위해 오시지 않을까요, 그렇지요?》

57 Meanwhile, the leading priests and Pharisees had publicly ordered that anyone seeing Jesus must report it immediately so they could arrest him.

57 한편, 상급제사장들과 바리새파 사람들은 그들이 예수님을 체포할 수 있도록 그분을 보는 사람은 누구든지 그것을 즉시 알려야 한다고 공공연하게 명령했다.

12

Jesus Anointed at Bethany

예수님이 베다니에서 기름뿌림을 받으시다

1 Six days before the Passover celebration began, Jesus arrived in Bethany, the home of Lazarus—the man he had raised from the dead.

1 건너뜀명절이 시작되기 6일 전에, 예수님은 나사로의—죽음에서 다시 살아난 바로 그 사람— 집에, 베다니에 도착하셨다.

2 A dinner was prepared in Jesus' honor. Martha served, and Lazarus was among those who ate with him.

2 저녁식사가 예수님을 정중히 맞기 위해 마련되었다. 마르다가 접대하였고, 나사로는 그분과 함께 식사하던 사람들 사이에 있었다.

3 Then Mary took a twelve-ounce jar of expensive perfume made from essence of nard, and she anointed Jesus' feet with it, wiping his feet with her hair. The house was filled with the fragrance.

3 그때 마리아가 감송 추출물로 만든 값비싼 향수 12온즈(약 300그람) 단지를 가져왔다. 그리고 그 녀자는 예수님의 발에 그것을 뿌렸고, 자기 머리카락으로 그분의 발을 닦아 드렸다. 그 집은 향기로 가득 채워졌다.

4 But Judas Iscariot, the disciple who would soon betray him, said,

4 그러나 그분을 곧 배반하게 될 제자 가롯, 유다가 말했다.

5 "That perfume was worth a year's wages. It should have been sold and the money given to the poor."

5 《그 향수는 1년 치 로임의 가치가 있었다. 그것을 팔아서 그 돈을 가

난한 사람들에게 주어야 했을 것이다.》

6 Not that he cared for the poor—he was a thief, and since he was in charge of the disciples' money, he often stole some for himself.

6 그가 가난한 사람을 념려해서가 아니였다—그는 도적이였고, 그가 제자들의 돈을 맡고 있었기 때문에, 그는 자주 자기 자신을 위해서 일부를 훔쳤다.

7 Jesus replied, "Leave her alone. She did this in preparation for my burial.

7 예수님이 말씀하셨다, 《그 녀자를 그냥 두어라. 그 녀자는 나의 장례를 위한 준비로 이것을 했다.

8 You will always have the poor among you, but you will not always have me."

8 너희는 언제나 가난한 사람들이 너희들 속에 있겠지만, 너희는 나와는 언제나 있지 않을 것이다.》

9 When all the people heard of Jesus' arrival, they flocked to see him and also to see Lazarus, the man Jesus had raised from the dead.

9 모든 사람들이 예수님의 도착함을 들었을 때, 그들은 그분을 보기 위해 그리고 또한 예수님이 죽음에서 살리신 사람인, 나사로도 보기 위해 모여들었다.

10 Then the leading priests decided to kill Lazarus, too,

10 그래서 상급제사장들은 나사로까지도 죽이기로 결정했다,

11 for it was because of him that many of the people had deserted them and believed in Jesus.

11 왜냐하면 나사로 때문에 많은 사람들이 그들을 떠나서 예수님을 믿고 있었기 때문이였다.

Jesus' Triumphant Entry

예수님의 개선 입성

12 The next day, the news that Jesus was on the way to Jerusalem swept through the city. A large crowd of Passover visitors

12 그다음 날, 예수님이 예루살렘으로 가시는 중이라는 소식이 그 도시에 쭉 퍼졌다. 많은 건너뜀명절 참관자들이

13 took palm branches and went down the road to meet him. They shouted, "Praise God! Blessings on the one who comes in the name of the LORD! Hail to the King of Israel!"

13 종려나무 가지를 가지고 그분을 만나기 위해 그 길을 내려갔다. 그들은 웨쳤다. 《하나님을 찬양하라! 주님의 이름으로 오시는 분에게 축복

을! 이스라엘의 왕 만세!》

14 **Jesus found a young donkey and rode on it, fulfilling the prophecy that said:**

14 예수님이 어린 나귀를 보고 그 우에 타셨다, 다음과 같은 예언을 실현하셨다:

15 **"Don't be afraid, people of Jerusalem. Look, your King is coming, riding on a donkey's colt."**

15《두려워 말라, 예루살렘 사람들아. 보아라, 당신들의 왕이 새끼 나귀를 타고 오고 계신다.》

16 **His disciples didn't understand at the time that this was a fulfillment of prophecy. But after Jesus entered into his glory, they remembered what had happened and realized that these things had been written about him.**

16 그분의 제자들은 그때에는 이것이 예언의 실현임을 리해하지 못했다. 그러나 예수님이 자신의 영광을 받으신 후에야 그들은 어떤 일이 일어났는지를 기억했고 이러한 일들이 그분에 대해 쓰여졌음을 깨달았다.

17 **Many in the crowd had seen Jesus call Lazarus from the tomb, raising him from the dead, and they were telling others about it.**

17 군중들 가운데 많은 사람들은 예수님이 나사로를 무덤에서 불러내여, 그를 죽은 사람들로 부터 살리신 것을 보았다, 그리하여 그들은 다른 사람들에게 그것에 대해서 말하고 있었다.

18 **That was the reason so many went out to meet him. because they had heard about this miraculous sign.**

18 그것이 그렇게 많은 사람들이 그분을 만나기 위해 나온 리유였다—왜나하면 그들이 이 기적적인 증표에 대해 들었기 때문이였다.

19 **Then the Pharisees said to each other, "There's nothing we can do. Look, everyone has gone after him!"**

19 그때 바리세파 사람들이 서로에게 말했다, 《우리가 할 수 있는 것이 아무것도 없다. 보라, 누구나 그분을 따르고 있다!》

Jesus Predicts His Death

예수님이 자신의 죽음을 예언하시다

20 **Some Greeks who had come to Jerusalem for the Passover celebration**

20 건너뛰명절 축하를 위해 예루살렘으로 온 몇 그리스 사람들은

21 **paid a visit to Philip, who was from Bethsaida in Galilee. They said, "Sir, we want to meet Jesus."**

21 갈릴리의 벳새다로부터 온 빌립을 방문했다. 그들이 말했다, 《선생

님, 우리는 예수님을 만나고 싶습니다.》

22 Philip told Andrew about it, and they went together to ask Jesus.

22 빌립은 그것에 대해 안드레에게 말했고, 그들은 함께 예수님에게 묻기 위해 갔다.

23 Jesus replied, "Now the time has come for the Son of Man to enter into his glory.

23 예수님이 대답하셨다, 《이제는 사람의 아들한테 자신의 영광에 들어갈 시간이 왔다.

24 I tell you the truth, unless a kernel of wheat is planted in the soil and dies, it remains alone. But its death will produce many new kernels—a plentiful harvest of new lives.

24 내가 너희에게 진실을 말한다, 밀의 한 낟알이 땅에 심겨져서 죽지 않으면, 그것은 그대로 남아 있다. 그러나 그것의 죽음은 많은 새로운 낟알들을—새로운 생명의 풍부한 수확—생산할 것이다.

25 Those who love their life in this world will lose it. Those who care nothing for their life in this world will keep it for eternity.

25 이 세상에서 자신들의 생명을 사랑하는 사람들은 그것을 잃을 것이다. 이 세상에서 자신들의 생명을 위해 어떤 것도 소중히 여기지 않는 사람들은 영원히 그것을 간직할 것이다.

26 Anyone who wants to be my disciple must follow me, because my servants must be where I am. And the Father will honor anyone who serves me.

26 나의 제자가 되기를 원하는 사람은 누구나 나를 따라야 한다, 왜냐하면 나의 종들은 내가 있는 곳에 있어야 하기 때문이다. 그리고 아버지께서는 나를 섬기는 사람은 누구든지 귀중히 여기실 것이다.

27 "Now my soul is deeply troubled. Should I pray, 'Father, save me from this hour'? But this is the very reason I came!

27 《지금 저의 령혼은 몹시 괴롭습니다. 내가 〈아버지, 이 시간에서 저를 구해 주십시오〉라고 기도해야 할까? 그러나 내가 온 리유가 바로 이것이다!

28 Father, bring glory to your name." Then a voice spoke from heaven, saying, "I have already brought glory to my name, and I will do so again."

28 아버지, 당신의 이름을 영광스럽게 해주십시오.》 그때에 하늘로부터 한 목소리가, 말하였다, 《나는 이미 나의 이름에 영광을 가져왔고 나는 또다시 그렇게 할 것이다.》

29 When the crowd heard the voice, some thought it was thunder, while oth-

ers declared an angel had spoken to him.

29 군중이 그 목소리를 들었을 때, 어떤 사람들은 그것이 우뢰 소리라고 생각했다, 한편 다른 사람들은 천사가 그분에게 말했다고 단언했다.

30 Then Jesus told them, "The voice was for your benefit, not mine.

30 그러자 예수님이 그들에게 말씀하셨다, 《그 목소리는 나를 위한 것이 아니라 너희의 리익을 위한 것이였다.

31 The time for judging this world has come, when Satan, the ruler of this world, will be cast out.

31 이 세상을 심판할 시간이 왔다, 이 세상의 통치자인, 마왕이, 쫓겨날 때이다.

32 And when I am lifted up from the earth, I will draw everyone to myself."

32 그리하여 내가 이 땅에서 들려 올려질 때, 모든 사람을 내 자신에게로 이끌 것이다.》

33 He said this to indicate how he was going to die.

33 그분은 자신이 어떻게 죽을 것인지를 알리기 위해 이것을 말씀하셨다.

34 The crowd responded, "We understood from Scripture that the Messiah would live forever. How can you say the Son of Man will die? Just who is this Son of Man, anyway?"

34 군중이 대답했다, 《우리는 하나님말씀책에서 구세주가 영원히 살 것이라고 들었습니다. 어떻게 당신이 사람의 아들이 죽을 것이라고 말할 수 있습니까? 바로 이 사람의 아들은, 도대체 누구입니까?》

35 Jesus replied, "My light will shine for you just a little longer. Walk in the light while you can, so the darkness will not overtake you. Those who walk in the darkness cannot see where they are going.

35 예수님이 대답하셨다, 《나의 빛은 너희를 위해 조금 더 오랫동안 빛날 것이다. 너희가 할 수 있을 때 빛 안에서 걸어라, 그래야 그 어둠이 너희를 압도하지 않을 것이다. 어둠 안에서 걷는 사람들은 자신들이 어디로 가고 있는지 볼 수 없다.

36 Put your trust in the light while there is still time; then you will become children of the light." After saying these things, Jesus went away and was hidden from them.

36 아직 시간이 있을 동안에 너희의 믿음을 빛에 두어라; 그러면 너희는 빛의 아들딸들이 될 것이다.》 이것들을 말씀하신 후, 예수님은 떠나 그들로부터 숨으셨다.

The Unbelief of the People
사람들의 불신

37 **But despite all the miraculous signs Jesus had done, most of the people still did not believe in him.**

37 그러나 예수님이 실행하셨던 그 모든 기적적인 증표들에도 불구하고, 대부분의 사람들은 여전히 그분을 믿지 않았다.

38 **This is exactly what Isaiah the prophet had predicted: "LORD, who has believed our message? To whom has the LORD revealed his powerful arm?"**

38 이것이 예언자 이사야가 정확히 예언했던 것이다: 《주님, 우리의 전한 말을 누가 믿었습니까? 주님은 자신의 능력의 팔을 누구에게 나타내 보이셨습니까?》

39 **But the people couldn't believe, for as Isaiah also said,**

39 그러나 사람들은 믿을 수 없었다. 왜냐하면 이사야가 또한 말하기를,

40 **"The Lord has blinded their eyes and hardened their hearts. so that their eyes cannot see, and their hearts cannot understand, and they cannot turn to me and have me heal them."**

40 《주님께서 그들의 눈을 멀게 하셨고 그들의 마음을 무감각하게 하셨다—그래서 그들의 눈은 볼 수 없고, 그들의 마음은 리해할 수 없으며, 그들은 나에게로 돌아올 수 없고 나로 하여금 그들을 고칠 수 없도록 한다.》

41 **Isaiah was referring to Jesus when he said this, because he saw the future and spoke of the Messiah's glory.**

41 이사야가 이것을 말했을 때는 예수님에 대해 언급한 것이였다, 왜냐하면 그가 미래를 보았고 구세주의 영광에 대해 말했기 때문이다.

42 **Many people did believe in him, however, including some of the Jewish leaders. But they wouldn't admit it for fear that the Pharisees would expel them from the synagogue.**

42 많은 사람들이 그분을 믿었다, 그런데, 몇 사람의 유태지도자들도 포함되였다. 그러나 그들은 바리새파 사람들이 자기들을 군중회관에서 쫓아낼 것이 두려워서 그것을 인정하지 않으려 했다.

43 **For they loved human praise more than the praise of God.**

43 왜냐하면 그들은 하나님의 칭찬보다 사람의 칭찬을 더 좋아했기 때문이다.

44 **Jesus shouted to the crowds, "If you trust me, you are trusting not only me, but also God who sent me.**

44 예수님이 군중들에게 웨치셨다, 《만일 너희가 나를 믿는다면, 너희는

나뿐만 아니라, 나를 보내신 하나님도 믿고 있는 것이다.

45 For when you see me, you are seeing the one who sent me.

45 왜냐하면 너희가 나를 볼 때, 너희는 나를 보내신 그분을 보고 있기 때문이다.

46 I have come as a light to shine in this dark world, so that all who put their trust in me will no longer remain in the dark.

46 나는 빛으로 이 어두운 세상을 비추기 위해서 왔다. 그래서 나에게 자신들의 믿음을 두는 모든 사람들은 더 이상 어두움 속에 남아 있지 않을 것이다.

47 I will not judge those who hear me but don't obey me, for I have come to save the world and not to judge it.

47 나는 내 말을 듣고도 나를 따르지 않는 사람들을 심판하지 않을 것이다. 왜냐하면 나는 세상을 구원하기 위해 왔고 그것을 심판하러 온 것이 아니기 때문이다.

48 But all who reject me and my message will be judged on the day of judgment by the truth I have spoken.

48 그러나 나와 내가 전하는 말을 거절하는 모든 사람들은 심판의 날에 내가 말한 진리에 의해 심판을 받을 것이다.

49 I don't speak on my own authority. The Father who sent me has commanded me what to say and how to say it.

49 나는 나 자신의 권한으로 말하지 않는다. 나를 보내신 아버지께서 무엇을 말할지 그리고 어떻게 그것을 말할지 나에게 명령하셨다.

50 And I know his commands lead to eternal life; so I say whatever the Father tells me to say."

50 그리고 나는 영원한 생명으로 이끄시는 그분의 명령들을 안다; 그래서 나는 아버지께서 나에게 말씀하시는 것은 무엇이든지 말한다.》

13

Jesus Washes His Disciples' Feet

예수님이 자신의 제자들의 발을 씻어 주시다

1 Before the Passover celebration, Jesus knew that his hour had come to leave this world and return to his Father. He had loved his disciples during his ministry on earth, and now he loved them to the very end.

1 건너뛤명절 축전 전에, 예수님은 이 세상을 떠나 그분의 아버지께로 돌아가야 할 자신의 시간이 왔다는 것을 아셨다. 그분은 세상에서 자신

의 활동기간에 자신의 제자들을 사랑하셨다. 그리고 그분은 그들을 끝까지 사랑하셨다.

2 **It was time for supper, and the devil had already prompted Judas, son of Simon Iscariot, to betray Jesus.**

2 저녁 식사 때였다. 그런데 악마가 시몬 가룟의 아들, 유다를 예수님을 배반하도록, 이미 부추겼다.

3 **Jesus knew that the Father had given him authority over everything and that he had come from God and would return to God.**

3 예수님은 아버지께서 자신에게 모든 것에 대한 권한을 넘겨주셨다는 것과, 자기가 하나님으로부터 와서 하나님께로 돌아갈 것이라는 것을 아셨다.

4 **So he got up from the table, took off his robe, wrapped a towel around his waist,**

4 그래서 그분은 식탁에서 일어나, 자기 겉옷을 벗고, 수건을 자신의 허리에 두르셨다,

5 **and poured water into a basin. Then he began to wash the disciples' feet, drying them with the towel he had around him.**

5 그리고 세수소랭이에 물을 부으셨다. 그런 다음 그분은 제자들의 발을 씻어 주기 시작했고, 그분은 자신에게 둘렀던 수건으로 그것들을 닦아 주셨다.

6 **When Jesus came to Simon Peter, Peter said to him, "Lord, are you going to wash my feet?"**

6 예수님이 시몬 베드로에게 왔을 때, 베드로가 그분에게 말했다. 《주님, 당신이 저의 발을 씻어 주시렵니까?》

7 **Jesus replied, "You don't understand now what I am doing, but someday you will."**

7 예수님이 대답하셨다. 《너는 내가 하고 있는 것을 지금은 리해하지 못하지만, 언젠가는 리해할 것이다.》

8 **"No," Peter protested, "you will never ever wash my feet!" Jesus replied, "Unless I wash you, you won't belong to me."**

8 《안 됩니다.》 베드로가 그분에게 반대 의견을 제기했다. 《당신은 결코 제 발을 씻지 못하십니다!》 예수님이 대답하셨다. 《내가 너를 씻어 주지 않는다면, 너는 나와 상관이 없게 될 것이다.》

9 **Simon Peter exclaimed, "Then wash my hands and head as well, Lord, not just my feet!"**

9 시몬 베드로가 웨쳤다. 《주님, 그러면 저의 발뿐만 아니라, 저의 손과

머리까지도 씻어 주십시오!》

10 Jesus replied, "A person who has bathed all over does not need to wash, except for the feet, to be entirely clean. And you disciples are clean, but not all of you."

10 예수님이 대답하셨다. 《온몸을 목욕한 사람은 발을 제외하고는 전체를 깨끗하게 하기 위해 씻을 필요가 없다. 그리고 너희 제자들은 깨끗하다. 그러나 너희 모두는 아니다.》

11 For Jesus knew who would betray him. That is what he meant when he said, "Not all of you are clean."

11 왜냐하면 예수님은 누가 자신을 배반할 것인지 아셨기 때문이였다. 그분이 《너희들 모두가 깨끗한 것이 아니다》라고 말씀하셨을 때 그분이 념두에 두신 것은 이것이다.

12 After washing their feet, he put on his robe again and sat down and asked, "Do you understand what I was doing?

12 그들의 발을 씻어 주신 후, 그분이 자신의 겉옷을 도로 입고 앉아서 물으셨다. 《너희는 내가 한 일을 리해하는가?

13 You call me 'Teacher' and 'Lord,' and you are right, because that's what I am.

13 너희는 나를 〈선생님〉 그리고 〈주님〉이라고 부른다. 그러니 너희가 옳다. 왜냐하면 그것이 바로 나이기 때문이다.

14 And since I, your Lord and Teacher, have washed your feet, you ought to wash each other's feet.

14 그리고 너희의 주인이고 스승인 내가, 너희의 발을 씻어 주었으니, 너희도 서로의 발을 씻어 주어야 한다.

15 I have given you an example to follow. Do as I have done to you.

15 내가 너희가 따라야 할 본보기를 보여 주었다. 내가 너희에게 한 것처럼 하여라.

16 I tell you the truth, slaves are not greater than their master. Nor is the messenger more important than the one who sends the message.

16 내가 너희에게 진실을 말한다. 종들은 자기 주인보다 더 나을 수 없다. 심부름군은 그 소식을 전하라고 보내는 그 사람보다 더 중요하지 않다.

17 Now that you know these things, God will bless you for doing them.

17 이제 너희가 이런 것들을 알고 있으니, 하나님께서 그것들의 실천하는 것에 대해 너희를 축복하실 것이다.

Jesus Predicts His Betrayal
예수님이 자신의 배반당함을 예측하시다

18 "I am not saying these things to all of you; I know the ones I have chosen. But this fulfills the Scripture that says, 'The one who eats my food has turned against me.'

18 《내가 말하는 이런 것들이 너희 모두를 두고 하는 말은 아니다. 나는 내가 뽑은 그 사람들을 알고 있다. 그러나 이것은 하나님말씀책에서 〈내 음식을 먹는 그 사람이 나를 배반하였다〉고 말한 것이 실현되는 것이다.

19 I tell you this beforehand, so that when it happens you will believe that I AM the Messiah.

19 나는 너희에게 이것을 미리 말한다, 그래야 그 일이 일어날 때 너희는 내가 그 구세주라는 것을 믿게 될 것이다.

20 I tell you the truth, anyone who welcomes my messenger is welcoming me, and anyone who welcomes me is welcoming the Father who sent me."

20 내가 너희에게 진리를 말한다, 나의 심부름군을 환영하는 사람은 누구나가 나를 환영하는 것이다, 그리고 나를 환영하는 사람은 누구나 나를 보내신 아버지를 환영하는 것이다.》

21 Now Jesus was deeply troubled, and he exclaimed, "I tell you the truth, one of you will betray me!"

21 예수님이 매우 괴로워하셨다, 그리고 그분이 웨치셨다, 《내가 너희에게 진리를 말한다, 너희 중 하나가 나를 배반할 것이다.》

22 The disciples looked at each other, wondering whom he could mean.

22 제자들은 그분이 누구를 념두에 두고 있는지를 의심하면서 서로를 쳐다보았다.

23 The disciple Jesus loved was sitting next to Jesus at the table.

23 예수님이 사랑하셨던 제자가 식탁에서 예수님 곁에 앉아 있었다.

24 Simon Peter motioned to him to ask, "Who's he talking about?"

24 시몬 베드로가 그에게 물어보라고 몸짓을 했다, 《그분이 누구에 대해서 말씀하고 계시는지?》

25 So that disciple leaned over to Jesus and asked, "Lord, who is it?"

25 그래서 그 제자가 예수님에게 기대여 물었다, 《주님, 그가 누구입니까?》

26 Jesus responded, "It is the one to whom I give the bread I dip in the bowl." And when he had dipped it, he gave it to Judas, son of Simon Iscariot.

26 예수님이 대답하셨다, 《그는 내가 사발에서 적신 빵을 그에게 주는 그 사람이다.》 그리고 그분은 그것을 적셔서 시몬의 아들 가롯 유다에

게 주셨다.

27 When Judas had eaten the bread, Satan entered into him. Then Jesus told him, "Hurry and do what you're going to do."

27 유다가 그 빵을 먹었을 때, 마왕이 그의 속으로 들어갔다. 그다음 예수님이 그에게 말씀하셨다, 《네가 하려는 것을 서둘러서 하여라.》

28 None of the others at the table knew what Jesus meant.

28 식탁에 있던 나머지 사람들 중 그 누구도 예수님이 무슨 뜻으로 말씀하셨는지 알지 못했다.

29 Since Judas was their treasurer, some thought Jesus was telling him to go and pay for the food or to give some money to the poor.

29 유다가 그들의 부기원이였기 때문에, 몇 사람은 예수님이 그로 하여금 가서 음식을 사거나 가난한 사람들에게 얼마간의 돈을 주라고 말씀하신 것으로 생각했다.

30 So Judas left at once, going out into the night.

30 그래서 유다는 즉시 떠났다, 밤의 어둠 속으로 나갔다.

Jesus Predicts Peter's Denial

베드로의 부인을 예견하시다

31 As soon as Judas left the room, Jesus said, "The time has come for the Son of Man to enter into his glory, and God will be glorified because of him.

31 유다가 그 방을 떠나자마자, 예수님이 말씀하셨다, 《사람의 아들이 자신의 영광으로 들어가고 하나님께서 그로 하여 영광을 받으시게 될 시간이 왔다.

32 And since God receives glory because of the Son, he will soon give glory to the Son.

32 그리고 하나님께서 그 아들로 하여 영광을 받으신 후에, 그분은 그 아들에게 영광을 곧 주실 것이다.

33 Dear children, I will be with you only a little longer. And as I told the Jewish leaders, you will search for me, but you can't come where I am going.

33 사랑하는 아들딸들아, 나는 너희와 조금만 더 있을 것이다. 그리고 내가 유태 지도자들에게 말한 것처럼, 너희가 나를 찾을 것이다, 그러나 너희는 내가 가려는 곳에 올 수 없다.

34 So now I am giving you a new commandment: Love each other. Just as I have loved you, you should love each other.

34 그래서 이제 내가 너희들에게 새로운 명령을 주려고 한다: 서로 사랑하여라. 내가 너희를 사랑한 것처럼 너희는 서로 사랑하여야 한다.

35 Your love for one another will prove to the world that you are my disciples."

35 서로를 위한 너희의 사랑은 너희가 나의 제자들이라는 것을 이 세상에 확증해 줄 것이다.》

36 Simon Peter asked, "Lord, where are you going?" And Jesus replied, "You can't go with me now, but you will follow me later."

36 시몬 베드로가 물었다, 《주님, 어디로 가시려고 하십니까?》 예수님이 대답하셨다, 《너희는 지금 나와 함께 갈 수 없다, 그러나 너희는 나중에 나를 따라 올 것이다.》

37 "But why can't I come now, Lord?" he asked. "I'm ready to die for you."

37 《그러나 주님, 왜 제가 지금은 갈 수 없습니까? 》 그가 물었다. 《저는 당신을 위해 죽을 준비가 되어 있습니다.》

38 Jesus answered, "Die for me? I tell you the truth, Peter—before the rooster crows tomorrow morning, you will deny three times that you even know me.

38 예수님이 대답하셨다, 《나를 위해 죽는다고? 내가 너에게 진실을 말한다, 베드로야—래일 아침 숫닭이 울기 전에, 너는 나를 안다는 것조차 세 번 부인하게 될 것이다.

14

Jesus, the Way to the Father

예수님, 아버지께 가는 길

1 "Don't let your hearts be troubled. Trust in God, and trust also in me.

1 《너희들의 마음이 근심하지 않도록 하여라. 하나님을 믿어라, 그리고 나도 믿어라.

2 There is more than enough room in my Father's home. If this were not so, would I have told you that I am going to prepare a place for you?

2 내 아버지의 집에는 있을 곳이 아주 많이 있다. 만일 그렇지 않았다면, 내가 너희에게 너희를 위한 장소를 준비하러 간다고 말하였겠는가?

3 When everything is ready, I will come and get you, so that you will always be with me where I am.

3 모든 것이 준비되였을 때, 내가 와서 너희를 데려갈 것이다, 그리하여 너희는 내가 있는 곳에 언제나 나와 함께 있을 것이다.

4 And you know the way to where I am going."

4 그리고 너희는 내가 가려는 그 길을 안다.》

5 **“No, we don’t know, Lord,” Thomas said. “We have no idea where you are going, so how can we know the way?”**

5《아닙니다, 주님, 우리는 모릅니다,》도마가 말했다.《우리는 당신이 어디로 가시려는지 전혀 모릅니다. 그러니 우리가 어떻게 그 길을 알 수 있습니까?》

6 **Jesus told him, “I am the way, the truth, and the life. No one can come to the Father except through me.**

6 예수님이 그에게 말씀하셨다,《내가 길이고, 진리이며, 생명이다. 나를 통하지 않고서는 아버지께로 갈 수 있는 사람이 아무도 없다.

7 **If you had really known me, you would know who my Father is. From now on, you do know him and have seen him!”**

7 만일 너희가 나를 확실히 알았다면, 너희는 나의 아버지가 누구인지 알았을 것이다. 이제 부터는, 너희가 그분을 알고 그분을 보았다.》

8 **Philip said, “Lord, show us the Father, and we will be satisfied.”**

8 빌립이 말했다,《주님, 우리에게 아버지를 보여 주십시오, 그러면 우리가 확신하게 될 것입니다.》

9 **Jesus replied, “Have I been with you all this time, Philip, and yet you still don’t know who I am? Anyone who has seen me has seen the Father! So why are you asking me to show him to you?**

9 예수님이 대답하셨다,《나는 그동안 내내 너희와 함께 있었다, 빌립아, 그런데 아직도 너는 내가 누구인지 모르는가? 나를 본 사람 누구나가 아버지를 보았다! 그런데 왜 너희는 나에게 그분을 너희에게 보여 달라고 요구하는가?

10 **Don’t you believe that I am in the Father and the Father is in me? The words I speak are not my own, but my Father who lives in me does his work through me.**

10 너는 내가 아버지 안에 있고, 아버지께서 내 안에 계시는 것을 믿지 않는가? 내가 말하는 이 말들은, 내 스스로 하는 것이 아니라, 내 안에 계시는 나의 아버지께서 나를 통하여 그분의 일을 하시는 것이다.

11 **Just believe that I am in the Father and the Father is in me. Or at least believe because of the work you have seen me do.**

11 내가 아버지 안에 있고 아버지께서 내 안에 계시는 것을 믿기만 하여라, 그렇지 않으면 적어도 너희가 본 내가 한 일로 하여 믿어라.

12 **“I tell you the truth, anyone who believes in me will do the same works I have done, and even greater works, because I am going to be with the Father.**

12《내가 너희에게 진실을 말한다. 나를 믿는 사람은 누구나 내가 했던 것과 같은 일들, 그리고 지어 더욱더 위대한 일들을 할 것이다. 왜냐하면 내가 아버지와 함께 있을 것이기 때문이다.

13 You can ask for anything in my name, and I will do it, so that the Son can bring glory to the Father.

13 너희가 나의 이름으로 무엇이든지 요구할 수 있다. 그러면 그 아들이 아버지에게 영광을 드릴 수 있도록, 내가 그것을 할 것이다.

14 Yes, ask me for anything in my name, and I will do it!

14 그렇다. 나의 이름으로 무엇이든지 나에게 요구하여라. 그러면 내가 그것을 할 것이다!

Jesus Promises the Holy Spirit

예수님이 성령님을 약속하시다

15 "If you love me, obey my commandments.

15《만일 너희가 나를 사랑하면, 너희는 나의 명령을 지켜라.

16 And I will ask the Father, and he will give you another Advocate, who will never leave you.

16 그러면 나는 아버지에게 요구할 것이다. 그리고 그분은 너희를 결코 떠나지 않을 분인, 다른 보호자를 너희에게 주실 것이다.

17 He is the Holy Spirit, who leads into all truth. The world cannot receive him, because it isn't looking for him and doesn't recognize him. But you know him, because he lives with you now and later will be in you.

17 그분은 모든 진리로 이끄시는 성령님이시다. 세상은 그분을 받아들일 수 없다. 왜냐하면 세상이 그분을 찾지도 않고 그분을 알아보지도 못하기 때문이다. 그러나 너희는 그분을 안다. 왜냐하면 그분이 지금 너희와 함께 살고 계시며 후에도 너희 안에 계실 것이기 때문이다.

18 No, I will not abandon you as orphans—I will come to you.

18 아니다. 나는 너희를 고아들처럼 저버리지 않을 것이다—내가 너희에게 올 것이다.

19 Soon the world will no longer see me, but you will see me. Since I live, you also will live.

19 오래지 않아 이 세상은 나를 더 이상 보지 못할 것이다. 그러나 너희는 나를 볼 것이다. 왜냐하면 내가 살아 있고, 너희도 살아 있을 것이기 때문이다.

20 When I am raised to life again, you will know that I am in my Father, and you are in me, and I am in you.

20 내가 다시 생명으로 되살아날 때, 너희는 내가 나의 아버지 안에 있고, 너희는 내 안에 있으며, 나는 너희 안에 있다는 것을 알게 될 것이다.

21 Those who accept my commandments and obey them are the ones who love me. And because they love me, my Father will love them. And I will love them and reveal myself to each of them."

21 나의 명령들을 받아들이고 그것들을 지키는 사람들은 나를 사랑하는 사람들이다. 그리고 그들이 나를 사랑하기 때문에, 나의 아버지는 그들을 사랑하실 것이다. 그리고 나도 그들을 사랑할 것이고 내 자신을 그들 매 사람에게 나타내 보여 줄 것이다.》

22 Judas (not Judas Iscariot, but the other disciple with that name) said to him, "Lord, why are you going to reveal yourself only to us and not to the world at large?"

22 유다가 (가룟 유다가 아니라, 그 이름을 가진 다른 제자) 그분에게 말했다, 《주님, 왜 당신은 당신 자신을 우리에게만 나타내시고 세상 전체에는 나타내지 않으십니까? 》

23 Jesus replied, "All who love me will do what I say. My Father will love them, and we will come and make our home with each of them.

23 예수님이 대답하셨다, 《나를 사랑하는 모든 사람들은 내가 말한 것을 실현할 것이다. 나의 아버지께서 그들을 사랑하실 것이고, 우리가 가서 우리의 집을 그들 매 사람과 함께 지을 것이다.

24 Anyone who doesn't love me will not obey me. And remember, my words are not my own. What I am telling you is from the Father who sent me.

24 나를 사랑하지 않는 사람들은 나를 따르지 않을 것이다. 그리고 기억하여라, 나의 말은 내 자신의 것이 아니다. 내가 너희에게 말하는 것은 나를 보내신 아버지께로부터 오는 것이다.

25 I am telling you these things now while I am still with you.

25 나는 내가 아직 너희와 함께 있는 동안에 이런 것들을 너희에게 말하고 있다.

26 But when the Father sends the Advocate as my representative—that is, the Holy Spirit—he will teach you everything and will remind you of everything I have told you.

26 그러나 아버지께서 나의 대표자로서—즉, 성령님 —보호자를 보내실 때 그분이 너희에게 모든 것을 가르칠 것이고 내가 너희에게 말한 모든 것을 너희에게 생각나게 하실 것이다.

27 "I am leaving you with a gift—peace of mind and heart. And the peace I

give is a gift the world cannot give. So don't be troubled or afraid.

27 《나는 너희에게 선물을—정신과 마음의 평화를 남겨 둔다. 그리고 내가 주는 그 평화는 세상이 줄 수 없는 선물이다. 그러므로 근심하거나 두려워하지 말아라.

28 Remember what I told you: I am going away, but I will come back to you again. If you really loved me, you would be happy that I am going to the Father, who is greater than I am.

28 내가 너희에게 말한 것을 기억하여라: 나는 떠나갈 것이다, 그러나 나는 너희에게 다시 돌아올 것이다. 만일 너희가 나를 참으로 사랑했다면, 너희는 나보다 더 위대하신 분인, 아버지께로 내가 가려는 것을 행복해했을 것이다.

29 I have told you these things before they happen so that when they do happen, you will believe.

29 나는 이런 일들이 일어나기 전에 너희에게 말한다. 그래야 그것들이 일어났을 때, 너희는 믿을 것이다.

30 "I don't have much more time to talk to you, because the ruler of this world approaches. He has no power over me,

30 《나는 너희에게 더 이상 말할 시간이 없다, 왜냐하면 이 세상의 통치자가 다가오고 있기 때문이다. 그는 나를 다룰 권한이 없다,

31 but I will do what the Father requires of me, so that the world will know that I love the Father. Come, let's be going.

31 그러나 나는 아버지께서 나에게 요구하신 것을 실현할 것이다. 그래야 세상이 내가 아버지를 사랑한다는 것을 알 것이다, 자, 가도록 하자.

15

Jesus, the True Vine

예수님, 참다운 포도나무

1 "I am the true grapevine, and my Father is the gardener.

1 《나는 참다운 포도나무이고, 나의 아버지는 원예사이시다.

2 He cuts off every branch of mine that doesn't produce fruit, and he prunes the branches that do bear fruit so they will produce even more.

2 그분은 열매 맺지 않는 나의 모든 가지를 잘라 내신다, 그리고 그분은 그것들이 더 많이 열매를 맺도록 열매 맺는 가지들을 다듬으신다.

3 You have already been pruned and purified by the message I have given you.

3 너희는 내가 너희에게 준 말씀으로 하여 이미 가지가 잘라졌고 깨끗하게 되였다.

4 **Remain in me, and I will remain in you. For a branch cannot produce fruit if it is severed from the vine, and you cannot be fruitful unless you remain in me.**

4 내 안에 머무르거라, 그러면 나도 너희 안에 머무를 것이다. 왜냐하면 가지가 포도나무로 부터 잘려지면 열매를 맺을 수 없기 때문이다. 그리고 너희가 내 안에 머물러 있지 않고서는 열매를 잘 맺을 수 없다.

5 **"Yes, I am the vine; you are the branches. Those who remain in me, and I in them, will produce much fruit. For apart from me you can do nothing.**

5《그렇다, 나는 포도나무다; 너희는 가지들이다. 내 안에 머물러 있는 사람들과, 그들 안에 내가 머물러 있는 사람들은 많은 열매를 맺을 것이다. 왜냐하면 나를 떠나서는 너희가 아무것도 할 수 없기 때문이다.

6 **Anyone who does not remain in me is thrown away like a useless branch and withers. Such branches are gathered into a pile to be burned.**

6 내 안에 머무르지 않는 사람은 누구든지 쓸모없는 가지처럼 내던저져서 말라 죽는다. 그런 가지들은 불태워지기 위해 한데 모아진다.

7 **But if you remain in me and my words remain in you, you may ask for anything you want, and it will be granted!**

7 그러나 만일 너희가 내 안에 머무르고 나의 말들이 너희 안에 머무르면, 너희는 자신들이 원하는 것은 무엇이든지 요구할 수 있다, 그러면 그것이 주어질 것이다!

8 **When you produce much fruit, you are my true disciples. This brings great glory to my Father.**

8 너희가 많은 열매를 맺을 때, 너희는 나의 참된 제자들이다. 이것은 나의 아버지께 커다란 영광을 드리게 된다.

9 **"I have loved you even as the Father has loved me. Remain in my love.**

9《아버지께서 나를 사랑하신 것처럼 나도 너희를 사랑한다. 나의 사랑 안에 머물러 있어라.

10 **When you obey my commandments, you remain in my love, just as I obey my Father's commandments and remain in his love.**

10 너희가 나의 명령을 지키면, 내가 나의 아버지의 명령을 지키고 그 분의 사랑 안에 있는 것처럼, 너희가 내 사랑 안에 머물러 있게 된다.

11 **I have told you these things so that you will be filled with my joy. Yes, your joy will overflow!**

11 내가 너희에게 이것들을 말하는 것은 너희가 나의 기쁨으로 가득 채

워지게 하려는 것이다. 그렇다, 너희의 기쁨이 넘쳐날 것이다!

12 **This is my commandment: Love each other in the same way I have loved you.**

12 이것이 나의 명령이다 : 내가 너희를 사랑한 것과 똑같이 서로 사랑하여라.

13 **There is no greater love than to lay down one's life for one's friends.**

13 자기 친구를 위해 자신의 목숨을 바치는 것보다 더 큰 사랑은 없다.

14 **You are my friends if you do what I command.**

14 만일 너희가 내가 명령한 것을 실행하면 너희는 나의 친구들이다.

15 **I no longer call you slaves, because a master doesn't confide in his slaves. Now you are my friends, since I have told you everything the Father told me.**

15 나는 더 이상 너희를 종들이라 부르지 않는다, 왜냐하면 주인은 자기 종들에게 비밀을 털어놓고 이야기하지 않기 때문이다. 이제는 너희가 나의 친구들이다, 내가 아버지께서 나에게 말씀하신 모든 것을 너희에게 말했기 때문이다.

16 **You didn't choose me. I chose you. I appointed you to go and produce lasting fruit, so that the Father will give you whatever you ask for, using my name.**

16 너희가 나를 선택하지 않았다. 내가 너희를 선택했다. 나는 너희가 가서 영원한 열매를 맺도록 임명하였다, 그리하여 아버지께서는 나의 이름으로, 너희가 요구하는 무엇이든지 너희에게 주실 것이다.

17 **This is my command: Love each other.**

17 이것이 나의 명령이다: 서로 사랑하여라.

The World's Hatred

세상의 증오

18 **"If the world hates you, remember that it hated me first.**

18 《만일 세상이 너희를 미워하면, 그것은 나를 먼저 미워했다는 것을 상기하여라.

19 **The world would love you as one of its own if you belonged to it, but you are no longer part of the world. I chose you to come out of the world, so it hates you.**

19 만일 너희가 세상에 속했다면 세상은 너희를 자기 것처럼 사랑했을 것이다, 그러나 너희는 더 이상 세상의 일부분이 아니다. 나는 너희가 세상에서 나오도록 선택하였다, 그래서 그것이 너희를 미워한다.

20 Do you remember what I told you? 'A slave is not greater than the master.' Since they persecuted me, naturally they will persecute you. And if they had listened to me, they would listen to you.

20 내가 너희에게 말했던 것을 기억하는가? 〈종은 그 주인보다 높지 않다.〉 그들이 나를 박해했기 때문에 당연히 그들이 너희도 박해할 것이다. 그리고 만일 그들이 내 말을 들었다면 그들은 너희 말도 들었을 것이다.

21 They will do all this to you because of me, for they have rejected the one who sent me.

21 그들은 나 때문에 이 모든 것을 너희에게 할 것이다, 왜냐하면 그들은 나를 보내신 분을 배척하기 때문이다.

22 They would not be guilty if I had not come and spoken to them. But now they have no excuse for their sin.

22 만일 내가 와서 그들에게 말하지 않았더라면, 그들은 죄가 없었을 것이다. 그러나 지금 그들은 자신들의 죄 때문에 아무 변명도 못한다.

23 Anyone who hates me also hates my Father.

23 나를 미워하는 사람은 누구나 나의 아버지도 또한 미워한다.

24 If I hadn't done such miraculous signs among them that no one else could do, they would not be guilty. But as it is, they have seen everything I did, yet they still hate me and my Father.

24 만일 내가 아무도 할 수 없는 것을 그들 가운데서 그러한 기적적인 증표들을 실행하지 않았더라면, 그들은 죄가 없었을 것이다. 그러나 실제로 그들은 내가 실행한 모든 것을 보았다, 그런데도 그들은 여전히 나와 나의 아버지를 미워한다.

25 This fulfills what is written in their Scriptures: 'They hated me without cause.'

25 이것은 그들의 하나님말씀책에 쓰여진 것이 실현되는 것이다: 〈그들은 리유 없이 나를 미워했다.〉

26 "But I will send you the Advocate—the Spirit of truth. He will come to you from the Father and will testify all about me.

26《그러나 나는 너희에게 옹호자이신 분—진리의 성령님을 보낼 것이다. 그분이 아버지로 부터 올 것이며 나에 대한 모든 것을 립증하실 것이다.

27 And you must also testify about me because you have been with me from the beginning of my ministry.

27 그리고 너희도 나에 대해서 역시 립증해야 한다. 왜냐하면 너희는 나의 활동의 시작부터 나와 함께 있었기 때문이다.

16

1 "I have told you these things so that you won't abandon your faith.

1《내가 너희에게 이런 것들을 말하는 것은 너희가 자신들의 믿음을 저버리지 않게 하기 위해서이다.

2 For you will be expelled from the synagogues, and the time is coming when those who kill you will think they are doing a holy service for God.

2 왜냐하면 너희는 군중회관에서 쫓겨날 것이다, 그리고 너희를 죽이는 사람들 그들이 하나님을 위한 거룩한 섬김을 하고 있는 것이라고 생각할 때가 올 것이다.

3 This is because they have never known the Father or me.

3 이것은 그들이 아버지나 나를 전혀 알지 못하기 때문이다.

4 Yes, I'm telling you these things now, so that when they happen, you will remember my warning. I didn't tell you earlier because I was going to be with you for a while longer.

4 그렇다, 내가 너희에게 이런 것들을 지금 말하는 것은, 그것들이 일어날 때, 너희가 나의 경고를 기억하게 하려는 것이다. 내가 너희에게 더 일찌기 말하지 않은 것은 내가 너희와 얼마간 더 있을 것이였기 때문이였다.

The Work of the Holy Spirit
성령님이 하시는 일

5 "But now I am going away to the one who sent me, and not one of you is asking where I am going.

5《그러나 이제 나는 나를 보내신 분에게로 떠나 갈 것이다, 그런데 너희 중 어느 누구도 내가 어디로 가려는지 묻지 않고 있다.

6 Instead, you grieve because of what I've told you.

6 대신에, 너희는 내가 너희에게 말한 것 때문에 깊은 슬픔에 잠겨 있다.

7 But in fact, it is best for you that I go away, because if I don't, the Advocate won't come. If I do go away, then I will send him to you.

7 그러나 사실은, 내가 떠나가는 것이 너희에게는 가장 좋다, 왜냐하면 만일 내가 떠나지 않으면, 옹호자가 오시지 않을 것이기 때문이다. 만일 내가 떠나가면, 다음에 내가 그분을 너희에게 보낼 것이다.

8 And when he comes, he will convict the world of its sin, and of God's righteousness, and of the coming judgment.

8 그리고 그분이 오시면, 그분은 세상의 죄와 하나님의 정의, 그리고 다

가오는 심판에 대해서 판결하실 것이다.

9 **The world's sin is that it refuses to believe in me.**

9 세상의 죄는 나를 믿기를 거절하는 그것이다.

10 **Righteousness is available because I go to the Father, and you will see me no more.**

10 정의는 내가 아버지에게로 가기 때문에 얻을 수 있다, 그리고 너희는 나를 더 이상 보지 못할 것이다.

11 **Judgment will come because the ruler of this world has already been judged.**

11 심판은 이 세상의 통치자가 이미 판결받았기 때문에 올 것이다.

12 **"There is so much more I want to tell you, but you can't bear it now.**

12《내가 너희에게 말하고 싶은 것이 훨씬 더 많이 있다, 그러나 너희는 그것을 지금은 지탱할 수 없다.

13 **When the Spirit of truth comes, he will guide you into all truth. He will not speak on his own but will tell you what he has heard. He will tell you about the future.**

13 진리의 성령님이 오실 때, 그분이 너희를 모든 진리에로 이끄실 것이다. 그분은 자기 마음대로 말씀하시지 않을 것이다 그러나 그분은 들은 것을 너희에게 말씀하실 것이다. 그분은 너희에게 미래에 대해 말씀하실 것이다.

14 **He will bring me glory by telling you whatever he receives from me.**

14 그분은 자신이 나로부터 받는 무엇이든 너희에게 말하므로써 나에게 영광을 가져다줄 것이다.

15 **All that belongs to the Father is mine; this is why I said, 'The Spirit will tell you whatever he receives from me.'**

15 아버지에게 속한 모든 것은 나의 것이다; 이것이 내가 말한 리유이다, 〈성령님은 그분이 나로부터 받은 무엇이든지 너희에게 말씀하실 것이다.〉

Sadness Will Be Turned to Joy

슬픔이 기쁨으로 변할 것이다

16 **"In a little while you won't see me anymore. But a little while after that, you will see me again."**

16《얼마 안 있어 너희는 나를 더 이상 보지 못할 것이다. 그러나 그 후 얼마 안 있어, 너희는 나를 다시 보게 될 것이다.》

17 **Some of the disciples asked each other, "What does he mean when he**

says, 'In a little while you won't see me, but then you will see me,' and 'I am going to the Father'?

17 제자들 중 몇이 서로 물었다. 《그분이 〈얼마 안 있어 너희는 나를 더 이상 보지 못할 것이다. 그러나 그다음에 너희는 나를 보게 될 것이다.〉 그리고 〈나는 아버지에게로 갈 것이다〉라고 말씀하실 때 그분은 무엇을 념두에 두신 것일까?

18 And what does he mean by 'a little while'? We don't understand."

18 그리고 그분의 〈얼마 안 있어〉는 무엇을 의미하는가? 우리는 리해할 수 없다.》

19 Jesus realized they wanted to ask him about it, so he said, "Are you asking yourselves what I meant? I said in a little while you won't see me, but a little while after that you will see me again.

19 예수님은 그들이 그것에 대해 자신에게 물어보고 싶어 한다는 것을 아셨다. 그래서 그분이 말씀하셨다. 《너희는 내가 무엇을 념두에 두고 있는지를 너희들 스스로 묻고 있구나? 나는 말했다. 얼마 안 있어 너희는 나를 보지 못할 것이다. 그러나 그 후 얼마 안 있어 너희는 나를 다시 볼 것이다.

20 I tell you the truth, you will weep and mourn over what is going to happen to me, but the world will rejoice. You will grieve, but your grief will suddenly turn to wonderful joy.

20 내가 너희에게 진리를 말한다. 너희는 나에게 일어날 것으로 하여 눈물을 흘리고 슬퍼할 것이다. 그러나 세상은 기뻐할 것이다. 너희는 몹시 슬퍼할 것이나, 너희의 슬픔은 갑자기 놀라운 기쁨으로 변할 것이다.

21 It will be like a woman suffering the pains of labor. When her child is born, her anguish gives way to joy because she has brought a new baby into the world.

21 그것은 해산의 고통을 겪는 녀자와 같을 것이다. 그 녀자의 아기가 때여날 때, 그 녀자의 괴로움은 기쁨으로 바뀔 것이다. 왜냐하면 그 녀자가 세상에 새 아기를 낳았기 때문이다.

22 So you have sorrow now, but I will see you again; then you will rejoice, and no one can rob you of that joy.

22 그래서 너희가 지금은 슬픔이 있지만, 나는 너희를 다시 볼 것이다; 그러면 너희는 기뻐할 것이다. 그리고 아무도 그 기쁨을 너희에게서 빼앗아 가지 못할 것이다.

23 At that time you won't need to ask me for anything. I tell you the truth, you will ask the Father directly, and he will grant your request because

you use my name.

23 그때에 너희는 나에게 아무것도 물어볼 필요가 없을 것이다. 나는 너희에게 진리를 말한다, 너희가 아버지에게 직접 물어볼 것이다, 그리고 그분이 너희의 요구를 들어주실 것이다. 왜냐하면 너희가 나의 이름으로 하기 때문이다.

24 **You haven't done this before. Ask, using my name, and you will receive, and you will have abundant joy.**

24 너희는 이것을 이전에는 해보지 않았다. 나의 이름으로 요구하여라, 그러면 너희는 받을 것이다, 그리고 너희는 넘쳐 나는 기쁨을 갖게 될 것이다.

25 **"I have spoken of these matters in figures of speech, but soon I will stop speaking figuratively and will tell you plainly all about the Father.**

25 《나는 이런 문제들에 대해 비유적표현법으로 말해 왔다, 그러나 곧 나는 비유적으로 말하는 것을 그만둘 것이다. 그리고 너희에게 아버지에 대한 모든 것을 알기 쉽게 말할 것이다.

26 **Then you will ask in my name. I'm not saying I will ask the Father on your behalf,**

26 그때에는 너희가 나의 이름으로 요구할 것이다. 나는 내가 너희를 대신해서 아버지에게 요구하는 것을 말하지 않을 것이다.

27 **for the Father himself loves you dearly because you love me and believe that I came from God.**

27 왜냐하면 아버지 자신이 너희를 극진히 사랑하신다. 왜냐하면 너희가 나를 사랑하며 내가 하나님으로부터 왔다는 것을 믿기 때문이다.

28 **Yes, I came from the Father into the world, and now I will leave the world and return to the Father."**

28 그렇다, 나는 아버지로부터 이 세상에 왔다, 그리고 이제 나는 이 세상을 떠나서 아버지께로 돌아갈 것이다.》

29 **Then his disciples said, "At last you are speaking plainly and not figuratively.**

29 그런 다음 그분의 제자들이 말했다, 《드디어 당신은 비유적으로가 아니라 알기 쉽게 말씀하고 계십니다.

30 **Now we understand that you know everything, and there's no need to question you. From this we believe that you came from God."**

30 이제 우리는 당신이 모든 것을 아신다는 것을 알았습니다, 그리고 당신에게 물어볼 필요가 없습니다. 이제부터 우리는 당신이 하나님으로부터 오셨다는 것을 믿습니다.》

31 Jesus asked, "Do you finally believe?

31 예수님이 물으셨다, 《너희가 드디어 믿는가?

32 But the time is coming—indeed it's here now—when you will be scattered, each one going his own way, leaving me alone. Yet I am not alone because the Father is with me.

32 그러나 시간이 오고 있다—참으로 그때가 지금이다—너희가 흩어지게 되면, 매 사람은 나를 홀로 남겨둔 채, 자기 자신의 길로 갈 것이다. 그럼에도 불구하고 나는 혼자가 아니다. 왜냐하면 아버지께서 나와 함께 계시기 때문이다.

33 I have told you all this so that you may have peace in me. Here on earth you will have many trials and sorrows. But take heart, because I have overcome the world."

33 내가 너희에게 이 모든 것을 말하는 것은 너희로 하여금 내 안에 있는 평화를 얻게 하려는 것이다. 여기 세상에서 너희가 많은 시련과 슬픔을 당할 것이다. 그러나 용기를 내여라, 왜냐하면 내가 이 세상을 이겼기 때문이다.》

17

The Prayer of Jesus

예수님의 기도

1 After saying all these things, Jesus looked up to heaven and said, "Father, the hour has come. Glorify your Son so he can give glory back to you.

1 이 모든 것들을 말씀하신 후, 예수님은 하늘을 우러러보며 말씀하셨다. 《아버지, 때가 이르렀습니다. 당신의 아들을 영광스럽게 하여 주십시오 그래야 그가 당신에게 영광을 되돌려 드릴 수 있습니다.

2 For you have given him authority over everyone. He gives eternal life to each one you have given him.

2 왜냐하면 당신이 그에게 모든 사람들에 대한 권한을 주셨기 때문입니다. 그는 당신이 그에게 주신 매 사람에게 영원한 생명을 줍니다.

3 And this is the way to have eternal life—to know you, the only true God, and Jesus Christ, the one you sent to earth.

3 그리고 이것이 영원한 생명을—유일한 참된 하나님이신 당신과, 당신이 세상에 보내신, 예수 그리스도를 아는 것—가지게 하는 길입니다.

4 I brought glory to you here on earth by completing the work you gave me to do.

4 나는 여기 세상에서 당신이 나에게 하라고 주신 그 일을 완성하므로써
당신에게 영광을 드렸습니다.

5 **Now, Father, bring me into the glory we shared before the world began.**

5 이제, 아버지, 세상이 시작되기 전에 우리들이 함께하였던 그 영광으
로 저를 데려가 주십시오.

6 **"I have revealed you to the ones you gave me from this world. They were always yours. You gave them to me, and they have kept your word.**

6《나는 당신이 이 세상에서 나에게 주신 사람들에게 당신을 드러내 보
였습니다. 그들은 언제나 당신의 사람들이였습니다. 당신이 그들을 나
에게 주셨습니다, 그리하여 그들은 당신의 말씀을 지켰습니다.

7 **Now they know that everything I have is a gift from you,**

7 이제 그들은 내가 가지고 있는 모든 것이 당신으로부터 온 선물이라
는 것을 압니다,

8 **for I have passed on to them the message you gave me. They accepted it and know that I came from you, and they believe you sent me.**

8 왜냐하면 나는 당신이 나에게 주신 그 말씀을 그들에게 전하였기 때문
입니다. 그들은 그것을 받아드렸습니다. 그리고 내가 당신으로부터 왔
다는 것을 압니다, 그래서 그들은 나를 보내신 당신을 믿습니다.

9 **"My prayer is not for the world, but for those you have given me, because they belong to you.**

9 나의 기도는 이 세상을 위한 것이 아니라 당신이 나에게 주신 사람들
을 위한 것입니다, 왜냐하면 그들은 당신에게 속하기 때문입니다.

10 **All who are mine belong to you, and you have given them to me, so they bring me glory.**

10 나의 사람 모두는 당신에게 속해 있습니다, 그리고 당신은 그들을 나
에게 주셨습니다, 그래서 그들은 나에게 영광을 가져옵니다.

11 **Now I am departing from the world; they are staying in this world, but I am coming to you. Holy Father, you have given me your name; now protect them by the power of your name so that they will be united just as we are.**

11 이제 나는 이 세상에서 떠나 갑니다; 그들은 이 세상에 남아 있지만,
나는 당신에게로 갑니다. 거룩하신 아버지, 당신은 나에게 당신의 이름
을 주셨습니다; 이제 그들을 당신 이름의 힘으로 보호하여 주십시오. 그
리하여 그들이 우리와 꼭 같이 하나 되게 하여 주십시오.

12 **During my time here, I protected them by the power of the name you gave me. I guarded them so that not one was lost, except the one headed for**

destruction, as the Scriptures foretold.

12 내가 이곳에 있는 동안, 당신이 나에게 주신 이름의 힘으로 그들을 보호하였습니다. 그래서 나는 하나님약속말씀이 예견했던 대로, 멸망으로 가는 그 한 사람을 빼놓고는, 한 사람도 잃지 않도록 그들을 지켰습니다.

13 “Now I am coming to you. I told them many things while I was with them in this world so they would be filled with my joy.

13《이제 나는 당신에게로 갑니다. 나는 내가 이 세상에서 그들과 함께 있는 동안, 그들이 나의 기쁨으로 넘쳐나도록 많은 것들을 그들에게 말하였습니다.

14 I have given them your word. And the world hates them because they do not belong to the world, just as I do not belong to the world.

14 나는 그들에게 당신의 말씀을 전해 주었습니다. 그리하여 세상은 그들을 미워합니다. 왜냐하면 내가 이 세상에 속하지 않은 것처럼 그들도 이 세상에 속하지 않기 때문입니다.

15 I'm not asking you to take them out of the world, but to keep them safe from the evil one.

15 나는 당신이 그들을 이 세상 밖으로 데려가기를 요청하는 것이 아니라, 그들을 악한 것으로부터 안전하도록 지켜 주시기를 청합니다.

16 They do not belong to this world any more than I do.

16 내가 이 세상에 속하지 않은 것처럼 그들이 세상에 속하지 않습니다.

17 Make them holy by your truth; teach them your word, which is truth.

17 그들을 당신의 진리로써 거룩하게 하여 주십시오; 진리인 당신의 말씀을 그들에게 가르쳐 주십시오.

18 Just as you sent me into the world, I am sending them into the world.

18 당신이 나를 이 세상에 보내셨던 것처럼, 나도 그들을 이 세상에 보냅니다.

19 And I give myself as a holy sacrifice for them so they can be made holy by your truth.

19 그리고 내가 내 자신을 거룩한 희생물로 드리는 것은 그들이 당신의 진리로 거룩해질 수 있도록 하기 위해서입니다.

20 “I am praying not only for these disciples but also for all who will ever believe in me through their message.

20《내가 이 제자들만을 위해서 기도하고 있는 것이 아니라 그들의 전하는 말을 통해서 나를 믿게 될 모든 사람들을 위해서도 기도하고 있습니다.

21 **I pray that they will all be one, just as you and I are one—as you are in me, Father, and I am in you. And may they be in us so that the world will believe you sent me.**

21 나는 당신과 내가 꼭 하나인 것처럼—당신이 내 안에 계시고, 아버지, 내가 당신 안에 있는 것과 같이—그들이 모두 하나 되기를 기도합니다. 그리하여 그들이 우리 안에 있게 하여 주십시오. 그러면 세상은 당신이 나를 보내신 것을 믿을 것입니다.

22 **"I have given them the glory you gave me, so they may be one as we are one.**

22《나는 그들에게 당신이 나에게 주신 영광을 주었습니다. 그리하여 그들은 우리가 하나인 것처럼 하나가 될 것입니다.

23 **I am in them and you are in me. May they experience such perfect unity that the world will know that you sent me and that you love them as much as you love me.**

23 내가 그들 안에 있고 당신이 내 안에 계십니다. 그들이 세상으로 하여금 당신이 나를 보내신 것과 당신이 나를 사랑하시는 것만큼 당신이 그들을 사랑하신다는 것을 알도록 그러한 완전한 일치를 경험하게 하여 주십시오.

24 **Father, I want these whom you have given me to be with me where I am. Then they can see all the glory you gave me because you loved me even before the world began!**

24 아버지, 나는 당신이 나에게 주신 이들이 내가 있는 곳에 함께 있기를 원합니다. 그러면 그들이 당신이 나에게 주신 모든 영광을 볼 수 있습니다. 왜냐하면 당신이 이 세상이 시작되기도 전에 나를 사랑하셨기 때문입니다.

25 **"O righteous Father, the world doesn't know you, but I do; and these disciples know you sent me.**

25《오오 정의로우신 아버지, 이 세상이 당신을 모른다고 해도, 나는 압니다; 그리고 이 제자들은 당신이 나를 보내셨다는 것을 압니다.

26 **I have revealed you to them, and I will continue to do so. Then your love for me will be in them, and I will be in them."**

26 나는 당신을 그들에게 나타내 보였습니다, 그리고 그렇게 하기를 계속할 것입니다. 그러면 나에 대한 당신의 사랑이 그들 속에 있을 것이고, 내가 그들 속에 있을 것입니다.》

18

Jesus Is Betrayed and Arrested

예수님이 배반당하고 체포되시다

1 **After saying these things, Jesus crossed the Kidron Valley with his disciples and entered a grove of olive trees.**

1 이런 것들을 말씀을 하신 후, 예수님은 자신의 제자들과 함께 기드론 골짜기를 건너가서 올리브 나무숲으로 들어가셨다.

2 **Judas, the betrayer, knew this place, because Jesus had often gone there with his disciples.**

2 배반자인, 유다가, 그 장소를 알고 있었다, 왜냐하면 예수님이 자신의 제자들과 함께 그곳에 자주 가셨기 때문이였다.

3 **The leading priests and Pharisees had given Judas a contingent of Roman soldiers and Temple guards to accompany him. Now with blazing torches, lanterns, and weapons, they arrived at the olive grove.**

3 상급 제사장들과 바리새파 사람들은 그분을 데려오도록 유다에게 로마 병사들의 파견대와 신전 경비병들을 주었다. 얼마 안 있어 불타는 홰불들, 초롱들 그리고 무기들을 가지고, 그들은 올리브 숲에 도착하였다.

4 **Jesus fully realized all that was going to happen to him, so he stepped forward to meet them. "Who are you looking for?" he asked.**

4 예수님은 자신에게 일어날 모든 것을 속속들이 알고 계셨다, 그래서 그분은 그들을 만나기 위해 앞으로 나가셨다. 《너희는 누구를 찾고 있는가?》 그분이 물으셨다.

5 **"Jesus the Nazarene," they replied. "I AM he," Jesus said. (Judas, who betrayed him, was standing with them.)**

5 《나사렛 사람 예수요.》 그들이 대답했다. 《내가 그 사람이다.》 예수님이 말씀하셨다. (그분을 배반한 유다가 그들과 함께 서 있었다.)

6 **As Jesus said "I AM he," they all drew back and fell to the ground!**

6 예수님이 《내가 그 사람이다》 말씀하셨을 때, 그들 모두가 뒤걸음치다 땅바닥에 넘어졌다!

7 **Once more he asked them, "Who are you looking for?" And again they replied, "Jesus the Nazarene."**

7 다시 한 번 그분이 그들에게 물으셨다, 《너희는 누구를 찾고 있는가?》 그래서 그들이 다시 대답했다, 《나사렛 사람 예수요.》

8 **"I told you that I AM he," Jesus said. "And since I am the one you want, let these others go."**

8 《내가 너희에게 내가 그 사람이라고 말했다.》 예수님이 말씀하셨다. 《그리고 내가 너희가 원하는 그 사람이므로, 다른 사람들은 가도록 하여라.》

9 **He did this to fulfill his own statement: "I did not lose a single one of those you have given me."**

9 그분은 자기 자신의 말씀을 실현하기 위해 이같이 하셨다: 《나는 당신이 나에게 주신 그들 중 단 한 사람도 잃지 않았습니다.》

10 **Then Simon Peter drew a sword and slashed off the right ear of Malchus, the high priest's slave.**

10 그러자 시몬 베드로가 칼을 빼여서 총제사장의 종인, 말고의 오른쪽 귀를 썩 베여 버렸다.

11 **But Jesus said to Peter, "Put your sword back into its sheath. Shall I not drink from the cup of suffering the Father has given me?"**

11 그러나 예수님은 베드로에게 말씀하셨다, 《너의 칼을 그 칼집에 도로 넣어라. 내가 아버지께서 나에게 주신 고난의 잔을 마셔야 하지 않겠는가?》

Jesus at the High Priest's House
총제사장 집에서의 예수님

12 **So the soldiers, their commanding officer, and the Temple guards arrested Jesus and tied him up.**

12 그러자 그 군인들, 그들의 지휘관, 그리고 그 신전 경비병들이 예수님을 체포하여 그분을 묶었다.

13 **First they took him to Annas, the father-in-law of Caiaphas, the high priest at that time.**

13 먼저 그들은 그분을, 그 당시 총제사장, 가야바의 가시아버지인, 안나스에게 데려갔다,

14 **Caiaphas was the one who had told the other Jewish leaders, "It's better that one man should die for the people."**

14 가야바는 다른 유태 지도자들에게 《한 사람이 군중을 위해 죽는 것이 더 좋다.》고 말한 그 사람이였다.

Peter's First Denial
베드로의 첫 번째 부인

15 **Simon Peter followed Jesus, as did another of the disciples. That other disciple was acquainted with the high priest, so he was allowed to enter**

the high priest's courtyard with Jesus.

15 시몬 베드로는, 다른 한 제자가 한 것처럼 예수님을 따라갔다. 그 다른 제자는 총제사장과 잘 아는 사이였다, 그래서 그는 예수님과 함께 총제사장의 안마당으로 들어가도록 허락되였다.

16 Peter had to stay outside the gate. Then the disciple who knew the high priest spoke to the woman watching at the gate, and she let Peter in.

16 베드로는 대문 밖에서 기다려야 했다. 그때에 총제사장과 아는 사이였던 그 제자가 문을 지키고 있는 녀자에게 말해 주었다, 그래서 그 녀자는 베드로가 들어가도록 해주었다.

17 The woman asked Peter, "You're not one of that man's disciples, are you?" "No," he said, "I am not."

17 그 녀자가 베드로에게 물었다, 《당신은 저 사람의 제자들 중 한 사람은 아니지요, 그렇지요?》《그렇소.》 그는 말했다, 《나는 아니오.》

18 Because it was cold, the household servants and the guards had made a charcoal fire. They stood around it, warming themselves, and Peter stood with them, warming himself.

18 날씨가 추웠기 때문에, 그 집안 종들과 경비병들은 숯불을 피워 놓았다. 그들은 자기들의 몸을 녹이면서 그 둘레에 서 있었다, 베드로도 자기 몸을 녹이면서 그들과 함께 서 있었다.

The High Priest Questions Jesus
총제사장이 예수님을 심문하다

19 Inside, the high priest began asking Jesus about his followers and what he had been teaching them.

19 안에서는, 총제사장이 예수님에게 그분의 제자들에 대해서와 그분이 그들에게 무엇을 가르쳤는지에 대해 묻기 시작하였다.

20 Jesus replied, "Everyone knows what I teach. I have preached regularly in the synagogues and the Temple, where the people gather. I have not spoken in secret.

20 예수님이 대답하셨다, 《모든 사람들이 내가 무엇을 가르치는지 알고 있다. 나는 사람들이 모이는, 군중회관과 신전에서 정식으로 설교했다. 나는 비밀리에 말하지 않았다.

21 Why are you asking me this question? Ask those who heard me. They know what I said."

21 왜 당신은 나에게 이런 질문을 하는가? 내 말을 들은 그들에게 물어보아라. 그들은 내가 말한 것을 알고 있다.》

22 Then one of the Temple guards standing nearby slapped Jesus across the face. "Is that the way to answer the high priest?" he demanded.

22 그러자 가까이에 서있던 신전 경비병 중 하나가 예수님의 뺨을 때렸다. 《그것이 총제사장에게 대답하는 태도인가?》 그가 추궁했다.

23 Jesus replied, "If I said anything wrong, you must prove it. But if I'm speaking the truth, why are you beating me?"

23 예수님이 대답하셨다, 《만일 내가 그 어떤 잘못을 말했다면, 네가 그것을 증명해야 한다. 그러나 만일 내가 진실을 말하고 있다면, 어째서 너는 나를 때리는가?》

24 Then Annas bound Jesus and sent him to Caiaphas, the high priest.

24 그러자 안나스는 예수님을 묶어서 그분을 총제사장인, 가야바에게 보냈다.

Peter's Second and Third Denials

베드로의 두 번째와 세 번째 부인

25 Meanwhile, as Simon Peter was standing by the fire warming himself, they asked him again, "You're not one of his disciples, are you?" He denied it, saying, "No, I am not."

25 한편, 시몬 베드로는 자기 몸을 녹이면서 불 가에 서 있었을 때, 사람들이 그에게 다시 물었다, 《당신은 그의 제자들 중 한 사람이 아니지요, 그렇지요?》 그는 《아니오, 나는 아니오.》라고 말하면서 그것을 부인했다.

26 But one of the household slaves of the high priest, a relative of the man whose ear Peter had cut off, asked, "Didn't I see you out there in the olive grove with Jesus?"

26 그러나 총제사장의 집안 종들 중 한 사람이며, 베드로가 그의 귀를 베어 버린 그 사람의 친척이 물었다, 《내가 당신을 거기 그 올리브 숲에서 예수와 함께 있는 것을 보지 않았소?》

27 Again Peter denied it. And immediately a rooster crowed.

27 다시 베드로는 그것을 부인했다, 그러자 곧 수탉이 울었다.

Jesus' Trial before Pilate

빌라도 앞에서 예수님의 재판

28 Jesus' trial before Caiaphas ended in the early hours of the morning. Then he was taken to the headquarters of the Roman governor. His accusers didn't go inside because it would defile them, and they wouldn't be al-

lowed to celebrate the Passover.

28 가야바 앞에서 예수님의 재판은 아침 이른 시간에 끝이 났다. 다음에 그분은 로마총독의 본부로 끌려갔다. 그분의 고발자들은 안으로 들어가지 않았다. 왜냐하면 그것이 그들을 더럽혀서 그들로 하여금 건너뜀 명절을 축하하는 데 허용되지 않을 것이기 때문이였다.

29 **So Pilate, the governor, went out to them and asked, "What is your charge against this man?"**

29 그래서 총독인, 빌라도가 그들에게 밖으로 나와서 물었다, 《당신들은 이 사람을 무슨 일로 고발하는가?》

30 **"We wouldn't have handed him over to you if he weren't a criminal!" they retorted.**

30 《우리는 만일 그가 범죄자가 아니였다면 그를 당신에게 넘겨주지 않았을 것입니다!》라고 그들은 되받아넘겼다.

31 **"Then take him away and judge him by your own law," Pilate told them. "Only the Romans are permitted to execute someone," the Jewish leaders replied.**

31 《그러면 그를 데려가서 너희 자신들의 법으로 그를 재판하여라,》 빌라도가 그들에게 말했다. 《단지 로마인들만이 누군가를 사형하는 것이 허락되여 있습니다,》라고 유태 지도자들이 대답했다.

32 **(This fulfilled Jesus' prediction about the way he would die.)**

32 (이것은 그분이 어떻게 죽을 것인가에 대한 예수님의 예언이 이루워진 것이다.)

33 **Then Pilate went back into his headquarters and called for Jesus to be brought to him. "Are you the king of the Jews?" he asked him.**

33 그다음 빌라도는 자기 본부로 돌아가서 예수님을 그에게 데려오도록 불렀다. 《네가 유태인의 왕인가?》 그는 그분에게 물었다.

34 **Jesus replied, "Is this your own question, or did others tell you about me?"**

34 예수님이 대답하셨다, 《이것이 당신 자신의 질문인가, 아니면 다른 사람들이 나에 대해 당신에게 말한 것인가?》

35 **"Am I a Jew?" Pilate retorted. "Your own people and their leading priests brought you to me for trial. Why? What have you done?"**

35 《내가 유태 사람인가?》라고 빌라도가 되받아넘겼다. 《너의 동족과 그들의 상급제사장들이 너를 재판하라고 나에게 데려왔다. 왜? 너는 무슨 일을 했는가?》

36 **Jesus answered, "My Kingdom is not an earthly kingdom. If it were, my**

followers would fight to keep me from being handed over to the Jewish leaders. But my Kingdom is not of this world."

36 예수님이 대답하셨다, 《나의 나라는 이 세상의 나라가 아니다. 만일 그랬다면, 나를 따르는 사람들이 유태 지도자들에게 넘겨지는 것으로부터 나를 지키기 위해 싸웠을 것이오. 그러나 내 나라는 이 세상의 것이 아니오.》

37 **Pilate said, "So you are a king?" Jesus responded, "You say I am a king. Actually, I was born and came into the world to testify to the truth. All who love the truth recognize that what I say is true."**

37 빌라도가 말했다, 《그렇다면 네가 왕인가!》 예수님이 대답하셨다, 《당신이 내가 왕이라고 말했소. 실제로, 나는 진리를 립증하기 위해 태여났고 이 세상에 왔소. 진리를 사랑하는 모든 사람들은 내가 말하는 것이 진리라는 것을 인정하오.》

38 **"What is truth?" Pilate asked. Then he went out again to the people and told them, "He is not guilty of any crime.**

38 《진리가 무엇인가?》 빌라도가 물었다. 그다음 그는 밖으로 사람들에게 다시 나와서 그들에게 말했다, 《그는 범죄가 될 만한 아무런 죄가 없다.

39 **But you have a custom of asking me to release one prisoner each year at Passover. Would you like me to release this 'King of the Jews'?"**

39 그러나 너희에게는 매년 건너뜀명절에 죄인 한 사람을 석방하기를 나에게 요청하는 관례가 있다. 너희는 이 〈유태인의 왕〉의 석방을 나에게 원하는가?》

40 **But they shouted back, "No! Not this man. We want Barabbas!" (Barabbas was a revolutionary.)**

40 그러나 그들은 되받아 소리쳤다, 《아닙니다! 이 사람은 아닙니다. 우리는 바나바를 원합니다! 》(바라바는 과격분자였다.)

19

Jesus Sentenced to Death

사형선고를 받으신 예수님

1 **Then Pilate had Jesus flogged with a lead-tipped whip.**

1 그다음 빌라도는 예수님을 납이 달린 채찍으로 때리게 하였다.

2 **The soldiers wove a crown of thorns and put it on his head, and they put a purple robe on him.**

2 그 군인들은 가시나무로 왕관을 엮어서 그것을 그분의 머리 우에 씌웠다, 그리고 그들은 그분에게 자주빛 례복을 입혔다.

3 "Hail! King of the Jews!" they mocked, as they slapped him across the face.

3 《만세! 유태인의 왕!》 그들은 그분의 뺨을 때리면서 비웃었다.

4 Pilate went outside again and said to the people, "I am going to bring him out to you now, but understand clearly that I find him not guilty."

4 빌라도가 밖으로 다시 나가서 사람들에게 말하였다, 《내가 이제 그를 당신들에게 데리고 나오겠다, 그러나 나는 그에게서 죄가 될 만한 것을 찾지 못했다는 것을 분명히 알아야 한다.》

5 Then Jesus came out wearing the crown of thorns and the purple robe. And Pilate said, "Look, here is the man!"

5 그런 다음 예수님이 가시나무 왕관을 쓰고 자주빛 례복을 입고 밖으로 나오셨다. 그리고 빌라도가 말했다, 《보라, 여기 이 사람이다!》

6 When they saw him, the leading priests and Temple guards began shouting, "Crucify him! Crucify him!" "Take him yourselves and crucify him," Pilate said. "I find him not guilty."

6 그들이 그분을 보았을 때, 상급제사장들과 신전 경비병들이 웨치기 시작했다, 《그를 십자사형틀에 못 박으시오! 그를 십자사형틀에 못 박으시오!》 빌라도는 말했다. 《그를 너희 스스로가 데려가서 십자사형틀에 못 박으라,》《나는 그에게서 죄가 될 만한 것을 찾지 못했다.》

7 The Jewish leaders replied, "By our law he ought to die because he called himself the Son of God."

7 그 유태 지도자들이 대답했다, 《우리 법에 의하면 그는 응당 죽어야 합니다, 왜냐하면 그가 자기 자신을 하나님의 아들이라고 불렀기 때문입니다.》

8 When Pilate heard this, he was more frightened than ever.

8 빌라도가 이것을 들었을 때, 그는 어느 때보다도 더 두려워하였다,

9 He took Jesus back into the headquarters again and asked him, "Where are you from?" But Jesus gave no answer.

9 그는 예수님을 본부로 다시 데리고 들어가서 그분에게 물었다, 《당신은 어디서 왔는가?》 그러나 예수님은 대답하지 않으셨다.

10 "Why don't you talk to me?" Pilate demanded. "Don't you realize that I have the power to release you or crucify you?"

10 《왜 당신은 나에게 말하지 않는가?》 빌라도가 추궁했다. 《나에게는 당신을 놓아줄 권한도 있고 혹은 당신을 십자사형틀에 못 박을 권한도

가지고 있다는 것을 당신은 알지 못하는가?》

11 **Then Jesus said, "You would have no power over me at all unless it were given to you from above. So the one who handed me over to you has the greater sin."**

11 그러자 예수님이 말씀하셨다. 《당신은 그것이 우로부터 당신에게 주어지지 않고서는 나에 대한 권한이 전혀 없을 것이오. 그러므로 당신에게 나를 넘겨준 그 사람에게 더 큰 죄가 있소.》

12 **Then Pilate tried to release him, but the Jewish leaders shouted, "If you release this man, you are no 'friend of Caesar.' Anyone who declares himself a king is a rebel against Caesar."**

12 그러자, 빌라도가 그분을 놓아주려고 애썼다. 그러나 유태지도자들은 소리쳤다. 《만일 당신이 이 사람을 놓아주면, 당신은 〈가이사의 지지자〉가 아닙니다. 자기 자신을 왕이라고 선언하는 사람은 누구든지 가이사에 대한 반역자입니다.》

13 **When they said this, Pilate brought Jesus out to them again. Then Pilate sat down on the judgment seat on the platform that is called the Stone Pavement (in Hebrew, Gabbatha).**

13 그들이 이것을 말했을 때, 빌라도는 예수님을 그들에게 다시 데리고 나왔다. 그런 다음 빌라도는 돌로 포장한 바닥(히브리어로, 가바다)이라 불리는 단 우에 있는 재판석에 앉았다.

14 **It was now about noon on the day of preparation for the Passover. And Pilate said to the people, "Look, here is your king!"**

14 그때는 건너뜀명절을 준비하는 날 낮 12시쯤이였다. 그리고 빌라도가 그 사람들에게 말했다. 《보시오, 여기에 당신들의 왕이 있소!》

15 **"Away with him," they yelled. "Away with him! Crucify him!" "What? Crucify your king?" Pilate asked. "We have no king but Caesar," the leading priests shouted back.**

15 《그를 죽여 버리시오!》 그들이 소리쳤다. 《그를 없애 버리시오! 그를 십자사형틀에 못 박으시오!》 《뭐라고? 당신들의 왕을 십자사형틀에 못 박으라고?》 빌라도가 물었다. 《우리에게는 가이사 외에는 왕이 없습니다.》 상급제사장들이 소리쳐 대꾸했다.

16 **Then Pilate turned Jesus over to them to be crucified.**

16 그러자 빌라도는 예수님을 십자사형틀에 못 박히도록 그들에게 넘겨주었다.

The Crucifixion
십자사형틀에 못 박음

17 **So they took Jesus away. Carrying the cross by himself, he went to the place called Place of the Skull (in Hebrew, Golgotha).**

17 그래서 그들은 예수님을 데리고 갔다. 그분 자신의 십자사형틀을 지고, 그분은 해골의 터(히브리어로, 골고다)라 부르는 곳으로 가셨다.

18 **There they nailed him to the cross. Two others were crucified with him, one on either side, with Jesus between them.**

18 거기서 그들은 그분을 십자사형틀에 못 박았다. 다른 두 사람은, 그들 사이에 예수님을 두고, 량쪽에 한 사람씩, 그분과 함께 십자사형틀에 못 박혔다.

19 **And Pilate posted a sign on the cross that read, "Jesus of Nazareth, the King of the Jews."**

19 그리고 빌라도는 《나사렛 예수, 유태인의 왕.》이라고 쓰인 표식을 십자사형틀 우에 붙였다.

20 **The place where Jesus was crucified was near the city, and the sign was written in Hebrew, Latin, and Greek, so that many people could read it.**

20 예수님이 십자사형틀에 못 박혔던 곳은 도시 가까이에 있었다, 그리고 그 표식은 히브리어, 라틴어, 그리고 그리스어로 쓰여져 있었다, 그래서 많은 사람들이 그것을 읽을 수 있었다.

21 **Then the leading priests objected and said to Pilate, "Change it from 'The King of the Jews' to 'He said, I am King of the Jews.'"**

21 그러자 상급 제사장들이 반대하여 빌라도에게 말했다, 《그것을 〈유태인의 왕〉에서 〈내가 유태인의 왕이다, 라고 그가 말했다〉라는 것으로 바꿔 주십시오.》

22 **Pilate replied, "No, what I have written, I have written."**

22 빌라도가 대답했다, 《아니다, 나는 내가 쓸 것을 썼다.》

23 **When the soldiers had crucified Jesus, they divided his clothes among the four of them. They also took his robe, but it was seamless, woven in one piece from top to bottom.**

23 군인들이 예수님을 십자사형틀에 못 박았을 때, 그들은 그분의 옷을 그들 중 네 명이 나누었다. 그들은 그분의 례복도 가져갔다, 그러나 그것은 이은 곳이 없었고, 우에서부터 아래까지 한 조각으로 짜여져 있었다.

24 **So they said, "Rather than tearing it apart, let's throw dice for it." This fulfilled the Scripture that says, "They divided my garments among them-**

selves and threw dice for my clothing." So that is what they did.

24 그래서 그들은 말했다,《그것을 쪼각쪼각으로 찢기보다는 그것을 위해 제비를 뽑자.》 이것은 하나님말씀책에 언급된 것이 실현되였다,《그들은 나의 옷들을 저희들끼리 나누었고 나의 옷을 위해 제비를 뽑았다.》 그래서 그것은 그들이 했던 것이다.

25 Standing near the cross were Jesus' mother, and his mother's sister, Mary (the wife of Clopas), and Mary Magdalene.

25 십자사형틀 가까이에 예수님의 어머니와 그분의 어머니의 자매, 마리아(글로바의 안해), 그리고 막달라 마리아가 서 있었다.

26 When Jesus saw his mother standing there beside the disciple he loved, he said to her, "Dear woman, here is your son."

26 예수님이 자신의 어머니가 자기가 사랑하던 제자 곁에 서 있는 것을 보았을 때, 그분은 그 녀인에게 말씀하셨다,《사랑하는 녀인이여, 여기에 당신의 아들이 있습니다.》

27 And he said to this disciple, "Here is your mother." And from then on this disciple took her into his home.

27 그리고 그분은 그 제자에게 말씀하셨다,《보아라, 너의 어머니시다.》 그리하여 그때부터 그 제자는 그 녀인을 자기 집으로 모셨다.

The Death of Jesus

예수님의 죽음

28 Jesus knew that his mission was now finished, and to fulfill Scripture he said, "I am thirsty."

28 예수님은 자신의 임무가 이제 끝났음을 아셨다, 그리고 하나님말씀책을 실현하기 위해 그분은 말씀하셨다,《내가 목마르다.》

29 A jar of sour wine was sitting there, so they soaked a sponge in it, put it on a hyssop branch, and held it up to his lips.

29 시큼한 포도술 단지 하나가 거기 놓여 있었다, 그래서 그들은 그 속에서 그것에 해면을 적셨다, 그리고 박하나무 가지에 매달아 그것을 그분의 입에 들어 올렸다.

30 When Jesus had tasted it, he said, "It is finished!" Then he bowed his head and released his spirit.

30 예수님이 그것을 맛보았을 때, 그분은 말씀하셨다,《다 이루어졌다!》 그런 다음 그분은 자신의 머리를 떨구고 자신의 숨을 거두셨다.

31 It was the day of preparation, and the Jewish leaders didn't want the bodies hanging there the next day, which was the Sabbath (and a very special

Sabbath, because it was the Passover). So they asked Pilate to hasten their deaths by ordering that their legs be broken. Then their bodies could be taken down.

31 그날은 준비일이였다, 그리하여 유태 지도자들은 은정의 휴식일이 였던 그다음 날에, 거기에 그 시체들이 매달려 있는 것을 원치 않았다, (그리고 아주 특별한 은정의 휴식일, 왜냐하면 건너뜀명절이기 때문이였다). 그래서 그들은 빌라도에게 그들의 다리를 부러뜨리도록 지시하여 그들의 죽음을 앞당겨 줄 것을 요구했다. 그리하여 그들의 시체들을 내릴 수 있었다.

32 So the soldiers came and broke the legs of the two men crucified with Jesus.

32 그래서 그 군인들이 와서 예수님과 함께 십자사형틀에 못 박힌 두 사람의 다리를 부러뜨렸다.

33 But when they came to Jesus, they saw that he was already dead, so they didn't break his legs.

33 그러나 그들이 예수님에게 왔을 때, 그들은 그분이 이미 죽으신 것을 알았다, 그래서 그들은 그분의 다리를 부러뜨리지 않았다.

34 One of the soldiers, however, pierced his side with a spear, and immediately blood and water flowed out.

34 그 군인들 중 하나가, 그런데도, 그분의 옆구리를 창으로 찔렀다. 그리하여 즉시 피와 물이 쏟아져 나왔다.

35 (This report is from an eye-witness giving an accurate account. He speaks the truth so that you also can believe.)

35 (이 보고는 정확한 설명을 준 한 목격자로부터 나온 것이다. 그는 당신들도 믿을 수 있도록 그 진실을 말한다.)

36 These things happened in fulfillment of the Scriptures that say, "Not one of his bones will be broken,"

36 이런 일들은 하나님말씀책이 말하는 것이 실현되기 위해 일어났다, 《그의 뼈가 하나도 부러지지 않을 것이다.》

37 and "They will look on the one they pierced."

37 그리고 《그들은 자기들이 찌른 그 사람을 보게 될 것이다.》

The Burial of Jesus

예수님의 매장

38 Afterward Joseph of Arimathea, who had been a secret disciple of Jesus (because he feared the Jewish leaders), asked Pilate for permission to take

down Jesus' body. When Pilate gave permission, Joseph came and took the body away.

38 그 후 남이 모르는 예수님의 한 제자였던 (왜냐하면 그는 유태 지도자들을 두려워했기 때문이였다) 아리마대의 요셉이, 빌라도에게 예수님의 시체를 내리기 위한 허락을 요청했다. 빌라도가 허락했을 때, 요셉이 와서 그 시체를 가져갔다.

39 With him came Nicodemus, the man who had come to Jesus at night. He brought about seventy-five pounds of perfumed ointment made from myrrh and aloes.

39 그와 함께 니고데모가 왔다, 그는 밤에 예수님에게 왔던 그 사람이다. 그는 미르라와 알로에로 만든 향기로운 연고 약 75파운드(33키로그람)를 가져왔다.

40 Following Jewish burial custom, they wrapped Jesus' body with the spices in long sheets of linen cloth.

40 유태인의 장례 풍속에 따라, 그들은 예수님의 몸을 아마천 긴 홑이불 속에 향료와 함께 쌌다.

41 The place of crucifixion was near a garden, where there was a new tomb, never used before.

41 십자사형틀에 못 박힌 곳은 정원 가까이에 있었다, 거기에는 이전에 전혀 사용하지 않은, 새 무덤이 있었다.

42 And so, because it was the day of preparation for the Jewish Passover and since the tomb was close at hand, they laid Jesus there.

42 그래서, 그날이 유태인의 건너뜀명절을 위한 준비일이였고 그 무덤은 바로 근처에 있었기 때문에, 그들은 예수님을 거기에 모셨다.

20

The Resurrection

부활

1 Early on Sunday morning, while it was still dark, Mary Magdalene came to the tomb and found that the stone had been rolled away from the entrance.

1 일요일 이른 아침, 여전히 어둠이 깃들어 있었는데, 막달라 마리아가 무덤으로 왔다. 그리고 그 돌이 입구로부터 굴러간 것을 알게 되었다.

2 She ran and found Simon Peter and the other disciple, the one whom Jesus loved. She said, "They have taken the Lord's body out of the tomb, and we

don't know where they have put him!"

2 그 녀자는 달려가서 시몬 베드로와 예수님이 사랑하셨던 한 사람인 다른 제자를 찾았다. 그 녀자는 말했다, 《사람들이 주님의 시체를 무덤 밖으로 가져갔습니다, 그런데 우리는 그들이 그분을 어디에 두었는지 모릅니다!》

3 **Peter and the other disciple started out for the tomb.**

3 베드로와 그 다른 제자가 무덤을 향해 떠났다.

4 **They were both running, but the other disciple outran Peter and reached the tomb first.**

4 그들 둘 다 달려갔으나, 그 다른 제자가 베드로보다 빨리 달려 무덤에 먼저 도착했다.

5 **He stooped and looked in and saw the linen wrappings lying there, but he didn't go in.**

5 그는 몸을 굽혀서 안을 들여다보았다. 그리고 거기에 놓여 있는 아마천 싸개를 보았다, 그러나 그는 안으로 들어가지 않았다.

6 **Then Simon Peter arrived and went inside. He also noticed the linen wrappings lying there,**

6 그때에 시몬 베드로가 도착하여 안으로 들어갔다. 그도 거기에 놓여 있는 아마천 싸개를 자세히 보았다,

7 **while the cloth that had covered Jesus' head was folded up and lying apart from the other wrappings.**

7 한편 예수님의 머리를 덮었던 천은 접혀 개켜져 있었고 다른 싸개들로부터 떨어져 놓여있었다.

8 **Then the disciple who had reached the tomb first also went in, and he saw and believed.**

8 그러자 그 무덤에 먼저 도착했던 그 제자도 들어갔다, 그리고 그는 보았고 믿었다.

9 **for until then they still hadn't understood the Scriptures that said Jesus must rise from the dead.**

9 왜냐하면 그때까지 그들은 여전히 예수님이 죽은 사람들로부터 살아나야 한다고 말씀하신 하나님말씀책을 리해하지 못했기 때문이였다.

10 **Then they went home.**

10 그런 다음 그들은 집으로 갔다.

Jesus Appears to Mary Magdalene
예수님이 막달라 마리아에게 나타나시다

11 Mary was standing outside the tomb crying, and as she wept, she stooped and looked in.

11 마리아가 무덤 바깥에 울면서 서 있었다. 그리고 그 녀자가 울다가, 몸을 굽혀 무덤 안을 들여다보았다.

12 She saw two white-robed angels, one sitting at the head and the other at the foot of the place where the body of Jesus had been lying.

12 그 녀자는 흰 례복 입은 두 천사를 보았다. 한 천사는 예수님의 시체가 놓여 있던 곳의 머리 쪽에 그리고 다른 천사는 발 쪽에 앉아 있었다.

13 "Dear woman, why are you crying?" the angels asked her. "Because they have taken away my Lord," she replied, "and I don't know where they have put him."

13 《사랑하는 녀인이여, 왜 너는 울고 있는가?》 그 천사들이 그 녀자에게 물었다. 《왜냐하면 사람들이 나의 주님을 가져갔기 때문입니다.》 그 녀자가 대답했다, 《그리고 나는 그들이 그분을 어디에 두었는지 모릅니다.》

14 She turned to leave and saw someone standing there. It was Jesus, but she didn't recognize him.

14 그 녀자가 떠나기 위해 돌아섰는데 거기에 어떤 사람이 서 있는 것을 보았다. 그분은 예수님이였다. 그러나 그 녀자는 그분을 알아보지 못했다.

15 "Dear woman, why are you crying?" Jesus asked her. "Who are you looking for?" She thought he was the gardener. "Sir," she said, "if you have taken him away, tell me where you have put him, and I will go and get him."

15 《사랑하는 녀인이여, 왜 너는 울고 있는가? 》 예수님이 그 녀자에게 물으셨다. 《너는 누구를 찾고 있는가?》 그 녀자는 그를 원예사라고 생각했다. 《선생님,》 그 녀자가 말했다, 《만일 당신이 그분을 가져갔다면, 당신이 그분을 어디에 두었는지 나에게 말해 주십시오, 그러면 나는 가서 그분을 모셔 갈 것입니다.》

16 "Mary!" Jesus said. She turned to him and cried out, "Rabboni!" (which is Hebrew for "Teacher").

16 《마리아야!》 예수님이 말씀하셨다. 그 녀자는 그분에게 돌아섰다. 그리고 웨쳤다, 《랍오니!》(그것은 히브리어로 《선생님》이다).

17 "Don't cling to me," Jesus said, "for I haven't yet ascended to the Father.

But go find my brothers and tell them, 'I am ascending to my Father and your Father, to my God and your God.'"

17《나를 붙잡지 말아라.》 예수님이 말씀하셨다. 《왜냐하면 내가 아직 아버지께로 올라가지 않았기 때문이다. 그러나 가서 나의 형제들을 찾아서 그들에게 말하여라. 〈내가 나의 아버지이며 너희의 아버지, 나의 하나님이며 너희의 하나님께로 올라갈 것이다.〉》

18 Mary Magdalene found the disciples and told them, "I have seen the Lord!" Then she gave them his message.

18 막달라 마리아는 그 제자들을 찾아서 그들에게 말했다. 《내가 주님을 보았습니다! 그런 다음 그 녀자는 그분의 말씀을 그들에게 전하였다.》

Jesus Appears to His Disciples

예수님이 자신의 제자들에게 나타나시다

19 That Sunday evening the disciples were meeting behind locked doors because they were afraid of the Jewish leaders. Suddenly, Jesus was standing there among them! "Peace be with you," he said.

19 그 일요일 저녁 그 제자들은 비밀리에 만나고 있었다. 왜냐하면 그들은 유태지도자들을 두려워했기 때문이였다. 갑자기, 예수님이 거기 그들 가운데 서 계셨다! 《평화가 너희와 함께하기를!》 그분이 말씀하셨다.

20 As he spoke, he showed them the wounds in his hands and his side. They were filled with joy when they saw the Lord!

20 그분이 말씀하셨을 때, 그분은 그들에게 자신의 손과 자신의 옆구리의 상처를 보여 주셨다. 그들은 자신들이 주님을 보았을 때 기쁨으로 넘쳐 났다!

21 Again he said, "Peace be with you. As the Father has sent me, so I am sending you."

21 다시 그분이 말씀하셨다. 《평화가 너희와 함께하기를. 아버지께서 나를 보내신 것처럼, 그래서 나도 너희를 보낸다.》

22 Then he breathed on them and said, "Receive the Holy Spirit.

22 그런 다음 그분이 그들에게 숨을 내쉬며 말씀하셨다. 《성령을 받아라.

23 If you forgive anyone's sins, they are forgiven. If you do not forgive them, they are not forgiven."

23 만일 너희가 누구의 죄든지 용서하면, 그들은 용서받는다. 만일 너희가 그들을 용서하지 않으면, 그들은 용서받지 못한다.》

Jesus Appears to Thomas

예수님이 도마에게 나타나시다

24 One of the twelve disciples, Thomas (nicknamed the Twin), was not with the others when Jesus came.

24 열두 제자 중 한 사람인, 도마(애칭은 쌍둥이)는, 예수님이 오셨을 때 다른 사람들과 함께 있지 않았다.

25 They told him, "We have seen the Lord!" But he replied, "I won't believe it unless I see the nail wounds in his hands, put my fingers into them, and place my hand into the wound in his side."

25 그들은 그에게 말했다,《우리는 주님을 보았다!》그러나 그는 대답했다,《내가 그분의 손의 그 못 상처를 보지 않고, 나의 손가락을 그것들에 대보지 않으며, 그리고 나의 손을 그분의 옆구리 상처에 넣어 보지 않고서는 믿지 않을 것이다.》

26 Eight days later the disciples were together again, and this time Thomas was with them. The doors were locked; but suddenly, as before, Jesus was standing among them. "Peace be with you," he said.

26 8일 후 그 제자들이 다시 함께 있었다, 그리고 이번에는 도마도 그들과 같이 있었다. 문들은 잠겨 있었다; 그러나 갑자기, 이전과 마찬가지로, 예수님이 그들 가운데 서 계셨다.《평화가 너희와 함께하기를,》그분이 말씀하셨다.

27 Then he said to Thomas, "Put your finger here, and look at my hands. Put your hand into the wound in my side. Don't be faithless any longer. Believe!"

27 그런 다음 그분이 도마에게 말씀하셨다,《너의 손가락을 여기에 대보아라, 그리고 나의 손을 살펴보아라. 너의 손을 나의 옆구리 상처에 넣어 보아라. 더 이상 의심하지 말아라. 믿어라!》

28 "My Lord and my God!" Thomas exclaimed.

28《나의 주님 그리고 나의 하나님!》도마는 웨쳤다.

29 Then Jesus told him, "You believe because you have seen me. Blessed are those who believe without seeing me."

29 그다음 예수님이 그에게 말씀하셨다,《너는 나를 보았기 때문에 믿는다. 나를 보지 않고 믿은 사람들은 복이 있다.》

Purpose of the Book

이 책의 목적

30 The disciples saw Jesus do many other miraculous signs in addition to the

ones recorded in this book.

30 그 제자들은 이 책에 기록된 것들뿐만 아니라 다른 많은 기적적인 증표들을 실현하시는 예수님을 보았다.

31 But these are written so that you may continue to believe that Jesus is the Messiah, the Son of God, and that by believing in him you will have life by the power of his name.

31 그러나 이것들은 너희로 하여금 예수님이 구세주, 하나님의 아들인 것을 계속 믿도록 하기 위해, 그리고 그분을 믿음으로써 너희가 그분의 이름의 능력으로 생명을 얻게 하기 위해 기록되였다.

21

Epilogue: Jesus Appears to Seven Disciples

맺는 말: 예수님이 일곱 제자에게 나타나시다

1 Later, Jesus appeared again to the disciples beside the Sea of Galilee. This is how it happened.

1 나중에, 예수님이 갈릴리 바다가에서 제자들에게 다시 나타나셨다. 일은 이렇게 일어났다.

2 Several of the disciples were there—Simon Peter, Thomas (nicknamed the Twin), Nathanael from Cana in Galilee, the sons of Zebedee, and two other disciples.

2 제자들 중 몇이 거기에 있었다—시몬 베드로, 도마(애칭은 쌍둥이), 갈릴리 가나에서 온 나다나엘, 세배대의 아들들, 그리고 다른 두 제자.

3 Simon Peter said, "I'm going fishing." "We'll come, too," they all said. So they went out in the boat, but they caught nothing all night.

3 시몬 베드로가 말했다, 《나는 물고기 잡으러 간다.》《우리도 가겠다.》 그들 모두가 대답했다. 그래서 그들이 나가 배에 올랐으나, 그들은 밤새도록 아무것도 잡지 못하였다.

4 At dawn Jesus was standing on the beach, but the disciples couldn't see who he was.

4 동틀 녘에 예수님이 바다가에 서 계셨다, 그러나 그 제자들은 그가 누구인지 알지 못했다.

5 He called out, "Fellows, have you caught any fish?" "No," they replied.

5 그분이 불렀다, 《친구들이여, 너희는 물고기를 좀 잡았는가?》《못 잡았습니다.》 그들은 대답했다.

6 Then he said, "Throw out your net on the right-hand side of the boat, and

you'll get some!" So they did, and they couldn't haul in the net because there were so many fish in it.

6 다음에 그분이 말씀하셨다, 《너희 그물을 배 오른쪽에 던져라, 그러면 너희가 잡을 것이다.》 그래서 그들은 그렇게 했다, 그리고 그들은 거기에 너무 많은 물고기가 들어 있어서 그 그물을 끌어당길 수가 없었다.

7 **Then the disciple Jesus loved said to Peter, "It's the Lord!" When Simon Peter heard that it was the Lord, he put on his tunic (for he had stripped for work), jumped into the water, and headed to shore.**

7 그때에 예수님이 사랑하셨던 그 제자가 베드로에게 말했다, 《주님이시다!》 시몬 베드로는 그분이 주님이셨다는 것을 들었을 때, 자기 겉옷을 입고 (왜냐하면 그가 일하기 위해 벗고 있었기 때문이였다), 물에 뛰어들었다, 그리고 해변으로 향해 갔다.

8 **The others stayed with the boat and pulled the loaded net to the shore, for they were only about a hundred yards from shore.**

8 다른 사람들은 배에 남아 있었고 가득 찬 그물을 해변으로 끌었다, 왜냐하면 그들은 해변으로부터 100야드(90메터) 정도밖에 안 되는 곳에 있었기 때문이였다.

9 **When they got there, they found breakfast waiting for them—fish cooking over a charcoal fire, and some bread.**

9 그들이 거기에 도착했을 때, 그들은 자기들을 위한 아침 식사가 준비되였다는 것을 알아차렸다—숯불에 구운 물고기, 그리고 얼마간의 빵.

10 **"Bring some of the fish you've just caught," Jesus said.**

10 《너희들이 방금 잡은 물고기 몇 마리를 가져오너라,》 예수님이 말씀하셨다.

11 **So Simon Peter went aboard and dragged the net to the shore. There were 153 large fish, and yet the net hadn't torn.**

11 그래서 시몬 베드로가 배에 올라가서 그물을 해변으로 끌어당겼다. 백쉰세 마리의 큰 물고기가 있었다, 그럼에도 불구하고 그 그물은 찢어지지 않았다.

12 **"Now come and have some breakfast!" Jesus said. None of the disciples dared to ask him, "Who are you?" They knew it was the Lord.**

12 《자 와서, 아침 식사를 하여라!》 예수님이 말씀하셨다. 제자들 중 어느 누구도 《당신은 누구십니까?》라고 감히 그분에게 묻지 못하였다, 그들은 그분이 주님이심을 알았다.

13 **Then Jesus served them the bread and the fish.**

13 그런 다음 예수님이 그들에게 빵과 물고기를 나눠주셨다.

14 This was the third time Jesus had appeared to his disciples since he had been raised from the dead.

14 이것은 예수님이 죽은 사람들로부터 살아나신 이후에 자신의 제자들에게 나타나신 세 번째였다.

15 After breakfast Jesus asked Simon Peter, "Simon son of John, do you love me more than these?" "Yes, Lord," Peter replied, "you know I love you." "Then feed my lambs," Jesus told him.

15 아침 식사 후 예수님이 시몬 베드로에게 물으셨다, 《요한의 아들 시몬아, 너는 나를 이 사람들보다 더 사랑하는가?》《예, 주님,》 베드로가 대답하였다, 《당신은 제가 당신을 사랑하는 것을 아십니다.》《그러면 나의 어린양들을 먹여라.》 예수님이 그에게 말씀하셨다.

16 Jesus repeated the question: "Simon son of John, do you love me?" "Yes, Lord," Peter said, "you know I love you." "Then take care of my sheep," Jesus said.

16 예수님이 거듭 물으셨다: 《요한의 아들 시몬아, 네가 나를 사랑하는가?》《예, 주님,》 베드로가 말했다, 《당신은 제가 당신을 사랑하는 것을 아십니다.》《그러면 나의 양들을 돌보아라.》 예수님이 말씀하셨다.

17 A third time he asked him, "Simon son of John, do you love me?" Peter was hurt that Jesus asked the question a third time. He said, "Lord, you know everything. You know that I love you." Jesus said, "Then feed my sheep.

17 세 번째 그분이 그에게 물으셨다, 《요한의 아들 시몬아, 네가 나를 사랑하는가?》 베드로는 예수님이 세 번 물어보시니 마음이 상했다. 그가 말했다, 《주님, 당신은 모든 것을 아십니다. 당신은 제가 당신을 사랑하는 것을 아십니다.》 예수님이 말씀하셨다, 《그러면 나의 양들을 먹여라.》

18 "I tell you the truth, when you were young, you were able to do as you liked; you dressed yourself and went wherever you wanted to go. But when you are old, you will stretch out your hands, and others will dress you and take you where you don't want to go."

18 《내가 너에게 진리를 말한다, 네가 젊었을 때는, 네가 자신이 좋아하는 대로 할 수 있었다; 네가 너 스스로 옷을 차려입고 네가 가기 원하는 어디든지 갔다. 그러나 네가 늙으면, 너는 너의 팔을 벌리게 될 것이다, 그리하여 다른 사람들이 너에게 옷 입혀 줄 것이고 네가 가기 원하지 않는 곳으로 너를 데려갈 것이다.》

19 Jesus said this to let him know by what kind of death he would glorify

God. Then Jesus told him, "Follow me."

19 예수님은 그로 하여금 어떤 죽음으로 하나님을 영광스럽게 할 것인지를 알도록 하기 위해 이것을 말씀하셨다. 그런 다음 예수님은 그에게 말씀하셨다. 《나를 따라오너라.》

20 **Peter turned around and saw behind them the disciple Jesus loved—the one who had leaned over to Jesus during supper and asked, "Lord, who will betray you?"**

20 베드로가 돌아서서 예수님이 사랑하시던 그 제자를 그들 뒤에서 보았다—저녁 식사 중에 예수님에게 기대여 《주님, 누가 당신을 배반할 것입니까?》라고 물었던 그 사람.

21 **Peter asked Jesus, "What about him, Lord?"**

21 베드로가 예수님에게 물었다. 《그는 어떻게 되겠습니까, 주님?》

22 **Jesus replied, "If I want him to remain alive until I return, what is that to you? As for you, follow me."**

22 예수님이 대답하셨다. 《만일 내가 돌아올 때까지 그가 여전히 살아 있기를 내가 원한다고 해도, 그것이 너와 무슨 상관이 있는가? 너로서는, 나를 따라오너라!》

23 **So the rumor spread among the community of believers that this disciple wouldn't die. But that isn't what Jesus said at all. He only said, "If I want him to remain alive until I return, what is that to you?"**

23 그래서 그 제자가 죽지 않을 것이라는 소문이 믿는 사람들의 공동체 속에서 퍼졌다. 그러나 예수님이 말씀하신 것은 전혀 그런 것이 아니다. 그분은, 《만일 내가 돌아올 때까지 그가 여전히 살아 있기를 내가 원한다 해도 그것이 너와 무슨 상관이 있는가?》라고 말씀하셨을 뿐이였다.

24 **This disciple is the one who testifies to these events and has recorded them here. And we know that his account of these things is accurate.**

24 이 제자는 이 사건들에 대해 립증하고 그것들을 여기에 쓴 바로 그 사람이다. 그리고 우리는 이런 것들에 대한 그의 설명이 틀림없다는 것을 알고 있다.

25 **Jesus also did many other things. If they were all written down, I suppose the whole world could not contain the books that would be written.**

25 예수님이 또한 많은 다른 것들을 하셨다. 만일 그것들이 모두 기록되여진다면, 나는 온 세상이 씌여질 그 책들을 넣을 수 없을 것이라고 생각한다.

Acts

선교활동

Acts

선교활동

1

The Promise of the Holy Spirit

성령님에 대한 약속

1 In my first book I told you, Theophilus, about everything Jesus began to do and teach

1 데오빌로여, 저는 나의 첫 번째 책에서, 예수님이 하시고 가르치기 시작하셨던 모든 것에 대해 당신에게 말씀드렸습니다.

2 until the day he was taken up to heaven after giving his chosen apostles further instructions through the Holy Spirit.

2 그분이 성령님을 통해 자신이 선택하신 핵심 제자들에게 교훈들을 더해 주신 후에 하늘로 올리워 가신 날까지.

3 During the forty days after his crucifixion, he appeared to the apostles from time to time, and he proved to them in many ways that he was actually alive. And he talked to them about the Kingdom of God.

3 그분의 십자사형틀에서의 죽음 후 40일 동안, 그분은 때때로 핵심제자들에게 나타나셨습니다. 그리고 그들에게 여러 방법으로 자신이 실제로 살아 있음을 립증하셨습니다. 그리고 그분은 그들에게 하나님 나라에 대해 이야기하셨습니다.

4 Once when he was eating with them, he commanded them, "Do not leave Jerusalem until the Father sends you the gift he promised, as I told you

before.

4 한번은 그분이 그들과 함께 식사하고 계셨을 때, 그분이 그들에게 명령하셨습니다. 《이전에 내가 너희에게 말한 대로, 아버지께서 자신이 약속하신 선물을 너희에게 보내 주실 때까지 예루살렘을 떠나지 말아라.

5 John baptized with water, but in just a few days you will be baptized with the Holy Spirit."

5 요한은 물로 세례를 주었다, 그러나 며칠 안 있어 너희는 성령으로 세례를 받게 될 것이다.》

The Ascension of Jesus

예수님의 하늘로 오르심

6 So when the apostles were with Jesus, they kept asking him, "Lord, has the time come for you to free Israel and restore our kingdom?"

6 그래서 핵심 제자들은 예수님과 함께 있었을 때, 그들은 계속해서 그분에게 질문하였다, 《주님, 당신이 이스라엘을 해방하고 우리 나라를 복구하실 때가 온 것입니까?》

7 He replied, "The Father alone has the authority to set those dates and times, and they are not for you to know.

7 그분이 대답하셨다, 《아버지만이 그러한 날짜들과 시간들을 정하실 권한이 있으시다, 그리고 그것들은 너희가 알 것이 아니다.

8 But you will receive power when the Holy Spirit comes upon you. And you will be my witnesses, telling people about me everywhere—in Jerusalem, throughout Judea, in Samaria, and to the ends of the earth."

8 그렇지만 너희는 성령님이 너희에게 오시면 너희는 능력을 받을 것이다. 그리고 너희는 사람들에게 나에 대해 어디서나—예루살렘, 유태 온 지역, 사마리아, 그리고 땅의 끝까지—말하면서, 나의 립증자들이 될 것이다.》

9 After saying this, he was taken up into a cloud while they were watching, and they could no longer see him.

9 이것을 말하신 후, 그분은 그들이 지켜보고 있는 동안에 구름 속으로 올리워 가셨다, 그리고 그들은 더 이상 그분을 볼 수 없었다.

10 As they strained to see him rising into heaven, two white-robed men suddenly stood among them.

10 그들이 하늘로 올라가시는 그분을 보려고 애를 썼을 때, 흰 례복을 입은 두 사람이 갑자기 그들 가운데 서 있었다.

11 "Men of Galilee," they said, "why are you standing here staring into heaven? Jesus has been taken from you into heaven, but someday he will return from heaven in the same way you saw him go!"

11 《갈릴리 사람들아,》 그들이 말했다, 《왜 너희는 하늘을 뚫어지게 보면서 여기에 서 있는가? 예수님은 너희를 떠나 하늘로 올리워 가셨다, 그러나 언젠가 그분은 너희가 그분이 가시는 것을 본 그대로 하늘로부터 다시 돌아오실 것이다!》

Matthias Replaces Judas

맛디아가 유다를 대신하다

12 Then the apostles returned to Jerusalem from the Mount of Olives, a distance of half a mile.

12 그러고 나서 핵심제자들은 반 마일 거리에 있는, 올리브 산으로부터 예루살렘으로 돌아왔다.

13 When they arrived, they went to the upstairs room of the house where they were staying. Here are the names of those who were present: Peter, John, James, Andrew, Philip, Thomas, Bartholomew, Matthew, James (son of Alphaeus), Simon (the Zealot), and Judas (son of James).

13 그들이 도착했을 때, 자기들이 머물고 있던 집의 우층 방으로 갔다. 여기에 그곳에 있었던 사람들의 이름들이 있다: 베드로, 요한, 야고보, 안드레, 빌립, 도마, 바돌로매, 마태, 야고보(알패오의 아들), 시몬(열심당원), 그리고 유다(야고보의 아들).

14 They all met together and were constantly united in prayer, along with Mary the mother of Jesus, several other women, and the brothers of Jesus.

14 그들은 모두 함께 모였다. 그리고 예수님의 어머니 마리아, 몇 다른 녀성들, 그리고 예수님의 형제들과 함께, 끊임없이 기도로 결속되여 있었다.

15 During this time, when about 120 believers were together in one place, Peter stood up and addressed them.

15 이 기간 동안, 거의 120명의 신자들이 한곳에 함께 모였을 때, 베드로가 일어서서 그들에게 연설했다.

16 "Brothers," he said, "the Scriptures had to be fulfilled concerning Judas, who guided those who arrested Jesus. This was predicted long ago by the Holy Spirit, speaking through King David.

16 《형제들이여,》 그가 말했다, 《하나님말씀책은 예수님을 체포한 사람

들을 안내했던, 유다에 관련된 것은 이루어져야 했습니다. 이것은 오래전에 성령님에 의해 예언되였고, 다윗 왕을 통해 이야기되였습니다.

17 **Judas was one of us and shared in the ministry with us."**

17 유다는 우리 중의 한 사람이였고 우리와 함께 임무를 같이했습니다.》

18 **(Judas had bought a field with the money he received for his treachery. Falling head first there, his body split open, spilling out all his intestines.**

18 (유다는 자기의 배반 행위로 받은 돈으로 밭을 샀다. 그곳에서 거꾸로 떨어져서, 그의 모든 밸이 쏟아져 나오면서, 그의 몸이 튕겨졌다.

19 **The news of his death spread to all the people of Jerusalem, and they gave the place the Aramaic name Akeldama, which means "Field of Blood.")**

19 그의 죽음의 소식이 예루살렘의 모든 사람들에게 퍼졌다, 그리고 그들은 그곳에 《피의 밭》이라는 의미인, 아겔다마라는 아람 이름을 붙였다.)

20 **Peter continued, "This was written in the book of Psalms, where it says, 'Let his home become desolate, with no one living in it.' It also says, 'Let someone else take his position.'**

20 베드로가 계속했다, 《이것은 시묶음에 씌여 있는데, 거기서는 이렇게 말합니다, 〈그의 집이 그 안에 아무도 살지 않게 황폐하게 해주십시오.〉 또한 이렇게도 말합니다, 〈다른 누군가가 그의 자리를 차지하게 해주십시오.〉

21 **"So now we must choose a replacement for Judas from among the men who were with us the entire time we were traveling with the Lord Jesus.**

21 《그래서 이제 우리는 주 예수님과 함께 다니던 전 기간 동안 우리와 함께 있던 사람들 중에서 유다의 후계자를 선출해야 하겠습니다.

22 **from the time he was baptized by John until the day he was taken from us. Whoever is chosen will join us as a witness of Jesus' resurrection."**

22 그분이 요한에게서 세례를 받은 때부터 우리로부터 떠나시던 날까지. 누가 뽑히든지 그 사람은 예수님의 부활의 립증자로서 우리와 함께할 것입니다.》

23 **So they nominated two men: Joseph called Barsabbas (also known as Justus) and Matthias.**

23 그래서 그들은 두 사람을 추천했다: 바사바라고 불리는 요셉(또한 유스도로 알려진)과 맛디아였다.

24 **Then they all prayed, "O Lord, you know every heart. Show us which of these men you have chosen**

24 그 후 그들은 모두 기도했다, 《오오 주님, 당신은 모든 마음을 아십니다. 이 사람들 중에서 어느 사람이 당신이 선택하신 사람인지 우리에

게 보여 주십시오.

25 as an apostle to replace Judas in this ministry, for he has deserted us and gone where he belongs."

25 이 임무에서 유다를 대신할 핵심제자를 알게 해 주십시오. 왜냐하면 그는 우리를 저버리고 자기가 속한 곳으로 가버렸기 때문입니다.》

26 Then they cast lots, and Matthias was selected to become an apostle with the other eleven.

26 그리고 나서 그들은 제비를 뽑았다. 그랬더니 맛디아가 다른 열한 사람과 함께 핵심제자가 되도록 선택되였다.

2

The Holy Spirit Comes

성령님이 오심

1 On the day of Pentecost all the believers were meeting together in one place.

1 성령내림절에 모든 신자들은 한 장소에 함께 모여 있었다.

2 Suddenly, there was a sound from heaven like the roaring of a mighty windstorm, and it filled the house where they were sitting.

2 갑자기, 하늘로부터 굉장한 폭풍의 우르렁거리는 것 같은 소리가 있었다. 그리고 그것은 그들이 앉아 있었던 집을 가득 채웠다.

3 Then, what looked like flames or tongues of fire appeared and settled on each of them.

3 그러자, 불길이나 불의 혀 같이 보이는 것들이 나타나서 그들의 매사람 우에 머물었다.

4 And everyone present was filled with the Holy Spirit and began speaking in other languages, as the Holy Spirit gave them this ability.

4 그리고 거기에 있던 모든 사람이 성령으로 가득 찼고, 성령이 그들에게 이 능력을 주심으로써, 다른 언어들로 말하기 시작했다.

5 At that time there were devout Jews from every nation living in Jerusalem.

5 그때에 모든 나라로부터 온 믿음이 깊은 유태 사람들이 예루살렘에 살고 있었다.

6 When they heard the loud noise, everyone came running, and they were bewildered to hear their own languages being spoken by the believers.

6 그들이 큰 시끄러운 소리를 들었을 때, 모두가 뛰여 왔다. 그런데 그

들은 그들 자신들의 언어가 신자들에 의해서 말해지고 있는 것을 듣고 어리둥절해졌다.

7 They were completely amazed. "How can this be?" they exclaimed. "These people are all from Galilee,

7 그들은 아주 깜짝 놀랐다. 《어떻게 이런 일이 있을 수 있는가?》 그들은 웨쳤다. 《이 사람들은 모두 갈릴리 출신이다,

8 and yet we hear them speaking in our own native languages!

8 그런데도 우리는 그들이 우리의 모국어로 말하는 것을 듣고 있다!

9 Here we are—Parthians, Medes, Elamites, people from Mesopotamia, Judea, Cappadocia, Pontus, the province of Asia,

9 여기 있는 우리는—바대, 메대, 엘람, 메소포타미아에서 온 사람들이고, 유태, 갑바도기아, 본도, 아시아 지방,

10 Phrygia, Pamphylia, Egypt, and the areas of Libya around Cyrene, visitors from Rome

10 브루기아, 밤빌리아, 에짚트, 그리고 구레네 주변의 리비아 지역들에서 온 사람들이며, 로마로부터 온 방문자들이였다.

11 (both Jews and converts to Judaism), Cretans, andArabs. And we all hear these people speaking in our own languages about the wonderful things God has done!"

11 (둘 다 유태 사람들과 유태교 개종자들), 크레타와, 아랍에서 온 사람들이다. 그런데 우리 모두는 이 사람들이 하나님께서 실행하신 놀라운 일들에 대해 우리들 자신의 언어로 말하고 있는 것을 듣고 있다!》

12 They stood there amazed and perplexed. "What can this mean?" they asked each other.

12 그들은 깜짝 놀라서 어찌할 바를 모르고 그곳에 서 있었다. 《이것이 어찌 된 것인가?》 그들은 서로 물었다.

13 But others in the crowd ridiculed them, saying, "They're just drunk, that's all!"

13 그렇지만 군중 속의 다른 사람들은, 《그들은 그저 술에 취한 거야, 그런 것뿐이야!》라고 말하면서, 그들을 비웃었다.

Peter Preaches to the Crowd

베드로가 군중들에게 설교하다

14 Then Peter stepped forward with the eleven other apostles and shouted to the crowd, "Listen carefully, allof you, fellow Jews and residents of Jerusalem! Makeno mistake about this.

14 그러자 베드로가 열한 명의 다른 핵심제자들과 함께 앞으로 나섰다
그리고 군중들에게 웨쳤다. 《동료 유태 사람들과 예루살렘 주민들이여!
여러분은 모두, 잘 들으십시오! 이 일에 대해 잘못 생각하지 마십시오.

15 These people are not drunk, as some of you are assuming. Nine o'clock in the morning is much too early for that.

15 이 사람들은, 당신들 중 어떤 사람들이 생각하는 것처럼 술 취한 것이 아닙니다. 아침 9시는 그러기에는 너무 이른 시간입니다.

16 No, what you see was predicted long ago by the prophet Joel:

16 아니요, 여러분이 보는 것은 예언자 요엘에 의해 오래전에 예언된 것이였습니다:

17 'In the last days,' God says, 'I will pour out my Spirit upon all people. Your sons and daughters will prophesy. Your young men will see visions, and your old men will dream dreams.

17 〈마지막 날에,〉 하나님께서 말씀하셨습니다, 〈내가 나의 령을 모든 사람 우에 부을 것이다. 너희의 아들들과 딸들은 예언할 것이다. 너희 젊은이들은 환상들을 볼 것이고, 너희 늙은이들은 꿈들을 꿀 것이다.

18 In those days I will pour out my Spirit even on my servants—men and women alike—and they will prophesy.

18 그날에 나는 나의 령을 지어 나의 종들—남자들과 녀자들—에게 똑같이 부어 줄 것이고 그리하여 그들은 예언할 것이다.

19 And I will cause wonders in the heavens above and signs on the earth below—blood and fire and clouds of smoke.

19 그리고 나는 우에 하늘에서 놀라운 일들을 그리고 아래 땅에서는 징표들—피와 불과 그리고 연기의 구름을 일으킬 것이다.

20 The sun will become dark, and the moon will turn blood red before that great and glorious day of the LORD arrives.

20 주님의 위대하고 영광스러운 날이 오기 전에 해는 어두워지고, 달은 피빛으로 변할 것이다.

21 But everyone who calls on the name of the LORD will be saved.'

21 그러나 주님의 이름을 부르는 사람은 누구나 구원될 것이다.〉

22 "People of Israel, listen! God publicly endorsed Jesus the Nazarene by doing powerful miracles, wonders, and signs through him, as you well know.

22 《이스라엘 사람들이여, 들으십시오! 당신들이 잘 아는 대로, 하나님께서는 나사렛 사람 예수님을 통해 강력한 기적들, 놀라운 일들, 징표들을 실행하게 함으로써 그분을 공개적으로 보증해 주셨습니다.

23 But God knew what would happen, and his prearranged plan was carried out when Jesus was betrayed. With the help of lawless Gentiles, you nailed him to a cross and killed him.

23 그런데 하나님께서는 일어날 것을 알고 계셨고, 그분의 미리 마련된 계획은 예수님이 배신을 당했을 때 실행되였습니다. 법이 없는 비유태인들의 협조로, 당신들은 그분을 십자사형틀에 못 박아 죽였습니다.

24 But God released him from the horrors of death and raised him back to life, for death could not keep him inits grip.

24 그러나 하나님께서는 그분을 죽음의 공포로부터 해방하여 그분이 다시 살아나도록 일으키셨습니다, 왜냐하면 죽음이 그 손아귀에 그분을 넣을 수 없었기 때문이였습니다.

25 King David said this about him: 'I see that the LORD is always with me. I will not be shaken, for he is right beside me.

25 다윗 왕은 그분에 대해 이렇게 말했습니다: 〈나는 주님께서 언제나 나와 함께 계심을 압니다. 나는 흔들리지 않을 것입니다, 왜냐하면 그분께서 바로 내 곁에 계시기 때문입니다.

26 No wonder my heart is glad, and my tongue shouts his praises! My body rests in hope.

26 그래서 당연히 나의 마음은 기쁩니다, 그리고 나의 혀는 그분의 찬양들을 웨칩니다! 나의 몸은 희망 가운데 쉬고 있습니다.

27 For you will not leave my soul among the dead or allow your Holy One to rot in the grave.

27 왜냐하면 당신께서는 나의 령혼을 죽은 사람들 속에 두지 않고 또는 당신의 거룩하신 분이 무덤 속에서 썩어 없어지기를 허락하지 않으실 것이기 때문입니다.

28 You have shown me the way of life, and you will fill me with the joy of your presence.'

28 당신께서는 나에게 생명의 길을 보여 주셨습니다, 그리고 당신께서는 나에게 당신의 존재의 기쁨으로 채우실 것입니다.〉

29 "Dear brothers, think about this! You can be sure that the patriarch David wasn't referring to himself, for he died and was buried, and his tomb is still here among us.

29《사랑하는 형제들이여, 이것에 대해 생각하십시오! 당신들은 조상 다윗이 자기 자신에 대해 말한 것이 아님을 확신할 수 있습니다, 왜냐하면 그는 죽었고 매장되였기 때문입니다, 그리고 그의 무덤은 아직도 여기 우리 가운데 있습니다.》

30 But he was a prophet, and he knew God had promised with an oath that one of David's own descendants would sit on his throne.

30 그러나 그는 예언자였고, 하나님께서 다윗 자신의 후손들 중 한 사람이 자신의 왕좌에 앉을 것이라는 맹세로 약속하신 것을 알고 있었습니다.

31 David was looking into the future and speaking of the Messiah's resurrection. He was saying that God would not leave him among the dead or allow his body to rot in the grave.

31 다윗은 미래를 바라보면서 구세주의 부활을 이야기하고 있었습니다. 그는 하나님께서 그분을 죽은 사람들 가운데 버려 두거나 그분의 몸이 무덤에서 썩도록 내버려 두지 않으실 것이라고 말하고 있었습니다.

32 "God raised Jesus from the dead, and we are all witnesses of this.

32 《하나님께서는 예수님을 죽은 사람들로부터 일으키셨습니다. 그리하여 우리는 모두 이 일의 증인들입니다.

33 Now he is exalted to the place of highest honor in heaven, at God's right hand. And the Father, as he had promised, gave him the Holy Spirit to pour out upon us, just as you see and hear today.

33 이제 그분은 하나님의 오른쪽, 하늘에서 가장 높은 영광의 자리까지 높아지셨습니다. 그리고 아버지께서는, 그분이 약속하셨던 대로, 당신들이 지금 보고 들은 그대로 우리 우에 붓도록 그분에게 성령님을 보내 주셨습니다.

34 For David himself never ascended into heaven, yet he said, 'The LORD said to my Lord, "Sit in the place of honor at my right hand

34 왜냐하면 다윗 자신은 하늘로 올라간 적이 없었습니다. 그럼에도 불구하고 그가 말했기 때문입니다. 〈주님께서 나의 주님에게 말씀하셨다. 《내 오른쪽 영광의 자리에 앉으라.

35 until I humble your enemies, making them a footstool under your feet."'

35 내가 너의 원쑤들을 너의 발아래 발판으로 만들어서, 그들을 낮출 때까지.》〉

36 "So let everyone in Israel know for certain that God has made this Jesus, whom you crucified, to be both Lord and Messiah!"

36 《그러므로 이스라엘에 있는 모든 사람, 당신들이 십자사형틀에 못 박은, 이 예수님을 하나님께서 주님과 구세주 둘 다 되게 하신 것을 분명히 알게 하십시오!》

37 Peter's words pierced their hearts, and they said to him and to the other apostles, "Brothers, what should we do?"

37 베드로의 말은 그들의 마음을 꿰뚫었다. 그래서 그들은 그와 그리
고 다른 핵심제자들에게 말했다. 《형제들이여, 우리는 어떻게 해야 합
니까?》

38 **Peter replied, "Each of you must repent of your sins and turn to God, and be baptized in the name of Jesus Christ for the forgiveness of your sins. Then you will receive the gift of the Holy Spirit.**

38 베드로가 대답했다. 《당신들 각자는 자신의 죄들을 뉘우치고 하나님
께 되돌아가십시오, 그리고 당신들의 죄들을 용서받기 위해 예수 그리
스도의 이름으로 세례를 받으십시오. 그러면 당신들은 성령님의 선물
을 받을 것입니다.

39 **This promise is to you, and to your children, and evento the Gentiles—all who have been called by the Lord our God."**

39 이 약속은 당신들과, 그리고 당신들의 아들딸들, 또한 비유태인들
까지—주님이신 우리 하나님으로부터 부르심을 받은 모든 사람들에게
하신 것입니다.》

40 **Then Peter continued preaching for a long time, strongly urging all his listeners, "Save yourselves from this crooked generation!"**

40 그러고 나서 베드로는 자신의 말을 듣고 있는 모든 사람들에게, 《바
르지 못한 이 세대에서 당신 자신들을 구원하라!》고 힘주어 주장하면
서, 오랜 시간 동안 설교를 계속하였다.

41 **Those who believed what Peter said were baptized and added to the church that day—about 3,000 in all.**

41 베드로가 말한 것을 믿은 사람들은 세례를 받았다. 그리하여 그날에
교회가 늘어났다—모두 합쳐 대략 3,000명.

The Believers Form a Community
신자들이 공동체를 조직하다

42 **All the believers devoted themselves to the apostles'teaching, and to fellowship, and to sharing in meals(including the Lord's Supper), and to prayer.**

42 모든 신자들은 핵심제자들의 가르침과, 사귐과, 식사 나누기(주님의
만찬을 포함하여), 그리고 기도에 전심전력했다.

43 **A deep sense of awe came over them all, and the apostles performed many miraculous signs and wonders.**

43 깊은 존경의 두려움이 그들 모두를 사로잡았다. 그리고 핵심제자들은
많은 기적적인 증표들과 신기한 일들을 보여 주었다.

44 And all the believers met together in one place and shared everything they had.

44 그리고 모든 신자들은 함께 한곳에 모여서 자기들이 가진 모든 것을 나누어 썼다.

45 They sold their property and possessions and shared the money with those in need.

45 그들은 자기들의 재산과 소유물을 팔았고 그 돈을 필요한 사람들과 나누어 썼다.

46 They worshiped together at the Temple each day, met in homes for the Lord's Supper, and shared their meals with great joy and generosity.

46 그들은 날마다 신전에서 함께 례배를 드렸고, 주님의 만찬을 위해 가정들에서 모였으며, 큰 기쁨과 넉넉함으로 자기들의 식사를 함께 나누었다.

47 all the while praising God and enjoying the goodwill of all the people. And each day the Lord added to their fellowship those who were being saved.

47 그동안 죽 하나님을 찬양하고 모든 사람들의 두터운 정을 즐기면서. 그리하여 날마다 주님께서 그들의 사귐에 구원받는 사람들을 더하여 주셨다.

3

Peter Heals a Crippled Beggar

베드로가 불구가 된 거지를 고침

1 Peter and John went to the Temple one afternoon to take part in the three o'clock prayer service.

1 베드로와 요한은 어느 날 오후 3시 기도 례배에 참가하기 위해 신전에 갔다.

2 As they approached the Temple, a man lame from birth was being carried in. Eachday he was put beside the Temple gate, the one called the Beautiful Gate, so he could beg from the people going into the Temple.

2 그들이 신전에 가까이 갔을 때, 태여날 때부터 절름발이인 한 사람이 실려 들어오고 있었다. 날마다 그는 아름다운 문이라고 불리우는, 신전 문 곁에 놓여졌다, 그리하여 그는 신전에 들어가는 사람들로부터 구걸할 수 있었다.

3 When he saw Peter and John about to enter, he asked them for some money.

3 그가 베드로와 요한이 막 들어가려고 하는 것을 보았을 때, 그는 그들에게 돈을 좀 달라고 청했다.

4 **Peter and John looked at him intently, and Peter said, "Look at us!"**

4 베드로와 요한은 그를 눈여겨 쳐다보았다. 그러더니 베드로가 말했다. 《우리를 보시오!》

5 **The lame man looked at them eagerly, expecting some money.**

5 그 절름발이인 사람은 얼마간의 돈을 기대하면서, 간절히 그들을 쳐다보았다.

6 **But Peter said, "I don't have any silver or gold for you. But I'll give you what I have. In the name of Jesus Christ the Nazarene, get up and walk!"**

6 그러나 베드로가 말했다. 《나는 그대를 위한 은이나 금을 전혀 가지고 있지 않소. 그렇지만 내가 가지고 있는 것을 그대에게 주겠소. 나사렛 예수 그리스도의 이름으로, 일어나서 걸으시오!》

7 **Then Peter took the lame man by the right hand and helped him up. And as he did, the man's feet and ankles were instantly healed and strengthened.**

7 그런 다음 베드로는 오른손으로 그 절름발이인 사람을 잡아서 그를 도와 일으켰다. 그리고 그가 그렇게 하자, 그 사람의 발과 발목은 즉시 낫게 되고 힘이 생겼다.

8 **He jumped up, stood on his feet, and began to walk! Then, walking, leaping, and praising God, he went into the Temple with them.**

8 그는 벌떡 일어났고, 자기 발로 일어섰다. 그리고 걷기 시작했다! 그런 다음, 걷고, 뛰어 오르고, 그리고 하나님을 찬양하면서, 그는 그들과 함께 신전 안으로 들어갔다.

9 **All the people saw him walking and heard him praising God.**

9 모든 사람들은 그가 걷는 것을 보았고 그가 하나님을 찬양하는 소리를 들었다.

10 **When they realized he was the lame beggar they had seen so often at the Beautiful Gate, they were absolutely astounded!**

10 사람들은 그가 바로 자기들이 아름다운 문에서 언제나 보았던 그 절름발이 거지였다는 것을 알게 되었을 때, 그들은 참으로 몹시 놀랐다!

11 **They all rushed out in amazement to Solomon's Colonnade, where the man was holding tightly to Peter and John.**

11 그들은 모두 깜짝 놀라서 솔로몬의 기둥복도로 급히 몰려갔다. 그곳에서 그 사람이 베드로와 요한을 바싹 붙어 다니고 있었다.

Peter Preaches in the Temple

베드로가 신전에서 설교하다

12 Peter saw his opportunity and addressed the crowd. "People of Israel," he said, "what is so surprising about this? And why stare at us as though we had made this man walk by our own power or godliness?

12 베드로는 자기의 기회를 보다가 군중에게 연설했다. 《이스라엘 사람들이여,》 그는 말했다, 《왜 이 일에 대해서 그렇게 놀랍니까? 그리고 우리가 이 사람을 우리 자신의 능력과 신앙심으로써 걷게 한 것처럼 왜 우리를 뚫어지게 보고 있습니까?

13 For it is the God of Abraham, Isaac, and Jacob—the God of all our ancestors—who has brought glory to his servant Jesus by doing this. This is the same Jesus whom you handed over and rejected before Pilate, despite Pilate's decision to release him.

13 이것은 아브라함, 이삭, 그리고 야곱의 하나님께서—모든 우리 선조들의 하나님—이 일을 실행하심으로써 그분의 종 예수님에게 영광을 가져다 주셨기 때문입니다. 이분은 당신들이 그분을 풀어주기로 한 빌라도의 결정에도 불구하고, 넘겨주었고 빌라도 앞에서 거절했던 바로 그 예수님이십니다.

14 You rejected this holy, righteous one and instead demanded the release of a murderer.

14 당신들은 이 거룩하고, 정의로운 분을 거절하였고 대신에 살인자의 석방을 요구했습니다.

15 You killed the author of life, but God raised him from the dead. And we are witnesses of this fact!

15 당신들은 생명의 창조자를 죽였습니다, 그러나 하나님께서는 그분을 죽은 사람들로부터 되살리셨습니다. 그리고 우리가 이 사실의 증인들입니다!

16 "Through faith in the name of Jesus, this man was healed—and you know how crippled he was before. Faith in Jesus'name has healed him before your very eyes.

16 《예수님의 이름을 믿는 것으로 하여, 이 사람이 나았습니다—그리고 당신들은 그가 전에 얼마나 손발이 자유롭지 못한 사람이였는지를 압니다. 예수님의 이름에 대한 믿음이 바로 당신들의 눈앞에서 그를 낫게 하였습니다.

17 "Friends, I realize that what you and your leaders did to Jesus was done in ignorance.

17 《친구들이여, 나는 당신들과 당신들의 지도자들이 예수님에게 한 일

을 알지 못해서 했던 것을 알고 있습니다.

18 **But God was fulfilling what all the prophets had foretold about the Messiah—that he must suffer these things.**

18 그러나 하나님께서는 모든 예언자들이 미리 구세주에 대해 예언한 것을—그분이 이러한 일들을 겪어야만 한다는 사실— 리행하고 계셨습니다.

19 **Now repent of your sins and turn to God, so that your sins may be wiped away.**

19 이제 당신들의 죄들을 뉘우치고 하나님께 돌아가십시오. 그래야 여러분의 죄들이 씻겨질 수 있을 것입니다.

20 **Then times of refreshment will come from the presence of the Lord, and he will again send you Jesus, your appointed Messiah.**

20 그런 다음 주님 앞에서 몸과 마음이 회복되는 때가 올 것입니다. 그리고 그분께서는 미리 정해진 당신들의 구세주, 예수님을 다시 당신들에게 보내 주실 것입니다.

21 **For he must remain in heaven until the time for the final restoration of all things, as God promised long ago through his holy prophets.**

21 왜냐하면 그분은 하나님께서 자신의 거룩한 예언자들을 통해 오래전에 약속하셨던 대로, 모든 것들을 최종적으로 복구하실 때까지 하늘에 남아 계셔야 하기 때문입니다.

22 **Moses said, 'The LORD your God will raise up for you a Prophet like me from among your own people. Listen carefully to everything he tells you.'**

22 모세가 말했습니다. 〈주 너희 하나님께서 너희를 위해 너희 자신의 백성 가운데서 나와 같은 한 예언자를 일으키실 것이다. 그분이 너희에게 말하는 모든 것을 귀담아 들어라.〉

23 **Then Moses said, 'Anyone who will not listen to that Prophet will be completely cut off from God's people.'**

23 그리고 나서 모세가 말했습니다. 〈그 예언자에게 귀 기울이지 않는 사람은 누구든지 하나님의 백성들로부터 완전히 끊어져 없어질 것이다.〉

24 **"Starting with Samuel, every prophet spoke about what is happening today.**

24《사무엘로부터 시작해서, 예언자는 누구나 오늘 일어나고 있는 것에 대해 말했습니다.

25 **You are the children of those prophets, and you are included in the covenant God promised to your ancestors. For God said to Abraham, 'Through**

your descendants all the families on earth will be blessed.'

25 당신들은 그 예언자들의 아들딸들입니다. 그리고 당신들은 하나님께서 당신들의 선조들에게 약속하셨던 계약에 포함되어 있습니다. 왜냐하면 하나님께서 아브라함에게 말씀하셨기 때문입니다. 〈너의 후손들을 통해 세상의 모든 민족이 축복을 받을 것이다.〉

26 **When God raised up his servant, Jesus, he sent him first to you people of Israel, to bless you by turning each of you back from your sinful ways."**

26 하나님께서는 자신의 종, 예수님을 되살리셨을 때, 그분은 당신들 각자를 자신들의 죄 많은 길에서 돌아서게 함으로써 당신들을 축복하기 위해, 당신들 이스라엘 백성에게 먼저 그분을 보내셨습니다.》

4

Peter and John before the Council

심의회 앞에 선 베드로와 요한

1 **While Peter and John were speaking to the people, they were confronted by the priests, the captain of the Temple guard, and some of the Sadducees.**

1 베드로와 요한이 사람들에게 말하고 있는 동안, 그들은 제사장, 신전 경비대장 그리고 몇 사람의 사두개파 사람들과 마주 서게 되였다.

2 **These leaders were very disturbed that Peter and John were teaching the people that through Jesus there is a resurrection of the dead.**

2 이 지도자들은 베드로와 요한이 예수님을 통해 죽은 사람들의 부활이 있다고 사람들에게 가르치고 있는 것에 아주 당황해졌다.

3 **They arrested them and, since it was already evening, put them in jail until morning.**

3 그 사람들은 그들을 체포하였다. 그리고 이미 해 질 무렵이 되였기 때문에, 그들을 감옥에 아침까지 가두었다.

4 **But many of the people who heard their message believed it, so the number of believers now totaled about 5,000 men, not counting women and children.**

4 그러나 그들의 말씀을 들었던 사람들 중 많은 사람들이 그것을 믿었다, 그래서 지금 신자들의 수는 녀자들과 아이들을 계산하지 않고, 남자들이 약 5,000명에 달했다.

5 **The next day the council of all the rulers and elders and teachers of religious law met in Jerusalem.**

5 그다음 날 모든 통치자들과 장로들과 종교법 선생들의 심의회가 예루살렘에서 열렸다.

6 **Annas the high priest was there, along with Caiaphas, John, Alexander, and other relatives of the high priest.**

6 총제사장 안나스가, 가야바, 요한, 알렉산더, 그리고 총제사장의 다른 친척들과 함께, 그곳에 있었다.

7 **They brought in the two disciples and demanded, "By what power, or in whose name, have you done this?"**

7 그들은 그 두 제자들을 데리고 와서 심문하였다. 《너희는 어떤 권위로서, 혹은 누구의 이름으로 이 일을 하는가?》

8 **Then Peter, filled with the Holy Spirit, said to them, "Rulers and elders of our people,**

8 그러자 베드로가, 성령으로 차고 넘쳐, 그들에게 말했다. 《우리 백성의 통치자들과 장로들이여,

9 **are we being questioned today because we've done a good deed for a crippled man? Do you want to knowhow he was healed?**

9 우리는 불구가 된 사람에게 좋은 일을 한 것 때문에 오늘 우리가 심문을 받고 있습니까? 당신들은 그가 어떻게 낫게 되였는지 알고 싶습니까?

10 **Let me clearly state to all of you and to all the people of Israel that he was healed by the powerful name of Jesus Christ the Nazarene, the man you crucified but whom God raised from the dead.**

10 저로 하여금 당신들 모두에게 그리고 모든 이스라엘 사람들에게 명백하게 진술하게 해주십시오. 그는 당신들이 십자사형틀에 못박아 죽였지만 하나님께서 죽은 사람들로부터 되살리신 그 사람, 나사렛 예수 그리스도의 권위 있는 이름으로 하여 낫게 되였습니다.

11 **For Jesus is the one referred to in the Scriptures, where it says, 'The stone that you builders rejected has now become the cornerstone.'**

11 왜냐하면 예수님은 하나님말씀책에 언급된 그분이기 때문입니다. 거기서는 이렇게 말하고 있습니다. 〈너희 건축가들이 내버린 돌이 이제 주추돌이 되였다.〉

12 **There is salvation in no one else! God has given no other name under heaven by which we must be saved."**

12 다른 누구에게도 없는 구원이 있습니다! 하나님께서는 하늘 아래에서 우리가 그것으로 하여 구원을 받아야 하는 그 어떤 이름도 주신 적이 없습니다.》

13 **The members of the council were amazed when they saw the boldness of Peter and John, for they could see that they were ordinary men with no special training in the Scriptures. They also recognized them as men who had been with Jesus.**

13 그 심의회 성원들은 그들이 베드로와 요한의 대담성을 보았을 때 깜짝 놀랐다. 왜냐하면 그들이 하나님말씀책으로 특별히 훈련을 받지 않은 보통 사람들이였다는 것을 그들이 알 수 있었기 때문이였다. 그들은 또한 그들이 예수님과 함께 지냈던 사람들인 것을 알아보았다.

14 **But since they could see the man who had been healed standing right there among them, there was nothing the council could say.**

14 그러나 그들은 낫게 된 사람이 바로 거기 그들 가운데 서 있는 것을 볼 수 있었기 때문에, 심의회가 말할 수 있는 것은 아무것도 없었다.

15 **So they ordered Peter and John out of the council chamber and conferred among themselves.**

15 그래서 그들은 베드로와 요한을 심의회실에서 나가라고 명령하고 자기들끼리 협의하였다.

16 **"What should we do with these men?" they asked each other. "We can't deny that they have performed a miraculous sign, and everybody in Jerusalem knows about it.**

16《이 사람들을 우리가 어떻게 해야 하겠는가?》그들은 서로 물었다. 《우리는 그들이 기적적인 표적을 실행한 것을 부인할 수 없소, 그리고 예루살렘에 있는 모든 사람이 그것에 대해서 알고 있소.

17 **But to keep them from spreading their propaganda any further, we must warn them not to speak to anyone in Jesus' name again."**

17 그렇지만 더 이상 그들의 주장을 퍼뜨리지 못하도록 그들을 막기 위해, 우리는 그들에게 다시는 예수의 이름으로 아무에게도 말하지 말라고 경고해야 합니다.》

18 **So they called the apostles back in and commanded them never again to speak or teach in the name of Jesus.**

18 그래서 그들은 다시 그 핵심제자들을 불러서 그들에게 다시는 예수의 이름으로 말하거나 가르치지 말라고 명령했다.

19 **But Peter and John replied, "Do you think God wants us to obey you rather than him?**

19 그러나 베드로와 요한은 대답했다, 《당신들은 하나님께서 우리에게 그분보다 오히려 당신들에게 복종하기를 원한다고 생각하십니까?

20 **We cannot stop telling about everything we have seen and heard."**

20 우리는 우리가 보고 들은 모든 것에 대해 말하는 것을 멈출 수 없습니다.》

21 The council then threatened them further, but they finally let them go because they didn't know how to punish them without starting a riot. For everyone was praising God

21 심의회는 그러자 그들을 한층 더 위협했다. 그러나 그들은 소동이 일어나지 않고 그들을 처벌할 방법을 알 수 없었기 때문에 마침내 그들을 보내 주었다. 왜냐하면 모든 사람들이 하나님을 찬양하고 있었기 때문이였다.

22 for this miraculous sign—the healing of a man who had been lame for more than forty years.

22 이 기적적인 표적에 대한 것은—40년 이상이나 절름발이였던 사람에 대한 고침이다.

The Believers Pray for Courage

신자들이 용기를 위해 기도하다

23 As soon as they were freed, Peter and John returned to the other believers and told them what the leading priests and elders had said.

23 베드로와 요한은 자기들이 풀려나자마자, 다른 신자들에게로 돌아갔다. 그리고 그들에게 상급 제사장들과 장로들이 말했던 것을 이야기해 주었다.

24 When they heard the report, all the believers lifted their voices together in prayer to God: "O Sovereign Lord, Creator of heaven and earth, the sea, and everything in them—

24 그들이 그 보고를 들었을 때, 모든 신자들은 하나님께 드리는 기도 속에서 자기들의 목소리를 함께 높였다: 《오오, 주권자이신 주님, 하늘과 땅, 바다 그리고 그 안에 있는 모든 것의 창조자—

25 you spoke long ago by the Holy Spirit through our ancestor David, your servant, saying, 'Why were the nations so angry? Why did they waste their time with futile plans?

25 당신께서는 오래전에 당신의 종, 우리 선조 다윗을 통해 성령으로 말씀하셨습니다. 〈왜 나라들이 그렇게 격분하는가? 왜 그들은 자기들의 시간을 헛된 계획들로 랑비했는가?

26 The kings of the earth prepared for battle; the rulers gathered together against the LORD and against his Messiah.'

26 세상의 왕들은 싸움을 준비했다; 지배자들이 주님과 그분의 구세주

를 반대하여 함께 모였다.〉

27 "In fact, this has happened here in this very city! For Herod Antipas, Pontius Pilate the governor, the Gentiles, and the people of Israel were all united against Jesus, your holy servant, whom you anointed.

27《실제로, 이것이 여기 바로 이 도시에서 일어났습니다! 왜냐하면 헤롯 안티파스, 본디오 빌라도 총독, 비유태인들, 그리고 이스라엘 백성들이 모두 당신의 거룩한 종, 당신께서 기름을 뿌리셨던 예수님을 반대하여 결속되였기 때문입니다.

28 But everything they did was determined beforehand according to your will.

28 그러나 그들이 실행했던 모든 것은 당신의 뜻에 따라서 미리 정해진 것이였습니다.

29 And now, O Lord, hear their threats, and give us, your servants, great boldness in preaching your word.

29 그리고 지금, 오오 주님, 그들의 협박을 들으시고, 당신의 종들인 우리에게 당신의 말씀을 전하는 데서 커다란 대담성을 주십시오.

30 Stretch out your hand with healing power; may miraculous signs and wonders be done through the name of your holy servant Jesus."

30 치료의 능력을 가진 당신의 손을 내밀어 주십시오; 기적적인 표적들과 놀라운 일들이 당신의 거룩한 종 예수님의 이름으로 실행되게 해 주십시오.》

31 After this prayer, the meeting place shook, and they were all filled with the Holy Spirit. Then they preached the word of God with boldness.

31 이 기도 후, 모임 장소가 흔들렸다, 그리고 그들은 모두 성령으로 차고 넘쳤다. 다음에 그들은 하나님의 말씀을 대담성을 가지고 전했다.

The Believers Share Their Possessions

신자들이 자기들의 재산을 나누어 쓰다

32 All the believers were united in heart and mind. And they felt that what they owned was not their own, so they shared everything they had.

32 모든 신자들은 마음과 정신이 하나가 되였다. 그리고 그들은 자기들이 가진 것을 자기 자신의 것이라고 느끼지 않았다, 그래서 그들은 자기들이 가졌던 모든 것을 서로 나누어 썼다.

33 The apostles testified powerfully to the resurrection of the Lord Jesus, and God's great blessing was upon them all.

33 핵심제자들은 주 예수님의 부활을 강력하게 증언했다, 그러자 하나

님의 위대한 축복이 그들 모두 우에 있었다.

34 There were no needy people among them, because those who owned land or houses would sell them

34 그들 가운데는 가난한 사람이 하나도 없었다. 왜냐하면 토지나 집들을 소유한 사람들이 그것들을 팔아서

35 and bring the money to the apostles to give to those in need.

35 그 돈을 가난한 사람들에게 주기 위해 핵심제자들에게 가져왔기 때문이였다.

36 For instance, there was Joseph, the one the apostles nicknamed Barnabas (which means "Son of Encouragement"). He was from the tribe of Levi and came from the island of Cyprus.

36 례를 들면, 요셉이 있었다. 그는 바나바(그것은《격려의 아들》이라는 뜻이다)라는 별명으로 불리는 핵심제자들 중 한 사람. 그는 레위 가문이였고 키프로스 섬에서 왔다.

37 He sold a field he owned and brought the money to the apostles.

37 그는 자기가 소유했던 밭을 팔아서 그 돈을 핵심제자들에게 가지고 왔다.

5

Ananias and Sapphira

아나니아와 삽비라

1 But there was a certain man named Ananias who, with his wife, Sapphira, sold some property.

1 그런데 자기 안해, 삽비라와 함께 얼마간에 재산을 팔았던 아나니아라는 어떤 사람이 있었다.

2 He brought part of the money to the apostles, claiming it was the full amount. With his wife's consent, he kept the rest.

2 그는 그 돈의 일부를 전체 금액이라고 말하면서, 그것을 핵심제자들에게 가져왔다. 그는 자기 안해의 동의를 얻어서, 그 나머지를 남겨 두었다.

3 Then Peter said, "Ananias, why have you let Satan fill your heart? You lied to the Holy Spirit, and you kept some of the money for yourself.

3 그러자 베드로가 말했다,《아나니아야, 왜 너는 대악마를 너의 마음에 가득 차게 하였는가? 너는 성령님께 거짓말을 하고, 너 자신을 위해 돈을 얼마간 남겨 두었다.

4 **The property was yours to sell or not sell, as you wished. And after selling it, the money was also yours to give away. How could you do a thing like this? You weren't lying to us but to God!"**

4 그 재산은 팔든지 팔지 않든지, 네 마음대로 할 수 있는 너의 것이였다. 그리고 그것을 팔고 난 후에도, 그 돈은 역시 남에게 줄 수 있는 너의 것이였다. 너는 어떻게 이런 일을 할 수 있었는가? 너는 우리에게가 아니라 하나님께 거짓말을 한 것이다!》

5 **As soon as Ananias heard these words, he fell to the floor and died. Everyone who heard about it was terrified.**

5 아니니아는 이 말을 듣자마자 곧, 바닥에 넘어져서 죽었다. 그 일에 대해서 들은 사람은 누구나 무서워했다.

6 **Then some young men got up, wrapped him in a sheet, and took him out and buried him.**

6 그러자 청년들 몇 사람이 일어나 그를 홑이불에 싸서, 그를 가지고 나가 매장했다.

7 **About three hours later his wife came in, not knowing what had happened.**

7 약 세 시간이 지나서 그의 안해가 무슨 일이 있었는지 모른 채, 들어왔다.

8 **Peter asked her, "Was this the price you and your husband received for your land?" "Yes," she replied, "that was the price."**

8 베드로가 그 녀자에게 물었다,《이것이 너와 네 남편이 너희의 토지에서 받은 금액이였는가?》《네,》그 녀자가 대답했다,《그것이 그 금액이였습니다.》

9 **And Peter said, "How could the two of you even think of conspiring to test the Spirit of the Lord like this? The young men who buried your husband are just outside the door, and they will carry you out, too."**

9 그러자 베드로가 말했다,《어떻게 너희 두 사람은 이와 같이 주님의 령을 떠보려고 공모 할 생각까지 할 수 있었는가? 너의 남편을 매장한 청년들이 바로 문 밖에 있으니, 그들이 너도 메고 나갈 것이다.》

10 **Instantly, she fell to the floor and died. When the young men came in and saw that she was dead, they carried her out and buried her beside her husband.**

10 그 즉시, 그 녀자는 바닥에 넘어져서 죽었다. 청년들이 들어와서 그 녀자가 죽은 것을 보고, 그들은 그 녀자를 메고 나가서 자기 남편 곁에 묻어 주었다.

11 Great fear gripped the entire church and everyone else who heard what had happened.

11 커다란 두려움이 온 교회와 무슨 일이 일어났는지를 들었던 다른 모든 사람들을 사로잡았다.

The Apostles Heal Many

핵심제자들이 많은 사람들을 치료하다

12 The apostles were performing many miraculous signs and wonders among the people. And all the believers were meeting regularly at the Temple in the area known as Solomon's Colonnade.

12 핵심제자들은 백성들 가운데서 많은 기적적인 증표들과 놀라운 일들을 실행하고 있었다. 그리고 모든 신자들은 솔로몬의 기둥복도라고 알려진 구역이 있는 신전에 정기적으로 모이고 있었다.

13 But no one else dared to join them, even though all the people had high regard for them.

13 그러나 그 밖에 누구도 감히 그들과 합류하지 못했으나, 모든 사람들은 그들에 대해 높은 호감을 가졌다.

14 Yet more and more people believed and were brought to the Lord—crowds of both men and women.

14 게다가 사람들이 점점 더 많이 믿었고 주님께 이끌렸다—남자들과 녀자들의 많은 사람들.

15 As a result of the apostles' work, sick people were brought out into the streets on beds and mats so that Peter's shadow might fall across some of them as he went by.

15 핵심제자들의 활동 결과로, 병든 사람들이 침대와 깔개 우에 놓여 거리로 실려 나왔다. 그리하여 베드로가 지나가면서 그의 그림자가 그들 중 일부에게 덮힐 수 있도록 하였다.

16 Crowds came from the villages around Jerusalem, bringing their sick and those possessed by evil spirits, and they were all healed.

16 군중들이 그들의 병자들과 악한 령들에 사로잡혀 있는 사람들을 데리고, 예루살렘 주변의 마을들로부터 왔다. 그리하여 그들은 모두 나았다.

The Apostles Meet Opposition

핵심제자들이 반대에 부디치다

17 The high priest and his officials, who were Sadducees, were filled with jealousy.

17 총제사장과 그의 관리들이였던 사두개파 사람들은 질투심으로 가
득 찼다.

18 They arrested the apostles and put them in the public jail.

18 그들은 핵심제자들을 체포하여 그들을 공중 감옥에 가두었다.

19 But an angel of the Lord came at night, opened the gates of the jail, and brought them out. Then he told them,

19 그러나 밤에 주님의 한 천사가 와서, 감옥의 문을 열고, 그들을 꺼내 주었다. 그러고 나서 그는 그들에게 말했다,

20 "Go to the Temple and give the people this message of life!"

20 《신전에 가서 이 생명의 말씀을 백성들에게 전하여라!》

21 So at daybreak the apostles entered the Temple, as they were told, and immediately began teaching. When the high priest and his officials arrived, they convened the high council—the full assembly of the elders of Israel. Then they sent for the apostles to be brought from the jail for trial.

21 그래서 새벽에 핵심제자들은, 그들이 들었던 대로, 신전에 들어갔다, 그리고 즉시 가르치기 시작했다. 총제사장과 그의 관리들이 도착했을 때, 그들은 최고 심의회를—이스라엘 장로들의 전체 모임을 소집했다. 그 후 그들은 핵심제자들을 감옥에서 데려와서 재판받도록 사람들을 보냈다.

22 But when the Temple guards went to the jail, the men were gone. So they returned to the council and reported,

22 그런데 신전 경비병들이 감옥에 갔을 때, 그 사람들은 없었다. 그래서 그들은 심의회로 돌아와서 보고했다,

23 "The jail was securely locked, with the guards standing outside, but when we opened the gates, no one was there!"

23 《감옥은 밖에 경비병들이 서 있었고, 확실하게 잠겨 있었습니다, 그런데 우리가 문들을 열었을 때, 그곳에 아무도 없었습니다!》

24 When the captain of the Temple guard and the leading priests heard this, they were perplexed, wondering where it would all end.

24 신전 경비대장과 상급제사장들이 이 말을 듣고, 그들은 결국 그것이 어디에서 끝날지 놀라워하며, 어쩔 줄 몰라 했다.

25 Then someone arrived with startling news: "The men youput in jail are standing in the Temple, teaching the people!"

25 그때 어떤 사람이 놀라운 소식을 가지고 왔다: 《여러분들이 감옥에 가두어 넣었던 사람들이 신전에 서서, 사람들을 가르치고 있습니다!》

26 The captain went with his Temple guards and arrested the apostles, but

without violence, for they were afraid the people would stone them.

26 경비 대장은 그의 신전 경비병들과 함께 가서 핵심제자들을 체포했다, 그렇지만 폭력을 쓰지는 않았다, 왜냐하면 그들은 백성들이 자기들에게 돌을 던질까 봐 두려워했기 때문이였다.

27 Then they brought the apostles before the high council, where the high priest confronted them.

27 그 후 그들은 핵심제자들을 최고심의회 앞에 데리고 왔다, 그곳에서 총제사장이 그들을 마주 대했다.

28 "Didn't we tell you never again to teach in this man's name?" he demanded. "Instead, you have filled all Jerusalem with your teaching about him, and you want to make us responsible for his death!"

28 《우리가 다시는 이 사람의 이름으로 가르치지 말라고 너희에게 말하지 않았는가?》 그들은 다그쳤다. 《대신에, 너희는 온 예루살렘에 그에 대한 너희의 가르침을 퍼뜨리고 있다, 그리고 너희는 우리를 그의 죽임에 책임이 있는 것으로 하고 싶어 한다!》

29 But Peter and the apostles replied, "We must obey God rather than any human authority.

29 그러나 베드로와 핵심제자들은 대답했다, 《우리는 어떤 인간의 권력보다도 하나님께 복종해야 합니다.

30 The God of our ancestors raised Jesus from the dead after you killed him by hanging him on a cross.

30 당신들이 십자사형틀에 예수님을 매달아 죽인 후에 우리 선조들의 하나님께서는 그분을 죽은 사람들로부터 살리셨습니다.

31 Then God put him in the place of honor at his right hand as Prince and Savior. He did this so the people of Israel would repent of their sins and be forgiven.

31 그러고 나서 하나님께서는 자신의 오른편에 있는 영광의 자리에 그분을 왕과 구세주로 앉히셨습니다. 그분께서 이렇게 하신 것은 이스라엘 백성들이 자기들의 죄를 뉘우치고 용서를 받게 하려는 것이였습니다.

32 We are witnesses of these things and so is the Holy Spirit, who is given by God to those who obey him."

32 우리는 이러한 일들의 립증자들이고 그분께 복종하는 사람들이 하나님께로부터 받는 성령님도 그러하십니다.》

33 When they heard this, the high council was furious and decided to kill them.

33 그들이 이 말을 들었을 때, 최고심의회는 몹시 화를 내고 그들을 죽

이기로 결정했다.

34 But one member, a Pharisee named Gamaliel, who was an expert in religious law and respected by all the people, stood up and ordered that the men be sent outside the council chamber for a while.

34 그러나 종교법 전문가이고 모든 백성들에게 존경받는, 가말리엘이라고 부르는 바리새파, 한 성원이, 일어서서 그 사람들을 잠시 동안 회의장 밖으로 나가도록 명령했다.

35 Then he said to his colleagues, "Men of Israel, take care what you are planning to do to these men!

35 그리고 그는 자기 동료들에게 말했다, 《이스라엘 사람들이여, 여러분들이 이 사람들에게 하려고 계획하고 있는 것을 조심하십시오!

36 Some time ago there was that fellow Theudas, who pretended to be someone great. About 400 others joined him, but he was killed, and all his followers went their various ways. The whole movement came to nothing.

36 얼마 전 자기가 위대한 어떤 사람이라도 되는 것처럼 가장했던 드다라는 자가 있었습니다. 약 400명 되는 사람들이 그에게 합류하였습니다, 그러나 그는 살해당했고, 그를 따르던 사람들은 서로 다른 자기 길로 갔습니다. 그 모든 움직임은 아무것도 아닌 것이 되였습니다.

37 After him, at the time of the census, there was Judas of Galilee. He got people to follow him, but he was killed, too, and all his followers were scattered.

37 그 사람 이후에, 인구 조사를 할 때, 갈릴리의 유다가 있었습니다. 그는 자기를 따르는 사람들이 있었지만, 그도 역시 죽임을 당했고, 그의 신봉자들도 모두 흩어졌습니다.

38 "So my advice is, leave these men alone. Let them go. If they are planning and doing these things merely on their own, it will soon be overthrown.

38 《그러니 나의 충고는 이 사람들을 내버려 두자는 것입니다. 그들을 가게 하십시오. 만일 그들이 단지 자신들의 힘으로만 이런 일들을 계획하고 실행하는 것이라면, 그것은 곧 무너질 것입니다.

39 But if it is from God, you will not be able to overthrow them. You may even find yourselves fighting against God!"

39 그러나 그것이 만일 하나님으로부터 온 것이라면, 여러분은 그들을 무너뜨릴 수 없을 것입니다. 여러분은 지어 스스로 하나님께 대항해서 싸우고 있는 것을 알게 될지 모릅니다!》

40 The others accepted his advice. They called in the apostles and had them flogged. Then they ordered them never again to speak in the name of

Jesus, and they let them go.

40 다른 사람들은 그의 충고를 받아들였다. 그들은 핵심제자들을 불러서 그들을 때려서 벌주었다. 그러고 나서 그들은 그들에게 결코 다시 예수의 이름으로 말해서는 안 된다고 명령했다, 그리고 그들은 그들을 놓아주었다.

41 The apostles left the high council rejoicing that God had counted them worthy to suffer disgrace for the name of Jesus.

41 핵심제자들은 하나님께서 예수님의 이름으로 수치의 고난을 당할 만하다고 그들을 여겨주신 것에 대해 크게 기뻐하면서 최고심의회를 떠났다.

42 And every day, in the Temple and from house to house, they continued to teach and preach this message: "Jesus is the Messiah."

42 그리고 날마다, 신전에서와 집집마다에서, 그들은 계속해서 《예수님은 구세주이시다.》라는 말씀을 가르치고 전파하였다.

6

Seven Men Chosen to Serve

봉사하기 위해 선택된 일곱 사람

1 But as the believers rapidly multiplied, there were rumblings of discontent. The Greek-speaking believers complained about the Hebrew-speaking believers, saying that their widows were being discriminated against in the daily distribution of food.

1 그런데 믿는 사람들이 급속히 늘게 되자, 불만의 불평 소리들이 들렸다. 그리스 말을 하는 신자들이 자기들의 과부들이 매일 나누어 주는 음식에서 차별을 받고 있다고 말하면서, 헤브라이 말을 하는 신자들에 대해 불평을 했다.

2 So the Twelve called a meeting of all the believers. They said, "We apostles should spend our time teaching the word of God, not running a food program.

2 그래서 열두 핵심제자들은 모든 신자들의 모임을 열었다. 그들은 말했다, 《우리 핵심제자들은 식량 배급 행사가 아니라 하나님의 말씀을 가르치는 일에 우리의 시간을 써야 합니다.

3 And so, brothers, select seven men who are well respected and are full of the Spirit and wisdom. We will give them this responsibility.

3 그러니, 형제들이여, 나무랄 데 없이 존경받고 성령과 지혜로 충만된

일곱 사람을 뽑으십시오. 우리는 그들에게 이 책임을 맡길 것입니다.

4 Then we apostles can spend our time in prayer and teaching the word."

4 그러면 우리 핵심제자들은 우리의 시간을 기도와 말씀 가르치는 일에 쓸 수 있습니다.》

5 Everyone liked this idea, and they chose the following: Stephen (a man full of faith and the Holy Spirit), Philip, Procorus, Nicanor, Timon, Parmenas, and Nicolas of Antioch (an earlier convert to the Jewish faith).

5 모든 사람이 이 생각을 좋아했다. 그래서 그들은 다음의 사람들을 뽑았다: 스테반(믿음과 성령으로 충만한 사람), 빌립, 브로고로, 니가노르, 디몬, 바메나, 안디옥의 니골라(일찍이 유태교로 전향한).

6 These seven were presented to the apostles, who prayed for them as they laid their hands on them.

6 이 일곱 사람이 핵심제자들 앞에 나왔다. 제자들은 자기들의 손을 그들 우에 얹고 그들을 위해 기도를 했다.

7 So God's message continued to spread. The number of believers greatly increased in Jerusalem, and many of the Jewish priests were converted, too.

7 그래서 하나님의 말씀이 계속해서 퍼졌다. 신자의 수가 예루살렘에서 크게 늘었다. 그리고 많은 유태인 제사장들도 역시 전향되었다.

Stephen Is Arrested

스테반이 체포되다

8 Stephen, a man full of God's grace and power, performed amazing miracles and signs among the people.

8 하나님의 은정과 능력으로 충만한 사람, 스테반은 사람들 가운데에서 놀라운 기적들과 징표들을 나타내였다.

9 But one day some men from the Synagogue of Freed Slaves, as it was called, started to debate with him. They were Jews from Cyrene, Alexandria, Cilicia, and the province of Asia.

9 그런데 어느 날 이른바, 자유롭게 된 노예들의 군중회관이라고 하는 곳에서 온 몇 사람들이 그와 토론하기 시작했다. 그들은 구레네, 알렉산드리아, 길리기아와 아시아의 지역에서 온 유태인들이였다.

10 None of them could stand against the wisdom and the Spirit with which Stephen spoke.

10 그들 중 아무도 지혜와 령으로 말하는 스테반을 당해 낼 수가 없었다.

11 So they persuaded some men to lie about Stephen, saying, "We heard him

blaspheme Moses, and even God."

11 그래서 그들은 스테반에 대해 거짓말을 하도록 몇 사람을 설득했다. 《우리는 그가 모세와, 지어 하나님까지 모독하는 말을 들었다.》

12 This roused the people, the elders, and the teachers of religious law. So they arrested Stephen and brought him before the high council.

12 이것은 백성들, 장로들, 그리고 종교법 선생들을 선동했다. 그래서 그들은 스테반을 체포해서 최고심의회 앞에 그를 데려왔다.

13 The lying witnesses said, "This man is always speaking against the holy Temple and against the law of Moses.

13 그 거짓 증인들은 말했다, 《이 사람은 언제나 거룩한 신전과 모세의 법을 반대하여 말합니다.

14 We have heard him say that this Jesus of Nazareth will destroy the Temple and change the customs Moses handed down to us."

14 우리는 이 나사렛 예수가 신전을 무너뜨리고 모세가 우리에게 전해준 관습들을 바꿀 것이라고 그가 말하는 것을 들었습니다.》

15 At this point everyone in the high council stared at Stephen, because his face became as bright as an angel's.

15 바로 그때 최고심의회에 있던 모든 사람들은 스테반을 뚫어지게 바라보았다, 왜냐하면 그의 얼굴이 천사의 얼굴처럼 빛났기 때문이였다.

7

Stephen Addresses the Council

스데반이 심의회에서 연설하다

1 Then the high priest asked Stephen, "Are these accusations true?"

1 그러자 총제사장이 스데반에게 물었다, 《이러한 고발들이 사실인가?》

2 This was Stephen's reply: "Brothers and fathers, listen tome. Our glorious God appeared to our ancestor Abraham in Mesopotamia before he settled in Haran.

2 이것이 스데반의 대답이였다: 《형제들과 어버이들이여, 저의 말을 들어보십시오. 우리의 영광스러운 하나님께서 우리 선조 아브라함이 하란에 자리 잡고 살기 전 메소포타미아에서 그에게 나타나셨습니다.

3 God told him, 'Leave your native land and your relatives, and come into the land that I will show you.'

3 하나님께서 그에게 말씀하셨습니다, 〈네 고향과 네 친척들을 떠나라, 그리고 내가 너에게 보여줄 땅으로 들어가거라.〉

4 **So Abraham left the land of the Chaldeans and lived in Haran until his father died. Then God brought him here to the land where you now live.**

4 그래서 아브라함은 갈대아 땅을 떠나서 그의 아버지가 죽을 때까지 하란에서 살았습니다. 그 후 하나님께서는 여러분이 지금 살고 있는 이 땅으로 그를 데려오셨습니다.

5 **"But God gave him no inheritance here, not even one square foot of land. God did promise, however, that eventually the whole land would belong to Abraham and his descendants—even though he had no children yet.**

5 《그러나 하나님께서는 그에게 발붙일 땅조차도 여기서는 유산으로 주지 않으셨습니다. 그렇지만, 결국 그 모든 땅이 아브라함과 그의 후손들에게—아직 아들딸들이 없는 아브라함이였지만—속하게 될 것이라고, 하나님께서는 약속을 해주셨습니다.

6 **God also told him that his descendants would live in a foreign land, where they would be oppressed as slaves for 400 years.**

6 하나님께서는 또한 그의 후손들이 외국 땅에서, 400년 동안 노예로 학대를 당하며 살 것이라고 그에게 말씀해 주셨습니다.

7 **'But I will punish the nation that enslaves them,' God said, 'and in the end they will come out and worship me here in this place.'**

7 〈그렇지만 나는 그들을 노예로 만든 나라를 처벌할 것이다.〉라고 하나님께서 말씀하셨습니다, 〈그리고 결국 그들은 여기 이곳으로 나와서 나를 례배할 것이다.〉

8 **"God also gave Abraham the covenant of circumcision at that time. So when Abraham became the father of Isaac, he circumcised him on the eighth day. And the practice was continued when Isaac became the father of Jacob, and when Jacob became the father of the twelve patriarchs of the Israelite nation.**

8 《또한 하나님께서는 그때에 아브라함에게 잘라냄례식의 약속을 주셨습니다. 그래서 아브라함이 이삭의 아버지가 되였을 때, 그는 8일 만에 그의 포피를 잘라냈습니다. 그리고 그 관습은 이삭이 야곱의 아버지가 되였을 때, 또 야곱이 이스라엘 민족의 열두 혈족의 아버지가 되였을 때 계속되였습니다.

9 **"These patriarchs were jealous of their brother Joseph, and they sold him to be a slave in Egypt. But God was with him**

9 《이 혈족들은 자기들의 형제 요셉을 질투해서, 그들은 그를 에짚트에 노예로 팔았습니다. 그러나 하나님께서는 그와 함께 계셨습니다

10 **and rescued him from all his troubles. And God gave him favor before**

Pharaoh, king of Egypt. God also gave Joseph unusual wisdom, so that Pharaoh appointed him governor over all of Egypt and put him in charge of the palace.

10 그리고 그를 그의 모든 불행으로부터 구출하셨습니다. 그리고 하나님께서는 그가 에짚트의 왕인, 바로 앞에서 총애를 받게 하셨습니다. 하나님께서는 또한 요셉에게 특별한 지혜를 주셨습니다, 그래서 바로는 그를 온 에짚트를 다스리는 통치자로 임명하고 그에게 궁전을 맡도록 하였습니다.

11 "But a famine came upon Egypt and Canaan. There was great misery, and our ancestors ran out of food.

11 《그런데 기근이 에짚트와 가나안에 들이닥쳤습니다. 커다란 고통이 있었고, 우리 선조들은 먹을 것이 떨어졌습니다.

12 Jacob heard that there was still grain in Egypt, so he sent his sons—our ancestors—to buy some.

12 야곱은 아직은 에짚트에 알곡이 있다는 소식을 들었습니다, 그래서 그는 자기 아들들을—우리 선조들인—얼마라도 사 오도록 보냈습니다.

13 The second time they went, Joseph revealed his identity to his brothers, and they were introduced to Pharaoh.

13 그들이 두 번째 갔을 때, 요셉은 자기 형제들에게 자신의 신원을 밝혔습니다, 그리하여 그들은 바로에게 소개되였습니다.

14 Then Joseph sent for his father, Jacob, and all his relatives to come to Egypt, seventy-five persons in all.

14 그런 다음 요셉은 자기 아버지, 야곱, 그리고 그의 모든 친척들, 모두 합쳐 75명을 에짚트에 오도록 했습니다.

15 So Jacob went to Egypt. He died there, as did our ancestors.

15 그래서 야곱이 에짚트로 갔습니다. 그는 우리 선조들이 그랬던 것처럼, 그곳에서 죽었습니다.

16 Their bodies were taken to Shechem and buried in the tomb Abraham had bought for a certain price from Hamor's sons in Shechem.

16 그들의 시체들은 세겜으로 옮겨져서 아브라함이 세겜에서 하몰의 아들들에게서 일정한 값을 주고 샀던 무덤에 묻혔습니다.

17 "As the time drew near when God would fulfill his promise to Abraham, the number of our people in Egypt greatly increased.

17 《하나님께서 아브라함에게 하셨던 자신의 약속을 리행할 때가 가까워졌을 때, 에짚트에서 우리 민족의 수가 훨씬 늘어났습니다.

18 But then a new king came to the throne of Egypt who knew nothing about

Joseph.

18 그런데 그때 요셉에 대해 아무것도 알지 못하던 새로운 왕이 에짚트의 왕위에 올랐습니다.

19 This king exploited our people and oppressed them, forcing parents to abandon their newborn babies so they would die.

19 이 왕은 우리 백성을 착취하였고, 그들의 새로 태어난 아기들을 버려 그 애기들이 죽게 하려고 부모들을 강요하면서, 그들을 압박했습니다.

20 "At that time Moses was born—a beautiful child in God's eyes. His parents cared for him at home for three months.

20《그때에 모세가—하나님이 보시기에 아름다운 아기가 태여났습니다. 그의 부모는 석 달 동안 그를 집에서 돌보았습니다.

21 When they had to abandon him, Pharaoh's daughter adopted him and raised him as her own son.

21 그들이 그를 버려야 했을 때, 바로의 딸이 그를 양아들로 삼고 자기 친아들로 그를 키웠습니다.

22 Moses was taught all the wisdom of the Egyptians, and he was powerful in both speech and action.

22 모세는 에짚트 사람들의 모든 지혜를 배웠습니다. 그리하여 그는 말이나 행동에서 다 능력이 있었습니다.

23 "One day when Moses was forty years old, he decided to visit his relatives, the people of Israel.

23《어느 날 모세가 마흔 살이 되였을 때, 그는 자기 동족인, 이스라엘 백성들을 방문하기로 결심했습니다.

24 He saw an Egyptian mistreating an Israelite. So Moses came to the man's defense and avenged him, killing the Egyptian.

24 그는 에짚트 사람이 이스라엘 사람을 학대하는 것을 보았습니다. 그래서 모세는 그 사람을 보호하기 위해 갔다가, 그 에짚트 사람을 죽임으로써 그의 원쑤를 갚아 주었습니다.

25 Moses assumed his fellow Israelites would realize that God had sent him to rescue them, but they didn't.

25 모세는 자기 동포인 이스라엘 사람들이 하나님께서 그들을 구원하기 위해 자신을 보내주셨다는 것을 깨달을 것이라고 생각했습니다. 그러나 그들은 그러지 않았습니다.

26 "The next day he visited them again and saw two men of Israel fighting. He tried to be a peacemaker. 'Men,' he said, 'you are brothers. Why are you fighting each other?'

26《그다음 날 그가 다시 그들을 방문했습니다 그리고 이스라엘 사람 둘이서 싸우는 것을 보았습니다. 그는 화해자가 되려고 노력했습니다. 〈여러분,〉 그가 말했습니다. 〈당신들은 형제들입니다. 왜 서로 싸우고 있습니까?〉

27 "But the man in the wrong pushed Moses aside. 'Who made you a ruler and judge over us?' he asked.

27《그러나 잘못한 사람이 모세를 밀어 제꼈습니다. 〈누가 당신을 우리에 대한 지배자 그리고 재판관으로 만들었소?〉 그가 물었습니다.

28 'Are you going to kill me as you killed that Egyptian yesterday?'

28〈당신은 어제 그 에짚트 사람을 죽인 것처럼 나를 죽이려 하오?〉

29 When Moses heard that, he fled the country and lived as a foreigner in the land of Midian. There his two sons were born.

29 모세가 그 말을 들었을 때, 그는 그 나라에서 도망하여 미디안 땅에서 외국인으로 살았습니다. 그곳에서 그의 두 아들들이 태여났습니다.

30 "Forty years later, in the desert near Mount Sinai, an angel appeared to Moses in the flame of a burning bush.

30《40년 후, 시내산 근처의 사막에서, 한 천사가 불타는 덤불의 불길 속에서 모세에게 나타났습니다.

31 When Moses saw it, he was amazed at the sight. As he went to take a closer look, the voice of the LORD called out to him,

31 모세가 그것을 보았을 때, 그는 그것을 보고 깜짝 놀랐습니다. 그가 더 자세히 보려고 갔을 때, 주님의 목소리가 그를 불렀습니다,

32 'I am the God of your ancestors—the God of Abraham, Isaac, and Jacob.' Moses shook with terror and did not dare to look.

32〈나는 너의 선조들의 하나님—아브라함, 이삭, 그리고 야곱의 하나님이다.〉 모세는 겁에 질려 떨면서 감히 쳐다보지 못했습니다.

33 "Then the LORD said to him, 'Take off your sandals, for you are standing on holy ground.

33《그때 주님께서 그에게 말씀하셨습니다, 〈너의 신발을 벗어라, 왜냐하면 너는 거룩한 땅 우에 서 있기 때문이다.

34 I have certainly seen the oppression of my people in Egypt. I have heard their groans and have come down to rescue them. Now go, for I am sending you back to Egypt.'

34 나는 에짚트에서의 나의 백성의 박해를 확실히 보았다. 나는 그들의 신음 소리를 들었고 그들을 구출하기 위해 내려왔다. 지금 가거라, 왜냐하면 내가 너를 에짚트로 되돌려보내려고 하기 때문이다.〉

35 "So God sent back the same man his people had previously rejected when they demanded, 'Who made you a ruler and judge over us?' Through the angel who appeared to him in the burning bush, God sent Moses to be their ruler and savior.

35 《그래서 하나님께서는 자신의 백성들이 〈누가 당신을 우리에 대한 지배자와 재판관으로 세웠는가?〉라고 캐여물으면서 그전에 거절했던 바로 그 사람을 되돌려 보내셨습니다. 불타는 덤불에서 그에게 나타났던 그 천사를 통해, 하나님께서는 모세를 그들의 지배자와 구원자가 되도록 보내셨습니다.

36 And by means of many wonders and miraculous signs, he led them out of Egypt, through the Red Sea, and through the wilderness for forty years.

36 그리고 많은 놀라운 일들과 기적적인 증표들에 의하여, 그는 홍해를 지나고 40년 동안 황야를 거쳐서 그들을 에짚트에서 이끌어 냈습니다.

37 "Moses himself told the people of Israel, 'God will raise up for you a Prophet like me from among your own people.'

37 《모세 자신이 이스라엘 백성들에게 말했습니다, 〈하나님께서는 당신들을 위해 당신 자신들의 백성들 중에서 나와 같은 한 예언자를 세우실 것입니다.〉

38 Moses was with our ancestors, the assembly of God's people in the wilderness, when the angel spoke to him at Mount Sinai. And there Moses received life-giving words to pass on to us.

38 모세는 황야에서 하나님 백성들의 모임, 우리 선조들과 함께 있었는데, 그때 천사가 시내산에서 그에게 말했습니다. 그리하여 그곳에서 모세는 우리에게 전달할 생명을 주는 말씀을 받았습니다.

39 "But our ancestors refused to listen to Moses. They rejected him and wanted to return to Egypt.

39 그러나 우리 선조들은 모세의 말을 듣기를 거부했습니다. 그들은 그를 거부하고 에짚트로 돌아가고 싶어 했습니다.

40 They told Aaron, 'Make us some gods who can lead us, for we don't know what has become of this Moses, who brought us out of Egypt.'

40 그들은 아론에게 말했습니다, 〈우리를 인도할 수 있는 어떤 신들을 우리에게 만들어 주시오, 왜냐하면 우리는 우리를 에짚트에서 데리고 나온, 이 모세가 어떻게 되였는지 모르기 때문입니다.〉

41 So they made an idol shaped like a calf, and they sacrificed to it and celebrated over this thing they had made.

41 그래서 그들은 송아지 같은 우상 모형을 만들었습니다, 그리고 그들

은 그것에 산 제물을 바쳤고 그들이 만들었던 이것에 대해 축하모임을 가졌습니다.

42 Then God turned away from them and abandoned them to serve the stars of heaven as their gods! In the book of the prophets it is written, 'Was it to me you were bringing sacrifices and offerings during those forty years in the wilderness, Israel?

42 그러자 하나님께서는 그들을 외면하시고 그들로 하여금 하늘의 별들을 자기들의 신들로 섬기도록 내버려 두셨습니다! 예언자들의 책에 씌여져 있습니다, 〈이스라엘아, 너희가 황야에서 그 40년 동안 산 제물들과 헌납물들을 가져왔던 것이 나를 위한 것이였던가?

43 No, you carried your pagan gods. the shrine of Molech, the star of your god Rephan, and the images you made to worship them. So I will send you into exile as far away as Babylon.'

43 아니다, 너희는 너희의 이교도적인 신들을—몰록의 신당, 너희의 신인 레판의 별, 그리고 너희가 례배하기 위해 만든 형상들—가지고 다녔다. 그래서 나는 너희를 바벨론 저 멀리 추방할 것이다.〉

44 "Our ancestors carried the Tabernacle with them through the wilderness. It was constructed according to the plan God had shown to Moses.

44 《우리 선조들은 황야에서 줄곧 이동식신전과 함께 다녔습니다. 그것은 하나님께서 모세에게 보여주신 도면에 따라서 건설된 것입니다.

45 Years later, when Joshua led our ancestors in battle against the nations that God drove out of this land, the Tabernacle was taken with them into their new territory. And it stayed there until the time of King David.

45 몇 년 후, 여호수아가 하나님께서 이 땅에서 쫓아내신 민족들을 반대하는 싸움에서 우리들의 선조들을 이끌었을 때, 그 이동식신전은 그들의 새 령토로 그들과 함께 옮겨졌습니다. 그리고 그것은 다윗 왕의 때까지 그곳에 머물러 있었습니다.

46 "David found favor with God and asked for the privilege of building a permanent Temple for the God of Jacob.

46 《다윗은 하나님의 은정을 받았습니다, 그래서 야곱의 하나님을 위해 영원한 신전 건설에 대한 특별한 특권을 달라고 간청했습니다.

47 But it was Solomon who actually built it.

47 그러나 실제로 그것을 건설한 사람은 솔로몬이였습니다.

48 However, the Most High doesn't live in temples made by human hands. As the prophet says,

48 그렇지만, 가장 높으신 분은 인간의 손에 의해 만들어진 신전에서 살

지 않으십니다. 예언자들이 말한 대로,

49 'Heaven is my throne, and the earth is my footstool. Could you build me a temple as good as that?' asks the LORD. 'Could you build me such a resting place?

49 〈하늘은 나의 왕좌이고, 땅은 나의 발판이다. 너희가 나를 위해 그와 같이 좋은 신전을 지을 수 있는가?〉 주님이 물으십니다. 〈너희가 나에게 그러한 휴식처를 지을 수 있겠는가?

50 Didn't my hands make both heaven and earth?'

50 나의 손이 하늘과 땅 둘 다 만들지 않았는가?〉

51 "You stubborn people! You are heathen at heart and deaf to the truth. Must you forever resist the Holy Spirit? That's what your ancestors did, and so do you!

51 《당신들 고집이 센 백성들이여! 당신들은 마음에 신앙심이 없고 진리에 귀가 먹었습니다. 당신들은 영원히 성령님을 반대해야 하겠습니까? 당신들의 선조들이 그렇게 했습니다, 그리고 당신들도 그렇게 하고 있습니다.

52 Name one prophet your ancestors didn't persecute! They even killed the ones who predicted the coming of the Righteous One—the Messiah whom you betrayed and murdered.

52 당신들의 선조들이 박해하지 않은 예언자 한 사람이라도 이름을 말해 보십시오! 사람들은 지어 그 옳바른 분의—당신들이 배반하고 살해한 구세주—오심을 예언한 사람들을 죽였습니다.

53 You deliberately disobeyed God's law, even though you received it from the hands of angels."

53 당신들은 하나님의 법을, 자신들이 천사들의 손으로부터 그것을 받았음에도 불구하고 일부러 지키지 않았습니다.》

54 The Jewish leaders were infuriated by Stephen's accusation, and they shook their fists at him in rage.

54 유태 지도자들은 스테반의 고소에 격분되였다, 그리고 그들은 분노하여 그에게 주먹을 휘둘렀다.

55 But Stephen, full of the Holy Spirit, gazed steadily into heaven and saw the glory of God, and he saw Jesus standing in the place of honor at God's right hand.

55 그러나 스테반은 성령으로 가득 차서, 하늘을 끊임없이 바라보며 하나님의 영광을 보았다, 그리고 그는 예수님이 하나님의 오른쪽 영예의 자리에 서 계시는 것을 보았다.

56 And he told them, "Look, I see the heavens opened and the Son of Man standing in the place of honor at God's righthand!"

56 그래서 그는 그들에게 말했다. 《보시오, 나는 하늘이 열려서 사람의 아들이 하나님의 오른쪽 영예의 자리에 서 계시는 것을 봅니다!》

57 Then they put their hands over their ears and began shouting. They rushed at him

57 그러자 그들은 자기들의 손으로 자신들의 귀를 막고 웨치기 시작했다.

58 and dragged him out of the city and began to stone him. His accusers took off their coats and laid them at the feet of a young man named Saul.

58 그리고 그를 도시 밖으로 끌어내고 그에게 돌을 던지기 시작했다. 그의 고발자들은 자기들의 웃옷을 벗어서 사울이라고 부르는 젊은이의 발치에 그것들을 놓았다.

59 As they stoned him, Stephen prayed, "Lord Jesus, receive my spirit."

59 그들이 그에게 돌을 던졌을 때, 스테반은 기도했다. 《주 예수님, 나의 령혼을 받아 주십시오.》

60 He fell to his knees, shouting, "Lord, don't charge them with this sin!" And with that, he died.

60 그는 웨치면서, 무릎을 꿇었다. 《주님, 이 죄를 그들에게 돌리지 말아 주십시오!》 그러고는 바로, 그는 죽었다.

8

1 Saul was one of the witnesses, and he agreed completely with the killing of Stephen.

1 사울은 목격자들 중 한 사람이였다. 그리하여 그는 스테반을 죽이는 일에 전적으로 동의했다.

Persecution Scatters the Believers

박해가 신자들을 흩어지게 하다

A great wave of persecution began that day, sweeping over the church in Jerusalem; and all the believers except the apostles were scattered through the regions of Judea and Samaria.

커다란 박해의 물결이 그날에 시작되였다. 예루살렘에 있는 교회들에 휘몰아쳤다; 그리하여 핵심제자들을 내놓고는 모든 신자들이 유태와 사마리아의 지역 도처에 흩어졌다.

2 (Some devout men came and buried Stephen with great mourning.)

2 (믿음 깊은 몇 사람이 와서 크게 애도하며 스테반을 매장했다.)

3 But Saul was going everywhere to destroy the church. He went from house to house, dragging out both men and women to throw them into prison.

3 그러나 사울은 교회를 소멸하기 위해 모든 곳을 다니고 있었다. 그는 남자들과 녀자들 모두를 감옥에 집어넣기 위해 그들을 끌어내면서, 집집마다 다녔다.

Philip Preaches in Samaria

빌립이 사마리아에서 전도하다

4 But the believers who were scattered preached the Good News about Jesus wherever they went.

4 그러나 흩어진 그 신자들은 예수님에 대한 반가운 소식을 그들이 가는 곳마다에서 전했다.

5 Philip, for example, went to the city of Samaria and told the people there about the Messiah.

5 실례를 들어, 빌립은 사마리아 도시에 갔다. 그리고 거기에서 사람들에게 구세주에 대해 말해 주었다.

6 Crowds listened intently to Philip because they were eager to hear his message and see the miraculous signs he did.

6 군중들은 빌립의 전하는 말을 듣고 그가 실행한 기적적인 증표들 보기를 갈망했기 때문에 그들은 열심히 그에게 귀를 기울렸다.

7 Many evil spirits were cast out, screaming as they left their victims. And many who had been paralyzed or lame were healed.

7 많은 악한 령들은, 그들이 자신들에게 속은 사람들을 떠날 때 비명을 지르면서 쫓겨 나갔다. 그리고 마비가 되였거나 절름발이였던 많은 사람들이 낫게 되였다.

8 So there was great joy in that city.

8 그래서 그 도시에 커다란 기쁨이 있었다.

9 A man named Simon had been a sorcerer there for many years, amazing the people of Samaria and claiming to be someone great.

9 시몬이라고 부르는 사람이, 사마리아 사람들을 깜짝 놀라게 하고 자기가 굉장한 사람이라고 주장하면서, 여러 해 동안 그곳에서 요술쟁이로 있었다.

10 Everyone, from the least to the greatest, often spoke of him as "the Great

One—the Power of God."

10 가장 낮은 사람으로부터 가장 높은 사람에 이르기까지, 모두가, 그를 흔히 《위대한 사람—하나님의 능력》이라고 말했다.

11 They listened closely to him because for a long time he had astounded them with his magic.

11 그들은 그가 오래동안 자신의 마술로 그들을 몹시 놀라게 했기 때문에 그의 말을 주의 깊게 들었다.

12 But now the people believed Philip's message of Good News concerning the Kingdom of God and the name of Jesus Christ. As a result, many men and women were baptized.

12 그러나 이제 사람들은 빌립이 전하는 하나님 나라와 예수 그리스도의 이름에 대한 반가운 소식의 말씀을 믿었다. 그 결과로 많은 남자들과 녀자들이 세례를 받았다.

13 Then Simon himself believed and was baptized. He began following Philip wherever he went, and he was amazed by the signs and great miracles Philip performed.

13 그때 시몬 자신도 믿고 세례를 받았다. 그는 빌립이 가는 곳마다 그를 따라다니기 시작했다, 그리고 그는 빌립이 보여 준 증표들과 대단한 기적들에 깜짝 놀랐다.

14 When the apostles in Jerusalem heard that the people of Samaria had accepted God's message, they sent Peter and John there.

14 예루살렘에 있는 핵심제자들이 사마리아 사람들이 하나님의 말씀을 받아들였다는 것을 들었을 때, 그들은 베드로와 요한을 그곳으로 보냈다.

15 As soon as they arrived, they prayed for these new believers to receive the Holy Spirit.

15 그들이 도착하자마자, 그들은 이 새로운 신자들이 성령님을 받도록 기도를 드렸다.

16 The Holy Spirit had not yet come upon any of them, for they had only been baptized in the name of the Lord Jesus.

16 성령님은 그들 중 누구에게도 아직 내려오시지 않았다, 왜냐하면 그들이 오직 주 예수의 이름으로만 세례를 받았기 때문이였다.

17 Then Peter and John laid their hands upon these believers, and they received the Holy Spirit.

17 그때 베드로와 요한이 이 신자들에게 그들의 손을 얹었다, 그러자 그들은 성령님을 모시게 되였다.

18 **When Simon saw that the Spirit was given when the apostles laid their hands on people, he offered them money to buy this power.**

18 시몬은 핵심제자들이 사람들 우에 그들의 손을 얹었을 때 성령님이 주어지는 것을 보고, 그는 그들에게 돈을 주어 이 능력을 사려고 했다.

19 **"Let me have this power, too," he exclaimed, "so that when I lay my hands on people, they will receive the Holy Spirit!"**

19 《나도 이 능력을 가지게 해주십시오.》 그가 웨쳤다. 《그러면 내가 사람들 우에 손을 얹을 때, 그들이 성령님을 맞아들이게 될 것입니다!》

20 **But Peter replied, "May your money be destroyed with you for thinking God's gift can be bought!**

20 그러나 베드로가 대답했다. 《하나님의 선물을 돈으로 사드릴 수 있다는 생각으로 하여 당신의 돈은 당신과 함께 망하게 될 것이오!

21 **You can have no part in this, for your heart is not right with God.**

21 당신은 이것에 전혀 관계가 없소, 왜냐하면 당신의 마음이 하나님 앞에 옳바르지 않기 때문이오.

22 **Repent of your wickedness and pray to the Lord. Perhaps he will forgive your evil thoughts,**

22 당신의 나쁜 행실을 뉘우쳐 고치시오 그리고 주님께 기도하시오. 어쩌면 그분께서 당신의 악한 생각들을 용서해 주실 것이오,

23 **for I can see that you are full of bitter jealousy and are held captive by sin."**

23 왜냐하면 나는 당신이 심한 질투로 가득한 것과 죄로 사로잡혀 있는 것을 볼 수 있기 때문이오.》

24 **"Pray to the Lord for me," Simon exclaimed, "that these terrible things you've said won't happen to me!"**

24 《주님께 나를 위해 기도해 주십시오.》 시몬이 웨쳤다. 《당신들이 말한 이 무서운 일들이 나에게 일어나지 않도록!》

25 **After testifying and preaching the word of the Lord in Samaria, Peter and John returned to Jerusalem. And they stopped in many Samaritan villages along the way to preach the Good News.**

25 사마리아에서 주님의 말씀을 증명하고 가르친 후에, 베드로와 요한은 예루살렘으로 돌아갔다. 그리고 그들은 가는 길에 많은 사마리아 마을들에 들러서 반가운 소식들을 전했다.

Philip and the Ethiopian Eunuch
빌립과 에티오피아 궁정관리

26 **As for Philip, an angel of the Lord said to him, "Go south down the desert road that runs from Jerusalem to Gaza."**

26 빌립에 대해 말하자면, 주님의 한 천사가 그에게 말했다, 《예루살렘에서 가자로 뻗어 있는 황야길 남쪽으로 내려가거라.》

27 **So he started out, and he met the treasurer of Ethiopia, a eunuch of great authority under the Kandake, the queen of Ethiopia. The eunuch had gone to Jerusalem to worship,**

27 그래서 그는 떠났다, 그리고 그는 에티오피아 재정상이며, 에티오피아 녀왕 간다게 아래에서 큰 권력을 가진 궁정관리를 만났다. 그 궁정관리는 례배를 드리기 위해 예루살렘에 갔었다,

28 **and he was now returning. Seated in his carriage, he was reading aloud from the book of the prophet Isaiah.**

28 그래서 그는 지금 돌아가고 있는 중이였다. 그는 자기 마차에 앉아서, 예언자 이사야의 책을 큰 소리로 읽고 있었다.

29 **The Holy Spirit said to Philip, "Go over and walk along beside the carriage."**

29 성령님이 빌립에게 말씀하셨다, 《건너가서 마차 곁을 따라 걸어가거라.》

30 **Philip ran over and heard the man reading from the prophet Isaiah. Philip asked, "Do you understand what you are reading?"**

30 빌립은 뛰여갔다. 그리고 그 사람이 예언자 이사야의 글을 읽고 있는 것을 들었다. 빌립이 물었다, 《당신이 읽고 있는 것을 리해하십니까?》

31 **The man replied, "How can I, unless someone instructs me?" And he urged Philip to come up into the carriage and sit with him.**

31 그 사람이 대답했다, 《어느 누구도 나에게 가르쳐 주지 않는 한 내가 어떻게 리해하겠습니까?》 그리고 그는 빌립에게 어서 그 마차 안으로 올라와서 그의 곁에 앉으라고 재촉했다.

32 **The passage of Scripture he had been reading was this: "He was led like a sheep to the slaughter. And as a lamb is silent before the shearers, he did not open his mouth.**

32 그가 읽고 있던 하나님말씀책의 구절은 이것이였다: 《그는 양같이 짐승잡이에게 끌려갔다. 그리고 털 깎는 사람 앞에서 잠자코 있는 양처럼, 그는 자기 입을 열지 않았다.

33 **He was humiliated and received no justice. Who can speak of his descen-**

dants? For his life was taken from the earth."

33 그는 창피를 당했고 공명정대한 대우를 받지 못했다. 누가 그의 후손들에 대해 말할 수 있는가? 왜냐하면 그의 생명이 땅에서 빼앗겼기 때문이였다.》

34 **The eunuch asked Philip, "Tell me, was the prophet talking about himself or someone else?"**

34 그 궁정관리는 빌립에게 물었다, 《나에게 말해 주십시오, 그 예언자는 자신에 대해서 말하고 있는 것입니까, 아니면 다른 어떤 사람을 말하는 것입니까?》

35 **So beginning with this same Scripture, Philip told him the Good News about Jesus.**

35 그래서 이것과 같은 하나님말씀책으로부터 시작해서, 빌립은 그에게 예수님에 대한 반가운 소식을 말해 주었다.

36 **As they rode along, they came to some water, and the eunuch said, "Look! There's some water! Why can't I be baptized?"**

36 그들이 앞으로 나아가고 있을 때, 그들은 물이 조금 있는 곳에 오게 되였다, 그러자 그 궁정관리가 말했다, 《보십시오! 저기 물이 조금 있습니다! 왜 제가 세례를 받지 못하겠습니까?》

37

37 (없음)

38 **He ordered the carriage to stop, and they went down into the water, and Philip baptized him.**

38 그는 마차를 세우라고 명령했다, 그리고 그들은 물속으로 내려갔다, 그리고 빌립은 그에게 세례를 주었다.

39 **When they came up out of the water, the Spirit of the Lord snatched Philip away. The eunuch never saw him again but went on his way rejoicing.**

39 그들이 물 밖으로 나왔을 때, 주님의 령이 갑자기 빌립을 사라지게 하셨다. 그 궁정관리는 다시는 그를 보지 못했다 그러나 기뻐하면서 자기 길을 다시 갔다.

40 **Meanwhile, Philip found himself farther north at the town of Azotus. He preached the Good News there and in every town along the way until he came to Caesarea.**

40 한편, 빌립은 자신이 더 먼 북쪽에 있는 아소도 마을에 있는 것을 알게 되였다. 그는 거기에서 그리고 그가 가이사랴까지 오는 길의 모든 마을에서 반가운 소식을 전했다.

9

Saul's conversion

사울의 전향

1 Meanwhile, Saul was uttering threats with every breath and was eager to kill the Lord's followers. So he went to the high priest.

1 한편, 사울은 계속해서 위협하면서 주님의 제자들을 죽이려고 안달았다. 그래서 그는 총제사장에게 갔다.

2 He requested letters addressed to the synagogues in Damascus, asking for their cooperation in the arrest of any followers of the Way he found there. He wanted to bring them—both men and women—back to Jerusalem in chains.

2 그는 다마스커스 있는 군중회관 앞으로 요청의 편지를 썼다. 그는 그곳에서 예수의 길을 따르는 어떤 사람들이라도 찾아내어 체포하는 데서 그들의 협조를 요청했다. 그는 그들을—남자들이든 녀자들이든 모두—쇠사슬로 묶어서 다시 예루살렘으로 끌고 오고 싶어 했다.

3 As he was approaching Damascus on this mission, a light from heaven suddenly shone down around him.

3 그가 이 임무를 지니고 다마스커스에 가까이 가고 있었을 때, 하늘로부터 한 빛이 그를 갑자기 내려 비쳤다.

4 He fell to the ground and heard a voice saying to him, "Saul! Saul! Why are you persecuting me?"

4 그는 땅에 엎드렸다 그리고 자기에게 말하는 한 목소리를 들었다, 《사울아! 사울아! 너는 왜 나를 박해하는가?》

5 "Who are you, lord?" Saul asked. And the voice replied, "I am Jesus, the one you are persecuting!

5 《주님, 당신은 누구십니까?》 사울이 물었다. 그러자 그 목소리가 대답했다, 《나는 네가 박해하고 있는 바로, 그 예수이다!

6 Now get up and go into the city, and you will be told what you must do."

6 이제 일어나서 도시 안으로 들어가거라, 그러면 너는 자신이 무엇을 해야 할지에 대해 듣게 될 것이다.》

7 The men with Saul stood speechless, for they heard the sound of someone's voice but saw no one!

7 사울과 함께 있던 사람들은 말없이 가만히 서 있었다, 왜냐하면 그들은 누군가의 목소리는 들었지만 아무도 보지 못했기 때문이였다!

8 Saul picked himself up off the ground, but when he opened his eyes he

was blind. So his companions led him by the hand to Damascus.

8 사울은 땅에서 자기 몸을 일으켰다. 그러나 그가 자기 눈을 떴을 때, 그는 눈이 멀어 있었다. 그래서 그의 동료들은 손을 잡고 그를 다마스커스로 데리고 갔다.

9 **He remained there blind for three days and did not eat or drink.**

9 그는 그곳에서 3일 동안 눈이 먼 채로 있었다. 그리고 먹지도 마시지도 않았다.

10 **Now there was a believer in Damascus named Ananias. The Lord spoke to him in a vision, calling, "Ananias!" "Yes, Lord!" he replied.**

10 그때 다마스커스에 아나니아라고 하는 한 신자가 있었다. 주님께서 꿈에 그를 부르면서 말씀하셨다. 《아나니아야!》《네, 주님!》 그가 대답했다.

11 **The Lord said, "Go over to Straight Street, to the house of Judas. When you get there, ask for a man from Tarsus named Saul. He is praying to me right now.**

11 주님이 말씀하셨다. 《곧은 거리에 있는 유다의 집으로 건너가거라. 너는 그곳에 가서, 다소에서 온 사울이라고 부르는 사람을 찾아라. 그는 바로 지금 나에게 기도하고 있다.

12 **I have shown him a vision of a man named Ananias coming in and laying hands on him so he can see again."**

12 나는 그에게 아나니아라고 부르는 사람이 들어와서 그가 다시 볼 수 있도록 그 우에 손을 얹는 꿈을 보여 주었다.》

13 **"But Lord," exclaimed Ananias, "I've heard many people talk about the terrible things this man has done to the believers in Jerusalem!**

13 《그런데 주님,》 아나니아가 웨쳤다. 《저는 많은 사람들이 이 사람이 예루살렘에 있는 신자들에게 했던 끔찍한 일들에 대해 말하는 것을 들은 적이 있습니다!

14 **And he is authorized by the leading priests to arrest everyone who calls upon your name."**

14 그리고 그는 당신의 이름을 부르는 사람들은 누구나 체포할 수 있게 상급제사장들에 의해 권한을 받고 있습니다.》

15 **But the Lord said, "Go, for Saul is my chosen instrument to take my message to the Gentiles and to kings, as well as to the people of Israel.**

15 그러나 주님께서 말씀하셨다. 《가거라. 왜냐하면 사울은 이스라엘 백성에게뿐 아니라, 나의 전하는 말을 비유태인들과 왕들에게 가져가기 위한 나의 선택된 도구이기 때문이다.

16 And I will show him how much he must suffer for my name's sake."

16 그리고 나는 그가 나의 이름을 위하여 얼마나 많은 고통을 받아야하는지를 그에게 보여 줄 것이다.》

17 So Ananias went and found Saul. He laid his hands on him and said, "Brother Saul, the Lord Jesus, who appeared toyou on the road, has sent me so that you might regain your sight and be filled with the Holy Spirit."

17 그래서 아나니야는 가서 사울을 찾았다. 그는 자기의 손을 그에게 얹고 말했다. 《사울 형제여, 당신에게 오는 길에 나타나셨던 주 예수님께서, 당신이 자신의 시력을 도로 찾고 성령으로 충만되도록 나를 보내셨습니다.》

18 Instantly something like scales fell from Saul's eyes, and he regained his sight. Then he got up and was baptized.

18 즉시 비늘 같은 것이 사울의 눈으로부터 떨어졌다. 그리고 그는 자신의 시력을 회복했다. 그다음 그는 일어나서 세례를 받았다.

19 Afterward he ate some food and regained his strength.

19 그 후에 그는 음식을 조금 먹었고 자신의 힘을 회복하였다.

Saul in Damascus and Jerusalem

다마스커스와 예루살렘에서의 사울

Saul stayed with the believers in Damascus for a few days.

사울은 며칠 동안 다마스커스에 있는 신자들과 함께 머물렀다.

20 And immediately he began preaching about Jesus in the synagogues, saying, "He is indeed the Son of God!"

20 그리고 즉시 그는 군중 회관에서 《그분은 실제로 하나님의 아드님이십니다!》라고 말하면서, 예수님에 대해 가르치기 시작했다.

21 All who heard him were amazed. "Isn't this the same man who caused such devastation among Jesus' followers in Jerusalem?" they asked. "And didn't he come here to arrest them and take them in chains to the leading priests?"

21 그의 말을 들은 모든 사람들은 깜짝 놀랐다. 《이 사람은 예루살렘에 있는 예수님 제자들 가운데서 여지없이 짓밟던 바로 그 사람이 아닌가?》 그들은 물었다. 《그리고 그는 그들을 체포하고 그들을 쇠사슬로 묶어서 상급제사장들에게로 데려가려고 이곳에 오지 않았는가?》

22 Saul's preaching became more and more powerful, and the Jews in Damascus couldn't refute his proofs that Jesus was indeed the Messiah.

22 사울의 가르침은 더욱더 능력이 있게 되였다, 그리하여 다마스커스

에 있는 유태인들은 예수님이 실제로 구세주라는 그의 증거들에 대해 론박할 수가 없었다.

23 After a while some of the Jews plotted together to kill him.

23 얼마 후에 몇 유태인들이 그를 죽이려고 함께 음모를 꾸몄다.

24 They were watching for him day and night at the city gate so they could murder him, but Saul was told about their plot.

24 그들은 그를 죽이려고 성문에서 그를 밤낮으로 지키고 있었다. 그러나 사울은 그들의 음모에 대해 들었다.

25 So during the night, some of the other believers lowered him in a large basket through an opening in the city wall.

25 그래서 밤중에, 다른 신자 중 몇 사람이 그를 커다란 바구니에 담아서 성벽에 뚫린 구멍을 통해 그를 내려 보냈다.

26 When Saul arrived in Jerusalem, he tried to meet with the believers, but they were all afraid of him. They did not believe he had truly become a believer!

26 사울은 예루살렘에 도착했을 때, 그는 신자들과 만나려고 했다. 그러나 그들은 모두 그를 두려워했다. 그들은 그가 진정으로 신자가 되였다는 것을 믿지 않았다!

27 Then Barnabas brought him to the apostles and told them how Saul had seen the Lord on the way to Damascus and how the Lord had spoken to Saul. He also told them that Saul had preached boldly in the name of Jesus in Damascus.

27 그때 바나바가 그를 핵심제자들에게 데리고 가서 그들에게 사울이 다마스커스로 가던 도중에 어떻게 사울이 주님을 만났는지와 어떻게 주님이 사울에게 말씀하셨는지를 말해 주었다. 그는 또한 그들에게 사울이 다마스커스에서 예수님의 이름으로 대담하게 설교했던 것도 말해 주었다.

28 So Saul stayed with the apostles and went all around Jerusalem with them, preaching boldly in the name of the Lord.

28 그래서 사울은 핵심제자들과 함께 머물렀고, 주님의 이름으로 대담하게 가르치면서 그들과 함께 예루살렘을 두루 다녔다.

29 He debated with some Greek-speaking Jews, but they tried to murder him.

29 그는 그리스어로 말하는 유태인들 몇 사람과 론쟁하였다. 그러나 그들은 그를 죽이려고 했다.

30 When the believers heard about this, they took him down to Caesarea and sent him away to Tarsus, his hometown.

30 신자들이 이것에 대해 들었을 때, 그들은 그를 가이사랴로 데리고 내
려갔다가 그의 고향인, 다소로 보냈다.

31 The church then had peace throughout Judea, Galilee, and Samaria, and it became stronger as the believers lived in the fear of the Lord. And with the encouragement of the Holy Spirit, it also grew in numbers.

31 그때 교회는 유태, 갈릴리, 그리고 사마리아 전역에서 평화스러웠다, 그리고 신자들이 주님을 숭배하고 존경하며 살았기 때문에 교회는 더욱 강해졌다. 그리고 성령님의 격려와 함께, 그 수자도 늘어났다.

Peter Heals Aeneas and Raises Dorcas

베드로가 애니아를 고치고 도르가를 살리다

32 Meanwhile, Peter traveled from place to place, and he came down to visit the believers in the town of Lydda.

32 한편, 베드로는 이곳저곳을 돌아 다녔다, 그리고 그는 룻다라는 마을에 신자들을 방문하기 위해 내려갔다.

33 There he met a man named Aeneas, who had been paralyzed and bedridden for eight years.

33 그곳에서 그는 애니아라고 부르는 사람을 만났는데, 그는 8년 동안 마비되여서 누워만 있었다.

34 Peter said to him, "Aeneas, Jesus Christ heals you! Get up, and roll up your sleeping mat!" And he was healed instantly.

34 베드로가 그에게 말했다,《애니아여, 예수 그리스도께서 당신을 고쳐주십니다! 일어나시오, 그리고 당신의 잠자리 깔개를 말아 드시오!》그러자 그는 즉시 낫게 되였다.

35 Then the whole population of Lydda and Sharon saw Aeneas walking around, and they turned to the Lord.

35 그러자 룻다와 샤론의 모든 주민들이 애니아가 돌아다니는 것을 보고, 그들은 주님에게로 돌아왔다.

36 There was a believer in Joppa named Tabitha (which in Greek is Dorcas). She was always doing kind things for others and helping the poor.

36 욥바에 다비다(그리스어로는 도르가)라고 부르는 신자가 있었다. 그 녀자는 다른 사람들을 위해 언제나 인정 있는 일들을 하고 있었고 가난한 사람들을 돕고 있었다.

37 About this time she became ill and died. Her body was washed for burial and laid in an upstairs room.

37 이때에 그 녀자는 병이 들어서 죽었다. 그 녀자의 시체는 매장을 위

해 씻겨졌고 웃층 방에 눕혀져 있었다.

38 But the believers had heard that Peter was nearby at Lydda, so they sent two men to beg him, "Please come as soon as possible!"

38 그러나 신자들이 베드로가 가까운 룻다에 있다는 것을 들었다, 그래서 그들은 두 사람을 그에게 보내여 간청했다, 《제발 될 수 있는 대로 빨리 와 주십시오!》

39 So Peter returned with them; and as soon as he arrived, they took him to the upstairs room. The room was filled with widows who were weeping and showing him the coats and other clothes Dorcas had made for them.

39 그래서 베드로는 그들과 함께 되돌아갔다; 그리고 그가 도착하자마자, 그들은 그를 웃층 방으로 데리고 갔다. 그 방은 도르가가 그들을 위해 만들어 준 외투들과 다른 옷들을 그에게 보여 주면서 울고 있는 과부들로 가득 차 있었다.

40 But Peter asked them all to leave the room; then he knelt and prayed. Turning to the body he said, "Get up, Tabitha." And she opened her eyes! When she saw Peter, she sat up!

40 그러나 베드로는 그들 모두에게 방을 떠나기를 청했다; 그리고 나서 그는 무릎을 꿇고 기도했다. 그는 시체 쪽으로 향해서 말했다, 《다비다여, 일어나시오.》 그러자 그 녀자는 자기의 눈을 떴다! 그 녀자는 베드로를 보았을 때, 그 녀자가 일어나 앉았다!

41 He gave her his hand and helped her up. Then he called in the widows and all the believers, and he presented her to them alive.

41 그는 그 녀자에게 자기 손을 내밀어 일어나는 것을 도와주었다. 그 후 그는 과부들과 모든 신자들을 불러 왔다, 그리고 그는 그들에게 살아 있는 그 녀자를 보여 주었다.

42 The news spread through the whole town, and many believed in the Lord.

42 그 소식은 온 마을에 퍼졌다, 그러자 많은 사람들이 주님을 믿었다.

43 And Peter stayed a long time in Joppa, living with Simon, a tanner of hides.

43 그리고 베드로는 욥바에서, 가죽 제조업자, 시몬과 함께 살면서 오래동안 머물렀다.

10

Cornelius Calls for Peter

고넬료가 베드로를 부르다

1 In Caesarea there lived a Roman army officer named Cornelius, who was a captain of the Italian Regiment.

1 가이사랴에 고넬료라고 부르는 로마 륙군 군관이 살고 있었는데, 그는 이딸리아 련대의 지휘관이였다.

2 He was a devout, God-fearing man, as was everyone in his household. He gave generously to the poor and prayed regularly to God.

2 그는 믿음이 깊고, 하나님을 존경하여 두려워하는 사람이였는데, 그의 집안의 모든 사람도 다 그러했다. 그는 가난한 사람들에게 아낌없이 주었으며 하나님께 규칙적으로 기도하였다.

3 One afternoon about three o'clock, he had a vision in which he saw an angel of God coming toward him. "Cornelius!" the angel said.

3 어느 날 오후 3시쯤에, 그는 환상에서 하나님의 한 천사가 그를 향하여 오고 있는 것을 보았다. 《고넬료야!》 그 천사는 말했다.

4 Cornelius stared at him in terror. "What is it, sir?" he asked the angel. And the angel replied, "Your prayers and gifts to the poor have been received by God as an offering!

4 고넬료는 겁에 질려서 그를 뚫어지게 보았다. 《선생님, 무슨 일이십니까?》 그는 천사에게 물었다. 그러자 그 천사는 대답했다, 《가난한 사람들을 위한 너의 기도와 선물들을 하나님께서 헌납물로 받아 주셨다!

5 Now send some men to Joppa, and summon a man named Simon Peter.

5 이제 몇 사람을 욥바에 보내라, 그리고 시몬 베드로라고 부르는 사람을 불러 오너라.

6 He is staying with Simon, a tanner who lives near the seashore."

6 그는 바다가에 살고 있는 가죽 제조업자, 시몬과 함께 머무르고 있다.》

7 As soon as the angel was gone, Cornelius called two of his household servants and a devout soldier, one of his personal attendants.

7 그 천사가 가자마자, 고넬료는 자기 집안 종 중의 두 사람과 자기 개인 수행원 중의 한 사람인 성실한 병사를 불렀다.

8 He told them what had happened and sent them off to Joppa.

8 그는 그들에게 무슨 일이 일어났는지를 말해 주고 그들을 욥바로 보냈다.

Peter Visits Cornelius
베드로가 고넬료를 방문하다

9 **The next day as Cornelius's messengers were nearing the town, Peter went up on the flat roof to pray. It was about noon,**

9 다음 날 고넬료의 심부름군들이 그 마을에 가까와지고 있었을 때, 베드로는 기도하기 위해 평평한 지붕에 올라갔다. 그때는 정오쯤이였다,

10 **and he was hungry. But while a meal was being prepared, he fell into a trance.**

10 그리고 그는 배가 고팠다. 그런데 식사가 준비되고 있는 동안, 그는 황홀한 지경에 빠졌다.

11 **He saw the sky open, and something like a large sheet was let down by its four corners.**

11 그는 하늘이 열리고, 커다란 홑이불 같은 것이 그것의 네 귀에 달려 내려지는 것을 보았다.

12 **In the sheet were all sorts of animals, reptiles, and birds.**

12 홑이불 안에는 온갖 종류의 동물들, 파충류들, 그리고 새들이 있었다.

13 **Then a voice said to him, "Get up, Peter; kill and eat them."**

13 그때에 한 목소리가 그에게 말했다,《일어나라, 베드로야; 그것들을 잡아서 먹어라.》

14 **"No, Lord," Peter declared. "I have never eaten anything that our Jewish laws have declared impure and unclean."**

14《아닙니다, 주님,》베드로가 분명히 말했다.《나는 우리의 유태 법이 불결하고 더럽다고 공포한 것들은 그 어떤 것도 먹은 적이 없습니다.》

15 **But the voice spoke again: "Do not call something unclean if God has made it clean."**

15 그러나 그 목소리가 다시 말했다:《만일 하나님께서 그것을 깨끗하게 하셨다면 어떤 것도 더럽다고 말하지 말아라.》

16 **The same vision was repeated three times. Then the sheet was suddenly pulled up to heaven.**

16 같은 환상이 세 번 반복되였다. 그러자 그 홑이불은 갑자기 하늘로 들려 올라갔다.

17 **Peter was very perplexed. What could the vision mean? Just then the men sent by Cornelius found Simon's house. Standing outside the gate,**

17 베드로는 매우 당황하게 되였다. 그 환상이 어떤 의미일까? 바로 그 때 고넬료가 보낸 사람들이 시몬의 집을 찾았다. 문 밖에 서 있었다,

18 they asked if a man named Simon Peter was staying there.

18 그들은 시몬 베드로라고 부르는 사람이 그곳에 머무르고 있는지를 물었다.

19 Meanwhile, as Peter was puzzling over the vision, the Holy Spirit said to him, "Three men have come looking for you.

19 한편, 베드로가 그 환상에 대해 머리를 짜내고 있었을 때, 성령님이 그에게 말씀하셨다. 《세 사람이 너를 찾으러 왔다.

20 Get up, go downstairs, and go with them without hesitation. Don't worry, for I have sent them."

20 일어나서, 아래로 내려가라, 그리고 주저하지 말고 그들과 함께 가거라. 걱정하지 말아라, 왜냐하면 내가 그들을 보냈기 때문이다.》

21 So Peter went down and said, "I'm the man you are looking for. Why have you come?"

21 그래서 베드로는 내려가서 말했다. 《내가 당신들이 찾고 있는 사람입니다. 왜 당신들이 오셨습니까?》

22 They said, "We were sent by Cornelius, a Roman officer. He is a devout and God-fearing man, well respected by all the Jews. A holy angel instructed him to summon you to his house so that he can hear your message."

22 그들은 말했다. 《우리는 로마 군관인 고넬료가 보냈습니다. 그는 믿음이 깊고 하나님을 존경하여 두려워하는 사람이며, 모든 유태 사람들에게서 존경을 받습니다. 한 거룩한 천사가 그에게 당신을 자신의 집으로 불러서 그가 당신의 전하는 말을 들을 수 있도록 지시하였습니다.》

23 So Peter invited the men to stay for the night. The next day he went with them, accompanied by some of the brothers from Joppa.

23 그래서 베드로는 그 사람들에게 그날 밤 머물도록 권하였다. 그다음 날 그는 그들과 함께 갔는데, 욥바에서 다른 형제들 몇 사람도 함께 따라갔다.

24 They arrived in Caesarea the following day. Cornelius was waiting for them and had called together his relatives and close friends.

24 그들은 그다음 날 가이사랴에 도착했다. 고넬료가 그들을 기다리고 있었고 그는 자기 친척들과 가까운 친구들을 함께 불렀다.

25 As Peter entered his home, Cornelius fell at his feet and worshiped him.

25 베드로가 그의 집에 들어갔을 때, 고넬료는 그의 발 앞에 엎드려서 그에게 절을 했다.

26 But Peter pulled him up and said, "Stand up! I'm a human being just like

you!"

26 그러나 베드로는 그를 제지하며 말했다. 《일어나십시오! 나는 당신과 똑같은 사람입니다!》

27 **So they talked together and went inside, where many others were assembled.**

27 그리하여 그들은 함께 이야기를 나누며 안으로 들어갔다. 그곳에는 다른 사람들이 많이 모여 있었다.

28 **Peter told them, "You know it is against our laws for a Jewish man to enter a Gentile home like this or to associate with you. But God has shown me that I should no longer think of anyone as impure or unclean.**

28 베드로가 그들에게 말했다. 《여러분도 아시다시피 유태인이 이와 같은 비유태인 집에 들어가거나 당신들과 사귀는 것이 우리의 법에 어긋나는 것입니다. 그렇지만 하나님께서는 내가 더 이상 누구라도 불결하거나 더러운 것으로 생각해서는 안 된다고 나에게 보여 주셨습니다.

29 **So I came without objection as soon as I was sent for. Now tell me why you sent for me."**

29 그래서 나는 나를 데리러 오자마자 반대의견 없이 왔습니다. 이제 당신이 왜 나를 부르러 사람을 보냈는지 나에게 말해 주십시오.》

30 **Cornelius replied, "Four days ago I was praying in my house about this same time, three o'clock in the afternoon. Suddenly, a man in dazzling clothes was standing in front of me.**

30 고넬료가 대답했다. 《4일 전 나는 오후 3시, 바로 이 시간쯤 집에서 기도를 하고 있었습니다. 갑자기 빛나는 옷을 입은 한 사람이 내 앞에 섰습니다.

31 **He told me, 'Cornelius, your prayer has been heard, and your gifts to the poor have been noticed by God!**

31 그는 나에게 말했습니다. 〈고넬료야, 너의 기도가 응답되였고 가난한 사람들에게 준 너의 선물들이 하나님의 주목을 받게 되였다!

32 **Now send messengers to Joppa, and summon a man named Simon Peter. He is staying in the home of Simon, atanner who lives near the seashore.'**

32 이제 심부름군을 욥바에 보내여, 시몬 베드로라고 하는 사람을 불러 오너라. 그는 해변 가에서 사는 가죽 제조업자인, 시몬의 집에 머무르고 있는 중이다.〉

33 **So I sent for you at once, and it was good of you to come. Now we are all here, waiting before God to hear the message the Lord has given you."**

33 그래서 나는 곧 당신을 부르러 사람을 보냈습니다. 그리고 당신이 참

잘 와주셨습니다. 이제 우리는 모두, 주님께서 당신에게 주신 말씀을 들으려고 하나님 앞에서 기다리면서 여기에 있습니다.》

The Gentiles Hear the Good News

비유태인들이 반가운소식을 듣다

34 Then Peter replied, "I see very clearly that God shows no favoritism.

34 그러자 베드로가 대답했다. 《나는 하나님께서 어느 한편을 특별히 사랑하지 않으시는 것을 아주 분명하게 압니다.

35 In every nation he accepts those who fear him and do whatis right.

35 어느 민족이나 그분은 자신을 존경하여 두려워하며 옳은 일을 하는 사람들을 받아들이십니다.

36 This is the message of Good News for the people of Israel—that there is peace with God through Jesus Christ, who is Lord of all.

36 이것은 이스라엘 사람들을 위한 반가운 소식의 말씀입니다—모든 것의 주님이신, 예수 그리스도를 통하여 하나님과의 평화가 있다는 것입니다

37 You know what happened throughout Judea, beginning in Galilee, after John began preaching his message of baptism.

37 당신은 요한이 자기의 세례의 말씀을 전하기 시작한 후에, 갈릴리에서 시작하여, 유태 전역에서 일어났던 일을 알고 있습니다.

38 And you know that God anointed Jesus of Nazareth with the Holy Spirit and with power. Then Jesus went around doing good and healing all who were oppressed by the devil, for God was with him.

38 그리고 당신은 하나님께서 나사렛 예수를 성령과 능력으로 기름 뿌리신 것을 알고 있습니다. 그때 예수님은 하나님께서 그분과 함께 계셨기 때문에, 좋은 일을 하며 악마로 하여 고통받은 사람들을 모두 고쳐주시면서 두루 다녔습니다.

39 "And we apostles are witnesses of all he did throughout Judea and in Jerusalem. They put him to death by hanging him on a cross,

39 《그리고 우리 핵심제자들은 그분이 유태 땅 전역과 예루살렘에서 실행하셨던 모든 것의 증인들입니다. 사람들은 그분을 십자사형틀에 매달므로써 죽게 했습니다,

40 but God raised him to life on the third day. Then God allowed him to appear,

40 그렇지만 하나님께서는 3일째 되는 날에 그분을 되살리셨습니다. 그 후 하나님께서는 그분이 나타나도록 하셨습니다,

41 not to the general public, but to us whom God had chosen in advance to
be his witnesses. We were those who ate and drank with him after he rose
from the dead.

41 일반 대중에게가 아니라, 하나님께서 자신의 증인들이 되도록 미리
선택하셨던 우리들에게 나타나도록 하셨습니다. 우리는 그분이 죽은 사
람들로부터 살아나신 후에 그분과 함께 먹고 마신 사람들이였습니다.

42 And he ordered us to preach everywhere and to testify that Jesus is the
one appointed by God to be the judge of all—the living and the dead.

42 그리고 그분은 우리에게 어디서나 설교하도록 하고 예수님은 하나님
에 의해 모두의 심판자로—살아 있는 사람들과 죽은 사람들—임명된 분
이라는 것을 증명하도록 명령하셨습니다.

43 He is the one all the prophets testified about, saying that everyone who
believes in him will have their sins forgiven through his name."

43 그분은 모든 예언자들이, 그분을 믿는 모든 사람들이 그분의 이름을
통하여 자신들의 죄들을 용서받을 것이라는 것에 대해 말하면서 증언했
던 바로 그 사람입니다.》

The Gentiles Receive the Holy Spirit

비유태인들이 성령을 받다

44 Even as Peter was saying these things, the Holy Spirit fell upon all who
were listening to the message.

44 베드로가 이러한 것들을 말하고 있던 바로 그 순간에, 성령님이 그 말
씀을 듣고 있던 모든 사람들 우에 내리셨다.

45 The Jewish believers who came with Peter were amazed that the gift of
the Holy Spirit had been poured out on the Gentiles, too.

45 베드로와 함께 온 유태 신자들은 성령님의 선물이 비유태인들에게도
역시, 부어지는 것에 깜짝 놀랐다.

46 For they heard them speaking in other tongues and praising God. Then
Peter asked,

46 왜냐하면 그들이 다른 언어들로 말하고 하나님을 찬양하고 있는 것
을 들었기 때문이였다. 그러자 베드로가 물었다,

47 "Can anyone object to their being baptized, now that they have received
the Holy Spirit just as we did?"

47《지금 그들이 우리가 한 것과 똑같이 성령님을 받았는데, 그들의 세
례를 받는 것에 대해 그 누가 반대할 수 있겠습니까?》

48 So he gave orders for them to be baptized in the name of Jesus Christ.

Afterward Cornelius asked him to stay with them for several days.

48 그래서 그는 그들에게 예수 그리스도의 이름으로 세례를 받으라고 명령을 내렸다. 그 이후 고넬료는 그에게 며칠 동안 그들과 함께 머무르기를 부탁했다.

11

Peter Explains His Actions

베드로가 자신의 행동에 대해 설명하다

1 Soon the news reached the apostles and other believers in Judea that the Gentiles had received the word of God.

1 비유태인들이 하나님의 말씀을 받았다는 소식이 곧 핵심제자들과 유태에 있는 다른 신자들에게 닿았다.

2 But when Peter arrived back in Jerusalem, the Jewish believers criticized him.

2 그런데 베드로가 예루살렘에 돌아왔을 때, 유태 신자들은 그를 비판했다.

3 "You entered the home of Gentiles and even ate with them!" they said.

3《당신은 비유태인의 집에 들어가서 그들과 함께 식사까지 했소!》그들이 말했다.

4 Then Peter told them exactly what had happened.

4 그러자 베드로는 무슨 일이 일어났는지 그들에게 정확하게 말했다.

5 "I was in the town of Joppa," he said, "and while I was praying, I went into a trance and saw a vision. Something like a large sheet was let down by its four corners from the sky. And it came right down to me.

5《나는 욥바라는 마을에 있었습니다.》그는 말했다.《그리고 내가 기도하고 있는데, 황홀한 지경에 들어가 환상을 보았습니다. 커다란 홑이불 같은 것이 그것의 네 귀에 달려 하늘에서 내려졌습니다. 그리고 그것이 바로 나에게 내려왔습니다.

6 When I looked inside the sheet, I saw all sorts of tame and wild animals, reptiles, and birds.

6 내가 그 홑이불 속을 드려다 보았을 때, 나는 모든 종류의 길들인 짐승들과 야생 동물들, 파충류들, 그리고 새들을 보았습니다.

7 And I heard a voice say, 'Get up, Peter; kill and eat them.'

7 그리고 나는 한 목소리가 말하는 것을 들었었습니다.〈베드로야, 일어나서 그것들을 잡아먹어라.〉

8 "'No, Lord,' I replied. 'I have never eaten anything that our Jewish laws have declared impure or unclean.'

8 《〈아닙니다, 주님,〉 내가 대답했습니다. 〈나는 우리 유태 법이 불결하거나 깨끗하지 않다고 하는 것은 어떤 것도 결코 먹은 적이 없습니다.〉

9 "But the voice from heaven spoke again: 'Do not call something unclean if God has made it clean.'

9 《그런데 하늘에서부터 그 목소리가 다시 말했습니다: 〈만일 하나님께서 그것을 깨끗하게 만드셨다면 어떤 것도 더럽다고 여기지 말아라.〉

10 This happened three times before the sheet and all it contained was pulled back up to heaven.

10 이것은 그 홑이불과 그 안에 있던 모든 것이 하늘로 끌려 올라가기 전에 세 번 일어났습니다.

11 "Just then three men who had been sent from Caesarea arrived at the house where we were staying.

11 《바로 그때 가이사랴에서 보내 온 세 사람이 우리가 머물고 있던 그 집에 도착했습니다.

12 The Holy Spirit told me to go with them and not to worry that they were Gentiles. These six brothers here accompanied me, and we soon entered the home of the man who had sent for us.

12 성령님이 나에게 그들과 함께 가도록 하고 그들이 비유태인인 것에 대해 걱정하지 말라고 말씀하셨습니다. 여기에 있는 이 여섯 형제들이 나와 함께 갔고, 우리는 곧 우리를 위해 보낸 그 사람의 집으로 들어갔습니다.

13 He told us how an angel had appeared to him in his home and had told him, 'Send messengers to Joppa, and summon a man named Simon Peter.

13 그는 한 천사가 자기 집에서 그에게 어떻게 나타났고 그에게 했던 말을 우리에게 말해 주었습니다. 〈심부름군들을 욥바에 보내여, 시몬 베드로라고 불리는 사람을 오게 하여라.

14 He will tell you how you and everyone in your household can be saved!'

14 그가 너와 너의 집안 모든 사람이 어떻게 구원받을 수 있는지 말해 줄 것이다!〉

15 "As I began to speak," Peter continued, "the Holy Spirit fell on them, just as he fell on us at the beginning.

15 《내가 말하기 시작했을 때,》 베드로가 계속했다, 《성령님이, 처음 우리 우에 내려오셨을 때와 똑같이, 그들 우에 내려오셨습니다.

16 Then I thought of the Lord's words when he said, 'John baptized with

water, but you will be baptized with the Holy Spirit.'

16 그때 나는 〈요한은 물로 세례를 주었지만, 너희는 성령님으로 세례를 받을 것이다.〉라고 그분이 말씀하셨던, 주님의 말씀이 생각났습니다.

17 And since God gave these Gentiles the same gift he gave us when we believed in the Lord Jesus Christ, who was I to stand in God's way?"

17 그리고 하나님께서 우리가 주 예수 그리스도를 믿었을 때 우리에게 주셨던 것과 같은 선물을 이 비유태인들에게 주셨습니다. 내가 누구기에 하나님의 길을 막을 수 있겠습니까?》

18 When the others heard this, they stopped objecting and began praising God. They said, "We can see that God has also given the Gentiles the privilege of repenting of their sins and receiving eternal life."

18 다른 사람들이 이것을 들었을 때, 그들은 반대하기를 멈추고 하나님을 찬양하기 시작했다. 그들은 말했다. 《우리는 하나님께서 비유태인들에게도 자기들의 죄들을 뉘우치면 영원한 생명을 얻는 특권을 주신다는 것을 알게 되였습니다.》

The Church in Antioch of Syria
수리아의 안디옥 교회

19 Meanwhile, the believers who had been scattered during the persecution after Stephen's death traveled as far as Phoenicia, Cyprus, and Antioch of Syria. They preached the word of God, but only to Jews.

19 한편, 스테반의 죽음 이후 박해 중에 사방으로 흩어졌던 신자들은 페니키아, 끼쁘로스, 그리고 수리아의 안디옥까지 멀리 여행을 했다. 그들은 하나님의 말씀을 가르쳤다. 그러나 오직 유태인들에게만이였다.

20 However, some of the believers who went to Antioch from Cyprus and Cyrene began preaching to the Gentiles about the Lord Jesus.

20 그런데, 끼쁘로스와 구레네에서 안디옥에 왔던 신자들 중 몇 사람이 비유태인들에게 주 예수님에 대해 가르치기 시작했다.

21 The power of the Lord was with them, and a large number of these Gentiles believed and turned to the Lord.

21 주님의 능력이 그들과 함께 있었다. 그래서 이 비유태인들 중 많은 수가 믿고 주님에게로 돌아왔다.

22 When the church at Jerusalem heard what had happened, they sent Barnabas to Antioch.

22 예루살렘에 있는 교회가 무슨 일이 일어났는지를 들었을 때, 그들은 바나바를 안디옥에 보냈다.

23 When he arrived and saw this evidence of God's blessing, he was filled with joy, and he encouraged the believers to stay true to the Lord.

23 그가 도착해서 하나님의 축복의 증거를 보았을 때, 그는 기쁨으로 가득 찼다. 그리고 그는 신자들에게 주님을 진실하게 따르라고 격려했다.

24 Barnabas was a good man, full of the Holy Spirit and strong in faith. And many people were brought to the Lord.

24 바나바는 성령으로 충만하고 믿음이 강한, 충실한 사람이였다. 그래서 많은 사람들이 주님께로 나왔다.

25 Then Barnabas went on to Tarsus to look for Saul.

25 그다음에 바나바는 사울을 찾으러 다소로 갔다.

26 When he found him, he brought him back to Antioch. Both of them stayed there with the church for a full year, teaching large crowds of people. (It was at Antioch that the believers were first called Christians.)

26 그가 그를 찾았을 때, 그는 그를 안디옥으로 데리고 왔다. 그들 둘은 사람의 큰 군중을 가르치면서, 온 1년 동안 그곳 교회에 머물러 있었다. (신자들이 처음으로 그리스도교도라고 불렸던 곳은 바로 안디옥에서였다.)

27 During this time some prophets traveled from Jerusalem to Antioch.

27 이 시기에 몇 사람의 예언자들이 예루살렘에서 안디옥으로 려행했다.

28 One of them named Agabus stood up in one of the meetings and predicted by the Spirit that a great famine was coming upon the entire Roman world. (This was fulfilled during the reign of Claudius.)

28 아가보라고 부르는 그들 중 한 사람이 한 모임에서 일어서서 전 로마제국에 큰 기근이 올 것이라고 성령에 의해 예언했다. (이 예언은 글라우디오의 통치 기간에 실현되였다.)

29 So the believers in Antioch decided to send relief to the brothers and sisters in Judea, everyone giving as much as they could.

29 그래서 안디옥에 있는 신자들은 유태에 있는 형제자매들에게 구원금을 보내기로 결정했다, 모든 사람이 자기들이 할 수 있는 만큼 바쳤다.

30 This they did, entrusting their gifts to Barnabas and Saul to take to the elders of the church in Jerusalem.

30 그들은 이렇게 하여, 자기들의 선물을 바나바와 사울에게 맡겨서 예루살렘 교회의 장로들에게 가지고 가도록 했다.

12

James Is Killed and Peter Is Imprisoned

야고보가 살해되고 베드로는 감옥에 갇히다

1 About that time King Herod Agrippa began to persecute some believers in the church.

1 그 무렵 헤롯 아그립바 왕은 교회 안의 몇 신자들을 박해하기 시작했다.

2 He had the apostle James (John's brother) killed with a sword.

2 그는 핵심 제자인 야고보(요한의 형제)를 칼로 죽였다.

3 When Herod saw how much this pleased the Jewish people, he also arrested Peter. (This took place during the Passover celebration.)

3 헤롯은 이것이 얼마나 유태인들을 기쁘게 했는지를 보고, 그는 베드로도 체포했다. (이것은 건너뜀명절 기간 동안에 일어났다.)

4 Then he imprisoned him, placing him under the guard of four squads of four soldiers each. Herod intended to bring Peter out for public trial after the Passover.

4 그리고 나서 그는 그를 감옥에 가두고, 각각 네 명의 병사들로 이루어진 네 분대의 경비 아래에 그를 두었다. 헤롯은 건너뜀명절 후 베드로를 군중재판에 데리고 나올 작정이였다.

5 But while Peter was in prison, the church prayed very earnestly for him.

5 그런데 베드로가 감옥 안에 있는 동안, 교회는 그를 위해 아주 진지하게 기도하였다.

Peter's Miraculous Escape from Prison

베드로의 기적적인 감옥 탈출

6 The night before Peter was to be placed on trial, he was asleep, fastened with two chains between two soldiers. Others stood guard at the prison gate.

6 베드로가 재판 받기 전날 밤, 그는 두 군인들 사이에서 두 개의 쇠사슬에 묶여서, 잠들어 있었다. 다른 사람들은 감옥 문에서 경비를 서고 있었다.

7 Suddenly, there was a bright light in the cell, and an angel of the Lord stood before Peter. The angel struck him on the side to awaken him and said, "Quick! Get up!" And the chains fell off his wrists.

7 갑자기, 감방 안에 밝은 빛이 비쳤다, 그리고 주님의 한 천사가 베드

로 앞에 섰다. 그 천사는 그를 깨우기 위해 그의 옆구리를 쳤다. 그리고 말했다, 《서둘러라! 일어나라!》 그러자 쇠사슬들이 그의 손목에서 벗겨졌다.

8 **Then the angel told him, "Get dressed and put on your sandals." And he did. "Now put on your coat and follow me," the angel ordered.**

8 그때 그 천사가 그에게 말했다, 《옷을 입고 너의 신발을 신어라.》 그래서 그는 그렇게 했다. 《이제 너의 웃옷을 입고 나를 따라오너라.》 그 천사가 명령했다.

9 **So Peter left the cell, following the angel. But all the time he thought it was a vision. He didn't realize it was actually happening.**

9 그래서 베드로는 감방을 떠나 천사를 따라갔다. 그러나 내내 그는 그것이 환상인 것으로 생각했다. 그는 그것이 실제로 일어나고 있던 것을 알지 못했다.

10 **They passed the first and second guard posts and came to the iron gate leading to the city, and this opened for the mall by itself. So they passed through and started walking down the street, and then the angel suddenly left him.**

10 그들은 첫째와 두째 경비 초소를 지나서 도시로 가는 철문까지 왔다, 그러자 이것이 그들을 위해서 모두 저절로 열렸다. 그래서 그들은 빠져나가서 거리로 걸어 내려가기 시작했다, 그리고 그 다음에 그 천사는 갑자기 그를 떠났다.

11 **Peter finally came to his senses. "It's really true!" he said. "The Lord has sent his angel and saved me from Herod and from what the Jewish leaders had planned to do to me!"**

11 드디여 베드로는 제정신이 들었다. 《이것은 실제로 사실이구나!》 그가 말했다. 《주님께서 그분의 천사를 보내여 헤롯과 유태 지도자들이 나에게 하려고 계획했던 일에서 나를 구해 내주셨구나!》

12 **When he realized this, he went to the home of Mary, the mother of John Mark, where many were gathered for prayer.**

12 그가 이것을 깨달았을 때, 그는 마가 요한의 어머니, 마리아의 집으로 갔다, 그곳에는 많은 사람들이 기도하려 모여 있었다.

13 **He knocked at the door in the gate, and a servant girl named Rhoda came to open it.**

13 그는 출입구에서 문을 두드렸다, 그러자 로데라고 부르는 한 녀자 종이 그것을 열어 주려고 나왔다.

14 **When she recognized Peter's voice, she was so overjoyed that, instead of**

opening the door, she ran back inside and told everyone, "Peter is standing at the door!"

14 그 녀자는 베드로의 목소리를 알아듣고, 너무 기뻐서 문을 열어 주는 대신에, 안으로 뛰여 돌아가서 모두에게 말했다.《베드로가 문 앞에서 있습니다!》

15 "You're out of your mind!" they said. When she insisted, they decided, "It must be his angel."

15《너는 제정신이 아니구나!》그들이 말했다. 그 녀자가 우기자, 그들은 생각했다.《그것은 그의 천사임에 틀림없다.》

16 Meanwhile, Peter continued knocking. When they finally opened the door and saw him, they were amazed.

16 그러는 동안, 베드로는 계속해서 문을 두드렸다. 마침내 그들이 그 문을 열고 그를 보았을 때, 그들은 깜짝 놀랐다.

17 He motioned for them to quiet down and told them how the Lord had led him out of prison. "Tell James and the other brothers what happened," he said. And then he went to another place.

17 그는 그들에게 조용히 하라고 손짓하였다 그리고 그들에게 어떻게 주님께서 그를 감옥에서 데리고 나오셨는지 말해 주었다.《야고보와 다른 형제들에게 무슨 일이 있었는지 말해 주십시오.》그가 말했다. 그리고 그 후 그는 다른 곳으로 갔다.

18 At dawn there was a great commotion among the soldiers about what had happened to Peter.

18 새벽에 베드로에게 일어났던 일에 대해 병사들 사이에서 커다란 소동이 있었다.

19 Herod Agrippa ordered a thorough search for him. When he couldn't be found, Herod interrogated the guards and sentenced them to death. Afterward Herod left Judea to stay in Caesarea for a while.

19 헤롯 아그립바는 그를 철저히 찾으라는 명령을 내렸다. 그를 찾을 수 없게 되자, 헤롯은 직일병들을 심문했고 그들을 사형에 처했다. 그 후에 헤롯은 잠간 동안 가이사랴에 머무르기 위해 유태를 떠났다.

The Death of Herod Agrippa
헤롯 아그립바의 죽음

20 Now Herod was very angry with the people of Tyre and Sidon. So they sent a delegation to make peace with him because their cities were dependent upon Herod's country for food. The delegates won the support

of Blastus, Herod's personal assistant,

20 지금 헤롯은 두로와 시돈 사람들에게 아주 성나 있었다. 그래서 그들은 그와 화해하기 위해 대표단을 보냈다. 왜냐하면 그들의 도시들이 헤롯의 나라에 식량을 의존하고 있었기 때문이였다. 대표단원들은 헤롯의 개인 보좌역인, 블라스도의 지지를 받았다 ,

21 and an appointment with Herod was granted. When the day arrived, Herod put on his royal robes, sat on his throne, and made a speech to them.

21 그리하여 헤롯과 만날 약속이 허가되였다. 그날이 왔을 때, 헤롯은 자신의 왕복을 입고, 자기 왕좌에 앉아서, 그들에게 연설을 했다.

22 The people gave him a great ovation, shouting, "It's the voice of a god, not of a man!"

22 사람들은 그를 열렬히 환영하며 웨쳤다,《그것은 사람의 것이 아닌, 신의 목소리이다!》

23 Instantly, an angel of the Lord struck Herod with a sickness, because he accepted the people's worship instead of giving the glory to God. So he was consumed with worms and died.

23 즉시, 주님의 한 천사가 헤롯을 병으로 덮쳤다, 왜냐하면 그가 영광을 하나님께 돌리는 대신에 사람들의 숭배를 받았기 때문이였다. 그래서 그는 벌레에 먹혀서 죽었다.

24 Meanwhile, the word of God continued to spread, and there were many new believers.

24 한편, 하나님의 말씀은 계속해서 퍼져 나갔다, 그리하여 새로운 신자들이 많아졌다.

25 When Barnabas and Saul had finished their mission to Jerusalem, they returned, taking John Mark with them.

25 바나바와 사울은 에루살렘에서 자기들의 임무를 완수했을 때, 그들은 자신들과 함께 마가 요한을 데리고 다시 돌아갔다.

13

Barnabas and Saul Are Commissioned

바나바와 사울이 임명 받다

1 Among the prophets and teachers of the church at Antioch of Syria were Barnabas, Simeon (called "the black man"), Lucius (from Cyrene), Manaen (the childhood companion of King Herod Antipas), and Saul.

1 수리아 안디옥 교회의 예언자들과 선생들 중에는 바나바, 시므온(《흑

인》이라고 불리는), 루기오(구레네 출신), 마나엔(헤롯 안티파스왕의 어린 시절 친구), 그리고 사울이 있었다.

2 One day as these men were worshiping the Lord and fasting, the Holy Spirit said, "Dedicate Barnabas and Saul for the special work to which I have called them."

2 어느 날 이 사람들이 주님을 례배하면서 단식하고 있는데, 성령님이 말씀하셨다, 《바나바와 사울은 내가 그들을 부른 특별한 일을 위해 전념하도록 하여라.》

3 So after more fasting and prayer, the men laid their hands on them and sent them on their way.

3 그래서 더 기도하고 단식한 후에, 그 사람들은 자신들의 손을 그들 우에 얹었다 그리고 그들이 자기들의 길을 가도록 보냈다.

Paul's First Missionary Journey

바울의 첫 번 째 전도 려행

4 So Barnabas and Saul were sent out by the Holy Spirit. They went down to the seaport of Seleucia and then sailed for the island of Cyprus.

4 그래서 바나바와 사울은 성령님에 의해 파견되였다. 그들은 실루기아 항구로 내려갔다. 그리고 다음에 키프러스 섬으로 항해하였다.

5 There, in the town of Salamis, they went to the Jewish synagogues and preached the word of God. John Mark went with them as their assistant.

5 그곳, 살라미 도시에서, 그들은 유태 군중회관에 들어가 하나님의 말씀을 전했다. 마가 요한은 그들의 조수로서 그들과 함께 갔다.

6 Afterward they traveled from town to town across the entire island until finally they reached Paphos, where they met a Jewish sorcerer, a false prophet named Bar-Jesus.

6 그 이후에 그들은 온 섬 이 마을 저 마을을 거쳐 마침내 그들은 바보에 도착했다, 그곳에서 그들은 바-예수라고 부르는 거짓 예언자인, 유태 마술쟁이를 만났다.

7 He had attached himself to the governor, Sergius Paulus, who was an intelligent man. The governor invited Barnabas and Saul to visit him, for he wanted to hear the word of God.

7 그는 리지적인 사람이였던 총독, 서기오 바울 곁에 늘 있었다. 총독은 자기를 방문하도록 바나바와 사울을 초대했다, 왜냐하면 그는 하나님 말씀을 듣고 싶어 했기 때문이였다.

8 But Elymas, the sorcerer (as his name means in Greek), interfered and urged

the governor to pay no attention to what Barnabas and Saul said. He was trying to keep the governor from believing.

8 그러나 엘루마, 마술쟁이는 (그리스어로 그의 이름이 의미하는 대로) 방해했다. 그리고 총독에게 바나바와 사울이 말하는 것에 관심을 갖지 말라고 강요했다. 그는 총독이 믿는 것에 끌려 들어가지 않도록 애를 쓰고 있었다.

9 **Saul, also known as Paul, was filled with the Holy Spirit, and he looked the sorcerer in the eye.**

9 바울이라고도 알려진, 사울은 성령님으로 충만해졌다. 그리고 그는 그 마술쟁이 눈을 노려보았다.

10 **Then he said, "You son of the devil, full of every sort of deceit and fraud, and enemy of all that is good! Will you never stop perverting the true ways of the Lord?**

10 그다음 그는 말했다. 《온갖 종류의 협잡과 기만, 그리고 모든 선량한 것의 원쑤인 너 악마의 자식아! 너는 주님의 참된 길을 그릇된 길로 이끄는 것을 결코 멈추지 않겠는가?

11 **Watch now, for the Lord has laid his hand of punishment upon you, and you will be struck blind. You will not see the sunlight for some time." Instantly mist and darkness came over the man's eyes, and he began groping around begging for someone to take his hand and lead him.**

11 이제 조심하여라, 왜냐하면 주님께서 너 우에 그분의 심판의 손을 얹으셨기 때문이다, 그리고 너는 눈이 멀게 될 것이다. 너는 얼마동안 해빛을 보지 못할 것이다.》 즉시 안개와 어두움이 그 사람의 눈을 뒤덮었다, 그리고 그는 자기 손을 잡아 그를 이끌어 줄 누군가를 청하면서 사방을 더듬거리기 시작했다.

12 **When the governor saw what had happened, he became a believer, for he was astonished at the teaching about the Lord.**

12 총독은 일어났던 것을 보고는, 그는 신자가 되였다, 왜냐하면 그는 주님에 대한 가르침에 몹시 놀랐기 때문이였다.

Paul Preaches in Antioch of Pisidia

바울이 비시디아의 안디옥에서 전도하다.

13 **Paul and his companions then left Paphos by ship for Pamphylia, landing at the port town of Perga. There John Mark left them and returned to Jerusalem.**

13 그 후 바울과 그의 동료들은 배를 타고 바보에서 떠나 밤빌리아를 향

해 가다가, 버가의 항구 도시에서 내렸다. 그곳에서 요한 마가는 그들
을 떠나서 예루살렘으로 돌아갔다.

14 **But Paul and Barnabas traveled inland to Antioch of Pisidia. On the Sabbath they went to the synagogue for the services.**

14 그러나 바울과 바나바는 비시디아의 안디옥까지 내륙 려행을 했다.
은정의 휴식일에 그들은 례배를 드리기 위해 군중 회관에 갔다.

15 **After the usual readings from the books of Moses and the prophets, those in charge of the service sent them this message: "Brothers, if you have any word of encouragement for the people, come and give it."**

15 여느 때처럼 모세와 예언자들의 책들을 랑독한 후에, 례배를 책임
진 사람들은 그들에게 이러한 전하는 말을 했다:《형제들이여, 만일 당
신들이 사람들을 위한 어떤 격려의 말이 있다면, 와서 그것을 해주십
시오.》

16 **So Paul stood, lifted his hand to quiet them, and started speaking. "Men of Israel," he said, "and you God-fearing Gentiles, listen to me.**

16 그래서 바울은 일어서서, 그들을 조용하게 하기 위해 자기 손을 들
었다, 그리고 말하기 시작했다.《이스라엘 사람들이여,》그가 말했다,
《그리고 하나님을 두려워하는 비유태인 여러분들이여, 저의 말을 들으
십시오.

17 **"The God of this nation of Israel chose our ancestors and made them multiply and grow strong during their stay in Egypt. Then with a powerful arm he led them out of their slavery.**

17《이 이스라엘 민족의 하나님께서는 우리 선조들을 선택하셨고 그
들이 에집트에 있을 동안에 그들의 수를 늘이고 강해지게 만드셨습니
다. 그런 후 그분은 강력한 힘으로 그들을 노예의 처지에서 이끄어 내
셨습니다.

18 **He put up with them through forty years of wandering in the wilderness.**

18 그분께서는 황야에서 방황하던 40년 동안 내내 그들을 참아 주셨습
니다.

19 **Then he destroyed seven nations in Canaan and gave their land to Israel as an inheritance.**

19 그때 그분께서는 가나안의 일곱 민족들을 무너뜨리고 그들의 땅을 이
스라엘에 유산으로 주셨습니다.

20 **All this took about 450 years. "After that, God gave them judges to rule until the time of Samuel the prophet.**

20 이 모든 일이 거의 450년 걸렸습니다. 그 후에, 하나님께서는 예언

자 사무엘의 때까지 통치하기 위해 그들에게 재판관들을 주셨습니다.

21 Then the people begged for a king, and God gave them Saul son of Kish, a man of the tribe of Benjamin, who reigned for forty years.

21 그 후 백성들은 왕을 간청했습니다. 그러자 하나님께서는 그들에게 베냐민 가문 사람인 기스의 아들 사울을 주셨고, 그는 40년 동안 통치하였습니다.

22 But God removed Saul and replaced him with David, a man about whom God said, 'I have found David son of Jesse, a man after my own heart. He will do everything I want him to do.'

22 그러나 하나님은 사울을 옮기고 그를 대신하여 다윗을 내세우셨습니다. 그 사람에 대해 하나님께서 말씀하셨습니다. 〈나는 이새의 아들 다윗이 내 마음에 드는 사람이라는 것을 알았다. 그는 내가 그에게 하기 바라는 모든 것을 실행할 것이다.〉

23 "And it is one of King David's descendants, Jesus, who is God's promised Savior of Israel!

23 《그리고 다윗 왕의 자손들 중 한 사람인, 예수가, 하나님께서 이스라엘의 구원자로 약속하신 분입니다!

24 Before he came, John the Baptist preached that all the people of Israel needed to repent of their sins and turn toGod and be baptized.

24 그분이 오시기 전에, 세례자 요한은 모든 이스라엘 백성들에게 그들의 죄들에 대해 뉘우치고 하나님께 돌아와 세례를 받지 않으면 안 된다고 설교하였습니다.

25 As John was finishing his ministry he asked, 'Do you think Iam the Messiah? No, I am not! But he is coming soon—and I'm not even worthy to be his slave and untie the sandals on his feet.'

25 요한이 자기 임무를 마치려 했을 때 그는 물었습니다. 〈너희는 내가 구세주라고 생각하는가? 아니, 나는 아니다! 그렇지만 그분은 곧 오신다—그리고 나는 지어 그분의 종이 되여 그분 발의 신발 끈을 풀 자격조차 없다.〉

26 "Brothers—you sons of Abraham, and also you God-fearing Gentiles—this message of salvation has been sent to us!

26 《형제들이여—너희 아브라함의 후손들이여, 그리고 또 너희 하나님을 두려워하는 비유태인들이여—이 구원의 말씀이 우리에게 보내여졌습니다!

27 The people in Jerusalem and their leaders did not recognize Jesus as the one the prophets had spoken about. Instead, they condemned him, and in

doing this they fulfilled the prophets' words that are read every Sabbath.

27 예루살렘 사람들과 그들의 지도자들은 예수님을 예언자들이 말해 왔던 분으로 알아차리지 못했습니다. 대신에, 그들은 그에게 죄가 있다고 판결했습니다, 그리하여 그들에게 은정의 휴식일마다 읽혀지고 있는 예언자들의 말씀이 실현되였습니다.

28 They found no legal reason to execute him, but they asked Pilate to have him killed anyway.

28 그들은 그를 처형할 합법적인 리유를 찾지 못했지만, 그들은 어떻게 해서든지 그분을 죽여달라고 빌라도에게 요청했습니다.

29 "When they had done all that the prophecies said about him, they took him down from the cross and placed him ina tomb.

29《그들이 그분에 대해 말했던 예언들이 모두 실현되였을 때, 그들은 그분을 십자사형틀에서 내려서 무덤 안에 두었습니다.

30 But God raised him from the dead!

30 그렇지만 하나님께서는 그분을 죽은 사람들로부터 살리셨습니다!

31 And over a period of many days he appeared to those who had gone with him from Galilee to Jerusalem. They are now his witnesses to the people of Israel.

31 그리고 여러 날 동안 그분은 갈릴리에서부터 예루살렘까지 그분과 함께 갔던 사람들에게 나타나셨습니다. 그들은 이제 이스라엘 사람들에게 그분의 증인들입니다.

32 "And now we are here to bring you this Good News. The promise was made to our ancestors,

32《그리고 이제 우리는 여기에 이 반가운 소식을 당신들에게 전하기 위해 있습니다. 그 약속은 우리 선조들과 맺었던 것입니다,

33 and God has now fulfilled it for us, their descendants, by raising Jesus. This is what the second psalm says about Jesus: 'You are my Son. Today I have become your Father.'

33 그리고 하나님께서 예수를 살리심으로써 그들의 후손들인, 우리를 위해 지금 그것을 실현하셨습니다. 이것은 예수에 대해 말하고 있는 두 번째 시묶음입니다: 〈너는 나의 아들이다. 오늘 내가 너의 아버지가 되였다.〉

34 For God had promised to raise him from the dead, not leaving him to rot in the grave. He said, 'I will give you the sacred blessings I promised to David.'

34 왜냐하면 하나님께서는 그를 무덤 속에 썩도록 놓아두지 않고, 죽

은 사람들로부터 그를 살리겠다고 약속하셨기 때문입니다. 그분은 말씀하셨습니다, 〈나는 내가 다윗에게 약속했던 거룩한 축복들을 너에게 주겠다.〉

35 Another psalm explains it more fully: 'You will not allow your Holy One to rot in the grave.'

35 다른 시묶음은 그것을 보다 충분히 설명합니다: 〈당신께서는 당신의 거룩한 분을 무덤에서 썩도록 허락하지 않으실 것입니다.〉

36 This is not a reference to David, for after David had done the will of God in his own generation, he died and was buried with his ancestors, and his body decayed.

36 이것은 다윗에 대한 언급이 아닙니다, 왜냐하면 다윗은 그 자신세대에 하나님의 뜻을 실현한 후에, 그는 죽어서 자기 선조들과 함께 매장되였고, 그의 몸은 썩었기 때문입니다.

37 No, it was a reference to someone else—someone whom God raised and whose body did not decay.

37 아닙니다, 그것은 다른 사람—하나님께서 살리시고 그의 몸이 썩지 않은 어떤 사람에 대한 언급입니다.

38 "Brothers, listen! We are here to proclaim that through this man Jesus there is forgiveness for your sins.

38 《형제들이여, 들으십시오! 우리는 이 사람 예수님을 통해 당신들의 죄들이 용서받는다고 선언하려고 여기에 있습니다.

39 Everyone who believes in him is declared right with God—something the law of Moses could never do.

39 그분을 믿는 사람은 누구든지 하나님과 옳바르다고 인정받았습니다—그것은 모세의 법이 결코 하지 못했던 일입니다.

40 Be careful! Don't let the prophets' words apply to you. For they said,

40 조심하십시오! 예언자들의 말씀이 당신에게 적용되지 않도록 하십시오. 왜냐하면 그들이 말했기 때문입니다,

41 'Look, you mockers, be amazed and die! For I am doing something in your own day, something you wouldn't believe even if someone told you about it.'"

41 〈보아라, 너희 비웃는 자들아, 깜짝 놀라서 망하여라! 왜냐하면 내가 너희 시대에, 어떤 일, 지어 누군가 너희에게 그것을 말하여도 너희가 믿지 못할 그런 일을 실행할 것이기 때문이다.〉》

42 As Paul and Barnabas left the synagogue that day, the people begged them to speak about these things again the next week.

42 바울과 바나바가 그날 군중회관을 떠날 때, 사람들은 다음 주에 다시 이러한 것들에 대해 말해 주기를 그들에게 간청하였다.

43 Many Jews and devout converts to Judaism followed Paul and Barnabas, and the two men urged them to continue to rely on the grace of God.

43 많은 유태인들과 믿음 깊은 유태교 전향자들이 바울과 바나바를 따랐다, 그리고 그 두 사람은 그들에게 계속해서 하나님의 은정에 의지하라고 권고했다.

Paul Turns to the Gentiles

바울이 비유태인들에게로 방향을 돌리다

44 The following week almost the entire city turned out to hear them preach the word of the Lord.

44 그다음 주 온 도시 대부분이 주님의 말씀을 전하는 그들의 말을 듣기 위해 모여들었다.

45 But when some of the Jews saw the crowds, they were jealous; so they slandered Paul and argued against whatever he said.

45 그러나 얼마간의 유태인들이 군중들을 보았을 때, 그들은 질투가 났다; 그래서 그들은 바울을 비난하고 그가 무슨 말을 하든지 론박했다.

46 Then Paul and Barnabas spoke out boldly and declared, "It was necessary that we first preach the word of God to you Jews. But since you have rejected it and judged yourselves unworthy of eternal life, we will offer it to the Gentiles.

46 그러자 바울과 바나바는 대담하게 입을 열어 선포했다, 《우리가 당신들 유태인들에게 먼저 하나님의 말씀을 전하는 것이 필요했습니다. 그렇지만 당신들이 그것을 거절하고 영원한 생명에 대해 당신들 스스로가 보잘것없는 것으로 판단했기 때문에, 우리는 그것을 비유태인들에게 권할 것입니다.

47 For the Lord gave us this command when he said, 'I have made you a light to the Gentiles, to bring salvation to the farthest corners of the earth.'"

47 왜냐하면 주님께서 이 명령을 그분이 말씀하시면서 우리에게 주셨기 때문입니다, 〈내가 너를 비유태인들의 빛으로 만들어서 땅의 가장 먼 끝에까지 구원을 이루겠다.〉》

48 When the Gentiles heard this, they were very glad and thanked the Lord for his message; and all who were chosen for eternal life became believers.

48 비유태인들이 이 말을 들었을 때, 그들은 매우 기뻐하며 그의 전하는

말씀으로 하여 주님께 감사드렸다;

49 **So the Lord's message spread throughout that region.**

49 그리하여 주님의 말씀이 그 지역 전체에 퍼졌다.

50 **Then the Jews stirred up the influential religious women and the leaders of the city, and they incited a mob against Paul and Barnabas and ran them out of town.**

50 그러자 유태인들은 그 도시에서 영향력이 있고 신앙심이 깊은 녀자들과 지도자들을 부추겼다. 그리고 그들은 바울과 바나바를 대항하도록 무리를 선동해서 그들을 도시 밖으로 내쫓았다.

51 **So they shook the dust from their feet as a sign of rejection and went to the town of Iconium.**

51 그래서 그들은 그들을 거부하는 표시로 자기들의 발에서 먼지를 털어 버리고 이고니온 도시로 갔다.

52 **And the believers were filled with joy and with the Holy Spirit.**

52 그리고 신자들은 기쁨과 성령으로 충만했다.

14

Paul and Barnabas in Iconium

이고니온에서의 바울과 바나바

1 **The same thing happened in Iconium. Paul and Barnabas went to the Jewish synagogue and preached with such power that a great number of both Jews and Greeks became believers.**

1 이고니온에서도 같은 일이 일어났다. 바울과 바나바가 유태 군중회관에 가서 굉장한 능력으로 설교하자 수많은 유태인과 그리스인들 둘 다 신자들이 되였다.

2 **Some of the Jews, however, spurned God's message and poisoned the minds of the Gentiles against Paul and Barnabas.**

2 유태인들 중 얼마는, 그러나, 하나님의 말씀을 랭대하였고 바울과 바나바에 대한 비유태인들의 마음에 적의를 품게 하였다.

3 **But the apostles stayed there a long time, preaching boldly about the grace of the Lord. And the Lord proved their message was true by giving them power to do miraculous signs and wonders.**

3 그러나 핵심 제자들은 주님의 은정에 대해 대담하게 말하면서 그곳에 오랫동안 머물었다. 그리고 주님은 그들의 전하는 말이 진실하다는 것을 그들에게 기적적인 증표와 신기한 일들을 실현하는 능력을 주심으

로써 증명하셨다.

4 But the people of the town were divided in their opinion about them. Some sided with the Jews, and some with the apostles.

4 그러나 그 도시의 사람들은 그들에 대한 의견이 갈라졌다. 어떤 사람들은 유태 사람들 편을 들었고, 또 어떤 사람들은 핵심 제자들의 편을 들었다.

5 Then a mob of Gentiles and Jews, along with their leaders, decided to attack and stone them.

5 그때 비유태인들과 유태인들의 한 패거리는, 그들의 지도자들과 함께, 그들을 공격하여 돌로 쳐 죽이기로 결정했다.

6 When the apostles learned of it, they fled to the region of Lycaonia—to the towns of Lystra and Derbe and the surrounding area.

6 핵심제자들이 그것에 대해 알았을 때, 그들은 루가오니아 지역—루스드라와 더베 그리고 그 주변 지방으로 피했다.

7 And there they preached the Good News.

7 그리고 그곳에서 그들은 반가운 소식을 전했다.

Paul and Barnabas in Lystra and Derbe

루스드라와 더베에서의 바울과 바나바

8 While they were at Lystra, Paul and Barnabas came upon aman with crippled feet. He had been that way from birth, so he had never walked. He was sitting

8 그들이 루스드라에 있었을 때, 바울과 바나바는 발이 불구인 사람을 만났다. 그는 나면서부터 이렇게 되였다, 그래서 그는 걸어 본 적이 없었다. 그는 앉아 있었다.

9 and listening as Paul preached. Looking straight at him, Paul realized he had faith to be healed.

9 그리고 바울이 설교할 때 듣고 있었다. 그를 똑바로 쳐다보면서, 바울은 그에게 낫을 수 있는 믿음이 있다는 것을 알아차렸다.

10 So Paul called to him in a loud voice, "Stand up!" And the man jumped to his feet and started walking.

10 그래서 바울은 그에게 큰 목소리로 말했다,《일어서시오!》그러자 그 사람은 벌떡 일어나 걷기 시작했다.

11 When the crowd saw what Paul had done, they shouted in their local dialect, "These men are gods in human form!"

11 군중이 바울이 했던 일을 보았을 때, 사람들은 그들의 사투리로 웨쳤

다, 《이 사람들은 인간의 모양을 한 신들이다!》

12 **They decided that Barnabas was the Greek god Zeus and that Paul was Hermes, since he was the chief speaker.**

12 사람들은 바나바를 그리스 신인 제우스 그리고 바울은, 그가 주로 말을 하는 사람이였기 때문에 헤르메스라고 정했다.

13 **Now the temple of Zeus was located just outside the town. So the priest of the temple and the crowd brought bulls and wreaths of flowers to the town gates, and they prepared to offer sacrifices to the apostles.**

13 그때 제우스의 신전이 바로 그 도시 밖에 위치해 있었다. 그래서 신전의 제사장과 군중들은 황소들과 화환들을 성문으로 가져왔다, 그리고 그들은 핵심 제자들에게 제물을 바치려고 준비했다.

14 **But when the apostles Barnabas and Paul heard what was happening, they tore their clothing in dismay and ran out among the people, shouting,**

14 그러나 핵심제자들인 바나바와 바울은 무슨 일이 일어나고 있는지를 듣고는, 당황하여 자기들의 옷을 찢었다 그리고 사람들 사이로 뛰쳐나가, 웨쳤다,

15 **"Friends, why are you doing this? We are merely human beings—just like you! We have come to bring you the Good News that you should turn from these worthless things and turn to the living God, who made heaven and earth, the sea, and everything in them.**

15 《친구들이여, 왜 당신들은 이런 일을 하고 있습니까? 우리는 사람에 지나지 않습니다—당신들과 똑같은! 우리는 당신들이 이렇게 보잘것없는 일들을 버리고, 하늘과 땅과 바다와 그리고 그 안에 있는 모든 것을 지으신 분인 살아 계신 하나님께로 돌아오게 하는 반가운 소식을 당신들에게 전하기 위해 왔습니다.

16 **In the past he permitted all the nations to go their own ways,**

16 과거에는 그분이 모든 민족들이 그들 자신의 길을 가도록 허락하셨습니다,

17 **but he never left them without evidence of himself and his goodness. For instance, he sends you rain and good crops and gives you food and joyful hearts."**

17 그러나 그분은 그분 자신과 그분의 선량하심에 대한 증거를 그들에게 남기지 않은 것은 결코 아니였습니다. 실례를 들면, 그분은 당신들에게 비와 좋은 수확물을 주시고 당신들에게 식량과 즐거운 마음을 주십니다.》

18 **But even with these words, Paul and Barnabas could scarcely restrain the**

people from sacrificing to them.

18 그러나 이러한 말들로, 바울과 바나바는 자기들에게 제사하려는 사람들을 겨우 막을 수 있었다.

19 Then some Jews arrived from Antioch and Iconium and won the crowds to their side. They stoned Paul and dragged him out of town, thinking he was dead.

19 그때 몇 유태인들이 안디옥과 이고니온에서 와서 군중들을 그들의 편이 되게 했다. 그들은 바울에게 돌을 던졌다 그리고 그가 죽었다고 생각하고, 그를 도시 밖으로 끌어내였다.

20 But as the believers gathered around him, he got up and went back into the town. The next day he left with Barnabas for Derbe.

20 그러나 신자들이 그의 주위에 모여들자, 그는 일어나서 다시 그 도시로 들어갔다. 다음 날 그는 바나바와 함께 더베로 떠났다.

Paul and Barnabas Return to Antioch of Syria

바울과 바나바가 수리아의 안디옥으로 돌아가다

21 After preaching the Good News in Derbe and making many disciples, Paul and Barnabas returned to Lystra, Iconium, and Antioch of Pisidia,

21 더베에서 반가운 소식을 전하여 제자들을 많이 만든 후에, 바울과 바나바는 루스드라, 이고니온, 그리고 비시디아 안디옥으로 돌아갔다,

22 where they strengthened the believers. They encouraged them to continue in the faith, reminding them that we must suffer many hardships to enter the Kingdom of God.

22 그곳에서 그들은 신자들을 굳세게 해주었다. 그들은 우리가 하나님 나라에 들어가려면 많은 고난을 겪어야 한다는 것을 그들에게 상기시키면서, 계속 믿음 안에 있으라고 그들을 격려하였다.

23 Paul and Barnabas also appointed elders in every church. With prayer and fasting, they turned the elders over to the care of the Lord, in whom they had put their trust.

23 또한 바울과 바나바는 모든 교회에 장로들을 임명했다. 기도와 단식을 하면서, 그들은 장로들을 그들 자신들이 믿고 있는 주님의 돌보심에 맡겼다.

24 Then they traveled back through Pisidia to Pamphylia.

24 그 후 그들은 다시 비시디아를 거쳐서 밤빌리아로 려행했다.

25 They preached the word in Perga, then went down to Attalia.

25 그들은 버가에서 말씀을 전하고, 그 후에 앗달리아로 내려갔다.

26 Finally, they returned by ship to Antioch of Syria, where their journey had begun. The believers there had entrusted them to the grace of God to do the work they had now completed.

26 마침내, 그들은 배를 타고 자기들이 려행을 시작했던 수리아의 안디옥으로 다시 돌아왔다. 그곳 신자들은 그들이 지금 완수한 그 일을 하기 위해 하나님의 은정에 그들을 맡겼었다.

27 Upon arriving in Antioch, they called the church together and reported everything God had done through them and how he had opened the door of faith to the Gentiles, too.

27 안디옥에 도착하자마자, 그들은 그 교회를 함께 불러서 하나님께서 그들을 통해 하셨던 모든 일과 어떻게 그분이 비유태인들에게도 믿음의 문을 여셨는지를 보고했다.

28 And they stayed there with the believers for a long time.

28 그리고 그들은 그곳에서 오래동안 신자들과 함께 지냈다.

15

The Council at Jerusalem

예루살렘의 최고심의회

1 While Paul and Barnabas were at Antioch of Syria, some men from Judea arrived and began to teach the believers: "Unless you are circumcised as required by the law of Moses, you cannot be saved."

1 바울과 바나바가 수리아의 안디옥에 있는 동안, 유태 지방으로부터 몇 사람이 와서 신자들에게 가르치기 시작했다: 《만일 당신들이 모세의법에서 요구하는 대로 잘라냄례식을 하지 않으면, 당신들은 구원받을 수 없습니다.》

2 Paul and Barnabas disagreed with them, arguing vehemently. Finally, the church decided to send Paul and Barnabas to Jerusalem, accompanied by some local believers, to talk to the apostles and elders about this question.

2 바울과 바나바는 그들과 의견이 맞지 않아, 격렬하게 론쟁을 하였다. 결국, 교회는 바울과 바나바를, 그 지방 몇 사람의 신자들과 동행하여 예루살렘에 보내여, 이 문제에 대해 핵심제자들과 장로들에게 의논하도록 결정했다.

3 The church sent the delegates to Jerusalem, and they stopped along the way in Phoenicia and Samaria to visit the believers. They told them—

much to everyone's joy—that the Gentiles, too, were being converted.

3 교회는 예루살렘에 그 대표들을 보냈다, 그리고 그들은 가는 길에 신자들을 방문하기 위해 베니게와 사마리아에서 멈추었다. 그들은 비유태인들도 전향하고 있다고—모든 사람에게 매우 기쁨이 되는 말을 그들에게 해주었다.

4 When they arrived in Jerusalem, Barnabas and Paul were welcomed by the whole church, including the apostles and elders. They reported everything God had done through them.

4 그들이 예루살렘에 도착했을 때, 바나바와 바울은 핵심 제자들과 장로들을 포함하여, 온 교회의 환영을 받았다. 그들은 하나님께서 그들을 통하여 실행하신 모든 것을 보고했다.

5 But then some of the believers who belonged to the sect of the Pharisees stood up and insisted, "The Gentile converts must be circumcised and required to follow the law of Moses."

5 그런데 그때 바리새파 사람들의 종파에 속해 있는 신자들 중 어떤 사람들이 일어서서 주장했다, 《비유태인 전향자들은 잘라냄례식을 해야 하고 모세의 률법을 따르는 것이 요구된다.》

6 So the apostles and elders met together to resolve this issue.

6 그래서 핵심 제자들과 장로들은 이 론쟁을 해결하기 위해 함께 모였다.

7 At the meeting, after a long discussion, Peter stood and addressed them as follows: "Brothers, you all know that God chose me from among you some time ago to preach to the Gentiles so that they could hear the Good News and believe.

7 그 모임에서 긴 론쟁 끝에, 베드로가 일어서서 그들에게 다음과 같이 말하였다: 《형제들이여, 당신들 모두가 하나님께서 얼마 전에 당신들 가운데서 나를 선택하여 비유태인들이 반가운 소식을 듣고 믿을 수 있도록 그들에게 전하게 하신 일을 알고 있습니다.

8 God knows people's hearts, and he confirmed that he accepts Gentiles by giving them the Holy Spirit, just as he did to us.

8 하나님께서는 사람들의 마음들을 아십니다, 그리고 그분은 자신이 우리에게 하셨던 것과 똑같이, 비유태인들에게 성령을 주심으로써 그분께서 그들을 받아들인 것을 확증하셨습니다.

9 He made no distinction between us and them, for he cleansed their hearts through faith.

9 그분은 우리와 그들 사이에 차별을 하지 않으셨습니다, 왜냐하면 그분

은 그들의 마음을 믿음을 통해서 깨끗하게 하셨기 때문입니다.

10 So why are you now challenging God by burdening the Gentile believers with a yoke that neither we nor our ancestors were able to bear?

10 그런데 왜 당신들은 이제 비유태인 신자들에게 우리나 우리 선조들이 감당할 수 없었던 멍에를 지워 하나님에게 맞서게 하고 있습니까?

11 We believe that we are all saved the same way, by the undeserved grace of the Lord Jesus."

11 우리는 우리 모두가 똑같이, 과분한 주 예수님의 은정으로 하여 구원된 것을 믿고 있습니다.》

12 Everyone listened quietly as Barnabas and Paul told about the miraculous signs and wonders God had done through them among the Gentiles.

12 바나바와 바울이 비유태인들 속에서 그들을 통해 하나님께서 실행하셨던 기적적인 증표들과 놀라운 일들에 대해 말했을 때 모두가 조용히 들었다.

13 When they had finished, James stood and said, "Brothers, listen to me.

13 그들이 마쳤을 때, 야고보가 일어서서 말했다.《형제들이여, 저의 말을 들어 주십시오.

14 Peter has told you about the time God first visited the Gentiles to take from them a people for himself.

14 베드로는 하나님께서 그분 자신을 위한 백성을 비유태인들로부터 불러내기 위해 그들을 처음 찾으신 때에 대해서 당신들에게 말했습니다.

15 And this conversion of Gentiles is exactly what the prophets predicted. As it is written:

15 그리고 비유태인들의 이 전향은 예언자들이 예언했던 바로 그대로입니다. 이렇게 씌여진 대로입니다:

16 'Afterward I will return and restore the fallen house of David. I will rebuild its ruins and restore it,

16 〈후에 내가 돌아와서 다윗의 그 무너진 집을 복구할 것이다. 내가 그 파괴된 것들을 다시 짓고 그것을 복구하겠다,

17 so that the rest of humanity might seek the LORD, including the Gentiles. all those I have called to be mine. The LORD has spoken.

17 그래서 인류의 남은 사람들이 주님을 찾도록 할 것이다, 비유태인들—나는 내 것으로 불렀던 모든 이들—을 포함하여. 주님께서 말씀하셨다.

18 he who made these things known so long ago.'

18 그분께서 아주 오래 전에 이런 것들을 알게 하셨다.〉

19 "And so my judgment is that we should not make it difficult for the Gentiles who are turning to God.

19 《그래서 나의 판단은 우리가 하나님께로 돌아오고 있는 비유태인들을 위해 어렵게 만들지 말아야 한다는 것입니다.

20 Instead, we should write and tell them to abstain from eating food offered to idols, from sexual immorality, from eating the meat of strangled animals, and from consuming blood.

20 그 대신에, 우리는 편지를 써서 그들에게 우상들에게 바쳐진 음식 먹는 것, 부화방탕하는 것, 목 졸라 죽인 짐승들을 먹는 것, 그리고 피를 마시는 것을 그만두어야 한다고 말해주어야 합니다.

21 For these laws of Moses have been preached in Jewish synagogues in every city on every Sabbath for many generations."

21 왜냐하면 모세의 이런 법들은 자자손손 매 은정의 휴식일에 모든 도시에 있는 유태인 군중회관에서 가르쳐 오던 것이기 때문입니다.》

The Letter for Gentile Believers

비유태인 신자들을 위한 편지

22 Then the apostles and elders together with the whole church in Jerusalem chose delegates, and they sent them to Antioch of Syria with Paul and Barnabas to report on this decision. The men chosen were two of the church leaders. Judas (also called Barsabbas) and Silas.

22 그러자 핵심 제자들과 장로들은 예루살렘에 있는 모든 교회와 함께 대표들을 뽑았다, 그리고 그들은 이 결정에 대한 보고를 하기 위해 바울과 바나바를 함께 수리아의 안디옥으로 그들을 보냈다. 뽑힌 사람들은 교회 지도자들 중 두 사람으로—유다(바사바라고도 불리는)와 실라였다.

23 This is the letter they took with them: "This letter is from the apostles and elders, your brothers in Jerusalem. It is written to the Gentile believers in Antioch, Syria, and Cilicia. Greetings!

23 이것이 그들이 가지고 갔던 편지이다: 《이 편지는 예루살렘에 있는 당신들의 형제들인, 핵심제자들과 장로들로부터 보내는 것입니다. 그것은 안디옥, 수리아, 그리고 길리기아에 있는 비유태인 신자들을 위해 씌였습니다. 인사 전합니다!

24 "We understand that some men from here have troubled you and upset you with their teaching, but we did not send them!

24 《우리는 이곳에서 간 몇 사람이 그들의 가르침으로 당신들을 괴롭히고 혼란시킨 것을 알고 있습니다, 그러나 우리는 그들을 보내지 않

앖습니다!

25 So we decided, having come to complete agreement, to send you official representatives, along with our beloved Barnabas and Paul,

25 그래서 우리는 완전한 합의를 보고, 당신들에게 공식적인 대표들을, 우리의 사랑하는 바나바와 바울을 함께 보내기로 결정했습니다.

26 who have risked their lives for the name of our Lord Jesus Christ.

26 그들은 우리 주 예수 그리스도의 이름을 위해 자기들의 목숨을 걸고 살아온 사람들입니다.

27 We are sending Judas and Silas to confirm what we have decided concerning your question.

27 우리는 당신들의 질문에 대해 우리가 결정한 것을 확증하기 위해 유다와 실라를 보냅니다.

28 "For it seemed good to the Holy Spirit and to us to lay no greater burden on you than these few requirements:

28《왜냐하면 이러한 몇 가지 요구들보다 더 큰 부담을 당신들에게 지우지 않는 것이 성령님과 우리에게 좋게 생각되기 때문입니다:

29 You must abstain from eating food offered to idols, from consuming blood or the meat of strangled animals, and from sexual immorality. If you do this, you will do well. Farewell."

29 여러분은 우상들에게 바친 음식을 먹는 것, 피를 마시거나 목 졸라 죽인 짐승들의 고기를 먹는 것, 그리고 부화방탕한 것을 그만두어야 합니다. 만일 당신들이 이것을 실행한다면, 당신들은 잘하는 것입니다. 안녕히 계십시오.》

30 The messengers went at once to Antioch, where they called a general meeting of the believers and delivered the letter.

30 그 전달자들은 즉시 안디옥으로 가서, 그곳에서 그들은 신자들의 총회를 소집하고 그 편지를 전달하였다.

31 And there was great joy throughout the church that day as they read this encouraging message.

31 그래서 그날 그들이 이 격려가 되는 소식을 읽었을 때 온 교회는 모두 커다란 기쁨이 있었다.

32 Then Judas and Silas, both being prophets, spoke at length to the believers, encouraging and strengthening their faith.

32 그러고 나서 유다와 실라는, 둘 다 예언자들이였으므로, 신자들에게 충분히 말을 하여, 그들의 믿음을 격려하고 강하게 해주었다.

33 They stayed for a while, and then the believers sent them back to the

church in Jerusalem with a blessing of peace.

33 그들은 얼마동안 머물렀다. 그러고 나서 신자들은 평화의 축복과 함께 그들을 예루살렘 교회에 돌려보냈다.

34

34 (없음)

35 Paul and Barnabas stayed in Antioch. They and many others taught and preached the word of the Lord there.

35 바울과 바나바는 안디옥에 머물렀다. 그들과 많은 다른 사람들은 그곳에서 주님의 말씀을 가르치고 설교했다.

Paul and Barnabas Separate

바울과 바나바가 갈라지다

36 After some time Paul said to Barnabas, "Let's go back and visit each city where we previously preached the word of the Lord, to see how the new believers are doing."

36 얼마 후 바울은 바나바에게 말했다. 《우리가 이전에 주님의 말씀을 전했던 각 도시에, 새 신자들이 어떻게 하고 있는지를 보기 위해 다시 돌아가 방문합시다.》

37 Barnabas agreed and wanted to take along John Mark.

37 바나바는 동의하였고 마가 요한을 데리고 가고 싶어 했다.

38 But Paul disagreed strongly, since John Mark had deserted them in Pamphylia and had not continued with them in their work.

38 그러나 바울은, 마가 요한이 밤빌리아에서 그들을 저버리고 떠나 그들과 함께 그들의 일을 계속하지 않았기 때문에 완강하게 반대하였다.

39 Their disagreement was so sharp that they separated. Barnabas took John Mark with him and sailed for Cyprus.

39 그들의 다툼이 너무 격렬해서 그들은 갈라졌다. 바나바는 마가 요한과 함께 배를 타고 키프러스로 갔다.

40 Paul chose Silas, and as he left, the believers entrusted him to the Lord's gracious care.

40 바울은 실라를 선택했다. 그리고 그가 떠날 때, 신자들은 그를 주님의 은정스러운 돌보심에 맡겼다.

41 Then he traveled throughout Syria and Cilicia, strengthening the churches there.

41 그 후 그는 수리아와 길리기아 곳곳을 다녔으며, 그곳 교회들을 튼튼하게 했다.

16

Paul's Second Missionary Journey

바울의 두 번째 선교 려행

1 **Paul went first to Derbe and then to Lystra, where there was a young disciple named Timothy. His mother was a Jewish believer, but his father was a Greek.**

1 바울은 처음에 더베로 갔다가 후에 루스드라로 갔다. 그곳에 디모데라는 젊은 제자가 있었다. 그의 어머니는 유태 신자였지만 아버지는 그리스 사람이였다.

2 **Timothy was well thought of by the believers in Lystra and Iconium,**

2 디모데는 루스드라와 이고니온에서 신자들로부터 존경을 받았다.

3 **so Paul wanted him to join them on their journey. In deference to the Jews of the area, he arranged for Timothy to be circumcised before they left, for everyone knew that his father was a Greek.**

3 그래서 바울은 자기들 려행에 그가 함께해 주기를 원했다. 그는 그 지역의 유태 사람들을 존중하여, 그는 그들이 떠나기 전에 디모데를 위해 잘라냄례식을 하기로 했다. 왜냐하면 누구나 그의 아버지가 그리스 사람인 것을 알고 있었기 때문이였다.

4 **Then they went from town to town, instructing the believers to follow the decisions made by the apostles and elders in Jerusalem.**

4 그런 후 그들은, 예루살렘에 있는 핵심제자들과 장로들에 의해 정해진 결정들을 신자들이 따르도록 지시하면서 이 도시에서 저 도시로 다녔다.

5 **So the churches were strengthened in their faith and grew larger every day.**

5 그래서 교회들은 사람들의 믿음이 견고하게 되였고 날마다 더 크게 자라났다.

A Call from Macedonia

마게도냐로부터 부르심

6 **Next Paul and Silas traveled through the area of Phrygia and Galatia, because the Holy Spirit had prevented them from preaching the word in the province of Asia at that time.**

6 다음에 바울과 실라는 브리기아와 갈라디아 지방을 두루 려행하였다. 왜냐하면 그때 성령이 아시아 지역에서 말씀을 전하지 못하도록 그들

을 막았기 때문이였다.

7 Then coming to the borders of Mysia, they headed north for the province of Bithynia, but again the Spirit of Jesus did not allow them to go there.

7 다음에 무시아 경계지역에 와서, 그들은 비두니아 지역을 향해 북쪽으로 갔다, 그러나 또 다시 예수님의 령이 그들이 그곳으로 가는 것을 허락하지 않았다.

8 So instead, they went on through Mysia to the seaport of Troas.

8 그래서 대신에, 그들은 무시아를 지나서 계속 드로아 항구 도시까지 갔다.

9 That night Paul had a vision: A man from Macedonia in northern Greece was standing there, pleading with him, "Come over to Macedonia and help us!"

9 그날 밤 바울은 환상을 보았다: 그리스 북부의 마케도니아에서 온 한 사람이, 그에게 간곡히 부탁하면서 거기에 서 있었다,《마케도니아로 와서 우리를 도와주십시오!》

10 So we decided to leave for Macedonia at once, having concluded that God was calling us to preach the Good News there.

10 그래서 우리는 하나님께서 마케도니아에서 반가운 소식을 전하도록 우리를 부르고 계셨다는 결론을 내리고, 곧 그곳으로 떠나기로 결정하였다

Lydia of Philippi Believes in Jesus

빌립보의 루디아가 예수님를 믿다

11 We boarded a boat at Troas and sailed straight across to the island of Samothrace, and the next day we landed at Neapolis.

11 우리는 드로아에서 배를 타고 곧장 가로질러 사모드라게 섬으로 항해했다, 그리고 그다음 날 우리는 네압볼리에 도착했다.

12 From there we reached Philippi, a major city of that district of Macedonia and a Roman colony. And we stayed there several days.

12 그곳에서부터 우리는 마케도니아 그 구역의 중요 도시이고 로마 식민지인, 빌립보에 도착했다. 그리고 우리는 그곳에서 며칠 머물렀다.

13 On the Sabbath we went a little way outside the city to a riverbank, where we thought people would be meeting for prayer, and we sat down to speak with some women who had gathered there.

13 은정의 휴식일에 우리는 도시 밖으로 조금 나가서 강기슭에 갔다, 그곳에서 우리는 사람들이 기도 모임이 있을 것이라고 생각했다, 그리고

우리는 거기에 모여 있던 몇 녀자들과 이야기하기 위해 앉았다.

14 One of them was Lydia from Thyatira, a merchant of expensive purple cloth, who worshiped God. As she listened to us, the Lord opened her heart, and she accepted what Paul was saying.

14 그들 중 한 사람은 값비싼 자주빛 옷감 상인인, 두아디라 출신 루디아였다, 그 녀자는 하나님을 마음속 깊이 우러르며 존경했다. 그 녀자가 우리 말을 듣고 있을 때, 주님이 그 녀자의 마음을 열어서, 그 녀자는 바울이 말하고 있는 것을 받아들였다.

15 She was baptized along with other members of her household, and she asked us to be her guests. "If you agree that I am a true believer in the Lord," she said, "come and stay at my home." And she urged us until we agreed.

15 그 녀자는 자기의 다른 식구들과 함께 세례를 받았고, 그 녀자는 우리에게 자기의 손님들이 되여 달라고 간청했다. 《만일 당신들이 내가 주님을 믿는 진실한 신자라고 여긴다면,》《와서 우리 집에 머무르십시오.》라고 그 녀자가 말했다. 그리고 그 녀자는 우리가 동의할 때까지 우리를 설복했다.

Paul and Silas in Prison

감옥에 갇힌 바울과 실라

16 One day as we were going down to the place of prayer, we met a demon-possessed slave girl. She was a fortune-teller who earned a lot of money for her masters.

16 어느 날 우리가 기도 장소로 내려가고 있었을 때, 귀신에 사로잡힌 노예 녀자아이를 만났다. 그 녀자는 자기 주인들에게 돈을 많이 벌어준 점쟁이였다.

17 She followed Paul and the rest of us, shouting, "These men are servants of the Most High God, and they have come to tell you how to be saved."

17 그 녀자는 《이 사람들은 가장 높으신 하나님의 종들이다, 그리고 그들은 당신들에게 어떻게 구원받는지에 대해 말해 주려고 왔다.》고 소리치면서, 바울과 나머지 우리들을 따라다녔다.

18 This went on day after day until Paul got so exasperated that he turned and said to the demon within her, "I command you in the name of Jesus Christ to come out of her." And instantly it left her.

18 이 일이 날마다 계속되자 바울까지 너무 성이 나서 그는 뒤돌아서 그 녀자 안에 있는 귀신에게 말했다, 《내가 예수 그리스도의 이름으로

그 녀자에게서 나오도록 너에게 명령한다.》 그러자 즉시 그것은 그 녀자를 떠났다.

19 **Her masters' hopes of wealth were now shattered, so they grabbed Paul and Silas and dragged them before the authorities at the marketplace.**

19 그 녀자 주인의 부자 될 희망이 이제 산산이 부서졌다, 그래서 그들은 바울과 실라를 붙잡아서 시장에 있는 관리들 앞으로 그들을 질질 끌고 갔다.

20 **"The whole city is in an uproar because of these Jews!" they shouted to the city officials.**

20《온 도시가 이 유태 사람들 때문에 몹시 소란스럽습니다!》 그들은 그 도시의 관리들에게 웨쳤다.

21 **"They are teaching customs that are illegal for us Romans to practice."**

21《그들은 우리 로마 사람들에게는 행동에 옮기면 불법인 관습을 가르치고 있습니다.》

22 **A mob quickly formed against Paul and Silas, and the city officials ordered them stripped and beaten with wooden rods.**

22 바울과 실라를 반대하는 무리가 즉시 나타났다, 그러자 그 도시의 관리들은 그들을 발가벗겨서 나무 채찍들로 매질하도록 명령하였다.

23 **They were severely beaten, and then they were thrown into prison. The jailer was ordered to make sure they didn't escape.**

23 그들은 심하게 맞았다, 그리고 그 후 그들은 감옥에 던져졌다. 그 간수는 절대로 그들이 도망가지 못하도록 하라는 명령을 받았다.

24 **So the jailer put them into the inner dungeon and clamped their feet in the stocks.**

24 그래서 그 간수는 그들을 깊숙한 지하 감옥에 가두고 그들의 발에 족쇄를 단단히 채웠다.

25 **Around midnight Paul and Silas were praying and singing hymns to God, and the other prisoners were listening.**

25 한밤중에 바울과 실라는 하나님께 기도하고 찬송가를 부르고 있었다, 그리고 다른 죄수들은 듣고 있었다.

26 **Suddenly, there was a massive earthquake, and the prison was shaken to its foundations. All the doors immediately flew open, and the chains of every prisoner fell off!**

26 갑자기, 강한 지진이 일어났다, 그리고 감옥은 그 기초까지 흔들렸다. 모든 문들이 즉시 열렸다, 그리고 모든 죄수의 쇠사슬들이 풀렸다!

27 **The jailer woke up to see the prison doors wide open. He assumed the**

prisoners had escaped, so he drew his sword to kill himself.

27 그 간수는 일어나서 감옥 문들이 활짝 열려 있는 것을 보았다. 그는 죄수들이 도망했다고 짐작했다, 그래서 그는 자살하려고 자기 칼을 빼들었다.

28 **But Paul shouted to him, "Stop! Don't kill yourself! We are all here!"**

28 그러나 바울이 그에게 웨쳤다, 《멈추시오! 자살하지 마시오! 우리는 모두 여기에 있소!》

29 **The jailer called for lights and ran to the dungeon and fell down trembling before Paul and Silas.**

29 간수는 등불을 요구했고 지하 감옥으로 달려가서 바울과 실라 앞에 떨면서 엎드렸다.

30 **Then he brought them out and asked, "Sirs, what must I do to be saved?"**

30 그런 다음 그는 그들을 데리고 나와 물었다, 《선생님들, 제가 구원을 얻으려면 무엇을 해야 합니까?》

31 **They replied, "Believe in the Lord Jesus and you will be saved, along with everyone in your household."**

31 그들이 대답했다, 《주 예수님을 믿으시오, 그러면 당신은, 당신의 모든 집안과 함께 구원을 받을 것입니다.》

32 **And they shared the word of the Lord with him and with all who lived in his household.**

32 그리고 그들은 그와 함께 그리고 그와 함께 살고 있는 모든 집안사람과 함께 주님의 말씀을 나누었다.

33 **Even at that hour of the night, the jailer cared for them and washed their wounds. Then he and everyone in his household were immediately baptized.**

33 그 밤늦은 시간이였지만, 그 간수는 그들을 돌보아 주었고 그들의 상처들을 씻어 주었다. 그런 다음 그와 그 집안의 모든 사람은 즉시 세례를 받았다.

34 **He brought them into his house and set a meal before them, and he and his entire household rejoiced because they all believed in God.**

34 그는 그들을 자기 집으로 데리고 가서 그들 앞에 음식을 차렸다, 그리고 그와 그의 온 집안은 그들이 모두 하나님을 믿었기 때문에 기뻐했다.

35 **The next morning the city officials sent the police to tell the jailer, "Let those men go!"**

35 다음 날 아침 그 도시 관리들은 경찰을 보내어 그 간수에게 말했다, 《저 사람들을 보내시오!》

36 So the jailer told Paul, "The city officials have said you and Silas are free to leave. Go in peace."

36 그래서 그 간수가 바울에게 말했다, 《도시 관리가 당신과 실라를 떠나도 좋다고 말했습니다. 평안히 가십시오.》

37 But Paul replied, "They have publicly beaten us without a trial and put us in prison—and we are Roman citizens. So now they want us to leave secretly? Certainly not! Let them come themselves to release us!"

37 그러나 바울이 대답했다, 《그들은 재판도 없이 우리를 공개적으로 때렸고 감옥에 넣었소—그리고 우리는 로마 시민이오. 그런데 이제 그들이 우리에게 비밀리에 떠나기를 원한다구요? 절대 그럴 수 없소! 그들 자신들이 와서 우리를 석방하도록 하시오!》

38 When the police reported this, the city officials were alarmed to learn that Paul and Silas were Roman citizens.

38 경찰이 이렇게 보고했을 때, 도시 관리들은 바울과 실라가 로마 시민이였다는 것을 알고 당황하게 되였다.

39 So they came to the jail and apologized to them. Then they brought them out and begged them to leave the city.

39 그래서 그들은 감옥에 와서 그들에게 사죄했다. 그러고 나서 그들은 그들을 데리고 나와 그들에게 이 도시를 떠나 달라고 간청했다.

40 When Paul and Silas left the prison, they returned to the home of Lydia. There they met with the believers and encouraged them once more. Then they left town.

40 바울과 실라는 그 감옥을 나와서, 그들은 루디아의 집으로 돌아왔다. 그곳에서 그들은 신자들을 만나서 그들을 다시 한 번 고무격려했다. 그 다음 그들은 도시를 떠났다.

17

Paul Preaches in Thessalonica

바울이 데살로니가에서 전도하다

1 Paul and Silas then traveled through the towns of Amphipolis and Apollonia and came to Thessalonica, where there was a Jewish synagogue.

1 바울과 실라는 그 후 암비볼리와 아볼로니아 마을들을 두루 려행하다 데살로니가로 왔다, 그곳에는 유태인 군중 회관이 있었다.

2 As was Paul's custom, he went to the synagogue service, and for three Sabbaths in a row he used the Scriptures to reason with the people.

2 바울은 자신의 습관대로, 군중회관 례배에 갔다. 그리고 세 번의 은
정의 휴식일 동안 련이어 그는 사람들을 설복하기 위해 하나님말씀책
을 사용했다.

3 **He explained the prophecies and proved that the Messiah must suffer and rise from the dead. He said, "This Jesus I'm telling you about is the Messiah."**

3 그는 그 예언들을 설명하고 구세주가 고통을 겪어야 하고 죽은 사람들
로부터 살아나야 하는 것을 증명했다. 그는 말했다. 《내가 당신들에게
말하고 있는 이 예수님이 그 구세주입니다.》

4 **Some of the Jews who listened were persuaded and joined Paul and Silas, along with many God-fearing Greek men and quite a few prominent women.**

4 듣고 있던 유태인들 중 몇 사람이 설득이 되였다 그리고 하나님을 존
경하여 두려워하는 많은 그리스 남자들과 상당한 수의 유명한 녀자들과
함께, 바울과 실라를 따랐다.

5 **But some of the Jews were jealous, so they gathered some trouble makers from the marketplace to form a mob and start a riot. They attacked the home of Jason, searching for Paul and Silas so they could drag them out to the crowd.**

5 그러나 몇 유태인들은 질투가 났다, 그래서 그들은 폭도들을 꾸리고
폭동을 일으키기 위해 시장에서 말썽꾸러기들을 모았다. 그들은 바울과
실라를 찾아서 그들을 군중에게 끌고 가기 위해, 야손의 집을 공격했다.

6 **Not finding them there, they dragged out Jason and some of the other believers instead and took them before the city council. "Paul and Silas have caused trouble all over the world," they shouted, "and now they are here disturbing our city, too.**

6 그곳에서 그들을 찾지 못하자, 그들은 대신에 야손과 다른 몇 신자를
그 도시 심의회 앞으로 끌고 갔다. 《바울과 실라는 온 세상을 혼란시키
고 있습니다.》 그들은 웨쳤다. 《그리고 이제 그들은 여기 우리 도시에서
도 소란케 하고 있습니다.

7 **And Jason has welcomed them into his home. They are all guilty of treason against Caesar, for they profess allegiance to another king, named Jesus."**

7 그런데 야손이 그들을 자기 집으로 맞아 들였습니다. 그들은 모두 가
이사에게 반역하는 죄를 지었습니다, 왜냐하면 그들은 예수라고 부르
는, 다른 왕에게 충성을 고백하고 있기 때문입니다.》

8 The people of the city, as well as the city council, were thrown into turmoil by these reports.

8 그 도시 심의회뿐 아니라, 그 도시의 시민들은, 이러한 소문들로 하여 불안 속으로 빠져들었다.

9 So the officials forced Jason and the other believers to post bond, and then they released them.

9 그래서 관리들은 야손과 다른 신자들로 하여금 보석금을 내게 하였다, 그리고 그 후 그들을 석방하였다.

Paul and Silas in Berea

베리아에서의 바울과 실라

10 That very night the believers sent Paul and Silas to Berea. When they arrived there, they went to the Jewish synagogue.

10 바로 그날 밤에 신자들은 바울과 실라를 베뢰아로 보냈다. 그들은 그곳에 도착해서, 유태인 군중회관으로 갔다.

11 And the people of Berea were more open-minded than those in Thessalonica, and they listened eagerly to Paul's message. They searched the Scriptures day after day to see if Paul and Silas were teaching the truth.

11 그런데 베뢰아 사람들은 데살로니가 사람들보다 더 마음이 열려 있었다, 그리고 그들은 바울의 전하는 말을 열심히 들었다. 그들은 바울과 실라가 진리를 가르치고 있는지 알기 위해 날마다 하나님말씀책을 찾았다.

12 As a result, many Jews believed, as did many of the prominent Greek women and men.

12 그 결과, 많은 유태 사람들은, 많은 유명한 그리스 녀자들과 남자들이 그랬던 것처럼 많이 믿었다.

13 But when some Jews in Thessalonica learned that Paul was preaching the word of God in Berea, they went there and stirred up trouble.

13 그러나 데살로니가에 있는 몇 유태인들이 바울이 베뢰아에서 하나님의 말씀을 전하고 있다는 것을 알고, 그곳으로 가서 소란을 일으켰다.

14 The believers acted at once, sending Paul on to the coast, while Silas and Timothy remained behind.

14 신자들은 즉시 조치를 취해, 바울을 해변으로 보냈다, 한편 실라와 디모데는 그대로 남아 있었다.

15 Those escorting Paul went with him all the way to Athens; then they returned to Berea with instructions for Silas and Timothy to hurry and join

him.

15 바울을 호위하는 사람들은 그와 함께 계속 아테네까지 갔다; 그러고 나서 그들은 서둘러서 그와 합류하라는 실라와 디모데에게 주는 지시를 가지고 베뢰아로 돌아갔다.

Paul Preaches in Athens

바울이 아테네에서 전도하다

16 While Paul was waiting for them in Athens, he was deeply troubled by all the idols he saw everywhere in the city.

16 바울이 아테네에서 그들을 기다리고 있는 동안, 그는 자신이 그 도시 도처에서 보는 모든 우상들로 하여 대단히 걱정되였다.

17 He went to the synagogue to reason with the Jews and the God-fearing Gentiles, and he spoke daily in the public square to all who happened to be there.

17 그는 유태인들과 하나님을 존경하여 두려워하는 비유태인들과 론의하기 위해 군중회관으로 갔다, 그리고 그는 날마다 대중광장에서 그곳에 있는 모든 사람들과 담화했다.

18 He also had a debate with some of the Epicurean and Stoic philosophers. When he told them about Jesus and his resurrection, they said, "What's this babbler trying to say with these strange ideas he's picked up?" Others said, "He seems to be preaching about some foreign gods."

18 그는 또한 에피쿠로스와 스토아 철학자 몇 사람들과 토론을 벌였다. 그가 그들에게 예수님과 그분의 부활에 대해 말했을 때, 그들은 말했다, 《이 수다쟁이가 자기가 주워들은 이상한 생각들을 가지고 무슨 말을 하려고 하는가?》 다른 사람들은 말했다, 《그는 어떤 외국 신들에 대해 전하고 있는 것처럼 보인다.》

19 Then they took him to the high council of the city. "Come and tell us about this new teaching," they said.

19 그러자 그들은 그를 그 도시의 최고 심의회에 데리고 갔다. 《와서 이 새로운 가르침에 대해 우리에게 말해 주시오.》라고 그들은 말했다.

20 "You are saying some rather strange things, and we want to know what it's all about."

20 《당신은 무척 이상한 말들을 하고 있소, 그래서 우리는 그것이 모두 무엇에 대한 것이지 알고 싶소.》

21 (It should be explained that all the Athenians as well as the foreigners in Athens seemed to spend all their time discussing the latest ideas.)

21 (아테네에 있는 모든 외국인들과 마찬가지로 모든 아테네 사람들은 가장 최근의 일들을 토론하는 일에 자기들의 모든 시간들을 쓰고 있는 것처럼 보여 그것이 설명되어야 한다.)

22 So Paul, standing before the council, addressed them as follows: "Men of Athens, I notice that you are very religious in every way,

22 그래서 바울은, 심의회 앞에 서서, 그들에게 다음과 같이 말했다: 《아테네 사람들이여, 나는 당신들이 모든 면에서 매우 종교적이라는 것을 알았습니다,

23 for as I was walking along I saw your many shrines. And one of your altars had this inscription on it: 'To an Unknown God.' This God, whom you worship without knowing, is the one I'm telling you about.

23 왜냐하면 내가 걷고 있을 때, 나는 당신들의 많은 신주 모시는 집을 보았기 때문입니다. 그리고 당신들의 제사단들 중 한 곳에서 이런 새긴 글이 있었습니다: 〈알지 못하는 신에게.〉 당신들이 모르고 례배하는, 이 하나님이, 내가 당신들에게 말하고 있는 그분입니다.

24 "He is the God who made the world and everything in it. Since he is Lord of heaven and earth, he doesn't live in man-made temples,

24 그분은 세상과 그 안에 있는 모든 것을 만드신 분입니다. 그분은 하늘과 땅의 주님이기 때문에, 그분은 사람이 만든 신전들에서 살고 계시지 않습니다,

25 and human hands can't serve his needs—for he has no needs. He himself gives life and breath to everything, and he satisfies every need.

25 그리고 인간의 손으로 그분의 필요한 것들을 섬길 수 없습니다—왜냐하면 그분에게는 필요한 것이 없기 때문입니다. 그분 자신이 모든 것에 생명과 호흡을 주시고, 그리고 그분은 모든 필요한 것을 채워 주십니다.

26 From one man he created all the nations throughout the whole earth. He decided beforehand when they should rise and fall, and he determined their boundaries.

26 한 사람으로부터 그분은 온 세상의 모든 민족들을 창조하셨습니다. 그분은 그들이 언제 번성하고 망할지를 미리 결정하셨습니다, 그리고 그분은 그들의 경계들을 정해 놓으셨습니다.

27 "His purpose was for the nations to seek after God and perhaps feel their way toward him and find him—though he is not far from any one of us.

27 그분의 목적은 민족들이 하나님을 찾기 위한 것이였습니다. 그리고 혹시 그분을 향한 그들의 길을 찾아내고 그분을 발견하게 하려는 것입니다—그분은 우리 중 아무에게서도 멀리 계시지 않습니다.

28 For in him we live and move and exist. As some of your own poets have said, 'We are his offspring.'

28 왜냐하면 그분 안에 우리가 살고 움직이고 존재하기 때문입니다. 당신들 중 어떤 시인들이 말했습니다, 〈우리는 그분의 후손이다.〉

29 And since this is true, we shouldn't think of God as an idol designed by craftsmen from gold or silver or stone.

29 그리고 이것이 진실이기 때문입니다, 우리는 하나님을 금이나 은이나 돌로 높은 기능을 가진 수공업자에 의해 설계된 우상으로 생각해서는 안 됩니다.

30 "God overlooked people's ignorance about these things in earlier times, but now he commands everyone everywhere to repent of their sins and turn to him.

30 《하나님께서는 예전에 이러한 것들에 대한 사람들의 알지 못함을 관대히 보셨습니다, 그러나 지금 그분은 어디에 있는 누구에게나 자기들의 죄를 뉘우치고 그분에게로 돌아오기를 명령하십니다.

31 For he has set a day for judging the world with justice by the man he has appointed, and he proved to everyone who this is by raising him from the dead."

31 왜냐하면 그분은 자신이 임명한 사람에 의해 정의로 세상을 심판할 날을 정하셨기 때문입니다, 그리고 그분은 그를 죽은 사람들로부터 일으키심으로써 이것을 모든 사람에게 증명하셨습니다.》

32 When they heard Paul speak about the resurrection of the dead, some laughed in contempt, but others said, "We want to hear more about this later."

32 그들은 바울이 죽은 사람들의 부활에 대해 이야기하는 것을 들었을 때, 어떤 사람은 경멸하며 비웃었지만, 다른 사람들은 말했다, 《우리는 이것에 대해서 나중에 더 듣고 싶습니다.》

33 That ended Paul's discussion with them,

33 그것으로 그들과의 바울의 토론은 끝났다,

34 but some joined him and became believers. Among them were Dionysius, a member of the council, a woman named Damaris, and others with them.

34 그러나 어떤 사람들은 그와 뜻을 같이하고 신자들이 되였다. 그들 중에는 심의회의 성원인, 디오누시오, 다마리라고 부르는 녀자, 그리고 그들과 함께 다른 사람들이 있었다.

18

Paul Meets Priscilla and Aquila in Corinth

바울이 고린도에서 브리스길라와 아굴라를 만나다

1 Then Paul left Athens and went to Corinth.

1 그 후 바울은 아테네를 떠나 고린도로 갔다.

2 There he became acquainted with a Jew named Aquila, born in Pontus, who had recently arrived from Italy with his wife, Priscilla. They had left Italy when Claudius Caesar deported all Jews from Rome.

2 그곳에서 그는 본도에서 태여난, 아굴라라고 부르는 유태인과 알게 되였다. 그는 최근에 그의 안해, 브리스길라와 함께 이딸리아에서 왔다. 그들은 글라우디오 가이사가 모든 유태인들을 로마에서 추방했을 때 이딸리아를 떠났다.

3 Paul lived and worked with them, for they were tentmakers just as he was.

3 바울은 그들과 함께 살면서 일을 했다, 왜냐하면 그들은 그가 했던 것처럼 천막 만드는 사람들이었기 때문이였다.

4 Each Sabbath found Paul at the synagogue, trying to convince the Jews and Greeks alike.

4 은정의 휴식일마다 바울은 군중회관에서 토론하고, 유태인들과 그리스인들을 똑같이 납득시키려고 애썼다.

5 And after Silas and Timothy came down from Macedonia, Paul spent all his time preaching the word. He testified to the Jews that Jesus was the Messiah.

5 그리고 실라와 디모데가 마케도니아로부터 내려온 후, 바울은 자신의 모든 시간을 말씀 전하는 데 썼다. 그는 유태인들에게 예수님이 구세주라는 것을 증언했다.

6 But when they opposed and insulted him, Paul shook the dust from his clothes and said, "Your blood is upon your own heads—I am innocent. From now on I will go preach to the Gentiles."

6 그러나 그들이 그를 반대하고 모욕했을 때, 바울은 자기 옷에서 먼지를 털고 말했다, 《당신들의 피가 당신 자신들 머리 우에 있습니다—나는 죄가 없습니다. 이제부터 나는 비유태인들에게 전하러 갈 것입니다.》

7 Then he left and went to the home of Titius Justus, a Gentile who worshiped God and lived next door to the synagogue.

7 그러고 나서 그는 떠났다. 그리고 하나님을 우러러 모시는 비유태인이

며 군중회관 바로 곁에 살던, 디도 유스도의 집으로 갔다.

8 Crispus, the leader of the synagogue, and everyone in his household believed in the Lord. Many others in Corinth also heard Paul, became believers, and were baptized.

8 군중회관 지도자인 그리스보, 그리고 그의 온 가족이 주님을 믿었다. 고린도에 있는 다른 사람들 역시 바울의 말을 듣고, 신자들이 되였으며, 세례를 받았다.

9 One night the Lord spoke to Paul in a vision and told him, "Don't be afraid! Speak out! Don't be silent!

9 어느 날 밤 환상 중에 바울에게 말씀하신 주님께서 그에게 말씀하셨다, 《두려워하지 말라! 서슴없이 말하라! 조용히 있지 말아라!

10 For I am with you, and no one will attack and harm you, for many people in this city belong to me."

10 왜냐하면 내가 너와 함께 있기 때문이다, 그리하여 어느 누구도 너를 공격하며 해치지 못할 것이다, 왜냐하면 이 도시에 있는 많은 사람들이 나에게 속해 있기 때문이다.》

11 So Paul stayed there for the next year and a half, teaching the word of God.

11 그래서 바울은 하나님의 말씀을 가르치면서 그다음 해 1년 반 동안 그곳에 머물렀다.

12 But when Gallio became governor of Achaia, some Jews rose up together against Paul and brought him before the governor for judgment.

12 그런데 갈리오가 아가야의 총독이 되였을 때, 유태인 몇 사람이 함께 바울을 반대하여 일어나 재판하기 위해 그를 총독 앞으로 데리고 갔다.

13 They accused Paul of "persuading people to worship God in ways that are contrary to our law."

13 그들은 바울이 《사람들을 우리 법과는 어긋나는 방식으로 하나님을 우러러 존경하라고 설득하고 있습니다.》라고 고소했다.

14 But just as Paul started to make his defense, Gallio turned to Paul's accusers and said, "Listen, you Jews, if this were a case involving some wrongdoing or a serious crime, I would have a reason to accept your case.

14 그런데 바울이 바로 자기변호를 하기 시작하자, 갈리오는 바울의 고소자들을 향해 말했다, 《당신들 유태인들은, 들으시오, 만일 이것이 어떤 나쁜 행위나 심각한 범죄에 관련된 경우라면, 나는 당신들의 사건을 받아들여 판단을 내리겠소.

15 But since it is merely a question of words and names and your Jewish law,

take care of it yourselves. I refuse to judge such matters."

15 그렇지만 그것이 단지 언어와 명칭 그리고 당신들의 유태 법에 대한 문제라면, 그것을 당신 자신들이 해결하시오. 나는 그러한 문제들의 재판을 거절하겠소.》

16 And he threw them out of the courtroom.

16 그래서 그는 그들을 법정에서 쫓아냈다.

17 The crowd then grabbed Sosthenes, the leader of the synagogue, and beat him right there in the courtroom. But Gallio paid no attention.

17 그러자 군중은 군중회관의 지도자인 소스데네를 붙잡아서 바로 그 법정에서 그를 때렸다. 그러나 갈리오는 주의를 돌리지 않았다.

Paul Returns to Antioch of Syria

바울이 수리아 안디옥으로 돌아가다.

18 Paul stayed in Corinth for some time after that, then said good-bye to the brothers and sisters and went to nearby Cenchrea. There he shaved his head according to Jewish custom, marking the end of a vow. Then he set sail for Syria, taking Priscilla and Aquila with him.

18 바울은 고린도에 잠시 동안 머무르고 나서, 형제자매들에게 작별인사를 하고 가까운 겐그레아로 갔다. 그곳에서 그는 맹세를 지키려고 유태 관습에 따라 머리를 깎았다. 그 후 그는 브리스길라와 아굴라를 데리고 수리아를 향해 항해했다.

19 They stopped first at the port of Ephesus, where Paul left the others behind. While he was there, he went to the synagogue to reason with the Jews.

19 그들은 처음에 에베소 항구에 들렀다, 바울은 다른 사람들을 그곳에 남겨 두었다. 그가 그곳에 있었을 때, 그는 유태인들과 론하려고 군중회관으로 갔다.

20 They asked him to stay longer, but he declined.

20 그들은 그에게 더 오래 머물러 달라고 부탁했지만, 그는 정중히 거절했다.

21 As he left, however, he said, "I will come back later, God willing." Then he set sail from Ephesus.

21. 그렇지만, 그는 떠나면서, 말했다, 《하나님 뜻이면, 내가 다시 오겠습니다.》 그러고 나서 그는 에베소에서 배를 타고 떠났다.

22 The next stop was at the port of Caesarea. From there he went up and visited the church at Jerusalem and then went back to Antioch.

22 다음 도착지는 가이사랴 항구였다. 그곳으로부터 그는 올라가서 예
루살렘 교회를 방문했고 그 후 안디옥으로 돌아갔다.

23 After spending some time in Antioch, Paul went back through Galatia and Phrygia, visiting and strengthening all the believers.

23 안디옥에서 얼마 동안 지낸 후에, 바울은 갈라디아와 브르기아를 거
처 돌아갔다, 모든 신자들을 방문하여 고무 격려하였다.

Apollos Instructed at Ephesus

아볼로가 에베소에서 가르치다.

24 Meanwhile, a Jew named Apollos, an eloquent speaker who knew the Scriptures well, had arrived in Ephesus from Alexandria in Egypt.

24 한편, 하나님말씀책을 잘 알고 있는 웅변가인, 아볼로라 부르는 한 유
태인이, 에짚트의 알렉산드리아에서 에베소에 도착했다.

25 He had been taught the way of the Lord, and he taught others about Jesus with an enthusiastic spirit and with accuracy. However, he knew only about John's baptism.

25 그는 주님의 가르침을 배운 적이 있었다. 그리하여 그는 예수님에 대
해 열정을 가지고 정확하게 다른 사람들을 가르쳤다. 하지만, 그는 요
한의 세례에 대해서만 알 뿐이였다.

26 When Priscilla and Aquila heard him preaching boldly in the synagogue, they took him aside and explained the way of God even more accurately.

26 브리스길라와 아굴라는 군중회관에서 그가 대담하게 설교하는 것을
듣고, 그들은 그를 따로 데려다가 한층 더 정확하게 하나님의 가르침에
대해 설명을 해주었다.

27 Apollos had been thinking about going to Achaia, and the brothers and sisters in Ephesus encouraged him to go. They wrote to the believers in Achaia, asking them to welcome him. When he arrived there, he proved to be of great benefit to those who, by God's grace, had believed.

27 아볼로는 아가야로 가려는 생각을 하고 있었고, 그리고 에베소의 형
제자매들은 그가 가는 것을 격려했다. 그들은 아가야의 신자들에게, 그
를 환영해 달라고 그들에게 부탁하는 편지를 썼다. 그가 그곳에 도착했
을 때, 그는 하나님의 은정으로 믿게 된 사람들에게 큰 도움이 되였다.

28 He refuted the Jews with powerful arguments in public debate. Using the Scriptures, he explained to them that Jesus was the Messiah.

28 그는 공개 토론에서 강력한 론거를 가지고 유태인들을 론박했다. 하
나님말씀책들을 사용하면서, 그는 그들에게 예수님이 구세주인 것을

설명해 주었다.

19

Paul's Third Missionary Journey

바울의 세 번째 선교 려행

1 While Apollos was in Corinth, Paul traveled through the interior regions until he reached Ephesus, on the coast, where he found several believers.

1 아볼로가 고린도에 있는 동안, 바울은 내륙 지역을 거쳐 에베소, 연안에, 닿을 때까지 려행했다. 그곳에서 그는 몇 신자들을 만났다.

2 "Did you receive the Holy Spirit when you believed?" he asked them. "No," they replied, "we haven't even heard that there is a Holy Spirit."

2 《당신들이 믿을 때 성령을 받았습니까?》 그가 그들에게 물었다. 《아니요.》 그들이 대답했다. 《우리는 성령이 계시다는 것조차 들은 적이 없습니다.》

3 "Then what baptism did you experience?" he asked. And they replied, "The baptism of John."

3 《그러면 당신들은 어떤 세례를 체험했습니까?》 그가 물었다. 그러자 그들이 대답했다. 《요한의 세례입니다.》

4 Paul said, "John's baptism called for repentance from sin. But John himself told the people to believe in the one who would come later, meaning Jesus."

4 바울이 말했다. 《요한의 세례는 죄로부터 뉘우치는 것을 요구했습니다. 그렇지만 요한 자신은 사람들에게 후에 오실 분, 예수님이신 그분을 믿으라고 말했습니다.》

5 As soon as they heard this, they were baptized in the name of the Lord Jesus.

5 그들은 이것을 듣자마자, 주 예수님의 이름으로 세례를 받았다.

6 Then when Paul laid his hands on them, the Holy Spirit came on them, and they spoke in other tongues and prophesied.

6 다음에 바울이 자기의 손을 그들 우에 얹자, 성령님이 그들에게 오셨다. 그리고 그들은 다른 언어로 말하고 예언을 했다.

7 There were about twelve men in all.

7 그들은 모두 열두 명쯤이였다.

Paul Ministers in Ephesus
바울이 에베소에서 임무를 수행하다

8 Then Paul went to the synagogue and preached boldly for the next three months, arguing persuasively about the Kingdom of God.

8 다음에 바울은 군중회관으로 가서 그 후 3개월 동안 하나님의 나라에 대해 설득력 있게 주장하면서 대담하게 설교했다.

9 But some became stubborn, rejecting his message and publicly speaking against the Way. So Paul left the synagogue and took the believers with him. Then he held daily discussions at the lecture hall of Tyrannus.

9 그러나 어떤 사람들은 고집이 쎄서, 그가 전하는 말을 거절하면서 그 가르침을 반대하여 공공연히 말했다. 그래서 바울은 그 군중회관을 떠났고 신자들을 자기와 함께 데리고 갔다. 그러고 나서 그는 두란노 강의실에서 날마다 토론했다.

10 This went on for the next two years, so that people throughout the province of Asia—both Jews and Greeks—heard the word of the Lord.

10 이것은 그 후 2년 동안 계속되였다, 그래서 아시아 지역의 도처 사람들—유태인이나 그리스인들 모두—주님의 말씀을 들었다.

11 God gave Paul the power to perform unusual miracles.

11 하나님께서는 바울에게 전에 없는 기적들을 낳는 능력을 주셨다.

12 When handkerchiefs or aprons that had merely touched his skin were placed on sick people, they were healed of their diseases, and evil spirits were expelled.

12 그의 살에 단지 닿았을 뿐인 손수건이나 앞치마가 병든 사람들 우에 놓이면, 그들은 자기들의 병이 낫고, 악독한 령들이 쫓겨났다.

13 A group of Jews was traveling from town to town casting out evil spirits. They tried to use the name of the Lord Jesus in their incantation, saying, "I command you in the name of Jesus, whom Paul preaches, to come out!"

13 한 유태인들의 무리가 악독한 령들을 쫓아내면서 이 마을 저 마을로 다니고 있었다. 그들은 자신들의 귀신 쫓아내는 말에 주 예수님의 이름을 사용하려고 애썼다, 이렇게 말하면서, 《바울이 전하는 예수님의 이름으로 내가 너에게 명령한다, 나오너라!》

14 Seven sons of Sceva, a leading priest, were doing this.

14 상급 제사장 스게와의 일곱 아들들이 이런 짓을 하고 있었다.

15 But one time when they tried it, the evil spirit replied, "I know Jesus, and I know Paul, but who are you?"

15 그런데 한번은 그들이 그것을 하려고 했을 때, 악독한 령이 대답했

다. 《나는 예수님도 알고 바울도 알고 있다. 그런데 너희는 누구냐?》

16 Then the man with the evil spirit leaped on them, overpowered them, and attacked them with such violence that they fled from the house, naked and battered.

16 그러더니 악독한 령에 사로잡혔던 그 사람이 그들 우에 뛰여올라서 그들을 압도하였다. 그리고 그와 같은 폭행으로 그들을 공격했다. 그들은 벌거벗겨 두들겨 맞아 그 집에서 도망쳤다.

17 The story of what happened spread quickly all through Ephesus, to Jews and Greeks alike. A solemn fear descended on the city, and the name of the Lord Jesus was greatly honored.

17 일어난 것에 대한 이야기가 에베소 전역에 걸쳐, 유태인이나 그리스인들에게 한결같이 빠르게 퍼져나갔다. 엄숙감을 주는 두려움이 그 도시에 나타났고 주 예수님의 이름은 크게 영광을 받았다.

18 Many who became believers confessed their sinful practices.

18 신자들이 된 많은 사람들이 자기들의 죄 많은 행위들을 고백했다.

19 A number of them who had been practicing sorcery brought their incantation books and burned them at a public bonfire. The value of the books was several million dollars.

19 마술을 하던 사람들 중 수많은 사람들이 자기들의 마술 책들을 가지고 와서 공개된 모닥불에서 불태웠다. 그 책들의 가치는 수백만 딸라였다.

20 So the message about the Lord spread widely and had a powerful effect.

20 이렇게 함으로써 주님에 대한 말씀이 널리 퍼지고 강력한 효력이 있었다.

21 Afterward Paul felt compelled by the Spirit to go over to Macedonia and Achaia before going to Jerusalem. "And after that," he said, "I must go on to Rome!"

21 그 후에 바울은 예루살렘으로 가기 전에 마케도니아와 아가야로 건너가라는 성령에 의해 강한 이끌림을 느꼈다. 《그리고 그 후에, 나는 로마까지 가야 한다.》라고 그가 말했다.

22 He sent his two assistants, Timothy and Erastus, ahead to Macedonia while he stayed awhile longer in the province of Asia.

22 그는 자기가 아시아 지역에 조금 더 머물고 있는 동안 자기의 두 방조자인 디모데와 에라스도를 먼저 마케도니아로 보냈다.

The Riot in Ephesus

에베소에서의 소동

23 **About that time, serious trouble developed in Ephesus concerning the Way.**

23 그때, 예수님의 가르침에 대해 에베소에서 심각한 분쟁이 일어났다.

24 **It began with Demetrius, a silversmith who had a large business manufacturing silver shrines of the Greek goddess Artemis. He kept many craftsmen busy.**

24 그것은 데메드리오라는, 은세공자로부터 시작되였다. 그는 그리스 녀신인 아데미의 신상 모형들을 은으로 만드는 사업을 크게 하는 사람이었다. 그는 많은 숙련공들이 바쁘게 일하도록 만들어 주었다.

25 **He called them together, along with others employed in similar trades, and addressed them as follows: "Gentlemen, you know that our wealth comes from this business.**

25 그는 그들을 불러, 비슷한 사업에 종사하는 다른 사람들과 함께 모이게 했다, 그리고 그들에게 다음과 같이 말했다: 《여러분, 당신들은 우리의 부유함이 이 사업으로부터 온다는 것을 알고 있습니다.

26 **But as you have seen and heard, this man Paul has persuaded many people that handmade gods aren't really gods at all. And he's done this not only here in Ephesus but throughout the entire province!**

26 그러나 당신들이 보고 들었던 것처럼, 이 바울이라는 사람이 사람 손으로 만든 신들은 절대 진짜 신이 아니라고 많은 사람들을 설복했습니다. 그리고 그는 여기 에베소에서뿐 아니라 전 지역에 거쳐 그렇게 했습니다!

27 **Of course, I'm not just talking about the loss of public respect for our business. I'm also concerned that the temple of the great goddess Artemis will lose its influence and that Artemis—this magnificent goddess worshiped throughout the province of Asia and all around the world—will be robbed of her great prestige!"**

27 물론, 나는 우리 사업에 대한 대중의 존경심을 잃는 것에 대해서만 말하고 있는 것이 아닙니다. 나는 위대한 녀신 아데미 신전이 그것의 영향력을 잃게 될 것이 또한 걱정이 됩니다. 그리고 그 아데미—아시아 전 지역과 전 세계가 우러러 존경하는 이 숭고한 녀신이—자신의 위대한 명성이 잃게 될 것입니다.》

28 **At this their anger boiled, and they began shouting, "Great is Artemis of the Ephesians!"**

28 이 말에 그들의 분노가 들끓었다. 그리하여 그들은 웨치기 시작했다.
《에베소 사람들의 아데미는 위대하다!》

29 Soon the whole city was filled with confusion. Everyone rushed to the amphitheater, dragging along Gaius and Aristarchus, who were Paul's traveling companions from Macedonia.

29 얼마 안 있어 온 도시가 혼란으로 가득 차게 되였다. 모든 사람들은, 마케도니아에서부터 바울과 함께 려행하던 가이오와 아리스다고를 질질 끌고 원형극장으로 달려갔다.

30 Paul wanted to go in, too, but the believers wouldn't let him.

30 바울도 역시, 들어가려고 했으나, 신자들이 그를 말렸다.

31 Some of the officials of the province, friends of Paul, also sent a message to him, begging him not to risk his life by entering the amphitheater.

31 바울의 친구들인, 그 지역의 관리들 중 몇 사람도, 원형극장에 들어감으로써 그의 생명이 위험에 처하지 않도록 그에게 간청하면서, 전하는 말을 그에게 보냈다.

32 Inside, the people were all shouting, some one thing and some another. Everything was in confusion. In fact, most of them didn't even know why they were there.

32 안에서, 사람들은, 어떤 사람들은 이렇게, 다른 사람들은 저렇게 모두 웨치고 있었다. 모든 것이 혼란에 빠졌다. 사실, 그들 중 대부분은 자기들이 왜 거기에 있는지조차 알지 못했다.

33 The Jews in the crowd pushed Alexander forward and told him to explain the situation. He motioned for silence and tried to speak.

33 군중 속의 유태인들은 알렉산더를 앞으로 내세웠다 그리고 그에게 그 상황을 설명하라고 말했다. 그는 조용히 하라는 손짓을 하고 말하려고 했다.

34 But when the crowd realized he was a Jew, they started shouting again and kept it up for about two hours: "Great is Artemis of the Ephesians! Great is Artemis of the Ephesians!"

34 그러나 군중이 그가 유태인인 것을 알고, 그들은 다시 웨치기 시작했다. 그리고 그 일은 2시간쯤 계속되였다.《에베소 사람들의 아데미는 위대하다! 에베소 사람들의 아데미는 위대하다!》

35 At last the mayor was able to quiet them down enough to speak. "Citizens of Ephesus," he said. "Everyone knows that Ephesus is the official guardian of the temple of the great Artemis, whose image fell down to us from heaven.

35 드디어 시장이 말을 할 수 있을 정도로 그들을 진정시킬 수 있었다. 《에베소 시민들이여,》 그가 말했다. 《우리 모두는 에베소가 위대한 아데미 신전의 공식적인 수호자이고, 그 녀신의 초상은 하늘로부터 우리에게 내려온 것임을 알고 있습니다.

36 Since this is an undeniable fact, you should stay calm and not do anything rash.

36 이것이 부인할 수 없는 사실이므로, 당신들은 침착함을 유지하고, 무모한 어떤 것도 해서는 안 됩니다.

37 You have brought these men here, but they have stolen nothing from the temple and have not spoken against our goddess.

37 당신들은 이 사람들을 여기에 데려왔지만, 그들은 신전에서 아무것도 훔치지 않았고 우리의 녀신을 반대하는 말을 하지도 않았습니다.

38 "If Demetrius and the craftsmen have a case against them, the courts are in session and the officials can hear the case at once. Let them make formal charges.

38 만일 데메드리오와 수공업자들이 그들을 소송할 일이 있다면, 법정이 열리는 기간이 있고 관리들도 바로 그 사건을 들을 수 있습니다. 그들을 정식으로 고발하게 하십시오.

39 And if there are complaints about other matters, they can be settled in a legal assembly.

39 그리고 만일 다른 문제들에 대한 불만이 있다면, 그것들도 합법적인 집회에서 해결될 수 있습니다.

40 I am afraid we are in danger of being charged with rioting by the Roman government, since there is no cause for all this commotion. And if Rome demands an explanation, we won't know what to say."

40 나는 이 모든 소란의 리유가 없기 때문에, 우리가 로마 정부에 의해서 폭동으로 고소를 당할 위험이 있다는 것이 걱정스럽습니다. 그리고 만일 로마가 설명을 요구하면, 우리는 무엇을 말해야 할지 모를 것입니다.》

41 Then he dismissed them, and they dispersed.

41 그런 다음 그는 그들을 해산시켰다, 그리하여 그들은 흩어졌다.

20

Paul Goes to Macedonia and Greece

바울이 마케도니아와 그리스로 가다

1 When the uproar was over, Paul sent for the believers and encouraged them. Then he said good-bye and left for Macedonia.

1 소동이 끝났을 때, 바울은 신자들을 불러 그들을 격려했다. 그 후 그는 작별하고 마케도니아로 떠났다.

2 While there, he encouraged the believers in all the towns he passed through. Then he traveled down to Greece,

2 거기에 있는 동안, 그는 자기가 거쳐 간 모든 도시들에 있는 신자들을 격려했다. 그 후 그는 그리스까지 내려갔다,

3 where he stayed for three months. He was preparing to sail back to Syria when he discovered a plot by some Jews against his life, so he decided to return through Macedonia.

3 그곳에서 그는 3개월 동안 머물렀다. 그는 자기를 죽이려는 몇 유태인들의 음모를 알아냈을 때 다시 배를 타고 수리아로 가려고 준비하고 있었다. 그래서 그는 마케도니아를 거쳐 돌아가기로 결심했다.

4 Several men were traveling with him. They were Sopater son of Pyrrhus from Berea; Aristarchus and Secundus from Thessalonica; Gaius from Derbe; Timothy; and Tychicus and Trophimus from the province of Asia.

4 몇 사람이 그와 함께 려행하고 있었다. 그들은 베뢰아 출신 부로의 아들 소바더, 데살로니가 출신 아리스다고와 세군도, 더베 사람 가이오; 디모데; 그리고 아시아의 지역에서 온 두기고와 드로비모였다.

5 They went on ahead and waited for us at Troas.

5 그들은 미리 가서 드로아에서 우리를 기다렸다.

6 After the Passover ended, we boarded a ship at Philippi in Macedonia and five days later joined them in Troas, where we stayed a week.

6 건너뜀명절이 끝난 후, 우리는 마케도니아의 빌립보에서 배를 탔다 그리고 5일 후 드로아에서 그들과 만나서 거기에서 한 주일을 머물렀다.

Paul's Final Visit to Troas

바울의 드로아 마지막 방문

7 On the first day of the week, we gathered with the local believers to share in the Lord's Supper. Paul was preaching to them, and since he was leaving the next day, he kept talking until midnight.

7 그 주의 첫 날에, 우리는 주님의 만찬을 나누기 위해 그 지방 신자들과 같이 모였다. 바울이 그들에게 설교했다, 그리고 다음 날 떠나게 되어 있었기 때문에, 그는 한밤중까지 이야기를 계속했다.

8 **The upstairs room where we met was lighted with many flickering lamps.**

8 우리가 모였던 우층 방은 많은 깜박이는 등불들로 밝았다.

9 **As Paul spoke on and on, a young man named Eutychus, sitting on the windowsill, became very drowsy. Finally, he fell sound asleep and dropped three stories to his death below.**

9 바울이 계속해서 말했을 때, 창턱에 앉아 있던, 유두고라 부르는 한 젊은이가, 매우 심하게 꾸벅꾸벅 졸게 되였다. 결국, 그는 깊은 잠에 빠졌다. 그리하여 3층 아래로 떨어져 죽었다.

10 **Paul went down, bent over him, and took him into his arms. "Don't worry," he said, "he's alive!"**

10 바울이 내려가서, 그에게 몸을 굽히고, 그를 자기 팔로 안았다. 《걱정하지 마십시오,》 그가 말했다, 《그는 살아 있습니다!》

11 **Then they all went back upstairs, shared in the Lord's Supper, and ate together. Paul continued talking to them until dawn, and then he left.**

11 그러자 그들은 모두 웃층으로 올라가서, 주님의 만찬을 나누며, 함께 먹었다. 바울은 새벽이 될 때까지 그들에게 이야기를 계속했고, 그 후에 떠났다.

12 **Meanwhile, the young man was taken home unhurt, and everyone was greatly relieved.**

12 한편, 그 젊은이는 부상 없이 집으로 데려갔고, 모두가 크게 안심하였다.

Paul Meets the Ephesian Elders

바울이 에베소 장로들을 만나다

13 **Paul went by land to Assos, where he had arranged for us to join him, while we traveled by ship.**

13 바울은 우리가 배를 타고 려행하는 동안에, 륙로로 앗소로 가서, 그곳에서 그는 우리와 만나기로 계획하였다.

14 **He joined us there, and we sailed together to Mitylene.**

14 그는 그곳에서 우리와 만났고, 우리는 함께 미둘레네까지 배 타고 갔다.

15 **The next day we sailed past the island of Kios. The following day we crossed to the island of Samos, and a day later we arrived at Miletus.**

15 그다음 날 우리는 기오 섬을 지나 항해했다. 이튿날 우리는 사모 섬을 건너갔고, 하루가 더 지나서 우리는 밀레도에 도착했다.

16 Paul had decided to sail on past Ephesus, for he didn't want to spend any more time in the province of Asia. He was hurrying to get to Jerusalem, if possible, in time for the Festival of Pentecost.

16 바울은 에베소를 지나 항해하기로 결심했다, 왜냐하면 그는 아시아 지역에서 더 많은 시간을 보내고 싶지 않았기 때문이였다. 그는 가능하다면, 성령내림절 축전에 맞추어 예루살렘에 도착하려고 서두르고 있었다.

17 But when we landed at Miletus, he sent a message to the elders of the church at Ephesus, asking them to come and meet him.

17 그러나 우리가 밀레도에 내렸을 때, 그는 에베소 교회 장로들에게, 와서 그를 만날 것을 그들에게 요청하는 소식을 보냈다.

18 When they arrived he declared, "You know that from the day I set foot in the province of Asia until now

18 그들이 도착했을 때 그는 말했다, 《당신들은 내가 아시아 지역에 발을 들여 놓은 날부터 지금까지 알고 있습니다.

19 I have done the Lord's work humbly and with many tears. I have endured the trials that came to me from the plots of the Jews.

19 나는 주님의 일을 겸손하게 그리고 많은 눈물로써 수행해 왔습니다. 나는 유태인들의 음모로부터 나에게 닥친 시련들을 견디여 냈습니다.

20 I never shrank back from telling you what you needed to hear, either publicly or in your homes.

20 나는 당신들이 들어야 할 필요가 있는 것은 공개적으로나 혹은 당신들의 가정 어디서나 당신들에게 말하는 것을 결코 주저하지 않았습니다.

21 I have had one message for Jews and Greeks alike—the necessity of repenting from sin and turning to God, and of having faith in our Lord Jesus.

21 나는 유태인이나 그리스인들에게 똑같이 한 가지 전할 말이 있습니다—죄로부터 뉘우치고 하나님께로 돌아갈 필요성, 그리고 우리 주 예수님에 대한 믿음의 필요성.

22 "And now I am bound by the Spirit to go to Jerusalem. I don't know what awaits me,

22 그리고 이제 나는 성령님에 이끌리여 예루살렘으로 갑니다. 나는 무엇이 나를 기다리고 있는지를 모릅니다,

23 except that the Holy Spirit tells me in city after city that jail and suffering lie ahead.

23 성령님이 도시마다에서 감옥과 고난이 앞에 놓여 있다고 나에게 말해 주시는 것을 제외하고는.

24 But my life is worth nothing to me unless I use it for finishing the work assigned me by the Lord Jesus—the work of telling others the Good News about the wonderful grace of God.

24 그러나 나의 생명은 주 예수님에 의해 나에게 맡겨진 일—하나님의 놀라운 은정에 대한 반가운 소식을 다른 사람들에게 전하는 일—을 마치기 위해 내가 그것을 사용하지 않는다면 나에게는 아무것도 가치가 없습니다.

25 "And now I know that none of you to whom I have preached the Kingdom will ever see me again.

25 그리고 이제 나는 내가 하나님 나라를 전했던 당신들 중 아무도 나를 다시 보지 못하게 될 것을 압니다.

26 I declare today that I have been faithful. If anyone suffers eternal death, it's not my fault,

26 나는 오늘 내가 충실했다는 것을 밝힙니다. 만일 누군가 영원한 죽음의 고통을 당한다면, 그것은 내 잘못이 아닙니다,

27 for I didn't shrink from declaring all that God wants you to know.

27 왜냐하면 나는 하나님께서 당신들이 알기를 원하는 것을 조금도 남김없이 전부 말했기 때문입니다.

28 "So guard yourselves and God's people. Feed and shepherd God's flock—his church, purchased with his own blood— over which the Holy Spirit has appointed you as elders.

28 그래서 당신들 자신과 하나님의 백성을 잘 지키십시오. 하나님의 양 떼를—그분 자신의 피로 사신, 그분의 교회—먹이고 지키십시오—그것을 위해 성령님이 당신들을 장로들로 임명하셨습니다.

29 I know that false teachers, like vicious wolves, will come in among you after I leave, not sparing the flock.

29 나는 거짓 선생들이, 간악한 승냥이들처럼, 내가 떠난 후에 당신들 가운데 올 것이고, 양 떼를 아끼지 않을 것이라는 것을 압니다.

30 Even some men from your own group will rise up and distort the truth in order to draw a following.

30 지어 당신들 자신의 모임에서도 어떤 사람들이 일어나서 꾀여 따르게 하기 위해 진리를 왜곡할 것입니다.

31 Watch out! Remember the three years I was with you—my constant watch and care over you night and day, and my many tears for you.

31 조심하십시오! 내가 당신들과 함께 있었던 그 3년을 기억하십시오—나의 끊임없는 관심과 당신들에 대한 밤낮 보살핌, 그리고 당신들을 위한 나의 많은 눈물.

32 "And now I entrust you to God and the message of his grace that is able to build you up and give you an inheritance with all those he has set apart for himself.

32 그리고 이제 나는 당신들을 하나님께 그리고 그분의 은정의 말씀에 맡깁니다. 그 말씀은 당신들을 세우실 수 있고 당신들에게 그분이 자신을 위해 구별해 놓으신 모든 사람들과 함께 유산을 주실 수 있습니다.

33 "I have never coveted anyone's silver or gold or fine clothes.

33 나는 어느 누구의 은이나 금, 또는 좋은 옷을 결코 탐낸 적이 없습니다.

34 You know that these hands of mine have worked to supply my own needs and even the needs of those who were with me.

34 당신들은 나의 손이 나 자신의 필요와 지어 나와 함께 있는 사람들의 필요를 채우기 위해서도 일한 것을 알고 있습니다.

35 And I have been a constant example of how you can help those in need by working hard. You should remember the words of the Lord Jesus: 'It is more blessed to give than to receive.'"

35 그리고 나는 열심히 일을 하는 것으로써 어떻게 당신들이 어려움에 처한 사람들을 도울 수 있는가에 대해 성실한 본보기가 되였습니다. 당신들은 주 예수님의 말씀을 기억해야 합니다; 〈주는 것이 받는 것보다 더 축복이다.〉》

36 When he had finished speaking, he knelt and prayed with them.

36 그가 말하기를 마쳤을 때, 그는 무릎을 꿇고 그들과 함께 기도했다.

37 They all cried as they embraced and kissed him good-bye.

37 그들 모두는 그를 끌어안고 작별 입맞춤을 하면서 울었다.

38 They were sad most of all because he had said that they would never see him again. Then they escorted him down to the ship.

38 그들이 무엇보다 슬펐던 것은 자기들이 그를 다시 보지 못할 것이라고 그가 말했기 때문이였다. 그런 후 그들은 배에 까지 내려가 그를 바래웠다.

21

Paul's Journey to Jerusalem

바울의 예루살렘 려행

1 After saying farewell to the Ephesian elders, we sailed straight to the
island of Cos. The next day we reached Rhodes and then went to Patara.

1 에베소 장로들과 작별한 후, 우리는 곧바로 고스 섬으로 배를 타고 갔
다. 그다음 날 우리는 로드에 도착했고 그 다음에 바다라로 갔다.

2 There we boarded a ship sailing for Phoenicia.

2 그곳에서 우리는 페니키아로 항해하는 배에 올라탔다.

3 We sighted the island of Cyprus, passed it on our left, and landed at the
harbor of Tyre, in Syria, where the ship was to unload its cargo.

3 우리는 구브로 섬을 보았다, 그것을 우리 왼편에 두고 지나갔다, 그
리고 수리아의, 두로 항구에서 내렸는데, 그곳에서 그 배는 화물을 내
릴 예정이였다.

4 We went ashore, found the local believers, and stayed with them a week.
These believers prophesied through the Holy Spirit that Paul should not
go on to Jerusalem.

4 우리는 해변으로 가서 그 지역 신자들을 만났다, 그리고 그들과 일주
일을 함께 있었다. 그 신자들은 바울이 예루살렘으로 계속 가서는 안 된
다고 성령을 통해서 예언을 하였다.

5 When we returned to the ship at the end of the week, the entire congrega-
tion, including women and children, left the city and came down to the
shore with us. There we knelt, prayed,

5 우리가 그 주간 끝에 배로 돌아갈 때, 녀자들과 아이들을 포함한 전체
모인 군중이 도시를 떠나서 우리와 함께 해변으로 내려왔다. 그곳에서
우리는 무릎을 꿇고, 기도했다,

6 and said our farewells. Then we went aboard, and they returned home.

6 그리고 우리와 작별인사를 했다. 그 후 우리는 배에 올라갔고 그들은
집으로 돌아갔다.

7 The next stop after leaving Tyre was Ptolemais, where we greeted the
brothers and sisters and stayed for one day.

7 두로를 떠난 후 다음에 멈춘 곳은 돌레마이였다, 그곳에서 우리는 형
제자매들과 인사를 나누고 하루를 머물렀다.

8 The next day we went on to Caesarea and stayed at the home of Philip the
Evangelist, one of the seven men who had been chosen to distribute food.

8 그다음 날 우리는 가이사랴로 가서 음식을 나누어 주는 일에 뽑혔던 일곱 사람 중 한 사람인 전도사 빌립의 집에 머물렀다.

9 He had four unmarried daughters who had the gift of prophecy.

9 그에게는 결혼하지 않은 네 딸이 있었다. 그들은 예언의 은정선물을 가지고 있었다.

10 Several days later a man named Agabus, who also had the gift of prophecy, arrived from Judea.

10 며칠 후에 아가보라고 부르는 한 사람이, 그도 역시 예언의 은정선물을 가지고 있었는데, 유태로부터 도착했다.

11 He came over, took Paul's belt, and bound his own feet and hands with it. Then he said, "The Holy Spirit declares, 'So shall the owner of this belt be bound by the Jewish leaders in Jerusalem and turned over to the Gentiles.'"

11 그는 와서 바울의 허리띠를 잡더니 그것으로 그 자신의 발과 손을 묶었다. 그러고 나서 그는 말했다,《성령님이 말씀하십니다,〈이렇게 이 허리띠의 임자가 예루살렘에 있는 유태 지도자들에 의해 묶여서 비유태인들에게 넘겨질 것입니다.〉》

12 When we heard this, we and the local believers all begged Paul not to go on to Jerusalem.

12 우리가 이것을 들었을 때, 우리와 그 지역 신자들은 모두 바울에게 예루살렘으로 가지 말라고 간청했다.

13 But he said, "Why all this weeping? You are breaking my heart! I am ready not only to be jailed at Jerusalem but even to die for the sake of the Lord Jesus."

13 그러나 그는 말했다,《왜 모두 이렇게 울고 있습니까? 당신들은 나의 마음을 아프게 하고 있습니다! 나는 주 예수님을 위해 예루살렘 감옥에 갇히는 것뿐만 아니라 지어 죽을 준비도 되여 있습니다.》

14 When it was clear that we couldn't persuade him, we gave up and said, "The Lord's will be done."

14 우리가 그를 설득할 수 없는 것이 분명해졌을 때, 우리는 포기하며 말했다,《주님의 뜻이 이루어질 것입니다.》

Paul Arrives at Jerusalem

바울이 예루살렘에 도착하다

15 After this we packed our things and left for Jerusalem.

15 이 일이 있은 후에 우리는 우리 짐들을 싸들고 예루살렘으로 떠났다.

16 **Some believers from Caesarea accompanied us, and they took us to the home of Mnason, a man originally from Cyprus and one of the early believers.**

16 가이사랴 출신 몇 신자들이 우리와 함께 갔다, 그리고 그들이 우리를 본래부터 키프러스 사람이고 초기 신자들 중 하나였던 나손의 집으로 데리고 갔다.

17 **When we arrived, the brothers and sisters in Jerusalem welcomed us warmly.**

17 우리가 도착했을 때, 예루살렘의 형제자매들은 우리를 따뜻하게 맞아 주었다.

18 **The next day Paul went with us to meet with James, and all the elders of the Jerusalem church were present.**

18 그다음 날 바울은 우리와 함께 야고보를 만나러 갔다, 그리고 예루살렘 교회의 모든 장로들이 나와 있었다.

19 **After greeting them, Paul gave a detailed account of the things God had accomplished among the Gentiles through his ministry.**

19 그들과 인사하고 나서 바울은 하나님께서 그의 임무를 통해 비유태인들 가운데서 이룩하셨던 일들에 대한 자세한 설명을 했다.

20 **After hearing this, they praised God. And then they said, "You know, dear brother, how many thousands of Jews have also believed, and they all follow the law of Moses very seriously.**

20 이것을 듣고 나서, 그들은 하나님을 찬양했다. 그런 다음 그들은 말했다, 《친애하는 형제들이여, 얼마나 많은 유태인들이 또한 믿었고, 그들 모두가 모세의 률법을 아주 진지하게 따르고 있는지를 당신들은 알고 있습니다.

21 **But the Jewish believers here in Jerusalem have been told that you are teaching all the Jews who live among the Gentiles to turn their backs on the laws of Moses. They've heard that you teach them not to circumcise their children or follow other Jewish customs.**

21 그러나 여기 예루살렘에 있는 유태 신자들은 당신이 비유태인들 가운데 살고 있는 모든 유태인들에게 모세의 법에서 그들의 등을 돌리도록 가르친다는 것을 들었습니다. 그들은 당신이 그들의 아들딸들에게 잘라냄례식을 하거나 다른 유태 관습들을 따르지 말라고 가르친다고 들었습니다.

22 **What should we do? They will certainly hear that you have come.**

22 우리는 어떻게 해야 합니까? 그들은 분명히 당신이 여기에 왔다는

것을 들을 것입니다.

23 "Here's what we want you to do. We have four men here who have completed their vow.

23 여기 우리가 당신에게 하기를 원하는 것이 있습니다. 우리는 여기에 자신들의 맹세를 마친 네 사람이 있습니다.

24 Go with them to the Temple and join them in the purification ceremony, paying for them to have their heads ritually shaved. Then everyone will know that the rumors are all false and that you yourself observe the Jewish laws.

24 그들과 함께 신전에 가서 청결례식을 그들과 함께하고 그들이 머리를 의식에 따라 깎기 위한 그들의 비용을 지불하십시오. 그러면 모든 사람은 소문이 모두 거짓이고 당신 자신도 유태 법을 지킨다는 것을 알게 될 것입니다.

25 "As for the Gentile believers, they should do what we already told them in a letter: They should abstain from eating food offered to idols, from consuming blood or the meat of strangled animals, and from sexual immorality."

25 비유태 신자들에 대해서는, 그들은 우리가 이미 편지로 그들에게 말한 것을 실행해야 합니다: 그들은 우상들에게 바쳐진 음식 먹기, 피를 먹기, 목 졸라 죽인 짐승들의 고기 먹기, 그리고 성적인 부화방탕을 그만두어야 합니다.》

Paul Is Arrested

바울이 체포되다

26 So Paul went to the Temple the next day with the other men. They had already started the purification ritual, so he publicly announced the date when their vows would end and sacrifices would be offered for each of them.

26 그래서 바울은 그다음 날 다른 사람들과 함께 신전으로 갔다. 그들은 이미 청결의식을 시작하고 있었다, 그래서 그는 그들의 맹세가 끝나는 날과 그들 각 사람을 위해 희생제물이 드려질 날을 공개적으로 발표했다.

27 The seven days were almost ended when some Jews from the province of Asia saw Paul in the Temple and roused a mob against him. They grabbed him,

27 그 7일이 거의 끝날 때 아시아 지역에서 온 유태인 몇 사람이 신전

에 있는 바울을 보고 그를 반대하는 패거리를 불러 일으켰다. 그들은 그를 잡아서,

28 **yelling, "Men of Israel, help us! This is the man who preaches against our people everywhere and tells everybody to disobey the Jewish laws. He speaks against the Temple—and even defiles this holy place by bringing in Gentiles."**

28 소리쳤다, 《이스라엘 사람들이여, 우리를 도와주시오! 이 사람은 어디서나 우리 백성들을 반대하는 설교를 하며 모든 사람에게 유태법을 지키지 말라고 하는 그 사람입니다. 그는 신전을 반대하는 말을 합니다—그리고 지어 비유태인들을 데리고 옴으로써 이 거룩한 장소를 더럽히기까지 합니다.》

29 **(For earlier that day they had seen him in the city with Trophimus, a Gentile from Ephesus, and they assumed Paul had taken him into the Temple.)**

29 (왜냐하면 그전에 그들은 그가 도시에서 에베소에서 온 비유태인, 드로비모와 함께 있는 것을 보았다, 그래서 그들은 바울이 그를 신전에 데리고 들어간 것으로 생각했다.)

30 **The whole city was rocked by these accusations, and a great riot followed. Paul was grabbed and dragged out of the Temple, and immediately the gates were closed behind him.**

30 온 도시가 이 고발들로 인해 동요하였다, 그리고 대단한 소동이 뒤따랐다. 바울은 잡혀서 신전 밖으로 끌려 나갔고, 즉시 문들이 그의 뒤에서 닫혔다.

31 **As they were trying to kill him, word reached the commander of the Roman regiment that all Jerusalem was in an uproar.**

31 그들이 그를 죽이려고 하고 있었을 때, 온 예루살렘에 대소동이 있었다는 말이 로마 련대의 지휘관에게 들렸다.

32 **He immediately called out his soldiers and officers and ran down among the crowd. When the mob saw the commander and the troops coming, they stopped beating Paul.**

32 그는 즉시 자기 병사들과 군관들을 불러냈다 그리고 군중 속으로 달려갔다. 그 패거리들이 그 지휘관과 군대들이 오는 것을 보고, 그들은 바울을 때리던 것을 멈췄다.

33 **Then the commander arrested him and ordered him bound with two chains. He asked the crowd who he was and what he had done.**

33 그러자 그 지휘관은 그를 체포하여 두 쇠고랑으로 묶으라고 명령했다. 그는 군중에게 그가 누구이며 그가 무슨 짓을 했는지를 물었다.

34 Some shouted one thing and some another. Since he couldn't find out the truth in all the uproar and confusion, he ordered that Paul be taken to the fortress.

34 어떤 사람들은 큰 소리로 이런 말을 하고 다른 사람들은 다른 말을 했다. 그는 모든 소동과 혼란 속에서 진실을 찾아낼 수 없었기 때문에, 그는 바울을 군사시설로 데리고 가라고 명령했다.

35 As Paul reached the stairs, the mob grew so violent the soldiers had to lift him to their shoulders to protect him.

35 바울이 계단에 이르렀을 때, 그 패거리가 너무나 폭력적이어서, 병사들은 그를 보호하기 위해서 자기들의 어깨에 들어 올려야 했다.

36 And the crowd followed behind, shouting, "Kill him, kill him!"

36 그러자 군중들은 뒤에서 따라가며, 웨쳤다, 《그를 죽이시오, 그를 죽이시오!》

Paul Speaks to the Crowd

바울이 군중에게 말하다

37 As Paul was about to be taken inside, he said to the commander, "May I have a word with you?" "Do you know Greek?" the commander asked, surprised.

37 바울은 안으로 끌려가려고 할 때, 그는 그 지휘관에게 말했다, 《내가 당신과 한 마디 해도 되겠습니까?》《당신이 그리스말을 압니까?》 그 지휘관은 놀라서 물었다.

38 "Aren't you the Egyptian who led a rebellion some time ago and took 4,000 members of the Assassins out into the desert?"

38 《당신은 얼마 전 반란을 이끌어 암살자 4,000명을 사막으로 데리고 갔던 그 이집트인이 아니오?》

39 "No," Paul replied, "I am a Jew and a citizen of Tarsus in Cilicia, which is an important city. Please, let me talk to these people."

39 《아닙니다.》 바울은 대답했다, 《나는 유태인이고, 중요한 도시인, 길리기아의 다소 시민입니다. 제발, 제가 이 사람들에게 말을 하도록 허락해 주십시오.》

40 The commander agreed, so Paul stood on the stairs and motioned to the people to be quiet. Soon a deep silence enveloped the crowd, and he addressed them in their own language, Aramaic.

40 그 지휘관은 허락했다, 그래서 바울은 계단에 서서 사람들에게 조용히 하라고 손짓했다. 곧 깊은 침묵이 군중들을 감쌌다, 그리고 그는 그

들에게 그들 자신의 언어인, 아람어로 연설했다.

22

1 "Brothers and esteemed fathers," Paul said, "listen to me as I offer my defense."

1《형제들과 존경하는 어버이들이여,》 바울이 말했다.《내가 나의 변호를 하려고 합니다. 들어주십시오.》

2 When they heard him speaking in their own language, the silence was even greater.

2 그들은 그가 자기들 언어로 말하는 것을 듣고, 더욱 조용해졌다.

3 Then Paul said, "I am a Jew, born in Tarsus, a city in Cilicia, and I was brought up and educated here in Jerusalem under Gamaliel. As his student, I was carefully trained in our Jewish laws and customs. I became very zealous to honor God in everything I did, just like all of you today.

3 그때 바울이 말했다.《나는 길리기아 도시에 있는, 다소에서 태어난, 유태인입니다. 그리고 나는 여기 예루살렘에서 자랐고 가말리엘 밑에서 교육을 받았습니다. 그의 연구생이였으므로, 나는 우리 유태 법과 관습에 대해 꼼꼼하게 훈련을 받았습니다. 나는 오늘날 당신들 모두처럼 내가 하는 모든 일에서 하나님께 영예를 드리기 위해 아주 열성을 다하게 되였습니다.

4 And I persecuted the followers of the Way, hounding some to death, arresting both men and women and throwing them in prison.

4 그리고 나는 예수님의 가르침을 따르는 사람들을 박해했습니다. 사람들을 죽이기 위해 끝까지 추적하고, 남자든 녀자든 다 체포하여, 그들을 감옥에 던져 넣었습니다.

5 The high priest and the whole council of elders can testify that this is so. For I received letters from them to our Jewish brothers in Damascus, authorizing me to bring the Christians from there to Jerusalem, in chains, to be punished.

5 총제사장과 장로들의 총심의회는 이것이 사실이라는 것을 증명할 수 있습니다. 왜냐하면 나는 그들로부터 다마스커스에 있는 우리의 유태 형제들에게 보내는 편지, 기독교인들을 처벌하기 위해, 쇠고랑에 묶어서, 거기서부터 예루살렘에 데리고 갈 수 있는 권한이 나에게 주어진 편지를 받았기 때문입니다.

6 "As I was on the road, approaching Damascus about noon, a very bright

light from heaven suddenly shone down around me.

6 《내가 정오쯤에, 다마스커스 가까이에 가는 길에서, 하늘로부터 갑자기 아주 밝은 빛이 내 주위를 내리 비쳤습니다.

7 I fell to the ground and heard a voice saying to me, 'Saul, Saul, why are you persecuting me?'

7 나는 땅에 엎드려서 나에게 말하는 목소리를 들었습니다. 〈사울아, 사울아, 너는 왜 나를 박해하고 있는가?〉

8 "'Who are you, lord?' I asked. "And the voice replied, 'I am Jesus the Nazarene, the one you are persecuting.'

8 〈주님, 당신은 누구십니까?〉 나는 물었습니다. 그러자 그 목소리가 대답했습니다. 〈나는 네가 박해하고 있는 나사렛 예수이다.〉

9 The people with me saw the light but didn't understand the voice speaking to me.

9 나와 함께 있던 사람들은 그 빛은 보았지만 나에게 말하고 있는 목소리는 리해하지 못했습니다.

10 "I asked, 'What should I do, Lord?' "And the Lord told me, 'Get up and go into Damascus, and there you will be told everything you are to do.'

10 나는 물었습니다. 〈주님, 제가 무엇을 해야 합니까?〉 그러자 주님은 나에게 말씀하셨습니다. 〈일어나서 다마스커스로 들어가거라. 그러면 그곳에서 네가 해야 할 모든 일을 듣게 될 것이다.〉

11 "I was blinded by the intense light and had to be led by the hand to Damascus by my companions.

11 나는 격렬한 빛에 의해 눈이 멀었습니다. 그래서 나의 동료들에 의해 손에 이끌리여 다마스커스로 갔습니다.

12 A man named Ananias lived there. He was a godly man, deeply devoted to the law, and well regarded by all the Jews of Damascus.

12 아나니아라고 부르는 한 사람이 그곳에 살고 있었습니다. 그는 신앙심이 깊은 사람이여서, 그 률법을 철저히 따랐습니다. 그리하여 다마스커스의 모든 유태인들에 의해 존경을 받고 있었습니다.

13 He came and stood beside me and said, 'Brother Saul, regain your sight.' And that very moment I could see him!

13 그는 와서 내 곁에 서서 말했습니다. 〈형제 사울이여, 당신의 시력을 도로 찾으십시오.〉 그러자 바로 그 순간에 나는 그를 볼 수 있었습니다!

14 "Then he told me, 'The God of our ancestors has chosen you to know his will and to see the Righteous One and hear him speak.

14 그러자 그가 나에게 말했습니다. 〈선조들의 하나님께서 그분의 뜻을

알고 옳바르신 그 분을 보며 그분이 말씀하시는 것을 듣게 하려고 당신을 선택하셨습니다.

15 **For you are to be his witness, telling everyone what you have seen and heard.**

15 왜냐하면 당신은 모든 사람에게 자신이 보고 들은 것에 대해 말하는, 그분의 증인이 되여야 하기 때문입니다.

16 **What are you waiting for? Get up and be baptized. Have your sins washed away by calling on the name of the Lord.'**

16 당신은 무엇을 기다리고 있습니까? 일어나십시오. 그리고 세례를 받으십시오. 주님의 이름을 부르므로써 당신의 죄가 깨끗이 씻겨지게 하십시오.〉

17 **"After I returned to Jerusalem, I was praying in the Temple and fell into a trance.**

17 내가 예루살렘으로 돌아온 후에, 신전에서 기도하고 있는데 황홀해졌습니다.

18 **I saw a vision of Jesus saying to me, 'Hurry! Leave Jerusalem, for the people here won't accept your testimony about me.'**

18 나는 나에게 말씀하시는 예수님의 환상을 보았습니다, 〈서둘러라! 예루살렘을 떠나라, 왜냐하면 여기 사람들은 나에 대한 너의 립증을 받아들이지 않을 것이기 때문이다.〉

19 **"'But Lord,' I argued, 'they certainly know that in every synagogue I imprisoned and beat those who believed in you.**

19 〈그렇지만 주님,〉 나는 리유를 밝혔습니다, 〈그들은 내가 모든 군중회관에서 당신을 믿는 사람들을 감옥에 잡아넣고 때렸던 것을 분명히 알고 있습니다.

20 **And I was in complete agreement when your witness Stephen was killed. I stood by and kept the coats they took off when they stoned him.'**

20 그리고 나는 당신의 증인 스테반이 살해될 때 전적으로 동의했습니다. 나는 곁에 서서 그들이 그에게 돌을 던질 때 그들이 벗었던 외투를 지켰습니다.〉

21 **"But the Lord said to me, 'Go, for I will send you far away to the Gentiles!'"**

21 그렇지만 주님이 나에게 말씀하셨습니다, 〈가거라, 내가 너를 멀리 비유태인들에게 보낼 것이기 때문이다!〉》

22 **The crowd listened until Paul said that word. Then they all began to shout, "Away with such a fellow! He isn't fit to live!"**

22 군중은 바울이 그 말을 하기까지 들었다. 그다음 그들 모두가 웨치기

시작했다.《저런 놈은 없애 버려라! 그는 살려두어서는 안 된다!》

23 They yelled, threw off their coats, and tossed handfuls of dust into the air.

23 그들은 웨치고, 자기들의 외투를 벗어 던졌다. 그리고 먼지 한 줌을 공중에 날렸다.

Paul Reveals His Roman Citizenship

바울이 자기의 로마 시민권을 밝히다

24 The commander brought Paul inside and ordered him lashed with whips to make him confess his crime. He wanted to find out why the crowd had become so furious.

24 지휘관이 바울을 안으로 데려갔다 그리고 자기의 죄를 그가 고백하게 하기 위해 그를 채찍으로 때리라고 명령했다. 그는 군중이 왜 그렇게 성내고 있는지를 알고 싶어 했다.

25 When they tied Paul down to lash him, Paul said to the officer standing there, "Is it legal for you to whip a Roman citizen who hasn't even been tried?"

25 그들이 바울을 때리려고 묶었을 때, 바울은 그곳에 서 있던 군관에게 말했다.《재판조차 받지 않은 로마 시민을 당신들이 채찍질하는 것이 합법적인가?》

26 When the officer heard this, he went to the commander and asked, "What are you doing? This man is a Roman citizen!"

26 그 군관은 이 말을 들었을 때, 지휘관에게 가서 물었다.《어떻게 하시렵니까? 이 사람은 로마 시민입니다!》

27 So the commander went over and asked Paul, "Tell me, are you a Roman citizen?" "Yes, I certainly am," Paul replied.

27 그리하여 지휘관은 가서 바울에게 물었다.《나에게 말해 주시오, 당신은 로마 시민이오?》《그렇습니다, 나는 틀림없이 그렇습니다.》 바울이 대답했다.

28 "I am, too," the commander muttered, "and it cost me plenty!" Paul answered, "But I am a citizen by birth!"

28《나도 그렇소.》 그 지휘관이 중얼거렸다.《그런데 나는 그것에 비싼 값을 치르었소!》 바울은 대답했다.《그러나 나는 나면서부터 시민입니다!》

29 The soldiers who were about to interrogate Paul quickly withdrew when they heard he was a Roman citizen, and the commander was frightened

because he had ordered him bound and whipped.

29 바울을 심문하려고 했던 그 병사들은 자기들이 그가 로마 시민이였다는 것을 듣고는 급히 물러섰다, 그리고 그 지휘관은 자기가 그를 묶어서 매질하라고 명령했기 때문에 겁을 먹었다.

Paul before the High Council

바울이 최고 심의회 앞에 서다

30 **The next day the commander ordered the leading priests into session with the Jewish high council. He wanted to find out what the trouble was all about, so he released Paul tohave him stand before them.**

30 그다음 날 그 지휘관은 상급제사장들을 유태 최고 심의회에 모이도록 명령했다. 그는 도대체 그 소란이 무엇에 대한 것인지를 알고 싶어 했다, 그래서 그는 바울이 그들 앞에 서도록 그를 풀어 주었다.

23

1 **Gazing intently at the high council, Paul began: "Brothers, I have always lived before God with a clear conscience!"**

1 바울은 최고심의회를 뚫어지게 보면서, 시작했다:《형제들이여, 나는 언제나 하나님 앞에서 깨끗한 량심으로 살아왔습니다!》

2 **Instantly Ananias the high priest commanded those close to Paul to slap him on the mouth.**

2 즉시 총제사장 아나니아가 바울 가까이 있는 사람들에게 그의 입을 때리라고 명령했다.

3 **But Paul said to him, "God will slap you, you corrupt hypocrite! What kind of judge are you to break the law yourself by ordering me struck like that?"**

3 그러나 바울이 그에게 말했다,《당신 타락한 위선자여, 하나님께서 당신을 때리실 것이오! 당신은 나를 그렇게 치라고 명령하는 것으로써 당신 스스로가 그 률법을 어기고 있으니 무슨 재판관이란 말이오?》

4 **Those standing near Paul said to him, "Do you dare to insult God's high priest?"**

4 바울 가까이에 서 있던 사람들이 그에게 말했다,《당신이 감히 하나님의 총제사장을 모욕하는 것이오?》

5 **"I'm sorry, brothers. I didn't realize he was the high priest," Paul replied, "for the Scriptures say, 'You must not speak evil of any of your rulers.'"**

5《형제들이여, 미안합니다. 나는 그가 총제사장인 줄 몰랐습니다.》바울이 대답했다.《왜냐하면 하나님말씀책은 말하고 있기 때문입니다.〈너희는 너희의 통치자들 중 누구에게라도 나쁘게 말해서는 안 된다.〉》

6 Paul realized that some members of the high council were Sadducees and some were Pharisees, so he shouted, "Brothers, I am a Pharisee, as were my ancestors! And I am on trial because my hope is in the resurrection of the dead!"

6 바울은 최고 심의회의 성원들 몇은 사두개파 사람이고 몇은 바리새파 사람인 것을 알았다. 그래서 그는 웨쳤다.《형제들이여, 나는 나의 선조들이 그랬던 것처럼 바리새파 사람입니다! 그리고 나는 나의 희망을 죽은 사람들의 부활에 두고 있기 때문에 재판을 받고 있습니다!》

7 This divided the council—the Pharisees against the Sadducees.

7 이것이 그 심의회를 분렬시켰다—사두개파 사람들을 반대하는 바리새파 사람들.

8 for the Sadducees say there is no resurrection or angels or spirits, but the Pharisees believe in all of these.

8 왜냐하면 사두개파 사람들은 부활이나 천사들 또는 령들이 없다고 하지만, 바리새파 사람들은 이런 모든 것을 믿기 때문이였다.

9 So there was a great uproar. Some of the teachers of religious law who were Pharisees jumped up and began to argue forcefully. "We see nothing wrong with him," they shouted. "Perhaps a spirit or an angel spoke to him."

9 그래서 큰 소동이 일어났다. 바리새파 사람들인 종교법 선생들 중 몇은 뛰여 올라와서 강력하게 론쟁을 시작했다.《우리는 그에게서 아무런 잘못을 보지 못하고 있소.》그들은 웨쳤다.《어쩌면 한 령이나 한 천사가 그에게 말했을지도 모릅니다.》

10 As the conflict grew more violent, the commander was afraid they would tear Paul apart. So he ordered his soldiers to go and rescue him by force and take him back to the fortress.

10 분쟁이 더욱더 격렬해지자, 그 지휘관은 그들이 바울을 찢일까 념려하였다. 그래서 그는 자기 병사들에게 가서 강제로 그를 구출해서 다시 요새로 데리고 가라고 명령했다.

11 That night the Lord appeared to Paul and said, "Be encouraged, Paul. Just as you have been a witness to me here in Jerusalem, you must preach the Good News in Rome as well."

11 그날 밤 주님이 바울에게 나타나서 말씀하셨다.《바울아, 용기를 내

여라. 네가 여기 예루살렘에서 나에 대한 증인이 된 것과 꼭 같이, 너는 로마에서도 마찬가지로 반가운 소식을 전해야 한다.》

The Plan to Kill Paul

바울을 죽이려는 계획

12 **The next morning a group of Jews got together and bound themselves with an oath not to eat or drink until they had killed Paul.**

12 그다음 날 아침, 유태인 한 집단이 모였다 그리고 자기들이 바울을 죽이기까지는 먹지도 않고 마시지도 않겠다고 자기들끼리 결심하고 맹세했다.

13 **There were more than forty of them in the conspiracy.**

13 그 음모에는 그들 중 40명 이상이 있었다.

14 **They went to the leading priests and elders and told them, "We have bound ourselves with an oath to eat nothing until we have killed Paul.**

14 그들은 상급제사장들과 장로들에게 가서 그들에게 말했다.《우리는 우리가 바울을 죽이기까지는 먹지도 않고 마시지도 않겠다고 우리들 자신이 결심했습니다.

15 **So you and the high council should ask the commander to bring Paul back to the council again. Pretend you want to examine his case more fully. We will kill him on the way."**

15 그래서 당신들과 최고 심의회는 그 지휘관에게 바울을 심의회로 다시 데리고 나와 달라고 부탁해야 합니다. 당신들이 그의 사건을 더욱 충분히 조사하고 싶은 체하십시오. 우리는 길 가는 도중에 그를 죽이겠습니다.》

16 **But Paul's nephew—his sister's son—heard of their plan and went to the fortress and told Paul.**

16 그러나 바울의 조카가—그의 누이의 아들—그들의 계획을 듣고 요새에 가서 바울에게 말해 주었다.

17 **Paul called for one of the Roman officers and said, "Take this young man to the commander. He has something important to tell him."**

17 바울은 로마의 한 군관을 불러서 말했다.《이 젊은이를 그 지휘관에게 데려다 주십시오. 그가 그분에게 말할 무언가 중요한 것을 가지고 있습니다.》

18 **So the officer did, explaining, "Paul, the prisoner, called me over and asked me to bring this young man to you because he has something to tell you."**

18 그래서 그 군관은, 설명하면서, 그렇게 하였다, 《죄수인, 바울이, 나를 불러서 이 젊은이가 당신에게 말씀드릴 무엇인가를 가지고 있기 때문에 그를 당신에게 데리고 가달라고 요청했습니다.》

19 The commander took his hand, led him aside, and asked, "What is it you want to tell me?"

19 그 지휘관은 그의 손을 잡아 곁으로 데리고 가서 물었다, 《당신이 나에게 하고 싶은 말이 무엇이오?》

20 Paul's nephew told him, "Some Jews are going to ask you to bring Paul before the high council tomorrow, pretending they want to get some more information.

20 바울의 조카가 그에게 말했다, 《몇 유태인들이, 그들이 어떤 더 많은 정보를 원하는 체하면서 래일 최고 심의회 앞에 바울을 데려오기를 당신에게 요청할 것입니다.

21 But don't do it! There are more than forty men hiding along the way ready to ambush him. They have vowed not to eat or drink anything until they have killed him. They are ready now, just waiting for your consent."

21 그러나 그렇게 하지 마십시오! 그를 매복 습격하기 위해 길가에 준비하고 숨어 있는 40명이 넘는 사람들이 있습니다. 그들은 자기들이 그를 죽이기까지 아무것도 먹지도 마시지도 않겠다고 맹세를 하였습니다. 그들은 당신의 승낙만을 기다리면서, 지금 준비가 되여 있습니다.》

22 "Don't let anyone know you told me this," the commander warned the young man.

22 《아무도 당신이 이것을 나에게 말했다는 것을 알게 하지 마십시오.》 그 지휘관은 그 젊은이에게 경고하였다.

Paul Is Sent to Caesarea

바울이 가이사랴로 보내여지다

23 Then the commander called two of his officers and ordered, "Get 200 soldiers ready to leave for Caesarea at nine o'clock tonight. Also take 200 spearmen and 70 mounted troops.

23 그 후 그 지휘관은 자기 군관들 중 두 명을 불러 명령했다, 《병사들 200명을 오늘 밤 9시에 가이사랴로 떠날 준비를 하여라. 또 창을 쓰는 병사 200명과 70명의 기병대도 데리고 가라.

24 Provide horses for Paul to ride, and get him safely to Governor Felix."

24 바울을 태우기 위한 말들을 제공하여라, 그리고 그를 벨릭스 총독에게 무사히 데리고 가거라.》

25 Then he wrote this letter to the governor:

25 그런 후 그는 이 편지를 총독에게 썼다:

26 "From Claudius Lysias, to his Excellency, Governor Felix: Greetings!

26《글라우디오 루시아로부터 벨릭스 총독 각하에게: 인사드립니다!

27 "This man was seized by some Jews, and they were about to kill him when I arrived with the troops. When I learned that he was a Roman citizen, I removed him to safety.

27《이 사람은 몇 유태인들에 의해서 잡혔습니다, 그리고 그들은 내가 부대와 함께 도착했을 때 그를 죽이려고 하고 있었습니다. 나는 그가 로마 시민인 것을 알고 그를 안전하게 옮겼습니다.

28 Then I took him to their high council to try to learn the basis of the accusations against him.

28 그 후 나는 그를 고소하는 근거를 알려고 그를 그들의 최고 심의회에 데리고 갔습니다.

29 I soon discovered the charge was something regarding their religious law—certainly nothing worthy of imprisonment or death.

29 나는 그 혐의가 자기들의 종교법에—확실히 투옥이나 사형할 만한 것이 없는—관련된 어떤 것이였다는 것을 곧 알게 되였습니다.

30 But when I was informed of a plot to kill him, I immediately sent him on to you. I have told his accusers to bring their charges before you."

30 그러나 내가 그를 죽이려는 음모에 대해 들었을 때, 나는 즉시 그를 당신에게로 보냈습니다. 나는 그의 고소자들에게 자기들의 혐의를 당신 앞에 가지고 가라고 말했습니다.》

31 So that night, as ordered, the soldiers took Paul as far as Antipatris.

31 그래서 그날 밤, 병사들은, 명령받은 대로, 바울을 안디바드리까지 데리고 갔다.

32 They returned to the fortress the next morning, while the mounted troops took him on to Caesarea.

32 그들은 그다음 날 아침 요새로 돌아왔고, 한편 기병대는 그를 계속 가이사랴까지 데리고 갔다.

33 When they arrived in Caesarea, they presented Paul and the letter to Governor Felix.

33 그들이 가이사랴에 도착했을 때, 그들은 바울과 그 편지를 벨릭스 총독에게 드렸다.

34 He read it and then asked Paul what province he was from. "Cilicia," Paul answered.

34 그는 그것을 읽고 그런 다음 바울에게 그가 어느 지역 출신인지를 물었다. 《길리기아입니다.》 바울이 대답했다.

35 "I will hear your case myself when your accusers arrive," the governor told him. Then the governor ordered him kept in the prison at Herod's headquarters.

35 《나는 너의 사건을 너의 고소자들이 도착하면 직접 듣겠다.》 총독이 그에게 말했다. 그러고 나서 총독은 헤롯의 사령부 감옥에 가두라고 명령했다.

24

Paul Appears before Felix

바울이 벨릭스 앞에 출두하다

1 Five days later Ananias, the high priest, arrived with some of the Jewish elders and the lawyer Tertullus, to present their case against Paul to the governor.

1 5일 후 총제사장인, 아나니아가, 바울에 대한 자기들의 소송을 총독에게 진술하려고 유태 장로들과 법률가인 더둘로와 함께 도착했다.

2 When Paul was called in, Tertullus presented the charges against Paul in the following address to the governor: "You have provided a long period of peace for us Jews and with foresight have enacted reforms for us.

2 바울이 불려왔을 때, 더둘로가 다음의 말로 바울의 혐의를 총독에게 진술하였다: 《당신은 우리 유태인들을 위해 오랜 평화 기간을 보장해 주었고 미래에 대한 깊은 생각을 가지고 개혁들을 제정해 주었습니다.

3 For all of this, Your Excellency, we are very grateful to you.

3 이 모든 것에 대해, 각하, 우리는 당신에게 매우 감사하고 있습니다.

4 But I don't want to bore you, so please give me your attention for only a moment.

4 그런데 저는 당신을 지루하게 해드리고 싶지 않습니다, 그래서 잠시만 저의 말을 들어주십시오.

5 We have found this man to be a troublemaker who is constantly stirring up riots among the Jews all over the world. He is a ringleader of the cult known as the Nazarenes.

5 우리는 이 사람이 세계 도처 유태인들 사이에서 끊임없이 폭동을 선동하고 있는 말썽군인 것을 알았습니다. 그는 나사렛 사람으로 알려진 그 해로운 종교의 두목입니다.

6 **Furthermore, he was trying to desecrate the Temple when we arrested him.**

6 게다가, 그는 우리가 그를 체포했을 때 신전의 거룩함을 더럽히려고 했습니다.

7

7 (없음)

8 **You can find out the truth of our accusations by examining him yourself."**

8 당신은 우리의 고소들이 사실이라는 것을 당신 자신이 그를 조사해 봄으로써 알 수 있습니다.》

9 **Then the other Jews chimed in, declaring that everything Tertullus said was true.**

9 그러자 다른 유태인들도 더둘로가 말한 모든 것이 사실이라고 단언하면서 맞장구를 쳤다.

10 **The governor then motioned for Paul to speak. Paul said, "I know, sir, that you have been a judge of Jewish affairs for many years, so I gladly present my defense before you.**

10 총독은 그때 바울에게 말을 하라고 손짓하였다. 바울은 말했다, 《각하, 저는, 당신이 여러 해 동안 유태인 사건들의 재판을 해온 것을 알고 있습니다, 그래서 저는 저의 변호를 당신 앞에서 기쁘게 진술합니다.

11 **You can quickly discover that I arrived in Jerusalem no more than twelve days ago to worship at the Temple.**

11 당신은 제가 예루살렘 신전에서 례배하기 위해 도착한 것이 12일밖에 되지 않은 것을 곧 알아내실 수 있습니다.

12 **My accusers never found me arguing with anyone in the Temple, nor stirring up a riot in any synagogue or on the streets of the city.**

12 저의 고소자들은 신전에서 어느 누구와도 론쟁하거나, 어떤 군중회관에서나 도시의 거리에서 폭동을 선동하는 저를 결코 보지 못했습니다.

13 **These men cannot prove the things they accuse me of doing.**

13 이 사람들은 제가 했다고 고소하는 것들에 대해 립증할 수 없습니다.

14 **"But I admit that I follow the Way, which they call a cult. I worship the God of our ancestors, and I firmly believe the Jewish law and everything written in the prophets.**

14 그렇지만 저는 그들이 그 해로운 종교라고 부르는 예수님의 가르침을 제가 따르고 있는 것을 인정합니다. 저는 우리 선조들의 하나님을 례배하고 있습니다, 그리고 저는 유태법과 예언서에 쓰인 모든 것을 굳게 믿고 있습니다.

15 **I have the same hope in God that these men have, that he will raise both the righteous and the unrighteous.**

15 저는 이 사람들이 가지고 있는 것과 똑같은 하나님에 대한 희망, 즉 그분이 옳바른 사람들과 옳바르지 않은 사람들을 둘 다 되살리실 것이라는 희망을 가지고 있습니다.

16 **Because of this, I always try to maintain a clear conscience before God and all people.**

16 이것 때문에, 저는 언제나 하나님과 모든 사람들 앞에서 깨끗한 량심을 유지하려고 애를 쓰고 있습니다.

17 **"After several years away, I returned to Jerusalem with money to aid my people and to offer sacrifices to God.**

17 《여러 해 후에, 저는 우리 민족을 원조할 돈과 하나님께 드릴 제물들을 가지고 예루살렘에 돌아왔습니다.

18 **My accusers saw me in the Temple as I was completing a purification ceremony. There was no crowd around me and no rioting.**

18 저의 고소자들은 제가 청결례식을 끝내고 있었을 때 신전에서 저를 보았습니다. 저의 주위에 군중도 없었고 폭동도 없었습니다.

19 **But some Jews from the province of Asia were there—and they ought to be here to bring charges if they have anything against me!**

19 그러나 아시아 지역에서 온 몇 유태인들이 그곳에 있었습니다—그러니 만일 그들이 저를 반대하는 무엇인가가 있다면 그들이 여기에 그 혐의를 가져와야 하는 것이 마땅합니다!

20 **Ask these men here what crime the Jewish high council found me guilty of,**

20 여기 있는 사람들에게 유태인 최고 심의회가 저에게서 유죄판결을 내릴 무슨 죄를 찾았는지 물어보십시오,

21 **except for the one time I shouted out, 'I am on trial before you today because I believe in the resurrection of the dead!'"**

21 저는 단지 한 번 웨쳤을 뿐입니다, 〈저는 죽은 사람들의 부활을 믿기 때문에 오늘 당신들 앞에서 재판을 받고 있습니다.〉》

22 **At that point Felix, who was quite familiar with the Way, adjourned the hearing and said, "Wait until Lysias, the garrison commander, arrives. Then I will decide the case."**

22 그 순간에, 예수님의 가르침에 대해 아주 잘 알고 있는 벨릭스는, 듣는 것을 중단하고 말했다, 《주둔군 지휘관인 루시아가 올 때까지 기다리시오. 그때 나는 이 사건을 결속 짓겠소.》

23 He ordered an officer to keep Paul in custody but to give him some freedom and allow his friends to visit him and take care of his needs.

23 그는 한 군관에게 바울을 감금해 두기는 하지만 그에게 얼마간의 자유를 주어 그의 친구들이 그를 방문하고 그가 필요한 것들을 돌보아 주도록 허락하라는 명령을 내렸다.

24 A few days later Felix came back with his wife, Drusilla, who was Jewish. Sending for Paul, they listened as he told them about faith in Christ Jesus.

24 며칠 후 벨릭스는, 유태인이였던, 자기 안해, 드루실라와 함께 다시 왔다. 바울을 불러서, 그들은 그가 예수 그리스도에 대한 믿음에 대해 자기들에게 말하는 동안 들었다.

25 As he reasoned with them about righteousness and self-control and the coming day of judgment, Felix became frightened. "Go away for now," he replied. "When it is more convenient, I'll call for you again."

25 그가 그들에게 옳바름과 자기 절제와 다가오고 있는 심판의 날에 대해 론의했을 때, 벨릭스는 두려워졌다. 《이제 그만합시다.》 그가 말했다. 《보다 적절할 때, 내가 당신을 다시 부르겠소.》

26 He also hoped that Paul would bribe him, so he sent for him quite often and talked with him.

26 그는 또 바울이 자기에게 뢰물을 주기를 바랬다, 그래서 그는 그를 아주 자주 불러서 그와 이야기를 하였다.

27 After two years went by in this way, Felix was succeeded by Porcius Festus. And because Felix wanted to gain favor with the Jewish people, he left Paul in prison.

27 이렇게 하여 2년이 지난 후, 보르기오 베스도가 벨릭스의 후임이 되였다. 그런데 벨릭스는 유태 사람들의 환심을 얻으려고 했기 때문에, 그는 바울을 감옥에 남겨 두었다.

25

Paul Appears before Festus

바울이 베스도 앞에 나서다

1 Three days after Festus arrived in Caesarea to take over his new responsibilities, he left for Jerusalem,

1 베스도가 자기의 새로운 책임을 인계받기 위해 가이사랴에 도착한 지 3일 후에, 그는 예루살렘을 향해 떠났다,

2 where the leading priests and other Jewish leaders met with him and

made their accusations against Paul.

2 그곳에서 상급제사장들과 다른 유태 지도자들이 그와 만나서 바울에 대한 그들의 고소를 했다.

3 They asked Festus as a favor to transfer Paul to Jerusalem(planning to ambush and kill him on the way).

3 그들은 베스도에게 특별한 호의로써 바울을 예루살렘으로 옮겨 주기를 요청했다(도중에 매복습격하여 그를 죽이려고 계획하면서).

4 But Festus replied that Paul was at Caesarea and he himself would be returning there soon.

4 그러나 베스도는 바울이 가이사랴에 있고 그 자신도 곧 거기로 돌아갈 것이라고 대답했다.

5 So he said, "Those of you in authority can return with me. If Paul has done anything wrong, you can make your accusations."

5 그래서 그는 말했다, 《당신들 중 영향력 있는 사람들이 나와 함께 갈 수 있습니다. 만일 바울이 무슨 잘못을 했다면, 당신들은 자신들의 고발을 할 수 있습니다.》

6 About eight or ten days later Festus returned to Caesarea, and on the following day he took his seat in court and ordered that Paul be brought in.

6 8일이나 10일쯤 지나서 베스도는 가이사랴에 돌아갔고, 그다음 날 그는 자기 재판석에 앉아서 바울을 데려오라고 명령했다.

7 When Paul arrived, the Jewish leaders from Jerusalem gathered around and made many serious accusations they couldn't prove.

7 바울이 도착했을 때, 예루살렘에서 온 유태 지도자들이 주위에 모여서 그들이 립증할 수 없는 많은 심각한 고발을 했다.

8 Paul denied the charges. "I am not guilty of any crime against the Jewish laws or the Temple or the Roman government," he said.

8 바울은 그 혐의들을 부인했다. 《나는 유태 법이나 신전 또는 로마정부를 반대하는 그 어떤 범죄도 저지르지 않았습니다.》 그가 말했다.

9 Then Festus, wanting to please the Jews, asked him, "Are you willing to go to Jerusalem and stand trial before me there?"

9 그러자 베스도가, 유태인들을 기쁘게 해주기 원해서, 그에게 물었다, 《그대는 예루살렘에 가서 거기 내 앞에서 재판받기를 원하는가?》

10 But Paul replied, "No! This is the official Roman court, so I ought to be tried right here. You know very well I am not guilty of harming the Jews.

10 그러나 바울은 대답했다, 《아니요! 여기는 공식적인 로마 법정입니다, 그래서 나는 바로 여기에서 재판을 받아야 합니다. 당신은 나에게

유태인들을 해치는 죄가 없다는 것을 아주 잘 알고 있습니다.

11 **If I have done something worthy of death, I don't refuse to die. But if I am innocent, no one has a right to turn me over to these men to kill me. I appeal to Caesar!"**

11 만일 내가 사형에 해당하는 무슨 일을 했다면, 나는 죽기를 거절하지 않겠습니다. 그러나 만일 내가 죄가 없다면, 그 누구도 나를 죽이기 위해 이 사람들에게 넘겨줄 권리가 없습니다. 나는 로마 황제 가이사에게 상소합니다!》

12 **Festus conferred with his advisers and then replied, "Very well! You have appealed to Caesar, and to Caesar you will go!"**

12 베스도는 자기 고문들과 협의하고 나서 대답했다, 《좋소! 그대가 황제 가이사에게 상소했으니, 가이사에게 그대는 갈 것이오!》

13 **A few days later King Agrippa arrived with his sister, Bernice, to pay their respects to Festus.**

13 그 후 며칠 지나서 아그립바 왕이 자기 누이, 버니게와 함께, 베스도에게 자기들의 경의를 표시하러 왔다.

14 **During their stay of several days, Festus discussed Paul's case with the king. "There is a prisoner here," he told him, "whose case was left for me by Felix.**

14 그들이 며칠 머무는 동안, 베스도는 바울의 사건을 그 왕과 의논했다. 《여기 죄수가 한 명 있습니다.》 그가 그에게 말했다, 《그 사람의 사건은 벨릭스에 의해 나에게 남겨진 것입니다.

15 **When I was in Jerusalem, the leading priests and Jewish elders pressed charges against him and asked me to condemn him.**

15 내가 예루살렘에 있을 때, 상급 제사장들과 유태 장로들이 그에 대한 혐의들을 강조하며 그에게 유죄판결을 내리라고 나에게 요청했습니다.

16 **I pointed out to them that Roman law does not convict people without a trial. They must be given an opportunity to confront their accusers and defend themselves.**

16 나는 그들에게 로마법은 재판 없이 사람들에게 유죄를 선고하지 않는다는 것을 지적해 주었습니다. 그들은 자신의 고소자들 앞에서 자기 자신을 변호할 기회가 주어져야 합니다.

17 **"When his accusers came here for the trial, I didn't delay. I called the case the very next day and ordered Paul brought in.**

17 그의 고소자들이 재판을 위해 여기에 왔을 때, 나는 지체하지 않았습니다. 나는 바로 그다음 날 그 소송 사건을 다루고 바울을 데려오라

고 명령했습니다.

18 But the accusations made against him weren't any of the crimes I expected.

18 그러나 그에 대한 고소들은 어느 하나도 내가 예상했던 범죄들이 아니였습니다.

19 Instead, it was something about their religion and a dead man named Jesus, who Paul insists is alive.

19 대신에, 그것은 그들의 종교에 관한 것과 바울이 살아 있다고 주장하고 있는, 예수라고 부르는 죽은 사람에 대한 것들이었습니다.

20 I was at a loss to know how to investigate these things, so I asked him whether he would be willing to stand trial on these charges in Jerusalem.

20 나는 이것들을 어떻게 조사해야 할지 당황했습니다, 그래서 나는 그에게 이 고소들에 대한 재판을 그가 기꺼이 예루살렘에 가서 받을 것인지 아닌지를 물었습니다.

21 But Paul appealed to have his case decided by the emperor. So I ordered that he be held in custody until I could arrange to send him to Caesar."

21 그러나 바울은 자기 사건을 황제에 의해 판결되도록 상소했습니다. 그래서 나는 그를 황제 씨저에게 보낼 준비를 내가 할 수 있을 때까지 그를 감금해 두게 명령했습니다.》

22 "I'd like to hear the man myself," Agrippa said. And Festus replied, "You will. tomorrow!"

22《내가 직접 그 사람의 말을 듣고 싶소,》아그립바가 말했다. 그래서 베스도는 대답했다,《당신은 래일 그의 말을 들을 수 있을 것입니다!》

Paul Speaks to Agrippa

바울이 아그립바에게 말하다

23 So the next day Agrippa and Bernice arrived at the auditorium with great pomp, accompanied by military officers and prominent men of the city. Festus ordered that Paul be brought in.

23 그래서 그다음 날 아그립바와 버니게는 군대 장교들과 그 도시의 저명한 사람들을 동반하고, 위풍당당하게 대강당에 도착했다. 베스도는 바울을 들여보내라고 명령했다.

24 Then Festus said, "King Agrippa and all who are here, this is the man whose death is demanded by all the Jews, both here and in Jerusalem.

24 그러고 나서 베스도가 말했다,《아그립바 왕과 여기 있는 모든 분들이여, 이 사람은 이곳과 예루살렘에 있는 모든 유태인들이 그의 사형을

요구하는 사람입니다.

25 But in my opinion he has done nothing deserving death. However, since he appealed his case to the emperor, I have decided to send him to Rome.

25 그러나 내 의견으로는 그가 사형당할 만한 일은 아무것도 하지 않았습니다. 그렇지만, 그가 자기 사건을 황제에게 상소했기 때문에, 나는 그를 로마에 보내기로 결정했습니다.

26 "But what shall I write the emperor? For there is no clear charge against him. So I have brought him before all of you, and especially you, King Agrippa, so that after we examine him, I might have something to write.

26 그런데 내가 황제에게 무엇을 써야 하겠습니까? 왜냐하면 그에 대한 분명한 혐의가 없기 때문입니다. 그래서 나는 당신들 모두와, 특히 당신, 아그립바 왕, 앞에 그를 데리고 왔습니다, 그리하여 우리가 그를 조사한 후, 내가 무엇인가 쓸 만한 것이 있을지 모르겠습니다.

27 For it makes no sense to send a prisoner to the emperor without specifying the charges against him!"

27 왜냐하면 그에 대한 혐의들을 상세히 기록하지 않고서는 황제에게 죄수를 보내는 것은 리치에 맞지 않기 때문입니다!》

26

1 Then Agrippa said to Paul, "You may speak in your defense." So Paul, gesturing with his hand, started his defense:

1 그러자 아그립바가 바울에게 말했다, 《그대가 그대 자신에 대해 변호를 해도 좋소.》 그래서 바울은 손짓을 해가면서, 자신의 변호를 시작했다:

2 "I am fortunate, King Agrippa, that you are the one hearing my defense today against all these accusations made by the Jewish leaders,

2 《아그립바 왕이여, 오늘 나는 당신이 유태 지도자들에 의한 이 모든 고발들에 대한 나의 변호를 듣고 있는 분이여서 다행스럽습니다.

3 for I know you are an expert on all Jewish customs and controversies. Now please listen to me patiently!

3 왜냐하면 저는 당신이 모든 유태 관습들과 론쟁들에 대한 전문가인 것을 알고 있기 때문입니다. 이제 저의 말을 인내성 있게 들어 주시기 바랍니다!

4 "As the Jewish leaders are well aware, I was given a thorough Jewish training from my earliest childhood among my own people and in Jerusa-

lem.

4 유태 지도자들이 잘 알고 있듯이, 저는 저의 아주 어린 시절부터 저 자신의 민족 가운데서와 예루살렘에서 철저히 유태인의 훈련을 받았습니다.

5 If they would admit it, they know that I have been a member of the Pharisees, the strictest sect of our religion.

5 만일 그들이 그것을 인정한다면, 그들은 제가 우리 종교의 가장 엄격한 종파인 바리새파의 성원임을 알 것입니다.

6 Now I am on trial because of my hope in the fulfillment of God's promise made to our ancestors.

6 이제 나는 우리 선조들에게 하신 하나님 약속의 실현에 대한 나의 희망 때문에 재판을 받고 있습니다.

7 In fact, that is why the twelve tribes of Israel zealously worship God night and day, and they share the same hope I have. Yet, Your Majesty, they accuse me for having this hope!

7 사실상, 그것이 이스라엘의 12가문들이 열심히 밤낮으로 하나님을 례배하는 리유입니다, 그리고 그들도 내가 가지고 있는 것과 같은 희망을 갖고 있습니다. 그럼에도 불구하고, 왕이시여, 그들은 이 희망을 가진 것 때문에 나를 고소합니다.

8 Why does it seem incredible to any of you that God can raise the dead?

8 왜 당신들 중 아무에게도 하나님께서 죽은 사람들을 되살리실 수 있다는 것이 믿을 수 없는 것처럼 보입니까?

9 "I used to believe that I ought to do everything I could to oppose the very name of Jesus the Nazarene.

9 나는 내가 나사렛 예수라는 바로 그 이름을 반대하는 데에 모든 일을 해야 한다고 믿은 적이 있었습니다.

10 Indeed, I did just that in Jerusalem. Authorized by the leading priests, I caused many believers there to be sent to prison. And I cast my vote against them when they were condemned to death.

10 실제로, 나는 예루살렘에서 바로 그렇게 했습니다. 상급 제사장들에게서 권한을 받아서, 나는 그곳에 있는 많은 신자들을 감옥으로 보내도록 하였습니다. 그리고 나는 그들이 사형선고를 받았을 때 그들에게 나의 찬성표를 던졌습니다.

11 Many times I had them punished in the synagogues to get them to curse Jesus. I was so violently opposed to them that I even chased them down in foreign cities.

11 여러 번 나는 군중회관들에서 그들이 예수님을 저주하도록 하여 그들을 처벌했습니다. 나는 너무도 격렬하게 그들을 반대했기에 나는 지어 외국 도시들에까지 그들을 찾아다녔습니다.

12 "One day I was on such a mission to Damascus, armed with the authority and commission of the leading priests.

12 어느 날 나는 상급 제사장들의 권한과 위임장을 가지고, 그러한 임무를 띠고 다메섹으로 가고 있었습니다.

13 About noon, Your Majesty, as I was on the road, a light from heaven brighter than the sun shone down on me and my companions.

13 한낮쯤에, 왕이시여, 나는 길을 가고 있었을 때였습니다, 하늘에서 태양보다 더 밝은 빛이 나와 나의 동료들 우에 내리 비쳤습니다.

14 We all fell down, and I heard a voice saying to me in Aramaic, 'Saul, Saul, why are you persecuting me? It is useless for you to fight against my will.'

14 우리는 모두 넘어졌습니다, 그리고 나는 나에게 아람어로 말하는 한 목소리를 들었습니다, 〈사울아, 사울아, 너는 왜 나를 박해하고 있는가? 네가 나의 뜻에 맞서 싸우는 것은 쓸모없는 것이다.〉

15 "'Who are you, lord?' I asked. "And the Lord replied, 'I am Jesus, the one you are persecuting.

15 〈주님, 당신은 누구십니까?〉 내가 물었습니다. 그러자 주님이 대답하셨습니다, 〈나는 네가 박해하고 있는, 그 예수이다.

16 Now get to your feet! For I have appeared to you to appoint you as my servant and witness. You are to tell the world what you have seen and what I will show you in the future.

16 이제 너의 발로 일어서라! 내가 너에게 나타난 것은 너를 나의 종으로 그리고 증인으로 임명하기 위해서이다. 너는 네가 본 것과 내가 앞으로 너에게 보여 줄 것을 세상에 알려야 한다.

17 And I will rescue you from both your own people and the Gentiles. Yes, I am sending you to the Gentiles

17 그리고 나는 너를 너 자신의 민족과 비유태인들 둘 다로부터 구출할 것이다. 그렇다, 나는 너를 비유태인들에게로 보내려고 한다,

18 to open their eyes, so they may turn from darkness to light and from the power of Satan to God. Then they will receive forgiveness for their sins and be given a place among God's people, who are set apart by faith in me.'

18 그들의 눈을 뜨게 하고, 그리하여 그들이 어두움에서 빛으로 마왕의

세력으로부터 하나님께로 돌아올 것이다. 그러면 그들은 자기들의 죄에 대해 용서받을 것이고, 나에 대한 믿음으로 구별된 하나님의 백성 가운데서 한자리를 받게 될 것이다.〉

19 "And so, King Agrippa, I obeyed that vision from heaven.

19 그리하여, 아그립바 왕이시여, 나는 하늘에서부터 온 그 환상에 복종하였습니다.

20 I preached first to those in Damascus, then in Jerusalem and throughout all Judea, and also to the Gentiles, that all must repent of their sins and turn to God—and prove they have changed by the good things they do.

20 나는 먼저 다메섹에서, 그다음에는 예루살렘에서 그리고 유다 전역에 있는 사람들에게, 모두가 자기들의 죄를 뉘우치고 하나님께로 돌아와야 한다—그리고 자기들이 하는 모든 좋은 일들로 하여 자신들이 변했다는 것을 증명해야 한다고 가르쳤습니다.

21 Some Jews arrested me in the Temple for preaching this, and they tried to kill me.

21 어떤 유태인들은 내가 신전에서 이런 설교를 한다 하여 나를 체포했고, 또 그들은 나를 죽이려고 했습니다.

22 But God has protected me right up to this present time so I can testify to everyone, from the least to the greatest. I teach nothing except what the prophets and Moses said would happen.

22 그러나 하나님께서 나를 바로 현재 이 시간까지 보호해 주셨고 그래서 나는 가장 작은 사람으로부터 가장 위대한 사람에게까지 모든 사람에게 립증할 수 있었습니다. 나는 예언자들과 모세가 일어날 것이라고 말했던 것 외에는 아무것도 가르치지 않습니다.

23 that the Messiah would suffer and be the first to rise from the dead, and in this way announce God's light to Jews and Gentiles alike."

23 구세주가 고난을 당하고 죽은 사람들로부터 첫 번째로 살아날 것이며, 이와 같이 하나님의 빛을 유태인과 비유태인에게 똑같이 알릴 것이라는 사실입니다.》

24 Suddenly, Festus shouted, "Paul, you are insane. Too much study has made you crazy!"

24 갑자기 베스도가 웨쳤다.《바울아, 네가 제정신이 아니구나. 지나치게 많은 공부가 너를 미치게 만들었구나!》

25 But Paul replied, "I am not insane, Most Excellent Festus. What I am saying is the sober truth.

25 그러나 바울은 대답했다.《베스도 각하, 나는 미치지 않았습니다. 내

가 말하고 있는 것은 맑은 정신의 진리입니다.

26 **And King Agrippa knows about these things. I speak boldly, for I am sure these events are all familiar to him, for they were not done in a corner!**

26 그리고 아그립바 왕은 이러한 것들에 대해서 알고 계십니다. 나는 대담하게 말합니다, 왜냐하면 나는 확신합니다 이러한 사건들이 한쪽 구석에서 일어난 것이 아니였기에, 왕에게 모두 잘 알려진 것이기 때문입니다!

27 **King Agrippa, do you believe the prophets? I know you do."**

27 아그립바 왕이시여, 당신은 예언자들을 믿으십니까? 나는 당신이 믿으시는 것을 압니다.》

28 **Agrippa interrupted him. "Do you think you can persuade me to become a Christian so quickly?"**

28 아그립바는 그를 가로막았다.《당신은 나를 그렇게 빨리 기독교인이 되도록 그대가 설득할 수 있다고 생각하는가?》

29 **Paul replied, "Whether quickly or not, I pray to God that both you and everyone here in this audience might become the same as I am, except for these chains."**

29 바울이 대답했다,《빨리든 아니든, 나는 하나님께 당신 두 분과 여기에 있는 이 청중 누구든지, 결박당하는 것 외에는, 저와 같이 되게 해달라고 기도합니다.》

30 **Then the king, the governor, Bernice, and all the others stood and left.**

30 그러자 왕, 총독, 버니게, 그리고 다른 모든 사람들은 일어나서 떠났다.

31 **As they went out, they talked it over and agreed, "This man hasn't done anything to deserve death or imprisonment."**

31 그들이 나가면서, 그들은 그것에 대해 의논했고 동의했다,《이 사람은 사형이나 감옥에 넣을 만한 어떤 것도 하지 않았다.》

32 **And Agrippa said to Festus, "He could have been set free if he hadn't appealed to Caesar."**

32 그리고 아그립바는 베스도에게 말했다,《그가 만일 자신이 씨저에게 상소하지 않았더라면 석방될 수 있었을 것이오.》

27

Paul Sails for Rome

바울이 로마로 향해 항해하다

1 When the time came, we set sail for Italy. Paul and several other prisoners were placed in the custody of a Roman officer named Julius, a captain of the Imperial Regiment.

1 때가 되였을 때, 우리는 이딸리아를 향해 배를 타고 떠났다. 바울과 몇 다른 죄수들은 친위대 대장인 율리오라고 부르는 로마 군관의 감독 아래 있게 되였다.

2 Aristarchus, a Macedonian from Thessalonica, was also with us. We left on a ship whose home port was Adramyttium on the northwest coast of the province of Asia; it was scheduled to make several stops at ports along the coast of the province.

2 데살로니가 출신 마케도니아 사람, 아리스다고도 역시 우리와 함께 있었다. 우리는 아시아 지역의 북서쪽 해안에 있는 아드라뭇데노가 그것의 소속항인 배를 타고 떠났다; 그것은 그 지역 해변을 따라서 있는 항구들에서 몇 번 멈추기로 예정되여 있었다.

3 The next day when we docked at Sidon, Julius was very kind to Paul and let him go ashore to visit with friends so they could provide for his needs.

3 그다음 날 우리가 시돈 부두에 닿았을 때, 율리오는 바울에게 매우 친절했다. 그리하여 그가 륙상에 올라가서 친구들을 만나도록 해주었다. 그래서 그들은 그에게 필요한 것들을 제공해 줄 수 있었다.

4 Putting out to sea from there, we encountered strong headwinds that made it difficult to keep the ship on course, so we sailed north of Cyprus between the island and the mainland.

4 그곳에서부터 바다로 나가다가, 우리는 배를 항로에 따라 계속 항해하기 어렵게 만드는 강한 맞바람과 마주쳤다, 그래서 우리는 키프러스 섬 북쪽 그 섬과 본토 사이를 항해했다.

5 Keeping to the open sea, we passed along the coast of Cilicia and Pamphylia, landing at Myra, in the province of Lycia.

5 공해로 계속 가다, 우리는 길리기아와 밤빌리아 해변을 따라 나아가서 루기아 지역의 무라에 내렸다.

6 There the commanding officer found an Egyptian ship from Alexandria that was bound for Italy, and he put us onboard.

6 그곳에서 지휘 군관이 알렉산드리아에서 와서 이딸리아로 가게 되어

있는 에집트의 배를 만났다, 그래서 그는 우리를 그 배에 태웠다.

7 **We had several days of slow sailing, and after great difficulty we finally neared Cnidus. But the wind was against us, so we sailed across to Crete and along the sheltered coast of the island, past the cape of Salmone.**

7 우리는 며칠을 천천히 항해했다, 그리고 큰 어려움 끝에 우리는 마침내 니도에 다가갔다. 그러나 바람이 우리를 거슬러서, 우리는 크레테를 가로질러 항해했고, 살모네 곶을 지나서 비바람이 들이치지 않는 그 섬의 해변을 따라서 갔다.

8 **We struggled along the coast with great difficulty and finally arrived at Fair Havens, near the town of Lasea.**

8 우리는 아주 큰 어려움을 겪으면서 겨우 해변을 따라 지나가다가, 라새아 마을 가까운, 페어 해이븐에 드디여 도착했다.

9 **We had lost a lot of time. The weather was becoming dangerous for sea travel because it was so late in the fall, and Paul spoke to the ship's officers about it.**

9 우리는 많은 시간을 빼앗겼다. 날씨가 바다 려행하기에 위험해지고 있었다. 왜냐하면 아주 늦은 가을이였기 때문이였다, 그래서 바울은 배의 고급선원들에게 그것에 대해서 말했다.

10 **"Men," he said, "I believe there is trouble ahead if we go on—shipwreck, loss of cargo, and danger to our lives as well."**

10 《여러분,》 그는 말했다, 《나는 만일 우리가 계속 가면 앞에는 어려움이 있다고 믿습니다—파선, 화물의 손실, 그리고 우리 생명까지도 역시 위험합니다.》

11 **But the officer in charge of the prisoners listened more to the ship's captain and the owner than to Paul.**

11 그러나 죄수들을 책임지고 있는 그 군관은 바울의 말보다 배의 고급선원과 선주의 말을 더 귀담아들었다.

12 **And since Fair Havens was an exposed harbor—a poor place to spend the winter—most of the crew wanted to go on to Phoenix, farther up the coast of Crete, and spend the winter there. Phoenix was a good harbor with only a southwest and northwest exposure.**

12 그리고 페어 헤이븐은 로출된 항구—겨울을 지내기에 부적당한 장소—였기에 대부분의 승조원들이, 그레테 해안의 훨씬 웃쪽에 있는 뵈닉스로 계속 가서, 그곳에서 겨울 지내기를 원했다. 뵈닉스는 남서쪽과 북서쪽만 해볕이 드는 위치의 좋은 항구였다.

The Storm at Sea

바다의 폭풍

13 When a light wind began blowing from the south, the sailors thought they could make it. So they pulled up anchor and sailed close to the shore of Crete.

13 남쪽에서부터 가벼운 미풍이 불어오기 시작했을 때, 선원들은 자기들이 그것을 해낼 수 있을 것으로 생각했다. 그래서 그들은 닻을 끌어올려 그레테 해안 가까이 항해했다.

14 But the weather changed abruptly, and a wind of typhoon strength (called a "northeaster") burst across the island and blew us out to sea.

14 그러나 갑자기 날씨가 바뀌였다. 그래서 강한 태풍이 (《북동풍》으로 불리는) 그 섬을 휩쓸어 우리를 바다로 떠내려 버렸다.

15 The sailors couldn't turn the ship into the wind, so they gave up and let it run before the gale.

15 선원들은 배를 돌려 바람을 마주보고 갈 수가 없었다. 그래서 그들은 포기하고 그 강풍 앞에 맡겼다.

16 We sailed along the sheltered side of a small island named Cauda, where with great difficulty we hoisted aboard the lifeboat being towed behind us.

16 우리는 가우다라고 부르는 작은 섬의 비바람이 들이치지 않는 쪽을 따라서 항해했다. 그곳에서 아주 애써서, 우리 뒤에 바줄로 묶여 있는 구명정을 배 우로 끌어 올렸다.

17 Then the sailors bound ropes around the hull of the ship to strengthen it. They were afraid of being driven across to the sandbars of Syrtis off the African coast, so they lowered the sea anchor to slow the ship and were driven before the wind.

17 그런 후 선원들은 그것을 견고하게 하기 위해 배의 선체를 바줄로 감아 묶었다. 그들은 아프리카 해안에서 멀리 있는 스르디스 여울에 걸리는 것에 두려워했다, 그래서 그들은 배의 속도를 줄이기 위해 바다 닻을 내렸다. 그리고 바람 앞에 맡겼다.

18 The next day, as gale-force winds continued to batter the ship, the crew began throwing the cargo overboard.

18 그다음 날, 강풍이 계속 배를 때려 부셨기 때문에, 승조원들은 화물을 배 밖에 던지기 시작했다.

19 The following day they even took some of the ship's gear and threw it overboard.

19 그다음 날 그들은 지어 배의 일부 기구까지 집어서 그것을 배 밖에 내던졌다.

20 The terrible storm raged for many days, blotting out the sun and the stars, until at last all hope was gone.

20 무서운 폭풍이 여러 날 동안 사납게 기세를 부렸다. 해와 별들이 전혀 보이지 않았다. 마침내 모든 희망마저 사라졌다.

21 No one had eaten for a long time. Finally, Paul called the crew together and said, "Men, you should have listened tome in the first place and not left Crete. You would have avoided all this damage and loss.

21 오래동안 아무도 음식을 먹지 않았다. 마침내 바울은 승조원을 모두 불러 말했다. 《여러분, 당신들은 처음부터 내 말을 듣고 그레테를 떠나지 말았어야 했습니다. 당신들은 이 모든 손해와 손실을 피할 수 있었을 것입니다.

22 But take courage! None of you will lose your lives, even though the ship will go down.

22 그렇지만 용기를 내십시오! 비록 배는 가라앉아도, 당신들 중 어느 누구도 자신들의 생명을 잃지 않을 것입니다.

23 For last night an angel of the God to whom I belong and whom I serve stood beside me,

23 왜냐하면 어제밤 내가 속해 있고 내가 섬기는 하나님의 한 천사가 내 곁에 섰습니다.

24 and he said, 'Don't be afraid, Paul, for you will surely stand trial before Caesar! What's more, God in his goodness has granted safety to everyone sailing with you.'

24 그리고 그가 말했습니다. 〈바울아, 두려워하지 말아라. 왜냐하면 너는 틀림없이 황제 가이사 앞에서 재판을 받을 것이다. 더구나, 하나님께서 그분의 선량하심으로 너와 함께 항해하는 모든 사람에게 안전을 담보하셨다.〉

25 So take courage! For I believe God. It will be just as he said.

25 그러니 용기를 내십시오! 왜냐하면 나는 하나님을 믿기 때문입니다. 그분이 말씀하신 바로 그대로 될 것입니다.

26 But we will be shipwrecked on an island."

26 그러나 우리는 한 섬에서 난파될 것입니다.》

The Shipwreck
난파

27 About midnight on the fourteenth night of the storm, as we were being driven across the Sea of Adria, the sailors sensed land was near.

27 폭풍이 14일째 되던 한밤중쯤에, 우리가 아드리아 바다에 떠밀려 가고 있었을 때, 선원들은 륙지가 가까운 것을 느꼈다.

28 They dropped a weighted line and found that the water was 120 feet deep. But a little later they measured again and found it was only 90 feet deep.

28 그들은 깊이 재기추 선을 떨어뜨렸다 그리고 물이 120피트(약 37미터) 깊이인 것을 알았다. 그러나 조금 후에 그들이 다시 재여 보니 그것이 단지 90피트(28미터) 깊이였다는 것을 알았다.

29 At this rate they were afraid we would soon be driven against the rocks along the shore, so they threw out four anchors from the back of the ship and prayed for daylight.

29 이런 식으로 가다가는 그들은 자기들이 곧 해변을 따라 있는 바위들에 부딪칠 것을 두려워했다, 그래서 그들은 배의 후미로부터 닻 네 개를 내던졌다 그리고 날이 밝기를 기도했다.

30 Then the sailors tried to abandon the ship; they lowered the lifeboat as though they were going to put out anchors from the front of the ship.

30 그때 선원들은 그 배를 탈출하려고 했다; 그들은 마치 자기들이 그 배의 앞쪽부터 닻을 꺼내려는 것처럼 하면서 구명정을 내렸다.

31 But Paul said to the commanding officer and the soldiers, "You will all die unless the sailors stay aboard."

31 그러나 바울이 지휘 군관과 병사들에게 말했다, 《당신들은 선원들이 배에 타고 있지 않으면 모두 죽을 것입니다.》

32 So the soldiers cut the ropes to the lifeboat and let it drift away.

32 그래서 병사들은 구명정 바줄을 잘랐다. 그리고 그것이 떠내려가도록 두었다.

33 Just as day was dawning, Paul urged everyone to eat. "You have been so worried that you haven't touched food for two weeks," he said.

33 마침 날이 밝아왔다, 바울은 모든 사람에게 먹으라고 재촉했다. 《당신들은 너무 걱정이 되여 2주 동안이나 음식을 입에 대지도 않았습니다,》 그가 말했다.

34 "Please eat something now for your own good. For not a hair of your heads will perish."

34《이제 당신 자신들을 위해 무엇인가를 먹으십시오. 왜냐하면 당신들의 머리카락 하나도 상하지 않을 것이기 때문입니다.》

35 **Then he took some bread, gave thanks to God before them all, and broke off a piece and ate it.**

35 그런 다음 그는 빵을 조금 떼서, 그들 모두 앞에서 하나님께 감사했다. 그리고 한 쪼각을 떼여 그것을 먹었다.

36 **Then everyone was encouraged and began to eat.**

36 그러자 모든 사람도 용기를 얻어 먹기 시작했다.

37 **all 276 of us who were on board.**

37 우리는 모두 276명이 배에 타고 있었다.

38 **After eating, the crew lightened the ship further by throwing the cargo of wheat overboard.**

38 먹은 후에, 승조원들은 화물인 밀을 배 밖으로 던져서 배를 더 가볍게 했다.

39 **When morning dawned, they didn't recognize the coastline, but they saw a bay with a beach and wondered if they could get to shore by running the ship aground.**

39 아침이 밝아왔을 때, 그들은 해안선을 발견하지 못했다. 그러나 해변이 있는 만을 보고 그들은 배가 암초에 걸려서 해변에 닿을 수 있을지 알고 싶어 했다.

40 **So they cut off the anchors and left them in the sea. Then they lowered the rudders, raised the foresail, and headed toward shore.**

40 그래서 그들은 닻을 잘라서 그것들을 바다 속에 남겨 두고 떠났다. 그리고 나서 그들은 키를 내리고 앞돛을 올렸다. 그리고 해변을 향하여 나아갔다.

41 **But they hit a shoal and ran the ship aground too soon. The bow of the ship stuck fast, while the stern was repeatedly smashed by the force of the waves and began to break apart.**

41 그러나 그들은 모래 바닥에 부딪쳤다. 그리하여 배가 너무 빨리 암초에 걸렸다. 배의 앞머리는 단단히 박혔고, 한편 선미는 파도의 힘으로 계속해서 때려 부셔졌다. 그리고 산산히 부서지기 시작했다.

42 **The soldiers wanted to kill the prisoners to make sure they didn't swim ashore and escape.**

42 그 병사들은 죄수들이 해변으로 헤엄쳐서 도망치지 못하게 하기 위해 그들을 죽이기를 원했다.

43 **But the commanding officer wanted to spare Paul, so he didn't let them**

carry out their plan. Then he ordered all who could swim to jump overboard first and make for land.

43 그러나 지휘 군관은 바울의 목숨을 살리고 싶었다, 그래서 그는 그들의 계획을 리행하는 것을 허락하지 않았다. 그리고 나서 그는 수영할 수 있는 모든 사람에게 먼저 배 밖으로 뛰여내려서 륙지를 향해 가라고 명령했다.

44 The others held on to planks or debris from the broken ship. So everyone escaped safely to shore.

44 다른 사람들은 널판자나 부서진 배의 파편을 붙들었다. 그래서 모든 사람이 안전하게 해변으로 피했다.

28

Paul on the Island of Malta

몰타 섬에서의 바울

1 Once we were safe on shore, we learned that we were on the island of Malta.

1 일단 해안에 올라 안전하게 되였다, 우리는 우리가 몰타 섬에 있었다는 것을 알게 되였다.

2 The people of the island were very kind to us. It was cold and rainy, so they built a fire on the shore to welcome us.

2 그 섬 사람들은 우리에게 아주 친절했다. 날씨가 춥고 비가 왔다, 그래서 그들은 우리를 환영하려고 해안에 불을 피워 주었다.

3 As Paul gathered an armful of sticks and was laying them on the fire, a poisonous snake, driven out by the heat, bit him on the hand.

3 바울이 마른 잔 나무가지를 한아름 모아서 그것들을 불 우에 놓고 있었을 때, 독뱀이, 열에 의해 밖으로 튀여나와 그의 손을 물었다.

4 The people of the island saw it hanging from his hand and said to each other, "A murderer, no doubt! Though he escaped the sea, justice will not permit him to live."

4 그 섬 사람들은 그것이 그의 손에 매달려 있는 것을 보고 서로 말했다, 《의심할 여지 없이, 살인자다! 비록 그는 바다에서는 벗어났지만, 정의가 그를 살려두는 것을 허락하지 않을 것이다.》

5 But Paul shook off the snake into the fire and was unharmed.

5 그러나 바울은 그 뱀을 불 속으로 흔들어 떨어뜨렸고 해를 입지 않았다.

6 The people waited for him to swell up or suddenly drop dead. But when they had waited a long time and saw that he wasn't harmed, they changed their minds and decided he was a god.

6 사람들은 그가 부어오르거나 갑자기 털썩 넘어져 죽기를 기다렸다. 그러나 그들이 오래동안 기다렸을 때 그가 해를 입지 않은 것을 보았다, 그들은 자기들의 마음을 바꾸어 그가 신이라고 생각했다.

7 Near the shore where we landed was an estate belonging to Publius, the chief official of the island. He welcomed us and treated us kindly for three days.

7 우리가 상륙한 해안 가까이에 그 섬의 관리 책임자인 보블리오에게 속한 땅이 있었다. 그는 우리를 환영했고 3일 동안 우리를 친절하게 대접해 주었다.

8 As it happened, Publius's father was ill with fever and dysentery. Paul went in and prayed for him, and laying his hands on him, he healed him.

8 공교롭게도, 보블리오의 아버지가 열병과 적리로 앓고 있었다. 바울이 들어가서 그를 위해서 기도했다, 그리고 자기 손을 그에게 언져서, 그는 그를 낫게 하였다.

9 Then all the other sick people on the island came and were healed.

9 그러자 그 섬에 있는 모든 다른 앓는 사람들이 와서 낫게 되였다.

10 As a result we were showered with honors, and when the time came to sail, people supplied us with everything we would need for the trip.

10 결과적으로 우리는 넘치는 존경을 받았고, 항해할 때가 되었을 때, 사람들은 우리가 려행하는 데 필요한 모든 것을 우리에게 공급해 주었다.

Paul Arrives at Rome

바울이 로마에 도착하다

11 It was three months after the shipwreck that we set sail on another ship that had wintered at the island—an Alexandrian ship with the twin gods as its figurehead.

11 난파 후 3개월이 되였다 우리는 그 섬에서 겨울을 지낸 다른 배—쌍둥이 신으로 배머리를 장식한 알렉산드리아의 배로 출항했다.

12 Our first stop was Syracuse, where we stayed three days.

12 우리의 첫 번째 정박지는 시라쿠사였다, 그곳에서 우리는 3일을 머물렀다.

13 From there we sailed across to Rhegium. A day later a south wind began blowing, so the following day we sailed up the coast to Puteoli.

13 그곳에서 우리는 레기온으로 가로질러 항해했다. 하루를 지낸 후 남풍이 불기 시작했다. 그래서 그 다음 날 우리는 보디올 연안으로 항해해 올라갔다.

14 **There we found some believers, who invited us to spend a week with them. And so we came to Rome.**

14 그곳에서 우리는 몇 신자들을 만났다. 그들은 우리를 자기들과 함께 일주일을 지내도록 초대했다. 그리고 우리는 로마에 왔다.

15 **The brothers and sisters in Rome had heard we were coming, and they came to meet us at the Forum on the Appian Way. Others joined us at The Three Taverns. When Paul saw them, he was encouraged and thanked God.**

15 로마에 있는 형제들과 자매들은 우리가 오고 있다는 말을 들었다. 그리고 그들은 압피온 웨이 길에 있는 광장에 우리를 만나기 위해 왔다. 다른 사람들은 트레스 타베르네라는 곳에서 우리와 만났다. 바울이 그들을 보았을 때, 그는 용기를 얻었고 하나님께 감사드렸다.

16 **When we arrived in Rome, Paul was permitted to have his own private lodging, though he was guarded by a soldier.**

16 우리가 로마에 도착했을 때, 바울은, 비록 한 병사에 의해 감시를 받기는 했지만, 자기 자신의 개인 숙소를 가지도록 허락을 받았다.

Paul Preaches at Rome under Guard

바울이 감시하에 로마에서 전도하다

17 **Three days after Paul's arrival, he called together the local Jewish leaders. He said to them, "Brothers, I was arrested in Jerusalem and handed over to the Roman government, even though I had done nothing against our people or the customs of our ancestors.**

17 바울이 도착한 지 3일 후, 그는 그곳 유태 지도자들을 불러 모았다. 그는 그들에게 말했다. 《형제들이여, 나는 예루살렘에서 체포되어 로마 정부에 넘겨졌습니다. 내가 우리 백성이나 우리 조상들의 관습을 반대하는 아무것도 하지 않았음에도 불구하고.

18 **The Romans tried me and wanted to release me, because they found no cause for the death sentence.**

18 로마 사람들은 나를 조사했고 나를 풀어 주기를 원했습니다. 왜냐하면 그들은 사형 판결에 대한 아무런 근거를 찾지 못했기 때문입니다.

19 **But when the Jewish leaders protested the decision, I felt it necessary to appeal to Caesar, even though I had no desire to press charges against my**

own people.

19 그러나 유태 지도자들이 그 결정에 반대했기에, 나는 내 자신의 민족을 고발할 마음은 없었지만, 황제 가이사에게 상소하는 것이 필요하다고 느꼈습니다.

20 **I asked you to come here today so we could get acquainted and so I could explain to you that I am bound with this chain because I believe that the hope of Israel—the Messiah—has already come."**

20 내가 오늘 당신들을 여기로 오라고 요청한 것은 우리가 서로 알고 있어야 하기 때문이고 또 내가 이 쇠고랑에 묶인 것은 내가 이스라엘의 희망인—구세주가—이미 오셨다는 것을 내가 믿기 때문이라는 것을 당신들에게 설명하기 위해서입니다.》

21 **They replied, "We have had no letters from Judea or reports against you from anyone who has come here.**

21 그들은 대답했다, 《우리는 유태로부터 어떤 편지나 여기에 온 사람 누구에게서도 당신을 반대하는 보고를 받은 적이 없습니다.

22 **But we want to hear what you believe, for the only thing we know about this movement is that it is denounced everywhere."**

22 그러나 우리는 당신이 믿고 있는 것을 듣기를 원합니다, 왜냐하면 우리는 이 활동에 대해서는 이것이 도처에서 공공연히 비난을 받고 있다는 사실만을 알고 있기 때문입니다.》

23 **So a time was set, and on that day a large number of people came to Paul's lodging. He explained and testified about the Kingdom of God and tried to persuade them about Jesus from the Scriptures. Using the law of Moses and the books of the prophets, he spoke to them from morning until evening.**

23 그리하여 시간이 정해졌다, 그리고 그날 많은 수의 사람들이 바울의 숙소로 왔다. 그는 하나님의 나라에 대해 설명했고 증언했다 그리고 하나님말씀책에서 예수님에 대해 그들을 설복하려고 했다. 모세의 률법과 예언자들의 책들을 사용하면서, 그는 그들에게 아침부터 저녁까지 이야기했다.

24 **Some were persuaded by the things he said, but others did not believe.**

24 어떤 사람들은 그가 말한 일들에 대해서 설복되였지만, 다른 사람들은 믿지 않았다.

25 **And after they had argued back and forth among themselves, they left with this final word from Paul: "The Holy Spirit was right when he said to your ancestors through Isaiah the prophet,**

25 그리고 그들이 자기들끼리 주거니 받거니 론쟁을 하고 난 뒤에, 그들
은 바울로부터 이 마지막 말을 듣고 떠났다: 《성령님이 당신들의 선조
들에게 예언자 이사야를 통해 말씀하신 것이 옳았습니다.

26 'Go and say to this people: When you hear what I say, you will not understand. When you see what I do, you will not comprehend.

26 〈이 백성에게 가서 말하라: 내가 말하는 것을 너희가 들었는데도, 너
희는 깨닫지 못할 것이다. 내가 실행하는 것을 너희가 보았는데도, 너
희는 충분히 리해하지 못할 것이다.

27 For the hearts of these people are hardened, and their ears cannot hear, and they have closed their eyes. so their eyes cannot see, and their ears cannot hear, and their hearts cannot understand, and they cannot turn to me and let me heal them.'

27 왜냐하면 이 백성들의 마음이 굳어져 있기 때문이다, 그리고 그들의
귀가 듣지 못하기 때문이다, 그리고 그들은 자기들의 눈을 감았기 때문
이다—그래서 그들의 눈은 보지 못하고, 그들의 귀는 듣지 못하며, 그
들의 마음은 깨닫지 못한다, 그래서 그들은 나에게 돌아오지 못하고 내
가 그들을 고쳐 줄 수 없도록 한다.〉

28 So I want you to know that this salvation from God has also been offered to the Gentiles, and they will accept it."

28 그래서 나는 당신들이 하나님으로부터 오는 이 구원이 비유태인들
에게도 주어진다는 것을 알기 바랍니다, 그리고 그들은 그것을 받아들
일 것입니다.》

29

29 (없음)

30 For the next two years, Paul lived in Rome at his own expense. He welcomed all who visited him,

30 그 후 2년 동안, 바울은 그 자신의 비용으로 로마에서 살았다. 그는
자기를 방문하는 모든 사람들을 환영했다,

31 boldly proclaiming the Kingdom of God and teaching about the Lord Jesus Christ. And no one tried to stop him.

31 대담하게 하나님의 나라를 널리 알리고 주 예수 그리스도에 대해 가
르쳤다. 그리고 어느 누구도 그를 막으려고 하지 않았다.

Romans

로마 사람들에게 보내는 편지

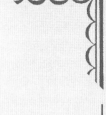

Romans

로마 사람들에게 보내는 편지

1

Greetings from Paul

바울의 인사

1 This letter is from Paul, a slave of Christ Jesus, chosen by God to be an apostle and sent out to preach his Good News.

1 이 편지는, 하나님에 의해서 핵심제자로 선택되였고 그분의 반가운 소식을 전하기 위해 파견된, 예수 그리스도의 종, 바울로부터 온 것입니다.

2 God promised this Good News long ago through his prophets in the holy Scriptures.

2 하나님께서는 이 반가운 소식을 거룩한 하나님말씀책에서 그분의 예언자들을 통해 오래전에 약속하셨습니다.

3 The Good News is about his Son. In his earthly life he was born into King David's family line,

3 그 반가운 소식은 그분의 아들에 대한 것입니다. 그분의 이 세상 삶에서는 그분이 다윗 왕의 혈통에서 태여나셨습니다,

4 and he was shown to be the Son of God when he was raised from the dead by the power of the Holy Spirit. He is Jesus Christ our Lord.

4 그리고 그분이 성령의 능력으로 하여 죽은 사람들로부터 다시 살아나셨을 때 그분이 하나님의 아들이심이 드러났습니다. 그분은 예수 그리

스도 우리의 주님이십니다.

5 Through Christ, God has given us the privilege and authority as apostles to tell Gentiles everywhere what God has done for them, so that they will believe and obey him, bringing glory to his name.

5 그리스도를 통하여, 하나님께서는 모든 곳의 비유태인들에게 하나님께서 그들을 위해 하신 것을 전하도록 핵심제자로서의 특권과 권위를 우리에게 주셨습니다, 그래서 그들이 그분을 믿고 복종하여 그분의 이름에 영광을 드리도록 하려는 것입니다.

6 And you are included among those Gentiles who have been called to belong to Jesus Christ.

6 그리고 당신들이 예수 그리스도에게 속하도록 부르심 받은 비유태인들 중에 포함되어 있습니다.

7 I am writing to all of you in Rome who are loved by God and are called to be his own holy people. May God our Father and the Lord Jesus Christ give you grace and peace.

7 나는 하나님에 의해 사랑을 받고 있으며 그분 자신의 거룩한 백성이라고 불리는 로마에 있는 당신들 모두에게 이 편지를 쓰고 있습니다. 우리의 아버지이신 하나님과 주 예수 그리스도께서 당신들에게 은정과 평화를 주시기를 바랍니다.

God's Good News

하나님의 반가운 소식

8 Let me say first that I thank my God through Jesus Christ for all of you, because your faith in him is being talked about all over the world.

8 내가 먼저 예수 그리스도를 통해 나의 하나님께 당신들 모두에 대해 감사하다는 말씀을 드리게 해주십시오, 왜냐하면 그분에 대한 당신들의 믿음이 온 세상 곳곳에 전해지고 있기 때문입니다.

9 God knows how often I pray for you. Day and night I bring you and your needs in prayer to God, whom I serve with all my heart by spreading the Good News about his Son.

9 하나님께서는 내가 당신들을 위해 얼마나 자주 기도하는지 알고 계십니다. 내가 밤낮으로 당신들과 당신들의 필요들을 위해 하나님께 기도합니다, 그리고 그분의 아들에 대한 반가운 소식을 전하므로써 나의 온 마음으로 그분을 섬깁니다.

10 One of the things I always pray for is the opportunity, God willing, to come at last to see you.

10 내가 언제나 기도하는 것들 중 하나는, 하나님께서 원하시면, 기어이 당신들을 만나러 갈 기회를 달라고 하는 것입니다.

11 For I long to visit you so I can bring you some spiritual gift that will help you grow strong in the Lord.

11 내가 당신들을 간절히 만나고 싶어 하는 것은 당신들이 주님 안에서 강하게 성장하는 데 도움이 될 어떤 령적 선물을 당신들에게 가지고 갈 수 있기 위해서입니다.

12 When we get together, I want to encourage you in your faith, but I also want to be encouraged by yours.

12 우리가 만날 때, 내가 당신들의 믿음을 북돋아 주려고 합니다. 그러나 나 역시 당신들에 의해 고무되기를 바랍니다.

13 I want you to know, dear brothers and sisters, that I planned many times to visit you, but I was prevented until now. I want to work among you and see spiritual fruit, just as I have seen among other Gentiles.

13 나는, 사랑하는 형제자매들이여, 내가 여러 차례 당신들을 만날 계획을 세웠지만, 지금까지 방해를 받았다는 것을 당신들이 알기를 바랍니다. 나는 당신들 가운데서 일하며 내가 다른 비유태인들 사이에서 보았던 것과 꼭 같은 령적인 열매를 보기 원합니다.

14 For I have a great sense of obligation to people in both the civilized world and the rest of the world, to the educated and uneducated alike.

14 왜냐하면 나는 문명 세계와 그 외 다른 세계 사람들 둘 다, 그리고 교육받은 사람들과 교육받지 못한 사람들 둘 다 큰 책임감을 가지고 있기 때문입니다.

15 So I am eager to come to you in Rome, too, to preach the Good News.

15 그래서 나는 로마에 있는 당신들에게도 가서 반가운 소식을 전하기를 간절히 바랍니다.

16 For I am not ashamed of this Good News about Christ. It is the power of God at work, saving everyone who believes—the Jew first and also the Gentile.

16 왜냐하면 나는 그리스도에 대한 이 반가운 소식을 부끄러워하지 않기 때문입니다. 그것은 믿는 사람 누구나에게—먼저 유태인들 그리고 또한 비유태인들 역시—구원하시는 데 영향을 미치는 하나님의 능력입니다.

17 This Good News tells us how God makes us right in his sight. This is accomplished from start to finish by faith. As the Scriptures say, "It is through faith that a righteous person has life."

17 이 반가운 소식은 어떻게 하나님께서 우리를 그분 보시기에 의롭게

만드시는가를 우리에게 말해 줍니다. 이것은 시작부터 끝까지 믿음으로써 이루어집니다. 하나님말씀책이 말씀하고 있는 것처럼, 《의로운 사람이 생명을 얻는 것은 믿음을 통해서이다.》

God's Anger at Sin

죄에 대한 하나님의 분노

18 But God shows his anger from heaven against all sinful, wicked people who suppress the truth by their wickedness.

18 그러나 하나님께서는 그들의 악함으로 하여 진리를 가로막는 모든 죄 많고 악의에 찬 사람들에 대해 하늘로부터 그분의 분노를 보여 주십니다.

19 They know the truth about God because he has made it obvious to them.

19 그들은 하나님에 대한 진리를 알고 있습니다. 왜냐하면 그분이 그들에게 그것을 잘 알 수 있게 해주셨기 때문입니다.

20 For ever since the world was created, people have seen the earth and sky. Through everything God made, they can clearly see his invisible qualities—his eternal power and divine nature. So they have no excuse for not knowing God.

20 왜냐하면 이 세상이 창조된 이후 줄곧, 사람들은 땅과 하늘을 보아왔기 때문입니다. 하나님께서 만드신 모든 것들을 통해서, 그들은 그분의 보이지 않는 특성들을—그분의 영원한 능력과 신성한 본성—분명하게 알 수 있기 때문입니다. 그래서 사람들은 하나님을 모른다는 변명을 할 수 없습니다.

21 Yes, they knew God, but they wouldn't worship him as God or even give him thanks. And they began to think up foolish ideas of what God was like. As a result, their minds became dark and confused.

21 그렇습니다, 사람들은 하나님을 알았습니다, 그러나 그들은 그분을 하나님으로 우러러 모시거나 지어 그분에게 감사를 드리지도 않았습니다. 그리고 그들은 하나님이 어떤 분이신지에 대해 어리석은 생각을 하기 시작했습니다. 그 결과, 그들의 마음들은 어두워지고 어찌할 바를 몰랐습니다.

22 Claiming to be wise, they instead became utter fools.

22 지혜롭다고 주장하면서, 오히려 그들은 아주 어리석은 자들이 되였습니다.

23 And instead of worshiping the glorious, ever-living God, they worshiped idols made to look like mere people and birds and animals and reptiles.

23 그리고 영광스럽고, 영원히 살아 계시는 하나님을 우러러 모시는 대신에, 그들은 단지 사람들이나 새들이나 동물들이나 파충류들처럼 보이게 만들어진 우상들을 숭배했습니다.

24 So God abandoned them to do whatever shameful things their hearts desired. As a result, they did vile and degrading things with each other's bodies.

24 그래서 하나님께서는 자기들 마음이 원하는 대로 부끄러운 어떤 짓이나 하도록 그들을 내버려 두셨습니다. 그 결과, 그들은 서로의 육체들끼리 타락하고 비열한 일들을 했습니다.

25 They traded the truth about God for a lie. So they worshiped and served the things God created instead of the Creator himself, who is worthy of eternal praise! Amen.

25 그들은 하나님에 대한 진리를 거짓과 바꾸었습니다. 그래서 그들은 창조자이신 그분 자신 대신에, 하나님께서 창조하신 것들을 숭배하고 섬겼습니다, 창조자이신 그분은 영원히 찬양받으실 분이십니다! 아멘.

26 That is why God abandoned them to their shameful desires. Even the women turned against the natural way to have sex and instead indulged in sex with each other.

26 그런 리유로 하나님께서는 그들의 부끄러운 욕망에 그들을 내버려 두셨습니다. 지어 녀자들도 성관계에서 자연스러운 방법에 등을 돌리고 대신에 녀자들끼리의 성관계를 즐겼습니다.

27 And the men, instead of having normal sexual relations with women, burned with lust for each other. Men did shameful things with other men, and as a result of this sin, they suffered within themselves the penalty they deserved.

27 그리고 남자들은, 정상적인 성관계를 녀자들과 가지는 대신에, 자기들끼리 성욕으로 불탔습니다. 남자들은 다른 남자들과 부끄러운 일들을 저질렀습니다, 그래서 이러한 죄의 결과로, 그들은 자기들이 응당 받아야 할 벌을 그들 스스로 고통을 받았습니다.

28 Since they thought it foolish to acknowledge God, he abandoned them to their foolish thinking and let them do things that should never be done.

28 그들은 하나님을 인정하는 것이 어리석다고 여겼기 때문에, 그분은 그들의 어리석은 생각에 그들을 내버려 두시고 그들이 결코 해서는 안되는 일들을 하도록 놓아두셨습니다.

29 Their lives became full of every kind of wickedness, sin, greed, hate, envy, murder, quarreling, deception, malicious behavior, and gossip.

29 그들의 삶은, 죄, 탐욕, 증오, 질투, 살인, 다툼, 협잡, 악랄한 행동, 한담 등 온갖 종류의 악독함으로 가득 차게 되었습니다.

30 **They are backstabbers, haters of God, insolent, proud, and boastful. They invent new ways of sinning, and they disobey their parents.**

30 그들은 남을 음흉하게 해치는 자들이고, 하나님을 증오하는 자들이며, 건방지고, 오만하고, 허풍 치는 자들입니다. 그들은 죄를 짓는 새로운 방법들을 만들어 내고, 그들은 자기 부모에게 복종하지 않습니다.

31 **They refuse to understand, break their promises, are heartless, and have no mercy.**

31 그들은 분별하기를 거부하고, 그들의 약속을 어기고, 무정하며, 어떤 은정도 베풀지 않습니다.

32 **They know God's justice requires that those who do these things deserve to die, yet they do them anyway. Worse yet, they encourage others to do them, too.**

32 그들은 하나님의 공명정대함이 이러한 일들을 하는 자들은 죽어 마땅하다는 명령을 알고 있습니다, 그럼에도 불구하고 그들은 어떻게 해서든지 그런 일들을 합니다. 더욱 나쁜 것은, 그들이 다른 사람들에게도 그것들을 하도록 부추긴다는 것입니다.

2

God's Judgment of Sin

죄에 대한 하나님의 심판

1 **You may think you can condemn such people, but you are just as bad, and you have no excuse! When you say they are wicked and should be punished, you are condemning yourself, for you who judge others do these very same things.**

1 당신들은 자신들이 그런 사람을 비난할 수 있다고 생각할지 모릅니다, 그러나 당신들도 꼭 같이 나쁩니다, 그래서 당신들은 변명할 수 없습니다! 당신들은 그들이 악독하고 처벌되여야 한다고 말할 때, 당신들은 당신들 자신을 비난하고 있는 것입니다. 왜냐하면 다른 사람들을 심판하고 있는 당신들이 꼭 같은 일들을 하고 있기 때문입니다.

2 **And we know that God, in his justice, will punish anyone who does such things.**

2 그리고 우리는 하나님께서, 그분의 정의로우심으로 하여, 그러한 일들을 하는 사람은 누구나 처벌하시리라는 것을 압니다.

3 **Since you judge others for doing these things, why do you think you can avoid God's judgment when you do the same things?**

3 당신들은 이런 일들을 한다는 것으로 하여 다른 사람들을 심판하면서, 어찌하여 당신들은 자신들이 같은 일들을 할 때 하나님의 심판을 피할 수 있다고 생각합니까?

4 **Don't you see how wonderfully kind, tolerant, and patient God is with you? Does this mean nothing to you? Can't you see that his kindness is intended to turn you from your sin?**

4 당신들은 하나님께서 당신들에게 얼마나 놀랍도록 친절하고, 관대하며 참으시는지를 알지 못합니까? 이것이 당신들에게 아무런 의미도 없습니까? 당신들은 그분의 친절함이 당신들의 죄로부터 당신들을 돌아서도록 한다는 것을 알지 못합니까?

5 **But because you are stubborn and refuse to turn from your sin, you are storing up terrible punishment for yourself. For a day of anger is coming, when God's righteous judgment will be revealed.**

5 그러나 당신들은 고집부리고 자신들의 죄로부터 돌아서기를 거절하기 때문에, 당신들은 자기 자신들에게 끔찍한 형벌을 쌓아 올리고 있습니다. 왜냐하면 하나님의 의로우신 심판이 드러날, 분노의 날이 닥아오고 있기 때문입니다.

6 **He will judge everyone according to what they have done.**

6 그분은 모든 사람이 그들이 한 것에 따라 심판하실 것입니다.

7 **He will give eternal life to those who keep on doing good, seeking after the glory and honor and immortality that God offers.**

7 그분, 하나님께서 제의하시는 영광과 영예와 영원성을 추구하면서, 좋은 일하기를 계속하는 사람들에게 영원한 생명을 주실 것입니다.

8 **But he will pour out his anger and wrath on those who live for themselves, who refuse to obey the truth and instead live lives of wickedness.**

8 그러나 그분은 자기 자신들을 위해 살고, 진리에 복종하기를 거절하며 오히려 악한 삶을 사는 사람들에게 그분의 분노와 격분을 퍼부으실 것입니다.

9 **There will be trouble and calamity for everyone who keeps on doing what is evil—for the Jew first and also for the Gentile.**

9 악독한 일을 계속하는 모든 사람들에게는 고통과 재난이 있을 것입니다—먼저 유태인들에게 그리고 비유태인들에게도.

10 **But there will be glory and honor and peace from God for all who do good—for the Jew first and also for the Gentile.**

10 그러나 좋은 일을 하는 모든 사람들에게는 하나님으로부터 영광과 영예와 평화가 있을 것입니다—먼저 유태인들에게 그리고 비유태인들에게도.

11 For God does not show favoritism.

11 왜냐하면 하나님께서는 편애하지 않으시기 때문입니다.

12 When the Gentiles sin, they will be destroyed, even though they never had God's written law. And the Jews, who do have God's law, will be judged by that law when they fail to obey it.

12 비유태인들이 죄를 지으면, 비록 그들이 글로 씌여진 하나님의 률법을 가지고 있지 않다 하더라도 그들은 멸망할 것입니다. 그리고 하나님의 률법을 가지고 있는, 유태인들이, 자신들이 그것을 따르지 않을 때 그 률법에 의해 심판을 받게 될 것입니다.

13 For merely listening to the law doesn't make us right with God. It is obeying the law that makes us right in his sight.

13 왜냐하면 률법을 듣기만 하는 것은 하나님 앞에서 우리를 의롭게 하지 못하기 때문입니다. 률법에 복종하는 것이 우리를 그분 보시기에 의롭게 하는 것입니다.

14 Even Gentiles, who do not have God's written law, show that they know his law when they instinctively obey it, even without having heard it.

14 지어 글로 씌여진 하나님의 률법을 가지고 있지 않은, 비유태인들도, 그들이 그것을 본능적으로 따를 때, 그것을 들어보지 못했다 할지라도, 그들은 그분의 률법을 안다는 것을 보여줍니다.

15 They demonstrate that God's law is written in their hearts, for their own conscience and thoughts either accuse them or tell them they are doing right.

15 그들은 하나님의 률법이 자기들의 마음속에 새겨져 있다는 것을 보여줍니다, 왜냐하면 그들 자신의 량심과 생각들이 그들을 고발하거나 그들이 옳게 처신하고 있다는 것을 그들에게 말해주기 때문입니다.

16 And this is the message I proclaim—that the day is coming when God, through Christ Jesus, will judge everyone's secret life.

16 그리고 이것이 내가 선언하는 말입니다—하나님께서, 예수 그리스도를 통하여, 모든 사람들의 은밀한 삶을 심판하실 그날이 오고 있습니다.

The Jews and the Law
유태인들과 률법

17 You who call yourselves Jews are relying on God's law, and you boast

about your special relationship with him.

17 자신들 스스로를 유태인이라고 부르는 당신들은 하나님의 률법에 의거하고 있습니다, 그리고 당신들은 그분과 자신들의 특별한 관계에 대해 자랑합니다.

18 **You know what he wants; you know what is right because you have been taught his law.**

18 당신들은 그분이 원하시는 것을 알고 있습니다; 왜냐하면 당신들은 그분의 률법을 배웠기 때문에 무엇이 옳은지 당신들은 알고 있습니다.

19 **You are convinced that you are a guide for the blind and a light for people who are lost in darkness.**

19 당신들은 자기들이 앞 못 보는 사람들을 위한 안내자이며 어두움 속에서 헤매는 사람들을 위한 빛이라고 확신하고 있습니다.

20 **You think you can instruct the ignorant and teach children the ways of God. For you are certain that God's law gives you complete knowledge and truth.**

20 당신들은 자기들이 하나님의 길을 무식한 사람들에게 교육하고 아이들을 가르칠 수 있다고 생각합니다. 왜냐하면 당신들은 하나님의 률법이 당신들에게 완전한 지식과 진리를 준다고 확신하기 때문입니다.

21 **Well then, if you teach others, why don't you teach yourself? You tell others not to steal, but do you steal?**

21 그런데, 당신들이 다른 사람들을 가르치면서, 왜 당신들은 당신들 자신을 가르치지 않습니까? 당신들은 다른 사람들에게 도적질하지 말라고 말하지만, 당신들은 도적질을 합니까?

22 **You say it is wrong to commit adultery, but do you commit adultery? You condemn idolatry, but do you use items stolen from pagan temples?**

22 당신들은 부화방탕하는 것이 나쁘다고 말하면서도, 당신들은 부화방탕합니까? 당신들은 우상숭배를 비난하면서도, 당신들은 우상숭배자들의 신전들로부터 훔친 물건들을 사용합니까?

23 **You are so proud of knowing the law, but you dishonor God by breaking it.**

23 당신들은 률법을 안다는 것에 대해 너무나 자랑스러워합니다, 그러나 당신들은 그것을 위반하므로써 하나님의 명예를 더럽힙니다.

24 **No wonder the Scriptures say, "The Gentiles blaspheme the name of God because of you."**

24 하나님말씀책이 말하는 것이 당연합니다, 《비유태인들이 당신들 때문에 하나님의 이름을 모독한다.》

25 The Jewish ceremony of circumcision has value only if you obey God's law. But if you don't obey God's law, you are no better off than an uncircumcised Gentile.

25 유태인들의 잘라냄례식은 당신들이 하나님의 률법을 따라야만 가치가 있습니다. 그러나 만일 당신들이 하나님의 률법을 따르지 않는다면, 당신들은 잘라냄례식을 받지 않은 비유태인 보다 더 나은 것이 없습니다.

26 And if the Gentiles obey God's law, won't God declare them to be his own people?

26 그리고 만일 비유태인들이 하나님의 률법을 지킨다면, 하나님께서 그들을 그분 자신의 사람이라고 선언하지 않으시겠습니까?

27 In fact, uncircumcised Gentiles who keep God's law will condemn you Jews who are circumcised and possess God's law but don't obey it.

27 사실은, 하나님의 률법을 지키는 잘라냄례식을 받지 않은 비유태인들이 잘라냄례식을 받고 하나님의 률법을 가졌지만 그것을 지키지 않는 당신들 유태인들을 비난할 것입니다.

28 For you are not a true Jew just because you were born of Jewish parents or because you have gone through the ceremony of circumcision.

28 왜냐하면 당신들이 유태인 부모에게서 태여났거나, 당신들이 잘라냄례식을 마쳤다고 해서 당신들이 진정한 유태인이 아니기 때문입니다.

29 No, a true Jew is one whose heart is right with God. And true circumcision is not merely obeying the letter of the law; rather, it is a change of heart produced by God's Spirit. And a person with a changed heart seeks praise from God, not from people.

29 아닙니다, 진정한 유태인은 그의 마음이 하나님과 통하는 사람입니다. 그리고 진정한 잘라냄례식이란 단지 률법의 문자만을 따르는 것이 아닙니다; 오히려, 그것은 하나님의 령에 의해 생겨진 마음의 변화입니다. 그리고 변화된 마음을 가진 사람은 사람들로부터가 아니라, 하나님으로부터 칭찬을 얻으려고 합니다.

3

God Remains Faithful

하나님께서는 변하지 않으신다

1 Then what's the advantage of being a Jew? Is there any value in the ceremony of circumcision?

1 그렇다면 무엇이 유태인의 우점입니까? 잘라냄례식에는 어떤 가치가 있습니까?

2 Yes, there are great benefits! First of all, the Jews were entrusted with the whole revelation of God.

2 그렇습니다, 아주 큰 리로움이 있습니다! 무엇보다 먼저, 유태인들에게 하나님의 모든 말씀이 맡겨졌습니다.

3 True, some of them were unfaithful; but just because they were unfaithful, does that mean God will be unfaithful?

3 사실, 그들 중 어떤 사람들은 믿음이 없었습니다; 그러나 그들이 믿음이 없다고 해서, 그것이 하나님은 진실하지 못하시다는 것을 의미합니까?

4 Of course not! Even if everyone else is a liar, God is true. As the Scriptures say about him, "You will be proved right in what you say, and you will win your case in court."

4 물론 그렇지 않습니다! 비록 다른 모든 사람이 거짓말쟁이라 해도, 하나님은 진실하십니다. 하나님말씀책이 그분에 대해 말씀하는 것과 같습니다, 《당신이 말씀하시는 것은 옳다고 증명될 것이고, 당신은 법정에서 자신의 주장이 이길 것입니다.》

5 "But," some might say, "our sinfulness serves a good purpose, for it helps people see how righteous God is. Isn't it unfair, then, for him to punish us?" (This is merely a human point of view.)

5 《그러나,》 어떤 사람들은 말할 수 있을 것입니다, 《우리의 죄 많음이 좋은 목적에 알맞다. 왜냐하면 그것은 사람들로 하여금 하나님이 얼마나 의로우신지를 알도록 돕기 때문이다. 그렇다면, 그분이 우리를 처벌하시는 것은, 불공평하지 않는가?》 (이것은 단지 인간적인 관점일 뿐이다.)

6 Of course not! If God were not entirely fair, how would he be qualified to judge the world?

6 물론 아닙니다! 만일 하나님께서 완전히 공평하지 않으시다면, 어떻게 그분이 세상을 심판할 자격이 있겠습니까?

7 "But," someone might still argue, "how can God condemn me as a sinner if my dishonesty highlights his truthfulness and brings him more glory?"

7 《그러나,》 어떤 사람은 여전히 다른 의견을 제기합니다, 《만일 나의 불성실이 그분의 진실함을 강조하고 그분에게 더 큰 영광을 드린다면 어떻게 하나님께서 나를 죄인으로 비난하실 수 있습니까?》

8 And some people even slander us by claiming that we say, "The more we

sin, the better it is!" Those who say such things deserve to be condemned.

8 그리고 어떤 사람들은 지어, 《우리가 죄를 더 많이 지으면 지을수록, 더 좋다!》고 주장하므로써 우리를 중상합니다. 그러한 것들을 말하는 사람들은 비난받아 마땅합니다.

All People Are Sinners

모든 사람들이 죄인들이다

9 **Well then, should we conclude that we Jews are better than others? No, not at all, for we have already shown that all people, whether Jews or Gentiles, are under the power of sin.**

9 그러면, 우리는 우리 유태인들이 다른 사람들보다 더 낫다고 결론을 내려야 합니까? 아닙니다, 전혀 그렇지 않습니다, 왜냐하면 우리는, 유태인이든 비유태인이든, 모든 사람들이 죄의 영향력 아래에 있음을 이미 보여 주었기 때문입니다.

10 **As the Scriptures say, "No one is righteous. not even one.**

10 하나님말씀책이 말하는 대로, 《아무도 의롭지 않다—지어 단 한 사람도.

11 **No one is truly wise; no one is seeking God.**

11 아무도 정말 지혜롭지 않다; 단 한 사람도 하나님을 찾지 않는다.

12 **All have turned away; all have become useless. No one does good, not a single one."**

12 모두 다 외면했다; 어느 한 사람도 쓸모없게 되였다. 좋은 일을 하는 사람은 없다, 단 한 사람도 없다.》

13 **"Their talk is foul, like the stench from an open grave. Their tongues are filled with lies." "Snake venom drips from their lips."**

13 《그들의 이야기는 열린 무덤에서 나오는 고약한 냄새와 같이 구역질난다. 그들의 혀는 거짓으로 가득 차 있다.》《그들의 입술에서는 독사의 독이 방울져 떨어진다.》

14 **"Their mouths are full of cursing and bitterness."**

14 《그들의 입들에는 저주와 쓰라림이 가득 차 있다.》

15 **"They rush to commit murder.**

15 《그들은 살인을 저지르는 데 몹시 빠르다.

16 **Destruction and misery always follow them.**

16 파멸과 불행이 언제나 그들을 따른다.

17 **They don't know where to find peace."**

17 그들은 어디에서 평화를 찾아야 할지 모른다.》

18 “They have no fear of God at all.”

18《그들은 하나님에 대한 두려움이 전혀 없다.》

19 Obviously, the law applies to those to whom it was given, for its purpose is to keep people from having excuses, and to show that the entire world is guilty before God.

19 명백하게, 그 률법이 주어진 사람들에게 적용됩니다, 왜냐하면 그것의 목적이 사람들로 하여금 변명하지 못하게 하고, 온 세상이 하나님 앞에 죄가 있다는 것을 보여 주기 위한 것이기 때문입니다.

20 For no one can ever be made right with God by doing what the law commands. The law simply shows us how sinful we are.

20 왜냐하면 그 률법이 명령하는 것을 실행하는 것으로 하여 하나님과 올바르게 될 수 있는 사람은 아무도 없기 때문입니다. 그 률법은 단지 우리가 얼마나 죄가 많은지를 보여 줄 뿐입니다.

21 But now God has shown us a way to be made right with him without keeping the requirements of the law, as was promised in the writings of Moses and the prophets long ago.

21 그러나 이제 하나님께서, 오래전 모세와 예언자들의 글들에서 약속된 것처럼, 그 률법의 요구조건들을 지키지 않고도 그분과 옳바르게 될 수 있는 길을 우리에게 보여주셨습니다.

22 We are made right with God by placing our faith in Jesus Christ. And this is true for everyone who believes, no matter who we are.

22 우리는 예수 그리스도에게 우리의 믿음을 둠으로써 하나님과 옳바르게 될 수 있습니다. 그리고 이것은 우리가 누구이든지, 믿는 사람 누구에게나 효력이 있습니다.

23 For everyone has sinned; we all fall short of God’s glorious standard.

23 왜냐하면 모든 사람이 죄를 지었기 때문입니다; 우리 모두는 하나님의 영광스러운 기준에 미치지 못합니다.

24 Yet God, with undeserved kindness, declares that we are righteous. He did this through Christ Jesus when he freed us from the penalty for our sins.

24 그러나 하나님께서는, 분에 넘치는 애정으로, 우리가 옳바르다고 선언하십니다. 그분은 예수 그리스도를 통해 우리 죄들에 대한 처벌에서 우리를 해방시켜 주실 때 이 일을 수행하셨습니다.

25 For God presented Jesus as the sacrifice for sin. People are made right with God when they believe that Jesus sacrificed his life, shedding his blood. This sacrifice shows that God was being fair when he held back

and did not punish those who sinned in times past,

25 왜냐하면 하나님께서 예수님을 죄에 대한 산 제물로 내여 주셨기 때문입니다. 사람들은 예수님이 자신의 피를 흘리면서, 자신의 생명을 산 제물로 바치신 것을 그들이 믿을 때 하나님과 옳바르게 될 수 있습니다. 이 희생은 하나님께서 과거에 죄를 지은 사람들을 그분이 참으시고 처벌하지 않으셨을 때 공정하시다는 것을 보여줍니다.

26 for he was looking ahead and including them in what he would do in this present time. God did this to demonstrate his righteousness, for he himself is fair and just, and he declares sinners to be right in his sight when they believe in Jesus.

26 왜냐하면 그분은 앞을 내다보시고 그분이 지금 이때에 하실 일에 그들을 포함시키셨기 때문입니다. 하나님께서는 그분의 옳바르심을 나타내기 위해 이 일을 하셨습니다. 왜냐하면 그분 자신이 공정하고 공평하시며, 그분이 죄인들에게 그들이 예수님을 믿으면 그분 보시기에 의롭다고 선언하시기 때문입니다.

27 Can we boast, then, that we have done anything to be accepted by God? No, because our acquittal is not based on obeying the law. It is based on faith.

27 그러면, 우리가 하나님께 인정받기 위해 무엇이라도 한 일이 있다고 우리가 자랑할 수 있습니까? 아닙니다. 왜냐하면 우리의 무죄선고는 그 률법을 따르는 것에 립각한 것이 아니기 때문입니다. 그것은 믿음에 근거한 것입니다.

28 So we are made right with God through faith and not by obeying the law.

28 그러므로 우리는 그 률법을 지키는 것으로서가 아니라 믿음을 통해서 하나님과 옳바르게 됩니다.

29 After all, is God the God of the Jews only? Isn't he also the God of the Gentiles? Of course he is.

29 결국, 하나님은 다만 유태인들의 하나님이십니까? 그분은 또한 비유태인들의 하나님도 되지 않습니까? 물론 비유태인들의 하나님도 되십니다.

30 There is only one God, and he makes people right with himself only by faith, whether they are Jews or Gentiles.

30 하나님은 오직 한 분이십니다. 그리고 그분은, 사람들이 유태인들이든 비유태인들이든, 오직 믿음으로써만 그분 자신과 옳바르게 됩니다.

31 Well then, if we emphasize faith, does this mean that we can forget about the law? Of course not! In fact, only when we have faith do we truly fulfill

the law.

31 그러면, 만일 우리가 믿음을 강조한다면, 이것이 우리가 그 률법을 잊어버려도 된다는 것을 의미합니까? 물론 아닙니다! 사실은, 우리가 오직 믿음을 가질 때만이 우리가 그 률법을 진정으로 따르는 것입니다.

4

The Faith of Abraham

아브라함의 믿음

1 Abraham was, the founder of our Jewish nation. What did he discover about being made right with God?

1 아브라함은, 인간적인 립장에서 말하자면, 우리 유태인 민족의 시조였습니다. 하나님과 옳바르게 되는 것에 대해 그가 알아낸 것이 무엇입니까?

2 If his good deeds had made him acceptable to God, he would have had something to boast about. But that was not God's way.

2 만일 그의 좋은 행실이 하나님에게 그를 받아들일 수 있게 했다면, 그는 그 무언가에 대해 자랑할 것이 있었을 것입니다, 그러나 그것은 하나님의 방법이 아니였습니다.

3 For the Scriptures tell us, "Abraham believed God, and God counted him as righteous because of his faith."

3 왜냐하면 하나님말씀이 우리에게 말하기 때문입니다,《아브라함은 하나님을 믿었다, 그리하여 그의 믿음 때문에 하나님께서는 그를 의롭다고 인정하셨다.》

4 When people work, their wages are not a gift, but something they have earned.

4 사람들이 일할 때, 그들의 로임은 선물이 아니라, 그들이 무언가를 하여 얻은 것입니다.

5 But people are counted as righteous, not because of their work, but because of their faith in God who forgives sinners.

5 그러나 사람들이 의롭다고 여겨지는 것은, 그들의 로력 때문이 아니라, 죄인들을 용서하시는 하나님을 그들이 믿기 때문입니다.

6 David also spoke of this when he described the happiness of those who are declared righteous without working for it:

6 다윗은 또한 그것을 위해 일하지 않고도 의롭다고 인정받은 사람들의 기쁨을 그가 설명했을 때 이렇게 말하였습니다.

7 "Oh, what joy for those whose disobedience is forgiven, whose sins are put out of sight.

7《오오, 그들의 불복종을 용서받은 사람들, 그들의 죄들이 가리워진 사람들에게는 얼마나 큰 기쁨인가.

8 Yes, what joy for those whose record the LORD has cleared of sin."

8 그렇습니다, 주님께서 죄에 대한 그들의 기록을 깨끗하게 해주신 사람들에게는 얼마나 큰 기쁨인가.》

9 Now, is this blessing only for the Jews, or is it also for uncircumcised Gentiles? Well, we have been saying that Abraham was counted as righteous by God because of his faith.

9 그러면, 이 축복이 다만 유태인들만 위한 것입니까, 아니면 잘라냄례식을 받지 않은 비유태인들도 위한 것입니까? 자, 우리는 아브라함이 그의 믿음 때문에 하나님에 의해 의롭다고 인정받은 것을 말하여 왔습니다.

10 But how did this happen? Was he counted as righteous only after he was circumcised, or was it before he was circumcised? Clearly, God accepted Abraham before he was circumcised!

10 그러나 이런 일이 어떻게 일어났습니까? 그가 잘라냄례식을 받은 후에 비로서 의롭다고 인정받았습니까, 아니면 그가 잘라냄례식을 받기 전이였습니까? 명백히, 하나님께서는 아브라함을 그가 잘라냄례식을 받기 전에 인정하셨습니다!

11 Circumcision was a sign that Abraham already had faith and that God had already accepted him and declared himto be righteous—even before he was circumcised. So Abraham is the spiritual father of those who have faith but have not been circumcised. They are counted as righteous because of their faith.

11 잘라냄례식은 아브라함에게 이미 믿음이 있었고 하나님께서 그를 이미 인정하셨으며 그를 의롭게 되였다고 선언하신 표식이였습니다—그가 잘라냄례식을 받기 전인데도. 그래서 아브라함은 믿음은 있으나 잘라냄례식을 받지 않은 사람들의 령적 아버지였습니다. 그들은 자신들의 믿음 때문에 의롭다고 간주되였습니다.

12 And Abraham is also the spiritual father of those who have been circumcised, but only if they have the same kind of faith Abraham had before he was circumcised.

12 그리고 아브라함은 또한 잘라냄례식을 받은 사람들의 령적인 아버지입니다, 그러나 오직 그들이 잘라냄례식을 받기 전에 아브라함이 가졌

던 것과 같은 동일한 믿음을 가질 경우에만 그렇습니다.

13 Clearly, God's promise to give the whole earth to Abraham and his descendants was based not on his obedience to God's law, but on a right relationship with God that comes by faith.

13 의심할 바 없이, 온 세상을 아브라함과 그의 후손들에게 주시겠다는 하나님의 약속은 하나님의 률법에 대한 그의 복종에 근거한 것이 아니였고, 믿음으로 인하여 얻게 된 하나님과의 옳바른 관계에 근거한 것이였습니다.

14 If God's promise is only for those who obey the law, then faith is not necessary and the promise is pointless.

14 만일 하나님의 약속이 그 률법을 따르는 사람들만을 위한 것이라면, 그렇다면 믿음은 필요하지 않고, 그 약속은 무의미한 것입니다.

15 For the law always brings punishment on those who try to obey it. (The only way to avoid breaking the law is to have no law to break!)

15 왜냐하면 그 률법은 언제나 그것을 지키려고 하는 사람들에게 처벌이 따르기 때문입니다. (그 률법을 어기는 것을 피할 유일한 방법은 어길 률법을 가지지 않는 것입니다!)

16 So the promise is received by faith. It is given as a free gift. And we are all certain to receive it, whether or not we live according to the law of Moses, if we have faith like Abraham's. For Abraham is the father of all who believe.

16 그래서 그 약속은 믿음에 의해서 받게 됩니다. 그것은 무료로 주시는 선물입니다. 그리고 우리가 모두, 모세의 률법에 따라 살든지 그렇지 않든지 간에, 만일 우리가 아브라함의 믿음과 같은 믿음이 있다면 틀림없이 그것을 받을 것입니다. 왜냐하면 아브라함은 믿는 사람들 모두의 아버지이기 때문입니다.

17 That is what the Scriptures mean when God told him, "I have made you the father of many nations." This happened because Abraham believed in the God who brings the dead back to life and who creates new things out of nothing.

17 하나님말씀책에서 하나님께서 그에게, 《내가 너를 많은 민족들의 아버지가 되게 하였다》고 하신 것이 바로 그런 의미입니다. 이것은 아브라함이 죽은 사람들을 다시 살리시고 아무것도 없는 것에서 새로운 것들을 창조하시는 하나님을 믿었기 때문에 일어났습니다.

18 Even when there was no reason for hope, Abraham kept hoping—believing that he would become the father of many nations. For God had said to

him, "That's how many descendants you will have!"

18 희망에 대한 아무런 근거가 없을 때조차도, 아브라함은 희망을 간직하고 있었습니다—자신이 많은 민족의 아버지가 될 것이라고 믿으면서. 왜냐하면 하나님께서 그에게 말씀하셨기 때문입니다, 《너는 수많은 후손을 가지게 될 것이다!》

19 And Abraham's faith did not weaken, even though, at about 100 years of age, he figured his body was as good as dead—and so was Sarah's womb.

19 그리고 아브라함의 믿음은 약해지지 않았습니다, 비록, 그가 100세 가까이 되여, 그의 몸이 죽은 사람—그리고 사라의 아기집이 죽은 것이나 다름없게 되였어도.

20 Abraham never wavered in believing God's promise. In fact, his faith grew stronger, and in this he brought glory to God.

20 아브라함은 하나님의 약속을 믿는 것에 결코 흔들리지 않았습니다. 사실은, 그의 믿음은 더욱 굳세게 자랐습니다, 그리고 이것을 통해서 그는 하나님께 영광을 드렸습니다.

21 He was fully convinced that God is able to do whatever he promises.

21 그는 하나님께서 자신이 약속하신 것은 무엇이든지 하실 수 있다는 것을 전적으로 확신했습니다.

22 And because of Abraham's faith, God counted him as righteous.

22 그리고 아브라함의 믿음 때문에, 하나님께서는 그를 의롭다고 인정하셨습니다.

23 And when God counted him as righteous, it wasn't just for Abraham's benefit. It was recorded

23 그리고 하나님께서 그를 의롭다고 인정하셨을 때, 그것은 오직 아브라함의 리로움만이 아니였습니다. 이것이 기록된 것은,

24 for our benefit, too, assuring us that God will also count us as righteous if we believe in him, the one who raised Jesus our Lord from the dead.

24 우리에게도 리롭습니다, 만일 우리가, 우리 주 예수님을 죽은 사람들로부터 다시 살리신 분인, 그분을 믿으면, 하나님께서 우리를 의롭다고 역시 인정해주시는 것을 우리에게 확신시켜 주셨습니다.

25 He was handed over to die because of our sins, and he was raised to life to make us right with God.

25 그분은 우리의 죄 때문에 죽음에 넘겨졌습니다, 그리고 그분은 우리를 하나님과 옳바르게 하기 위해 다시 살아나셨습니다.

5

Faith Brings Joy

믿음이 기쁨을 가져오다

1 **Therefore, since we have been made right in God's sight by faith, we have peace with God because of what Jesus Christ our Lord has done for us.**

1 그러므로, 우리가 믿음으로 인해 하나님 보시기에 옳바르다고 인정을 받았으므로, 우리는 우리 주 예수 그리스도께서 우리를 위해 실현하신 것 때문에 하나님과 평화를 누리고 있습니다.

2 **Because of our faith, Christ has brought us into this place of undeserved privilege where we now stand, and we confidently and joyfully look forward to sharing God's glory.**

2 우리의 믿음 때문에, 그리스도는 우리가 지금 서 있을 자격이 없는 이 특권의 자리에 우리를 데려오셨습니다. 그래서 우리는 확신을 가지고 즐겁게 하나님의 영광에 참여하기를 몹시 기다리고 있습니다.

3 **We can rejoice, too, when we run into problems and trials, for we know that they help us develop endurance.**

3 우리는 어려운 문제들과 시련들에 마주칠 때도 기뻐할 수 있습니다. 왜냐하면 그것들이 우리로 하여금 인내력을 키우도록 도와준다는 것을 우리가 알기 때문입니다.

4 **And endurance develops strength of character, and character strengthens our confident hope of salvation.**

4 그리고 인내력은 품성의 강인성을 길러 줍니다. 그리고 품성은 구원에 대한 우리의 확신에 찬 희망을 돋구어 줍니다.

5 **And this hope will not lead to disappointment. For we knowhow dearly God loves us, because he has given us the Holy Spirit to fill our hearts with his love.**

5 그리고 이 희망은 실망으로 이끌지 않을 것입니다. 왜냐하면 우리는 하나님께서 우리를 얼마나 극진히 사랑하시는가를 알기 때문이며, 그분께서 자신의 사랑으로 우리의 마음을 채워 주시기 위해 우리에게 성령님을 보내 주셨기 때문입니다.

6 **When we were utterly helpless, Christ came at just the right time and died for us sinners.**

6 우리가 아주 나약했을 때, 그리스도가 바로 그때에 오셔서 우리 죄인들을 위하여 죽으셨습니다.

7 **Now, most people would not be willing to die for an upright person,**

though someone might perhaps be willing to die for a person who is especially good.

7 이제, 대부분의 사람들은 옳바른 한 사람을 위해 기꺼이 죽으려 하지는 않을 것입니다, 그럼에도 불구하고 어떤 사람은 류달리 한 선량한 사람을 위해 기꺼이 죽으려고 할지도 모르겠습니다.

8 **But God showed his great love for us by sending Christ to die for us while we were still sinners.**

8 그러나 하나님께서는 우리가 아직 죄인들이였을 때에 우리를 위해 죽음으로 그리스도를 보내심으로써 우리에 대한 자신의 위대한 사랑을 보여 주셨습니다.

9 **And since we have been made right in God's sight by the blood of Christ, he will certainly save us from God's condemnation.**

9 그리고 우리가 그리스도의 피로 인하여 하나님 보시기에 의롭게 되였으므로, 그분은 틀림없이 우리를 하나님의 유죄판결로부터 구해 주실 것입니다.

10 **For since our friendship with God was restored by the death of his Son while we were still his enemies, we will certainly be saved through the life of his Son.**

10 왜냐하면 하나님과 우리의 친근한 교제는 우리가 아직 그분의 원쑤였을 때 그분의 아들의 죽음에 의해 회복되였기 때문에, 우리는 반드시 그분의 아들의 생명을 통하여 구원될 것입니다.

11 **So now we can rejoice in our wonderful new relationship with God because our Lord Jesus Christ has made us friends of God.**

11 그러므로 이제 우리는 우리 주 예수 그리스도가 우리를 하나님의 친구가 되게 하셨기 때문에 하나님과의 놀라운 새로운 관계 속에서 기쁨을 누릴 수 있습니다.

Adam and Christ Contrasted

대비되는 아담과 그리스도

12 **When Adam sinned, sin entered the world. Adam's sin brought death, so death spread to everyone, for everyone sinned.**

12 아담이 죄를 지었을 때, 죄가 세상에 들어왔습니다. 아담의 죄는 죽음을 가져왔습니다, 그래서 죽음이 모든 사람에게 미쳤습니다, 왜냐하면 모든 사람이 죄를 지였기 때문입니다.

13 **Yes, people sinned even before the law was given. But it was not counted as sin because there was not yet any law to break.**

13 그렇습니다, 사람들은 지어 그 률법이 주어지기도 전에 죄를 지었습니다. 그러나 그것은 죄로 간주되지 않았습니다. 왜냐하면 거기에는 아직 위반할 어떤 률법도 없었기 때문입니다.

14 Still, everyone died—from the time of Adam to the time of Moses—even those who did not disobey an explicit commandment of God, as Adam did. Now Adam is a symbol, a representation of Christ, who was yet to come.

14 여전히, 모든 사람이—아담 시대부터 모세 시대까지—지어 하나님의 명백한 명령을 불복종하지 않았던 사람들조차, 아담처럼 죽었습니다. 이제 아담은 아직 오시지 않은, 그리스도의 상징이고 표상입니다.

15 But there is a great difference between Adam's sin and God's gracious gift. For the sin of this one man, Adam, brought death to many. But even greater is God's wonderful grace and his gift of forgiveness to many through this other man, Jesus Christ.

15 그러나 아담의 죄와 하나님의 은정의 선물 사이에는 큰 차이가 있습니다. 왜냐하면 아담, 이 한 사람의 죄가, 많은 사람들에게 죽음을 가져왔기 때문입니다. 그러나 하나님의 놀라운 은정과 이 다른 한 분인, 예수 그리스도를 통한 많은 사람들에 대한 그분의 용서의 선물은 훨씬 더 큽니다.

16 And the result of God's gracious gift is very different from the result of that one man's sin. For Adam's sin led to condemnation, but God's free gift leads to our being made right with God, even though we are guilty of many sins.

16 그리고 하나님의 은정의 선물의 결과는 한 사람의 죄의 결과와는 아주 다릅니다. 왜냐하면 아담의 죄는 심판에 이르게 하였지만, 무료로 주신 하나님의 선물은, 비록 우리가 많은 죄들을 지었는데도 불구하고, 우리를 하나님과 옳바르게 해주기 때문입니다.

17 For the sin of this one man, Adam, caused death to rule over many. But even greater is God's wonderful grace and his gift of righteousness, for all who receive it will live in triumph over sin and death through this one man, Jesus Christ.

17 왜냐하면 이 한 사람, 아담의 죄는, 죽음이 많은 사람들을 지배하도록 하였습니다. 그러나 하나님의 놀라운 은정과 그분의 의로움의 선물은 훨씬 더 큽니다, 왜냐하면 그것을 받는 사람 모두는, 이 한 분 예수 그리스도를 통하여, 죄와 죽음에서 승리하며 살 것이기 때문입니다.

18 Yes, Adam's one sin brings condemnation for everyone, but Christ's one act of righteousness brings a right relationship with God and new life for

everyone.

18 그렇습니다, 아담의 한 죄가 모든 사람들에게 유죄판결을 가져옵니다, 그러나 그리스도의 의로움의 한 행위가 모든 사람으로 하여금 하나님과의 옳바른 관계와 새로운 생명을 가져옵니다.

19 Because one person disobeyed God, many became sinners. But because one other person obeyed God, many will be made righteous.

19 한 사람이 하나님께 순종하지 않았기 때문에, 많은 사람들이 죄인이 되였습니다. 그러나 다른 한 사람이 하나님께 순종하였기 때문에 많은 사람들이 의롭게 될 것입니다.

20 God's law was given so that all people could see how sinful they were. But as people sinned more and more, God's wonderful grace became more abundant.

20 하나님의 률법은 모든 사람들이 자신들이 얼마나 죄가 많은지를 볼 수 있도록 주어졌습니다. 그러나 사람들이 점점 더 죄지을수록, 하나님의 놀라운 은정이 더 넘치게 되였습니다.

21 So just as sin ruled over all people and brought them to death, now God's wonderful grace rules instead, giving us right standing with God and resulting in eternal life through Jesus Christ our Lord.

21 따라서 죄가 모든 사람들을 지배하고 그들에게 죽음을 가져온 것과 꼭 같이, 이제는 하나님의 놀라운 은정이, 우리에게 하나님과의 옳바른 지위를 주면서, 우리 주 예수 그리스도를 통하여 영원한 생명에 이르게 하면서 대신 지배합니다.

6

Sin's Power Is Broken

죄의 영향력이 꺾여졌다

1 Well then, should we keep on sinning so that God can show us more and more of his wonderful grace?

1 자 그러면, 우리가 하나님께서 우리에게 그분의 놀라운 은정을 더욱더 많이 나타내 보일 수 있도록 계속 죄를 지어야 합니까?

2 Of course not! Since we have died to sin, how can we continue to live in it?

2 물론 그럴 수 없습니다! 우리가 죄로 하여 죽었으므로, 어떻게 우리가 그 안에서 계속 살 수 있겠습니까?

3 Or have you forgotten that when we were joined with Christ Jesus in

baptism, we joined him in his death?

3 그렇지 않다면 당신들은 우리가 세례로 그리스도 예수와 하나가 되였을 때, 우리가 그분의 죽으심으로 그분과 하나가 되였던 것을 잊어버렸습니까?

4 **For we died and were buried with Christ by baptism. And just as Christ was raised from the dead by the glorious power of the Father, now we also may live new lives.**

4 왜냐하면 우리는 세례에 의해 그리스도와 함께 죽었고 묻혔기 때문입니다. 그리고 그리스도가 아버지의 영광스러운 능력으로 죽은 사람들로부터 되살아나신 것과 꼭 같이, 이제 우리도 새 생명으로 살 수 있습니다.

5 **Since we have been united with him in his death, we will also be raised to life as he was.**

5 우리가 그분의 죽음으로 하여 그분과 하나 되였으므로, 우리 역시 그분이 그러했듯이 되살아나게 될 것입니다.

6 **We know that our old sinful selves were crucified with Christ so that sin might lose its power in our lives. We are no longer slaves to sin.**

6 우리는 우리의 옛 죄 많은 자신들이 십자사형틀에 그리스도와 함께 못박혀서 죄가 우리의 삶 속에서 그 능력을 잃게 되였다는 것을 알고 있습니다. 우리는 더 이상 죄의 노예들이 아닙니다.

7 **For when we died with Christ we were set free from the power of sin.**

7 왜냐하면 우리가 그리스도와 함께 죽었을 때 우리는 죄의 권력에서 해방되였기 때문입니다.

8 **And since we died with Christ, we know we will also live with him.**

8 그리고 우리가 그리스도와 함께 죽었으므로, 우리도 역시 그분과 함께 살 것이라는 것을 압니다.

9 **We are sure of this because Christ was raised from the dead, and he will never die again. Death no longer has any power over him.**

9 우리는 그리스도가 죽은 사람들로부터 되살아나셨기 때문에 이것에 대해서 확신합니다, 그리고 그분이 다시는 결코 죽지 않으실 것입니다. 죽음은 더 이상 그분에게 어떠한 영향력도 가지지 못합니다.

10 **When he died, he died once to break the power of sin. But now that he lives, he lives for the glory of God.**

10 그분이 죽었을 때, 그분은 죄의 권력을 꺾어 버리기 위해 단번에 죽으셨습니다. 그러나 지금은 그분이 살아 있고, 그분은 하나님의 영광을 위해 살고 계십니다.

11 So you also should consider yourselves to be dead to the power of sin and alive to God through Christ Jesus.

11 그래서 당신들 역시 당신 자신들이 죄의 위력에 대해서는 죽었고 예수 그리스도를 통해 하나님께 대해서는 살아 있다고 간주해야 합니다.

12 Do not let sin control the way you live; do not give in to sinful desires.

12 죄가 당신들의 삶의 방법을 통제하지 못하게 하십시오; 죄 되는 욕망들에 굴복하지 마십시오.

13 Do not let any part of your body become an instrument of evil to serve sin. Instead, give yourselves completely to God, for you were dead, but now you have new life. So use your whole body as an instrument to do what is right for the glory of God.

13 당신들 몸의 어느 부분도 죄를 돕는 악한 도구가 되게 하지 마십시오. 대신에, 당신 자신들을 완전히 하나님께 드리십시오, 왜냐하면 당신들은 죽었습니다, 그러나 이제 당신들이 새 생명을 받았기 때문입니다. 그래서 당신들의 온몸을 하나님의 영광을 위해 옳은 것을 하는 도구로 사용하십시오.

14 Sin is no longer your master, for you no longer live under the requirements of the law. Instead, you live under the freedom of God's grace.

14 죄는 더 이상 당신들의 주인이 아닙니다, 왜냐하면 당신들은 더 이상 그 률법의 요구 아래에 살고 있지 않기 때문입니다. 그 대신, 당신들은 하나님의 은정의 자유 아래에서 살고 있습니다.

15 Well then, since God's grace has set us free from the law, does that mean we can go on sinning? Of course not!

15 자 그러면, 하나님의 은정이 그 률법으로부터 우리를 자유롭게 해주었음으로, 그것은 우리가 계속해서 죄를 지어도 된다는 의미입니까? 물론 아닙니다!

16 Don't you realize that you become the slave of whatever you choose to obey? You can be a slave to sin, which leads to death, or you can choose to obey God, which leads to righteous living.

16 당신들은 자신들이 순종하기로 선택한 그 무엇이든지의 노예가 된다는 것을 깨닫지 못합니까? 당신들은 죽음으로 이끄는 죄의 노예가 될 수 있고, 혹은 당신들은 옳바른 삶으로 이끄는 하나님께 순종하는 것을 선택할 수 있습니다.

17 Thank God! Once you were slaves of sin, but now you wholeheartedly obey this teaching we have given you.

17 하나님께 감사하십시오! 이전에는 당신들이 죄의 노예들이였으나,

이제 당신들은 우리가 당신들에게 준 이 가르침에 진심으로 순종합니
다.

18 **Now you are free from your slavery to sin, and you have become slaves to righteous living.**

18 이제 당신들은 죄에 대한 노예의 처지로부터 자유로운 몸이 되였습니
다, 그리하여 당신들은 옳바른 삶에 대한 종들이 되였습니다.

19 **Because of the weakness of your human nature, I am using the illustration of slavery to help you understand all this. Previously, you let yourselves be slaves to impurity and lawlessness, which led ever deeper into sin. Now you must give yourselves to be slaves to righteous living so that you will become holy.**

19 당신들의 인간적 본성이 연약하기 때문에, 나는 당신들이 이 모든 것
을 리해하는 데 도움이 되는 종의 처지에 대한 실례를 들겠습니다. 전
에는, 당신들이 당신 자신들을 더러움과 무법에 대한 노예들이 되도록
하였습니다, 그것은 언제나 더 깊이 죄에 빠지게 하였습니다. 이제 당
신들이 거룩해질 수 있도록 당신들은 당신 자신들을 옳바른 삶의 종이
되도록 드려야 합니다.

20 **When you were slaves to sin, you were free from the obligation to do right.**

20 당신들이 죄의 노예들이였을 때, 당신들은 옳바른 것을 실행해야 한
다는 의무에서 자유로웠습니다.

21 **And what was the result? You are now ashamed of the things you used to do, things that end in eternal doom.**

21 그래서 그 결과는 어떠했습니까? 당신들은 이제 영원한 파멸로 끝
나는 것들, 전에 당신들이 했던 일들에 대해 부끄러워하고 있습니다.

22 **But now you are free from the power of sin and have become slaves of God. Now you do those things that lead to holiness and result in eternal life.**

22 그러나 이제 당신들은 죄의 위력으로부터 자유롭게 되여 하나님의 종
들이 되였습니다. 이제 당신들은 순결함과 영원한 생명의 결과로 이끄
는 그러한 것들을 실행합니다.

23 **For the wages of sin is death, but the free gift of God is eternal life through Christ Jesus our Lord.**

23 왜냐하면 죄의 대가는 죽음이기 때문입니다, 그러나 대가 없이 주
어지는 하나님의 선물은 우리 주 예수 그리스도를 통한 영원한 생명
입니다.

7

No Longer Bound to the Law

더 이상 그 률법에 얽매이지 않는다

1 Now, dear brothers and sisters—you who are familiar with the law—don't you know that the law applies only while a person is living?

1 이제, 사랑하는 형제들과 자매들이여—당신들이 그 률법과 친밀한 사람들—그 률법이 사람이 살아 있는 동안에만 적용된다는 것을 알지 못합니까?

2 For example, when a woman marries, the law binds her to her husband as long as he is alive. But if he dies, the laws of marriage no longer apply to her.

2 실례를 들어, 한 녀자가 결혼하면, 그 률법은 그 녀자의 남편이 살아 있는 동안에 그 녀자를 그에게 매여 둡니다. 그러나 만일 그가 죽으면, 결혼에 대한 그 률법은 더 이상 그 녀자에게 적용되지 않습니다.

3 So while her husband is alive, she would be committing adultery if she married another man. But if her husband dies, she is free from that law and does not commit adultery when she remarries.

3 그러므로 녀자의 남편이 살아 있는 동안, 만일 그 녀자가 다른 남자와 결혼하면 그 녀자는 부화하는 것으로 되는 것입니다. 그러나 만일 그 녀자의 남편이 죽으면, 그 녀자는 그 률법에서 자유로워지고 다시 결혼한다고 해도 부화하는 것이 아닙니다.

4 So, my dear brothers and sisters, this is the point: You died to the power of the law when you died with Christ. And now you are united with the one who was raised from the dead. As a result, we can produce a harvest of good deeds for God.

4 그러므로, 나의 사랑하는 형제들과 자매들이여, 이것이 론점입니다: 당신들이 그리스도와 함께 죽었을 때 당신들은 그 률법의 위력에 대해 죽었습니다. 그리고 이제 당신들은 죽은 사람들로부터 되살아나신 그 분과 함께 하나가 되였습니다. 그 결과로, 우리는 하나님을 위한 좋은 일들의 수확물을 생산할 수 있습니다.

5 When we were controlled by our old nature, sinful desires were at work within us, and the law aroused these evil desires that produced a harvest of sinful deeds, resulting in death.

5 우리가 우리의 옛 본성에 의해 지배되였을 때, 죄의 욕망들이 우리 속에서 작용하고 있었습니다, 그리고 그 률법은 죄의 일들의 수확물을 생

산하는 이런 악한 욕망들을 불러일으켜, 죽음의 결과를 낳았습니다.

6 **But now we have been released from the law, for we died to it and are no longer captive to its power. Now we can serve God, not in the old way of obeying the letter of the law, but in the new way of living in the Spirit.**

6 그러나 이제 우리는 그 률법으로부터 벗어났습니다, 왜냐하면 우리는 그것에 대해 죽었고 더 이상 그것의 위력에 사로잡혀 있지 않기 때문입니다. 이제 우리는, 그 률법조문들을 따르는 옛 방식이 아니라, 성령 안에서 사는 새로운 방식으로 하나님을 섬길 수 있습니다.

God's Law Reveals Our Sin

하나님의 률법이 우리의 죄를 나타내 보이다

7 **Well then, am I suggesting that the law of God is sinful? Of course not! In fact, it was the law that showed me my sin. I would never have known that coveting is wrong if the law had not said, "You must not covet."**

7 자 그렇다면, 내가 하나님의 률법이 죄라고 말하고 있는 것입니까? 물론 그렇지 않습니다! 실제로, 그 률법은 나에게 나의 죄를 보여 준 것입니다. 만일 그 률법이, 《너는 욕심내서는 안 된다》고 말하지 않았더라면, 나는 욕심내는 것이 잘못이라는 것을 결코 알지 못했을 것입니다.

8 **But sin used this command to arouse all kinds of covetous desires within me! If there were no law, sin would not have that power.**

8 그러나 죄는 내 속에서 온갖 종류의 탐욕스런 욕망들을 불러일으키기 위해 이 명령들을 리용하였습니다. 만일 률법이 없었다면, 죄는 그런 위력을 가지지 못했을 것입니다.

9 **At one time I lived without understanding the law. But when I learned the command not to covet, for instance, the power of sin came to life,**

9 일찍이 나는 그 률법을 알지 못하고 살았습니다. 그러나, 실례를 들면, 내가 욕심내지 말라는 명령을 알았을 때, 죄의 위력이 살아났습니다,

10 **and I died. So I discovered that the law's commands, which were supposed to bring life, brought spiritual death instead.**

10 그리하여 나는 죽었습니다. 그래서 나는 생명을 가져다주어야 할, 그 률법의 명령들이, 대신에 령적 죽음을 가져왔다는 것을, 알게 되였습니다.

11 **Sin took advantage of those commands and deceived me; it used the commands to kill me.**

11 죄가 그러한 명령들을 리용하여 나를 속였습니다; 그것은 나를 죽이기 위해 그 명령들을 리용했습니다.

12 But still, the law itself is holy, and its commands are holy and right and good.

12 그러나 여전히, 그 률법 자체는 거룩합니다, 그리고 그것의 명령들은 거룩하고 옳바르며 선량한 것입니다.

13 But how can that be? Did the law, which is good, cause my death? Of course not! Sin used what was good to bring about my condemnation to death. So we can see how terrible sin really is. It uses God's good commands for its own evil purposes.

13 그러나 그것이 어떻게 된 것입니까? 선량한 그 률법이 나의 죽음을 가져오게 했단 말입니까? 물론 아닙니다! 죄가 나에 대한 죽음의 판결을 내리기 위해 선량한 것을 리용했습니다. 그래서 우리는 죄가 얼마나 끔찍한지 실제로 알 수 있습니다. 그것은 그것 자체의 악한 목적들을 위해 하나님의 선량한 명령들을 리용했습니다.

Struggling with Sin

죄와 투쟁하는 것

14 So the trouble is not with the law, for it is spiritual and good. The trouble is with me, for I am all too human, a slave to sin.

14 따라서 문제는 그 률법에 있지 않습니다, 왜냐하면 그것은 령적이며 좋은 것이기 때문입니다. 문제는 나에게 있습니다, 왜냐하면 나는 너무나 인간적이며, 죄의 노예이기 때문입니다.

15 I don't really understand myself, for I want to do what is right, but I don't do it. Instead, I do what I hate.

15 나는 내 자신이 정말 리해되지 않습니다, 왜냐하면 나는 옳바른 것을 하기 원하지만 나는 그것을 하지 않습니다. 대신에, 나는 내가 싫어하는 것을 합니다.

16 But if I know that what I am doing is wrong, this shows that I agree that the law is good.

16 그러나 만일 내가 하고 있는 일이 잘못되였다는 것을 내가 안다면, 이것은 내가 그 률법이 좋다는 것에 동의한다는 것을 보여 줍니다.

17 So I am not the one doing wrong; it is sin living in me that does it.

17 그러므로 잘못을 저지르는 것은 내가 아닙니다; 그것을 하는 것은 내 안에 살고 있는 죄입니다.

18 And I know that nothing good lives in me, that is, in my sinful nature. I want to do what is right, but I can't.

18 그리고 나는 내 안에, 즉 나의 죄 많은 본성 속에, 아무런 선량한 것

도 살고 있지 않다는 것을 알고 있습니다. 나는 옳바른 것을 하고 싶지
만, 나는 할 수가 없습니다.

19 I want to do what is good, but I don't. I don't want to do what is wrong, but I do it anyway.

19 나는 선량한 것을 하고 싶지만, 나는 그러지 못합니다. 나는 잘못을 저지르고 싶지 않지만, 나는 그것을 어떻게 해서든지 해버리고 맙니다.

20 But if I do what I don't want to do, I am not really the one doing wrong; it is sin living in me that does it.

20 그러나 만일 내가 자신이 원하지 않는 일을 한다면, 잘못을 저지르고 있는 사람은 실제로 내가 아닙니다; 그것을 하는 것은 내 속에 살고 있는 죄입니다.

21 I have discovered this principle of life—that when I want to do what is right, I inevitably do what is wrong.

21 나는 삶의 이 원칙을 발견했습니다—즉 내가 옳바른 것을 하고 싶을 때, 나는 불가피하게 잘못된 것을 한다는 것입니다.

22 I love God's law with all my heart.

22 나는 진심으로 하나님의 법을 사랑합니다.

23 But there is another power within me that is at war with my mind. This power makes me a slave to the sin that is still within me.

23 그러나 내 속에는 내 마음과 싸우고 있는 또 다른 세력이 있습니다. 이 세력이 나를 여전히 내 속에 있는 죄의 노예가 되게 합니다.

24 Oh, what a miserable person I am! Who will free me from this life that is dominated by sin and death?

24 오오, 나는 얼마나 비참한 사람인가! 누가 죄와 죽음으로 지배되는 이 삶으로부터 나를 자유롭게 할 수 있겠습니까?

25 Thank God! The answer is in Jesus Christ our Lord. So you see how it is: In my mind I really want to obey God's law, but because of my sinful nature I am a slave to sin.

25 하나님 감사합니다! 해답은 우리 주 예수 그리스도에게 있습니다. 그러므로 당신들은 그것이 어떠한지 압니다: 내 마음으로는 내가 하나님의 법을 따르기를 진심으로 원하지만, 나의 죄 많은 본성 때문에 나는 죄의 노예입니다.

8

Life in the Spirit

성령 안에서의 삶

1 So now there is no condemnation for those who belong to Christ Jesus.

1 그러므로 이제 예수 그리스도에게 속해 있는 사람들에게는 유죄판결이 없습니다.

2 And because you belong to him, the power of the life-giving Spirit has freed you from the power of sin that leads to death.

2 그리고 당신들이 그분에게 속해 있으므로, 생명을 주는 성령의 능력이 죽음으로 이끄는 죄의 위력으로부터 당신들을 자유롭게 하였습니다.

3 The law of Moses was unable to save us because of the weakness of our sinful nature. So God did what the law could not do. He sent his own Son in a body like the bodies we sinners have. And in that body God declared an end to sin's control over us by giving his Son as a sacrifice for our sins.

3 모세의 그 률법은 우리의 죄 많은 본성의 연약함 때문에 우리를 구원할 수 없었습니다. 그래서 하나님께서는 그 률법이 할 수 없는 것을 하셨습니다. 그분께서는 자기 자신의 아들을 우리 죄인들이 가지고 있는 몸과 같은 육체로 보내셨습니다. 그리고 그 육체로 자신의 아들을 우리의 죄들을 위한 희생제물로 주심으로써 우리에 대한 죄의 지배의 종말을 선언하셨습니다.

4 He did this so that the just requirement of the law would be fully satisfied for us, who no longer follow our sinful nature but instead follow the Spirit.

4 그분이 이렇게 하신 것은 더 이상 우리의 죄 많은 본성이 아니라 대신에 성령을 따르는, 우리를 위한 그 률법의 정당한 요구가 완전히 충족될 수 있게 하기 위해서였습니다.

5 Those who are dominated by the sinful nature think about sinful things, but those who are controlled by the Holy Spirit think about things that please the Spirit.

5 죄의 본성의 지배를 받는 사람들은 죄 되는 것들에 대해 생각하지만, 성령의 지배를 받는 사람들은 성령을 기쁘시게 하는 것들에 대하여 생각합니다.

6 So letting your sinful nature control your mind leads to death. But letting the Spirit control your mind leads to life and peace.

6 그러므로 당신들의 죄의 본성이 당신들의 마음을 통제하게 하면 죽음

으로 이끌어 갑니다. 그러나 성령이 당신들의 마음을 통제하게 하면 생명과 평화로 이끌어 갑니다.

7 **For the sinful nature is always hostile to God. It never did obey God's laws, and it never will.**

7 왜냐하면 죄의 본성은 언제나 하나님에게 적대적이기 때문입니다. 그것은 하나님의 법들에 결코 복종한 적이 없었으며, 결코 복종하지 않을 것입니다.

8 **That's why those who are still under the control of their sinful nature can never please God.**

8 그런 까닭에 여전히 자기들의 죄의 본성의 통제하에 있는 사람들은 결코 하나님을 기쁘시게 할 수 없습니다.

9 **But you are not controlled by your sinful nature. You are controlled by the Spirit if you have the Spirit of God living in you. (And remember that those who do not have the Spirit of Christ living in them do not belong to him at all.)**

9 그러나 당신들은 자신들의 죄의 본성에 의해 통제되지 않습니다. 만일 당신들이 자신들 속에 있는 하나님의 령을 모시고 있다면 당신들은 성령에 의해 통제받게 됩니다. (그리고 그들 속에 있는 그리스도의 령을 모시지 않는 사람들은 결코 그분에게 속하지 않는다는 것을 기억하십시오.)

10 **And Christ lives within you, so even though your body will die because of sin, the Spirit gives you life because you have been made right with God.**

10 그리고 그리스도는 당신들 안에 살아 계십니다, 그러므로 비록 당신들의 몸이 죄로 인해 죽을지라도, 성령은 당신들이 하나님과 올바르게 되였기 때문에 당신들에게 생명을 주셨습니다.

11 **The Spirit of God, who raised Jesus from the dead, lives in you. And just as God raised Christ Jesus from the dead, he will give life to your mortal bodies by this same Spirit living within you.**

11 죽은 사람들로부터 예수님을 되살리신, 하나님의 령이 당신들 안에 살아 계십니다. 그리고 하나님께서 죽은 사람들로부터 예수 그리스도를 되살리신 것과 마찬가지로, 그분은 당신들 안에 살아 계시는 바로 그 성령을 통해서 죽음을 면할 수 없는 당신들의 몸에 생명을 주실 것입니다.

12 **Therefore, dear brothers and sisters, you have no obligation to do what your sinful nature urges you to do.**

12 그러므로, 사랑하는 형제들과 자매들이여, 당신들은 자신들의 죄의 본성이 당신들에게 강요하는 것을 실행해야 할 책임과 의무가 없습니다.

13 For if you live by its dictates, you will die. But if through the power of the Spirit you put to death the deeds of your sinful nature, you will live.

13 왜냐하면 만일 당신들이 그것의 명령에 따라 살면, 당신들은 죽을 것이기 때문입니다. 그러나 만일 성령의 능력을 통해 당신들이 죄의 본성의 행위들을 죽이면, 당신들은 살 것입니다.

14 For all who are led by the Spirit of God are children of God.

14 왜냐하면 하나님의 령에 의해 이끄심을 받는 모든 사람들은 하나님의 아들딸들이기 때문입니다.

15 So you have not received a spirit that makes you fearful slaves. Instead, you received God's Spirit when he adopted you as his own children. Now we call him, "Abba, Father."

15 그러므로 당신들은 자신들로 하여금 무서워하는 노예로 만드는 령을 받지 않았습니다. 그 대신에, 당신들은 그분이 자신의 친아들딸들로서 받아드렸을 때 당신들은 하나님의 령을 받았습니다. 이제 우리는 그분을, 《아빠, 아버지》라고 부릅니다.

16 For his Spirit joins with our spirit to affirm that we are God's children.

16 왜냐하면 그분의 령은 우리가 하나님의 아들딸들이라는 것을 확언하기 위해 우리의 령과 하나가 되셨기 때문입니다.

17 And since we are his children, we are his heirs. In fact, together with Christ we are heirs of God's glory. But if weare to share his glory, we must also share his suffering.

17 그리고 우리는 그분의 아들딸들이기에, 우리는 그분의 계승자들입니다. 실제로, 그리스도와 함께 우리는 하나님의 영광의 계승자들입니다. 그러나 만일 우리가 그분의 영광에 참가하려면, 우리는 그분의 고난에도 참가해야 합니다.

The Future Glory

미래의 영광

18 Yet what we suffer now is nothing compared to the glory he will reveal to us later.

18 그러나 우리가 지금 겪고 있는 고난은 그분이 나중에 우리에게 나타내 보이실 그 영광에 비하면 아무것도 아닙니다.

19 For all creation is waiting eagerly for that future day when God will reveal who his children really are.

19 왜냐하면 모든 창조물이 하나님께서 그분의 참된 아들딸들을 나타내 보이시는 때인 미래의 그날을 간절히 기다리고 있기 때문입니다.

20 **Against its will, all creation was subjected to God's curse. But with eager hope,**

20 그것의 의지와는 반대로, 모든 창조물은 하나님의 저주의 대상이였습니다. 그러나 열렬한 희망을 가지고,

21 **the creation looks forward to the day when it will join God's children in glorious freedom from death and decay.**

21 그 창조물은 그것이 죽음과 부패로부터 벗어난 영광스러운 자유 속에 하나님의 아들딸들과 하나가 될 그날을 애타게 기다리고 있습니다.

22 **For we know that all creation has been groaning as in the pains of childbirth right up to the present time.**

22 왜냐하면 우리는 모든 창조물이 바로 지금까지도 해산의 고통 중에 있는 것과 같이 신음하고 있다는 것을 알고 있기 때문입니다.

23 **And we believers also groan, even though we have the Holy Spirit within us as a foretaste of future glory, for we long for our bodies from sin and suffering. We, too, wait with eager hope for the day when God will give us our full rights as his adopted children, including the new bodies he has promised us.**

23 그리고 우리 믿는 사람들은, 미래의 영광에 대한 기대로 우리 안에 성령을 모시고 있다 할지라도, 우리는 자신들의 몸이 죄와 고통으로부터 벗어나려고 갈망하고 있기 때문에 역시 신음합니다. 우리도, 하나님께서 그분이 우리에게 약속하신 새로운 몸을 포함하여, 그분의 양아들딸로서의 우리의 모든 권한을 우리에게 주실 그날을 열렬한 희망을 가지고 기다립니다.

24 **We were given this hope when we were saved. (If we already have something, we don't need to hope for it.**

24 우리가 구원을 받았을 때 우리는 이 희망을 받게 되였습니다. (만일 우리가 이미 무엇인가를 가지고 있다면, 우리는 그것에 대해 기대할 필요가 없습니다.

25 **But if we look forward to something we don't yet have, we must wait patiently and confidently.)**

25 그러나 만일 우리가 아직 가지지 않은 것을 바라고 있다면, 우리는 반드시 인내심과 확신을 가지고 기다려야 합니다.)

26 **And the Holy Spirit helps us in our weakness. For example, we don't know what God wants us to pray for. But the Holy Spirit prays for us with groanings that cannot be expressed in words.**

26 그리고 성령은 우리의 약점을 도와주십니다. 실례로, 우리는 하나

님께서 우리에게 무엇을 위해 기도하기를 원하시는지 모릅니다. 그러나 성령은 말로 표현할 수 없는 신음으로 우리를 위해 기도하십니다.

27 And the Father who knows all hearts knows what the Spirit is saying, for the Spirit pleads for us believers in harmony with God's own will.

27 그리고 모든 마음들을 아시는 아버지께서는 성령이 말하고 있는 것을 알고 계십니다, 왜냐하면 성령은 하나님 자신의 뜻에 맞게 우리 믿는 사람들을 위해 탄원하시기 때문입니다.

28 And we know that God causes everything to work together for the good of those who love God and are called according to his purpose for them.

28 그리고 우리는 하나님께서 자신을 사랑하는 사람들과 그분의 목적에 따라 부르심을 받은 그들의 좋은 것을 위해 모든 것이 협력해서 이루어지게 되는 것을 알고 있습니다.

29 For God knew his people in advance, and he chose them to become like his Son, so that his Son would be the firstborn among many brothers and sisters.

29 왜냐하면 하나님께서는 자신의 백성들을 이미 아셨고, 그분은 그들을 선택하여 자신의 아들과 같이 되도록 하셨기 때문입니다. 그래서 그분의 아들이 많은 형제들과 자매들 가운데서 맏아들이 되도록 하셨습니다.

30 And having chosen them, he called them to come to him. And having called them, he gave them right standing with himself. And having given them right standing, he gave them his glory.

30 그리고 그들을 선택하셔서, 그분은 그들을 자신에게 오도록 부르셨습니다. 그리고 그들을 부르셨고, 그분은 그들을 그분 자신과 옳바른 지위에 놓아 주시고, 그분은 그들에게 자신의 영광을 주셨습니다.

Nothing Can Separate Us from God's Love

그 무엇도 우리를 하나님의 사랑으로부터 갈라 놓을 수 없다

31 What shall we say about such wonderful things as these? If God is for us, who can ever be against us?

31 이와 같은 놀라운 일들에 대해 우리는 뭐라고 말해야 하겠습니까? 만일 하나님께서 우리 편이시면, 누가 감히 우리를 반대할 수 있겠습니까?

32 Since he did not spare even his own Son but gave him up for us all, won't he also give us everything else?

32 그분께서는 자신의 아들까지 아끼지 않고 우리 모두를 위해 그를 내

어 주셨습니다, 그분께서는 또한 우리에게 다른 모든 것도 주시지 않겠습니까?

33 **Who dares accuse us whom God has chosen for his own? No one—for God himself has given us right standing with himself.**

33 하나님께서 그분 자신을 위해 선택하신 우리들을 누가 감히 고발하겠습니까? 아무도 없습니다—왜냐하면 하나님 자신이 우리를 그분과 옳바른 지위에 놓아 주셨기 때문입니다.

34 **Who then will condemn us? No one—for Christ Jesus died for us and was raised to life for us, and he is sitting in the place of honor at God's right hand, pleading for us.**

34 그렇다면 누가 우리를 유죄로 선고할 것입니까? 아무도 없습니다—왜냐하면 예수 그리스도가 우리를 위해 죽으시고 우리를 위해 되살아나셨으며, 그분이 하나님 오른쪽 영예의 자리에 앉아서, 우리를 위해 간청하고 계시기 때문입니다.

35 **Can anything ever separate us from Christ's love? Does it mean he no longer loves us if we have trouble or calamity, or are persecuted, or hungry, or destitute, or in danger, or threatened with death?**

35 그 무엇이 우리를 그리스도의 사랑으로부터 감히 갈라놓을 수 있습니까? 만일 우리가 곤란에 처하거나 재난을 당하거나, 박해를 받거나, 굶주리거나, 빈곤하거나, 위험에 처하거나, 죽음의 위협을 당하면 그분이 더 이상 우리를 사랑하지 않는다는 의미입니까?

36 **(As the Scriptures say, "For your sake we are killed everyday; we are being slaughtered like sheep.")**

36 (하나님말씀책이 말하는 대로, 《당신을 위해 우리는 매일 죽습니다; 우리는 양처럼 도살당하고 있습니다.》)

37 **No, despite all these things, overwhelming victory is ours through Christ, who loved us.**

37 아닙니다, 이 모든 것들에도 불구하고, 우리를 사랑하신, 그리스도로 하여 압도적인 승리는 우리의 것입니다.

38 **And I am convinced that nothing can ever separate us from God's love. Neither death nor life, neither angels nor demons, neither our fears for today nor our worries about tomorrow—not even the powers of hell can separate us from God's love.**

38 그리고 나는 아무것도 우리를 하나님의 사랑으로부터 갈라놓을 수 없다는 것을 확신합니다. 죽음이나 생명이나, 천사들이나 귀신들이나, 오늘에 대한 우리의 두려움이나 래일에 대한 우리의 근심들이—지어 지옥

의 권력들조차 우리를 하나님의 사랑으로부터 갈라놓을 수 없습니다.

39 **No power in the sky above or in the earth below—indeed, nothing in all creation will ever be able to separate us from the love of God that is revealed in Christ Jesus our Lord.**

39 하늘 우나 땅 아래의 권력—실로, 모든 창조물 중 그 어떤 것도 결코 우리를 우리 주 예수 그리스도를 통해 나타내 보여 주신 하나님의 사랑으로부터 갈라놓을 수 없습니다.

9

God's Selection of Israel

이스라엘에 대한 하나님의 선택

1 **With Christ as my witness, I speak with utter truthfulness. My conscience and the Holy Spirit confirm it.**

1 그리스도를 나의 증인으로, 나는 순수한 진실성을 가지고 말합니다. 내 량심과 성령님이 그것을 확증합니다.

2 **My heart is filled with bitter sorrow and unending grief**

2 나의 마음은 쓰라린 슬픔과 끊임없는 고통으로 가득 차 있습니다.

3 **for my people, my Jewish brothers and sisters. I would be willing to be forever cursed—cut off from Christ!—if that would save them.**

3 나의 동족, 나의 유태인 형제들과 자매들 위해, 나는 영원한 저주—그리스도로부터 끊어짐!—그것이 그들을 구원할 수 있다면 기꺼이 받겠습니다.

4 **They are the people of Israel, chosen to be God's adopted children. God revealed his glory to them. He made covenants with them and gave them his law. He gave them the privilege of worshiping him and receiving his wonderful promises.**

4 그들은 이스라엘 백성, 하나님의 양아들딸로 선택되였습니다. 하나님께서는 그들에게 자신의 영광을 나타내 보이셨습니다. 그분은 그들과 계약을 맺고 그들에게 자신의 률법을 주셨습니다. 그분은 그들에게 자신을 례배하고 그분의 놀라운 약속들을 받을 특권을 주셨습니다.

5 **Abraham, Isaac, and Jacob are their ancestors, and Christ himself was an Israelite as far as his human nature is concerned. And he is God, the one who rules over everything and is worthy of eternal praise! Amen.**

5 아브라함, 이삭, 야곱은 그들의 선조들입니다, 그리고 그리스도 그분 자신은 그분의 인간적인 본성으로 보아서는 이스라엘 사람이였습니다.

그리고 그분은 모든 것을 다스리시는 분이고, 영원히 찬양을 받으실 만
한 분인 하나님이십니다! 아멘.

6 **Well then, has God failed to fulfill his promise to Israel? No, for not all**
who are born into the nation of Israel are truly members of God's people!

6 자 그렇다면, 하나님께서 이스라엘에 대한 그분의 약속의 실현이 실
패했습니까? 아닙니다, 왜냐하면 이스라엘 민족에서 태어난 사람 모두
가 진정으로 하나님 백성의 성원이 아니기 때문입니다!

7 **Being descendants of Abraham doesn't make them truly Abraham's chil-**
dren. For the Scriptures say, "Isaac is the son through whom your descen-
dants will be counted," though Abraham had other children, too.

7 아브라함의 후손들이라고 해서 그들이 진정으로 아브라함의 아들딸
들인 것은 아닙니다. 왜냐하면 아브라함에게 다른 아들딸들도, 있었지
만, 하나님말씀책이 말하고 있기 때문입니다. 《아들인 이삭을 통해서만
너의 후손들로 간주될 것이다》.

8 **This means that Abraham's physical descendants are not necessarily chil-**
dren of God. Only the children of the promise are considered to be Abra-
ham's children.

8 이것은 아브라함의 육체의 후손들이 필연적으로 하나님의 아들과 딸
들이 아니라는 것을 의미합니다. 약속의 아들딸들만이 아브라함의 아
들딸들로 간주됩니다.

9 **For God had promised, "I will return about this time next year, and Sarah**
will have a son."

9 왜냐하면 하나님께서 《나는 다음 해 이때쯤 돌아올 것이고, 사라가 아
들을 낳게 될 것이다》고 약속하셨기 때문입니다.

10 **This son was our ancestor Isaac. When he married Rebekah, she gave**
birth to twins.

10 이 아들이 우리의 선조 이삭이였습니다. 그가 리브가와 결혼했을 때,
그 녀자는 쌍둥이를 낳았습니다.

11 **But before they were born, before they had done anything good or bad,**
she received a message from God. (This message shows that God chooses
people according to his own purposes;

11 그러나 그들이 태여나기도 전에, 그들이 좋거나 나쁜 어떤 것을 하
기 전에, 그 녀자는 하나님으로부터 전하는 말을 들었습니다. (이 전하
는 말은 하나님께서 그분 자신의 목적에 따라 사람들을 선택하신다는 것을
보여 줍니다;

12 **he calls people, but not according to their good or bad works.) She was**

told, "Your older son will serve your younger son."

12 그분은 사람들을 부르십니다, 그러나 그들의 좋거나 나쁜 일을 하는 것에 따라서는 아닙니다.) 그 녀자는 들었습니다, 《너의 큰 아들이 너의 어린 아들을 섬기게 될 것이다》

13 **In the words of the Scriptures, "I loved Jacob, but I rejected Esau."**

13 하나님말씀책에 말씀이, 《나는 야곱을 사랑했으나, 나는 에서를 버렸다》로 되어 있다.

14 **Are we saying, then, that God was unfair? Of course not!**

14 그렇다면, 우리가 하나님께서 공명정대하지 않으시다고 말합니까? 물론 아닙니다!

15 **For God said to Moses, "I will show mercy to anyone I choose, and I will show compassion to anyone I choose."**

15 왜냐하면 하나님께서 모세에게, 《나는 내가 선택하는 누구에게나 은정을 보여 줄 것이다, 그리고 나는 내가 선택하는 누구에게나 동정심을 보여줄 것이다》라고 말씀하셨기 때문입니다.

16 **So it is God who decides to show mercy. We can neither choose it nor work for it.**

16 그러므로 은정을 보여 주기로 결정하시는 분은 하나님이십니다. 우리는 그것을 선택할 수도 그것을 위해 노력할 수도 없습니다.

17 **For the Scriptures say that God told Pharaoh, "I have appointed you for the very purpose of displaying my power in you and to spread my fame throughout the earth."**

17 왜냐하면 하나님말씀책은 하나님께서 바로에게, 《나는 너를 통해서 나의 능력을 나타내고 온 땅에 나의 명성을 펼치기 위한 다름 아닌 그 목적을 위해서 너를 임명하였다.》고 말씀하셨다고 말하고 있기 때문입니다.

18 **So you see, God chooses to show mercy to some, and he chooses to harden the hearts of others so they refuse to listen.**

18 보시다시피, 하나님께서는 어떤 사람에게는 은정을 보이시기로 선택하십니다, 그리고 그분은 다른 사람들의 마음들을 무정하도록 선택하셔서 그들이 듣기를 거절하도록 하십니다.

19 **Well then, you might say, "Why does God blame people for not responding? Haven't they simply done what he makes them do?"**

19 자 그러면, 당신들은 말할지도 모릅니다, 《왜 하나님께서는 책임을 다하지 않는 것에 대해 사람들을 비난하십니까? 그들은 그분께서 그들로 하여금 하라는 것을 했을 따름이 아닙니까?》

20 No, don't say that. Who are you, a mere human being, to argue with God? Should the thing that was created say to the one who created it, "Why have you made me like this?"

20 아닙니다, 그렇게 말하지 마십시오. 하나님과 론쟁하려는 인간에 지나지 않는 당신들은 누구입니까? 창조된 것이 그것을 창조한 분에게, 《왜 당신은 나를 이렇게 만들었습니까?》라고 말해야 하겠습니까?

21 When a potter makes jars out of clay, doesn't he have aright to use the same lump of clay to make one jar for decoration and another to throw garbage into?

21 도자기공이 진흙으로 단지들을 만들 때, 같은 진흙 덩어리를 리용하여 단지 하나는 장식용으로 만들고 다른 하나는 쓰레기를 던져 넣기 위해 만들 권리를 그가 가지고 있지 않습니까?

22 In the same way, even though God has the right to show his anger and his power, he is very patient with those on whom his anger falls, who are destined for destruction.

22 마찬가지로, 하나님께서는 자신의 분노와 자신의 능력을 보여 줄 권리가 있음에도 불구하고, 그분은 자신의 분노가 그들 우에 떨어지는 사람들, 멸망될 운명에 처해 있는 사람들에게 매우 참을성이 있으십니다.

23 He does this to make the riches of his glory shine even brighter on those to whom he shows mercy, who were prepared in advance for glory.

23 그분은 자신의 영광의 부유함을 자신이 은정을 보여 주는 사람들 우에 밝고 더욱더 빛나게 하시려고 이렇게 하셨습니다. 그들은 영광을 위해 미리 준비되여 있었다고.

24 And we are among those whom he selected, both from the Jews and from the Gentiles.

24 그리고 우리는 그분이 선택하신 사람들 가운데 있습니다. 유태인 출신도 있고 비유태인 출신도 있습니다.

25 Concerning the Gentiles, God says in the prophecy of Hosea, "Those who were not my people, I will now call my people. And I will love those whom I did not love before."

25 비유태인들에 대하여, 하나님께서는 호세아의 예언에서 말씀하셨습니다, 《내 백성이 아닌 그들을, 내가 이제는 나의 백성이라고 부를 것이다. 그리고 나는 이전에 사랑하지 않았던 그들을 사랑할 것이다.》

26 And, "Then, at the place where they were told, 'You are not my people,' there they will be called 'children of the living God.'"

26 그리고, 《그때, 그들이, 〈너희는 내 백성이 아니다,〉라는 말을 들었

던 그곳에서, 그들은 〈살아 계신 하나님의 아들딸들〉이라고 불리울 것이다.》

27 **And concerning Israel, Isaiah the prophet cried out, "Though the people of Israel are as numerous as the sand of the seashore, only a remnant will be saved.**

27 그리고 이스라엘에 대해, 예언자 이사야가 웨쳤습니다. 《이스라엘 백성이 해변가의 모래처럼 많을지라도, 오직 남은 사람만이 구원을 받을 것이다.

28 **For the LORD will carry out his sentence upon the earth quickly and with finality."**

28 왜냐하면 주님께서 자신의 말씀을 이 땅 우에서 빠르고 단호하게 실행하실 것이기 때문이다.》

29 **And Isaiah said the same thing in another place: "If the LORD of Heaven's Armies had not spared a few of our children, we would have been wiped out like Sodom, destroyed like Gomorrah."**

29 그리고 이사야가 다른 곳에서 같은 것을 말했습니다: 《만일 하늘군대의 주님께서 우리 아들딸들 중 몇 사람을 살려두지 않으셨다면, 우리는 소돔과 같이 전멸되고, 고모라같이 멸망되였을 것이다.》

Israel's Unbelief

이스라엘의 믿지 않는 마음

30 **What does all this mean? Even though the Gentiles were not trying to follow God's standards, they were made right with God. And it was by faith that this took place.**

30 이 모든 것은 무엇을 의미합니까? 비유태인들이 하나님의 기준들을 따르려고 노력하지 않았음에도 불구하고, 그들은 하나님과 올바르게 되였습니다. 그리고 이런 일이 일어난 것은 믿음에 의해서였습니다.

31 **But the people of Israel, who tried so hard to get right with God by keeping the law, never succeeded.**

31 그러나 그 률법을 지킴으로써 하나님과 옳바르게 되기 위해 그렇게도 열심히 노력한 이스라엘 백성들은 결코 성공하지 못했습니다.

32 **Why not? Because they were trying to get right with God by keeping the law instead of by trusting in him. They stumbled over the great rock in their path.**

32 왜 그러지 못했습니까? 왜냐하면 그들은 그분을 믿음으로써가 아니라 그 률법을 지키는 것으로써 하나님과 옳바르게 되려고 노력했기 때

문입니다. 그들은 자기들이 가던 길에서 큰 바위덩이에 걸채어 넘어졌습니다.

33 **God warned them of this in the Scriptures when he said, "I am placing a stone in Jerusalem that makes people stumble, a rock that makes them fall. But anyone who trusts in him will never be disgraced."**

33 하나님께서는 하나님말씀책에서 그들에게 이것에 대해 경고하면서 말씀하셨습니다, 《나는 사람들을 걸채어 넘어지게 할 돌, 그들을 넘어지게 할 바위를 예루살렘에 놓아 둘 것이다. 그러나 그분을 믿는 사람은 누구든지 결코 수치를 당하지 않을 것이다.》

10

1 **Dear brothers and sisters, the longing of my heart and my prayer to God is for the people of Israel to be saved.**

1 사랑하는 형제들과 자매들이여, 나의 마음의 간절한 소원과 하나님께 드리는 나의 기도는 이스라엘 백성들이 구원되도록 하기 위해서입니다.

2 **I know what enthusiasm they have for God, but it is misdirected zeal.**

2 나는 하나님에 대한 그들의 열정을 알고 있습니다, 그러나 그것은 잘못된 열성입니다.

3 **For they don't understand God's way of making people right with himself. Refusing to accept God's way, they cling to their own way of getting right with God by trying to keep the law.**

3 왜냐하면 그들은 사람들이 하나님과 옳바르게 하는 그분 자신의 방법을 리해하지 못하기 때문입니다. 하나님의 방법을 받아들이기를 거부하면서, 그들은 그 률법을 지키려고 노력하는 것으로 하나님과 올바르게 하기 위한 그들 자신들의 방법에 매달렸습니다.

4 **For Christ has already accomplished the purpose for which the law was given. As a result, all who believe in him are made right with God.**

4 왜냐하면 그리스도는 이미 그 률법의 주어진 목적을 달성하셨기 때문입니다. 결과적으로, 그분을 믿는 모든 사람들은 하나님과 옳바르게 되었습니다.

Salvation Is for Everyone

구원은 모두를 위한 것이다

5 **For Moses writes that the law's way of making a person right with God requires obedience to all of its commands.**

5 왜냐하면 모세가 사람들을 하나님과 올바르게 하는 그 률법의 방법은 그것의 모든 명령에 대한 복종을 요구한다고 쓰고 있기 때문입니다.

6 **But faith's way of getting right with God says, "Don't say in your heart, 'Who will go up to heaven?' (to bring Christ down to earth).**

6 그러나 하나님과 옳바르게 하는 믿음의 방법은 말합니다, 《너의 마음속에, 〈누가 하늘에 올라갈까?〉라고 말하지 말라,(그리스도를 땅으로 모셔 내리기 위해)

7 **And don't say, 'Who will go down to the place of the dead?' (to bring Christ back to life again)."**

7 그리고, 〈누가 죽은 사람들의 자리에 내려갈까?〉라고 말하지 말라(그리스도를 되살려 모시기 위해)》.

8 **In fact, it says, "The message is very close at hand; it is on your lips and in your heart." And that message is the very message about faith that we preach:**

8 사실상, 그것은, 《그 말씀이 바로 가까이 곁에 있다; 그것은 너의 입술과 너의 마음속에 있다》고 말하고 있습니다. 그리고 그 말씀이 바로 우리가 전하는 믿음에 대한 바로 그 말씀입니다:

9 **If you confess with your mouth that Jesus is Lord and believe in your heart that God raised him from the dead, you will be saved.**

9 만일 당신들이 자신들의 입으로 예수님이 주님이라고 고백하고 당신들의 마음속에 하나님께서 죽은 사람들로부터 그분을 되살리셨다고 믿는다면, 당신들은 구원될 것입니다.

10 **For it is by believing in your heart that you are made right with God, and it is by confessing with your mouth that you are saved.**

10 왜냐하면 당신들이 하나님과 옳바르게 되는 것은 당신들의 마음속에 믿음으로써 이루어지며, 당신들이 구원되는 것은 당신들의 입으로 고백함으로써 이루어지기 때문입니다.

11 **As the Scriptures tell us, "Anyone who trusts in him will never be disgraced."**

11 하나님말씀책이 우리에게 말씀하는 것과 같이, 《그분을 믿는 사람은 누구든지 결코 수치를 당하지 않을 것이다.》

12 **Jew and Gentile are the same in this respect. They have the same Lord, who gives generously to all who call on him.**

12 유태인과 비유태인은 이 점에서 동일합니다. 그들은 그분을 부르는 사람 모두에게 아낌없이 주시는 동일한 주님을 모시고 있습니다.

13 **For "Everyone who calls on the name of the LORD will be saved."**

13 왜냐하면 《주님의 이름을 부르는 사람은 모두가 구원될 것이다.》이
기 때문입니다.

14 But how can they call on him to save them unless they believe in him? And how can they believe in him if they have never heard about him? And how can they hear about him unless someone tells them?

14 그러나 그들이 그분을 믿지 않는다면 어떻게 자기들을 구원해 달라고
그분을 부를 수 있겠습니까? 그리고 그들이 그분에 대해 들어본 적이 없
다면 어떻게 그들이 그분을 믿을 수 있겠습니까? 그리고 누군가가 그분
에 대해 그들에게 말하지 않는다면 어떻게 그들이 들을 수 있겠습니까?

15 And how will anyone go and tell them without being sent? That is why the Scriptures say, "How beautiful are the feet of messengers who bring good news!"

15 그리고 보내심 없이 어떻게 누군가가 가서 그들에게 말하겠습니까?
그렇기 때문에 하나님말씀책이 말하고 있습니다, 《반가운 소식을 가져
오는 전달자들의 발걸음이 얼마나 아름다운가!》

16 But not everyone welcomes the Good News, for Isaiah the prophet said, "LORD, who has believed our message?"

16 그러나 누구나 이 반가운 소식을 기꺼이 받아들이지 않습니다, 왜냐
하면 예언자 이사야가 말했기 때문입니다, 《주님, 누가 우리가 전하는
말을 믿었습니까?》

17 So faith comes from hearing, that is, hearing the Good News about Christ.

17 그러므로 믿음은 듣는 것으로부터 옵니다, 즉, 그리스도에 대한 반가
운 소식을 듣는 것입니다.

18 But I ask, have the people of Israel actually heard the message? Yes, they have: "The message has gone throughout the earth, and the words to all the world."

18 그러나 내가 묻겠습니다, 이스라엘 백성이 실제로 그 소식을 들은 적
이 있습니까? 그렇습니다, 그들은 들었습니다: 《그 전하는 말은 온 땅
에 퍼졌고, 그 말씀은 온 세상에 이르렀다.》

19 But I ask, did the people of Israel really understand? Yes, they did, for even in the time of Moses, God said, "I will rouse your jealousy through people who are not even a nation. I will provoke your anger through the foolish Gentiles."

19 그러나 내가 묻겠습니다, 이스라엘 백성이 실제로 리해했습니까? 그
렇습니다, 그들은 리해했습니다, 왜냐하면 지어 모세의 때에도, 하나님
께서 말씀하셨습니다, 《내가 지어 백성도 아닌 사람들을 통하여 너희의

질투를 불러일으킬 것이다. 내가 어리석은 비유태인들을 통해 너희들
의 분노를 불러일으킬 것이다.》

20 And later Isaiah spoke boldly for God, saying, "I was found by people who were not looking for me. I showed myself to those who were not asking for me."

20 그리고 그 후에 이사야는 하나님에 대해 《나는 나를 찾지 않았던 사람들을 만나주었다. 나는 나에게 묻지 않았던 사람들에게 나 자신을 나타내 보여 주었다.》라고 말하면서 대담하게 말했습니다.

21 But regarding Israel, God said, "All day long I opened my arms to them, but they were disobedient and rebellious."

21 그러나 이스라엘에 대해서는, 하나님께서 말씀하셨습니다. 《온종일 나는 나의 두 팔을 그들에게 벌렸으나, 그들은 말을 듣지 않았고 반역적이였다.》

11

God's Mercy on Israel

이스라엘에 대한 하나님의 은정

1 I ask, then, has God rejected his own people, the nation of Israel? Of course not! I myself am an Israelite, a descendant of Abraham and a member of the tribe of Benjamin.

1 내가 묻겠습니다. 그렇다면, 하나님께서 자기 자신의 백성, 이스라엘 백성을 내버리셨습니까? 물론 그렇지 않습니다! 나 자신도 이스라엘 사람입니다. 아브라함의 후손이며 베냐민 가계의 한 성원입니다.

2 No, God has not rejected his own people, whom he chose from the very beginning. Do you realize what the Scriptures say about this? Elijah the prophet complained to God about the people of Israel and said,

2 아닙니다. 하나님께서는 그분이 맨 처음부터 선택하신 자기 자신의 백성을 버리지 않으셨습니다. 당신들은 이것에 대해 하나님말씀책이 말씀하시는 것을 깨닫지 못합니까? 예언자 엘리야가 이스라엘 백성에 대하여 불평하며 말했습니다.

3 "LORD, they have killed your prophets and torn down your altars. I am the only one left, and now they are trying to kill me, too."

3 《주님, 그들이 당신의 예언자들을 죽이고 당신의 제사단을 마사 버렸습니다. 남은 사람은 저 혼자뿐입니다. 그런데 이제 그들은 저마저도, 죽이려고 합니다.》

4 **And do you remember God's reply? He said, "No, I have 7,000 others who have never bowed down to Baal!"**

4 그리고 당신들은 하나님의 대답을 기억하십니까? 그분이 말씀하셨습니다. 《그렇지 않다. 나에게는 바알에게 결코 무릎을 꿇지 않는 7,000 명의 다른 사람들이 있다!》

5 **It is the same today, for a few of the people of Israel have remained faithful because of God's grace—his undeserved kindness in choosing them.**

5 오늘날도 마찬가지입니다. 왜냐하면 이스라엘 백성의 얼마간은 하나님의 은정—그분이 그들을 선택함에 있어서 받을 자격이 없는 그분의 애정—으로 하여 믿음을 간직하고 있기 때문입니다.

6 **And since it is through God's kindness, then it is not by their good works. For in that case, God's grace would not be what it really is. free and undeserved.**

6 그리고 그것은 하나님의 애정으로 인한 것이기 때문입니다. 그것은 그들의 선량한 로력에 의한 것이 아닙니다. 왜냐하면 그렇다면, 하나님의 아낌없고 분에 넘치는 은정은 진정한 것이 아닐 것이기 때문입니다.

7 **So this is the situation: Most of the people of Israel have not found the favor of God they are looking for so earnestly. A few have—the ones God has chosen—but the hearts of the rest were hardened.**

7 그러하여 이것은 이런 립장입니다: 이스라엘의 대부분의 백성들은 자기들이 그렇게도 열렬히 구하던 하나님의 은정을 얻지 못했습니다. 얼마간의 사람들은—하나님께서 선택하신 사람들—은정을 받았지만 나머지 사람들의 마음은 무정해졌습니다.

8 **As the Scriptures say, "God has put them into a deep sleep. To this day he has shut their eyes so they do not see, and closed their ears so they do not hear."**

8 하나님말씀책에서 말하듯이, 《하나님께서 그들을 깊은 잠에 빠지게 하셨다. 오늘날까지 그분은 그들의 눈들을 감기고 그래서 그들이 보지 못하며, 그들의 귀들을 막아서 그들은 듣지 못한다.》

9 **Likewise, David said, "Let their bountiful table become a snare, a trap that makes them think all is well. Let their blessings cause them to stumble, and let them get what they deserve.**

9 마찬가지로, 다윗이 말했습니다. 《그들의 가득한 밥상이 그들로 하여금 모든 것이 잘 되고 있다고 생각하게 하는 올가미와, 덫이 되게 하여 주십시오. 그들의 축복들이 그들을 걸채어 넘어지게 하여 주십시오. 그리하여 그들이 받아 마땅한 것을 받게 하여 주십시오.

10 Let their eyes go blind so they cannot see, and let their backs be bent forever."

10 그들의 눈이 멀어서 그들이 볼 수 없게 하시고, 그들의 등이 영원히 굽어 있게 하여 주십시오.》

11 Did God's people stumble and fall beyond recovery? Of course not! They were disobedient, so God made salvation available to the Gentiles. But he wanted his own people to become jealous and claim it for themselves.

11 하나님의 백성들이 회복할 수 없게 걸채어 넘어졌습니까? 물론 아닙니다! 그들은 말을 듣지 않았습니다. 그래서 하나님께서 비유태인들에게 구원을 얻을 수 있게 만드셨습니다. 그러나 그분은 그분 자신의 백성들이 질투심이 나서 그들 자신들이 그것을 요구하게 하셨습니다.

12 Now if the Gentiles were enriched because the people of Israel turned down God's offer of salvation, think how much greater a blessing the world will share when they finally accept it.

12 이제 만일 비유인들이 하나님의 구원의 제의를 거절한 이스라엘 백성들 때문에 부유해졌다면, 그들이 그것을 드디어 받아들일 때 세상이 얼마나 더 큰 축복을 서로 나누게 될지 생각해보십시오.

13 I am saying all this especially for you Gentiles. God has appointed me as the apostle to the Gentiles. I stress this,

13 나는 이 모든 것을 특히 당신들 비유태인들을 위해 말하고 있습니다. 하나님께서는 나를 비유태인들을 위한 핵심제자로 임명하셨습니다. 나는 이것을 강조합니다.

14 for I want somehow to make the people of Israel jealous of what you Gentiles have, so I might save some of them.

14 왜냐하면 나는 어떻게 해서든지 이스라엘 백성들로 하여금 당신들 비유태인들이 가지고 있는 것에 대해 질투하기를 바라기 때문입니다. 그리하여 내가 그들 중 얼마간을 구원할 것입니다.

15 For since their rejection meant that God offered salvation to the rest of the world, their acceptance will be even more wonderful. It will be life for those who were dead!

15 왜냐하면 그들의 거부가 하나님께서 세상의 나머지 사람들에게 구원을 제안하셨다는 것을 의미하므로, 그들의 받아들임은 훨씬 더 놀라게 될 것이기 때문입니다. 그것은 죽은 사람들을 위한 생명이 될 것입니다!

16 And since Abraham and the other patriarchs were holy, their descendants will also be holy—just as the entire batch of dough is holy because the portion given as an offering is holy. For if the roots of the tree are holy,

the branches will be, too.

16 그리고 아브라함과 다른 선조들이 거룩했기 때문에, 그들의 후손들도 역시 거룩할 것입니다—마치 제물로 드려진 일부분이 거룩하기에 전체 반죽 덩어리가 거룩한 것과 마찬가지입니다. 왜냐하면 만일 나무의 뿌리가 거룩하다면, 그 가지들도 역시, 거룩할 것이기 때문입니다.

17 **But some of these branches from Abraham's tree—some of the people of Israel—have been broken off. And you Gentiles, who were branches from a wild olive tree, have been grafted in. So now you also receive the blessing God has promised Abraham and his children, sharing in the rich nourishment from the root of God's special olive tree.**

17 그러나 아브라함의 나무로부터 나온 이 가지들 중 얼마간은—이스라엘 백성들의 일부—떨어져 나갔습니다. 그리고 야생 올리브 나무로부터 나온 가지들이였던, 당신들 비유태인들이 접붙여졌습니다. 그러므로 이제 당신들도 하나님께서 아브라함과 그의 아들딸들에게 약속하신, 하나님의 특별한 올리브 나무의 뿌리로부터 풍부한 영양분을 서로 나누면서, 축복을 받습니다.

18 **But you must not brag about being grafted in to replace the branches that were broken off. You are just a branch, not the root.**

18 그러니 당신들은 잘려져 나간 가지들 대신해 접붙여졌다는 것에 대해 자랑해서는 안 됩니다. 당신들은 가지에 불과하고, 뿌리는 아닙니다.

19 **"Well," you may say, "those branches were broken off to make room for me."**

19 《그런데,》 당신들은 말할 수 있습니다, 《그 나무가지들은 나를 위한 자리를 내여 주기 위해 잘려 나갔다.》

20 **Yes, but remember—those branches were broken off because they didn't believe in Christ, and you are there because you do believe. So don't think highly of yourself, but fear what could happen.**

20 그렇습니다, 그러나 기억하십시오—그 나무가지들이 잘려 나간 것은 그것들이 그리스도를 믿지 않았기 때문입니다, 그리고 당신들은 믿기 때문에 거기에 있는 것입니다. 그러므로 자만하지 마십시오, 일어날 수 있는 것에 대해 두려워하십시오.

21 **For if God did not spare the original branches, he won't spare you either.**

21 왜냐하면 만일 하나님께서 본래의 가지들을 아끼지 않으셨다면, 그분은 당신들도 아끼지 않으실 것이기 때문입니다.

22 **Notice how God is both kind and severe. He is severe toward those who disobeyed, but kind to you if you continue to trust in his kindness. But if**

you stop trusting, you also will be cut off.

22 하나님께서 얼마나 친절하면서도 가혹하신가에 류의하십시오. 그분은 복종하지 않는 사람들에게 가혹하지만, 만일 당신들이 계속 그분의 애정을 믿는다면 당신들에게 자애로우실 것입니다. 그러나 만일 당신들이 믿기를 그만둔다면, 당신들도 역시 잘려 나갈 것입니다.

23 And if the people of Israel turn from their unbelief, they will be grafted in again, for God has the power to graft them back into the tree.

23 그리고 만일 이스라엘 백성들이 그들의 믿지 않는 마음으로부터 돌아선다면, 그들은 다시 접붙여질 것입니다. 왜냐하면 하나님께는 그것들을 다시 나무에 접붙일 능력이 있으시기 때문입니다.

24 You, by nature, were a branch cut from a wild olive tree. So if God was willing to do something contrary to nature by grafting you into his cultivated tree, he will be far more eager to graft the original branches back into the tree where they belong.

24 당신들은, 본래, 야생 올리브 나무로부터 잘려진 가지였습니다. 그러므로 만일 하나님께서 당신들을 그분의 재배하는 나무에 접붙이심으로써 본성과는 정반대의 무언가를 하실 의향이 있었다면, 그분은 그것들이 속한 나무로 돌아가 본래의 가지들에 접붙이는 것을 훨씬 더 간절히 원하셨을 것입니다.

God's Mercy Is for Everyone

하나님의 은정은 모든 사람들을 위한 것이다

25 I want you to understand this mystery, dear brothers and sisters, so that you will not feel proud about yourselves. Some of the people of Israel have hard hearts, but this will last only until the full number of Gentiles comes to Christ.

25 사랑하는 형제들과 자매들이여, 나는 당신들이 당신 자신들에 대해 자만하지 않도록 하기 위해, 당신들이 이 비밀을 리해하기 바랍니다. 이스라엘 백성들 중 일부는 잔혹한 마음을 가지고 있습니다, 그러나 이것은 비유태인들 모두가 그리스도에게 돌아올 때까지만 지속될 것입니다.

26 And so all Israel will be saved. As the Scriptures say, "The one who rescues will come from Jerusalem, and he will turn Israel away from ungodliness.

26 그리고 모든 이스라엘이 구원될 것입니다. 하나님 말씀책이 말하는 것처럼, 《구원하실 분은 예루살렘으로부터 오실 것이며, 그리고 그분은 이스라엘을 불신앙으로부터 돌려세우실 것이다.

27 **And this is my covenant with them, that I will take away their sins."**

27 그리고 이것이 내가 그들의 죄들을 없애겠다는, 그들과의 나의 계약이다.》

28 **Many of the people of Israel are now enemies of the Good News, and this benefits you Gentiles. Yet they are still the people he loves because he chose their ancestors Abraham, Isaac, and Jacob.**

28 많은 이스라엘 백성들은 이제 반가운 소식의 적수들입니다, 그런데 이것은 당신들 비유태인들에게 리롭습니다. 그러나 그들은 여전히 그분이 사랑하시는 백성들입니다 왜냐하면 그분이 그들의 선조들인 아브라함, 이삭, 그리고 야곱을 선택하셨기 때문입니다.

29 **For God's gifts and his call can never be withdrawn.**

29 왜냐하면 하나님의 선물들과 그분의 부르심은 결코 철회될 수 없기 때문입니다.

30 **Once, you Gentiles were rebels against God, but when the people of Israel rebelled against him, God was merciful to you instead.**

30 전에는, 당신들 비유태인들이 하나님을 반대하는 반역자들이였습니다, 그러나 이스라엘 백성들이 그분을 반대하여 반역했을 때, 하나님께서는 대신에 당신들에게 은정을 베푸셨습니다.

31 **Now they are the rebels, and God's mercy has come to you so that they, too, will share in God's mercy.**

31 지금 그들은 반역자들입니다, 그런데 하나님의 은정이 당신들에게 왔습니다. 그리하여 그들, 역시 하나님의 은정을 받게 될 것입니다.

32 **For God has imprisoned everyone in disobedience so he could have mercy on everyone.**

32 하나님께서 복종하지 않는 모든 사람들을 가두어 두신 리유는 그분께서 모든 사람들에게 은정을 베푸시기 위해서입니다.

33 **Oh, how great are God's riches and wisdom and knowledge! How impossible it is for us to understand his decisions and his ways!**

33 오오, 하나님의 부유함과 지혜와 지식은 참으로 큽니다! 그분의 결심과 그분의 방법들을 우리가 리해하는 것은 참으로 불가능합니다!

34 **For who can know the LORD's thoughts? Who knows enough to give him advice?**

34 왜냐하면 누가 주님의 생각들을 알 수 있겠습니까? 누가 그분에게 의견을 드릴 만큼 알고 있습니까?

35 **And who has given him so much that he needs to pay it back?**

35 그리고 누가 그분에게 돌려받을 만큼 한 것을 그분께 드렸습니까?

36 For everything comes from him and exists by his power and is intended for his glory. All glory to him forever! Amen.

36 왜냐하면 모든 것이 그분으로부터 나오고 그분의 능력으로 하여 존재하며 그분의 영광을 위해 계획되였기 때문입니다. 모든 영광이 그분께 영원히 있습니다! 아멘.

12

A Living Sacrifice to God

하나님께 드리는 산 제물

1 And so, dear brothers and sisters, I plead with you to give your bodies to God because of all he has done for you. Let them be a living and holy sacrifice—the kind he will find acceptable. This is truly the way to worship him.

1 그러므로, 사랑하는 형제들과 자매들이여, 나는 당신들에게 자신들의 몸을 하나님께 드릴 것을 탄원합니다. 왜냐하면 그분이 당신들을 위해 모든 것을 하셨기 때문입니다. 그들로 하여금 살아 있는 그리고 거룩한 제물이—그분이 받아드릴 수 있을 만한 것—되게 하십시오. 이것이 그분을 례배하는 진정한 길입니다.

2 Don't copy the behavior and customs of this world, but let God transform you into a new person by changing the way you think. Then you will learn to know God's will for you, which is good and pleasing and perfect.

2 이 세상의 행실과 관습들을 본따지 말고, 당신들이 생각하는 방식을 바꾸므로써 하나님께서 당신들을 새로운 사람으로 바꿀 수 있게 하십시오. 그러면 당신들은 자신들을 위한, 선량하고 기쁘고 완전한 하나님의 뜻을 알게 될 것입니다

3 Because of the privilege and authority God has given me, I give each of you this warning: Don't think you are better than you really are. Be honest in your evaluation of yourselves, measuring yourselves by the faith God has given us.

3 하나님께서 나에게 주신 특권과 권위로 하여, 나는 당신들 매 사람에게 이 교훈을 줍니다: 당신들은 자신들의 실제보다 당신들이 더 낫다고 생각하지 마십시오. 하나님께서 우리에게 주신 믿음으로써 당신 자신들을 측정하면서 당신 자신들에 대한 평가를 정직하게 하십시오.

4 Just as our bodies have many parts and each part has a special function,

4 우리의 몸은 많은 기관들이 있고 각 기관은 특별한 기능을 가지고 있

듯이,

5 so it is with Christ's body. We are many parts of one body, and we all belong to each other.

5 그와 같이 그리스도의 몸도 마찬가지입니다. 우리는 한 몸의 많은 기관들이고, 우리 모두는 서로에게 속해 있습니다.

6 In his grace, God has given us different gifts for doing certain things well. So if God has given you the ability to prophesy, speak out with as much faith as God has given you.

6 그분의 은정 속에, 하나님께서는 우리에게 어떤 일들을 잘할 수 있는 여러 가지 선물들을 주셨습니다. 그러므로 만일 하나님께서 당신들에게 예언의 능력을 주셨다면, 하나님께서 당신들에게 주신 믿음만큼을 가지고 말하십시오.

7 If your gift is serving others, serve them well. If you are a teacher, teach well.

7 만일 당신들의 선물이 다른 사람들에게 봉사하는 것이라면, 그들에게 잘 봉사하십시오. 만일 당신들이 가르치는 사람이라면, 잘 가르치십시오.

8 If your gift is to encourage others, be encouraging. If it is giving, give generously. If God has given you leadership ability, take the responsibility seriously. And if you have a gift for showing kindness to others, do it gladly.

8 만일 당신들의 선물이 다른 사람들을 고무하는 것이라면, 격려하여 주십시오. 만일 그것이 주는 것이라면, 아낌없이 주십시오. 만일 하나님께서 당신들에게 통솔력의 능력을 주셨다면, 그 책임을 진지하게 받아들이십시오. 그리고 만일 당신들이 다른 사람들에게 친절함을 보여 주기 위한 선물을 받았다면, 그 일을 기쁘게 하십시오.

9 Don't just pretend to love others. Really love them. Hate what is wrong. Hold tightly to what is good.

9 단지 다른 사람들을 사랑하는 체하지 마십시오. 진정으로 그들을 사랑하십시오. 잘못된 것을 미워하십시오. 선량한 것을 단단히 잡으십시오.

10 Love each other with genuine affection, and take delight in honoring each other.

10 거짓 없는 애정을 가지고 서로서로 사랑하십시오, 그리고 서로 존중하면서 기쁨을 얻으십시오.

11 Never be lazy, but work hard and serve the Lord enthusiastically.

11 절대로 게으르지 말고, 열심히 일하며 하나님을 열렬히 섬기십시오.

12 **Rejoice in our confident hope. Be patient in trouble, and keep on praying.**

12 우리의 확신에 찬 희망 속에서 즐거워하십시오. 곤난 속에서 인내하고, 계속하여 기도하십시오.

13 **When God's people are in need, be ready to help them. Always be eager to practice hospitality.**

13 하나님의 백성들이 어려움에 처해 있을 때, 그들을 즉시 도와주십시오. 언제나 손님 대접을 열심히 하십시오.

14 **Bless those who persecute you. Don't curse them; pray tha tGod will bless them.**

14 당신들을 박해하는 사람들을 축복하십시오. 그들을 저주하지 마십시오; 하나님께서 그들을 축복하시기를 기도하십시오.

15 **Be happy with those who are happy, and weep with those who weep.**

15 기뻐하는 사람들과 함께 기뻐하고, 슬펴하는 사람들과 함께 슬퍼하십시오.

16 **Live in harmony with each other. Don't be too proud to enjoy the company of ordinary people. And don't think you know it all!**

16 서로 화목하게 지내십시오. 보통 사람들과 함께 즐기지 못할 정도로 지나치게 자만하지 마십시오. 그리고 당신들이 모든 것을 다 안다고 생각하지 마십시오!

17 **Never pay back evil with more evil. Do things in such a way that everyone can see you are honorable.**

17 절대로 악한 것을 더 악한 것으로 갚지 마십시오. 모든 사람들이 당신들을 존경할 만하다고 여길 수 있는 그런 방식으로 일하십시오.

18 **Do all that you can to live in peace with everyone.**

18 모든 사람들과 평화롭게 살 수 있도록 당신들이 할 수 있는 모든 것을 하십시오.

19 **Dear friends, never take revenge. Leave that to the righteous anger of God. For the Scriptures say, "I will take revenge; I will pay them back," says the LORD.**

19 사랑하는 친구들이여, 결코 원쑤를 갚지 마십시오. 그 일은 하나님의 정의의 노여움에 맡기십시오. 왜냐하면 하나님말씀책에서 말하고 있기 때문입니다, 《내가 원쑤를 갚을 것이다; 내가 그들에게 갚아 주겠다.》 주님께서 말씀하십니다.

20 **Instead, "If your enemies are hungry, feed them. If they are thirsty, give them something to drink. In doing this, you will heap burning coals of shame on their heads."**

20 대신에, 《만일 너희들의 원쑤들이 배고파하면, 그들에게 먹을 것을 주어라. 만일 그들이 목말라 하면 그들에게 무엇인가 마실 것을 주어라. 이것을 실행하면, 너희는 그들의 머리 우에 수치감의 타오르는 숯을 쌓게 되는 것이다.》

21 Don't let evil conquer you, but conquer evil by doing good.

21 악한 것이 당신들을 정복하지 못하게 하고, 선량한 것을 실행함으로써 악한 것을 정복하십시오.

13

Respect for Authority

권위에 대한 존중

1 Everyone must submit to governing authorities. For all authority comes from God, and those in positions of authority have been placed there by God.

1 누구든지 다스리는 권위에 복종해야 합니다. 왜냐하면 모든 권위는 하나님으로부터 나오고, 권위의 자리에 있는 사람들은 하나님에 의해 거기에 배치되기 때문입니다.

2 So anyone who rebels against authority is rebelling against what God has instituted, and they will be punished.

2 그러므로 권위에 반대하는 사람은 누구든지 하나님께서 마련하신 것을 반대하고 있는 것입니다, 그리하여 그들은 처벌될 것입니다.

3 For the authorities do not strike fear in people who are doing right, but in those who are doing wrong. Would you like to live without fear of the authorities? Do what is right, and they will honor you.

3 왜냐하면 권위자들은 옳은 일을 하는 사람들에게 두려움을 느끼게 하지 않으나, 잘못된 일을 하는 사람들에게 두려움을 느끼게 합니다. 당신들은 권위자들의 두려움 없이 살고 싶습니까? 옳바른 일을 하십시오, 그러면 그들은 당신들을 존중할 것입니다.

4 The authorities are God's servants, sent for your good. But if you are doing wrong, of course you should be afraid, for they have the power to punish you. They are God's servants, sent for the very purpose of punishing those who do what is wrong.

4 권위자들은 당신들의 리득을 위해 보내여진, 하나님의 심부름군들입니다. 그러나 만일 당신들이 잘못된 일을 하면, 당연히 당신들은 두려워할 것입니다, 왜냐하면 그들은 당신들을 처벌할 권한을 가지고 있기

때문입니다. 그들은, 잘못된 일을 하는 사람들을 처벌할 바로 그 목적을 위해 보내여진, 하나님의 심부름군들입니다.

5 So you must submit to them, not only to avoid punishment, but also to keep a clear conscience.

5 그러므로 당신들은, 처벌을 피하기 위해서 뿐 아니라, 깨끗한 량심을 지키기 위해서라도 그들에게 복종해야 합니다.

6 Pay your taxes, too, for these same reasons. For government workers need to be paid. They are serving God in what they do.

6 이와 똑같은 리유 때문에, 당신들의 세금도 내십시오. 왜냐하면 행정기관 일군들에게 로임이 지불되여야 하기 때문입니다. 그들은 자기들이 하는 것으로 하나님을 섬기고 있습니다.

7 Give to everyone what you owe them: Pay your taxes and government fees to those who collect them, and give respect and honor to those who are in authority.

7 당신들이 지불해야 할 의무가 있는 모든 사람에게 내십시오: 당신들의 세금과 행정기관 수수료 그것들을 모아들이는 사람들에게 지불하십시오, 그리고 권위 있는 사람들에게 존중과 례의를 표하십시오.

Love Fulfills God's Requirements

사랑은 하나님의 요구를 실현한다

8 Owe nothing to anyone—except for your obligation to love one another. If you love your neighbor, you will fulfill the requirements of God's law.

8 그 누구에게도 아무것도 빚지지 마십시오—서로 사랑해야 하는 당신들의 의무 이외에는. 만일 당신들이 자신의 이웃을 사랑하면, 당신들은 하나님의 률법의 요구조건들을 실현하게 될 것입니다.

9 For the commandments say, "You must not commit adultery. You must not murder. You must not steal. You must not covet." These—and other such commandments—are summed up in this one commandment: "Love your neighbor as yourself."

9 왜냐하면 그 명령들이 말하고 있기 때문입니다, 《너희는 부화해서는 안 된다. 너희는 살인해서는 안 된다. 너희는 도적질해서는 안 된다. 너희는 욕심내서는 안 된다.》 이것들과—그리고 다른 그러한 명령들은—이 하나의 명령으로 요약됩니다: 《너희 이웃을 너희 자신과 같이 사랑하여라.》

10 Love does no wrong to others, so love fulfills the requirements of God's law.

10 사랑은 다른 사람들에게 그릇된 것을 하지 않습니다, 그래서 사랑은 하나님의 률법의 요구조건들을 실현합니다.

11 This is all the more urgent, for you know how late it is; time is running out. Wake up, for our salvation is nearer now than when we first believed.

11 모든 것이 더욱더 절박해졌습니다, 왜냐하면 당신들은 얼마나 늦었는지 알고 있기 때문입니다; 시간이 빨리 가고 있습니다. 깨여나십시오, 왜냐하면 우리의 구원이 이제 우리가 처음 믿었을 때보다 더 가까이에 있기 때문입니다.

12 The night is almost gone; the day of salvation will soon be here. So remove your dark deeds like dirty clothes, and put on the shining armor of right living.

12 밤이 이제 거의 지났습니다; 구원의 날이 곧 여기에 올 것입니다. 그러므로 당신들의 더러운 옷과 같은 어두운 행위들을 그만두십시오, 그리고 옳바른 삶의 빛나는 갑옷을 입으십시오.

13 Because we belong to the day, we must live decent lives for all to see. Don't participate in the darkness of wild parties and drunkenness, or in sexual promiscuity and immoral living, or in quarreling and jealousy.

13 왜냐하면 우리는 낮에 속했기 때문에, 우리는 모두가 볼 수 있도록 단정한 삶을 살아야 합니다. 단정치 못한 연회들과 술취함의 어두움이나, 성적인 문란함과 비도덕적인 삶이나, 다툼이나 질투에 관계하지 마십시오.

14 Instead, clothe yourself with the presence of the Lord Jesus Christ. And don't let yourself think about ways to indulge your evil desires.

14 대신에, 당신 자신들이 주 예수 그리스도의 인품으로 옷 입으십시오. 그리고 당신 자신들이 악한 욕망을 만족시키는 방법들에 대해 생각하지 않도록 하십시오.

14

The Danger of Criticism

비판의 위험성

1 Accept other believers who are weak in faith, and don't argue with them about what they think is right or wrong.

1 믿음이 약한 다른 믿는 사람들을 받아들이십시오, 그리고 그들이 옳다고 혹은 틀리다고 생각하는 것에 대해 그들과 론하지 마십시오.

2 For instance, one person believes it's all right to eat anything. But another

believer with a sensitive conscience will eat only vegetables.

2 실례로, 한 사람은 아무것이나 먹어도 괜찮다고 믿고 있습니다. 그러나 또 섬세한 량심을 가진 다른 믿는 사람은 남새만을 먹을 것입니다.

3 Those who feel free to eat anything must not look down on those who don't. And those who don't eat certain foods must not condemn those who do, for God has accepted them.

3 아무것이나 먹어도 된다고 느끼는 사람들은 그렇지 않은 사람들을 업수이 여기지 마십시오. 그리고 어떤 음식을 먹지 않는 사람들은 먹는 사람들을 비난해서는 안 됩니다, 왜냐하면 하나님께서 그들을 인정하셨기 때문입니다.

4 Who are you to condemn someone else's servants? Their own master will judge whether they stand or fall. And with the Lord's help, they will stand and receive his approval.

4 당신들이 누구이기에 다른 사람의 종들을 비난합니까? 그들 자신의 주인이 그들이 서거나 넘어지거나를 판단할 것입니다. 그리고 주님의 도우심으로, 그들은 설 것이고 그분의 칭찬을 받을 것입니다.

5 In the same way, some think one day is more holy than another day, while others think every day is alike. You should each be fully convinced that whichever day you choose is acceptable.

5 같은 방식으로, 어떤 사람들은 어느 날이 다른 날보다 더 거룩하다고 생각합니다, 한편 다른 사람들은 모든 날이 똑같다고 생각합니다. 당신들 각자는 당신들이 선택한 어느 날이든지 받아드릴 수 있는지 충분히 깨달아져야 합니다.

6 Those who worship the Lord on a special day do it to honor him. Those who eat any kind of food do so to honor the Lord, since they give thanks to God before eating. And those who refuse to eat certain foods also want to please the Lord and give thanks to God.

6 특별한 날에 주님을 례배하는 사람들은 그분을 찬양하기 위해 그렇게 하는 것입니다. 그들은 먹기 전에 주님께 감사를 드리기 때문에, 어떤 음식이나 먹는 사람들은 하나님의 영광을 위해 그렇게 합니다. 그리고 어떤 음식 먹기를 피하는 사람들 역시 주님을 기쁘시게 하고 하나님께 감사드리기를 원합니다.

7 For we don't live for ourselves or die for ourselves.

7 왜냐하면 우리는 우리 자신들을 위해 살거나 우리 자신들을 위해 죽지 않기 때문입니다.

8 If we live, it's to honor the Lord. And if we die, it's to honor the Lord. So

whether we live or die, we belong to the Lord.

8 만일 우리가 살고 있다면, 주님께 영광을 드리기 위해서입니다. 그리고 만일 우리가 죽는다면, 주님께 영광을 드리기 위하여입니다. 그리하여 우리가 살든지 죽든지, 우리는 주님께 속해 있습니다.

9 **Christ died and rose again for this very purpose—to be Lord both of the living and of the dead.**

9 그리스도는 죽으셨습니다 그리하여 바로 이 목적—살아 있는 사람들과 죽은 사람들 모두의 주님이 되시기 위해 다시 살아나셨습니다.

10 **So why do you condemn another believer? Why do you look down on another believer? Remember, we will all stand before the judgment seat of God.**

10 그런데 왜 당신들은 다른 믿는 사람을 비난합니까? 왜 당신들은 다른 믿는 사람을 업수이 여깁니까? 기억하십시오, 우리 모두가 하나님의 심판의 자리 앞에 서게 될 것입니다.

11 **For the Scriptures say, "'As surely as I live,' says the LORD, 'every knee will bend to me, and every tongue will confess and give praise to God.'"**

11 왜냐하면 하나님말씀책에서 말하기 때문입니다, 《주님께서 말씀하십니다, 〈내가 살아 있는 한, 모든 무릎이 내게 꿇을 것이고, 모든 혀가 고백할 것이며 하나님께 찬양을 드릴 것이다.〉》

12 **Yes, each of us will give a personal account to God.**

12 그렇습니다, 우리 각자가 하나님께 우리의 개인적인 보고를 드려야 할 것입니다.

13 **So let's stop condemning each other. Decide instead to live in such a way that you will not cause another believer to stumble and fall.**

13 그러므로 서로 비난하는 것을 그만둡시다. 대신에 당신들은 다른 믿는 사람이 걸채이고 넘어지는 원인이 되지 않게 그런 방법으로 살겠다고 결심하십시오.

14 **I know and am convinced on the authority of the Lord Jesus that no food, in and of itself, is wrong to eat. But if someone believes it is wrong, then for that person it is wrong.**

14 주 예수님의 권위에 근거하여, 음식은 그 자체로, 먹는 것이 잘못된 것이 아님을 내가 알고 확신하였습니다. 그러나 어떤 사람이 그것이 잘못된 것으로 믿는다면, 그러면 그 사람에게는 그것이 잘못된 것입니다.

15 **And if another believer is distressed by what you eat, you are not acting in love if you eat it. Don't let your eating ruin someone for whom Christ died.**

15 그리고 만일 다른 믿는 사람이 당신들이 먹는 것으로 하여 근심하게 된다면, 당신들은 자신들이 그것을 먹음으로써 사랑으로 행동하고 있는 것이 아닙니다. 당신들의 먹는 것이 그리스도가 그들을 위해 죽으신 누군가를 망하게 하지 맙시다.

16 Then you will not be criticized for doing something you believe is good.

16 그러면 당신들은 자신들이 좋다고 믿는 어떤 것을 하는 것으로 하여 비난받지 말아야 할 것입니다.

17 For the Kingdom of God is not a matter of what we eat or drink, but of living a life of goodness and peace and joy in the Holy Spirit.

17 왜냐하면 하나님의 나라는 우리가 먹고 마시는 것의 문제가 아니라, 성령 안에서 선량함과 평화와 즐거운 삶을 사는 것의 문제이기 때문입니다.

18 If you serve Christ with this attitude, you will please God, and others will approve of you, too.

18 만일 당신들이 이런 몸가짐을 가지고 그리스도를 섬기면, 당신들은 하나님을 기쁘시게 할 것이고, 다른 사람들도 역시 당신들을 인정할 것입니다.

19 So then, let us aim for harmony in the church and try to build each other up.

19 그러므로, 우리가 교회에서 화목을 지향하고 서로를 높여 주기 위해 노력합시다.

20 Don't tear apart the work of God over what you eat. Remember, all foods are acceptable, but it is wrong to eat something if it makes another person stumble.

20 당신들이 먹는 것을 두고 하나님의 일을 허물지 마십시오. 기억하십시오, 모든 음식은 허용됩니다, 그러나 만일 그것이 다른 사람을 걸채이게 만든다면 어떤 것을 먹는 것도 잘못된 것입니다.

21 It is better not to eat meat or drink wine or do anything else if it might cause another believer to stumble.

21 만일 그것이 다른 믿는 사람을 걸채이게 하는 원인이 된다면 고기를 먹거나 포도술을 마시거나 그 외 다른 것을 하지 않는 것이 더 좋겠습니다.

22 You may believe there's nothing wrong with what you are doing, but keep it between yourself and God. Blessed are those who don't feel guilty for doing something they have decided is right.

22 당신들은 자신들이 하고 있는 것에 잘못된 것이 없다고 믿을 수 있습

니다. 그러나 그것을 당신 자신들과 하나님 사이에 간직하십시오. 사람들이 옳다고 결의한 어떤 것을 실행한 것에 대해 죄라고 느끼지 않는 사람들은 복이 있습니다.

23 But if you have doubts about whether or not you should eat something,
you are sinning if you go ahead and do it. For you are not following your convictions. If you do anything you believe is not right, you are sinning.

23 그러나 만일 당신들에게 어떤 것을 먹어야 할지 먹지 말아야 할지에 대한 의심이 있는데도, 만일 당신들이 그냥 그것을 먹어 버리면 당신들은 죄를 짓고 있는 것입니다. 왜냐하면 당신들은 자신들의 신념을 따르고 있지 않기 때문입니다. 만일 당신들이 옳지 않다고 자신들이 믿는 어떤 것을 한다면, 당신들은 죄를 짓고 있는 것입니다.

15

Living to Please Others

다른 사람들을 기쁘게 하는 삶

1 We who are strong must be considerate of those who are sensitive about things like this. We must not just please ourselves.

1 강한 사람들인 우리는 이와 같은 것들에 대해 민감한 사람들인 그들에 대해서 신중히 생각해야 합니다. 우리는 우리 자신들만 기쁘게 해서는 안 됩니다.

2 We should help others do what is right and build them up in the Lord.

2 우리는 옳바른 일을 하는 다른 사람들을 돕고 주님 안에서 그들을 세워 주어야 합니다.

3 For even Christ didn't live to please himself. As the Scriptures say, "The insults of those who insult you, O God, have fallen on me."

3 왜냐하면 그리스도조차도 자기 자신을 기쁘게 하려고 살지 않으셨기 때문입니다. 하나님말씀책이 말하고 있는 것과 같이, 《오오 하나님, 당신을 모욕하는 사람들의 모욕이, 저에게 미쳤습니다.》

4 Such things were written in the Scriptures long ago to teach us. And the Scriptures give us hope and encouragement as we wait patiently for God's promises to be fulfilled.

4 그러한 것들은 우리를 가르치기 위해 오래 전에 하나님말씀책에 쓰여져 있었습니다. 그리고 하나님말씀책은 우리가 하나님의 약속들이 리행되기를 인내성 있게 기다리는 동안 우리에게 희망과 고무를 줍니다.

5 May God, who gives this patience and encouragement, help you live in

complete harmony with each other, as is fitting for followers of Christ Jesus.

5 이러한 인내와 격려를 주시는 하나님께서, 예수 그리스도를 따르는 사람들에게 적합하게, 서로 온전한 조화를 이루어 살도록 당신들을 도우시기를 바랍니다.

6 **Then all of you can join together with one voice, giving praise and glory to God, the Father of our Lord Jesus Christ.**

6 그리하여 당신들 모두가, 우리 주 예수 그리스도의 아버지이신, 하나님께 찬양과 영광을 드리면서 한 목소리로 함께 결합할 수 있습니다.

7 **Therefore, accept each other just as Christ has accepted you so that God will be given glory.**

7 그러므로, 그리스도가 당신들을 받아드린 것과 꼭 같이 서로 받아드리십시오 그래야 하나님께서 영광을 받으실 것입니다.

8 **Remember that Christ came as a servant to the Jews to show that God is true to the promises he made to their ancestors.**

8 그리스도는 하나님께서 유태인들의 선조들에게 자신이 하신 약속들에 대해 진실하다는 것을 그들에게 보여 주기 위해 종으로 오셨다는 것을 기억하십시오.

9 **He also came so that the Gentiles might give glory to God for his mercies to them. That is what the psalmist meant when he wrote: "For this, I will praise you among the Gentiles; I will sing praises to your name."**

9 그분은 또한 비유태인들이 자신들에 대한 그분의 은정에 대해 하나님께 영광을 드리기 위해 오셨습니다. 시묶음 작가가 썼을 때 그것은 다음을 의미합니다: 《이것을 위하여, 나는 비유태인들 가운데서 당신을 찬양할 것이다; 나는 당신의 이름을 위해 찬양할 것이다.》

10 **And in another place it is written, "Rejoice with his people, you Gentiles."**

10 그리고 또 다른 곳에는 이렇게 쓰여 있습니다, 《너희들 비유태인들이여, 그분의 백성들과 함께 기뻐하여라.》

11 **And yet again, "Praise the LORD, all you Gentiles. Praise him, all you people of the earth."**

11 그리고 다시 한 번, 《너희 모든 비유태인들아, 주님을 찬양하여라. 이 땅의 너희 모든 백성들아, 그분을 찬양하여라.》

12 **And in another place Isaiah said, "The heir to David's throne will come, and he will rule over the Gentiles. They will place their hope on him."**

12 그리고 또 다른 곳에서 이사야는 말했습니다, 《다윗 왕좌의 계승자가 오실 것이다, 그리고 그분은 비유태인들을 다스리실 것이다. 그들은 자

기들의 희망을 그분에게 둘 것이다.》

13 I pray that God, the source of hope, will fill you completely with joy and peace because you trust in him. Then you will overflow with confident hope through the power of the Holy Spirit.

13 나는 희망의 근원인, 하나님께서 당신들이 그분을 신뢰하기 때문에, 당신들에게 기쁨과 평화로 완전히 채워 주시기를 기도합니다. 그러면 당신들은 성령의 능력을 통해 확신에 찬 희망으로 넘치게 될 것입니다.

Paul's Reason for Writing

바울이 글 쓰는 리유

14 I am fully convinced, my dear brothers and sisters, that you are full of goodness. You know these things so well you can teach each other all about them.

14 나의 사랑하는 형제들과 자매들이여, 나는 당신들이 선량함으로 가득 차 있다고, 전적으로 확신합니다. 당신들은 이러한 것들을 너무 잘 알아서 그 모든 것들에 대해 서로에게 가르쳐 줄 수 있습니다.

15 Even so, I have been bold enough to write about some of these points, knowing that all you need is this reminder. For by God's grace,

15 비록 그렇다 할지라도, 나는 당신들에게 필요한 것이 이것을 상기시켜 주는 것뿐이라는 것을 알기에, 나는 이러한 몇 가지 사항들에 대해 대담하게 썼습니다.

16 I am a special messenger from Christ Jesus to you Gentiles. I bring you the Good News so that I might present you as an acceptable offering to God, made holy by the Holy Spirit.

16 나는 당신들 비유태인들에게 예수 그리스도로부터 온 특별한 심부름군입니다. 나는 당신들에게 반가운 소식을 전합니다 그리하여 성령님에 의해 거룩해진, 당신들을 하나님께 받으실 만한 제물로 드리기 위해서입니다.

17 So I have reason to be enthusiastic about all Christ Jesus has done through me in my service to God.

17 그러므로 내가 하나님에 대한 나의 섬김에 있어서 예수 그리스도가 나를 통해 하신 모든 것에 대해 열성적으로 하는 리유입니다.

18 Yet I dare not boast about anything except what Christ has done through me, bringing the Gentiles to God by my message and by the way I worked among them.

18 그러나 나는, 내가 전하는 말과 비유태인들 속에서 내가 일한 방식에

따라 그들을 하나님께로 이끌어 가면서, 나를 통하여 그리스도가 하신 것 이외에는 어떤 것도 감히 자랑하지 않겠습니다.

19 They were convinced by the power of miraculous signs and wonders and by the power of God's Spirit. In this way, I have fully presented the Good News of Christ from Jerusalem all the way to Illyricum.

19 그들은 기적적 증표와 신기한 것의 능력 그리고 하나님의 령의 능력으로 확신하게 되였습니다. 이런 방식으로, 나는 예루살렘으로부터 일루리곤까지 줄곧 그리스도의 반가운 소식을 빠짐없이 전했습니다.

20 My ambition has always been to preach the Good News where the name of Christ has never been heard, rather than where a church has already been started by someone else.

20 나의 념원은 언제나, 다른 어떤 사람에 의해 이미 시작된 교회가 있는 곳보다는, 그리스도의 이름을 들어본 적이 없는 곳에 반가운 소식을 전하는 것이였습니다.

21 I have been following the plan spoken of in the Scriptures, where it says, "Those who have never been told about him will see, and those who have never heard of him will understand."

21 나는 하나님말씀책에서 말한 계획을 따라왔습니다. 거기서는 말하고 있습니다,《그분에 대해 전혀 들어 보지 못한 사람들은 보게 될 것이고, 그분에 대해 전혀 들어 보지 못한 사람들은 리해하게 될 것이다.》

22 In fact, my visit to you has been delayed so long because I have been preaching in these places.

22 실제로, 당신들에게 가는 나의 방문이 이렇게 오래 지연된 것은 내가 이런 지역들에서 가르치고 있었기 때문입니다.

Paul's Travel Plans

바울의 려행 계획

23 But now I have finished my work in these regions, and after all these long years of waiting, I am eager to visit you.

23 그러나 이제 나는 이 지역들에서 내 일을 마쳤습니다, 그리고 이 모든 기다림의 여러 해 후, 나는 당신들을 방문하기를 열망하고 있습니다.

24 I am planning to go to Spain, and when I do, I will stop off in Rome. And after I have enjoyed your fellowship for alittle while, you can provide for my journey.

24 나는 에스빠냐로 갈 계획이고, 내가 그곳에 갈 때, 나는 가는 길에 로마에 잠시 들릴 것입니다. 그리고 나는 잠시 동안 당신들과의 사귐

으로 즐거운 시간을 보낸 후, 당신들은 나의 려행을 도울 수 있습니다.

25 But before I come, I must go to Jerusalem to take a gift to the believers there.

25 그러나 내가 가기 전에, 나는 그곳의 믿는 사람들에게 선물을 전하기 위해 예루살렘으로 가야 합니다.

26 For you see, the believers in Macedonia and Achaia have eagerly taken up an offering for the poor among the believers in Jerusalem.

26 왜냐하면 당신들은 알고 있습니다, 마케도니아와 아가야에 있는 믿는 사람들이 예루살렘에 있는 믿는 사람들 중 가난한 사람들을 위해 열심히 헌납금을 모았기 때문입니다.

27 They were glad to do this because they feel they owe a real debt to them. Since the Gentiles received the spiritual blessings of the Good News from the believers in Jerusalem, they feel the least they can do in return is to help them financially.

27 그들은 자기들이 진정으로 그들에게 빚을 졌다고 느꼈기 때문에 기꺼이 이것을 하였습니다. 비유태인들은 예루살렘의 믿는 사람들로부터 반가운 소식의 령적 축복을 받았기 때문에, 그들은 자기들이 할 수 있는 최소한 보답은 그들에게 재정적으로 돕는 것이라고 생각하고 있습니다.

28 As soon as I have delivered this money and completed this good deed of theirs, I will come to see you on my way to Spain.

28 내가 이 돈을 전달해주고 그들의 이 선량한 일을 마치자마자, 에스빠냐로 내가 가는 길에 당신들을 만나러 갈 것입니다.

29 And I am sure that when I come, Christ will richly bless our time together.

29 그리고 내가 갔을 때, 그리스도가 우리의 함께하는 시간을 값지게 축복해 주시리라 나는 확신합니다.

30 Dear brothers and sisters, I urge you in the name of our Lord Jesus Christ to join in my struggle by praying to God for me. Do this because of your love for me, given to you by the Holy Spirit.

30 사랑하는 형제들과 자매들이여, 나는 나를 위해 하나님께 기도함으로써 우리 주 예수 그리스도의 이름으로 당신들에게 나의 노력하는 일에 참가하여 주기를 간절히 바랍니다. 성령님에 의해 당신들에게 주어진, 나에 대한 당신들의 사랑이기에 이것을 하십시오.

31 Pray that I will be rescued from those in Judea who refuse to obey God. Pray also that the believers there will be willing to accept the donation I am taking to Jerusalem.

31 하나님 따르기를 거절하는 유태에 있는 사람들로부터 내가 구출되기

를 기도하십시오. 또한 그곳의 믿는 사람들이 내가 예루살렘으로 가지
고 가는 기부금을 기꺼이 받아드리도록 기도하십시오.

32 Then, by the will of God, I will be able to come to you with a joyful heart, and we will be an encouragement to each other.

32 그러면, 하나님의 뜻으로, 내가 당신들에게 기쁜 마음으로 갈 수 있을 것입니다, 그리하여 우리는 서로에게 격려가 될 것입니다.

33 And now may God, who gives us his peace, be with you all. Amen.

33 그리고 이제 우리들에게 평화를 주시는 하나님께서, 당신들 모두와 함께하시기를 바랍니다. 아멘.

16

Paul Greets His Friends

바울이 자기 친구들에게 인사하다

1 I commend to you our sister Phoebe, who is a deacon in the church in Cenchrea.

1 겐그레아 교회의 집사인, 우리의 자매 뵈뵈를 당신들에게 소개합니다.

2 Welcome her in the Lord as one who is worthy of honor among God's people. Help her in whatever she needs, for she has been helpful to many, and especially to me.

2 그 녀자를 하나님의 백성들 중에 주님 안에서 존경받을 만한 사람으로 환영하십시오. 그 녀자가 필요한 것이 무엇이든 그 녀자를 도우십시오, 왜냐하면 그 녀자는 많은 사람들에게 도움을 주었고, 특히 나에게 도움을 주었습니다.

3 Give my greetings to Priscilla and Aquila, my co-workers in the ministry of Christ Jesus.

3 예수 그리스도에 대한 활동에서 나의 협력자들인, 프리실라와 아길라에게 나의 인사를 전해주십시오.

4 In fact, they once risked their lives for me. I am thankful to them, and so are all the Gentile churches.

4 실제로, 그들은 이전에 나를 위해 자기들의 생명의 위험을 무릅썼습니다. 나는 그들에게 감사합니다, 그리고 모든 비유태인들의 교회들도 감사하고 있습니다.

5 Also give my greetings to the church that meets in their home. Greet my dear friend Epenetus. He was the first person from the province of Asia to become a follower of Christ.

5 또한 그들의 집에서 모이는 교회에 나의 인사를 전합니다. 나의 사랑하는 친구 에배네도에게 인사합니다. 그는 그리스도를 따르는 사람이 된 아시아 지역에서 첫 사람이였습니다.

6 Give my greetings to Mary, who has worked so hard for your benefit.

6 당신들을 위해서 많이 수고한 사람인, 마리아에게도 나의 인사를 전해 주십시오.

7 Greet Andronicus and Junia, my fellow Jews, who were in prison with me. They are highly respected among the apostles and became followers of Christ before I did.

7 나의 친구 유태인이며, 나와 함께 감옥에 있었던, 안드로니고와 유니아에게 인사합니다. 그들은 핵심제자들 사이에서 대단히 존경받고 있으며 나보다 먼저 그리스도를 따르는 사람들이 되였습니다.

8 Greet Ampliatus, my dear friend in the Lord.

8 주님 안에서 나의 사랑하는 친구, 암블리아에게 인사합니다.

9 Greet Urbanus, our co-worker in Christ, and my dear friend Stachys.

9 그리스도 안에서 우리와 같이 일하는 사람인 우르바노와 나의 사랑하는 친구 스다구에게 인사합니다.

10 Greet Apelles, a good man whom Christ approves. And give my greetings to the believers from the household of Aristobulus.

10 그리스도가 인정하시는 선량한 사람, 아벨레에게 인사합니다. 그리고 아리스도불로의 집안 출신 믿는 사람들에게 나의 인사를 전합니다.

11 Greet Herodion, my fellow Jew. Greet the Lord's people from the household of Narcissus.

11 나의 동료 유태인인 헤로디온에게 인사합니다. 나깃수의 가족 출신 주님의 사람들에게 인사합니다.

12 Give my greetings to Tryphena and Tryphosa, the Lord's workers, and to dear Persis, who has worked so hard for the Lord.

12 주님의 일군들인, 드루배나와 드루보사에게 그리고 주님을 위하여 많이 수고한, 사랑하는 버시에게 나의 인사를 전합니다.

13 Greet Rufus, whom the Lord picked out to be his very own; and also his dear mother, who has been a mother to me.

13 주님께서 자신의 사람으로 선택하신, 루포와; 그의 어머니에게도 인사합니다, 그 녀자는 나에게도 어머니입니다.

14 Give my greetings to Asyncritus, Phlegon, Hermes, Patrobas, Hermas, and the brothers and sisters who meet with them.

14 아순그리도와 블레곤과 허메와 바드로바와 허마와, 그들과 함께 있

는 형제들과 자매들에게 나의 인사를 전합니다.

15 **Give my greetings to Philologus, Julia, Nereus and his sister, and to Olympas and all the believers who meet with them.**

15 빌롤로고와 율리아, 네레오 그리고 그의 자매와, 올름바와 그들과 함께 있는 모든 믿는 사람들에게 나의 인사를 전합니다.

16 **Greet each other in Christian love. All the churches of Christ send you their greetings.**

16 그리스도의 사랑 안에서 서로 인사하십시오. 그리스도의 모든 교회들이 당신들에게 그들의 인사를 보냅니다.

Paul's Final Instructions

바울의 마지막 교훈

17 **And now I make one more appeal, my dear brothers and sisters. Watch out for people who cause divisions and upset people's faith by teaching things contrary to what you have been taught. Stay away from them.**

17 그리고 이제 나는 한 가지 더 호소합니다, 나의 사랑하는 형제들과 자매들이여. 당신들이 배운 것과 반대되는 것들을 가르침으로써 분렬을 일으키고 사람들의 믿음을 무너뜨리는 사람들을 조심하십시오.

18 **Such people are not serving Christ our Lord; they are serving their own personal interests. By smooth talk and glowing words they deceive innocent people.**

18 그런 사람들은 우리 주 그리스도를 섬기고 있는 것이 아닙니다; 그들은 그들 자신의 개인적 리해관계를 따르고 있습니다. 능숙한 말과 기분좋은 말로써 순진한 사람들을 속입니다.

19 **But everyone knows that you are obedient to the Lord. This makes me very happy. I want you to be wise in doing right and to stay innocent of any wrong.**

19 그러나 누구나가 당신들이 주님에게 순종하는 것을 알고 있습니다. 이것은 나를 대단히 행복하게 만듭니다. 나는 당신들이 옳은 일에서는 현명하고 무슨 잘못된 것에 대해서는 순결하기를 바랍니다.

20 **The God of peace will soon crush Satan under your feet. May the grace of our Lord Jesus be with you.**

20 평화의 하나님께서 곧 당신들의 발아래에서 마왕을 짓부실 것입니다. 우리 주 예수님의 은정이 당신들과 함께하시기를 바랍니다.

21 **Timothy, my fellow worker, sends you his greetings, as do Lucius, Jason, and Sosipater, my fellow Jews.**

21 나의 동료인, 디모데가, 그의 인사를 당신들에게 보냅니다, 나의 유
태인 동료, 누기오, 야손, 소시바더도 마찬가지로 보냅니다.

22 **I, Tertius, the one writing this letter for Paul, send my greetings, too, as**
one of the Lord's followers.

22 바울을 위해 이 편지를 쓰고 있는, 나, 더디오가, 주님을 따르는 사람
들 중 한 사람으로서, 나의 인사도 보냅니다.

23 **Gaius says hello to you. He is my host and also serves as host to the**
whole church. Erastus, the city treasurer, sends you his greetings, and so
does our brother Quartus.

23 가이오가 당신들에게 인사를 전합니다. 그는 나의 집주인이고 온 교
회의 주인으로도 섬기고 있습니다. 도시의 출납원인, 에라스도와, 우리
의 형제 구아도도 당신들에게 인사를 전합니다.

24

24 (없음)

25 **Now all glory to God, who is able to make you strong, just as my Good**
News says. This message about Jesus Christ has revealed his plan for you
Gentiles, a plan kept secret from the beginning of time.

25 나의 반가운 소식이 말해 주듯이, 이제 당신들을 강하게 할 수 있는
분인, 하나님께 모든 영광을 드립니다. 예수 그리스도에 대한 이 전하
는 말은, 시작 때부터 비밀로 지켜 온 그분의 계획인, 당신들 비유태인
들을 위한 그분의 계획을 나타내 보이셨습니다.

26 **But now as the prophets foretold and as the eternal God has commanded,**
this message is made known to all Gentiles everywhere, so that they too
might believe and obey him.

26 그러나 이제 예언자들이 예언한 것과 같이 그리고 영원하신 하나님께
서 명령하신 것과 같이, 이 전하는 말은 어디든지 모든 비유태인들에게
알려져서, 그들 역시 그분을 믿고 복종할 수 있게 되였습니다.

27 **All glory to the only wise God, through Jesus Christ, forever. Amen.**

27 오직 한 분 지혜로우신 하나님께, 예수 그리스도를 통해, 모든 영광
이 영원하기를. 아멘.

1 Corinthians

고린도 사람들에게 보내는 첫 번째 편지

1 Corinthians

고린도 사람들에게 보내는 첫 번째 편지

1

Greetings from Paul

바울의 인사말

1 This letter is from Paul, chosen by the will of God to be an apostle of
Christ Jesus, and from our brother Sosthenes.

1 이 편지는 하나님의 의지에 의해 그리스도 예수의 핵심제자로 선택된 바울과 우리 형제 소스데네로부터 온 것입니다.

2 I am writing to God's church in Corinth, to you who have been called by
God to be his own holy people. He made you holy by means of Christ Jesus, just as he did for all people everywhere who call on the name of our Lord Jesus Christ, their Lord and ours.

2 나는 고린도에 있는 하나님의 교회가 하나님에 의해 그분 자신의 거룩한 사람들이 되도록 부름을 받은 당신들에게 쓰고 있습니다. 그들의 주님이며 우리의 주님이신, 우리 주 예수 그리스도의 이름을 부르는 모든 사람들을 위해 어디에서나 그분이 하신 것과 같이, 그분은 예수 그리스도에 의해 여러분을 거룩하게 만드셨습니다.

3 May God our Father and the Lord Jesus Christ give you grace and peace.

3 우리의 아버지 하나님께서와 주 예수 그리스도가 당신들에게 은정과 평화를 주시기를 바랍니다.

Paul Gives Thanks to God

바울이 하나님께 감사를 드리다

4 I always thank my God for you and for the gracious gifts he has given you, now that you belong to Christ Jesus.

4 나는 당신들과 하나님께서 당신들에게 주신 은정어린 선물들에 대해 나의 하나님께 언제나 감사드립니다, 당신들은 그리스도 예수님에게 속해 있기 때문입니다.

5 Through him, God has enriched your church in every way—with all of your eloquent words and all of your knowledge.

5 그분을 통하여, 하나님께서는 모든 면에서—당신들의 모든 설득력 있는 말들과 당신들의 모든 지식과 더불어 당신들의 교회를 부유하게 하셨습니다.

6 This confirms that what I told you about Christ is true.

6 이것은 내가 당신들에게 그리스도에 대해 말한 것이 사실임을 확증합니다.

7 Now you have every spiritual gift you need as you eagerly wait for the return of our Lord Jesus Christ.

7 이제 당신들이 우리 주 예수 그리스도의 다시 오심을 간절히 기다림으로써 당신들이 필요한 모든 령적인 선물들을 가졌습니다.

8 He will keep you strong to the end so that you will be free from all blame on the day when our Lord Jesus Christ returns.

8 우리 주 예수 그리스도가 다시 오시는 그날에 모든 비난으로부터 당신들이 자유롭게 되도록 그분이 당신들을 강하게 끝까지 지키실 것입니다.

9 God will do this, for he is faithful to do what he says, and he has invited you into partnership with his Son, Jesus Christ our Lord.

9 하나님께서 이것을 하실 것입니다. 왜냐하면 그분은 자신이 말씀하신 것을 실행하는 데 충실하십니다, 그리고 그분은 자신의 아들, 우리 주 예수 그리스도와 협력하도록 당신들을 초대하셨기 때문입니다.

Divisions in the Church

교회의 분렬

10 I appeal to you, dear brothers and sisters, by the authority of our Lord Jesus Christ, to live in harmony with each other. Let there be no divisions in the church. Rather, be of one mind, united in thought and purpose.

10 나는 우리 주 예수 그리스도의 권위로 당신들, 사랑하는 형제들과 자

매들에게 서로 화목하게 지내기를 호소합니다. 교회 안에서 어떤 분렬도 없게 하십시오. 오히려, 한마음이 되여, 생각과 목적에서 하나가 되십시오.

11 For some members of Chloe's household have told me about your quarrels, my dear brothers and sisters.

11 왜냐하면 글레오 집안의 몇 사람이 당신들의 다툼에 대해 나에게 말해주었기 때문입니다, 나의 사랑하는 형제들과 자매들이여.

12 Some of you are saying, "I am a follower of Paul." Others are saying, "I follow Apollos," or "I follow Peter," or "I follow only Christ."

12 당신들 중의 몇 사람은《나는 바울의 신봉자다》라고 말하고, 또 다른 사람들은 나는《아볼로를 따른다》 또는《나는 베드로를 따른다》 또는《나는 오직 그리스도만을 따른다》고 말합니다.

13 Has Christ been divided into factions? Was I, Paul, crucified for you? Were any of you baptized in the name of Paul? Of course not!

13 그리스도가 분파로 나뉘어져 있습니까? 나, 바울이 당신들을 위해 십자사형틀에 못박혔습니까? 당신들 중 누구라도 바울의 이름으로 세례를 받았습니까? 물론 아닙니다!

14 I thank God that I did not baptize any of you except Crispus and Gaius,

14 나는 당신들 중 그리스보와 가이오를 제외하고는 아무에게도 세례를 주지 않은 것을 하나님께 감사합니다.

15 for now no one can say they were baptized in my name.

왜냐하면 이제 나의 이름으로 세례를 받았다고 말할 수 있는 사람이 아무도 없기 때문입니다.

16 (Oh yes, I also baptized the household of Stephanas, but I don't remember baptizing anyone else.)

16 (아 참, 내가 스데바나의 집안사람들에게도 세례를 주었습니다. 그러나 그 밖의 다른 사람에게 세례 준 것은 기억나지 않습니다.)

17 For Christ didn't send me to baptize, but to preach the Good News—and not with clever speech, for fear that the cross of Christ would lose its power.

17 왜냐하면 그리스도가 나를 세례를 주기 위해 보내신 것이 아니라, 반가운 소식을 전하기 위해서였습니다—그리고 재치 있는 말로서가 아닙니다, 왜냐하면 그리스도의 십자사형틀이 그것의 능력을 잃을 수 있다는 념려 때문입니다.

The Wisdom of God

하나님의 지혜

18 **The message of the cross is foolish to those who are headed for destruction! But we who are being saved know it is the very power of God.**

18 십자사형틀의 교훈은 멸망을 향해 가는 사람들에게는 어리석습니다! 그러나 구원받고 있는 우리들은 그것이 바로 하나님의 능력인 것을 압니다.

19 **As the Scriptures say, "I will destroy the wisdom of the wise and discard the intelligence of the intelligent."**

19 하나님말씀책이 말하는 것처럼, 《나는 현명한 사람들의 지혜를 무너뜨릴 것이고 총명한 사람들의 총명함을 버릴 것이다.》

20 **So where does this leave the philosophers, the scholars, and the world's brilliant debaters? God has made the wisdom of this world look foolish.**

20 그래서 철학자들이나 학자들, 그리고 세상의 천재적인 토론자들이 설 곳이 어디 있습니까? 하나님은 이 세상의 지혜를 어리석어 보이게 하셨습니다.

21 **Since God in his wisdom saw to it that the world would never know him through human wisdom, he has used our foolish preaching to save those who believe.**

21 하나님께서는 그분의 지혜로 세상이 인간의 지혜를 통해서는 그분을 전혀 알지 못하도록 하셨기 때문에, 그분은 믿는 사람들을 구원하기 위해 보잘것없는 우리의 전하는 말을 사용하셨습니다.

22 **It is foolish to the Jews, who ask for signs from heaven. And it is foolish to the Greeks, who seek human wisdom.**

22 이것이 하늘로부터의 증표를 바라는, 유태인들에게는 어리석습니다. 그리고 이것은 인간의 지혜를 찾는, 그리스인들에게는 보잘것없습니다.

23 **So when we preach that Christ was crucified, the Jews are offended and the Gentiles say it's all nonsense.**

23 그래서 우리가 그리스도가 십자사형틀에 못박힌 것을 전할 때, 유태인들은 감정이 상하게 되고 비유태인들은 그것은 아주 허튼소리라고 말합니다.

24 **But to those called by God to salvation, both Jews and Gentiles, Christ is the power of God and the wisdom of God.**

24 그러나 하나님에 의해 구원받도록 부름받은 사람들인, 유태인과 비유태인 모두에게, 그리스도는 하나님의 능력이고 하나님의 지혜입니다.

25 This foolish plan of God is wiser than the wisest of human plans, and God's weakness is stronger than the greatest of human strength.

25 하나님의 이 어리석은 계획이 인간의 가장 지혜로운 계획보다 더 지혜롭습니다. 그리고 하나님의 약함은 인간의 가장 위대한 힘보다 더 강합니다.

26 Remember, dear brothers and sisters, that few of you were wise in the world's eyes or powerful or wealthy when God called you.

26 기억하십시오, 사랑하는 형제들과 자매들이여, 하나님께서 당신들을 부르셨을 때 당신들 중에 세상의 눈으로는 지혜롭거나, 권력이 있거나 부유한 사람이 거의 없었습니다.

27 Instead, God chose things the world considers foolish in order to shame those who think they are wise. And he chose things that are powerless to shame those who are powerful.

27 대신에, 하나님께서는 사람들이 현명하다고 생각하는 그들로 하여금 부끄럽게 하기 위해 세상이 어리석다고 여기는 것들을 선택하셨습니다. 그리고 그분은 힘 있는 사람들을 부끄럽게 하기 위해 힘없는 것들을 선택하셨습니다.

28 God chose things despised by the world, things counted as nothing at all, and used them to bring to nothing what the world considers important.

28 하나님께서는 세상에 의해 멸시당하는 것들, 전혀 아무것도 아닌 것으로 여겨지는 것들을 선택하시고, 세상이 중요하다고 여기는 것이 아무것도 아닌 것이 되도록 하시려고 그것들을 사용하셨습니다.

29 As a result, no one can ever boast in the presence of God.

29 그러므로, 그 누구도 하나님 앞에서 결코 자랑할 수 없습니다.

30 God has united you with Christ Jesus. For our benefit God made him to be wisdom itself. Christ made us right with God; he made us pure and holy, and he freed us from sin.

30 하나님께서는 당신들을 예수 그리스도와 하나가 되게 하셨습니다. 우리의 리득을 위해 하나님께서는 그분을 지혜 자체가 되게 하셨습니다. 그리스도는 우리를 하나님과 올바른 관계를 가지게 하셨습니다; 그분은 우리를 순결하고 거룩하게 하셨고, 죄로부터 우리를 해방하셨습니다.

31 Therefore, as the Scriptures say, "If you want to boast, boast only about the LORD."

31 그러므로, 하나님말씀책이 말씀하시는 대로, 《만일 당신들이 자랑하고 싶다면, 오직 주님에 대해서만 자랑하십시오.》

2

Paul's Message of Wisdom

바울의 지혜의 말

1 **When I first came to you, dear brothers and sisters, I didn't use lofty words and impressive wisdom to tell you God's secret plan.**

1 내가 당신들에게 처음 갔을 때, 사랑하는 형제들과 자매들이여, 나는 하나님의 비밀의 계획을 전하기 위해서 고상한 말이나 깊은 감동을 주는 지혜를 사용하지 않았습니다.

2 **For I decided that while I was with you I would forget everything except Jesus Christ, the one who was crucified.**

2 왜냐하면 내가 당신들과 함께 있는 동안에는 십자사형틀에 못박히신 분, 그리스도 예수 외에는 모든 것을 기억하지 않기로 결심했기 때문입니다.

3 **I came to you in weakness—timid and trembling.**

3 나는 당신들에게 연약하여—소심하고 떨면서 갔습니다.

4 **And my message and my preaching were very plain. Rather than using clever and persuasive speeches, I relied only on the power of the Holy Spirit.**

4 그리고 나의 전하는 말과 나의 설교는 아주 단순했습니다. 오히려 재치있고 설득력 있는 말하기 능력을 쓰기보다는, 나는 오직 성령의 능력에만 의지했습니다.

5 **I did this so you would trust not in human wisdom but in the power of God.**

5 내가 이렇게 한 것은 당신들이 인간의 지혜가 아니라 하나님의 능력을 믿게 하려는 것이였습니다.

6 **Yet when I am among mature believers, I do speak with words of wisdom, but not the kind of wisdom that belongs to this world or to the rulers of this world, who are soon forgotten.**

6 그러나 내가 성숙한 믿는 사람들 가운데 있을 때는 지혜의 말로 이야기합니다. 그러나 이러한 지혜는 이 세상이나 곧 사라질, 이 세상의 통치자들에게 속한 것이 아닙니다.

7 **No, the wisdom we speak of is the mystery of God—his plan that was previously hidden, even though he made it for our ultimate glory before the world began.**

7 아닙니다, 우리가 말하는 그 지혜는 하나님의 신비입니다—그분의 계

획은 그분께서 우리의 궁극적인 영광을 위해 세상이 시작되기 전에 만드셨지만, 그전에는 감춰어졌던 것입니다.

8 But the rulers of this world have not understood it; if they had, they would not have crucified our glorious Lord.

8 그러나 이 세상의 통치자들은 그것을 리해하지 못했습니다; 만일 그들이 리해했더라면 자기들이 우리의 영광의 주님을 십자사형틀에 못박지 않았을 것입니다.

9 That is what the Scriptures mean when they say, "No eye has seen, no ear has heard, and no mind has imagined what God has prepared for those who love him."

9 그것은 사람들이 《눈으로 보지 못하고, 귀로 듣지 못하며, 그리고 하나님께서 그분을 사랑하는 사람들을 위해 준비하신 것을 마음에 상상하지 못했다》고 말하는 것을 하나님말씀책이 의미하는 것입니다.

10 But it was to us that God revealed these things by his Spirit.
For his Spirit searches out everything and shows us God's deep secrets.

10그러나 하나님께서 이 일들을 우리들에게 그분의 령으로 나타내 보이셨습니다. 왜냐하면 그분의 령은 모든 것을 찾아내고 하나님의 깊은 비밀을 우리에게 보여주시기 때문입니다.

11 No one can know a person's thoughts except that person'sown spirit, and no one can know God's thoughts except God's own Spirit.

11 아무도 그 사람 자신의 령 외에는 그 사람의 생각을 알 수 없습니다. 그리고 아무도 하나님 자신의 령 외에는 하나님의 생각을 알 수 없습니다.

12 And we have received God's Spirit (not the world's spirit), so we can know the wonderful things God has freely given us.

12 그리고 우리는 (세상의 령이 아니라) 하나님의 령을 받았습니다, 그래서 우리는 하나님께서 우리에게 아낌없이 주시는 놀라운 일들을 알 수 있습니다.

13 When we tell you these things, we do not use words that come from human wisdom. Instead, we speak words given to us by the Spirit, using the Spirit's words to explain spiritual truths.

13 우리가 당신들에게 이것들을 말할 때, 우리는 인간의 지혜에서 오는 말들을 사용하지 않습니다. 대신에 우리는 령적인 진리들을 설명하기 위해 성령님의 말들을 사용하면서, 성령님에 의해 우리에게 주어진 말들을 합니다.

14 But people who aren't spiritual can't receive these truths from God's

Spirit. It all sounds foolish to them and they can't understand it, for only those who are spiritual can understand what the Spirit means.

14 그러나 령적이지 않은 사람들은 하나님의 령으로부터 오는 이런 진리들을 받아드릴 수 없습니다. 이 모든 것이 그들에게 어리석게 들리고 그들은 그것을 리해할 수 없습니다, 왜냐하면 오직 령적인 사람들만이 성령님이 뜻하시는 것을 리해할 수 있기 때문입니다.

15 Those who are spiritual can evaluate all things, but they themselves cannot be evaluated by others.

15 령적인 사람들은 모든 일들을 평가할 수 있지만, 그 사람들 자신은 다른 사람에 의해 평가받지 않습니다.

16 For, "Who can know the LORD's thoughts? Who knows enough to teach him?" But we understand these things, for we have the mind of Christ.

16 왜냐하면, 《누가 주님의 생각들을 알 수 있겠습니까? 누가 그분을 가르칠 수 있게 충분히 알고 있겠습니까?》 그러나 우리는 이런 일들을 리해합니다, 왜냐하면 우리가 그리스도의 마음을 가졌기 때문입니다.

3

Paul and Apollos, Servants of Christ

그리스도의 종들인, 바울과 아볼로

1 Dear brothers and sisters, when I was with you I couldn't talk to you as I would to spiritual people. I had to talk as though you belonged to this world or as though you were infants in the Christian life.

1 사랑하는 형제들과 자매들이여, 내가 당신들과 함께 있을 때 내가 령적인 사람에게 하듯 당신들에게 말할 수 없었습니다. 나는 당신들을 이 세상에 속했던 것처럼 또는 그리스도인의 삶에서는 갓난애기였던 것처럼 말해야 했습니다.

2 I had to feed you with milk, not with solid food, because you weren't ready for anything stronger. And you still aren't ready,

2 나는 당신들에게 우유를 먹여야 했고, 단단한 음식을 먹일 수 없었습니다. 왜냐하면 당신들이 더 강한 어떤 것에도 아직 준비되여 있지 않았기 때문입니다. 그리고 당신들은 아직도 준비되여 있지 않고,

3 for you are still controlled by your sinful nature. You are jealous of one another and quarrel with each other. Doesn't that prove you are controlled by your sinful nature? Aren't you living like people of the world?

3 당신들은 여전히 자신들의 죄 많은 본성으로 통제되기 때문입니다. 당

신들은 서로 시기하며 서로 싸웁니다. 이것이 당신들로 하여금 자신들의 죄 많은 본성에 의해 통제된다는 것을 립증하지 않습니까? 당신들은 이 세상 사람들처럼 살고 있지 않습니까?

4 **When one of you says, "I am a follower of Paul," and another says, "I follow Apollos," aren't you acting just like people of the world?**

4 당신들 중 한 사람은 《나는 바울의 제자다》라고 말하고, 다른 사람은 《나는 아볼로를 따른다》라고 말할 때, 당신들은 이 세상 사람들과 똑같이 행동하고 있는 것이 아닙니까?

5 **After all, who is Apollos? Who is Paul? We are only God's servants through whom you believed the Good News. Each of us did the work the Lord gave us.**

5 결국, 아볼로는 누구입니까? 바울은 누구입니까? 우리는 단지 하나님의 종일 뿐이고 우리를 통해서 당신들은 반가운 소식을 믿었습니다. 우리 각자는 주님이 우리에게 주신 일을 한 것입니다.

6 **I planted the seed in your hearts, and Apollos watered it, but it was God who made it grow.**

6 나는 당신들의 마음속에 씨앗을 뿌렸고, 아볼로는 그것에 물을 주었습니다, 그러나 그것을 자라게 한 분은 하나님이시였습니다.

7 **It's not important who does the planting, or who does the watering. What's important is that God makes the seed grow.**

7 그것을 누가 심고, 또는 누가 물을 주는가는 중요하지 않습니다. 중요한 것은 하나님께서 그 씨를 자라게 하시는 것입니다.

8 **The one who plants and the one who waters work together with the same purpose. And both will be rewarded for their own hard work.**

8 심는 사람과 물주는 사람은 똑같은 목적으로 함께 일합니다. 그리고 둘 다 그들 자신의 열심히 한 일에 대한 보상을 받게 될 것입니다.

9 **For we are both God's workers. And you are God's field. You are God's building.**

9 왜냐하면 우리는 둘 다 하나님의 일군들이기 때문입니다. 그리고 당신들은 하나님의 밭입니다. 당신들은 하나님의 건물입니다.

10 **Because of God's grace to me, I have laid the foundation like an expert builder. Now others are building on it. But whoever is building on this foundation must be very careful.**

10 나의 대한 하나님의 은정 때문에, 나는 로련한 건축가처럼 기초를 놓았습니다. 이제 다른 사람들이 그 우에 건설하고 있습니다. 그러나 이 기초 우에 짓고 있는 사람은 누구나 매우 신중해야 합니다.

11 For no one can lay any foundation other than the one we already have—Jesus Christ.

11 왜냐하면 아무도 우리가 이미 가지고 있는 기초—예수 그리스도 외에 다른 기초를 놓을 수 없기 때문입니다.

12 Anyone who builds on that foundation may use a variety of materials—gold, silver, jewels, wood, hay, or straw.

12 어느 누구나 이 기초 우에 집을 짓는 사람은 다양한 재료들을 사용할 수 있습니다—금, 은, 보석, 나무, 말린 풀이나 지푸라기를 사용할 수 있습니다.

13 But on the judgment day, fire will reveal what kind of work each builder has done. The fire will show if a person's work has any value.

13 그러나 판결날에, 불이 각 건축가가 어떻게 일을 했는지 드러낼 것입니다. 그 불이 매 사람의 로력이 어떤 가치를 가졌는가를 보여줄 것입니다.

14 If the work survives, that builder will receive a reward.

14 만일 그 로력이 불을 견디면, 그 건축가는 보상을 받을 것입니다.

15 But if the work is burned up, the builder will suffer great loss.

The builder will be saved, but like someone barely escaping through a wall of flames.

15 그러나 만일 그 로력이 불타버리면, 그 건축가는 큰 손실을 겪게 될 것입니다. 그 건축가는 구원되겠지만, 화염벽을 통과하여 간신히 탈출한 어떤 사람과 같을 것입니다.

16 Don't you realize that all of you together are the temple of God and that the Spirit of God lives in you?

16 당신들은 당신들 모두가 함께 하나님의 신전인 것과 하나님의 령이 당신들 안에 살아 계신다는 것을 깨닫지 못합니까?

17 God will destroy anyone who destroys this temple. For God's temple is holy, and you are that temple.

17 하나님께서는 이 신전을 무너뜨리는 사람은 누구든지 그를 멸망시킬 것입니다. 왜냐하면 하나님의 신전은 거룩하고, 당신들이 그 신전이기 때문입니다.

18 Stop deceiving yourselves. If you think you are wise by this world's standards, you need to become a fool to be truly wise.

18 당신 자신들을 속이는 일을 그만두십시오. 만일 당신들이 이 세상의 기준에 의해 자신들이 현명하다고 생각한다면, 당신들은 참으로 현명해지기 위해 바보가 될 필요가 있습니다.

19 For the wisdom of this world is foolishness to God. As the Scriptures say, "He traps the wise in the snare of their own cleverness."

19 왜냐하면 이 세상의 지혜는 하나님에게는 바보 같은 것이기 때문입니다. 하나님말씀책이 말씀하는 대로, 《그분은 현명한 자들을 그들 자신의 영리함의 올가미에 걸리게 하십니다.》

20 And again, "The LORD knows the thoughts of the wise; he knows they are worthless."

20 또한, 《주님께서는 현명한 자들의 생각을 아십니다; 그분은 그들이 보잘것없다는 것을 아십니다.》

21 So don't boast about following a particular human leader.
For everything belongs to you—

21 그러므로 특별한 인간 지도자를 따르는 것에 대해 자랑하지 마십시오. 왜냐하면 모든 것이 당신들에게 속해 있기 때문입니다—

22 whether Paul or Apollos or Peter, or the world, or life and death, or the present and the future. Everything belongs to you,

22 바울이든 아볼로이든 혹은 베드로이든, 세상이나, 삶이나 죽음이나, 현재나 미래나, 모든 것이 당신들에게 속해 있습니다,

23 and you belong to Christ, and Christ belongs to God.

23 그리고 당신들은 그리스도에게 속해 있고, 그리스도는 하나님께 속해 있습니다.

4

Paul's Relationship with the Corinthians

바울의 고린도 사람들과의 관계

1 So look at Apollos and me as mere servants of Christ who have been put in charge of explaining God's mysteries.

1 그러므로 아볼로와 나를 하나님의 신비를 설명하는 책임을 맡고 있는 그리스도의 종으로만 여기십시오.

2 Now, a person who is put in charge as a manager must be faithful.

2 이제, 관리자로 책임을 맡은 사람은 충실해야 합니다.

3 As for me, it matters very little how I might be evaluated by you or by any human authority. I don't even trust my own judgment on this point.

3 나의 경우에는, 당신들이나 어떤 인간적 권위에 의해서 내가 어떻게 평가될지는 조금도 중요하지 않습니다. 나는 이 점에서 내 자신의 판단조차도 믿지 않습니다.

4 My conscience is clear, but that doesn't prove I'm right. It is the Lord himself who will examine me and decide.

4 나의 량심은 깨끗합니다, 그러나 그것이 내가 옳다는 것을 립증하지 않습니다. 나를 심사하고 판정하실 분은 주님 자신이십니다.

5 So don't make judgments about anyone ahead of time. before the Lord returns. For he will bring our darkest secrets to light and will reveal our private motives. Then God will give to each one whatever praise is due.

5 그러므로 누군가를 때가 되기 전에—주님이 돌아오시기 전에 판단하지 마십시오. 왜냐하면 그분이 우리의 극비밀들을 들추어내실 것이고 우리의 숨어 있는 동기들을 드러내실 것이기 때문입니다. 그때 하나님께서는 각 사람에게 어떤 칭찬이든 응당한 것을 주실 것입니다.

6 Dear brothers and sisters, I have used Apollos and myself to illustrate what I've been saying. If you pay attention to what I have quoted from the Scriptures, you won't be proud of one of your leaders at the expense of another.

6 사랑하는 형제들과 자매들이여, 나는 내가 말하고 있는 것을 례를 들어 설명하기 위해 아볼로와 나 자신을 사용하였습니다. 만일 당신들이 내가 하나님말씀책에서 인용한 것에 주의를 돌린다면, 당신들은 다른 사람을 희생시켜 당신들의 지도자들 중 한 사람을 자랑하지 않을 것입니다.

7 For what gives you the right to make such a judgment? What do you have that God hasn't given you? And if everything you have is from God, why boast as though it were not a gift?

7 무엇이 당신들로 하여금 이러한 판단을 할 권리를 줍니까? 당신들은 하나님께서 당신들에게 주지 않은 무엇을 가지고 있습니까? 그리고 만일 당신들이 가진 모든 것이 하나님께로부터 온 것이라면, 왜 그것이 선물이 아닌 것처럼 자랑합니까?

8 You think you already have everything you need. You think you are already rich. You have begun to reign in God's kingdom without us! I wish you really were reigning already, for then we would be reigning with you.

8 당신들은 자신들이 필요한 모든 것을 이미 가졌다고 생각합니다. 당신들은 자신들이 이미 부유하다고 생각합니다. 당신들은 하나님의 나라에서 우리 없이도 통치하기 시작했습니다! 나는 당신들이 정말로 이미 통치하고 있었으면 좋겠습니다. 그렇다면 우리가 당신들과 함께 통치하고 있을 것이기 때문입니다.

9 Instead, I sometimes think God has put us apostles on display, like pris-

oners of war at the end of a victor's parade, condemned to die. We have become a spectacle to the entire world—to people and angels alike.

9 오히려, 나는 가끔 하나님께서 우리 핵심제자들을 사형 선고받은, 개선행렬의 끝에 있는 전쟁 포로들처럼, 눈에 띄게 하셨다고 생각합니다. 우리는 온 세상—사람들과 천사들에게 똑같이 구경거리가 되였습니다.

10 **Our dedication to Christ makes us look like fools, but you claim to be so wise in Christ! We are weak, but you are so powerful! You are honored, but we are ridiculed.**

10 그리스도에 대한 우리의 헌신은 우리를 바보처럼 보이게 만들었습니다, 그러나 당신들은 그리스도 안에서 매우 현명하다고 주장합니다! 우리는 약하지만, 당신들은 매우 강합니다! 당신들은 존경을 받지만 우리는 놀림을 당합니다.

11 **Even now we go hungry and thirsty, and we don't have enough clothes to keep warm. We are often beaten and have no home.**

11 지금도 우리는 배고프고 목마르게 다니며, 따뜻하게 해줄 충분한 옷이 없습니다. 우리는 자주 매를 맞으며 집도 없습니다.

12 **We work wearily with our own hands to earn our living. We bless those who curse us. We are patient with those who abuse us.**

12 우리는 우리의 생활비를 벌기 위해 우리 자신의 손으로 지치도록 일합니다. 우리는 우리를 저주하는 사람들을 축복합니다. 우리는 우리를 학대하는 사람들에 대해서 참을성 있습니다.

13 **We appeal gently when evil things are said about us. Yet we are treated like the world's garbage, like everybody's trash. right up to the present moment.**

13 우리는 악한 것들이 우리에 대해 말했을 때 부드럽게 호소합니다. 아직 우리는 이 세상의 찌꺼기처럼, 모든 사람의 쓰레기처럼 취급됩니다—바로 지금 이 순간까지.

14 **I am not writing these things to shame you, but to warn you as my beloved children.**

14 나는 당신들을 부끄럽게 하려고 이런 것들을 쓰고 있는 것이 아니라, 나의 애지중지하는 아들딸들로서 당신들을 타이르기 위해서입니다.

15 **For even if you had ten thousand others to teach you about Christ, you have only one spiritual father. For I became your father in Christ Jesus when I preached the Good News to you.**

15 왜냐하면 당신들이 그리스도에 대해 당신들을 가르칠 1만 명의 다른 사람들이 있었을지라도, 당신들에게는 오직 한 명의 령적 아버지만 있

기 때문입니다. 왜냐하면 내가 당신들에게 반가운 소식을 전할 때 내가 그리스도 예수 안에서 당신들의 아버지가 되였기 때문입니다.

16 **So I urge you to imitate me.**

16 그러므로 나는 당신들이 나를 본받기를 강하게 권고합니다.

17 **That's why I have sent Timothy, my beloved and faithful child in the Lord. He will remind you of how I follow Christ Jesus, just as I teach in all the churches wherever I go.**

17 이것이 주님 안에서 나의 사랑하고 충실한 아들인 디모데를 보낸 리유입니다. 그는 내가 가는 모든 교회들에서 내가 가르치는 것처럼, 어떻게 내가 그리스도 예수를 따르는지를 당신들에게 상기시킬 것입니다.

18 **Some of you have become arrogant, thinking I will not visit you again.**

18 당신들 중 몇 사람은 내가 당신들을 다시 방문하지 않을 것이라고 생각하면서, 오만해졌습니다.

19 **But I will come—and soon—if the Lord lets me, and then I'll find out whether these arrogant people just give pretentious speeches or whether they really have God's power.**

19 그러나 나는 만일 주님이 나를 허락하신다면 갈 것입니다—그리고 멀지 않아—그리고 그때 나는 이 오만한 사람들이 단지 거드름을 피우는 말들을 하는 것인지 아니면 그들이 정말로 하나님의 능력을 가지고 있는지를 알아낼 것입니다.

20 **For the Kingdom of God is not just a lot of talk; it is living by God's power.**

20 왜냐하면 하나님의 나라는 단지 많은 말에 있지 않고; 그것은 하나님의 능력에 의해 살고 있기 때문입니다.

21 **Which do you choose? Should I come with a rod to punish you, or should I come with love and a gentle spirit?**

21 당신들은 어떤 것을 선택하겠습니까? 당신들을 처벌하기 위해 채찍을 가지고 가야 합니까? 아니면, 사랑과 부드러운 마음을 가지고 가야 합니까?

5

Paul Condemns Spiritual Pride

바울이 령적인 자고자대를 단죄하다

1 **I can hardly believe the report about the sexual immorality going on among you—something that even pagans don't do. I am told that a man in your church is living in sin with his stepmother.**

1 나는 당신들 사이에서 지속되고 있는 성적인 풍기문란에 대한 소식을 믿기 어렵습니다—이런 것은 지어 이교도들도 하지 않습니다. 나는 당신들 교회의 한 사람이 그의 의붓어머니와 죄 지으며 살고 있다는 것을 들었습니다.

2 **You are so proud of yourselves, but you should be mourning in sorrow and shame. And you should remove this man from your fellowship.**

2 당신들은 자기자신들을 매우 자랑스러워합니다, 그러나 당신들은 슬픔과 부끄러움으로 한탄해야 합니다. 그리고 당신들은 이 사람을 당신들의 친구관계에서 쫓아내야 합니다.

3 **Even though I am not with you in person, I am with you in the Spirit. And as though I were there, I have already passed judgment on this man**

3 비록 나는 몸으로는 당신들과 함께 있지 않지만, 나는 령으로는 당신들과 함께 있습니다. 그리고 마치 내가 거기 있는 것처럼, 나는 이 사람에 대해 이미 판결을 내렸습니다.

4 **in the name of the Lord Jesus. You must call a meeting of the church. I will be present with you in spirit, and so will the power of our Lord Jesus.**

4 주 예수님 이름으로. 당신들은 교회 회의를 소집해야 합니다. 나는 당신들과 함께 령으로 참석하겠습니다, 그리고 우리 주 예수님의 권위도 그럴 것입니다.

5 **Then you must throw this man out and hand him over to Satan so that his sinful nature will be destroyed and he himself will be saved on the day the Lord returns.**

5 그러면 당신들은 이 사람을 내쫓고 마왕에게 넘겨주어야 합니다. 그리하여 그의 죄 많은 본성은 멸망되고 그 자신은 주님이 돌아오시는 날에 구원될 것입니다.

6 **Your boasting about this is terrible. Don't you realize that this sin is like a little yeast that spreads through the whole batch of dough?**

6 이것에 대한 당신들의 자랑이 두렵습니다. 당신들은 이 죄가 반죽 온 덩어리에 퍼지는 아주 적은 누룩과 같다는 것을 깨닫지 못합니까?

7 **Get rid of the old "yeast" by removing this wicked person from among you. Then you will be like a fresh batch of dough made without yeast, which is what you really are. Christ, our Passover Lamb, has been sacrificed for us.**

7 당신들 사이에서 이 악한 사람을 제거함으로써 묵은 《누룩》을 없애버리시오. 그러면 당신들은 누룩 없이 만들어진 신선한 반죽 덩어리처럼 될 것입니다, 이것이 바로 당신들의 참 모습입니다. 우리의 건너뛤명절

의 양이신, 그리스도가 우리를 위해 희생되셨습니다.

8 **So let us celebrate the festival, not with the old bread of wickedness and evil, but with the new bread of sincerity and truth.**

8 그러므로 간악함과 악독함의 묵은 빵이 아니라 성실함과 진리의 새 빵으로 축전을 기념합시다.

9 **When I wrote to you before, I told you not to associate with people who indulge in sexual sin.**

9 내가 전에 당신들에게 편지할 때, 나는 당신들이 성적인 죄에 빠진 사람들과 사귀지 말라고 말했습니다.

10 **But I wasn't talking about unbelievers who indulge in sexual sin, or are greedy, or cheat people, or worship idols. You would have to leave this world to avoid people like that.**

10 그러나 나는 성적인 죄에 빠져 있거나, 욕심 많거나, 사람을 속이거나, 우상을 숭배하는 믿지 않는 사람들에 대해 말하고 있지 않았습니다. 당신들이 이와 같은 사람들을 피하려면 이 세상을 떠나야 할 것입니다.

11 **I meant that you are not to associate with anyone who claims to be a believer yet indulges in sexual sin, or is greedy, or worships idols, or is abusive, or is a drunkard, or cheats people. Don't even eat with such people.**

11 나는 믿는 사람이라고 주장하면서도 성적인 죄에 빠지거나, 욕심 많거나, 또는 우상을 숭배하거나, 욕질하거나, 술주정뱅이이거나, 사람을 속이는 어떤 사람들과 사귀지 말아야 한다는 뜻으로 말했습니다. 그런 사람들과 함께 먹지도 마십시오.

12 **It isn't my responsibility to judge outsiders, but it certainly is your responsibility to judge those inside the church who are sinning.**

12 외부의 사람들을 단죄하는 것은 나의 책임이 아닙니다, 그러나 교회 내부에서 죄를 짓고 있는 사람들을 단죄하는 것은 틀림없이 당신들의 책임입니다.

13 **God will judge those on the outside; but as the Scriptures say, "You must remove the evil person from among you."**

13 하나님께서는 외부에 있는 사람들을 심판하실 것입니다; 그러나 하나님말씀책이 말하는 대로《당신들은 당신들 가운데서부터 악한 사람을 쫓아내야 합니다.》

6

Avoiding Lawsuits with Christians

그리스도인들과의 소송 피하기

1 **When one of you has a dispute with another believer, how dare you file a lawsuit and ask a secular court to decide the matter instead of taking it to other believers!**

1 당신들 중 한 사람이 다른 믿는 사람과 다툴 때, 당신들은 소송을 제기하여 그 문제를 다른 믿는 사람들에게 제기하는 대신에 세상의 재판소에 그것을 판결하도록 어떻게 감히 요청합니까?

2 **Don't you realize that someday we believers will judge the world? And since you are going to judge the world, can't you decide even these little things among yourselves?**

2 당신들은 언젠가는 우리 믿는 사람들이 이 세상을 심판하리라는 것을 알지 못합니까? 그리고 당신들이 이 세상을 심판할 것인데, 당신들은 이런 작은 일들도 당신 자신들 가운데서 해결할 수 없습니까?

3 **Don't you realize that we will judge angels? So you should surely be able to resolve ordinary disputes in this life.**

3 당신들은 우리가 천사들을 심판하리라는 것을 알지 못합니까? 그래서 당신들은 응당 이 세상에서 일상적인 다툼들을 해결할 수 있어야 합니다.

4 **If you have legal disputes about in this life., why go to outside judges who are not respected by the church?**

4 만일 당신들이 이런 문제들에 대한 법적인 다툼을 가지고 있다면, 왜 교회에서 존경하지 않는 외부의 재판관에게 갑니까?

5 **I am saying this to shame you. Isn't there anyone in all the church who is wise enough to decide these issues?**

5 나는 당신들로 하여금 부끄럽게 여기도록 하기 위해 이것을 말하고 있습니다. 모든 교회에 이러한 론쟁들을 해결할 만한 슬기로운 사람이 아무도 없습니까?

6 **But instead, one believer sues another—right in front of unbelievers!**

6 그러나 오히려, 믿는 사람이 다른 믿는 사람을 고소합니다—믿지 않는 사람들 바로 앞에서!

7 **Even to have such lawsuits with one another is a defeat for you. Why not just accept the injustice and leave it at that? Why not let yourselves be cheated?**

7 그러한 소송을 서로 하는 것조차 당신들에게는 하나의 실패입니다. 왜 불공평한 행위를 그냥 받아들이고 그쯤 해서 둬두지 못합니까? 왜 당신 자신들이 속아 주지 못합니까? 그쯤 해서 둬두십시오.

8 **Instead, you yourselves are the ones who do wrong and cheat even your fellow believers.**

8 오히려, 당신들은 당신들 스스로가 옳지 못한 일을 하고 당신들의 친구 믿는 사람들까지도 속이는 사람들입니다.

9 **Don't you realize that those who do wrong will not inherit the Kingdom of God? Don't fool yourselves. Those who indulge in sexual sin, or who worship idols, or commit adultery, or are male prostitutes, or practice homosexuality,**

9 잘못된 일을 하는 사람들은 하나님의 나라를 물려받지 못한다는 것을 알지 못합니까? 당신들 자신을 속이지 마십시오. 성적인 죄에 빠지는 자들이나, 우상을 숭배하는 자들이나, 부화 방탕하는 자들이나, 또는 남자로서 몸 파는 자들이나, 동성애를 하는 자들이나,

10 **or are thieves, or greedy people, or drunkards, or are abusive, or cheat people—none of these will inherit the Kingdom of God.**

10 도적놈들이나, 욕심 많은 자들이나, 술주정뱅이들이나, 욕질하는 자들이나, 남을 속이는 자들—이들 중 아무도 하나님의 나라를 물려받지 못할 것입니다.

11 **Some of you were once like that. But you were cleansed; you were made holy; you were made right with God by calling on the name of the Lord Jesus Christ and by the Spirit of our God.**

11 당신들 중 몇은 이전에 이와 같았습니다. 그러나 당신들은 깨끗해졌습니다; 당신들은 거룩해졌습니다; 당신들은 주 예수 그리스도의 이름을 부름으로써 그리고 우리 하나님의 성령에 의해서 하나님과 올바른 관계를 가지게 되었습니다.

Avoiding Sexual Sin

성적 죄를 피하기

12 **You say, "I am allowed to do anything"—but not everything is good for you. And even though "I am allowed to do anything," I must not become a slave to anything.**

12 당신들은 《나는 무엇이나 할 수 있게 허락되였다》고 말합니다—그러나 모든 것이 당신들에게 좋은 것은 아닙니다. 그리고 《내가 모든 것을 할 수 있게 허락되였다,》 할지라도, 나는 그 어떤 것의 노예가 되여

서는 안 됩니다.

13 You say, "Food was made for the stomach, and the stomach for food." (This is true, though someday God will do away with both of them.) But you can't say that our bodies were made for sexual immorality. They were made for the Lord, and the Lord cares about our bodies.

13 당신들은 《음식은 배를 위해 만들어졌고, 배는 음식을 위해 만들어졌다》고 말합니다. (이것은 사실입니다, 언젠가는 하나님께서 그 둘 다를 없애실 것이지만.) 그러나 당신들은 우리 몸이 성적인 비도덕적인 행위를 위해서 만들어졌다고 말할 수 없습니다. 그것들은 주님을 위해 만들어졌고, 주님은 우리의 몸들에 대해 심려하십니다.

14 And God will raise us from the dead by his power, just as he raised our Lord from the dead.

14 그리고 하나님께서 우리 주님을 죽음에서 되살리신 것처럼, 그분의 능력으로 우리를 죽음에서 되살리실 것입니다.

15 Don't you realize that your bodies are actually parts of Christ? Should a man take his body, which is part of Christ, and join it to a prostitute? Never!

15 당신은 당신들의 몸이 실제로 그리스도의 부분들인 것을 깨닫지 못합니까? 사람이 그리스도의 부분인 그분의 몸을 가지고 그것을 매춘부와 결합하겠습니까? 결코 그럴 수 없습니다!

16 And don't you realize that if a man joins himself to a prostitute, he becomes one body with her? For the Scriptures say, "The two are united into one."

16 그리고 당신들이 만일 한 사람이 그 자신을 매춘부와 결합하면, 그는 그 녀자와 한몸이 되는 것을 알지 못합니까? 왜냐하면 하나님말씀책이 《그 둘은 하나로 결합된다.》고 말씀하고 있기 때문입니다.

17 But the person who is joined to the Lord is one spirit with him.

17 그렇지만 주님과 결합된 사람은 그분과 함께 한 령입니다.

18 Run from sexual sin! No other sin so clearly affects the body as this one does. For sexual immorality is a sin against your own body.

18 성적인 죄로부터 뛰쳐나오십시오! 다른 죄는 이 죄가 하는 것처럼 그 몸에 그렇게는 뚜렷하게 영향을 미치지 않습니다. 왜냐하면 성적인 비도덕적 행위는 당신 자신의 몸에 대한 죄이기 때문입니다.

19 Don't you realize that your body is the temple of the Holy Spirit, who lives in you and was given to you by God? You do not belong to yourself,

19 당신들은 당신들의 몸이 하나님에 의해서 당신들에게 주어졌고 당신

들 안에 계시는, 성령님의 신전이라는 것을 알지 못합니까? 당신들은 당신 자신들에게 속하지 않았습니다.

20 for God bought you with a high price. So you must honor God with your body.

20 왜냐하면 하나님께서는 당신들을 비싼 값으로 사셨기 때문입니다. 그래서 당신들은 자신들의 몸으로 하나님께 영광을 드려야 합니다.

7

Instruction on Marriage

결혼에 대한 교훈

1 Now regarding the questions you asked in your letter. Yes, it is good to abstain from sexual relations.

1 이제 당신들이 자신들의 편지에서 물었던 질문들에 대한 것입니다. 그렇습니다. 성적 관계를 자제하는 것이 좋습니다.

2 But because there is so much sexual immorality, each man should have his own wife, and each woman should have her own husband.

2 그러나 성적 부도덕이 너무 많이 있기 때문에, 매 남자는 자기 안해를 두어야 하고, 매 녀자는 자기 남편을 두어야 합니다.

3 The husband should fulfill his wife's sexual needs, and the wife should fulfill her husband's needs.

3 남편은 안해의 성적인 필요를 채워주어야 하고, 안해는 자기 남편의 필요를 채워주어야 합니다.

4 The wife gives authority over her body to her husband, and the husband gives authority over his body to his wife.

4 안해는 자기 몸에 대한 권한을 자기 남편에게 주고, 남편은 자기 몸에 대한 권한을 자기 안해에게 주십시오.

5 Do not deprive each other of sexual relations, unless you both agree to refrain from sexual intimacy for a limited time so you can give yourselves more completely to prayer. Afterward, you should come together again so that Satan won't be able to tempt you because of your lack of self-control.

5 당신 둘이 보다 더 전적으로 기도에 몰두할 수 있도록 정해진 시간 동안 성적인 친밀함을 자제하기로 합의하지 않은 한, 서로 성적인 관계를 거절하지 마십시오. 그 후에, 당신들은 자신들의 자제력 부족 때문에 마왕이 당신들을 유혹할 수 없도록 다시 같이 합쳐야 합니다.

6 I say this as a concession, not as a command.

6 내가 이것은 명령으로가 아니라 충고로 말하는 것입니다.

7 **But I wish everyone were single, just as I am. Yet each person has a special gift from God, of one kind or another.**

7 그러나 나는 모든 사람이 나처럼, 독신으로 살기를 바랍니다. 그러나 매 사람은 하나님으로부터 오는, 이러저러한 특별한 은정의 선물을 가지고 있습니다.

8 **So I say to those who aren't married and to widows—it's better to stay unmarried, just as I am.**

8 그래서 나는 결혼하지 않은 사람과 과부들에게 말합니다—나처럼 결혼하지 않고, 계속 지내는 것이 더 좋습니다.

9 **But if they can't control themselves, they should go ahead and marry. It's better to marry than to burn with lust.**

9 그러나 만일 그들이 자기 자신들을 억제할 수 없다면, 그들은 주저하지 말고 결혼해야 합니다. 성욕으로 불타는 것보다 결혼하는 것이 더 좋습니다.

10 **But for those who are married, I have a command that comes not from me, but from the Lord. A wife must not leave her husband.**

10 그러나 결혼한 사람들을 위해서, 나에게는 내게서 나오는 명령이 아니라 주님으로부터 오는 명령이 있습니다. 안해는 자기 남편을 떠나서는 안 됩니다.

11 **But if she does leave him, let her remain single or else be reconciled to him. And the husband must not leave his wife.**

11 그러나 만일 녀자가 남자를 떠난다면, 녀자는 독신으로 남아 있든지 그렇지 않으면 남편과 화목해지도록 하십시오. 그리고 그 남편은 자기 안해를 떠나서는 안 됩니다.

12 **Now, I will speak to the rest of you, though I do not have a direct command from the Lord. If a Christian man has a wife who is not a believer and she is willing to continue living with him, he must not leave her.**

12 이제, 비록 내가 주님으로부터 직접적인 명령은 받지 않았지만,

13 **And if a Christian woman has a husband who is not a believer and he is willing to continue living with her, she must not leave him.**

13 그리고 만일 그리스도를 믿는 녀자에게 믿지 않는 남편이 있고 그가 그 녀자와 계속 사는 것을 마다하지 않는다면, 그 녀자는 그를 저버리지 말아야 합니다.

14 **For the Christian wife brings holiness to her marriage, and the Christian husband brings holiness to his marriage.**

Otherwise, your children would not be holy, but now they are holy.

14 왜냐하면 그리스도를 믿는 안해는 자신의 결혼에 신성함을 더할 것이고, 그리스도를 믿는 남편은 자신의 결혼에 신성함을 더하기 때문입니다. 그렇지 않다면, 당신들의 아들 딸들은 신성하게 되지 않았을 것입니다. 그러나 지금 그들은 신성합니다.

15 **(But if the husband or wife who isn't a believer insists on leaving, let them go. In such cases the Christian husband or wife is no longer bound to the other, for God has called you to live in peace.)**

15 (그러나 만일 믿지 않는 남편이나 안해가 갈라지기를 우긴다면 그들로 하여금 가게 하십시오. 이런 경우에는 그리스도를 믿는 남편이나 안해들이 더 이상 서로에게 매여 있지 않습니다. 왜냐하면 하나님께서는 당신들을 평화롭게 살도록 부르셨기 때문입니다.)

16 **Don't you wives realize that your husbands might be saved because of you? And don't you husbands realize that your wives might be saved because of you?**

16 안해들인 당신들은 자기들의 남편들이 당신들 때문에 구원될 수 있다는 것을 알지 못합니까? 그리고 남편들인 당신들은 자신들의 안해가 당신들 때문에 구원될 수 있다는 것을 알지 못합니까?

17 **Each of you should continue to live in whatever situation the Lord has placed you, and remain as you were when God first called you. This is my rule for all the churches.**

17 당신들 각자는 주님이 당신들을 있게 하신 어떠한 상황에서든지 살기를 계속해야 합니다. 그리고 하나님께서 처음 당신들을 부르셨을 때 당신들이 있었던 대로 남아 있어야 합니다. 이것이 모든 교회들에 대한 나의 원칙입니다.

18 **For instance, a man who was circumcised before he became a believer should not try to reverse it. And the man who was uncircumcised when he became a believer should not be circumcised now.**

18 례를 들면, 그가 믿는 사람이 되기 전에 잘라냄례식을 받은 사람은 그것을 취소하려고 해서는 안 됩니다. 그리고 그가 믿는 사람이 되였을 때 잘라냄례식을 받지 않은 사람은 이제는 잘라냄례식을 받지 않아도 됩니다.

19 **For it makes no difference whether or not a man has been circumcised. The important thing is to keep God's commandments.**

19 왜냐하면 사람이 잘라냄례식을 받았는지 받지 않았는지는 차이가 없기 때문입니다. 중요한 것은 하나님의 명령들을 지키는 것입니다.

20 Yes, each of you should remain as you were when God called you.

20 그렇습니다. 당신들 매 사람은 하나님께서 당신들을 부르셨을 때 당신들이 있었던 대로 남아 있어야 합니다.

21 Are you a slave? Don't let that worry you—but if you get a chance to be free, take it.

21 당신들이 노예입니까? 그것이 당신들을 괴롭히지 않게 하십시오—그러나 만일 당신들이 자유롭게 될 기회를 얻는다면, 그것을 잡으십시오.

22 And remember, if you were a slave when the Lord called you, you are now free in the Lord. And if you were free when the Lord called you, you are now a slave of Christ.

22 그리고 기억하십시오. 만일 주님이 당신들을 부르셨을 때 당신들이 노예였다면, 당신들은 이제 주님 안에서 자유롭습니다. 그리고 만일 주님이 당신들을 부르셨을 때 당신들이 자유로웠다면, 당신들은 이제 그리스도의 노예입니다.

23 God paid a high price for you, so don't be enslaved by the world.

23 하나님께서는 당신들을 위해 비싼 값을 지불하셨습니다. 그러므로 세상에 의한 노예가 되지 마십시오.

24 Each of you, dear brothers and sisters, should remain as you were when God first called you.

24 사랑하는 형제들과 자매들이여, 당신들 매 사람은 하나님께서 당신들을 처음 부르셨을 때 당신들이 있었던 대로 남아 있으십시오.

25 Now regarding your question about the young women who are not yet married. I do not have a command from the Lord for them. But the Lord in his mercy has given me wisdom that can be trusted, and I will share it with you.

25 이제는 아직 결혼하지 않은 젊은 녀자들에 대한 당신들의 질문에 대한 것입니다. 나는 그들에 대한 주님으로부터의 명령을 받지 못하였습니다. 그러나 은정어린 주님이 나에게 신뢰받을 수 있는 지혜를 주셨고 나는 이것을 당신들과 나눌 것입니다.

26 Because of the present crisis, I think it is best to remain as you are.

26 지금의 위기로 하여, 나는 당신들이 있는 그대로 남아 있는 것이 제일 좋다고 생각합니다.

27 If you have a wife, do not seek to end the marriage. If you do not have a wife, do not seek to get married.

27 만일 당신들이 안해가 있다면, 결혼을 끝내려고 하지 마십시오. 만일 당신들이 안해가 없다면, 결혼하려고 하지 마십시오.

28 But if you do get married, it is not a sin. And if a young woman gets married, it is not a sin. However, those who get married at this time will have troubles, and I am trying to spare you those problems.

28 그러나 만일 당신들이 결혼을 한다면, 그것은 죄가 아닙니다. 그리고 만일 젊은 녀자가 결혼을 해도 죄가 아닙니다. 그러나 이 시대에 결혼하는 사람들은 어려움을 겪을 것입니다. 그리고 나는 당신들이 그와 같은 어려움을 당하지 않도록 노력하고 있습니다.

29 But let me say this, dear brothers and sisters: The time that remains is very short. So from now on, those with wives should not focus only on their marriage.

29 그러나 사랑하는 형제들과 자매들이여 나는 이것을 말해야 하겠습니다: 남아 있는 시간이 매우 짧습니다. 그러므로 이제부터는 안해가 있는 사람들은 단지 그들의 결혼생활에만 집중해서는 안 됩니다.

30 Those who weep or who rejoice or who buy things should not be absorbed by their weeping or their joy or their possessions.

30 울거나 기뻐하거나 물건들을 사는 사람들은 그들의 울음이나 기쁨 또는 그들의 소유물에 몰두해서는 안 됩니다.

31 Those who use the things of the world should not become attached to them. For this world as we know it will soon pass away.

31 이 세상의 물건을 사용하는 사람들은 그것들을 중시해서는 안 됩니다. 왜냐하면 이 세상은 우리가 아는 대로 곧 사라질 것이기 때문입니다.

32 I want you to be free from the concerns of this life. An unmarried man can spend his time doing the Lord's work and thinking how to please him.

32 나는 당신들이 이 세상의 념려에서 자유로워지기를 바랍니다. 결혼하지 않은 남자는 주님의 일을 하는 것과 어떻게 그분을 기쁘시게 할까 하는 생각에 그의 시간을 보낼 수 있습니다.

33 But a married man has to think about his earthly responsibilities and how to please his wife.

33 그러나 결혼한 남자는 자신의 세상적인 책임들과 어떻게 자기의 안해를 기쁘게 할까에 대해 생각해야 합니다.

34 His interests are divided. In the same way, a woman who is no longer married or has never been married can be devoted to the Lord and holy in body and in spirit. But a married woman has to think about her earthly responsibilities and how to please her husband.

34 그의 관심들은 나뉘어져 있습니다. 마찬가지로, 더 이상 결혼 생활

을 안 하는 녀자나 전혀 결혼해 본 적이 없는 녀자는 주님에게 전심전력할 수 있고 몸과 령에서 신성할 수 있습니다. 그러나 결혼한 녀자는 자신의 이 세상적인 책임들과 어떻게 자기의 남편을 기쁘게 할까에 대해 생각해야 합니다.

35 I am saying this for your benefit, not to place restrictions on you. I want you to do whatever will help you serve the Lord best, with as few distractions as possible.

35 나는 당신들을 구속하기 위해서가 아니라, 당신들의 유익을 위해서 이것을 말하고 있습니다. 나는 가능한 한 방해 없이, 당신들이 주님을 최고로 섬기도록 도울 수 있는 것이라면 무엇이든 당신들이 하기를 바랍니다.

36 But if a man thinks that he's treating his fiance improperly and will inevitably give in to his passion, let him marry her as he wishes. It is not a sin.

36 그러나 만일 한 남자가 자기의 약혼녀를 대하고 부득이하게 그의 성욕에 굴복하게 될 것이라고 생각한다면 그가 원하는 대로 그 녀자와 결혼하게 하십시오. 그것은 죄가 아닙니다.

37 But if he has decided firmly not to marry and there is no urgency and he can control his passion, he does well not to marry.

37 그러나 만일 그가 결혼하지 않기로 굳게 결심하였고 절박함이 없으며 그가 자신의 성욕을 억제할 수 있다면, 그가 결혼하지 않는 것은 잘하는 것입니다.

38 So the person who marries his fiance does well, and the person who doesn't marry does even better.

38 그러므로 그의 약혼녀와 결혼하는 사람도 잘하는 것이고, 결혼하지 않는 사람은 더 잘하는 것입니다.

39 A wife is bound to her husband as long as he lives. If her husband dies, she is free to marry anyone she wishes, but only if he loves the Lord.

39 안해는 자신의 남편이 살아 있는 동안 그에게 매여 있습니다. 만일 그 녀자의 남편이 죽으면, 그 녀자는 자유롭게 되여 그 녀자가 원하는 어떤 사람과도 결혼할 수 있습니다. 그러나 오직 그가 주님을 사랑하는 경우라야 합니다.

40 But in my opinion it would be better for her to stay single, and I think I am giving you counsel from God's Spirit when I say this.

40 그러나 나의 의견으로는 그 녀자가 혼자 있는 것이 더 좋다고 생각합니다. 그리고 내가 이것을 말할 때, 나는 당신에게 하나님의 성령으로부터의 충고를 주고 있다고 생각합니다.

8

Food Sacrificed to Idols

우상에게 바쳐진 음식

1 Now regarding your question about food that has been offered to idols. Yes, we know that "we all have knowledge" about this issue. But while knowledge makes us feel important, it is love that strengthens the church.

1 이제 우상에게 바쳐졌던 음식에 대한 당신들의 질문에 대한 것입니다. 그렇습니다. 우리는 이 문제에 대해《우리 모두가 지식을 가지고 있다》는 것을 압니다. 그러나 지식이 우리를 잘난 체하게 만드는 반면, 교회를 강하게 하는 것은 사랑입니다.

2 Anyone who claims to know all the answers doesn't really know very much.

2 모든 해답을 알고 있다고 주장하는 모든 사람은 실제로 많이 모릅니다.

3 But the person who loves God is the one whom God recognizes.

3 그러나 하나님을 사랑하는 사람은 하나님께서 그를 인정하는 사람입니다.

4 So, what about eating meat that has been offered to idols? Well, we all know that an idol is not really a god and that there is only one God.

4 그러면, 우상에게 바쳐졌던 고기를 먹는 것은 어떻습니까? 자, 우리 모두는 우상은 진짜 신이 아니라는 것과 오직 유일한 하나님만 계신다는 것을 알고 있습니다.

5 There may be so-called gods both in heaven and on earth, and some people actually worship many gods and many lords.

5 이른바 신들이라고 불려지는 것들이 하늘과 땅 량쪽에 다 있을 수 있습니다, 그리고 어떤 사람들은 실제로 많은 신들과 많은 권위자들을 숭배하고 있습니다.

6 But we know that there is only one God, the Father, who created everything, and we live for him. And there is only one Lord, Jesus Christ, through whom God made everything and through whom we have been given life.

6 그러나 우리는 모든 것을 창조하신 유일하신 하나님, 아버지가 계신다는 것과, 우리가 그분을 위해 살고 있다는 것을 압니다. 그리고 하나님께서 그분을 통하여 모든 것을 만드셨고 그분을 통하여 우리가 생명을 받은, 유일하신 주님 예수 그리스도가 계십니다 .

7 **However, not all believers know this. Some are accustomed to thinking of idols as being real, so when they eat food that has been offered to idols, they think of it as the worship of real gods, and their weak consciences are violated.**

7 그렇지만, 모든 믿는 사람들이 이것을 알지 못합니다. 어떤 사람들은 우상들이 실제로 있다고 생각하는데 익숙해져 있습니다. 그래서 그들은 우상에게 바쳐졌던 음식을 먹을 때, 그들은 그것에 대해서 실제 신들을 숭배하는 것처럼 생각합니다, 그리하여 그들의 연약한 량심이 손상됩니다.

8 **It's true that we can't win God's approval by what we eat. We don't lose anything if we don't eat it, and we don't gain anything if we do.**

8 우리는 우리가 먹는 것으로 하여 하나님의 인정을 얻을 수 없다는 것은 사실입니다. 만일 우리가 음식을 먹지 않아도 우리는 아무것도 잃지 않습니다, 그리고 우리가 먹는다 해도 우리는 아무것도 얻지 못합니다.

9 **But you must be careful so that your freedom does not cause others with a weaker conscience to stumble.**

9 그러나 당신들은 자신들의 자유가 더 약한 량심을 가진 다른 사람들이 걸채여 넘어지지 않도록 조심해야 합니다.

10 **For if others see you—with your "superior knowledge"—eating in the temple of an idol, won't they be encouraged to violate their conscience by eating food that has been offered to an idol?**

10 왜냐하면 만일 다른 사람들이 그 우상의 신전에서 먹고 있는—《거만한 지식》을 가진—당신들을 본다면, 그들도 우상에게 바쳐졌던 음식을 먹음으로써 자기들의 량심을 저버리도록 조장되지 않겠습니까?

11 **So because of your superior knowledge, a weak believer for whom Christ died will be destroyed.**

11 그러므로 당신들의 거만한 지식 때문에, 그리스도가 그들을 위해 돌아가신 믿음이 연약한 사람들이 무너지게 될 것입니다.

12 **And when you sin against other believers by encouraging them to do something they believe is wrong, you are sinning against Christ.**

12 그리고 당신들은 다른 믿는 사람들로 하여금 그들이 잘못된 것을 믿는 무엇인가를 하도록 그들을 조장하므로써 그들에 대해 죄를 지을 때, 당신들은 그리스도에게 죄짓고 있는 것입니다.

13 **So if what I eat causes another believer to sin, I will never eat meat again as long as I live—for I don't want to cause another believer to stumble.**

13 그래서 만일 내가 먹는 것이 다른 믿는 사람에게 죄를 짓게 한다면,

내가 사는 동안 나는 결코 고기를 다시 먹지 않을 것입니다— 왜냐하면
나는 다른 믿는 사람들이 걸채여 넘어지게 하고 싶지 않기 때문입니다.

9

Paul Gives Up His Rights

바울이 자기의 권리를 포기하다

1 **Am I not as free as anyone else? Am I not an apostle? Haven't I seen Jesus our Lord with my own eyes? Isn't it because of my work that you belong to the Lord?**

1 내가 다른 사람처럼 자유롭지 않습니까? 내가 핵심제자가 아닙니까? 내가 우리 주 예수님을 내 자신의 눈으로 보지 않았습니까? 당신들이 주님에게 속해 있는 것이 나의 수고 때문이 아닙니까?

2 **Even if others think I am not an apostle, I certainly am to you. You yourselves are proof that I am the Lord's apostle.**

2 비록 다른 사람들이 나를 핵심제자라고 생각하지 않을지라도, 내가 당신들에게는 확실히 핵심제자입니다. 당신들 자신들이 내가 주님의 핵심제자라는 것의 증거입니다.

3 **This is my answer to those who question my authority.**

3 이것이 나의 권위에 대해 질문하는 사람들에 대한 나의 대답입니다.

4 **Don't we have the right to live in your homes and share your meals?**

4 우리가 당신들의 집에 살며 당신들의 음식을 나누어 먹을 권리가 없다는 말입니까?

5 **Don't we have the right to bring a Christian wife with us as the other apostles and the Lord's brothers do, and as Peter does?**

5 우리는 다른 핵심제자들과 주님의 동생들이 하듯이, 그리고 베드로가 한 것처럼, 그리스도를 믿는 안해를 우리와 함께 데리고 다닐 권리가 없다는 말입니까?

6 **Or is it only Barnabas and I who have to work to support ourselves?**

6 혹은 오직 바나바와 나만 우리들의 힘으로 살아가기 위해 일해야 하는 사람들입니까?

7 **What soldier has to pay his own expenses? What farmer plants a vineyard and doesn't have the right to eat some of its fruit? What shepherd cares for a flock of sheep and isn't allowed to drink some of the milk?**

7 어떤 군인이 자기 자신의 비용을 치러야 한다는 겁니까? 어떤 농민이 포도원을 가꾸고 그 열매의 일부를 먹을 권리가 없다는 말입니까? 어

떤 양몰이군이 양 떼를 돌보고 그 우유의 얼마를 마시는 것이 허락되지 않는다는 말입니까?

8 **Am I expressing merely a human opinion, or does the law say the same thing?**

8 내가 단순히 인간적인 견해를 표현하고 있습니까, 혹은 그 률법이 같은 것을 말하고 있습니까?

9 **For the law of Moses says, "You must not muzzle an ox to keep it from eating as it treads out the grain." Was God thinking only about oxen when he said this?**

9 왜냐하면 모세의 률법에서 말하고 있습니다, 《너희는 소가 곡식을 탈곡할 때 그것을 먹지 않게 하려고 소에게 자갈을 물리지 말아야 한다.》 하나님께서 그분이 이것을 말씀하셨을 때 단지 소들에 대해서만 생각하셨습니까?

10 **Wasn't he actually speaking to us? Yes, it was written for us, so that the one who plows and the one who threshes the grain might both expect a share of the harvest.**

10 실제로 우리에게 말씀하시는 것이 아닙니까? 그렇습니다. 그것은 우리를 위해 씌여졌습니다. 그래서 보습으로 가는 사람과 곡식을 탈곡하는 사람 둘 다 가을걷이의 분배 몫을 기대할 수 있는 것입니다.

11 **Since we have planted spiritual seed among you, aren't we entitled to a harvest of physical food and drink?**

11 우리가 령적인 씨앗을 여러분 가운데 뿌렸기 때문에, 우리는 육체의 음식과 음료를 거두어들일 자격이 있지 않겠습니까?

12 **If you support others who preach to you, shouldn't we have an even greater right to be supported? But we have never used this right. We would rather put up with anything than be an obstacle to the Good News about Christ.**

12 만일 당신들이 자신들에게 전도하는 다른 사람들을 지원한다면, 우리에게 지원받아야 할 권리가 훨씬 더 많이 있어야 하지 않겠습니까?

13 **Don't you realize that those who work in the temple get their meals from the offerings brought to the temple? And those who serve at the altar get a share of the sacrificial offerings.**

13 당신들은 신전에서 일하는 사람들이 신전으로 가져온 제물로부터 자신들의 식사를 얻는 것을 알지 못합니까? 그리고 제사단에서 일하는 사람들은 희생제물의 몫을 얻습니다.

14 **In the same way, the Lord ordered that those who preach the Good News**

should be supported by those who benefit from it.

14 같은 방법으로, 주님은 반가운 소식을 전하는 사람들이 그것으로부터 리익을 얻는 사람들에 의해 지원을 받아야 한다고 명령하셨습니다.

15 **Yet I have never used any of these rights. And I am not writing this to suggest that I want to start now. In fact, I would rather die than lose my right to boast about preaching without charge.**

15 그러나 나는 이런 권리의 어떤 것도 전혀 사용하지 않았습니다. 그리고 이제 시작하기 원한다는 것을 제의하기 위해 이 글을 쓰고 있는 것은 아닙니다. 사실상, 나는 보수 없이 전도하는 것에 대해 자랑할 나의 권리를 상실하는 것보다 오히려 죽는 것이 낫겠습니다.

16 **Yet preaching the Good News is not something I can boast about. I am compelled by God to do it. How terrible for me if I didn't preach the Good News!**

16 그러나 반가운 소식을 전하는 것은 내가 그것에 대해 자랑할 만한 일이 아닙니다. 나는 하나님에 의해서 그 일을 해야만 하였습니다. 만일 내가 반가운 소식을 전하지 않았다면, 나에게는 얼마나 끔찍한 일입니까!

17 **If I were doing this on my own initiative, I would deserve payment. But I have no choice, for God has given me this sacred trust.**

17 만일 내가 자진하여 이것을 하고 있었다면 나는 보수를 받아 마땅합니다. 그러나 나는 선택권이 없습니다, 왜냐하면 하나님께서 나에게 이 신성한 믿음을 주셨기 때문입니다.

18 **What then is my pay? It is the opportunity to preach the Good News without charging anyone. That's why I never demand my rights when I preach the Good News.**

18 그러면 나의 보수는 무엇입니까? 아무에게도 대가 없이 반가운 소식을 전하는 좋은 기회입니다. 그렇기 때문에 나는 내가 반가운 소식을 전할 때 나의 권리를 결코 주장하지 않습니다.

19 **Even though I am a free man with no master, I have become a slave to all people to bring many to Christ.**

19 내가 주인이 없는 자유인일지라도, 나는 많은 사람을 그리스도에게 데려오기 위해 모든 사람의 종이 되였습니다.

20 **When I was with the Jews, I lived like a Jew to bring the Jews to Christ. When I was with those who follow the Jewish law, I too lived under that law. Even though I am not subject to the law, I did this so I could bring to Christ those who are under the law.**

20 내가 유태인들과 함께 있을 때, 나는 유태인들을 그리스도에게 데려오기 위해 유태인처럼 살았습니다. 내가 유태인의 률법을 따르는 사람들과 함께 있을 때, 나도 역시 그 률법 아래 살았습니다. 내가 그 률법의 지배를 받지 않았음에도 불구하고, 나는 그 률법 아래 있는 사람들을 그리스도에게 데려 오려고 그렇게 하였습니다.

21 When I am with the Gentiles who do not follow the Jewish law, I too live apart from that law so I can bring them to Christ. But I do not ignore the law of God; I obey the law of Christ.

21 내가 유태인의 률법을 따르지 않는 비유태인들과 함께 있을 때 나도 역시 그 률법과 상관없이 삽니다. 그래야 나는 그들을 그리스도에게 데려올 수 있습니다. 그러나 나는 하나님의 률법을 무시하지 않습니다; 나는 그리스도의 률법에 복종합니다.

22 When I am with those who are weak, I share their weakness, for I want to bring the weak to Christ. Yes, I try to find common ground with everyone, doing everything I can to save some.

22 내가 연약한 사람들과 함께 있을 때, 나는 그들의 연약함을 서로 나눕니다, 왜냐하면 나는 그리스도에게 연약한 사람들을 데려가기 원하기 때문입니다. 그렇습니다, 나는 몇 사람을 구원하기 위해 내가 할 수 있는 모든 일을 하면서, 모든 사람과 함께 공통점을 찾으려고 노력합니다.

23 I do everything to spread the Good News and share in its blessings.

23 나는 반가운 소식을 퍼뜨리고 그것의 축복들을 서로 나누기 위해 모든 것을 합니다.

24 Don't you realize that in a race everyone runs, but only one person gets the prize? So run to win!

24 당신들은 모든 사람이 달리는 경주에서 오직 한 사람만 상을 받는 것을 알지 못합니까? 그러므로 이기기 위해 달리십시오.

25 All athletes are disciplined in their training. They do it to win a prize that will fade away, but we do it for an eternal prize.

25 모든 운동선수들은 자신들의 단련에 훈련되여 있습니다. 그들은 사라져버릴 상을 받기 위해 그것을 하지만 우리는 영원한 상을 위해 훈련합니다.

26 So I run with purpose in every step. I am not just shadow boxing.

26 그래서 나는 한 걸음 한 걸음 목적을 가지고 달립니다. 나는 오직 혼자서 하는 권투련습을 하지 않습니다.

27 I discipline my body like an athlete, training it to do what it should. Otherwise, I fear that after preaching to others I myself might be disqualified.

27 나는 해야 할 것을 하기 위해 단련하면서, 나의 몸을 운동선수처럼 훈련합니다. 그렇지 않다면, 나는 다른 사람들에게 전도한 후에 내 자신이 자격을 잃을까 두렵습니다.

10

Lessons from Israel's Idolatry

이스라엘의 우상숭배로 부터 배우는 교훈

1 **I don't want you to forget, dear brothers and sisters, about our ancestors in the wilderness long ago. All of them were guided by a cloud that moved ahead of them, and all of them walked through the sea on dry ground.**

1 사랑하는 형제들과 자매들이여, 나는 당신들이 옛날 황야에서의 우리 선조들을 잊지 않기를 바랍니다. 그들 모두는 그들을 앞서 나아가는 구름에 의해 이끌려 갔고, 그들 모두는 마른 땅 우의 바다를 걸어서 지나갔습니다.

2 **In the cloud and in the sea, all of them were baptized as followers of Moses.**

2 구름과 바다 속에서, 그들 모두는 모세를 따르는 사람들로서 세례를 받았습니다.

3 **All of them ate the same spiritual food,**

3 그들 모두는 동일한 령적인 음식을 먹었습니다,

4 **and all of them drank the same spiritual water. For they drank from the spiritual rock that traveled with them, and that rock was Christ.**

4 그리고 그들 모두는 동일한 령적인 물을 마셨습니다. 왜냐하면 그들은 자기들과 함께 다녔던 령적인 바위로부터 마셨기 때문입니다, 그런데 그 바위는 그리스도였습니다.

5 **Yet God was not pleased with most of them, and their bodies were scattered in the wilderness.**

5 그러나 하나님께서는 그들의 대부분을 마음에 들어 하지 않으셨고, 그들의 시체는 황야에 흩뿌려졌습니다.

6 **These things happened as a warning to us, so that we would not crave evil things as they did,**

6 이 일들은 우리가 그들이 했던 것처럼 악한 일들을 갈망하지 않도록 하기 위한 경고로서 우리들에게 일어났습니다.

7 **or worship idols as some of them did. As the Scriptures say, "The people celebrated with feasting and drinking, and they indulged in pagan rev-**

elry."

7 혹은 그들 중 몇이 했던 것처럼 우상숭배를 갈망하지 않도록 하기 위한 경고로서 우리들에게 일어났습니다. 하나님말씀책이 말씀한 대로, 《사람들이 먹고 마시면서 축하하였고, 그들은 이교도의 술 마시고 흥청거림에 실컷 즐겼다.》

8 **And we must not engage in sexual immorality as some of them did, causing 23,000 of them to die in one day.**

8 그리고 우리는 그들 중 일부가 그랬던 것처럼 성적인 풍기문란에 매혹되어서는 안됩니다. 이것으로 하여 그들 중 2만 3천 명이 하루에 죽었습니다.

9 **Nor should we put Christ to the test, as some of them did and then died from snakebites.**

9 우리가 그리스도를 떠보지 말아야 합니다, 왜냐하면 그들 중 몇 사람이 그러다가 뱀에 물려 죽었기 때문입니다.

10 **And don't grumble as some of them did, and then were destroyed by the angel of death.**

10 그리고 그들 중 몇 사람이 했던 것처럼 불평하지 마십시오, 그런 후 그들은 죽음의 천사에 의해 멸망되였습니다.

11 **These things happened to them as examples for us. They were written down to warn us who live at the end of the age.**

11 이러한 일들이 우리를 위한 본보기로서 그들에게 일어났습니다. 이 시대의 마지막에 살고 있는 우리들을 경고하기 위해 그것들이 기록되였습니다.

12 **If you think you are standing strong, be careful not to fall.**

12 만일 당신들이 굳세게 서 있다고 생각한다면, 넘어지지 않도록 조심하십시오.

13 **The temptations in your life are no different from what others experience. And God is faithful. He will not allow the temptation to be more than you can stand. When you are tempted, he will show you a way out so that you can endure.**

13 당신들의 삶속에 있는 유혹들은 다른 사람들이 경험하는 것과 전혀 다르지 않습니다. 그리고 하나님은 신뢰할 수 있습니다. 그분께서는 당신들이 견딜 수 있는 것보다 큰 유혹을 허락하지 않으실 것입니다. 당신들이 유혹을 받을 때, 그분께서는 당신들이 견딜 수 있도록 당신들에게 해결책을 보여 주실 것입니다.

14 **So, my dear friends, flee from the worship of idols.**

14 그러므로, 나의 사랑하는 친구들이여, 우상 숭배를 피하십시오.

15 **You are reasonable people. Decide for yourselves if what I am saying is true.**

15 당신들은 합리적인 사람들입니다. 당신들 스스로 내가 말하고 있는 것이 진실인지 아닌지를 결정하십시오.

16 **When we bless the cup at the Lord's Table, aren't we sharing in the blood of Christ? And when we break the bread, aren't we sharing in the body of Christ?**

16 우리가 그 잔을 주님의 식탁에서 감사드릴 때, 우리는 그리스도의 피에 참여하는 것이 아닙니까? 그리고 우리가 빵을 뗄 때, 우리는 그리스도의 몸에 참여하지 않는다는 것입니까?

17 **And though we are many, we all eat from one loaf of bread, showing that we are one body.**

17 그리고 우리는 여럿일지라도, 우리가 한 몸이라는 것을 보여주면서, 우리 모두는 빵 한 덩이에서 먹습니다.

18 **Think about the people of Israel. Weren't they united by eating the sacrifices at the altar?**

18 이스라엘 사람들을 생각해 보십시오. 그들은 제사단의 희생제물들을 먹음으로써 하나가 되지 않았습니까?

19 **What am I trying to say? Am I saying that food offered to idols has some significance, or that idols are real gods?**

19 내가 말하려고 하는 것이 무엇입니까? 내가 우상에게 바쳐진 음식이 어떤 의미를 가진다거나, 우상이 진정한 신이라고 말하고 있는 것입니까?

20 **No, not at all. I am saying that these sacrifices are offered to demons, not to God. And I don't want you to participate with demons.**

20 아니오, 전혀 아닙니다. 나는 이런 희생제물들이 하나님께가 아니라, 귀신에게 바쳐진다는 것을 말하고 있습니다. 나는 여러분이 귀신들과 함께하는 것을 원하지 않습니다.

21 **You cannot drink from the cup of the Lord and from the cup of demons, too. You cannot eat at the Lord's Table and at the table of demons, too.**

21 당신들은 주님의 잔으로 마실 수 없고 귀신의 잔으로도 마실 수 없습니다. 당신들은 주님의 식탁에서 먹을 수 없고 귀신의 식탁에서도 먹을 수 없습니다.

22 **What? Do we dare to rouse the Lord's jealousy? Do you think we are stronger than he is?**

22 뭐라구요? 우리가 감히 주님의 질투심을 불러일으킨다는 것입니까? 당신들은 우리가 그분보다 더 강하다고 생각합니까?

23 You say, "I am allowed to do anything"—but not everything is good for you. You say, "I am allowed to do anything"—but not everything is beneficial.

23 당신들은 말합니다, 《나는 무엇이나 할 수 있게 허락받았다》—그러나 모든 것이 당신들에게 좋은 것은 아닙니다. 당신들은 말합니다, 《나는 무엇이나 할 수 있게 허락받았다》—그러나 모든 것이 유익한 것은 아닙니다.

24 Don't be concerned for your own good but for the good of others.

24 당신들은 자신의 좋은 것에 마음을 쓰지 말고 다른 사람의 좋은 것에 마음을 쓰십시오.

25 So you may eat any meat that is sold in the marketplace without raising questions of conscience.

25 그러므로 당신들은 시장에서 파는 어떤 고기라도 량심의 의문을 제기하지 않고 먹을 수 있습니다.

26 For "the earth is the LORD's, and everything in it."

26 왜냐하면 《이 땅이 주님의 것이고, 모든 것이 그 안에 있기》 때문입니다.

27 If someone who isn't a believer asks you home for dinner, accept the invitation if you want to. Eat whatever is offered to you without raising questions of conscience.

27 만일 믿지 않는 사람이 저녁식사를 위해 당신들을 집으로 초대하고, 당신들이 원하면, 그 초대를 받아드리십시오. 당신들에게 차려진 무엇이든지 량심의 의문을 제기하지 말고 먹으십시오.

28 (But suppose someone tells you, "This meat was offered to an idol." Don't eat it, out of consideration for the conscience of the one who told you.

28 (그러나 누군가 당신들에게 《이 고기는 우상에게 차려졌던 것입니다.》고 말했다고 가정해 보십시오. 당신에게 말해준 그 사람의 량심을 고려해서, 그것을 먹지 마십시오.

29 It might not be a matter of conscience for you, but it is for the other person.) For why should my freedom be limited by what someone else thinks?

29 그것은 당신들에게는 량심의 문제가 아닐 수 있습니다, 그러나 다른 사람에게는 문제가 됩니다.) 그렇다면 왜 나의 자유가 어떤 다른 사람이 생각하는 것에 의해 제한되어야 합니까?

30 **If I can thank God for the food and enjoy it, why should I be condemned for eating it?**

30 만일 내가 그 음식에 대해 하나님께 감사하고 그것을 즐길 수 있다면, 왜 내가 그것을 먹는 것에 대해 비난을 받아야 합니까?

31 **So whether you eat or drink, or whatever you do, do it all for the glory of God.**

31 그러므로 당신들이 먹든지 마시든지 당신들이 무엇을 하든지, 모든 것을 하나님의 영광을 위하여 하십시오.

32 **Don't give offense to Jews or Gentiles or the church of God.**

32 유태인들이나 비유태인들이나 하나님의 교회를 불쾌하게 하지 마십시오.

33 **I, too, try to please everyone in everything I do. I don't just do what is best for me; I do what is best for others so that many may be saved.**

33 나, 역시, 내가 하는 모든 일에서 모든 사람을 기쁘게 하려고 노력합니다. 나는 단지 나를 위해 가장 좋은 것을 하지 않습니다; 나는 많은 사람들이 구원될 수 있도록 다른 사람들에게 가장 좋은 것을 합니다.

11

1 **And you should imitate me, just as I imitate Christ.**

1 그리고 당신들은 내가 그리스도를 본받는 것처럼, 나를 본받으십시오.

Instructions for Public Worship

일반사람들의 례배에 대한 가르침

2 **I am so glad that you always keep me in your thoughts, and that you are following the teachings I passed on to you.**

2 나는 당신들이 자신들의 생각 속에 나를 항상 간직하고 있고, 내가 당신들에게 전해 준 가르침들을 당신들이 따르고 있어서 매우 기쁩니다.

3 **But there is one thing I want you to know: The head of every man is Christ, the head of woman is man, and the head of Christ is God.**

3 그러나 나는 당신들이 알기를 바라는 한 가지가 있습니다: 모든 남자의 머리는 그리스도이고, 녀자의 머리는 남자이며, 그리고 그리스도의 머리는 하나님이십니다.

4 **A man dishonors his head if he covers his head while praying or prophesying.**

4 남자가 만일 기도하거나 예언을 하는 동안에 그의 머리를 가린다면 그

는 자기 머리를 부끄럽게 하는 것입니다.

5 But a woman dishonors her head if she prays or prophesies without a covering on her head, for this is the same as shaving her head.

5 그러나 녀자가 만일 자기 머리를 가리지 않고 기도하거나 예언하면, 그 녀자는 자기의 머리를 부끄럽게 하는 것입니다, 왜냐하면 이것은 그 녀자의 머리를 면도하는 것과 같기 때문입니다.

6 Yes, if she refuses to wear a head covering, she should cut of fall her hair! But since it is shameful for a woman to have he rhair cut or her head shaved, she should wear a covering.

6 그렇습니다, 만일 녀자가 머리 쓰개 쓰는 것을 거절하면, 그 녀자는 자기의 모든 머리를 깎으십시오! 그러나 녀자에게는 머리를 깎거나 머리를 면도하는 것은, 수치스러운 것이므로 녀자들은 쓰개를 써야 합니다.

7 A man should not wear anything on his head when worshiping, for man is made in God's image and reflects God's glory. And woman reflects man's glory.

7 남자는 례배하는 때 그의 머리에 아무것도 쓰면 안 됩니다, 왜냐하면 남자는 하나님의 형상으로 만들어졌고 하나님의 영광을 반영하기 때문입니다. 그리고 녀자는 남자의 영광을 반영합니다.

8 For the first man didn't come from woman, but the first woman came from man.

8 왜냐하면 첫 번째 남자가 녀자로부터 나오지 않고, 첫 번째 녀자가 남자로부터 나왔기 때문입니다.

9 And man was not made for woman, but woman was made for man.

9 그리고 남자가 녀자를 위해 창조된 것이 아니라, 녀자가 남자를 위해 창조되였습니다.

10 For this reason, and because the angels are watching, a woman should wear a covering on her head to show she is under authority.

10 이런 리유로, 그리고 천사들이 보고 있기 때문에, 녀자는 자기가 권위 아래 있다는 것을 보여주기 위해 자신의 머리에 쓰개를 써야 합니다.

11 But among the Lord's people, women are not independent of men, and men are not independent of women.

11 그러나 주님의 사람들 안에서는, 녀자들은 남자들과 관계가 없는 것이 아니고, 남자들도 녀자들과 관계가 없는 것이 아닙니다.

12 For although the first woman came from man, every other man was born from a woman, and everything comes from God.

12 왜냐하면 첫 번째 녀자가 남자로부터 나왔을지라도, 모든 다른 남자

는 녀자에게서 태여낳기 때문입니다. 그리고 모든 것은 하나님으로부
터 나왔습니다.

13 Judge for yourselves. Is it right for a woman to pray to God in public without covering her head?

13 당신들 스스로 판단하십시오. 녀자가 자신의 머리를 가리지 않고 사람들 앞에서 기도하는 것이 옳습니까?

14 Isn't it obvious that it's disgraceful for a man to have longhair?

14 남자가 긴 머리를 하는 것이 망신스럽다는 것이 명백하지 않습니까?

15 And isn't long hair a woman's pride and joy? For it has been given to her as a covering.

15 그리고 긴 머리가 녀자의 자부심이고 기쁨이 아닙니까? 왜냐하면 그 녀자에게 쓰개로 주어졌기 때문입니다.

16 But if anyone wants to argue about this, I simply say that we have no other custom than this, and neither do God's other churches.

16 그러나 만일 누군가 이것에 대해 의견을 제기한다면, 나는 우리에게 이것 외에 다른 풍습이 없으며, 하나님의 다른 교회들도 없다는 것을 알기 쉽게 말하겠습니다.

Order at the Lord's Supper

주님의 만찬에서의 질서

17 But in the following instructions, I cannot praise you. For it sounds as if more harm than good is done when you meet together.

17 그러나 다음의 가르침에서, 나는 당신들을 칭찬할 수 없습니다. 왜냐하면 당신들이 함께 모일 때 리로운 것보다 해로운 일을 더 한다는 것처럼 들리기 때문입니다.

18 First, I hear that there are divisions among you when you meet as a church, and to some extent I believe it.

18 첫째로, 나는 당신들이 교회에 모일 때 당신들 사이에 분렬이 있다는 것을 들었습니다. 그리고 나는 어느 정도까지는 그것을 믿습니다.

19 But, of course, there must be divisions among you so that you who have God's approval will be recognized!

19 그러나, 물론, 당신들 사이에 분렬이 있어야 합니다. 그래야 하나님의 승인을 받는 당신들이 인정받게 될 것입니다!

20 When you meet together, you are not really interested in the Lord's Supper.

20 당신들이 함께 만날 때, 당신들은 사실은 주님의 만찬에 관심이 없

습니다.

21 For some of you hurry to eat your own meal without sharing with others. As a result, some go hungry while others get drunk.

21 당신들 중 몇은 다른 사람들과 나누지 않고, 당신들 자신의 음식을 서둘러 먹습니다. 그 결과로, 어떤 사람들은 굶주리고 한편 다른 사람들은 취해 있습니다.

22 What? Don't you have your own homes for eating and drinking? Or do you really want to disgrace God's church and shame the poor? What am I supposed to say? Do you want me to praise you? Well, I certainly will not praise you for this!

22 무슨 일입니까? 당신들은 당신들 자신이 먹고 마실 집이 없습니까? 혹은 당신들은 정말로 하나님의 교회를 망신시키고 가난한 사람들을 모욕하기를 바랍니까? 내가 무슨 말을 해야 합니까? 당신들은 내가 당신들을 칭찬하길 바랍니까? 자, 나는 이 일에 대해 분명히 당신들을 칭찬하지 않을 것입니다.

23 For I pass on to you what I received from the Lord himself. On the night when he was betrayed, the Lord Jesus took some bread

23 왜냐하면 나는 내가 주님으로부터 직접 받은 것을 당신들에게 전하기 때문입니다. 그분이 배반당하시던 그 밤에, 주 예수님이 빵을 조금 떼셔서

24 and gave thanks to God for it. Then he broke it in pieces and said, "This is my body, which is given for you. Do this to remember me."

24 하나님에게 그것에 대해 감사드렸습니다. 다음에 그분은 그것을 여러 쪼각으로 찢고 말씀하셨습니다,《이것은 너희를 위해 주어진 나의 몸이다. 나를 기억하기 위해 이것을 실행하여라.》

25 In the same way, he took the cup of wine after supper, saying, "This cup is the new covenant between God and his people—an agreement confirmed with my blood. Do this to remember me as often as you drink it."

25 같은 식으로, 그분은 식사 후에 포도술 잔을 들고 말씀하셨습니다.《이 잔은 하나님과 그분의 백성 사이의 새로운 약속이다—나의 피로 확증된 협약이다. 너희는 그것을 마실 때마다 나를 상기하기 위해 이것을 실행하여라.》

26 For every time you eat this bread and drink this cup, you are announcing the Lord's death until he comes again.

26 왜냐하면 당신들은 이 빵을 먹고 이 잔을 마실 때마다, 주님이 다시 오실 때까지 그분의 죽으심을 알려야 하기 때문입니다.

27 **So anyone who eats this bread or drinks this cup of the Lord unworthily is guilty of sinning against the body and blood of the Lord.**

27 그러므로 누구든지 가치 없이 주님의 이 빵을 먹거나 이 잔을 마시는 사람은 주님의 몸과 피에 대해 죄를 짓는 것입니다.

28 **That is why you should examine yourself before eating the bread and drinking the cup.**

28 이것이 당신들이 빵을 먹고 잔을 마시기 전에 당신들 자신을 검토해야 하는 리유입니다.

29 **For if you eat the bread or drink the cup without honoring the body of Christ, you are eating and drinking God's judgment upon yourself.**

29 왜냐하면 만일 당신들이 그리스도의 몸을 귀중히 여기지 않고 그 빵을 먹고 그 잔을 마신다면, 당신들은 당신들 자신들 우에 내릴 하나님의 심판을 먹고 마시고 있는 것이기 때문입니다.

30 **That is why many of you are weak and sick and some have even died.**

30 이것이 당신들 중 많은 사람들이 약하고 병든 리유이며 어떤 사람들은 죽기도 했습니다.

31 **But if we would examine ourselves, we would not be judged by God in this way.**

31 그러나 만일 우리가 우리들 자신을 검토한다면, 우리는 이런 식으로 하나님에 의해 심판을 받지 않을 것입니다.

32 **Yet when we are judged by the Lord, we are being disciplined so that we will not be condemned along with the world.**

32 그렇지만 우리가 주님에 의해 심판을 받고 있을 때라도, 우리는 단련되여 갑니다. 그래서 우리는 세상과 함께 유죄판결을 받지 않을 것입니다.

33 **So, my dear brothers and sisters, when you gather for the Lord's Supper, wait for each other.**

33 그러므로, 나의 사랑하는 형제들과 자매들이여, 당신들이 주님의 만찬을 위해 모일 때, 서로서로 기다리십시오.

34 **If you are really hungry, eat at home so you won't bring judgment upon yourselves when you meet together. I'll give you instructions about the other matters after I arrive.**

34 만일 당신들이 실제로 배고프다면, 집에서 식사하십시오. 그러면 당신들은 자신들이 함께 만날 때 당신들 자신에게 심판을 초래하지 않을 것입니다. 다른 문제에 대해서는 내가 도착한 후 당신들에게 설명하겠습니다.

12

Spiritual Gifts

령적인 선물들

1 **Now, dear brothers and sisters, regarding your question about the special abilities the Spirit gives us. I don't want you to misunderstand this.**

1 이제, 사랑하는 형제들과 자매들이여, 성령님이 우리에게 주시는 특별한 능력에 대한 당신들의 질문에 대한 것입니다. 나는 당신들이 이것을 잘못 리해하는 것을 원하지 않습니다.

2 **You know that when you were still pagans, you were led astray and swept along in worshiping speechless idols.**

2 당신들은 자신들이 여전히 이교도였을 때, 당신들이 말도 못하는 우상을 숭배하는 데 홀리워서 휩쓸려 다녔다는 것을 알고 있습니다.

3 **So I want you to know that no one speaking by the Spirit of God will curse Jesus, and no one can say Jesus is Lord, except by the Holy Spirit.**

3 그러므로 나는 당신들이 하나님의 령으로 말하는 사람은 아무도 예수님을 저주하지 않을 것이고, 성령에 의해서가 아니면, 예수님을 주님이라고 아무도 말할 수 없다는 것을 알기 바랍니다.

4 **There are different kinds of spiritual gifts, but the same Spirit is the source of them all.**

4 령적인 선물들의 각이한 종류들이 있지만, 동일한 성령님이 이 모든 것들의 원천입니다.

5 **There are different kinds of service, but we serve the same Lord.**

5 섬김의 각이한 종류들이 있지만, 우리는 동일한 주님을 섬깁니다.

6 **God works in different ways, but it is the same God who does the work in all of us.**

6 하나님께서는 각이한 방법으로 일하십니다, 그러나 우리 모두의 안에서 일하시는 분은 동일한 하나님이십니다.

7 **A spiritual gift is given to each of us so we can help each other.**

7 우리가 서로 도울 수 있도록 령적인 선물이 우리들 각자에게 주어졌습니다.

8 **To one person the Spirit gives the ability to give wise advice; to another the same Spirit gives a message of special knowledge.**

8 어떤 사람에게는 성령님이 현명한 권고를 할 수 있는 능력을 주십니다; 또 다른 사람에게는 같은 성령님께서 특별한 지식의 말씀을 주십니다.

9 **The same Spirit gives great faith to another, and to someone else the one Spirit gives the gift of healing.**

9 동일한 성령님께서 또 다른 사람에게는 대단한 믿음을 주시고, 그 성령님께서 다른 누군가에게는 병 고치는 선물을 주십니다.

10 **He gives one person the power to perform miracles, and another the ability to prophesy. He gives someone else the ability to discern whether a message is from the Spirit of God or from another spirit. Still another person is given the ability to speak in unknown languages, while another is given the ability to interpret what is being said.**

10 그분은 어떤 사람에게 기적들을 낳게 하는 능력을, 그리고 또 다른 사람에게는 예언하는 능력을 주십니다. 그분은 다른 누군가에게는 말씀이 하나님의 성령으로부터인지 또 다른 령으로부터 온 것인지 분간할 수 있는 능력을 주십니다. 또한 어떤 사람들은 알지 못하는 언어로 말할 수 있는 능력을 받습니다, 한편 다른 사람들은 이것을 듣고 통역할 수 있는 능력을 받습니다.

11 **It is the one and only Spirit who distributes all these gifts. He alone decides which gift each person should have.**

11 이러한 모든 선물을 나누어 주시는 분은 오직 한 분 성령님이십니다. 다만 그분만이 각 사람이 어떤 선물을 받아야 하는지 결정하십니다.

One Body with Many Parts
많은 신체의 기관을 가진 한 몸

12 **The human body has many parts, but the many parts makeup one whole body. So it is with the body of Christ.**

12 사람의 몸은 많은 기관들을 가지고 있습니다. 그런데 많은 기관들이 완전한 한 몸을 이룹니다. 이처럼 그리스도의 몸도 그와 같습니다.

13 **Some of us are Jews, some are Gentiles, some are slaves, and some are free. But we have all been baptized into one body by one Spirit, and we all share the same Spirit.**

13 우리들 중 일부는 유태인들이고, 일부는 비유태인들이며, 일부는 노예들이고, 일부는 자유인들입니다. 그러나 우리 모두는 한 성령님에 의해 한 몸이 되도록 세례를 받았습니다. 그리고 우리 모두는 동일한 성령님을 모시고 있습니다.

14 **Yes, the body has many different parts, not just one part.**

14 그렇습니다, 그 몸은 단지 한 부분이 아니라, 많은 각이한 부분들을 가지고 있습니다.

15 If the foot says, "I am not a part of the body because I am not a hand," that does not make it any less a part of the body.

15 만일 발이 《나는 손이 아니므로 나는 몸의 한 부분이 아니다》고 말해도 그것은 몸의 한 부분이 아닌 것으로 되지 않습니다.

16 And if the ear says, "I am not part of the body because I am not an eye," would that make it any less a part of the body?

16 그리고 만일 귀가 《나는 눈이 아니므로 몸의 한 부분이 아니다》고 말하면, 그것이 몸의 한 부분이 아닌 것으로 되겠습니까?

17 If the whole body were an eye, how would you hear? Or If your whole body were an ear, how would you smell anything?

17 만일 온몸이 눈이라면, 어떻게 당신들이 듣겠습니까? 혹은 만일 당신의 온몸이 귀라면, 어떻게 당신들이 어떤 냄새를 맡겠습니까?

18 But our bodies have many parts, and God has put each part just where he wants it.

18 그러나 우리의 몸들은 많은 부분들을 가지고 있고, 하나님께서는 각 부분을 그분께서 원하시는 바로 그 자리에 배치하셨습니다.

19 How strange a body would be if it had only one part!

19 만일 몸이 오직 한 부분만 있다면 얼마나 이상하겠습니까!

20 Yes, there are many parts, but only one body.

20 그렇습니다. 많은 부분들이 있습니다. 그러나 오직 한 몸입니다.

21 The eye can never say to the hand, "I don't need you." The head can't say to the feet, "I don't need you."

21 눈이 손에게 《나는 네가 필요하지 않다》고, 절대 말할 수 없습니다. 머리가 발에게 《나는 네가 필요하지 않다》고 말할 수 없습니다.

22 In fact, some parts of the body that seem weakest and least important are actually the most necessary.

22 사실상, 가장 약해 보이고 가장 하찮아 보이는 몸의 어떤 부분들이 실제로는 가장 필요한 것들입니다.

23 And the parts we regard as less honorable are those we clothe with the greatest care. So we carefully protect those parts that should not be seen,

23 그리고 우리가 덜 귀중히 여기는 부분들은 우리가 가장 마음을 기울려서 꾸미는 것들입니다. 그래서 우리는 보이지 않아야 되는 부분들을 조심스럽게 보호합니다,

24 while the more honorable parts do not require this special care. So God has put the body together such that extra honor and care are given to those parts that have less dignity.

24 반면에, 더 중요한 부분들은 이런 특별한 보살핌이 필요 없습니다. 그래서 하나님께서는 몸을 함께 모아서 덜 고귀한 부분들에게 추가적인 대우와 보살핌을 받게 하셨습니다.

25 This makes for harmony among the members, so that all the members care for each other.

25 이것은 몸의 기관들 사이에서 조화를 이루고, 그래서 모든 몸의 기관들이 서로 소중히 여기게 하셨습니다.

26 If one part suffers, all the parts suffer with it, and if one part is honored, all the parts are glad.

26 만일 한 기관이 고통을 겪으면 모든 기관들이 그것과 함께 고통을 겪습니다. 그리고 만일 한 기관이 영예를 얻으면 모든 기관들이 기뻐합니다.

27 All of you together are Christ's body, and each of you is apart of it.

27 당신들 모두는 다 함께 그리스도의 몸입니다. 그리고 당신들 각자는 그것의 한 부분입니다.

28 Here are some of the parts God has appointed for the church: first are apostles, second are prophets, third are teachers, then those who do miracles, those who have the gift of healing, those who can help others, those who have the gift of leadership, those who speak in unknown languages.

28 여기에 하나님께서 교회를 위해 임명하신 몇 부분들이 있습니다: 첫째는 핵심제자들, 둘째는 예언자들, 셋째는 교원들, 그다음은 기적을 실행하는 사람들, 병 고치는 선물을 받은 사람들, 다른 사람을 도울 수 있는 사람들, 지도력의 선물을 받은 사람들, 알 수 없는 말로 말하는 사람들입니다.

29 Are we all apostles? Are we all prophets? Are we all teachers? Do we all have the power to do miracles?

29 우리 모두가 핵심제자들입니까? 우리 모두가 예언자들입니까? 우리 모두가 교원들입니까? 우리 모두가 기적을 실행하는 능력이 있습니까?

30 Do we all have the gift of healing? Do we all have the ability to speak in unknown languages? Do we all have the ability to interpret unknown languages? Of course not!

30 우리 모두가 병 고치는 선물을 가지고 있습니까? 우리 모두가 알 수 없는 말로 말하는 능력을 가지고 있습니까? 우리 모두가 알 수 없는 말을 통역하는 능력을 가지고 있습니까? 물론 아닙니다!

31 So you should earnestly desire the most helpful gifts. But now let me show you a way of life that is best of all.

31 그러므로 당신들은 가장 도움이 되는 선물들을 진심으로 념원해야 합니다. 그러나 이제 나는 당신들에게 제일 좋은 삶의 길을 보여주도록 하겠습니다.

13

Love Is the Greatest

사랑이 가장 위대함

1 If I could speak all the languages of earth and of angels, but didn't love others, I would only be a noisy gong or a clanging cymbal.

1 만일 내가 이 세상과 천사들의 모든 언어를 말할 수 있다 하여도, 다른 사람들을 사랑하지 않으면, 나는 단지 떠들썩한 징이나 뎅그렁거리는 꽹과리일 따름입니다.

2 If I had the gift of prophecy, and if I understood all of God's secret plans and possessed all knowledge, and if I had such faith that I could move mountains, but didn't love others, I would be nothing.

2 만일 내가 예언의 선물을 받았고, 내가 모든 하나님의 비밀스러운 계획을 리해하였다 할지라도, 그리고 모든 지식을 소유하였으며, 내가 산들을 옮길 수 있는 그와 같은 믿음을 가졌다 할지라도, 다른 사람들을 사랑하지 않는다면, 나는 아무것도 아닐 것입니다.

3 If I gave everything I have to the poor and even sacrificed my body, I could boast about it; but if I didn't love others, I would have gained nothing.

3 만일 내가 가진 모든 것을 가난한 사람들에게 주고 지어 나의 몸을 희생하고, 내가 그것에 대해 크게 기뻐할 수 있을지라도; 만일 내가 다른 사람들을 사랑하지 않았다면, 나는 아무것도 얻지 못하는 것입니다.

4 Love is patient and kind. Love is not jealous or boastful or proud

4 사랑은 참을성이 있고 친절합니다. 사랑은 질투하거나, 자랑하거나 거만하거나

5 or rude. It does not demand its own way. It is not irritable, and it keeps no record of being wronged.

5 무례하지 않습니다. 그것은 자기 방식을 강요하지 않습니다. 그것은 성내지 않습니다. 그리고 잘못된 것에 대해 기억해 두지 않습니다.

6 It does not rejoice about injustice but rejoices whenever the truth wins out.

6 그것은 부정행위에 대해 기뻐하지 않고 진리가 이길 때마다 즐거워

합니다.

7 **Love never gives up, never loses faith, is always hopeful, and endures through every circumstance.**

7 사랑은 절대로 포기하지 않고, 절대로 믿음을 잃지 않고, 언제나 희망 차며, 모든 상황을 통해서 견디어냅니다.

8 **Prophecy and speaking in unknown languages and special knowledge will become useless. But love will last forever!**

8 예언과 알 수 없는 말로 말하는 것과 특별한 지식들은 쓸모없게 될 것입니다. 그러나 사랑은 영원히 계속될 것입니다!

9 **Now our knowledge is partial and incomplete, and even the gift of prophecy reveals only part of the whole picture!**

9 지금 우리의 지식은 부분적이고 완전하지 못합니다, 그리고 지어 예언의 선물도 모든 상황의 단지 일부로 드러날 뿐입니다!

10 **But when the time of perfection comes, these partial things will become useless.**

10 그러나 완전무결한 때가 오면, 이런 부분적인 것들은 필요없어질 것입니다.

11 **When I was a child, I spoke and thought and reasoned as a child. But when I grew up, I put away childish things.**

11 내가 어렸을 때, 나는 어린아이처럼 말하고 생각하고 판단했습니다. 그러나 내가 성장했을 때, 나는 어린애 같은 것들을 버렸습니다.

12 **Now we see things imperfectly, like puzzling reflections in a mirror, but then we will see everything with perfect clarity. All that I know now is partial and incomplete, but then I will know everything completely, just as God now knows me completely.**

12 지금 우리는 거울속의 반사체들을 마추어 보듯이, 사물들을 불완전하게 봅니다, 그러나 그때 우리는 완전히 명확하게 모든 것을 볼 것입니다. 내가 지금 아는 모든 것은 부분적이고 불완전합니다, 그러나 그때에는 하나님께서 지금 나를 완전하게 알고 계시는 것처럼 나도 모든 것을 완전하게 알게 될 것입니다.

13 **Three things will last forever—faith, hope, and love—and the greatest of these is love.**

13 세 가지는 영원히 계속될 것입니다—믿음, 희망 그리고 사랑—그리고 이것들 중에서 가장 위대한 것은 사랑입니다.

14

Tongues and Prophecy

알 수 없는 언어와 예언

1 Let love be your highest goal! But you should also desire the special abilities the Spirit gives—especially the ability to prophesy.

1 사랑이 당신들의 최고의 목표가 되게 하십시오! 그러나 당신들은 성령님이 주시는 특별한 능력들—특별히 예언의 능력을 또한 갈망하십시오.

2 For if you have the ability to speak in tongues, you will be talking only to God, since people won't be able to understand you. You will be speaking by the power of the Spirit, but it will all be mysterious.

2 왜냐하면 만일 당신들이 알 수 없는 언어로 말하는 능력이 있다면, 당신들은 오직 하나님께만 말하고 있는 것이고, 사람들은 당신들을 리해할 수 없을 것이기 때문입니다. 당신들은 성령님의 능력에 의해서 말하게 될 것이지만, 그것은 모두 신비스러울 것입니다.

3 But one who prophesies strengthens others, encourages them, and comforts them.

3 그러나 예언을 하는 사람은 다른 사람들을 고무해 줍니다, 그들에게 용기를 주고 그들을 위로합니다.

4 A person who speaks in tongues is strengthened personally, but one who speaks a word of prophecy strengthens the entire church.

4 알 수 없는 언어로 말하는 사람은 개인적으로 고무됩니다. 그러나 예언의 말을 하는 사람은 전체 교회를 고무합니다.

5 I wish you could all speak in tongues, but even more I wish you could all prophesy. For prophecy is greater than speaking in tongues, unless someone interprets what you are saying so that the whole church will be strengthened.

5 나는 당신들 모두가 알 수 없는 언어로 말할 수 있기를 바랍니다. 그러나 더욱더 나는 당신들이 예언할 수 있기를 바랍니다. 왜냐하면, 누군가가 당신이 말하는 것을 온 교회가 견고해질 수 있도록 통역하지 않는다면, 예언은 알 수 없는 언어로 하는 것보다 더 중요하기 때문입니다.

6 Dear brothers and sisters, if I should come to you speaking in an unknown language, how would that help you? But if I bring you a revelation or some special knowledge or prophecy or teaching, that will be helpful.

6 사랑하는 형제들과 자매들이여, 만일 내가 당신들에게 알 수 없는 말을 하면서 간다면, 그것이 어떻게 당신들에게 도움이 되겠습니까? 그

러나 내가 당신들에게 깨우쳐 보여주기나, 혹은 어떤 특별한 지식이나, 혹은 예언이나, 혹은 가르침을 전해준다면, 그것은 도움이 될 것입니다.

7 **Even lifeless instruments like the flute or the harp must play the notes clearly, or no one will recognize the melody.**

7 훌류트나 하프 같은 생명이 없는 악기조차도 그 음조를 명확하게 연주해야 합니다. 그렇지 않으면 아무도 그 선률을 식별하지 못할 것입니다.

8 **And if the bugler doesn't sound a clear call, how will the soldiers know they are being called to battle?**

8 그리고 만일 나팔수가 똑똑한 소리를 내지 않는다면, 어떻게 병사들은 자기들이 전쟁에 소집되고 있는지를 알겠습니까?

9 **It's the same for you. If you speak to people in words they don't understand, how will they know what you are saying? You might as well be talking into empty space.**

9 그것은 당신들에게도 마찬가지입니다. 만일 당신들이 사람들에게 그들이 리해할 수 없는 말로 말한다면, 어떻게 그들이 당신들이 말하고 있는 것을 알겠습니까? 당신들은 허공에 대고 말하는 것이나 다름없습니다.

10 **There are many different languages in the world, and every language has meaning.**

10 세상에는 많은 여러 가지 언어들이 있습니다. 그리고 모든 언어는 뜻이 있습니다.

11 **But if I don't understand a language, I will be a foreigner to someone who speaks it, and the one who speaks it will be a foreigner to me.**

11 그러나 만일 내가 언어를 리해하지 못하면, 나는 그것을 말하는 사람에게는 외국인이 될 것입니다, 그리고 그것을 말하는 사람은 나에게는 외국인이 될 것입니다.

12 **And the same is true for you. Since you are so eager to have the special abilities the Spirit gives, seek those that will strengthen the whole church.**

12 그리고 당신들에게도 마찬가지입니다. 당신들은 성령님이 주시는 특별한 능력을 그토록 간절히 원하고 있는 것만큼, 온 교회를 견고하게 할 것들을 구하십시오.

13 **So anyone who speaks in tongues should pray also for the ability to interpret what has been said.**

13 그러므로 알 수 없는 언어로 말하는 사람은 들은 것을 통역할 수 있는 능력을 위해 또한 기도해야 합니다.

14 **For if I pray in tongues, my spirit is praying, but I don't understand what**

I am saying.

14 왜냐하면 만일 내가 알 수 없는 언어로 기도하면, 나의 령은 기도하고
있지만, 나는 내가 말하는 것을 리해하지 못하기 때문입니다.

15 **Well then, what shall I do? I will pray in the spirit, and I will also pray in words I understand. I will sing in the spirit, and I will also sing in words I understand.**

15 자 그러면, 내가 무엇을 해야 하겠습니까? 나는 령으로 기도할 것이고, 나는 내가 리해하는 말로도 기도할 것입니다. 나는 령으로 노래하고, 나는 내가 리해하는 말로도 노래할 것입니다.

16 **For if you praise God only in the spirit, how can those who don't understand you praise God along with you? How can they join you in giving thanks when they don't understand what you are saying?**

16 만일 당신들이 령으로만 하나님을 찬양하면, 당신들을 리해하지 못하는 사람들이 어떻게 당신들과 함께 하나님을 찬양할 수 있습니까? 그들이 당신들이 말하는 것을 이해하지 못할 때, 어떻게 그들이 당신들이 드리는 감사에 참가할 수 있습니까?

17 **You will be giving thanks very well, but it won't strengthen the people who hear you.**

17 당신들은 매우 훌륭하게 감사를 드릴 것이지만, 당신들을 따르는 사람들을 견고하게는 하지 못할 것입니다.

18 **I thank God that I speak in tongues more than any of you.**

18 나는 내가 당신들 중 어떤 사람보다 더 알 수 없는 언어로 말하는 것을 하나님께 감사합니다.

19 **But in a church meeting I would rather speak five understandable words to help others than ten thousand words in an unknown language.**

19 그러나 교회 모임에서, 나는 알 수 없는 언어로 10,000마디 말을 하는 것보다, 차라리 다른 사람에게 도움이 되는 리해할 수 있는 5마디 말을 하는 것이 낫겠습니다.

20 **Dear brothers and sisters, don't be childish in your understanding of these things. Be innocent as babies when it comes to evil, but be mature in understanding matters of this kind.**

20 사랑하는 형제들과 자매들이여, 이러한 일들에 대한 당신들의 리해에서는 어린아이와 같아서는 안 됩니다. 악한 것에 대해서라면 아기들처럼 순결하십시오. 그러나 이러한 종류의 문제들을 리해하는 데서는 현명하십시오.

21 **It is written in the Scriptures: "I will speak to my own people through**

strange languages and through the lips of foreigners. But even then, they will not listen to me," says the LORD.

21 하나님말씀책에 씌여져 있습니다: 《나는 내 자신의 백성에게 이상한 언어들을 통해서 그리고 외국인들의 입술들을 통해서 말할 것이다. 그러나 그때에도, 그들은 나의 말을 듣지 않을 것이다》라고 주님이 말씀하셨습니다.

22 **So you see that speaking in tongues is a sign, not for believers, but for unbelievers. Prophecy, however, is for the benefit of believers, not unbelievers.**

22 그러므로 당신들은 알 수 없는 언어로 말하는 것이 믿는 사람들을 위해서가 아니라, 믿지 않는 사람들을 위한 증표인 것을 압니다. 그렇지만, 예언은, 믿지 않는 사람들을 위해서가 아니라, 믿는 사람들의 리익을 위한 것입니다.

23 **Even so, if unbelievers or people who don't understand these things come into your church meeting and hear everyone speaking in an unknown language, they will think you are crazy.**

23 그렇다 하더라도, 만일 믿지 않는 사람들이나 이러한 것들을 리해하지 못하는 사람들이 당신들 교회 모임에 들어와서 모든 사람이 알 수 없는 언어로 말하고 있는 것을 듣는다면, 그들은 당신들이 미쳤다고 생각할 것입니다.

24 **But if all of you are prophesying, and unbelievers or people who don't understand these things come into your meeting, they will be convicted of sin and judged by what you say.**

24 그러나 만일 당신들 모두가 예언을 하고 있고, 믿지 않는 사람이나 이러한 일들을 리해하지 못하는 사람들이 당신들의 모임에 들어온다면, 그들은 죄를 깨닫게 되고 당신들이 말하는 것으로 하여 심판받게 될 것입니다.

25 **As they listen, their secret thoughts will be exposed, and they will fall to their knees and worship God, declaring, "God is truly here among you."**

25 그들이 듣고 있을 때, 자기들의 숨겨진 생각들이 드러나게 될 것이고, 그들은 자기들의 무릎을 꿇고 《하나님께서 여기 당신들 가운데 정말로 계십니다》고 선포하면서, 하나님을 례배할 것입니다.

A Call to Orderly Worship

정연한 례배에로 부르심

26 **Well, my brothers and sisters, let's summarize. When you meet together,**

one will sing, another will teach, another will tell some special revelation God has given, one will speak in tongues, and another will interpret what is said. But everything that is done must strengthen all of you.

26 그러면, 나의 사랑하는 형제들과 자매들이여, 요약하도록 합시다. 당신들이 함께 만날 때, 한 사람은 찬양할 것입니다, 어떤 사람은 가르칠 것입니다, 다른 사람은 하나님께서 주시는 몇 가지 특별히 드러내 보이신 것을 말할 것입니다, 한 사람은 알 수 없는 언어로 말할 것이고, 다른 사람은 듣는 것을 통역할 것입니다. 그러나 실행된 모든 것이 당신들 모두를 견고하게 해야 합니다.

27 **No more than two or three should speak in tongues. They must speak one at a time, and someone must interpret what they say.**

27 알 수 없는 언어로 말해야 하는 사람이 두세 사람 이상이면 안 됩니다. 그들은 한 번에 한 사람씩 말해야 하고, 어떤 사람은 그들이 말하는 것을 통역해야 합니다.

28 **But if no one is present who can interpret, they must be silent in your church meeting and speak in tongues to God privately.**

28 그러나 만약 통역할 수 있는 사람이 아무도 없으면, 그들은 당신들의 교회 모임에서는 침묵하고, 하나님께 알 수 없는 언어로 개인적으로 말해야 합니다.

29 **Let two or three people prophesy, and let the others evaluate what is said.**

29 두세 사람이 예언하게 하십시오. 그리고 다른 사람들은 들은 것을 검토하게 하십시오.

30 **But if someone is prophesying and another person receives a revelation from the Lord, the one who is speaking must stop.**

30 그러나 만일 어떤 사람이 예언하고 있고, 다른 사람이 주님으로부터 깨우쳐 보여주심을 받는다면, 말하고 있는 사람은 멈춰야 합니다.

31 **In this way, all who prophesy will have a turn to speak, one after the other, so that everyone will learn and be encouraged.**

31 이런 방법으로, 예언하는 사람 모두가 차례로, 번갈아가며 말하게 될 것입니다, 그래야 모든 사람이 배우고 용기를 얻게 될 것입니다.

32 **Remember that people who prophesy are in control of their spirit and can take turns.**

32 예언을 하는 사람들은 자신들의 령의 통제 속에서 차례대로 할 수 있다는 것을 기억하십시오.

33 **For God is not a God of disorder but of peace, as in all the meetings of God's holy people.**

33 왜냐하면 하나님께서는 하나님의 거룩한 백성의 모든 모임에서처럼, 무질서가 아니라 평화의 하나님이시기 때문입니다.

34 Women should be silent during the church meetings. It is not proper for them to speak. They should be submissive, just as the law says.

34 녀자들은 교회 모임들을 하는 동안에 침묵해야 합니다. 그들에게는 말하는 것이 적합하지 않습니다. 그들은 그 률법에서 말하는 대로 복종해야 합니다.

35 If they have any questions, they should ask their husbands at home, for it is improper for women to speak in church meetings.

35 만일 그들에게 어떤 질문이 있으면, 그들은 집에서 자기들의 남편에게 물어야 합니다. 왜냐하면 녀자들이 교회 모임에서 말하는 것은 부적합하기 때문입니다.

36 Or do you think God's word originated with you Corinthians? Are you the only ones to whom it was given?

36 혹은 당신들은 하나님의 말씀이 당신들 고린도 사람들로부터 시작되였다고 생각합니까? 당신들은 자신들에게 그것이 주어진 유일한 사람들입니까?

37 If you claim to be a prophet or think you are spiritual, you should recognize that what I am saying is a command from the Lord himself.

37 만일 당신들이 예언자라고 주장하거나 또는 당신들이 령적이라고 생각한다면, 당신들은 내가 말하고 있는 것이 주님 그분 자신으로부터의 명령이라는 것을 인정해야 합니다.

38 But if you do not recognize this, you yourself will not be recognized.

38 그러나 만일 당신들이 이것을 인정하지 않는다면, 당신들 자신들이 인정받지 못할 것입니다.

39 So, my dear brothers and sisters, be eager to prophesy, and don't forbid speaking in tongues.

39 그러므로, 사랑하는 형제들과 자매들이여, 예언하기를 간절히 바라십시오. 그리고 알 수 없는 언어로 말하는 것을 금지하지 마십시오.

40 But be sure that everything is done properly and in order.

40 그러나 모든 것이 알맞고 정연하게 되여야 한다는 것을 명심하십시오.

15

The Resurrection of Christ

그리스도의 부활

1 Let me now remind you, dear brothers and sisters, of the Good News I preached to you before. You welcomed it then, and you still stand firm in it.

1 사랑하는 형제들과 자매들이여, 이제 내가 이전에 당신들에게 전해주었던 그 반가운 소식에 대하여 다시 생각해 봅시다. 당신들은 그것을 그때 환영하였고, 당신들은 여전히 그 속에 굳게 서 있습니다.

2 It is this Good News that saves you if you continue to believe the message I told you. unless, of course, you believed something that was never true in the first place.

2 만일 당신들이 내가 당신들에게 말한 가르침을 계속 믿는다면 이것은 당신들을 구원하는 반가운 소식입니다—만일 그렇지 않다면, 물론, 당신들은 처음에 결코 진리가 아니였던 무엇인가를 믿었습니다.

3 I passed on to you what was most important and what had also been passed on to me. Christ died for our sins, just as the Scriptures said.

3 나는 가장 중요하였고 나에게도 전해졌던 것을 당신들에게 전하였습니다. 하나님말씀책이 말씀한 그대로 그리스도가 우리의 죄를 위하여 죽으셨습니다.

4 He was buried, and he was raised from the dead on the third day, just as the Scriptures said.

4 그분이 매장되였고, 하나님말씀책이 말씀한 그대로, 3일 만에 죽은 사람들로부터 살아나셨습니다.

5 He was seen by Peter and then by the Twelve.

5 그분은 베드로에게 나타났고 그 후에 12 제자들에게 나타나셨습니다.

6 After that, he was seen by more than 500 of his followers at one time, most of whom are still alive, though some have died.

6 그 후에, 그분은 500명이 넘는 그분을 따르는 사람들에게도 동시에 나타나셨습니다, 죽은 사람도 얼마간 있지만, 그들 중 대부분이 아직 살아 있습니다.

7 Then he was seen by James and later by all the apostles.

7 그 다음 그분은 야고보에게 나타나셨고, 후에 모든 핵심제자들에게 나타나셨습니다.

8 Last of all, as though I had been born at the wrong time, I also saw him.

8 맨 마지막으로, 때에 못 미쳐 태여난 나였지만, 나도 역시 그분을 보았습니다.

9 **For I am the least of all the apostles. In fact, I'm not even worthy to be called an apostle after the way I persecuted God's church.**

9 왜냐하면 내가 모든 핵심제자들 중에 가장 작은 사람이기 때문입니다. 사실 내가 하나님의 교회를 박해했음으로 나는 핵심제자로 불릴 자격조차도 없습니다.

10 **But whatever I am now, it is all because God poured out his special favor on me—and not without results. For I have worked harder than any of the other apostles; yet it was not I but God who was working through me by his grace.**

10 그러나 내가 지금 어떠하든지, 그것은 모두 하나님께서 그분의 특별한 은정을 나에게 쏟아 부으셨기 때문입니다—그리고 헛된 것은 아닙니다. 왜냐하면 내가 다른 어떤 핵심제자들보다 더 열심히 일했기 때문입니다; 그러나 그분의 은정으로 나를 통해 일하셨던 분은 내가 아니라 하나님이셨습니다.

11 **So it makes no difference whether I preach or they preach, for we all preach the same message you have already believed.**

11 그러므로 내가 전하든 그들이 전하든 전혀 차이가 없습니다. 왜냐하면 우리 모두가 당신들이 이미 믿고 있는 똑같은 말씀을 전하고 있기 때문입니다.

The Resurrection of the Dead
죽은 사람들의 부활

12 **But tell me this—since we preach that Christ rose from the dead, why are some of you saying there will be no resurrection of the dead?**

12 그러나 나에게 이것을 말해 주십시오—우리는 그리스도가 죽은 사람들로부터 살아나셨다고 전하고 있는데, 왜 당신들 중 몇 사람은 죽은 사람들의 부활은 없을 것이라고 말하고 있습니까?

13 **For if there is no resurrection of the dead, then Christ has not been raised either.**

13 왜냐하면 만일 죽은 사람들의 부활이 없다면, 그러면 그리스도도 살아나지 않았을 것이기 때문입니다.

14 **And if Christ has not been raised, then all our preaching is useless, and your faith is useless.**

14 그리고 만일 그리스도가 살아나지 않으셨다면, 그러면 우리가 전하고

있는 모든 것은 쓸모없으며, 당신들의 믿음도 쓸모없습니다.

15 And we apostles would all be lying about God—for we have said that God raised Christ from the grave. But that can't be true if there is no resurrection of the dead.

15 그리고 우리 핵심제자들은 하나님에 대해서 모두 거짓말을 하고 있는 것입니다—왜냐하면 우리는 하나님께서 그리스도를 무덤으로부터 되살리셨다고 말했기 때문입니다. 그러나 만일 죽은 사람들의 부활이 없다면 그것은 진리일 수가 없습니다.

16 And if there is no resurrection of the dead, then Christ has not been raised.

16 그리고 만일 죽은 사람들의 부활이 없으면, 그러면 그리스도는 되살아나지 못했을 것입니다.

17 And if Christ has not been raised, then your faith is useless and you are still guilty of your sins.

17 그리고 만일 그리스도가 되살아나지 않으셨다면, 그러면 당신들의 믿음은 쓸모가 없고 당신들은 여전히 당신들의 죄에 빠져 있습니다.

18 In that case, all who have died believing in Christ are lost!

18 이런 경우, 그리스도를 믿고 죽은 모든 사람이 멸망당했을 것입니다!

19 And if our hope in Christ is only for this life, we are more to be pitied than anyone in the world.

19 그리고 만일 그리스도 안에서의 우리의 희망이 오직 이 세상 삶을 위한 것이라면 , 우리는 세상에 있는 어떤 사람들보다 훨씬 불쌍히 여겨질 것입니다.

20 But in fact, Christ has been raised from the dead. He is the first of a great harvest of all who have died.

20 그러나 사실은, 그리스도는 죽은 사람들로부터 되살아나셨습니다. 그분은 죽은 모든 사람들의 알찬 수확의 첫 사람이십니다.

21 So you see, just as death came into the world through a man, now the resurrection from the dead has begun through another man.

21 그러므로 당신들도 알다시피, 죽음이 한 사람을 통하여 이 세상에 들어온 것과 꼭 같이, 이제 다른 한 사람을 통하여 죽은 사람들로부터 부활이 시작된 것입니다.

22 Just as everyone dies because we all belong to Adam, everyone who belongs to Christ will be given new life.

22 우리 모두가 아담에게 속하였기 때문에 누구나 죽는 것과 꼭 같이, 그리스도에게 속한 모든 사람은 새 생명을 얻게 될 것입니다.

23 But there is an order to this resurrection: Christ was raised as the first of the harvest; then all who belong to Christ will be raised when he comes back.

23 그러나 이 부활에는 순서가 있습니다: 그리스도가 그 수확의 첫 번째로서 되살아나셨고; 그 다음 그리스도에게 속한 모든 사람들이 그분이 다시 오실 때 되살아나게 될 것입니다.

24 After that the end will come, when he will turn the Kingdom over to God the Father, having destroyed every ruler and authority and power.

24 그런 다음에, 그분이 모든 통치자와 권위와 권력을 멸망시키면서, 하나님 아버지에게 그 왕국을 넘겨드리게 될 때, 그 끝이 올 것입니다.

25 For Christ must reign until he humbles all his enemies beneath his feet.

25 왜나하면 그리스도는 모든 자신의 원쑤들을 자기의 발 아래서 거만한 코대를 꺾어버릴 때까지 통치해야 하기 때문입니다.

26 And the last enemy to be destroyed is death.

26 그리고 멸망되여야 할 마지막 원쑤는 죽음입니다.

27 For the Scriptures say, "God has put all things under his authority." (Of course, when it says "all things are under his authority," that does not include God himself, who gave Christ his authority.)

27 왜냐하면 하나님말씀책이 《하나님께서 모든 것들을 자신의 권위 아래 두셨다》고 말씀하기 때문입니다. (물론, 《모든 것을 그분의 권위 아래 두셨다》고 말할 때, 그것은 하나님 자신을 포함시키지 않습니다. 그분은 그리스도에게 자신의 권위를 주시는 분이십니다.)

28 Then, when all things are under his authority, the Son will put himself under God's authority, so that God, who gave his Son authority over all things, will be utterly supreme over everything everywhere.

28 그래서, 모든 것들이 하나님의 권위 아래에 있을 때, 그 아들은 자신을 그분의 권위 아래에 둘 것입니다, 그래서 자신의 아들에게 모든 것에 대한 권한을 주신 하나님께서는 어디에서나 모든 것에 대한 절대적인 최고의 권위자가 되실 것입니다.

29 If the dead will not be raised, what point is there in people being baptized for those who are dead? Why do it unless the dead will someday rise again?

29 만일 죽은 사람들이 되살아나지 않는다면, 사람들이 죽은 사람들을 위해 세례를 받는 것이 무슨 소용이 있습니까? 죽은 사람들이 언젠가는 다시 살아나지 않는다면 왜 그 일을 합니까?

30 And why should we ourselves risk our lives hour by hour?

30 그리고 왜 우리는 우리 자신들이 시시각각으로 우리의 생명의 위험을 무릅써야 합니까?

31 For I swear, dear brothers and sisters, that I face death daily. This is as certain as my pride in what Christ Jesus our Lord has done in you.

31 왜냐하면 사랑하는 형제들과 자매들이여, 나는 날마다 죽음에 직면하고 있다고 단언하기 때문입니다. 이것은 우리 주 예수 그리스도가 당신들 가운데서 하신 것에 대한 나의 자부심만큼이나 분명합니다.

32 And what value was there in fighting wild beasts—those people of Ephesus—if there will be no resurrection from the dead? And if there is no resurrection, "Let's feast and drink, for tomorrow we die!"

32 그리고 만일 죽은 사람들로부터의 부활이 없다면 들짐승들—에베소의 그 사람들—과 싸우는 일이 무슨 가치가 있었습니까? 그리고 만일 부활이 없다면 《즐기고 마시자. 래일 우리는 죽을 것인데!》

33 Don't be fooled by those who say such things, for "bad company corrupts good character."

33 이러한 것들을 말하는 사람들에게 속지 마십시오. 왜냐하면 《나쁜 동무가 좋은 품성을 더럽히기 때문입니다.》

34 Think carefully about what is right, and stop sinning. For to your shame I say that some of you don't know God at all.

34 무엇이 옳은가에 대해 주의 깊게 생각하고 죄짓기를 그만두십시오. 왜냐하면 당신들에게는 부끄러운 일이지만 나는 당신들 중 몇은 하나님을 전혀 모른다는 것을 말합니다.

The Resurrection Body

부활의 몸

35 But someone may ask, "How will the dead be raised? What kind of bodies will they have?"

35 그러나 누군가가 물을 수 있습니다. 《어떻게 죽은 사람들이 되살아날 것입니까? 그들이 어떤 몸을 가지게 될 것입니까?》

36 What a foolish question! When you put a seed into the ground, it doesn't grow into a plant unless it dies first.

36 얼마나 어리석은 질문입니까? 당신들이 땅에 씨앗을 심을 때, 그것이 먼저 죽지 않으면 식물로 자라지 않습니다.

37 And what you put in the ground is not the plant that will grow, but only a bare seed of wheat or whatever you are planting.

37 그리고 당신들이 땅에 심는 것은 자라날 식물이 아니라, 밀이든 당신

들이 심는 무엇이든 벌거숭이 씨앗에 불과합니다.

38 Then God gives it the new body he wants it to have. A different plant grows from each kind of seed.

38 그 다음 하나님께서는 그분께서 그것이 갖추기를 바라는 새몸을 그것에게 주십니다. 서로 다른 식물은 씨의 각이한 종류에 따라 자랍니다.

39 Similarly there are different kinds of flesh—one kind for humans, another for animals, another for birds, and another for fish.

39 비슷하게 각이한 종류의 육체들이 있습니다—한 종류는 사람들, 다른 종류는 동물들, 다른 종류는 새들, 그리고 다른 종류는 물고기들.

40 There are also bodies in the heavens and bodies on the earth. The glory of the heavenly bodies is different from the glory of the earthly bodies.

40 하늘에 있는 몸도 있고 땅에 있는 몸도 있습니다. 하늘의 몸의 영광은 땅의 몸의 영광과 각각 다릅니다.

41 The sun has one kind of glory, while the moon and stars each have another kind. And even the stars differ from each other in their glory.

41 해는 한 종류의 영광을 가졌고, 한편 달과 별들은 각각 다른 종류의 영광을 가지고 있습니다. 그리고 별들조차도 서로서로 그들의 영광이 다릅니다.

42 It is the same way with the resurrection of the dead. Our earthly bodies are planted in the ground when we die, but they will be raised to live forever.

42 죽은 사람들의 부활도 이와 같습니다. 우리의 땅의 몸들은 우리가 죽을 때 땅에 심겨지지만, 그것들은 영원히 살도록 살아날 것입니다.

43 Our bodies are buried in brokenness, but they will be raised in glory. They are buried in weakness, but they will be raised in strength.

43 우리의 몸은 형편없는 것으로 땅에 묻히지만, 그것들은 영광스럽게 되살아날 것입니다. 연약한 채 땅에 묻히지만 그것들은 강하게 되살아날 것입니다.

44 They are buried as natural human bodies, but they will be raised as spiritual bodies. For just as there are natural bodies, there are also spiritual bodies.

44 그것들이 자연적인 인간의 몸들로 땅에 묻히지만, 그것들은 령적인 몸들로 되살아날 것입니다. 왜냐하면 자연적인 몸들이 있는 것과 꼭 같이, 령적인 몸들도 있기 때문입니다.

45 The Scriptures tell us, "The first man, Adam, became a living person." But the last Adam—that is, Christ—is a life-giving Spirit.

45 하나님말씀책이 우리에게 말씀합니다. 《첫 사람인, 아담은, 살아 있는 사람이 되였다.》 그러나 마지막 아담—바로, 그리스도는—생명을 주는 령입니다.

46 What comes first is the natural body, then the spiritual body comes later.

46 처음은 자연적인 몸이 오고, 그 다음 령적인 몸이 나중에 옵니다.

47 Adam, the first man, was made from the dust of the earth, while Christ, the second man, came from heaven.

47 첫 사람인 아담은 땅의 흙먼지로 만들어졌습니다. 한편, 둘째 사람인 그리스도는 하늘로부터 오셨습니다.

48 Earthly people are like the earthly man, and heavenly people are like the heavenly man.

48 땅의 사람들은 땅의 사람과 같고, 하늘의 사람들은 하늘의 사람과 같습니다.

49 Just as we are now like the earthly man, we will someday be like the heavenly man.

49 우리가 지금은 땅의 사람과 꼭 같은 것처럼, 우리는 언젠가 하늘의 사람과 같아질 것입니다.

50 What I am saying, dear brothers and sisters, is that our physical bodies cannot inherit the Kingdom of God. These dying bodies cannot inherit what will last forever.

50 사랑하는 형제들과 자매들이여, 내가 지금 말하고 있는 것은, 우리의 물질세계의 몸들이 하나님의 나라를 물려받을 수 없다는 것입니다. 이런 죽어가는 몸들은 영원히 지속되는 것을 물려받을 수 없습니다.

51 But let me reveal to you a wonderful secret. We will not all die, but we will all be transformed!

51 그러나 내가 당신들에게 놀라운 비밀을 드러내 보이겠습니다. 우리는 모두 죽지 않을 것이지만, 우리는 모두 변화될 것입니다!

52 It will happen in a moment, in the blink of an eye, when the last trumpet is blown. For when the trumpet sounds, those who have died will be raised to live forever. And we who are living will also be transformed.

52 그것은 눈 깜짝할 사이에, 마지막 나팔이 불리는 때, 순식간에 일어날 것입니다. 왜냐하면 나팔소리가 날 때, 죽은 사람들은 영원히 살 수 있게 되살아날 것입니다. 그리고 살고 있는 사람들도 변화될 것이기 때문입니다.

53 For our dying bodies must be transformed into bodies that will never die; our mortal bodies must be transformed into immortal bodies.

53 왜냐하면 우리의 죽어가는 몸들은 결코 죽지 않을 몸들로 변화되어야 하기 때문입니다; 우리의 죽을 운명의 몸들은 죽지 않는 몸들로 변화되어야 합니다.

54 Then, when our dying bodies have been transformed into bodies that will never die, this Scripture will be fulfilled: "Death is swallowed up in victory.

54 그리하여, 우리의 죽어가는 몸들이 결코 죽지 않을 몸들로 바뀔 때, 이 하나님말씀책이 이루어질 것입니다: 《죽음이 승리에 삼켜지게 된다.

55 O death, where is your victory? O death, where is your sting?"

55 오오 죽음아, 너의 승리가 어디 있는가? 오오 죽음아, 너의 찌르는 듯한 아픔은 어디 있는가?》

56 For sin is the sting that results in death, and the law gives sin its power.

56 왜냐하면 죄는 죽음에 이르게 하는 독침이고 그 률법이 죄에게 그의 능력을 주기 때문입니다.

57 But thank God! He gives us victory over sin and death through our Lord Jesus Christ.

57 그러나 하나님께 감사하십시오! 그분은 우리 주 예수 그리스도를 통하여 우리에게 죄와 죽음을 이기는 승리를 주십니다.

58 So, my dear brothers and sisters, be strong and immovable. Always work enthusiastically for the Lord, for you know that nothing you do for the Lord is ever useless.

58 그러므로, 나의 사랑하는 형제들과 자매들이여, 강하고 흔들리지 마십시오. 항상 주님을 위해 열심히 일하십시오, 왜냐하면 당신들이 주님을 위해 자신들이 하는 것은 결코 헛된 것이 아니라는 것을 알아야 하기 때문입니다.

16

The Collection for Jerusalem

예루살렘을 위한 헌납금

1 Now regarding your question about the money being collected for God's people in Jerusalem. You should follow the same procedure I gave to the churches in Galatia.

1 지금은, 예루살렘에 있는 하나님의 사람들을 위해서 모여지고 있는 돈에 대한, 당신들의 질문에 대한 것입니다. 당신들은 내가 갈라디아 교회에 주었던 동일한 절차를 따라야 합니다.

2 On the first day of each week, you should each put aside a portion of the money you have earned. Don't wait until I get there and then try to collect it all at once.

2 매주의 첫날에, 당신들은 각자 자신들이 번 돈의 일부를 떼여놓아야 합니다. 내가 거기 도착할 때까지 기다리지 마십시오. 그리고 그때 그것을 갑자기 거두려 하지 마십시오.

3 When I come, I will write letters of recommendation for the messengers you choose to deliver your gift to Jerusalem.

3 내가 갔을 때, 나는 당신들의 선물을 예루살렘으로 보내기 위한 당신들이 선택하는 사람들을 위해, 추천서를 쓰겠습니다.

4 And if it seems appropriate for me to go along, they can travel with me.

4 그리고 만일 나와 함께 가는 것이 적합하다고 생각하면, 그들이 나와 같이 려행할 수 있습니다.

Paul's Final Instructions

바울의 최후의 가르침

5 I am coming to visit you after I have been to Macedonia, for I am planning to travel through Macedonia.

5 나는 마케도니아에 들린 후, 당신들을 방문하러 가겠습니다. 왜냐하면 내가 마케도니아를 거쳐서 려행하기로 계획하고 있기 때문입니다.

6 Perhaps I will stay awhile with you, possibly all winter, and then you can send me on my way to my next destination.

6 아마도 나는 잠간 동안, 어쩌면 온 겨울을, 당신들과 함께 머무르게 될 것입니다, 그리고 나서 당신들은 내가 다음 목적지로 가도록 나를 보낼 수 있습니다.

7 This time I don't want to make just a short visit and then go right on. I want to come and stay awhile, if the Lord will let me.

7 이번에는, 내가 다만 단기 방문하고 바로 떠나는 것을 원치 않습니다. 만일 주님이 나에게 허락하시면, 나는 가서 잠간 동안 머물기를 원합니다.

8 In the meantime, I will be staying here at Ephesus until the Festival of Pentecost.

8 그동안에, 나는 성령 내림절까지 여기 에베소에 머물게 될 것입니다.

9 There is a wide-open door for a great work here, although many oppose me.

9 많은 사람이 나를 반대하고 있을지라도, 여기에 큰 일을 위한 문이 활

짝 열려 있습니다.

10 **When Timothy comes, don't intimidate him. He is doing the Lord's work, just as I am.**

10 디모데가 갔을 때, 그를 두려워하지 마십시오. 그는 나처럼, 주님의 일을 하고 있습니다.

11 **Don't let anyone treat him with contempt. Send him on his way with your blessing when he returns to me. I expect him to come with the other believers.**

11 아무도 그를 업수이 여기지 않게 하여 주십시오. 그가 나에게 돌아올 때 당신들의 축복 속에 오도록 그를 보내십시오. 나는 그가 다른 믿는 사람들과 함께 올 것을 기대합니다.

12 **Now about our brother Apollos—I urged him to visit you with the other believers, but he was not willing to go right now. He will see you later when he has the opportunity.**

12 이제 우리의 형제 아볼로 대해서—나는 그가 다른 믿는 사람들과 함께 당신들을 방문하도록 설복하였습니다, 그러나 그는 지금 당장은 선뜻 가려고 하지 않았습니다. 그는 후에 그에게 기회가 생길 때 당신들을 만나러 갈 것입니다.

13 **Be on guard. Stand firm in the faith. Be courageous. Be strong.**

13 경계하십시오. 믿음에 굳게 서십시오. 용기를 내십시오. 굳세이십시오.

14 **And do everything with love.**

14 그리고 모든 것을 사랑으로 하십시오.

15 **You know that Stephanas and his household were the first of the harvest of believers in Greece, and they are spending their lives in service to God's people. I urge you, dear brothers and sisters,**

15 당신들은 스데바나와 그의 집안이 그리스에서 믿는 사람들의 첫 수확이 된 것을 압니다. 그리고 그들은 자기들의 삶을 하나님의 사람들을 섬기는 일에 바치고 있습니다. 사랑하는 형제들과 자매들이여, 나는 당신들에게 권고합니다,

16 **to submit to them and others like them who serve with such devotion.**

16 그들과 그러한 헌신으로 복무하는 그들과 같은 다른 사람들에게도 복종하십시오.

17 **I am very glad that Stephanas, Fortunatus, and Achaicus have come here. They have been providing the help you weren'there to give me.**

17 나는 스데바나, 브드나도, 그리고 아가이고가 여기로 와서 매우 기

뻡니다. 그들은 당신들이 여기서 나에게 줄 수 없었던 도움을 주고 있
습니다.

18 They have been a wonderful encouragement to me, as they have been to you. You must show your appreciation to all who serve so well.

18 그들은 당신들에게 해온 것처럼, 나에게 대단한 고무가 되었습니다. 당신들은 그토록 잘 섬기는 모든 사람들에게 자신들의 감사를 표시해야 합니다.

Paul's Final Greetings

바울의 마지막 인사

19 The churches here in the province of Asia send greetings in the Lord, as do Aquila and Priscilla and all the others who gather in their home for church meetings.

19 여기 아시아 지역에 있는 교회들이, 아굴라와 브리스가 그리고 그들의 가정에서 교회모임을 위해 모이는 다른 모든 사람들처럼 주님 안에서 인사를 보냅니다.

20 All the brothers and sisters here send greetings to you. Greet each other with Christian love.

20 여기의 모든 형제들과 자매들이 당신들에게 인사를 전합니다. 그리스도의 사랑으로 서로 인사하십시오.

21 HERE IS MY GREETING IN MY OWN HANDWRITING—PAUL.

21 이것은 나의 자필로 쓴 나의 인사입니다—바울

22 If anyone does not love the Lord, that person is cursed. Our Lord, come!

22 만일 누구든지 주님을 사랑하지 않는다면 그 사람은 저주를 받습니다. 우리 주님, 오십시오!

23 May the grace of the Lord Jesus be with you.

23 주 예수님의 은정이 당신들과 함께 있길 바랍니다.

24 My love to all of you in Christ Jesus.

24 나의 사랑이 예수 그리스도 안에서 당신들 모두에게 있기를.

2 Corinthians

고린도 사람들에게 보내는 두 번째 편지

2 Corinthians

고린도 사람들에게 보내는 두 번째 편지

1

Greetings from Paul

바울로부터의 인사

1 This letter is from Paul, chosen by the will of God to be an apostle of Christ Jesus, and from our brother Timothy. I am writing to God's church in Corinth and to all of his holy people throughout Greece.

1 이 편지는 하나님의 뜻에 따라 예수 그리스도의 핵심제자로 선택된 바울과, 우리의 형제인 디모데로부터 온 것입니다. 나는 고린도에 있는 하나님의 교회와 그리스 도처의 그분의 거룩한 모든 백성에게 쓰고 있습니다.

2 May God our Father and the Lord Jesus Christ give you grace and peace.

2 우리의 아버지 하나님께서와 주 예수 그리스도가 당신들에게 은정과 평화를 주시기를 바랍니다.

God Offers Comfort to All

하나님께서 모두에게 위안을 주심

3 All praise to God, the Father of our Lord Jesus Christ. God is our merciful Father and the source of all comfort.

3 모든 사람은 우리 주 예수 그리스도의 아버지, 하나님을 찬양합니다. 하나님께서는 우리의 자비심 많은 아버지이시고 모든 위안의 원천이

십니다.

4 **He comforts us in all our troubles so that we can comfort others. When they are troubled, we will be able to give them the same comfort God has given us.**

4 그분은 우리가 다른 사람들을 위로할 수 있도록, 우리의 모든 고난 속에서 우리를 위로하십니다. 사람들이 고난을 당할 때, 우리는 하나님께서 우리에게 주신 바로 그 위안을 그들에게 줄 수 있을 것입니다.

5 **For the more we suffer for Christ, the more God will shower us with his comfort through Christ.**

5 왜냐하면 우리가 그리스도를 위하여 고통을 당하면 당할수록, 하나님께서 그리스도를 통해 그분의 위안으로 우리에게 더욱 더 아낌없이 주실 것이기 때문입니다.

6 **Even when we are weighed down with troubles, it is for your comfort and salvation! For when we ourselves are comforted, we will certainly comfort you. Then you can patiently endure the same things we suffer.**

6 우리가 고난으로 짓눌려 있을 때조차도, 그것은 당신들의 위안과 구원을 위한 것입니다! 왜냐하면 우리 자신이 위로를 받을 때, 우리는 틀림없이 당신들을 위로할 것이기 때문입니다. 그러면 당신들도 우리가 겪고 있는 것과 같은 것들을 참을성 있게 견디어낼 수 있습니다.

7 **We are confident that as you share in our sufferings, you will also share in the comfort God gives us.**

7 우리는 당신들이 우리의 괴로움들에 참여하는 것처럼, 당신들도 하나님께서 우리에게 주시는 위안에도 역시 참여할 것을 굳게 믿습니다.

8 **We think you ought to know, dear brothers and sisters, about the trouble we went through in the province of Asia. We were crushed and overwhelmed beyond our ability to endure, and we thought we would never live through it.**

8 사랑하는 형제들과 자매들이여, 우리가 아시아 지역에서 겪은 고난에 대해서 당신들이 알아야 한다고 우리는 생각합니다. 우리는 우리가 지탱할 능력 이상으로 부서지고 압도되어서, 우리는 그것을 겪고 도무지 살아남지 못할 것이라고 생각했습니다.

9 **In fact, we expected to die. But as a result, we stopped relying on ourselves and learned to rely only on God, who raises the dead.**

9 실제, 우리는 죽을 것이라고 예상했습니다. 그러나 그 결과로, 우리는 우리 자신에게 의지하는 것을 멈추었습니다. 그리고 죽은 사람들을 되살리시는, 오직 하나님께만 의지하는 것을 배웠습니다.

10 **And he did rescue us from mortal danger, and he will rescue us again. We have placed our confidence in him, and he will continue to rescue us.**

10 그리고 그분께서는 죽음을 면할 수 없는 위험으로부터 우리를 구출하셨습니다. 그리고 그분께서는 우리를 다시 구출하실 것입니다. 우리는 우리의 신뢰를 그분에게 두었습니다. 그분께서는 우리를 구원하는 것을 계속하실 것입니다.

11 **And you are helping us by praying for us. Then many people will give thanks because God has graciously answered so many prayers for our safety.**

11 그리고 당신들은 우리를 위해 기도하는 것으로 우리를 돕고 있습니다. 그러면 많은 사람들이 감사를 드릴 것입니다 왜냐하면 하나님께서 우리의 안전을 위한 수많은 기도들을 은정 넘치게 응답해 주시기 때문입니다.

Paul's Change of Plans

바울의 계획변경

12 **We can say with confidence and a clear conscience that we have lived with a God-given holiness and sincerity in all our dealings. We have depended on God's grace, not on our own human wisdom. That is how we have conducted ourselves before the world, and especially toward you.**

12 우리는 우리가 다루는 모든 일 가운데서, 하나님께서 주신 거룩함과 진실함으로 살아온 것을, 확신 있게 그리고 깨끗한 양심으로 말할 수 있습니다. 우리는 우리 자신들의 인간적인 지혜가 아니라, 하나님의 은정에 의지해 왔습니다. 이것이 우리가 이 세상 앞에서, 특별히 당신들을 향하여 우리들 자신이 처신해 온 방법입니다.

13 **Our letters have been straightforward, and there is nothing written between the lines and nothing you can't understand. I hope someday you will fully understand us,**

13 우리의 편지는 알기 쉽게 씌여졌고, 암시적으로 씌여진 것은 아무것도 없으며 당신들이 리해하지 못할 것이 아무것도 없습니다. 나는 언제인가는 당신들이 우리를 완전히 리해할 수 있기를 바랍니다,

14 **even if you don't understand us now. Then on the day when the Lord Jesus returns, you will be proud of us in the same way we are proud of you.**

14 지금은 당신들이 우리를 리해하지 못한다 할지라도. 그리하여 주 예수님이 다시 돌아오시는 그날에, 우리가 당신들을 자랑스러워하는 것과 같이 당신들은 우리를 자랑스러워할 것입니다.

15 Since I was so sure of your understanding and trust, I wanted to give you a double blessing by visiting you twice—

15 나는 당신들의 리해와 신뢰를 아주 확신했기 때문에, 나는 당신들을 두 번 방문함으로써 당신들에게 두 배의 축복을 주기 원했습니다—

16 first on my way to Macedonia and again when I returned from Macedonia. Then you could send me on my way to Judea.

16 첫째는 내가 마케도니아로 가는 길에, 그리고 다시 내가 마게도니아로부터 돌아올 때입니다. 그 다음 당신들은 나를 유태로 떠나보낼 수 있습니다.

17 You may be asking why I changed my plan. Do you think I make my plans carelessly? Do you think I am like people of the world who say "Yes" when they really mean "No"?

17 당신들은 왜 내가 나의 계획을 변경했는지 질문하고 있을지도 모릅니다. 당신들은 내가 나의 계획을 경솔하게 세운다고 생각합니까？당신들은 내가, 사람들이 실제로는《아니오》를 의미하면서《예》라고 말하는 세상 사람들과 같다고 생각합니까?

18 As surely as God is faithful, our word to you does not waver between "Yes" and "No."

18 하나님께서 신의를 지키시는 만큼 틀림없이, 당신들에게 하는 우리의 말은《예》와《아니오》사이에서 망서리지 않습니다.

19 For Jesus Christ, the Son of God, does not waver between "Yes" and "No." He is the one whom Silas, Timothy, and I preached to you, and as God's ultimate "Yes," he always does what he says.

19 왜냐하면 하나님의 아드님이신, 예수 그리스도는,《예》와《아니오》사이에서 망서리지 않으시기 때문입니다. 그분은 실루아노와 디모데와 내가 당신들에게 전했던 그분이십니다. 그리고 하나님이 근본적인《예》인 것처럼, 그분은 언제나 하나님께서 말씀하시는 것을 실행하십니다.

20 For all of God's promises have been fulfilled in Christ with are sounding "Yes!" And through Christ, our "Amen" (which means "Yes") ascends to God for his glory.

20 왜냐하면 하나님의 모든 약속들은《예!》라고 되풀이하는 것으로 예수 그리스도 안에서 실현되였기 때문입니다. 그리고 우리의《아멘》(《예》를 의미하는)은 그리스도를 통해서 그분의 영광을 위해 하나님께 올라갑니다.

21 It is God who enables us, along with you, to stand firm for Christ. He has commissioned us,

21 우리들로 하여금 당신들과 함께, 그리스도를 위해 굳게 서도록 하시는, 분은 바로 하나님이십니다. 그분께서 우리를 임명하셨습니다.

22 **and he has identified us as his own by placing the Holy Spirit in our hearts as the first installment that guarantees everything he has promised us.**

22 그리고 그분께서는 자신이 우리에게 약속하신 모든 것들을 보증하시는 첫 약속으로 우리의 마음에 성령님을 모시게 함으로써 그분의 소유로서의 우리의 신원을 확인하셨습니다.

23 **Now I call upon God as my witness that I am telling the truth. The reason I didn't return to Corinth was to spare you from a severe rebuke.**

23 이제 나는 내가 진실을 말하고 있다는 것을 나의 증인으로서 하나님을 모십니다. 내가 고린도에 돌아가지 않은 리유는 심한 비난으로부터 당신들을 피하게 하기 위해서였습니다.

24 **But that does not mean we want to dominate you by telling you how to put your faith into practice. We want to work together with you so you will be full of joy, for it is by your own faith that you stand firm.**

24 그러나 그것은 우리가 당신들에게 당신들의 믿음을 실천으로 옮기는 방법을 말하는 것으로서 우리가 당신들을 지배하려고 한다는 것을 의미하지 않습니다. 우리는 당신들이 기쁨으로 차고 넘치도록 당신들과 함께 일하고 싶습니다, 왜냐하면 당신들이 굳게 서는 것은 당신 자신들의 믿음에 의한 것이기 때문입니다.

2

1 **So I decided that I would not bring you grief with another painful visit.**

1 그리하여 나는 또 다른 고통을 주는 방문으로 당신들에게 슬픔을 가져가지 않기로 결심했습니다.

2 **For if I cause you grief, who will make me glad? Certainly not someone I have grieved.**

2 왜냐하면, 만일 내가 당신들을 슬프게 한다면, 누가 나를 기쁘게 하겠습니까? 당연히 내가 슬프게 한 누군가는 아닙니다.

3 **That is why I wrote to you as I did, so that when I do come, I won't be grieved by the very ones who ought to give me the greatest joy. Surely you all know that my joy comes from your being joyful.**

3 그것이 내가 당신들에게 이처럼 편지를 쓴 리유입니다. 그래야 내가 실제로 갔을 때, 나는 나에게 가장 큰 기쁨을 주어야 할 바로 그 사람들

로 하여 슬프게 되지 않을 것입니다. 분명히 당신들 모두는 나의 기쁨은 당신들이 기뻐하는 데서부터 온다는 것을 알고 있습니다.

4 I wrote that letter in great anguish, with a troubled heart and many tears. I didn't want to grieve you, but I wanted to let you know how much love I have for you.

4 나는 그 편지를 심한 고통, 걱정스런 마음과 많은 눈물로 썼습니다. 나는 당신들을 슬프게 하고 싶지 않았습니다, 그러나 나는 당신들에 대해 내가 가지고 있는 사랑이 얼마나 큰지 당신들이 알도록 하고 싶었습니다.

Forgiveness for the Sinner

죄인들에 대한 용서

5 I am not overstating it when I say that the man who caused all the trouble hurt all of you more than he hurt me.

5 내가 모든 문제를 일으킨 그 사람이 나에게 아픔을 준 것보다 당신들 모두에게 아픔을 주었다고 말할 때 나는 그것을 과장하여 말하고 있지 않습니다.

6 Most of you opposed him, and that was punishment enough.

6 당신들 대부분이 그를 반대하였고, 그것은 충분히 처벌받았습니다.

7 Now, however, it is time to forgive and comfort him. Otherwise he may be overcome by discouragement.

7 이제는, 그렇지만, 그를 용서하고 위로할 때입니다. 그렇지 않으면, 그는 절망하여 용기를 잃을 수 있습니다.

8 So I urge you now to reaffirm your love for him.

8 그러므로 나는 지금 그에 대한 당신들의 사랑을 재확인해줄 것을 당신들에게 강하게 권고합니다.

9 I wrote to you as I did to test you and see if you would fully comply with my instructions.

9 나는 내가 당신들을 검토하였고 당신들이 나의 지시를 전적으로 따르는가를 알기 위해 이처럼 당신들에게 편지를 썼습니다.

10 When you forgive this man, I forgive him, too. And when I forgive whatever be forgiven, I do so with Christ's authority for your benefit,

10 당신들이 이 사람을 용서할 때, 나도 역시 그를 용서합니다. 그리고 내가 용서받아야 할 필요가 있는 모든 것을 용서할 때, 나는 그리스도의 권한을 가지고 당신들의 리득을 위해서 그렇게 합니다.

11 so that Satan will not outsmart us. For we are familiar with his evil

schemes.

11 마왕이 우리를 속이지 못하게 하기 위해서입니다. 왜냐하면 우리는 그의 악한 계획을 잘 알고 있기 때문입니다.

12 When I came to the city of Troas to preach the Good News of Christ, the Lord opened a door of opportunity for me.

12 내가 그리스도의 반가운 소식을 전하기 위해 드로아 시에 갔을 때, 주님이 나를 위해 기회의 문을 열어 주셨습니다.

13 But I had no peace of mind because my dear brother Titus hadn't yet arrived with a report from you. So I said good-bye and went on to Macedonia to find him.

13 그러나 나는 나의 사랑하는 형제인 디도가 당신들로부터 보고를 가지고 아직 도착하지 않았기 때문에 마음의 평화가 없었습니다. 그래서 나는 작별을 하고 그를 찾기 위해 마케도니아를 향해 계속 갔습니다.

Ministers of the New Covenant

새 계약의 담당자들

14 But thank God! He has made us his captives and continues to lead us along in Christ's triumphal procession. Now he uses us to spread the knowledge of Christ everywhere, like a sweet perfume.

14 그러나 하나님께 감사합니다! 그분께서 우리를 자신의 사람들로 만드셨고 그리스도의 승리의 행진을 따라 우리를 계속 이끄십니다. 지금 그분께서는 그윽한 향기처럼, 어디에서나 그리스도의 지식을 펼치기 위해 우리를 사용하십니다.

15 Our lives are a Christ-like fragrance rising up to God. But this fragrance is perceived differently by those who are being saved and by those who are perishing.

15 우리의 삶은 하나님께 올라가는 그리스도를 닮은 향기입니다. 그러나 이 향기는 구원을 받는 사람들과 멸망하는 사람들에게 각각 다르게 인식됩니다.

16 To those who are perishing, we are a dreadful smell of death and doom. But to those who are being saved, we are a life-giving perfume. And who is adequate for such a task as this?

16 멸망하는 사람들에게는, 죽음과 멸망의 두려운 냄새입니다. 그러나 구원을 받는 사람들에게는, 생명을 주는 향기입니다. 그리고 이와 같은 일에 적합한 사람은 누구입니까?

17 You see, we are not like the many hucksters who preach for personal

profit. We preach the word of God with sincerity and with Christ's authority, knowing that God is watching us.

17 당신들은 압니다. 우리는 개인적인 리득을 위해 가르치는 많은 장사군들과 같지 않습니다. 우리는 하나님께서 우리를 보고 계시다는 것을 생각하면서 성실함과 그리스도의 권위로 하나님의 말씀을 가르칩니다.

3

1 **Are we beginning to praise ourselves again? Are we like others, who need to bring you letters of recommendation, or who ask you to write such letters on their behalf? Surely not!**

1 우리가 우리 자신을 다시 칭찬하기 시작하고 있습니까? 우리가 당신들에게 추천서를 가져갈 필요가 있거나, 혹은 그들을 대신해서 그 같은 편지를 써달라고 당신들에게 부탁하는 다른 사람들과 같습니까? 분명히 아닙니다!

2 **The only letter of recommendation we need is you yourselves. Your lives are a letter written in our hearts; everyone can read it and recognize our good work among you.**

2 우리가 필요로 하는 유일한 추천서는 당신들 자신입니다. 당신들의 삶이 우리의 마음속에 씌여진 하나의 편지입니다; 모든 사람이 그것을 읽을 수 있고 당신들 가운데서 우리의 잘한 일을 알아볼 수 있습니다.

3 **Clearly, you are a letter from Christ showing the result of our ministry among you. This "letter" is written not with pen and ink, but with the Spirit of the living God. It is carved not on tablets of stone, but on human hearts.**

3 분명히, 당신들은 자신들 속에서 우리의 활동성과를 보여주는, 그리스도로부터의 한 편지입니다. 이 《편지》는 펜과 잉크가 아니라, 살아계신 하나님의 령으로 씌여졌습니다. 그것은 돌판들에 새겨진 것이 아니라 인간의 마음들에 새겨졌습니다.

4 **We are confident of all this because of our great trust in God through Christ.**

4 우리는 그리스도를 통한 하나님에 대한 우리의 커다란 믿음 때문에 이 모든 것을 확신합니다.

5 **It is not that we think we are qualified to do anything on our own. Our qualification comes from God.**

5 우리는 우리 스스로가 무엇이나 할 수 있는 자격이 있다고 생각하는

것은 아닙니다. 우리의 자격은 하나님께로부터 옵니다.

6 **He has enabled us to be ministers of his new covenant. This is a covenant not of written laws, but of the Spirit. The old written covenant ends in death; but under the new covenant, the Spirit gives life.**

6 그분은 우리가 그분의 새 약속의 일꾼들이 되게 하셨습니다. 이것은 글로 된 률법들이 아니라 성령의 법들의 약속입니다. 글로 된 옛 약속은 죽음으로 끝납니다; 그러나 새 약속에 따라 성령님은 생명을 주십니다.

The Glory of the New Covenant
새 약속의 영광

7 **The old way, with laws etched in stone, led to death, though it began with such glory that the people of Israel could not bear to look at Moses' face. For his face shone with the glory of God, even though the brightness was already fading away.**

7 돌에 새겨진 률법들이 있는, 옛 방식은, 죽음으로 이끌었습니다. 그러나 그것은 이스라엘 사람들이 모세의 얼굴을 도저히 쳐다볼 수 없었던 큰 영광으로 시작했습니다. 왜냐하면 그 광채가 이미 점차 사라져 감에도 불구하고, 그의 얼굴이 하나님의 영광으로 빛나고 있었기 때문입니다.

8 **Shouldn't we expect far greater glory under the new way, now that the Holy Spirit is giving life?**

8 우리는 성령님이 생명을 주고 계시는 새 방식에 따라 훨씬 더 큰 영광을 기대해야 하지 않겠습니까?

9 **If the old way, which brings condemnation, was glorious, how much more glorious is the new way, which makes us right with God!**

9 유죄판결을 가져오는, 옛 방식이 영광스러웠다면, 우리를 하나님과 옳은 관계를 갖게 하는 새로운 방식은 얼마나 더 영광스럽습니까!

10 **In fact, that first glory was not glorious at all compared with the overwhelming glory of the new way.**

10 사실상, 첫 번째 영광은 새로운 방식의 압도적인 영광과 비교할 때 전혀 영광스러운 것이 아닙니다.

11 **So if the old way, which has been replaced, was glorious, how much more glorious is the new, which remains forever!**

11 그러므로 대신 되여진, 옛 방식이, 영광스러웠다면, 영원히 남는 새 것은 얼마나 더 영광스럽겠습니까!

12 **Since this new way gives us such confidence, we can be very bold.**

12 이 새 방식은 우리에게 그와 같은 확신을 주기 때문에, 우리는 아주 대담할 수 있습니다.

13 We are not like Moses, who put a veil over his face so the people of Israel would not see the glory, even though it was destined to fade away.

13 우리는 모세와 같지 않습니다. 그 영광이 점차 사라지게 예정되어 있었음에도 불구하고, 모세는 이스라엘 사람들이 그것을 보지 못하도록 그의 얼굴 우에 너울을 덮었습니다.

14 But the people's minds were hardened, and to this day whenever the old covenant is being read, the same veil covers their minds so they cannot understand the truth. And this veil can be removed only by believing in Christ.

14 그러나 사람들의 마음은 무감각해졌고, 오늘날까지 그 옛 약속이 읽혀지고 있을 때마다, 그들이 그 진리를 리해할 수 없도록 똑같은 너울이 그들의 마음을 덮습니다. 그리고 이 너울은 오직 그리스도를 믿음으로써만 제거될 수 있습니다.

15 Yes, even today when they read Moses' writings, their hearts are covered with that veil, and they do not understand.

15 그렇습니다. 지어 오늘날도 사람들이 모세가 쓴 글들을 읽을 때 그들의 마음이 그 너울로 덮여져서 그들은 리해하지 못합니다.

16 But whenever someone turns to the Lord, the veil is taken away.

16 그러나 누구든지 주님에게 돌아올 때는 언제든지 그 너울은 벗겨질 것입니다.

17 For the Lord is the Spirit, and wherever the Spirit of the Lord is, there is freedom.

17 왜냐하면 주님은 성령이십니다. 그리고 주님의 성령이 있는 곳은 어디든지 자유가 있기 때문입니다.

18 So all of us who have had that veil removed can see and reflect the glory of the Lord. And the Lord—who is the Spirit—makes us more and more like him as we are changed into his glorious image.

18 그러므로 그 너울이 벗겨진 우리 모두는 주님의 영광을 볼 수 있고 비출 수 있습니다. 그리고 주님은—성령이신—우리가 그분의 영광스러운 모습으로 바뀜에 따라 우리를 더욱더 그분처럼 만드십니다.

4

Treasure in Fragile Clay Jars

바사지기 쉬운 진흙 단지 속의 보물

1 **Therefore, since God in his mercy has given us this new way, we never give up.**

1 그러므로, 하나님께서 그분의 은정 속에 우리에게 이 새로운 방식을 주셨기 때문에, 우리는 절대 포기하지 않습니다.

2 **We reject all shameful deeds and underhanded methods. We don't try to trick anyone or distort the word of God. We tell the truth before God, and all who are honest know this.**

2 우리는 모든 부끄러운 행동들과 비렬한 방법들을 거부합니다. 우리는 그 누구를 속이거나 하나님의 말씀을 왜곡하려 하지 않습니다. 우리는 하나님 앞에서 진리를 말합니다. 그리하여 모든 정직한 사람들이 이것을 압니다.

3 **If the Good News we preach is hidden behind a veil, it is hidden only from people who are perishing.**

3 만일 우리가 가르치는 반가운 소식이 장막 뒤에 가리워져 있다면, 그것은 멸망해가는 사람들에게만 가리워진 것입니다.

4 **Satan, who is the god of this world, has blinded the minds of those who don't believe. They are unable to see the glorious light of the Good News. They don't understand this message about the glory of Christ, who is the exact likeness of God.**

4 이 세상의 신인, 마왕은, 믿지 않는 사람들의 마음을 눈멀게 했습니다. 그 사람들은 반가운 소식의 영광스러운 빛을 볼 수 없습니다. 그들은 하나님의 정확한 초상인 그리스도의 영광에 대한 이 소식을 리해하지 못합니다.

5 **You see, we don't go around preaching about ourselves. We preach that Jesus Christ is Lord, and we ourselves are your servants for Jesus' sake.**

5 당신들이 아는 바와 같이, 우리는 우리 자신들에 대해 알리면서 여기저기 다니지 않습니다. 우리는 예수 그리스도가 주님이신 것과, 우리 스스로가 그리스도를 위해 당신들의 종인 것을 전합니다.

6 **For God, who said, "Let there be light in the darkness," has made this light shine in our hearts so we could know the glory of God that is seen in the face of Jesus Christ.**

6 왜냐하면 《어둠 속에 빛이 있으라.》고 말씀하신, 하나님께서, 우리가

예수 그리스도의 얼굴에 보여진 하나님의 영광을 알 수 있도록 우리의 마음에 이 빛이 비치게 하셨기 때문입니다.

7 **We now have this light shining in our hearts, but we ourselves are like fragile clay jars containing this great treasure. This makes it clear that our great power is from God, not from ourselves.**

7 우리는 지금 우리의 마음속에 비치는 이 빛을 가졌습니다, 그러나 우리는 우리 자신들이 이 귀중한 보물을 담고 있는 바사지기 쉬운 진흙 단지와 같습니다. 이것은 우리의 위대한 능력이 우리 자신들로부터가 아니라 하나님으로부터 나온다는 것을 분명하게 해줍니다.

8 **We are pressed on every side by troubles, but we are not crushed. We are perplexed, but not driven to despair.**

8 우리는 괴로움으로 하여 사방에서 짓눌립니다, 그러나 우리는 무너지지 않습니다. 우리는 당황하지만, 그러나 절망에 빠지지는 않습니다.

9 **We are hunted down, but never abandoned by God. We get knocked down, but we are not destroyed.**

9 우리는 쫓겨 다닙니다, 그러나 하나님으로 하여 결코 버림받지 않습니다. 우리는 매 맞고 쓰러지지만, 우리는 망하지 않습니다.

10 **Through suffering, our bodies continue to share in the death of Jesus so that the life of Jesus may also be seen in our bodies.**

10 고난을 통해, 우리의 몸은 계속해서 예수님의 죽으심에 참가합니다. 예수님의 생명이 우리의 몸에도 또한 나타날 수 있도록 하기 위해서입니다.

11 **Yes, we live under constant danger of death because we serve Jesus, so that the life of Jesus will be evident in our dying bodies.**

11 그렇습니다. 우리가 예수님을 위해 일하는 것 때문에 우리는 끊임없는 죽음의 위험 아래 삽니다, 예수님의 생명이 우리의 죽어가는 육체들에서 뚜렷이 보여지게 될 것입니다.

12 **So we live in the face of death, but this has resulted in eternal life for you.**

12 그러므로 우리는 죽음에 직면하여 살고 있습니다. 그러나 이것은 당신들을 위해 영원한 생명의 결과로 나타나고 있습니다.

13 **But we continue to preach because we have the same kind of faith the psalmist had when he said, "I believed in God, so I spoke."**

13 그러나 우리가 시묶음 작가가 《나는 하나님을 믿습니다, 그러므로 말합니다》라고 말했을 때 그가 가졌던 것과 같은 믿음의 종류를 가지고 있기 때문에 우리는 계속해서 전합니다.

14 **We know that God, who raised the Lord Jesus, will also raise us with Jesus**

and present us to himself together with you.

14 우리는 주 예수님을 되살리신 하나님께서 예수님과 함께 우리도 역시 되살리셔서, 우리를 당신들과 함께 그분 자신 앞에 서게 하실 것을 압니다.

15 All of this is for your benefit. And as God's grace reaches more and more people, there will be great thanksgiving, and God will receive more and more glory.

15 이 모든 것이 당신들의 리득을 위해서입니다. 그리고 하나님의 은정이 점점 더 많은 사람에게 미침에 따라, 크나큰 감사가 있을 것입니다. 그리고 하나님은 더욱더 많은 영광을 받으실 것입니다.

16 That is why we never give up. Though our bodies are dying, our spirits are being renewed every day.

16 이것이 우리가 결코 단념하지 않는 리유입니다. 우리의 몸은 죽어가고 있지만, 우리의 령은 날마다 새로워지고 있습니다.

17 For our present troubles are small and won't last very long. Yet they produce for us a glory that vastly outweighs them and will last forever!

17 왜냐하면 우리의 지금의 괴로움은 미미하고 그다지 오래가지 않을 것이기 때문입니다. 그러나 그것들은 현재의 고난들보다 훨씬 더 값지고 영원히 지속되는 영광이 우리에게 나타날 것입니다!

18 So we don't look at the troubles we can see now; rather, we fix our gaze on things that cannot be seen. For the things we see now will soon be gone, but the things we cannot see will last forever.

18 그러므로 우리는 우리가 지금 볼 수 있는 우리의 괴로움들을 보지 않습니다; 오히려 우리는 보여질 수 없는 것들에 우리의 시선을 고정시킵니다. 왜냐하면 우리가 지금 볼 수 있는 것들은 곧 없어질 것이기 때문입니다, 그러나 우리가 볼 수 없는 것들은 영원히 지속될 것입니다.

5

New Bodies

새로운 몸

1 For we know that when this earthly tent we live in is taken down (that is, when we die and leave this earthly body), we will have a house in heaven, an eternal body made for us by God himself and not by human hands.

1 왜냐하면 우리는 우리가 살고 있는 이 세상 집이 무너질 때(즉, 우리가 죽어서 이 세상의 몸이 떠날 때), 우리는, 사람의 손으로가 아니라 우리를

위해 하나님께서 손수 만드신 영원한 몸인, 하늘에 있는 집을 우리가 가지게 될 것을 알기 때문입니다.

2 We grow weary in our present bodies, and we long to put on our heavenly bodies like new clothing.

2 우리는 우리의 지금의 몸은 지쳐가고, 새 옷과 같은 우리의 하늘의 몸을 입을 것을 갈망합니다.

3 For we will put on heavenly bodies; we will not be spirits without bodies.

3 왜냐하면 우리는 하늘나라의 몸을 입을 것이기 때문입니다; 우리는 몸이 없는 령이 되지 않을 것입니다.

4 While we live in these earthly bodies, we groan and sigh, but it's not that we want to die and get rid of these bodies that clothe us. Rather, we want to put on our new bodies so that these dying bodies will be swallowed up by life.

4 우리가 이 땅의 몸으로 사는 동안, 우리는 신음하며 한숨을 쉽니다. 그러나 그것은 우리가 죽어서 우리에게 입혀진 몸을 벗고 싶어서가 아닙니다. 오히려, 우리는 이 죽어 가는 몸이 생명에 의해 삼켜지도록 우리의 새 몸을 입기 원합니다.

5 God himself has prepared us for this, and as a guarantee he has given us his Holy Spirit.

5 하나님 자신이 이것을 위해 우리에게 마련해 주셨습니다, 그리고 보증으로서 그분께서 우리에게 그분의 성령님을 주셨습니다.

6 So we are always confident, even though we know that as long as we live in these bodies we are not at home with the Lord.

6 그러므로 우리가 이 육체로 사는 한 우리가 주님과 함께 집에 있지 않다는 것을 알고 있을지라도, 우리는 언제나 확신에 차 있습니다.

7 For we live by believing and not by seeing.

7 왜냐하면 우리는 보는 것에 의해서가 아니라 믿는 것에 의해서 살기 때문입니다.

8 Yes, we are fully confident, and we would rather be away from these earthly bodies, for then we will be at home with the Lord.

8 그렇습니다. 우리는 확신에 가득 차 있으며, 우리는 오히려 이 땅의 몸으로부터 떠나고 싶습니다, 왜냐하면 그때에는 주님과 함께 집에 있을 것이기 때문입니다.

9 So whether we are here in this body or away from this body, our goal is to please him.

9 그러므로 우리가 여기서 이 몸으로 살든지 또는 이 몸으로부터 떠나

있든지 우리의 목적은 그분을 기쁘시게 하는 것입니다.

10 **For we must all stand before Christ to be judged. We will each receive whatever we deserve for the good or evil we have done in this earthly body.**

10 왜냐하면 우리는 심판을 받기 위해 모두 그리스도 앞에 서야 하기 때문입니다. 우리는 각자 악한 일에 대한 것이든 좋은 일에 대한 것이든 우리가 이 땅의 몸으로 실행한 일에 해당한 무엇이든 그것을 받을 것입니다.

We Are God's Ambassadors

우리는 하나님의 대사들임

11 **Because we understand our fearful responsibility to the Lord, we work hard to persuade others. God knows we are sincere, and I hope you know this, too.**

11 우리는 주님에 대한 우리의 두려운 책임을 리해하기 때문에 다른 사람들을 설복하기 위해 열심히 일합니다. 하나님께서는 우리가 진실하다는 것을 아십니다, 그리고 나는 당신들도 역시 이것을 알기 바랍니다.

12 **Are we commending ourselves to you again? No, we are giving you a reason to be proud of us, so you can answer those who brag about having a spectacular ministry rather than having a sincere heart.**

12 우리가 우리 자신들을 당신들에게 다시 칭찬하고 있습니까? 아닙니다, 우리는 당신들에게 우리를 자랑스러워할 수 있는 근거를 주고 있습니다, 그리하여 당신들이 진실한 마음을 가지는 것보다 화려한 활동에 대해 뽐내는 사람들에게 대답할 수 있도록 하기 위해서입니다.

13 **If it seems we are crazy, it is to bring glory to God. And if weare in our right minds, it is for your benefit.**

13 만일 우리가 미친 듯이 보인다면, 그것은 하나님께 영광을 드리기 위해서입니다. 그리고 만일 우리가 제정신이라면, 그것은 당신들의 리익을 위해서입니다.

14 **Either way, Christ's love controls us. Since we believe that Christ died for all, we also believe that we have all died to our old life.**

14 어느 쪽이든, 그리스도의 사랑이 우리를 통제합니다. 우리는 그리스도가 모두를 위해 죽으셨다는 것을 믿기 때문에, 우리는 우리의 옛 삶에 대해 우리 모두가 죽었다는 것도 역시 믿습니다.

15 **He died for everyone so that those who receive his new life will no longer live for themselves. Instead, they will live for Christ, who died and was**

raised for them.

15 그분은 그분의 새 생명을 받은 사람들이 더 이상 자기 자신들을 위해 살지 않도록 하기 위해 모든 사람을 위해 죽으셨습니다. 그 대신, 그들은 자기들을 위해 죽으셨다가 되살아나신 그리스도를 위해 살 것입니다.

16 **So we have stopped evaluating others from a human point of view. At one time we thought of Christ merely from a human point of view. How differently we know him now!**

16 그러므로 우리는 인간적인 관점으로부터 다른 사람들을 평가하는 일을 멈추었습니다. 한때 우리는 그리스도를 단순히 인간적인 관점으로만 생각했습니다. 우리는 지금 얼마나 다르게 그분을 알고 있습니까!

17 **This means that anyone who belongs to Christ has become anew person. The old life is gone; a new life has begun!**

17 이것은 그리스도께 속한 사람은 누구나 새 사람이 된 것을 의미합니다. 옛 삶은 가고 없습니다; 새 삶이 시작되였습니다!

18 **And all of this is a gift from God, who brought us back to himself through Christ. And God has given us this task of reconciling people to him.**

18 그리고 이 모든 것이 하나님께로부터 온 선물입니다, 하나님께서는 그리스도를 통해 그분 자신에게로 우리를 다시 데리고 오셨습니다. 그리고 하나님께서 사람들을 그분과 화해시키는 이 과업을 우리에게 주셨습니다.

19 **For God was in Christ, reconciling the world to himself, no longer counting people's sins against them. And he gave us this wonderful message of reconciliation.**

19 왜냐하면 하나님께서는 세상을 그분 자신과 화해시키고, 더 이상 사람들의 죄를 그들의 탓으로 돌리지 않으시면서, 그리스도 안에 계셨기 때문입니다. 그리고 그분께서 우리에게 이 놀라운 화해의 말씀을 주셨습니다.

20 **So we are Christ's ambassadors; God is making his appeal through us. We speak for Christ when we plead, "Come back to God!"**

20 그러므로 우리는 그리스도의 대사들입니다; 하나님께서는 우리를 통하여 자신의 주장을 이루시고 계십니다. 우리가 《하나님께로 돌아오십시오!》라고 호소할 때, 우리는 그리스도를 대신해서 말합니다.

21 **For God made Christ, who never sinned, to be the offering for our sin, so that we could be made right with God through Christ.**

21 왜냐하면 하나님께서 우리가 그리스도를 통하여 하나님과 바른 관계

를 가질 수 있도록, 죄를 전혀 지은 적이 없는 그리스도를, 우리의 죄를
위한 제물이 되게 하셨기 때문입니다.

6

1 As God's partners, we beg you not to accept this marvelous gift of God's
kindness and then ignore it.

1 하나님의 협력자로서, 우리는 당신들이 하나님의 사랑어린 이 놀라운
선물을 받은 다음 그것을 모른 체하지 않기를 부탁합니다.

2 For God says, "At just the right time, I heard you. On the day of salvation,
I helped you." Indeed, the "right time" is now. Today is the day of salva-
tion.

2 왜냐하면 하나님께서, 《바로 그 적절한 때에, 내가 너희의 말을 들었
다. 그 구원의 날에, 내가 너희를 도왔다.》라고 말씀하시기 때문입니
다. 참으로, 그 《적절한 때》가 지금입니다. 오늘이 그 구원의 날입니다.

Paul's Hardships

바울의 고난들

3 We live in such a way that no one will stumble because of us, and no one
will find fault with our ministry.

3 우리는 아무도 우리 때문에 걸채여 넘어지지 않고, 아무도 우리의 활
동에서 흠 잡을 수 없는 그런 방식으로 살고 있습니다.

4 In everything we do, we show that we are true ministers of God. We pa-
tiently endure troubles and hardships and calamities of every kind.

4 우리가 하는 모든 일에서, 우리는 우리가 하나님의 참된 일군들이라
는 것을 보여줍니다. 우리는 걱정들과 고난들 그리고 온갖 종류의 재난
들을 인내성 있게 견디여냅니다.

5 We have been beaten, been put in prison, faced angry mobs, worked to
exhaustion, endured sleepless nights, and gone without food.

5 우리는 매를 맞았고, 감옥에 갇혔고, 성난 무리들과 맞섰고, 지쳐 쓰
러지기까지 일했고, 자지 못하는 밤들을 견디여냈고 먹을 것 없이 굶
주렸습니다.

6 We prove ourselves by our purity, our understanding, our patience, our
kindness, by the Holy Spirit within us, and by our sincere love.

6 우리는 우리의 순수함과 우리의 리해력과, 우리의 인내력과, 우리의
친절로써, 우리 안에 계신 성령님으로써, 그리고 우리의 진실한 사랑으

로써, 우리 자신들을 립증했습니다.

7 **We faithfully preach the truth. God's power is working in us. We use the weapons of righteousness in the right hand for attack and the left hand for defense.**

7 우리는 성실하게 진리를 전합니다. 하나님의 능력이 우리 안에서 일하고 계십니다. 우리는 오른손으로는 공격을 위해, 그리고 왼손으로는 방어를 위한 정의의 무기들을 사용합니다.

8 **We serve God whether people honor us or despise us, whether they slander us or praise us. We are honest, but they call us impostors.**

8 우리는 사람들이 우리를 존경하든지, 우리를 멸시하든지, 그들이 우리를 비방하든지, 우리를 칭찬하든지, 우리는 하나님을 섬깁니다. 우리는 정직합니다, 그러나 그들은 우리를 협잡군이라 부릅니다.

9 **We are ignored, even though we are well known. We live close to death, but we are still alive. We have been beaten, but we have not been killed.**

9 우리는 비록 잘 알려져 있지만 무시당합니다. 우리는 죽음 가까이에 살지만 아직 살아 있습니다. 우리는 매를 맞았지만, 죽지 않고 있습니다.

10 **Our hearts ache, but we always have joy. We are poor, but we give spiritual riches to others. We own nothing, and yet we have everything.**

10 우리의 마음은 아프지만, 우리는 항상 기쁨이 있습니다. 우리는 가난하지만, 우리는 다른 사람들에게 령적인 부유함을 줍니다. 우리는 아무것도 가진 것이 없음에도 불구하고 우리는 모든 것을 가지고 있습니다.

11 **Oh, dear Corinthian friends! We have spoken honestly with you, and our hearts are open to you.**

11 오오, 사랑하는 고린도 친구들이여! 우리는 당신들과 솔직하게 이야기하였고, 우리의 마음은 당신들에게 열려 있습니다.

12 **There is no lack of love on our part, but you have withheld your love from us.**

12 우리 편에서는 사랑의 부족함이 전혀 없습니다, 그러나 당신들은 자신들의 사랑을 우리에게 주지 않고 있습니다.

13 **I am asking you to respond as if you were my own children. Open your hearts to us!**

13 나는 당신들이 나의 친아들딸들인 것처럼 대해 주기를 당신들에게 부탁하고 있습니다. 당신들의 마음을 우리에게 열어주십시오!

The Temple of the Living God

살아 계신 하나님의 신전

14 Don't team up with those who are unbelievers. How can righteousness be
a partner with wickedness? How can light live with darkness?

14 믿지 않는 사람들과 한편을 이루지 마십시오. 어떻게 정의가 부정과
함께 협력자가 되겠습니까? 어떻게 빛이 어둠과 함께 살 수 있습니까?

15 What harmony can there be between Christ and the devil? How can a be-
liever be a partner with an unbeliever?

15 어떻게 그리스도와 악마 사이에 어울림이 있을 수 있습니까? 어떻게
믿는 사람이 믿지 않는 사람과 협력자가 될 수 있습니까?

16 And what union can there be between God's temple and idols? For we are
the temple of the living God. As God said: "I will live in them and walk
among them. I will be their God, and they will be my people.

16 그리고 어떻게 하나님의 신전과 우상들 사이에 련합이 있을 수 있
겠습니까? 왜냐하면 우리는 살아 계신 하나님의 신전이기 때문입니
다. 하나님께서 말씀하신 대로입니다: 《나는 그들 속에서 살고, 그들
가운데서 거닐 것이다. 나는 그들의 하나님이 되고, 그들은 나의 백성
이 될 것이다.

17 Therefore, come out from among unbelievers, and separate yourselves
from them, says the LORD. Don't touch their filthy things, and I will wel-
come you.

17 그러므로, 믿지 않는 사람들 가운데서 나오라. 그리고 그들로부터 너
희들 자신을 구별하여라, 주님께서 말씀하신다. 그들의 더러운 물건들
을 만지지 말라, 그러면 내가 너희를 맞아드릴 것이다.

18 And I will be your Father, and you will be my sons and daughters, says
the LORD Almighty."

18 그러면 나는 너희들의 아버지가 될 것이고, 너희는 나의 아들과 딸들
이 될 것이다, 전능하신 주님께서 말씀하신다.》

7

1 Because we have these promises, dear friends, let us cleanse ourselves
from everything that can defile our body or spirit. And let us work to-
ward complete holiness because we fear God.

1 우리가 이러한 약속들을 가졌기 때문에, 사랑하는 친구들이여, 우리
의 몸과 령을 더럽힐 수 있는 모든 것으로부터 우리들 자신을 깨끗하

게 합시다. 그리고 우리가 하나님을 두려워하기에, 철저한 거룩함을 향하여 일합시다.

2 **Please open your hearts to us. We have not done wrong to anyone, nor led anyone astray, nor taken advantage of anyone.**

2 당신들의 마음을 우리에게 열어 주십시오. 우리는 아무에게도 나쁜 일을 하지 않았고, 아무도 타락시키지 않았고, 아무도 악용하지 않았습니다.

3 **I'm not saying this to condemn you. I said before that you are in our hearts, and we live or die together with you.**

3 나는 당신들을 꾸짖기 위해 이것을 말하고 있지 않습니다. 나는 당신들이 우리의 마음속에 있고, 그리고 우리가 당신들과 함께 살기도 하고 죽기도 한다고 이전에 말했습니다.

4 **I have the highest confidence in you, and I take great pride in you. You have greatly encouraged me and made me happy despite all our troubles.**

4 나는 당신들에게 가장 높은 신임을 가지고 있습니다, 그리고 나는 당신들이 대단히 자랑스럽습니다. 당신들은 나를 크게 고무격려하였고 우리의 모든 고난들에도 불구하고, 나를 행복하게 해주었습니다.

Paul's Joy at the Church's Repentance

교회의 뉘우쳐 고침에 대한 바울의 기쁨

5 **When we arrived in Macedonia, there was no rest for us. We faced conflict from every direction, with battles on the outside and fear on the inside.**

5 우리가 마케도니아에 도착했을 때, 우리는 조금도 쉬지 못했습니다. 우리는 사방에서 갈등에 마주쳤습니다, 밖에서는 싸움들로 그리고 안에서는 두려움이였습니다.

6 **But God, who encourages those who are discouraged, encouraged us by the arrival of Titus.**

6 그러나 락심한 사람들을 고무격려하시는, 하나님께서, 디도의 도착으로 우리를 고무격려하셨습니다.

7 **His presence was a joy, but so was the news he brought of the encouragement he received from you. When he told us how much you long to see me, and how sorry you are for what happened, and how loyal you are to me, I was filled with joy!**

7 그와의 만남은 하나의 기쁨이였으나, 그가 가져온 당신들로부터 받았던 고무격려에 대한 소식들도 그러했습니다. 당신들이 얼마나 간절히 나를 보기를 원하는지, 그리고 일어났던 일로 당신들이 얼마나 후회하

는지, 그리고 얼마나 당신들이 나에게 충실한지를 그가 우리에게 말했을 때, 나는 기쁨으로 가득 찼습니다!

8 I am not sorry that I sent that severe letter to you, though I was sorry at first, for I know it was painful to you for a little while.

8 나는 그 편지가 당신들에게 잠깐 동안 고통스러웠다는 것을 내가 알았기 때문에 처음에는 내가 후회했지만, 내가 당신들에게 가혹한 편지를 써보낸 것에 대해 후회하지 않습니다.

9 Now I am glad I sent it, not because it hurt you, but because the pain caused you to repent and change your ways. It was the kind of sorrow God wants his people to have, so you were not harmed by us in any way.

9 지금은 내가 그것을 보내서 기쁩니다, 그것이 당신들을 아프게 해서가 아니라, 그 고통이 당신들에게 뉘우쳐 고치도록 하였고, 당신들의 길을 바꾸어 놓았기 때문입니다. 그것이 하나님께서 그분의 백성들이 얻기를 바라시는 것과 같은 슬픔이였습니다, 그러므로 당신들은 우리로 하여 아무런 해를 받지 않았습니다.

10 For the kind of sorrow God wants us to experience leads us away from sin and results in salvation. There's no regret for that kind of sorrow. But worldly sorrow, which lacks repentance, results in spiritual death.

10 왜냐하면 하나님께서 우리가 경험하기를 바라시는 이 같은 슬픔은 우리를 죄로부터 떠나게 하고 구원의 결과에 이르게 하기 때문입니다. 이 같은 슬픔에는 후회가 없습니다. 그러나 뉘우쳐고침이 없는, 세상적인 슬픔은, 령적인 죽음의 결과를 낳습니다.

11 Just see what this godly sorrow produced in you! Such earnestness, such concern to clear yourselves, such indignation, such alarm, such longing to see me, such zeal, and such a readiness to punish wrong. You showed that you have done everything necessary to make things right.

11 이 신성한 슬픔이 당신들 속에서 무엇을 만들어 내였는가를 바로 보십시오! 그러한 진지함, 당신들 자신의 결백을 립증하려는 그러한 념려, 그러한 분노, 그러한 두려움, 나를 보려고 하는 그러한 갈망, 그러한 열정, 잘못을 처벌하려는 그러한 민첩성입니다. 당신들은 일들을 바로 잡기 위해 필요한 모든 것을 했음을 보여 주었습니다.

12 My purpose, then, was not to write about who did the wrong or who was wronged. I wrote to you so that in the sight of God you could see for yourselves how loyal you are to us.

12 나의 목적은, 그래서, 누가 잘못을 했는가 또는 누가 손해를 당했는가에 대해서 편지를 쓰려는 것이 아니였습니다. 나는 하나님의 시각으

로 당신들이 우리에게 얼마나 충실한가를 당신들 자신이 볼 수 있도록
당신들에게 편지했습니다.

13 **We have been greatly encouraged by this. In addition to our own encouragement, we were especially delighted to see how happy Titus was about the way all of you welcomed him and set his mind at ease.**

13 우리는 이것으로 하여 크게 고무격려되였습니다. 우리 자신의 고무격려 이외에도, 당신들 모두가 디도를 환영하고 그의 마음을 편하게 해주었던 일에 대해 디도가 매우 기뻐한 것을 보고 우리는 특별히 즐거웠습니다.

14 **I had told him how proud I was of you—and you didn't disappoint me. I have always told you the truth, and now my boasting to Titus has also proved true!**

14 나는 내가 얼마나 당신들을 자랑스러워했는가를 그에게 말했습니다—그리고 당신들은 나를 실망시키지 않았습니다. 나는 당신들에게 항상 진실을 말했습니다, 그리고 지금 디도에게 내가 자랑한 것 역시 사실이라는 것이 립증되였습니다.

15 **Now he cares for you more than ever when he remembers the way all of you obeyed him and welcomed him with such fear and deep respect.**

15 지금 그는 당신들 모두가 많은 두려움과 깊은 존경심으로 그에게 복종하고 그를 환영했던 일을 기억하면서, 그 어느 때보다 더 당신들을 소중히 여기고 있습니다.

16 **I am very happy now because I have complete confidence in you.**

16 나는 내가 당신들에게 전적인 신임을 가지고 있기에 지금 매우 행복합니다.

8

A Call to Generous Giving

아낌없는 헌금에 대한 호소

1 **Now I want you to know, dear brothers and sisters, what God in his kindness has done through the churches in Macedonia.**

1 사랑하는 형제들과 자매들이여, 이제 나는 당신들이 하나님께서 그분의 은정 속에 마케도니아의 교회들에서 하신 것을 알기 바랍니다.

2 **They are being tested by many troubles, and they are very poor. But they are also filled with abundant joy, which has overflowed in rich generosity.**

2 그들은 많은 고난들로 하여 시련을 당하고 있습니다. 그리고 그들은 매우 가난합니다. 그러나 그들은 넘치는 기쁨으로 여전히 차 있고 이 기쁨은 넉넉한 아낌없는 마음으로 넘쳐 흘렀습니다.

3 **For I can testify that they gave not only what they could afford, but far more. And they did it of their own free will.**

3 왜냐하면 나는 그들 자신이 줄 수 있는 것뿐만 아니라, 훨씬 더 많이, 주었다고 립증할 수 있기 때문입니다. 그리고 그들은 그들 자신들의 자유로운 결심으로 그것을 했습니다.

4 **They begged us again and again for the privilege of sharing in the gift for the believers in Jerusalem.**

4 그들은 예루살렘의 믿는 사람들을 위한 선물에 참가하는 특권을 위해 우리에게 되풀이하여 간청했습니다.

5 **They even did more than we had hoped, for their first action was to give themselves to the Lord and to us, just as God wanted them to do.**

5 그들은 지어 우리가 기대했던 것 이상으로 더 했습니다, 왜냐하면 그들의 첫 활동은 하나님께서 그들이 하기 원하셨던 대로, 주님과 우리에게 그들 자신을 주는 것이였기 때문입니다.

6 **So we have urged Titus, who encouraged your giving in the first place, to return to you and encourage you to finish this ministry of giving.**

6 그래서 우리는, 우선 당신들의 헌금을 고무했던 디도가, 당신들에게 돌아가서 당신들을 격려하여 이 헌금사업을 마무리하도록 설복했습니다.

7 **Since you excel in so many ways—in your faith, your gifted speakers, your knowledge, your enthusiasm, and your love from us—I want you to excel also in this gracious act of giving.**

7 당신들이 여러 면에서—당신들의 믿음, 당신들의 재능 있는 연설자들, 당신들의 지식, 당신들의 열정과 우리로부터 받은 당신들의 사랑에서—그토록 탁월하기 때문에, 나는 당신들이 또한 이 헌금의 은정어린 행동에서도 뛰여나기를 바랍니다.

8 **I am not commanding you to do this. But I am testing how genuine your love is by comparing it with the eagerness of the other churches.**

8 나는 당신들에게 이 일을 하라고 명령하고 있지 않습니다. 그러나 나는 당신들의 사랑이 얼마나 진실한가를 다른 교회들의 열심과 비교하는 것으로써 시험하고 있습니다.

9 **You know the generous grace of our Lord Jesus Christ. Though he was rich, yet for your sakes he became poor, so that by his poverty he could**

make you rich.

9 당신들은 우리 주님 예수 그리스도의 아낌없는 은정을 알고 있습니다. 그분은 부유했지만, 그럼에도 당신들을 위해 그분은 가난하게 되셨습니다, 자신의 가난함으로 하여 그분은 당신들을 부유하게 하기 위해서 그랬습니다.

10 **Here is my advice: It would be good for you to finish what you started a year ago. Last year you were the first who wanted to give, and you were the first to begin doing it.**

10 여기 나의 의견이 있습니다: 당신들이 일 년 전에 시작한 일을 끝내는 것이 당신들을 위해 좋을 것입니다. 작년에 당신들은 헌금을 하고 싶어 했던 첫 사람들이였고, 당신들이 그것을 하기 시작한 첫 사람들이였습니다.

11 **Now you should finish what you started. Let the eagerness you showed in the beginning be matched now by your giving. Give in proportion to what you have.**

11 이제 당신들은 당신들이 시작한 일을 끝내야 합니다. 당신들이 처음에 보여준 열망이 이제 당신들의 헌금에 의해 전달되게 하십시오. 당신들이 가진 것에 알맞게 헌금하십시오.

12 **Whatever you give is acceptable if you give it eagerly. And give according to what you have, not what you don't have.**

12 만일 당신들이 간절히 바래서 헌금한다면 당신들이 헌금한 어떤 것이든지 받아드려집니다. 그리고 당신들이 가지고 있지 않은 것이 아니라, 당신들이 가진 것에 따라 헌금하십시오.

13 **Of course, I don't mean your giving should make life easy for others and hard for yourselves. I only mean that there should be some equality.**

13 물론, 나는 당신들의 헌금이 다른 사람들의 삶은 편하게 만들고 당신자신들에게 어렵게 하려는 것을 의미하지 않습니다. 나는 단지 어느 정도 균등함이 있어야 한다는 것을 의미합니다.

14 **Right now you have plenty and can help those who are in need. Later, they will have plenty and can share with you when you need it. In this way, things will be equal.**

14 지금은 당신들은 충분한 것을 가졌고 필요한 사람들을 도울 수 있습니다. 다음에, 그들이 충분한 것을 갖게 될 것이며, 그리고 당신들이 그것을 필요로 할 때 당신들과 서로 나눌 수 있습니다. 이렇게 함으로써 일들이 균등해질 것입니다.

15 **As the Scriptures say, "Those who gathered a lot had nothing left over,**

and those who gathered only a little had enough."

15 하나님말씀책이 말씀한 대로, 《많이 모은 사람들은 아무것도 남은 것이 없고, 단지 조금 모은 사람들도 충분히 가졌습니다.》

Titus and His Companions

디도와 그의 친구들

16 But thank God! He has given Titus the same enthusiasm for you that I have.

16 그러나 하나님께 감사하십시오! 그분께서 내가 당신들에 대해 가지고 있는 동일한 열정을 디도에게 주셨습니다.

17 Titus welcomed our request that he visit you again. In fact, he himself was very eager to go and see you.

17 디도는 자신이 당신들을 다시 방문하라는 우리의 요구를 기꺼이 받아들였습니다. 사실은, 디도 자신이 가서 당신들을 매우 간절히 보고 싶어 했습니다.

18 We are also sending another brother with Titus. All the churches praise him as a preacher of the Good News.

18 우리는 디도와 함께 다른 한 형제도 역시 보냅니다. 모든 교회들이 반가운 소식의 전달자로서의 그를 칭찬합니다.

19 He was appointed by the churches to accompany us as we take the offering to Jerusalem—a service that glorifies the Lord and shows our eagerness to help.

19 그는 우리가 예루살렘으로 헌금을—주님을 찬양하고 돕기 위한 우리의 열정을 보여주는 하나의 섬김—가져갈 때 우리와 동행하도록 교회들에 의해서 그가 임명되었습니다.

20 We are traveling together to guard against any criticism for the way we are handling this generous gift.

20 우리는 우리가 이 아낌없는 선물을 전하는 방법에 있어서 어떤 비판도 받지 않도록 경계하기 위해 함께 려행하고 있습니다.

21 We are careful to be honorable before the Lord, but we also want everyone else to see that we are honorable.

21 우리는 주님 앞에서 정직하려고 조심합니다, 그러나 우리는 또한 다른 사람이 우리가 정직하다는 것을 알기를 원합니다.

22 We are also sending with them another of our brothers who has proven himself many times and has shown on many occasions how eager he is. He is now even more enthusiastic because of his great confidence in you.

22 우리는 우리의 형제들 가운데서 또 다른 한 사람을 그들과 함께 역시 보냅니다. 그는 여러 번 그 자신을 립증하였고 그가 얼마나 열정적인가를 많은 경우에 보여 주었습니다. 그는 당신들에 대한 자기의 커다란 신뢰 때문에 지금 훨씬 더 열정적입니다.

23 **If anyone asks about Titus, say that he is my partner who works with me to help you. And the brothers with him have been sent by the churches, and they bring honor to Christ.**

23 만일 어떤 사람이 디도에 대해 물으면, 그는 당신들을 돕기 위해 나와 함께 일하는 나의 협조자라고 말하십시오. 그리고 그와 함께 있는 형제들은 교회들에 의해 보내여졌습니다. 그리고 그들은 그리스도께 영광을 드립니다.

24 **So show them your love, and prove to all the churches that our boasting about you is justified.**

24 그러므로 그들에게 당신들의 사랑을 보여주십시오, 그리고 당신들에 대한 우리의 자랑이 정당하다는 것을 모든 교회들에게 립증하십시오.

9

The Collection for Christians in Jerusalem

예루살렘의 믿는 사람들을 위한 헌금

1 **I really don't need to write to you about this ministry of giving for the believers in Jerusalem.**

1 나는 예루살렘에 있는 믿는 사람들을 위한 이 헌금 활동에 대해 당신들에게 실제로 편지를 쓸 필요가 없습니다.

2 **For I know how eager you are to help, and I have been boasting to the churches in Macedonia that you in Greece were ready to send an offering a year ago. In fact, it was your enthusiasm that stirred up many of the Macedonian believers to begin giving.**

2 왜냐하면 당신들이 얼마나 간절히 돕고 싶어 하는지 내가 알기 때문입니다, 그리고 나는 그리스에 있는 당신들이 이미 일 년 전에 헌금을 보낼 준비가 되였다는 것을 마케도니아에 있는 교회들에게 자랑해 왔습니다. 사실상, 마케도니아의 많은 믿는 사람들이 헌금을 시작하도록 분발하게 한 것이 당신들의 열정이였습니다.

3 **But I am sending these brothers to be sure you really are ready, as I have been telling them, and that your money is all collected. I don't want to be wrong in my boasting about you.**

3 그러나 나는 내가 그들에게 말해 오고 있는 대로, 당신들이 실제로 준비되였으며, 당신들의 돈이 모두 모아지고 있는가를 확인하기 위해 이 형제들을 보내고 있습니다. 나는 당신들에 대한 나의 자랑에서 잘못된 것이 없기를 바랍니다.

4 **We would be embarrassed—not to mention your own embarrassment—if some Mcedonian believers came with me and found that you weren't ready after all I had told them!**

4 만일 몇 마케도니아의 믿는 사람들이 나와 함께 가서 내가 그들에게 말했음에도 불구하고 당신들이 준비가 안 된 것을 안다면—당신들 자신들이 난처함은 말할 것도 없이—우리도 난처해질 것입니다.

5 **So I thought I should send these brothers ahead of me to make sure the gift you promised is ready. But I want it to bea willing gift, not one given grudgingly.**

5 그러므로 나는 당신들이 약속한 선물이 준비되는 것을 틀림없이 하기 위해서 이 형제들을 나보다 앞서 보내야 한다고 생각했습니다. 그러나 나는 이것이 억지로 낸 것이 아니라 자진해서 하는 선물이기를 바랍니다.

6 **Remember this—a farmer who plants only a few seeds will get a small crop. But the one who plants generously will get a generous crop.**

6 이것을 기억하십시오—단지 얼마 안 되는 씨앗을 심은 농민은 적은 수확을 거둘 것입니다. 그러나 많이 심은 사람은 많은 수확을 거둘 것입니다.

7 **You must each decide in your heart how much to give. And don't give reluctantly or in response to pressure. "For God loves a person who gives cheerfully."**

7 당신들은 각자 당신들의 마음에 얼마나 많이 내야 할지 결정하여야 합니다. 그리고 마음이 내키지 않거나 강요에 따라 내지 마십시오. 《왜냐하면 하나님께서는 기꺼이 내는 사람을 사랑하시기 때문입니다.》

8 **And God will generously provide all you need. Then you will always have everything you need and plenty left over to share with others.**

8 그리고 하나님께서는 당신들이 필요로 하는 모든 것을 아낌없이 공급하실 것입니다. 그러면 당신들은 당신들이 필요로 하는 모든 것과 다른 사람들과 함께 나눌 수 있게 남아도는 충분한 량을 언제나 가지게 될 것입니다.

9 **As the Scriptures say, "They share freely and give generously to the poor. Their good deeds will be remembered forever."**

9 하나님말씀책이 말씀하는 대로, 《사람들이 자유롭게 나누어 가지고 가난한 사람들에게 아낌없이 나누어 줍니다. 그들의 좋은 행위들이 영원히 기억될 것입니다.》

10 For God is the one who provides seed for the farmer and then bread to eat. In the same way, he will provide and increase your resources and then produce a great harvest of generosity in you.

10 왜냐하면 하나님께서는 그 농민을 위해 씨를 공급하고 그리고 나서 먹을 빵을 공급하시는 분이시기 때문입니다. 같은 방법으로, 그분께서는 공급하고 당신들의 자원을 증대시키며 그 다음에는 당신들 안에서 린색하지 않는 대수확을 거두실 것입니다.

11 Yes, you will be enriched in every way so that you can always be generous. And when we take your gifts to those who need them, they will thank God.

11 그렇습니다. 당신들이 언제나 린색하지 않도록 당신들은 모든 면에서 부유해질 것입니다. 그리고 우리가 당신들의 선물을 그것들을 필요로 하는 사람들에게 가져갈 때, 그들은 하나님께 감사할 것입니다.

12 So two good things will result from this ministry of giving—the needs of the believers in Jerusalem will be met, and they will joyfully express their thanks to God.

12 그러므로 두 가지 좋은 일이 이 헌금 활동의 결과로 나타날 것입니다—예루살렘에 사는 믿는 사람들의 필요가 충족될 것이고, 그들은 하나님께 자기들의 감사를 즐거이 나타낼 것입니다.

13 As a result of your ministry, they will give glory to God. For your generosity to them and to all believers will prove that you are obedient to the Good News of Christ.

13 당신들의 활동의 결과로, 그들은 하나님께 영광을 드릴 것입니다. 왜냐하면 그들과 그리고 모든 믿는 사람들에 대한 당신들의 린색하지 않음이 당신들이 그리스도의 반가운 소식에 충실히 따른다는 것을 립증할 것이기 때문입니다.

14 And they will pray for you with deep affection because of the overflowing grace God has given to you.

14 그리고 하나님께서 당신들에게 주신 넘쳐흐르는 은정으로 하여, 그들은 깊은 애정으로 당신들을 위해 기도할 것입니다.

15 Thank God for this gift too wonderful for words!

15 말로 표현할 수 없이 놀라운 이 선물에 대해 하나님께 감사합니다!

10

Paul Defends His Authority

바울이 그의 권위를 지키다

1 Now I, Paul, appeal to you with the gentleness and kindness of Christ—though I realize you think I am timid in person and bold only when I write from far away.

1 지금 나, 바울은 그리스도의 온화함과 친절함으로 당신들에게 요청합니다—나는 내 자신이 소심하고 멀리서 편지를 쓸 때만이 대담하다고 당신들이 생각한다는 것을 내가 알고 있기는 합니다.

2 Well, I am begging you now so that when I come I won't have to be bold with those who think we act from human motives.

2 그렇습니다. 나는 당신들에게 내가 갔을 때 우리가 인간적인 동기들로 행동한다고 생각하는 사람들에게 대담해질 필요가 없도록 하기 위해서 지금 부탁하고 있습니다.

3 We are human, but we don't wage war as humans do.

3 우리는 인간입니다, 그러나 우리는 사람들이 하는 것처럼 싸움은 하지 않습니다.

4 We use God's mighty weapons, not worldly weapons, to knock down the strongholds of human reasoning and to destroy false arguments.

4 우리는, 인간리성의 요새들을 쳐 넘어뜨리기 위해 그리고 기만적인 론쟁을 무너뜨리기 위해, 세속적인 무기가 아닌, 하나님의 강력한 무기를 사용합니다.

5 We destroy every proud obstacle that keeps people from knowing God. We capture their rebellious thoughts and teach them to obey Christ.

5 우리는 사람들이 하나님을 알지 못하도록 하는 모든 거만한 장해물들을 무너뜨립니다. 우리는 사람들의 반항적인 생각들을 포착하여 그들이 그리스도를 따르도록 가르칩니다.

6 And after you have become fully obedient, we will punish everyone who remains disobedient.

6 그리고 당신들이 완전히 복종하게 된 후에, 우리는 불순종으로 계속 남아 있는 모든 사람들을 처벌할 것입니다.

7 Look at the obvious facts. Those who say they belong to Christ must recognize that we belong to Christ as much as they do.

7 명백한 사실들을 보십시오. 자신들이 그리스도에게 속했다고 말하는 사람들은 우리도 그들 못지않게 그리스도에게 속했다는 것을 알아

야 합니다.

8 I may seem to be boasting too much about the authority given to us by the Lord. But our authority builds you up; it doesn't tear you down. So I will not be ashamed of using my authority.

8 내가 주님에 의해 우리에게 주어진 권한에 대해서 너무 많이 자랑하고 있는 것처럼 보일 수도 있습니다. 그러나 우리의 권위는 당신들을 세워 줍니다; 당신들을 무너뜨리지 않습니다. 그러므로 나는 나의 권한 사용에 대해 부끄러워하지 않을 것입니다.

9 I'm not trying to frighten you by my letters.

9 나는 내 편지들로 당신들을 겁주려는 것이 아닙니다.

10 For some say, "Paul's letters are demanding and forceful, but in person he is weak, and his speeches are worthless!"

10 왜냐하면 몇 사람들이 말하기 때문입니다.《바울의 편지는 요구가 많고 힘이 있습니다, 그러나 실제로는 그는 약합니다. 그리고 그의 말은 보잘것없습니다.》

11 Those people should realize that our actions when we arrive in person will be as forceful as what we say in our letters from far away.

11 그 사람들은 우리가 직접 도착했을 때 우리의 행동들이, 멀리서부터 보내는 우리의 편지들에서 우리가 말하는 것과 똑같이 힘이 있음을 깨달아야 합니다.

12 Oh, don't worry; we wouldn't dare say that we are as wonderful as these other men who tell you how important they are! But they are only comparing themselves with each other, using themselves as the standard of measurement.

How ignorant!

12 오오, 걱정하지 마십시오; 우리는 자신들이 얼마나 중요한가를 말하는 이런 다른 사람들처럼 우리가 훌륭하다고 감히 말하지 않을 것입니다! 그러나 그들은 측정의 기준으로서 자기 자신들을 사용하여, 그들은 단지 그들 자신들과 서로를 비교하고 있습니다. 얼마나 어리석습니까!

13 We will not boast about things done outside our area of authority. We will boast only about what has happened within the boundaries of the work God has given us, which includes our working with you.

13 우리는 우리의 권한 령역 밖에서 수행된 일들에 대해 자랑하지 않을 것입니다. 우리는 하나님께서 우리에게 주신 일의 한계 안에서 일어난 것에 대해서만 자랑할 것입니다. 이것은 당신들과 함께 하고 있는 우리의 일을 포함합니다.

14 We are not reaching beyond these boundaries when we claim authority over you, as if we had never visited you. For we were the first to travel all the way to Corinth with the Good News of Christ.

14 우리가 당신들에 대한 권한을 주장할 때, 우리가 당신들을 전혀 방문하지 못한 듯이, 우리는 이 한계를 넘어서 나아가고 있지 않습니다. 왜냐하면 우리는 그리스도의 반가운 소식을 가지고 줄곧 고린도까지 려행한 첫 번째 사람들이였기 때문입니다.

15 Nor do we boast and claim credit for the work someone else has done. Instead, we hope that your faith will grow so that the boundaries of our work among you will be extended.

15 우리는 누군가 다른 사람이 한 일에 대해 우리가 자랑하거나 공적을 주장하지 않습니다. 대신, 우리는 우리 사업의 한계가 당신들 가운데서 확장되도록 당신들의 믿음이 자라기를 바랍니다.

16 Then we will be able to go and preach the Good News in other places far beyond you, where no one else is working. Then there will be no question of our boasting about work done in someone else's territory.

16 그러면 우리는 당신들을 지나 멀리 가서 어느 누구도 일하고 있지 않는 다른 곳에서 반가운 소식을 전할 수 있을 것입니다. 그러면 어느 다른 사람들의 지역에서 일어난 일에 대한 우리의 자랑에 아무 문제가 없을 것입니다.

17 As the Scriptures say, "If you want to boast, boast only about the LORD."

17 하나님말씀책에서 말씀하시는 대로, 《만일 당신들이 자랑하고 싶으면, 오직 주님에 대해서만 자랑하라.》

18 When people commend themselves, it doesn't count for much. The important thing is for the Lord to commend them.

18 사람들이 그들 자신들을 칭찬할 때, 그것은 너무나 가치가 없습니다. 중요한 것은 주님이 그들을 칭찬하는 것입니다.

11

Paul and the False Apostles

바울과 거짓 핵심제자들

1 I hope you will put up with a little more of my foolishness. Please bear with me.

1 나는 당신들이 나의 어리석음을 조금 더 참아 주기를 바랍니다. 나를 참을성 있게 대해주십시오.

2 **For I am jealous for you with the jealousy of God himself. I promised you as a pure bride to one husband—Christ.**

2 왜냐하면 나는 하나님 그분 자신의 질투심을 가지고 당신들에 대해 질투하기 때문입니다. 나는 당신들을 순결한 새색시로서 한 남편—그리스도에게 드리기로 약속했습니다.

3 **But I fear that somehow your pure and undivided devotion to Christ will be corrupted, just as Eve was deceived by the cunning ways of the serpent.**

3 그러나 나는 그리스도에 대한 당신들의 깨끗하고 완전한 헌신이, 하와가 뱀의 교활한 방법들에 의해 속은 것처럼, 어쩐지 타락될까 두렵습니다.

4 **You happily put up with whatever anyone tells you, even if they preach a different Jesus than the one we preach, or a different kind of Spirit than the one you received, or a different kind of gospel than the one you believed.**

4 당신들은 당신들에게 그 누구가 무엇을 말하든지, 그들이 우리가 전하고 있는 분과 다른 예수, 또는 당신들이 받은 것과 다른 종류의 성령, 혹은 당신들이 믿은 것과 다른 종류의 반가운 소식을 전한다 할지라도 잘 받아드립니다.

5 **But I don't consider myself inferior in any way to these "super apostles" who teach such things.**

5 그러나 나는 어떤 면으로도 그와 같은 것들을 가르치는 이런《대단한 핵심제자들》보다 내자신이 더 못하다고 생각하지 않습니다.

6 **I may be unskilled as a speaker, but I'm not lacking in knowledge. We have made this clear to you in every possible way.**

6 나는 한 설교자로서 미숙할 수 있습니다. 그러나 나는 지식에서는 부족하지 않습니다. 우리는 모든 가능한 면에서 당신들에게 이것을 분명히 해왔습니다.

7 **Was I wrong when I humbled myself and honored you by preaching God's Good News to you without expecting anything in return?**

7 내가 당신들에게 아무런 보수도 기대하지 않고 하나님의 반가운 소식을 전하는 것으로써 내 자신을 낮추고 당신들을 높였다면 내가 잘못되였습니까?

8 **I "robbed" other churches by accepting their contributions so I could serve you at no cost.**

8 내가 부담을 주지 않고 당신들을 섬길 수 있도록 다른 교회들의 기부

금을 받아드리는 것으로 하여 교회들을 내가 《빼앗은 것입니다.》

9 **And when I was with you and didn't have enough to live on, I did not become a financial burden to anyone. For the brothers who came from Macedonia brought me all that I needed. I have never been a burden to you, and I never will be.**

9 그리고 내가 당신들과 함께 있었고 근근히 살았을 때, 나는 누구에게도 경제적인 부담이 되지 않았습니다. 왜냐하면 마케도니아로부터 온 형제들이 내가 필요로 했던 모든 것을 나에게 가져왔기 때문입니다. 나는 당신들에게 부담이 된 적이 전혀 없었고, 결코 그렇게 되지 않을 것입니다.

10 **As surely as the truth of Christ is in me, no one in all of Greece will ever stop me from boasting about this.**

10 그리스도의 진리가 내 안에 있는 것만큼 확실히, 그리스 전 지역에 있는 어느 누구도 이것에 대해서 자랑하는 나를 결코 막지 못할 것입니다.

11 **Why? Because I don't love you? God knows that I do.**

11 왜? 내가 당신들을 사랑하지 않기 때문입니까? 하나님께서 내가 사랑한다는 것을 아십니다.

12 **But I will continue doing what I have always done. This will undercut those who are looking for an opportunity to boast that their work is just like ours.**

12 그러나 나는 내가 언제나 해왔던 것을 계속해서 할 것입니다. 이것은 그들의 일이 우리의 것과 꼭 같다라고 자랑할 기회를 찾고 있는 사람들을 약화시킬 것입니다.

13 **These people are false apostles. They are deceitful workers who disguise themselves as apostles of Christ.**

13 이 사람들은 기만적인 핵심제자들입니다. 그들은 그들 자신들을 그리스도의 핵심제자들이라고 변장한 남을 속이는 일군들입니다.

14 **But I am not surprised! Even Satan disguises himself as an angel of light.**

14 그러나 나는 놀라지 않습니다! 지어 마왕도 자신을 빛의 천사로 위장합니다.

15 **So it is no wonder that his servants also disguise themselves as servants of righteousness. In the end they will get the punishment their wicked deeds deserve.**

15 그러므로 그의 일군들 역시 그들 자신들을 정의의 일군들로 위장하는 것은 전혀 놀랍지 않습니다. 마지막에 그들은 자신들의 악한 행동들이 받아 마땅한 처벌들을 받게 될 것입니다.

Paul's Many Trials
바울의 많은 시련들

16 **Again I say, don't think that I am a fool to talk like this. But even if you do, listen to me, as you would to a foolish person, while I also boast a little.**

16 다시 나는 말합니다, 내가 이처럼 말한다고 어리석은 사람이라고 생각하지 마십시오. 그러나 당신들이 비록 그렇다 할지라도, 내가 또 조금 자랑하는 동안, 당신들이 바보 같은 사람에게 대하듯 내 말을 들으십시오.

17 **Such boasting is not from the Lord, but I am acting like a fool.**

17 이 같은 자랑은 주님으로부터 온 것이 아닙니다. 그러나 나는 어리석은 사람처럼 행동하고 있습니다.

18 **And since others boast about their human achievements, I will, too.**

18 그리고 다른 사람들이 자신들의 인간적인 업적들에 대해서 자랑하기 때문에, 나도 역시 자랑하겠습니다.

19 **After all, you think you are so wise, but you enjoy putting up with fools!**

19 결국, 당신들은 자신들이 매우 슬기롭다고 생각합니다, 그러나 당신들은 어리석은 사람들을 기꺼이 받아드리고 있습니다!

20 **You put up with it when someone enslaves you, takes everything you have, takes advantage of you, takes control of everything, and slaps you in the face.**

20 당신들은 어떤 사람이 당신들을 노예로 삼고, 당신들이 가지고 있는 모든 것을 빼앗아 가고, 당신들을 리용하고, 모든 것을 통제하고, 그리고 당신들 빰을 때릴 때, 당신들은 그것을 참고 견딥니다.

21 **I'm ashamed to say that we've been too "weak" to do that! But whatever they dare to boast about—I'm talking like a fool again—I dare to boast about it, too.**

21 나는 우리가 너무 《약해서》 그것을 할 수 없다고 말하기가 부끄럽습니다! 그러나 그들이 대담하게 자랑하는 어떤 것에 대해— 나는 다시 어리석은 사람처럼 말하고 있습니다—나도 그것에 대해 대담하게 자랑합니다.

22 **Are they Hebrews? So am I. Are they Israelites? So am I. Are they descendants of Abraham? So am I.**

22 그들이 헤브라이 사람입니까? 나도 그렇습니다. 그들이 이스라엘 사람입니까? 나도 그렇습니다. 그들이 아브라함의 후손입니까? 나도 그렇습니다.

23 **Are they servants of Christ? I know I sound like a madman, but I have**

served him far more! I have worked harder, been put in prison more often, been whipped times without number, and faced death again and again.

23 그들이 그리스도의 일군들입니까? 나는 내가 미친 사람처럼 말하는 것을 알고 있습니다, 그러나 나는 그분을 훨씬 더 많이 섬겨 왔습니다! 나는 더 열심히 일했고, 더 자주 옥에 갇혔고, 셀 수 없이 여러 번 매를 맞았고, 거듭해서 죽음에 직면했습니다.

24 **Five different times the Jewish leaders gave me thirty-nine lashes.**

24 서로 다르게 다섯 차례 유태인 지도자들이 나에게 서른아홉 번의 채찍질을 하였습니다.

25 **Three times I was beaten with rods. Once I was stoned. Three times I was shipwrecked. Once I spent a whole night and a day adrift at sea.**

25 세 번 나는 곤봉으로 맞았습니다. 한 번은 내가 돌로 맞았습니다. 세 번 나는 난파당했습니다. 이전에 나는 밤낮 꼬박 하루를 바다에서 표류하며 지냈습니다.

26 **I have traveled on many long journeys. I have faced danger from rivers and from robbers. I have faced danger from my own people, the Jews, as well as from the Gentiles. I have faced danger in the cities, in the deserts, and on the seas. And I have faced danger from men who claim to be believers but are not.**

26 나는 자주 긴 려행을 계속 해왔습니다. 나는 강물들과 강도들로부터 위험에 직면했습니다. 나는 비유태인들로부터는 물론, 동족인 유태인들로부터의 위험에도 직면했습니다. 나는 도시들에서도, 사막에서도, 그리고 바다에서도 위험에 직면했습니다. 그리고 나는 믿는 사람들이라고 주장하나 그렇지 않은 사람들로부터의 위험에도 직면했습니다.

27 **I have worked hard and long, enduring many sleepless nights. I have been hungry and thirsty and have often gone without food. I have shivered in the cold, without enough clothing to keep me warm.**

27 나는 많은 밤을 자지 못하고 참으면서, 열심히 오래동안 일해 왔습니다. 나는 배고프고 목말랐으며 자주 음식 없이 지냈습니다. 나는 나를 따뜻하게 해줄 충분한 옷도 없이 추위에 떨었습니다.

28 **Then, besides all this, I have the daily burden of my concern for all the churches.**

28 그리고, 이 모든 것 외에, 나는 모든 교회를 위한 나의 념려로 하여 날마다 괴로움이 있습니다.

29 **Who is weak without my feeling that weakness? Who is led astray, and I**

do not burn with anger?

29 누가 약해지면 내가 그 약함을 느끼지 않겠습니까? 누가 곁길로 빠지면 내가 분노로 타오르지 않겠습니까?

30 **If I must boast, I would rather boast about the things that show how weak I am.**

30 만일 내가 자랑해야 한다면, 나는 오히려 내가 얼마나 약한가를 보여주는 것들로 자랑하겠습니다.

31 **God, the Father of our Lord Jesus, who is worthy of eternal praise, knows I am not lying.**

31 하나님, 우리 주 예수님의 아버지, 영원한 찬양을 받으실 하나님께서 내가 거짓말하고 있지 않다는 것을 아십니다.

32 **When I was in Damascus, the governor under King Aretas kept guards at the city gates to catch me.**

32 내가 다마스끄에 있을 때, 아레다 왕 밑에 있는 총독이 나를 잡으려고 성문을 지키고 있었습니다.

33 **I had to be lowered in a basket through a window in the city wall to escape from him.**

33 나는 그로부터 도망치기 위해 바구니 속에서 그 도시의 성벽에 있는 한 창문을 통해 내려져야 했습니다.

12

Paul's Vision and His Thorn in the Flesh

바울의 환상과 몸속에 있는 그의 가시

1 **This boasting will do no good, but I must go on. I will reluctantly tell about visions and revelations from the Lord.**

1 이 자랑이 리로울 것이 없을 것이지만, 나는 계속해야 하겠습니다. 나는 주님으로부터 온 환상들과 깨우쳐 보여주는 것들에 대해 마음이 내키지 않으나 말하겠습니다.

2 **I was caught up to the third heaven fourteen years ago. Whether I was in my body or out of my body, I don't know—only God knows.**

2 나는 14년 전에 세 번째 하늘로 붙들려 올라갔습니다. 내가 내 몸 안에 있었는지 혹은 내 몸 밖에 있었는지 나는 모릅니다—오직 하나님께서 아십니다.

3 **Yes, only God knows whether I was in my body or outside my body. But I do know**

3 그렇습니다. 오직 하나님께서 내가 내 몸 안에 있었는지 내 몸 밖에 있었는지 아십니다. 그러나 나는 알고 있습니다.

4 **that I was caught up to paradise and heard things so astounding that they cannot be expressed in words, things no human is allowed to tell.**

4 내가 락원으로 붙들려 올라갔고, 사람들이 언어로는 표현될 수없는 너무 간담을 서늘케 하는 것들, 어느 인간에게도 말하는 것이 허락되지 않은 것들을 들은 것입니다.

5 **That experience is worth boasting about, but I'm not going to do it. I will boast only about my weaknesses.**

5 그 경험은 자랑할 만합니다. 그러나 나는 그것을 하지 않겠습니다. 나는 단지 나의 연약함만을 자랑하겠습니다.

6 **If I wanted to boast, I would be no fool in doing so, because I would be telling the truth. But I won't do it, because I don't want anyone to give me credit beyond what they can see in my life or hear in my message,**

6 만일 내가 자랑하기 원한다면, 나는 그렇게 하면서 바보가 되지는 않을 것입니다. 왜냐하면 내가 그 사실을 말할 것이기 때문입니다. 그러나 나는 그것을 하지 않겠습니다. 왜냐하면 사람들이 나의 삶에서 볼 수 있는 것이나 또는 나의 전하는 말에서 들을 수 있는 것 이상으로 누군가 나를 평가하는 것을 내가 원하지 않기 때문입니다,

7 **even though I have received such wonderful revelations from God. So to keep me from becoming proud, I was given at horn in my flesh, a messenger from Satan to torment me and keep me from becoming proud.**

7 비록 내가 하나님으로부터 그토록 신기한 나타내 보여주는 것들을 받았다 하더라도, 나로 하여금 교만해지지 못하도록, 나를 괴롭히고 나를 교만해지게 하는 마왕으로부터의 심부름군인, 나의 육체에 가시를 내가 받았습니다.

8 **Three different times I begged the Lord to take it away.**

8 세 번 각각 다르게 나는 그것을 없애 달라고 주님에게 간청했습니다.

9 **Each time he said, "My grace is all you need. My power works best in weakness." So now I am glad to boast about my weaknesses, so that the power of Christ can work through me.**

9 그때마다 그분께서 말씀하셨습니다. 《나의 은정은 너에게 필요한 전부이다. 나의 능력은 연약함 속에서 가장 잘 나타난다.》 그러므로 지금 나는 그리스도의 능력이 나를 통하여 나타날 수 있게 나의 약함에 대해 자랑하는 것이 기쁩니다.

10 **That's why I take pleasure in my weaknesses, and in the insults, hard-**

ships, persecutions, and troubles that I suffer for Christ. For when I am weak, then I am strong.

10 이것이 나의 약함과, 모욕, 고생, 박해, 그리고 그리스도를 위해 겪는 곤난들을 내가 자랑스럽게 생각하는 리유입니다. 왜냐하면 내가 약할 때에, 나는 강하기 때문입니다.

Paul's Concern for the Corinthians
고린도사람들에 대한 바울의 념려

11 **You have made me act like a fool—boasting like this. You ought to be writing commendations for me, for I am not a tall inferior to these "super apostles," even though I am nothing at all.**

11 당신들은 내가 어리석은 사람처럼 행동하도록—이 같이 자랑하게 만들었습니다. 당신들은 나에 대한 추천서를 써주어야 합니다, 왜냐하면 내가 비록 아무것도 아니지만 그 《대단한 핵심제자들》보다 전혀 못하지 않기 때문입니다.

12 **When I was with you, I certainly gave you proof that I am an apostle. For I patiently did many signs and wonders and miracles among you.**

12 내가 당신들과 함께 있을 때, 나는 내가 한 핵심제자라는 증거를 당신들에게 확실하게 주었습니다. 왜냐하면 나는 당신들 가운데서 많은 표적들과 기적들 그리고 신기한 일들을 근기있게 실행했기 때문입니다.

13 **The only thing I failed to do, which I do in the other churches, was to become a financial burden to you. Please forgive me for this wrong!**

13 내가 하는 데서 잘못한 유일한 일은, 당신들이 해야 할 재정적인 부담을, 내가 다른 교회들에게 주었다는 것입니다. 이 잘못에 대해 나를 용서해 주십시오!

14 **Now I am coming to you for the third time, and I will not be a burden to you. I don't want what you have—I want you. After all, children don't provide for their parents. Rather, parents provide for their children.**

14 이제 나는 당신들에게 세 번째로 가려고 합니다. 그리고 나는 당신들에게 짐이 되지 않을 것입니다. 나는 당신들이 가지고 있는 것을 바라지 않습니다—나는 당신들을 원합니다. 결국, 아들딸들은 자기들의 부모를 위해 준비해 두지 않습니다. 오히려, 부모가 자신들의 아들딸들을 위해 준비합니다.

15 **I will gladly spend myself and all I have for you, even though it seems that the more I love you, the less you love me.**

15 내가 당신들을 사랑하면 할수록 당신들이 나를 덜 사랑하는 것 같

긴 하지만, 나는 내 자신과 내가 가진 모든 것을 당신들을 위하여 기꺼
이 쓰겠습니다.

16 **Some of you admit I was not a burden to you. But others still think I was sneaky and took advantage of you by trickery.**

16 당신들 중 몇은 내가 당신들에게 짐이 아니였다는 것을 인정합니다. 그러나 다른 사람들은 내가 비렬하였고 속임수로 당신들을 리용했다고 여전히 생각합니다.

17 **But how? Did any of the men I sent to you take advantage of you?**

17 그러나 어떻게 그렇습니까? 내가 당신들에게 보낸 사람들 중 누구든 당신들을 리용했습니까?

18 **When I urged Titus to visit you and sent our other brother with him, did Titus take advantage of you? No! For we have the same spirit and walk in each other's steps, doing things the same way.**

18 내가 디도에게 당신들을 방문하라고 권고했을 때, 그리고 그와 함께 우리의 다른 형제들을 보냈을 때, 디도가 당신들을 리용했습니까? 아닙니다! 왜냐하면 우리는 같은 방법으로 일을 하면서, 같은 령을 가지고 있고 서로 발걸음을 맞추어 걷기 때문입니다.

19 **Perhaps you think we're saying these things just to defend ourselves. No, we tell you this as Christ's servants, and with God as our witness. Everything we do, dear friends, is to strengthen you.**

19 아마도 당신들은 우리가 단지 우리 자신들을 방어하기 위해서 이 일들을 말하고 있다고 생각할 것입니다. 아닙니다. 우리는 그리스도의 일군들로서, 그리고 우리의 증인으로서의 하나님과 함께 이것을 당신들에게 말합니다. 사랑하는 친구들이여, 우리가 하는 모든 것은 당신들의 기운을 돋구어 주기 위해서입니다.

20 **For I am afraid that when I come I won't like what I find, and you won't like my response. I am afraid that I will find quarreling, jealousy, anger, selfishness, slander, gossip, arrogance, and disorderly behavior.**

20 왜냐하면 내가 갔을 때, 나는 내가 본 것을 싫어하게 되고, 당신들이 나의 반응을 좋아하지 않을까 봐 두렵기 때문입니다. 나는 다툼과 질투, 분노, 리기심, 비방, 수근거림, 거만, 그리고 무질서한 행동을 보게 될까봐 두렵습니다.

21 **Yes, I am afraid that when I come again, God will humble mein your presence. And I will be grieved because many of you have not given up your old sins. You have not repented of your impurity, sexual immorality, and eagerness for lustful pleasure.**

21 그렇습니다. 내가 다시 갔을 때, 나는 하나님께서 당신들 앞에서 나를 부끄럽게 하실 것이 두렵습니다. 그리고 나는 당신들 중 많은 사람들이 자신들의 옛 죄들을 버리지 않았기 때문에 마음 아프게 될 것입니다. 당신들은 자신들의 더러움과 성적인 비도덕, 그리고 호색적인 열망을 뉘우쳐 고치지 않고 있습니다.

13

Paul's Final Advice

바울의 마지막 충고

1 **This is the third time I am coming to visit you (and as the Scriptures say, "The facts of every case must be established by the testimony of two or three witnesses").**

1 이것이 내가 당신들을 세 번째 방문하려고 하는 것입니다. (그리고 하나님말씀책의 말씀대로, 《모든 사건의 사실들은 둘 또는 세 명의 증인들의 증언에 의해 립증되여져야 한다》).

2 **I have already warned those who had been sinning when I was there on my second visit. Now I again warn them and all others, just as I did before, that next time I will not spare them.**

2 내가 나의 두 번째 방문으로 거기 있을 때, 나는 죄를 짓고 있었던 사람들에게 이미 경고했습니다. 내가 전에 했던 것처럼, 지금 나는 그들과 다른 모든 사람들에게 다시 경고합니다, 그 다음 번에는 내가 그들을 용서하지 않을 것입니다.

3 **I will give you all the proof you want that Christ speaks through me. Christ is not weak when he deals with you; he is powerful among you.**

3 나는 당신들에게 그리스도가 나를 통하여 말씀하신다는 것을, 당신들이 원하는 모든 증거를 주겠습니다. 그리스도는 그분이 당신들을 다루실 때 약하지 않습니다; 그분은 당신들 가운데서 강력하십니다.

4 **Although he was crucified in weakness, he now lives by the power of God. We, too, are weak, just as Christ was, but when we deal with you we will be alive with him and will have God's power.**

4 그분이 약하셔서 십자사형틀에 못박혔지만, 그분은 지금 하나님의 능력에 의해 살아계십니다. 우리, 역시, 그리스도가 하셨던 것처럼 약합니다, 그러나 우리가 당신들과 대할 때, 우리는 그분과 함께 살아 있을 것이고 하나님의 능력을 가질 것입니다.

5 **Examine yourselves to see if your faith is genuine. Test yourselves. Sure-**

ly you know that Jesus Christ is among you; if not, you have failed the test of genuine faith.

5 당신들의 믿음이 진실한지 보고 당신 자신들이 검토하십시오. 당신 자신들을 시험해 보십시오. 확실히 당신들은 예수 그리스도가 당신들 가운데 계신다는 것을 압니다; 그렇지 않다면, 당신들은 진실한 믿음에 대한 시험에서 실패했습니다.

6 **As you test yourselves, I hope you will recognize that we have not failed the test of apostolic authority.**

6 당신들이 당신 자신들을 시험할 때, 나는 우리가 핵심제자로서의 권위에 대한 시험에서 실패하지 않았다는 것을 당신들이 알게 되기를 바랍니다.

7 **We pray to God that you will not do what is wrong by refusing our correction. I hope we won't need to demonstrate our authority when we arrive. Do the right thing before we come—even if that makes it look like we have failed to demonstrate our authority.**

7 우리는 당신들이 우리의 지적을 거부함으로써 잘못되지 않기를 하나님께 기도합니다. 나는 우리가 도착했을 때 우리의 권위를 보여줄 필요가 없게 되기를 바랍니다. 우리가 가기 전에 올바른 일을 하십시오—그것이 우리가 우리의 권위를 보여주는 것에 실패한 것처럼 보일지라도.

8 **For we cannot oppose the truth, but must always stand for the truth.**

8 왜냐하면 우리는 진리를 반대할 수 없습니다, 그러나 항상 진리를 위해 서 있어야 하기 때문입니다.

9 **We are glad to seem weak if it helps show that you are actually strong. We pray that you will become mature.**

9 만일 그것이 당신들이 실제로 강하다는 것을 보여주는 일에 도움을 준다면, 우리는 약해 보이는 것이 기쁩니다. 우리는 당신들이 성숙해지도록 기도합니다.

10 **I am writing this to you before I come, hoping that I won't need to deal severely with you when I do come. For I want to use the authority the Lord has given me to strengthen you, not to tear you down.**

10 나는 내가 정말 갔을 때 당신들을 엄격하게 대할 필요가 없기를 바라면서, 내가 가기 전에 이 편지를 쓰고 있습니다. 왜냐하면 나는 주님이 나에게 주신 권위를 당신들을 무너뜨리기 위해서가 아니라 당신들을 강하게 하기 위해 사용하기를 바라기 때문입니다.

Paul's Final Greetings

바울의 마지막 인사

11 **Dear brothers and sisters, I close my letter with these last words: Be joy-**
ful. Grow to maturity. Encourage each other. Live in harmony and peace.
Then the God of love and peace will be with you.

11 사랑하는 형제들과 자매들이여, 나는 이 마지막 말들로 나의 편지를 끝내겠습니다: 기뻐하십시오. 성숙해지십시오. 서로 격려하십시오. 조화롭고 평화롭게 사십시오. 그러면 사랑과 평화의 하나님께서 당신들과 함께 계실 것입니다.

12 **Greet each other with Christian love.**

12 그리스도의 사랑으로 서로 인사하십시오.

13 **All of God's people here send you their greetings.**

13 여기 모든 하나님의 사람들이 자기들의 인사를 당신들에게 보냅니다.

Galatians

갈라디아 사람들에게 보내는 편지

Galatians

갈라디아 사람들에게 보내는 편지

1

Greetings from Paul

바울로부터의 인사의 말

1 **This letter is from Paul, an apostle. I was not appointed by any group of people or any human authority, but by Jesus Christ himself and by God the Father, who raised Jesus from the dead.**

1 이 편지는 핵심 제자, 바울로부터 온 것입니다. 나는 사람들의 어떤 모임이나 혹은 어떤 인간적인 권위에 의해서가 아니라, 예수 그리스도 그분 자신과 죽은 사람들로부터 예수님을 살리신, 하나님 아버지에 의해서 임명되였습니다.

2 **All the brothers and sisters here join me in sending this letter to the churches of Galatia.**

2 여기 모든 형제들과 자매들이 갈라디아의 교회들에게 이 편지를 보내는 것에 나와 함께 참가하고 있습니다.

3 **May God our Father and the Lord Jesus Christ give you grace and peace.**

3 하나님 우리 아버지와 주 예수 그리스도가 당신들에게 은정과 평화를 주시기를 바랍니다.

4 **Jesus gave his life for our sins, just as God our Father planned, in order to rescue us from this evil world in which we live.**

4 예수님이 우리의 죄들을 위해서 자신의 생명을 내놓으셨습니다, 하나

님 우리 아버지께서 계획하셨던 대로 우리가 살고 있는 이 악한 세상으
로부터 우리를 구원하시기 위해서입니다.

5 All glory to God forever and ever! Amen.

5 모든 영광이 하나님께 영원하시기를! 아멘.

There Is Only One Good News

오직 하나의 반가운 소식만이 있음

6 I am shocked that you are turning away so soon from God, who called you to himself through the loving mercy of Christ. You are following a different way that pretends to be the Good News.

6 나는 당신들이 그리스도의 자애로운 은정을 통해 당신들을 그분 자신에게로 부르셨던, 하나님으로부터 이렇게 빨리 외면하는 것이 놀랍습니다. 당신들은 반가운 소식으로 가장한 다른 길을 따라가고 있습니다.

7 but is not the Good News at all. You are being fooled by those who deliberately twist the truth concerning Christ.

7 그러나 그것은 반가운 소식이 전혀 아닙니다. 당신들은 그리스도와 관련된 진리를 고의적으로 왜곡하는 사람들에 의해 속고 있습니다.

8 Let God's curse fall on anyone, including us or even an angel from heaven, who preaches a different kind of Good News than the one we preached to you.

8 하나님의 저주가, 우리를 포함해서 혹은 하늘로부터 온 천사까지도, 우리가 당신들에게 전한 그것과 다른 종류의 반가운 소식을 전하는 사람은 누구에게나 내리게 해주십시오.

9 I say again what we have said before: If anyone preaches any other Good News than the one you welcomed, let that person be cursed.

9 나는 우리가 전에 말했던 것을 다시 말합니다: 만일 누군가 당신들이 받아들인 그것 외에 다른 어떤 반가운 소식을 전파한다면, 그 사람은 저주를 받게 해주십시오.

10 Obviously, I'm not trying to win the approval of people, but of God. If pleasing people were my goal, I would not be Christ's servant.

10 분명히, 나는 사람들이 아니라 하나님의 인정을 얻으려고 노력하고 있습니다. 만일 사람을 기쁘게 하는 것이 나의 목적이라면 나는 그리스도의 일군이 아닐 것입니다.

Paul's Message Comes from Christ
그리스도로부터 오는 바울의 전하는 말

11 Dear brothers and sisters, I want you to understand that the gospel message I preach is not based on mere human reasoning.

11 사랑하는 형제들과 자매들이여, 나는 내가 전하는 반가운 소식은 단순한 인간적인 론거에 기초하고 있지 않다는 것을 당신들이 리해하기 바랍니다.

12 I received my message from no human source, and no one taught me. Instead, I received it by direct revelation from Jesus Christ.

12 나는 나의 전하는 말이 결코 인간적인 근원으로부터 받지 않았고, 아무도 나를 가르치지 않았습니다. 오히려, 나는 예수 그리스도로부터 직접적인 깨우쳐 보여주심에 의해 그것을 받았습니다.

13 You know what I was like when I followed the Jewish religion—how I violently persecuted God's church. I did my best to destroy it.

13 당신들은 내가 유태교를 따를 때 내가 어떠했는지—내가 얼마나 란폭하게 하나님의 교회를 박해했는지 압니다. 나는 그것을 무너뜨리기 위해 나의 있는 힘을 다했습니다.

14 I was far ahead of my fellow Jews in my zeal for the traditions of my ancestors.

14 나는 나의 선조들의 전통에 대한 나의 열정에서 나의 동료 유태인들을 훨씬 앞서 있었습니다.

15 But even before I was born, God chose me and called me by his marvelous grace. Then it pleased him

15 그러나 지어 내가 태여나기도 전에, 하나님께서는 그분의 놀라우신 은정으로 나를 선택하시고 나를 부르셨습니다. 그것은 그분의 기쁨이였습니다.

16 to reveal his Son to me so that I would proclaim the Good News about Jesus to the Gentiles. When this happened, I did not rush out to consult with any human being.

16 그분의 아들을 나에게 나타내 보이심으로써 내가 비유태인들에게 예수님에 대한 반가운 소식을 공포하도록 하셨습니다. 이 일이 일어났을 때, 나는 어떤 인간과도 론의하려고 서두르지 않았습니다.

17 Nor did I go up to Jerusalem to consult with those who were apostles before I was. Instead, I went away into Arabia, and later I returned to the city of Damascus.

17 나는 내가 핵심제자 되기 전에 핵심제자였던 사람들과 론의하려고 예

루살렘으로 올라가지도 않았습니다. 대신에, 나는 아라비아로 떠났습니다, 그리고 후에 다마스커스 시로 돌아왔습니다.

18 Then three years later I went to Jerusalem to get to know Peter, and I stayed with him for fifteen days.

18 그 다음 3년 후에 나는 베드로와 알고 지내려고 예루살렘으로 갔습니다, 그리고 나는 그와 함께 15일 동안 머무렀습니다.

19 The only other apostle I met at that time was James, the Lord's brother.

19 그때 내가 만난 유일한 다른 핵심제자는 주님의 형제인, 야고보였습니다.

20 I declare before God that what I am writing to you is not a lie.

20 나는 내가 당신들에게 쓰고 있는 것이 거짓말이 아님을 하나님 앞에서 선언합니다.

21 After that visit I went north into the provinces of Syria and Cilicia.

21 그 방문 후에 나는 북쪽 수리아와 길리기아 지역으로 갔습니다.

22 And still the Christians in the churches in Judea didn't know me personally.

22 그리고 아직 유태에 있는 교회들의 그리스도 교인들은 개인적으로 나를 알지 못했습니다.

23 All they knew was that people were saying, "The one who used to persecute us is now preaching the very faith he tried to destroy!"

23 그들 모두가 알고 있던 것은《예전에 우리를 박해했던 그 사람이 그가 말살하려고 했던 바로 그 믿음을 지금 전하고 있다!》는 말을 하는 사람이 있다는 것입니다.

24 And they praised God because of me.

24 그리고 그들은 나로 하여 하나님을 찬양했습니다.

2

The Apostles Accept Paul

핵심제자들이 바울을 받아들임

1 Then fourteen years later I went back to Jerusalem again, this time with Barnabas; and Titus came along, too.

1 그 다음 14년 후 나는 다시 예루살렘으로 돌아갔습니다, 이번에는 바나바와 함께; 그리고 디도 역시 따라갔습니다.

2 I went there because God revealed to me that I should go. While I was there I met privately with those considered to be leaders of the church

and shared with them the message I had been preaching to the Gentiles. I wanted to make sure that we were in agreement, for fear that all my efforts had been wasted and I was running the race for nothing.

2 나는 하나님께서 내가 가야 한다고 나에게 나타내 보이셨기 때문에 거기로 갔습니다. 내가 거기 있는 동안 나는 교회의 지도자들이라고 여겨지는 사람들과 개인적으로 만나 그들과 함께 내가 비유태인들에게 전하고 있었던 그 말씀을 나누었습니다. 나는 나의 모든 노력이 쓸모없어지고 내가 아무것도 아닌 것을 위해 경주하고 있었는지가 두려워서 우리는 의견이 같다는 것을 확인하고 싶었습니다.

3 **And they supported me and did not even demand that my companion Titus be circumcised, though he was a Gentile.**

3 그리고 그들은 나를 지지하였고 나의 동료인 디도는 비유태인이였지만 그로 하여금 잘라냄례식을 받을 것을 요구조차 하지 않았습니다.

4 **Even that question came up only because of some so-called Christians there—false ones, really—who were secretly brought in. They sneaked in to spy on us and take away the freedom we have in Christ Jesus. They wanted to enslave us and force us to follow their Jewish regulations.**

4 그 문제도 거기에 있는 단지 소수의 이른바 그리스도인이라는 사람들 때문에 제기되였습니다—거짓 그리스도인들이며, 실제로—그들은 비밀리에 들어왔습니다. 그들은 우리를 밀고하여 우리가 예수 그리스도 안에서 가지고 있는 자유를 빼앗으려고 몰래 들어왔습니다. 그들은 우리를 노예로 만들고 우리가 그들의 유대교의 규정들을 따르도록 강요하고 싶어 했습니다.

5 **But we refused to give in to them for a single moment. We wanted to preserve the truth of the gospel message for you.**

5 그러나 우리는 한순간도 그들에게 굴복하기를 거절했습니다. 우리는 당신들을 위해서 기쁜 소식의 진리를 지키기 원했습니다.

6 **And the leaders of the church had nothing to add to what I was preaching. (By the way, their reputation as great leaders made no difference to me, for God has no favorites.)**

6 그리고 교회의 그 지도자들은 내가 전하고 있던 것에 보탤 것이 아무것도 없었습니다. (그런데, 훌륭한 지도자들이라는 그들의 평판은 나에게 아무런 상관이 없습니다. 왜냐하면 하나님께서는 전혀 편애하지 않으시기 때문입니다.)

7 **Instead, they saw that God had given me the responsibility of preaching the gospel to the Gentiles, just as he had given Peter the responsibility of**

preaching to the Jews.

7 오히려 그들은 하나님께서 유태인들에게 전할 책임을 베드로에게 주신 것과 같이, 하나님께서는 나에게 비유태인들에게 기쁜 소식을 전할 책임을 주셨다는 것을 알았습니다.

8 **For the same God who worked through Peter as the apostle to the Jews also worked through me as the apostle to the Gentiles.**

8 왜냐하면 유대인들에 대한 핵심제자로서 베드로를 통해 일하시는 바로 그 하나님께서는 비유태인들에 대한 핵심제자로서의 나를 통하여 또한 일하시기 때문입니다.

9 **In fact, James, Peter, and John, who were known as pillars of the church, recognized the gift God had given me, and they accepted Barnabas and me as their co-workers. They encouraged us to keep preaching to the Gentiles, while they continued their work with the Jews.**

9 사실상, 교회의 기둥들로 알려진, 야고보, 베드로 그리고 요한이 하나님께서 나에게 주신 선물을 인정했습니다, 그리고 그들은 바나바와 나를 그들의 협력자들로서 받아들였습니다. 그들은 자신들이 유태인들과 함께 자신들의 일을 계속하는 동안, 우리가 비유태인들에게 전하는 것을 계속하도록 격려했습니다.

10 **Their only suggestion was that we keep on helping the poor, which I have always been eager to do.**

10 그들의 유일한 제안은 우리가 가난한 사람들 돕기를 계속하는 것이였습니다, 나는 이 일을 하는 것을 언제나 간절히 바랬습니다.

Paul Confronts Peter

바울이 베드로에게 맞서다

11 **But when Peter came to Antioch, I had to oppose him to his face, for what he did was very wrong.**

11 그러나 베드로가 안디옥에 왔을 때, 나는 그의 면전에서 그를 반대해야 했습니다. 왜냐하면 그가 한 일이 아주 잘못되였기 때문이였습니다.

12 **When he first arrived, he ate with the Gentile Christians, who were not circumcised. But afterward, when some friends of James came, Peter wouldn't eat with the Gentiles anymore. He was afraid of criticism from these people who insisted on the necessity of circumcision.**

12 그가 처음 도착했을 때, 그는 잘라냄례식을 받지 않은, 그리스도를 믿는 비유태인들과 함께 먹었습니다. 그러나 그 후에, 몇 야고보의 친구들이 왔을 때, 베드로는 비유태인들과 더 이상 먹으려 하지 않았습

니다. 그는 잘라냄례식의 필요성을 주장하는 이 사람들로부터의 비판
을 두려워했습니다.

13 **As a result, other Jewish Christians followed Peter's hypocrisy, and even Barnabas was led astray by their hypocrisy.**

13 그 결과, 다른 그리스도를 믿는 유태인들도 베드로의 위선적인 행
위를 따랐습니다. 그리고 지어 바나바도 그들의 위선에 의해 유혹되
였습니다.

14 **When I saw that they were not following the truth of the gospel message, I said to Peter in front of all the others, "Since you, a Jew by birth, have discarded the Jewish laws and are living like a Gentile, why are you now trying to make these Gentiles follow the Jewish traditions?**

14 나는 그들이 기쁜 소식의 진리를 따르지 않고 있는 것을 보았을 때,
다른 모든 사람들 앞에서 베드로에게 말했습니다. 《나면서부터 유태인
인 당신이, 유대인의 법을 버리고 비유태인처럼 살고 있으면서, 왜 당
신은 지금 이 비유태인들로 하여금 유태인의 전통들을 따르게 하려 하
고 있습니까?

15 **"You and I are Jews by birth, not 'sinners' like the Gentiles.**

15 당신과 나는 나면서부터 유태인이고, 비유태인들과 같이 '죄인들'은
아닙니다.

16 **Yet we know that a person is made right with God by faith in Jesus Christ, not by obeying the law. And we have believed in Christ Jesus, so that we might be made right with God because of our faith in Christ, not because we have obeyed the law. For no one will ever be made right with God by obeying the law."**

16 그러나 우리는 그 법에 순종함으로서가 아니라, 예수 그리스도를 믿
음으로써 사람이 하나님과 옳바른 관계를 갖게 된다는 것을 압니다. 그
리하여 우리는 예수 그리스도를 믿었습니다. 우리가 그 법에 순종했기
때문이 아니라 그리스도에 대한 우리의 믿음 때문에 하나님과 옳바른
관계를 가지도록 하기 위해서입니다. 왜냐하면 그 법을 순종하는 것으
로는 아무도 하나님과의 옳바른 관계를 결코 가질 수 없기 때문입니다.》

17 **But suppose we seek to be made right with God through faith in Christ and then we are found guilty because we have abandoned the law. Would that mean Christ has led us into sin? Absolutely not!**

17 그러나 우리가 그리스도를 믿는 것을 통하여 하나님과 옳바른 관계를
갖도록 노력하고 그런 다음 우리가 그 법을 포기하는 것으로 하여 우리
가 유죄 판결을 받는다고 가정해 보십시오. 그것이 그리스도가 우리를

죄에로 이끌었다는 것을 의미하겠습니까? 절대로 아닙니다!

18 **Rather, I am a sinner if I rebuild the old system of law I already tore down.**

18 오히려, 만일 내가 이미 헐어버린 법의 옛 제도를 내가 다시 세운다면 내가 죄인입니다.

19 **For when I tried to keep the law, it condemned me. So I died to the law—I stopped trying to meet all its requirements—so that I might live for God.**

19 왜냐하면 내가 그 법을 지키려고 노력했을 때, 그것이 나를 유죄판결을 내렸기 때문입니다. 그러므로 나는 그 법에 대해서는 죽었습니다—나는 그 법의 모든 요구 조건들을 충족시키려고 노력하는 것을 멈추었습니다—내가 하나님을 위하여 살 수 있도록 하기 위해서입니다.

20 **My old self has been crucified with Christ. It is no longer I who live, but Christ lives in me. So I live in this earthly body by trusting in the Son of God, who loved me and gave himself for me.**

20 나의 옛 자신은 그리스도와 함께 십자사형틀에 못박혔습니다. 사는 것은 더 이상 내가 아니라, 그리스도가 내 안에 살고 계십니다. 그러므로 나는 나를 사랑하셨고 나를 위해 그분 자신을 주신 하나님의 아들을 신뢰함으로써 이 육체 가운데 삽니다.

21 **I do not treat the grace of God as meaningless. For if keeping the law could make us right with God, then there was no need for Christ to die.**

21 나는 하나님의 은정을 의미 없는 것으로 다루지 않습니다. 왜냐하면 만일 그 법을 지키는 것이 우리가 하나님과 옳바른 관계를 가질 수 있게 한다면, 그리스도가 죽으셔야 할 필요가 전혀 없었기 때문입니다.

3

The Law and Faith in Christ

률법과 그리스도에 대한 믿음

1 **Oh, foolish Galatians! Who has cast an evil spell on you? For the meaning of Jesus Christ's death was made as clear to you as if you had seen a picture of his death on the cross.**

1 오오, 어리석은 갈라디아 사람들이여! 누가 당신들을 간사하게 홀렸습니까? 왜냐하면 예수 그리스도의 죽음의 의미가 당신들에게 십자사형틀에서의 그분의 죽음을 마치 사진으로 보는 것처럼 명백히 갈라 볼 수 있게 하였기 때문입니다.

2 **Let me ask you this one question: Did you receive the Holy Spirit by obeying the law of Moses? Of course not! You received the Spirit because you**

believed the message you heard about Christ.

2 내가 당신들에게 이 한 가지 질문을 하겠습니다: 당신들이 모세의 률법을 복종함으로써 성령을 받았습니까? 물론 아닙니다! 당신들은 그리스도에 대해 자신들이 들었던 그 소식을 믿었기 때문에 성령을 받았습니다.

3 **How foolish can you be? After starting your Christian lives in the Spirit, why are you now trying to become perfect by your own human effort?**

3 당신들은 그렇게도 어리석습니까? 성령 안에서 당신들의 그리스도를 믿는 사람의 삶을 시작한 후, 왜 당신들은 지금 당신 자신들의 인간의 노력에 의해 완전해져 보려고 시도하고 있습니까?

4 **Have you experienced so much for nothing? Surely it was not in vain, was it?**

4 당신들은 쓸모없는 것을 위해서 그토록 많이 경험했습니까? 분명히 그것은 헛되지 않았습니다, 그렇습니까?

5 **I ask you again, does God give you the Holy Spirit and work miracles among you because you obey the law? Of course not! It is because you believe the message you heard about Christ.**

5 당신들에게 다시 질문합니다. 하나님께서 당신들이 률법에 복종했기 때문에 당신들에게 성령을 보내시고 당신들 가운데서 기적을 보이셨습니까? 물론 아닙니다! 그것은 당신들이 그리스도에 대해 들은 소식을 믿었기 때문입니다.

6 **In the same way, "Abraham believed God, and God counted him as righteous because of his faith."**

6 같은 방법으로, 《아브라함이 하나님을 믿었고, 그리고 하나님께서 그의 믿음 때문에 그를 옳바르다고 여겨주셨습니다.》

7 **The real children of Abraham, then, are those who put their faith in God.**

7 아브라함의 진정한 아들딸들은, 그러므로, 그들의 믿음을 하나님께 두는 사람들입니다.

8 **What's more, the Scriptures looked forward to this time when God would declare the Gentiles to be righteous because of their faith. God proclaimed this good news to Abraham long ago when he said, "All nations will be blessed through you."**

8 게다가, 하나님말씀책은 그들의 믿음 때문에 비유태인들이 옳바르다고 하나님께서 선포하실 이 시대를 예견하였습니다. 하나님께서는 아브라함에게 《너를 통하여 모든 민족들이 축복을 받게 될 것이다.》고 그분이 말씀하셨을 때, 이 반가운 소식을 오래전에 선포하셨습니다.

9 **So all who put their faith in Christ share the same blessing Abraham received because of his faith.**

9 그러므로 그리스도에게 자신들의 믿음을 두는 모든 사람은 아브라함이 그의 믿음 때문에 받았던 동일한 축복을 서로 나눕니다.

10 **But those who depend on the law to make them right with God are under his curse, for the Scriptures say, "Cursed is everyone who does not observe and obey all the commands that are written in God's Book of the Law."**

10 그러나 하나님과의 올바른 관계를 갖기 위해 률법에 의존하는 사람은 그분의 저주 아래 있습니다. 왜냐하면 하나님말씀책이 말하기 때문입니다. 《률법의 하나님의 책에 씌여진 모든 명령들을 지키지 않고 복종하지 않는 모든 사람이 저주를 받는다.》

11 **So it is clear that no one can be made right with God by trying to keep the law. For the Scriptures say, "It is through faith that a righteous person has life."**

11 그러므로 률법을 지키려는 노력으로써는 아무도 하나님과 옳바른 관계를 가질 수 없다는 것은 명백합니다. 왜냐하면 하나님말씀책이 말하기 때문입니다, 《옳은 사람이 생명을 얻는 것은 믿음을 통해서이다.》

12 **This way of faith is very different from the way of law, which says, "It is through obeying the law that a person has life."**

12 믿음의 이 방식은 률법의 방식과 아주 다릅니다, 그것은 말합니다. 《사람이 생명을 얻는 것은 률법에 복종하는 것을 통해서이다.》

13 **But Christ has rescued us from the curse pronounced by the law. When he was hung on the cross, he took upon himself the curse for our wrongdoing. For it is written in the Scriptures, "Cursed is everyone who is hung on a tree."**

13 그러나 그리스도는 률법에 의해 선언된 저주로부터 우리를 구원하셨습니다. 그분이 십자사형틀에 매달리셨을 때, 그분은 우리의 범죄에 대한 저주를 그분 자신이 떠맡으셨습니다. 왜냐하면 그것이 하나님말씀책에 씌여 있기 때문입니다. 《나무에 매달린 모든 사람은 저주를 받는다.》

14 **Through Christ Jesus, God has blessed the Gentiles with the same blessing he promised to Abraham, so that we who are believers might receive the promised Holy Spirit through faith.**

14 예수 그리스도를 통해, 하나님께서는 그분이 아브라함에게 약속하셨던 동일한 축복으로 비유태인들을 축복하셨습니다, 믿는 사람들인 우리가 믿음을 통하여 그 약속하신 성령을 받을 수 있도록 하기 위해서

입니다.

The Law and God's Promise

률법과 하나님의 약속

15 Dear brothers and sisters, here's an example from everyday life. Just as no one can set aside or amend an irrevocable agreement, so it is in this case.

15 사랑하는 형제들과 자매들이여, 매일의 삶으로부터 한 가지 례가 여기 있습니다. 취소할 수 없는 계약을 아무도 무효로 하거나 수정할 수 없는 것과 똑같이, 이 경우도 그렇습니다.

16 God gave the promises to Abraham and his child. And notice that the Scripture doesn't say "to his children," as if it meant many descendants. Rather, it says "to his child"—and that, of course, means Christ.

16 하나님께서는 아브라함과 그의 자손에게 약속들을 주셨습니다. 하나님말씀책은 그것이 많은 후손들을 의미하는 것처럼 《그의 아들딸들에게》라고 말하지 않은 것에 주목하십시오. 오히려, 하나님말씀책은 《그의 자손에게》라고 말합니다—그리고 그것은, 당연히, 그리스도를 의미합니다.

17 This is what I am trying to say: The agreement God made with Abraham could not be canceled 430years later when God gave the law to Moses. God would be breaking his promise.

17 이것이 내가 말하려고 하는 것입니다: 하나님께서 아브라함과 함께 맺은 약속이 430년 후에 하나님께서 모세에게 률법을 주실 때 취소될 수 없었습니다. 하나님께서 자신의 약속을 깨뜨리시는 것으로 됩니다.

18 For if the inheritance could be received by keeping the law, then it would not be the result of accepting God's promise. But God graciously gave it to Abraham as a promise.

18 왜냐하면 만일 그 유산이 률법을 지킴으로써 주어질 수 있다면, 그러면 그것은 하나님의 약속을 받아드린 결과가 아닐 것이기 때문입니다. 그러나 하나님께서는 약속으로서 아브라함에게 그것을 은정으로 주셨습니다.

19 Why, then, was the law given? It was given alongside the promise to show people their sins. But the law was designed to last only until the coming of the child who was promised. God gave his law through angels to Moses, who was the mediator between God and the people.

19 왜, 그렇다면, 률법이 주어졌습니까? 그것은 사람들에게 그들의 죄들

을 보여 주기 위해 약속과 함께 주신 것입니다. 그러나 률법은 단지 약속된 자손이 올 때까지만 지속되게 계획되였습니다. 하나님께서는 자신의 률법을 천사들을 통해 모세에게 주셨습니다. 그는 하나님과 사람들 사이의 중개자였습니다.

20 Now a mediator is helpful if more than one party must reach an agreement. But God, who is one, did not use a mediator when he gave his promise to Abraham.

20 이제 중개자는 한 관계자 이상이 계약을 체결해야만 도움이 됩니다. 그러나 유일하신, 하나님께서는, 그분이 아브라함에게 자신의 약속을 주실 때 중개자를 사용하지 않으셨습니다.

21 Is there a conflict, then, between God's law and God's promises? Absolutely not! If the law could give us new life, we could be made right with God by obeying it.

21 하나님의 률법과 하나님의 약속들 사이에, 그렇다면 대립이 있습니까? 절대 아닙니다! 률법이 우리에게 새 삶을 줄 수 있다면, 우리는 그것에 복종하는 것으로써 하나님과의 옳바른 관계를 가질 수 있을 것입니다.

22 But the Scriptures declare that we are all prisoners of sin, so we receive God's promise of freedom only by believing in Jesus Christ.

22 그러나 하나님말씀책은 우리는 모두 죄의 포로들이라고 선언합니다, 그래서 우리는 오직 예수 그리스도를 믿음으로써만 자유에 대한 하나님의 약속을 받습니다.

God's Children through Faith
믿음을 통한 하나님의 아들 딸들

23 Before the way of faith in Christ was available to us, we were placed under guard by the law. We were kept in protective custody, so to speak, until the way of faith was revealed.

23 그리스도를 믿는 방식이 우리에게 적용되기 전에 우리는 률법에 의한 감시 아래 놓여 있었습니다. 말하자면, 믿음의 방식이 나타내 보여지기 전, 우리는 보호 감금 되여 있었습니다.

24 Let me put it another way. The law was our guardian until Christ came; it protected us until we could be made right with God through faith.

24 다른 방식으로 말해 보겠습니다. 률법은 그리스도가 오시기까지 우리의 후견인이였습니다; 그것은 우리가 믿음을 통하여 하나님과 옳바른 관계를 맺을 수 있을 때까지 우리를 보호했습니다.

25 **And now that the way of faith has come, we no longer need the law as our guardian.**

25 그리고 믿음의 길이 나타났으므로, 우리는 더 이상 우리의 후견인으로서 률법을 필요로 하지 않습니다.

26 **For you are all children of God through faith in Christ Jesus.**

26 왜냐하면 당신들은 예수 그리스도를 믿는 믿음을 통해 모두 하나님의 아들딸들이기 때문입니다.

27 **And all who have been united with Christ in baptism have put on Christ, like putting on new clothes.**

27 그리고 세례로 하여 그리스도와 결합된 모든 사람은 새 옷을 입는 것처럼 그리스도를 입었습니다.

28 **There is no longer Jew or Gentile, slave or free, male and female. For you are all one in Christ Jesus.**

28 더 이상 유대인 혹은 비유태인, 노예 혹은 자유인, 남자 그리고 녀자가 없습니다. 왜냐하면 당신들은 예수 그리스도 안에서 모두 하나이기 때문입니다.

29 **And now that you belong to Christ, you are the true children of Abraham. You are his heirs, and God's promise to Abraham belongs to you.**

29 그리고 당신들은 그리스도에게 속했으므로, 당신들은 아브라함의 참된 아들딸들입니다. 당신들은 그분의 계승자들이고, 그리하여 아브라함에게 하신 하나님의 약속은 당신들에게 속해 있습니다.

4

1 **Think of it this way. If a father dies and leaves an inheritance for his young children, those children are not much better off than slaves until they grow up, even though they actually own everything their father had.**

1 그것을 이렇게 생각해 보십시오. 만일 아버지가 죽고 그의 어린 아들딸들을 위해 유산을 남겼다면, 그 아들딸들이 자기들의 아버지가 가졌던 모든 것을 실제로 소유한다 할지라도, 그들은 자기들이 어른이 될 때까지 노예보다 더 나을 것이 없습니다.

2 **They have to obey their guardians until they reach whatever age their father set.**

2 그들은 자기들의 아버지가 정해 놓은 어떤 나이에 이를 때까지 그들의 후견인들에게 복종해야 합니다.

3 **And that's the way it was with us before Christ came. We were like chil-**

dren; we were slaves to the basic spiritual principles of this world.

3 그리고 그것이 그리스도가 오시기 전에 우리와 함께했던 방법입니다. 우리는 어린아이들과 같았습니다; 우리는 이 세상의 초보적인 령적 원리의 노예들이였습니다.

4 **But when the right time came, God sent his Son, born of a woman, subject to the law.**

4 그러나 때가 되여서 하나님께서는 자신의 아들을 보내셨습니다. 그분은 녀자에게서 태여났고 률법의 지배를 받았습니다.

5 **God sent him to buy freedom for us who were slaves to the law, so that he could adopt us as his very own children.**

5 하나님께서는 률법의 노예들이였던 우리로 하여금 자유를 얻게 하시려고 그분을 보내셨습니다, 하나님께서 우리를 자신의 친아들딸로 삼으시기 위해서입니다.

6 **And because we are his children, God has sent the Spirit of his Son into our hearts, prompting us to call out, "Abba, Father."**

6 그리고 우리가 그분의 아들딸들이기 때문에, 하나님께서는 우리의 마음속에 그분의 아들의 령을 보내셔서 우리가 《아바, 아버지》라 부르도록 고무하셨습니다.

7 **Now you are no longer a slave but God's own child. And since you are his child, God has made you his heir.**

7 이제 당신들은 더 이상 노예가 아니라 하나님의 친자손입니다. 그리고 당신들이 그분의 아들딸들이기 때문에 하나님께서 당신들을 그분의 계승자로 만드셨습니다.

Paul's Concern for the Galatians

갈라디아 사람들을 위한 바울의 념려

8 **Before you Gentiles knew God, you were slaves to so-called gods that do not even exist.**

8 당신들 비유태인들이 하나님을 알기 전에, 당신들은 이른바 존재조차 없는 신들의 노예였습니다.

9 **So now that you know God (or should I say, now that God knows you), why do you want to go back again and become slaves once more to the weak and useless spiritual principles of this world?**

9 그러므로 이제 당신들이 하나님을 알고 있는데 (혹은 달리 말하자면, 이제 하나님께서 당신들을 알고 계시는데) 왜 당신들은 다시 돌아가서 약하고 쓸모없는 이 세상의 령적 원리의 노예들이 되기를 원합니까?

10 **You are trying to earn favor with God by observing certain days or months or seasons or years.**

10 당신들은 정해진 날이나 달 혹은 시기나 년도들을 지킴으로써 하나님의 은정을 얻으려고 노력하고 있습니다.

11 **I fear for you. Perhaps all my hard work with you was for nothing.**

11 나는 당신들에 대해 걱정됩니다. 어쩌면 당신들과 함께했던 나의 모든 수고는 쓸모없는 것이였습니다.

12 **Dear brothers and sisters, I plead with you to live as I do in freedom from these things, for I have become like you Gentiles—free from those laws. You did not mistreat me when I first preached to you.**

12 사랑하는 형제들과 자매들이여, 내가 하는 것처럼 당신들이 이러한 것들로부터 자유롭게 살기를 간절히 부탁합니다, 왜냐하면 나는 그러한 률법들로부터 자유로운—당신들 비유태인들처럼 되였기 때문입니다. 당신들은 내가 처음 당신들에게 설교했을 때 나를 랭대하지 않았습니다.

13 **Surely you remember that I was sick when I first brought you the Good News.**

13 내가 처음 당신들에게 반가운 소식을 가져갔을 때 당신들은 내가 건강상태가 나빴던 것을 분명히 기억합니다.

14 **But even though my condition tempted you to reject me, you did not despise me or turn me away. No, you took me in and cared for me as though I were an angel from God or even Christ Jesus himself.**

14 그러나 나의 건강상태가 당신들에게 나를 거절할 마음이 생기게 했음에도 불구하고, 당신들은 나를 싫어하거나 혹은 외면하지 않았습니다. 아닙니다, 당신들은 내가 하나님으로부터 온 천사인 것처럼 혹은 지어 예수 그리스도 그 자신인 것처럼 나를 받아들였고 나를 돌보았습니다.

15 **Where is that joyful and grateful spirit you felt then? I am sure you would have taken out your own eyes and given them to me if it had been possible.**

15 당신들이 그때 느꼈던 그 기쁘고 감사한 마음은 어디 있습니까? 만일 가능했었다면, 당신들은 당신들 자신들의 눈들을 빼내여 그것들을 나에게 주었을 것이라고 나는 확신합니다.

16 **Have I now become your enemy because I am telling you the truth?**

16 내가 당신들에게 진리를 말하고 있기 때문에 지금 내가 당신들의 원쑤가 되였습니까?

17 **Those false teachers are so eager to win your favor, but their intentions**

are not good. They are trying to shut you off from me so that you will pay attention only to them.

17 그 거짓 선생들은 당신들의 호감을 얻기 위해서 매우 열성적입니다, 그러나 그들의 의도는 좋지 않습니다. 그들은 당신들이 그들에게만 관심을 가지도록 나로부터 당신들을 갈라놓으려고 하고 있습니다.

18 If someone is eager to do good things for you, that's all right; but let them do it all the time, not just when I'm with you.

18 만일 누군가가 당신들을 위해 좋은 일들을 하려고 열성적이라면, 그것은 좋습니다; 그러나 내가 당신들과 함께 있을 때뿐만 아니라, 언제나 그들이 그것을 하게 하십시오.

19 Oh, my dear children! I feel as if I'm going through labor pains for you again, and they will continue until Christ is fully developed in your lives.

19 오오, 나의 사랑하는 아들딸들이여! 나는 당신들을 위해 다시 해산의 고통을 겪고 있는 것처럼 느낍니다, 그리고 그 해산의 고통은 당신들의 삶 속에 그리스도가 완전히 나타날 때까지 계속될 것입니다.

20 I wish I were with you right now so I could change my tone. But at this distance I don't know how else to help you.

20 내가 나의 말투를 바꿀 수 있게 바로 지금 당신들과 함께 있었으면 좋겠습니다. 그러나 이런 먼 거리에서 내가 어떻게 달리 당신들을 도와야 할지 모르겠습니다.

Abraham's Two Children

아브라함의 두 아들

21 Tell me, you who want to live under the law, do you know what the law actually says?

21 나에게 말해 보십시오, 률법 아래서 살기를 원하는 당신들이여, 당신들은 률법이 실제로 말하는 것을 알고 있습니까?

22 The Scriptures say that Abraham had two sons, one from his slave wife and one from his freeborn wife.

22 하나님말씀책은 아브라함에게는 두 아들이 있다고 말합니다. 한 명은 그의 종인 안해로부터이고 한 명은 그의 종이 아닌 자유인으로 태여난 안해로부터입니다.

23 The son of the slave wife was born in a human attempt to bring about the fulfillment of God's promise. But the son of the freeborn wife was born as God's own fulfillment of his promise.

23 종인 안해의 아들은 하나님의 약속을 실현하기 위한 인간적인 시도

에서 태여났습니다. 그러나 자유인인 안해의 아들은 하나님 자신의 약속의 실현으로서 태여났습니다.

24 These two women serve as an illustration of God's two covenants. The first woman, Hagar, represents Mount Sinai where people received the law that enslaved them.

24 이 두 녀자는 하나님의 두 계약의 한 가지 례로서 쓰입니다. 첫 녀자인, 하갈은, 사람들이 자신들을 노예로 만든 률법을 받은 시내산을 대표합니다.

25 And now Jerusalem is just like Mount Sinai in Arabia, because she and her children live in slavery to the law.

25 그리고 지금 예루살렘은 아라비아에 있는 시나이산과 꼭 같습니다. 왜냐하면 그 녀자와 그 녀자의 자녀들이 률법에 따라 종살이로 살기 때문입니다.

26 But the other woman, Sarah, represents the heavenly Jerusalem. She is the free woman, and she is our mother.

26 그러나 다른 녀자인, 사라는, 하늘의 예루살렘을 대표합니다. 그 녀자는 자유로운 녀자이고, 그 녀자는 우리의 어머니입니다.

27 As Isaiah said, "Rejoice, O childless woman, you who have never given birth! Break into a joyful shout, you who have never been in labor! For the desolate woman now has more children than the woman who lives with her husband!"

27 이사야가 말한 대로, 《기뻐하여라, 오오 자녀가 없는 녀자여, 너 한 번도 아이를 낳은 적이 없는 자여! 즐거운 웨침을 터뜨리라, 너 한 번도 해산의 고통을 겪지 않은 자여! 왜냐하면 고독한 녀자가 자기 남편과 함께 사는 녀자보다 더 많은 자녀를 가졌기 때문이다!》

28 And you, dear brothers and sisters, are children of the promise, just like Isaac.

28 그리고 사랑하는 형제들과 자매들이여, 당신들은 이삭과 꼭 같은, 약속의 아들딸들입니다.

29 But you are now being persecuted by those who want you to keep the law, just as Ishmael, the child born by human effort, persecuted Isaac, the child born by the power of the Spirit.

29 그러나 당신들은 인간적인 노력에 의해서 태여난 이스마엘이, 성령님의 능력으로 태여난 이삭을 박해했던 것처럼, 당신들이 률법을 지킬 것을 원하는 사람들에 의해 지금 박해를 당하고 있습니다.

30 But what do the Scriptures say about that? "Get rid of the slave and her

son, for the son of the slave woman will not share the inheritance with the free woman's son."

30 그러나 하나님말씀책은 그것에 대해서 무엇을 말합니까? 《그 종과 그 녀자의 아들을 쫓아 버려라, 왜냐하면 종인 녀자의 아들은 자유한 녀자의 아들과 함께 유산을 나누어 갖지 않을 것이기 때문이다.》

31 So, dear brothers and sisters, we are not children of the slave woman; we are children of the free woman.

31 그러므로 사랑하는 형제들과 자매들이여, 우리는 종인 녀자의 아들딸들이 아닙니다; 우리는 자유로운 녀자의 아들딸들입니다.

5

Freedom in Christ

그리스도 안에서 자유

1 So Christ has truly set us free. Now make sure that you stay free, and don't get tied up again in slavery to the law.

1 그러므로 그리스도가 우리를 진정으로 자유롭게 하셨습니다. 이제 당신들은 반드시 자유롭게 지내십시오, 그리고 률법의 종살이에 다시는 묶이지 마십시오.

2 Listen! I, Paul, tell you this: If you are counting on circumcision to make you right with God, then Christ will be of no benefit to you.

2 들으십시오! 나, 바울이, 당신들에게 이것을 말합니다: 만일 당신들이 하나님과의 옳바른 관계를 맺기 위해 잘라냄례식에 의지하고 있다면, 그리스도는 당신들에게 아무런 리로움이 되지 못할 것입니다.

3 I'll say it again. If you are trying to find favor with God by being circumcised, you must obey every regulation in the whole law of Moses.

3 내가 다시 그것을 말하겠습니다. 만일 당신들이 잘라냄례식으로 하여 하나님의 은정을 얻으려고 노력하고 있다면 당신들은 모세의 전체 률법에 있는 모든 규정을 지켜야 합니다.

4 For if you are trying to make yourselves right with God by keeping the law, you have been cut off from Christ! You have fallen away from God's grace.

4 왜냐하면 만일 당신들이 률법을 지키는 것으로써 당신 자신들과 하나님과의 옳바른 관계를 갖기 위해 노력하고 있다면, 당신들은 그리스도로부터 끊어졌기 때문입니다! 당신들은 하나님의 은정으로부터 떨어져 나갔습니다.

5 But we who live by the Spirit eagerly wait to receive by faith the righteousness God has promised to us.

5 그러나 성령으로 사는 우리는 하나님께서 우리에게 약속하신 옳바른 믿음으로 받기를 간절히 기다립니다.

6 For when we place our faith in Christ Jesus, there is no benefit in being circumcised or being uncircumcised. What is important is faith expressing itself in love.

6 왜냐하면 우리가 예수 그리스도에게 우리의 믿음을 두었을 때, 잘라냄례식을 받는 것이나 혹은 잘라냄례식을 받지 않는 것이나 전혀 리득이 없기 때문입니다. 중요한 것은 사랑 속에서 저절로 나타내는 믿음입니다.

7 You were running the race so well. Who has held you back from following the truth?

7 당신들은 달리기 경주를 아주 잘하고 있었습니다. 누가 진리를 따르는 것으로부터 당신들을 저지시키고 있습니까?

8 It certainly isn't God, for he is the one who called you to freedom.

8 분명히 하나님은 아닙니다. 왜냐하면 그분은 당신들을 자유에로 불러내신 분이시기 때문입니다.

9 This false teaching is like a little yeast that spreads through the whole batch of dough!

9 이 거짓 가르침은 온 반죽 덩어리에 퍼져 나가는 아주 적은 누룩과 같습니다!

10 I am trusting the Lord to keep you from believing false teachings. God will judge that person, whoever he is, who has been confusing you.

10 나는 주님께서 당신들이 거짓 가르침을 믿는 것으로부터 당신들을 지키신다는 것을 믿고 있습니다. 하나님께서는 그가 누구이든지 당신들을 혼란스럽게 하고 있는 그 사람을 심판하실 것입니다.

11 Dear brothers and sisters, if I were still preaching that you must be circumcised—as some say I do—why am I still being persecuted? If I were no longer preaching salvation through the cross of Christ, no one would be offended.

11 사랑하는 형제들과 자매들이여, 만일 내가 당신들이 잘라냄례식을 받아야 한다고 여전히 설교하고 있다면—어떤 사람들은 내가 그렇게 하고 있다고 말하는 것처럼—왜 내가 지금도 박해를 당하고 있겠습니까? 만일 내가 그리스도의 십자사형틀을 통한 구원을 더 이상 전하고 있지 않다면, 아무도 감정이 상하지 않게 될 것입니다.

12 I just wish that those trouble makers who want to mutilate you by circumcision would mutilate themselves.

12 나는 잘라냄례식으로 하여 당신들을 잘라내기를 바라는 그 말썽군들이 그들 자신의 것들을 잘라 버리기를 바랄 뿐입니다.

13 For you have been called to live in freedom, my brothers and sisters. But don't use your freedom to satisfy your sinful nature. Instead, use your freedom to serve one another in love.

13 사랑하는 형제들과 자매들이여, 왜냐하면 당신들은 자유롭게 살도록 부름받았기 때문입니다. 그러나 당신들의 자유를 당신들의 죄 많은 본성을 만족시키기 위해 쓰지 마십시오. 그 대신, 당신들의 자유를 사랑 속에서 서로를 섬기기 위해 사용하십시오.

14 For the whole law can be summed up in this one command: "Love your neighbor as yourself."

14 왜냐하면 모든 률법이 이 한 명령에 요약될 수 있기 때문입니다: 《너의 이웃을 너 자신과 같이 사랑하여라.》

15 But if you are always biting and devouring one another, watch out! Beware of destroying one another.

15 그러나 만일 당신들이 언제나 서로를 물어뜯고 집어삼킨다면, 조심하십시오! 서로를 망하게 하는 것을 주의하십시오.

Living by the Spirit's Power

성령의 능력으로 사는 것

16 So I say, let the Holy Spirit guide your lives. Then you won't be doing what your sinful nature craves.

16 그러므로 내가 말합니다. 성령님이 당신들의 삶을 손잡아 이끌게 하십시오. 그러면 당신들은 자신들의 죄 많은 본성이 열망하는 것을 하게 되지 않을 것입니다.

17 The sinful nature wants to do evil, which is just the opposite of what the Spirit wants. And the Spirit gives us desires that are the opposite of what the sinful nature desires. These two forces are constantly fighting each other, so you are not free to carry out your good intentions.

17 죄 많은 본성은 악한 것을 하기 원합니다, 이것은 성령이 원하시는 것과 정반대입니다. 성령은 우리에게 죄 많은 본성이 원하는 것과 반대인 념원을 주십니다. 이 두 가지 힘들은 계속해서 서로 싸우고 있습니다, 그래서 당신들은 자신들의 훌륭한 목적들을 달성하는 데 자유롭지 못합니다.

18 **But when you are directed by the Spirit, you are not under obligation to the law of Moses.**

18 그러나 당신들이 성령에 의해서 지시를 받을 때, 당신들은 모세의 율법의 의무 아래 있지 않습니다.

19 **When you follow the desires of your sinful nature, the results are very clear: sexual immorality, impurity, lustful pleasures,**

19 당신들이 자신들의 죄 많은 본성의 욕망을 따를 때, 그 결과는 아주 명백합니다: 성적인 부도덕, 더러움, 육체적인 쾌락들,

20 **idolatry, sorcery, hostility, quarreling, jealousy, outbursts of anger, selfish ambition, dissension, division,**

20 우상 숭배, 요술, 적개심, 다툼, 질투, 노여움의 폭발, 리기적인 야심, 의견불일치, 분렬,

21 **envy, drunkenness, wild parties, and other sins like these. Let me tell you again, as I have before, that anyone living that sort of life will not inherit the Kingdom of God.**

21 부러움, 술취함, 란잡한 연회 그리고 이것들과 같은 다른 죄들입니다. 내가 전에 말한 것처럼, 그런 부류의 삶을 사는 어떤 사람도 하나님의 나라를 유산으로 받지 못하리라는 것을, 내가 당신들에게 다시 말합니다.

22 **But the Holy Spirit produces this kind of fruit in our lives: love, joy, peace, patience, kindness, goodness, faithfulness,**

22 그러나 성령님은 이러한 종류의 열매를 우리의 삶 속에 주십니다: 사랑, 기쁨, 평화, 인내, 친절, 선량함, 성실,

23 **gentleness, and self-control. There is no law against these things!**

23 관대함, 그리고 자제력입니다. 이러한 것들을 막는 법은 전혀 없습니다!

24 **Those who belong to Christ Jesus have nailed the passions and desires of their sinful nature to his cross and crucified them there.**

24 예수 그리스도에게 속한 사람들은 그들의 죄 많은 본성의 열정과 념원들을 그분의 십자사형틀에 못 박았고 그것들을 거기서 못 박아 죽이는 형별에 처했습니다.

25 **Since we are living by the Spirit, let us follow the Spirit's leading in every part of our lives.**

25 우리는 성령에 의해 살고 있으므로, 우리 삶의 모든 면에서 성령의 이끄심에 따라 갑시다.

26 **Let us not become conceited, or provoke one another, or be jealous of one**

another.

26 우쭐대거나, 서로를 성나게 하거나, 서로를 질투하지 맙시다.

6

We Harvest What We Plant

우리는 우리가 심은 것을 거둠

1 Dear brothers and sisters, if another believer is overcome by some sin, you who are godly should gently and humbly help that person back onto the right path. And be careful not to fall into the same temptation yourself.

1 사랑하는 형제들과 자매들이여, 만일 또다른 믿는 사람이 어떤 죄에 의해 굴복되면, 신앙심이 깊은 당신들이 부드럽고 겸손하게 그 사람이 옳은 길로 돌아가도록 도와야 합니다. 그리고 당신들 자신이 똑같은 유혹에 빠지지 않도록 조심하십시오.

2 share each other's burdens, and in this way obey the law of Christ.

2 서로 다른 사람들의 짐들을 나누어 지십시오, 그리고 이런 방법으로 그리스도의 법을 따르십시오.

3 If you think you are too important to help someone, you are only fooling yourself. You are not that important.

3 만일 당신이 너무 탁월해서 누군가를 도울 수 없다고 자신이 생각한다면, 당신은 자신을 속이고 있을 뿐입니다. 당신은 그렇게 탁월하지 않습니다.

4 Pay careful attention to your own work, for then you will get the satisfaction of a job well done, and you won't need to compare yourself to anyone else.

4 당신들 자신의 일에 신중한 주의를 돌리십시오, 왜냐하면 그러면 당신들은 잘된 일에 대한 만족을 얻게 될 것이고, 당신들은 당신들 자신을 다른 어떤 사람과 비교할 필요가 없을 것이기 때문입니다.

5 For we are each responsible for our own conduct.

5 왜냐하면 우리 각자 우리들 자신의 행실에 대한 책임이 있기 때문입니다.

6 Those who are taught the word of God should provide for their teachers, sharing all good things with them.

6 하나님의 말씀을 배우는 사람들은 그들의 선생들을 위해 필요한 것을 공급해야 하고, 그들과 함께 모든 좋은 것들을 나누어야 합니다.

7 **Don't be misled—you cannot mock the justice of God. You will always harvest what you plant.**

7 속지 마십시오—당신들은 하나님의 정의를 업신여길 수 없습니다. 당신들은 자신들이 심은 것을 언제나 거두어 드릴 것입니다.

8 **Those who live only to satisfy their own sinful nature will harvest decay and death from that sinful nature. But those who live to please the Spirit will harvest everlasting life from the Spirit.**

8 그들 자신의 죄 많은 본성을 만족시키기 위해서만 사는 사람들은 그 죄 많은 본성으로부터 부패와 죽음을 거두어 드릴 것입니다. 그러나 성령을 기쁘게 하기 위해 사는 사람들은 성령으로부터 영원한 생명을 거두어 드릴 것입니다.

9 **So let's not get tired of doing what is good. At just the right time we will reap a harvest of blessing if we don't give up.**

9 그러므로 좋은 것을 하는 것에 지치지 맙시다. 우리가 포기하지 않는다면 꼭 알맞는 때에 축복의 수확을 거두어 드릴 것입니다.

10 **Therefore, whenever we have the opportunity, we should do good to everyone—especially to those in the family of faith.**

10 그러므로, 우리에게 기회가 있을 때마다, 우리는 모든 사람들에게—특별히 믿음의 식구들에게 좋은 일을 해야 합니다.

Paul's Final Advice

바울의 마지막 충고

11 **NOTICE WHAT LARGE LETTERS I USE AS I WRITE THESE CLOSING WORDS IN MY OWN HANDWRITING.**

11 내가 나의 친필로 이 끝맺는 글을 쓰면서 내가 사용한 대문자들을 눈여겨보십시오.

12 **Those who are trying to force you to be circumcised want to look good to others. They don't want to be persecuted for teaching that the cross of Christ alone can save.**

12 당신들에게 잘라냄례식 받기를 강요하려는 사람들은 다른 사람들에게 선량하게 보이기를 원합니다. 그들은 오직 그리스도의 십자사형틀만이 구원할 수 있다라는 가르침 때문에 박해당하는 것을 원치 않습니다.

13 **And even those who advocate circumcision don't keep the whole law themselves. They only want you to be circumcised so they can boast about it and claim you as their disciples.**

13 그리고 잘라냄례식 지지자들조차도 그들 자신들은 모든 률법을 지

키지 않습니다. 그들은 자신들이 그것에 대해 자랑하고 당신들을 자신들의 제자라고 주장할 수 있기 위해 당신들이 잘라냄례식 받기를 원할 뿐입니다.

14 As for me, may I never boast about anything except the cross of our Lord Jesus Christ. Because of that cross, my interest in this world has been crucified, and the world's interest in me has also died.

14 나의 경우에는, 나는 우리 주 예수 그리스도의 십자사형틀을 내놓고는 어떤 것도 결코 자랑하지 않기를 바랍니다. 그 십자사형틀 때문에, 이 세상에 대한 나의 관심은 십자사형틀에 못박혔습니다, 그리고 나에 대한 이 세상의 관심도 또한 죽었습니다.

15 It doesn't matter whether we have been circumcised or not. What counts is whether we have been transformed into anew creation.

15 우리가 잘라냄례식을 받았든지 혹은 받지 않았든지 중요하지 않습니다. 중요한 것은 우리가 새로운 창조물로 변화되었는가입니다.

16 May God's peace and mercy be upon all who live by this principle; they are the new people of God.

16 이 원칙에 의해 살아가는 모든 사람 우에 하나님의 평화와 은정이 있기를 바랍니다; 그들은 하나님의 새로운 백성들입니다.

17 From now on, don't let anyone trouble me with these things. For I bear on my body the scars that show I belong to Jesus.

17 이제부터는, 어떤 사람도 이러한 일들로 나를 괴롭히지 마십시오. 왜냐하면 나는 내가 예수님에게 속해 있다는 것을 보여 주는 흔적들을 내 몸에 지니고 있기 때문입니다.

18 Dear brothers and sisters, may the grace of our Lord Jesus Christ be with your spirit. Amen.

18 사랑하는 형제들과 자매들이여. 우리 주 예수 그리스도의 은정이 당신들의 령과 함께 있기를 바랍니다. 아멘

Ephesians

에베소 사람들에게 보내는 편지

Ephesians

에베소 사람들에게 보내는 편지

1

Greetings from Paul

바울로부터의 인사

1 **This letter is from Paul, chosen by the will of God to bean apostle of Christ Jesus. I am writing to God's holy people in Ephesus, who are faithful followers of Christ Jesus.**

1 이 편지는 하나님의 뜻에 의해 예수 그리스도의 핵심제자로 선택된, 바울로부터 온 것입니다. 나는 에베소에 있는 하나님의 거룩한 사람들인, 예수 그리스도의 충실한 제자들에게 쓰고 있습니다.

2 **May God our Father and the Lord Jesus Christ give you grace and peace.**

2 우리의 아버지 하나님과 주 예수 그리스도께서 당신들에게 은정과 평화를 주시기 바랍니다.

Spiritual Blessings

령적인 축복들

3 **All praise to God, the Father of our Lord Jesus Christ, who has blessed us with every spiritual blessing in the heavenly realms because we are united with Christ.**

3 모든 사람들은, 우리 주 예수 그리스도의 아버지이신 하나님을 찬양하십시오, 그분은 우리가 그리스도와 하나이기 때문에 하늘의 왕국에 있

는 모든 령적인 축복으로 우리를 축복하셨습니다.

4 **Even before he made the world, God loved us and chose us in Christ to be holy and without fault in his eyes.**

4 지어 그분이 세상을 만드시기 전에, 하나님께서는 우리를 사랑하였고, 그리스도 안에서 우리를 거룩하도록 선택하였으며 그분 보시기에 흠 없게 하셨습니다.

5 **God decided in advance to adopt us into his own family by bringing us to himself through Jesus Christ. This is what he wanted to do, and it gave him great pleasure.**

5 하나님께서는 미리 예수 그리스도를 통하여 우리를 그분 자신에게 데려옴으로써 우리를 자신의 식구인 양아들딸로 받아드리기로 결심하셨습니다. 이것은 그분께서 하기를 원하셨습니다, 그리고 그것은 그분에게 큰 기쁨을 주었습니다.

6 **So we praise God for the glorious grace he has poured out on us who belong to his dear Son.**

6 그래서 우리는 그분께서 자신의 사랑하는 아들에게 속한 우리에게 쏟아 부으시는 영광스러운 은정에 대해 하나님을 찬양합니다.

7 **He is so rich in kindness and grace that he purchased our freedom with the blood of his Son and forgave our sins.**

7 그분께서는 자신의 아들의 피로 우리의 자유를 사셨고 우리의 죄를 용서하실 만큼 애정과 은정이 넉넉하십니다.

8 **He has showered his kindness on us, along with all wisdom and understanding.**

8 그분은 모든 지혜와 지식과 함께, 그분의 애정을 우리에게 넘쳐흐르도록 쏟아부어 주셨습니다.

9 **God has now revealed to us his mysterious plan regarding Christ, a plan to fulfill his own good pleasure.**

9 하나님께서는 이제 그리스도에 대한 그분의 신비스러운 계획, 그분 자신의 좋은 의지를 실현하기 위한 계획을 우리에게 나타내 보이셨습니다.

10 **And this is the plan: At the right time he will bring everything together under the authority of Christ—everything in heaven and on earth.**

10 그리고 이것이 그 계획입니다: 적절한 시기에 그분은 모든 것을 함께 그리스도의 권한—하늘과 땅에 있는 모든 것— 아래로 가져올 것입니다.

11 **Furthermore, because we are united with Christ, we have received an in-**

heritance from God, for he chose us in advance, and he makes everything work out according to his plan.

11 더우기, 우리가 그리스도와 하나가 되였기 때문에, 우리는 하나님으로부터 유산을 받았습니다, 왜냐하면 그분께서 우리를 미리 선택하셨고, 그분께서 모든 것이 그분의 계획에 따라 진행되도록 하셨기 때문입니다.

12 God's purpose was that we Jews who were the first to trust in Christ would bring praise and glory to God.

12 하나님의 목적은 그리스도를 신뢰하는 첫 사람들인 우리 유태인들이 하나님께 찬양과 영광을 드리는 것입니다.

13 And now you Gentiles have also heard the truth, the Good News that God saves you. And when you believed in Christ, he identified you as his own by giving you the Holy Spirit, whom he promised long ago.

13 그리고 이제 당신들 비유태인들 역시 하나님께서 당신들을 구원하신다는 반가운 소식, 그 진리를 들었습니다. 그리고 당신들이 그리스도를 믿었을 때, 그분은 당신들에게 자신이 오래전에 약속하셨던 성령님을 당신들에게 보내시므로써 당신들이 그분 자신의 것으로 확인하셨습니다.

14 The Spirit is God's guarantee that he will give us the inheritance he promised and that he has purchased us to be his own people. He did this so we would praise and glorify him.

14 성령님은 그분이 약속하셨던 유산을 우리에게 주실 것과 그분이 우리가 그분 자신의 사람이 되도록 우리를 만드신다는 하나님의 담보입니다. 그분이 이렇게 하셨기에 우리로 하여금 그분에게 찬양과 영광을 드리도록 하려는 것입니다.

Paul's Prayer for Spiritual Wisdom

령적 지혜를 위한 바울의 기도

15 Ever since I first heard of your strong faith in the Lord Jesus and your love for God's people everywhere,

15 나는 주 예수님 안에서 당신들의 강한 믿음에 대한 것과 어디에서나 하나님의 사람들을 위한 당신들의 사랑을 처음 들었던 이후 계속하여,

16 I have not stopped thanking God for you. I pray for you constantly,

16 나는 당신들을 위해 하나님께 감사하기를 멈추지 않았습니다. 나는 당신들을 위해 계속하여 기도합니다,

17 asking God, the glorious Father of our Lord Jesus Christ, to give you spiri-

tual wisdom and insight so that you might grow in your knowledge of God.

17 우리 주 예수 그리스도의 영광스로운 아버지, 하나님께서 당신들에게 령적 지혜와 통찰력을 주셔서, 당신들이 하나님의 지식에서 성장하기를 하나님께 요청합니다.

18 I pray that your hearts will be flooded with light so that you can understand the confident hope he has given to those he called—his holy people who are his rich and glorious inheritance.

18 나는 당신들의 마음이 빛으로 넘쳐나서 그분이 부르셨던 사람들에게—그분의 풍부하고 영광스로운 유산인 자신의 거룩한 사람들—주신 굳게 믿는 희망을 리해할 수 있기를 기도합니다.

19 I also pray that you will understand the incredible greatness of God's power for us who believe him. This is the same mighty power

19 나는 또한 당신들이 그분을 믿는 우리를 위한 하나님의 능력의 대단한 위대함을 리해하기를 기도합니다. 이것은 변함없는 강력한 능력입니다.

20 that raised Christ from the dead and seated him in the place of honor at God's right hand in the heavenly realms.

20 그리스도를 죽은 사람들로부터 되살리셨고 하늘나라에서 하나님의 오른쪽에 있는 영광의 자리에 그분을 앉히셨습니다.

21 Now he is far above any ruler or authority or power or leader or anything else—not only in this world but also in the world to come.

21 이제 그분은 어떤 통치자나 권력이나, 능력이나 지도자나 혹은 그 어떤 것보다 훨씬 높으십니다—이 세상에서뿐만 아니라 오는 세상에서도 역시.

22 God has put all things under the authority of Christ and has made him head over all things for the benefit of the church.

22 하나님께서는 그리스도의 권한 아래 모든 것을 두셨고, 교회의 리익을 위해 모든 것 우에 그분을 머리가 되게 하셨습니다.

23 And the church is his body; it is made full and complete by Christ, who fills all things everywhere with himself.

23 그리고 교회는 그분의 몸입니다; 그것은 그분 자신과 함께 모든 곳에서 모든 것을 채우시는 그리스도에 의해 가득 채워지고 완전해집니다.

2

Made Alive with Christ

그리스도와 함께 살리시다

1 Once you were dead because of your disobedience and your many sins.

1 이전에 당신들은 자신들의 불복종과 자신들의 많은 죄 때문에 죽었습니다.

2 You used to live in sin, just like the rest of the world, obeying the devil—the commander of the powers in the unseen world. He is the spirit at work in the hearts of those who refuse to obey God.

2 당신들은 죄 속에서 살았습니다, 마치 세상의 다른 사람들처럼, 악마—눈에 보이지 않는 세상에 있는 권력의 사령관들을 따랐습니다. 그는 하나님에게 복종하기를 거부하는 사람들의 마음속에서 일하는 령입니다.

3 All of us used to live that way, following the passionate desires and inclinations of our sinful nature. By our very nature we were subject to God's anger, just like everyone else.

3 우리 모두가, 우리들의 죄 많은 본성의 정욕에 끌기 쉬운 욕망과 품성을 따르면서 그런 방식으로 살았습니다. 우리들의 바로 그 본성으로 하여 우리는, 모든 사람들과 똑같이 하나님의 노여움의 대상이였습니다.

4 But God is so rich in mercy, and he loved us so much,

4 그러나 하나님께서는 은정이 아주 풍성하시고, 그분은 우리를 아주 많이 사랑하셨습니다,

5 that even though we were dead because of our sins, he gave us life when he raised Christ from the dead.(It is only by God's grace that you have been saved!)

5 우리는 우리의 죄로 하여 죽었음에도 불구하고, 그분은 그리스도를 죽은 사람들로부터 되살리셨을 때 우리에게 생명을 주셨습니다.(당신들이 구원된 것은 오직 하나님의 은정으로 하여 된 것입니다.)

6 For he raised us from the dead along with Christ and seated us with him in the heavenly realms because we are united with Christ Jesus.

6 왜냐하면 그분은 우리가 예수 그리스도와 하나가 되게 하시므로써 우리를 그리스도와 함께 죽은 사람들로부터 되살리셨고 하늘나라에서 자신과 함께 우리를 앉히셨기 때문입니다.

7 So God can point to us in all future ages as examples of the incredible wealth of his grace and kindness toward us, as shown in all he has done

for us who are united with Christ Jesus.

7 그래서 하나님께서는 모든 미래 세대에, 그분이 예수 그리스도와 하나 된 우리를 위해 하신 모든 것을 보여 주신 것처럼 우리를 향한 그분의 은정과 친절함의 믿을 수 없는 부유함을 보여주는 본보기로서 우리를 나타내셨습니다.

8 **God saved you by his grace when you believed. And you can't take credit for this; it is a gift from God.**

8 하나님께서는 당신들이 믿었을 때에 그분의 은정으로 당신들을 구원하셨습니다. 그리고 당신들은 이것에 대한 공로를 차지할 수 없습니다; 그것은 하나님으로부터의 선물입니다.

9 **Salvation is not a reward for the good things we have done, so none of us can boast about it.**

9 구원은 우리가 한 좋은 일들에 대한 보답이 아닙니다, 그러므로 우리 중 아무도 그것에 대해 자랑할 수 없습니다.

10 **For we are God's masterpiece. He has created us anew in Christ Jesus, so we can do the good things he planned for us long ago.**

10 왜냐하면 우리는 하나님의 대표작이기 때문입니다. 그분은 우리를 예수 그리스도 안에서 새로이 창조하셨습니다, 그래서 우리는 그분이 우리를 위해 오래전에 계획하셨던 좋은 일을 할 수 있습니다.

Oneness and Peace in Christ

그리스도 안에서 하나됨과 평화

11 **Don't forget that you Gentiles used to be outsiders. You were called "uncircumcised heathens" by the Jews, who were proud of their circumcision, even though it affected only their bodies and not their hearts.**

11 당신들 비유태인들은 외부사람들이였던 것을 잊지 마십시오. 당신들은, 잘라냄례식이 유태인들의 마음에가 아니라 단지 그들의 몸에 영향을 준 것임에도 불구하고, 자신들의 잘라냄례식에 대해 자랑으로 여기는, 유태인들에 의해 《잘라냄례식을 받지 않은 이교도들》이라고 불리웠습니다.

12 **In those days you were living apart from Christ. You were excluded from citizenship among the people of Israel, and you did not know the covenant promises God had made to them. You lived in this world without God and without hope.**

12 그때 당신들은 그리스도와 관계없이 살았습니다. 당신들은 이스라엘 국민의 공민권으로부터 제외되였습니다, 그리고 당신들은 하나님께서

그들에게 하셨던 계약의 약속들을 알지 못하였습니다. 당신들은 하나님 없이 그리고 희망 없이 이 세상에서 살았습니다.

13 But now you have been united with Christ Jesus. Once you were far away from God, but now you have been brought near to him through the blood of Christ.

13 그러나 이제 당신들은 예수 그리스도와 하나가 되였습니다. 이전에 당신들은 하나님으로부터 멀리 떨어져 있었습니다, 그러나 이제 당신들은 그리스도의 피를 통하여 그분에게 가까워지게 되였습니다.

14 For Christ himself has brought peace to us. He united Jews and Gentiles into one people when, in his own body on the cross, he broke down the wall of hostility that separated us.

14 왜냐하면 그리스도 그분 자신이 우리에게 평화를 가져오셨기 때문입니다. 그분은, 십자사형틀에서 그분 자신의 몸으로, 우리를 갈라놓았던 적개심의 벽을 무너뜨렸을 때, 유태인과 이교도들을 한 민족으로 결합시키셨습니다.

15 He did this by ending the system of law with its commandments and regulations. He made peace between Jews and Gentiles by creating in himself one new people from the two groups.

15 그분은 명령들과 규정들로 된 률법의 체계를 마무리함으로써 이것을 하셨습니다. 그분은 그분 자신 안에서 두 집단으로부터 새로운 민족을 창조하심으로써, 유태인과 비유태인 사이에 평화를 이루셨습니다.

16 Together as one body, Christ reconciled both groups to God by means of his death on the cross, and our hostility toward each other was put to death.

16 한 몸으로서 함께, 그리스도는 십자사형틀에서의 그분의 죽음으로 하여 량쪽 집단을 하나님과 화목하게 하셨습니다, 그리하여 서로를 향한 우리의 적개심이 끝났습니다.

17 He brought this Good News of peace to you Gentiles who were far away from him, and peace to the Jews who were near.

17 그분은 평화에 대한 이 반가운소식을 그분으로부터 멀리 떨어져 있던 비유태인들에게 가져다 주셨습니다, 그리고 가까이에 있던 유태인들에게는 평화를 주셨습니다.

18 Now all of us can come to the Father through the same Holy Spirit because of what Christ has done for us.

18 이제 우리 모두는 그리스도가 우리를 위해 하셨던 것 때문에 바로 그 성령님을 통해 아버지에게 나아가게 되였습니다.

A TEMPLE FOR THE LORD
주님을 위한 신전

19 So now you Gentiles are no longer strangers and foreigners. You are citizens along with all of God's holy people. You are members of God's family.

19 그래서 이제 당신들 비유태인들은 더 이상 낯선 사람들이 아니고 외국인들도 아닙니다. 당신들은 모든 하나님의 거룩한 사람들과 함께 공민들입니다. 당신들은 하나님의 가정의 식구들입니다.

20 Together, we are his house, built on the foundation of the apostles and the prophets. And the cornerstone is Christ Jesus himself.

20 다 같이, 우리는 핵심제자들과 예언자들의 기초 위에 세워진 그분의 집입니다. 그리고 그 주추돌은 예수 그리스도 그분 자신이십니다.

21 We are carefully joined together in him, becoming a holy temple for the Lord.

21 우리는 주님을 위해 거룩한 신전이 되도록, 그분 안에서 함께 신중히 결합됩니다.

22 Through him you Gentiles are also being made part of this dwelling where God lives by his Spirit.

22 그분을 통하여 당신들 비유태인들은 하나님께서 자신의 성령으로 거주하시는 이 집의 한 부분이 또한 되여져 가고 있습니다.

3

God's Mysterious Plan Revealed
하나님의 신비한 계획이 드러나다

1 When I think of all this, I, Paul, a prisoner of Christ Jesus for the benefit of you Gentiles…

1 내가 이 모든 것들을 생각할 때, 당신들 비유태인들의 리익을 위해 예수 그리스도의 죄수인, 나, 바울은…

2 assuming, by the way, that you know God gave me the special responsibility of extending his grace to you Gentiles.

2 그런데, 당신들은 하나님께서 그분의 은정을 당신들 유태인들에게 펼칠 데 대한 특별한 책임을 나에게 주셨다는 것을 알 것이라고 생각합니다.

3 As I briefly wrote earlier, God himself revealed his mysterious plan to me.

3 내가 전에 간결하게 썼던 것처럼, 하나님 그분 자신께서는 그분의 신

비스러운 계획을 나에게 드러내 보이셨습니다.

4 **As you read what I have written, you will understand my insight into this plan regarding Christ.**

4 당신들이 내가 쓴 것을 읽음으로써, 당신들은 그리스도에 대한 이 계획의 나의 식견을 리해할 것입니다.

5 **God did not reveal it to previous generations, but now by his Spirit he has revealed it to his holy apostles and prophets.**

5 하나님께서는 이전의 세대들에게는 그것을 드러내 보이지 않으셨습니다, 그러나 이제는 그분의 성령에 의해 그것을 그분의 거룩한 핵심제자들과 예언자에게 드러내 보이셨습니다.

6 **And this is God's plan: Both Gentiles and Jews who believe the Good News share equally in the riches inherited by God's children. Both are part of the same body, and both enjoy the promise of blessings because they belong to Christ Jesus.**

6 그리고 이것은 하나님의 계획입니다: 반가운 소식을 믿는 비유태인들이나 유태인들 둘 다 동등하게 하나님의 아들딸들로서 물려받은 부유함을 서로 나눕니다. 둘 다 동일한 몸의 일부분입니다, 그리고 둘 다 그들이 예수 그리스도에게 속하였기 때문에 그 축복의 약속을 누리고 있습니다.

7 **By God's grace and mighty power, I have been given the privilege of serving him by spreading this Good News.**

7 하나님의 은정과 힘 있는 능력으로, 나는 이 반가운 소식을 전하므로써 그분을 섬기는 특권을 받았습니다.

8 **Though I am the least deserving of all God's people, he graciously gave me the privilege of telling the Gentiles about the endless treasures available to them in Christ.**

8 나는 모든 하나님의 사람들 중에서 가장 자격이 없음에도 불구하고, 그분은 그리스도 안에서 비유태인들에게 주어진 헤아릴 수 없는 보물에 대해 그들에게 말하는 특권을 나에게 은정 넘치게 주셨습니다.

9 **I was chosen to explain to everyone this mysterious plan that God, the Creator of all things, had kept secret from the beginning.**

9 나는 모든 것들의 창조자이신, 하나님께서, 시작부터 비밀로 지켜오신, 이 신비스러운 계획들을 모든 사람들에게 설명하도록 뽑혔습니다.

10 **God's purpose in all this was to use the church to display his wisdom in its rich variety to all the unseen rulers and authorities in the heavenly places.**

10 이 모든 것에 대한 하나님의 목적은 교회가 풍부한 각가지 그분의 지혜를 하늘에 있는 모든 보이지 않는 통치자들과 권력자들에게 나타내도록 사용하는 것이였습니다.

11 **This was his eternal plan, which he carried out through Christ Jesus our Lord.**

11 이것은, 우리 주 예수 그리스도를 통해 그분이 실행하신 그분의 영원한 계획이였습니다.

12 **Because of Christ and our faith in him, we can now come boldly and confidently into God's presence.**

12 그리스도와 그분에 대한 우리의 믿음으로 하여, 우리는 이제 당당하게 그리고 확신을 가지고 하나님 앞에 나설 수 있게 되였습니다.

13 **So please don't lose heart because of my trials here. I am suffering for you, so you should feel honored.**

13 그러므로 여기서 나의 시련 때문에 락심하지 않기를 바랍니다. 나는 당신들을 위해 고통을 받고 있습니다, 그러므로 당신들은 영광스럽게 생각해야 합니다.

Paul's Prayer for Spiritual Growth

령적 성장을 위한 바울의 기도

14 **When I think of all this, I fall to my knees and pray to the Father,**

14 나는 이 모든 것에 대해 생각할 때, 나는 나의 무릎을 꿇고 아버지에게 기도합니다,

15 **the Creator of everything in heaven and on earth.**

15 하늘과 땅의 모든 것의 창조자이신.

16 **I pray that from his glorious, unlimited resources he will empower you with inner strength through his Spirit.**

16 나는 그분의 영광스럽고, 무한한 원천으로부터 그분께서 당신들에게 자신의 성령을 통해서 내적인 힘과 함께 능력을 주실 것을 기도합니다.

17 **Then Christ will make his home in your hearts as you trust in him. Your roots will grow down into God's love and keep you strong.**

17 그러면, 그리스도가 당신들이 그분을 신뢰할 때 당신들의 마음속에 그분의 집을 지으실 것입니다. 당신들의 뿌리는 하나님의 사랑 안으로 내릴 것이고, 당신들을 강하게 해줄 것입니다.

18 **And may you have the power to understand, as all God's people should, how wide, how long, how high, and how deep his love is.**

18 그리고 당신들은 모든 하나님의 사람들이 그래야 하는 것처럼 그분

의 사랑이 얼마나 넓고, 얼마나 길고, 얼마나 높고, 그리고 얼마나 깊은지를 리해할 능력을 가지기를 바랍니다.

19 May you experience the love of Christ, though it is too great to understand fully. Then you will be made complete with all the fullness of life and power that comes from God.

19 당신들이 그것이 너무나 커서 완전히 리해할 수 없다 할지라도, 그리스도의 사랑을 경험하기 바랍니다. 그러면 당신들은 하나님으로부터 오는 삶과 능력의 모든 풍부함으로 완전하게 될 것입니다.

20 Now all glory to God, who is able, through his mighty power at work within us, to accomplish infinitely more than we might ask or think.

20 이제, 그분의 강한 능력을 통해 우리 안에서 일하고, 우리가 요구하거나 생각하는 것 이상으로 끝없이 이룩하시는, 능력 있는 하나님께 모든 영광을.

21 Glory to him in the church and in Christ Jesus through all generations forever and ever! Amen.

21 교회 안에서 그리고 예수 그리스도 안에서 모든 세대들을 통해 그분에게 영광을 영원히 영원히! 아멘.

4

Unity in the Body

몸의 조화

1 Therefore I, a prisoner for serving the Lord, beg you to lead a life worthy of your calling, for you have been called by God.

1 그러므로, 주님을 섬기기 위해 죄수 된, 나는 당신들의 부르심에 알맞은 삶을 살기를 당신들에게 부탁합니다, 왜냐하면 당신들은 하나님에 의해 부르심을 받았기 때문입니다.

2 Always be humble and gentle. Be patient with each other, making allowance for each other's faults because of your love.

2 항상 겸손하고 온화하십시오. 당신들의 사랑으로 하여 서로의 잘못에 대해 관대히 보아 주면서, 서로 참아 주십시오.

3 Make every effort to keep yourselves united in the Spirit, binding yourselves together with peace.

3 당신들 자신들을 평화로 함께 동여매면서, 성령 안에서 하나 된 당신들 자신들을 지키기 위해 모든 노력을 하십시오.

4 For there is one body and one Spirit, just as you have been called to one

glorious hope for the future.

4 왜냐하면 당신들은 미래에 대한 하나의 영광스러운 희망에로 부르심 받은 것과 꼭 같이, 한 몸과 한 성령이기 때문입니다.

5 **There is one Lord, one faith, one baptism,**

5 한 분의 주님, 하나의 믿음, 하나의 세례입니다,

6 **and one God and Father, who is over all and in all and living through all.**

6 그리고, 한 분의 하나님과 아버지가 계십니다, 그분은 모든 것의 우에와 모든 것의 안에 그리고 모든 것을 꿰뚫고 계십니다.

7 **However, he has given each one of us a special gift through the generosity of Christ.**

7 그러나, 그분께서는 그리스도의 아량으로 우리 각 사람에게 특별한 선물을 주셨습니다.

8 **That is why the Scriptures say, "When he ascended to the heights, he led a crowd of captives and gave gifts to his people."**

8 그것은 하나님말씀책이 말하는 리유입니다, 《그가 높은 곳으로 올라가셨을 때, 그는 사로잡힌 사람들을 이끌었고 자기 사람들에게 선물을 주셨다.》

9 **Notice that it says "he ascended." This clearly means that Christ also descended to our lowly world.**

9 《그가 올라 가셨다.》고 말한 것에 주목하십시오. 이것은 그리스도가 또한 우리의 낮은 세상으로 내려오셨다는 것을 분명히 의미합니다.

10 **And the same one who descended is the one who ascended higher than all the heavens, so that he might fill the entire universe with himself.**

10 내려가셨던 바로 그분이 모든 하늘보다도 더 높은 곳으로 올라가셨던 분입니다, 그리하여 그분이 자기 자신으로 전체 우주를 채우실 것입니다.

11 **Now these are the gifts Christ gave to the church: the apostles, the prophets, the evangelists, and the pastors and teachers.**

11 이제 이러한 것들이 그리스도가 교회에게 주셨던 선물입니다: 핵심제자들, 예언자들, 반가운 소식 전달자들, 그리고 목사들과 선생들.

12 **Their responsibility is to equip God's people to do his work and build up the church, the body of Christ.**

12 그들의 책임은 하나님의 사람들이 그분의 일을 하며 그리스도의 몸인, 교회를 세우도록 준비시키는 것입니다.

13 **This will continue until we all come to such unity in our faith and knowledge of God's Son that we will be mature in the Lord, measuring up to the**

full and complete standard of Christ.

13 이것은 그리스도의 충분하고 완성된 기준에 이르기까지 우리가 주님 안에서 성숙하게 되도록, 하나님의 아들에 대한 우리의 믿음과 지식에서 그러한 일치가 될 때까지 계속될 것입니다.

14 Then we will no longer be immature like children. We won't be tossed and blown about by every wind of new teaching. We will not be influenced when people try to trick us with lies so clever they sound like the truth.

14 그러면 우리는 더 이상 어린애들처럼 미숙하지 않을 것입니다. 우리는 새로운 가르침의 온갖 바람으로 하여 던져지고 흐트러지지 않을 것입니다. 우리는 사람들이 그것이 진실처럼 들리게 아주 영리한 거짓말로 우리를 속이려 할 때 영향을 받지 않게 될 것입니다.

15 Instead, we will speak the truth in love, growing in everyway more and more like Christ, who is the head of his body, the church.

15 그 대신에, 우리는 그분 몸의 머리이고, 교회인, 그리스도처럼 모든 면에서 점점 더 자라가면서, 사랑 속에서 진실을 말할 것입니다.

16 He makes the whole body fit together perfectly. As each part does its own special work, it helps the other parts grow, so that the whole body is healthy and growing and full of love.

16 그분은 온몸을 다함께 더할 나위 없이 알맞게 만드십니다. 각 부분이 그것 자신의 특별한 일을 하듯이, 그것은 다른 부분들이 자라나는 것을 돕습니다, 그래서, 온몸이 건강하고 자라며 사랑이 넘쳐 납니다.

Living as Children of Light

빛의 자녀로 살아감

17 With the Lord's authority I say this: Live no longer as the Gentiles do, for they are hopelessly confused.

17 주님의 권위로 나는 이것을 말합니다: 더 이상 이교도들이 사는 것처럼 살지 마십시오, 왜냐하면 그들은 희망 없이 허둥지둥하고 있기 때문입니다.

18 Their minds are full of darkness; they wander far from the life God gives because they have closed their minds and hardened their hearts against him.

18 그들의 마음은 어둠으로 가득 차 있습니다; 그들은 자기들의 마음을 닫고 그분에 맞서 그들의 마음이 잔혹해졌기 때문에 하나님께서 주시는 생명으로부터 멀리서 방황하고 있습니다.

19 They have no sense of shame. They live for lustful pleasure and eagerly

practice every kind of impurity.

19 그들은 부끄러워하는 의식도 없습니다. 그들은 탐욕스러운 즐거움으로 살며 온갖 종류의 더러운 것을 열심히 하고 있습니다.

20 **But that isn't what you learned about Christ.**

20 그러나, 그것은 당신들이 그리스도에 대해 배운 것이 아닙니다.

21 **Since you have heard about Jesus and have learned the truth that comes from him,**

21 당신들이 예수님에 대해 들었고 그분으로부터 오는 진리를 배웠기 때문에,

22 **throw off your old sinful nature and your former way of life, which is corrupted by lust and deception.**

22 성욕과 속임수에 의해 타락된 당신들의 옛 죄 많은 본성과 당신들의 삶의 이전 방식을 벗어 던지십시오.

23 **Instead, let the Spirit renew your thoughts and attitudes.**

23 대신에, 성령님이 당신들의 생각과 몸가짐을 새롭게 하도록 하십시오.

24 **Put on your new nature, created to be like God—truly righteous and holy.**

24 하나님처럼 창조된—진실로 옳바르고 거룩한, 당신들의 새로운 본성을 간직하십시오.

25 **So stop telling lies. Let us tell our neighbors the truth, for we are all parts of the same body.**

25 그러므로 거짓말하기를 멈추십시오. 우리의 이웃들에게 진실을 말합시다, 왜냐하면 우리는 한 몸의 모든 부분들이기 때문입니다.

26 **And "don't sin by letting anger control you." Don't let the sun go down while you are still angry,**

26 그리고 《노여움이 당신들을 지배하게 함으로써 죄를 짓지 마십시오.》 당신들이 여전히 성나 있는 동안에 해가 지지 않도록 하십시오,

27 **for anger gives a foothold to the devil.**

27 왜냐하면 성냄은 악마에게 발판을 주기 때문입니다.

28 **If you are a thief, quit stealing. Instead, use your hands for good hard work, and then give generously to others in need.**

28 만일 당신들이 도적이면, 훔치기를 그만두십시오. 그 대신 당신들의 손을 좋은 힘든 일을 위해 사용하십시오, 그런 다음 빈곤한 다른 사람들에게 아낌없이 주십시오.

29 **Don't use foul or abusive language. Let everything you say be good and helpful, so that your words will be an encouragement to those who hear**

them.

29 더럽거나 모욕적인 말을 쓰지 마십시오. 당신들이 말하는 모든 것이 선량하고 도움이 되도록 하십시오, 그러면 당신들의 말이 그것을 듣는 사람들에게 고무될 것입니다.

30 And do not bring sorrow to God's Holy Spirit by the way you live. Remember, he has identified you as his own, guaranteeing that you will be saved on the day of redemption.

30 그리고 당신들이 사는 방식으로 하여 하나님의 성령에게 슬픔을 가져다 드리지 마십시오. 기억하십시오, 당신들이 구원의 날에 구원될 것을 담보하면서, 그분은 당신들을 그분 자신의 것으로 확인하셨습니다.

31 Get rid of all bitterness, rage, anger, harsh words, and slander, as well as all types of evil behavior.

31 모든 괴로움, 격분, 노여움, 거친 말들 그리고 비방, 더하여 모든 종류의 악독한 행동을 끝내십시오.

32 Instead, be kind to each other, tenderhearted, forgiving oneanother, just as God through Christ has forgiven you.

32 그 대신, 그리스도를 통하여 하나님께서 당신들을 용서하신 것처럼, 서로에게 친절하고, 다정다감하고, 서로를 용서하십시오.

5

Living in the Light

빛 가운데 사는 것

1 Imitate God, therefore, in everything you do, because you are his dear children.

1 그러므로, 당신들이 하는 모든 것에서, 하나님을 본받으십시오, 왜냐하면 당신들은 그분의 사랑하는 아들딸들이기 때문입니다.

2 Live a life filled with love, following the example of Christ. He loved us and offered himself as a sacrifice for us, a pleasing aroma to God.

2 그리스도를 본보기로 따르면서 사랑으로 가득 찬 삶을 사십시오. 그분이 우리를 사랑하고 우리를 위해 희생물로 그분 자신을 드리고, 하나님께 향기로 기쁨을 드렸습니다.

3 Let there be no sexual immorality, impurity, or greed among you. Such sins have no place among God's people.

3 성적인 비도덕 행위, 더러움 혹은 탐욕이 당신들 중에 없게 하십시오. 그러한 죄들은 하나님의 사람들 가운데 있을 곳이 없습니다.

4 **Obscene stories, foolish talk, and coarse jokes—these are not for you. Instead, let there be thankfulness to God.**

4 음란한 이야기들, 어리석은 담화, 그리고 저렬한 롱담—이러한 것들은 당신들을 위한 것은 아닙니다. 대신에 하나님께 감사를 드리도록 하십시오.

5 **You can be sure that no immoral, impure, or greedy person will inherit the Kingdom of Christ and of God. For a greedy person is an idolater, worshiping the things of this world.**

5 당신들은 비도덕적이고, 불결하고, 혹은 탐욕스런 사람은 그리스도와 하나님의 나라를 물려받지 못한다는 것을 확신할 수 있습니다. 왜냐하면 탐욕스러운 사람은 우상숭배자이며, 이 세상의 것들을 숭배하기 때문입니다.

6 **Don't be fooled by those who try to excuse these sins, for the anger of God will fall on all who disobey him.**

6 이런 죄들을 변명하려고 애쓰는 사람들로 하여 속지 마십시오, 왜냐하면 하나님의 노여움이 그분에게 복종하지 않는 모든 사람들에게 내리실 것이기 때문입니다.

7 **Don't participate in the things these people do.**

7 이러한 사람들이 하는 것들에 관계하지 마십시오.

8 **For once you were full of darkness, but now you have light from the Lord. So live as people of light!**

8 왜냐하면 이전에 당신들은 어두움이 가득 차 있었습니다, 그러나 이제 당신들은 주님으로부터 빛을 받고 있습니다. 그러므로 빛의 사람들처럼 사십시오.

9 **For this light within you produces only what is good and right and true.**

9 왜냐하면 당신들 속에 있는 이 빛은 더할 나위 없고, 옳바르고, 진실한 것만을 생기게 하기 때문입니다.

10 **Carefully determine what pleases the Lord.**

10 주님을 기쁘시게 하는 것이 무엇인지 신중하게 결정하십시오.

11 **Take no part in the worthless deeds of evil and darkness; instead, expose them.**

11 악하고 어두움의 보잘것없는 행위들에 가담하지 마십시오; 그 대신, 그것들을 드러내십시오.

12 **It is shameful even to talk about the things that ungodly people do in secret.**

12 신앙심이 없는 사람들이 비밀리에 하는 것들에 대해 말하는 것조차

부끄러운 것입니다.

13 **But their evil intentions will be exposed when the light shines on them,**

13 그러나 그들의 악한 의도는 그 빛이 그들 우에 비칠 때 드러나게 될 것입니다,

14 **for the light makes everything visible. This is why it is said, "Awake, O sleeper, rise up from the dead, and Christ will give you light."**

14 왜냐하면 그 빛은 모든 것을 눈에 보이게 하기 때문입니다. 이것이 말씀하고 있는 리유입니다,《일어나라, 오오 잠자고 있는 사람이여, 죽음에서 일어나라, 그리고 그리스도께서 너에게 빛을 주실 것이다.》

Living by the Spirit's Power

성령님의 능력에 의해 사는 것

15 **So be careful how you live. Don't live like fools, but like those who are wise.**

15 그러므로 당신들이 어떻게 살 것인지 신중하십시오. 어리석은 사람들처럼 살지 말고, 지혜로운 사람들처럼 사십시오.

16 **Make the most of every opportunity in these evil days.**

16 이 악한 시대에 모든 기회를 최대한 활용하십시오.

17 **Don't act thoughtlessly, but understand what the Lord wants you to do.**

17 경솔하게 행동하지 마십시오, 그러나 주님께서 당신들이 무엇을 하기를 원하시는지 료해하십시오.

18 **Don't be drunk with wine, because that will ruin your life. Instead, be filled with the Holy Spirit,**

18 술에 취하지 마십시오, 왜냐하면 그것은 당신들의 삶을 망치게 할 것입니다. 그 대신, 성령으로 가득 채우십시오,

19 **singing psalms and hymns and spiritual songs among yourselves, and making music to the Lord in your hearts.**

19 시와, 찬양 그리고 령적인 노래를 당신 자신들 가운데서 노래하십시오, 그리고 당신들의 심장으로 주님에게 노래를 불러 드리십시오.

20 **And give thanks for everything to God the Father in the name of our Lord Jesus Christ.**

20 그리고 우리 주 예수 그리스도의 이름으로 하나님 아버지에게 모든 것에 대해 감사를 드리십시오.

Spirit-Guided Relationships: Wives and Husbands
성령이 이끄시는 관계 : 안해와 남편

21 **And further, submit to one another out of reverence for Christ.**

21 그리고 더우기, 그리스도에 대한 존경하는 마음으로 서로에게 복종하십시오.

22 **For wives, this means submit to your husbands as to the Lord.**

22 안해들로서는, 이것이 주님에게 하듯이 당신들의 남편들에게 복종하는 것을 의미합니다.

23 **For a husband is the head of his wife as Christ is the head of the church. He is the Savior of his body, the church.**

23 왜냐하면 남편은 그리스도가 교회의 머리인 것과 같이 그의 안해의 머리이기 때문입니다. 그분은 자신의 몸이신, 교회의 구세주이십니다.

24 **As the church submits to Christ, so you wives should submit to your husbands in everything.**

24 교회가 그리스도에게 복종하는 것과 마찬가지로, 당신네 안해들도 모든 일에서 당신들의 남편들에게 복종해야 합니다.

25 **For husbands, this means love your wives, just as Christ loved the church. He gave up his life for her**

25 남편들로서는, 이것은 그리스도가 교회를 사랑하신 것과 꼭 같이 당신들의 안해들을 사랑하라는 의미입니다. 그분은 교회를 위해 자신의 생명을 내놓으셨습니다.

26 **to make her holy and clean, washed by the cleansing of God's word.**

26 교회를 거룩하고 깨끗하게 하기 위해, 하나님의 말씀으로 깨끗하게 하는 것으로써 결백하게 하셨습니다.

27 **He did this to present her to himself as a glorious church without a spot or wrinkle or any other blemish. Instead, she will be holy and without fault.**

27 그분은 얼룩이나, 주름이나, 혹은 어떤 흠도 없는 영광스러운 교회로서 그분 자신에게 교회를 드러내기 위해 이것을 하셨습니다.

28 **In the same way, husbands ought to love their wives as they love their own bodies. For a man who loves his wife actually shows love for himself.**

28 같은 방법으로, 남편들은 자신들의 안해들을 그들이 그들 자신의 몸을 사랑하듯이 사랑해야 합니다. 왜냐하면 자기 안해를 사랑하는 남자는 그 자신에 대한 사랑을 실제로 보여주기 때문입니다.

29 **No one hates his own body but feeds and cares for it, just as Christ cares for the church.**

29 아무도 그 자신의 몸을 미워하지 않고, 그리스도가 교회를 소중히 여기는 것과 꼭 같이 그것을 먹이고 돌봅니다.

30 **And we are members of his body.**

30 그래서 우리는 그분의 몸의 일부입니다.

31 **As the Scriptures say, "A man leaves his father and mother and is joined to his wife, and the two are united into one."**

31 하나님말씀책이 말씀하듯이,《한 남자는 그의 아버지와 어머니를 떠나서 그의 안해와 밀접히 결합됩니다, 그리하여 이 둘은 하나로 합쳐집니다.》

32 **This is a great mystery, but it is an illustration of the way Christ and the church are one.**

32 이것은 대단한 비밀입니다, 그러나 그것은 그리스도와 교회가 하나임을 보여 주는 방법의 한 실례입니다.

33 **So again I say, each man must love his wife as he loves himself, and the wife must respect her husband.**

33 그러므로 내가 다시 말합니다, 모든 남자는 자신의 안해를 그가 자신을 사랑하듯이 사랑해야 합니다, 그리고 그 안해는 자신의 남편을 존경해야 합니다.

6

Children and Parents

아들 딸들과 부모

1 **Children, obey your parents because you belong to the Lord, for this is the right thing to do.**

1 아들딸들이여, 당신들은 주님에게 속하기 때문에 당신들의 부모에게 복종하십시오, 왜냐하면 이것이 해야 할 옳은 일이기 때문입니다.

2 **"Honor your father and mother." This is the first commandment with a promise:**

2《너희의 아버지와 어머니를 존경하라.》이것은 약속된 첫 번째 명령입니다.

3 **If you honor your father and mother, "things will go well for you, and you will have a long life on the earth."**

3 만일 당신들이 자신들의 아버지와 어머니를 존경한다면,《일들이 너희들에게 잘될 것이다, 그리고 너희가 이 땅에서 오래 살 것이다.》

4 **Fathers, do not provoke your children to anger by the way you treat them.**

Rather, bring them up with the discipline and instruction that comes from the Lord.

4 아버지들은, 당신들의 아들딸들을 자신들이 그들을 대하는 방법으로 하여 성나게 하지 마십시오. 오히려, 주님으로부터 오는 훈련과 교육으로 양육하십시오.

Slaves and Masters
종들과 주인들

5 **Slaves, obey your earthly masters with deep respect and fear. Serve them sincerely as you would serve Christ.**

5 종들이여, 땅의 당신들의 주인들에게 깊은 존경과 두려움으로 복종하십시오. 당신들이 그리스도를 섬기듯이 그들을 진심으로 섬기십시오.

6 **Try to please them all the time, not just when they are watching you. As slaves of Christ, do the will of God with all your heart.**

6 그들이 당신들을 보고 있을 때만이 아니라, 언제나 그들을 기쁘게 하기 위해 노력하십시오. 그리스도의 종들로서, 하나님의 뜻을 당신들의 온 마음으로 실행하십시오.

7 **Work with enthusiasm, as though you were working for the Lord rather than for people.**

7 당신들이 사람을 위해서보다는 오히려 주님을 위해 일해 왔던 것처럼, 열정을 가지고 일하십시오.

8 **Remember that the Lord will reward each one of us for the good we do, whether we are slaves or free.**

8 주님께서 우리 각 사람에게, 우리가 종이든 자유인이든, 우리가 실행하는 좋은 것에 대해 상을 주실 것을 기억하십시오.

9 **Masters, treat your slaves in the same way. Don't threaten them; remember, you both have the same Master in heaven, and he has no favorites.**

9 주인들이여, 당신들의 종들을 똑같은 방법으로 대하십시오. 그들을 위협하지 마십시오; 기억하십시오, 당신들 량쪽 다 하늘에 동일한 주인이 있습니다, 그리고 그분은 차별하지 않으십니다.

The Whole Armor of God
하나님의 모든 갑옷과 투구

10 **A final word: Be strong in the Lord and in his mighty power.**

10 마지막 부탁: 주님 안에서 그리고 그분의 강한 능력 안에서 든든해지십시오.

11 **Put on all of God's armor so that you will be able to stand firm against all strategies of the devil.**

11 당신들이 악마의 모든 책략에 맞서 굳게 설 수 있도록 하나님의 모든 갑옷과 투구를 쓰십시오.

12 **For we are not fighting against flesh-and-blood enemies, but against evil rulers and authorities of the unseen world, against mighty powers in this dark world, and against evil spirits in the heavenly places.**

12 왜냐하면, 우리는 육체와 혈통의 원쑤들을 반대하여 싸우고 있는 것이 아니라, 보이지 않는 세상의 악한 지배자들과 권위자들을 반대하고, 어두운 세상에 있는 강한 능력에 반대하며, 하늘에 있는 악한 령들을 반대하여 싸우고 있는 것이기 때문입니다.

13 **Therefore, put on every piece of God's armor so you will be able to resist the enemy in the time of evil. Then after the battle you will still be standing firm.**

13 그러므로, 악한 시대에 원쑤를 이겨 낼 수 있도록, 하나님의 갑옷과 투구를 남김없이 쓰십시오. 그러면, 그 싸움이 끝난 후에도 당신들은 여전히 확고하게 서 있을 수 있을 것입니다.

14 **Stand your ground, putting on the belt of truth and the body armor of God's righteousness.**

14 진리의 허리띠를 띠고, 하나님의 정의의 방탄복을 입고서, 당신들의 맡은 자리를 고수하십시오.

15 **For shoes, put on the peace that comes from the Good News so that you will be fully prepared.**

15 신발로는, 반가운 소식으로부터 오는 평화를 신으십시오 그러면 당신들은 완전히 준비될 것입니다.

16 **In addition to all of these, hold up the shield of faith to stop the fiery arrows of the devil.**

16 이 모든 것들에 덧붙혀, 악마의 불화살들을 막기 위해 믿음의 방패를 드십시오.

17 **Put on salvation as your helmet, and take the sword ofthe Spirit, which is the word of God.**

17 당신의 투구로서 구원을 쓰십시오, 그리고 하나님의 말씀인 성령의 칼을 잡으십시오.

18 **Pray in the Spirit at all times and on every occasion. Stay alert and be persistent in your prayers for all believers everywhere.**

18 성령 안에서 언제나 그리고 모든 경우에 기도하십시오. 경각성을 유

지하고, 어디에서나 모든 믿는 사람들을 위해 당신들의 기도로써 끝까
지 목적을 이루십시오.

19 **And pray for me, too. Ask God to give me the right words so I can boldly explain God's mysterious plan that the Good News is for Jews and Gentiles alike.**

19 그리고 나를 위해서도 기도하십시오. 하나님께서 나에게 옳은 말씀을 주시도록 요청하십시오. 그래서 내가 당당하게 반가운 소식이 유태인들과 비유태인들을 똑같이 위한 것이라는 하나님의 신비스러운 계획을 설명할 수 있게 하여 주십시오.

20 **I am in chains now, still preaching this message as God's ambassador. So pray that I will keep on speaking boldly for him, as I should.**

20 나는 지금 사슬에 매여 있습니다, 여전히 하나님의 대사로서 이 말씀을 전하고 있습니다. 그러므로 내가 마땅히 해야 할, 내가 그분을 위해 당당하게 말하는 것을 계속하기를 기도해 주십시오.

Final Greetings
마지막 인사

21 **To bring you up to date, Tychicus will give you a full report about what I am doing and how I am getting along. He is a beloved brother and faithful helper in the Lord's work.**

21 지금까지를 당신들에게 전하기 위해, 두기고가 내가 무엇을 하고 있는지, 그리고 어떻게 내가 지내고 있는지에 대한 전면적인 보고를 당신들에게 할 것입니다. 그는 주님의 일을 하는 데서 사랑하는 형제이고 믿음직한 조력자입니다.

22 **I have sent him to you for this very purpose—to let you know how we are doing and to encourage you.**

22 내가 바로 이 목적으로 그를 당신들에게 보냈습니다—당신들이 우리가 어떻게 지내고 있으며 당신들을 고무하는 것을 알리기 위해서.

23 **Peace be with you, dear brothers and sisters, and may God the Father and the Lord Jesus Christ give you love with faithfulness.**

23 사랑하는 형제들과 자매들이여, 당신들에게 평화가 있기를, 그리고 하나님 아버지와 주 예수 그리스도께서 당신들에게 성실함과 함께 사랑을 주시기를 바랍니다.

24 **May God's grace be eternally upon all who love our Lord Jesus Christ.**

24 하나님의 은정이 우리 주 예수 그리스도를 사랑하는 모든 사람들 우에 영원히 있기를 바랍니다.

Philippians

빌립보 사람들에게 보내는 편지

Philippians

빌립보 사람들에게 보내는 편지

1

Greetings from Paul

바울로부터의 인사의 말

1 **This letter is from Paul and Timothy, slaves of Christ Jesus. I am writing to all of God's holy people in Philippi who belong to Christ Jesus, including the elders and deacons.**

1 이 편지는 예수 그리스도의 종들인, 바울과 디모데로부터 온 것입니다. 나는 장로들과 집사들을 포함해서 빌립보에 있는 예수 그리스도에게 속한 하나님의 거룩한 백성 모두에게 편지를 쓰고 있습니다.

2 **May God our Father and the Lord Jesus Christ give you grace and peace.**

2 하나님 우리 아버지와 주 예수 그리스도께서 당신들에게 은정과 평화를 주시기를 바랍니다.

Paul's Thanksgiving and Prayer

바울의 감사와 기도

3 **Every time I think of you, I give thanks to my God.**

3 내가 당신들을 생각할 때마다, 나는 나의 하나님께 감사를 드립니다.

4 **Whenever I pray, I make my requests for all of you with joy,**

4 내가 기도할 때마다, 나는 당신들 모두를 위해서 기쁨으로 나의 요청을 드립니다.

5 for you have been my partners in spreading the Good News about Christ from the time you first heard it until now.

5 왜냐하면 당신들은 자신들이 그리스도에 대한 반가운 소식을 처음 들었을 때부터 지금까지 그것을 퍼뜨리는 일에서 나의 협력자들이었기 때문입니다.

6 And I am certain that God, who began the good work within you, will continue his work until it is finally finished on the day when Christ Jesus returns.

6 그리고 나는 당신들 안에서 좋은 일을 시작하신 하나님께서, 예수 그리스도가 돌아오시는 그날에, 최종적으로 그 일이 마쳐질 때까지, 그분의 일을 계속하실 것을 확신합니다.

7 So it is right that I should feel as I do about all of you, for you have a special place in my heart. You share with me the special favor of God, both in my imprisonment and in defending and confirming the truth of the Good News.

7 그러므로 내가 당신들 모두에 대해 이처럼 느껴야 하는 것은 옳습니다, 왜냐하면 당신들은 내 마음속 특별한 곳에 자리 잡고 있기 때문입니다. 당신들은 내가 감옥에 있을 때나 반가운 소식의 진리를 지키고 확증할 때나 모두, 나와 함께 하나님의 특별한 은정을 나누었습니다.

8 God knows how much I love you and long for you with the tender compassion of Christ Jesus.

8 하나님께서 내가 예수 그리스도의 부드러운 애정으로 당신들을 얼마나 사랑하고 당신들을 그리워하는가를 아십니다.

9 I pray that your love will overflow more and more, and that you will keep on growing in knowledge and understanding.

9 나는 당신들의 사랑이 더욱더 흘러넘치고, 당신들이 지식과 판단력에서 계속 자라게 되기를 기도합니다.

10 For I want you to understand what really matters, so that you may live pure and blameless lives until the day of Christ's return.

10 왜냐하면, 나는 당신들이 그리스도의 다시 오실 날까지 순결하고 결백한 삶을 살기 위해, 당신들이 실제로 중요한 것이 무엇인가를 알기 원하기 때문입니다.

11 May you always be filled with the fruit of your salvation—the righteous character produced in your life by Jesus Christ—for this will bring much glory and praise to God.

11 당신들이 언제나 자신들의 구원의 열매—예수 그리스도에 의해 당신

들의 삶에서 맺어지는 올바른 성품—로 가득 차기를 바랍니다—이것
이 하나님께 많은 영광과 찬양을 가져올 것이기 때문입니다.

Paul's Joy That Christ Is Preached

그리스도가 전해지는 것에 대한 바울의 기쁨

12 **And I want you to know, my dear brothers and sisters, that everything that has happened to me here has helped to spread the Good News.**

12 그리고, 나의 사랑하는 형제들과 자매들이여, 나는 여기서 나에게 일어난 모든 것이 반가운 소식이 퍼지는 데 도움을 준 것을 당신들이 알기 바랍니다.

13 **For everyone here, including the whole palace guard, knows that I am in chains because of Christ.**

13 왜냐하면 내가 그리스도 때문에 사슬에 매여 있는 것을 모든 궁전 호위병을 포함해서 여기 있는 누구든지 알기 때문입니다.

14 **And because of my imprisonment, most of the believers here have gained confidence and boldly speak God's message without fear.**

14 그리고 나의 투옥 때문에, 여기 있는 믿는 사람들의 대부분이 확신을 얻게 되였고 두려움 없이 당당하게 하나님의 말씀을 전했습니다.

15 **It's true that some are preaching out of jealousy and rivalry. But others preach about Christ with pure motives.**

15 어떤 사람들이 질투와 경쟁으로 전하고 있다는 것은 사실입니다. 그러나 다른 사람들은 순수한 동기로 그리스도에 대하여 전합니다.

16 **They preach because they love me, for they know I have been appointed to defend the Good News.**

16 그들은 자신들이 나를 사랑하기 때문에 전합니다. 왜냐하면 그들은 내가 반가운 소식을 수호하기 위해 임명된 것을 알기 때문입니다.

17 **Those others do not have pure motives as they preach about Christ. They preach with selfish ambition, not sincerely, intending to make my chains more painful to me.**

17 또 다른 사람들은 그들이 그리스도에 대하여 전할 때 순수한 동기들을 갖지 않습니다. 그들은 나의 구금이 나에게 더욱더 고통스럽게 되기를 의도하면서, 진심으로가 아니라, 리기적인 공명심으로 전합니다.

18 **But that doesn't matter. Whether their motives are false or genuine, the message about Christ is being preached either way, so I rejoice. And I will continue to rejoice.**

18 그러나 그것은 문제가 안 됩니다. 그들의 동기가 거짓이든 혹은 진실

하든 그리스도에 대한 말씀은 어느 방법으로든 전해지고 있습니다. 그래서 나는 기뻐합니다. 그리고 나는 계속해서 기뻐할 것입니다.

19 For I know that as you pray for me and the Spirit of Jesus Christ helps me, this will lead to my deliverance.

19 왜냐하면 나는 당신들이 나를 위해 기도하고 예수 그리스도의 령이 나를 도울 때, 이것이 나의 구출로 이끌리라는 것을 알기 때문입니다.

Paul's Life for Christ

그리스도를 위한 바울의 삶

20 For I fully expect and hope that I will never be ashamed, but that I will continue to be bold for Christ, as I have been in the past. And I trust that my life will bring honor to Christ, whether I live or die.

20 왜냐하면 나는 내가 과거에 그랬듯이, 내가 조금도 부끄러워하지 않고 오히려 그리스도를 위해 계속해서 당당할 것을 나는 전적으로 기대하고 바라기 때문입니다. 그리고 나는 내가 살든지 혹은 죽든지 나의 삶이 그리스도에게 영광을 가져올 것을 신뢰합니다.

21 For to me, living means living for Christ, and dying is even better.

21 왜냐하면 나에게 사는 것이란 그리스도를 위해 사는 것을 의미하며, 죽는 편이 더 좋기 때문입니다.

22 But if I live, I can do more fruitful work for Christ. So I really don't know which is better.

22 그러나 만일 내가 산다면, 나는 그리스도를 위해 더 많은 성과적인 일을 할 수 있습니다. 그러므로 나는 어떤 것이 더 좋은지 정말로 모르겠습니다.

23 I'm torn between two desires: I long to go and be with Christ, which would be far better for me.

23 나는 두 념원 사이에서 갈피를 잡지 못하고 있습니다: 나는 가서 그리스도와 함께 있기를 갈망합니다. 이것이 나에게 훨씬 더 좋을 것입니다.

24 But for your sakes, it is better that I continue to live.

24 그러나 당신들의 리익을 위해서는, 내가 계속해서 사는 것이 더 좋습니다.

25 Knowing this, I am convinced that I will remain alive so I can continue to help all of you grow and experience the joy of your faith.

25 이것을 알고 있기에, 나는 계속 살아 있을 것이라고 확신합니다. 나는 당신들 모두가 성장하고 자신들의 믿음의 기쁨을 경험하도록 계속 도울 수 있기 위해서입니다.

26 And when I come to you again, you will have even more reason to take pride in Christ Jesus because of what he is doing through me.

26 그리고 내가 당신들에게 다시 갈 때, 당신들은 예수 그리스도가 나를 통해 하고 계시는 일 때문에 그분을 자랑할 더욱더 많은 리유를 가지게 될 것입니다.

Live as Citizens of Heaven
하늘나라의 시민답게 사십시오.

27 Above all, you must live as citizens of heaven, conducting yourselves in a manner worthy of the Good News about Christ. Then, whether I come and see you again or only hear about you, I will know that you are standing together with one spirit and one purpose, fighting together for the faith, which is the Good News.

27 무엇보다도, 당신들은 그리스도에 대한 반가운 소식에 어울리는 몸가짐으로 당신 자신들을 이끌면서, 하늘나라의 시민답게 살아야 합니다. 그러면 내가 가서 당신들을 다시 보거나 혹은 당신들에 대해 듣기만 하거나, 나는 당신들이 반가운 소식인 믿음을 위하여 함께 싸우면서 하나의 령과 하나의 목적으로 함께 서 있다는 것을 알게 될 것입니다.

28 Don't be intimidated in any way by your enemies. This will be a sign to them that they are going to be destroyed, but that you are going to be saved, even by God himself.

28 어떤 경우에도 당신들의 원쑤들로 하여 두려워하지 마십시오. 이것이 그들에게는, 그들은 멸망될 것이지만 당신들은 바로 하나님 그분 자신에 의해 구원될 것이라는 표식이 될 것입니다.

29 For you have been given not only the privilege of trusting inChrist but also the privilege of suffering for him.

29 왜냐하면 당신들은 단지 그리스도를 믿는 특권을 받았을 뿐만 아니라 그분을 위하여 고난을 당하는 특권도 또한 받았기 때문입니다.

30 We are in this struggle together. You have seen my struggle in the past, and you know that I am still in the midst of it.

30 우리는 함께 이 싸움 가운데 있습니다. 당신들은 과거에 나의 싸움을 보았습니다, 그리고 당신들은 내가 여전히 그것의 한가운데 있다는 것을 압니다.

2

Have the Attitude of Christ

그리스도의 심정 따르기

1 **Is there any encouragement from belonging to Christ? Any comfort from his love? Any fellowship together in the Spirit? Are your hearts tender and compassionate?**

1 그리스도에게 속한 것으로부터 받는 무슨 격려라도 있습니까? 그분의 사랑에서 오는 어떤 위안이 있습니까? 성령 안에서 함께하는 어떤 교제가 있습니까? 당신들의 마음은 다정다감하고 동정심이 있습니까?

2 **Then make me truly happy by agreeing wholeheartedly with each other, loving one another, and working together with one mind and purpose.**

2 그렇다면, 성심성의로 서로의 의견을 일치시키고, 서로를 사랑하며, 한 마음과 한 목적으로 함께 일함으로써, 진실로 나를 기쁘게 해주십시오.

3 **Don't be selfish; don't try to impress others. Be humble, thinking of others as better than yourselves.**

3 자기본위로 행동하지 마십시오 ; 다른 사람들에게 잘 보이려고 하지 마십시오. 다른 사람들을 당신들 자신보다 더 낫다고 생각하면서, 겸손하십시오.

4 **Don't look out only for your own interests, but take an interest in others, too.**

4 당신들 자신의 리익만을 찾지 말고, 다른 사람들에게도 관심을 가지십시오.

5 **You must have the same attitude that Christ Jesus had.**

5 당신들은 그리스도가 가지셨던 똑같은 마음가짐을 가져야 합니다.

6 **Though he was God, he did not think of equality with God as something to cling to.**

6 그분은 하나님이였음에도 불구하고, 그분은 어떤 것을 고수함으로써 하나님과 동등하다고 생각하지 않았습니다.

7 **Instead, he gave up his divine privileges; he took the humble position of a slave and was born as a human being. When he appeared in human form,**

7 오히려, 그분은 자신의 신성한 특권들을 포기하셨습니다; 그분은 종의 겸손한 자리를 받아들여 인간으로 태여나셨습니다. 그분이 인간의 모습으로 나타났을 때,

8 **he humbled himself in obedience to God and died a criminal's death on a**

cross.

8 그분은 하나님에 대한 복종으로 그 자신을 낮추셔서 십자사형틀 우에서 죄인의 죽음으로 죽으셨습니다.

9 Therefore, God elevated him to the place of highest honor and gave him the name above all other names,

9 그러므로, 하나님께서 그분을 가장 높은 영예로운 자리로 높이셨고 모든 다른 이름들 우에 뛰여난 이름을 그분에게 주셨습니다.

10 that at the name of Jesus every knee should bow, in heaven and on earth and under the earth,

10 그래서 하늘에서와 땅 우 그리고 땅 아래에서, 모든 무릎이 예수님의 이름에 무릎을 꿇고,

11 and every tongue confess that Jesus Christ is Lord, to the glory of God the Father.

11 그리고 모든 혀가 예수 그리스도는 주님이라고 고백하며, 하나님 아버지께 영광을 돌리게 했습니다.

Shine Brightly for Christ

그리스도를 위해 밝게 빛나라

12 Dear friends, you always followed my instructions when I was with you. And now that I am away, it is even more important. Work hard to show the results of your salvation, obeying God with deep reverence and fear.

12 사랑하는 친구들이여, 내가 당신들과 함께 있을 때, 당신들은 언제나 나의 가르침을 따랐습니다. 그리고 지금 내가 멀리 있기 때문에, 그것은 더욱더 중요합니다. 깊은 존경과 두려움을 가지고 하나님께 복종하며, 당신들의 구원의 결과를 보여줄 수 있게 열심히 일하십시오.

13 For God is working in you, giving you the desire and the power to do what pleases him.

13 왜냐하면 하나님께서 당신들에게 소원과 그리고 그분을 기쁘게 하는 것을 수행할 능력을 주시면서, 당신들 안에서 일하고 계시고 있기 때문입니다.

14 Do everything without complaining and arguing,

14 모든 것을 불평과 다툼이 없이 하십시오,

15 so that no one can criticize you. Live clean, innocent lives as children of God, shining like bright lights in a world full of crooked and perverse people.

15 아무도 당신들을 비판할 수 없게 하기 위해서입니다. 비뚤어지고 심

술궂은 사람들로 가득 찬 세상에서 밝은 빛처럼 반짝이면서, 하나님의 아들딸들로서 깨끗하고 순결한 삶을 사십시오.

16 Hold firmly to the word of life; then, on the day of Christ's return, I will be proud that I did not run the race in vain and that my work was not useless.

16 생명의 말씀을 단단히 붙잡으십시오; 그러면, 그리스도가 다시 돌아오시는 날에, 내가 쓸데없는 달리기 경주를 하지 않았고 나의 일이 헛되지 않았다는 것이 자랑스럽게 될 것입니다.

17 But I will rejoice even if I lose my life, pouring it out like a liquid offering to God, just like your faithful service is an offering to God. And I want all of you to share that joy.

17 그러나 나는 당신들의 믿음의 례배가 하나님께 드리는 제물이듯이, 나의 생명을 피의 제물처럼 하나님께 부어드리면서, 만일 내가 나의 생명을 잃을지라도 기뻐할 것입니다. 그리고 나는 당신들 모두가 그 기쁨을 서로 나누기를 원합니다.

18 Yes, you should rejoice, and I will share your joy.

18 그렇습니다, 당신들은 기뻐하십시오, 그리고 나는 당신들의 기쁨에 참가할 것입니다.

Paul Commends Timothy

바울이 디모데를 추천함

19 If the Lord Jesus is willing, I hope to send Timothy to you soon for a visit. Then he can cheer me up by telling me how you are getting along.

19 만일 주 예수님이 원하시면, 나는 디모데를 당신들을 방문하기 위해 곧 보내려고 합니다. 그러면 그는 당신들이 어떻게 지내고 있는가를 나에게 전해주는 것으로 나를 격려할 수 있을 것입니다.

20 I have no one else like Timothy, who genuinely cares about your welfare.

20 나에게는 디모데만큼, 당신들의 행복에 대해 진정으로 마음 쓰는 사람은 아무도 없습니다.

21 All the others care only for themselves and not for what matters to Jesus Christ.

21 다른 모든 사람들은 오직 그들 자신들에 대해서만 생각하고, 예수 그리스도에게 중요한 것에 대해서는 관심이 없습니다.

22 But you know how Timothy has proved himself. Like a son with his father, he has served with me in preaching the Good News.

22 그러나 당신들은 어떻게 디모데가 그 자신을 립증했는지 알고 있습

니다. 그는 자기 아버지와 함께 있는 아들처럼, 나와 함께 반가운 소식을 전하는 일에 복무했습니다.

23 **I hope to send him to you just as soon as I find out what is going to happen to me here.**

23 나는 여기서 나에게 무슨 일이 일어날지 내가 알아내는 대로 곧바로 당신들에게 그를 보내고 싶습니다.

24 **And I have confidence from the Lord that I myself will come to see you soon.**

24 그리고 나는 내가 직접 곧 당신들을 보러 갈 것이라는, 주님으로부터 오는 확신이 있습니다.

Paul Commends Epaphroditus
바울이 에바브로디도를 추천함

25 **Meanwhile, I thought I should send Epaphroditus back to you. He is a true brother, co-worker, and fellow soldier. And he was your messenger to help me in my need.**

25 한편, 나는 에바브로디도를 당신들에게 돌려보내야 하겠다고 생각했습니다. 그는 진실한 형제이고, 협력자이며, 전우입니다. 그리고 그는 내가 어려울 때 나를 돕도록 한 당신들의 심부름군이였습니다.

26 **I am sending him because he has been longing to see you, and he was very distressed that you heard he was ill.**

26 나는 그가 당신들 만나기를 간절히 바랬기 때문에 그를 보냅니다, 그리고 그는 자기가 아픈 것을 당신들이 들은 것에 대해 매우 근심했습니다.

27 **And he certainly was ill; in fact, he almost died. But God had mercy on him. and also on me, so that I would not have one sorrow after another.**

27 그리고 그는 정말로 아팠습니다; 사실, 그는 거의 죽을 뻔했습니다. 그러나 하나님께서는 그에게 은정을 베푸셨습니다— 그리고 내가 련이어 슬픔을 겪지 않도록, 나에게도 또한, 은정을 베푸셨습니다.

28 **So I am all the more anxious to send him back to you, for I know you will be glad to see him, and then I will not be so worried about you.**

28 그러므로 나는 당신들에게 그를 더욱더 서둘러 돌려보냅니다. 왜냐하면 당신들이 그를 보고 기뻐할 것을 내가 알고, 그러면 내가 당신들에 대해서 너무 염려하지 않게 될 것이기 때문입니다.

29 **Welcome him with Christian love and with great joy, and give him the honor that people like him deserve.**

29 그리스도를 믿는 사람이 가지는 사랑과 큰 기쁨으로 그를 반갑게 맞이하십시오, 그리고 그와 같은 사람들이 받을 만한 영예를 그에게 주십시오.

30 For he risked his life for the work of Christ, and he was at the point of death while doing for me what you couldn't do from far away.

30 왜냐하면 그는 그리스도의 일을 위해 자기 생명을 내걸었습니다, 그리고 그는 당신들이 멀리 있어서 할 수 없었던 일을 나를 위해 하는 동안, 거의 죽음의 순간에 처해 있었습니다.

3

The Priceless Value of Knowing Christ

그리스도를 아는 것에 대한 값을 따질 수 없는 가치

1 Whatever happens, my dear brothers and sisters, rejoice in the Lord. I never get tired of telling you these things, and I do it to safeguard your faith.

1 나의 사랑하는 형제들과 자매들이여, 무슨 일이 일어나든지, 주님 안에서 기뻐하십시오. 나는 당신들에게 이러한 일들을 말하는 데서 전혀 지치지 않으며, 나는 당신들의 믿음을 보호하기 위해서 이것을 합니다.

2 Watch out for those dogs, those people who do evil, those mutilators who say you must be circumcised to be saved.

2 저 개들, 악한 짓을 하는 저 사람들, 당신들이 구원을 받기 위해 반드시 잘라냄례식을 받아야 한다고 말하는 저 불구로 만드는 자들을 조심하십시오.

3 For we who worship by the Spirit of God are the ones who are truly circumcised. We rely on what Christ Jesus has done for us. We put no confidence in human effort,

3 왜냐하면 하나님의 령으로 례배하는 우리들은 진정으로 잘라냄례식을 받은 사람들이기 때문입니다. 우리는 그리스도 예수님이 우리를 위해서 하신 것을 의지합니다. 우리는 인간의 노력에 아무런 확신을 두지 않습니다,

4 though I could have confidence in my own effort if anyone could. Indeed, if others have reason for confidence in their own efforts, I have even more!

4 어느 누구가 할 수 있다면 나는 나 자신의 노력에 대해 신뢰할 수 있기는 하지만, 실제로, 만일 다른 사람들에게 그들 자신의 노력을 신뢰

할 만한 리유가 있다면, 나는 더욱더 그렇습니다!

5 I was circumcised when I was eight days old. I am a pure-blooded citizen of Israel and a member of the tribe of Benjamin—a real Hebrew if there ever was one! I was a member of the Pharisees, who demand the strictest obedience to the Jewish law.

5 나는 내가 태여난 지 8일 되였을 때 잘라냄례식을 받았습니다. 나는 순수 혈통을 지닌 이스라엘 시민이고 베냐민 가문의 성원입니다—확실히 진짜 히브리인입니다! 나는 유태 법에 대해 가장 엄격한 복종을 요구하는 바리새파의 성원이였습니다.

6 I was so zealous that I harshly persecuted the church. And as for righteousness, I obeyed the law without fault.

6 나는 매우 열광적이여서 가혹하게 교회를 박해했습니다. 그리고 옳바름에 대해서는, 나는 흠 없이 률법을 지켰습니다.

7 I once thought these things were valuable, but now I consider them worthless because of what Christ has done.

7 나는 이전에 이러한 것들이 가치가 있다고 생각했습니다, 그러나 지금 나는 그리스도가 하신 일 때문에 그것들을 쓸모없게 여깁니다.

8 Yes, everything else is worthless when compared with the infinite value of knowing Christ Jesus my Lord. For his sake I have discarded everything else, counting it all as garbage, so that I could gain Christ

8 그렇습니다, 다른 모든 것이 나의 주 예수 그리스도를 아는 무한한 가치와 비교할 때 보잘것없습니다. 나는 그리스도를 얻을 수 있기 위해, 모든 것을 쓰레기로 여기면서 그분을 위해서 나는 다른 모든 것을 버렸습니다.

9 and become one with him. I no longer count on my own righteousness through obeying the law; rather, I become righteous through faith in Christ. For God's way of making us right with himself depends on faith.

9 그리고 그분과 함께 하나가 되였습니다. 나는 률법을 따르는 것을 통한 나 자신의 옳바름을 더 이상 기대하지 않습니다; 오히려, 나는 그리스도를 믿는 믿음을 통해 옳바르게 됩니다. 왜냐하면 우리가 그분 자신과 옳바른 관계를 가지게 하는 하나님의 길은 믿음에 의존하기 때문입니다.

10 I want to know Christ and experience the mighty power that raised him from the dead. I want to suffer with him, sharing in his death,

10 나는 그리스도를 알며 죽은 사람들로부터 그분을 일으킨 강력한 능력을 체험하기 원합니다. 나는 그분의 죽음에 참가하면서 그분과 함께

고통받기를 원합니다.

11 so that one way or another I will experience the resurrection from the dead!

11 어떻게 해서라도 내가 죽은 사람들로부터의 부활을 경험하기 위해서입니다!

Pressing toward the Goal
목표를 향하여 밀고 나아감

12 I don't mean to say that I have already achieved these things or that I have already reached perfection. But I press on to possess that perfection for which Christ Jesus first possessed me.

12 나는 내가 이러한 것들을 이미 이루었다거나 혹은 완성에 이미 도달했다는 것을 말하고 있는 것이 아닙니다. 그러나 나는 예수 그리스도가 나를 처음 사로잡으셨던 그 완성에 도달하기 위해 계속 밀고 나갑니다.

13 No, dear brothers and sisters, I have not achieved it, but I focus on this one thing: Forgetting the past and looking forward to what lies ahead,

13 그렇습니다, 사랑하는 형제들과 자매들이여, 나는 그것을 이루지 못했습니다, 그러나 나는 이 한 가지 일에 집중합니다: 과거를 잊어버리고 앞에 놓인 것을 애타게 기다립니다.

14 I press on to reach the end of the race and receive the heavenly prize for which God, through Christ Jesus, is calling us.

14 나는 달리기 경주의 끝에 도달해서 하나님께서, 예수 그리스도를 통해, 우리를 부르시는, 하늘나라의 상을 받기 위해 계속 밀고 나아갑니다.

15 Let all who are spiritually mature agree on these things. If you disagree on some point, I believe God will make it plain to you.

15 령적으로 성숙한 모든 사람들은 이러한 것들에 대해 의견을 같이하십시오. 만일 당신들이 어떤 점에서 동의하지 않는다면, 나는 하나님께서 당신들에게 그것을 명백하게 하실 것을 믿습니다.

16 But we must hold on to the progress we have already made.

16 그렇지만, 우리는 우리가 이미 이루어 놓은 발전을 계속 유지해야 합니다.

17 Dear brothers and sisters, pattern your lives after mine, and learn from those who follow our example.

17 사랑하는 형제들과 자매들이여, 당신들의 삶을 나를 본보기로 삼으십시오, 그리고 우리를 본보기로 따르는 사람들로부터 배우십시오.

18 For I have told you often before, and I say it again with tears in my eyes,

that there are many whose conduct shows they are really enemies of the cross of Christ.

18 왜냐하면 내가 전에 자주 당신들에게 말했기 때문입니다, 그리고 내가 나의 눈에서 눈물을 흘리면서 그것을 다시 말합니다, 그들의 행동이 그들이야말로 그리스도의 십자사형틀의 원쑤들이라는 것을 보여 주는 많은 사람들입니다.

19 **They are headed for destruction. Their god is their appetite, they brag about shameful things, and they think only about this life here on earth.**

19 그들은 멸망에 직면해 있습니다. 그들의 신은 자신들의 육체적 욕망이고, 그들은 부끄러운 것들에 대해 자랑합니다, 그리고 그들은 여기 땅에서 지금의 이 세상만을 생각합니다.

20 **But we are citizens of heaven, where the Lord Jesus Christ lives. And we are eagerly waiting for him to return as our Savior.**

20 그러나 우리는 주 예수 그리스도가 살고 계시는 하늘나라의 시민들입니다. 그리고 우리는 우리의 구세주로서 다시 돌아오실 그분을 간절히 기다리고 있습니다.

21 **He will take our weak mortal bodies and change them into glorious bodies like his own, using the same power with which he will bring everything under his control.**

21 그분은 모든 것들을 자신의 통치 아래 가져가실 그 동일한 능력을 사용하셔서, 우리의 연약한 죽을 운명의 몸들을 받으시고 그것들을 그분 자신의 것과 같이 영광스러운 몸으로 바꾸실 것입니다.

4

1 **Therefore, my dear brothers and sisters, stay true to the Lord. I love you and long to see you, dear friends, for you are my joy and the crown I receive for my work.**

1 그러므로 나의 사랑하는 형제들과 자매들이여, 주님에게 진실하십시오. 나는 당신들을 사랑하고 당신들 만나기를 간절히 바랍니다, 사랑하는 친구들이여, 왜냐하면 당신들은 나의 기쁨이고 나의 활동으로 하여 받는 영예의 관이기 때문입니다.

Words of Encouragement

격려의 말

2 **Now I appeal to Euodia and Syntyche. Please, because you belong to the**

Lord, settle your disagreement.

2 지금 나는 유오디아와 순두게에게 간청합니다. 당신들이 주님에게 속해 있으므로, 부디, 당신들의 불화를 해결하십시오.

3 And I ask you, my true partner, to help these two women, for they worked hard with me in telling others the Good News. They worked along with Clement and the rest of my co-workers, whose names are written in the Book of Life.

3 그리고 나의 진실한 동료들이여, 나는 당신들이 이 두 녀성을 도와줄 것을 부탁합니다, 왜냐하면 그들은 다른 사람들에게 반가운 소식을 전하는 데서 나와 함께 열심히 일했기 때문입니다. 그들은 글레멘드와 나의 협조자들인 그 밖의 사람들과 함께 일했습니다, 그들의 이름들은 생명책에 씌여져 있습니다.

4 Always be full of joy in the Lord. I say it again—rejoice!

4 언제나 주님 안에서 기쁨으로 가득하십시오. 나는 다시 그것을 말합니다—기뻐하십시오!

5 Let everyone see that you are considerate in all you do. Remember, the Lord is coming soon.

5 당신들은 자신들이 하는 모든 일에서 사려 깊다는 것을 모든 사람이 알도록 하십시오. 기억하십시오. 주님이 곧 오십니다.

6 Don't worry about anything; instead, pray about everything. Tell God what you need, and thank him for all he has done.

6 아무것도 근심하지 마십시오; 그 대신에, 모든 일에 대해 기도하십시오. 당신들이 필요한 것을 하나님께 말씀드리십시오, 그리고 그분이 하신 모든 것에 대해 그분에게 감사하십시오.

7 Then you will experience God's peace, which exceeds anything we can understand. His peace will guard your hearts and minds as you live in Christ Jesus.

7 그러면 당신들은 우리가 리해할 수 있는 어떤 것을 초월하는 하나님의 평화를 경험할 것입니다. 그분의 평화가 당신들이 예수 그리스도 안에 사는 동안 당신들의 마음과 생각을 지킬 것입니다.

8 And now, dear brothers and sisters, one final thing. Fix your thoughts on what is true, and honorable, and right, and pure, and lovely, and admirable. Think about things that are excellent and worthy of praise.

8 그리고 이제, 사랑하는 형제들과 자매들이여, 마지막 한 가지입니다. 당신들의 생각을 진실하고, 존경할 만하고, 옳바르고, 순결하고, 사랑스러우며 칭찬할 만한 것에 고정시키십시오. 훌륭한 것들과 찬양받을

만한 것들에 대하여 생각하십시오.

9 **Keep putting into practice all you learned and received from me—everything you heard from me and saw me doing. Then the God of peace will be with you.**

9 당신들 모두가 나로부터 배우고 받았던 모든 것들을 계속 실천하십시오—당신들이 나로부터 듣고 내가 하는 것을 보았던 모든 것. 그러면 평화의 하나님께서 당신들과 함께 계실 것입니다.

Paul's Thanks for Their Gifts

그들의 선물에 대한 바울의 감사

10 **How I praise the Lord that you are concerned about me again. I know you have always been concerned for me, but you didn't have the chance to help me.**

10 당신들이 다시 나에 대해 걱정하는 것에 대해 나는 참으로 주님을 찬양합니다. 나는 당신들이 언제나 나를 위해 근심해 왔다는 것을 압니다. 그러나 당신들은 나를 도울 기회가 없었습니다.

11 **Not that I was ever in need, for I have learned how to be content with whatever I have.**

11 나에게 빈곤한 적이 있었다는 것은 아닙니다. 왜냐하면 나는 내가 가지고 있는 것이 무엇이든 그것에 만족하는 법을 배웠기 때문입니다.

12 **I know how to live on almost nothing or with everything. I have learned the secret of living in every situation, whether it is with a full stomach or empty, with plenty or little.**

12 나는 거의 아무것도 없거나 모든 것을 가지고 살아가는 법을 압니다. 나는 배부르든지 혹은 고프든지, 넉넉하든지 혹은 거의 없든지, 모든 경우에 살아가는 비밀을 배웠습니다.

13 **For I can do everything through Christ, who gives me strength.**

13 왜냐하면 나는 나에게 힘을 주시는 그리스도를 통해서 모든 것을 할 수 있기 때문입니다.

14 **Even so, you have done well to share with me in my present difficulty.**

14 그렇다 할지라도, 당신들은 나의 지금의 어려움 속에 나와 함께 나누는 것은 잘한 것입니다.

15 **As you know, you Philippians were the only ones who gave me financial help when I first brought you the Good News and then traveled on from Macedonia. No other church did this.**

15 당신들이 아는 것처럼, 당신들 빌립보 사람들은 내가 처음으로 당신

들에게 반가운 소식을 가져갔을 때 그리고 다음에 마케도니아로부터 려
행하고 있었을 때 나에게 재정적인 도움을 준 유일한 사람들이였습니
다. 다른 아무 교회도 이 일을 하지 않았습니다.

16 Even when I was in Thessalonica you sent help more than once.

16 내가 데살로니가에 있었을 때에도 당신들은 몇 번이고 도움을 주었
습니다.

17 I don't say this because I want a gift from you. Rather, I want you to receive a reward for your kindness.

17 나는 당신들로부터 선물을 바라기 때문에 이것을 말하지 않습니다.
오히려, 나는 당신들이 자신들의 친절함에 대한 보답을 받기 바랍니다.

18 At the moment I have all I need—and more! I am generously supplied with the gifts you sent me with Epaphroditus. They are a sweet-smelling sacrifice that is acceptable and pleasing to God.

18 지금 이 순간 나는 내가 필요로 하는 모든 것을 가졌고—그리고 더 많
은 것을 가졌습니다! 나는 당신들이 에바브로디도와 함께 나에게 보내
준 선물로 잔뜩 공급 받았습니다. 그것들은 하나님께 마음에 들고 기뻐
하시는 달콤한 향기가 나는 제물입니다.

19 And this same God who takes care of me will supply all your needs from his glorious riches, which have been given to us in Christ Jesus.

19 그리고 나를 돌보시는 이 동일한 하나님께서 당신들의 모든 필요들을
그분의 영광스러운 부유함으로부터 공급하실 것입니다, 이 부유함은 예
수 그리스도 안에서 우리에게 주어진 것입니다.

20 Now all glory to God our Father forever and ever! Amen.

20 이제 모든 영광이 하나님 우리 아버지께 영원하기를! 아멘.

Paul's Final Greetings

바울의 마지막 인사

21 Give my greetings to each of God's holy people—all who belong to Christ Jesus. The brothers who are with me send you their greetings.

21 나의 인사의 말을 하나님의 거룩한 백성 한 사람 한 사람에게—예수
그리스도에게 속한 모든 사람에게 전해주십시오. 나와 함께 있는 형제
들도 당신들에게 그들의 인사를 보냅니다.

22 And all the rest of God's people send you greetings, too, especially those in Caesar's household.

22 그리고 또한, 그 밖의 모든 하나님의 백성들, 특별히 로마황제의 집
안사람들이 당신들에게 인사를 보냅니다.

23 **May the grace of the Lord Jesus Christ be with your spirit.**
23 주 예수 그리스도의 은정이 당신들의 령과 함께 있기를 바랍니다.

Colossians

골로새 사람들에게 보내는 편지

Colossians

골로새 사람들에게 보내는 편지

1

Greetings from Paul

바울로부터의 인사

1 This letter is from Paul, chosen by the will of God to be an apostle of
Christ Jesus, and from our brother Timothy.

1 이 편지는 하나님의 의지에 의해 예수 그리스도의 핵심제자가 되기로
선택된 바울과, 우리의 형제 디모데로부터 온 것입니다.

2 We are writing to God's holy people in the city of Colosse, who are faith-
ful brothers and sisters in Christ. May God our Father give you grace and
peace.

2 우리는 골로새 도시에 있는 하나님의 거룩한 백성, 그리스도 안에 있
는 성실한 형제들과 자매들에게 편지를 쓰고 있습니다. 하나님 우리 아
버지께서 당신들에게 은정과 평화를 주시기를 바랍니다.

Paul's Thanksgiving and Prayer

바울의 감사와 기도

3 We always pray for you, and we give thanks to God, the Father of our Lord
Jesus Christ.

3 우리는 당신들을 위해 언제나 기도합니다. 그리고 우리는 우리 주 예
수 그리스도의 아버지, 하나님께 감사를 드립니다.

4 For we have heard of your faith in Christ Jesus and your love for all of God's people,

4 왜냐하면 우리는 예수 그리스도에 대한 당신들의 믿음과 하나님의 백성들 모두를 위한 당신들의 사랑을 들었기 때문입니다.

5 which come from your confident hope of what God has reserved for you in heaven. You have had this expectation ever since you first heard the truth of the Good News.

5 이것은 하나님께서 당신들을 위해 하늘나라에 확보해 두신 것에 대한 당신들의 확실한 희망으로부터 옵니다. 당신들은 반가운 소식의 진리에 대해 당신들이 처음 들은 이후로 줄곧 이 기대를 가지고 있었습니다.

6 This same Good News that came to you is going out all over the world. It is bearing fruit everywhere by changing lives, just as it changed your lives from the day you first heard and understood the truth about God's wonderful grace.

6 당신들에게 이르렀던 바로 이 반가운 소식은 온 세계로 나아가고 있습니다. 이것은 삶을 변화시킴으로써 모든 곳에서 열매를 맺고 있습니다. 당신들이 하나님의 놀라운 은정에 대한 진리를 처음으로 듣고 깨달은 날부터 그것이 당신들의 삶을 변화시킨 것과 꼭 같습니다.

7 You learned about the Good News from Epaphras, our beloved co-worker. He is Christ's faithful servant, and he is helping us on your behalf.

7 당신들은 우리의 사랑하는 협조자인, 에바브라로부터 반가운 소식에 대해 들었습니다. 그는 그리스도의 충실한 종입니다. 그리고 그는 당신들을 대신하여 우리를 돕고 있습니다.

8 He has told us about the love for others that the Holy Spirit has given you.

8 그는 성령이 당신들에게 주신 다른 사람들을 위한 사랑에 대해 우리에게 말해 주었습니다.

9 So we have not stopped praying for you since we first heard about you. We ask God to give you complete knowledge of his will and to give you spiritual wisdom and understanding.

9 그래서 우리는 우리가 당신들에 대해 처음으로 들은 이후 줄곧 당신들을 위해 기도하기를 멈추지 않았습니다. 우리는 하나님께서 그분의 의지에 대한 완전한 지식을 당신들에게 주시고 당신들에게 령적인 지혜와 리해력 주시기를 요청합니다.

10 Then the way you live will always honor and please the Lord, and your lives will produce every kind of good fruit. All the while, you will grow as you learn to know God better and better.

10 그러면 당신들이 살아가는 길은 주님을 언제나 높이 모시고 기쁨을 드리는 것입니다. 그리하여 당신들의 삶은 온갖 종류의 좋은 열매들을 맺을 것입니다. 이러는 동안 내내, 당신들은 하나님을 더욱더 잘 알기 위해 배우므로써 자랄 것입니다.

11 We also pray that you will be strengthened with all his glorious power so you will have all the endurance and patience you need. May you be filled with joy,

11 우리는 당신들이 필요로 하는 온갖 인내와 참을성을 당신들이 가질 수 있도록 당신들이 그분의 모든 영광스러운 능력으로 견고해지기를 또한 기도합니다. 당신들이 기쁨으로 넘쳐나기를 바랍니다,

12 always thanking the Father. He has enabled you to share in the inheritance that belongs to his people, who live in the light.

12 언제나 하나님께 감사를 드립니다. 그분은 빛 가운데 사는, 자신의 백성에게 속한 유산을 당신들이 나누어 가질 수 있도록 하셨습니다.

13 For he has rescued us from the kingdom of darkness and transferred us into the Kingdom of his dear Son,

13 왜냐하면 그분께서는 우리를 어둠의 나라로부터 구출하셨고 우리를 그분의 사랑하는 아들의 나라로 옮기셨기 때문입니다.

14 who purchased our freedom and forgave our sins.

14 그분께서는 우리의 자유를 값 주고 사셨고 우리의 죄들을 용서해 주셨습니다.

Christ Is Supreme

그리스도는 최고이심

15 Christ is the visible image of the invisible God. He existed before anything was created and is supreme over all creation,

15 그리스도는 보이지 않는 하나님의 보이는 모습입니다. 그분은 창조된 어떤 것보다도 먼저 계셨고 모든 창조물 우에 가장 뛰여나십니다.

16 for through him God created everything in the heavenly realms and on earth. He made the things we can see and the things we can't see—such as thrones, kingdoms, rulers, and authorities in the unseen world. Everything was created through him and for him.

16 왜냐하면 그리스도를 통해 하나님께서 하늘의 령역과 땅에 있는 모든 것을 창조하셨기 때문입니다. 그분께서는 우리가 볼 수 있는 것들과 우리가 볼 수 없는 것들—왕권들과 나라들과 통치자들 그리고 보이지 않는 세상의 권력들과 같은 것들을 만드셨습니다. 모든 것이 그분을 통해

그리고 그분을 위해 창조되였습니다.

17 He existed before anything else, and he holds all creation together.

17 그분은 그 밖의 어떤 것보다 먼저 존재하셨습니다. 그리고 그분은 모든 창조물들을 다 함께 지배하고 계십니다.

18 Christ is also the head of the church, which is his body. He is the beginning, supreme over all who rise from the dead. So he is first in everything.

18 그리스도는 그분의 몸인, 교회의 머리이시기도 합니다. 그분은 시작이고, 죽은 사람들로부터 되살아나는 모든 사람들 우에 가장 뛰여나십니다. 그러므로 그분은 모든 것의 처음이십니다.

19 For God in all his fullness was pleased to live in Christ,

19 왜냐하면 하나님께서는 자신의 모든 충만함 속에서 그리스도 안에 사는 것을 기뻐하셨기 때문입니다.

20 and through him God reconciled everything to himself. He made peace with everything in heaven and on earth by means of Christ's blood on the cross.

20 그리고 그분을 통하여 하나님께서는 모든 것들을 그분 자신과 화해하셨습니다. 그분께서는 십자사형틀에서의 그리스도의 피로써 하늘과 땅에 있는 모든 것들과 평화를 이루셨습니다.

21 This includes you who were once far away from God. You were his enemies, separated from him by your evil thoughts and actions.

21 이것은 이전에 하나님으로부터 멀리 떠나 있던 당신들도 포함됩니다. 당신들은 그분의 원쑤들이였습니다, 당신들의 악한 생각들과 행동들로 하여 그분으로부터 갈라졌습니다.

22 Yet now he has reconciled you to himself through the death of Christ in his physical body. As a result, he has brought you into his own presence, and you are holy and blameless as you stand before him without a single fault.

22 그러나 이제 그분께서 자신의 육체적인 몸으로서의 그리스도의 죽음을 통해 당신들을 그분 자신과 화해하셨습니다. 그 결과로, 그분께서 자기 자신 앞으로 당신들을 데려오셨습니다, 그리하여 당신들이 단 한 점의 흠도 없이 그분 앞에 서므로써 거룩하고 아무 죄도 없습니다.

23 But you must continue to believe this truth and stand firmly in it. Don't drift away from the assurance you received when you heard the Good News. The Good News has been preached all over the world, and I, Paul, have been appointed as God's servant to proclaim it.

23 그러나 당신들은 이 진리를 계속해서 믿고 그 안에 굳게 서야 합니

다. 당신들이 반가운 소식을 들었을 때 자신들이 받았던 확신으로부터 표류하지 마십시오. 그 반가운 소식은 온 세계에 전해졌습니다. 그리고 나, 바울은, 그것을 공포하기 위한 하나님의 종으로 임명되었습니다.

Paul's Work for the Church

교회를 위한 바울의 과업

24 **I am glad when I suffer for you in my body, for I am participating in the sufferings of Christ that continue for his body, the church.**

24 나는 당신들을 위해, 나의 몸에 고통을 받을 때 기쁩니다. 왜냐하면 나는 그분의 몸인, 교회를 위해 계속되는 그리스도의 고난들에 내가 참가하고 있기 때문입니다.

25 **God has given me the responsibility of serving his church by proclaiming his entire message to you.**

25 하나님께서는 자신의 모든 말씀을 당신들에게 공포하는 것으로써 그분의 교회를 섬기는 책임을 나에게 주셨습니다.

26 **This message was kept secret for centuries and generations past, but now it has been revealed to God's people.**

26 이 말씀은 수 세기 동안 그리고 지난 세대들에게 비밀로 지켜져 왔습니다, 그러나 지금 그것은 하나님의 백성들에게 드러났습니다.

27 **For God wanted them to know that the riches and glory of Christ are for you Gentiles, too. And this is the secret: Christ lives in you. This gives you assurance of sharing his glory.**

27 왜냐하면 하나님께서 그리스도의 부유함과 영광이 당신들 비유태인들도, 위한 것임을 그들이 알기를 원하셨기 때문입니다. 그리고 이것이 비밀입니다: 그리스도가 당신들 안에 살고 계십니다. 이것은 당신들에게 그분의 영광을 함께 나누는 것에 대한 확신을 줍니다.

28 **So we tell others about Christ, warning everyone and teaching everyone with all the wisdom God has given us. We want to present them to God, perfect in their relationship to Christ.**

28 그러므로 우리는 하나님께서 우리에게 주신 모든 지혜를 가지고 모든 사람을 타이르고 모든 사람을 가르치면서, 다른 사람들에게 그리스도에 대하여 전합니다. 우리는 그리스도에 대한 그들의 완전무결한 관계로, 하나님께 그들을 접견시키고 싶습니다.

29 **That's why I work and struggle so hard, depending on Christ's mighty power that works within me.**

29 그것이 내가 나의 속에서 일하시는 그리스도의 강력한 능력을 의지

하면서, 그토록 열심히 일하고 애쓰는 리유입니다.

2

1 **I want you to know how much I have agonized for you and for the church at Laodicea, and for many other believers who have never met me personally.**

1 나는 내가 당신들을 위해 그리고 라오디게아에 있는 교회를 위해, 그리고 개인적으로 나를 전혀 만나본 적이 없는 다른 많은 믿는 사람들을 위해 얼마나 많이 고민하고 있는지 당신들이 알기 바랍니다.

2 **I want them to be encouraged and knit together by strong ties of love. I want them to have complete confidence that they understand God's mysterious plan, which is Christ himself.**

2 나는 그들이 격려받고 사랑의 강한 뉴대로 함께 결합되기를 원합니다. 나는 그들이 그리스도 그분 자신이신 하나님의 신비로운 계획을 리해하는 완전한 확신을 가지기를 바랍니다.

3 **In him lie hidden all the treasures of wisdom and knowledge.**

3 그분 안에 지혜와 지식의 온갖 보물들이 숨겨져 있습니다.

4 **I am telling you this so no one will deceive you with well-crafted arguments.**

4 나는 아무도 아주 교묘한 론쟁들로 당신들을 속이지 못하게 하기 위해 이것을 말하고 있습니다.

5 **For though I am far away from you, my heart is with you. And I rejoice that you are living as you should and that your faith in Christ is strong.**

5 왜냐하면 내가 당신들로부터 멀리 떨어져 있지만, 나의 마음은 당신들과 함께 있기 때문입니다. 그리고 나는 당신들이 마땅히 살아가야 하는 대로 살고 있는 것과 그리스도 안에서 당신들의 믿음이 강한 것으로 기쁩니다.

Freedom from Rules and New Life in Christ

규정들로부터의 자유와 그리스도 안에서 새로운 삶

6 **And now, just as you accepted Christ Jesus as your Lord, you must continue to follow him.**

6 그리고 지금, 당신들이 자신들의 주님으로 예수 그리스도를 받아들인 것처럼, 당신들은 계속 그분을 따라가야 합니다.

7 **Let your roots grow down into him, and let your lives be built on him.**

Then your faith will grow strong in the truth you were taught, and you will overflow with thankfulness.

7 당신들의 뿌리가 그분에게 내리게 하십시오, 그리고 당신들의 삶이 그분 우에 세워지게 하십시오. 그러면 당신들의 믿음은 당신들이 배운 진리 안에서 든든하게 자랄 것입니다, 그리고 당신들은 감사로 넘쳐 날 것입니다.

8 **Don't let anyone capture you with empty philosophies and high-sounding nonsense that come from human thinking and from the spiritual powers of this world, rather than from Christ.**

8 누구라도 공허한 철학들과 요란한 허튼말로 당신들을 사로잡게 두지 마십시오. 그것은 그리스도로부터라기보다는, 오히려 사람의 생각과 이 세상의 령적인 권력들로부터 옵니다.

9 **For in Christ lives all the fullness of God in a human body.**

9 왜냐하면 인간의 몸에 있는 하나님의 모든 충만함이 그리스도 안에 살아 있기 때문입니다.

10 **So you also are complete through your union with Christ, who is the head over every ruler and authority.**

10 그러므로 당신들 역시 모든 통치자와 권력을 다스리는 그리스도와의 당신들의 련합을 통해서 완전해집니다.

11 **When you came to Christ, you were "circumcised," but not by a physical procedure. Christ performed a spiritual circumcision—the cutting away of your sinful nature.**

11 당신들이 그리스도에게 왔을 때, 당신들은《잘라냄례식》을 받았습니다, 그러나 육체적인 행위에 의해 된 것은 아니였습니다. 그리스도가 령적인 잘라냄례식을 실행하셨습니다—당신들의 죄 많은 본성의 잘라냄.

12 **For you were buried with Christ when you were baptized. And with him you were raised to new life because you trusted the mighty power of God, who raised Christ from the dead.**

12 왜냐하면 당신들이 세례를 받았을 때 당신들은 그리스도와 함께 매장되였기 때문입니다. 그리고 그분과 함께 당신들은 새로운 삶으로 되살아났습니다. 왜냐하면 당신들은 죽은 사람들로부터 그리스도를 되살리신, 하나님의 강력한 능력을 신뢰했기 때문입니다.

13 **You were dead because of your sins and because your sinful nature was not yet cut away. Then God made you alive with Christ, for he forgave all our sins.**

13 당신들은 자신들의 죄 때문에 그리고 당신들의 죄 많은 본성이 아직

잘려 나가지 않았기 때문에 죽었습니다. 그 다음 하나님께서는 그리스도와 함께 당신들을 살리셨습니다, 왜냐하면 그분께서 우리의 모든 죄를 용서하셨기 때문입니다.

14 **He canceled the record of the charges against us and took it away by nailing it to the cross.**

14 그분께서 우리에 대한 고발의 기록을 무효로 하셨습니다. 그리고 그것을 십자사형틀에 못 박음으로써 그것을 없애 버리셨습니다.

15 **In this way, he disarmed the spiritual rulers and authorities. He shamed them publicly by his victory over them on the cross.**

15 이런 식으로, 그분께서 령적인 통치자들과 권력들을 무장해제시키셨습니다. 그분께서 십자사형틀에서의 그들에 대한 그분의 승리를 통해 그들을 공개적으로 부끄럽게 하셨습니다.

16 **So don't let anyone condemn you for what you eat or drink, or for not celebrating certain holy days or new moon ceremonies or Sabbaths.**

16 그러므로 아무도 당신들이 무엇을 먹거나 혹은 마시는 것에 대해서, 혹은 당신들이 어떤 거룩한 날이나 초생달 례식들이나 은정의 휴식일을 기념하지 않는 것에 대해 당신들을 비난하지 못하게 하십시오.

17 **For these rules are only shadows of the reality yet to come. And Christ himself is that reality.**

17 왜냐하면 이런 규정들은 아직 오지 않은 실체의 그림자일 뿐이기 때문입니다. 그리고 그리스도 그분 자신이 그 실체입니다.

18 **Don't let anyone condemn you by insisting on pious self-denial or the worship of angels, saying they have had visions about these things. Their sinful minds have made them proud,**

18 아무도 위선적인 자기 절제를 강요하거나, 그들이 그것들에 대한 환상을 보았다고 말하면서, 천사 숭배를 강요하는 것으로써 당신들을 비난하지 못하게 하십시오. 그들의 죄 많은 마음들이 그들을 거만하게 만들었습니다.

19 **and they are not connected to Christ, the head of the body. For he holds the whole body together with its joints and ligaments, and it grows as God nourishes it.**

19 그리고 그들은 몸의 머리인, 그리스도와 련결되여 있지 않습니다. 왜냐하면 그분은 그것의 관절과 인대들로 전체의 몸을 함께 지탱하고 있기 때문입니다, 그리고 그것은 하나님께서 그것에 영양분을 주심으로 성장합니다.

20 **You have died with Christ, and he has set you free from the spiritual pow-**

ers of this world. So why do you keep on following the rules of the world, such as,

20 당신들은 그리스도와 함께 죽었고, 그분이 이 세상의 령적인 능력으로부터 당신들을 자유롭게 하셨습니다. 그런데 왜 당신들은 이 같은, 이 세상의 법들을 계속해서 따라가고 있습니까.

21 **"Don't handle! Don't taste! Don't touch!"?**

21 《붙잡지 말라! 맛보지 말라! 만지지 말라!》?

22 **Such rules are mere human teachings about things that deteriorate as we use them.**

22 이와 같은 규정들은 우리가 그것들을 사용함으로써 쇠퇴하는 것들에 대한 인간적인 가르침들에 지나지 않습니다.

23 **These rules may seem wise because they require strong devotion, pious self-denial, and severe bodily discipline. But they provide no help in conquering a person's evil desires.**

23 이러한 규정들은 그것들이 강한 헌신, 위선적인 자기 절제, 그리고 혹독한 신체적인 훈련을 요구하기 때문에 현명해 보일 수 있습니다. 그러나 그것들은 사람의 악한 욕망들을 극복하는 데는 아무런 도움을 주지 못합니다.

3

Living the New Life

새로운 삶을 사는 것

1 **Since you have been raised to new life with Christ, set your sights on the realities of heaven, where Christ sits in the place of honor at God's right hand.**

1 당신들이 그리스도와 함께 새로운 삶으로 되살아났음으로, 당신들의 시각을 하늘나라의 현실에 맞추십시오. 그곳에서 그리스도가 하나님의 오른편 영예의 자리에 앉아 계십니다.

2 **Think about the things of heaven, not the things of earth.**

2 땅의 것이 아니라, 하늘나라의 것들을 생각하십시오.

3 **For you died to this life, and your real life is hidden with Christ in God.**

3 왜냐하면 당신들은 이 삶에 대해서 죽었고 당신들의 실제 삶은 하나님 안에 그리스도와 함께 감춰어져 있기 때문입니다.

4 **And when Christ, who is your life, is revealed to the whole world, you will share in all his glory.**

4 그리고 당신들의 생명인, 그리스도가 온 세상에 드러나실 때, 당신들은 그분의 모든 영광에 참가할 것입니다.

5 **So put to death the sinful, earthly things lurking within you. Have nothing to do with sexual immorality, impurity, lust, and evil desires. Don't be greedy, for a greedy person is an idolater, worshiping the things of this world.**

5 그러므로 당신들 안에 잠재하고 있는 죄 많고, 세상적인 것들을 죽이십시오. 성적인 비도덕, 추잡함, 성욕 그리고 악한 욕망들과 아무런 관계를 가지지 마십시오. 욕심을 부리지 마십시오, 왜냐하면 탐욕적인 사람은 이 세상의 것들을 숭배하는, 우상 숭배자이기 때문입니다.

6 **Because of these sins, the anger of God is coming.**

6 이러한 죄들 때문에, 하나님의 노여움이 옵니다.

7 **You used to do these things when your life was still part of this world.**

7 당신들은 자신들의 삶이 아직은 이 세상의 한 부분이였을 때 이러한 일들을 하는 데 익숙했습니다.

8 **But now is the time to get rid of anger, rage, malicious behavior, slander, and dirty language.**

8 그러나 지금은 노여움, 격노, 심술궂은 행동, 중상, 그리고 더러운 말을 없애야 할 때입니다.

9 **Don't lie to each other, for you have stripped off your old sinful nature and all its wicked deeds.**

9 서로 거짓말하지 마십시오. 왜냐하면 당신들은 자신들의 옛 죄 많은 본성과 그것의 모든 옳지 않은 행동들을 벗어버렸기 때문입니다.

10 **Put on your new nature, and be renewed as you learn to know your Creator and become like him.**

10 당신들의 새로운 본성을 간직하십시오, 그리고 당신들은 자신들의 창조주를 알기 위해 배우므로써 새로워지십시오, 그리고 그분과 같이 되십시오.

11 **In this new life, it doesn't matter if you are a Jew or a Gentile, circumcised or uncircumcised, barbaric, uncivilized, slave, or free. Christ is all that matters, and he lives in all of us.**

11 이 새로운 삶에서, 만일 당신들이 유대인이든 혹은 비유태인이든, 잘라냄례식을 받았든 혹은 잘라냄례식을 받지 않았든, 야만인, 미개인, 노예 혹은 자유인이든 상관이 없습니다. 그리스도는 모든 것 그 자체입니다, 그리고 그분은 우리 모두 안에 살아 계십니다.

12 **Since God chose you to be the holy people he loves, you must clothe your-**

selves with tenderhearted mercy, kindness, humility, gentleness, and patience.

12 하나님께서 당신들을 선택하여 그분이 사랑하시는 거룩한 백성이 되게 하셨으므로, 당신들은 다정다감한 은정과 친절, 겸손, 온화함, 그리고 인내로 당신들 자신을 입혀야 합니다.

13 **Make allowance for each other's faults, and forgive anyone who offends you. Remember, the Lord forgave you, so you must forgive others.**

13 서로의 잘못들에 대해 관대히 보아 주십시오, 그리고 당신들을 불쾌하게 하는 누구든지 용서하십시오. 기억하십시오, 주님이 당신들을 용서하셨으므로, 당신들도 다른 사람들을 용서해야 합니다.

14 **Above all, clothe yourselves with love, which binds us all together in perfect harmony.**

14 무엇보다도, 당신 자신들을 사랑으로 입히십시오. 그것은 완전한 조화를 이루어 우리 모두를 함께 묶습니다.

15 **And let the peace that comes from Christ rule in your hearts. For as members of one body you are called to live in peace. And always be thankful.**

15 그리고 그리스도로부터 오는 평화가 당신들의 마음을 다스리게 하십시오. 왜냐하면 한 몸의 기관들로서 당신들은 평화롭게 살도록 부르심을 받았기 때문입니다. 그리고 언제나 감사하십시오.

16 **Let the message about Christ, in all its richness, fill your lives. Teach and counsel each other with all the wisdom he gives. Sing psalms and hymns and spiritual songs to God with thankful hearts.**

16 그리스도에 대한 말씀이, 그것의 모든 부유함으로, 당신들의 삶을 채우도록 하십시오. 그분이 주신 모든 지혜를 가지고 서로 가르치고 충고하십시오. 감사하는 마음으로 하나님께 시 묶음과 찬미들과 령적인 노래들을 부르십시오.

17 **And whatever you do or say, do it as a representative of the Lord Jesus, giving thanks through him to God the Father.**

17 그리고 당신들이 무슨 일을 하든지 혹은 말하든지, 주 예수님을 통해 하나님 아버지께 감사를 드리면서, 그분의 대리인으로서 그것을 하십시오.

Instructions for Christian Households
그리스도를 믿는 집안사람들을 위한 교훈들

18 **Wives, submit to your husbands, as is fitting for those who belong to the Lord.**

18 아내들이여, 주님에게 속한 사람들답게, 당신들의 남편들에게 복종하십시오.

19 **Husbands, love your wives and never treat them harshly.**

19 남편들이여, 당신들의 아내들을 사랑하고 그들을 절대 가혹하게 다루지 마십시오.

20 **Children, always obey your parents, for this pleases the Lord.**

20 아들딸들이여, 언제나 당신들의 부모에게 복종하십시오. 왜냐하면 이것이 주님을 기쁘게 하기 때문입니다.

21 **Fathers, do not aggravate your children, or they will become discouraged.**

21 아버지들이여, 아들딸들을 성나게 하지 마십시오, 그렇지 않으면 그들은 용기를 잃을 것입니다.

22 **Slaves, obey your earthly masters in everything you do. Try to please them all the time, not just when they are watching you. Serve them sincerely because of your reverent fear of the Lord.**

22 종들이여, 당신들이 하는 모든 일에서 땅에 있는 당신의 주인들에게 복종하십시오. 그들이 당신들을 보고 있을 때뿐만 아니라, 그들을 만족시키기 위해 언제나 노력하십시오. 주님에 대한 당신들의 엄숙한 두려움으로 하여 마음속으로부터 그들을 섬기십시오.

23 **Work willingly at whatever you do, as though you were working for the Lord rather than for people.**

23 사람들을 위해서라기보다 오히려 주님을 위해서 당신들이 일하고 있는 것처럼, 당신들이 하는 무엇이든지 기꺼이 일하십시오.

24 **Remember that the Lord will give you an inheritance as your reward, and that the Master you are serving is Christ.**

24 주님은 당신들에게 당신들을 위한 보답으로서 유산을 주시리라는 것을 잊지 마십시오, 그리고 당신들이 섬기고 있는 그 주인은 그리스도이십니다.

25 **But if you do what is wrong, you will be paid back for the wrong you have done. For God has no favorites.**

25 그러나 만일 당신들이 옳지 못한 것을 한다면, 당신들은 자신들이 했던 옳지 못한 것에 대해 대가를 치르게 될 것입니다. 왜냐하면 하나님은 편애하지 않으시기 때문입니다.

4

1 **Masters, be just and fair to your slaves. Remember that you also have a**

Master—in heaven.

1 주인들이여, 당신들의 종들에게 도리에 맞게 그리고 공평하십시오. 당신들 역시 하늘에 주인이 있다는 것을 기억하십시오.

An Encouragement for Prayer

기도를 위한 격려

2 **Devote yourselves to prayer with an alert mind and a thankful heart.**

2 조심스러운 생각과 감사하는 마음으로 당신 자신들이 기도에 전심전력하십시오.

3 **Pray for us, too, that God will give us many opportunities to speak about his mysterious plan concerning Christ. That is why I am here in chains.**

3 하나님께서 그리스도에 대한 그분의 신비스러운 계획들에 대해 말할 많은 기회를 우리에게 주시도록, 우리를 위해서도 기도하십시오. 그것이 내가 여기 감옥에 갇혀 있는 리유입니다.

4 **Pray that I will proclaim this message as clearly as I should.**

4 내가 이 말씀을 응당 해야 하는 것만큼 명확하게 공포할 수 있도록 기도하십시오.

5 **Live wisely among those who are not believers, and make the most of every opportunity.**

5 믿지 않는 사람들 가운데서 현명하게 살아가십시오. 그리고 모든 기회를 최대한 활용하십시오.

6 **Let your conversation be gracious and attractive so that you will have the right response for everyone.**

6 당신들이 모든 사람에게 바른 대답을 하도록 당신들의 대화가 다정하고 매력 있는 것이 되게 하십시오.

Paul's Final Instructions and Greetings

바울의 마지막 교훈들과 인사의 말

7 **Tychicus will give you a full report about how I am getting along. He is a beloved brother and faithful helper who serves with me in the Lord's work.**

7 두기고가 당신들에게 내가 어떻게 지내고 있는지에 대해 모든 보고를 할 것입니다. 그는 가장 사랑하는 형제이고 나와 함께 주님의 일을 섬기는 성실한 조력자입니다.

8 **I have sent him to you for this very purpose—to let you know how we are doing and to encourage you.**

8 나는 그를 당신들에게 바로 이 목적을 위해서 보냈습니다—당신들로
하여금 우리가 어떻게 지내는지 알게 하고 당신들을 격려하기 위해서
입니다.

9 **I am also sending Onesimus, a faithful and beloved brother, one of your own people. He and Tychicus will tell you everything that's happening here.**

9 나는 성실하고 가장 사랑하는 형제, 당신들의 동료 중 한 사람인, 오
네시모도 보냅니다. 그와 두기고는 여기서 일어나고 있는 모든 것들을
당신들에게 말할 것입니다.

10 **Aristarchus, who is in prison with me, sends you his greetings, and so does Mark, Barnabas's cousin. As you were instructed before, make Mark welcome if he comes your way.**

10 감옥에 나와 함께 있는, 아리스다고가, 당신들에게 그의 인사를 보
냅니다, 그리고 바나바의 사촌형제인 마가도 인사 전합니다. 당신들이
전에 지시를 받은 대로, 만일 마가가 당신들에게 찾아가면 그를 환대
해 주십시오.

11 **Jesus (the one we call Justus) also sends his greetings. These are the only Jewish believers among my co-workers; they are working with me here for the Kingdom of God. And what a comfort they have been!**

11 예수(우리가 유스도라고 부르는 사람인) 또한 그의 인사를 보냅니다. 이
사람들이 나의 협조자들 중에서 믿음을 가진 유일한 유태인들입니다;
그들은 여기서 하나님의 나라를 위해 나와 함께 일하고 있습니다. 그리
고 그들이 있다는 것이 얼마나 위안이 되는지 모릅니다!

12 **Epaphras, a member of your own fellowship and a servant of Christ Jesus, sends you his greetings. He always prays earnestly for you, asking God to make you strong and perfect, fully confident that you are following the whole will of God.**

12 당신들의 소중한 동료 중 한 성원이며 예수 그리스도의 종인, 에바
브라가, 그의 인사를 당신들에게 보냅니다. 그는 하나님에게 당신들
을 강하고 완전하게 하시고, 당신들이 하나님의 모든 뜻을 따르는 것
을 전적으로 확신하기를 요청하면서, 당신들을 위해 언제나 열심히 기
도합니다.

13 **I can assure you that he prays hard for you and also for the believers in Laodicea and Hierapolis.**

13 나는 그가 당신들을 위해서 그리고 또한 라오디게아와 히에라볼리에
있는 믿는 사람들을 위해서 열심히 기도하고 있다는 것을 당신들에게

자신 있게 말할 수 있습니다.

14 **Luke, the beloved doctor, sends his greetings, and so does Demas.**

14 사랑하는 의사인, 누가가, 그의 인사를 보내고, 데마 역시 인사를 보냅니다.

15 **Please give my greetings to our brothers and sisters at Laodicea, and to Nympha and the church that meets in her house.**

15 나의 인사를 라오디게아에 있는 우리의 형제들과 자매들, 그리고 눔바와 그 녀자의 집에서 모이는 교회에도 전해 주십시오.

16 **After you have read this letter, pass it on to the church at Laodicea so they can read it, too. And you should read the letter I wrote to them.**

16 당신들은 이 편지를 읽은 후에, 라오디게아에 있는 교회에 이것을 전달하십시오. 그리하여 그들이 이것을, 역시 읽을 수 있게 해주십시오. 그리고 당신들도 내가 그들에게 쓴 편지를 읽어야 합니다.

17 **And say to Archippus, "Be sure to carry out the ministry the Lord gave you."**

17 그리고 아킵보에게는, 《주님이 당신에게 주신 임무를 완수하리라고 확신합니다》라고 말하십시오.

18 **HERE IS MY GREETING IN MY OWN HANDWRITING—PAUL. Remember my chains. May God's grace be with you.**

18 여기 나의 친필로 나의 인사를 적습니다—바울. 나의 결박을 기억하십시오. 하나님의 은정이 당신들과 함께하기를 바랍니다.

1 Thessalonians

데살로니가 사람들에게 보내는 첫 번째 편지

1 Thessalonians

데살로니가 사람들에게 보내는 첫 번째 편지

1

Greetings from Paul

바울로부터 보내온 인사

1 This letter is from Paul, Silas, and Timothy. We are writing to the church in Thessalonica, to you who belong to God the Father and the Lord Jesus Christ. May God give you grace and peace.

1 이 편지는 바울, 실루아노 그리고 디모데로부터 온 것입니다. 우리는 데살로니가에 있는 교회, 하나님 아버지와 주 예수 그리스도에게 속한 당신들에게 편지를 쓰고 있습니다. 하나님께서 당신들에게 은정과 평화를 주시기를 빕니다.

The Faith of the Thessalonian Believers

데살로니가 믿는 사람들의 믿음

2 We always thank God for all of you and pray for you constantly.

2 우리는 당신들 모두에 대해 하나님에게 언제나 감사를 드리고 당신들을 위하여 끊임없이 기도합니다.

3 As we pray to our God and Father about you, we think of your faithful work, your loving deeds, and the enduring hope you have because of our Lord Jesus Christ.

3 우리가 당신들에 대해 우리의 하나님 아버지에게 기도할 때, 우리는

당신들의 믿음의 과업, 당신들의 사랑의 행위들, 그리고 우리 주 예수 그리스도로 하여 당신들이 가지고 있는 끊임없이 계속되는 희망을 생각합니다.

4 We know, dear brothers and sisters, that God loves you and has chosen you to be his own people.

4 사랑하는 형제들과 자매들이여, 우리는 하나님께서 당신들을 사랑하시는 것과 당신들을 선택하셔서 그분의 친 백성이 되게 하신 것을 압니다.

5 For when we brought you the Good News, it was not only with words but also with power, for the Holy Spirit gave you full assurance that what we said was true. And you know of our concern for you from the way we lived when we were with you.

5 왜냐하면 우리가 당신들에게 반가운 소식을 가져갔을 때 그것은 말로서만이 아니라 능력이 따르는 것이였기 때문입니다. 왜냐하면 성령님이 우리가 말한 것이 사실이였다는 굳은 확신을 당신들에게 주셨기 때문입니다. 그리고 당신들은 우리가 당신들과 함께 있었을 때 우리가 살았던 방식으로부터 당신들을 위한 우리의 걱정을 알고 있습니다.

6 So you received the message with joy from the Holy Spirit in spite of the severe suffering it brought you. In this way, you imitated both us and the Lord.

6 그러므로 당신들은 말씀이 자신들에게 가져다준 혹독한 고통에도 불구하고 성령님으로부터 그것을 기쁨으로 받았습니다. 이런 식으로, 당신들은 우리와 주님을 둘 다 본받았습니다.

7 As a result, you have become an example to all the believers in Greece—throughout both Macedonia and Achaia.

7 그 결과, 당신들은 그리스—마게도니아와 그리고 아가야 두 곳 다 이르는 곳마다에서 모든 믿는 사람들의 본보기가 되였습니다.

8 And now the word of the Lord is ringing out from you to people everywhere, even beyond Macedonia and Achaia, for wherever we go we find people telling us about your faith in God. We don't need to tell them about it,

8 그리고 지금 주님의 말씀은 마케도니아와 아가야를 넘어서까지 사람들에게 당신들로부터 울려 퍼지고 있습니다. 왜냐하면 우리가 어디를 가든지 우리는 하나님을 믿는 당신들의 믿음에 대해 우리에게 이야기하는 사람들을 만나기 때문입니다. 우리는 그것에 대해 그들에게 말할 필요가 없습니다.

9 for they keep talking about the wonderful welcome you gave us and how you turned away from idols to serve the living and true God.

9 왜냐하면 그들은 당신들이 우리에게 베푼 놀라운 환영에 대해 그리고 어떻게 당신들이 살아 계신 진실하신 하나님을 섬기기 위해 우상들로부터 돌아섰는지에 대해 계속해서 말하고 있기 때문입니다.

10 And they speak of how you are looking forward to the coming of God's Son from heaven—Jesus, whom God raised from the dead. He is the one who has rescued us from the terrors of the coming judgment.

10 그리고 그들은 하늘로부터 하나님의 아들의—하나님께서 죽은 사람들로부터 되살리신, 예수님—오심을 당신들이 얼마나 고대하고 있는지에 대해 말하고 있습니다. 그분이 다가오는 심판의 공포로부터 우리를 구출하시는 바로 그분이십니다.

2

Paul Remembers His Visit

바울이 자신의 방문을 회상함

1 You yourselves know, dear brothers and sisters, that our visit to you was not a failure.

1 사랑하는 형제들과 자매들이여, 당신들은 우리의 당신들의 방문이 실패가 아니였다는 것을 당신들 자신들이 알고 있습니다.

2 You know how badly we had been treated at Philippi just before we came to you and how much we suffered there. Yet our God gave us the courage to declare his Good News to you boldly, in spite of great opposition.

2 당신들은 우리가 당신들에게 가기 직전 빌립보에서 얼마나 부당하게 대우를 받았는지 그리고 거기서 우리가 얼마나 많은 고통을 겪었는지 알고 있습니다. 그럼에도 불구하고 우리 하나님께서는 그분의 반가운 소식을, 굉장한 반대에도 불구하고, 당신들에게 대담하게 선언할 용기를 우리에게 주셨습니다.

3 So you can see we were not preaching with any deceit or impure motives or trickery.

3 그러므로 당신들은 우리가 어떤 협잡이나 불순한 동기, 혹은 기만으로 전하지 않았다는 것을 알 수 있습니다.

4 For we speak as messengers approved by God to be entrusted with the Good News. Our purpose is to please God, not people. He alone examines the motives of our hearts.

4 왜냐하면 우리는 하나님에 의해 반가운 소식의 책임을 맡기로 승인된 심부름군으로서 말하기 때문입니다. 우리의 목적은 사람이 아니라, 하나님을 기쁘시게 하는 것입니다. 그분만이 우리 마음의 동기들을 검토하십니다.

5 Never once did we try to win you with flattery, as you well know. And God is our witness that we were not pretending to be your friends just to get your money!

5 당신들도 잘 알다시피, 우리는 달콤한 말로 당신들을 얻으려고 노력한 적이 단 한 번도 없었습니다. 그리고 하나님께서는 우리가 다만 당신들의 돈을 얻기 위해 당신들의 친구인 체하지 않았다는 것에 대한 우리의 증인이십니다!

6 As for human praise, we have never sought it from you or anyone else.

6 인간의 칭찬에 대해서라면, 우리는 당신들로부터 혹은 다른 어떤 사람으로부터 그것을 얻으려고 한 적이 전혀 없습니다.

7 As apostles of Christ we certainly had a right to make some demands of you, but instead we were like children among you. Or we were like a mother feeding and caring for her own children.

7 그리스도의 핵심 제자들로서 우리는 당신들에게 어떤 요구를 할 권리가 분명히 있었습니다, 하지만 그 대신 우리는 당신들 사이에서 어린아이들과 같았습니다. 반면에 우리는 자신의 친아들딸들을 먹이고 보살피는 어머니와 같았습니다.

8 We loved you so much that we shared with you not only God's Good News but our own lives, too.

8 우리는 당신들을 매우 사랑해서 단지 하나님의 반가운 소식을 나눌 뿐만 아니라 우리 자신의 삶도 역시 당신들과 함께 나누었습니다.

9 Don't you remember, dear brothers and sisters, how hard we worked among you? Night and day we toiled to earn a living so that we would not be a burden to any of you as we preached God's Good News to you.

9 사랑하는 형제들과 자매들이여, 당신들은 우리가 당신들 가운데서 얼마나 열심히 일했는지 기억하지 못합니까? 우리가 당신들에게 하나님의 반가운 소식을 전하는 동안 우리는 당신들 누구에게도 짐이 되지 않으려고 생활비를 벌기 위해 밤과 낮으로 꾸준히 일했습니다.

10 You yourselves are our witnesses—and so is God—that we were devout and honest and faultless toward all of you believers.

10 우리가 당신들 믿는 사람들 모두에 대해 헌신적이고 정직하며 나무랄 데 없다는 것은—당신들 자신이 우리의 증인들입니다—그리고 하나

님도 그러하십니다.

11 And you know that we treated each of you as a father treats his own children.

11 그리고 당신들은 우리가 당신들 각자를 아버지가 그의 친아들딸들을 대하듯이 다루었다는 것을 압니다.

12 We pleaded with you, encouraged you, and urged you to live your lives in a way that God would consider worthy. For he called you to share in his Kingdom and glory.

12 우리는 당신들에게 부탁했고, 당신들을 격려했고, 하나님께서 가치 있다고 여기시는 길로 당신들의 삶을 살도록 설복했습니다. 왜냐하면 그분께서 그분의 나라와 영광에 참여하도록 당신들을 부르셨기 때문입니다.

13 Therefore, we never stop thanking God that when you received his message from us, you didn't think of our words as mere human ideas. You accepted what we said as the very word of God—which, of course, it is. And this word continues to work in you who believe.

13 그러므로, 우리는 당신들이 우리들로부터 하나님의 말씀을 받아들였을 때 그분께 쉬지 않고 감사드렸습니다, 당신들은 우리의 말을 단순한 인간적인 사상으로 생각하지 않았습니다. 당신들은 우리가 말하는 것을 하나님의 실제 말씀으로 받아들였습니다—그것은, 물론, 그렇습니다, 그리고 이 말씀은 믿는 당신들 안에서 계속해서 작용하고 있습니다.

14 And then, dear brothers and sisters, you suffered persecution from your own countrymen. In this way, you imitated the believers in God's churches in Judea who, because of their belief in Christ Jesus, suffered from their own people, the Jews.

14 그리고 다음에, 사랑하는 형제들과 자매들이여, 당신들은 자신들의 동포들로부터 박해를 받았습니다. 이런 식으로, 당신들은 유태에 있는 하나님의 교회의 믿는 사람들을 본받았습니다, 그들은 예수 그리스도에 대한 그들의 신념 때문에, 자신들의 동족인 유태인들로부터 고난을 받았습니다.

15 For some of the Jews killed the prophets, and some even killed the Lord Jesus. Now they have persecuted us, too. They fail to please God and work against all humanity.

15 왜냐하면 유대인들 중 어떤 사람들은 예언자들을 죽였고, 그리고 어떤 사람들은 주 예수님을 죽이기까지 했기 때문입니다. 지금 그들은 우리도 역시 박해를 하고 있습니다. 그들은 하나님을 기쁘시게 하는 데 실

패하고 모든 사람들을 등져서 일합니다.

16 as they try to keep us from preaching the Good News of salvation to the Gentiles. By doing this, they continue to pileup their sins. But the anger of God has caught up with them at last.

16 그들이 비유태인들에게 구원의 반가운 소식을 전하는 것을 방해하려고 했기 때문입니다. 이렇게 함으로써, 그들은 자기들의 죄들을 계속해서 쌓아 올립니다. 그러나 하나님의 노여움이 마침내 그들을 사로잡았습니다.

Timothy's Good Report about the Church

교회에 대한 디모데의 반가운 보고

17 Dear brothers and sisters, after we were separated from you for a little while (though our hearts never left you), we tried very hard to come back because of our intense longing to see you again.

17 사랑하는 형제들과 자매들이여, 우리가 당신들로부터 잠시 동안 헤어져 있은 후 (우리의 마음은 당신들을 조금도 떠나지 않았지만), 우리는 당신들을 다시 만나고 싶은 우리의 강렬한 소원 때문에 다시 돌아가려고 아주 열심히 노력했습니다.

18 We wanted very much to come to you, and I, Paul, tried again and again, but Satan prevented us.

18 우리는 당신들에게 가기를 아주 몹시 원했읍니다, 그리고 나, 바울은, 거듭거듭 시도했습니다. 그러나 마왕이 우리를 방해했습니다.

19 After all, what gives us hope and joy, and what will be our proud reward and crown as we stand before our Lord Jesus when he returns? It is you!

19 결국, 무엇이 우리에게 소망과 기쁨을 주며, 그리고 우리 주 예수님이 다시 돌아오셔서 우리가 그분 앞에 섰을 때, 무엇이 우리의 자랑스러운 상이며 영예의 관이 될 것입니까? 그것은 당신들입니다!

20 Yes, you are our pride and joy.

20 그렇습니다. 당신들이 우리의 자랑이고 기쁨입니다.

3

1 Finally, when we could stand it no longer, we decided to stay alone in Athens,

1 결국, 우리가 더 이상 그것을 견딜 수 없었을 때, 우리들만 아테네에 남아 있기로 결정했습니다.

2 **and we sent Timothy to visit you. He is our brother and God's co-worker in proclaiming the Good News of Christ. We sent him to strengthen you, to encourage you in your faith,**

2 그리고 우리는 당신들을 방문하도록 디모데를 보냈습니다. 그는 그리스도의 반가운 소식을 전하는 일에서 우리의 형제이고 하나님의 협조자입니다. 우리는 당신들을 견고하게 하고, 당신들의 믿음에 대해 당신들을 격려하기 위해 그를 보냈습니다,

3 **and to keep you from being shaken by the troubles you were going through. But you know that we are destined for such troubles.**

3 그리고 당신들이 겪고 있는 곤란들로 하여 당신들이 흔들리는 것을 막기 위해 그를 보냈습니다. 그렇지만 당신들은 우리가 그러한 어려움을 겪게 된다는 것을 알고 있습니다.

4 **Even while we were with you, we warned you that troubles would soon come—and they did, as you well know.**

4 우리가 당신들과 함께 있던 동안에도 우리는 어려움이 곧 올 것이라고 당신들에게 경고했습니다—그리고 당신들이 잘 알다시피, 그것들이 왔습니다.

5 **That is why, when I could bear it no longer, I sent Timothy to find out whether your faith was still strong. I was afraid that the tempter had gotten the best of you and that our work had been useless.**

5 이것이, 내가 더 이상 견딜 수 없었을 때, 당신들의 믿음이 여전히 견고하였는지를 알아보기 위해 디모데를 보낸 리유입니다. 나는 그 유혹자가 당신들을 이겨서 우리의 노력이 쓸모없이 되였는지 두려웠습니다.

6 **But now Timothy has just returned, bringing us good news about your faith and love. He reports that you always remember our visit with joy and that you want to see us as much as we want to see you.**

6 그러나 지금 디모데가, 당신들의 믿음과 사랑에 대한 좋은 소식을 우리에게 가지고 방금 돌아왔습니다. 그는 당신들이 우리의 방문을 언제나 기쁨으로 기억하고 있으며 우리가 당신들을 보고 싶어 하는 만큼 당신들이 우리를 보고 싶어 한다는 것을 전하고 있습니다.

7 **So we have been greatly encouraged in the midst of our troubles and suffering, dear brothers and sisters, because you have remained strong in your faith.**

7 그러므로 우리는 우리의 괴로움과 곤난 중에서 크게 격려를 받았습니다. 사랑하는 형제들과 자매들이여, 왜냐하면 당신들은 자신들의 믿음 안에서 여전히 견고하게 지내고 있기 때문입니다.

8 It gives us new life to know that you are standing firm in the Lord.

8 당신들이 주님 안에 견고하게 서있다는 것을 아는 것이 우리에게 새로운 활기를 줍니다.

9 How we thank God for you! Because of you we have great joy as we enter God's presence.

9 우리는 당신들로 하여 하나님께 얼마나 감사하는지 모릅니다! 우리가 하나님 앞에 서게 될 때 당신들 때문에 우리는 큰 기쁨을 갖습니다.

10 Night and day we pray earnestly for you, asking God to let us see you again to fill the gaps in your faith.

10 우리가 당신들의 믿음에서 부족점들을 보충할 수 있도록, 하나님께서 우리가 당신들을 다시 만나게 해주실 것을 바라면서, 우리는 밤낮으로 당신들을 위해 진심으로 기도합니다.

11 May God our Father and our Lord Jesus bring us to you very soon.

11 하나님 우리 아버지와 우리 주 예수 그리스도께서 우리를 당신들에게 곧 데려가 주시기를 바랍니다.

12 And may the Lord make your love for one another and for all people grow and overflow, just as our love for you overflows.

12 그리고 당신들에 대한 우리의 사랑이 넘쳐나는 것처럼, 주님께서 당신들의 서로에 대한 사랑과 모든 사람들에 대한 사랑이 자라고 넘쳐나게 해주실 것을 바랍니다.

13 May he, as a result, make your hearts strong, blameless, and holy as you stand before God our Father when our Lord Jesus comes again with all his holy people. Amen.

13 그 결과로, 우리 주 예수님이 그분의 모든 거룩한 백성들과 함께 다시 오셔서 당신들이 하나님 우리 아버지 앞에 설 때, 그분이, 당신들의 마음을 견고하게 하여, 비난할 데 없고, 거룩하게 하여 주시기를 바랍니다. 아멘.

4

Live to Please God

하나님을 기쁘시게 하기 위한 삶

1 Finally, dear brothers and sisters, we urge you in the name of the Lord Jesus to live in a way that pleases God, as we have taught you. You live this way already, and we encourage you to do so even more.

1 마지막으로, 사랑하는 형제들과 자매들이여, 우리가 당신들을 가르친

대로 우리는 당신들이 하나님을 기쁘시게 하는 방법으로 살기를 주 예수님의 이름으로 권고합니다. 당신들은 이미 이 방법으로 살고 있습니다. 그리고 우리는 당신들이 더욱더 그렇게 할 것을 격려합니다.

2 **For you remember what we taught you by the authority of the Lord Jesus.**

2 왜냐하면 당신들은 우리가 주 예수님의 권위로서 당신들을 가르쳤던 것을 기억하기 때문입니다.

3 **God's will is for you to be holy, so stay away from all sexual sin.**

3 하나님의 뜻은 당신들이 거룩해지는 것입니다. 그래서 모든 성적인 죄로부터 멀리 떠나 있으십시오.

4 **Then each of you will control his own body and live in holiness and honor.**

4 그러면 당신들 각자가 그 자신의 몸을 통제하고 거룩하고 영예롭게 살게 될 것입니다.

5 **not in lustful passion like the pagans who do not know God and his ways.**

5 하나님과 그분의 길을 모르는 이교도들처럼 호색적인 열정으로 살지 않을 것입니다.

6 **Never harm or cheat a Christian brother in this matter by violating his wife, for the Lord avenges all such sins, as we have solemnly warned you before.**

6 그리스도를 믿는 형제의 안해를 강간함으로써, 이런 일로 절대로 형제를 해치거나 속이지 마십시오. 왜냐하면 우리가 전에 엄중하게 당신들에게 경고한 대로 주님께서 그와 같은 모든 죄들을 보복하시기 때문입니다.

7 **God has called us to live holy lives, not impure lives.**

7 하나님께서는 불결한 삶이 아니라 거룩한 삶을 살도록 우리를 부르셨습니다.

8 **Therefore, anyone who refuses to live by these rules is not disobeying human teaching but is rejecting God, who gives his Holy Spirit to you.**

8 그러므로, 이러한 규정대로 살기를 거부하는 누구든지 인간의 가르침을 어기는 것이 아니라, 당신들에게 그분의 성령을 주시는 하나님을 거절하고 있는 것입니다.

9 **But we don't need to write to you about the importance of loving each other, for God himself has taught you to love one another.**

9 그러나 우리는 서로를 사랑하는 것의 중요성에 대해 당신들에게 쓸 필요가 없습니다. 왜냐하면 하나님 그분 자신께서 당신들이 서로를 사랑하도록 가르치셨기 때문입니다.

10 Indeed, you already show your love for all the believers throughout Macedonia. Even so, dear brothers and sisters, we urge you to love them even more.

10 참으로, 당신들은 마케도니아 도처에 모든 믿는 사람들에 대한 당신들의 사랑을 이미 보여 주었습니다. 그렇다 하더라도, 사랑하는 형제들과 자매들이여, 우리는 당신들이 그들을 더욱더 사랑하기를 권고합니다.

11 Make it your goal to live a quiet life, minding your own business and working with your hands, just as we instructed you before.

11 우리가 전에 당신들에게 지시한 대로, 당신들 자신의 일에 마음을 쓰면서 그리고 당신들의 손으로 일하면서, 조용한 삶을 사는 것을 당신들의 목표로 삼으십시오.

12 Then people who are not Christians will respect the way you live, and you will not need to depend on others.

12 그러면 그리스도를 믿지 않는 사람들이 당신들이 사는 방법을 존경할 것입니다, 그리하여 당신들은 다른 사람들에게 의존할 필요가 없을 것입니다.

The Hope of the Resurrection

부활의 희망

13 And now, dear brothers and sisters, we want you to know what will happen to the believers who have died so you will not grieve like people who have no hope.

13 그리고 이제, 사랑하는 형제들과 자매들이여, 우리는 당신들이 아무 희망이 없는 사람들처럼 몹시 슬퍼하지 않기 위해 죽은 믿음의 사람들에게 일어날 일에 대해 당신들이 알기를 원합니다.

14 For since we believe that Jesus died and was raised to life again, we also believe that when Jesus returns, God will bring back with him the believers who have died.

14 왜냐하면 우리가 예수님이 죽으셨다가 생명으로 다시 살아나신 것을 믿기 때문입니다, 우리는 예수님이 돌아오실 때, 하나님께서 죽은 믿는 사람들을 그분과 함께 다시 데려오실 것을 또한 믿습니다.

15 We tell you this directly from the Lord: We who are still living when the Lord returns will not meet him ahead of those who have died.

15 우리는 당신들에게 주님으로부터 직접 받은 이것을 말합니다: 아직 살아 있는 우리는 주님이 돌아오실 때 죽은 사람들보다 앞서서 주님을

만나지 못할 것입니다.

16 **For the Lord himself will come down from heaven with a commanding shout, with the voice of the archangel, and with the trumpet call of God. First, the Christians who have died will rise from their graves.**

16 왜냐하면 주님 그분 자신이 명령하시는 웨침과 함께, 천사장의 목소리와 함께, 그리고 하나님께서 부르시는 나팔 소리와 함께 하늘로부터 내려오실 것이기 때문입니다. 먼저, 죽은 믿는 사람들이 그들의 무덤으로부터 일어날 것입니다.

17 **Then, together with them, we who are still alive and remain on the earth will be caught up in the clouds to meet the Lord in the air. Then we will be with the Lord forever.**

17 그다음, 그들과 함께, 아직 살아서 땅에 남아 있는 우리들이 주님을 공중에서 만나기 위해 구름 속으로 들려 올라갈 것입니다. 그다음 우리는 주님과 함께 영원히 있게 될 것입니다.

18 **So encourage each other with these words.**

18 그러므로 이러한 말들로 서로를 격려하십시오.

5

1 **Now concerning how and when all this will happen, dear brothers and sisters, we don't really need to write you.**

1 이제는 어떻게 그리고 언제 이 모든 것이 일어날 것인가에 대한 것입니다, 사랑하는 형제들과 자매들이여, 우리는 당신들에게 실제로 쓸 필요가 없습니다.

2 **For you know quite well that the day of the Lord's return will come unexpectedly, like a thief in the night.**

2 왜냐하면 당신들은 주님의 되돌아오실 그날이, 밤중의 도적처럼 뜻하지 않게 올 것이라는 것을 아주 잘 알고 있기 때문입니다.

3 **When people are saying, "Everything is peaceful and secure," then disaster will fall on them as suddenly as a pregnant woman's labor pains begin. And there will be no escape.**

3 사람들이 《모든 것이 평화롭고 안전하다.》 말하고 있을 때, 다음에 재난이 임신한 녀성의 해산의 고통이 시작되는 것처럼 갑자기 그들에게 떨어질 것입니다. 그리고 도망하지 못할 것입니다.

4 **But you aren't in the dark about these things, dear brothers and sisters, and you won't be surprised when the day of the Lord comes like a thief.**

4 그러나 당신들은 이러한 일들에 대해 어두움 가운데 있지 않습니다. 사랑하는 형제들과 자매들이여, 그리하여 당신들은 주님의 그날이 도적처럼 올 때 놀라지 않게 될 것입니다.

5 For you are all children of the light and of the day; we don't belong to darkness and night.

5 왜냐하면 당신들 모두가 빛과 낮의 아들딸들이기 때문입니다; 우리는 어두움과 밤에 속하지 않습니다.

6 So be on your guard, not asleep like the others. Stay alert and be clear-headed.

6 그러므로 다른 사람들처럼 잠들어 있지 말고, 경계를 늦추지 마십시오. 경각성을 유지하고 정신을 똑바로 차리십시오.

7 Night is the time when people sleep and drinkers get drunk.

7 밤은 사람들이 잠자고 술 마시는 사람들이 취하는 시간입니다.

8 But let us who live in the light be clearheaded, protected by the armor of faith and love, and wearing as our helmet the confidence of our salvation.

8 그러나 빛 가운데 사는 우리들은 정신을 똑바로 차리고, 믿음과 사랑의 갑옷으로 보호를 받으며, 우리의 구원의 확신을 우리의 투구로 쓰도록 합시다.

9 For God chose to save us through our Lord Jesus Christ, not to pour out his anger on us.

9 왜냐하면 하나님께서는 자신의 노여움을 우리에게 쏟아붓기로 한 것이 아니라, 우리 주 예수 그리스도를 통해 우리를 구원하기로 선택하셨기 때문입니다.

10 Christ died for us so that, whether we are dead or alive when he returns, we can live with him forever.

10 그리스도가 다시 돌아오실 때, 우리가 죽어 있든지 혹은 살아 있든지, 우리가 그분과 함께 영원히 살 수 있도록, 그분이 우리를 위해서 죽으셨습니다.

11 So encourage each other and build each other up, just as you are already doing.

11 그러므로 당신들이 이미 하고 있는 대로, 서로를 격려하고 서로를 세워 주십시오.

Paul's Final Advice

바울의 마지막 충고

12 Dear brothers and sisters, honor those who are your leaders in the Lord's

work. They work hard among you and give you spiritual guidance.

12 사랑하는 형제들과 자매들이여, 주님의 일에서 당신들의 지도자인 사
람들을 존경하십시오. 그들은 당신들 가운데서 열심히 일하고 당신들에
게 령적인 지도를 합니다.

**13 Show them great respect and wholehearted love because of their work.
And live peacefully with each other.**

13 그들의 임무 때문에 깊은 존경과 진심 어린 사랑을 그들에게 보이십
시오. 그리고 서로 평화롭게 지내십시오.

**14 Brothers and sisters, we urge you to warn those who are lazy. Encourage
those who are timid. Take tender care of those who are weak. Be patient
with everyone.**

14 형제들과 자매들이여, 우리는 당신들이 게으른 사람들에게 경고할 것
을 권고합니다. 소심한 사람들을 격려하십시오. 연약한 사람들을 다정
다감하게 돌보십시오. 모든 사람들에 대해 인내하십시오.

**15 See that no one pays back evil for evil, but always try to do good to each
other and to all people.**

15 아무도 악을 악으로 갚지 말되, 서로에게 그리고 모든 사람에게 언제
나 좋은 일을 하려고 힘쓰기를 생각하십시오.

16 Always be joyful.

16 항상 기뻐하십시오.

17 Never stop praying.

17 기도하기를 결코 멈추지 마십시오.

**18 Be thankful in all circumstances, for this is God's will for you who belong
to Christ Jesus.**

18 모든 정황에서 감사하십시오, 왜냐하면 이것이 예수 그리스도에게 속
한 당신들에 대한 하나님의 뜻이기 때문입니다.

19 Do not stifle the Holy Spirit.

19 성령님을 제한하지 마십시오.

20 Do not scoff at prophecies,

20 예언들을 비웃지 마십시오.

21 but test everything that is said. Hold on to what is good.

21 그러나 듣는 모든 것을 시험하십시오. 좋은 것을 붙잡으십시오.

22 Stay away from every kind of evil.

22 모든 악한 것들로부터 떠나 있으십시오.

Paul's Final Greetings

바울의 마지막 인사

23 Now may the God of peace make you holy in every way, and may your whole spirit and soul and body be kept blameless until our Lord Jesus Christ comes again.

23 이제 평화의 하나님께서 모든 면으로 당신들을 거룩하게 해주시기를 바랍니다. 그리고 당신들의 온 령과 혼과 몸이 우리 주 예수 그리스도가 다시 오실 때까지 비난할 데 없이 지켜지기를 바랍니다.

24 God will make this happen, for he who calls you is faithful.

24 하나님께서 이 일을 이루실 것입니다. 왜냐하면 당신들을 부르신 그 분은 성실하시기 때문입니다.

25 Dear brothers and sisters, pray for us.

25 사랑하는 형제들과 자매들이여, 우리를 위해 기도하십시오.

26 Greet all the brothers and sisters with Christian love.

26 그리스도를 믿는 사람들의 사랑으로 모든 형제들과 자매들에게 인사하십시오.

27 I command you in the name of the Lord to read this letter to all the brothers and sisters.

27 나는 당신들에게 주님의 이름으로 이 편지를 모든 형제들과 자매들에게 읽어 줄 것을 명령합니다.

28 May the grace of our Lord Jesus Christ be with you.

28 우리 주 예수 그리스도의 은정이 당신들과 함께 있기를 바랍니다.

2 Thessalonians

데살로니가 사람들에게 보내는 두 번째 편지

2 Thessalonians

데살로니가 사람들에게 보내는 두 번째 편지

1

Greetings from Paul

바울로부터의 인사

1 **This letter is from Paul, Silas, and Timothy. We are writing to the church in Thessalonica, to you who belong to God our Father and the Lord Jesus Christ.**

1 이 편지는 바울, 실라 그리고 디모데로부터 온 것입니다. 우리는 데살로니가에 있는 교회에게, 하나님 우리 아버지와 주 예수 그리스도에게 속한 당신들에게 편지를 쓰고 있습니다.

2 **May God our Father and the Lord Jesus Christ give you grace and peace.**

2 하나님 우리 아버지와 주 예수 그리스도께서 당신들에게 은정과 평화를 주시기 바랍니다.

Encouragement during Persecution

박해 때의 격려

3 **Dear brothers and sisters, we can't help but thank God for you, because your faith is flourishing and your love for one another is growing.**

3 사랑하는 형제들과 자매들이여, 우리는 당신들로 하여 하나님께 감사하지 않을 수 없습니다, 왜냐하면 당신들의 믿음이 륭성해지고 서로를 위한 당신들의 사랑이 자라고 있기 때문입니다.

4 **We proudly tell God's other churches about your endurance and faithfulness in all the persecutions and hardships you are suffering.**

4 우리는 당신들이 당하고 있는 모든 박해와 고난들 속에서 당신들의 인내와 충성에 대하여 하나님의 다른 교회들에게 자랑스럽게 말합니다.

5 **And God will use this persecution to show his justice and to make you worthy of his Kingdom, for which you are suffering.**

5 그리고 하나님은 그분의 정의를 보여주시기 위해 그리고 당신들을 그분의 나라에 가치 있게 하기 위해 이 박해를 사용하실 것입니다. 그 나라를 위해 당신들이 고통을 겪고 있습니다.

6 **In his justice he will pay back those who persecute you.**

6 그분의 정의로 그분께서 당신들을 박해하는 사람들을 보복하실 것입니다.

7 **And God will provide rest for you who are being persecuted and also for us when the Lord Jesus appears from heaven. He will come with his mighty angels,**

7 그리고 하나님께서는 주 예수님이 하늘로부터 나타나실 때 박해를 당하고 있는 당신들과 또한 우리들을 위해 휴식을 마련해 주실 것입니다. 그분은 그분 자신의 강력한 천사들과 함께 오실 것입니다.

8 **in flaming fire, bringing judgment on those who don't know God and on those who refuse to obey the Good News of our Lord Jesus.**

8 타오르는 불꽃 가운데, 하나님을 모르는 사람들과 우리 주 예수님의 반가운 소식에 복종하기를 거부하는 사람들에게 내릴 심판을 가지고 오실 것입니다.

9 **They will be punished with eternal destruction, forever separated from the Lord and from his glorious power.**

9 그들은 주님으로부터 그리고 그분의 영광스러운 능력으로부터 영원히 분리되어서, 영원한 파멸로 처벌을 받을 것입니다.

10 **When he comes on that day, he will receive glory from his holy people—praise from all who believe. And this includes you, for you believed what we told you about him.**

10 그분이 그날에 오실 때, 그분은 자신의 거룩한 백성으로부터 영광을 받으실 것입니다—믿는 모든 사람들로부터의 찬양입니다. 그리고 이것은 당신들을 포함합니다, 왜냐하면 당신들은 우리가 그분에 대해서 말한 것을 믿었기 때문입니다.

11 **So we keep on praying for you, asking our God to enable you to live a life worthy of his call. May he give you the power to accomplish all the good**

things your faith prompts you to do.

11 그러므로 우리는 우리 하나님께서 당신들이 그분의 부르심에 알맞는 삶을 살 수 있게 해달라고 요구하면서, 당신들을 위해 계속 기도합니다. 하나님께서 당신들의 믿음이 자신들로 하여금 하도록 고무하는 모든 좋은 일들을 이룩할 능력을, 당신들에게 주시기를 바랍니다.

12 **Then the name of our Lord Jesus will be honored because of the way you live, and you will be honored along with him. This is all made possible because of the grace of our God and Lord, Jesus Christ.**

12 그러면 우리 주 예수님의 존함이 당신들이 살아가는 삶의 방법 때문에 영광을 받으실 것입니다, 그리고 당신들도 그분과 함께 영광을 받을 것입니다. 이 모든 것이 우리의 하나님 그리고 주님이신, 예수 그리스도의 은정으로 하여 가능하게 됩니다.

2

Events prior to the Lord's Second Coming

주님의 두 번째 오심에 앞선 사건들

1 **Now, dear brothers and sisters, let us clarify some things about the coming of our Lord Jesus Christ and how we will be gathered to meet him.**

1 사랑하는 형제들과 자매들이여, 이제, 우리 주 예수 그리스도의 오심에 대한 것과 그리고 그분을 만나기 위해 우리가 어떻게 모이게 될지를 분명히 밝히도록 합시다.

2 **Don't be so easily shaken or alarmed by those who say that the day of the Lord has already begun. Don't believe them, even if they claim to have had a spiritual vision, a revelation, or a letter supposedly from us.**

2 주님의 날이 이미 시작되였다고 말하는 사람들로 하여 너무 쉽게 흔들리거나 놀라지 마십시오. 지어 그들이 령적인 환상, 그리고 나타내 보여 주심이나, 혹은 우리가 보낸 것으로 추측되는 편지를 받았다고 주장할지라도, 그들을 믿지 마십시오.

3 **Don't be fooled by what they say. For that day will not come until there is a great rebellion against God and the man of lawlessness is revealed—the one who brings destruction.**

3 그들이 말하는 것으로 하여 속지 마십시오. 왜냐하면 하나님에 맞서 커다란 반란이 일어나고 법을 지키지 않는 사람이—그는 파멸을 가져오는 자—나타나기까지는 그날은 오지 않을 것이기 때문입니다.

4 **He will exalt himself and defy everything that people call god and every**

object of worship. He will even sit in the temple of God, claiming that he himself is God.

4 그는 그 자신을 높이고 사람들이 신이라고 부르는 모든 것과 숭배의 대상이 되는 모든 것에 공공연히 반항할 것입니다. 그는 그 자신을 하나님이라고 주장하면서, 지어 하나님의 신전에까지 앉을 것입니다.

5 **Don't you remember that I told you about all this when I was with you?**

5 당신들은 내가 당신들과 함께 있었을 때 이 모든 것에 대해 당신들에게 말한 것을 기억하지 못합니까?

6 **And you know what is holding him back, for he can be revealed only when his time comes.**

6 그리고 당신들은 그를 저지시키고 있는 것이 무엇인지 알고 있습니다, 왜냐하면 그는 단지 그의 시간이 올 때만 나타날 수 있기 때문입니다.

7 **For this lawlessness is already at work secretly, and it will remain secret until the one who is holding it back steps out of the way.**

7 왜냐하면 이 불법은 이미 비밀리에 작용하고 있기 때문입니다, 그리고 이것은 그것을 저지하고 있는 자가 길을 비킬 때까지 은밀하게 남아 있을 것입니다.

8 **Then the man of lawlessness will be revealed, but the Lord Jesus will kill him with the breath of his mouth and destroy him by the splendor of his coming.**

8 그다음 불법의 사람이 나타나게 될 것입니다. 그러나 주 예수님은 그분의 입에서 나오는 호흡으로 그를 죽이고 그분의 오심의 그 광채로 그를 멸망시키실 것입니다.

9 **This man will come to do the work of Satan with counterfeit power and signs and miracles.**

9 이자는 가짜의 능력과 표적들과 기적들을 가지고 마왕의 일을 하려고 올 것입니다.

10 **He will use every kind of evil deception to fool those on their way to destruction, because they refuse to love and accept the truth that would save them.**

10 그는 멸망을 향해 그들의 길을 가는 사람들을 속이려고 모든 종류의 악한 속임수를 사용할 것입니다, 왜냐하면 그들은 자기들을 구원할 진리를 사랑하고 받아들이기를 거부했기 때문입니다.

11 **So God will cause them to be greatly deceived, and they will believe these lies.**

11 그러므로 하나님께서는 그들로 하여금 크게 기만당하도록 하셨으며,

그리하여 그들은 이러한 거짓말들을 믿게 될 것입니다.

12 Then they will be condemned for enjoying evil rather than believing the truth.

12 그다음 그들은 진리를 믿기보다 오히려 악을 즐기는 것으로 하여 유죄판결을 받게 될 것입니다.

Believers Should Stand Firm

믿는 사람들이 굳게 서야 함

13 As for us, we can't help but thank God for you, dear brothers and sisters loved by the Lord. We are always thankful that God chose you to be among the first to experience salvation—a salvation that came through the Spirit who makes you holy and through your belief in the truth.

13 우리의 경우, 주님으로부터 사랑받는 사랑하는 형제들과 자매들이여, 우리는 당신들에 대해 하나님께 감사하지 않을 수 없습니다. 우리는 하나님께서 당신들을 선택하셔서 구원을—당신들을 거룩하게 만드시는 성령님을 통해 그리고 진리에 대한 당신들의 믿음을 통해서 오는 구원—경험하는 첫 사람들 중에 있게 하신 것을 언제나 감사합니다.

14 He called you to salvation when we told you the Good News; now you can share in the glory of our Lord Jesus Christ.

14 그분은 우리가 당신들에게 반가운 소식을 말할 때 당신들을 구원으로 부르셨습니다; 지금 당신들은 우리 주 예수 그리스도의 영광에 참가할 수 있습니다.

15 With all these things in mind, dear brothers and sisters, stand firm and keep a strong grip on the teaching we passed on to you both in person and by letter.

15 사랑하는 형제들과 자매들이여, 이러한 모든 것들을 마음에 새기고, 굳게 서서 그리고 우리가 개인적으로나 편지로 당신들에게 전해 준 그 가르침 둘 다 단단히 계속 붙드십시오.

16 Now may our Lord Jesus Christ himself and God our Father, who loved us and by his grace gave us eternal comfort and a wonderful hope,

16 이제 우리 주 예수 그리스도 그분 자신과 그리고 우리를 사랑하시고, 그분의 은정으로 우리에게 영원한 위로와 놀라운 희망을 주신 하나님 우리 아버지께서,

17 comfort you and strengthen you in every good thing you do and say.

17 당신들이 실행하고 말하는 모든 좋은 일에서 당신들을 위로하고 견고하게 하여 주시기를 바랍니다.

3

Paul's Request for Prayer
바울의 기도 요청

1 **Finally, dear brothers and sisters, we ask you to pray for us. Pray that the Lord's message will spread rapidly and be honored wherever it goes, just as when it came to you.**

1 마지막으로, 사랑하는 형제들과 자매들이여, 우리는 당신들이 우리를 위해 기도할 것을 부탁합니다. 주님의 말씀이 빨리 퍼지게 되고 당신들에게 주님의 말씀이 갔을 때와 꼭 같이, 말씀이 가는 곳마다 귀중히 여겨지도록 기도하십시오.

2 **Pray, too, that we will be rescued from wicked and evil people, for not everyone is a believer.**

2 또한, 우리가 못되고 악한 사람들로부터 구출되도록 기도하십시오. 왜냐하면 모든 사람이 믿는 사람이 아니기 때문입니다.

3 **But the Lord is faithful; he will strengthen you and guard you from the evil one.**

3 그러나 주님은 성실하십니다; 그분은 당신들을 강하게 하시고 악한 자들로부터 당신들을 지키실 것입니다.

4 **And we are confident in the Lord that you are doing and will continue to do the things we commanded you.**

4 그리고 우리는 당신들이 우리가 당신들에게 명령한 것들을 실행하고 있으며 계속해서 실행할 것을 주님 안에서 확신합니다.

5 **May the Lord lead your hearts into a full understanding and expression of the love of God and the patient endurance that comes from Christ.**

5 주님이 당신들의 마음속에 하나님의 사랑을 완전히 깨닫고 드러내며 그리고 그리스도로부터 오는 지속적인 인내심으로 이끌어 주시기를 바랍니다.

An Exhortation to Proper Living
단정한 삶에 대한 권고

6 **And now, dear brothers and sisters, we give you this command in the name of our Lord Jesus Christ: Stay away from all believers who live idle lives and don't follow the tradition they received from us.**

6 그리고 이제, 사랑하는 형제들과 자매들이여, 우리는 우리 주 예수 그리스도의 이름으로 당신들에게 이 명령을 내립니다: 게으른 삶을 살며

그들이 우리로부터 받은 전통을 따르지 않는 모든 믿는 사람들을 가까이 하지 마십시오.

7 **For you know that you ought to imitate us. We were not idle when we were with you.**

7 왜냐하면 당신들은 자신들이 우리를 본받아야 한다는 것을 알기 때문입니다. 우리는 우리가 당신들과 함께 있을 때 게으르지 않았습니다.

8 **We never accepted food from anyone without paying for it. We worked hard day and night so we would not be a burden to any of you.**

8 우리는 값을 지불하지 않고는 누구에게서도 음식을 절대 받지 않았습니다. 우리가 당신들 누구에게도 부담이 되지 않으려고 우리는 밤과 낮으로 열심히 일했습니다.

9 **We certainly had the right to ask you to feed us, but we wanted to give you an example to follow.**

9 우리가 우리를 먹여 달라고 당신들에게 요구할 권리를 확실히 가졌지만, 우리는 따라야 할 본보기를 당신들에게 보여 주기를 원했습니다.

10 **Even while we were with you, we gave you this command: "Those unwilling to work will not get to eat."**

10 우리가 당신들과 함께 있을 때에도, 우리는 당신들에게 이 명령을 주었습니다: 《일하기 싫은 자들은 먹지 말라.》

11 **Yet we hear that some of you are living idle lives, refusing to work and meddling in other people's business.**

11 그럼에도 불구하고 우리는 당신들 중 어떤 사람들이, 일하기를 거부하고 다른 사람들의 일에 쓸데없이 간섭하면서, 게으르게 살고 있다고 듣습니다.

12 **We command such people and urge them in the name of the Lord Jesus Christ to settle down and work to earn their own living.**

12 우리는 그와 같은 사람들에게 마음을 붙이고 그들 자신의 생활비를 벌기 위해 일할 것을 주 예수 그리스도의 이름으로 명령하고 그들에게 강하게 권고합니다.

13 **As for the rest of you, dear brothers and sisters, never get tired of doing good.**

13 사랑하는 형제들과 자매들이여, 당신들 중 나머지 사람들의 경우, 좋은 일을 하는 데서 결코 지치지 마십시오.

14 **Take note of those who refuse to obey what we say in this letter. Stay away from them so they will be ashamed.**

14 우리가 이 편지에서 말하는 것에 복종하기를 거부하는 사람들을 류의

하십시오. 그들이 부끄러워지도록 그들로부터 멀리 지내십시오.

15 Don't think of them as enemies, but warn them as you would a brother or sister.

15 그들을 원쑤들로 생각하지 말고, 오히려 당신들이 형제나 자매에게 하는 것처럼 그들에게 주의시키십시오.

Paul's Final Greetings

바울의 마지막 인사

16 Now may the Lord of peace himself give you his peace at all times and in every situation. The Lord be with you all.

16 이제 평화의 주님이 친히 당신들에게 언제나 모든 상황 가운데서 그분의 평화를 주시기를 바랍니다. 주님께서 당신들 모두와 함께하시기를 바랍니다.

17 HERE IS MY GREETING IN MY OWN HANDWRITING—PAUL. I DO THIS IN ALL MY LETTERS TO PROVE THEY ARE FROM ME.

17 여기 나의 친필로 나의 인사를 적습니다—나, 바울은 이 편지들이 나로부터 왔다는 것을 증명하기 위해 나의 모든 편지에 이것을 씁니다.

18 May the grace of our Lord Jesus Christ be with you all.

18 우리 주 예수 그리스도의 은정이 당신들 모두와 함께하기를 바랍니다.

1 Timothy

디모데에게 보내는 첫 번째 편지

1 Timothy

디모데에게 보내는 첫 번째 편지

1

Greetings from Paul

바울로부터 온 인사의 말

1 This letter is from Paul, an apostle of Christ Jesus, appointed by the command of God our Savior and Christ Jesus, who gives us hope.

1 이 편지는 우리의 구원자이신 하나님과, 우리에게 희망을 주시는 예수 그리스도의 명령에 따라, 예수 그리스도의 핵심제자로 임명된, 바울이 보내 온 것입니다.

2 I am writing to Timothy, my true son in the faith. May God the Father and Christ Jesus our Lord give you grace, mercy, and peace.

2 나는 믿음 안에서 나의 진실한 아들인, 디모데에게 편지를 쓰고 있습니다. 하나님 아버지와 우리 주 예수 그리스도께서 당신들에게 은정과 자비, 그리고 평화를 주시기를 바랍니다.

Warnings against False Teachings

거짓 가르침에 대한 경고

3 When I left for Macedonia, I urged you to stay there in Ephesus and stop those whose teaching is contrary to the truth.

3 내가 마케도니아로 떠날 때, 나는 그대가 거기 에베소에 머물 것과 사람들이 진리에 어긋나는 것을 가르치지 못하게 할 것을 강하게 권고했

습니다.

4 Don't let them waste their time in endless discussion of myths and spiritual pedigrees. These things only lead to meaningless speculations, which don't help people live a life of faith in God.

4 그들이 꾸며낸 이야기들과 령적인 가계표에 대한 끝없는 토론에 그들의 시간을 랑비하지 못하게 하십시오. 이것들은 무의미한 억측에 빠져들게 할 뿐입니다. 이것들은 사람들이 하나님을 믿는 믿음의 삶을 살도록 돕지 못합니다.

5 The purpose of my instruction is that all believers would be filled with love that comes from a pure heart, a clear conscience, and genuine faith.

5 나의 가르침의 목적은 모든 믿는 사람들로 하여금 순결한 마음과 깨끗한 량심 그리고 거짓이 없는 믿음으로부터 오는 사랑으로 넘쳐나게 하려는 것입니다.

6 But some people have missed this whole point. They have turned away from these things and spend their time in meaningless discussions.

6 그러나 몇 사람들은 이 전체적인 론점을 놓쳤습니다. 그들은 이러한 것들로부터 돌아서서 멀어졌고, 무의미한 토론에 그들의 시간을 보내고 있습니다.

7 They want to be known as teachers of the law of Moses, but they don't know what they are talking about, even though they speak so confidently.

7 그들은 모세의 률법에 대한 선생들로서 알려지기를 원합니다. 그러나 그들이 그렇게도 확신 있게 말하고 있음에도 불구하고, 그들은 자신들이 무엇에 대해 말하고 있는지를 모릅니다.

8 We know that the law is good when used correctly.

8 우리는 률법이 바르게 사용되면 좋다는 것을 압니다.

9 For the law was not intended for people who do what is right. It is for people who are lawless and rebellious, who are ungodly and sinful, who consider nothing sacred and defile what is holy, who kill their father or mother or commit other murders.

9 왜냐하면 률법은 옳은 일을 하는 사람들을 위해 의도된 것이 아니기 때문입니다. 그것은 법을 지키지 않고 반항하는 사람들, 신앙심이 없고 죄 많은 사람들, 그 무엇도 거룩한 것으로 여기지 않고 거룩한 것을 더럽히는 사람들, 자기들의 아버지나 어머니를 죽이거나 혹은 다른 살인죄를 저지르는 사람들 때문에 있는 것입니다.

10 The law is for people who are sexually immoral, or who practice homo-

sexuality, or are slave traders, liars, promise breakers, or who do anything else that contradicts the wholesome teaching

10 률법은 성적으로 비도덕적인 사람들, 혹은 동성애를 하는 사람들, 혹은 노예 상인들, 거짓말쟁이들, 약속을 어기는 사람들, 혹은 건전한 가르침에 모순되는 그 어떤 다른 것을 실행하는 사람들 때문에 있는 것입니다.

11 that comes from the glorious Good News entrusted to me by our blessed God.

11 건전한 가르침은 우리의 거룩하신 하나님에 의해서 나에게 맡기신 영광스러운 반가운 소식으로부터 옵니다.

Paul's Gratitude for God's Mercy

하나님의 은정에 대한 바울의 감사

12 I thank Christ Jesus our Lord, who has given me strength to do his work. He considered me trustworthy and appointed me to serve him,

12 나는 우리 주 예수 그리스도에게 감사합니다, 그분은 나에게 그분의 일을 할 힘을 주셨습니다. 그분은 나를 믿을 만하게 여기셨고 그분을 섬기도록 나를 임명하셨습니다,

13 even though I used to blaspheme the name of Christ. In my insolence, I persecuted his people. But God had mercy on me because I did it in ignorance and unbelief.

13 내가 한때 그리스도의 이름을 모독했음에도 불구하고, 내가 오만하게도, 그분의 백성들을 박해하였습니다. 그러나 하나님께서 나에게 은정을 베푸셨습니다. 왜냐하면 내가 알지 못하고 믿지 않은 데서 그것을 실행했기 때문입니다.

14 Oh, how generous and gracious our Lord was! He filled me with the faith and love that come from Christ Jesus.

14 오오, 우리 주님은 참으로 너그럽고 자애로우십니다! 그분께서 그리스도 예수님으로부터 오는 믿음과 사랑으로 나를 채우셨습니다.

15 This is a trustworthy saying, and everyone should accept it: "Christ Jesus came into the world to save sinners"—and I am the worst of them all.

15 이것은 신뢰할 수 있는 말입니다, 그리하여 누구나가 그것을 받아들여야 합니다:《예수 그리스도는 죄인들을 구원하시기 위해 세상에 오셨습니다.》—그리고 나는 이 모든 사람들 가운데 가장 악한 사람입니다.

16 But God had mercy on me so that Christ Jesus could use meas a prime example of his great patience with even the worst sinners. Then others

will realize that they, too, can believe in him and receive eternal life.

16 그러나 하나님께서 나에게 은정을 베푸셨습니다. 예수 그리스도는 가장 악한 죄인들에게까지도 가지고 계시는, 그분의 대단한 인내의 가장 좋은 본보기로서 나를 사용하시기 위해서입니다. 그리하여 다른 사람들, 그들 역시, 그분을 믿고 영원한 생명을 받을 수 있다는 것을 깨닫게 될 것입니다.

17 **All honor and glory to God forever and ever! He is the eternal King, the unseen one who never dies; he alone is God. Amen.**

17 모든 영예와 영광이 하나님께 영원하시기를! 그분은 영원한 왕이시고, 불멸하시며 눈에 보이지 않는 분이십니다; 그분만이 하나님이십니다. 아멘.

Timothy's Responsibility
디모데의 책임

18 **Timothy, my son, here are my instructions for you, based on the prophetic words spoken about you earlier. May they help you fight well in the Lord's battles.**

18 나의 아들, 디모데여, 이전에 그대와 관련하여 선포된 예언의 말씀들을 기초로 한, 그대를 위한 나의 명령들이 여기에 있습니다. 그것들이 주님의 전투에서 그대가 잘 싸울 수 있게 도움이 되기를 바랍니다.

19 **Cling to your faith in Christ, and keep your conscience clear. For some people have deliberately violated their consciences; as a result, their faith has been shipwrecked.**

19 그리스도에 대한 그대의 믿음에서 떠나지 마시오, 그리고 그대의 량심을 티 없이 맑게 지키시오. 왜냐하면 몇 사람들이 일부러 그들의 량심을 저버렸기 때문입니다; 그 결과, 그들의 믿음이 파멸을 당했습니다.

20 **Hymenaeus and Alexander are two examples. I threw them out and handed them over to Satan so they might learn not to blaspheme God.**

20 히메네오와 알렉산더가 두 실례입니다. 나는 그들을 내버려 마왕에게 넘겨 주었습니다. 그래서 그들이 하나님을 모독하지 못하도록 훈련하게 하였습니다.

2

Instructions about Worship

례배에 대한 가르침

1 **I urge you, first of all, to pray for all people. Ask God to help them; intercede on their behalf, and give thanks for them.**

1 무엇보다도 먼저, 나는 그대가 모든 사람들을 위해 기도할 것을, 강하게 권고합니다. 하나님께서 그들을 도와주시기를 요청하십시오; 그들을 대신하여 부탁드리고, 그들로 하여 감사를 드리십시오.

2 **Pray this way for kings and all who are in authority so that we can live peaceful and quiet lives marked by godliness and dignity.**

2 왕들과 권력 있는 모든 사람들을 위해 이렇게 기도하십시오. 그래야 우리가 평화롭고 고결한 인격과 거룩함이 나타나는 평온한 삶을 살 수 있습니다.

3 **This is good and pleases God our Savior,**

3 이것은 좋은 일입니다. 그리하여 우리의 구원자이신 하나님을 기쁘시게 합니다.

4 **who wants everyone to be saved and to understand the truth.**

4 그분은 모든 사람이 구원받기를 원하시며 진리를 깨닫기를 원하십니다.

5 **For there is only one God and one Mediator who can reconcile God and humanity—the man Christ Jesus.**

5 왜냐하면 오직 한 분의 하나님만 계시고 하나님과 인간을 화해시킬 수 있는 한 분의 중개자만 계시기 때문입니다—그분은 사람이신 예수 그리스도이십니다.

6 **He gave his life to purchase freedom for everyone. This is the message God gave to the world at just the right time.**

6 그분은 모든 사람들을 위한 자유를 얻게 하려고 자신의 생명을 내여주셨습니다. 이것이 하나님께서 바로 그 적당한 때에 세상에 주신 말씀입니다.

7 **And I have been chosen as a preacher and apostle to teach the Gentiles this message about faith and truth. I'm not exaggerating—just telling the truth.**

7 그리고 나는 믿음과 진리에 대한 이 말씀을 비유태인들에게 가르치도록 설교자와 핵심제자로 선택되였습니다. 나는 과장하지 않습니다—오직 사실을 말하고 있을 뿐입니다.

8 In every place of worship, I want men to pray with holy hands lifted up to God, free from anger and controversy.

8 례배를 드리는 곳마다에서, 나는 남자들이 분노와 론쟁으로부터 벗어나서, 거룩한 손을 들어 올려 하나님께 기도하기를 바랍니다.

9 And I want women to be modest in their appearance. They should wear decent and appropriate clothing and not draw attention to themselves by the way they fix their hair or by wearing gold or pearls or expensive clothes.

9 그리고 나는 녀자들이 그들의 외모에서 검박하기를 바랍니다. 그들은 단정하고 알맞는 옷을 입어야 합니다. 그리고 그들은 자신들의 머리를 단장하는 방식으로나, 또는 금이나 진주 혹은 값비싼 옷을 걸치는 것으로 자신들에게 주위를 끌게 해서는 안 됩니다.

10 For women who claim to be devoted to God should make themselves by the good things they do.

10 왜냐하면 하나님께 한몸 바쳤다고 주장하는 녀자들은 그들이 하는 좋은 일들로 그들 자신을 아름답게 나타내야 하기 때문입니다.

11 Women should learn quietly and submissively.

11 녀자들은 조용하고 유순하게 배워야 합니다.

12 I do not let women teach men or have authority over them. Let them listen quietly.

12 나는 녀자들이 남자들을 가르치거나 그들을 다스리는 권위를 가지도록 허락하지 않습니다. 녀자들은 조용하게 듣도록 하십시오.

13 For God made Adam first, and afterward he made Eve.

13 왜냐하면 하나님께서 아담을 먼저 만드셨고, 그리고 나중에 하와를 만드셨기 때문입니다.

14 And it was not Adam who was deceived by Satan. The woman was deceived, and sin was the result.

14 그리고 마왕에 의해 속은 것은 아담이 아니였습니다. 그 녀자가 속았습니다, 그리고 죄는 그 결과였습니다.

15 But women will be saved through childbearing, assuming they continue to live in faith, love, holiness, and modesty.

15 그러나 녀자들이 계속 믿음과 사랑, 순결함, 그리고 겸손하게 사는 것을 당연한 것으로 생각하면, 그들은 해산을 통해 구원을 받게 될 것입니다.

3

Leaders in the Church

교회의 지도자들

1 **This is a trustworthy saying: "If someone aspires to be an elder, he desires an honorable position."**

1 이것은 믿을 만한 말입니다: 《누군가 장로가 되기를 열망한다면, 그는 존경할 만한 태도를 간절히 바라야 한다.》

2 **So an elder must be a man whose life is above reproach. He must be faithful to his wife. He must exercise self-control, live wisely, and have a good reputation. He must enjoy having guests in his home, and he must be able to teach.**

2 그러므로 장로는 그의 삶이 나무랄 데 없는 사람이여야 합니다. 그는 자기 안해에게 성실해야 합니다. 그는 자제력이 있고, 사려 깊게 살며, 좋은 평판을 가져야 합니다. 그는 자기 집에 손님 들이는 것을 즐기고, 그는 가르칠 능력이 있어야 합니다.

3 **He must not be a heavy drinker or be violent. He must be gentle, not quarrelsome, and not love money.**

3 그는 술을 많이 마시는 사람이거나, 란폭해서는 안됩니다. 그는 온화하고, 다투기를 좋아하지 않고, 돈을 사랑하지 말아야 합니다.

4 **He must manage his own family well, having children who respect and obey him.**

4 그는 자기를 존경하고 복종하는 아들딸들을 두면서, 자기 자신의 가족을 잘 돌보아야 합니다.

5 **For if a man cannot manage his own household, how can he take care of God's church?**

5 왜냐하면 한 사람이 자기 자신의 집안도 돌보지 못하면서, 어떻게 그가 하나님의 교회를 돌볼 수 있겠습니까?

6 **An elder must not be a new believer, because he might become proud, and the devil would cause him to fall.**

6 장로는 믿은 지 얼마 안 되는 사람이여서는 안 됩니다. 왜냐하면 그가 교만해질 수도 있고, 악마가 그를 넘어지게 할 수도 있기 때문입니다.

7 **Also, people outside the church must speak well of him so that he will not be disgraced and fall into the devil's trap.**

7 또한, 교회 밖의 사람들도 그에 대해 좋게 말해야 합니다. 그가 망신을 당하지 않고 악마의 덫에 떨어지지 않도록 하기 위해서입니다.

8 **In the same way, deacons must be well respected and have integrity. They must not be heavy drinkers or dishonest with money.**

8 똑같이, 집사들은 매우 존경을 받아야 하고 정직해야 합니다. 그들은 술을 많이 마시는 사람이거나 돈을 가지고 정직하지 못해서는 안 됩니다.

9 **They must be committed to the mystery of the faith now revealed and must live with a clear conscience.**

9 그들은 이제 나타내 보여진 믿음의 심오한 진리에 전념해야 하며 깨끗한 량심을 가지고 살아야 합니다.

10 **Before they are appointed as deacons, let them be closely examined. If they pass the test, then let them serve as deacons.**

10 그들이 집사들로 임명되기에 앞서 그들을 자세히 검토하십시오. 만일 그들이 시험에 통과하면, 그다음 그들이 집사들로서 봉사하도록 허락하십시오.

11 **In the same way, their wives must be respected and must not slander others. They must exercise self-control and be faithful in everything they do.**

11 똑같이, 그들의 안해들도 존경을 받아야 하고 다른 사람들을 비난해서는 안 됩니다. 그들은 자제력이 있고 그들이 하는 모든 일에서 성실해야 합니다.

12 **A deacon must be faithful to his wife, and he must manage his children and household well.**

12 집사는 자기 안해에게 성실해야 합니다, 그리고 그는 자기 아들딸들과 집안을 잘 돌보아야 합니다.

13 **Those who do well as deacons will be rewarded with respect from others and will have increased confidence in their faith in Christ Jesus.**

13 집사로서 일 잘하는 사람들은 다른 사람들로부터 존경과 더불어 상을 받을 것이며 예수 그리스도를 믿는 그들의 믿음에 대한 확신이 커질 것입니다.

The Truths of Our Faith

우리의 믿음의 진리

14 **I am writing these things to you now, even though I hope to be with you soon,**

14 나는 비록 곧 그대와 함께 있기를 원하면서도, 내가 그대에게 지금 이러한 것들을 편지로 쓰고 있습니다,

15 so that if I am delayed, you will know how people must conduct themselves in the household of God. This is the church of the living God, which is the pillar and foundation of the truth.

15 그러므로 만일 내가 늦어진다면, 그대가 하나님의 집에서 사람들이 어떻게 그들 스스로 처신해야 하는지를 알게 하기 위해서입니다. 이것은 살아 계신 하나님의 교회이고, 그것은 진리의 기둥이며 기초입니다.

16 Without question, this is the great mystery of our faith: Christ was revealed in a human body and vindicated by the Spirit. He was seen by angels and announced to the nations. He was believed in throughout the world and taken to heaven in glory.

16 의심할 여지없이, 이것은 우리의 믿음의 매우 심오한 진리입니다: 그리스도가 사람의 몸으로 나타내 보이셨고 성령에 의해 옳음이 립증되셨습니다. 그분은 천사들에게 나타나고 민족들에게 알려지셨습니다. 그분은 온 세상에서 믿게 되였고 영광 속에 하늘로 올라가셨습니다.

4

Warnings against False Teachers

거짓 선생들에 대비하는 경고

1 Now the Holy Spirit tells us clearly that in the last times some will turn away from the true faith; they will follow deceptive spirits and teachings that come from demons.

1 이제 성령이 마지막 때에 어떤 사람들은 참된 믿음으로부터 떠날 것이라고 우리에게 분명하게 말씀하십니다; 그들은 속이는 령들과 귀신들로부터 오는 가르침들을 따를 것입니다.

2 These people are hypocrites and liars, and their consciences are dead.

2 이 사람들은 위선자들과 거짓말쟁이들입니다, 그리고 그들의 량심은 죽어 있습니다.

3 They will say it is wrong to be married and wrong to eat certain foods. But God created those foods to be eaten with thanks by faithful people who know the truth.

3 그들은 결혼하는 것은 잘못이며 어떤 음식을 먹는 것은 나쁘다고 말할 것입니다. 그러나 하나님께서는 진리를 아는 믿음의 사람들로 하여금 감사하면서 먹도록 그 음식들을 만드셨습니다.

4 Since everything God created is good, we should not reject any of it but receive it with thanks.

4 하나님께서 만드신 모든 것이 좋기 때문입니다. 우리는 그것들 중 어떤 것도 거절해서는 안 되고 오히려 감사함으로 그것을 받아야 합니다.

5 For we know it is made acceptable by the word of God and prayer.

5 왜냐하면 우리는 이것이 하나님의 말씀과 기도로 받아들여진다는 것을 알기 때문입니다.

A Good Servant of Christ Jesus

예수 그리스도의 훌륭한 종

6 If you explain these things to the brothers and sisters, Timothy, you will be a worthy servant of Christ Jesus, one who is nourished by the message of faith and the good teaching you have followed.

6 디모데여, 만일 그대가 형제들과 자매들에게 이것들을 설명한다면, 그대는 믿음의 말씀과 그대가 따르는 좋은 가르침으로 영양분을 받는, 예수 그리스도의 훌륭한 종이 될 것입니다.

7 Do not waste time arguing over godless ideas and old wives' tales. Instead, train yourself to be godly.

7 신앙심이 없는 사고방식과 수다스러운 녀자들의 실없는 이야기들로 론쟁하는 데 시간을 랑비하지 마십시오. 대신에 거룩해지도록 스스로를 훈련하십시오.

8 "Physical training is good, but training for godliness is much better, promising benefits in this life and in the life to come."

8《육체적인 훈련은 좋은 것입니다, 그러나 순결한 인격을 위한 훈련은 이 세상에서의 삶과 앞으로 올 세상에서의 삶에서 리로움을 약속해주는 훨씬 더 좋은 것입니다.》

9 This is a trustworthy saying, and everyone should accept it.

9 이것은 신뢰할 수 있는 말입니다. 그리고 모든 사람이 이것을 받아들여야 합니다.

10 This is why we work hard and continue to struggle, for our hope is in the living God, who is the Savior of all people and particularly of all believers.

10 이것이 우리가 열심히 일하며 계속 전심전력하는 리유입니다. 왜냐하면 우리의 희망은 살아 계신 하나님께 있기 때문입니다. 그분께서는 모든 사람들과 특별히 모든 믿는 사람들의 구원자이십니다.

11 Teach these things and insist that everyone learn them.

11 이것들을 가르치고 모든 사람들이 그것들을 배울 것을 강하게 요구하십시오.

12 Don't let anyone think less of you because you are young. Bean example

to all believers in what you say, in the way you live, in your love, your faith, and your purity.

12 그대가 젊다는 리유로 아무도 그대를 업신여기지 않도록 하십시오. 그대가 말하는 것에서, 그대가 사는 방식에서, 그대의 사랑에서, 그대의 믿음에서, 그리고 그대의 순수성에서 믿는 모든 사람들의 본보기가 되십시오.

13 **Until I get there, focus on reading the Scriptures to the church, encouraging the believers, and teaching them.**

13 내가 거기에 갈 때까지, 교회에게 하나님말씀책을 읽어 주고, 믿는 사람들을 격려하고, 그리고 그들을 가르치는 것에 관심을 집중하십시오.

14 **Do not neglect the spiritual gift you received through the prophecy spoken over you when the elders of the church laid their hands on you.**

14 교회의 장로들이 그들의 손을 그대에게 얹었을 때, 그대에게 말해 준 예언을 통해 그대가 받은 령적인 선물을 소홀히 하지 마십시오.

15 **Give your complete attention to these matters. Throw yourself into your tasks so that everyone will see your progress.**

15 이 일들에 대해 완전한 관심을 돌리십시오. 모든 사람들이 그대의 발전을 볼 수 있도록 자기 자신을 그대가 맡은 임무에 모든 힘을 기울이십시오.

16 **Keep a close watch on how you live and on your teaching. Stay true to what is right for the sake of your own salvation and the salvation of those who hear you.**

16 그대가 어떻게 살고 있는지 그리고 그대의 가르침을 꾸준히 면밀하게 살피십시오. 그대 자신의 구원과 그대의 말을 듣는 사람들의 구원을 위해서 계속해서 올바른 것에 충실하십시오.

5

Advice about Widows, Elders, and Slaves

과부들, 장로들, 그리고 종들에 대한 충고

1 **Never speak harshly to an older man, but appeal to him respectfully as you would to your own father. Talk to younger men as you would to your own brothers.**

1 나이 많은 사람에게 절대로 거칠게 말하지 말고, 오히려 당신들이 자신들의 친아버지에게 하듯이 공손히 그의 마음에 들게 하십시오. 당신들의 친형제들에게 하듯이 젊은 사람들에게 말하십시오.

2 **Treat older women as you would your mother, and treat younger women with all purity as you would your own sisters.**

2 당신들은 자신들의 어머니에게 하듯이 나이든 녀자들을 대하십시오, 그리고 당신들은 당신들 자신의 친자매들에게 하듯이 오로지 순수성을 가지고 젊은 녀자들을 대하십시오.

3 **Take care of any widow who has no one else to care for her.**

3 돌보아 줄 사람이 아무도 없는 과부는 어떤 과부라도 돌보십시오.

4 **But if she has children or grandchildren, their first responsibility is to show godliness at home and repay their parents by taking care of them. This is something that pleases God.**

4 그러나 만일 그 녀자에게 아들딸들이나 손자들이 있다면, 그들의 첫 번째 의무는 집에서 신앙심 깊은 생활을 보여 주는 것과 자기들의 부모를 돌보는 일을 통해 그들에게 보답하는 것입니다. 이것은 하나님을 기쁘시게 하는 일입니다.

5 **Now a true widow, a woman who is truly alone in this world, has placed her hope in God. She prays night and day, asking God for his help.**

5 이 세상에서 의지할 데 없이 홀로 된 녀자인 진정한 과부는, 이제 그 녀자의 희망을 하나님께 두었습니다. 그 녀자는 밤낮으로 하나님께 그분의 도우심을 바라면서 기도합니다.

6 **But the widow who lives only for pleasure is spiritually dead even while she lives.**

6 그러나 오직 쾌락을 위해 사는 과부는 그 녀자가 살아 있기는 하지만 령적으로 죽어 있습니다.

7 **Give these instructions to the church so that no one will be open to criticism.**

7 아무도 비난받을 여지가 없도록 교회에 이 명령을 주십시오.

8 **But those who won't care for their relatives, especially those in their own household, have denied the true faith. Such people are worse than unbelievers.**

8 그러나 그들의 친척들, 특별히 그들의 자신의 집안을 돌보지 않는 사람들은 진실한 믿음을 부정하는 것입니다. 그와 같은 사람들은 믿지 않는 사람들보다 더 나쁩니다.

9 **A widow who is put on the list for support must be a woman who is at least sixty years old and was faithful to her husband.**

9 도움을 받아야 할 명단에 오르는 과부는 적어도 60세 이상이고 자기 남편에게 충실했던 녀자이여야 합니다.

10 She must be well respected by everyone because of the good she has done. Has she brought up her children well? Has shebeen kind to strangers and served other believers humbly? Has she helped those who are in trouble? Has she always been ready to do good?

10 그 녀자는 자기가 한 좋은 일 때문에 모든 사람들로부터 응당한 존경을 받아야 합니다. 그 녀자는 자신의 아들딸들을 잘 길렀는지? 그 녀자는 낯선 사람에게 친절하고 믿는 다른 사람들을 겸손하게 섬겼는지? 그 녀자는 어려움에 처해 있는 사람들을 도왔는지? 그 녀자는 좋은 일을 할 수 있게 언제나 준비되여 있었는지?

11 The younger widows should not be on the list, because their physical desires will overpower their devotion to Christ and they will want to remarry.

11 젊은 과부들이 명단에 있어서는 안 됩니다, 왜냐하면 그들의 육체적 욕망이 그리스도에 대한 그들의 헌신을 압도하게 될 것이고 그래서 그들이 재혼하고 싶어 할 것이기 때문입니다.

12 Then they would be guilty of breaking their previous pledge.

12 그러면 그들은 자기들의 이전의 맹세를 어기는 죄가 있게 될 것입니다.

13 And if they are on the list, they will learn to be lazy and will spend their time gossiping from house to house, meddling in other people's business and talking about things they shouldn't.

13 그리고 만일 그들이 그 명단에 있다면, 그들은 게으름 피우는 것을 익히게 될 것이고 다른 사람들의 일에 간섭하면서 그들이 하지 말아야 할 것들에 대해 말하면서, 이 집 저 집으로 다니며 잡담을 하는 데에 자기들의 시간을 보낼 것입니다.

14 So I advise these younger widows to marry again, have children, and take care of their own homes. Then the enemy will not be able to say anything against them.

14 그러므로 나는 이런 젊은 과부들이 다시 결혼을 하고, 아들딸들을 낳고, 그들 자신의 집들을 돌볼 것을 충고합니다. 그러면 원쑤가 그들을 반대하여 아무것도 말할 수 없게 될 것입니다.

15 For I am afraid that some of them have already gone astray and now follow Satan.

15 왜냐하면 나는 그들 중 어떤 사람들이 이미 못된 길에 들어서서 지금 마왕을 따르고 있는 것을 념려하기 때문입니다.

16 If a woman who is a believer has relatives who are widows, she must

take care of them and not put the responsibility on the church. Then the church can care for the widows who are truly alone.

16 만일 믿는 녀자에게 과부가 된 친척들이 있다면, 그 녀자는 그들을 돌보아야 하고 그 책임을 교회에 맡겨서는 안 됩니다. 그래야 교회가 의지할 데 없이 홀로 된 과부들을 돌볼 수 있습니다.

17 Elders who do their work well should be respected and paid well, especially those who work hard at both preaching and teaching.

17 자신의 임무를 잘 수행하는 장로들은 존경을 받아야 하고 보수를 잘 받아야 합니다. 특별히 말씀을 전하는 일과 가르치는 일을 둘 다 열심히 하는 사람들이 그렇습니다.

18 For the Scripture says, "You must not muzzle an ox to keep it from eating as it treads out the grain." And in another place, "Those who work deserve their pay!"

18 왜냐하면《당신들은 황소가 곡식을 탈곡할 때 그것이 먹지 못하게 자갈을 물려서는 안 됩니다.》라고 하나님말씀책이 말하기 때문입니다. 그리고《일하는 사람들은 자기들의 보수를 받을 자격이 마땅히 있습니다!》라고 다른 곳에서도 있습니다.

19 Do not listen to an accusation against an elder unless it is confirmed by two or three witnesses.

19 둘 또는 세 사람의 증인에 의해 확증된 것이 아니라면 장로를 반대하는 고발을 들어주지 마십시오.

20 Those who sin should be reprimanded in front of the whole church; this will serve as a strong warning to others.

20 죄를 짓는 사람들은 온 교회 앞에서 견책을 받아야 합니다; 이것이 나머지 사람들에게 강한 경고로 도움이 될 것입니다.

21 I solemnly command you in the presence of God and Christ Jesus and the highest angels to obey these instructions without taking sides or showing favoritism to anyone.

21 나는 하나님과 예수 그리스도 그리고 가장 높은 천사들 앞에서 그대에게 편을 들거나 혹은 누구에게 편애를 보이는 일이 없이 이 지시들에 복종할 것을 엄숙하게 명령합니다.

22 Never be in a hurry about appointing a church leader. Do not share in the sins of others. Keep yourself pure.

22 교회의 지도자를 임명하는 일에 대해 절대로 서두르지 마십시오. 다른 사람들의 죄에 관계하지 마십시오. 그대 자신을 순결하게 지키십시오.

23 **Don't drink only water. You ought to drink a little wine for the sake of your stomach because you are sick so often.**

23 물만 마시지 마십시오. 그대가 너무 자주 아프기 때문에 그대의 위장을 위해 조금의 포도술을 마셔야 합니다.

24 **Remember, the sins of some people are obvious, leading them to certain judgment. But there are others whose sins will not be revealed until later.**

24 기억하십시오, 어떤 사람들의 죄는 명백해서 그들을 확실한 심판으로 끌고 갑니다. 그러나 그들의 죄가 나중까지 드러나지 않게 될 다른 사람들도 있습니다.

25 **In the same way, the good deeds of some people are obvious. And the good deeds done in secret will someday come to light.**

25 같은 방법으로, 어떤 사람들의 좋은 행위들은 명백히 드러납니다. 그리고 남모르게 한 좋은 행위들은 언젠가는 밝혀질 것입니다.

6

1 **All slaves should show full respect for their masters so they will not bring shame on the name of God and his teaching.**

1 모든 종들은 그들의 주인들에 대해 최대의 존경심을 보여 주어야 합니다. 그들이 하나님의 이름과 그분의 가르침에 부끄럽지 않도록 하기 위해서입니다.

2 **If the masters are believers, that is no excuse for being disrespectful. Those slaves should work all the harder because their efforts are helping other believers who are well loved.**

2 주인들이 믿는 사람들이라도, 무례하게 대하는 것이 변명이 되지 않습니다. 그 종들은 자신들의 수고가 크게 사랑받는 다른 믿음의 사람들을 돕고 있기 때문에 더 열심히 일해야 합니다.

False Teaching and True Riches

거짓 가르침과 참된 부요함

Teach these things, Timothy, and encourage everyone to obey them.

디모데여, 이러한 것들을 가르치십시오, 그리고 모든 사람이 그것들을 복종하도록 격려하십시오.

3 **Some people may contradict our teaching, but these are the wholesome teachings of the Lord Jesus Christ. These teachings promote a godly life.**

3 어떤 사람들이 우리의 가르침을 반박할 수도 있습니다, 그러나 우리

의 가르침은 주 예수 그리스도의 온전한 가르침들입니다. 이러한 가르침들은 거룩한 삶을 향상시킵니다.

4 **Anyone who teaches something different is arrogant and lacks understanding. Such a person has an unhealthy desire to quibble over the meaning of words. This stirs up arguments ending in jealousy, division, slander, and evil suspicions.**

4 다른 어떤 것을 가르치는 사람은 누구라도 오만하고 리해력이 부족합니다. 이런 사람에게는 단어들의 의미를 놓고 의의 없는 시비를 하는 건전치 못한 욕구가 있습니다. 이것은 질투, 분렬, 비방, 그리고 악한 의혹들로 끝나는 론쟁들을 불러일으킵니다.

5 **These people always cause trouble. Their minds are corrupt, and they have turned their backs on the truth. To them, as how of godliness is just a way to become wealthy.**

5 이 사람들은 항상 문제를 일으킵니다. 그들의 마음은 부패하고, 그들은 진리로부터 자신들의 등을 돌렸습니다. 그들에게 있어서, 신앙심을 보이는 것은 부유해지기 위한 단지 하나의 수단일 뿐입니다.

6 **Yet true godliness with contentment is itself great wealth.**

6 그러나 만족감을 가진 참된 신앙심은 그 자체가 풍부한 재부입니다.

7 **After all, we brought nothing with us when we came into the world, and we can't take anything with us when we leave it.**

7 결국, 우리가 세상에 왔을 때, 우리는 아무것도 가져오지 않았습니다, 그리고 우리가 세상을 떠날 때 우리는 어떤 것도 가져갈 수 없습니다.

8 **So if we have enough food and clothing, let us be content.**

8 그러므로 우리에게 충분한 음식과 옷이 있다면, 만족합시다.

9 **But people who long to be rich fall into temptation and are trapped by many foolish and harmful desires that plunge them into ruin and destruction.**

9 그러나 부자가 되기를 갈망하는 사람은 유혹에 빠지고 파멸과 파괴로 그들을 밀어 넣는, 수많은 어리석음과 나쁜 욕망에 의해 함정에 빠집니다.

10 **For the love of money is the root of all kinds of evil. And some people, craving money, have wandered from the true faith and pierced themselves with many sorrows.**

10 왜냐하면 돈을 사랑하는 것이 모든 종류의 악의 뿌리이기 때문입니다. 그리고 어떤 사람들은, 돈을 간절히 바라다가, 참된 믿음으로부터 떠나 방황하였고 많은 슬픔으로 그들 스스로를 뼈에 사무치게 하였습

니다.

Paul's Final Instructions
바울의 마지막 교훈들

11 But you, Timothy, are a man of God; so run from all these evil things. Pursue righteousness and a godly life, along with faith, love, perseverance, and gentleness.

11 그러나 디모데여, 그대는 하나님의 사람입니다; 그러므로 이러한 모든 악한 것들로부터 벗어나십시오. 믿음과 사랑, 인내, 그리고 관대함과 함께 정의와 신성한 삶을 추구하십시오.

12 Fight the good fight for the true faith. Hold tightly to the eternal life to which God has called you, which you have confessed so well before many witnesses.

12 참된 믿음을 위해 훌륭한 싸움을 하십시오. 영원한 생명을 단단히 붙잡으십시오. 하나님께서 그 영원한 생명으로 그대를 불러내셨습니다. 그대는 많은 증인들 앞에서 이것을 아주 훌륭하게 고백했습니다.

13 And I charge you before God, who gives life to all, and before Christ Jesus, who gave a good testimony before Pontius Pilate,

13 그리고 나는 모든 사람에게 생명을 주시는 하나님 앞에서, 그리고 본디오 빌라도 앞에서 훌륭한 증언을 하신 예수 그리스도 앞에서,

14 that you obey this command without wavering. Then no one can find fault with you from now until our Lord Jesus Christ comes again.

14 그대가 흔들림 없이 이 명령에 따를 것을 엄하게 명령합니다. 그러면 지금부터 우리 주 예수 그리스도가 다시 오실 때까지 아무도 그대에게 잘못을 찾을 수 없을 것입니다.

15 For at just the right time Christ will be revealed from heaven by the blessed and only almighty God, the King of all kings and Lord of all lords.

15 왜냐하면 바로 정해진 때에, 모든 왕들의 왕이시고 모든 주들의 주님이시며, 복되시고 전능하고 유일하신 하나님에 의해 구세주가 하늘로부터 나타나실 것이기 때문입니다.

16 He alone can never die, and he lives in light so brilliant that no human can approach him. No human eye has ever seen him, nor ever will. All honor and power to him forever! Amen.

16 그분만이 결코 죽지 않으십니다. 그리고 그분께서는 아주 밝은 빛 가운데 계셔서 어느 인간도 그분에게 가까이 갈 수 없습니다. 어느 인간의 눈도 그분을 본 적이 없고, 볼 수 없을 것입니다. 모든 영예와 능력이 그

분에게 영원하십니다! 아멘.

17 Teach those who are rich in this world not to be proud and not to trust in their money, which is so unreliable. Their trust should be in God, who richly gives us all we need for our enjoyment.

17 이 세상에서 부자인 사람들에게 교만하게 되지 않도록 그리고 전혀 믿을 수 없는 자기들의 돈을 신뢰하지 않도록 가르치십시오. 그들의 신뢰는 하나님에게 있어야 합니다. 그분은 우리의 기쁨을 위해 우리가 필요로 하는 모든 것을 우리에게 풍부하게 주시는 분이십니다.

18 Tell them to use their money to do good. They should be rich in good works and generous to those in need, always being ready to share with others.

18 그들에게 자기들의 돈을 좋은 일을 하는 데 사용하라고 말하십시오. 그들은 다른 사람들에게 나누어 줄 준비가 언제나 되어 있으면서, 좋은 일 하는 데서 풍족하게 하고 어려움에 처한 사람들에게 린색하지 않아야 합니다.

19 By doing this they will be storing up their treasure as a good foundation for the future so that they may experience true life.

19 이것을 함으로써 그들은 미래를 위한 훌륭한 기반으로서 자기들의 보물을 쌓아 두게 되는 것입니다. 그리하여 그들은 참된 생명을 체험하게 될 것입니다.

20 Timothy, guard what God has entrusted to you. Avoid godless, foolish discussions with those who oppose you with their so-called knowledge.

20 디모데여, 하나님께서 그대에게 맡기신 것을 지키십시오. 사람들이 말하는 이른바 지식을 가지고, 그대를 반대하는 사람들과 신앙심이 없고 어리석은 토론을 피하십시오.

21 Some people have wandered from the faith by following such foolishness. May God's grace be with you all.

21 어떤 사람들은 그와 같은 어리석음을 따라감으로써 믿음으로부터 벗어나 길을 잃었습니다. 하나님의 은정이 그대들 모두에게 있기를 바랍니다.

2 Timothy

디모데에게 보내는 두 번째 편지

2 Timothy

디모데에게 보내는 두 번째 편지

1

Greetings from Paul

바울로부터의 인사

1 This letter is from Paul, chosen by the will of God to be an apostle of Christ Jesus. I have been sent out to tell others about the life he has promised through faith in Christ Jesus.

1 이 편지는 하나님의 결심에 따라 예수 그리스도의 핵심제자로 선택된 바울이 쓴 것입니다. 나는 그분께서 예수 그리스도에 대한 믿음을 통해 약속하신 생명에 대해 다른 사람들에게 전하도록 보내심을 받았습니다.

2 I am writing to Timothy, my dear son. May God the Father and Christ Jesus our Lord give you grace, mercy, and peace.

2 나는 나의 사랑하는 아들, 디모데에게 편지를 쓰고 있습니다. 하나님 아버지와 예수 그리스도 우리 주님께서 그대에게 은정, 자비, 그리고 평화를 주시기를 바랍니다.

Encouragement to Be Faithful

충실하도록 격려

3 Timothy, I thank God for you—the God I serve with a clear conscience, just as my ancestors did. Night and day I constantly remember you in my prayers.

3 디모데여, 나는 하나님께 그대 때문에 감사합니다—나의 선조들이 바로 그랬던 것처럼, 내가 깨끗한 량심으로 섬기는 하나님에게. 나는 나의 기도에서 밤낮으로 끊임없이 그대를 기억합니다.

4 I long to see you again, for I remember your tears as we parted. And I will be filled with joy when we are together again.

4 나는 그대를 다시 보기를 간절히 원합니다. 왜냐하면 나는 우리가 헤여질 때 흘렸던 그대의 눈물을 기억하기 때문입니다. 그리고 우리가 다시 함께 있으면 나는 기쁨으로 가득 차게 될 것입니다.

5 I remember your genuine faith, for you share the faith that first filled your grandmother Lois and your mother, Eunice. And I know that same faith continues strong in you.

5 나는 그대의 진실한 믿음을 기억합니다. 왜냐하면 그대는 먼저 그대의 할머니 로이스 그리고 그대의 어머니 유니스에게 충만했던 그 믿음을 이어 받았기 때문입니다. 그리고 나는 그 동일한 믿음이 그대 안에서 강하게 계속된다는 것을 알고 있습니다.

6 This is why I remind you to fan into flames the spiritual gift God gave you when I laid my hands on you.

6 내가 그대에게 이것을 상기시키는 리유는 내가 그대에게 나의 손을 얹었을 때 하나님께서 그대에게 주셨던 령적인 선물의 불길이 일어나도록 하기 위한 것입니다.

7 For God has not given us a spirit of fear and timidity, but of power, love, and self-discipline.

7 왜냐하면 하나님께서는 두려움과 수집음의 령을 우리에게 주신 것이 아니라, 오히려 능력, 사랑, 그리고 자체 단련의 령을 주셨기 때문입니다.

8 So never be ashamed to tell others about our Lord. And don't be ashamed of me, either, even though I'm in prison for him. With the strength God gives you, be ready to suffer with me for the sake of the Good News.

8 그러므로 다른 사람들에게 우리의 주님에 대해 말하는 것을 결코 부끄러워하지 마십시오. 그리고 내가 그분을 위해 감옥에 있을지라도, 나에 대해서도, 부끄러워하지 마십시오. 하나님께서 그대에게 주시는 힘을 가지고, 반가운 소식을 위해 나와 함께 고난받는 일에 준비되여 있으십시오.

9 For God saved us and called us to live a holy life. He did this, not because we deserved it, but because that was his plan from before the beginning of time—to show us his grace through Christ Jesus.

9 왜냐하면 하나님께서 우리를 구원하셨고 우리가 거룩한 삶을 살도록 부르셨기 때문입니다. 그분께서 이것을 하셨습니다, 우리가 그럴 자격이 있기 때문이 아니라 그것이 시초 이전부터 있었던 그분의 계획이였기 때문입니다—예수 그리스도를 통해 그분의 은정을 우리에게 보여주시려고.

10 And now he has made all of this plain to us by the appearing of Christ Jesus, our Savior. He broke the power of death and illuminated the way to life and immortality through the Good News.

10 그리고 지금 그분께서 우리의 구원자이신, 예수 그리스도의 나타나심으로 하여 우리에게 이 모든 것들이 명백히 드러나게 하셨습니다. 그분은 죽음의 세력을 깨뜨리셨고 반가운 소식을 통해 생명과 죽지 않는 길을 밝히셨습니다.

11 And God chose me to be a preacher, an apostle, and a teacher of this Good News.

11 그리고 하나님께서는 나를 선택하셔서 설교자와, 핵심제자, 그리고 반가운 소식의 선생이 되게 하셨습니다.

12 That is why I am suffering here in prison. But I am not ashamed of it, for I know the one in whom I trust, and I am sure that he is able to guard what I have entrusted to him until the day of his return.

12 이것이 내가 여기 감옥에서 고난을 받고 있는 리유입니다. 그러나 나는 그것에 대해 부끄러워하지 않습니다, 왜냐하면 내가 신뢰하는 그분을 내가 알기 때문입니다, 그리고 나는 내가 그분에게 맡긴 것을 그분의 돌아오시는 날까지 그분이 지키실 수 있다는 것을 확신합니다.

13 Hold on to the pattern of wholesome teaching you learned from me—a pattern shaped by the faith and love that you have in Christ Jesus.

13 그대가 나에게서 배운 온전한 가르침의 본보기를 붙잡으십시오—이 본보기는 그대가 가지고 있는 예수 그리스도에 대한 믿음과 사랑에 의해 이루어졌습니다.

14 Through the power of the Holy Spirit who lives within us, carefully guard the precious truth that has been entrusted to you.

14 우리 안에 살아 계시는 성령의 능력을 통해, 그대에게 맡겨진 귀중한 진리를 신중히 지키십시오.

15 As you know, everyone from the province of Asia has deserted me—even Phygelus and Hermogenes.

15 그대가 알다시피, 아시아 지역에서 온 모든 사람들이 나를 저버렸습니다—부겔로와 허모게네조차도.

16 **May the Lord show special kindness to Onesiphorus and all his family because he often visited and encouraged me. He was never ashamed of me because I was in chains.**

16 주님께서 오네시보로와 그의 모든 가족에게 특별한 호의를 보여 주시기 바랍니다, 왜냐하면 그가 나를 자주 방문해서 격려했기 때문입니다. 그는 내가 사슬에 묶인 것으로 하여 나를 결코 부끄러워한 적이 없었습니다.

17 **When he came to Rome, he searched everywhere until he found me.**

17 그가 로마에 왔을 때, 그는 나를 찾아낼 때까지 사방으로 찾아다녔습니다.

18 **May the Lord show him special kindness on the day of Christ's return. And you know very well how helpful he was in Ephesus.**

18 주님께서 그리스도의 다시 오시는 날에 그에게 특별한 은정을 보여 주시기를 바랍니다. 그리고 그대는 그가 에베소에서 얼마나 도움이 되였는지 아주 잘 알고 있습니다.

2

A Good Soldier of Christ Jesus

예수 그리스도의 훌륭한 병사

1 **Timothy, my dear son, be strong through the grace that God gives you in Christ Jesus.**

1 나의 사랑하는 아들, 디모데여, 하나님께서 예수 그리스도 안에서 그대에게 주시는 은정으로 강해지십시오.

2 **You have heard me teach things that have been confirmed by many reliable witnesses. Now teach these truths to other trustworthy people who will be able to pass them on to others.**

2 그대는 내가 믿음직한 많은 증인들에 의해 확증된 가르침들을 나에게서 들었습니다. 이제는 이 진리들을 다른 사람들에게 전달할 수 있을 신뢰할 만한 사람들에게 가르치십시오.

3 **Endure suffering along with me, as a good soldier of Christ Jesus.**

3 예수 그리스도의 훌륭한 병사로서, 나와 더불어 고난을 견디십시오.

4 **Soldiers don't get tied up in the affairs of civilian life, for then they cannot please the officer who enlisted them.**

4 병사들은 일반시민의 삶의 관심사에 얽매이지 않습니다, 왜냐하면 그렇게 되면 그들은 자신들을 모집한 그 군관을 기쁘게 할 수 없기 때문

입니다.

5 **And athletes cannot win the prize unless they follow the rules.**

5 그리고 운동선수들은 그들이 규칙들을 따르지 않는다면 상을 받을 수 없습니다.

6 **And hardworking farmers should be the first to enjoy the fruit of their labor.**

6 그리고 열심히 일하는 농민들은 자신들의 로동의 열매를 가지는 첫 사람들이 되어야 합니다.

7 **Think about what I am saying. The Lord will help you understand all these things.**

7 내가 말하고 있는 것이 무엇인지 생각하십시오. 주님께서 이 모든 일들을 그대가 깨닫도록 도와주실 것입니다.

8 **Always remember that Jesus Christ, a descendant of King David, was raised from the dead. This is the Good News I preach.**

8 다윗 왕의 후손인, 예수 그리스도가 죽은 사람들로부터 살아나신 것을 항상 기억하십시오. 이것이 내가 전하는 반가운 소식입니다.

9 **And because I preach this Good News, I am suffering and have been chained like a criminal. But the word of God cannot be chained.**

9 그리고 내가 반가운 소식을 전하기 때문에, 나는 고난을 당하고 있으며 죄인처럼 사슬에 묶여 있습니다. 그러나 하나님의 말씀은 사슬에 묶여 있을 수 없습니다.

10 **So I am willing to endure anything if it will bring salvation and eternal glory in Christ Jesus to those God has chosen.**

10 그러므로 나는 하나님께서 선택하신 사람들에게 예수 그리스도 안에서 그것이 구원과 영원한 영광을 가져온다면 어떤 것이든 기꺼이 견디여 냅니다.

11 **This is a trustworthy saying: If we die with him, we will also live with him.**

11 이것은 믿을 만한 말입니다: 만일 우리가 그분과 함께 죽는다면, 우리는 그분과 함께 마찬가지로 살 것입니다.

12 **If we endure hardship, we will reign with him. If we deny him, he will deny us.**

12 만일 우리가 고난을 견디여 낸다면, 우리는 그분과 함께 주권을 잡을 것입니다. 만일 우리가 그분을 인정하지 않으면, 그분은 우리를 인정하지 않을 것입니다.

13 **If we are unfaithful, he remains faithful, for he cannot deny who he is.**

13 만일 우리가 불성실할지라도, 그분은 여전히 성실하십니다. 왜냐하면 그분은 자신이 누구인지 부정할 수 없기 때문입니다.

14 Remind everyone about these things, and command them in God's presence to stop fighting over words. Such arguments are useless, and they can ruin those who hear them.

14 이런 것들에 대해 모든 사람들에게 상기시키십시오, 그리고 하나님 앞에서 말싸움하는 것을 멈추도록 그들에게 명령하십시오. 그와 같은 론쟁은 쓸모가 없습니다, 그리고 그것은 그것을 듣는 사람들을 파멸시킬 수 있습니다.

An Approved Worker

립증된 일군

15 Work hard so you can present yourself to God and receive his approval. Be a good worker, one who does not need to be ashamed and who correctly explains the word of truth.

15 열심히 일하십시오. 그래야 그대는 자신이 하나님 앞에 설 수 있고 그분의 신임을 받을 수 있습니다. 훌륭한 일군이 되십시오, 그 일군은 부끄러워 할 필요가 없고 진리의 말씀을 옳바르게 설명하는 사람입니다.

16 Avoid worthless, foolish talk that only leads to more godless behavior.

16 점점 믿음이 없는 행위로만 끌고 가는 가치없고 어리석은 말을 피하십시오.

17 This kind of talk spreads like cancer, as in the case of Hymenaeus and Philetus.

17 이런 종류의 말은 암처럼 퍼집니다, 후메네오와 빌레도의 경우가 그렇습니다.

18 They have left the path of truth, claiming that there surrection of the dead has already occurred; in this way, they have turned some people away from the faith.

18 그들은 죽은 사람들의 부활이 이미 일어났다고 주장하면서, 진리의 길에서 떠났습니다; 이런 식으로, 그들은 어떤 사람들을 믿음에서 돌아서서 떠나게 했습니다.

19 But God's truth stands firm like a foundation stone with this inscription: "The LORD knows those who are his," and "All who belong to the LORD must turn away from evil."

19 그러나 하나님의 진리는 이 새겨 넣은 글자가 있는 주추돌처럼 굳게 서 있습니다: 《주님께서는 그분의 사람들을 아십니다.》, 그리고 《주님

에게 속한 모든 사람들은 악으로부터 돌아서야 합니다.》

20 In a wealthy home some utensils are made of gold and silver, and some are made of wood and clay. The expensive utensils are used for special occasions, and the cheap ones are for everyday use.

20 한 부유한 집에 어떤 도구들은 금과 은으로 만들어져 있고, 어떤 것들은 나무나 진흙으로 만들어져 있습니다. 비싼 도구들은 특별한 행사를 위해 사용되고, 값 눅은 것들은 매일 쓰기 위한 것입니다.

21 If you keep yourself pure, you will be a special utensil for honorable use. Your life will be clean, and you will be ready for the Master to use you for every good work.

21 만일 당신들이 당신 자신들을 순결하게 지키면, 당신들은 고결하게 쓰이는 특별한 도구가 될 것입니다. 당신들의 삶은 깨끗해질 것이고, 당신들은 모든 좋은 일을 위해 주인이 당신들을 사용하도록 준비되여 있을 것입니다.

22 Run from anything that stimulates youthful lusts. Instead, pursue righteous living, faithfulness, love, and peace. Enjoy the companionship of those who call on the Lord with pure hearts.

22 젊음의 정욕을 자극하는 무엇이든 그것으로부터 도망치십시오. 대신, 올바른 생활과 믿음과 사랑 그리고 평화를 추구하십시오. 깨끗한 마음으로 주님을 부르는 사람들과의 사귐을 즐기십시오.

23 Again I say, don't get involved in foolish, ignorant arguments that only start fights.

23 다시 내가 말합니다, 단지 싸움만을 일으키는 어리석고 무지한 론쟁들에 말려들지 마십시오.

24 A servant of the Lord must not quarrel but must be kind to everyone, be able to teach, and be patient with difficult people.

24 주님의 종은 싸워서는 안 됩니다, 오히려 모든 사람에게 친절하고, 가르칠 수 있어야 하고, 힘들게 하는 사람들을 참아야만 합니다.

25 Gently instruct those who oppose the truth. Perhaps God will change those people's hearts, and they will learn the truth.

25 진리를 반대하는 사람들을 부드럽게 가르쳐야 합니다. 어쩌면 하나님께서 그 사람들의 마음을 변화시키실 것입니다, 그리하여 그들은 진리를 배울 것입니다.

26 Then they will come to their senses and escape from the devil's trap. For they have been held captive by him to do whatever he wants.

26 그렇게 되면 그들은 다시 제정신을 차리고 악마의 올가미로부터 벗

어나게 될 것입니다. 왜냐하면 그들은 악마가 원하는 것은 무엇이든 하도록 그에게 붙잡혀 있었기 때문입니다.

3

The Dangers of the Last Days

마지막 날의 위험들

1 **You should know this, Timothy, that in the last days there will be very difficult times.**

1 디모데여, 그대는 이것을 알아야 합니다, 마지막 날에 아주 어려운 때가 있을 것입니다.

2 **For people will love only themselves and their money. They will be boastful and proud, scoffing at God, disobedient to their parents, and ungrateful. They will consider nothing sacred.**

2 왜냐하면 사람들은 오로지 자기 자신들과 자기들의 돈만을 사랑할 것이기 때문입니다. 그들은 자랑하고 교만할 것이며, 하나님을 비웃으면서, 자신들의 부모들에게 복종하지 않고 감사하지 않게 될 것입니다. 그들은 아무것도 신성하다고 여기지 않을 것입니다.

3 **They will be unloving and unforgiving; they will slander others and have no self-control. They will be cruel and hate what is good.**

3 그들은 애정이 없고 용서하지 않을 것입니다; 그들은 다른 사람들을 비방하며 자제력이 없을 것입니다. 그들은 잔인하고 좋은 것을 미워하게 될 것입니다.

4 **They will betray their friends, be reckless, be puffed up with pride, and love pleasure rather than God.**

4 그들은 자신들의 친구들을 배반하고, 무모하고, 자만하여 우쭐대고, 하나님보다 오히려 쾌락을 즐길 것입니다.

5 **They will act religious, but they will reject the power that could make them godly. Stay away from people like that!**

5 그들은 종교적인 처신을 할 것이나, 그들은 자신들의 믿음을 깊게 하는 능력은 거부할 것입니다. 그 같은 사람들로부터 멀리 지내십시오!

6 **They are the kind who work their way into people's homes and win the confidence of vulnerable women who are burdened with the guilt of sin and controlled by various desires.**

6 그들은 사람들의 집에 들어가서 죄에 로출되기 쉬운 녀자들의 신임을 얻어 내는 방법으로 일하는 부류의 사람들입니다 이 녀자들은 죄

에 대한 책임감으로 짓눌려 있고 가지각색의 욕망들로 조종되는 사람들입니다.

7 **(Such women are forever following new teachings, but they are never able to understand the truth.)**

7 (그와 같은 녀자들은 새로운 가르침들을 끊임없이 따르고 있습니다. 그러나 그들은 결코 진리를 깨달을 수 없습니다.)

8 **These teachers oppose the truth just as Jannes and Jambres opposed Moses. They have depraved minds and a counterfeit faith.**

8 이러한 선생들은 얀네스와 얌브레가 모세를 반항했던 것과 똑같이 진리를 반대합니다. 그들은 타락한 마음과 거짓된 믿음을 가지고 있습니다.

9 **But they won't get away with this for long. Someday everyone will recognize what fools they are, just as with Jannes and Jambres.**

9 그러나 그들이 이렇게 해서는 오래가지는 못할 것입니다. 얀네스와 얌브레스처럼, 언젠가는 모든 사람들은 그들이 얼마나 어리석은가를 깨닫게 될 것입니다.

Paul's Charge to Timothy

디모데에게 주는 바울의 명령

10 **But you, Timothy, certainly know what I teach, and how I live, and what my purpose in life is. You know my faith, my patience, my love, and my endurance.**

10 그러나 디모데여, 그대는 내가 가르치는 것이 무엇인지, 그리고 내가 어떻게 사는지, 그리고 내 삶의 목적이 무엇인지 확실히 알고 있습니다. 그대는 나의 믿음과 나의 인내와 나의 사랑 그리고 나의 참을성을 알고 있습니다.

11 **You know how much persecution and suffering I have endured. You know all about how I was persecuted in Antioch, Iconium, and Lystra—but the Lord rescued me from all of it.**

11 그대는 내가 얼마나 많은 박해와 고난을 견디고 있는지 알고 있습니다. 그대는 내가 어떻게 안디옥과 이고니온, 그리고 루스드라에서 박해를 받았는지에 대해 모든 것을 알고 있습니다—그러나 주님께서 그 모든 것으로부터 나를 구해내셨습니다.

12 **Yes, and everyone who wants to live a godly life in Christ Jesus will suffer persecution.**

12 그렇습니다. 그리고 예수 그리스도 안에서 거룩한 삶을 살기를 바라

는 모든 사람들이 박해를 겪을 것입니다.

13 **But evil people and impostors will flourish. They will deceive others and will themselves be deceived.**

13 그러나 악한 사람들과 협잡군들이 활약할 것입니다. 그들은 다른 사람들을 속일 것이고 그리고 그들 자신들도 속을 것입니다.

14 **But you must remain faithful to the things you have been taught. You know they are true, for you know you can trust those who taught you.**

14 그러나 그대는 자기가 배웠던 것들에 여전히 충실해야 합니다. 그대는 그것들이 사실이라는 것을 알고 있습니다, 왜냐하면 그대는 자신을 가르쳤던 사람들을 그대가 신뢰할 수 있다는 것을 알기 때문입니다.

15 **You have been taught the holy Scriptures from childhood, and they have given you the wisdom to receive the salvation that comes by trusting in Christ Jesus.**

15 그대는 어린 시절부터 거룩한 하나님말씀책을 배웠습니다, 그리고 그것은 구원을 받는 지혜를 그대에게 주었습니다 그 구원은 예수 그리스도를 신뢰함으로써 옵니다.

16 **All Scripture is inspired by God and is useful to teach us what is true and to make us realize what is wrong in our lives. It corrects us when we are wrong and teaches us to do what is right.**

16 모든 하나님말씀책은 하나님에 의한 령감으로 된 것입니다. 그리고 무엇이 참된 것인지 우리에게 가르치고 무엇이 우리의 삶에서 잘못된 것인지 깨닫게 하는 데 유익합니다. 그것은 우리가 잘못되였을 때 우리를 고쳐주고 우리에게 옳은 것을 하도록 가르칩니다.

17 **God uses it to prepare and equip his people to do every good work.**

17 하나님께서는 그분의 백성이 모든 좋은 일을 할 수 있게 준비하고 갖추도록 하나님말씀책을 사용하십니다.

4

1 **I solemnly urge you in the presence of God and Christ Jesus, who will someday judge the living and the dead when he appears to set up his Kingdom:**

1 나는 하나님과 예수 그리스도 앞에서 그대에게 엄숙하게 권고합니다, 그분이 자신의 나라를 세우기 위해 나타나실 때 그분은 살아 있는 자들과 죽은 자들을 언제인가 심판하실 것입니다:

2 **Preach the word of God. Be prepared, whether the time is favorable or not.**

Patiently correct, rebuke, and encourage your people with good teaching.

2 하나님의 말씀을 전하십시오. 때가 순조롭든 그렇지 않든 준비되어 있으십시오. 참을성 있게 옳바르게 고쳐 주고 꾸짖으십시오, 그리고 올바른 가르침으로 그대의 사람들을 격려하십시오.

3 **For a time is coming when people will no longer listen to sound and wholesome teaching. They will follow their own desires and will look for teachers who will tell them whatever their itching ears want to hear.**

3 왜냐하면 사람들이 건전하고 유익한 가르침을 더 이상 듣지 않으려는 때가 오고 있기 때문입니다. 그들은 그들 자신의 욕망을 따를 것입니다. 그리고 그들은 자기들의 탐욕적인 귀가 듣기 원하는 것은 무엇이든 그것을 그들에게 말해 줄 선생들을 찾을 것입니다.

4 **They will reject the truth and chase after myths.**

4 그들은 진리를 거절하고 꾸며 낸 이야기들을 좇아다닐 것입니다.

5 **But you should keep a clear mind in every situation. Don't be afraid of suffering for the Lord. Work at telling others the Good News, and fully carry out the ministry God has given you.**

5 그러나 그대는 모든 상황에서 흠 없는 마음을 간직해야 합니다. 주님을 위해 고난받는 것을 두려워하지 마십시오. 다른 사람들에게 반가운 소식을 전하는 데 힘쓰십시오, 그리하여 하나님께서 그대에게 주신 임무를 완전하게 수행하십시오.

6 **As for me, my life has already been poured out as an offering to God. The time of my death is near.**

6 나의 경우, 나의 삶은 하나님께 드리는 제물로서 이미 쏟아부어졌습니다. 나의 죽음의 시간은 가까이 왔습니다.

7 **I have fought the good fight, I have finished the race, and I have remained faithful.**

7 나는 훌륭한 싸움을 싸웠고, 경주를 마쳤습니다, 그리고 여전히 충성되게 남아 있습니다.

8 **And now the prize awaits me—the crown of righteousness, which the Lord, the righteous Judge, will give me on the day of his return. And the prize is not just for me but for all who eagerly look forward to his appearing.**

8 그리고 지금 상이 나를 기다리고 있습니다—정의로운 재판장이신 주님께서, 그분의 다시 오실 날에 나에게 주실 정의의 면류관입니다. 그리고 그 상은 단지 나를 위한 것만이 아니라 그분의 나타나심을 간절히 고대하는 모든 사람들을 위한 것입니다.

Paul's Final Words

바울의 마지막 부탁

9 **Timothy, please come as soon as you can.**

9 디모데여, 되도록 빨리 오시오.

10 **Demas has deserted me because he loves the things of this life and has gone to Thessalonica. Crescens has gone to Galatia, and Titus has gone to Dalmatia.**

10 데마는 이 세상의 것들을 사랑하므로 나를 버렸고 데살로니가로 갔습니다. 그레스게는 갈라디아로 갔습니다. 그리고 디도는 달마디아로 갔습니다.

11 **Only Luke is with me. Bring Mark with you when you come, for he will be helpful to me in my ministry.**

11 오직 한 사람 누가만 나와 함께 있습니다. 그대가 올 때 그대와 함께 마가를 데려오시오. 왜냐하면 그가 나의 사업에서 나에게 도움이 될 것이기 때문입니다.

12 **I sent Tychicus to Ephesus.**

12 나는 두기고를 에베소로 보냈습니다.

13 **When you come, be sure to bring the coat I left with Carpus at Troas. Also bring my books, and especially my papers.**

13 그대가 올 때, 내가 드로아에 있는 가보에게 두고 온 외투를 반드시 가져오시오. 또한 나의 책들도 가져오고, 그리고 특별히 서류들을 가져오시오.

14 **Alexander the coppersmith did me much harm, but the Lord will judge him for what he has done.**

14 구리그릇 만드는 사람 알렉산더가 나에게 많은 잘못을 하였습니다. 그러나 그가 한 일에 대해서 주님께서 그를 심판하실 것입니다.

15 **Be careful of him, for he fought against everything we said.**

15 그를 조심하십시오, 왜냐하면 그는 우리가 말하는 모든 것에 반대하여 싸웠기 때문입니다.

16 **The first time I was brought before the judge, no one came with me. Everyone abandoned me. May it not be counted against them.**

16 처음으로 내가 재판관 앞에 불려 갔을 때, 아무도 나와 같이 가지 않았습니다. 모든 사람이 나를 버렸습니다. 그것이 그들에게 불리하게 되지 않기를 바랍니다.

17 **But the Lord stood with me and gave me strength so that I might preach the Good News in its entirety for all the Gentiles to hear. And he rescued**

me from certain death.

17 그러나 주님이 나와 함께 서 계셨고 내가 모든 비유태인들이 들을
수 있게 반가운 소식을 고스란히 전할 수 있도록 나에게 힘을 주셨습니
다. 그리고 그분은 피할 수 없는 죽음으로부터 나를 건져 내셨습니다.

18 **Yes, and the Lord will deliver me from every evil attack and will bring me safely into his heavenly Kingdom. All glory to God forever and ever! Amen.**

18 그렇습니다, 그리고 주님께서 모든 악한 공격으로부터 나를 구해 내
실 것입니다. 그리하여 그분의 하늘나라로 안전하게 나를 데려가실 것
입니다. 모든 영광이 하나님께 영원무궁하시기를 바랍니다! 아멘.

Paul's Final Greetings

바울의 마지막 인사

19 **Give my greetings to Priscilla and Aquila and those living in the household of Onesiphorus.**

19 나의 인사를 브리스길라와 아길라와 오네시보로 집안사람들에게 전
해주십시오.

20 **Erastus stayed at Corinth, and I left Trophimus sick at Miletus.**

20 에라스도는 고린도에 남았습니다, 그리고 나는 앓고 있는 드로비모
를 밀레도에 남겨 두었습니다.

21 **Do your best to get here before winter. Eubulus sends you greetings, and so do Pudens, Linus, Claudia, and all the brothers and sisters.**

21 겨울 전에 여기 도착할 수 있도록 있는 힘을 다하십시오. 유불로가 그
대에게 인사 전합니다, 그리고 부덴과 리노와 글라우디아와 그리고 모
든 형제들과 자매들이 인사 전합니다.

22 **May the Lord be with your spirit. And may his grace be with all of you.**

22 주님께서 그대의 령과 함께 하시기를 바랍니다. 그리고 그분의 은정
이 당신들 모두에게 있기를 바랍니다.

Titus

디도에게 보내는 편지

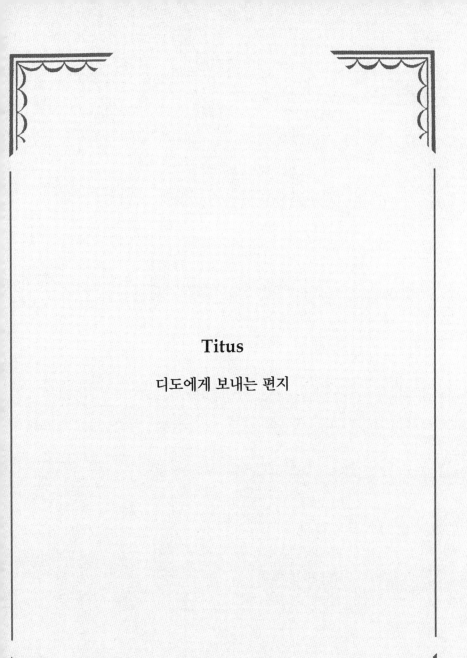

Titus

디도에게 보내는 편지

1

Greetings from Paul

바울로부터의 인사

1 **This letter is from Paul, a slave of God and an apostle of Jesus Christ. I have been sent to proclaim faith to those God has chosen and to teach them to know the truth that shows them how to live godly lives.**

1 이 편지는 하나님의 종과 예수 그리스도의 핵심제자인 바울로부터 온 것입니다. 나는 하나님께서 선택하신 사람들에게 믿음을 선언하고 어떻게 신앙심이 깊은 삶을 살아야 하는가를 보여주는 진리를 알도록 그들을 가르치기 위해 파견되었습니다.

2 **This truth gives them confidence that they have eternal life, which God—who does not lie—promised them before the world began.**

2 이 진리는 그들로 하여금 영원한 생명이 있다는 확신을 그들에게 줍니다, 이 영원한 생명은 거짓말을 하지 않는 분이신—하나님께서 이 세상이 시작되기 전에 그들에게 약속하신 것입니다.

3 **And now at just the right time he has revealed this message, which we announce to everyone. It is by the command of God our Savior that I have been entrusted with this work for him.**

3 그리고 지금 바로 적당한 때에 그분께서, 우리가 모든 사람에게 선포한 이 말씀을 나타내 보이셨습니다. 내가 그분을 위해 이 일을 맡은 것

은 우리의 구세주이신 하나님의 명령에 의한 것입니다.

4 I am writing to Titus, my true son in the faith that we share. May God the Father and Christ Jesus our Savior give you grace and peace.

4 나는 우리가 같이하고 있는 믿음 안에서 나의 진정한 아들인, 디도에게 편지를 쓰고 있습니다. 하나님 아버지와 우리의 구세주 예수 그리스도께서 그대에게 은정과 평화를 주시기를 바랍니다.

Titus's Work in Crete

크레테에서 디도의 활동

5 I left you on the island of Crete so you could complete our work there and appoint elders in each town as I instructed you.

5 나는 그대가 우리의 일을 거기에서 마치고 내가 그대에게 지시한 대로 각 마을에서 장로들을 임명할 수 있도록 그대를 크레테 섬에 남겨두고 왔습니다.

6 An elder must live a blameless life. He must be faithful to his wife, and his children must be believers who don't have a reputation for being wild or rebellious.

6 장로는 비난할 데 없는 삶을 살아야 합니다. 그는 자기 안해에게 성실해야 하고, 그의 아들딸들은 란폭하다거나 반항적이라는 평을 받지 않는 믿는 사람들이여야 합니다.

7 An elder is a manager of God's household, so he must live a blameless life. He must not be arrogant or quick-tempered; he must not be a heavy drinker, violent, or dishonest with money.

7 장로는 하나님의 집안 관리인입니다, 그러므로 그는 비난할 데 없는 삶을 살아야 합니다. 그는 거만하거나 쉽게 성내서는 안 됩니다; 그는 술을 많이 마시는 사람이여서는 안 되고, 폭력적이거나 돈에 대해 정직하지 못해서는 안 됩니다.

8 Rather, he must enjoy having guests in his home, and he must love what is good. He must live wisely and be just. He must live a devout and disciplined life.

8 오히려 그는 자기 집에 손님맞이를 즐겨 해야 하고, 그는 선량한 것을 사랑해야 합니다. 그는 슬기롭게 살아야 하고 공명정대해야 합니다. 그는 믿음 깊고 규률 있는 삶을 살아야 합니다.

9 He must have a strong belief in the trustworthy message he was taught; then he will be able to encourage others with wholesome teaching and show those who oppose it where they are wrong.

9 그는 자기가 배운 신뢰할 수 있는 말씀에 대한 강한 확신이 있어야 합니다; 그다음 그는 건전한 가르침을 가지고 다른 사람들을 격려할 수 있게 되고 그것을 반대하는 사람들에게 그들이 어디에서 잘못되고 있는가를 보여 줄 수 있게 될 것입니다.

10 For there are many rebellious people who engage in useless talk and deceive others. This is especially true of those who insist on circumcision for salvation.

10 왜냐하면 쓸모없는 대화에 매혹시키고 다른 사람들을 속이는 많은 반역적인 사람들이 있기 때문입니다. 특별히 구원을 위한 잘라냄례식을 강요하는 사람들에게 있어서 이것은 사실입니다.

11 They must be silenced, because they are turning whole families away from the truth by their false teaching. And they do it only for money.

11 그들이 떠들지 않게 해야 합니다, 왜냐하면 그들은 자기들의 거짓 가르침에 의해 온 가족을 진리로부터 돌아서게 하기 때문입니다. 그리고 그들은 단지 돈을 위해 그것을 합니다.

12 Even one of their own men, a prophet from Crete, has said about them, "The people of Crete are all liars, cruel animals, and lazy gluttons."

12 바로 그 사람들 중 하나인, 크레테로부터 온 한 예언자가 그들에 대해 말했습니다.《크레테 사람들은 모두 거짓말쟁이고, 잔인한 동물들이며, 게으른 대식가들이다.》

13 This is true. So reprimand them sternly to make them strong in the faith.

13 이것은 사실입니다. 그러므로 그들로 하여금 믿음 안에서 강해지도록 단호하게 꾸짖으시오.

14 They must stop listening to Jewish myths and the commands of people who have turned away from the truth.

14 그들은 유태인의 신화 듣기와 진리로부터 떠난 사람들의 명령 듣기를 멈춰야 합니다.

15 Everything is pure to those whose hearts are pure. But nothing is pure to those who are corrupt and unbelieving, because their minds and consciences are corrupted.

15 마음이 깨끗한 사람들에게는 모든 것이 깨끗합니다. 그러나 타락하고 믿음이 없는 사람들에게는 아무것도 깨끗하지 않습니다, 왜냐하면 그들의 마음과 량심이 더럽혀져 있기 때문입니다.

16 Such people claim they know God, but they deny him by the way they live. They are detestable and disobedient, worthless for doing anything good.

16 그와 같은 사람들은 자기들이 하나님을 안다고 주장합니다. 그러나 그들은 자기들이 사는 방식으로 그분을 부정하고 있습니다. 그들은 밉살스럽고 복종하지 않으며 무엇이나 선량한 것을 실행하는 데 쓸모가 없습니다.

2

Promote Right Teaching

옳바른 가르침을 촉진시키기

1 As for you, Titus, promote the kind of living that reflects wholesome teaching.

1 디도여, 그대의 경우, 건전한 가르침을 반영하는 그러한 삶을 촉진시키십시오.

2 Teach the older men to exercise self-control, to be worthy of respect, and to live wisely. They must have sound faith and be filled with love and patience.

2 나이 많은 남자들이 자제력 키우고, 존경받을 만하고, 현명하게 살도록 가르치십시오. 그들에게는 건전한 믿음이 있어야 하고 사랑과 인내로 가득 차게 하십시오.

3 Similarly, teach the older women to live in a way that honors God. They must not slander others or be heavy drinkers. Instead, they should teach others what is good.

3 같은 모양으로, 나이 많은 녀자들이 하나님을 존경하면서 살도록 가르치십시오. 그들이 다른 사람들을 비방하거나 술을 많이 마셔서는 안 됩니다. 그 대신에 그들은 다른 사람들에게 선량한 것을 가르치게 하십시오.

4 These older women must train the younger women to love their husbands and their children,

4 나이 많은 이 녀자들은 더 젊은 녀자들이 그들의 남편과 그들의 아들딸들을 사랑하고,

5 to live wisely and be pure, to work in their homes, to do good, and to be submissive to their husbands. Then they will not bring shame on the word of God.

5 지혜롭게 살며 순결하고, 자신들의 집안 살림을 하고, 선량한 일을 하며, 자기 남편들에게 복종하도록 가르치십시오. 그러면 그들은 하나님의 말씀에 부끄러움을 가져오지 않을 것입니다.

6 **In the same way, encourage the young men to live wisely.**

6 이와 같이, 젊은 남자들이 지혜롭게 살도록 격려하십시오.

7 **And you yourself must be an example to them by doing good works of every kind. Let everything you do reflect the integrity and seriousness of your teaching.**

7 그리고 그대는 스스로 모든 선량한 일들을 함으로써 그들에게 본보기가 되십시오. 그대가 하는 모든 일이 그대의 가르침의 정직함과 진지함을 나타내게 하십시오.

8 **Teach the truth so that your teaching can't be criticized. Then those who oppose us will be ashamed and have nothing bad to say about us.**

8 그대의 가르침이 비난을 받지 않도록 진리를 가르치십시오. 그러면 우리를 반대하는 사람들이 부끄러움을 당할 것이며 우리에 대해 나쁘게 말할 것이 아무것도 없을 것입니다.

9 **Slaves must always obey their masters and do their best to please them. They must not talk back**

9 종들은 그들의 주인들에게 언제나 복종해야 하고 그들을 만족시키기 위해 있는 힘을 다하십시오. 그들은 말대답을 하거나

10 **or steal, but must show themselves to be entirely trustworthy and good. Then they will make the teaching about God our Savior attractive in every way.**

10 훔쳐서는 안 되고, 오히려 그들 스스로가 오직 믿음직하고 선량하다는 것을 보여 주십시오. 그리하여 그들로 하여금 모든 면에서 우리의 구원자이신 하나님에 대한 가르침에 매력을 가지도록 하십시오.

11 **For the grace of God has been revealed, bringing salvation to all people.**

11 왜냐하면 하나님의 은정이 모든 사람들에게 구원을 가져오면서, 드러나 보이기 때문입니다.

12 **And we are instructed to turn from godless living and sinful pleasures. We should live in this evil world with wisdom, righteousness, and devotion to God,**

12 그리고 우리는 신앙심이 없는 생활과 죄 많은 쾌락으로부터 돌아서라고 배웠습니다. 우리는 이 악한 세상에서 지혜, 정의, 그리고 하나님께 대한 헌신으로 살아야 합니다.

13 **while we look forward with hope to that wonderful day when the glory of our great God and Savior, Jesus Christ, will be revealed.**

13 우리가 희망을 가지고 우리의 위대하신 하나님의 영광과 구원자이신, 예수 그리스도가, 나타나실, 놀라운 그날을 몹시 기다리는 동안,

14 **He gave his life to free us from every kind of sin, to cleanse us, and to make us his very own people, totally committed to doing good deeds.**

14 그분은 우리를 온갖 종류의 죄로부터 자유롭게 하고, 우리를 깨끗하게 하며, 우리를 선량한 일을 하는 데 전적으로 헌신하는, 그분의 친 백성으로 만들기 위해 자신의 생명을 주셨습니다.

15 **You must teach these things and encourage the believers to do them. You have the authority to correct them when necessary, so don't let anyone disregard what you say.**

15 그대는 이러한 것들을 가르치고 믿는 사람들이 그것들을 실행하도록 격려하십시오. 그대에게는 필요할 때 그들을 바로잡을 권위가 있습니다. 그러므로 그대가 말하는 것을 어느 누구도 무시하지 않도록 하십시오.

3

Do What Is Good

좋은 일을 하십시오

1 **Remind the believers to submit to the government and its officers. They should be obedient, always ready to do what is good.**

1 믿는 사람들이 정부와 관리들에게 복종할 것을 상기시키십시오. 그들은 충실히 복종해야 하고, 항상 좋은 일을 하도록 준비하십시오.

2 **They must not slander anyone and must avoid quarreling. Instead, they should be gentle and show true humility to everyone.**

2 그들은 어느 누구도 비방해서는 안 되고 다툼을 피해야 합니다. 대신에, 그들은 온화해야 하고 모든 사람에게 진정한 겸손을 보여 주도록 하십시오.

3 **Once we, too, were foolish and disobedient. We were misled and became slaves to many lusts and pleasures. Our lives were full of evil and envy, and we hated each other.**

3 한때 우리, 역시, 어리석었고 불복종했습니다. 우리는 잘못된 길로 빠졌고 온갖 성욕과 쾌락의 종들이 되였습니다. 우리의 삶은 악과 질투로 가득 차 있었습니다, 그리고 우리는 서로 미워했습니다.

4 **But—"When God our Savior revealed his kindness and love,**

4 그러나—《우리의 구원자이신 하나님께서 그분의 친절과 사랑을 나타내 보이셨을 때,

5 **he saved us, not because of the righteous things we had done, but be-**

cause of his mercy. He washed away our sins, giving us a new birth and new life through the Holy Spirit.

5 그분이 우리를 구원하셨습니다, 우리가 한 옳은 일들 때문이 아니라, 그분의 은정 때문이였습니다. 성령님을 통해 다시 태여남과 새 삶을 우리에게 주시면서, 그분이 우리의 죄들을 씻어버리셨습니다.

6 **He generously poured out the Spirit upon us through Jesus Christ our Savior.**

6 그분께서 우리의 구원자이신 예수 그리스도를 통해 우리 우에 성령을 아낌없이 부어 주셨습니다.

7 **Because of his grace he declared us righteous and gave us confidence that we will inherit eternal life."**

7 그분이 자신의 은정으로 우리를 옳다고 선언하셨고 우리가 영원한 생명을 물려받을 것이라는 확신을 우리에게 주셨습니다.》

8 **This is a trustworthy saying, and I want you to insist on these teachings so that all who trust in God will devote themselves to doing good. These teachings are good and beneficial for everyone.**

8 이것은 신뢰할 수 있는 말씀입니다, 그리고 나는 그대가 이러한 가르침을 주장하기를 바랍니다 그래야 하나님을 신뢰하는 모든 사람들이 선량한 일을 하는 데 자신들을 헌신하게 될 것입니다. 이 가르침들은 모든 사람들에게 좋고 유익합니다.

9 **Do not get involved in foolish discussions about spiritual pedigrees or in quarrels and fights about obedience to Jewish laws. These things are useless and a waste of time.**

9 령적인 가계에 대한 어리석은 론쟁들이나 유태 법들을 따르는 것에 대한 싸움에 말려들지 마십시오. 이러한 것들은 헛되고 시간의 랑비입니다.

10 **If people are causing divisions among you, give a first and second warning. After that, have nothing more to do with them.**

10 만일 사람들이 당신들 가운데서 분렬을 일으킨다면 한두 번 경고를 주십시오. 그 이후, 그들과 더 이상 대상하지 마시오.

11 **For people like that have turned away from the truth, and their own sins condemn them.**

11 왜냐하면 그와 같은 사람들은 진리로부터 떠났으며, 그들 스스로의 죄가 그들을 책망하고 있기 때문입니다.

Paul's Final Remarks and Greetings
바울의 마지막 소견과 인사

12 **I am planning to send either Artemas or Tychicus to you. As soon as one of them arrives, do your best to meet me at Nicopolis, for I have decided to stay there for the winter.**

12 나는 아르데마나 혹은 두기고를 그대에게 보낼 것을 계획 중입니다. 그들 중 한 사람이 도착하자마자, 그대는 니고볼리에서 나를 만날 수 있도록 모든 힘을 다하십시오 왜냐하면 내가 겨울 동안 거기에 머물기로 결심했기 때문입니다.

13 **Do everything you can to help Zenas the lawyer and Apollos with their trip. See that they are given everything they need.**

13 법률가인 제나와 아폴로의 려행을 돕기 위해 그대가 할 수 있는 모든 것을 하십시오. 그들이 필요로 하는 모든 것들을 그들이 받게 돌보아 주십시오.

14 **Our people must learn to do good by meeting the urgent needs of others; then they will not be unproductive.**

14 우리 사람들은 다른 사람들의 절박한 필요를 충족시킴으로써 좋은 일하기를 배워야 합니다; 그러면 그들이 열매 맺지 못하게 되지 않을 것입니다.

15 **Everybody here sends greetings. Please give my greetings to the believers—all who love us. May God's grace be with you all.**

15 여기 있는 모든 사람들이 인사를 전합니다. 믿는 사람들—우리를 사랑하는 모든 사람들에게 나의 인사를 전해 주십시오. 하나님의 은정이 당신들 모두에게 있기를 바랍니다.

Philemon

빌레몬에게 보내는 편지

Philemon

빌레몬에게 보내는 편지

1

Greetings from Paul

바울로부터의 인사

1 This letter is from Paul, a prisoner for preaching the Good News about Christ Jesus, and from our brother Timothy. I am writing to Philemon, our beloved co-worker,

1 이 편지는 예수 그리스도에 대한 반가운 소식을 전하는 것으로 하여 죄수가 된 바울과 우리의 형제 디모데로부터 온 것입니다. 나는 우리의 사랑받는 협력자인 빌레몬에게 편지를 쓰고 있습니다.

2 and to our sister Apphia, and to our fellow soldier Archippus, and to the church that meets in your house.

2 그리고 우리의 자매 압비아와, 우리의 친구 병사인 아킵보 그리고 그대의 집에 모이는 교회에 이 편지를 쓰고 있습니다.

3 May God our Father and the Lord Jesus Christ give you grace and peace.

3 하나님 우리 아버지와 주 예수 그리스도께서 당신들에게 은정과 평화를 주시기를 바랍니다.

Paul's Thanksgiving and Prayer

바울의 감사와 기도

4 I always thank my God when I pray for you, Philemon,

4 빌레몬이여, 내가 그대를 위해 기도할 때 나는 나의 하나님께 언제나 감사합니다.

5 **because I keep hearing about your faith in the Lord Jesus and your love for all of God's people.**

5 왜냐하면 나는 주 예수님에 대한 그대의 믿음과 모든 하나님의 사람들을 위한 그대의 사랑을 계속 듣고 있기 때문입니다.

6 **And I am praying that you will put into action the generosity that comes from your faith as you understand and experience all the good things we have in Christ.**

6 그리고 우리가 그리스도 안에서 하는 모든 선량한 일들을 리해하고 경험하는 것처럼 그대가 자신의 믿음에서 오는 너그러움을 행동으로 옮기게 되기를 나는 기도하고 있습니다.

7 **Your love has given me much joy and comfort, my brother, for your kindness has often refreshed the hearts of God's people.**

7 나의 형제여, 그대의 사랑은 나에게 많은 기쁨과 위로를 주었습니다. 왜냐하면 그대의 친절은 하나님의 백성의 마음을 자주 활기차게 해주었기 때문입니다.

Paul's Appeal for Onesimus

오네시모를 위한 바울의 간청

8 **That is why I am boldly asking a favor of you. I could demand it in the name of Christ because it is the right thing for you to do.**

8 이것이 내가 주저하지 않고 그대에게 부탁하고 있는 리유입니다. 그것은 그대가 해야 할 옳은 일이기 때문에 나는 그것을 그리스도의 이름으로 요구할 수 있습니다.

9 **But because of our love, I prefer simply to ask you. Consider this as a request from me—Paul, an old man and now also a prisoner for the sake of Christ Jesus.**

9 그러나 우리의 사랑으로 하여, 나는 솔직하게 그대에게 부탁하는 것이 좋겠다고 생각합니다. 나이가 많고 지금은 예수 그리스도를 위해 죄인이기도 한—나 바울로부터의 요청으로 이것을 신중히 생각해 주십시오.

10 **I appeal to you to show kindness to my child, Onesimus. I became his father in the faith while here in prison.**

10 나는 그대가 나의 아들인 오네시모에게 친절을 보여 줄 것을 바랍니다. 나는 여기 감옥에 있는 동안 믿음 안에서 그의 아버지가 되였습니다.

11 **Onesimus hasn't been of much use to you in the past, but now he is very useful to both of us.**

11 오네시모는 과거에 그대에게 그다지 쓸모가 없었습니다. 그러나 지금 그는 우리 둘 모두에게 매우 필요합니다.

12 **I am sending him back to you, and with him comes my own heart.**

12 나는 그대에게 그를 돌려보냅니다. 그리고 그와 함께 내 자신의 마음을 보냅니다.

13 **I wanted to keep him here with me while I am in these chains for preaching the Good News, and he would have helped me on your behalf.**

13 나는 반가운 소식을 전하는 일로 하여 이 사슬에 묶여 있는 동안 나는 그를 여기 나와 함께 데리고 있고 싶었습니다, 그러면 그는 그대 대신에 나를 도울 것입니다.

14 **But I didn't want to do anything without your consent. I wanted you to help because you were willing, not because you were forced.**

14 그러나 나는 그대의 승낙 없이는 아무것도 하고 싶지 않았습니다. 나는 그대가 강요받았기 때문이 아니라, 그대가 자발적으로 돕기를 원했습니다.

15 **It seems you lost Onesimus for a little while so that you could have him back forever.**

15 그대가 그를 영원히 돌려받을 수 있게 그대가 잠간 동안 오네시모를 잃었던 것 같습니다.

16 **He is no longer like a slave to you. He is more than a slave, for he is a beloved brother, especially to me. Now he will mean much more to you, both as a man and as a brother in the Lord.**

16 그는 그대에게 더 이상 노예와 같지 않습니다. 그는 노예 그 이상입니다, 왜냐하면 그는 사랑받는 형제이기 때문입니다, 특별히 나에게 그렇습니다. 그는 지금 한 인간으로서나 주님 안에서의 형제로서도 그대에게 훨씬 더 많은 의미가 있을 것입니다.

17 **So if you consider me your partner, welcome him as you would welcome me.**

17 그러므로 만일 그대가 나를 그대의 협력자로 여긴다면, 그대가 나를 환영하듯이 그를 환영해 주십시오.

18 **If he has wronged you in any way or owes you anything, charge it to me.**

18 만일 그가 어떤 면으로든 그대에게 잘못했거나 그대에게 어떤 것을 빚졌다면, 그것을 나에게 책임 지우십시오.

19 **I, PAUL, WRITE THIS WITH MY OWN HAND: I WILL REPAY IT. AND I**

WON'T MENTION THAT YOU OWE ME YOUR VERY SOUL!

19 나, 바울은 나의 친필로 이것을 씁니다: 내가 그것을 갚겠습니다. 그리고 나는 그대가 나에게 다름 아닌 그대의 령혼을 빚졌다는 것을 언급하지는 않겠습니다!

20 **Yes, my brother, please do me this favor for the Lord's sake. Give me this encouragement in Christ.**

20 그렇습니다. 나의 형제여, 주님을 위해서 나의 이 부탁을 들어주십시오. 그리스도 안에서 이 격려를 나에게 해주십시오.

21 **I am confident as I write this letter that you will do what I ask and even more!**

21 내가 이 편지를 쓰는 동안 그대가 내가 부탁한 것은 물론 그보다 더 하리라고 확신합니다!

22 **One more thing—please prepare a guest room for me, for I am hoping that God will answer your prayers and let me return to you soon.**

22 한 가지 더 있습니다—나를 위해 손님방을 준비해 두십시오, 왜냐하면 나는 하나님께서 그대의 기도에 응하셔서 나로 하여금 그대에게 곧 돌려보내 주실 것을 기대하고 있기 때문입니다.

Paul's Final Greetings

바울의 마지막 인사

23 **Epaphras, my fellow prisoner in Christ Jesus, sends you his greetings.**

23 예수 그리스도 안에서 나의 동료 죄수인, 에바브라가 그의 인사를 보냅니다.

24 **So do Mark, Aristarchus, Demas, and Luke, my co-workers.**

24 나의 협력자들인, 마가, 아리스다고, 데마 그리고 누가가 또한 인사를 보냅니다.

25 **May the grace of the Lord Jesus Christ be with your spirit.**

25 주 예수 그리스도의 은정이 그대의 령과 함께 있기를 바랍니다.

Hebrews

히브리 사람들에게 보내는 편지

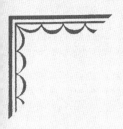

Hebrews

히브리 사람들에게 보내는 편지

1

Jesus Christ Is God's Son

예수님은 하나님의 아드님이시다

1 Long ago God spoke many times and in many ways to our ancestors through the prophets.

1 오래전 하나님께서 우리의 선조들에게 여러 번 그리고 여러 방도로 예언자들을 통해 말씀하셨습니다.

2 And now in these final days, he has spoken to us through his Son. God promised everything to the Son as an inheritance, and through the Son he created the universe.

2 그리고 지금 이 마지막 날에, 그분께서 그분의 아들을 통해 우리에게 말씀하셨습니다. 하나님께서 아들에게 모든 것을 상속자로서 약속하셨습니다. 그리고 그 아들을 통해서 그분께서 우주를 창조하셨습니다.

3 The Son radiates God's own glory and expresses the very character of God, and he sustains everything by the mighty power of his command. When he had cleansed us from our sins, he sat down in the place of honor at the right hand of the majestic God in heaven.

3 그 아들은 하나님의 독특한 영광을 밖으로 나타내시며 하나님의 정확한 풍격을 표현합니다. 그리고 그분은 자신의 명령의 강력한 능력으로 모든 것을 유지하고 계십니다. 그분이 우리의 죄로부터 우리를 깨끗하

게 하셨을 때, 그분은 하늘에서 위엄 있는 하나님의 오른쪽 영예의 자리에 앉으셨습니다.

4 This shows that the Son is far greater than the angels, just as the name God gave him is greater than their names.

4 이것은 그 아들이 천사들보다 훨씬 더 위대하다는 것을 보여 줍니다, 하나님께서 그분에게 주신 이름이 천사들의 이름보다 훨씬 위대한 것과 같습니다.

The Son Is Greater Than the Angels

그 아들은 천사들보다 더 위대하다

5 For God never said to any angel what he said to Jesus: "You are my Son. Today I have become your Father." God also said, "I will be his Father, and he will be my Son."

5 하나님께서 예수님에게 말씀하신 것을 그분께서는 어떤 천사에게도 전혀 말씀하지 않으셨기 때문입니다: 《너는 나의 아들이다. 오늘 나는 너의 아버지가 되였다.》 하나님께서 또한 말씀하셨습니다. 《나는 그의 아버지가 되고, 그는 나의 아들이 될 것이다.》

6 And when he brought his supreme Son into the world, God said, "Let all of God's angels worship him."

6 그리고 하나님께서 그분의 가장 훌륭한 아들을 세상으로 데려오셨을 때, 하나님께서 말씀하셨습니다. 《하나님의 모든 천사들로 하여금 그를 우러러 존경하게 하라.》

7 Regarding the angels, he says, "He sends his angels like the winds, his servants like flames of fire."

7 천사들에 대해서는, 하나님께서 말씀하십니다. 《그분께서 자신의 천사들을 바람처럼 보내시고, 그분의 시중군들을 불꽃처럼 보내십니다.》

8 But to the Son he says, "Your throne, O God, endures forever and ever. You rule with a scepter of justice.

8 그러나 아들에 대해, 하나님께서 말씀하십니다. 《오오 하나님, 당신의 왕좌는, 영원무궁토록 지속됩니다. 당신께서는 정의의 왕권으로 다스리십니다.

9 You love justice and hate evil. Therefore, O God, your God has anointed you, pouring out the oil of joy on you more than on anyone else."

9 당신은 정의를 사랑하고 악을 미워하십니다. 그러므로, 오오 하나님, 당신의 하나님께서 누구보다 당신에게 더 많이 기쁨의 기름을 부으시면서, 당신에게 기름을 뿌리셨습니다.》

10 **He also says to the Son, "In the beginning, Lord, you laid the foundation of the earth and made the heavens with your hands.**

10 그분께서는 또한 아들에게 말씀하십니다. 《주님, 처음에, 당신께서는 땅의 기초를 놓으셨고 자신의 손으로 하늘을 만드셨습니다.

11 **They will perish, but you remain forever. They will wear out like old clothing.**

11 그것들은 없어질 것입니다, 그러나 당신께서는 영원히 남아 계십니다. 그것들은 오래된 옷처럼 낡아질 것입니다.

12 **You will fold them up like a cloak and discard them like old clothing. But you are always the same; you will live forever."**

12 당신께서 그것들을 겉옷처럼 접어서 낡은 옷처럼 버리실 것입니다. 그러나 당신께서는 언제나 동일하신 분입니다; 당신께서는 영원히 계실 것입니다.》

13 **And God never said to any of the angels, "Sit in the place of honor at my right hand until I humble your enemies, making them a footstool under your feet."**

13 그리고 하나님께서 어느 천사에게도, 《내가 너의 원수들을 너의 발아래 발판으로 만들면서 그들을 겸손하게 할 때까지 나의 오른쪽 영예의 자리에 앉아 있어라.》고 결코 말씀하지 않으셨습니다.

14 **Therefore, angels are only servants—spirits sent to care for people who will inherit salvation.**

14 그러므로, 천사들은 단지 시중군들입니다—구원을 유산으로 받게 될 사람들을 돌보기 위해 보내진 령들입니다.

2

A Warning against Drifting Away

방황에 대한 경고

1 **So we must listen very carefully to the truth we have heard, or we may drift away from it.**

1 그러므로 우리는 우리가 들은 진리에 대해 아주 주의깊게 귀를 기울여야 합니다, 그렇지 않으면 그것으로부터 우리가 멀어질 수 있습니다.

2 **For the message God delivered through angels has always stood firm, and every violation of the law and every act of disobedience was punished.**

2 왜냐하면 하나님께서 천사들을 통해 전해 주신 말씀은 항상 굳건히 서 있기 때문입니다, 그리고 그 법을 어기는 모든 것과 불복종의 모든 행

동들이 처벌받았습니다.

3 **So what makes us think we can escape if we ignore this great salvation that was first announced by the Lord Jesus himself and then delivered to us by those who heard him speak?**

3 그러므로 만일 우리가 주 예수 그분 자신에 의해 처음으로 선포되였고 다음에 그분이 말씀하시는 것을 들었던 사람들에 의해 우리에게 전해진 이 큰 구원을 무시한다면 무엇이 우리로 하여금 피할 수 있다고 생각하게 합니까?

4 **And God confirmed the message by giving signs and wonders and various miracles and gifts of the Holy Spirit whenever he chose.**

4 그리고 하나님께서 증표들과 놀라운 일들과 다양한 기적들 그리고 그분께서 원하실 때마다 성령의 선물들을 주심으로써 그 말씀을 확증하셨습니다.

Jesus, the Man

사람이신, 예수님

5 **And furthermore, it is not angels who will control the future world we are talking about.**

5 그리고 더우기, 우리가 말하고 있는 장차 올 세상을 지배할 사람들은 천사들이 아닙니다.

6 **For in one place the Scriptures say, “What are mere mortals that you should think about them, or a son of man that you should care for him?**

6 왜냐하면 하나님말씀책 한 곳에서 말씀하십니다, 《그야말로 죽음을 면할 수 없는 사람들이 무엇이기에 당신께서 그들에 대해 생각하시며, 즉 사람의 아들이 무엇이기에 당신께서 그를 돌보십니까?

7 **Yet you made them only a little lower than the angels and crowned them with glory and honor.**

7 그러나 당신께서 그들을 천사들보다 조금만 더 낮아지게 하시고 그들에게 영광과 영예의 관을 씌우셨습니다.

8 **You gave them authority over all things.” Now when it says “all things,” it means nothing is left out. But we have not yet seen all things put under their authority.**

8 당신께서 그들에게 모든 것들을 지배할 권력을 주셨습니다.》 지금 《모든 것들》이라고 말할 때, 그것은 아무것도 빠져 있는 것이 없음을 말합니다. 그러나 우리는 모든 것들이 그들의 권력 아래 놓여진 것을 아직 보지 못했습니다.

9 What we do see is Jesus, who was given a position "a little lower than the angels"; and because he suffered death for us, he is now "crowned with glory and honor." Yes, by God's grace, Jesus tasted death for everyone.

9 우리가 보는 것은《천사들보다 조금 더 낮은》자리가 주어진 예수님입니다; 그리고 그분이 우리를 위해서 죽음을 겪으셨기 때문에, 그분은 지금《영광과 영예의 관을 쓰셨습니다.》그렇습니다. 하나님의 은정으로, 예수님은 모든 사람을 위해 죽음을 맛보셨습니다.

10 God, for whom and through whom everything was made, chose to bring many children into glory. And it was only right that he should make Jesus, through his suffering, a perfect leader, fit to bring them into their salvation.

10 모든 것이 하나님을 위해서 그리고 그분을 통해서 만들어졌습니다, 많은 아들딸들을 영광으로 데려오기로 선택하셨습니다. 그리고 예수님의 고난을 통해, 그들을 구원으로 데려오기에 알맞는 나무랄 데 없는 지도자로, 하나님께서 그분을 만드신 것은 아주 당연한 것이였습니다.

11 So now Jesus and the ones he makes holy have the same Father. That is why Jesus is not ashamed to call them his brothers and sisters.

11 그래서 지금은 예수님과 그분이 거룩하게 만드신 사람들이 같은 아버지를 모셨습니다. 그것이 예수님이 그들을 자신의 형제와 자매들이라고 부르는 것을 부끄러워하지 않는 리유입니다.

12 For he said to God, "I will proclaim your name to my brothers and sisters. I will praise you among your assembled people."

12 왜냐하면 그분이 하나님께 말씀하셨기 때문입니다,《내가 당신의 이름을 나의 형제들과 자매들에게 선포하겠습니다. 내가 모여 있는 당신의 백성들 가운데서 당신을 찬양하겠습니다.》

13 He also said, "I will put my trust in him," that is, "I and the children God has given me."

13 그분이 또한 말씀하셨습니다.《내가 나의 믿음을 그분에게 두겠습니다.》즉《나와 하나님께서 내게 주신 아들딸들입니다.》

14 Because God's children are human beings—made of flesh and blood—the Son also became flesh and blood. For only as a human being could he die, and only by dying could he break the power of the devil, who had the power of death.

14 하나님의 아들딸들은 사람입니다—살과 피로 만들어진—그 아들도 살과 피로 되였기 때문입니다. 왜냐하면 오직 사람으로서만 그분이 죽을 수 있었습니다, 그리고 죽음을 통해서만 그분이 죽음의 권한을 가지

고 있었던 악마의 능력을 깨뜨릴 수 있었기 때문입니다.

15 **Only in this way could he set free all who have lived their lives as slaves to the fear of dying.**

15 이렇게 하므로써만이 그분은 죽음의 공포에 대한 노예로서 자신들의 삶을 살아온 모든 사람들을 자유롭게 할 수 있었습니다.

16 **We also know that the Son did not come to help angels; he came to help the descendants of Abraham.**

16 우리는 또한 아들이 천사들을 돕기 위해 오지 않았다는 것을 알고 있습니다; 그분은 아브라함의 후손을 돕기 위해 오셨습니다.

17 **Therefore, it was necessary for him to be made in every respect like us, his brothers and sisters, so that he could be our merciful and faithful High Priest before God. Then he could offer a sacrifice that would take away the sins of the people.**

17 그러므로, 모든 면에서 그분이 자신의 형제와 자매들인 우리와 같이 되는 것이 필요했습니다, 그래서 그분이 하나님 앞에서 자비심 많고 신뢰할 수 있는 우리의 총제사장이 되실 수 있었습니다. 그런 다음 그분은 사람들의 죄들을 없애버릴 산제물을 드릴 수 있었습니다.

18 **Since he himself has gone through suffering and testing, he is able to help us when we are being tested.**

18 그분은 그분 자신이 고난과 시련을 겪었으므로, 그분은 우리가 시련당할 때에 우리를 도우실 수 있습니다.

3

Jesus Is Greater Than Moses

예수님은 모세보다 더 위대하시다

1 **And so, dear brothers and sisters who belong to God and are partners with those called to heaven, think carefully about this Jesus whom we declare to be God's messenger and High Priest.**

1 그러므로, 하나님에게 속해 있고 하늘나라로 함께 부르심을 받은 사람들과 동료들인 형제와 자매들이여. 우리가 하나님의 파견자이며 총제사장이라고 선언한 분인 이 예수님에 대해 주의 깊게 생각하십시오.

2 **For he was faithful to God, who appointed him, just as Moses served faithfully when he was entrusted with God's entire house.**

2 왜냐하면 그분은 자신을 임명하신, 하나님께 충실했기 때문입니다, 모세가 하나님의 온 집안을 맡았을 때 그가 충실하게 일했던 것과 꼭

갈습니다.

3 **But Jesus deserves far more glory than Moses, just as a person who builds a house deserves more praise than the house itself.**

3 그러나 예수님은 모세보다 훨씬 더 많은 영광을 받을 만합니다. 집을 짓는 사람이 그 집 자체보다 더 많은 찬양을 받을 자격이 있는 것과 꼭 같습니다.

4 **For every house has a builder, but the one who built everything is God.**

4 왜냐하면 매 집마다 지은 사람이 있습니다. 그러나 모든 것을 지으신 분은 하나님이시기 때문입니다.

5 **Moses was certainly faithful in God's house as a servant. His work was an illustration of the truths God would reveal later.**

5 모세는 하나님의 집에서 종으로서 의심할 여지없이 충실했습니다. 그의 일은 나중에 하나님께서 나타내 보이시려는 진리의 본보기였습니다.

6 **But Christ, as the Son, is in charge of God's entire house. And we are God's house, if we keep our courage and remain confident in our hope in Christ.**

6 그러나 그리스도는, 아들로서, 하나님의 온 집안을 맡고 있습니다. 그리고 우리가 계속 용기를 가지고 그리스도에 대한 우리의 희망에 확신을 가지고 남아 있다면, 우리는 하나님의 일가입니다.

7 **That is why the Holy Spirit says, "Today when you hear his voice,**

7 그것이 성령이 말하는 리유입니다. 《오늘 너희가 그분의 음성을 들을 때,

8 **don't harden your hearts as Israel did when they rebelled, when they tested me in the wilderness.**

8 이스라엘은 자신들이 황야에서 나를 시험했을 때, 그들이 반항했던 것처럼, 너희들의 마음을 잔혹하게 하지 말아라.

9 **There your ancestors tested and tried my patience, even though they saw my miracles for forty years.**

9 거기에서 너희 선조들은 자신들이 40년 동안이나 나의 기적들을 보았음에도 불구하고, 시험하고 나의 인내를 떠보았다.

10 **So I was angry with them, and I said, 'Their hearts always turn away from me. They refuse to do what I tell them.'**

10 그러므로 나는 그들에게 성나서, 내가 말했다. 〈그들의 마음은 언제나 나에게서 멀어진다. 그들은 내가 그들에게 말하는 것을 실행하기를 거부한다.〉

11 **So in my anger I took an oath: 'They will never enter my place of rest.'"**

11 그러므로 내가 성나서 나는 맹세했다: 〈그들은 나의 휴식처에 결코

들어오지 못할 것이다.》

12 **Be careful then, dear brothers and sisters. Make sure that your own hearts are not evil and unbelieving, turning you away from the living God.**

12 그러므로 조심하십시오, 사랑하는 형제와 자매들이여. 당신 자신들의 마음이 악하고 믿음이 없어서, 당신들이 살아 계신 하나님으로부터 멀어지지 않기를 다짐하십시오.

13 **You must warn each other every day, while it is still "today," so that none of you will be deceived by sin and hardened against God.**

13 당신들은 아직 《오늘》일 때, 매일 서로 경고해야 합니다. 당신들 중 아무도 죄로 인하여 속아서 하나님을 반대하여 잔혹해지지 않도록 하기 위해서입니다.

14 **For if we are faithful to the end, trusting God just as firmly as when we first believed, we will share in all that belongs to Christ.**

14 왜냐하면 만일 우리가 처음 믿었을 때처럼 굳게 하나님을 믿으면서, 끝까지 충실하다면, 우리는 그리스도에게 속해 있는 모든 것을 서로 나누어 가질 것이기 때문입니다.

15 **Remember what it says: "Today when you hear his voice, don't harden your hearts as Israel did when they rebelled."**

15 이 말씀을 기억하십시오: 《오늘날 너희가 그분의 목소리를 들을 때, 이스라엘이 반역했을 때 그들이 했던 것처럼 너희의 마음을 잔혹하게 하지 말아라.》

16 **And who was it who rebelled against God, even though they heard his voice? Wasn't it the people Moses led out of Egypt?**

16 그리고 사람들이 그분의 음성을 들었음에도 불구하고, 하나님을 반대하여 반역했던 사람들이 누구였습니까? 모세가 이집트에서 이끌어 낸 사람들이 아니였습니까?

17 **And who made God angry for forty years? Wasn't it the people who sinned, whose corpses lay in the wilderness?**

17 그리고 누가 40년 동안 하나님을 성나게 만들었습니까? 죄를 짓고, 그들의 시체들이 황야에 쓰러진 사람들이 아니었습니까?

18 **And to whom was God speaking when he took an oath that they would never enter his rest? Wasn't it the people who disobeyed him?**

18 그리고 사람들이 그분의 편안한 휴식에 결코 들어가지 못할 것이라고 하나님께서 맹세하셨을 때, 하나님께서 누구에게 말씀하고 계셨습니까? 그분에게 불복종했던 사람들이 아니였습니까?

19 **So we see that because of their unbelief they were not able to enter his**

rest.

19 그러므로 우리는 그들의 믿지 않는 마음 때문에 그들이 그분의 편안한 휴식에 들어갈 수 없었던 것을 압니다.

4

Promised Rest for God's People

하나님의 백성들을 위해 약속된 편안한 휴식

1 **God's promise of entering his rest still stands, so we ought to tremble with fear that some of you might fail to experience it.**

1 그분의 편안한 휴식에 들어가는 하나님의 약속은 여전히 효력이 있습니다. 그러므로 우리는 당신들 중 어떤 사람들이 그것을 경험하는 것에 실패할 수도 있다는 두려움으로 안타까와해야 합니다.

2 **For this good news—that God has prepared this rest—has been announced to us just as it was to them. But it did them no good because they didn't share the faith of those who listened to God.**

2 왜냐하면 이 반가운 소식이—하나님께서 이 편안한 휴식을 준비하셨다—그들에게 그랬듯이 그것이 우리에게도 선포되였기 때문입니다. 그러나 그것은 그들이 하나님말씀을 들은 사람들의 믿음을 함께 소유하지 않았기 때문에 그것이 그들에게 쓸모가 없었습니다.

3 **For only we who believe can enter his rest. As for the others, God said, "In my anger I took an oath: 'They will never enter my place of rest,'" even though this rest has been ready since he made the world.**

3 왜냐하면 믿는 우리들만이 그분의 편안한 휴식에 들어갈 수 있기 때문입니다. 그 나머지 사람들에 대해, 하나님께서 말씀하셨습니다, 이 편안한 휴식이 그분께서 세상을 만드신 이래로 준비되여 있었다 할지라도, 《내가 노여워서 맹세하였다: 〈그들은 나의 편안한 휴식의 자리에 결코 들어오지 못할 것이다.〉》

4 **We know it is ready because of the place in the Scriptures where it mentions the seventh day: "On the seventh day God rested from all his work."**

4 우리는 일곱째 날을 언급하는 곳이 하나님말씀책에 있기 때문에 그것이 준비되여 있는 것을 알고 있습니다: 《일곱째 날에 하나님께서 그분의 모든 일로부터 휴식하셨습니다.》

5 **But in the other passage God said, "They will never enter my place of rest."**

5 그러나 하나님께서 다른 구절에서 말씀하셨습니다. 《그들은 내가 편

안한 휴식하는 곳에 결코 들어오지 못할 것이다.》

6 So God's rest is there for people to enter, but those who first heard this good news failed to enter because they disobeyed God.

6 그래서 하나님의 편안한 휴식은 들어갈 사람들을 위해 거기에 있습니다. 그러나 이 반가운 소식을 처음 들었던 사람들은 그들이 하나님께 불복종했기 때문에 들어가는 데 실패했습니다.

7 So God set another time for entering his rest, and that time is today. God announced this through David much later in the words already quoted: "Today when you hear his voice, don't harden your hearts."

7 그러므로 하나님께서 그분의 편안한 휴식에 들어갈 다른 때를 준비하셨습니다. 그리고 그때가 오늘입니다. 하나님께서 훨씬 후에 다윗을 통해 이것을 이미 인용된 말씀에서 공포하셨습니다:《오늘 너희가 그분의 목소리를 듣거든, 너희의 마음을 잔혹하게 하지 말라.》

8 Now if Joshua had succeeded in giving them this rest, God would not have spoken about another day of rest still to come.

8 이제 만일 여호수아가 이 편안한 휴식을 그들에게 주는 일에 성공했더라면, 하나님께서 이제 올 다른 편안한 휴식의 날에 대해 말씀하지 않으셨을 것입니다.

9 So there is a special rest still waiting for the people of God.

9 그러므로 하나님의 백성들을 여전히 기다리고 있는 특별한 편안한 휴식이 있습니다.

10 For all who have entered into God's rest have rested from their labors, just as God did after creating the world.

10 왜냐하면 하나님의 편안한 휴식에 들어가는 모든 사람들은, 하나님께서 세상을 창조하신 후에 하셨던 것처럼 자신들의 일에서 휴식하기 때문입니다.

11 So let us do our best to enter that rest. But if we disobey God, as the people of Israel did, we will fall.

11 그러므로 그 편안한 휴식에 들어가기 위해 우리는 있는 힘을 다합시다. 그러나 만일 우리가 이스라엘 사람들처럼, 하나님께 불복종한다면, 우리는 망할 것입니다.

12 For the word of God is alive and powerful. It is sharper than the sharpest two-edged sword, cutting between soul and spirit, between joint and marrow. It exposes our innermost thoughts and desires.

12 왜냐하면 하나님의 말씀은 살아 있고 강력하기 때문입니다. 그것은 가장 예리한 량날이 있는 칼보다 더 날카로워서 정신과 령 사이, 관절

과 골수 사이를 갈라냅니다. 그것은 우리의 가장 깊은 생각들과 욕망들
을 드러내 놓습니다.

13 **Nothing in all creation is hidden from God. Everything is naked and exposed before his eyes, and he is the one to whom we are accountable.**

13 모든 창조된 것 중에서 아무것도 하나님으로부터 숨을 수 없습니다. 모든 것이 벌거벗은 채 그분의 눈앞에 드러나 있습니다, 그리고 그분은 우리가 그분에게 설명할 의무가 있는 분이십니다.

Christ Is Our High Priest
그리스도는 우리의 총제사장이시다

14 **So then, since we have a great High Priest who has entered heaven, Jesus the Son of God, let us hold firmly to what we believe.**

14 그러므로, 우리에게 하늘나라로 들어가신 총제사장이신, 하나님의 아들 예수님이 계시므로, 우리가 믿는 것을 굳게 지킵시다.

15 **This High Priest of ours understands our weaknesses, for he faced all of the same testings we do, yet he did not sin.**

15 이 우리들의 총제사장은 우리의 연약성을 알고 계십니다, 왜냐하면 그분이 우리가 받는 동일한 모든 시험에 부딪치셨기 때문입니다. 그렇지만 그분은 죄를 짓지 않으셨습니다.

16 **So let us come boldly to the throne of our gracious God. There we will receive his mercy, and we will find grace to help us when we need it most.**

16 그러므로 은정 깊은 우리 하나님의 왕좌로 당당하게 나아갑시다. 거기서 우리는 그분의 은정을 받을 것입니다, 그리고 우리가 그것을 가장 필요로 할 때 우리를 돕는 은정을 얻을 것입니다.

5

1 **Every high priest is a man chosen to represent other people in their dealings with God. He presents their gifts to God and offers sacrifices for their sins.**

1 모든 총제사장은 다른 사람들이 하나님을 대함에 있어서 그들을 대표하도록 뽑힌 사람입니다. 그는 그들의 례물을 하나님께 드리고 그들의 죄를 위해 희생물을 드립니다.

2 **And he is able to deal gently with ignorant and wayward people because he himself is subject to the same weaknesses.**

2 그리고 그는 그 자신도 동일한 연약함의 지배를 받기 때문에 무지하고

잘못에 빠진 사람들을 부드럽게 대할 수 있습니다.

3 **That is why he must offer sacrifices for his own sins as well as theirs.**

3 이것이 그가 그들의 죄뿐만 아니라 그 자신의 죄를 위해서도 희생물을 드려야 하는 리유입니다.

4 **And no one can become a high priest simply because he wants such an honor. He must be called by God for this work, just as Aaron was.**

4 그리고 그 누구도 그가 오직 그러한 명예를 원한다고 해서 총제사장이 될 수 없습니다. 그는 마치 아론이 그랬듯이, 하나님에 의해 이 일을 위해서 부르심을 받아야 합니다.

5 **That is why Christ did not honor himself by assuming he could become High Priest. No, he was chosen by God, who said to him, "You are my Son. Today I have become your Father."**

5 이것이 그리스도가 자신이 총제사장이 될 수 있다고 생각해서 자기 스스로를 높이지 않으셨던 리유입니다. 그렇습니다. 《너는 나의 아들이다. 오늘 내가 너의 아버지가 되였다.》고 그분에게 말씀하신 하나님에 의해 선택되였습니다.

6 **And in another passage God said to him, "You are a priest forever in the order of Melchizedek."**

6 그리고 또 다른 구절에서 하나님께서 그분에게 말씀하셨습니다. 《너는 멜기세덱의 순서대로 영원한 총제사장이다.》

7 **While Jesus was here on earth, he offered prayers and pleadings, with a loud cry and tears, to the one who could rescue him from death. And God heard his prayers because of his deep reverence for God.**

7 예수님이 여기 땅에 계시는 동안, 그분은 죽음으로부터 자신을 구원해 주실 수 있는 분에게, 큰 울부짖음과 눈물로, 기도와 탄원을 드렸습니다. 그리하여 하나님께서는 자신에 대한 그분의 깊은 존경심 때문에 그분의 기도를 들으셨습니다.

8 **Even though Jesus was God's Son, he learned obedience from the things he suffered.**

8 예수님이 하나님의 아들이였음에도 불구하고, 그분은 자신이 고난을 겪으신 일들로부터 복종을 배우셨습니다.

9 **In this way, God qualified him as a perfect High Priest, and he became the source of eternal salvation for all those who obey him.**

9 이렇게 하여, 하나님께서 그분에게 완전무결한 총제사장의 자격을 주셨다, 그리하여 그분은 자신에게 복종하는 모든 사람들을 위한 영원한 구원의 근원이 되셨습니다.

10 And God designated him to be a High Priest in the order of Melchizedek.

10 그리고 하나님께서 그분을 멜기세덱의 차례에 따라 총제사장이 되도록 임명하셨습니다.

A Call to Spiritual Growth
령적인 성장으로 부르심

11 There is much more we would like to say about this, but it is difficult to explain, especially since you are spiritually dull and don't seem to listen.

11 이것에 대해 우리가 말하고 싶은 것이 훨씬 더 많이 있습니다, 그러나 그것은 설명하기가 어렵습니다, 특별히 당신들이 령적으로 둔하고 들으려 하는 것 같지 않기 때문입니다.

12 You have been believers so long now that you ought to be teaching others. Instead, you need someone to teach you again the basic things about God's word. You are like babies who need milk and cannot eat solid food.

12 당신들은 지금까지 아주 오래동안 믿는 사람들이였으므로, 자신들이 다른 사람들을 가르치고 있어야 합니다. 대신에, 당신들은 하나님의 말씀에 대한 기초적인 것들을 당신들에게 가르칠 누군가를 다시 필요로 하고 있습니다. 당신들은 단단한 음식을 먹을 수 없고 우유를 필요로 하는 아기들과 같습니다.

13 For someone who lives on milk is still an infant and doesn't know how to do what is right.

13 왜냐하면 우유로 살아가는 사람 누구나는 여전히 어린 아기이고 옳은 것을 어떻게 해야 하는지 모르기 때문입니다.

14 Solid food is for those who are mature, who through training have the skill to recognize the difference between right and wrong.

14 단단한 음식은 성숙한 사람들을 위한 것입니다, 그들은 훈련을 통해서 옳고 그른 것 간의 차이점을 인식할 수 있는 리해력을 가지고 있습니다.

6

1 So let us stop going over the basic teachings about Christ again and again. Let us go on instead and become mature in our understanding. Surely we don't need to start again with the fundamental importance of repenting from evil deeds and placing our faith in God.

1 그러므로 그리스도에 대한 기초적인 가르침들을 거듭해서 되풀이하

는 일을 멈춥시다. 대신에 계속 나아가서 우리의 깨달음에서 성숙해집시다. 분명히 우리는 악한 행위로부터 누우쳐 고치는 것과 하나님께 우리의 믿음을 둔다는 근본적인 중요성을 가지고 다시 시작할 필요는 없습니다.

2 **You don't need further instruction about baptisms, the laying on of hands, the resurrection of the dead, and eternal judgment.**

2 당신들은 세례와, 손을 얹는 것과, 죽은 사람들의 부활과, 그리고 영원한 심판에 대한 더 이상의 가르침은 필요하지 않습니다.

3 **And so, God willing, we will move forward to further understanding.**

3 그리하여, 하나님께서 원하시면, 우리가 더 많은 깨달음으로 나아갈 것입니다.

4 **For it is impossible to bring back to repentance those who were once enlightened—those who have experienced the good things of heaven and shared in the Holy Spirit,**

4 왜냐하면 전에 빛을 받았던 사람들은—하늘나라의 좋은 것들을 경험했고 성령 안에서 함께했던 그들—다시 뉘우쳐 돌아오는 것이 불가능하기 때문입니다,

5 **who have tasted the goodness of the word of God and the power of the age to come.**

5 그들은 하나님의 말씀의 선량하심과 앞으로 올 세대의 능력을 맛보았습니다.

6 **and who then turn away from God. It is impossible to bring such people back to repentance; by rejecting the Son of God, they themselves are nailing him to the cross once again and holding him up to public shame.**

6 그리고 나서 그들은 하나님으로부터 돌아서서 멀어졌습니다. 그러한 사람들을 다시 뉘우쳐 돌아오게 하는 것은 불가능합니다; 하나님의 아들을 부인함으로써, 그들은 그들 자신이 다시 한 번 그분을 십자사형틀에 못 박고 있으며 그분을 공개적인 수치를 당하게 하고 있습니다.

7 **When the ground soaks up the falling rain and bears a good crop for the farmer, it has God's blessing.**

7 땅이 떨어지는 비를 빨아들여서 농민을 위해 좋은 수확을 낼 때, 그것은 하나님의 축복입니다.

8 **But if a field bears thorns and thistles, it is useless. The farmer will soon condemn that field and burn it.**

8 그러나 만일 들판이 가시와 엉겅퀴를 낸다면, 그것은 쓸모가 없습니다. 농민들은 곧 그 들판을 페기처분하고 그것을 불태울 것입니다.

9 **Dear friends, even though we are talking this way, we really don't believe it applies to you. We are confident that you are meant for better things, things that come with salvation.**

9 사랑하는 친구들이여, 우리가 이렇게 말하고 있다 할지라도, 우리는 당신들에게 이것이 적용된다고 실제로 믿지 않습니다. 우리는 당신들이 더 좋은 것들을 위해, 구원과 함께 오는 것들을 위해 존재한다는 것을 확신합니다.

10 **For God is not unjust. He will not forget how hard you have worked for him and how you have shown your love to him by caring for other believers, as you still do.**

10 왜냐하면 하나님은 정의에 어긋나시지 않기 때문입니다. 그분께서는 당신들이 그분을 위해 얼마나 열심히 일하며 당신들이 여전히 하고 있는 대로, 다른 믿는 사람들을 돌봄으로써 어떻게 당신들이 그분에 대한 자신들의 사랑을 보였는지를 잊지 않으실 것입니다.

11 **Our great desire is that you will keep on loving others as long as life lasts, in order to make certain that what you hope for will come true.**

11 우리의 뚜렷한 소원은 당신들이 생명이 계속되는 한 다른 사람들을 계속해서 사랑하는 것입니다, 당신들 희망이 실현될 것이라는 것을 확인하기 위해서입니다.

12 **Then you will not become spiritually dull and indifferent. Instead, you will follow the example of those who are going to inherit God's promises because of their faith and endurance.**

12 그러면 당신들은 령적으로 둔해지고 무감각하게 되지 않을 것입니다. 오히려, 당신들은 그들의 믿음과 인내 때문에 하나님의 약속을 물려받을 사람들의 본보기를 따를 것입니다.

God's Promises Bring Hope

하나님의 약속이 희망을 가져오다

13 **For example, there was God's promise to Abraham. Since there was no one greater to swear by, God took an oath in his own name, saying:**

13 례를 들면, 아브라함에게 하신 하나님의 약속이 있었습니다. 맹세를 할 더 위대한 이가 없었으므로, 하나님께서 그분 자신의 이름으로 맹세하셨고, 말씀하셨습니다:

14 **"I will certainly bless you, and I will multiply your descendants beyond number."**

14《내가 너를 반드시 축복하겠다. 그리고 나는 너의 후손들을 헤아릴

수 없이 많아지게 할 것이다.》

15 **Then Abraham waited patiently, and he received what God had promised.**

15 다음에 아브라함은 인내성 있게 기다렸습니다. 그리하여 그는 하나님께서 약속하셨던 것을 받았습니다.

16 **Now when people take an oath, they call on someone greater than themselves to hold them to it. And without any question that oath is binding.**

16 이제 사람들이 맹세를 할 때, 그들은 그것을 자신들로 하여금 지키기 위해 그들 자신보다 더 위대한 누군가를 부릅니다. 그리고 질문의 여지 없이, 그 맹세는 구속력이 있습니다.

17 **God also bound himself with an oath, so that those who received the promise could be perfectly sure that he would never change his mind.**

17 하나님께서 자신의 마음을 결코 바꾸지 않으실 것을, 약속받은 사람들이 완전히 확신할 수 있게 하시려고, 그분께서도 맹세에 그분 스스로를 묶어 두셨습니다.

18 **So God has given both his promise and his oath. These two things are unchangeable because it is impossible for God to lie. Therefore, we who have fled to him for refuge can have great confidence as we hold to the hope that lies before us.**

18 그래서 하나님께서는 그분의 약속과 그분의 맹세 둘 다 주셨습니다. 이 두 가지는 하나님에게 있어서 거짓말하시는 것은 불가능하기 때문에 변할 수 없는 것입니다. 그러므로, 보호를 받기 위해 그분에게 피난한 우리들은 우리 앞에 놓여진 희망을 붙잡고 있으므로써 커다란 확신을 가질 수 있습니다.

19 **This hope is a strong and trustworthy anchor for our souls. It leads us through the curtain into God's inner sanctuary.**

19 이 희망은 우리의 령혼을 위한 견고하고 믿음직한 닻입니다. 그것은 휘장을 통하여 하나님의 친밀한 신성한 곳으로 우리들을 이끌어 줍니다.

20 **Jesus has already gone in there for us. He has become our eternal High Priest in the order of Melchizedek.**

20 예수님은 우리를 위해 이미 거기에 들어가셨습니다. 그분은 멜기세덱의 순서대로 우리의 영원한 총제사장이 되셨습니다.

7

Melchizedek Is Greater Than Abraham

멜기세덱은 아브라함보다 위대하다

1 This Melchizedek was king of the city of Salem and also a priest of God Most High. When Abraham was returning home after winning a great battle against the kings, Melchizedek met him and blessed him.

1 이 멜기세덱은 살렘의 왕이고 또한 가장 높으신 하나님의 제사장이였습니다. 아브라함이 왕들에 맞서 큰 전쟁에서 이긴 후 집으로 돌아오고 있었을 때, 멜기세덱은 그를 만나서 그를 축복했습니다.

2 Then Abraham took a tenth of all he had captured in battle and gave it to Melchizedek. The name Melchizedek means "king of justice," and king of Salem means "king of peace."

2 그때 아브라함은 그가 전쟁에서 로획한 모든 것의 10분의 1을 가져다가 멜기세덱에게 그것을 주었습니다. 멜기세덱이란 이름은《정의의 왕》을 의미합니다. 그리고 살렘왕은《평화의 왕》을 의미합니다.

3 There is no record of his father or mother or any of his ancestors—no beginning or end to his life. He remains a priest forever, resembling the Son of God.

3 멜기세덱의 아버지나 어머니 혹은 그의 선조들에 대한 아무런 기록이 없습니다—그의 생애에 대한 시작도 끝도 없습니다. 그는 하나님의 아드님을 닮아서 제사장으로 영원히 남아 있습니다.

4 Consider then how great this Melchizedek was. Even Abraham, the great patriarch of Israel, recognized this by giving him a tenth of what he had taken in battle.

4 그러면 이 멜기세덱이 얼마나 위대했는지 생각해 보십시오. 이스라엘의 위대한 조상이였던, 아브라함조차 그가 전쟁에서 얻은 것의 10분의 1을 그에게 줌으로써 이것을 인정했습니다.

5 Now the law of Moses required that the priests, who are descendants of Levi, must collect a tithe from the rest of the people of Israel, who are also descendants of Abraham.

5 이제 모세의 률법은 레위 자손의 후손인, 제사장들 역시 아브라함의 후손인, 나머지 이스라엘 사람들로부터 10분의 1세를 걷어야 한다는 것을 요구했습니다.

6 But Melchizedek, who was not a descendant of Levi, collected a tenth from Abraham. And Melchizedek placed a blessing upon Abraham, the

one who had already received the promises of God.

6 그러나 레위 자손의 후손이 아닌, 멜기세덱은, 아브라함으로부터 10분의 1세를 받았습니다. 그리고 멜기세덱은 이미 하나님의 약속을 받았던 사람인, 아브라함을 축복했습니다.

7 **And without question, the person who has the power to give a blessing is greater than the one who is blessed.**

7 그리고 의심할 여지없이, 축복을 줄 능력을 가진 사람은 축복을 받는 사람보다 더 위대합니다.

8 **The priests who collect tithes are men who die, so Melchizedek is greater than they are, because we are told that he lives on.**

8 10분의 1세를 걷어들이는 제사장들은 죽을 사람들입니다, 그러므로 멜기세덱은 그들보다 위대합니다, 왜냐하면 우리는 그가 계속 살아 있다고 듣기 때문입니다.

9 **In addition, we might even say that these Levites—the ones who collect the tithe—paid a tithe to Melchizedek when their ancestor Abraham paid a tithe to him.**

9 더우기, 우리는 레위 자손들이—10분의 1세를 걷는 사람들—그들의 조상인 아브라함이 10분의 1세를 멜기세덱에게 바쳤으므로 그들이 10분의 1세를 그에게 바쳤다고 말할 수 있을 것입니다.

10 **For although Levi wasn't born yet, the seed from which he came was in Abraham's body when Melchizedek collected the tithe from him.**

10 왜냐하면 멜기세덱이 아브라함으로부터 10분의 1세를 걷었을 때, 레위 후손이 아직 태어나지 않았지만, 그를 태어나게 할 씨가 아브라함의 몸 안에 있었기 때문입니다.

11 **So if the priesthood of Levi, on which the law was based, could have achieved the perfection God intended, why did God need to establish a different priesthood, with a priest in the order of Melchizedek instead of the order of Levi and Aaron?**

11 그러므로 만일 률법에 기초하여 레위의 제사장제도가 하나님께서 의도하셨던 완전함을 이룰 수 있었다면, 왜 하나님께서 레위와 아론의 계렬 대신 멜기세덱의 계렬에 있는 제사장으로서 다른 제사장제도를 세우실 필요가 있었겠습니까?

12 **And if the priesthood is changed, the law must also be changed to permit it.**

12 그리고 제사장제도가 바뀌였다면 그것을 허용하기 위해 률법도 또한 바뀌져야 합니다.

13 For the priest we are talking about belongs to a different tribe, whose members have never served at the altar as priests.

13 우리가 말하고 있는 제사장은, 그 혈통의 사람들이 제사장으로서 제사단에서 섬겨 본 적이 전혀 없는 다른 혈통에 속해 있기 때문입니다.

14 What I mean is, our Lord came from the tribe of Judah, and Moses never mentioned priests coming from that tribe.

14 내가 말하고 있는 것은, 우리 주님이 유다 혈통으로부터 오셨습니다, 그리고 모세는 그 혈통으로부터 오는 제사장들에 대해 전혀 언급한 적이 없다는 것입니다.

Jesus Is like Melchizedek

예수님은 멜기세덱과 같으시다

15 This change has been made very clear since a different priest, who is like Melchizedek, has appeared.

15 이 변화는 멜기세덱과 같은, 다른 제사장이, 나타났기 때문에 아주 명백하게 되었습니다.

16 Jesus became a priest, not by meeting the physical requirement of belonging to the tribe of Levi, but by the power of a life that cannot be destroyed.

16 예수님은 레위 가문에 속해야 하는 육체적인 필요조건에 만족시킴으로서가 아니라, 불멸의 생명의 능력에 의해, 제사장이 되셨습니다.

17 And the psalmist pointed this out when he prophesied, "You are a priest forever in the order of Melchizedek."

17 그리고 시묶음 작가가 예언했을 때 그는 이것을 언급했습니다, 《당신은 멜기세덱 계렬의 영원한 제사장입니다.》

18 Yes, the old requirement about the priesthood was set aside because it was weak and useless.

18 그렇습니다, 제사장 직무에 대한 예전의 필요조건은 그것이 불충분하고 쓸모없어졌기 때문에 무효로 되였습니다.

19 For the law never made anything perfect. But now we have confidence in a better hope, through which we draw near to God.

19 왜냐하면 률법이 아무것도 완전하게 만들 수 없었기 때문입니다. 그러나 지금 우리는 더 나은 희망에 대한 확신이 있습니다, 그것을 통하여 우리는 하나님께 다가갈 수 있습니다.

20 This new system was established with a solemn oath. Aaron's descendants became priests without such an oath,

20 이 새로운 제도는 엄숙한 맹세로 세워진 것입니다. 아론의 후손들은 이러한 맹세 없이 제사장들이 되었습니다.

21 but there was an oath regarding Jesus. For God said to him, "The LORD has taken an oath and will not break his vow: 'You are a priest forever.'"

21 그러나 예수님에 대해서는 맹세가 있었습니다. 왜냐하면 하나님께서 그분에게 말씀하셨기 때문입니다. 《주님께서 맹세하셨고 자신의 서약을 깨뜨리지 않을 것이다: 〈너는 영원히 제사장이다.〉》

22 Because of this oath, Jesus is the one who guarantees this better covenant with God.

22 이 맹세 때문에, 예수님은 하나님과의 더 나은 약속을 보증하시는 분이십니다.

23 There were many priests under the old system, for death prevented them from remaining in office.

23 예전의 제도하에서는 많은 제사장들이 있었습니다, 왜냐하면 죽음 때문에 그들의 직무를 계속할 수 없었기 때문입니다.

24 But because Jesus lives forever, his priesthood lasts forever.

24 그러나 예수님은 영원히 살아 계시기 때문에, 그분의 제사장직무는 영원히 지속됩니다.

25 Therefore he is able, once and forever, to save those who come to God through him. He lives forever to intercede with God on their behalf.

25 그러므로 단 한 번으로 영원히, 그분은 자신을 통해서, 하나님께로 오는 사람들을 구원하실 수 있습니다. 그분은 하나님께 사람들을 대신하여 중재하기 위해 영원히 살아 계십니다.

26 He is the kind of high priest we need because he is holy and blameless, unstained by sin. He has been set apart from sinners and has been given the highest place of honor in heaven.

26 그분은 우리들이 필요로 하는 그런 총제사장입니다 그분은 거룩하고 결백하며, 죄로 오점이 없기 때문입니다. 그분은 죄인들로부터 구별되셨고 하늘나라에서 가장 높은 영예의 자리를 받으셨습니다.

27 Unlike those other high priests, he does not need to offer sacrifices every day. They did this for their own sins first and then for the sins of the people. But Jesus did this once for all when he offered himself as the sacrifice for the people's sins.

27 다른 총제사장들과는 달리, 그분은 매일 제물을 드릴 필요가 없습니다. 그들은 먼저 자신들의 죄를 위해 그다음 사람들의 죄를 위해 이것을 했습니다. 그러나 예수님은 사람들의 죄들을 위해 희생제물로 자

기 자신을 바쳤으므로 그분은 모든 사람들을 위해 단번에 이것을 하셨
습니다.
28 **The law appointed high priests who were limited by human weakness. But after the law was given, God appointed his Son with an oath, and his Son has been made the perfect High Priest forever.**

28 률법은 인간적인 연약함으로 한계가 있는 총제사장들을 임명했습니다. 그러나 률법이 주어진 이후, 하나님께서 자신의 아들을 맹세로 임명하셨습니다. 그리고 그분의 아드님은 영원히 완전무결한 총제사장이 되셨습니다.

8

Christ Is Our High Priest

그리스도는 우리의 총제사장이시다

1 **Here is the main point: We have a High Priest who sat down in the place of honor beside the throne of the majestic God in heaven.**

1 요점은 여기에 있습니다: 우리에게는 하늘나라에서 위엄 있는 하나님의 왕좌 옆 영예의 자리에 앉으신 총제사장이 있습니다.

2 **There he ministers in the heavenly Tabernacle, the true place of worship that was built by the Lord and not by human hands.**

2 그분은 사람의 손으로가 아니라 주님에 의해 세워진 례배의 참된 장소인 그곳, 하늘나라의 신전에서 임무를 수행하고 계십니다.

3 **And since every high priest is required to offer gifts and sacrifices, our High Priest must make an offering, too.**

3 그리고 모든 총제사장들이 례물과 제물을 드리는 것이 요구되기 때문에 우리의 총제사장도 역시 제물을 드려야 합니다.

4 **If he were here on earth, he would not even be a priest, since there already are priests who offer the gifts required by the law.**

4 만일 그분이 여기 땅에 계셨다면, 률법에 의해 요구되는 례물들을 드리는 제사장들이 이미 있으므로, 그분은 제사장도 아니였을 것입니다.

5 **They serve in a system of worship that is only a copy, a shadow of the real one in heaven. For when Moses was getting ready to build the Tabernacle, God gave him this warning: "Be sure that you make everything according to the pattern I have shown you here on the mountain."**

5 그들은 하늘에 있는 진정한 것의 그림자인 복사한 것에 불과한 례배의 제도 안에서 봉사합니다. 왜냐하면 모세가 이동식 신전 짓기를 준비

하고 있었을 때, 하나님께서 그에게 이 경고를 주셨기 때문입니다. 《너는 내가 여기 산에서 너에게 보여준 모형을 따라서 모든 것을 틀림없이 만들도록 하여라.》

6 **But now Jesus, our High Priest, has been given a ministry that is far superior to the old priesthood, for he is the one who mediates for us a far better covenant with God, based on better promises.**

6 그러나 이제 우리의 총제사장인, 예수님은 이전의 제사장 제도보다 훨씬 뛰어난 임무를 맡으셨습니다. 왜냐하면 그분은 더 나은 약속에 기초해서, 우리를 위해 하나님과 훨씬 더 좋은 계약을 중재하는 분이시기 때문입니다.

7 **If the first covenant had been faultless, there would have been no need for a second covenant to replace it.**

7 만일 첫 번째 계약이 결점이 없었다면, 그것을 대신할 두 번째 계약이 필요하지 않았을 것입니다.

8 **But when God found fault with the people, he said: "The day is coming, says the LORD, when I will make a new covenant with the people of Israel and Judah.**

8 그러나 하나님께서 사람들에게서 결함을 찾았을 때, 그분께서 말씀하셨습니다: 《주님께서 말씀하신다, 내가 이스라엘과 유태 백성들과의 새로운 계약을 세울, 그날이 오고 있다.

9 **This covenant will not be like the one I made with their ancestors when I took them by the hand and led them out of the land of Egypt. They did not remain faithful to my covenant, so I turned my back on them, says the LORD.**

9 이 계약은 내가 그들 조상들의 손을 잡고 에짚트 땅으로부터 그들을 이끌었을 때 내가 그들과 맺은 것과 같지 않을 것이다. 그들은 나의 계약에 대해 여전히 충실하지 않았다. 그래서 나는 그들에게서 나의 등을 돌렸다, 주께서 말씀하신다.

10 **But this is the new covenant I will make with the people of Israel on that day, says the LORD: I will put my laws in their minds, and I will write them on their hearts. I will be their God, and they will be my people.**

10 그러나 이것이 내가 그날에 이스라엘 백성과 맺을 새 계약이다, 주님께서 말씀하신다: 내가 나의 법을 그들의 생각에 넣어 주고, 나는 그들의 마음에 그것들을 기록할 것이다. 나는 그들의 하나님이 되고, 그들은 나의 백성이 될 것이다.

11 **And they will not need to teach their neighbors, nor will they need to**

teach their relatives, saying, 'You should know the LORD.' For everyone, from the least to the greatest, will know me already.

11 그리고 그들은 〈당신들은 주님을 알아야 한다.〉라고 말하면서, 그들의 이웃들을 가르칠 필요가 없을 것이며 그들의 친척들도 가르칠 필요도 없을 것이다. 왜냐하면 가장 낮은 사람부터 가장 높은 사람에 이르기까지 모두가 이미 나를 알 것이기 때문이다.

12 **And I will forgive their wickedness, and I will never again remember their sins."**

12 그리고 나는 그들의 나쁜 행실을 용서할 것이다, 그리고 나는 그들의 죄들을 결코 다시 기억하지 않을 것이다.》

13 **When God speaks of a "new" covenant, it means he has made the first one obsolete. It is now out of date and will soon disappear.**

13 하나님께서 《새로운》 계약이라고 말씀하실 때, 그것은 그분께서 첫 번째 것을 더는 쓰이지 않게 하셨다는 것을 의미합니다. 그것은 이제는 낡아서 곧 사라질 것입니다.

9

Old Rules about Worship

례배에 대한 예전의 규칙들

1 **That first covenant between God and Israel had regulations for worship and a place of worship here on earth.**

1 하나님과 이스라엘 사이의 첫 번째 계약에는 례배를 위한 규정과 여기 땅에서의 례배 장소가 있었습니다.

2 **There were two rooms in that Tabernacle. In the first room were a lamp stand, a table, and sacred loaves of bread on the table. This room was called the Holy Place.**

2 그 이동식 신전에는 두 방이 있었습니다. 그 첫 번째 방에는 등불받침대, 밥상, 그리고 밥상 우에는 거룩한 빵 덩이들이 있었습니다. 이 방은 거룩한 곳이라고 불리웠습니다.

3 **Then there was a curtain, and behind the curtain was the second room called the Most Holy Place.**

3 그다음 휘장이 있었습니다. 그리고 그 휘장 뒤에는 가장 거룩한 곳이라고 불리우는 두 번째 방이 있었습니다.

4 **In that room were a gold incense altar and a wooden chest called the Ark of the Covenant, which was covered with gold on all sides. Inside the Ark**

were a gold jar containing manna, Aaron's staff that sprouted leaves, and the stone tablets of the covenant.

4 그 방에는 금으로 된 향 제물대 그리고 계약궤라 불리우는 나무로 된 보관함이 있었습니다. 이것은 모든 면이 금으로 덮여 있었습니다. 그 궤 안에는 만나를 담고 있는 금 항아리, 싹이 난 아론의 지팽이, 그리고 계약을 새긴 돌판이 있었습니다.

5 **Above the Ark were the cherubim of divine glory, whose wings stretched out over the Ark's cover, the place of atonement. But we cannot explain these things in detail now.**

5 그 궤 우에는 하나님의 영광의 천사들이 있었습니다. 그들의 날개는, 죄 씻기 장소인 궤의 뚜겅 우에 펴져 있었습니다. 그러나 우리는 지금 이러한 것들을 자세히 설명할 수 없습니다.

6 **When these things were all in place, the priests regularly entered the first room as they performed their religious duties.**

6 이 모든 것들이 제자리에 놓였을 때, 제사장들은 자기들의 종교적인 직무들을 수행하는 동안 정기적으로 첫 번째 방에 들어갔습니다.

7 **But only the high priest ever entered the Most Holy Place, and only once a year. And he always offered blood for his own sins and for the sins the people had committed in ignorance.**

7 그러나 오직 총제사장만이 일 년에 단 한 차례만 가장 거룩한 곳에 들어갔습니다. 그리고 그는 자기 자신의 죄와 사람들이 알지 못해 지은 죄를 위해 언제나 피를 제물로 드렸습니다.

8 **By these regulations the Holy Spirit revealed that the entrance to the Most Holy Place was not freely open as long as the Tabernacle and the system it represented were still in use.**

8 이런 규정들을 통해 성령님은 이동식 신전과 그것을 대표하는 제도가 여전히 리용되는 한 가장 거룩한 곳에 들어가는 입구가 자유롭게 열려 있지 않다는 것을 나타내셨습니다.

9 **This is an illustration pointing to the present time. For the gifts and sacrifices that the priests offer are not able to cleanse the consciences of the people who bring them.**

9 이것은 현 시대를 가리키는 실례입니다. 제사장들이 드리는 례물들과 제물들은 그것들을 가져오는 사람들의 량심을 깨끗이 씻을 수 없기 때문입니다.

10 **For that old system deals only with food and drink and various cleansing ceremonies—physical regulations that were in effect only until a better**

system could be established.

10 왜냐하면 그 예전의 제도는 먹는 것과 마시는 것과 다양한 씻는 례식 들만을 다루었기 때문입니다—물질세계의 규정들은 더 나은 제도가 세워질 때까지만 효력이 있었습니다.

Christ Is the Perfect Sacrifice

그리스도는 완전무결한 제물이시다

11 So Christ has now become the High Priest over all the good things that have come. He has entered that greater, more perfect Tabernacle in heaven, which was not made by human hands and is not part of this created world.

11 그래서 그리스도는 이제는 이미 있었던 모든 좋은 것들을 다루는 총제사장이 되셨습니다. 그분은 더 훌륭하고, 더 완전무결한 하늘나라에 있는 신전으로 들어가셨습니다. 그것은 사람의 손으로 만든 것이 아니고 이 창조된 세상의 일부도 아닙니다.

12 With his own blood—not the blood of goats and calves—he entered the Most Holy Place once for all time and secured our redemption forever.

12 그분 자신의 피로—염소들과 송아지들의 피가 아닌—그분은 단번에 영원히 가장 거룩한 곳에 들어가셨습니다 그리하여 우리의 영원한 구원을 보장하셨습니다.

13 Under the old system, the blood of goats and bulls and the ashes of a young cow could cleanse people's bodies from ceremonial impurity.

13 예전의 제도 아래에서는, 염소들과 황소들 그리고 어린 암소의 재가 제사를 드리기에 부정한 사람들의 몸을 씻을 수 있었습니다.

14 Just think how much more the blood of Christ will purify our consciences from sinful deeds so that we can worship the living God. For by the power of the eternal Spirit, Christ offered himself to God as a perfect sacrifice for our sins.

14 우리가 살아 계신 하나님을 례배할 수 있도록 그리스도의 피가 우리의 량심을 죄 많은 행위로부터 얼마나 더 많이 깨끗하게 할 것인지 좀 생각해 보십시오. 왜냐하면 영원한 성령의 능력으로 그리스도가 우리의 죄를 위해 완전무결한 제물로 그분 자신을 하나님께 드렸기 때문입니다.

15 That is why he is the one who mediates a new covenant between God and people, so that all who are called can receive the eternal inheritance God has promised them. For Christ died to set them free from the penalty of

the sins they had committed under that first covenant.

15 그것이 그분이 하나님과 사람들 사이에 새 계약을 중재하시는 분이라는 리유입니다. 그러므로 부르심을 받은 모든 사람들이 하나님께서 그들에게 약속하신 영원한 유산을 받을 수 있습니다. 왜냐하면 그리스도가 그들이 첫 번째 계약 아래서 범했던 죄들의 형벌로부터 그들을 자유롭게 하려고 죽으셨기 때문입니다.

16 **Now when someone leaves a will, it is necessary to prove that the person who made it is dead.**

16 이제 어떤 사람이 유언을 남길 때, 그것을 남긴 사람이 죽었다는 것을 증명하는 것이 필요합니다.

17 **The will goes into effect only after the person's death. While the person who made it is still alive, the will cannot be put into effect.**

17 유언은 그 사람이 죽은 후에라야 효력을 갖게 될 것입니다. 유언을 한 사람이 여전히 살아 있는 동안, 그 유언은 효력을 가질 수 없습니다.

18 **That is why even the first covenant was put into effect with the blood of an animal.**

18 그것이 첫 번째 계약도 동물의 피로 효력을 갖게 된 리유입니다.

19 **For after Moses had read each of God's commandments to all the people, he took the blood of calves and goats, along with water, and sprinkled both the book of God's law and all the people, using hyssop branches and scarlet wool.**

19 왜냐하면 모세는 모든 백성에게 하나님의 명령을 각각 읽어 준 후, 그는 물과 함께 송아지와 염소들의 피를 가지고, 히소프 가지와 질붉은색 양털을 사용해서 하나님의 률법 책과 모든 백성들 둘 다에게 뿌렸기 때문입니다.

20 **Then he said, "This blood confirms the covenant God has made with you."**

20 그다음 그가 말했습니다. 《이 피는 하나님께서 당신들과 맺은 계약임을 확인합니다.》

21 **And in the same way, he sprinkled blood on the Tabernacle and on everything used for worship.**

21 그리고 같은 방법으로, 그는 이동식 신전과 례배를 위해 사용되는 모든 것 우에 피를 뿌렸습니다.

22 **In fact, according to the law of Moses, nearly everything was purified with blood. For without the shedding of blood, there is no forgiveness.**

22 사실상, 모세의 률법에 따르면, 거의 모든 것이 피로 깨끗해졌습니다. 왜냐하면 피를 흘리는 것이 없이는, 용서가 없기 때문입니다.

23 That is why the Tabernacle and everything in it, which were copies of things in heaven, had to be purified by the blood of animals. But the real things in heaven had to be purified with far better sacrifices than the blood of animals.

23 그것이 하늘나라에 있는 것들의 모형인 이동식 신전과 그것 안에 있는 모든 것이 동물들의 피로 깨끗해져야 했던 리유입니다. 그러나 하늘나라에 있는 원형들은 동물들의 피보다 훨씬 훌륭한 제물들로 깨끗해져야 했습니다.

24 For Christ did not enter into a holy place made with human hands, which was only a copy of the true one in heaven. He entered into heaven itself to appear now before God on our behalf.

24 왜냐하면 그리스도가 사람들의 손으로 만들어진 거룩한 곳으로 들어가지 않으셨기 때문입니다. 그것은 단지 하늘나라에 있는 원형의 모형이였습니다. 그분은 우리들을 위해 이제 하나님 앞에 나타나기 위해 하늘나라로 직접 들어가셨습니다.

25 And he did not enter heaven to offer himself again and again, like the high priest here on earth who enters the Most Holy Place year after year with the blood of an animal.

25 그리고 그분은 동물의 피를 가지고 해마다 가장 거룩한 곳으로 들어가는 사람인 여기 땅에 있는 총제사장처럼, 되풀이해서 그분 자신을 희생제물로 드리기 위해 하늘나라로 들어가신 것이 아니였습니다.

26 If that had been necessary, Christ would have had to die again and again, ever since the world began. But now, once for all time, he has appeared at the end of the age to remove sin by his own death as a sacrifice.

26 만일 그것이 필요했더라면, 세상이 시작된 이후 줄곧, 그리스도가 거듭해서 죽어야 했을 것입니다. 그러나 이제는, 단번에 영원히, 그분은 희생제물인 자신의 죽음으로 죄를 없애기 위해 시대의 끝에 나타나셨습니다.

27 And just as each person is destined to die once and after that comes judgment,

27 그리고 각 사람이 한 번 죽는 것은 운명입니다. 그리고 그 후에 심판이 오는 것처럼,

28 so also Christ died once for all time as a sacrifice to take away the sins of many people. He will come again, not to deal with our sins, but to bring salvation to all who are eagerly waiting for him.

28 그래서 그리스도 역시 많은 사람들의 죄를 없애려고 단번에 영원히

희생제물로서 죽으셨습니다. 그분은 우리의 죄를 처벌하기 위해서가 아니라, 그분을 간절히 기다리는 모든 사람들에게 구원을 가져오려고, 다시 오실 것입니다.

10

Christ's Sacrifice Once for All

모든 사람을 위해 단번에 드린 그리스도의 희생제물

1 **The old system under the law of Moses was only a shadow, a dim preview of the good things to come, not the good things themselves. The sacrifices under that system were repeated again and again, year after year, but they were never able to provide perfect cleansing for those who came to worship.**

1 모세의 률법 아래서 예전의 제도는 그림자였을 뿐입니다, 좋은 것들 그 자체가 아니라, 앞으로 올 좋은 것들의 불명확한 예고였습니다. 그 제도 아래서 희생 제물은, 해마다 거듭 반복되였습니다, 그러나 그것들은 례배하기 위해 오는 사람들에게 완전무결한 깨끗함을 결코 줄 수 없었습니다.

2 **If they could have provided perfect cleansing, the sacrifices would have stopped, for the worshipers would have been purified once for all time, and their feelings of guilt would have disappeared.**

2 만일 그것들이 완전무결한 깨끗함을 줄 수 있었다면, 희생 제물은 그쳤을 것입니다, 왜냐하면 례배하는 사람들이 단번에 영원히 깨끗해졌을 것이기 때문입니다, 그리고 그들의 죄에 대한 가책감은 사라졌을 것입니다.

3 **But instead, those sacrifices actually reminded them of their sins year after year.**

3 그러나 오히려, 그 희생 제물들은 실제로 해마다 그들에게 자신들의 죄를 상기시켰습니다.

4 **For it is not possible for the blood of bulls and goats to take away sins.**

4 왜냐하면 황소들과 염소들의 피가 죄를 없애는 것은 불가능하기 때문입니다.

5 **That is why, when Christ came into the world, he said to God, "You did not want animal sacrifices or sin offerings. But you have given me a body to offer.**

5 그것이 그리스도가 세상에 오셨을 때, 그분이 하나님께 말한 리유입

니다. 《당신은 동물의 희생제물이나 죄를 없애기 위한 제물을 원하지 않으셨습니다. 그러나 당신께서는 나에게 헌납할 한 몸을 주셨습니다.

6 **You were not pleased with burnt offerings or other offerings for sin.**

6 당신께서는 태워 바치는 제물들이나 혹은 죄에 대한 다른 제물들을 기뻐하지 않으셨습니다.

7 **Then I said, 'Look, I have come to do your will, O God. as is written about me in the Scriptures.'"**

7 그래서 내가 말했습니다. 〈보십시오, 오오 하나님이시여—하나님말씀책에 나에 대해 씌여진 대로, 내가 당신의 뜻을 실현하기 위해 왔습니다.〉》

8 **First, Christ said, "You did not want animal sacrifices or sin offerings or burnt offerings or other offerings for sin, nor were you pleased with them" (though they are required by the law of Moses).**

8 먼저, 그리스도가 말했습니다. 《당신께서는 동물의 희생제물이나 죄를 없애기 위한 제물이나 태워 바치는 제물 혹은 죄에 대한 다른 제물들을 원하지 않으셨습니다, 당신은 (그것들이 모세의 률법에 의해 요구된다할지라도) 그것들에 대해 기뻐하지도 않으셨습니다.》

9 **Then he said, "Look, I have come to do your will." He cancels the first covenant in order to put the second into effect.**

9 그런 다음 그분이 말했습니다, 《보십시오, 내가 당신의 뜻을 실현하기 위해 왔습니다.》 그분은 두 번째 계약이 효력을 가지도록 하기 위해 첫 번째 계약을 무효로 하셨습니다.

10 **For God's will was for us to be made holy by the sacrifice of the body of Jesus Christ, once for all time.**

10 왜냐하면 하나님의 뜻은 단번에 영원히, 예수 그리스도의 몸의 희생제물로 하여 우리로 하여금 거룩해지게 하려는 것이였기 때문입니다.

11 **Under the old covenant, the priest stands and ministers before the altar day after day, offering the same sacrifices again and again, which can never take away sins.**

11 예전의 계약 아래서, 제사장은 죄를 결코 없애버릴 수 없는, 똑같은 희생 제물들을 거듭해서 드리면서, 날마다 제물대 앞에 서서 임무를 수행합니다.

12 **But our High Priest offered himself to God as a single sacrifice for sins, good for all time. Then he sat down in the place of honor at God's right hand.**

12 그러나 우리의 총제사장은, 영원히 유효한, 단 하나의 죄에 대한 희

생제물로서 그분 자신을 하나님께 드렸습니다. 그런 다음 그분은 하나님의 오른쪽의 영예의 자리에 앉으셨습니다.

13 There he waits until his enemies are humbled and made a footstool under his feet.

13 거기서 그분은 자기의 원쑤들의 거만한 코대가 꺽이고 그분의 발아래 발올림대로 될 때까지 기다리고 계십니다.

14 For by that one offering he forever made perfect those who are being made holy.

14 왜냐하면 그 한 제물로 그분은 거룩하게 되여 가고 있는 사람들을 영원히 완전무결하게 만드셨기 때문입니다.

15 And the Holy Spirit also testifies that this is so. For he says,

15 그리고 성령님 역시 이것이 그렇다고 증거합니다. 왜냐하면 그분이 말씀하셨기 때문입니다,

16 "This is the new covenant I will make with my people on that day, says the LORD: I will put my laws in their hearts, and I will write them on their minds."

16《이것이 내가 나의 백성과 그날에 만들 새 계약이다, 주님이 말씀하신다: 나는 나의 법을 그들의 마음속에 둘 것이고, 나는 그것들을 그들의 생각에 기록할 것이다.》

17 Then he says, "I will never again remember their sins and lawless deeds."

17 그런 다음 그분이 말씀하십니다.《나는 그들의 죄와 불법의 행위들을 결코 다시 기억하지 않을 것이다.》

18 And when sins have been forgiven, there is no need to offer any more sacrifices.

18 그리고 죄들이 용서되였을 때, 더 이상의 희생제물을 드릴 필요가 없습니다.

A Call to Persevere

인내로 부르심

19 And so, dear brothers and sisters, we can boldly enter heaven's Most Holy Place because of the blood of Jesus.

19 그러므로, 사랑하는 형제들과 자매들이여, 우리는 예수님의 피 때문에 하늘나라의 가장 거룩한 곳으로 당당하게 들어갈 수 있습니다.

20 By his death, Jesus opened a new and life-giving way through the curtain into the Most Holy Place.

20 예수님의 죽음으로, 그분은 휘장을 통하여 가장 거룩한 곳으로 들어

가는 새롭고 생명을 주는 길을 열으셨습니다.

21 And since we have a great High Priest who rules over God's house,

21 그리고 우리에게는 하나님의 집을 다스리는 위대한 총제사장이 계시므로,

22 let us go right into the presence of God with sincere hearts fully trusting him. For our guilty consciences have been sprinkled with Christ's blood to make us clean, and our bodies have been washed with pure water.

22 우리는 그분을 완전히 믿는 진실한 마음을 가지고 하나님 앞으로 곧바로 나아갑시다. 왜냐하면 우리의 죄를 범한 량심이 우리를 깨끗하게 하기 위해 그리스도의 피로 뿌려졌고, 우리의 몸이 깨끗한 물로 씻겨졌기 때문입니다.

23 Let us hold tightly without wavering to the hope we affirm, for God can be trusted to keep his promise.

23 우리가 확신하는 그 희망을 망설이지 말고 단단히 붙잡읍시다. 왜냐하면 하나님께서 자신의 약속을 지키실 것이라고 믿을 수 있기 때문입니다.

24 Let us think of ways to motivate one another to acts of love and good works.

24 우리는 사랑과 선량한 일들의 행위를 위해 서로를 이끌기 위한 방법들을 생각합시다.

25 And let us not neglect our meeting together, as some people do, but encourage one another, especially now that the day of his return is drawing near.

25 그리고 우리는 어떤 사람들이 하듯이, 우리가 함께하는 모임을 소홀히 하지 말고, 오히려 서로를 격려합시다, 특별히 이제 그분의 다시 오실 날이 가까이 다가오고 있습니다.

26 Dear friends, if we deliberately continue sinning after we have received knowledge of the truth, there is no longer any sacrifice that will cover these sins.

26 사랑하는 친구들이여, 만일 우리가 진리에 대한 지식을 받은 후에 우리가 고의적으로 계속해서 죄를 지으면, 이 죄들을 숨길 어떤 희생제물도 더 이상 없습니다.

27 There is only the terrible expectation of God's judgment and the raging fire that will consume his enemies.

27 하나님의 심판에 대한 끔찍한 예상과 그분의 원쑤들을 태워 버릴 맹렬한 불길만이 있습니다.

28 **For anyone who refused to obey the law of Moses was put to death without mercy on the testimony of two or three witnesses.**

28 왜냐하면 모세의 률법 따르기를 거부하는 사람은 누구라도 둘 또는 세 사람의 증언에 따라 가차 없이 죽음에 처해졌기 때문입니다.

29 **Just think how much worse the punishment will be for those who have trampled on the Son of God, and have treated the blood of the covenant, which made us holy, as if it were common and unholy, and have insulted and disdained the Holy Spirit who brings God's mercy to us.**

29 하나님의 아들을 짓밟고, 우리를 거룩하게 하는, 계약의 그 피, 그것이 마치 흔히 있고 신성하지 않으며, 그리고 우리에게 하나님의 은정을 가져오는 성령을 모욕하고 업신여긴 사람들에게 얼마나 더 심한 처벌이 있을지 생각만이라도 해보십시오.

30 **For we know the one who said, "I will take revenge. I will pay them back." He also said, "The LORD will judge his own people."**

30 왜냐하면《내가 원쑤를 갚겠다, 내가 그들에게 도로 갚아주겠다.》고 말씀하신 분을 우리가 알기 때문입니다. 그분께서 또한 말씀하셨습니다,《주님께서 그분의 친백성을 심판하실 것이다.》

31 **It is a terrible thing to fall into the hands of the living God.**

31 살아 계신 하나님의 손에 떨어지는 것은 무서운 일입니다.

32 **Think back on those early days when you first learned about Christ. Remember how you remained faithful even though it meant terrible suffering.**

32 당신들이 그리스도에 대해 처음 가르침을 받았던 때를 돌이켜 생각해 보십시오. 그것이 끔찍한 고난이 있었을지라도 당신들이 어떻게 믿음을 계속 지켰는지 기억하십시오.

33 **Sometimes you were exposed to public ridicule and were beaten, and sometimes you helped others who were suffering the same things.**

33 때로는 당신들은 공개적으로 비웃음 당하고 맞았습니다, 그리고 때로는 당신들은 같은 고난을 당하고 있던 다른 사람들을 도왔습니다.

34 **You suffered along with those who were thrown into jail, and when all you owned was taken from you, you accepted it with joy. You knew there were better things waiting for you that will last forever.**

34 당신들은 감옥에 던져진 사람들과 더불어 함께 고난을 당했습니다, 그리고 당신들이 가지고 있던 모든 것을 당신들로부터 빼앗겼을 때, 당신들은 기쁨으로 그것을 받아들였습니다. 당신들은 영원히 지속될 더 좋은 것들이 당신들을 기다리고 있다는 것을 알았습니다.

35 So do not throw away this confident trust in the Lord. Remember the great reward it brings you!

35 그러므로 주님에 대한 이 확신에 찬 믿음을 버리지 마십시오. 그것이 당신들에게 가져올 커다란 상을 기억하십시오!

36 Patient endurance is what you need now, so that you will continue to do God's will. Then you will receive all that he has promised.

36 당신들이 하나님의 뜻을 계속 실현하기 위해, 지금 당신들에게 필요로 하는 것은 참을성 있는 인내입니다. 그러면 당신들은 그분께서 약속하신 모든 것들을 받을 것입니다.

37 "For in just a little while, the Coming One will come and not delay.

37《왜냐하면 잠간만 있으면, 오실 분이 오실 것이며 미루지 않으실 것이기 때문이다.

38 And my righteous ones will live by faith. But I will take no pleasure in anyone who turns away."

38 그리고 나의 의로운 사람들은 믿음으로 살 것이다. 그러나 나는 돌아서서 떠나는 어떤 사람도 기뻐하지 않을 것이다.》

39 But we are not like those who turn away from God to their own destruction. We are the faithful ones, whose souls will be saved.

39 그러나 우리는 하나님으로부터 돌아서서 그들 자신의 멸망으로 가는 사람들과는 다릅니다. 우리는 믿음이 있는 사람들입니다, 우리들의 령혼은 구원될 것입니다.

11

Great Examples of Faith

믿음의 위대한 본보기

1 Faith is the confidence that what we hope for will actually happen; it gives us assurance about things we cannot see.

1 믿음은 우리가 바라는 것이 실제로 일어날 것이라는 확신입니다; 그것은 우리에게 우리가 볼 수 없는 것들에 대한 확신을 줍니다.

2 Through their faith, the people in days of old earned a good reputation.

2 그들의 믿음을 통해, 예전의 사람들은 좋은 평판을 받았습니다.

3 By faith we understand that the entire universe was formed at God's command, that what we now see did not come from anything that can be seen.

3 믿음으로 우리는 온 우주가 하나님의 명령으로 형성되였다는 것과, 우리가 지금 보고 있는 것이 볼 수 있는 그 무엇으로부터 오지 않았다

는 것을 알고 있습니다.

4 **It was by faith that Abel brought a more acceptable offering to God than Cain did. Abel's offering gave evidence that he was a righteous man, and God showed his approval of his gifts. Although Abel is long dead, he still speaks to us by his example of faith.**

4 이것은 믿음에 의해서 아벨이 가인이 드린 것보다 더 만족할 만한 제물을 하나님께 드린 것이였습니다. 아벨의 제물은 그가 올바른 사람이였다는 증거를 주었으며, 하나님께서 그의 례물에 대해 칭찬하셨습니다. 아벨이 죽은 지 오래되였음에도 불구하고, 그는 자기의 믿음의 본보기로서 우리에게 아직도 전해지고 있습니다.

5 **It was by faith that Enoch was taken up to heaven without dying—"he disappeared, because God took him." For before he was taken up, he was known as a person who pleased God.**

5 이것은 믿음에 의해 에녹이 죽지 않고 하늘로 들려 올라간 것이였습니다—《그는 사라졌습니다, 하나님께서 그를 데려가셨기 때문입니다.》 왜냐하면 그가 들려 올라가기 전에, 그는 하나님을 기쁘시게 한 사람으로 알려져 있었기 때문입니다.

6 **And it is impossible to please God without faith. Anyone who wants to come to him must believe that God exists and that he rewards those who sincerely seek him.**

6 그리고 믿음이 없이 하나님을 기쁘시게 하는 것은 불가능합니다. 그분에게 가기 원하는 사람은 누구나가 하나님은 살아 계시고 그분께서는 자신을 진심으로 찾는 사람들에게 상을 주신다는 것을 믿어야 합니다.

7 **It was by faith that Noah built a large boat to save his family from the flood. He obeyed God, who warned him about things that had never happened before. By his faith Noah condemned the rest of the world, and he received the righteousness that comes by faith.**

7 노아가 자신의 가족들을 홍수로부터 건지기 위해 커다란 배를 만든 것은 믿음에 의해서였습니다. 그는 전에 결코 일어난 적이 없었던 일들에 대해서 그에게 경고하신 하나님에게 복종했습니다. 노아는 그의 믿음으로 세상의 남은 사람들을 책망했습니다, 그리고 그는 믿음에 의해서 오는 의로움을 얻었습니다.

8 **It was by faith that Abraham obeyed when God called him to leave home and go to another land that God would give him as his inheritance. He went without knowing where he was going.**

8 아브라함이 고향을 떠나 하나님께서 자신의 유산으로 그에게 주시려

는 또 다른 땅으로 가라고 하나님께서 그를 부르셨을 때 복종했던 것은 믿음에 의해서였습니다. 그는 자신이 가고 있었던 곳이 어디인지 알지 못한 채 갔습니다.

9 **And even when he reached the land God promised him, he lived there by faith—for he was like a foreigner, living intents. And so did Isaac and Jacob, who inherited the same promise.**

9 그리고 그는 그가 하나님께서 그에게 약속하신 땅에 도착했을 때에도, 그는 믿음으로 거기서 살았습니다—왜냐하면 그는 천막에서 살면서, 외국인과 같았기 때문입니다. 그리고 같은 약속을 유산으로 받은 이삭과 야곱도 그렇게 살았습니다.

10 **Abraham was confidently looking forward to a city with eternal foundations, a city designed and built by God.**

10 아브라함은 하나님에 의해 설계되고 지어진 도시인, 영원한 기초를 가진 도시를 확신을 가지고 고대하고 있었습니다.

11 **It was by faith that even Sarah was able to have a child, though she was barren and was too old. She believed that God would keep his promise.**

11 사라가 아기를 낳지 못하였고 너무 나이 많았음에도 불구하고, 그 녀자가 아기를 가질 수 있었던 것도 믿음에 의해서였습니다. 그 녀자는 하나님께서 자신의 약속을 지키실 것을 믿었습니다.

12 **And so a whole nation came from this one man who was as good as dead—a nation with so many people that, like the stars in the sky and the sand on the seashore, there is no way to count them.**

12 그러므로 온 백성이 죽은 사람이나 다름없는 이 한 사람으로부터 나왔습니다—수많은 사람들을 가진 민족, 하늘의 별들과 바다가의 모래처럼, 그들을 셀 수 있는 방법이 전혀 없습니다.

13 **All these people died still believing what God had promised them. They did not receive what was promised, but they saw it all from a distance and welcomed it. They agreed that they were foreigners and nomads here on earth.**

13 이 모든 사람들은 하나님께서 그들에게 약속하셨던 것을 여전히 믿으면서 죽었습니다. 그들은 약속된 것을 받지 못했습니다, 그러나 그들은 그 모든 것들을 멀리서 보았고 그것을 환영했습니다. 그들이 여기 땅에서는 외국인이였고 유목민이였음을 인정했습니다.

14 **Obviously people who say such things are looking forward to a country they can call their own.**

14 명백하게 그와 같은 것들을 말하는 사람들은 그들이 자기 자신들의

것이라고 부를 수 있는 나라를 고대하고 있습니다.

15 If they had longed for the country they came from, they could have gone back.

15 만일 그들은 자기들이 떠나 온 나라를 그리워했더라면, 그들은 다시 돌아갈 수 있었습니다.

16 But they were looking for a better place, a heavenly homeland. That is why God is not ashamed to be called their God, for he has prepared a city for them.

16 그러나 그들은 더 나은 곳, 하늘의 고향을 찾고 있었습니다. 그것이 하나님께서 그들의 하나님이라 불리우는 것을 부끄러워하지 않으시는 리유입니다, 왜냐하면 그분께서 그들을 위한 한 도시를 준비하셨기 때문입니다.

17 It was by faith that Abraham offered Isaac as a sacrifice when God was testing him. Abraham, who had received God's promises, was ready to sacrifice his only son, Isaac,

17 하나님께서 아브라함을 시험하고 계실 때 그가 이삭을 희생제물로서 드린 것은 믿음에 의해서였습니다. 하나님의 약속을 받았던, 아브라함은, 그의 하나뿐인 아들인, 이삭을, 희생제물로 드릴 준비가 되여 있었습니다,

18 even though God had told him, "Isaac is the son through whom your descendants will be counted."

18《이삭은 그를 통해 너희의 후손들이 계산될 아들이다.》고 하나님께서 아브라함에게 말씀하셨음에도 불구하고,

19 Abraham reasoned that if Isaac died, God was able to bring him back to life again. And in a sense, Abraham did receive his son back from the dead.

19 아브라함은 만일 이삭이 죽었다 해도, 하나님께서 다시 살려서 그에게 데려오실 수 있다고 판단했습니다. 그리고 어떤 의미에서는, 아브라함이 죽은 사람들로부터 자기 아들을 돌려받았습니다.

20 It was by faith that Isaac promised blessings for the future to his sons, Jacob and Esau.

20 이삭이 그의 아들들인 야곱과 에서에게, 장래에 있을 축복을 약속한 것도 믿음에 의해서였습니다.

21 It was by faith that Jacob, when he was old and dying, blessed each of Joseph's sons and bowed in worship as he leaned on his staff.

21 야곱이 늙어서 죽을 때, 그가 요셉의 각 아들들을 축복하고 그의 지팡

이에 기대여 례배하며 절을 한 것도 믿음에 의해서였습니다.

22 It was by faith that Joseph, when he was about to die, said confidently that the people of Israel would leave Egypt. He even commanded them to take his bones with them when they left.

22 요셉이 죽기 직전에, 그가 이스라엘 사람들이 에짚트를 떠날 것이라는 것을 확신 있게 말한 것도 믿음에 의해서였습니다. 그는 그들이 떠날 때 그들과 함께 자신의 뼈를 가져갈 것을 그들에게 명령하기까지 했습니다.

23 It was by faith that Moses' parents hid him for three months when he was born. They saw that God had given them an unusual child, and they were not afraid to disobey the king's command.

23 모세가 태여났을 때, 석 달 동안 그의 부모들이 그를 숨긴 것도 믿음에 의해서였습니다. 그들은 하나님께서 그들에게 보통이 아닌 아이를 주신 것을 알았습니다, 그리고 그들은 왕의 명령에 불복종하는 것을 두려워하지 않았습니다.

24 It was by faith that Moses, when he grew up, refused to be called the son of Pharaoh's daughter.

24 모세가 성장했을 때, 그가 바로의 딸의 아들이라 불리우는 것을 거절한 것도 그의 믿음에 의해서였습니다.

25 He chose to share the oppression of God's people instead of enjoying the fleeting pleasures of sin.

25 그는 잠간 동안의 죄의 쾌락을 즐기는 대신 하나님의 백성들이 당하는 억압을 함께 당하기로 선택했습니다.

26 He thought it was better to suffer for the sake of Christ than to own the treasures of Egypt, for he was looking ahead to his great reward.

26 그는 에짚트의 재부를 소유하는 것보다 그리스도를 위해 고난을 당하는 것이 더 낫다고 생각했습니다, 왜냐하면 그는 자기가 받을 큰 상을 미리 보고 있었기 때문입니다.

27 It was by faith that Moses left the land of Egypt, not fearing the king's anger. He kept right on going because he kept his eyes on the one who is invisible.

27 모세가 왕의 분노를 두려워하지 않고, 에짚트 땅을 떠난 것도 믿음에 의해서였습니다. 그는 자기의 시선을 보이지 않는 분에게 고정시켰기 때문에 계속 곧바로 나아갔습니다.

28 It was by faith that Moses commanded the people of Israel to keep the Passover and to sprinkle blood on the door posts so that the angel of

death would not kill their firstborn sons.

28 모세가 이스라엘 사람들이 건너뜀명절을 지킬 것과 죽음의 천사들이 그들의 맏아들들을 죽이지 않도록 문설주에 피를 뿌릴 것을 명령한 것도 믿음에 의해서였습니다.

29 It was by faith that the people of Israel went right through the Red Sea as though they were on dry ground. But when the Egyptians tried to follow, they were all drowned.

29 이스라엘 사람들은 그들이 마른 땅 우에 있는 것처럼 곧장 홍해를 통과한 것도 믿음에 의해서였습니다. 그러나 에짚트 사람들이 따라오려고 시도했을 때, 그들은 모두 물에 빠져 죽었습니다.

30 It was by faith that the people of Israel marched around Jericho for seven days, and the walls came crashing down.

30 이스라엘 사람들이 7일 동안 여리고 둘레를 행진한 것도 믿음에 의해서였습니다, 그리하여 그 성벽은 무너져 내렸습니다.

31 It was by faith that Rahab the prostitute was not destroyed with the people in her city who refused to obey God. For she had given a friendly welcome to the spies.

31 매춘부 라합이 하나님에게 복종하기를 거절했던 그 녀자가 있는 도시의 사람들과 함께 멸망되지 않은 것은 믿음에 의해서였습니다. 왜냐하면 그 녀자가 정탐군들을 우호적으로 맞이했기 때문입니다.

32 How much more do I need to say? It would take too long to recount the stories of the faith of Gideon, Barak, Samson, Jephthah, David, Samuel, and all the prophets.

32 내가 얼마나 더 많은 것을 말해야 하겠습니까? 기드온, 바락, 삼손, 입다, 다윗, 사무엘 그리고 모든 예언자들의 믿음에 대한 이야기를 렬거하려면 너무 오래 걸릴 것입니다.

33 By faith these people overthrew kingdoms, ruled with justice, and received what God had promised them. They shut the mouths of lions,

33 믿음으로 이 사람들은 나라들을 정복하였고, 정의로 다스렸으며, 하나님께서 그들에게 약속하셨던 것을 받았습니다. 그들은 사자들의 입을 막았고,

34 quenched the flames of fire, and escaped death by the edge of the sword. Their weakness was turned to strength. They became strong in battle and put whole armies to flight.

34 타오르는 불길을 껐으며, 그리고 칼날에 의한 죽음을 피했습니다. 그들의 연약함은 강함으로 변했습니다. 그들은 싸움에서 강력해져서 온

군대를 쫓아냈습니다.

35 **Women received their loved ones back again from death. But others were tortured, refusing to turn from God in order to be set free. They placed their hope in a better life after the resurrection.**

35 녀성들은 그들의 사랑하는 사람들을 죽음으로부터 다시 돌려받았습니다. 그러나 다른 사람들은, 자유롭게 되기 위해 하나님을 외면하는 것을 거절하므로써 고문을 당했습니다. 그들은 부활 후의 더 나은 삶에 그들의 희망을 두었습니다.

36 **Some were jeered at, and their backs were cut open with whips. Others were chained in prisons.**

36 어떤 사람들은 비웃음을 당했고 그들의 등은 채찍으로 찢겨졌습니다. 다른 사람들은 사슬에 묶여 감옥에 갇혔습니다.

37 **Some died by stoning, some were sawed in half, and others were killed with the sword. Some went about wearing skins of sheep and goats, destitute and oppressed and mistreated.**

37 어떤 사람들은 돌에 맞아 죽었고, 어떤 사람들은 절반으로 톱질당했습니다, 그리고 다른 사람들은 칼로 살해당했습니다. 어떤 사람들은 양과 염소의 가죽을 입고, 생활이 어렵고, 학대받고 혹사당하면서 떠돌아 다녔습니다.

38 **They were too good for this world, wandering over deserts and mountains, hiding in caves and holes in the ground.**

38 그들은 사막과 산들을 헤맸고, 동굴과 땅굴에 숨었습니다, 이 세상은 살 만하지 못했습니다.

39 **All these people earned a good reputation because of their faith, yet none of them received all that God had promised.**

39 이 모든 사람들은 그들의 믿음 때문에 좋은 평판을 얻었습니다. 그러나 그들 중 아무도 하나님께서 약속하셨던 모든 것을 받지 못했습니다.

40 **For God had something better in mind for us, so that they would not reach perfection without us.**

40 왜냐하면 하나님께서 그들이 우리 없이 완전함에 이르지 못하도록 우리를 위해 더 좋은 것을 마음에 두고 계셨기 때문입니다.

12

God's Discipline Proves His Love

하나님의 훈련은 그분의 사랑을 증명함

1 Therefore, since we are surrounded by such a huge crowd of witnesses to the life of faith, let us strip off every weight that slows us down, especially the sin that so easily trips us up. And let us run with endurance the race God has set before us.

1 그러므로, 우리가 믿음의 삶에 대한 이런 헤아릴 수 없이 많은 목격자들에 둘러싸여 있으므로, 우리를 지체시키는 모든 짐을, 특히 아주 쉽게 우리를 걸려 넘어지게 하는 죄들을 벗어버립시다. 그리고 하나님께서 우리 앞에 마련하신 달음박질에서 참을성 있게 달립시다.

2 We do this by keeping our eyes on Jesus, the champion who initiates and perfects our faith. Because of the joy awaiting him, he endured the cross, disregarding its shame. Now he is seated in the place of honor beside God's throne.

2 우리는 우리의 믿음을 가르치고 완전무결하게 하시는 최고 우승자인 예수님에게 우리의 시선을 둠으로써 우리가 이것을 실현합니다. 그분은 자신을 기다리고 있는 기쁨 때문에, 그 수치심을 거들떠보지 않고, 십자사형틀을 참으셨습니다. 이제 그분은 하나님의 왕좌 옆 영예의 자리에 앉아 계십니다.

3 Think of all the hostility he endured from sinful people; then you won't become weary and give up.

3 그분이 죄 많은 사람들로부터 견디어 내신 모든 적개심에 대해 생각하십시오; 그러면 당신들은 지치게 되거나 포기하지 않게 될 것입니다.

4 After all, you have not yet given your lives in your struggle against sin.

4 결국, 당신들은 죄를 반대하는 당신들의 싸움에서 아직은 자신들의 목숨을 내놓지는 않았습니다.

5 And have you forgotten the encouraging words God spoke to you as his children? He said, "My child, don't make light of the LORD's discipline, and don't give up when he corrects you.

5 그리고 당신들은 그분의 아들딸들로서 하나님께서 당신들에게 말씀하신 격려의 말들을 잊었습니까? 그분께서 말씀하셨습니다, 《내 아들아, 주님의 훈련을 홀시하지 말라, 그리고 그분께서 너희를 바로잡으실 때 포기하지 말라.

6 For the LORD disciplines those he loves, and he punishes each one he ac-

cepts as his child."

6 왜냐하면 주님께서 자신이 사랑하는 사람들을 훈련시키고, 그분께서 자신의 아들로서 받아들이는 매 사람을 그분께서 처벌하시기 때문이다.》

7 **As you endure this divine discipline, remember that God is treating you as his own children. Who ever heard of a child who is never disciplined by its father?**

7 당신들이 이 신성한 훈련을 견디어 낼 때, 하나님께서 당신들을 그분의 친아들딸들로 대하고 계신다는 것을 잊지 마십시오. 누가 자기 아버지한테서 훈련을 전혀 받지 않는 아들딸들에 대해 들어본 적이 있습니까?

8 **If God doesn't discipline you as he does all of his children, it means that you are illegitimate and are not really his children at all.**

8 만일 하나님께서 그분이 자신의 모든 아들딸들에게 하듯이 당신들을 훈련시키지 않는다면, 그것은 당신이 불법의 자식이며, 실제로 그분의 아들딸들이 전혀 아니라는 것을 의미합니다.

9 **Since we respected our earthly fathers who disciplined us, shouldn't we submit even more to the discipline of the Father of our spirits, and live forever?**

9 우리가 우리를 훈련시킨 우리의 세상의 아버지들도 존경했으므로, 우리는 우리의 령들과, 영원히 살아 계시는 아버지의 훈련에 훨씬 더 복종해야 하지 않겠습니까?

10 **For our earthly fathers disciplined us for a few years, doing the best they knew how. But God's discipline is always good for us, so that we might share in his holiness.**

10 왜냐하면 우리들의 세상의 아버지는 잠시 몇 년 동안 우리를 훈련하면서, 그들이 알고 있는 가장 좋은 방법을 실행합니다. 그러나 하나님의 훈련은 우리에게 언제나 유익합니다, 그래서 우리가 그분의 거룩함에 함께 참가할 수 있습니다 .

11 **No discipline is enjoyable while it is happening—it's painful! But afterward there will be a peaceful harvest of right living for those who are trained in this way.**

11 어떤 훈련도 그것이 진행되는 동안 즐겁지 않습니다—그것은 고통스럽습니다! 그러나 후에는 이렇게 훈련되여진 사람들에게 올바른 삶에서 오는 평화의 수확이 있을 것입니다.

12 **So take a new grip with your tired hands and strengthen your weak knees.**

12 그러므로 당신들의 지친 손을 새로이 힘껏 잡고 당신들의 연약한 무릎을 튼튼하게 하십시오.

13 Mark out a straight path for your feet so that those who are weak and lame will not fall but become strong.

13 연약하고 절뚝거리는 사람들이 넘어지지 않고 오히려 강해지도록 당신들의 발을 위해 곧은길을 내십시오.

A Call to Listen to God

하나님의 말씀을 들을 데에 대한 요구

14 Work at living in peace with everyone, and work at living a holy life, for those who are not holy will not see the Lord.

14 모든 사람들과 평화롭게 사는 것에 힘쓰십시오, 그리고 거룩한 삶을 살도록 힘쓰십시오, 왜냐하면 거룩하지 않은 사람들은 주님을 보지 못할 것이기 때문입니다.

15 Look after each other so that none of you fails to receive the grace of God. Watch out that no poisonous root of bitterness grows up to trouble you, corrupting many.

15 당신들 가운데 아무도 하나님의 은정을 받는 데서 실패하지 않도록 서로를 돌보십시오. 쓰라림의 독 뿌리가 자라서 많은 사람들을 타락시키면서, 당신들을 괴롭히지 않도록 조심하십시오.

16 Make sure that no one is immoral or godless like Esau, who traded his birthright as the firstborn son for a single meal.

16 한 끼 식사를 위해 맏아들로서의 자신의 상속권을 팔았던, 에서와 같이 아무도 비도덕적이거나 비신앙적이지 않도록 다짐하십시오.

17 You know that afterward, when he wanted his father's blessing, he was rejected. It was too late for repentance, even though he begged with bitter tears.

17 후에, 그는 자기 아버지의 축복을 원했을 때, 그가 거절당한 것을 당신들은 압니다. 그가 쓰라린 눈물로 빌었음에도 불구하고, 뉘우쳐 고치기에는 너무 늦었습니다.

18 You have not come to a physical mountain, to a place of flaming fire, darkness, gloom, and whirlwind, as the Israelites did at Mount Sinai.

18 당신들은, 이스라엘 사람들이 시내산에 갔던 것처럼, 불이 타오르고, 캄캄함, 침울함, 회오리바람의 장소인, 물질세계의 산에 오지 않았습니다.

19 For they heard an awesome trumpet blast and a voice so terrible that they

begged God to stop speaking.

19 그들은 장엄한 나팔 소리와 너무나도 무서운 음성을 들었기 때문에 그들은 하나님께 말씀하시는 것을 멈춰 달라고 애원했습니다.

20 **They staggered back under God's command: "If even an animal touches the mountain, it must be stoned to death."**

20 그들은 하나님의 명령에 비틀거렸습니다: 《만일 한 마리 짐승이라도 산에 닿으면, 그것은 돌에 맞아 죽어야 한다.》

21 **Moses himself was so frightened at the sight that he said, "I am terrified and trembling."**

21 모세 자신도 그 광경에 몹시 놀라서 말했습니다. 《나는 무서워 떨고 있다.》

22 **No, you have come to Mount Zion, to the city of the living God, the heavenly Jerusalem, and to countless thousands of angels in a joyful gathering.**

22 아닙니다, 당신들은 살아 계신 하나님의 도시, 하늘나라의 예루살렘인 시온산에, 그리고 기쁨에 넘쳐 모여 있는 셀 수 없는 무수한 천사들에게 왔습니다.

23 **You have come to the assembly of God's firstborn children, whose names are written in heaven. You have come to God himself, who is the judge over all things. You have come to the spirits of the righteous ones in heaven who have now been made perfect.**

23 당신들은 자신들의 이름이 하늘나라에 기록된, 하나님의 맏아들 딸들의 모임에 왔습니다. 당신들은 만물의 재판장이신, 하나님 그분 자신에게로 왔습니다. 당신들은 지금은 완전무결하게 된 하늘나라에 있는 의로운 사람들의 령들에게 왔습니다.

24 **You have come to Jesus, the one who mediates the new covenant between God and people, and to the sprinkled blood, which speaks of forgiveness instead of crying out for vengeance like the blood of Abel.**

24 당신들은 하나님과 사람들 사이에서 새 계약을 중재하시는 분인, 예수님에게, 그리고 아벨의 피처럼 복수를 위해 웨치는 대신 용서에 대해 말하는 뿌려진 피에서 나왔습니다.

25 **Be careful that you do not refuse to listen to the One who is speaking. For if the people of Israel did not escape when they refused to listen to Moses, the earthly messenger, we will certainly not escape if we reject the One who speaks to us from heaven!**

25 당신들은 말씀하고 계시는 그분의 말씀 듣는 것을 거절하지 않도록

조심하십시오. 왜냐하면 이스라엘 사람들이 이 세상의 심부름군인, 모
세의 말 듣기를 그들이 거절했을 때 무사하지 못했다면, 우리가 하늘로
부터 우리에게 말씀하시는 그분을 우리가 거절한다면 틀림없이 무사하
지 못할 것이기 때문입니다!

26 When God spoke from Mount Sinai his voice shook the earth, but now he makes another promise: "Once again I will shake not only the earth but the heavens also."

26 하나님께서 시내산에서 말씀하셨을 때 그분의 목소리에 땅이 흔들렸습니다. 그러나 이제 그분께서 또 다른 약속을 하십니다: 《다시 한 번, 내가 땅뿐만 아니라 하늘까지도 흔들 것이다.》

27 This means that all of creation will be shaken and removed, so that only unshakable things will remain.

27 이것은 모든 창조물이 흔들리고 없어질 것이라는 것을 의미합니다. 오로지 흔들리지 않을 것들만 남도록 하기 위해서입니다.

28 Since we are receiving a Kingdom that is unshakable, let us be thankful and please God by worshiping him with holy fear and awe.

28 우리가 흔들리지 않는 하늘나라를 받고 있기에, 거룩한 두려움과 존경의 두려움을 가지고 하나님에게 례배드림으로써 감사하고 그분을 기쁘게 해드립시다.

29 For our God is a devouring fire.

29 왜냐하면 우리 하나님은 태워 버리는 불이시기 때문입니다.

13

Concluding Words

끝맺는 말

1 Keep on loving each other as brothers and sisters.

1 형제들과 자매들로서 계속 서로 사랑하십시오.

2 Don't forget to show hospitality to strangers, for some who have done this have entertained angels without realizing it!

2 손님에 대한 환대를 보여 주는 것을 잊지 마십시오, 왜냐하면 이렇게 한 어떤 사람들이 그것을 알지 못한 채 천사들을 대접했기 때문입니다!

3 Remember those in prison, as if you were there yourself. Remember also those being mistreated, as if you felt their pain in your own bodies.

3 당신들은 당신 자신들이 거기에 있는 것처럼, 감옥에 갇힌 사람들을 기억하십시오. 당신들은 당신 자신들의 몸에 그들의 고통을 느끼는 것

처럼 학대 받고 있는 사람들을 역시 기억하십시오.

4 **Give honor to marriage, and remain faithful to one another in marriage. God will surely judge people who are immoral and those who commit adultery.**

4 결혼을 귀중히 여기고, 결혼 안에서 서로에게 충실하십시오. 하나님께서 비도덕적이고 부화하는 사람들을 반드시 심판하실 것입니다.

5 **Don't love money; be satisfied with what you have. For God has said, "I will never fail you. I will never abandon you."**

5 돈을 사랑하지 마십시오; 당신들이 가지고 있는 것으로 만족하십시오. 왜냐하면 하나님께서 말씀하셨기 때문입니다. 《나는 너를 결코 실망시키지 않겠다. 나는 너를 결코 버리지 않겠다.》

6 **So we can say with confidence, "The LORD is my helper, so I will have no fear. What can mere people do to me?"**

6 그래서 우리는 확신을 가지고 말할 수 있습니다. 《주님은 나를 돕는 분이십니다. 그래서 나는 아무 두려움이 없을 것입니다. 인간에 불과한 사람이 나에게 무엇을 할 수 있겠습니까?》

7 **Remember your leaders who taught you the word of God. Think of all the good that has come from their lives, and follow the example of their faith.**

7 하나님의 말씀을 당신들에게 가르쳤던 당신들의 지도자들을 기억하십시오. 그들의 삶에서 나오는 모든 좋은 것들에 대해 생각하십시오, 그리고 그들의 믿음의 모범을 따르십시오.

8 **Jesus Christ is the same yesterday, today, and forever.**

8 예수 그리스도는 어제나, 오늘이나, 그리고 영원히 변함이 없으십니다.

9 **So do not be attracted by strange, new ideas. Your strength comes from God's grace, not from rules about food, which don't help those who follow them.**

9 그러므로 이상한, 새로운 관념에 끌려 다니지 마십시오. 당신들의 능력은, 그것을 따르는 사람들에게 도움이 되지 않는 음식에 관한 규칙들로부터가 아니라, 하나님의 은정으로부터 옵니다.

10 **We have an altar from which the priests in the Tabernacle have no right to eat.**

10 우리에게 제물대가 있습니다. 이동식 신전에 있는 제사장들은 이 제물대의 것을 먹을 권리가 전혀 없습니다.

11 **Under the old system, the high priest brought the blood of animals into the Holy Place as a sacrifice for sin, and the bodies of the animals were**

burned outside the camp.

11 예전의 제도 아래서, 총제사장들은 죄에 대한 희생제물로서 동물들의 피를 거룩한 곳으로 가져왔습니다, 그리고 그 동물들의 몸은 숙영 밖에서 태워졌습니다.

12 So also Jesus suffered and died outside the city gates to make his people holy by means of his own blood.

12 그러므로 예수님 역시 그분 자신의 피로써 사람들을 거룩하게 만들기 위해 성문 밖에서 고난을 당하고 죽으셨습니다.

13 So let us go out to him, outside the camp, and bear the disgrace he bore.

13 그리하여 숙영 밖, 그분께로 나아갑시다, 그리고 그분이 겪으신 수치를 견디어 냅시다.

14 For this world is not our permanent home; we are looking forward to a home yet to come.

14 왜냐하면 이 세상은 우리의 영구적인 집이 아니기 때문입니다; 우리는 이제 올 집을 고대하고 있습니다.

15 Therefore, let us offer through Jesus a continual sacrifice of praise to God, proclaiming our allegiance to his name.

15 그러므로 그분의 이름에 대한 우리의 충성을 선포하면서, 예수님을 통해 끊임없는 찬양의 제물을 하나님께 드립시다.

16 And don't forget to do good and to share with those in need. These are the sacrifices that please God.

16 그리고 좋은 일 하기와 어려움에 처한 사람들과 나누는 것을 잊지 마십시오. 이것이 하나님을 기쁘시게 하는 희생제물입니다.

17 Obey your spiritual leaders, and do what they say. Their work is to watch over your souls, and they are accountable to God. Give them reason to do this with joy and not with sorrow. That would certainly not be for your benefit.

17 당신들의 령적인 지도자들에게 복종하십시오, 그리고 그들이 말하는 것을 실행하십시오. 그들의 일은 당신들의 령혼을 지키는 것입니다, 그리고 그들은 하나님께 설명드려야 할 의무가 있습니다. 이것이 슬픔으로가 아니라 기쁨으로 할 리유를 그들에게 주십시오. 그렇지 않으면 당신들에게 틀림없이 리롭지 않을 것입니다.

18 Pray for us, for our conscience is clear and we want to live honorably in everything we do.

18 우리를 위해 기도해 주십시오, 왜냐하면 우리의 량심은 깨끗하고 우리는 우리가 하는 모든 일에서 존경받을 만하게 살기를 원하기 때문입

니다.

19 **And especially pray that I will be able to come back to you soon.**

19 그리고 특별히, 내가 당신들에게 곧 돌아갈 수 있게 기도해 주십시오.

20 **Now may the God of peace—who brought up from the dead our Lord Jesus, the great Shepherd of the sheep, and ratified an eternal covenant with his blood.**

20 이제 양들의 위대한 목자이시고, 자신의 피로 영원한 계약을 비준하신, 우리 주 예수님을 죽은 사람들로부터 불러내신—평화의 하나님께서—

21 **may he equip you with all you need for doing his will. May he produce in you, through the power of Jesus Christ, every good thing that is pleasing to him. All glory to him forever and ever! Amen.**

21 당신들이 그분의 뜻을 실현하기 위해 필요로 하는 모든 것들을 그분께서 당신들에게 갖추어 주시기를 바랍니다. 예수 그리스도의 능력을 통하여, 그분께서 당신들 속에 그분을 기쁘시게 하는 모든 좋은 일을 열매 맺게 하시기를 바랍니다. 모든 영광이 그분에게 영원하기를 바랍니다! 아멘.

22 **I urge you, dear brothers and sisters, to pay attention to what I have written in this brief exhortation.**

22 사랑하는 형제와 자매들이여, 이 짧막한 권고의 말에서 내가 써놓은 것에 주의를 기울이기를, 나는 당신들에게 강하게 권고합니다.

23 **I want you to know that our brother Timothy has been released from jail. If he comes here soon, I will bring him with me to see you.**

23 나는 우리의 형제 디모데가 감옥에서 풀려났다는 것을 당신들이 알기를 원합니다. 그가 곧 여기에 오면, 내가 당신들을 만나기 위해 나와 함께 그를 데려가겠습니다.

24 **Greet all your leaders and all the believers there. The believers from Italy send you their greetings.**

24 당신들의 모든 지도자들과 거기 믿는 모든 사람들에게 인사합니다. 이딸리아로부터 온 믿는 사람들이 자기들의 인사를 당신들에게 보냅니다.

25 **May God's grace be with you all.**

25 하나님의 은정이 당신들 모두에게 있기를 바랍니다.

James

야고보의 편지

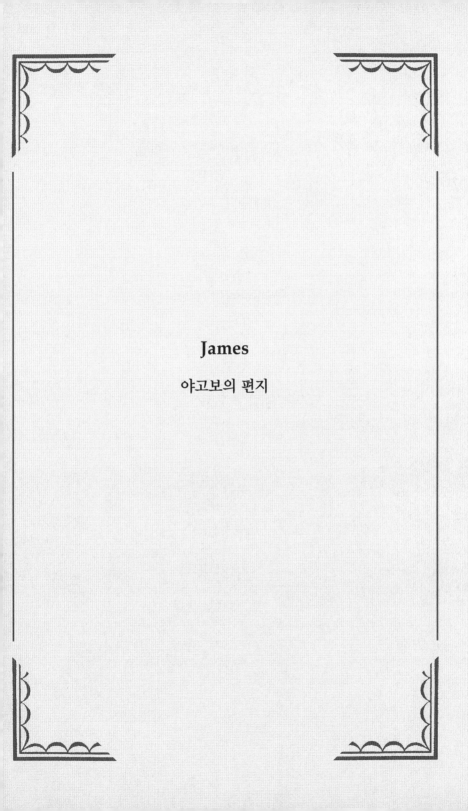

James

야고보의 편지

1

Greetings from James

야고보로부터의 인사

1 **This letter is from James, a slave of God and of the Lord Jesus Christ. I am writing to the "twelve tribes"—Jewish believers scattered abroad. Greetings!**

1 이 편지는, 하나님과 주 예수 그리스도의 종 야고보로부터 온 것입니다. 나는 《열두 가문》—외국에 흩어져 있는 믿는 유대인들에게 편지를 쓰고 있습니다. 인사합니다!

Faith and Endurance

믿음과 인내

2 **Dear brothers and sisters, when troubles come your way, consider it an opportunity for great joy.**

2 사랑하는 형제들과 자매들이여, 고난들이 당신들의 길에 닥칠 때, 그것을 큰 기쁨을 위한 기회로 생각하십시오.

3 **For you know that when your faith is tested, your endurance has a chance to grow.**

3 왜냐하면 당신들은 자신들의 믿음이 시험을 받을 때, 당신들의 인내가 성장하는 기회를 가진다는 것을 알기 때문입니다.

4 **So let it grow, for when your endurance is fully developed, you will be perfect and complete, needing nothing.**

4 그러므로 인내가 자라게 하십시오. 당신들의 인내가 충분히 나타날 때, 당신들은 완전무결하고 완전하게 될 것이며, 아무것도 필요로 하지 않을 것이기 때문입니다.

5 **If you need wisdom, ask our generous God, and he will give it to you. He will not rebuke you for asking.**

5 만일 당신들이 지혜가 필요하면, 우리의 도량이 크신 하나님께 구하십시오. 그러면 그분께서 그것을 당신들에게 주실 것입니다. 그분께서는 당신들의 요구에 대해 꾸짖지 않으실 것입니다.

6 **But when you ask him, be sure that your faith is in God alone. Do not waver, for a person with divided loyalty is as unsettled as a wave of the sea that is blown and tossed by the wind.**

6 그러나 당신들이 그분께 구할 때, 당신들의 믿음은 오직 하나님께만 있다는 것을 확신하십시오. 흔들리지 마십시오. 왜냐하면 충성심이 약한 사람은 바람에 의해 날리고 요동치는 바다 물결처럼 흔들리기 때문입니다.

7 **Such people should not expect to receive anything from the Lord.**

7 그러한 사람들은 아무것도 주님으로부터 받을 것을 기대해서는 안 됩니다.

8 **Their loyalty is divided between God and the world, and they are unstable in everything they do.**

8 그들의 충성심은 하나님과 세상 사이에 갈라져 있고, 그리고 그들은 자기들이 하는 모든 일에서 불안정합니다.

9 **Believers who are poor have something to boast about, for God has honored them.**

9 가난한 믿는 사람들은 자랑할 그 무엇이 있습니다, 왜냐하면 하나님께서 그들을 귀중히 여기시기 때문입니다.

10 **And those who are rich should boast that God has humbled them. They will fade away like a little flower in the field.**

10 그리고 부유한 사람들은 하나님께서 그들을 겸손하게 하신 것을 자랑해야 합니다. 그들은 들판에 있는 작은 꽃처럼 시들어 사라질 것입니다.

11 **The hot sun rises and the grass withers; the little flower droops and falls, and its beauty fades away. In the same way, the rich will fade away with all of their achievements.**

11 뜨거운 해가 떠오르고 풀은 시듭니다; 작은 꽃은 시들고 떨어집니다,

그리고 그것의 아름다움은 시들어 사라집니다. 같은 방법으로, 부자들
이 그들이 달성한 모든 것과 함께 쇠퇴하여 사라질 것입니다.

12 God blesses those who patiently endure testing and temptation. Afterward they will receive the crown of life that God has promised to those who love him.

12 하나님께서는 인내성 있게 시험과 유혹을 견디는 사람들을 축복하십니다. 나중에 그들은 하나님께서 그분을 사랑하는 자들에게 약속하신 생명의 면류관을 받을 것입니다.

13 And remember, when you are being tempted, do not say, "God is tempting me." God is never tempted to do wrong, and he never tempts anyone else.

13 그리고 기억하십시오. 당신들이 유혹을 당하고 있을 때, 《하나님께서 나를 부추기고 계신다》 말하지 마십시오. 하나님께서는 결코 잘못하도록 부추기지 않으십니다, 그리고 그분께서는 결코 다른 누구도 부추기지 않으십니다.

14 Temptation comes from our own desires, which entice us and drag us away.

14 유혹은 우리들 자신의 욕망으로부터 옵니다, 그것들은 우리를 유인하여 우리를 멀리 끌고 갑니다.

15 These desires give birth to sinful actions. And when sin is allowed to grow, it gives birth to death.

15 이 욕망은 죄 많은 행동들을 낳습니다. 그리고 죄가 자라도록 허용되면, 그것은 죽음을 가져옵니다.

16 So don't be misled, my dear brothers and sisters.

16 그러므로 속지 마십시오. 나의 사랑하는 형제들과 자매들이여.

17 Whatever is good and perfect comes down to us from God our Father, who created all the lights in the heavens. He never changes or casts a shifting shadow.

17 좋고 완전무결한 무엇이든지 그것은 하늘나라에 있는 모든 빛들을 창조하신 우리 아버지 하나님께로부터 우리에게 내려옵니다. 그분께서는 결코 변하거나 또는 움직이는 그림자를 드리우지 않으십니다.

18 He chose to give birth to us by giving us his true word. And we, out of all creation, became his prized possession.

18 그분께서는 자신의 진리의 말씀을 우리에게 주심으로써 우리를 낳기로 결정하셨습니다. 그리고 우리가, 모든 창조물 가운데, 그분의 가장 귀중한 존재가 되었습니다.

Listening and Doing
듣기와 실천하기

19 **Understand this, my dear brothers and sisters: You must all be quick to listen, slow to speak, and slow to get angry.**

19 나의 사랑하는 형제들과 자매들이여, 이것을 깨달으십시오: 당신들 모두는 듣는 것은 빨리 하고, 말하는 것은 천천히 하며, 그리고 화내는 것은 더디게 해야 합니다.

20 **Human anger does not produce the righteousness God desires.**

20 사람의 분노는 하나님께서 바라시는 정의를 이루지 못합니다.

21 **So get rid of all the filth and evil in your lives, and humbly accept the word God has planted in your hearts, for it has the power to save your souls.**

21 그러므로 당신들의 삶에서 모든 더러움과 악을 버리고, 하나님께서 당신들의 마음에 심으신 말씀을 공손하게 받아들이십시오, 왜냐하면 그것이 당신들의 령혼을 구원할 능력을 가지고 있기 때문입니다.

22 **But don't just listen to God's word. You must do what it says. Otherwise, you are only fooling yourselves.**

22 그러나 하나님의 말씀을 다만 듣기만 하지 마십시오. 당신들은 그것이 말하는 것을 실행해야 합니다. 그렇지 않으면, 당신들은 오직 당신들 자신을 속이고 있는 것입니다.

23 **For if you listen to the word and don't obey, it is like glancing at your face in a mirror.**

23 왜냐하면 만일 당신들이 그 말씀을 듣고 복종하지 않으면, 그것은 거울로 당신들의 얼굴을 얼핏 스쳐보는 것과 같기 때문입니다.

24 **You see yourself, walk away, and forget what you look like.**

24 당신들은 당신 자신들을 보고, 물러나서는, 당신들이 어떻게 생긴 것을 잊어버립니다.

25 **But if you look carefully into the perfect law that sets you free, and if you do what it says and don't forget what you heard, then God will bless you for doing it.**

25 그러나 만일 당신들이 자신들을 자유롭게 하는 완전한 법을 주의 깊게 들여다보고, 만일 당신들이 그것이 말하는 것을 실천하고 당신들이 들은 것을 잊지 않는다면 하나님께서 그것을 실천하는 것으로 하여 당신들을 축복하실 것입니다.

26 **If you claim to be religious but don't control your tongue, you are fooling yourself, and your religion is worthless.**

26 만일 당신들이 신앙심이 깊다고 주장하지만 당신들의 혀를 단속하
지 않는다면, 당신들은 당신 자신들을 속이고 있고, 당신들의 신앙심
은 쓸모없습니다.

27 **Pure and genuine religion in the sight of God the Father means caring for orphans and widows in their distress and refusing to let the world corrupt you.**

27 하나님 아버지께서 보시기에 깨끗하고 진실한 신앙심은 고아들와 과
부들을 그들의 고통에서 돌보는 것과 세상으로 하여금 당신들을 타락시
키지 않게 하는 것을 의미합니다.

2

A Warning against Prejudice

선입견에 대한 경고

1 **My dear brothers and sisters, how can you claim to have faith in our glorious Lord Jesus Christ if you favor some people over others?**

1 나의 사랑하는 형제와 자매들이여, 만일 당신들이 어떤 사람들을 다
른 사람들보다 더 편애한다면 어떻게 당신들이 우리의 영광의 주 예수
그리스도를 믿는다고 단언할 수 있습니까?

2 **For example, suppose someone comes into your meeting dressed in fancy clothes and expensive jewelry, and another comes in who is poor and dressed in dirty clothes.**

2 례를 들면, 어떤 사람이 당신들의 모임에 화려한 옷과 비싼 보석으로
장식하여 들어오고, 가난하고 더러운 옷을 입은 또 다른 사람이 들어온
다고 상상해 봅시다.

3 **If you give special attention and a good seat to the rich person, but you say to the poor one, "You can stand over there, or else sit on the floor"—well,**

3 만일 당신들이 특별한 배려와 좋은 자리를 그 부자에게 주면서도, 그
가난한 사람에게는《당신은 저쪽에 서 있거나, 그렇지 않으면 바닥에 앉
아도 됩니다》고 말한다면,—그렇다면,

4 **doesn't this discrimination show that your judgments are guided by evil motives?**

4 이 차별대우는 당신들의 판단이 악독한 동기에 의해서 좌우된다는 것
을 보여 주고 있지 않습니까?

5 **Listen to me, dear brothers and sisters. Hasn't God chosen the poor in**

this world to be rich in faith? Aren't they the ones who will inherit the Kingdom he promised to those who love him?

5 내 말을 들으십시오. 사랑하는 형제들과 자매들이여. 하나님께서 이 세상에서 가난한 사람들의 믿음을 부유하게 하려고 선택하지 않으셨습니까? 하나님께서 자신을 사랑하는 사람들에게 약속하신 그 하늘나라를 유산으로 이어받을 사람들이 그들이 아닙니까?

6 But you dishonor the poor! Isn't it the rich who oppress you and drag you into court?

6 그러나 당신들이 가난한 사람들을 모욕했습니다! 당신들을 학대하고 법정으로 끌고 간 사람들이 부자들이 아닙니까?

7 Aren't they the ones who slander Jesus Christ, whose noble name you bear?

7 그들은 당신들의 마음속에 지닌 고귀한 이름인 예수 그리스도를 비방 중상 하는 사람들이 아닙니까?

8 Yes indeed, it is good when you obey the royal law as found in the Scriptures: "Love your neighbor as yourself."

8 참으로 그렇습니다. 하나님말씀책에서 보는 대로: 《당신들의 이웃을 당신 자신들처럼 사랑하십시오.》라는 그 고결한 률법에 당신들이 복종할 때 그것은 잘 하는 것입니다.

9 But if you favor some people over others, you are committing a sin. You are guilty of breaking the law.

9 그러나 만일 당신들이 어떤 사람을 다른 사람들보다 더 편애한다면, 당신들은 죄를 짓고 있는 것입니다. 당신들은 법을 어기는 죄가 있습니다.

10 For the person who keeps all of the laws except one is as guilty as a person who has broken all of God's laws.

10 왜냐하면 한 가지를 내놓고 모든 률법을 지키는 사람이라도 하나님의 모든 법을 어긴 사람과 똑같은 죄가 있기 때문입니다.

11 For the same God who said, "You must not commit adultery," also said, "You must not murder." So if you murder someone but do not commit adultery, you have still broken the law.

11 《너희들은 절대로 부화하지 말라》고 말씀하신 분이 마찬가지로 《너희들은 절대로 살인하지 말라》고 역시 말씀하셨기 때문입니다. 그러므로 만일 당신들이 부화하지 않지만 어떤 사람을 살인하면, 당신들은 여전히 법을 어긴 것입니다.

12 So whatever you say or whatever you do, remember that you will be

judged by the law that sets you free.

12 그러므로 당신들이 무엇을 말하든지 당신들이 무엇을 하든지, 당신들은 자신들을 자유롭게 하는 법에 의해 심판을 받는다는 것을 기억하십시오.

13 **There will be no mercy for those who have not shown mercy to others. But if you have been merciful, God will be merciful when he judges you.**

13 남들에게 은정을 보여 주지 않는 사람들에게는 은정은 없을 것입니다. 그러나 만일 당신들이 은정스러웠다면, 하나님께서 당신들을 심판하실 때 그분께서 은정스러울 것입니다.

Faith without Good Deeds Is Dead

선량한 행동이 없는 믿음은 죽어있다

14 **What good is it, dear brothers and sisters, if you say you have faith but don't show it by your actions? Can that kind of faith save anyone?**

14 사랑하는 형제들과 자매들이여, 만일 당신들이 믿음이 있다고 말하지만 그것을 당신들의 행동으로 보여 주지 않는다면, 그것이 무슨 소용이 있겠습니까? 그런 종류의 믿음이 누군가를 구원할 수 있겠습니까?

15 **Suppose you see a brother or sister who has no food or clothing,**

15 당신들이 음식이나 옷이 전혀 없는 형제나 자매를 보고,

16 **and you say, "Good-bye and have a good day; stay warm and eat well"—but then you don't give that person any food or clothing. What good does that do?**

16 그리고 당신들이 《안녕히 가십시오. 그리고 좋은 하루를 보내십시오; 따뜻하게 지내고 잘 드십시오.》라고 말합니다—그러나 그다음 당신들은 어떤 음식이나 옷도 그 사람에게 주지 않는다고 가정해 보십시오. 그것이 무슨 소용이 있습니까?

17 **So you see, faith by itself isn't enough. Unless it produces good deeds, it is dead and useless.**

17 당신들도 알듯이, 믿음 그 자체만으로는 충분하지 않습니다. 만일 그것이 선량한 행동을 보이지 않으면, 그것은 죽은 것이고 쓸모가 없습니다.

18 **Now someone may argue, "Some people have faith; others have good deeds." But I say, "How can you show me your faith if you don't have good deeds? I will show you my faith by my good deeds."**

18 이제 누군가가 《어떤 사람들은 믿음이 있고; 다른 사람들은 선량한 행동이 있다.》고 주장할 수 있습니다. 그러나 나는 말합니다, 《만일 당

신에게 선량한 행동이 없으면 어떻게 당신이 나에게 당신의 믿음을 보여 줄 수 있겠습니까? 나는 나의 선량한 행동으로 당신에게 나의 믿음을 보여 줄 것입니다.》

19 You say you have faith, for you believe that there is one God. Good for you! Even the demons believe this, and they tremble in terror.

19 당신들은 자신들이 믿음이 있다고 말합니다, 왜냐하면 당신들은 한 분이신 하나님이 계신다는 것을 믿기 때문입니다. 잘하는 일입니다! 심지어 귀신들도 이것을 믿고 있고, 그리고 그들이 두려워 떱니다.

20 How foolish! Can't you see that faith without good deeds is useless?

20 얼마나 어리석습니까! 당신들은 선량한 행동이 없는 믿음이 쓸모없다는 것을 모릅니까?

21 Don't you remember that our ancestor Abraham was shown to be right with God by his actions when he offered his son Isaac on the altar?

21 당신들은 우리의 조상 아브라함이 자기 아들 이삭을 제물대에 바쳤을 때, 그가 자신의 행동으로 하나님과의 바른 관계가 있다는 것을 보여 준 것을 기억하지 못합니까?

22 You see, his faith and his actions worked together. His actions made his faith complete.

22 당신들이 알듯이, 그의 믿음과 그의 행동이 함께 작용했습니다. 그의 행동이 그의 믿음을 완전하게 했습니다.

23 And so it happened just as the Scriptures say: "Abraham believed God, and God counted him as righteous because of his faith." He was even called the friend of God.

23 그래서 하나님말씀책이 말하는 대로 일이 일어났습니다:《아브라함이 하나님을 믿었습니다, 그리고 하나님께서는 그의 믿음 때문에 그를 옳바르다고 여기셨습니다.》 그는 지어 하나님의 친구라고 불리기까지 되였습니다.

24 So you see, we are shown to be right with God by what we do, not by faith alone.

24 그러므로 당신들이 보시다시피, 우리는 단지 믿음만으로가 아니라 우리가 실행하는 것에 의해 하나님과의 바른 관계에 있다는 것이 증명되였습니다.

25 Rahab the prostitute is another example. She was shown to be right with God by her actions when she hid those messengers and sent them safely away by a different road.

25 매춘부 라합은 또 다른 실례입니다. 그 녀자가 정탐군들을 숨기고 다

른 길을 통해 그들을 안전하게 떠나 보냈을 때 그 녀자는 자신의 행동으
로 하나님과의 바른 관계에 있다는 것이 증명되였습니다.

26 **Just as the body is dead without breath, so also faith is dead without good works.**

26 호흡이 없는 몸이 죽은 것처럼, 선량한 행위가 없는 믿음 역시 죽은 것입니다.

3

Controlling the Tongue

혀를 통제하기

1 **Dear brothers and sisters, not many of you should become teachers in the church, for we who teach will be judged more strictly.**

1 사랑하는 형제들과 자매들이여, 당신들 가운데 많은 사람들이 교회에서 선생이 되여서는 안 됩니다, 왜냐하면 가르치는 우리들이 더 엄격하게 심판을 받을 것이기 때문입니다.

2 **Indeed, we all make many mistakes. For if we could control our tongues, we would be perfect and could also control ourselves in every other way.**

2 참으로, 우리 모두가 많은 실수들을 저지릅니다. 왜냐하면 만일 우리가 우리의 혀를 통제할 수 있다면, 우리는 완전무결하게 될 것이고 다른 모든 면에서 우리들 스스로를 역시 통제할 수 있기 때문입니다.

3 **We can make a large horse go wherever we want by means of a small bit in its mouth.**

3 우리는 말의 입에 작은 자갈을 물림으로써 우리는 커다란 말을 우리가 원하는 어디든지 가게 할 수 있습니다.

4 **And a small rudder makes a huge ship turn wherever the pilot chooses to go, even though the winds are strong.**

4 그리고 작은 키가, 바람이 거셀지라도, 항해사가 가려고 정하는 어디든지 거대한 배를 돌릴 수 있습니다.

5 **In the same way, the tongue is a small thing that makes grand speeches. But a tiny spark can set a great forest on fire.**

5 같은 방법으로, 혀는 중대한 연설을 하게 하는 아주 작은 것입니다. 그러나 아주 작은 불찌가 커다란 산림에 불을 지를 수 있습니다.

6 **And the tongue is a flame of fire. It is a whole world of wickedness, corrupting your entire body. It can set your whole life on fire, for it is set on fire by hell itself.**

6 그리고 혀는 불길입니다. 그것은 전체가 악의의 세계이며, 당신들의 온몸을 타락시킵니다. 그것은 당신의 온 삶에 불을 지를 수 있습니다, 왜냐하면 그것은 지옥 그 자체에 의해 불붙기 때문입니다.

7 **People can tame all kinds of animals, birds, reptiles, and fish,**

7 인간은 모든 종류의 동물들과 새들과 파충류들과 그리고 물고기들을 길들일 수 있습니다.

8 **but no one can tame the tongue. It is restless and evil, full of deadly poison.**

8 그러나 아무도 혀를 길들일 수 없습니다. 그것은 가만히 있지 못하고 악독하며, 치명적인 독으로 가득 차 있습니다.

9 **Sometimes it praises our Lord and Father, and sometimes it curses those who have been made in the image of God.**

9 때때로 그것은 우리의 주님이신 아버지를 찬양합니다, 그리고 때때로 그것은 하나님의 모습으로 만들어진 사람들을 저주합니다.

10 **And so blessing and cursing come pouring out of the same mouth. Surely, my brothers and sisters, this is not right!**

10 그러므로 축복하는 것과 저주하는 것이 같은 입에서 쏟아져 나옵니다. 확실히, 사랑하는 형제들과 자매들이여, 이것은 옳지 않습니다!

11 **Does a spring of water bubble out with both freshwater and bitter water?**

11 솟아나는 샘에서 신선한 물과 쓴 물 둘 다 솟아납니까?

12 **Does a fig tree produce olives, or a grapevine produce figs? No, and you can't draw fresh water from a salty spring.**

12 무화과나무가 올리브를 냅니까? 혹은 포도덩굴이 무화과를 냅니까? 아닙니다, 그리고 당신들은 소금기 있는 샘물에서 신선한 물을 끌어 올릴 수 없습니다.

True Wisdom Comes from God

참다운 지혜는 하나님으로부터 온다

13 **If you are wise and understand God's ways, prove it by living an honorable life, doing good works with the humility that comes from wisdom.**

13 만일 당신들이 현명하여 하나님의 길을 깨닫는다면, 지혜로부터 오는 겸손을 가지고 선량한 일들을 하면서, 존경할 만한 삶을 삶으로써 그것을 증명하십시오.

14 **But if you are bitterly jealous and there is selfish ambition in your heart, don't cover up the truth with boasting and lying.**

14 그러나 만일 당신들이 몹시 질투하고 당신들의 마음속에 리기적인

야심이 있다면, 그 사실을 자랑하는 것과 거짓말하는 것으로 숨기지 마십시오.

15 For jealousy and selfishness are not God's kind of wisdom. Such things are earthly, unspiritual, and demonic.

15 왜냐하면 질투와 리기심은 하나님의 지혜와 같은 것이 아니기 때문입니다. 그러한 것들은 땅의 것이고, 령적인 것이 아니며, 악마적인 것입니다.

16 For wherever there is jealousy and selfish ambition, there you will find disorder and evil of every kind.

16 왜냐하면 질투와 리기적인 야망이 있는 어디에서든지, 거기서 당신들은 무질서와 모든 종류의 악한 것을 발견할 것이기 때문입니다.

17 But the wisdom from above is first of all pure. It is also peace loving, gentle at all times, and willing to yield to others. It is full of mercy and good deeds. It shows no favoritism and is always sincere.

17 그러나 우로부터 오는 지혜는 무엇보다 먼저 순결합니다. 그것은 또한 평화를 사랑하고, 언제나 유순하며, 그리고 다른 사람들에게 기꺼이 양보합니다. 그것은 은정과 선량한 행위들로 가득 차 있습니다. 그것은 편애하지 않음을 보여주고 항상 진실합니다.

18 And those who are peacemakers will plant seeds of peace and reap a harvest of righteousness.

18 그리고 화해자들인 그 사람들은 평화의 씨앗을 뿌려 정의의 수확물을 걷어 드릴 것입니다.

4

Drawing Close to God

하나님께 가까이 다가가기

1 What is causing the quarrels and fights among you? Don't they come from the evil desires at war within you?

1 무엇이 당신들 가운데 다툼과 싸움의 원인입니까? 그것은 당신 안에서 싸우는 악한 욕망들로부터 생기는 것이 아닙니까?

2 You want what you don't have, so you scheme and kill to get it. You are jealous of what others have, but you can't get it, so you fight and wage war to take it away from them. Yet you don't have what you want because you don't ask God for it.

2 당신들은 자신들이 가지고 있지 않는 것을 원합니다, 그래서 당신들

은 그것을 얻기 위해 음모를 꾸미고 살해합니다. 당신들은 다른 사람들이 가진 것을 질투하지만, 당신들은 그것을 가질 수 없습니다, 그리하여 당신들은 싸우고 그들로부터 그것을 없애기 위해 전쟁을 벌입니다. 그럼에도 당신들은 자신들이 원하는 것을 얻지 못한 것은 당신들이 하나님께 그것을 구하지 않기 때문입니다.

3 **And even when you ask, you don't get it because your motives are all wrong—you want only what will give you pleasure.**

3 그리고 당신들이 그것을 구하는 데도, 당신들은 그것을 얻지 못합니다 왜냐하면 당신들의 동기가 모두 틀렸기 때문입니다—당신들은 자신들에게 즐거움을 줄 것만을 원합니다.

4 **You adulterers! Don't you realize that friendship with the world makes you an enemy of God? I say it again: If you want to be a friend of the world, you make yourself an enemy of God.**

4 당신들 부화하는 자들이여! 당신들은 세상과의 사귐이 당신들을 하나님의 원쑤가 되게 만든다는 것을 깨닫지 못합니까? 내가 다시 말합니다: 만일 당신들이 세상의 친구가 되기를 원한다면 당신들은 당신들 스스로를 하나님의 원쑤로 만듭니다.

5 **What do you think the Scriptures mean when they say that the spirit God has placed within us is filled with envy?**

5 당신들은 하나님께서 우리 안에 두신 성령이 질투로 가득 찼다라고 하나님말씀책이 말할 때 그것이 의미하는 바가 무엇이라고 생각합니까?

6 **But he gives us even more grace to stand against such evil desires. As the Scriptures say, "God opposes the proud but favors the humble."**

6 그러나 그분께서 그와 같은 악한 욕망들과 맞서기 위한 훨씬 더 많은 은정을 우리에게 주십니다. 하나님말씀책이 말하는 대로《하나님께서는 거만한 자들을 반대하시지만 겸손한 사람들에게는 은정을 베푸십니다.》

7 **So humble yourselves before God. Resist the devil, and he will flee from you.**

7 그러므로 하나님 앞에서 겸손한 태도를 취하십시오. 악마에게 저항하십시오, 그러면 그것이 당신들로부터 도망칠 것입니다.

8 **Come close to God, and God will come close to you. Wash your hands, you sinners; purify your hearts, for your loyalty is divided between God and the world.**

8 하나님께로 가까이 가십시오, 그러면 하나님께서 당신들에게 가까이 오실 것입니다. 당신들 죄인들이여, 당신들의 손을 씻으십시오; 당신들

의 마음을 깨끗하게 하십시오. 왜냐하면 당신들의 충성심이 하나님과
세상 사이에 갈라져 있기 때문입니다.

9 **Let there be tears for what you have done. Let there be sorrow and deep grief. Let there be sadness instead of laughter, and gloom instead of joy.**

9 당신들이 해온 일에 대해 눈물을 흘리십시오. 슬퍼하고 깊이 비통해 하십시오. 웃음 대신 슬퍼하십시오. 그리고 기쁨 대신 침울해지십시오.

10 **Humble yourselves before the Lord, and he will lift you up in honor.**

10 주님 앞에서 겸손한 태도를 취하십시오. 그러면 그분께서 당신들을 영예롭게 높이실 것입니다.

Warning against Judging Others

다른 사람들을 판단하는 것에 대한 경고

11 **Don't speak evil against each other, dear brothers and sisters. If you criticize and judge each other, then you are criticizing and judging God's law. But your job is to obey the law, not to judge whether it applies to you.**

11 사랑하는 형제들과 자매들이여, 서로에 대해 헐뜯지 마십시오. 만일 당신들이 서로를 비판하고 판단하면, 그렇다면 당신들은 하나님의 법을 비판하고 판단하고 있는 것입니다. 그러나 당신들이 해야 할 일은 률법이 당신들에게 적용되는지 아닌지를 판단하는 것이 아니라 그것을 따르는 것입니다.

12 **God alone, who gave the law, is the Judge. He alone has the power to save or to destroy. So what right do you have to judge your neighbor?**

12 률법을 주신 분인, 하나님께서만이 심판자이십니다. 그분만이 구원하시거나 혹은 멸망시키실 능력을 가지고 계십니다. 그러므로 당신들은 무슨 권한으로 당신들의 이웃들을 판단합니까?

Warning about Self-Confidence

자기 확신에 대한 경고

13 **Look here, you who say, "Today or tomorrow we are going to a certain town and will stay there a year. We will do business there and make a profit."**

13 《오늘이나 래일 우리가 어떤 도시로 가서 거기서 1년을 머물을 것입니다. 우리는 거기서 장사를 해서 리득을 낼 것입니다.》고 말하는 당신들이여, 주목하십시오.

14 **How do you know what your life will be like tomorrow? Your life is like the morning fog—it's here a little while, then it's gone.**

14 당신들은 자신들의 생명이 래일 어찌 될지 어떻게 압니까? 당신들의 생명은 아침 안개와 같습니다—그것은 잠시 동안 여기 있다가, 그 다음 없어집니다.

15 What you ought to say is, "If the Lord wants us to, we will live and do this or that."

15 당신들은《만일 주님께서 우리에게 원하시면, 우리가 살 것이고 그리고 이것이나 저것을 할 것입니다.》라고 말하여야 합니다.

16 Otherwise you are boasting about your own plans, and all such boasting is evil.

16 반대로 당신들은 당신들 자신의 계획들에 대해 자랑하고 있습니다, 그런데 그와 같은 모든 자랑은 악독합니다.

17 Remember, it is sin to know what you ought to do and then not do it.

17 기억하십시오. 당신들이 하여야 할 것을 알고도 그것을 하지 않는 것은 죄가 됩니다.

5

Warning to the Rich

부자들에 대한 경고

1 Look here, you rich people: Weep and groan with anguish because of all the terrible troubles ahead of you.

1 당신들 부자들이여, 여기 보십시오: 당신들 앞에 있는 지독한 모든 고난들로 하여 심한 고통을 안고 눈물 흘리고 괴로와하십시오.

2 Your wealth is rotting away, and your fine clothes are moth-eaten rags.

2 당신들의 부유함은 썩어 없어져 가고, 당신들의 화려한 옷들은 좀이 먹은 누데기들입니다.

3 Your gold and silver have become worthless. The very wealth you were counting on will eat away your flesh like fire. This treasure you have accumulated will stand as evidence against you on the day of judgment.

3 당신들의 금과 은은 가치 없게 되였습니다. 당신들이 의지하고 있던 바로 그 부유함이 불처럼 당신들의 살을 먹어치울 것입니다. 당신들이 축적한 이 재물이 증거로서 심판의 날에 당신을 반대하여 나설 것입니다.

4 For listen! Hear the cries of the field workers whom you have cheated of their pay. The wages you held back cry out against you. The cries of those who harvest your fields have reached the ears of the LORD of Heaven's

Armies.

4 귀 기울이십시오! 왜냐하면 들판에서 일하는 사람들의 울음소리를 들으십시오 당신들은 그들의 로임을 속여 가로챘기 때문입니다. 당신들이 주지 않고 가지고 있는 그 임금이 당신들을 반대하여 부르짖습니다. 당신들의 들판을 수확하는 사람들의 부르짖는 소리가 하늘나라 군대의 주님의 귀에 다다랐습니다.

5 **You have spent your years on earth in luxury, satisfying your every desire. You have fattened yourselves for the day of slaughter.**

5 당신들은 자신들이 이 땅에서 사는 동안에 당신들의 온갖 욕망을 채우면서, 사치스럽게 지냈습니다. 당신들은 살인의 날을 위해 당신들 스스로를 살찌웠습니다.

6 **You have condemned and killed innocent people, who do not resist you.**

6 당신들은 순결한 사람들을 유죄판결하고 죽였습니다. 그들은 당신들에게 저항하지 않습니다.

Patience and Endurance

인내와 참을성

7 **Dear brothers and sisters, be patient as you wait for the Lord's return. Consider the farmers who patiently wait for the rains in the fall and in the spring. They eagerly look for the valuable harvest to ripen.**

7 사랑하는 형제들과 자매들이여, 당신들이 주님의 다시 오심을 기다리는 동안 인내하십시오. 가을과 봄에 인내성 있게 비를 기다리는 농민들을 생각하십시오. 그들은 귀중한 수확이 무르익기를 간절히 기대합니다.

8 **You, too, must be patient. Take courage, for the coming of the Lord is near.**

8 당신들 역시 인내해야 합니다. 용기를 내십시오. 왜냐하면 주님의 오심이 가깝기 때문입니다.

9 **Don't grumble about each other, brothers and sisters, or you will be judged. For look—the Judge is standing at the door!**

9 서로에 대해 투덜대지 마십시오. 사랑하는 형제들과 자매들이여, 그렇지 않으면 당신들은 심판을 받게 될 것입니다. 왜냐하면 보십시오—재판장이 문 앞에 서 계시기 때문입니다!

10 **For examples of patience in suffering, dear brothers and sisters, look at the prophets who spoke in the name of the Lord.**

10 사랑하는 형제들과 자매들이여, 고난 가운데 인내한 본보기들로서,

주님의 이름으로 말한 예언자들을 보십시오.

11 We give great honor to those who endure under suffering. For instance, you know about Job, a man of great endurance. You can see how the Lord was kind to him at the end, for the Lord is full of tenderness and mercy.

11 우리는 고난을 견디여 내는 사람들에게 커다란 영예를 줍니다. 실례를 들면, 당신들은 위대한 인내의 사람인, 욥에 대해 알고 있습니다. 당신들은 주님께서 마지막에는 그에게 얼마나 친절하셨는지를 알 수 있습니다. 왜냐하면 주님께서는 동정심과 은정이 가득하시기 때문입니다.

12 But most of all, my brothers and sisters, never take an oath, by heaven or earth or anything else. Just say a simple yes or no, so that you will not sin and be condemned.

12 그러나 무엇보다도, 나의 사랑하는 형제들과 자매들이여, 하늘로나 땅으로나 혹은 다른 어떤 것으로도 절대로 맹세를 하지 마십시오. 단순히 예 혹은 아니오라고만 말하십시오, 그렇게 해야 당신들은 죄를 짓지 않고 유죄판결을 받지 않을 것입니다.

The Power of Prayer

기도의 능력

13 Are any of you suffering hardships? You should pray. Are any of you happy? You should sing praises.

13 당신들 중에 누가 어려움들을 당하고 있습니까? 당신들은 기도해야 합니다. 당신들 중에 누가 행복합니까? 당신들은 찬양해야 합니다.

14 Are any of you sick? You should call for the elders of the church to come and pray over you, anointing you with oil in the name of the Lord.

14 당신들 중에 누가 앓습니까? 당신들은 교회의 장로들이 와서, 주님의 이름으로 당신들에게 기름을 바르면서 당신들을 위해 기도하도록 불러야 합니다.

15 Such a prayer offered in faith will heal the sick, and the Lord will make you well. And if you have committed any sins, you will be forgiven.

15 믿음으로 드려진 이러한 기도는 앓는 사람들을 고칠 것입니다, 그리고 주님께서 당신들을 낫게 하실 것입니다. 그리고 만일 당신들이 어떤 죄들을 지었다면, 당신들은 용서받을 것입니다.

16 Confess your sins to each other and pray for each other so that you may be healed. The earnest prayer of a righteous person has great power and produces wonderful results.

16 당신들의 죄들을 서로에게 고백하고 서로를 위해 기도하십시오 그러

면 당신들이 고침을 받을 수 있을 것입니다. 옳바른 사람의 진지한 기도
는 큰 능력이 있고 놀라운 결과들을 가져옵니다.

17 **Elijah was as human as we are, and yet when he prayed earnestly that no rain would fall, none fell for three and a half years!**

17 엘리야는 우리와 같은 인간이였지만, 그렇지만 그가 비가 내리지 않기를 간절히 기도했을 때, 3년 반 동안 비가 전혀 내리지 않았습니다!

18 **Then, when he prayed again, the sky sent down rain and the earth began to yield its crops.**

18 그다음, 그가 다시 기도했을 때, 하늘이 비를 내렸고 땅은 다시 그것의 농작물들을 내기 시작했습니다.

Restore Wandering Believers
방황하고 있는 믿는 사람들을 되돌려 놓으시오

19 **My dear brothers and sisters, if someone among you wanders away from the truth and is brought back,**

19 나의 사랑하는 형제들과 자매들이여, 만일 당신들 중 어떤 사람이 진리에서 멀어져 방황하다가 돌이켜서 돌아오면,

20 **you can be sure that whoever brings the sinner back will save that person from death and bring about the forgiveness of many sins.**

20 당신들은 그 죄인을 다시 돌아서게 하는 사람은 누구든지 그 사람을 죽음에서 구하고 많은 죄들을 용서받게 될 것을 확신할 수 있습니다.

1 Peter

베드로의 첫 번째 편지

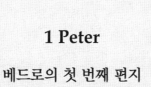

1 Peter

베드로의 첫 번째 편지

1

Greetings from Peter

베드로로부터의 인사

1 This letter is from Peter, an apostle of Jesus Christ. I am writing to God's chosen people who are living as foreigners in the provinces of Pontus, Galatia, Cappadocia, Asia, and Bithynia.

1 이 편지는 그리스도의 핵심제자인, 베드로로부터 온 것입니다. 나는 본도, 갈라디아, 갑바도기아, 아시아, 비두니아 지역에서 외국인으로서 살고 있는 하나님께서 선택하신 사람들에게 편지를 쓰고 있습니다.

2 God the Father knew you and chose you long ago, and his Spirit has made you holy. As a result, you have obeyed him and have been cleansed by the blood of Jesus Christ. May God give you more and more grace and peace.

2 하나님 아버지께서 당신들을 아셨고 당신들을 오래전에 선택하셨습니다, 그리고 그분의 성령이 당신들을 거룩하게 만들었습니다. 그 결과, 당신들은 그분에게 복종했고 그리스도 예수님의 피로 깨끗이 씻겨졌습니다. 하나님께서 당신들에게 은정과 평화를 더욱더 주시기를 바랍니다.

The Hope of Eternal Life
영원한 생명에 대한 희망

3 All praise to God, the Father of our Lord Jesus Christ. It is by his great mercy that we have been born again, because God raised Jesus Christ from the dead. Now we live with great expectation,

3 모두가 우리 주님 예수 그리스도의 아버지, 하나님께 찬양드립니다. 우리가 다시 태어난 것은 그분의 커다란 은정에 의해서입니다. 하나님께서 예수 그리스도를 죽은 자들로부터 되살리셨기 때문입니다. 이제 우리는 커다란 기대를 가지고 살고 있습니다.

4 and we have a priceless inheritance—an inheritance that is kept in heaven for you, pure and undefiled, beyond the reach of change and decay.

4 그리고 우리는 귀중한 유산을 가지고 있습니다—그 유산은 당신들을 위해 하늘나라에 보존되여 있고, 순수하고 깨끗하며, 변하거나 퇴화되지 않습니다.

5 And through your faith, God is protecting you by his power until you receive this salvation, which is ready to be revealed on the last day for all to see.

5 그리고 당신들의 믿음을 통해, 하나님께서는 그분의 능력으로써 당신들이 이 구원을 받기까지 당신들을 보호하고 계십니다. 이 구원은 모두가 볼 수 있게 마지막 날에 나타내 보여지도록 준비되여 있습니다.

6 So be truly glad. There is wonderful joy ahead, even though you have to endure many trials for a little while.

6 그러므로 참으로 기뻐하십시오. 당신들이 잠시 동안 많은 시련들을 참아야 한다 할지라도, 앞에는 놀랄 만한 기쁨이 있습니다.

7 These trials will show that your faith is genuine. It is being tested as fire tests and purifies gold—though your faith is far more precious than mere gold. So when your faith remains strong through many trials, it will bring you much praise and glory and honor on the day when Jesus Christ is revealed to the whole world.

7 이 시련들은 당신들의 믿음이 진실함을 보여 줄 것입니다. 그것은 금을 불로 시험하고 정련하듯이 시험에 통과되고 있습니다—그렇지만 당신들의 믿음은 단순한 금보다 훨씬 더 귀중한 것입니다. 그러므로 당신들의 믿음이 많은 시련들을 겪고서 견고히 남아 있을 때, 그것은 예수 그리스도가 온 세상에 나타나시는 그날에 당신들에게 많은 찬양과 영광과 영예를 가져올 것입니다.

8 You love him even though you have never seen him. Though you do not

see him now, you trust him; and you rejoice with a glorious, inexpressible joy.

8 당신들이 그분을 전혀 본 적이 없지만 당신들은 그분을 사랑합니다. 당신들이 지금 그분을 보지 않지만, 당신들은 그분을 신뢰합니다; 그리고 당신들은 영광스럽고 이루 말할 수 없는 기쁨으로 즐거워합니다.

9 **The reward for trusting him will be the salvation of your souls.**

9 그분을 신뢰하는 것에 대한 보상은 당신들의 령혼이 구원을 받는 것입니다.

10 **This salvation was something even the prophets wanted to know more about when they prophesied about this gracious salvation prepared for you.**

10 이 구원은 예언자들조차도 한때 더 알기를 원했던 것이였습니다. 그때 그들은 당신들을 위해 준비된 이 은혜로운 구원에 대해 예언했습니다.

11 **They wondered what time or situation the Spirit of Christ within them was talking about when he told them in advance about Christ's suffering and his great glory afterward.**

11 그들은 그들 안에 계신 그리스도의 령이 그리스도의 고난과 후에 있을 그분의 커다란 영광에 대해 그분이 그들에게 미리 말씀했을 때 어느 때인지 어떤 상황인지 궁금했습니다.

12 **They were told that their messages were not for themselves, but for you. And now this Good News has been announced to you by those who preached in the power of the Holy Spirit sent from heaven. It is all so wonderful that even the angels are eagerly watching these things happen.**

12 그들은 자기들이 전하는 말씀이 그들 자신들을 위한 것이 아니라, 당신들을 위한 것이라고 들었습니다. 그리고 이제 이 반가운 소식은 하늘나라로부터 보내신 성령의 능력으로 전했던 사람들에 의해 당신들에게 알려졌습니다. 그것 모두는 너무 놀라운 만한 것이여서 천사들조차도 이 일들이 일어나는 것을 열심히 지켜보고 있습니다.

A Call to Holy Living

거룩한 삶으로 부르심

13 **So think clearly and exercise self-control. Look forward to the gracious salvation that will come to you when Jesus Christ is revealed to the world.**

13 그러므로 명확하게 생각하고 자제력을 키우십시오. 예수 그리스도가 세상에 나타나실 때 당신들에게 오게 될 인자한 구원을 기꺼이 기

다리십시오.

14 So you must live as God's obedient children. Don't slipback into your old ways of living to satisfy your own desires. You didn't know any better then.

14 그래서 당신들은 하나님의 복종하는 아들딸로서 살아야 합니다. 당신들 자신의 욕망들을 만족시키려고 당신들의 옛 생활방식으로 슬며시 돌아가지 마십시오. 당신들은 그때에는 더 좋은 것을 몰랐습니다.

15 But now you must be holy in everything you do, just as God who chose you is holy.

15 그러나 이제 당신들은 자신들을 선택하신 하나님께서 거룩하신 것과 같이 당신들이 하는 모든 일에서 거룩해야 합니다.

16 For the Scriptures say, "You must be holy because I am holy."

16 왜냐하면 하나님말씀책이 말하기 때문입니다.《내가 거룩하기 때문에 너희도 거룩해야 한다.》

17 And remember that the heavenly Father to whom you pray has no favorites. He will judge or reward you according to what you do. So you must live in reverent fear of him during your time as "foreigners in the land."

17 그리고 당신들이 기도하는 분인 하늘나라의 아버지께서는 전혀 편애하지 않으신다는 것을 기억하십시오. 그분께서는 당신들이 실행하는 것에 따라 당신들을 심판하거나 상을 주실 것입니다. 그러므로 당신들이《땅에서 외국인들》로서 사는 자신들의 시간 동안 그분에 대한 공손한 두려움 속에 살아야 합니다.

18 For you know that God paid a ransom to save you from the empty life you inherited from your ancestors. And the ransom he paid was not mere gold or silver.

18 왜냐하면 당신들은 자신들의 선조들에게서 물려받은 무의미한 삶에서 당신들을 구원하기 위해 하나님께서 몸값을 지불하셨다는 것을 알기 때문입니다. 그리고 그분이 지불하신 몸값은 단순한 금이나 은이 아니였습니다.

19 It was the precious blood of Christ, the sinless, spotless Lamb of God.

19 그것은 죄 없고 흠 없는, 하나님의 어린 양, 그리스도의 귀중한 피였습니다.

20 God chose him as your ransom long before the world began, but he has now revealed him to you in these last days.

20 하나님께서 세상이 시작되기 오래전에 당신들의 몸값으로 그분을 선택하셨습니다, 그러나 그분께서 지금 이 마지막 날에 당신들에게 그분

을 나타내 보이셨습니다.

21 Through Christ you have come to trust in God. And you have placed your
faith and hope in God because he raised Christ from the dead and gave
him great glory.

21 그리스도를 통해 당신들은 하나님을 신뢰하게 되였습니다. 그리고 당
신들은 자신들의 믿음과 소망을 하나님께 두었습니다. 왜냐하면 그분
께서 그리스도를 죽은 사람들로부터 되살리시고 그분에게 커다란 영광
을 주셨기 때문입니다 .

22 You were cleansed from your sins when you obeyed the truth, so now
you must show sincere love to each other as brothers and sisters. Love
each other deeply with all your heart.

22 당신들이 진리에 복종했을 때 당신들은 자신들의 죄로부터 깨끗하게
되였습니다, 그래서 이제 당신들은 형제들과 자매들로서 서로에게 진
실한 사랑을 보여야 합니다. 당신들의 온 마음을 다해 서로를 깊이 사
랑하십시오.

23 For you have been born again, but not to a life that will quickly end. Your
new life will last forever because eit comes from the eternal, living word
of God.

23 왜냐하면 당신들은 곧 끝나버릴 그런 삶으로가 아니라, 다시 태여
났기 때문입니다. 당신들의 새로운 삶은 영원히 지속될 것입니다 왜
냐하면 그것은 영원하고, 살아 있는 하나님의 말씀으로부터 오기 때
문입니다.

24 As the Scriptures say, "People are like grass; their beauty is like a flower
in the field. The grass withers and the flower fades.

24 하나님말씀책이 말하는 대로, 《사람들은 풀과 같다; 그들의 아름다움
은 들판에 있는 꽃과 같다. 그 풀은 마르고 꽃은 시든다.

25 But the word of the Lord remains forever." And that word is the Good
News that was preached to you.

25 그러나 주님의 말씀은 영원히 남아 있다.》 그리고 그 말씀은 당신들
에게 전해진 반가운 소식입니다.

2

1 So get rid of all evil behavior. Be done with all deceit, hypocrisy, jealousy,
and all unkind speech.

1 그러므로 모든 악독한 행동을 버리십시오. 모든 기만, 위선, 질투 그

리고 모든 불친절한 말을 끝내십시오.

2 **Like newborn babies, you must crave pure spiritual milk so that you will grow into a full experience of salvation. Cry out for this nourishment,**

2 갓난아기들처럼, 당신들은 순수한 령적인 우유를 간절히 바라야 합니다. 그래야 당신들이 구원을 충분히 체험하는 데까지 자랄 수 있을 것입니다. 이 영양물을 위해 웨치십시오,

3 **now that you have had a taste of the Lord's kindness.**

3 당신들은 주님의 애정을 맛보았기 때문입니다.

Living Stones for God's House

하나님의 집을 위해 살아있는 돌

4 **You are coming to Christ, who is the living cornerstone of God's temple. He was rejected by people, but he was chosen by God for great honor.**

4 당신들은 하나님의 신전의 살아 있는 주추돌이신, 그리스도에게 나아오고 있습니다. 그분은 사람들에게서는 버림을 받았습니다, 그러나 그분은 큰 영광을 위해서 하나님에 의해 선택되였습니다.

5 **And you are living stones that God is building into his spiritual temple. What's more, you are his holy priests. Through the mediation of Jesus Christ, you offer spiritual sacrifices that please God.**

5 그리고 당신들은 하나님께서 그분의 령적인 신전을 짓고 있는 살아 있는 돌들입니다. 게다가, 당신들은 그분의 거룩한 제사장들입니다. 그리스도 예수님의 중재를 통하여, 당신들은 하나님을 기쁘시게 하는 령적인 제물을 드립니다.

6 **As the Scriptures say, "I am placing a cornerstone in Jerusalem, chosen for great honor, and anyone who trusts in him will never be disgraced."**

6 하나님말씀책이 말씀하는 대로입니다.《내가 예루살렘에 주추돌을 놓고 있다, 큰 영광을 위해 선택되였다, 그리고 그를 믿는 사람은 누구나 결코 수치를 당하지 않을 것이다.》

7 **Yes, you who trust him recognize the honor God has given him. But for those who reject him, "The stone that the builders rejected has now become the cornerstone."**

7 그렇습니다. 그분을 신뢰하는 당신들은 하나님께서 그분에게 주신 영광을 인정합니다. 그러나 그분을 배척하는 사람들에게는《건설자들이 내버린 그 돌이 지금은 주추돌이 되였다.》

8 **And, "He is the stone that makes people stumble, the rock that makes them fall." They stumble because they do not obey God's word, and so**

they meet the fate that was planned for them.

8 그리고, 《그분은 사람들이 걸채이는 돌입니다, 그들을 넘어지게 하는 바위입니다.》 그들은 자신들이 하나님의 말씀에 복종하지 않기 때문에 비틀거립니다, 그리하여 그들은 자신들을 위해 예정된 운명에 마주칩니다.

9 **But you are not like that, for you are a chosen people. You are royal priests, a holy nation, God's very own possession. As a result, you can show others the goodness of God, for he called you out of the darkness into his wonderful light.**

9 그러나 당신들은 그와 같지 않습니다, 왜냐하면 당신들은 뽑힌 백성이기 때문입니다. 당신들은 왕의 제사장들이며, 거룩한 민족이고, 하나님 바로 자신의 소유물입니다. 그 결과, 당신들은 하나님의 선량하심을 다른 사람들에게 보여 줄 수 있습니다, 왜냐하면 그분께서 당신들을 어둠으로부터 그분의 놀라운 빛으로 부르셨기 때문입니다.

10 **"Once you had no identity as a people; now you are God's people. Once you received no mercy; now you have received God's mercy."**

10 《이전에 당신들은 백성으로서의 아무런 본성이 없었습니다; 지금 당신들은 하나님의 백성입니다. 이전에 당신들은 아무 은정도 받지 못하였습니다; 이제는 당신들은 하나님의 은정을 받았습니다.》

11 **Dear friends, I warn you as "temporary residents and foreigners" to keep away from worldly desires that wage war against your very souls.**

11 사랑하는 친구들이여, 나는 《일시적인 거주자들이고 외국인들》로서의 당신들에게 자신들의 령혼을 반대하여 전쟁을 벌이는 세상적인 욕망들을 멀리하라고 경고합니다.

12 **Be careful to live properly among your unbelieving neighbors. Then even if they accuse you of doing wrong, they will see your honorable behavior, and they will give honor to God when he judges the world.**

12 믿지 않는 이웃들 가운데서 옳바르게 사는 것에 신중하십시오. 그러면 그들이 잘못한다고 당신들을 비난할지라도, 그들은 당신들의 훌륭한 행동을 볼 것입니다, 그리하여 그들은 하나님께서 세상을 심판하실 때 그분에게 영예를 드리게 될 것입니다.

Respecting People in Authority

권위있는 사람들을 존경하기

13 **For the Lord's sake, respect all human authority—whether the king as head of state,**

13 주님을 위해서, 모든 인간의 권위를 존중하십시오—국가의 수반인 왕이든지,

14 or the officials he has appointed. For the king has sent them to punish those who do wrong and to honor those who do right.

14 혹은 그가 임명한 관리들. 왜냐하면 그 왕이 잘못 수행하는 사람들에게는 벌을 내리고 옳게 수행하는 사람들은 존경하도록 그들을 보냈기 때문입니다.

15 It is God's will that your honorable lives should silence those ignorant people who make foolish accusations against you.

15 당신들의 고결한 삶이 당신들을 반대하여 어리석은 비난을 하는 저 무지한 사람들을 입다물게 하는 것이 하나님의 뜻입니다.

16 For you are free, yet you are God's slaves, so don't use your freedom as an excuse to do evil.

16 왜냐하면 당신들이 하나님의 종이긴 하지만, 당신들은 자유롭기 때문입니다. 그러므로 당신들의 자유를 악독한 것을 실현하기 위한 구실로 사용하지 마십시오.

17 Respect everyone, and love your Christian brothers and sisters. Fear God, and respect the king.

17 모든 사람들을 소중히 여기고, 당신들의 그리스도를 믿는 형제들과 자매들을 사랑하십시오. 하나님을 두려워하십시오, 그리고 왕을 존경하십시오.

Slaves

종들

18 You who are slaves must accept the authority of your masters with all respect. Do what they tell you—not only if they are kind and reasonable, but even if they are cruel.

18 종들인 당신들은 모든 존경심으로 당신들의 주인들의 권위를 인정해야 합니다. 그들이 당신들에게 말하는 것을 실행하십시오—만일 그들이 친절하고 합리적일 뿐만 아니라 그들이 잔인할지라도.

19 For God is pleased with you when you do what you know is right and patiently endure unfair treatment.

19 왜냐하면 하나님께서는 당신들이 옳다고 알고 있는 것을 실행하고 부당한 대우를 참을성 있게 견딜 때 당신들과 기쁨을 같이하시기 때문입니다.

20 Of course, you get no credit for being patient if you are beaten for doing

wrong. But if you suffer for doing good and endure it patiently, God is pleased with you.

20 물론, 당신들이 잘못하는 것으로 하여 자신들이 맞는다면 참는 것에 대해 인정을 받지 못합니다. 그러나 만일 당신들이 좋은 일을 하는 것으로 고난을 받고 그것을 참을성 있게 견딘다면, 하나님께서는 당신들과 더불어 기뻐하십니다.

21 **For God called you to do good, even if it means suffering, just as Christ suffered for you. He is your example, and you must follow in his steps.**

21 왜냐하면 하나님께서 좋은 일을 하도록 당신들을 부르셨기 때문입니다, 그것이 고난을 의미한다 할지라도, 그리스도가 당신들을 위해 고난을 받은 것과 꼭 같습니다. 그분은 당신들의 본보기가 되셨습니다, 그래서 당신들은 그분의 발자취를 따라가야 합니다.

22 **He never sinned, nor ever deceived anyone.**

22 그분은 결코 죄를 짓지 않았고, 어떤 사람을 속인 적도 없으십니다.

23 **He did not retaliate when he was insulted, nor threaten revenge when he suffered. He left his case in the hands of God, who always judges fairly.**

23 그분은 자신이 모욕을 당할 때 보복하지 않았고 그분이 고난당할 때 복수할 것을 협박하지도 않으셨습니다. 그분은 언제나 공정하게 심판하시는 하나님의 손에 그분의 립장을 맡겼습니다.

24 **He personally carried our sins in his body on the cross so that we can be dead to sin and live for what is right. By his wounds you are healed.**

24 그분은 우리가 죄에 대해서 죽고 옳은 것을 위해서 살 수 있도록 십자사형틀 우에서 자신의 몸으로 친히 우리의 죄를 지셨습니다. 그분의 상처들로 하여 당신들은 낫게 되였습니다.

25 **Once you were like sheep who wandered away. But now you have turned to your Shepherd, the Guardian of your souls.**

25 이전에 당신들은 정처없이 헤매는 양들과 같았습니다. 그러나 이제 당신들은 자신들의 령혼의 보호자이신 당신들의 양몰이군에게로 돌아왔습니다.

3

Wives

안해들

1 **In the same way, you wives must accept the authority of your husbands. Then, even if some refuse to obey the Good News, your godly lives will**

speak to them without any words. They will be won over

1 같은 방법으로, 안해 당신들은 자기 남편들의 권위를 인정해야 합니다. 그러면, 어떤 사람들이 반가운 소식을 따르기를 거절한다 할지라도, 당신들의 신성한 삶이 어떤 말도 필요 없이 그들에게 말해 줄 것입니다.

2 by observing your pure and reverent lives.

2 그들은 당신들의 순수하고 경건한 삶을 지켜봄으로써 설득될 것입니다.

3 Don't be concerned about the outward beauty of fancy hair styles, expensive jewelry, or beautiful clothes.

3 화려한 머리 모양, 비싼 보석류, 혹은 고운 옷들과 같은 겉모양의 아름다움에 대해 걱정하지 마십시오.

4 You should clothe yourselves instead with the beauty that comes from within, the unfading beauty of a gentle and quiet spirit, which is so precious to God.

4 당신들은 대신에 마음속에서 나오는, 유순하고 온화한 령의 신선한 아름다움으로 당신들 스스로를 입혀야 합니다, 이것은 하나님께 아주 귀중한 것입니다.

5 This is how the holy women of old made themselves beautiful. They trusted God and accepted the authority of their husbands.

5 이것이 예로부터 거룩한 녀자들이 그들 자신들을 아름답게 만든 방법입니다. 그들은 하나님을 신뢰했고 자기 남편들의 권위를 인정했습니다.

6 For instance, Sarah obeyed her husband, Abraham, and called him her master. You are her daughters when you do what is right without fear of what your husbands might do.

6 례를 들어, 사라는 그녀자의 남편인 아브라함에게 복종했고, 그를 자기의 주인으로 불렀습니다. 당신들은 남편들이 할지도 모르는 것에 대해 두려워하지 않고 당신들이 옳은 일을 할 때 당신들은 그녀의 딸들입니다.

Husbands

남편들

7 In the same way, you husbands must give honor to your wives. Treat your wife with understanding as you live together. She may be weaker than you are, but she is your equal partner in God's gift of new life. Treat her as you should so your prayers will not be hindered.

7 같은 방법으로, 남편 당신들은 자기 안해들에게 경의를 표해야 합니다. 당신들이 함께 사는 동안 리해심을 가지고 자기 아내를 대하십시오. 그 녀자는 당신보다 더 연약할 수 있습니다, 그러나 그 녀자는 새로운 삶의 하나님의 선물에 대한 당신의 동등한 동료입니다. 당신의 기도가 방해받지 않도록 당신이 마땅히 해야 하는 대로 그 녀자를 대하십시오.

All Christians

모든 믿는 사람들

8 **Finally, all of you should be of one mind. Sympathize with each other. Love each other as brothers and sisters. Be tenderhearted, and keep a humble attitude.**

8 마지막으로, 당신들 모두는 한마음을 가져야 합니다. 서로 동정심을 가지십시오. 형제들과 자매들로서 서로 사랑하십시오. 다정다감하십시오, 그리고 겸손한 마음가짐을 유지하십시오.

9 **Don't repay evil for evil. Don't retaliate with insults when people insult you. Instead, pay them back with a blessing. That is what God has called you to do, and he will bless you for it.**

9 악에 대해 악으로 갚지 마십시오. 사람들이 당신들을 모욕할 때 모욕으로 보복하지 마십시오. 대신에, 축복으로 그들에게 돌려주십시오. 그것이 하나님께서 당신들을 불러서 하라고 하신 일입니다, 그리고 그분께서 그것에 대해 당신들을 축복하실 것입니다.

10 **For the Scriptures say, "If you want to enjoy life and see many happy days, keep your tongue from speaking evil and your lips from telling lies.**

10 왜냐하면 하나님말씀책이 말하기 때문입니다. 《만일에 당신들이 삶을 즐기고 행복한 많은 날들을 보기 원한다면, 당신들의 혀를 악하게 말하는 것과 당신의 입술을 거짓말하는 것으로부터 지켜라.

11 **Turn away from evil and do good. Search for peace, and work to maintain it.**

11 악으로부터 돌아서서 선량한 것을 하여라. 평화를 추구하고 그것을 유지하기 위해 힘써라.

12 **The eyes of the Lord watch over those who do right, and his ears are open to their prayers. But the Lord turns his face against those who do evil."**

12 주님의 눈은 바르게 하는 사람을 지키신다, 그리고 그분의 귀는 그들의 기도를 들어주신다. 그러나 주님께서는 악한 일을 하는 자들을 반대하여 자신의 얼굴을 돌리신다.》

Suffering for Doing Good

좋은 일을 하는 것으로 하여 고난 받기

13 **Now, who will want to harm you if you are eager to do good?**

13 이제, 만일 당신들이 좋은 일을 열심히 하고 싶어 한다면 누가 당신을 해치려 하겠습니까?

14 **But even if you suffer for doing what is right, God will reward you for it. So don't worry or be afraid of their threats.**

14 그러나 당신들이 옳은 것을 하는 것으로 하여 고난을 당할지라도, 하나님께서 그것에 대해 당신들에게 보답하실 것입니다. 그러므로 그들의 협박에 대해 념려하거나 두려워하지 마십시오.

15 **Instead, you must worship Christ as Lord of your life. And if someone asks about your Christian hope, always be ready to explain it.**

15 오히려, 당신들은 자신들의 삶의 주님으로서 그리스도를 우러러 모셔야 합니다. 그리고 만일 누군가가 당신들 그리스도를 믿는 사람들의 희망에 대해 묻는다면, 그것을 설명할 수 있게 항상 준비하십시오.

16 **But do this in a gentle and respectful way. Keep your conscience clear. Then if people speak against you, they will be ashamed when they see what a good life you live because you belong to Christ.**

16 그러나 이것을 유순하고 정중한 방법으로 실행하십시오. 당신들의 량심을 깨끗하게 유지하십시오. 그리고 만일 사람들이 당신들을 반대해서 말한다고 해도, 그들은 당신들이 그리스도에게 속했기 때문에 당신들이 살고 있는 선량한 삶을 그들이 볼 때 부끄러워할 것입니다.

17 **Remember, it is better to suffer for doing good, if that is what God wants, than to suffer for doing wrong!**

17 기억하십시오, 만일 그것이 하나님께서 원하시는 것이라면, 옳지 못한 것을 하는 것으로 하여 고통을 겪는 것보다, 선량한 것을 하는 것으로 하여 고통을 겪는 것이 한층 낫습니다!

18 **Christ suffered for our sins once for all time. He never sinned, but he died for sinners to bring you safely home to God. He suffered physical death, but he was raised to life in the Spirit.**

18 그리스도는 단 한 번 영원히 우리의 죄로 하여 고통을 겪으셨습니다. 그분은 결코 죄를 짓지 않으셨지만, 그분은 당신들을 안전하게 하나님의 집으로 데려가기 위해 죄인들을 위해 죽으셨습니다. 그분은 육체적인 죽음을 겪었으나, 그분은 성령 안에서 살아나셨습니다.

19 **So he went and preached to the spirits in prison—**

19 그래서 그분은 가서 옥에 갇힌 령들에게 전파하셨습니다—

20 those who disobeyed God long ago when God waited patiently while Noah was building his boat. Only eight people were saved from drowning in that terrible flood.

20 그들은 오래전 노아가 그의 배를 짓고 있는 동안 하나님께서 인내성 있게 기다렸을 때, 하나님께 불복종했던 사람들입니다. 단지 여덟 사람만이 그 굉장한 홍수로 물에 빠져 죽는 데서 구원을 받았습니다.

21 And that water is a picture of baptism, which now saves you, not by removing dirt from your body, but as a response to God from a clean conscience. It is effective because of the resurrection of Jesus Christ.

21 그리고 그 물은 세례를 묘사합니다. 세례는, 당신들의 몸에서 더러움을 없애는 것에 의해서가 아니라, 깨끗한 량심으로부터 오는 하나님에 대한 응답으로서, 지금 당신들을 구원합니다. 그것은 예수 그리스도의 부활로 하여 효력이 있습니다.

22 Now Christ has gone to heaven. He is seated in the place of honor next to God, and all the angels and authorities and powers accept his authority.

22 이제 그리스도는 하늘나라로 가셨습니다. 그분은 하나님 옆 영예의 자리에 앉으셨습니다, 그리고 모든 천사들과 권력들과 능력들이 그분의 권위를 인정합니다.

4

Living for God

하나님을 위해 살기

1 So then, since Christ suffered physical pain, you must arm yourselves with the same attitude he had, and be ready to suffer, too. For if you have suffered physically for Christ, you have finished with sin.

1 그러므로, 그리스도가 육체적인 고통을 당하셨으므로, 당신들은 그분이 가졌던 동일한 마음가짐으로 당신 자신들을 무장해야 합니다, 그리고 또한, 고통당할 각오를 하십시오. 왜냐하면 만일 당신들이 그리스도를 위해 육체적으로 고통을 겪었다면, 당신들은 죄와는 관계가 끝났기 때문입니다.

2 You won't spend the rest of your lives chasing your own desires, but you will be anxious to do the will of God.

2 당신들은 당신들 자신의 욕망들을 좇으면서 자신들의 나머지 삶을 보내지 않을 것입니다, 그러나 당신들은 하나님의 뜻을 실현하기 위해 갈망할 것입니다.

3 You have had enough in the past of the evil things that godless people enjoy—their immorality and lust, their feasting and drunkenness and wild parties, and their terrible worship of idols.

3 당신들은 신을 부정하는 자들이 즐기던 악한 것들—그들의 비도덕행위와 성욕, 그들의 즐기는 것과 술 취함과 난잡한 연회들과, 그들의 밉살스러운 우상숭배들은 지난 시기로 충분합니다.

4 Of course, your former friends are surprised when you no longer plunge into the flood of wild and destructive things they do. So they slander you.

4 물론, 당신들의 옛 친구들은 당신들이 자기들이 하는 거칠고 파괴적인 것들의 물결에 더 이상 빠져들지 않을 때 깜짝 놀랍니다. 그래서 그들은 당신들을 비방 중상 합니다.

5 But remember that they will have to face God, who will judge everyone, both the living and the dead.

5 그러나 살아 있는 사람들과 죽은 자들 둘 다, 그들 모두가 심판하실 하나님을 정면으로 대하게 되리라는 것을 기억하십시오.

6 That is why the Good News was preached to those who are now dead—so although they were destined to die like all people, they now live forever with God in the Spirit.

6 그것이 반가운 소식이 지금 죽은 사람들에게 전파된 리유입니다. 그러므로 그들이 모든 사람들과 마찬가지로 죽기로 예정되여 있었으나, 그들은 령으로 하나님과 함께 지금 영원히 살아 있습니다.

7 The end of the world is coming soon. Therefore, be earnest and disciplined in your prayers.

7 세상의 끝이 곧 다가오고 있습니다. 그러므로, 당신들의 기도로 진실해지고 훈련되십시오.

8 Most important of all, continue to show deep love for each other, for love covers a multitude of sins.

8 모든 것 중에 가장 중요한 것은, 서로를 위해 깊은 사랑 보여 주기를 계속하십시오, 왜냐하면 사랑은 수많은 죄들을 덮기 때문입니다.

9 Cheerfully share your home with those who need a meal or a place to stay.

9 음식이나 머무를 곳이 필요한 사람들과 함께 당신들의 집을 기꺼이 나누어 쓰십시오.

10 God has given each of you a gift from his great variety of spiritual gifts. Use them well to serve one another.

10 하나님께서 그분의 주요한 갖가지 령적인 선물들 중에서 당신들 각

자에게 한 가지 선물을 주셨습니다. 서로 섬기기 위해 그것들을 잘 사용하십시오.

11 **Do you have the gift of speaking? Then speak as though God himself were speaking through you. Do you have the gift of helping others? Do it with all the strength and energy that God supplies. Then everything you do will bring glory to God through Jesus Christ. All glory and power to him forever and ever! Amen.**

11 당신들에게 말하는 재능이 있습니까? 그러면 하나님 그분 자신이 당신들을 통해서 말하고 계신 것처럼 말하십시오. 당신들에게 다른 사람들을 돕는 재능이 있습니까? 하나님이 주시는 모든 능력과 힘을 가지고 그것을 하십시오. 그러면 당신들이 하는 모든 것이 그리스도 예수님을 통해서 하나님께 영광을 가져올 것입니다. 모든 영광과 능력이 그분에게 영원하기를 바랍니다! 아멘.

Suffering for Being a Christian
그리스도를 믿는 사람이기에 고통당하기

12 **Dear friends, don't be surprised at the fiery trials you are going through, as if something strange were happening to you.**

12 사랑하는 친구들이여, 당신들이 겪고 있는 불같이 뜨거운 시련에 대해, 마치 당신들에게 어떤 이상한 일이 일어난 것처럼 놀라지 마십시오.

13 **Instead, be very glad—for these trials make you partners with Christ in his suffering, so that you will have the wonderful joy of seeing his glory when it is revealed to all the world.**

13 오히려, 아주 기뻐하십시오—왜냐하면 이 시련들은 당신들을 고난을 겪는 그리스도와 동료가 되게 하는 것이기 때문입니다, 그리하여 그분의 영광이 온 세상에 나타날 때 당신들이 그 영광을 보는 놀라운 기쁨을 가질 수 있을 것입니다.

14 **So be happy when you are insulted for being a Christian, for then the glorious Spirit of God rests upon you.**

14 그러므로 당신들이 그리스도를 믿는 사람이기 때문에 모욕을 당할 때 기뻐하십시오, 왜냐하면 그때에는 영광스러운 하나님의 령이 당신들 위에 머물러 계시기 때문입니다.

15 **If you suffer, however, it must not be for murder, stealing, making trouble, or prying into other people's affairs.**

15 만일 당신들이 고난을 당한다 해도, 그렇지만, 그것은 살인, 도적질, 다툼질, 혹은 남의 뒤캐기 때문은 아니여야 합니다.

16 But it is no shame to suffer for being a Christian. Praise God for the privi-
lege of being called by his name!

16 그러나 그리스도를 믿는 사람이기 때문에 고난당하는 것은 전혀 부끄러운 일이 아닙니다. 그분의 이름으로 불리우는 특권에 대해서 하나님을 찬양하십시오!

17 For the time has come for judgment, and it must begin with God's house-
hold. And if judgment begins with us, what terrible fate awaits those who
have never obeyed God's Good News?

17 왜냐하면 심판을 위한 때가 왔기 때문입니다. 그리고 그것은 하나님의 집안부터 시작되어야 합니다. 그리고 만일 우리부터 심판이 시작된다면, 하나님의 반가운 소식에 전혀 복종하지 않은 사람들에게는 얼마나 끔찍한 운명이 기다리겠습니까?

18 And also, "If the righteous are barely saved, what will happen to godless
sinners?"

18 그리고 또한, 《만일 옳바른 사람들이 간신히 구원된다면, 믿지 않는 죄인들에게 어떤 일이 일어나겠습니까?》

19 So if you are suffering in a manner that pleases God, keep on doing what
is right, and trust your lives to the God who created you, for he will never
fail you.

19 그러므로 만일 당신들이 하나님을 기쁘게 해드리는 것으로 고난을 당하고 있다면, 계속해서 옳은 것을 실행하십시오. 그리고 당신들을 창조하신 하나님께 자신들의 삶을 맡기십시오. 왜냐하면 그분께서 결코 당신들을 실망시키지 않으실 것이기 때문입니다.

5

Advice for Elders and Young Men

장로들과 젊은 사람들을 위한 충고

1 And now, a word to you who are elders in the churches. I, too, am an elder
and a witness to the sufferings of Christ. And I, too, will share in his glory
when he is revealed to the whole world. As a fellow elder, I appeal to you:

1 그리고 이제, 교회의 장로들인 당신들에게 권고합니다. 나, 역시, 한 장로이고 그리스도의 고난의 증인입니다. 그리고 온 세상에 그분이 나타나실 때 나, 또한, 그분의 영광에 참여할 것입니다. 동료 장로로서, 내가 당신들에게 간절히 바랍니다:

2 Care for the flock that God has entrusted to you. Watch over it willingly,

not grudgingly—not for what you will get out of it, but because you are eager to serve God.

2 하나님께서 당신들에게 맡기신 양 떼를 돌보십시오. 마지못해서가 아니라 기꺼이 그것을 살피십시오—당신들이 바라는 것을 얻기 위해서가 아니라, 당신들이 하나님을 열심히 섬기기 때문입니다.

3 **Don't lord it over the people assigned to your care, but lead them by your own good example.**

3 당신들의 보살핌에 맡겨진 사람들을 함부로 대하지 마십시오, 그러나 당신들 자신이 좋은 본보기로서 그들을 이끄십시오.

4 **And when the Great Shepherd appears, you will receive a crown of never-ending glory and honor.**

4 그리고 위대한 목자가 나타나실 때, 당신들은 영원한 영광과 영예의 면류관을 받을 것입니다.

5 **In the same way, you younger men must accept the authority of the elders. And all of you, serve each other in humility, for "God opposes the proud but favors the humble."**

5 같은 방법으로, 당신들 젊은이들은 장로들의 권위를 받아들여야 합니다. 그리고 당신들 모두, 겸손하게 서로를 섬기십시오, 왜냐하면 《하나님께서 교만한 자들을 반대하시지만 겸손한 사람들에게 은정을 베푸시기 때문입니다.》

6 **So humble yourselves under the mighty power of God, and at the right time he will lift you up in honor.**

6 그러므로 하나님의 강력한 능력 아래 스스로 낮추십시오. 그러면 적절한 때에 그분께서 당신들을 영예롭게 높이실 것입니다.

7 **Give all your worries and cares to God, for he cares about you.**

7 당신들의 모든 념려와 걱정을 하나님께 맡기십시오. 왜냐하면 그분께서 당신들을 돌보시기 때문입니다.

8 **Stay alert! Watch out for your great enemy, the devil. He prowls around like a roaring lion, looking for someone to devour.**

8 경각성을 가지십시오! 당신들의 큰 원쑤인 악마를 조심하십시오. 그는 삼켜 버릴 누군가를 찾아다니면서, 울부짖는 사자처럼 여기저기 기웃거리며 다니고 있습니다.

9 **Stand firm against him, and be strong in your faith. Remember that your Christian brothers and sisters all over the world are going through the same kind of suffering you are.**

9 대악마에 맞서 든든히 서십시오. 그리고 당신들의 믿음을 강하게 하십

시오. 세상 모든 곳에 있는 그리스도를 믿는 당신들의 형제들과 자매들
이 당신들이 겪고 있는 꼭 같은 고난을 겪고 있다는 것을 기억하십시오.

10 In his kindness God called you to share in his eternal glory by means of Christ Jesus. So after you have suffered a little while, he will restore, support, and strengthen you, and he will place you on a firm foundation.

10 그분의 은정으로 하나님께서는 당신들이 그분의 영원한 영광에 함께 참가하도록 예수 그리스도를 통하여 당신들을 부르셨습니다. 그러므로 잠시 동안 당신들이 고난을 당한 후에 그분께서 당신들을 회복시키시고, 지지해 주시고, 당신들을 강하게 하실 것입니다.
그리고 그분께서 당신들을 단단한 기초 우에 두실 것입니다.

11 All power to him forever! Amen.

11 모든 능력이 그분에게 영원하시기를 바랍니다! 아멘.

Peter's Final Greetings

베드로의 마지막 인사들

12 I have written and sent this short letter to you with the help of Silas, whom I commend to you as a faithful brother. My purpose in writing is to encourage you and assure you that what you are experiencing is truly part of God's grace for you. Stand firm in this grace.

12 나는 내가 당신들에게 진실한 형제로 여겨 추천하는 실라의 도움으로 이 짧은 편지를 써서 보냈습니다. 글을 쓴 나의 목적은 당신들을 격려하고 당신들이 경험하고 있는 것이 진실로 당신들을 위한 하나님의 은정의 일부라는 것을 확신시키기 위해서입니다. 이 은정 안에 든든히 서십시오.

13 Your sister church here in Babylon sends you greetings, and so does my son Mark.

13 여기 바벨론에 있는 당신들의 자매 교회가 당신들에게 인사를 보냅니다. 그리고 나의 아들 마가도 인사 보냅니다.

14 Greet each other with Christian love. Peace be with all of you who are in Christ.

14 그리스도를 믿는 사람들의 사랑으로 서로 인사하십시오. 그리스도 안에 있는 당신들 모두에게 평화가 있기를 바랍니다.

2 Peter

베드로의 두 번째 편지

2 Peter

베드로의 두 번째 편지

1

Greetings from Peter

베드로가 보내온 인사

1 **This letter is from Simon Peter, a slave and apostle of Jesus Christ. I am writing to you who share the same precious faith we have. This faith was given to you because of the justice and fairness of Jesus Christ, our God and Savior.**

1 이 편지는 예수 그리스도의 종이고 핵심제자인, 시몬 베드로로부터 온 것입니다. 나는 우리가 가진 동일한 귀한 믿음을 함께 나누는 당신들에게 편지를 쓰고 있습니다. 이 믿음은 우리의 하나님이시고 구세주이신, 예수 그리스도의 정의와 공평으로 하여 당신들에게 주어졌습니다.

2 **May God give you more and more grace and peace as you grow in your knowledge of God and Jesus our Lord.**

2 하나님께서 하나님과 우리 주 예수님에 대한 당신들의 지식에서 자신들이 자라므로써 당신들에게 은정과 평화를 더욱더 주시기를 바랍니다.

Growing in Faith

믿음 속에서 자람

3 **By his divine power, God has given us everything we need for living a godly life. We have received all of this by coming to know him, the one**

who called us to himself by means of his marvelous glory and excellence.

3 하나님께서는, 그분의 신성한 능력으로, 우리가 신앙심이 깊은 삶을 살기 위해 필요로 하는 모든 것을 우리에게 주셨습니다. 우리는 그분을 알게 됨으로써 이 모든 것을 받았습니다. 그분께서는 자신의 놀라운 영광과 탁월함으로 하여 그분 자신에게로 우리를 부르신 분입니다.

4 And because of his glory and excellence, he has given us great and precious promises. These are the promises that enable you to share his divine nature and escape the world's corruption caused by human desires.

4 그리고 그분의 영광과 탁월함 때문에, 그분께서는 우리에게 대단하고 귀중한 약속들을 주셨습니다. 이것들은 당신들로 하여금 그분의 신성한 본성을 함께 나누고 인간의 욕망들에 의해 생기게 되는 세상의 부패를 피하게 하는 약속들입니다.

5 In view of all this, make every effort to respond to God's promises. Supplement your faith with a generous provision of moral excellence, and moral excellence with knowledge,

5 이 모든 것을 고려하여, 하나님의 약속들에 보답하기 위해 모든 노력을 기울이십시오. 당신들의 믿음에 도덕적인 우점에 아낌없는 보살핌을, 그리고 도덕적인 우점에 지식을,

6 and knowledge with self-control, and self-control with patient endurance, and patient endurance with godliness,

6 그리고 지식에 자제력을, 그리고 자제력에 참을성 있는 인내를, 그리고 참을성 있는 인내에 순결한 인격을,

7 and godliness with brotherly affection, and brotherly affection with love for everyone.

7 그리고 순결한 인격에 형제의 애정을, 그리고 형제의 애정에 모든 사람들을 위한 사랑을 더하십시오.

8 The more you grow like this, the more productive and useful you will be in your knowledge of our Lord Jesus Christ.

8 당신들이 이렇게 자라면 자랄수록, 당신들은 우리 주 예수그리스도에 대한 당신들의 지식에서 더욱 더 결실이 많고 쓸모 있게 될 것입니다.

9 But those who fail to develop in this way are shortsighted or blind, forgetting that they have been cleansed from their old sins.

9 그러나 이런 식으로 발전하는 데 실패하는 사람들은 그들이 자기들의 예전의 죄들로부터 깨끗하게 되였다는 것을 잊어버리고, 앞을 내다보지 못하거나 눈이 멀어 있습니다.

10 So, dear brothers and sisters, work hard to prove that you really are

among those God has called and chosen. Do these things, and you will never fall away.

10 그러므로, 사랑하는 형제들과 자매들이여, 당신들이 하나님께서 부르시고 선발하신 사람들 가운데 실제로 있다는 것을 증명하기 위해 열심히 노력하십시오. 이 일들을 실행하십시오, 그러면 당신들은 결코 떨어져 나가지 않을 것입니다.

11 Then God will give you a grand entrance into the eternal Kingdom of our Lord and Savior Jesus Christ.

11 그러면 하나님께서 우리의 주님이시고 구원자이신 예수그리스도의 영원한 나라로 들어가는 당당한 입장권을 당신들에게 주실 것입니다.

Paying Attention to Scripture

하나님말씀책에 주의를 돌리기

12 Therefore, I will always remind you about these things—even though you already know them and are standing firm in the truth you have been taught.

12 그러므로, 나는 당신들에게 이것들에 대해—비록 당신들이 이미 그것들을 알고 있고 당신들이 배운 진리에 굳게 서 있을지라도 항상 상기시킬 것입니다.

13 And it is only right that I should keep on reminding you as long as I live.

13 그리고 내가 살아 있는 한 내가 계속해서 당신들에게 상기시켜야 한다는 것이 옳다고 할 수밖에 없습니다.

14 For our Lord Jesus Christ has shown me that I must soon leave this earthly life,

14 왜냐하면 내가 이 땅의 삶을 곧 떠나야 한다는 것을 우리 주 예수그리스도가 나에게 보여 주셨기 때문입니다.

15 so I will work hard to make sure you always remember these things after I am gone.

15 그러므로 나는 내가 떠난 후에도 당신들이 이런 일들을 반드시 언제나 기억하도록 열심히 노력할 것입니다.

16 For we were not making up clever stories when we told you about the powerful coming of our Lord Jesus Christ. We saw his majestic splendor with our own eyes

16 왜냐하면 우리는 우리 주 예수 그리스도의 위엄 있는 오심에 대해 우리가 당신들에게 말했을 때 교묘한 이야기들을 꾸며 내지 않았기 때문입니다. 우리는 그분의 장엄한 광채를 우리 자신들의 눈으로 보았습

니다.

17 when he received honor and glory from God the Father. The voice from
the majestic glory of God said to him, "This is my dearly loved Son, who
brings me great joy."

17 그때 그분은 하나님 아버지로부터 영예와 영광을 받았습니다. 하나
님의 장엄한 영광으로부터 나오는 목소리가 그분에게 말했습니다. 《이
는 내가 극진히 사랑하는 아들이다. 그는 나에게 커다란 기쁨을 가져
다준다.》

18 We ourselves heard that voice from heaven when we were with him on
the holy mountain.

18 우리는 우리가 거룩한 산 우에 그분과 함께 있었을 때 하늘로부터 그
목소리를 우리 자신들이 들었습니다.

19 Because of that experience, we have even greater confidence in the mes-
sage proclaimed by the prophets. You must pay close attention to what
they wrote, for their words are like a lamp shining in a dark place—until
the Day dawns, and Christ the Morning Star shines in your hearts.

19 그 경험 때문에, 우리는 예언자들에 의해 선포된 그 말씀에 더욱더 큰
확신을 가지고 있습니다. 당신들은 그들이 쓴 것에 주의를 돌려야 합니
다. 왜냐하면 그들의 말들은 어두운 곳에서—날이 밝기까지, 그리고 당
신들의 마음속에 새벽별이신 그리스도가 비치기까지, 빛을 내는 등불
과 같기 때문입니다.

20 Above all, you must realize that no prophecy in Scripture ever came from
the prophet's own understanding,

20 무엇보다도, 당신들은 하나님말씀책의 어떤 예언도 예언자들 자신의
견해로부터 전혀 나오지 않았다는 것을 깨달아야 합니다,

21 or from human initiative. No, those prophets were moved by the Holy
Spirit, and they spoke from God.

21 혹은 그것이 인간적 독창력으로부터 온 것도 아닙니다. 그렇습니다,
그 예언자들은 성령님에 의해 이끌렸습니다, 그리고 그들은 하나님으
로부터 온 것을 말했습니다.

2

The Danger of False Teachers

거짓 선생들에 대한 위험

1 But there were also false prophets in Israel, just as there will be false

teachers among you. They will cleverly teach destructive heresies and even deny the Master who bought them. In this way, they will bring sudden destruction on themselves.

1 그러나 또한 이스라엘에 거짓 예언자들이 있었습니다. 당신들 가운데 거짓 선생들이 있게 될 것과 같습니다. 그들은 파멸적인 허망한 딴 설들을 교묘하게 가르치고 자신들을 값 주고 사신 주님을 배척하기조차 할 것입니다. 이런 식으로, 그들은 그들 자신에게 갑작스런 파멸을 가져오게 될 것입니다.

2 **Many will follow their evil teaching and shameful immorality. And because of these teachers, the way of truth will be slandered.**

2 많은 사람들이 그들의 악한 가르침과 부끄러운 비도덕행위를 따를 것입니다. 그리고 이런 선생들 때문에, 진리의 길이 비난을 받게 될 것입니다.

3 **In their greed they will make up clever lies to get hold of your money. But God condemned them long ago, and their destruction will not be delayed.**

3 자신들의 탐욕으로 그들은 당신들의 돈을 움켜쥐기 위해 교묘한 거짓말을 꾸밀 것입니다. 그러나 하나님께서는 그들에게 오래전에 유죄판결을 내리셨습니다. 그리하여 그들의 파멸은 지연되지 않을 것입니다.

4 **For God did not spare even the angels who sinned. He threw them into hell, in gloomy pits of darkness, where they are being held until the day of judgment.**

4 왜냐하면 하나님께서 죄를 지은 천사들조차도 용서하지 않으셨기 때문입니다. 그분께서 그들을 지옥으로 던지셨고, 어둠의 음산한 구덩이에 있게 하셨습니다. 거기서 그들은 심판의 날까지 갇혀 있습니다.

5 **And God did not spare the ancient world—except for Noah and the seven others in his family. Noah warned the world of God's righteous judgment. So God protected Noah when he destroyed the world of ungodly people with a vast flood.**

5 그리고 하나님께서 옛 세상을—노아와 그의 가족인 다른 일곱 사람을 제외하고는, 용서하지 않으셨습니다. 노아는 하나님의 정의로운 심판에 대하여 세상에 경고하였습니다. 그러므로 하나님께서 거대한 홍수로 죄 많은 사람들의 세상을 파멸시키실 때 그분께서 노아를 보호하셨습니다.

6 **Later, God condemned the cities of Sodom and Gomorrah and turned them into heaps of ashes. He made them an example of what will happen to ungodly people.**

6 후에, 하나님께서 소돔과 고모라 도시들을 유죄판결 하셨고, 그것들을 재더미들로 되게 하셨습니다. 그분께서 그들로 하여금 믿음이 없는 사람들에게 일어날 일에 대한 본보기로 삼으셨습니다.

7 **But God also rescued Lot out of Sodom because he was a righteous man who was sick of the shameful immorality of the wicked people around him.**

7 그러나 하나님께서 롯을 소돔에서 또한 구출해 내셨습니다 왜냐하면 그가 자기 주위의 부정한 사람들의 부끄러운 비도덕에 진절머리가 난 의로운 사람이였기 때문입니다.

8 **Yes, Lot was a righteous man who was tormented in his soul by the wickedness he saw and heard day after day.**

8 그렇습니다, 롯은 날마다 그가 보고 듣는 나쁜 행실로 그의 령혼이 괴로움을 당한 의로운 사람이였습니다.

9 **So you see, the Lord knows how to rescue godly people from their trials, even while keeping the wicked under punishment until the day of final judgment.**

9 그러므로 당신들이 알듯이, 주님께서는 부정한 자들을 마지막 심판의 날까지 계속 벌주고 계시는 동안에도, 어떻게 신성한 사람들을 그들의 고난들로부터 구출해야 할지를 알고 계십니다.

10 **He is especially hard on those who follow their own twisted sexual desire, and who despise authority. These people are proud and arrogant, daring even to scoff at supernatural beings without so much as trembling.**

10 그분께서는 왜곡된 성적 욕망을 따르는 자들과, 권위를 멸시하는 자들에게 특별히 엄격하십니다. 이 사람들은 거만하고 무례해서, 초자연적인 존재들에 대해 떨기는커녕 감히 비웃기까지 하고 있습니다.

11 **But the angels, who are far greater in power and strength, do not dare to bring from the Lord a charge of blasphemy against those supernatural beings.**

11 그러나 능력과 힘에서 훨씬 더 강력한 천사들이지만, 이 초자연적인 존재들에 대한 하나님 모독죄로 주님께 감히 고발하지 않습니다.

12 **These false teachers are like unthinking animals, creatures of instinct, born to be caught and destroyed. They scoff at things they do not understand, and like animals, they will be destroyed.**

12 이 거짓 선생들은, 잡혀서 멸망되도록 태여난, 본능의 동물인, 지각없는 짐승들과 같습니다. 그들은 자기들이 리해하지 못하는 것들에 대해 비웃습니다, 그리고 짐승들처럼, 그들은 멸망될 것입니다.

13 **Their destruction is their reward for the harm they have done. They love to indulge in evil pleasures in broad daylight. They are a disgrace and a stain among you. They delight in deception even as they eat with you in your fellowship meals.**

13 그들의 파멸은 자기들이 한 잘못에 대한 자신들의 보상입니다. 그들은 대낮에 악한 쾌락에 빠지는 것을 좋아합니다. 그들은 당신들 중에 망신거리이고 흠입니다. 그들은 당신들과 함께하는 친선 식사에서 먹는 동안에도 속임수를 즐깁니다.

14 **They commit adultery with their eyes, and their desire for sin is never satisfied. They lure unstable people into sin, and they are well trained in greed. They live under God's curse.**

14 그들은 자기들의 눈으로 부화방탕을 범합니다. 그리고 그들의 죄에 대한 욕망은 결코 만족되지 않습니다. 그들은 넘어지기 쉬운 사람들을 죄로 유혹합니다, 그리하여 그들은 탐욕에 잘 길들여져 있습니다. 그들은 하나님의 저주 아래 삽니다.

15 **They have wandered off the right road and followed the footsteps of Balaam son of Beor, who loved to earn money by doing wrong.**

15 그들은 옳은 길에서 떠나 브올의 아들 발람의 발자취를 따랐습니다, 그는 나쁜 것을 하는 것으로 돈 벌기를 좋아했습니다.

16 **But Balaam was stopped from his mad course when his donkey rebuked him with a human voice.**

16 그러나 발람은 자기의 나귀가 사람의 목소리로 그를 꾸짖었을 때 그의 어리석은 진로에서 멈추어 섰습니다.

17 **These people are as useless as dried-up springs or as mist blown away by the wind. They are doomed to blackest darkness.**

17 이 사람들은 다 말라 버린 우물이나 바람에 의해 날려 다니는 안개처럼 쓸모가 없습니다. 그들은 가장 캄캄한 어둠에 떨어지는 운명에 처해 있습니다.

18 **They brag about themselves with empty, foolish boasting. With an appeal to twisted sexual desires, they lure back into sin those who have barely escaped from a lifestyle of deception.**

18 그들은 그들 자신들에 대해 텅 비고, 어리석은 자랑으로 뽐냅니다. 왜곡된 성적 욕망을 바라며, 그들은 기만의 생활방식에서 간신히 피한 사람들을 다시 죄로 유혹합니다.

19 **They promise freedom, but they themselves are slaves of sin and corruption. For you are a slave to whatever controls you.**

19 그들은 자유를 약속하지만, 그들은 그들 자신들이 죄와 타락의 종들입니다. 왜냐하면 당신들은 자신들을 지배하는 무엇이든지 그것의 종이기 때문입니다.

20 And when people escape from the wickedness of the world by knowing our Lord and Savior Jesus Christ and then get tangled up and enslaved by sin again, they are worse off than before.

20 그리고 사람들이 우리의 주님이고 구세주이신 예수 그리스도를 앎으로써 세상의 나쁜 행실로부터 벗어난 다음, 다시 죄에 휩쓸려 노예가 되였을 때, 그들은 이전보다 더욱 나빠집니다.

21 It would be better if they had never known the way to righteousness than to know it and then reject the command they were given to live a holy life.

21 만일 그들이 옳은 것에 이르는 길을 알고도, 다음에 거룩한 삶을 살기 위해 그들이 받은 명령을 거부하는 것보다, 옳은 것에 이르는 길을 전혀 몰랐더라면 더 좋았을 것입니다.

22 They prove the truth of this proverb: "A dog returns to its vomit." And another says, "A washed pig returns to the mud."

22 그들은 이 속담이 진리임을 증명합니다:《개는 자신이 토한 것에로 돌아간다.》그리고 또 다른 속담이 말합니다.《깨끗이 씻겨진 돼지는 진창으로 돌아간다.》

3

The Day of the Lord Is Coming

주님의 날이 오고 있다

1 This is my second letter to you, dear friends, and in both of them I have tried to stimulate your wholesome thinking and refresh your memory.

1 사랑하는 친구들이여, 이것은 당신들에게 쓰는 나의 두 번째 편지입니다. 두 편지 모두에서 나는 당신들의 건전한 생각을 격려하고 당신들의 기억을 새롭게 하려고 노력했습니다.

2 I want you to remember what the holy prophets said long ago and what our Lord and Savior commanded through your apostles.

2 나는 거룩한 예언자들이 오래전에 말한 것과, 우리의 주님이시고 구세주가 당신들의 핵심제자들을 통해 명령하신 것을 당신들이 기억하기 원합니다.

3 Most importantly, I want to remind you that in the last days scoffers will

come, mocking the truth and following their own desires.

3 가장 중요한 것은, 나는 마지막 날에 비웃는 자들이 진리를 업신여기면서 그리고 그들 자신의 욕망들을 따르면서, 올 것이라는 것을 당신들에게 상기시키려고 합니다.

4 **They will say, "What happened to the promise that Jesus is coming again? From before the times of our ancestors, everything has remained the same since the world was first created."**

4 그들은 말할 것입니다, 《예수가 다시 올 것이라는 약속은 어떻게 되었는가? 우리 선조들의 이전 시기부터, 세상이 처음 창조된 이래, 모든 것이 변함없이 남아 있다.》

5 **They deliberately forget that God made the heavens by the word of his command, and he brought the earth out from the water and surrounded it with water.**

5 그들은 하나님께서 그분의 명령의 말씀으로 하늘을 창조하셨다는 것과, 그분께서 물로부터 땅을 끌어내셨고 그것을 물로 둘러싸신 것을 일부러 잊었습니다.

6 **Then he used the water to destroy the ancient world with a mighty flood.**

6 그다음 그분께서 강력한 홍수로 옛날 세상을 파멸시키기 위해 그 물을 사용하셨습니다.

7 **And by the same word, the present heavens and earth have been stored up for fire. They are being kept for the day of judgment, when ungodly people will be destroyed.**

7 그리고 같은 말씀에 의해, 지금의 하늘과 땅이 불타기 위해 마련되어 있습니다. 그것들은 믿음이 없는 자들이 파멸 될 때인, 심판의 날을 위해 보존되어지고 있습니다.

8 **But you must not forget this one thing, dear friends: A day is like a thousand years to the Lord, and a thousand years is like a day.**

8 사랑하는 친구들이여, 그러나 당신들은 이 한 가지 일을 잊어서는 안됩니다: 주님에게 있어서는 하루가 천 년 같고, 천 년이 하루와 같습니다.

9 **The Lord isn't really being slow about his promise, as some people think. No, he is being patient for your sake. He does not want anyone to be destroyed, but wants everyone to repent.**

9 어떤 사람들이 생각하는 것처럼, 주님은 실제로 자신의 약속을 지연시키시는 것이 아닙니다. 그렇습니다. 그분께서는 당신들의 리익을 위해 참고 계시는 것입니다. 그분께서는 누구도 파멸당하는 것을 원하

지 않으십니다. 그러나 모든 사람들이 뉘우쳐 돌아서기를 바라십니다.

10 But the day of the Lord will come as unexpectedly as a thief. Then the heavens will pass away with a terrible noise, and the very elements themselves will disappear in fire, and the earth and everything on it will be found to deserve judgment.

10 그러나 주님의 날은 도적같이 갑자기 올 것입니다. 그때는 하늘이 끔찍한 큰 웨침소리와 함께 없어질 것이고, 바로 구성 요소들 자체가 불에 타 사라질 것입니다. 그리고 땅과 거기 있는 모든 것이 심판받아 마땅하다고 알려지게 될 것입니다.

11 Since everything around us is going to be destroyed like this, what holy and godly lives you should live,

11 우리 주위에 있는 모든 것이 이처럼 파멸될 것이므로, 당신들이 얼마나 거룩하고 경건한 삶을 살아야 하겠습니까!

12 looking forward to the day of God and hurrying it along. On that day, he will set the heavens on fire, and the elements will melt away in the flames.

12 하나님의 날을 고대하면서 그것이 속히 오도록 민첩하게 서두르십시오. 그날에, 그분께서 하늘에 불을 놓으실 것입니다. 그러면 그 구성요소들이 화염에 휩싸여 녹아 없어질 것입니다.

13 But we are looking forward to the new heavens and new earth he has promised, a world filled with God's righteousness.

13 그러나 우리는 그분께서 약속하신 새 하늘과 새 땅을 간절히 기다리고 있습니다. 이 세상은 하나님의 의로움으로 가득 찼습니다.

14 And so, dear friends, while you are waiting for these things to happen, make every effort to be found living peaceful lives that are pure and blameless in his sight.

14 그러므로, 사랑하는 친구들이여, 당신들이 이러한 일들이 일어날 것을 기다리고 있는 동안, 그분의 눈앞에서 순수하고 비난할 데 없는 평화로운 삶을 살고 있는 것이 나타나도록 모든 노력을 기울이십시오.

15 And remember, our Lord's patience gives people time to be saved. This is what our beloved brother Paul also wrote to you with the wisdom God gave him—

15 그리고 기억하십시오, 우리 주님의 참을성은 사람들에게 구원받을 기회를 줍니다. 이것은 우리의 사랑하는 형제 바울이 하나님께서 그에게 주신 지혜로 당신들에게 또한 쓴 것입니다—

16 speaking of these things in all of his letters. Some of his comments are

hard to understand, and those who are ignorant and unstable have twisted his letters to mean something quite different, just as they do with other parts of Scripture. And this will result in their destruction.

16 그는 그의 모든 편지들에서 이것들에 대해 언급했습니다. 그의 견해 중 어떤 것들은 리해하기가 어렵습니다. 그리하여 무식하고 침착하지 못한 사람들이, 그들이 하나님말씀책의 다른 부분들에서 한 것과 마찬가지로, 그의 편지들을 전혀 다른 어떤 의미로 왜곡시켰습니다. 그리하여 이것은 그들의 파멸의 결과로 나타날 것입니다.

Peter's Final Words

베드로의 마지막 말

17 **I am warning you ahead of time, dear friends. Be on guard so that you will not be carried away by the errors of these wicked people and lose your own secure footing.**

17 사랑하는 친구들이여, 나는 당신들에게 미리 경고하였습니다. 당신들은 이 부정한 사람들의 오류들에 의해 휩쓸려가지 않도록 그리고 당신들이 서 있는 안전한 발판을 잃지 않도록 경계하십시오.

18 **Rather, you must grow in the grace and knowledge of our Lord and Savior Jesus Christ. All glory to him, both now and forever! Amen.**

18 오히려, 당신들은 우리의 주님이시고 구원자이신 예수 그리스도의 은정과 지식에서 자라야 합니다. 그분에 대한 모든 영광이, 지금도 앞으로도 영원히 있기를! 아멘.

1 John

요한의 첫 번째 편지

1 John

요한의 첫 번째 편지

1

Introduction

머리글

1 We proclaim to you the one who existed from the beginning, whom we have heard and seen. We saw him with our own eyes and touched him with our own hands. He is the Word of life.

1 우리는 처음부터 실지로 계셨던 분을 당신들에게 널리 알립니다. 우리가 그분에 대해서 들었고 보았습니다. 우리는 우리의 눈으로 직접 그분을 보았고 우리의 손으로 직접 그분을 만져 보았습니다. 그분은 생명의 말씀이십니다.

2 This one who is life itself was revealed to us, and we have seen him. And now we testify and proclaim to you that he is the one who is eternal life. He was witht he Father, and then he was revealed to us.

2 생명 자체이신 이분이 우리에게 나타나셨고, 그리하여 우리는 그분을 보았습니다. 그리고 지금 우리는 그분이 영원한 생명이신 분이라는 것을 당신들에게 립증하고 널리 알립니다. 그분은 아버지와 함께 계셨고, 그런 다음 그분이 우리에게 나타나셨습니다.

3 We proclaim to you what we ourselves have actually seen and heard so that you may have fellowship with us. And our fellowship is with the Father and with his Son, Jesus Christ.

3 우리는 우리들 자신이 실제로 본 것과 들은 것을 당신들에게 널리 알립니다. 그리하여 당신들이 우리와 함께 사귐을 가질 수 있게 하기 위해서입니다. 그리고 우리의 사귐은 아버지와 그분의 아들, 예수 그리스도와 함께하는 것입니다.

4 We are writing these things so that you may fully share our joy.

4 우리는 당신들이 우리의 기쁨을 충분히 서로 나눌 수 있도록 하기 위해 이러한 것들을 쓰고 있습니다.

Living in the Light
빛 가운데서 살기

5 This is the message we heard from Jesus and now declare to you: God is light, and there is no darkness in him at all.

5 이것이 우리가 예수님으로부터 들었고 지금 당신들에게 널리 알리는 말씀입니다: 하나님은 빛이십니다, 그리고 그분 안에는 전혀 어두움이 없습니다.

6 So we are lying if we say we have fellowship with God but go on living in spiritual darkness; we are not practicing the truth.

6 그러므로 만일 우리가 하나님과 함께 사귄다고 말하면서도 령적인 어둠 속에서 계속 살아가고 있다면, 우리는 거짓말을 하고 있는 것입니다; 우리는 진리를 실천하고 있지 않습니다.

7 But if we are living in the light, as God is in the light, then we have fellowship with each other, and the blood of Jesus, his Son, cleanses us from all sin.

7 그러나 하나님께서 빛 가운데 계신 것처럼, 만일 우리가 빛 가운데 살고 있다면, 그때에는 우리는 서로 사귐을 가지고 있는 것입니다, 그리고 그분의 아드님이신, 예수님의 피가 모든 죄로부터 우리를 깨끗하게 씻어 줍니다.

8 If we claim we have no sin, we are only fooling ourselves and not living in the truth.

8 만일 우리가 아무런 죄가 없다고 주장하면, 우리는 우리 자신들을 속일 뿐이고 진리 안에 살고 있지 않습니다.

9 But if we confess our sins to him, he is faithful and just to forgive us our sins and to cleanse us from all wickedness.

9 그러나 만일 우리가 그분에게 우리의 죄를 자백하면, 그분은 진실하고 공정하셔서 우리의 죄로부터 우리를 용서하고 모든 나쁜 행실로부터 우리를 깨끗이 씻어 주십니다.

10 **If we claim we have not sinned, we are calling God a liar and showing that his word has no place in our hearts.**

10 만일 우리가 죄를 짓지 않았다고 주장한다면, 우리는 하나님을 거짓말쟁이로 여기고 있으며 그분의 말씀이 우리의 마음속 아무 곳에도 없다는 것을 보여 주고 있습니다.

2

1 **My dear children, I am writing this to you so that you will not sin. But if anyone does sin, we have an advocate who pleads our case before the Father. He is Jesus Christ, the one who is truly righteous.**

1 나의 사랑하는 아들딸들이여, 나는 당신들이 죄를 짓지 않도록 당신들에게 이것을 쓰고 있습니다. 그러나 만일 누가 죄를 짓더라도, 우리에게는 아버지 앞에서 우리의 립장을 변호하는 변호인이 있습니다. 그분은 진실로 의로운 분인, 예수 그리스도입니다.

2 **He himself is the sacrifice that atones for our sins—and not only our sins but the sins of all the world.**

2 그분은 그분 자신이 우리의 죄들에 대해—그리고 단지 우리의 죄들뿐만 아니라 온 세상의 죄들—갚아 주시는 희생제물입니다.

3 **And we can be sure that we know him if we obey his commandments.**

3 그러므로 우리가 그분의 명령들을 지킨다면 우리는 우리가 그분을 안다는 것을 확신할 수 있습니다.

4 **If someone claims, "I know God," but doesn't obey God's commandments, that person is a liar and is not living in the truth.**

4 만일 어떤 사람이 《내가 하나님을 안다》라고 주장하면서도, 하나님의 명령들을 지키지 않는다면, 그 사람은 거짓말쟁이고 진리 안에서 살고 있지 않습니다.

5 **But those who obey God's word truly show how completely they love him. That is how we know we are living in him.**

5 그러나 하나님의 말씀을 지키는 사람들은 그들이 얼마나 그분을 전적으로 사랑하는가를 실제로 보여 줍니다. 그것이 우리가 그분 안에 살고 있다는 것을 우리가 아는 방법입니다.

6 **Those who say they live in God should live their lives as Jesus did.**

6 자기들이 하나님 안에 산다고 말하는 사람들은 예수님이 하셨던 것과 꼭 같이 자신들의 삶을 살아야 합니다.

A New Commandment
새로운 명령

7 **Dear friends, I am not writing a new commandment for you; rather it is an old one you have had from the very beginning. This old commandment—to love one another—is the same message you heard before.**

7 사랑하는 친구들이여, 나는 당신들을 위한 새로운 명령을 쓰고 있지 않습니다; 오히려 그것은 맨 처음부터 당신들이 가지고 있던 예전의 명령—서로 사랑하라—당신들이 이전에 들었던 것과 같은 그 말씀입니다.

8 **Yet it is also new. Jesus lived the truth of this commandment, and you also are living it. For the darkness is disappearing, and the true light is already shining.**

8 그러나 그것은 또한 새롭습니다. 예수님은 이 명령의 진리를 실천하셨습니다, 그리고 당신들도 또한 그것을 실천하고 있습니다. 왜냐하면 어둠이 사라져 가고 있고, 참 빛이 이미 빛나고 있기 때문입니다.

9 **If anyone claims, "I am living in the light," but hates a Christian brother or sister, that person is still living in darkness.**

9 만일 어떤 사람이 《나는 빛 가운데 살고 있다》라고 주장하면서도, 그리스도를 믿는 형제나 자매를 미워하면, 그 사람은 아직도 어둠 안에 살고 있는 것입니다.

10 **Anyone who loves another brother or sister is living in the light and does not cause others to stumble.**

10 또 다른 형제나 자매를 사랑하는 누구든지 빛 가운데 살고 있습니다, 그리고 다른 사람들을 걸채여 넘어지게 하지 않습니다.

11 **But anyone who hates another brother or sister is still living and walking in darkness. Such a person does not know the way to go, having been blinded by the darkness.**

11 그러나 또 다른 형제나 자매를 미워하는 누구나는 여전히 어두움 속에 살면서 걷어가고 있습니다. 그와 같은 사람들은 어둠으로 하여 눈이 멀어지게 되면서, 가는 길을 알지 못합니다.

12 **I am writing to you who are God's children because your sins have been forgiven through Jesus.**

12 나는 하나님의 아들딸들인 당신들에게 편지를 쓰고 있습니다. 왜냐하면 당신들의 죄들이 예수님을 통해서 용서되였기 때문입니다.

13 **I am writing to you who are mature in the faith because you know Christ, who existed from the beginning. I am writing to you who are young in the faith because you have won your battle with the evil one.**

13 나는 믿음이 성숙한 당신들에게 쓰고 있습니다. 왜냐하면 당신들이 처음부터 존재하셨던, 그리스도를 알기 때문입니다. 나는 믿음이 어린 당신들에게 쓰고 있습니다. 왜냐하면 당신들이 악한 자들과 싸워서 이겼기 때문입니다.

14 I have written to you who are God's children because you know the Father. I have written to you who are mature in the faith because you know Christ, who existed from the beginning. I have written to you who are young in the faith because you are strong. God's word lives in your hearts, and you have won your battle with the evil one.

14 나는 하나님의 아들딸들인 당신들에게 씁니다. 왜냐하면 당신들이 아버지를 알기 때문입니다. 나는 믿음이 성숙한 당신들에게 씁니다. 왜냐하면, 당신들이 처음부터 존재하신 그리스도를 알기 때문입니다. 나는 믿음 안에서 젊은 당신들에게 씁니다. 왜냐하면 당신들이 강하기 때문입니다. 하나님의 말씀이 당신들의 마음속에 살아 있고, 당신들은 악한 자들과 싸우는 당신들의 싸움에서 이겼습니다.

Do Not Love This World

이 세상을 사랑하지 마십시오

15 Do not love this world nor the things it offers you, for when you love the world, you do not have the love ofthe Father in you.

15 이 세상이나 그것이 당신들에게 권하는 것들을 사랑하지 마십시오, 왜냐하면 당신들이 세상을 사랑할 때, 당신들은 자신들 속에 하나님의 사랑을 가지고 있지 않기 때문입니다.

16 For the world offers only a craving for physical pleasure, a craving for everything we see, and pride in our achievements and possessions. These are not from the Father, but are from this world.

16 왜냐하면 세상은 오직 육체적 쾌락에 대한 열망, 우리가 보는 모든 것에 대한 열망, 그리고 우리의 업적과 소유들에 대한 자랑만을 드러내기 때문입니다. 이것들은 아버지로부터 오는 것이 아니고, 이 세상으로부터 오는 것입니다.

17 And this world is fading away, along with everything that people crave. But anyone who does what pleases God will live forever.

17 그리고 이 세상은 사람들이 열망하는 모든 것들과 함께, 사라져 가고 있습니다. 그러나 하나님을 기쁘시게 하는 것을 하는 사람은 누구나 영원히 살 것입니다.

Warning about Antichrists
그리스도의 반대자들에 대한 경고

18 Dear children, the last hour is here. You have heard that the Antichrist is coming, and already many such antichrists have appeared. From this we know that the last hour has come.

18 사랑하는 아들딸들이여, 마지막 때가 왔습니다. 당신들은 그리그도의 반대자들이 오고 있다는 것을 들었습니다, 그리고 이미 그와 같은 많은 그리스도의 반대자들이 나타났습니다. 이것으로부터 우리는 마지막 때가 왔다는 것을 알고 있습니다.

19 These people left our churches, but they never really belonged with us; otherwise they would have stayed with us. When they left, it proved that they did not belong with us.

19 이 사람들은 우리의 교회들을 떠났습니다, 그러나 그들은 실제로 우리와 함께한 적이 전혀 없습니다; 그렇지 않았다면 그들은 우리와 함께 머물렀을 것입니다. 그들이 떠났을 때, 그것은 그들이 우리와 함께하지 않았다는 것을 립증했습니다.

20 But you are not like that, for the Holy One has given you his Spirit, and all of you know the truth.

20 그러나 당신들은 그와 같지 않습니다, 왜냐하면 거룩하신 분이 당신들에게 그분의 령을 주셨기 때문입니다, 그리하여 당신들 모두는 진리를 알고 있습니다.

21 So I am writing to you not because you don't know the truth but because you know the difference between truth and lies.

21 그러므로 나는 당신들에게 편지를 쓰고 있습니다, 당신들이 진리를 모르기 때문이 아니라 당신들이 진리와 거짓말들 사이의 다른 점을 알기 때문입니다.

22 And who is a liar? Anyone who says that Jesus is not the Christ. Anyone who denies the Father and the Son is an antichrist.

22 그리고 누가 거짓말쟁이입니까? 예수님이 그리스도가 아니라고 말하는 누구나가 그렇습니다. 아버지와 아들을 부정하는 누구라도 그리스도의 반대자입니다.

23 Anyone who denies the Son doesn't have the Father, either. But anyone who acknowledges the Son has the Father also.

23 아들을 부정하는 누구든지 아버지를 또한 모시고 있지 않습니다. 그러나 아들을 인정하는 누구든지 아버지를 역시 모시고 있습니다.

24 So you must remain faithful to what you have been taught from the begin-

ning. If you do, you will remain in fellowship with the Son and with the
Father.

24 그러므로 당신들은 처음부터 당신들이 배운 것에 충실히 남아 있어야 합니다. 만일 당신들이 그렇게 하면, 당신들은 아들과 함께하는 그리고 아버지와 함께하는 사귐 안에 머무를 것입니다.

25 And in this fellowship we enjoy the eternal life he promised us.

25 그리고 이 사귐 안에서 우리는 그분께서 우리에게 약속하신 영원한 생명을 누립니다.

26 I am writing these things to warn you about those who want to lead you astray.

26 나는 당신들을 타락시키려고 하는 사람들에 대하여 당신들에게 경고하기 위해 이런 것들을 쓰고 있습니다.

27 But you have received the Holy Spirit, and he lives within you, so you don't need anyone to teach you what is true. For the Spirit teaches you everything you need to know, and what he teaches is true—it is not a lie. So just as he has taught you, remain in fellowship with Christ.

27 그러나 당신들은 성령을 맞아 들였습니다, 그리하여 그분은 당신들 안에 살고 계십니다, 그러므로 당신들은 자신들에게 무엇이 진리인가를 가르칠 어떤 사람도 필요하지 않습니다. 왜냐하면 성령이 당신들이 알 필요가 있는 모든 것을 당신들에게 가르치기 때문입니다 그리고 그분이 가르치는 것은 진리입니다—그것은 거짓이 아닙니다. 그러므로 그분이 당신들을 가르치신 대로, 그리스도와의 사귐 안에 머무르십시오.

Living as Children of God

하나님의 아들 딸들로 살기

28 And now, dear children, remain in fellowship with Christ so that when he returns, you will be full of courage and not shrink back from him in shame.

28 그리고 이제, 사랑하는 아들딸들이여, 그분이 돌아오실 때, 당신들이 용기로 가득 차서 부끄러움으로 그분으로부터 피하여 뒤걸음질하지 않도록 그리스도와의 사귐 안에 머무르십시오.

29 Since we know that Christ is righteous, we also know that all who do what is right are God's children.

29 우리가 그리스도는 의로우시다는 것을 알기 때문에, 옳은 것을 하는 모든 사람들이 하나님의 아들딸들인 것을 우리 역시 알고 있습니다.

3

1 See how very much our Father loves us, for he calls us his children, and that is what we are! But the people who belong to this world don't recognize that we are God's children because they don't know him.

1 우리의 아버지께서 우리를 얼마나 많이 사랑하시는지를 보십시오, 왜냐하면 그분께서 우리를 자신의 아들딸들이라고 부르시기 때문입니다, 그리고 그것이 우리의 진정한 모습입니다! 그러나 이 세상에 속해 있는 사람들은 그분을 모르기 때문에 우리가 하나님의 아들딸들이라는 것을 알지 못합니다.

2 Dear friends, we are already God's children, but he has not yet shown us what we will be like when Christ appears. But we do know that we will be like him, for we will see him as he really is.

2 사랑하는 친구들이여, 우리는 이미 하나님의 아들딸들입니다, 그러나 그분께서는 그리스도가 나타나실 때 우리가 어떻게 될지는 우리에게 아직 보여 주지 않으셨습니다. 그러나 우리는 우리가 그분처럼 될 것을 알고도 남습니다, 왜냐하면 우리가 그분이 실제 있는 그대로 그분을 볼 것이기 때문입니다.

3 And all who have this eager expectation will keep themselves pure, just as he is pure.

3 그리고 이 간절한 기대를 가지고 있는 모든 사람들은, 그분이 깨끗하신 것처럼 그들 자신을 깨끗하게 지킬 것입니다

4 Everyone who sins is breaking God's law, for all sin is contrary to the law of God.

4 죄를 짓는 모든 사람들이 하나님의 법을 어기고 있습니다, 왜냐하면 모든 죄가 하나님의 법에 어긋나기 때문입니다.

5 And you know that Jesus came to take away our sins, and there is no sin in him.

5 그리고 당신들은 예수님이 우리의 죄들을 없애기 위해서 오신 것을 압니다, 그리고 그분에게는 아무 죄가 없습니다.

6 Anyone who continues to live in him will not sin. But anyone who keeps on sinning does not know him or understand who he is.

6 그분 안에서 계속 사는 누구든지 죄를 짓지 않을 것입니다. 그러나 계속해서 죄를 짓고 있는 사람은 그분을 알지 못하거나 그분이 누구인지 리해하지 못하는 것입니다.

7 Dear children, don't let anyone deceive you about this: When people do

what is right, it shows that they are righteous, even as Christ is righteous.

7 사랑하는 아들딸들이여, 이것에 대해 아무도 당신들을 속이지 못하도
록 하십시오: 사람들이 옳은 일을 할 때, 그것은 그리스도께서 의로우
신 것과 똑같이, 그들이 의롭다는 것을 보여 줍니다.

8 **But when people keep on sinning, it shows that they belong to the devil, who has been sinning since the beginning. But the Son of God came to destroy the works of the devil.**

8 그러나 사람들이 계속해서 죄를 지을 때, 그것은 그들이, 처음부터 줄
곧 죄를 짓고 있는 악마에게 속해 있다는 것을 보여 줍니다. 그러나 하
나님의 아들은 악마의 일들을 짓부시기 위해서 오셨습니다.

9 **Those who have been born into God's family do not make a practice of sinning, because God's life is in them. So they can't keep on sinning, because they are children of God.**

9 하나님의 가족으로 태어난 사람들은 습관적으로 죄를 짓지 않습니
다, 왜냐하면 하나님의 생명이 그들 안에 있기 때문입니다. 그러므로
그들은 계속해서 죄를 지을 수 없습니다, 그들이 하나님의 아들딸들이
기 때문입니다.

10 **So now we can tell who are children of God and who are children of the devil. Anyone who does not live righteously and does not love other believers does not belong to God.**

10 그러므로 이제 우리는 누가 하나님의 아들딸들인지 그리고 누가 악
마의 아들딸들인지 말할 수 있습니다. 의롭게 살지 않고 다른 믿는 사
람들을 사랑하지 않는 사람은 누구든지 하나님께 속해 있지 않습니다.

Love One Another

서로 사랑하십시오

11 **This is the message you have heard from the beginning: We should love one another.**

11 이것이 당신들이 처음부터 들은 말씀입니다: 우리는 서로 사랑해
야 합니다.

12 **We must not be like Cain, who belonged to the evil one and killed his brother. And why did he kill him? Because Cain had been doing what was evil, and his brother had been doing what was righteous.**

12 우리는 가인과 같아서는 안 됩니다, 그는 악마에게 속하였고 자기
동생을 죽였습니다. 그런데 왜 그가 그를 죽였습니까? 왜냐하면 가인
은 악한 일을 하고 있었고, 그의 동생은 의로운 일을 하고 있었기 때문

입니다.

13 So don't be surprised, dear brothers and sisters, if the world hates you.

13 그러므로, 사랑하는 형제들과 자매들이여, 만일 세상이 당신들을 미워하더라도 놀라지 마십시오.

14 If we love our Christian brothers and sisters, it proves that we have passed from death to life. But a person who has no love is still dead.

14 만일 우리가 우리의 그리스도를 믿는 형제들과 자매들을 사랑하면, 그것은 우리가 죽음으로부터 생명으로 옮겨졌다는 것을 증명합니다. 그러나 아무런 사랑이 없는 사람은 여전히 죽어 있습니다.

15 Anyone who hates another brother or sister is really a murderer at heart. And you know that murderers don't have eternal life within them.

15 또 다른 형제나 자매를 미워하는 사람은 누구나 마음으로는 살인자입니다. 그리고 살인자들은 그들 안에 영원한 생명이 없다는 것을 당신들은 알고 있습니다.

16 We know what real love is because Jesus gave up his life for us. So we also ought to give up our lives for our brothers and sisters.

16 우리는 예수님이 우리를 위해 자신의 생명을 바치셨기 때문에 진정한 사랑이 무엇인지 압니다. 그러므로 우리도 우리의 형제들과 자매들을 위해 우리의 생명을 내놓아야 합니다.

17 If someone has enough money to live well and sees a brother or sister in need but shows no compassion—how can God's love be in that person?

17 만일 어떤 사람이 풍족하게 살 수 있는 충분한 돈을 가지고 있고, 어려움에 처한 형제나 자매를 보고도, 아무런 동정심을 보이지 않으면—어떻게 하나님의 사랑이 그 사람 안에 있을 수 있습니까?

18 Dear children, let's not merely say that we love each other; let us show the truth by our actions.

18 사랑하는 아들딸들이여, 우리가 서로 사랑한다는 것을 말로만 하지 맙시다; 우리의 행동으로 진리를 보여 줍시다.

19 Our actions will show that we belong to the truth, so we will be confident when we stand before God.

19 우리의 행동이 우리가 진리에 속했다는 것을 보여 줄 것입니다. 그러므로 우리가 하나님 앞에 설 때 우리는 확신을 가지게 될 것입니다.

20 Even if we feel guilty, God is greater than our feelings, and he knows everything.

20 만일 우리가 죄악감을 느낀다 해도, 하나님께서는 우리의 마음보다 더 크십니다. 그리고 그분은 모든 것을 아십니다.

21 **Dear friends, if we don't feel guilty, we can come to God with bold confidence.**

21 사랑하는 친구들이여, 만일 우리가 죄악감을 느끼지 않으면, 우리는 대담한 확신을 가지고 하나님께로 갈 수 있습니다.

22 **And we will receive from him whatever we ask because we obey him and do the things that please him.**

22 그리고 우리가 그분에게 복종하고 그분을 기쁘시게 하는 일들을 하기 때문에 우리는 그분으로부터 우리가 요구하는 것은 무엇이든지 받을 것입니다.

23 **And this is his commandment: We must believe in the name of his Son, Jesus Christ, and love one another, just as he commanded us.**

23 그리고 이것이 그분의 명령입니다: 우리는 그분의 아들의 이름, 예수 그리스도를 믿어야 합니다, 그리고 그분이 우리에게 명령하신 대로, 서로 사랑해야 합니다.

24 **Those who obey God's commandments remain in fellowship with him, and he with them. And we know he lives in us because the Spirit he gave us lives in us.**

24 하나님의 명령들을 지키는 사람들은 그분과의 사귐 안에 머물고, 그분은 그들과 함께 계십니다. 그리고 그분께서 우리에게 주신 성령님이 우리 안에 사시기 때문에 우리는 그분이 우리 안에 살고 계시는 것을 압니다.

4

Discerning False Prophets

거짓 예언자들을 분간하기

1 **Dear friends, do not believe everyone who claims to speak by the Spirit. You must test them to see if the spirit they have comes from God. For there are many false prophets in the world.**

1 사랑하는 친구들이여, 성령으로 말한다고 주장하는 모든 사람을 믿지 마십시오. 당신들은 그들에게 있는 령이 하나님으로부터 오는지 보기 위해 그들을 검토해야 합니다. 왜냐하면 세상에 많은 거짓 예언자들이 있기 때문입니다.

2 **This is how we know if they have the Spirit of God: If a person claiming to be a prophet acknowledges that Jesus Christ came in a real body, that person has the Spirit of God.**

2 이것이 그들이 하나님의 령인가를 우리가 아는 방법입니다: 예언자라고 주장하고 있는 사람이 예수 그리스도가 실제의 몸으로 오신 것을 인정하면, 그 사람은 하나님의 령을 받은 것입니다.

3 **But if someone claims to be a prophet and does not acknowledge the truth about Jesus, that person is not from God. Such a person has the spirit of the Antichrist, which you heard is coming into the world and indeed is already here.**

3 그러나 어떤 사람이 예언자라고 주장하면서 예수님에 대한 진리를 인정하지 않으면, 그 사람은 하나님으로부터 온 것이 아닙니다. 그와 같은 사람은 그리스도를 반대하는 령을 가지고 있습니다, 당신들은 그리스도 반대자들이 세상으로 오리라는 것을 들었고 실제로 이미 여기 있습니다.

4 **But you belong to God, my dear children. You have already won a victory over those people, because the Spirit who lives in you is greater than the spirit who lives in the world.**

4 그러나 나의 사랑하는 아들딸들이여, 당신들은 하나님에게 속해 있습니다. 당신들은 저 사람들을 이기고 이미 승리를 얻었습니다, 왜냐하면 당신들 안에 사는 성령은 세상에서 사는 령보다 더 크시기 때문입니다.

5 **Those people belong to this world, so they speak from the world's viewpoint, and the world listens to them.**

5 저 사람들은 이 세상에 속해 있습니다, 그러므로 그들은 세상의 견지에서 말하고, 세상은 그들의 말을 듣습니다.

6 **But we belong to God, and those who know God listen to us. If they do not belong to God, they do not listen to us. That is how we know if someone has the Spirit of truth or the spirit of deception.**

6 그러나 우리는 하나님에게 속해 있고, 하나님을 아는 사람들은 우리의 말을 듣습니다. 만일 그들이 하나님에게 속해 있지 않다면, 그들은 우리의 말을 듣지 않습니다. 그것이 어떤 사람이 진리의 령 혹은 거짓의 령을 받고 있는가를 우리가 아는 방법입니다.

Loving One Another

서로 사랑하기

7 **Dear friends, let us continue to love one another, for love comes from God. Anyone who loves is a child of God and knows God.**

7 사랑하는 친구들이여, 서로 사랑하기 계속합시다. 왜냐하면 사랑은 하나님으로부터 오기 때문입니다. 사랑하는 사람은 누구나 하나님의 아들

딸들이고 하나님을 알고 있습니다.

8 **But anyone who does not love does not know God, for God is love.**

8 그러나 사랑하지 않는 사람은 누구나 하나님을 모릅니다, 왜냐하면 하나님은 사랑이시기 때문입니다.

9 **God showed how much he loved us by sending his one and only Son into the world so that we might have eternal life through him.**

9 하나님께서는 우리가 그분을 통해서 영생을 얻도록 자신의 오직 하나뿐인 아드님을 이 세상에 보내심으로써, 그분이 우리를 얼마나 많이 사랑하셨는가를 보여 주셨습니다.

10 **This is real love—not that we loved God, but that he loved us and sent his Son as a sacrifice to take away our sins.**

10 이것이 진정한 사랑입니다—우리가 하나님을 사랑한 것이 아니라, 그분께서 우리를 사랑하셨고 우리의 죄들을 없애기 위한 희생제물로서 자신의 아드님을 보내 주셨습니다.

11 **Dear friends, since God loved us that much, we surely ought to love each other.**

11 사랑하는 친구들이여, 하나님께서 그만큼 우리를 사랑하셨으므로, 우리도 서로 사랑해야 합니다.

12 **No one has ever seen God. But if we love each other, God lives in us, and his love is brought to full expression in us.**

12 아무도 하나님을 본 적이 없습니다. 그러나 우리가 서로 사랑하면, 하나님께서 우리 안에 계시고, 그분의 사랑이 우리 안에서 완전히 표현되어집니다.

13 **And God has given us his Spirit as proof that we live in him and he in us.**

13 그리고 우리가 그분 안에 살고 그분께서 우리 안에 사신다는 증거로서, 하나님께서는 자신의 령을 우리에게 주셨습니다.

14 **Furthermore, we have seen with our own eyes and now testify that the Father sent his Son to be the Savior of the world.**

14 게다가, 우리는 아버지께서 자신의 아드님을 세상의 구세주가 되게 보내신 것을 우리 자신의 눈으로 직접 보았고 그리고 지금 증언합니다.

15 **All who confess that Jesus is the Son of God have God living in them, and they live in God.**

15 예수님이 하나님의 아드님이신 것을 고백하는 모든 사람은 그들 안에 하나님이 살아 계시고, 그들은 하나님 안에 살고 있습니다.

16 **We know how much God loves us, and we have put our trust in his love. God is love, and all who live in love live in God, and God lives in them.**

16 우리는 하나님께서 얼마나 많이 우리를 사랑하시는가를 알고 있으며, 우리는 그분의 사랑에 우리의 믿음을 두었습니다. 하나님은 사랑이십니다, 그리하여 사랑 안에 사는 모든 사람들이 하나님 안에 살고, 하나님은 그들 안에 살고 계십니다.

17 **And as we live in God, our love grows more perfect. So we will not be afraid on the day of judgment, but we can face him with confidence because we live like Jesus here in this world.**

17 그리고 우리가 하나님 안에 사는 동안, 우리의 사랑은 더 완전하게 자랍니다. 그러므로 우리는 심판의 날에 두려워하지 않을 것입니다, 그러나 우리가 여기 이 세상에서 예수님처럼 살기 때문에 우리는 확신을 가지고 그분을 대할 수 있습니다.

18 **Such love has no fear, because perfect love expels all fear. If we are afraid, it is for fear of punishment, and this shows that we have not fully experienced his perfect love.**

18 그러한 사랑은 아무런 두려움이 없습니다, 왜냐하면 완전한 사랑은 모든 두려움을 내쫓기 때문입니다. 만일 우리가 두렵다면, 그것은 처벌에 대한 두려움입니다, 그리고 이것은 우리가 그분의 완전한 사랑을 충분히 경험하지 않았다는 것을 보여 줍니다.

19 **We love each other because he loved us first.**

19 우리는 그분께서 먼저 사랑하셨기 때문에 우리는 서로 사랑합니다.

20 **If someone says, "I love God," but hates a Christian brother or sister, that person is a liar; for if we don't love people we can see, how can we love God, whom we cannot see?**

20 만일 어떤 사람이 《나는 하나님을 사랑합니다.》라고 말하면서도 그리스도를 믿는 형제나 자매를 미워하면, 그 사람은 거짓말쟁이입니다; 왜냐하면 만일 우리가 볼 수 있는 사람들을 사랑하지 않는다면, 우리가 볼 수 없는 분인, 하나님을 어떻게 사랑할 수 있습니까?

21 **And he has given us this command: Those who love God must also love their Christian brothers and sisters.**

21 그리고 그분께서 우리에게 이 명령을 주셨습니다: 하나님을 사랑하는 사람들은 그리스도를 믿는 그들의 형제들과 자매들을 또한 사랑해야 합니다.

5

Faith in the Son of God

하나님의 아들에 대한 믿음

1 **Everyone who believes that Jesus is the Christ has become a child of God. And everyone who loves the Father loves his children, too.**

1 예수님이 그리스도인 것을 믿는 모든 사람은 하나님의 아들딸이 되었습니다. 그리고 아버지를 사랑하는 모든 사람은 그분의 아들딸도 사랑합니다.

2 **We know we love God's children if we love God and obey his commandments.**

2 만일 우리가 하나님을 사랑하고 그분의 명령들을 지킨다면, 우리는 하나님의 아들딸들을 사랑하고 있다는 것을 압니다.

3 **Loving God means keeping his commandments, and his commandments are not burdensome.**

3 하나님을 사랑한다는 것은 그분의 명령들을 지키는 것을 의미합니다. 그리고 그분의 명령들은 부담이 되지 않습니다.

4 **For every child of God defeats this evil world, and we achieve this victory through our faith.**

4 왜냐하면 하나님의 모든 아들딸들이 이 악한 세상을 타승하기 때문입니다. 그리고 우리는 우리의 믿음을 통해서 이 승리를 쟁취합니다.

5 **And who can win this battle against the world? Only those who believe that Jesus is the Son of God.**

5 그리고 누가 세상을 반대하는 이 싸움을 이길 수 있습니까? 오직 예수님이 하나님의 아드님이신 것을 믿는 사람들뿐입니다.

6 **And Jesus Christ was revealed as God's Son by his baptism in water and by shedding his blood on the cross—not by water only, but by water and blood. And the Spirit, who is truth, confirms it with his testimony.**

6 그리고 예수 그리스도는 그분이 받으신 물세례로 그리고 십자사형틀에서—단지 물로만이 아니라, 물과 피에 의해서—자신의 피를 흘리심으로써 하나님의 아들로 나타내 보이셨습니다. 그리고 진리이신 성령님이 자신의 증언으로 그것을 확증하십니다.

7 **So we have these three witnesses—**

7 그러므로 우리에게는 이 세 가지 확증들이 있습니다—

8 **the Spirit, the water, and the blood—and all three agree.**

8 성령님, 물, 그리고 피입니다—그리고 셋 모두가 일치합니다.

9 **Since we believe human testimony, surely we can believe the greater testimony that comes from God. And God has testified about his Son.**

9 우리가 사람의 증언을 믿기에, 응당 우리는 하나님으로부터 오는 더 큰 증거를 믿을 수 있습니다. 그리고 하나님은 그분의 아들에 대해서 증거하셨습니다.

10 **All who believe in the Son of God know in their hearts that this testimony is true. Those who don't believe this are actually calling God a liar because they don't believe what God has testified about his Son.**

10 하나님의 아들을 믿는 모든 사람은 이 증언이 진실이라는 것을 그들의 마음속에 알고 있습니다. 이것을 믿지 않는 사람들은 하나님께서 자신의 아들에 대해 증거하신 것을 그들이 믿지 않기 때문에 사실상 하나님을 거짓말쟁이로 부르고 있습니다.

11 **And this is what God has testified: He has given us eternal life, and this life is in his Son.**

11 그리고 이것이 하나님께서 증거하신 것입니다: 그분께서 우리에게 영원한 생명을 주셨고, 이 생명은 그분의 아들 안에 있습니다.

12 **Whoever has the Son has life; whoever does not have God's Son does not have life.**

12 아들을 모시고 있는 사람은 누구나 생명을 가졌습니다; 하나님의 아들을 모시고 있지 않은 사람은 누구나 생명을 가지고 있지 않습니다.

Conclusion
결론

13 **I have written this to you who believe in the name of the Son of God, so that you may know you have eternal life.**

13 나는 하나님의 아들의 이름을 믿는 당신들에게 이것을 썼습니다. 그리하여 당신들이 영원한 생명을 가졌다는 것을 알게 하기 위해서입니다.

14 **And we are confident that he hears us whenever we ask for anything that pleases him.**

14 그리고 우리는 우리가 그분을 기쁘시게 하는 어떤 것을 요구할 때마다, 그분께서 우리에게 귀를 기우리신다는 것을 확신합니다.

15 **And since we know he hears us when we make our requests, we also know that he will give us what we ask for.**

15 그리고 우리가 우리의 요청들을 할 때 그분께서 우리에게 귀를 기우리시는 것을 우리가 알기 때문에, 우리는 그분께서 우리가 요구하는 것

을 우리에게 주실 것을 또한 압니다.

16 If you see a Christian brother or sister sinning in a way that does not lead to death, you should pray, and God will give that person life. But there is a sin that leads to death, and I am not saying you should pray for those who commit it.

16 만일 당신들이 그리스도를 믿는 한 형제나 자매가 죽음에 이르지 않는 죄를 짓는 것을 보면, 당신들은 기도해야 합니다, 그러면 하나님께서 그 사람에게 생명을 주실 것입니다. 그러나 죽음에 이르게 하는 죄라면, 내가 그것을 저지르는 사람을 위해 당신들이 기도해야 한다고 말하지는 않습니다.

17 All wicked actions are sin, but not every sin leads to death.

17 모든 악한 행동들이 죄이지만, 그러나 모든 죄가 죽음에 이르게 하는 것은 아닙니다.

18 We know that God's children do not make a practice of sinning, for God's Son holds them securely, and the evil one cannot touch them.

18 우리는 하나님의 아들딸들이 습관적으로 죄를 짓지 않는다는 것을 압니다, 왜냐하면 하나님의 아드님이 그들을 안전하게 붙들고 계시기 때문입니다, 그리하여 악한 자가 그들을 해칠 수 없습니다.

19 We know that we are children of God and that the world around us is under the control of the evil one.

19 우리는 우리가 하나님의 아들딸들인 것과 그리고 우리를 둘러싼 세상이 악한 자의 지배 아래 있다는 것을 알고 있습니다.

20 And we know that the Son of God has come, and hehas given us understanding so that we can know the true God. And now we live in fellowship with the true God because we live in fellowship with his Son, Jesus Christ. He is the only true God, and he is eternal life.

20 그리고 우리는 하나님의 아드님이 오셨다는 것과, 우리가 참되신 하나님을 알 수 있도록 그분이 우리에게 깨달음을 주셨다는 것을 알고 있습니다. 그리고 이제 우리가 그분의 아들, 예수 그리스도와 함께하는 사귐 속에 살기 때문에 우리는 참되신 하나님과 함께하는 사귐 속에서 삽니다. 그분만이 오직 참되신 하나님이시고, 그분이 영원한 생명이십니다.

21 Dear children, keep away from anything that might take God's place in your hearts.

21 사랑하는 아들딸들이여, 하나님의 자리를 차지하게 하는 어떤 것이든 당신들의 마음에서 멀리 하십시오.

2 John

요한의 두 번째 편지

2 John

요한의 두 번째 편지

1

Greetings

인사

1 This letter is from John, the elder. I am writing to the chosen lady and to her children, whom I love in the truth—as does everyone else who knows the truth—

1 이 편지는 장로인, 요한으로부터 온 것입니다. 나는 선택된 부인과 그 녀자의 아들 딸들에게 편지를 쓰고 있습니다, 나는 진리 안에서 그들을 사랑합니다—진리를 아는 다른 모든 사람이 그러하듯이—

2 because the truth lives in us and will be with us forever.

2 왜냐하면 진리가 우리 안에 살고 있고 우리와 함께 영원히 있을 것이기 때문입니다.

3 Grace, mercy, and peace, which come from God the Father and from Jesus Christ—the Son of the Father—will continue to be with us who live in truth and love.

3 하나님 아버지와 아버지의 아들인 예수 그리스도로부터 오는, 은정과 자비 그리고 평화가, 진리와 사랑 안에 살고 있는 우리와 함께 계속 있을 것입니다.

Live in the Truth

진리 안에서 사십시오

4 How happy I was to meet some of your children and find them living according to the truth, just as the Father commanded.

4 내가 당신의 아들 딸들 가운데 몇 사람들을 만나서 아버지께서 명령하신 대로, 진리를 따라 살고 있는 그들을 보면서 얼마나 기뻤는지 모릅니다.

5 I am writing to remind you, dear friends, that we should love one another. This is not a new commandment, but one we have had from the beginning.

5 사랑하는 친구들이여, 나는 우리가 서로 사랑해야 한다는 것을, 당신들에게 상기시키려고 편지를 쓰고 있습니다. 이것은 새로운 명령이 아니라, 우리가 처음부터 가지고 있던 것입니다.

6 Love means doing what God has commanded us, and he has commanded us to love one another, just as you heard from the beginning.

6 사랑은 하나님께서 우리에게 명령하신 것을 실행하는 것을 의미합니다, 그리고 그분께서 당신들이 처음부터 들은 대로, 우리에게 서로 사랑하라고 명령하셨습니다.

7 I say this because many deceivers have gone out into the world. They deny that Jesus Christ came in a real body. Such a person is a deceiver and an antichrist.

7 내가 이것을 말하는 것은 많은 속이는 자들이 이 세상에 나타났기 때문입니다. 그들은 예수 그리스도가 실제의 몸으로 오신 것을 부정합니다. 그와 같은 사람은 사기군이고 그리스도의 적입니다.

8 Watch out that you do not lose what we have worked so hard to achieve. Be diligent so that you receive your full reward.

8 당신들은 우리가 그토록 열심히 일해서 이룩한 것을 잃지 않도록 주의하십시오. 당신들은 자신들의 충분한 보상을 받기 위해 부지런하십시오.

9 Anyone who wanders away from this teaching has no relationship with God. But anyone who remains in the teaching of Christ has a relationship with both the Father and the Son.

9 이 가르침으로부터 멀어지는 어느 누구도 하나님과 아무 관계가 없습니다. 그러나 그리스도의 가르침에 계속해서 머물러 있는 누구나 아버지와 아들 두 분 모두와 관계가 있습니다.

10 If anyone comes to your meeting and does not teach the truth about

Christ, don't invite that person into your home or give any kind of encouragement.

10 만일 어떤 사람이 당신들의 모임에 와서 그리스도에 대한 진리를 가르치지 않으면, 그런 사람을 당신들의 집으로 초대하거나 어떤 종류의 격려도 하지 마십시오.

11 **Anyone who encourages such people becomes a partner in their evil work.**

11 그와 같은 사람을 고무하는 누구라도 그들의 악한 일에서 협력자가 됩니다.

Conclusion

결론

12 **I have much more to say to you, but I don't want to do it with paper and ink. For I hope to visit you soon and talk with you face to face. Then our joy will be complete.**

12 나는 당신들에게 이야기할 더 많은 것이 있습니다, 그러나 나는 종이와 잉크로 그것을 하고 싶지 않습니다. 왜냐하면 나는 당신들을 곧 방문하여 얼굴을 맞대고 당신들과 함께 이야기하기를 바라기 때문입니다. 그러면 우리의 기쁨이 완전해질 것입니다.

13 **Greetings from the children of your sister, chosen by God.**

13 하나님에 의해 선택된, 당신들 자매들의 아들딸들이 인사를 전합니다.

3 John

요한의 세 번째 편지

3 John

요한의 세 번째 편지

1

Greetings

인사

1 **This letter is from John, the elder. I am writing to Gaius, my dear friend, whom I love in the truth.**

1 이 편지는 장로인, 요한으로부터 온 것입니다. 나는 내가 진리 안에서 사랑하는, 나의 사랑하는 친구, 가이오에게 편지를 쓰고 있습니다.

2 **Dear friend, I hope all is well with you and that you are as healthy in body as you are strong inspirit.**

2 사랑하는 친구여, 나는 당신의 모든 일이 잘되고 당신이 령 안에서 강한 것처럼 당신이 육체에서도 건강하기를 바랍니다.

3 **Some of the traveling teachers recently returned and made me very happy by telling me about your faithfulness and that you are living according to the truth.**

3 현지답사 선생들 가운데 몇 사람이 최근에 돌아왔습니다. 그리고 그들로부터 당신의 성실함에 대한 것과 당신이 진리에 따라 살고 있다는 것을 내가 들으므로써 나를 매우 기쁘게 했습니다.

4 **I could have no greater joy than to hear that my children are following the truth.**

4 나는 나의 아들딸들이 진리를 따르고 있다는 것을 듣는 것보다 더 큰

기쁨이 있을 수 없습니다.

Caring for the Lord's Workers
주님의 일군들을 돌보기

5 Dear friend, you are being faithful to God when you care for the traveling teachers who pass through, even though they are strangers to you.

5 사랑하는 친구여, 현지답사 선생들이 당신에게 낯선 사람들이긴 하지만, 당신이 거쳐 지나가는 그들을 돌볼 때, 당신은 하나님께 충성을 다하고 있는 것입니다.

6 They have told the church here of your loving friendship. Please continue providing for such teachers in a manner that pleases God.

6 그들은 여기 교회들에서 당신의 애정 어린 우정에 대해서 말했습니다. 부디 그러한 선생들을 하나님을 기쁘시게 하는 몸가짐으로 계속해서 보살펴 주십시오.

7 For they are traveling for the Lord, and they accept nothing from people who are not believers.

7 왜냐하면 그들이 주님을 위해서 려행하고 있기 때문입니다, 그리고 그들은 그리스도를 믿지 않는 사람들로부터는 아무것도 받지 않습니다.

8 So we ourselves should support them so that we can be their partners as they teach the truth.

8 그러므로 우리가 그들이 진리를 가르치는 동안 그들의 협력자가 될 수 있도록, 우리 스스로가 그들을 뒤바침해야 합니다.

9 I wrote to the church about this, but Diotrephes, who loves to be the leader, refuses to have anything to do with us.

9 나는 이것에 대해 교회에 편지를 썼습니다, 그러나 통솔자가 되기를 좋아하는 디오드레베는 우리와 어떤 관계도 맺기를 거절합니다.

10 When I come, I will report some of the things he is doing and the evil accusations he is making against us. Not only does he refuse to welcome the traveling teachers, he also tells others not to help them. And when they do help, he puts them out of the church.

10 내가 갈 때, 나는 그가 하고 있는 일들 중에서 몇 가지와 그가 우리를 반대하여 지어 내고 있는 악한 비방들을 알리겠습니다. 그는 현지답사 선생들 환영하기를 거절할 뿐만 아니라, 또한 그는 다른 사람들에게 그들을 돕지 말라고 말합니다. 그리고 다른 사람들이 그래도 그들을 도울 때, 그는 그들을 교회로부터 내쫓습니다.

11 Dear friend, don't let this bad example influence you. Follow only what is

good. Remember that those who do good prove that they are God's children, and those who do evil prove that they do not know God.

11 사랑하는 친구여, 이 나쁜 본보기에서 당신은 영향을 받지 마십시오. 오로지 좋은 것만을 따르십시오. 좋은 일을 하는 사람들은 그들이 하나님의 아들딸들인 것을 립증한다는 것과, 악한 일을 하는 사람들은 그들이 하나님을 모른다는 것을 립증한다는 것을 기억하십시오.

12 **Everyone speaks highly of Demetrius, as does the truth itself. We ourselves can say the same for him, and you know we speak the truth.**

12 진리 자체가 그렇듯이, 모든 사람이 데메드리오를 칭찬합니다. 우리 자신도 그에 대해 동일한 것을 말할 수 있습니다, 그리고 당신은 우리가 진실을 말한다는 것을 압니다.

Conclusion

결론

13 **I have much more to say to you, but I don't want to write it with pen and ink.**

13 나는 당신에게 말할 훨씬 더 많은 것이 있습니다, 그러나 나는 펜과 잉크로 그것을 쓰고 싶지 않습니다.

14 **For I hope to see you soon, and then we will talk face to face.**

14 왜냐하면 내가 곧 당신을 만나기를 원하기 때문입니다, 그리하여 다음에 우리는 얼굴을 마주보고 말할 것입니다.

15 **Peace be with you. Your friends here send you their greetings. Please give my personal greetings to each of our friends there.**

15 평화가 당신에게 있기를 바랍니다. 여기 있는 당신의 친구들이 그들의 인사를 전합니다. 거기 있는 우리의 친구들 모두에게 나의 개인적인 인사를 전해 주십시오.

Jude

유다의 편지

Jude

유다의 편지

1

Greetings from Jude

유다가 보내는 인사

1 This letter is from Jude, a slave of Jesus Christ and a brother of James. I am writing to all who have been called by God the Father, who loves you and keeps you safe in the care of Jesus Christ.

1 이 편지는 예수 그리스도의 종이고 야고보의 형제인, 유다로부터 온 것입니다. 나는 하나님 아버지에 의해 부름을 받은 모든 사람들에게 편지를 쓰고 있습니다. 하나님께서 당신들을 사랑하시고 당신들을 예수 그리스도의 보살핌 속에서 안전하게 지키십니다.

2 May God give you more and more mercy, peace, and love.

2 하나님께서 당신들에게 은정, 평화, 그리고 사랑을 더욱더 주시기를 바랍니다.

The Danger of False Teachers

거짓 선생들의 위험

3 Dear friends, I had been eagerly planning to write to you about the salvation we all share. But now I find that I must write about something else, urging you to defend the faith that God has entrusted once for all time to his holy people.

3 사랑하는 친구들이여, 나는 우리 모두가 함께 누리는 구원에 대해 당신들에게 쓰려고 열심히 계획하고 있었습니다. 그러나 지금 나는 하나님께서 자신의 거룩한 백성들에게 영원히 단번에 맡기신 믿음을 당신들이 지킬 것을 권고하면서, 내가 다른 것에 대해서도 써야 한다는 것을 알았습니다.

4 I say this because some ungodly people have wormed their way into your churches, saying that God's marvelous grace allows us to live immoral lives. The condemnation of such people was recorded long ago, for they have denied our only Master and Lord, Jesus Christ.

4 나는 이것을 말합니다. 왜냐하면 하나님의 놀라운 은정이 우리로 하여금 비도덕적인 삶을 살게 허용한다는 것을 말하면서, 신앙심이 없는 몇 사람이 당신들의 교회에 교묘하게 들어왔기 때문입니다. 이러한 사람들에 대한 규탄은 오래전에 기록되였습니다, 왜냐하면 그들이 우리의 유일한 주인이고 주님이신, 예수 그리스도를 부정했기 때문입니다.

5 So I want to remind you, though you already know these things, that Jesus first rescued the nation of Israel from Egypt, but later he destroyed those who did not remain faithful.

5 그러므로 예수님이 일찌기 에짚트로부터 이스라엘 백성을 구원하셨다는 것을, 당신들이 이미 이러한 것들을 알고 있었음에도 불구하고, 후에 그분이 믿음을 지키지 않았던 사람들을 멸망시키신 것을, 나는 당신들에게 상기시키기를 원합니다.

6 And I remind you of the angels who did not stay within the limits of authority God gave them but left the place where they belonged. God has kept them securely chained in prisons of darkness, waiting for the great day of judgment.

6 그리고 나는 하나님께서 그 천사들에게 주신 권위의 한계 내에 머물지 않고 오히려 그들이 속했던 자리를 떠난 천사들을 당신들에게 상기시킵니다. 하나님께서 그 심판의 큰 날을 기다리면서, 그들을 단단히 사슬로 묶어 어둠의 감옥에 가두어 두셨습니다.

7 And don't forget Sodom and Gomorrah and their neighboring towns, which were filled with immorality and every kind of sexual perversion. Those cities were destroyed by fire and serve as a warning of the eternal fire of God's judgment.

7 그리고 소돔과 고모라와 그것들이 린접한 도시들을 잊지 마십시오, 그것들은 비도덕적 행위와 온갖 종류의 성적인 변태로 가득 차 있었습니다. 이런 도시들은 불로 멸망되였고 하나님의 심판의 영원한 불에 대한

경고로서 다루어집니다.

8 **In the same way, these people—who claim authority from their dreams—live immoral lives, defy authority, and scoff at supernatural beings.**

8 같은 방법으로, 이런 사람들은—그들의 헛된 꿈에 대한 근거를 주장하는—비도덕적인 삶을 살고, 권위를 무시합니다. 그리고 령적인 존재들에 대해 비웃습니다.

9 **But even Michael, one of the mightiest of the angels, did not dare accuse the devil of blasphemy, but simply said, "The Lord rebuke you!" (This took place when Michael was arguing with the devil about Moses' body.)**

9 그러나 가장 힘 있는 천사들 중 하나인 미가엘조차도 하나님을 모독하는 악마를 대담하게 비난하지 않았습니다. 오직 진실하게 《주께서 너를 꾸짖으신다.》라고 말했습니다. (이것은 미가엘이 모세의 시체에 대해 악마와 다투고 있을 때 일어났습니다.)

10 **But these people scoff at things they do not understand. Like unthinking animals, they do whatever their instincts tell them, and so they bring about their own destruction.**

10 그러나 이런 사람들은 그들이 리해하지 못하는 것들에 대해 비웃습니다. 생각 없는 동물들처럼, 그들은 자신들의 본능이 그들에게 말하는 것은 무엇이든 그것을 합니다, 그러므로 그들은 자신들의 멸망을 스스로 초래합니다.

11 **What sorrow awaits them! For they follow in the footsteps of Cain, who killed his brother. Like Balaam, they deceive people for money. And like Korah, they perish in their rebellion.**

11 얼마나 큰 슬픔이 그들을 기다리고 있는가! 왜냐하면 그들은 자기 동생을 죽인 가인의 발자취를 따르고 있기 때문입니다. 발람처럼, 그들은 돈을 위해서 사람들을 속입니다. 그리고 고라처럼, 그들은 자신들의 반란으로 멸망합니다.

12 **When these people eat with you in your fellowship meals commemorating the Lord's love, they are like dangerous reefs that can shipwreck you. They are like shameless shepherds who care only for themselves. They are like clouds blowing over the land without giving any rain. They are like trees in autumn that are doubly dead, for they bear no fruit and have been pulled up by the roots.**

12 이 사람들이 당신들이 주님의 사랑을 기념하는 교제의 식사를 당신들과 함께할 때, 그들은 당신들을 파멸시킬 수 있는 위험한 여울과 같습니다. 그들은 단지 자기 자신들만을 돌보는 파렴치한 목동들과 같습니

다. 그들은 아무 비도 주지 않고 땅 우에 지나가는 구름과 같습니다. 그들은 두 번이나 죽은 가을철 나무들과 같습니다. 왜냐하면 그들은 아무 열매도 맺지 않고 뿌리채 뽑혀져 있기 때문입니다.

13 They are like wild waves of the sea, churning upthe foam of their shameful deeds. They are like wandering stars, doomed forever to blackest darkness.

13 그들은 자신들의 부끄러운 행실들의 거품을 휘저어 일으키는, 바다의 거친 물결들과 같습니다. 그들은 영원히 처참한 어둠에 처하게 될 방황하는 별들과 같습니다.

14 Enoch, who lived in the seventh generation after Adam, prophesied about these people. He said, "Listen! The Lord is coming with countless thousands of his holy ones

14 아담 이후로 일곱 번째 세대를 살았던, 에녹이, 이 사람들에 대해서 예언했습니다. 그가 말했습니다,《들으십시오. 주님께서 셀 수 없는 그분의 수천의 거룩한 이들과 함께 오고 계십니다.

15 to execute judgment on the people of the world. He will convict every person of all the ungodly things they have done and for all the insults that ungodly sinners have spoken against him."

15 세상 사람들에게 심판을 집행하기 위해서입니다. 그분께서는 사람들이 실행한 죄 많은 모든 일에 대해서 그리고 죄 많은 죄인들이 그분을 반대하여 말한 모든 모욕들에 대해서 각 사람에게 유죄 판결을 내리실 것입니다.》

16 These people are grumblers and complainers, living only to satisfy their desires. They brag loudly about themselves, and they flatter others to get what they want.

16 이 사람들은 단지 자신들의 욕망들을 만족시키려고 살고 있는, 투덜대는 자들과 그리고 불평하는 자들입니다. 그들은 큰 소리로 자신들을 자랑하고, 그들은 자기들이 원하는 것을 얻기 위해서 다른 사람들에게 아첨합니다.

A Call to Remain Faithful

믿음에 머무르기에 대한 요구

17 But you, my dear friends, must remember what the apostles of our Lord Jesus Christ said.

17 그러나 당신들, 나의 사랑하는 친구들이여, 우리 주 예수 그리스도의 핵심제자들이 말한 것을 기억해야 합니다.

18 They told you that in the last times there would be scoffers whose purpose in life is to satisfy their ungodly desires.

18 그들은 마지막 때에 비웃는 자들이 있을 것이라고 당신들에게 말했습니다. 그들의 삶의 목적은 자신들의 죄 많은 욕망들을 만족시키는 것입니다.

19 These people are the ones who are creating divisions among you. They follow their natural instincts because they do not have God's Spirit in them.

19 이 사람들은 당신들 가운데 분렬을 만들어 내는 자들입니다. 그들은 자신들 안에 하나님의 령이 없기 때문에 그들의 자연적인 본능을 따릅니다.

20 But you, dear friends, must build each other up in your most holy faith, pray in the power of the Holy Spirit.

20 그러나 당신들, 사랑하는 친구들이여, 당신들의 가장 거룩한 믿음 안에서 서로를 세워 주어야 합니다, 성령의 능력 안에서 기도하십시오.

21 and await the mercy of our Lord Jesus Christ, who will bring you eternal life. In this way, you will keep yourselves safe in God's love.

21 그리고 당신들에게 영원한 생명을 가져오실, 우리 주 예수 그리스도의 은정을 기다리십시오. 이렇게 하여야, 당신들은 하나님의 사랑 안에서 당신들 스스로를 안전하게 지킬 것입니다.

22 And you must show mercy to those whose faith is wavering.

22 그리고 당신들은 그들의 믿음이 흔들리고 있는 사람들에게 은정을 보여 주어야 합니다.

23 Rescue others by snatching them from the flames of judgment. Show mercy to still others, but do so with great caution, hating the sins that contaminate their lives.

23 다른 사람들을 심판의 불길로부터 잡아채므로써 그들을 구출하십시오. 다른 사람들에게 조용하게 은정을 보여 주십시오, 그러나 그들의 삶을 더럽히는 죄들은 미워하면서, 특별한 주의를 가지고 그렇게 하십시오.

A Prayer of Praise
찬양의 기도

24 Now all glory to God, who is able to keep you from falling away and will bring you with great joy into his glorious presence without a single fault.

24 이제 하나님께 모든 영광을 드립니다. 그분께서는 당신들이 변절하

는 것을 막으시고 커다란 기쁨으로 당신들을 한 점의 흠도 없는 영광스
러운 그분 앞으로 데려가실 것입니다.

25 All glory to him who alone is God, our Savior through Jesus Christ our Lord. All glory, majesty, power, and authority are his before all time, and in the present, and beyond all time! Amen.

25 유일한 하나님이신, 우리의 주 예수 그리스도를 통하여 우리의 구세
주가 되시는 그분에게 모든 영광을 드립니다. 모든 영광, 존엄, 능력,
그리고 권위가, 과거의 모든 시대와, 현재, 그리고 영원히 그분의 것입
니다! 아멘.

Revelation

요한에게 나타내 보여 주심

Revelation

요한에게 나타내 보여 주심

1

Prologue

머리말

1 This is a revelation from Jesus Christ, which God gave him to show his servants the events that must soon take place. He sent an angel to present this revelation to his servant John,

1 이것은 예수 그리스도가 나타내 보여 주신 것입니다. 이것은 하나님께서 자신의 종들에게 곧 반드시 일어나야 할 일들을 보이시려고 그분에게 주셨습니다. 그분은 자신의 종 요한에게 이 나타내 보이심을 전하기 위해 천사를 보내셨습니다.

2 who faithfully reported everything he saw. This is his report of the word of God and the testimony of Jesus Christ.

2 그는 자기가 본 모든 것을 충실하게 알렸습니다. 이것은 하나님의 말씀과 예수 그리스도의 증언에 대한 그의 진술입니다.

3 God blesses the one who reads the words of this prophecy to the church, and he blesses all who listen to its message and obey what it says, for the time is near.

3 하나님께서 이 예언의 말씀을 교회에게 읽어 주는 사람을 축복하십니다. 그리고 그분은 그 말씀을 듣는 모든 사람들과 말씀이 전하는 것을 지키는 모든 사람들을 축복하십니다. 때가 다가오고 있기 때문입니다.

John's Greeting to the Seven Churches

일곱 교회들에게 전하는 요한의 인사

4 This letter is from John to the seven churches in the province of Asia. Grace and peace to you from the one who is, who always was, and who is still to come; from the sevenfold Spirit before his throne;

4 이 편지는 요한이 아시아 지역의 일곱 교회들에게 보내는 것입니다. 지금도 계시고, 전에도 언제나 계셨고, 그리고 장차 오실 분과; 그분의 왕좌 앞에 있는 일곱 령으로부터;

5 and from Jesus Christ. He is the faithful witness to these things, the first to rise from the dead, and the ruler of all the kings of the world. All glory to him who loves us and has freed us from our sins by shedding his blood for us.

5 그리고 예수 그리스도로부터의 은정과 평화가 당신들에게 있기를 바랍니다. 그분은 이 일들에 대한 충실한 증인이고, 죽은 사람들로부터 제일 먼저 살아난 분이며, 세상 모든 왕들의 통치자이십니다. 우리를 사랑하시고 우리를 위해 자신의 피를 뿌리심으로써 우리의 죄들에서 우리를 해방하신 그분에게 모든 영광이 있기를 바랍니다.

6 He has made us a Kingdom of priests for God his Father. All glory and power to him forever and ever! Amen.

6 그분이 우리를 자신의 아버지 하나님을 위한 제사장들의 나라로 만드셨습니다. 모든 영광과 능력이 그분에게 영원히 있기를 바랍니다! 아멘.

7 Look! He comes with the clouds of heaven. And everyone will see him—even those who pierced him. And all the nations of the world will mourn for him. Yes! Amen!

7 보십시오! 그분이 하늘의 구름을 타고 오십니다. 그리고 모든 사람—그분을 밀고했던 사람들까지도 그분을 볼 것입니다. 그리고 세상의 모든 나라들이 그분으로 하여 한탄할 것입니다. 그렇습니다! 아멘!

8 "I am the Alpha and the Omega—the beginning and the end," says the Lord God. "I am the one who is, who always was, and who is still to come—the Almighty One."

8 《나는 알파와 오메가이다—시작과 끝.》 주 하나님께서 말씀하십니다. 《나는 지금도 있고, 언제나 있었다. 그리고 장차 올—전능한 자이다.》

Vision of the Son of Man

사람의 아들 대한 환상

9 I, John, am your brother and your partner in suffering and in God's King-

dom and in the patient endurance to which Jesus calls us. I was exiled to the island of Patmos for preaching the word of God and for my testimony about Jesus.

9 나, 요한은 당신들의 형제입니다. 그리고 고난 속에서와 하나님의 나라와 예수님이 우리를 불러내여 견디게 하시는 그 인내에 함께 참가하고 있습니다. 나는 하나님의 말씀을 전하는 것과 예수님에 대한 나의 증언 때문에 밧모섬에 추방되였습니다.

10 **It was the Lord's Day, and I was worshiping in the Spirit. Suddenly, I heard behind me a loud voice like a trumpet blast.**

10 주님의 날에, 내가 령으로 례배하고 있을 때였습니다. 갑자기, 나는 내 뒤에서 나팔을 부는 듯한 큰 음성을 들었습니다.

11 **It said, "Write in a book everything you see, and send it to the seven churches in the cities of Ephesus, Smyrna, Pergamum, Thyatira, Sardis, Philadelphia, and Laodicea."**

11 그 음성이 말씀하셨습니다,《네가 보는 모든 것을 책에 쓰거라, 그리고 그것을 에베소, 서머나, 버가모, 두아디라, 사데, 빌라델비아, 그리고 라오디게아 도시의 일곱 교회들에게 보내여라.》

12 **When I turned to see who was speaking to me, I saw seven gold lamp stands.**

12 내가 나에게 말씀하고 있는 분을 보려고 돌아섰을 때, 나는 금으로 된 일곱 등불 받침대를 보았습니다.

13 **And standing in the middle of the lampstands was someone like the Son of Man. He was wearing a long robe with a gold sash across his chest.**

13 그리고 사람의 아들 같으신 분이 등불 받침대 가운데 서 계셨습니다. 그분은 자신의 가슴 둘레에 금 장식띠를 두른 긴 겉옷을 입고 있었습니다.

14 **His head and his hair were white like wool, as white as snow. And his eyes were like flames of fire.**

14 그분의 머리와 머리카락은 양털처럼 희고 눈처럼 희였습니다. 그리고 그분의 눈은 불꽃과 같았습니다.

15 **His feet were like polished bronze refined in a furnace, and his voice thundered like mighty ocean waves.**

15 그분의 발은 용광로에서 정련되여 광택이 나는 청동과 같았습니다, 그리고 그분의 목소리는 웅장한 바다의 파도 같은 천둥소리를 냈습니다.

16 **He held seven stars in his right hand, and a sharp two-edged sword came**

from his mouth. And his face was like the sun in all its brilliance.

16 그분은 자신의 오른손에 일곱 별을 붙들고 있었고, 날카로운 두 날 가진 검이 그분의 입에서 나왔습니다. 그리고 그분의 얼굴은 휘황찬란한 태양과 같았습니다.

17 When I saw him, I fell at his feet as if I were dead. But he laid his right hand on me and said, "Don't be afraid! I am the First and the Last.

17 내가 그분을 보았을 때, 나는 죽은 듯이 그분의 발 앞에 쓰러졌습니다. 그러나 그분은 자신의 오른손을 나에게 얹고 말씀하셨습니다. 《두려워하지 말아라! 나는 처음과 마지막이다.

18 I am the living one. I died, but look—I am alive forever and ever! And I hold the keys of death and the grave.

18 나는 살아 있는 자이다. 나는 죽었었다, 그러나 보아라—나는 영원히 살아 있다! 그리고 나는 죽음과 무덤의 열쇠를 쥐고 있다.

19 "Write down what you have seen—both the things that are now happening and the things that will happen.

19 《네가 본 것을 받아 쓰거라—지금 일어나고 있는 일과 일어날 일 두 가지 다이다.

20 This is the meaning of the mystery of the seven stars you saw in my right hand and the seven gold lampstands: The seven stars are the angels of the seven churches, and the seven lampstands are the seven churches.

20 이것이 네가 본 내 오른손에 있는 일곱 별과 금으로 된 일곱 등불받침대의 비밀을 의미하는 것이다: 일곱 별은 일곱 교회의 천사들이고 일곱 등불받침대는 일곱 교회이다.

2

The Message to the Church in Ephesus

에베소 교회에 보내는 말씀

1 "Write this letter to the angel of the church in Ephesus. This is the message from the one who holds the seven stars in his right hand, the one who walks among the seven gold lampstands:

1 《이 편지를 에베소 교회의 천사에게 써서 보내라. 이것은 오른손에 일곱 별을 붙들고, 금으로 된 일곱 등불받침대 사이를 걸으시는 분이 주시는 말씀이다:

2 "I know all the things you do. I have seen your hard work and your patient endurance. I know you don't tolerate evil people. You have exam-

ined the claims of those who say they are apostles but are not. You have discovered they are liars.

2 《나는 네가 하는 모든 것들을 안다. 나는 네가 열심히 일하는 것과 네가 근기 있게 인내하는 것을 보았다. 나는 네가 악한 사람들을 허용하지 않는 것을 알고 있다. 너는 그들이 핵심제자들이라고 말하지만 그렇지 않는 사람들의 주장들을 검토하였다. 너는 그들이 거짓말쟁이들이라는 것을 알아내였다.

3 **You have patiently suffered for me without quitting.**

3 너는 포기하지 않고 나를 위해 참을성 있게 고난을 당하였다.

4 **"But I have this complaint against you. You don't love me or each other as you did at first!**

4 《그러나 나는 너에 대해서 이 불만을 가지고 있다. 너는 네가 처음에 했던 대로 나를 사랑하지도 않고 너희들끼리 서로를 사랑하지도 않는다!

5 **Look how far you have fallen! Turn back to me and do the works you did at first. If you don't repent, I will come and remove your lampstand from its place among the churches.**

5 얼마나 네가 멀어졌는지 보아라! 내게로 돌아와 네가 처음에 실행했던 일들을 하여라. 만일 네가 뉘우쳐 돌아서지 않으면, 내가 가서 교회들 가운데 있는 너의 등불받침대를 그 자리에서 옮길 것이다.

6 **But this is in your favor: You hate the evil deeds of the Nicolaitans, just as I do.**

6 그러나 이것은 네가 잘하는 일이다: 너희는 나와 마찬가지로, 니골라당의 악한 행동들을 미워한다.

7 **"Anyone with ears to hear must listen to the Spirit and understand what he is saying to the churches. To everyone who is victorious I will give fruit from the tree of life in the paradise of God.**

7 《들을 귀가 있는 사람은 누구나 성령님의 말씀에 귀를 기울이고 그분이 교회들에게 말씀하시는 것들을 깨달아야 한다. 나는 이기는 사람 누구나에게 하나님의 락원에 있는 생명나무에서 나는 열매를 줄 것이다.

The Message to the Church in Smyrna

서머나 교회에 보내는 말씀

8 **"Write this letter to the angel of the church in Smyrna. This is the message from the one who is the First and the Last, who was dead but is now alive:**

8 《이 편지를 서머나교회의 천사에게 써서 보내라. 이것은 처음과 마

지막이시고, 전에 죽었지만 지금은 살아 계신 분이 보내온 말씀이다:

9 "I know about your suffering and your poverty—but you are rich! I know the blasphemy of those opposing you. They say they are Jews, but they are not, because their synagogue belongs to Satan.

9《나는 너의 고난과 빈곤에 대해 알고 있다—그러나 너는 부유하다! 나는 너를 반대하는 자들의 그 모독을 알고 있다. 그들은 자신들이 유대인들이라고 말하지만, 그들은 그렇지 않다. 왜냐하면 그들의 군중회관이 마왕에게 속해 있기 때문이다.

10 Don't be afraid of what you are about to suffer. The devil will throw some of you into prison to test you. You will suffer for ten days. But if you remain faithful even when facing death, I will give you the crown of life.

10 너는 곧이어 당하게 될 일을 두려워하지 말아라. 그 악마가 너희를 시험하기 위해 너희 중 몇 사람을 감옥에 던질 것이다. 너희는 열흘 동안 고난을 당할 것이다. 그러나 너희는 죽음에 직면해서도 믿음을 지킨다면, 내가 너희에게 생명의 면류관을 줄 것이다.

11 "Anyone with ears to hear must listen to the Spirit and understand what he is saying to the churches. Whoever is victorious will not be harmed by the second death.

11《들을 귀 있는 사람은 성령님에게 귀를 기울여라. 그리고 그분이 교회들에게 말씀하고 있는 것들을 깨달아야 한다. 이기는 사람은 누구나 두 번째 사망의 해를 당하지 않을 것이다.

The Message to the Church in Pergamum

버가모 교회에 보내는 말씀

12 "Write this letter to the angel of the church in Pergamum. This is the message from the one with the sharp two-edged sword:

12《이 편지를 버가모 교회의 천사에게 써서 보내라. 이것은 날카로운 량날의 검을 가지신 분이 주시는 말씀이다:

13 "I know that you live in the city where Satan has his throne, yet you have remained loyal to me. You refused to deny me even when Antipas, my faithful witness, was martyred among you there in Satan's city.

13《나는 마왕이 그의 왕좌를 둔 곳에 네가 살고 있다는 것을 안다. 그럼에도 불구하고 너는 나에게 여전히 충성스럽다. 너는, 나의 충성스러운 증인인 안디바가, 거기 마왕의 도시에서 살고 있는 너희들 가운데서 순교를 당할 때에도, 나를 부인하는 것을 거절하였다.

14 "But I have a few complaints against you. You tolerate some among you

whose teaching is like that of Balaam, who showed Balak how to trip up the people of Israel. He taught them to sin by eating food offered to idols and by committing sexual sin.

14 《그러나 나는 너에 대해 몇 가지 불만이 있다. 너희는 발람의 것과 똑같은 그들의 가르침을 너희 중 몇 사람들이 허용했다. 발람은 이스라엘 사람들을 어떻게 걸려 넘어지게 하는가를 발락에게 보여 주었다. 그는 우상들에게 바쳤던 음식을 먹으므로써 그리고 성적으로 죄를 저지르게 하므로써 그들이 죄를 짓도록 가르쳤다.

15 **In a similar way, you have some Nicolaitans among you who follow the same teaching.**

15 이와 비슷하게, 너희 중에는 니골라당의 가르침을 따르는 니골라당 사람들이 있다.

16 **Repent of your sin, or I will come to you suddenly and fight against them with the sword of my mouth.**

16 너의 죄에서 뉘우쳐 돌아서거라, 그렇지 않으면 내가 네게로 속히 가서 나의 입의 검으로 그들과 싸울 것이다.

17 **"Anyone with ears to hear must listen to the Spirit and understand what he is saying to the churches. To everyone who is victorious I will give some of the manna that has been hidden away in heaven. And I will give to each one a white stone, and on the stone will be engraved a new name that no one understands except the one who receives it.**

17 《들을 귀 있는 사람은 누구나 성령님에게 귀 기울여 그분이 교회들에게 말씀하시는 것들을 깨달아야 한다. 나는 멀리 천국에 숨겨진 만나의 일부를 이기는 모든 사람에게 줄 것이다. 그리고 내가 매 사람에게 흰 돌을 줄 것이다, 그 돌에는 받는 사람 외에는 아무도 깨달을 수 없는 새 이름이 새겨질 것이다.

The Message to the Church in Thyatira

두아디라 교회에 보내는 말씀

18 **"Write this letter to the angel of the church in Thyatira. This is the message from the Son of God, whose eyes are like flames of fire, whose feet are like polished bronze:**

18 《이 편지를 두아디라 교회의 천사에게 써서 보내라. 이것은 그 눈이 불꽃과 같고 그 발은 광택 나는 청동과 같은 하나님의 아드님이 주시는 말씀이다:

19 **"I know all the things you do. I have seen your love, your faith, your ser-**

vice, and your patient endurance. And I can see your constant improvement in all these things.

19 《나는 네가 실행하는 모든 일을 안다. 나는 너의 사랑과, 너의 믿음과, 너의 섬김과, 그리고 너의 참을성 있는 인내를 보았다. 그리고 나는 이 모든 일들 속에서 너의 계속되는 성장을 볼 수 있다.

20 "But I have this complaint against you. You are permitting that woman—that Jezebel who calls herself a prophet—to lead my servants astray. She teaches them to commit sexual sin and to eat food offered to idols.

20 《그러나 나는 너에게 이 불만이 있다. 너는 저 녀자가—스스로를 예언자라고 부르는 저 이세벨—나의 종들을 홀리도록 내버려 두고 있다. 그 녀자는 그들이 성적인 죄를 범하고 우상에게 바쳐진 음식을 먹도록 가르치고 있다.

21 I gave her time to repent, but she does not want to turn away from her immorality.

21 내가 뉘우쳐 돌아설 시간을 그 녀자에게 주었지만, 그 녀자는 자신의 비도덕성에서 돌이키려 하지 않는다.

22 "Therefore, I will throw her on a bed of suffering, and those who commit adultery with her will suffer greatly unless they repent and turn away from her evil deeds.

22 《그러므로, 나는 그 녀자를 병석에 내던질 것이다 그리고 그 녀자와 부화방탕한 자들도 그들이 뉘우쳐 돌아서지 않고 그 녀자의 악한 행실들에서 떠나지 않는다면 크게 고통을 당할 것이다.

23 I will strike her children dead. Then all the churches will know that I am the one who searches out the thoughts and intentions of every person. And I will give to each of you whatever you deserve.

23 나는 그 녀자의 아들딸들을 죽게 할 것이다. 그러면 모든 교회들은 내가 모든 사람의 생각과 의도를 살피는 존재임을 알 것이다. 그리고 나는 너희가 마땅히 받아야 할 것이 무엇이든지 너희 각 사람에게 줄 것이다.

24 "But I also have a message for the rest of you in Thyatira who have not followed this false teaching('deeper truths,' as they call them—depths of Satan, actually). I will ask nothing more of you

24 《그러나 나는 또한 이 거짓 가르침을 (〈더 깊은 진리들〉 그들 자신들이—실제로, 마왕의 깊은 것이라고 말하는) 따르지 않은 두아디라에 있는 나머지 사람들에게 전할 말을 가지고 있다. 나는 너희에게 더 이상 아무것도 요구하지 않을 것이다.

25 except that you hold tightly to what you have until I come.

25 다만 너희는 자신들이 가지고 있는 것을 내가 올 때까지 단단하게 붙잡아라.

26 **To all who are victorious, who obey me to the very end, To them I will give authority over all the nations.**

26 마지막 순간까지 나에게 복종하는, 모든 승리하는 사람들에게, 그들에게 나는 모든 나라들을 통치하는 권한을 줄 것이다.

27 **They will rule the nations with an iron rod and smash them like clay pots.**

27 그들은 쇠 막대기로 나라들을 다스릴 것이고 그들을 질그릇처럼 박살 낼 것이다.

28 **They will have the same authority I received from my Father, and I will also give them the morning star!**

28 그들은 내가 나의 아버지에게서 받은 동일한 권한을 가질 것이다, 그리고 나는 또한 그들에게 샛별을 줄 것이다!

29 **"Anyone with ears to hear must listen to the Spirit and understand what he is saying to the churches.**

29 들을 귀 있는 사람은 누구나 성령님에게 귀 기울여 그분이 교회들에게 말씀하시는 것들을 깨달아야 한다.

3

The Message to the Church in Sardis

사데 교회에 보내는 말씀

1 **"Write this letter to the angel of the church in Sardis. This is the message from the one who has the sevenfold Spirit of God and the seven stars: "I know all the things you do, and that you have a reputation for being alive—but you are dead.**

1 《이 편지를 사데 교회의 천사에게 써서 보내라. 이것은 하나님의 일곱 령과 일곱 별을 가지신 분이 주시는 말씀이다: 《나는 네가 하는 모든 것들을 알고 있다. 그리고 네가 살아있다는 소문이 있는 것을 안다—그러나 너는 죽어 있다.

2 **Wake up! Strengthen what little remains, for even what is left is almost dead. I find that your actions do not meet the requirements of my God.**

2 깨여나라! 겨우 남아 있는 것을 강하게 하여라. 왜냐하면 남아 있는 것조차 거의 죽어 있기 때문이다. 나는 네 행동들이 나의 하나님의 요구에 미치지 못하는 것을 알고 있다.

3 **Go back to what you heard and believed at first; hold to it firmly. Repent**

and turn to me again. If you don't wake up, I will come to you suddenly, as unexpected as a thief.

3 네가 처음에 듣고 믿었던 것에로 돌아가거라; 그것을 단단히 붙잡아라. 뉘우쳐 돌아서 다시 내게로 돌아오라. 네가 깨여나 있지 않으면, 도적처럼 예기치 않게, 내가 네게로 갑자기 갈 것이다.

4 "Yet there are some in the church in Sardis who have not soiled their clothes with evil. They will walk with me in white, for they are worthy.

4《그러나 사데 교회에는 악으로 자신의 옷을 더럽히지 않은 몇 사람이 있다. 그들은 흰옷을 입고 나와 함께 걸을 것이다, 그들은 그럴 만한 자격이 있기 때문이다.

5 All who are victorious will be clothed in white. I will never erase their names from the Book of Life, but I will announce before my Father and his angels that they are mine.

5 이기는 모든 사람은 흰옷을 입을 것이다. 나는 생명책에서 그들의 이름을 결코 지우지 않을 것이다, 오히려 나는 그들이 나의 사람이라는 것을 나의 아버지와 천사들 앞에서 선포할 것이다.

6 "Anyone with ears to hear must listen to the Spirit and understand what he is saying to the churches.

6《들을 귀 있는 사람은 성령님에게 귀 기울이고 그분이 교회들에게 말씀하시는 것을 깨달아야 한다.

The Message to the Church in Philadelphia

빌라델비아 교회에 보내는 말씀

7 "Write this letter to the angel of the church in Philadelphia. This is the message from the one who is holy and true, the one who has the key of David. What he opens, no one can close; and what he closes, no one can open:

7《이 편지를 빌라델비아 교회의 천사에게 써서 보내라. 이것은 거룩하고 진실하신 분, 다윗의 열쇠를 가지신 분이 주시는 말씀이다. 그분이 여는 것은, 아무도 닫을 수 없다; 그리고 그분이 닫는 것은, 아무도 열 수 없다:

8 "I know all the things you do, and I have opened a door for you that no one can close. You have little strength, yet you obeyed my word and did not deny me.

8《나는 네가 하는 모든 것을 알고 있다, 그리고 내가 아무도 닫을 수 없는 한 문을 너를 위해 열어 놓았다. 너는 적은 힘을 가졌지만, 나의 말

을 지켰고 나를 부인하지 않았다.

9 **Look, I will force those who belong to Satan's synagogue—those liars who say they are Jews but are not—to come and bow down at your feet. They will acknowledge that you are the ones I love.**

9 보아라, 나는 마왕의 군중회관에 속한 자들을—그들은 유대인이라고 말하지만 유대인이 아닌 저 거짓말쟁이들—오게 하여 너의 발에 엎드려 절하게 하겠다. 그들은 내가 사랑하는 사람들이 너라는 것을 알게 될 것이다.

10 **"Because you have obeyed my command to persevere, I will protect you from the great time of testing that will come upon the whole world to test those who belong to this world.**

10 《네가 참고 견디라는 나의 명령을 지켰으므로, 나는 이 세상에 속한 자들을 시험하기 위해 전 세계에 들이닥칠 커다란 시험의 때에 너를 보호할 것이다.

11 **I am coming soon. Hold on to what you have, so that no one will take away your crown.**

11 내가 곧 갈 것이다. 네가 가지고 있는 것을 붙잡아라, 그래야 아무도 너의 면류관을 빼앗아 가지 못할 것이다.

12 **All who are victorious will become pillars in the Temple of my God, and they will never have to leave it. And I will write on them the name of my God, and they will be citizens in the city of my God—the new Jerusalem that comes down from heaven from my God. And I will also write on them my new name.**

12 이기는 모든 사람들은 나의 하나님의 성전에 있는 기둥들이 될 것이다, 그리하여 그들은 결코 그곳을 떠나지 않을 것이다. 그리고 나는 나의 하나님의 이름을 그들 위에 쓸 것이다, 그리하여 그들은 나의 하나님의 도시의—나의 하나님으로부터 하늘에서 내려오는 새 예루살렘—시민들이 될 것이다. 그리고 나는 또한 그들 우에 나의 새 이름을 쓸 것이다.

13 **"Anyone with ears to hear must listen to the Spirit and understand what he is saying to the churches.**

13 《들을 귀 있는 사람들은 성령님에게 귀 기울이고 그분이 교회들에게 말씀하고 있는 것들을 깨달아야 한다.

The Message to the Church in Laodicea
라오디게아 교회에 보내는 말씀

14 "Write this letter to the angel of the church in Laodicea. This is the message from the one who is the Amen—the faithful and true witness, the beginning of God's new creation:

14 《이 편지를 라오디게아 교회의 천사에게 써서 보내라. 이것은 아멘이신 분—충실하고 진실된 증인이며 하나님의 새로운 창조의 시작이신 분이 주시는 말씀이다:

15 "I know all the things you do, that you are neither hot nor cold. I wish that you were one or the other!

15 《나는 네가 하는 모든 것들을 안다. 너는 뜨겁지도 차지도 않다. 나는 네가 뜨겁든지 혹은 차든지 하기를 바란다!

16 But since you are like lukewarm water, neither hot nor cold, I will spit you out of my mouth!

16 그러나 너는 미지근한 물과 같으므로, 뜨겁지도 차지도 않아, 나는 나의 입에서 너를 뱉다 버리겠다!

17 You say, 'I am rich. I have everything I want. I don't need a thing!' And you don't realize that you are wretched and miserable and poor and blind and naked.

17 너는 말한다. 〈나는 부자다. 나는 내가 원하는 모든 것을 가졌다. 나는 단 한 가지도 부족한 것이 없다.〉 그리고 너는 네가 비참하고 불쌍하며, 가난하고 눈멀고 벌거벗은 것을 알지 못한다.

18 So I advise you to buy gold from me—gold that has been purified by fire. Then you will be rich. Also buy white garments from me so you will not be shamed by your nakedness, and ointment for your eyes so you will be able to see.

18 그러므로 나는 너에게 내게서 금을 사라고 충고한다—불에 의해 정련된 금. 그러면 너는 부유하게 될 것이다. 또한 네가 벌거벗음으로 하여 부끄러움을 당하지 않도록 내게서 흰옷을 사서 입어라, 그리고 네가 볼 수 있도록 너의 눈을 위한 연고를 사거라.

19 I correct and discipline everyone I love. So be diligent and turn from your indifference.

19 나는 내가 사랑하는 모든 사람을 바로잡고 훈련시킨다. 그러므로 부지런하여라. 그리고 너의 무관심에서 돌아서라.

20 "Look! I stand at the door and knock. If you hear my voice and open the door, I will come in, and we will share a meal together as friends.

20《보아라! 내가 문에 서서 두드린다. 만일 네가 나의 목소리를 듣고 그 문을 열면, 내가 들어갈 것이고, 우리는 친구들처럼 함께 음식을 나누어 먹을 것이다.

21 Those who are victorious will sit with me on my throne, just as I was victorious and sat with my Father on his throne.

21 이기는 사람들은, 내가 승리하고 나의 아버지와 함께 그분의 왕좌에 앉은 것과 꼭 같이, 나와 함께 내 왕좌에 앉을 것이다.

22 "Anyone with ears to hear must listen to the Spirit and understand what he is saying to the churches."

22《들을 귀 있는 사람들은 성령님에게 귀 기울이고 그분이 교회들에게 말씀하고 있는 것들을 깨달아야 한다.》

4

Worship in Heaven

하늘의 례배

1 Then as I looked, I saw a door standing open in heaven, and the same voice I had heard before spoke to me like a trumpet blast. The voice said, "Come up here, and I will show you what must happen after this."

1 그다음 내가 보았을 때, 하늘에서 한 문이 열려져 있었고, 이전에 내가 들었던 것과 같은 음성이 힘차게 부는 나팔 소리처럼 나에게 말했습니다. 그 음성이 말했습니다.《이리로 올라오너라, 내가 이것 다음에 반드시 일어나야 할 일들을 너에게 보여 주겠다.》

2 And instantly I was in the Spirit, and I saw a throne in heaven and someone sitting on it.

2 그다음 나는 곧 성령님 안에 있었고, 나는 하늘에 있는 한 왕좌와 그곳에 앉아 있는 누군가를 보았습니다.

3 The one sitting on the throne was as brilliant as gem stones—like jasper and carnelian. And the glow of an emerald circled his throne like a rainbow.

3 그 왕좌에 앉아 계신 분은 보석처럼—마치 벽옥과 홍옥수처럼 밝게 빛났습니다. 그리고 그 비취빛이 무지개처럼 그분의 왕좌를 두르고 있었습니다.

4 Twenty-four thrones surrounded him, and twenty-four elders sat on them. They were all clothed in white and had gold crowns on their heads.

4 24개의 왕좌가 그분을 둘러싸고 있었고, 그것들 우에 24 장로들이 앉

아 있었습니다. 그들은 모두 흰옷을 입고 있었고 그들의 머리에는 금 영예의 관이 있었습니다.

5 **From the throne came flashes of lightning and the rumble of thunder. And in front of the throne were seven torches with burning flames. This is the sevenfold Spirit of God.**

5 왕좌로부터 번개가 번쩍이고 우뢰소리가 우렁차게 울려나왔습니다. 그리고 왕좌 앞에는 7개의 홰불이 타고 있었습니다. 이것은 하나님의 일곱 령입니다.

6 **In front of the throne was a shiny sea of glass, sparkling like crystal. In the center and around the throne were four living beings, each covered with eyes, front and back.**

6 왕좌 앞에는 빛나는 유리 바다가 있어서, 수정처럼 반짝이고 있었습니다. 왕좌 가운데와 둘레로 네 생물이 있었고, 매 생물은 앞뒤에, 눈들로 온통 덮여 있었습니다.

7 **The first of these living beings was like a lion; the second was like an ox; the third had a human face; and the fourth was like an eagle in flight.**

7 이 생물들의 첫 번째 것은 사자와 같았고; 두 번째 것은 황소와 같았고; 세 번째 것은 사람의 얼굴을 가지고 있었습니다; 그리고 네 번째 것은 날아가는 독수리와 같았습니다.

8 **Each of these living beings had six wings, and their wings were covered all over with eyes, inside and out. Day after day and night after night they keep on saying, "Holy, holy, holy is the Lord God, the Almighty—the one who always was, who is, and who is still to come."**

8 이 생물들은 각각 여섯 개의 날개가 있었고, 그들의 날개들은 안과 밖이 눈들로 온통 덮여 있었습니다. 그들은 매일 낮이나 밤이나 계속해서 말했습니다.《거룩하시다, 거룩하시다, 전능하신 분, 주 하나님은 거룩하시다—전에도 계셨고, 지금도 계시며, 그리고 장차 오실 분이시다.》

9 **Whenever the living beings give glory and honor and thanks to the one sitting on the throne (the one who lives forever and ever),**

9 그 생물들이 왕좌에 앉아 계시는 분(영원히 살아 계시는 분)께 영광과 영예 그리고 감사를 드릴 때마다,

10 **the twenty-four elders fall down and worship the one sitting on the throne (the one who lives forever and ever). And they lay their crowns before the throne and say,**

10 24 장로들은 엎드려서 왕좌에 앉아 계신 분(영원히 살아 계시는 분)을 우러러 모십니다. 그리고 그들은 자기들의 영예의 관을 왕좌 앞에 내

려놓고 말합니다,

11 "You are worthy, O Lord our God, to receive glory and honor and power. For you created all things, and they exist because you created what you pleased."

11 《오오 우리 주 하나님, 당신께서는 영광과 영예와 능력을 응당 받아 마땅합니다. 왜냐하면 당신께서 모든 것을 창조하셨기 때문입니다, 그리고 당신께서 자신이 기뻐하시는 대로 그것들을 창조하셨기에 그것들이 존재합니다.》

5

The Lamb Opens the Scroll

어린양이 두루마리를 펴시다

1 Then I saw a scroll in the right hand of the one who was sitting on the throne. There was writing on the inside and the outside of the scroll, and it was sealed with seven seals.

1 그다음 나는 왕좌에 앉아 계신 분의 오른손에 있는 두루마리 하나를 보았습니다. 그 두루마리 안과 밖에는 글이 적혀 있었고, 그것은 일곱 봉인으로 봉해져 있었습니다.

2 And I saw a strong angel, who shouted with a loud voice: "Who is worthy to break the seals on this scroll and open it?"

2 그리고 나는 한 힘센 천사를 보았는데, 그가 큰 소리로 웨쳤습니다: 《누가 두루마리의 봉인들을 떼고 그것을 열 자격이 있는가?》

3 But no one in heaven or on earth or under the earth was able to open the scroll and read it.

3 그러나 하늘이나 땅 우 혹은 땅 아래 있는 아무도 그 두루마리를 열어서 읽을 수 없었습니다.

4 Then I began to weep bitterly because no one was found worthy to open the scroll and read it.

4 나는 두루마리를 열고 그것을 읽을 만한 사람이 아무도 없었기 때문에 비통하게 울기 시작했습니다.

5 But one of the twenty-four elders said to me, "Stop weeping! Look, the Lion of the tribe of Judah, the heir to David's throne, has won the victory. He is worthy to open the scroll and its seven seals."

5 그러나 24 장로들 가운데 한 사람이 나에게 말했습니다. 《울지 마십시오! 유다 가문의 사자, 다윗의 왕좌의 계승자가 승리를 얻었습니다. 그

가 그 일곱 봉인들과 두루마리를 열 자격이 있습니다.》

6 Then I saw a Lamb that looked as if it had been slaughtered, but it was now standing between the throne and the four living beings and among the twenty-four elders. He had seven horns and seven eyes, which represent the sevenfold Spirit of God that is sent out into every part of the earth.

6 그다음 나는 죽임을 당했었던 것처럼 보이는 한 어린양을 보았습니다. 그러나 이제 그것은 왕좌와 네 생물들 사이 그리고 24 장로들 가운데 서 있었습니다. 그는 일곱 뿔과 일곱 눈을 가졌는데, 이 눈들은 땅의 모든 지역으로 보내심을 받은 하나님의 일곱 령을 나타냅니다.

7 He stepped forward and took the scroll from the righthand of the one sitting on the throne.

7 그분이 앞으로 나와서 왕좌에 앉아 계신 분의 오른손에서 두루마리를 받았습니다.

8 And when he took the scroll, the four living beings and the twenty-four elders fell down before the Lamb. Each one had a harp, and they held gold bowls filled with incense, which are the prayers of God's people.

8 그분이 두루마리를 받아들었을 때, 네 생물들과 24 장로들이 그 어린양 앞에 엎드렸습니다. 그들은 각자 하프를 하나씩 가지고 있었고, 향으로 가득 채워진 금 사발들을 들고 있었는데, 이것은 하나님의 백성들의 기도입니다.

9 And they sang a new song with these words: "You are worthy to take the scroll and break its seals and open it. For you were slaughtered, and your blood has ransomed people for God from every tribe and language and people and nation.

9 그들은 이 가사들로 된 새 노래를 불렀습니다:《당신은 두루마리를 받아 그 봉인을 떼고 그것을 열 자격이 있습니다. 왜냐하면 당신이 죽임을 당했고, 당신의 피가 하나님을 위해 모든 가문과 언어와 백성과 나라들로부터 사람들을 값 주고 샀기 때문입니다.

10 And you have caused them to become a Kingdom of priests for our God. And they will reign on the earth."

10 그리고 당신은 그들로 하여금 우리 하나님을 위한 제사장들의 나라가 되게 하셨습니다. 그들은 땅 우에서 통치할 것입니다.》

11 Then I looked again, and I heard the voices of thousands and millions of angels around the throne and of the living beings and the elders.

11 그다음 내가 다시 보았는데, 나는 왕좌를 둘러싼 수천수만의 천사들

과 네 생물들과 그리고 장로들의 목소리를 들었습니다.

12 And they sang in a mighty chorus: "Worthy is the Lamb who was slaughtered—to receive power and riches and wisdom and strength and honor and glory and blessing."

12 그들은 힘찬 합창을 불렀습니다: 《죽임 당하신 어린양이—능력과 부와 지혜와 힘과 영예 그리고 영광과 축복을 받아 마땅합니다.》

13 And then I heard every creature in heaven and on earth and under the earth and in the sea. They sang: "Blessing and honor and glory and power belong to the one sitting on the throne and to the Lamb forever and ever."

13 그다음 나는 하늘과 땅과 땅 아래 그리고 바다에 있는 모든 창조물의 소리를 들었습니다. 그들이 노래했습니다: 《축복과 영예 그리고 영광과 능력이 영원히 왕좌에 앉으신 분과 그 어린양에게 있습니다.》

14 And the four living beings said, "Amen!" And the twenty-four elders fell down and worshiped the Lamb.

14 그러자 네 생물들이 말했습니다. 《아멘!》 그리고 24 장로들은 어린양에게 엎드려 우러러 모셨습니다.

6

The Lamb Breaks the First Six Seals

어린양이 첫 여섯 개의 봉인을 떼시다

1 As I watched, the Lamb broke the first of the seven seals on the scroll. Then I heard one of the four living beings say with a voice like thunder, "Come!"

1 내가 보는 동안, 어린양이 두루마리에 있던 일곱 봉인 중 첫 번째 것을 떼셨습니다. 그러자 나는 네 생물 중 하나가 우뢰와 같은 소리로 말하는 것을 들었습니다. 《오너라!》

2 I looked up and saw a white horse standing there. Its rider carried a bow, and a crown was placed on his head. He rode out to win many battles and gain the victory.

2 나는 우를 쳐다보았고 흰 말 한 마리가 거기에 서 있는 것을 보았습니다. 그것을 탄 사람은 활을 가지고 있었고, 왕관이 그의 머리에 씌여져 있었습니다. 그는 많은 싸움들을 이기고 승리를 얻으려고 말을 타고 나아갔습니다.

3 When the Lamb broke the second seal, I heard the second living being say, "Come!"

3 어린양이 두 번째 봉인을 떼였을 때, 나는 두 번째 생물이 《오너라!》 말하는 것을 들었습니다.

4 Then another horse appeared, a red one. Its rider was given a mighty sword and the authority to take peace from the earth. And there was war and slaughter everywhere.

4 그러자 또 다른 말이 나타났는데, 붉은 말이였습니다. 그것을 탄 사람은 땅에서 평화를 없애는 강력한 칼과 권한을 받습니다. 그리고 모든 곳에서 전쟁과 살인이 있었습니다.

5 When the Lamb broke the third seal, I heard the third living being say, "Come!" I looked up and saw a black horse, and its rider was holding a pair of scales in his hand.

5 어린양이 세 번째 봉인을 뗄 때, 나는 세 번째 생물이 《오너라!》 말하는 소리를 들었습니다. 나는 우를 올려다보았고 검은 말을 보았습니다. 그리고 그것을 탄 사람은 저울 한 쌍을 자기 손에 들고 있었습니다.

6 And I heard a voice from among the four living beings say, "A loaf of wheat bread or three loaves of barley will cost a day's pay. And don't waste the olive oil and wine."

6 나는 네 생물 중에서 들려오는 한 목소리를 들었습니다. 《밀빵 한 덩어리나 혹은 보리빵 세 덩어리를 사려면 하루의 품삯이 들 것이다. 올리브기름과 포도술을 랑비하지 말아라.》

7 When the Lamb broke the fourth seal, I heard the fourth living being say, "Come!"

7 어린양이 네 번째 봉인을 뗄 때, 나는 네 번째 생물이 《오너라!》 말하는 것을 들었습니다.

8 I looked up and saw a horse whose color was pale green. Its rider was named Death, and his companion was the Grave. These two were given authority over one-fourth of the earth, to kill with the sword and famine and disease and wild animals.

8 나는 우를 올려다보았고 그 색깔이 연록색인 말을 보았습니다. 말을 탄 사람의 이름은 죽음이였고, 그의 동반자는 무덤이였습니다. 이들 둘은 칼과 기근과 질병 그리고 들짐승들로 세상 사람들의 4분의 1을 죽일 권한을 받았습니다.

9 When the Lamb broke the fifth seal, I saw under the altar the souls of all who had been martyred for the word of God and for being faithful in their testimony.

9 어린양이 다섯째 봉인을 뗄 때, 나는 제단 밑에서 하나님의 말씀 때

문에 그리고 그들의 충성된 증언 때문에 순교한 모든 령혼들을 보았습니다.

10 They shouted to the Lord and said, "O Sovereign Lord, holy and true, how long before you judge the people who belong to this world and avenge our blood for what they have done to us?"

10 그들이 주님에게 웨치며 말했습니다. 《오오 주님, 거룩하고 진실하신 주님이시여, 얼마나 더 기다려야 당신께서 이 세상에 속한 사람들을 심판하시고 그들이 우리에게 한 것에 대한 우리의 피에 대해 복수하시렵니까?》

11 Then a white robe was given to each of them. And they were told to rest a little longer until the full number of their brothers and sisters—their fellow servants of Jesus who were to be martyred—had joined them.

11 그러자 흰옷 한 벌이 그들 각자에게 주어졌습니다. 그리고 그들은 그들의 형제들과 자매들—순교당하기로 되여 있는 예수님을 따르는 그들의 동료 종들—의 충분한 수가 그들에게 합류할 때까지 좀 더 쉬라고 들었습니다.

12 I watched as the Lamb broke the sixth seal, and there was a great earthquake. The sun became as dark as black cloth, and the moon became as red as blood.

12 나는 어린양이 여섯째 봉인을 떼는 것을 보았고, 큰 지진이 있었습니다. 태양은 검은 옷처럼 어두워졌고 달은 피처럼 붉어졌습니다.

13 Then the stars of the sky fell to the earth like green figs falling from a tree shaken by a strong wind.

13 그다음 하늘의 별들이 덜 익은 무화과가 거센 바람에 흔들려 나무에서 떨어지듯이 땅으로 떨어졌습니다.

14 The sky was rolled up like a scroll, and all of the mountains and islands were moved from their places.

14 하늘이 두루마리처럼 말렸고, 모든 산과 섬들이 자기들의 자리에서 옮겨졌습니다.

15 Then everyone—the kings of the earth, the rulers, the generals, the wealthy, the powerful, and every slave and free person—all hid themselves in the caves and among the rocks of the mountains.

15 그다음 모든 사람들—땅의 왕들, 통치자들, 장군들, 부자들, 권력자들, 그리고 모든 노예와 자유인들—그들 자신들 모두가 동굴로 그리고 산의 바위틈으로 숨었습니다.

16 And they cried to the mountains and the rocks, "Fall on us and hide us

from the face of the one who sits on the throne and from the wrath of the Lamb.

16 그리고 그들이 산과 바위들을 향해 웨쳤습니다.《우리 우에 무너져 내려서 우리를 왕좌에 앉으신 분의 얼굴과 어린양의 격노에서 숨겨다오.

17 For the great day of their wrath has come, and who is able to survive?"

17 왜냐하면 그분들의 격노의 큰 날이 닥쳐왔기 때문이다. 그리하여 누가 살아남을 수 있으랴?》

7

God's People Will Be Preserved

하나님의 백성들은 보호받을 것이다

1 Then I saw four angels standing at the four corners of the earth, holding back the four winds so they did not blow on the earth or the sea, or even on any tree.

1 그다음 나는 네 천사들이 땅의 네 모퉁이에 서서, 네 바람들이 땅 우나 바다 혹은 어떤 나무에도 불지 않도록, 그것들을 붙잡고 있는 것을 보았습니다.

2 And I saw another angel coming up from the east, carrying the seal of the living God. And he shouted to those four angels, who had been given power to harm land and sea,

2 그리고 나는 또 다른 천사가 동쪽에서 올라오는 것을 보았는데, 살아계신 하나님의 도장을 가지고 있었습니다. 그리고 그가 땅과 바다에 해를 끼칠 능력을 받았던 저 네 천사들에게 웨쳤습니다.

3 "Wait! Don't harm the land or the sea or the trees until we have placed the seal of God on the foreheads of his servants."

3《기다려라! 우리가 하나님의 종들의 이마 우에 그분의 도장을 찍을 때까지 땅이나 바다 혹은 나무들을 해치지 말아라.》

4 And I heard how many were marked with the seal of God—144,000 were sealed from all the tribes of Israel:

4 그리고 나는 얼마나 많은 사람이 하나님의 도장으로 표시가 되였는지 들었습니다—이스라엘의 모든 가문의 14만 4천 명이 도장을 받았습니다.

5 from Judah 12,000 from Reuben 12,000 from Gad 12,000

5 유다 가문에서 1만 2천 명, 르우벤 가문에서 1만 2천 명, 갓 가문에서 1만 2천 명,

6 from Asher 12,000 from Naphtali 12,000 from Manasseh 12,000

6 아셀 가문에서 1만 2천 명, 납달리 가문에서 1만 2천 명, 므낫세 가문에서 1만 2천 명,

7 from Simeon 12,000 from Levi 12,000 from Issachar 12,000

7 시므온 가문에서 1만 2천 명, 레위 가문에서 1만 2천 명, 잇사갈 가문에서 1만 2천 명,

8 from Zebulun 12,000 from Joseph 12,000 from Benjamin 12,000

8 스불론 가문에서 1만 2천 명, 요셉 가문에서 1만 2천 명, 베냐민 가문에서 1만 2천 명이였습니다.

Praise from the Great Crowd

큰 군중이 드리는 찬양

9 After this I saw a vast crowd, too great to count, from every nation and tribe and people and language, standing in front of the throne and before the Lamb.

They were clothed in white robes and held palm branches in their hands.

9 이것 다음에 나는 셀 수조차도 없는 대단히 큰 군중이 모든 나라와 가문과 백성과 그리고 언어로부터 나와서 왕좌 앞과 어린양 앞에 서 있는 것을 보았습니다. 그들은 흰 긴 겉옷을 입었고, 그들의 손에는 종려나무 가지가 들려 있었습니다.

10 And they were shouting with a great roar, "Salvation comes from our God who sits on the throne and from the Lamb!"

10 그리고 그들은 큰 웨침으로 소리치고 있었습니다. 《구원이 왕좌에 앉으신 우리 하나님과 어린양으로부터 오는구나!》

11 And all the angels were standing around the throne and around the elders and the four living beings. And they fell before the throne with their faces to the ground and worshiped God.

11 그리고 모든 천사들은 왕좌 둘레와 그리고 장로들과 네 생물들 둘레에 둘러서서 있었습니다. 그리고 그들은 왕좌 앞에서 그들의 얼굴을 땅에 엎드려 하나님을 우러러 모셨습니다.

12 They sang, "Amen! Blessing and glory and wisdom and thanksgiving and honor and power and strength belong to our God forever and ever! Amen."

12 그들이 노래했습니다. 《아멘! 축복과 영광과 지혜 그리고 감사와 영예와 능력과 힘이 영원히 우리 하나님에게 속해 있습니다! 아멘.》

13 Then one of the twenty-four elders asked me, "Who are these who are

clothed in white? Where did they come from?"

13 그다음 24 장로들 가운데 한 사람이 나에게 물었습니다. 《흰옷을 입고 있는 이 사람들은 누구입니까? 그들이 어디에서 왔습니까?》

14 And I said to him, "Sir, you are the one who knows." Then he said to me, "These are the ones who died in the great tribulation. They have washed their robes in the blood of the Lamb and made them white.

14 내가 그에게 말했습니다. 《장로님, 그것을 아는 분은 당신입니다.》 그러자 그가 나에게 말했습니다. 《이 사람들은 큰 고난을 당하고 죽은 사람들입니다. 그들은 어린양의 피에 그들의 긴 겉옷을 빨아 희게 하였습니다.

15 "That is why they stand in front of God's throne and serve him day and night in his Temple. And he who sits on the throne will give them shelter.

15 《이것이 그들이 하나님의 왕좌 앞에 서 있는 리유이고 그분의 성전에서 밤낮으로 그분을 섬기는 리유입니다. 그리고 왕좌에 앉으신 분께서 그들에게 피난처를 주실 것입니다.

16 They will never again be hungry or thirsty; they will never be scorched by the heat of the sun.

16 그들은 다시는 배고프거나 목마르지 않을 것입니다; 그들은 결코 태양의 뜨거움으로 타지 않을 것입니다.

17 For the Lamb on the throne will be their Shepherd. He will lead them to springs of life-giving water. And God will wipe every tear from their eyes."

17 왜냐하면 왕좌에 앉으신 그 어린양이 그들의 목자가 될 것이기 때문입니다. 그분이 생명을 주는 샘물로 그들을 이끄실 것입니다. 그리고 하나님께서 그들의 눈에서 모든 눈물을 닦아주실 것입니다.》

8

The Lamb Breaks the Seventh Seal

어린양이 일곱째 봉인을 떼시다

1 When the Lamb broke the seventh seal on the scroll, there was silence throughout heaven for about half an hour.

1 어린양이 두루마리에 있는 일곱째 봉인을 뗄 때, 약 반 시간 동안 하늘 전체가 조용했습니다.

2 I saw the seven angels who stand before God, and they were given seven trumpets.

2 나는 하나님 앞에 서 있는 일곱 천사를 보았는데, 그들이 일곱 나팔을 받았습니다.

3 Then another angel with a gold incense burner came and stood at the altar. And a great amount of incense was given to him to mix with the prayers of God's people as an offering on the gold altar before the throne.

3 그다음 금향로를 가진 또 다른 천사가 제물대 앞에 섰습니다. 아주 많은 량의 향이 왕좌 앞 금제물대에 바쳐지는 하나님 백성들의 기도에 섞일 수 있게 그에게 주어졌습니다.

4 The smoke of the incense, mixed with the prayers of God's holy people, ascended up to God from the altar where the angel had poured them out.

4 향의 연기가, 하나님 거룩한 백성들의 기도와 함께 섞여, 천사가 그것들을 쏟아 부은 제물대로부터 하나님에게 올라갔습니다.

5 Then the angel filled the incense burner with fire from the altar and threw it down upon the earth; and thunder crashed, lightning flashed, and there was a terrible earthquake.

5 그다음 그 천사가 제물대에 있는 불로 향로를 가득 채워 그것을 땅으로 던졌습니다; 그러자 우뢰가 치고 번개가 번쩍이고, 무서운 지진이 있었습니다.

The First Four Trumpets

첫 네 개의 나팔들

6 Then the seven angels with the seven trumpets prepared to blow their mighty blasts.

6 그다음 일곱 천사가 일곱 나팔을 가지고 자신들의 힘찬 나팔 소리를 내기 위해 준비를 했습니다.

7 The first angel blew his trumpet, and hail and fire mixed with blood were thrown down on the earth. One-third of the earth was set on fire, one-third of the trees were burned, and all the green grass was burned.

7 첫째 천사가 그의 나팔을 불었고, 피가 섞인 우박과 불이 땅에 떨어졌습니다. 땅의 3분의 1이 불타고, 나무 3분의 1이 불타고, 그리고 모든 푸른 풀이 불에 탔습니다.

8 Then the second angel blew his trumpet, and a great mountain of fire was thrown into the sea. One-third of the water in the sea became blood,

8 그다음 둘째 천사가 자신의 나팔을 불었습니다, 그리하여 불붙은 큰 산이 바다에 던져졌습니다. 바다 물의 3분의 1이 피가 되였고,

9 one-third of all things living in the sea died, and one-third of all the ships

on the sea were destroyed.

9 바다에 사는 생물의 3분의 1이 죽었고, 바다에 있는 모든 배의 3분의 1이 부서졌습니다.

10 Then the third angel blew his trumpet, and a great star fell from the sky, burning like a torch. It fell on one-third of the rivers and on the springs of water.

10 그다음 세째 천사가 나팔을 불었습니다. 그리고 큰 별이 홰불처럼 타면서 하늘에서 떨어졌습니다. 그것은 강의 3분의 1 우에 떨어졌습니다.

11 The name of the star was Bitterness. It made one-third of the water bitter, and many people died from drinking the bitter water.

11 그 별의 이름은 쓰디씀이였습니다. 그것은 물의 3분의 1을 쓰게 만들었고, 많은 사람들이 그 쓴 물을 마시고 죽었습니다.

12 Then the fourth angel blew his trumpet, and one-third of the sun was struck, and one-third of the moon, and one-third of the stars, and they became dark. And one-third of the day was dark, and also one-third of the night.

12 그다음 네째 천사가 자기의 나팔을 불었습니다. 그리고 태양의 3분의 1과 달의 3분의 1, 별들의 3분의 1이 타격을 받았습니다. 그리하여 그것들은 어두워졌습니다. 그리고 낮의 3분의 1이 캄캄해졌고, 또한 밤의 3분의 1도 캄캄해졌습니다.

13 Then I looked, and I heard a single eagle crying loudly as it flew through the air, "Terror, terror, terror to all who belong to this world because of what will happen when the last three angels blow their trumpets."

13 그다음 내가 보니, 독수리 한 마리가 하늘을 뚫고 날아가면서 크게 우는 소리가 들렸습니다.《끔직하다, 끔직하다, 이 세상에 속해 있는 모든 사람에게 끔직하다. 마지막 세 천사들이 자신들의 나팔을 불 때 일어날 일이기 때문이다.》

9

The Fifth Trumpet Brings the First Terror

다섯째 나팔이 첫 공포를 가져오다

1 Then the fifth angel blew his trumpet, and I saw a star that had fallen to earth from the sky, and he was given the key to the shaft of the bottomless pit.

1 그다음 다섯째 천사가 나팔을 불었습니다. 그리고 나는 하늘에서 땅

으로 떨어진 한 별을 보았는데, 그가 지옥의 수직갱을 여는 열쇠를 받았습니다.

2 **When he opened it, smoke poured out as though from a huge furnace, and the sunlight and air turned dark from the smoke.**

2 그가 그것을 열었을 때, 연기가 마치 거대한 용광로에서 솟아오르듯이 쏟아져 나왔고, 태양 빛과 공기가 연기로 인하여 어둠으로 변했습니다.

3 **Then locusts came from the smoke and descended on the earth, and they were given power to sting like scorpions.**

3 그다음 메뚜기들이 연기에서 나와 땅으로 내려갔고, 그것들은 전갈들처럼 쏘는 능력을 받았습니다.

4 **They were told not to harm the grass or plants or trees, but only the people who did not have the seal of God on their foreheads.**

4 그것들은 풀이나 초목들 혹은 나무들은 해치지 말고, 이마에 하나님의 도장이 없는 사람들만을 해치라고 들었습니다.

5 **They were told not to kill them but to torture them for five months with pain like the pain of a scorpion sting.**

5 그것들은 사람들을 죽이지 말고 대신 그들을 전갈이 쏘는 듯한 고통으로 다섯 달 동안 몹시 괴롭히라고 들었습니다.

6 **In those days people will seek death but will not find it. They will long to die, but death will flee from them!**

6 그날에 사람들이 죽음을 찾겠지만 그것을 찾을 수 없을 것입니다. 그들이 간절히 죽기를 바라겠지만, 죽음이 그들을 피해 달아날 것입니다!

7 **The locusts looked like horses prepared for battle. They had what looked like gold crowns on their heads, and their faces looked like human faces.**

7 그 메뚜기들은 전투를 위해 준비된 말들처럼 보였습니다. 그것들은 자신들의 머리에 금 왕관 같은 것을 썼고, 그들의 얼굴은 사람의 얼굴처럼 보였습니다.

8 **They had hair like women's hair and teeth like the teeth of a lion.**

8 그것들은 녀자의 머리카락과 같은 털과 사자의 이발과 같은 이가 있었습니다.

9 **They wore armor made of iron, and their wings roared like an army of chariots rushing into battle.**

9 그것들은 철로 된 갑옷을 입었고, 그것들의 날개는 전쟁터로 달려가는 전차 군대처럼 요란한 소리를 냈습니다.

10 **They had tails that stung like scorpions, and for five months they had the power to torment people.**

10 그것들은 전갈처럼 침으로 쏘는 꼬리를 가졌고, 다섯 달 동안 사람들을 괴롭힐 권한이 있었습니다.

11 **Their king is the angel from the bottomless pit; his name in Hebrew is Abaddon, and in Greek, Apollyon—the Destroyer.**

11 그것들의 왕은 지옥에서 올라온 그 천사입니다: 그의 이름은 히브리어로는 아바돈, 그리이스어로는 아볼루온—파괴자입니다.

12 **The first terror is past, but look, two more terrors are coming!**

12 첫 공포가 지나갔습니다, 그러나 보십시오, 두 가지 공포가 더 다가오고 있습니다!

The Sixth Trumpet Brings the Second Terror

여섯째 나팔이 두 번째 공포를 가져오다

13 **Then the sixth angel blew his trumpet, and I heard a voice speaking from the four horns of the gold altar that stands in the presence of God.**

13 그다음 여섯째 천사가 자기의 나팔을 불었습니다, 그리고 나는 하나님 앞에 서 있는 금 제물대의 네 뿔로부터 말하고 있는 음성을 들었습니다.

14 **And the voice said to the sixth angel who held the trumpet, "Release the four angels who are bound at the great Euphrates River."**

14 그리고 그 음성이 나팔을 든 여섯째 천사에게 말했습니다, 《큰 유프라테스 강에 묶여 있는 네 천사를 놓아 주어라.》

15 **Then the four angels who had been prepared for this hour and day and month and year were turned loose to kill one-third of all the people on earth.**

15 그런 다음 이 시간과 날과 달과 해를 위해 준비되었던 네 천사가 땅 우의 모든 사람의 3분의 1을 죽이기 위해 풀려났습니다.

16 **I heard the size of their army, which was 200 million mounted troops.**

16 내가 그들의 군대의 규모를 들었는데, 그것은 2억 명의 기마 군대였습니다.

17 **And in my vision, I saw the horses and the riders sitting on them. The riders wore armor that was fiery red and dark blue and yellow. The horses had heads like lions, and fire and smoke and burning sulfur billowed from their mouths.**

17 그리고 나의 환상에서, 나는 말들과 그 우에 탄 사람들을 보았습니다. 말을 탄 자들은 불타는 듯한 빨간색과 어두운 청색 그리고 노란색 갑옷을 입고 있었습니다. 그 말들은 사자와 같은 머리를 가졌고, 그것들의

입에서 불과 연기와 불타는 류황을 치솟게 했습니다.

18 **One-third of all the people on earth were killed by these three plagues—by the fire and smoke and burning sulfur that came from the mouths of the horses.**

18 땅 우의 모든 사람의 3분의 1이 이 세 가지 재난— 말들의 입에서 나오는 불과 연기 그리고 불타는 류황으로 하여 죽었습니다.

19 **Their power was in their mouths and in their tails. For their tails had heads like snakes, with the power to injure people.**

19 그것들의 힘은 자신들의 입과 꼬리에 있었습니다. 왜냐하면 그것들의 꼬리들은, 사람들을 해치는 능력을 가진 뱀과 같은 머리를 가지고 있었기 때문입니다.

20 **But the people who did not die in these plagues still refused to repent of their evil deeds and turn to God. They continued to worship demons and idols made of gold, silver, bronze, stone, and wood—idols that can neither see nor hear nor walk!**

20 그러나 이 재난에서 죽지 않은 사람들은 자신들의 악한 행동들을 뉘우치고 하나님께 돌아오기를 여전히 거절했습니다. 그들은 계속해서 귀신들과 금, 은, 동, 나무로 만든 우상들—볼 수도 들을 수도 없고 또한 걸을 수도 없는 우상들을 우러러 모셨습니다!

21 **And they did not repent of their murders or their witchcraft or their sexual immorality or their thefts.**

21 그리고 그들은 자신들이 저지른 살인이나 마술 또는 자신들의 성적인 비도덕 또는 자신들의 도적질들을 뉘우쳐 돌아서지 않았습니다.

10

The Angel and the Small Scroll

천사와 작은 두루마리

1 **Then I saw another mighty angel coming down from heaven, surrounded by a cloud, with a rainbow ove rhis head. His face shone like the sun, and his feet were like pillars of fire.**

1 그다음 나는 또 다른 힘센 천사가 자신에 머리에 무지개를 두르고, 구름에 싸여, 하늘에서 내려오는 것을 보았습니다. 그의 얼굴은 태양과 같이 빛났고, 그의 발들은 불기둥과 같았습니다.

2 **And in his hand was a small scroll that had been opened. He stood with his right foot on the sea and his left foot on the land.**

2 그리고 그의 손에는 펼쳐진 작은 두루마리가 있었습니다. 그는 자기의 오른발로 바다를 밟고 자기의 왼발로는 땅을 밟고 서 있었습니다.

3 **And he gave a great shout like the roar of a lion. And when he shouted, the seven thunders answered.**

3 그는 사자가 울부짖듯이 크게 웨쳤습니다. 그리고 그가 소리쳤을 때, 일곱 우뢰가 대답했습니다.

4 **When the seven thunders spoke, I was about to write. But I heard a voice from heaven saying, "Keep secret what the seven thunders said, and do not write it down."**

4 일곱 우뢰들이 말할 때, 나는 그것을 막 받아 적으려고 했습니다. 그러나 나는 하늘에서 말하는 음성을 들었습니다. 《일곱 우뢰가 말한 것을 비밀에 부쳐라. 그것을 받아 적지 말아라.》

5 **Then the angel I saw standing on the sea and on the land raised his right hand toward heaven.**

5 그다음 내가 바다와 땅에 서 있었던 것을 본 천사가 자기의 오른 손을 하늘을 향해 들어 올렸습니다.

6 **He swore an oath in the name of the one who lives forever and ever, who created the heavens and everything in them, the earth and everything in it, and the sea and everything in it. He said, "There will be no more delay.**

6 그는 하늘들과 거기 거하는 모든 것들, 땅과 거기에 있는 모든 것들, 그리고 바다와 거기에 있는 모든 것들을 창조하신, 영원히 살아계시는 분의 이름을 걸고 맹세를 했습니다. 그가 말했습니다. 《더 이상 미루지 않을 것이다.

7 **When the seventh angel blows his trumpet, God's mysterious plan will be fulfilled. It will happen just as he announced it to his servants the prophets."**

7 일곱째 천사가 자기의 나팔을 불 때, 하나님의 숨겨진 계획이 완성될 것이다. 그것은 그분께서 자신의 종들과 예언자들에게 알려 주셨던 그대로 일어날 것이다.》

8 **Then the voice from heaven spoke to me again: "Go and take the open scroll from the hand of the angel who is standing on the sea and on the land."**

8 그다음 하늘에서 나는 음성이 나에게 다시 말했습니다. 《너는 바다와 땅에 서 있는 천사에게 가서 그의 손에 펼쳐진 두루마리를 받아라.》

9 **So I went to the angel and told him to give me the small scroll. "Yes, take it and eat it," he said. "It will be sweet as honey in your mouth, but it will**

turn sour in your stomach!"

9 그래서 나는 그 천사에게로 가서 작은 두루마리를 나에게 달라고 그에게 말했습니다.《그렇다, 이것을 받아서 먹어라.》그가 말했습니다.《그것이 너의 입에서 꿀처럼 달겠지만, 너의 배 속에서는 그것이 시큼하게 될 것이다.》

10 So I took the small scroll from the hand of the angel, and I ate it! It was sweet in my mouth, but when I swallowed it, it turned sour in my stomach.

10 그래서 나는 천사의 손에서 작은 두루마리를 받아서 먹었습니다! 그리고 그것이 내 입에는 꿀같이 달았지만, 내가 그것을 삼켰을 때, 그것이 내 배 속에서는 시큼해졌습니다.

11 Then I was told, "You must prophesy again about many peoples, nations, languages, and kings."

11 그다음 나는 들었습니다.《너는 여러 백성과 나라와 언어와 왕들에 대해 다시 예언해야 한다.》

11

The Two Witnesses

두 증인

1 Then I was given a measuring stick, and I was told, "Go and measure the Temple of God and the altar, and count the number of worshipers.

1 그다음 나는 측량 막대 하나를 받았고, 나는 말씀을 들었습니다.《가서 하나님의 신전과 제물대를 재고, 례배드리는 사람들의 수를 세여라.

2 But do not measure the outer courtyard, for it has been turned over to the nations. They will trample the holy city for 42 months.

2 그러나 바깥 뜨락은 재지 말아라, 왜냐하면 그것은 비유태인들에게 넘겨주었기 때문이다. 그들은 마흔두 달 동안 거룩한 도시를 짓밟을 것이다.

3 And I will give power to my two witnesses, and they will be clothed in burlap and will prophesy during those 1,260 days."

3 그리고 내가 나의 두 증인들에게 능력을 줄 것이다, 그리하여 그들은 거친 베옷을 입고 1,260일 동안 예언할 것이다.》

4 These two prophets are the two olive trees and the two lamp stands that stand before the Lord of all the earth.

4 이 두 예언자들은 온 세상의 주인 앞에 서있는 두 올리브 나무이며 두

등불 받침대입니다.

5 If anyone tries to harm them, fire flashes from their mouths and consumes their enemies. This is how anyone who tries to harm them must die.

5 만일 누군가 그들을 해치려 한다면, 불이 그들의 입에서 나와 그들의 적들을 태워 버릴 것입니다. 그들을 해치려고 하는 자들은 이와 같이 죽어야 합니다.

6 They have power to shut the sky so that no rain will fall for as long as they prophesy. And they have the power to turn the rivers and oceans into blood, and to strike the earth with every kind of plague as often as they wish.

6 그들은 자신들이 예언하는 동안 비가 내리지 않게 하늘을 닫을 능력이 있습니다. 그리고 그들은 강과 바다를 피로 변하게 하고, 그들이 원할 때마다 온갖 종류의 재난으로 땅을 칠 능력이 있습니다.

7 When they complete their testimony, the beast that comes up out of the bottomless pit will declare war against them, and he will conquer them and kill them.

7 그들이 자신들의 증언을 다 마칠 때, 지옥에서 올라오는 짐승이 그들에게 전쟁을 선포할 것입니다, 그리하여 그는 그들과 싸워 이기고 그들을 죽일 것입니다.

8 And their bodies will lie in the main street of Jerusalem, the city that is figuratively called "Sodom" and "Egypt," the city where their Lord was crucified.

8 그리고 그들의 몸은 예루살렘의 중심거리에 내버려질 것입니다. 그 도시는 비유적으로《소돔》그리고《에짚트》라고 불리우는데, 그들의 주님이 십자사형틀에 못 박히신 도시입니다.

9 And for three and a half days, all peoples, tribes, languages, and nations will stare at their bodies. No one will be allowed to bury them.

9 그리고 모든 백성들과 가문들, 언어들 그리고 나라들이 사흘 반 동안 그들의 시체를 빤히 쳐다볼 것입니다. 아무도 그것들을 땅에 묻지 못할 것입니다.

10 All the people who belong to this world will gloat over them and give presents to each other to celebrate the death of the two prophets who had tormented them.

10 이 세상에 속한 모든 사람들이 그 시체를 두고 흐뭇해하며 그들을 괴롭혔던 두 예언자들의 죽음을 축하하기 위해 서로 선물을 주고받을 것

입니다.

11 But after three and a half days, God breathed life into them, and they stood up! Terror struck all who were staring at them.

11 그러나 사흘 반 후에, 하나님께서 그들에게 생명을 불어넣으셨고, 그들이 일어섰습니다! 그들을 쳐다보던 모든 사람들이 공포에 사로잡혔습니다.

12 Then a loud voice from heaven called to the two prophets, "Come up here!" And they rose to heaven in a cloud as their enemies watched.

12 그리고 큰 음성이 하늘에서 두 예언자들을 불렀습니다. 《이리로 올라오너라!》 그리고 그들은 자신들의 원쑤들이 바라보고 있는 동안 구름에 싸여 하늘로 올라갔습니다.

13 At the same time there was a terrible earthquake that destroyed a tenth of the city. Seven thousand people died in that earthquake, and everyone else was terrified and gave glory to the God of heaven.

13 그때에 도시의 10분의 1을 파괴하는 무서운 지진이 있었습니다. 7,000명의 사람들이 그 지진에서 죽었고, 남아있는 모든 사람들은 두려워졌고, 하늘에 계신 하나님께 영광을 돌렸습니다.

14 The second terror is past, but look, the third terror is coming quickly.

14 둘째 공포가 지나갔습니다. 그러나 보십시오, 셋째 공포가 빠르게 다가오고 있습니다.

The Seventh Trumpet Brings the Third Terror
일곱째 나팔이 세 번째 공포를 가져오다

15 Then the seventh angel blew his trumpet, and there were loud voices shouting in heaven: "The world has now become the Kingdom of our Lord and of his Christ, and he will reign forever and ever."

15 그 후 일곱째 천사가 자기의 나팔을 불었습니다, 그리고 커다란 음성이 하늘에서 웨쳤습니다: 《세상이 이제 우리 주님과 그분의 그리스도의 나라가 되였다. 그분께서 영원히 다스리실 것이다.》

16 The twenty-four elders sitting on their thrones before God fell with their faces to the ground and worshiped him.

16 하나님 앞 그들의 자리에 앉아 있던 24 장로들이 얼굴을 땅에 엎드리고 그분을 우러러 모셨습니다.

17 And they said, "We give thanks to you, Lord God, the Almighty, the one who is and who always was, for now you have assumed your great power and have begun to reign.

17 그리고 그들이 말했습니다. 《지금도 계시고 전에도 언제나 계셨던 전능하신 분, 주 하나님, 우리가 당신께 감사드립니다. 왜냐하면 당신께서 이제 자신의 강력한 통치권을 맡으시고 다스리기 시작하셨기 때문입니다.

18 **The nations were filled with wrath, but now the time of your wrath has come. It is time to judge the dead and reward your servants the prophets, as well as your holy people, and all who fear your name, from the least to the greatest. It is time to destroy all who have caused destruction on the earth."**

18 나라들이 분노로 가득 찼지만, 반대로 이제 당신이 격노하실 때가 왔습니다. 죽은 자들을 심판하고 당신의 종 예언자들과, 당신의 거룩한 백성은 물론이고, 당신의 이름을 두려워하는 모든 사람들, 가장 작은 사람에서 가장 큰사람에 이르기까지, 보상하실 때입니다. 땅 우에 파괴를 불러온 모든 자들을 멸망시키실 때입니다.

19 **Then, in heaven, the Temple of God was opened and the Ark of his covenant could be seen inside the Temple. Lightning flashed, thunder crashed and roared, and there was an earthquake and a terrible hailstorm.**

19 그다음, 하늘에서, 하나님의 신전이 열렸고 신전 안쪽에 그분의 약속의 궤가 보였습니다. 번개불이 번쩍였고, 우뢰가 치면서 요란한 소리가 나고, 지진과 무서운 우박을 동반한 폭풍이 있었습니다.

12

The Woman and the Dragon

녀자와 룡

1 **Then I witnessed in heaven an event of great significance. I saw a woman clothed with the sun, with the moon beneath her feet, and a crown of twelve stars on her head.**

1 그다음 나는 하늘에서 큰 의미가 있는 한 사건을 목격했습니다. 나는 해를 입고 있는 한 녀자를 보았는데, 그 녀자의 발아래에 달이 있고, 그 녀자의 머리에는 열두 개 별의 왕관을 쓰고 있었습니다.

2 **She was pregnant, and she cried out because of her labor pains and the agony of giving birth.**

2 그 녀자는 임신했습니다, 해산의 진통과 출산의 고통 때문에 울부짖고 있었습니다.

3 **Then I witnessed in heaven another significant event. I saw a large red**

dragon with seven heads and ten horns, with seven crowns on his heads.

3 그다음 나는 하늘에서 또 다른 의미 있는 사건을 목격했습니다. 나는 일곱 개의 머리와 열개의 뿔이 있고, 그의 머리에 일곱 개의 왕관을 쓴 커다란 붉은 룡을 보았습니다.

4 His tail swept away one-third of the stars in the sky, and he threw them to the earth. He stood in front of the woman as she was about to give birth, ready to devour her baby as soon as it was born.

4 그의 꼬리는 하늘에 있는 별들의 3분의 1을 쓸어버리고, 그는 그것들을 땅으로 내던졌습니다. 그는 그 녀자가 아기를 출산하려고 했을 때, 녀자 앞에 서서, 아기 태어나자마자 그 녀자의 아기를 삼켜버릴 태세를 하고 있었습니다.

5 She gave birth to a son who was to rule all nations with an iron rod. And her child was snatched away from the dragon and was caught up to God and to his throne.

5 그 녀자는 모든 나라들을 쇠막대기로 다스릴 아들을 낳았습니다. 그리고 그 녀자의 아기는 재빨리 룡으로부터 잡아채져서 하나님과 그분의 왕좌로 들려올라갔습니다.

6 And the woman fled into the wilderness, where God had prepared a place to care for her for 1,260 days.

6 그리고 그 녀자는 황야로 도망을 쳤습니다, 거기서 하나님께서는 1,260일 동안 그 녀자를 돌보기 위해 한 장소를 준비하셨습니다.

7 Then there was war in heaven. Michael and his angels fought against the dragon and his angels.

7 그다음 하늘에서 전쟁이 있었습니다. 미가엘과 그의 천사들이 룡과 그의 심부름군들을 맞서서 싸웠습니다.

8 And the dragon lost the battle, and he and his angels were forced out of heaven.

8 룡은 전쟁에서 패배했고, 그와 그의 심부름군들은 하늘에서 쫓겨났습니다.

9 This great dragon—the ancient serpent called the devil, or Satan, the one deceiving the whole world—was thrown down to the earth with all his angels.

9 이 큰 룡은—온 세상을 속이는 자인, 악마 혹은 마왕으로 불리우는 옛 뱀—그의 모든 심부름군들과 함께 땅으로 내던져졌습니다.

10 Then I heard a loud voice shouting across the heavens, "It has come at last— salvation and power and the Kingdom of our God, and the authority

of his Christ.
For the accuser of our brothers and sisters has been thrown down to earth—the one who accuses them before our God day and night.

10 그다음 나는 하늘을 가로질러 웨치는 큰 음성을 들었습니다. 《드디어 이르렀다—구원과 권력 그리고 우리 하나님의 나라, 그분의 그리스도의 권위. 왜냐하면 우리의 형제들과 자매들의 고발자가 땅으로 내던져졌기 때문이다—그는 하나님 앞에서 그들을 밤낮으로 헐뜯는 자이다.

11 And they have defeated him by the blood of the Lamb and by their testimony. And they did not love their lives so much that they were afraid to die.

11 그들은 어린양의 피와 자신들의 증언으로 그를 물리쳤다. 그리고 그들은 죽기를 두려워하지 않을 만큼 자신들의 생명을 아끼지 않았다.

12 Therefore, rejoice, O heavens! And you who live in the heavens, rejoice! But terror will come on the earth and the sea, for the devil has come down to you in great anger, knowing that he has little time."

12 그러므로, 오오 하늘들아, 기뻐하라! 하늘에 있는 사람들이여, 기뻐하라! 그러나 땅과 바다에는 재난이 닥칠 것이다. 그 악마가 자기에게 시간이 거의 없는 것을 알고, 몹시 성이 나서 너희에게 내려갔기 때문이다.》

13 When the dragon realized that he had been thrown down to the earth, he pursued the woman who had given birth to the male child.

13 그 룡은 자신이 땅으로 내쫓긴 것을 알았을 때, 남자아이를 낳은 그 녀자를 쫓아갔습니다.

14 But she was given two wings like those of a great eagle so she could fly to the place prepared for her in the wilderness. There she would be cared for and protected from the dragon for a time, times, and half a time.

14 그러나 그 녀자는 큰 독수리의 것과 같은 두 날개를 받아서 그 녀자를 위해 황야에 준비된 장소로 날아갈 수 있었습니다. 거기서 그 녀자는 룡으로부터 피해 한 때와 두 때 그리고 반 때 동안 보호를 받게 되여 있었습니다.

15 Then the dragon tried to drown the woman with a flood of water that flowed from his mouth.

15 그때 룡이 자신의 입에서 쏟아내는 큰 물로 그 녀자를 휩쓸어 버리려고 했습니다.

16 But the earth helped her by opening its mouth and swallowing the river that gushed out from the mouth of the dragon.

16 그러나 땅이 그 녀자를 도와 자기 입을 열어 룡의 입에서 쏟아낸 강물을 삼켰습니다.

17 **And the dragon was angry at the woman and declared war against the rest of her children—all who keep God's commandments and maintain their testimony for Jesus.**

17 그러자 룡은 그 녀자에게 성이 나서 그 녀자의 나머지 아들딸들—하나님의 명령들을 지키고 예수님에 대한 그들의 증언을 계속하는 모든 사람들에게 전쟁을 선포했습니다.

13

The Beast out of the Sea

바다에서 나온 짐승

1 **Then I saw a beast rising up out of the sea. It had seven heads and ten horns, with ten crowns on its horns. And written on each head were names that blasphemed God.**

1 그다음 나는 한 짐승이 바다에서 올라오고 있는 것을 보았습니다. 그것은 일곱 머리와 열 뿔이 있었고, 그것의 뿔들에는 열 개의 왕관이 있었습니다. 그리고 매 머리마다 하나님을 모독하는 이름들이 씌여 있었습니다.

2 **This beast looked like a leopard, but it had the feet of a bear and the mouth of a lion! And the dragon gave the beast his own power and throne and great authority.**

2 이 짐승은 표범처럼 보였지만, 그것은 곰의 발과 사자의 입을 가졌습니다! 그 룡이 짐승에게 그 자신의 능력과 왕좌와 큰 권한을 주었습니다.

3 **I saw that one of the heads of the beast seemed wounded beyond recovery—but the fatal wound was healed! The whole world marveled at this miracle and gave allegiance to the beast.**

3 나는 짐승의 머리 중 하나가 회복되기 어렵게 부상당한 것처럼 보였습니다—그러나 그 치명적인 상처가 낫게 되였습니다! 온 세상이 이 기적에 놀랐고 그 짐승에게 충성을 다했습니다.

4 **They worshiped the dragon for giving the beast such power, and they also worshiped the beast. "Who is as great as the beast?" they exclaimed. "Who is able to fight against him?"**

4 그들은 그와 같은 능력을 그 짐승에게 준 룡을 우러러 모셨습니다. 그

리고 그들은 그 짐승도 우러러 모셨습니다. 《누가 이 짐승처럼 위대한 가?》 그들이 웨쳤습니다. 《누가 그를 맞서서 싸울 수 있는가?》

5 **Then the beast was allowed to speak great blasphemies against God. And he was given authority to do whatever he wanted for forty-two months.**

5 그다음 그 짐승은 하나님을 반대하여 격렬히 모독하는 말들을 하도록 허락받았습니다. 그리고 그는 마흔네 달 동안 그가 원하는 것은 무엇이든 할 수 있는 권한을 받았습니다.

6 **And he spoke terrible words of blasphemy against God, slandering his name and his dwelling—that is, those who dwell in heaven.**

6 그리고 그는 그분의 이름과 그분이 사는 곳—말하자면, 하늘에 사는 사람들을 비방하면서, 하나님을 반대하여 모독하는 끔찍한 말들을 뱉어 냈습니다.

7 **And the beast was allowed to wage war against God's holy people and to conquer them. And he was given authority to rule over every tribe and people and language and nation.**

7 그리고 그 짐승은 하나님의 거룩한 백성들을 반대하여 전쟁을 벌리도록 허락받았습니다. 그리고 그는 모든 가문과 백성과 언어와 나라를 다스릴 권한을 받았습니다.

8 **And all the people who belong to this world worshiped the beast. They are the ones whose names were not written in the Book of Life before the world was made—the Book that belongs to the Lamb who was slaughtered.**

8 그리하여 이 세상에 속한 모든 사람들이 그 짐승을 우러러 모셨습니다. 그들은 자기들의 이름이 세상이 창조되기 전에 생명책에 기록되지 않은 사람들입니다—그 책은 죽임당하신 어린양에게 속해 있습니다.

9 **Anyone with ears to hear should listen and understand.**

9 들을 귀가 있는 사람은 듣고 깨달아야 합니다.

10 **Anyone who is destined for prison will be taken to prison. Anyone destined to die by the sword will die by the sword. This means that God's holy people must endure persecution patiently and remain faithful.**

10 감옥에 잡혀가게 되여 있는 사람은 감옥에 가게 될 것입니다. 칼로 죽게 되여 있는 사람은 칼에 죽게 될 것입니다. 이것은 하나님의 거룩한 백성들이 인내를 가지고 박해를 견디면서 충실하게 남아 있어야 한다는 것을 의미합니다.

The Beast out of the Earth
땅에서 나온 짐승

11 Then I saw another beast come up out of the earth. He had two horns like those of a lamb, but he spoke with the voice of a dragon.

11 그다음 나는 땅에서 올라오는 또 다른 한 짐승을 보았습니다. 그는 양의 것과 같은 두 개의 뿔을 가졌습니다. 그러나 용의 목소리로 말했습니다.

12 He exercised all the authority of the first beast. And he required all the earth and its people to worship the first beast, whose fatal wound had been healed.

12 그는 첫째 짐승의 모든 권한을 행사했습니다. 그리고 그는 모든 땅과 그곳 사람들이 치명적인 부상이 나은 첫째 짐승을 우러러 모시도록 요구했습니다.

13 He did astounding miracles, even making fire flash down to earth from the sky while everyone was watching.

13 그는 간담을 서늘케 하는 기적들을 실행했습니다. 모든 사람이 보고 있는 가운데 불이 하늘에서 땅으로 내려오게까지 했습니다.

14 And with all the miracles he was allowed to perform on behalf of the first beast, he deceived all the people who belong to this world. He ordered the people to make a great statue of the first beast, who was fatally wounded and then came back to life.

14 그리고 그 첫째 짐승을 대신하여 수행하도록 허락받은 모든 기적으로, 그는 이 세상에 속한 모든 사람들을 기만했습니다. 그는 사람들에게 첫째 짐승의 커다란 조각상을 만들도록 명령했습니다. 그 짐승은 치명적인 부상을 입었다가 다시 살아났습니다.

15 He was then permitted to give life to this statue so that it could speak. Then the statue of the beast commanded that anyone refusing to worship it must die.

15 그다음 그는 이 조각상에 생기를 넣어 주도록 허락을 받아서 그것이 말할 수 있게 했습니다. 그러자 그 짐승의 조각상이 자기를 우러러 모시기를 거절하는 누구든지 죽여야 한다고 명령했습니다.

16 He required everyone—small and great, rich and poor, free and slave—to be given a mark on the right hand or on the forehead.

16 그는 모든 사람이—작은 사람과 큰 사람, 자유인과 노예—그 오른손과 이마에 표를 받도록 요구했습니다.

17 And no one could buy or sell anything without that mark, which was ei-

ther the name of the beast or the number representing his name.

17 그리고 그 표가 없이는 어느 누구도 어떤 것도 팔거나 살 수 없었습니다. 그 표는 그 짐승의 이름이거나 그의 이름을 나타내는 수자였습니다.

18 Wisdom is needed here. Let the one with understanding solve the meaning of the number of the beast, for it is the number of a man. His number is 666.

18 여기에 지혜가 필요합니다. 지혜로운 사람은 이 짐승의 수의 의미를 풀이해 보십시오. 그것은 사람의 수자입니다. 그의 수자는 666입니다.

14

The Lamb and the 144,000

어린양과 14만 4천 명

1 Then I saw the Lamb standing on Mount Zion, and with him were 144,000 who had his name and his Father's name written on their foreheads.

1 그다음 나는 어린양이 시온산에 서 있는 것을 보았습니다. 그리고 그분의 이름과 그분의 아버지의 이름이 그들의 이마에 새겨져 있는 14만 4,000명이 그분과 함께 있었습니다.

2 And I heard a sound from heaven like the roar of mighty ocean waves or the rolling of loud thunder. It was like the sound of many harpists playing together.

2 그리고 나는 하늘에서 거대한 대양의 파도가 울부짖는 듯하기도 하고 큰 우뢰소리와 같기도 한 소리를 들었습니다. 그것은 많은 하프연주가들이 함께 연주하는 소리와도 같았습니다.

3 This great choir sang a wonderful new song in front of the throne of God and before the four living beings and the twenty-four elders. No one could learn this song except the 144,000 who had been redeemed from the earth.

3 이 웅장한 합창대가 하나님의 왕좌 앞과 네 생물들과 24 장로들 앞에서 훌륭한 새 노래를 부르고 있었습니다. 땅에서 구원받은 14만 4,000 명 외에는 아무도 이 노래를 배울 수 없었습니다.

4 They have kept themselves as pure as virgins, following the Lamb wherever he goes. They have been purchased from among the people on the earth as a special offering to God and to the Lamb.

4 그들은 어린양이 가는 어디든지 그분을 따르면서 처녀와 같이 순결하게 그들 자신을 지켰습니다. 그들은 땅에 있는 사람들 가운데 하나님과

어린양에게 드릴 특별한 제물로서 값을 주고 샀습니다.

5 They have told no lies; they are without blame.

5 그들은 거짓말을 하지 않았습니다; 그들에게는 흠이 없습니다.

The Three Angels

세 천사들

6 And I saw another angel flying through the sky, carrying the eternal Good News to proclaim to the people who belong to this world—to every nation, tribe, language, and people.

6 그리고 나는 이 세상에 속한 사람들에게—모든 나라와 가문과 언어와 백성들—선포할 영원한 반가운 소식을 가지고 공중을 날아가는 또 다른 한 천사를 보았습니다.

7 "Fear God," he shouted. "Give glory to him. For the time has come when he will sit as judge. Worship him who made the heavens, the earth, the sea, and all the springs of water."

7 그가 웨쳤습니다. 《하나님을 두려워하여라.》《그분에게 영광을 돌려라, 왜냐하면 그분이 심판자로서 앉으실 때가 왔기 때문이다. 하늘들과, 땅과, 바다, 그리고 물의 모든 근원을 만드신 그분을 우러러 모셔라.》

8 Then another angel followed him through the sky, shouting, "Babylon is fallen—that great city is fallen— because she made all the nations of the world drink the wine of her passionate immorality."

8 그런 다음 또 다른 한 천사가 공중을 날아, 웨치면서 그분을 따랐다. 《바벨론이 무너졌다—그 큰 도시가 무너졌다—왜냐하면 바벨론이 세상의 모든 나라들로 하여금 그 녀자의 정욕에 끌리기 쉬운 비도덕의 포도술를 마시게 했기 때문이다.》

9 Then a third angel followed them, shouting, "Anyone who worships the beast and his statue or who accepts his mark on the forehead or on the hand

9 그다음 세째 천사가 다음과 같이, 웨치면서, 그들을 따랐습니다. 《그 짐승과 그의 조각상이나 례배하는 자나 혹은 이마나 손에 그의 표를 받는 사람은 누구든지

10 must drink the wine of God's anger. It has been poured full strength into God's cup of wrath. And they will be tormented with fire and burning sulfur in the presence of the holy angels and the Lamb.

10 하나님의 노여움의 포도술을 마셔야 한다. 그것은 하나님의 격노의 잔에 몽땅 부어졌다. 그리고 그들은 불과 타는 류황으로 거룩한 천사들

과 어린양 앞에서 고통을 받게 될 것이다.

11 **The smoke of their torment will rise forever and ever, and they will have no relief day or night, for they have worshiped the beast and his statue and have accepted the mark of his name."**

11 그들의 고통의 연기는 영원히 올라올 것이다. 그리고 그들은 밤낮으로 휴식도 없을 것이다, 왜냐하면 그들이 그 짐승과 그의 조각상을 례배하였고 그의 이름의 표를 받았기 때문이다.》

12 **This means that God's holy people must endure persecution patiently, obeying his commands and maintaining their faith in Jesus.**

12 이것은 하나님의 거룩한 백성이 그분의 명령들을 지키고 예수님에 대한 그들의 믿음을 지키면서 인내성 있게 박해를 참아야 한다는 것을 의미합니다.

13 **And I heard a voice from heaven saying, "Write this down: Blessed are those who die in the Lord from now on. Yes, says the Spirit, they are blessed indeed, for they will rest from their hard work; for their good deeds follow them!"**

13 그리고 나는 하늘에서 말하고 있는 음성을 들었습니다, 《이것을 받아 적어라: 이제부터 주님 안에서 죽는 사람들은 복이 있다. 그렇다, 성령님이 말씀하신다. 그들은 참으로 복이 있다, 왜냐하면 그들은 자기들의 고된 로동으로부터 쉴 것이다; 왜냐하면 그들의 선량한 행동들이 그들을 뒤따를 것이기 때문이다!》

The Harvest of the Earth

땅의 가을걷이

14 **Then I saw a white cloud, and seated on the cloud was someone like the Son of Man. He had a gold crown on his head and a sharp sickle in his hand.**

14 그리고 나는 흰 구름을 보았습니다, 그리고 그 구름 우에 사람에 아들 같은 어떤 분이 앉아 계셨습니다. 그분은 머리에 금 왕관이 있었고 손에는 날카로운 낫이 있었습니다.

15 **Then another angel came from the Temple and shouted to the one sitting on the cloud, "Swing the sickle, for the time of harvest has come; the crop on earth is ripe."**

15 그다음 또 다른 한 천사가 신전에서 나와서 구름 우에 앉아 계신 분에게 웨쳤습니다. 《낫을 휘두르십시오, 왜냐하면 가을걷이 때가 왔습니다; 땅 우의 수확물들이 무르익었습니다.

16 **So the one sitting on the cloud swung his sickle over the earth, and the whole earth was harvested.**

16 그래서 구름 우에 앉아 계신 분이 자기의 낫을 땅 우로 휘둘렀고 온 땅이 가을걷이가 되였습니다.

17 **After that, another angel came from the Temple in heaven, and he also had a sharp sickle.**

17 그 일 후에, 또 다른 천사가 하늘에 있는 신전에서 나왔습니다, 그리고 그도 날카로운 낫을 가졌습니다.

18 **Then another angel, who had power to destroy with fire, came from the altar. He shouted to the angel with the sharp sickle, "Swing your sickle now to gather the clusters of grapes from the vines of the earth, for they are ripe for judgment."**

18 그다음 불로 멸망시킬 능력을 가진, 또 다른 천사가, 제물대에서 나왔습니다. 그는 날카로운 낫을 가진 천사에게 웨쳤습니다,《땅의 포도덩굴에서 포도송이를 거두기 위해 지금 너의 낫을 휘둘러라, 왜냐하면 포도가 심판받기에 충분히 익었기 때문이다.》

19 **So the angel swung his sickle over the earth and loaded the grapes into the great winepress of God's wrath.**

19 그래서 그 천사가 땅 우에 자기의 낫을 휘둘러 하나님의 격노의 커다란 포도즙 짜는 기구에 담았습니다.

20 **The grapes were trampled in the winepress outside the city, and blood flowed from the winepress in a stream about 180 miles long and as high as a horse's bridle.**

20 그 포도들이 도시 밖에 있는 포도즙 짜는 기구에서 뭉개졌고, 피가 포도즙 짜는 기구에서부터 약 180마일 길이의 흐름과 말의 고삐 높이까지 흘러나왔습니다.

15

The Song of Moses and of the Lamb

모세와 어린양의 노래

1 **Then I saw in heaven another marvelous event of great significance. Seven angels were holding the seven last plagues, which would bring God's wrath to completion.**

1 그다음 나는 하늘에서 큰 의미의 또 다른 한 놀라운 일을 보았습니다. 일곱 천사가 마지막 일곱 재난들을 붙들고 있었습니다, 이 재난들로 하

나님의 격노가 완전하게 끝이 날 것입니다.

2 I saw before me what seemed to be a glass sea mixed with fire. And on it stood all the people who had been victorious over the beast and his statue and the number representing his name. They were all holding harps that God had given them.

2 나는 내 앞에서 불이 섞인 유리바다처럼 보이는 것을 보았습니다. 그리고 그 우에는 짐승과 그의 조각상과 그리고 그의 이름을 대표하는 수자를 이긴 모든 사람들이 서 있었습니다. 그들 모두 하나님께서 주신 하프를 들고 있었습니다.

3 And they were singing the song of Moses, the servant of God, and the song of the Lamb: "Great and marvelous are your works, O Lord God, the Almighty. Just and true are your ways, O King of the nations.

3 그리고 그들은 하나님의 종, 모세의 노래와 어린양의 노래를 부르고 있었습니다:《오오 주 하나님, 전능하신 분이시여, 당신의 일은 위대하고 놀랍습니다. 오오 모든 나라들의 왕이시여, 당신의 길은 정의롭고 참되십니다.

4 Who will not fear you, Lord, and glorify your name? For you alone are holy. All nations will come and worship before you, for your righteous deeds have been revealed."

4 주님, 누가 당신을 두려워하지 않으며 당신의 이름을 찬양하지 않겠습니까? 왜냐하면 당신만이 거룩하시기 때문입니다. 모든 나라들이 와서 당신 앞에서 례배할 것입니다, 왜냐하면 당신의 정의로운 일들이 드러났기 때문입니다.》

The Seven Bowls of the Seven Plagues

일곱 재난의 일곱 대접들

5 Then I looked and saw that the Temple in heaven, God's Tabernacle, was thrown wide open.

5 그다음 나는 하늘에 있는 신전, 하나님의 천막신전이, 넓게 열리는 것을 보았습니다.

6 The seven angels who were holding the seven plagues came out of the Temple. They were clothed in spotless white linen with gold sashes across their chests.

6 일곱 재난을 가지고 있는 일곱 천사가 그 신전에서 나왔습니다. 그들은 가슴에 금 띠가 둘린 흠이 없는 하얀 아마포를 입었습니다.

7 Then one of the four living beings handed each of the seven angels a gold

bowl filled with the wrath of God, who lives forever and ever.

7 그다음 네 생물 중 하나가 영원히 살아 계신 하나님의 격노가 가득한 금 대접을 일곱 천사들 각자에게 넘겨주었습니다.

8 The Temple was filled with smoke from God's glory and power. No one could enter the Temple until the seven angels had completed pouring out the seven plagues.

8 그 신전이 하나님의 영광과 능력으로부터 나오는 연기로 가득 찼습니다. 일곱 천사들이 일곱 재난을 다 쏟아낼 때까지 아무도 들어갈 수 없었습니다.

16

1 Then I heard a mighty voice from the Temple say to the seven angels, "Go your ways and pour out on the earth the seven bowls containing God's wrath."

1 그다음 신전으로부터 나오는 우렁찬 음성이 일곱 천사에게 말하는 것을 들었습니다. 《너희의 길을 가서 하나님의 격노를 담은 일곱 대접을 땅에 쏟아 부어라.》

2 So the first angel left the Temple and poured out his bowl on the earth, and horrible, malignant sores broke out on everyone who had the mark of the beast and who worshiped his statue.

2 그래서 첫째 천사가 신전을 떠나 땅에 자기의 대접을 쏟았습니다. 그러자 끔찍한, 악성의 헌데가 짐승의 표를 가졌고 그의 조각상에 례배하는 모든 사람들에게 돋아났습니다.

3 Then the second angel poured out his bowl on the sea, and it became like the blood of a corpse. And everything in the sea died.

3 그다음 둘째 천사가 자기의 대접을 바다에 쏟아부었습니다. 그러자 그것이 시체의 피처럼 되였습니다. 그리고 바다에 있는 모든 것이 죽었습니다.

4 Then the third angel poured out his bowl on the rivers and springs, and they became blood.

4 그다음 세째 천사가 강들과 샘들에 자기의 대접을 쏟아부었습니다. 그러자 그것들이 피로 변했습니다.

5 And I heard the angel who had authority over all water saying, "You are just, O Holy One, who is and who always was, because you have sent these judgments.

5 나는 모든 물에 대한 권한을 가진 천사가 말하는 것을 들었습니다.《지금도 계시고, 언제나 계셨던, 오오 거룩하신 분이시여, 당신은 정의로우십니다. 당신께서 이 심판들을 보내셨기 때문입니다.

6 **Since they shed the blood of your holy people and your prophets, you have given them blood to drink. It is their just reward."**

6 그들이 당신의 거룩한 백성들과 당신의 예언자들의 피를 흘리게 했음으로, 당신께서 그들에게 피를 마시도록 주었습니다. 이것이 그들에게 당연한 보답입니다.》

7 **And I heard a voice from the altar, saying, "Yes, O Lord God, the Almighty, your judgments are true and just."**

7 그리고 나는 제물대에서 나오는, 말하고 있는, 음성을 들었습니다.《그렇습니다. 오오 주 하나님, 전능하신 분이시여, 당신의 심판은 참되고 정의롭습니다.》

8 **Then the fourth angel poured out his bowl on the sun, causing it to scorch everyone with its fire.**

8 그다음 네째 천사가 자기의 대접을 해에 쏟아부었습니다. 그것의 불로 모든 사람을 태우게 하였습니다.

9 **Everyone was burned by this blast of heat, and they cursed the name of God, who had control over all these plagues. They did not repent of their sins and turn to God and give him glory.**

9 모든 사람이 이 열풍에 의해 타버렸습니다. 그리고 그들은 이 모든 재난을 통제하시는 하나님의 이름을 저주했습니다. 그들은 자신들의 죄를 뉘우치고 하나님께 돌아와 그분에게 영광을 돌리지 않았습니다.

10 **Then the fifth angel poured out his bowl on the throne of the beast, and his kingdom was plunged into darkness. His subjects ground their teeth in anguish,**

10 그다음 다섯째 천사가 짐승의 왕좌에다 자기의 대접을 쏟아부었습니다. 그러자 그의 나라가 어둠에 빠졌습니다. 그의 부하들이 고통스러워 자신들의 이발을 갈았습니다.

11 **and they cursed the God of heaven for their pains and sores. But they did not repent of their evil deeds and turn to God.**

11 그리고 그들은 자기들의 고통과 헌데 때문에 하늘의 하나님을 저주했습니다. 그들은 자기들의 악한 행위를 뉘우치지 않았고 하나님에게 돌아오지 않았습니다.

12 **Then the sixth angel poured out his bowl on the great Euphrates River, and it dried up so that the kings from the east could march their armies**

toward the west without hindrance.

12 그다음 여섯째 천사가 자기의 대접을 큰 강 유프라테스강에 쏟아부었습니다. 그러자 그것이 바싹 말라서 동쪽으로부터 오는 왕들이 장애물 없이 자기들의 군대를 서쪽으로 보낼 수 있었습니다.

13 And I saw three evil spirits that looked like frogs leap from the mouths of the dragon, the beast, and the false prophet.

13 그리고 나는 개구리처럼 보이는 세 악한 령들이 룡, 짐승, 거짓 예언자의 입에서 튀여 나오는 것을 보았습니다.

14 They are demonic spirits who work miracles and go out to all the rulers of the world to gather them for battle against the Lord on that great judgment day of God the Almighty.

14 그들은 기적들을 일으키고 전능하신 하나님의 큰 심판의 날에 주님을 반대하여 싸우기 위해 세상의 모든 통치자들을 모으려고 그들에게 나가는 악마의 령들입니다.

15 "Look, I will come as unexpectedly as a thief! Blessed are all who are watching for me, who keep their clothing ready so they will not have to walk around naked and ashamed."

15《보아라, 내가 도적처럼 갑자기 올 것이다! 나를 기다리는 모든 사람은 복이 있다. 그들은 벌거벗고 부끄럽게 다니지 않기 위해 자기들의 옷을 계속 준비하는 사람들이다.》

16 And the demonic spirits gathered all the rulers and their armies to a place with the Hebrew name Armageddon.

16 악마의 령들이 히브리어로 아마겟돈이라 부르는 곳으로 모든 통치자들과 자기들의 군대를 모았습니다.

17 Then the seventh angel poured out his bowl into the air. And a mighty shout came from the throne in the Temple, saying, "It is finished!"

17 그다음 일곱째 천사가 자기의 대접을 공중에 쏟아부었습니다. 그러자 신전에 있는 왕좌에서 우렁차게 웨치는 소리가 나왔습니다.《다 끝났다!》

18 Then the thunder crashed and rolled, and lightning flashed. And a great earthquake struck—the worst since people were placed on the earth.

18 그런 다음 우뢰가 치고 우르릉거리며, 번개불이 번쩍였습니다. 그리고 큰 지진이 닥쳤습니다—사람들이 땅에 살아온 이래 최악의 상태.

19 The great city of Babylon split into three sections, and the cities of many nations fell into heaps of rubble. So God remembered all of Babylon's sins, and he made her drink the cup that was filled with the wine of his

fierce wrath.

19 큰 도시 바벨론이 세 부분으로 쪼개지고, 많은 나라의 도시들이 부서진 돌 더미로 되였습니다. 그래서 하나님께서는 바벨론의 모든 죄를 기억하셨고, 그분께서 그 도시로 하여금 그분의 지독한 격노의 포도술이 가득 담겨진 잔을 마시게 했습니다.

20 And every island disappeared, and all the mountains were leveled.

20 모든 섬들이 사라지고 모든 산들이 평평하게 되였습니다.

21 There was a terrible hailstorm, and hailstones weighing as much as seventy-five pounds fell from the sky onto the people below. They cursed God because of the terrible plague of the hailstorm.

21 심한 폭풍을 동반한 싸락눈이 내렸고, 75파운드 무게의 우박이 하늘로부터 아래에 있는 사람들 우에 쏟아졌습니다. 그들은 폭풍을 동반한 싸락눈의 끔찍한 재난으로 하여 하나님을 저주했습니다.

17

The Great Prostitute

이름난 매춘부

1 One of the seven angels who had poured out the seven bowls came over and spoke to me. “Come with me,” he said, “and I will show you the judgment that is going to come on the great prostitute, who rules over many waters.

1 일곱 대접을 쏟아부었던 일곱 천사 가운데 하나가 나에게 와서 말했습니다. 《나와 함께 가자.》 그가 말했습니다. 《그러면 내가 너에게 많은 물들을 다스리는 이름난 매춘부에게 다가올 심판을 보여 주겠다.》

2 The kings of the world have committed adultery with her, and the people who belong to this world have been made drunk by the wine of her immorality.”

2 세상의 왕들이 그 녀자와 부화방탕하였고, 이 세상에 속한 사람들로 하여금 그 녀자의 풍기문란한 포도술로 취하게 하였다.》

3 So the angel took me in the Spirit into the wilderness. There I saw a woman sitting on a scarlet beast that had seven heads and ten horns, and blasphemies against God were written all over it.

3 그래서 그 천사가 성령으로 이끌어 나를 황야로 데려갔습니다. 거기서 나는 한 녀자가 일곱 머리와 열 뿔, 그리고 하나님을 모독하는 글들이 온데 씌여져 있는 짙붉은색의 짐승을 타고 있는 것을 보았습니다.

4 The woman wore purple and scarlet clothing and beautiful jewelry made of gold and precious gems and pearls. In her hand she held a gold goblet full of obscenities and the impurities of her immorality.

4 그 녀자는 자주색과 진붉은색 옷을 입고 금과 값비싼 보석들과 진주들로 만들어진 아름다운 귀금속을 걸치고 있었습니다. 그 녀자는 자신의 손에 음탕한 것들과 자신의 비도덕의 불결함이 가득한 금 술잔을 들고 있었습니다.

5 A mysterious name was written on her forehead: "Babylon the Great, Mother of All Prostitutes and Obscenities in the World."

5 한 비밀스런 이름이 그 녀자의 이마 우에 씌여져 있었습니다: 《세상에 있는 모든 매춘부들과 음탕함의 에미인, 큰 바벨론.》

6 I could see that she was drunk—drunk with the blood of God's holy people who were witnesses for Jesus. I stared at her in complete amazement.

6 나는 그 녀자가 취한 것을 보았습니다—예수님의 증인들이였던 하나님의 거룩한 백성의 피로 취한 것. 나는 대단히 놀라서 그 녀자를 쳐다보았습니다.

7 "Why are you so amazed?" the angel asked. "I will tell you the mystery of this woman and of the beast with seven heads and ten horns on which she sits.

7 《너는 왜 그렇게 놀라는가?》 그 천사가 물었습니다. 《내가 이 녀자와 그녀가 타고 있는 일곱 머리와 열 뿔을 가진 짐승의 비밀을 너에게 말해 주겠다.》

8 The beast you saw was once alive but isn't now. And yet he will soon come up out of the bottomless pit and go to eternal destruction. And the people who belong to this world, whose names were not written in the Book of Life before the world was made, will be amazed at the reappearance of this beast who had died.

8 네가 본 그 짐승은 이전에는 살았었지만 지금은 그렇지 않다. 하지만 그는 지옥에서 곧 올라와서 영원한 멸망으로 갈 것이다. 그리고 이 세상에 속한 사람들, 이 세상이 만들어지기 전 그들의 이름들이 생명책에 기록되지 않았던 사람들은 죽었던 이 짐승의 다시 나타남에 놀라워할 것이다.

9 "This calls for a mind with understanding: The seven heads of the beast represent the seven hills where the woman rules. They also represent seven kings.

9 《이것은 지혜를 가진 마음을 요구한다: 그 짐승의 일곱 머리는 그 녀

자가 다스리는 일곱 산을 나타낸다. 그들은 또한 일곱 왕들을 나타낸다.

10 Five kings have already fallen, the sixth now reigns, and the seventh is yet to come, but his reign will be brief.

10 다섯 왕은 이미 무너졌고 여섯째는 지금 다스리고 있으며 일곱째는 아직 나타나지 않았다, 그러나 그의 통치는 잠간 동안이 될 것이다.

11 "The scarlet beast that was, but is no longer, is the eighth king. He is like the other seven, and he, too, is headed for destruction.

11 《있었다가 더 이상 없는 질붉은색 짐승은 여덟째 왕이다. 그는 다른 일곱과 같고 그도, 역시, 멸망을 향해 나아가고 있다.

12 The ten horns of the beast are ten kings who have not yet risen to power. They will be appointed to their kingdoms for one brief moment to reign with the beast.

12 그 짐승의 열 뿔은 아직 권력을 얻지 못한 열 왕이다. 그들은 잠시 동안 짐승과 함께 자기들의 나라를 다스리도록 임명될 것이다.

13 They will all agree to give him their power and authority.

13 그들은 자기들의 권력과 권한을 짐승에게 주기로 전적으로 합의할 것이다.

14 Together they will go to war against the Lamb, but the Lamb will defeat them because he is Lord of all lords and King of all kings. And his called and chosen and faithful ones will be with him."

14 그들은 다 함께 그 어린양을 반대하여 싸우러 갈 것이다, 그러나 그 분은 그들을 쳐부실 것이다. 왜냐하면 그분은 모든 주인들의 주님이시고 모든 왕들의 왕이시기 때문이다. 그리하여 그분의 부르심을 받고 선택된 진실한 사람들이 그분과 함께 있을 것이다.》

15 Then the angel said to me, "The waters where the prostitute is ruling represent masses of people of every nation and language.

15 그다음 그 천사가 내게 말했습니다.《그 매춘부가 다스리는 곳인 물들은 모든 나라와 언어의 많은 사람들을 나타낸다.

16 The scarlet beast and his ten horns all hate the prostitute. They will strip her naked, eat her flesh, and burn her remains with fire.

16 질붉은색 짐승과 그의 열 뿔들 모두는 그 매춘부를 싫어한다. 그들은 그 녀자를 벌거벗기고, 그 녀자의 살을 먹으며, 그 녀자의 남은 것들을 불로 태울 것이다.

17 For God has put a plan into their minds, a plan that will carry out his purposes. They will agree to give their authority to the scarlet beast, and so the words of God will be fulfilled.

17 왜냐하면 하나님께서 그들의 마음에 계획을 주셨는데, 계획은 그분의 목적대로 실행될 것이기 때문이다. 그들은 자기들의 권한을 짙붉은색 짐승에게 주기로 합의할 것이다. 그리하여 하나님의 말씀이 실현될 것이다.

18 **And this woman you saw in your vision represents the great city that rules over the kings of the world."**

18 그리고 네가 자신의 환상으로 본 이 녀자는 이 세상의 왕들을 다스리는 큰 도시를 가리킨다.》

18

The Fall of Babylon

바벨론의 멸망

1 **After all this I saw another angel come down from heaven with great authority, and the earth grew bright with his splendor.**

1 이 모든 일 후에 나는 또 다른 한 천사가 큰 권한을 가지고 하늘에서 내려오는 것을 보았습니다. 그리하여 땅이 그의 광채로 하여 점점 환해졌습니다.

2 **He gave a mighty shout: "Babylon is fallen—that great city is fallen! She has become a home for demons. She is a hideout for every foul spirit, a hideout for every foul vulture and every foul and dreadful animal.**

2 그가 우렁차게 웨쳤습니다:《바벨론이 무너졌다—저 큰 도시가 무너졌다! 그것은 악마들을 위한 집이 되였다. 그것은 온갖 더러운 령의 은신처, 모든 더러운 독수리와 모든 불결한 것과 무서운 동물의 은신처이다.

3 **For all the nations have fallen because of the wine of her passionate immorality. The kings of the world have committed adultery with her. Because of her desires for extravagant luxury, the merchants of the world have grown rich."**

3 모든 민족은 그것의 열정적인 비도덕의 포도술로 하여 멸망하였다. 세상의 왕들이 그것과 부화방탕하였다. 그것의 지나친 사치에 대한 욕망때문에 세상의 상인들이 부자가 되였다.》

4 **Then I heard another voice calling from heaven, "Come away from her, my people. Do not take part in her sins, or you will be punished with her.**

4 그다음 나는 하늘에서 부르는 또 다른 음성을 들었습니다.《그것에서 떠나거라, 나의 백성들아. 그것의 죄들에 가담하지 말아라, 그렇지 않

으면 너희도 그것과 함께 처벌받게 될 것이다.

5 **For her sins are piled as high as heaven, and God remembers her evil deeds.**

5 왜냐하면 그것의 죄가 하늘만큼 높이 쌓여서, 하나님께서 그것의 악한 행위들을 기억하시기 때문이다.

6 **Do to her as she has done to others. Double her penalty for all her evil deeds. She brewed a cup of terror for others, so brew twice as much for her.**

6 그것이 다른 사람에게 한 대로 그것에게 실행하여라. 그것의 모든 악한 행위들에 대해 두 곱으로 처벌하여라. 그것이 다른 사람들에게 공포의 잔을 준비하였으므로, 그것을 위해 두 배로 준비하여라.

7 **She glorified herself and lived in luxury, so match it now with torment and sorrow. She boasted in her heart, 'I am queen on my throne. I am no helpless widow, and I have no reason to mourn.'**

7 그것은 자기 스스로를 찬양하고 사치스럽게 살았다, 그러므로 지금 고통과 슬픔으로 그것에 맞서게 하여라. 그것은 자신의 마음속으로 자랑하였다, 〈나는 내 왕좌에 앉은 녀왕이다. 나는 희망 없는 과부가 아니며, 내게는 슬퍼할 리유가 없다.〉

8 **Therefore, these plagues will overtake her in a single day—death and mourning and famine. She will be completely consumed by fire, for the Lord God who judges her is mighty."**

8 그러므로, 이 재난들이 단 하루 만에—죽음과 애통함과 굶주림 그것에 닥칠 것이다. 그것은 불에 의해 완전히 태워질 것이다, 왜냐하면 그것을 심판하시는 주 하나님은 전능하시기 때문이다.》

9 **And the kings of the world who committed adultery with her and enjoyed her great luxury will mourn for her as they see the smoke rising from her charred remains.**

9 그리고 그것과 함께 부화방탕하고 대단한 사치를 즐기던 세상의 그 왕들이 시꺼멓게 탄 그것의 잔해에서 올라오는 연기를 볼 때 그것에 대해 슬퍼할 것입니다.

10 **They will stand at a distance, terrified by her great torment. They will cry out, "How terrible, how terrible for you, O Babylon, you great city! In a single moment God's judgment came on you."**

10 그들은 그것의 큰 고통 때문에 두려워서, 멀리 떨어져 서 있을 것입니다. 그들은 울부짖을 것입니다, 《얼마나 끔찍한가, 네가 얼마나 끔찍한 일을 당했는가, 오오 바벨론, 너 거대한 도시여! 하나님의 심판이 한

순간에 네게 닥쳤구나.》

11 **The merchants of the world will weep and mourn for her, for there is no one left to buy their goods.**

11 세상의 그 상인들이 그녀를 위해 울며 슬퍼할 것이다, 왜냐하면 그들의 물건들을 살 사람이 더 이상 남아 있지 않기 때문이다.

12 **She bought great quantities of gold, silver, jewels, and pearls; fine linen, purple, silk, and scarlet cloth; things made of fragrant thyine wood, ivory goods, and objects made of expensive wood; and bronze, iron, and marble.**

12 그것은 막대한 량의 금, 은, 보석들, 그리고 진주들; 고운아마포, 자주빛 옷감, 비단, 그리고 짙붉은색 옷; 향기 나는 편백나무로 만든 것들, 상아 제품들, 그리고 비싼 나무로 만들어진 물건들; 그리고 구리, 철, 그리고 대리석을 샀다.

13 **She also bought cinnamon, spice, incense, myrrh, frank incense, wine, olive oil, fine flour, wheat, cattle, sheep, horses, chariots, and bodies—that is, human slaves.**

13 그것은 또한 계피, 양념, 향료, 몰약, 유향, 포도술, 올리브기름, 고급한 밀가루, 밀, 소, 양, 말들, 전차들, 그리고 사람들—즉 인간 노예들을 샀다.

14 **"The fancy things you loved so much are gone," they cry. "All your luxuries and splendor are gone forever, never to be yours again."**

14 《네가 그토록 사랑했던 멋진 것들이 없어졌다,》 그들은 울부짖었다. 《너의 모든 화려한 것들과 빛나는 것들이 영원히 없어졌다, 다시는 결코 너의 것이 되지 않을 것이다.》

15 **The merchants who became wealthy by selling her these things will stand at a distance, terrified by her great torment. They will weep and cry out,**

15 그것에게 이러한 물건들을 팔아서 부자가 된 그 상인들은 그것의 큰 고통 때문에 멀리 서 있을 것이다. 그들은 울면서 큰 소리로 부르짖을 것이다.

16 **"How terrible, how terrible for that great city! She was clothed in finest purple and scarlet linens, decked out with gold and precious stones and pearls!**

16 《얼마나 끔찍한가, 저 큰 도시에 얼마나 무서운 일인가! 그것은 고운 자주색과 짙붉은색 아마포를 입었고, 금과 값비싼 돌들과 진주들로 치장하였다!

17 **In a single moment all the wealth of the city is gone!" And all the captains**

of the merchant ships and their passengers and sailors and crews will stand at a distance.

17 한 순간에 그 도시의 모든 부유함이 사라졌구나!》 무역선들의 모든 선장들과 그들의 승객들과 선원들과 승조원들이 멀리 서 있을 것이다.

18 **They will cry out as they watch the smoke ascend, and they will say, "Where is there another city as great as this?"**

18 그들은 연기가 올라가는 것을 볼 때 자신들이 큰 소리로 울 것이다. 그리고 그들은 말할 것이다. 《이 같은 거대한 또 다른 도시가 어디에 있을까?》

19 **And they will weep and throw dust on their heads to show their grief. And they will cry out, "How terrible, how terrible for that great city! The ship owners became wealthy by transporting her great wealth on the seas. In a single moment it is all gone."**

19 그리고 그들은 자신들의 애통함을 보여 주려고 울며 자신들의 머리에 재를 뿌릴 것이다. 그리고 그들은 웨칠 것이다. 《그 얼마나 두려운가, 저 거대한 도시에 얼마나 두려운 일인가! 선주들이 그것의 막대한 부를 바다에서 운송함으로써 부자가 되었다. 한순간에 그것이 완전히 사라졌다.》

20 **Rejoice over her fate, O heaven and people of God and apostles and prophets! For at last God has judged her for your sakes.**

20 그것의 운명에 대해 기뻐하여라, 오오 하늘과 하나님의 백성과 핵심 제자들과 예언자들이여! 왜냐하면 드디어 하나님께서 너희를 위해 그것을 심판하셨다.

21 **Then a mighty angel picked up a boulder the size of ahuge millstone. He threw it into the ocean and shouted, "Just like this, the great city Babylon will be thrown down with violence and will never be found again.**

21 그다음 한 힘센 천사가 커다란 매돌 크기의 바위를 집어 들었습니다. 그는 그것을 바다에 던져 버리고 소리쳤습니다. 《큰 도시 바벨론이, 바로 이것처럼 처참하게 던져질 것이며 다시는 찾아볼 수 없을 것이다.》

22 **The sound of harps, singers, flutes, and trumpets will never be heard in you again. No craftsmen and no trades will ever be found in you again. The sound of the mill will never be heard in you again.**

22 하프 소리, 노래하는 사람들의 소리, 피리 소리와 나팔 소리가 다시는 네 안에서 결코 들리지 않을 것이다. 어떤 높은 기능을 가진 수공업자들과 어떤 무역업자들도 다시는 네 안에서 찾아볼 수 없을 것이다. 방아간의 소리가 다시는 네 안에서 결코 들리지 않을 것이다.

23 **The light of a lamp will never shine in you again. The happy voices of brides and grooms will never be heard in you again. For your merchants were the greatest in the world, and you deceived the nations with your sorceries.**

23 등불의 빛이 다시는 네 안에서 결코 빛나지 않을 것이다. 새색시들과 새서방들의 행복한 목소리가 다시 네 안에서 결코 들리지 않을 것이다. 왜냐하면 너의 상인들이 세상에서 가장 큰 자들이었고, 너는 너의 마술로 나라들을 속였기 때문이다.

24 **In your streets flowed the blood of the prophets and of God's holy people and the blood of people slaughtered all over the world."**

24 너의 거리들에는 예언자들과 하나님의 거룩한 백성들 그리고 온 세상에서 죽임을 당한 사람들의 피가 넘쳐흘렀다.》

19

Songs of Victory in Heaven

하늘에서 부르는 승리의 노래

1 **After this, I heard what sounded like a vast crowd in heaven shouting, "Praise the LORD! Salvation and glory and power belong to our God.**

1 이 일이 있은 후에, 나는 수많은 군중이 하늘에서 웨치고 있는 것과 같이 소리 나는 것을 들었습니다. 《주님을 찬양하여라! 구원 그리고 영광과 능력이 우리 하나님께 속해 있습니다.

2 **His judgments are true and just. He has punished the great prostitute who corrupted the earth with her immorality. He has avenged the murder of his servants."**

2 그분의 심판은 참되고 정의롭습니다. 그분께서 그것의 풍기문란으로 땅을 더럽힌 큰 매춘부를 처벌하셨습니다. 그분께서 자신의 종들에 대한 죽음의 원쑤를 갚아 주셨습니다.》

3 **And again their voices rang out: "Praise the LORD! The smoke from that city ascends forever and ever!"**

3 그리고 그들의 목소리가 다시 크게 울렸다: 《주님을 찬양하여라! 연기가 저 도시로부터 영원히 올라오는구나!》

4 **Then the twenty-four elders and the four living beings fell down and worshiped God, who was sitting on the throne. They cried out, "Amen! Praise the LORD!"**

4 그런 후 24 장로들과 네 생물이 엎드려 왕좌에 앉아 계신 하나님을

우러러 모셨습니다. 그들은 웨쳤습니다. 《아멘! 주님을 찬양하여라!》

5 **And from the throne came a voice that said, "Praise our God, all his servants, all who fear him, from the least to the greatest."**

5 그리고 한 목소리가 왕좌로부터 나와서 말했습니다. 《그분의 모든 종들아, 가장 작은 자에서 가장 큰 자에 이르기까지, 그분을 존경하여 두려워하는 모든 사람들아, 우리 하나님을 찬양하여라.》

6 **Then I heard again what sounded like the shout of avast crowd or the roar of mighty ocean waves or the crash of loud thunder: "Praise the LORD! For the Lord our God, the Almighty, reigns.**

6 그다음 나는 큰 군중의 웨침 같기도 하고 거친 바다의 파도의 성난 울부짖음 같기도 하고 또는 큰 우뢰가 내리치는 것 같은 소리를 다시 들었습니다: 《주님을 찬양하여라! 왜냐하면 우리 주 하나님, 전능하신 분께서, 다스리시기 때문이다.

7 **Let us be glad and rejoice, and let us give honor to him. For the time has come for the wedding feast of the Lamb, and his bride has prepared herself.**

7 기뻐하고 즐거워하여라, 그리고 그분에게 영광을 드리자. 왜냐하면 어린양의 결혼 잔치를 위한 때가 왔고, 그분의 새색시는 단장을 마쳤기 때문이다.

8 **She has been given the finest of pure white linen to wear." For the fine linen represents the good deeds of God's holy people.**

8 그 녀자는 입기 위한 가장 순수한 순 백색 아마포 옷을 받았다.》 왜냐하면 그 고운 아마포는 하나님의 거룩한 백성들의 좋은 행동들을 나타내기 때문이다.

9 **And the angel said to me, "Write this: Blessed are those who are invited to the wedding feast of the Lamb." And he added, "These are true words that come from God."**

9 그리고 그 천사가 나에게 말했습니다. 《이것을 받아 적어라: 어린양의 혼인 잔치에 초대받은 사람들은 복이 있다.》 그리고 그가 덧붙여 말했습니다. 《이것은 하나님으로부터 오는 참된 말씀이다.》

10 **Then I fell down at his feet to worship him, but he said, "No, don't worship me. I am a servant of God, just like you and your brothers and sisters who testify about their faith in Jesus. Worship only God. For the essence of prophecy is to give a clear witness for Jesus."**

10 그다음 내가 그를 례배하려고 그의 발에 엎드렸지만, 그가 말했습니다. 《아니다. 나에게 례배하지 말아라. 나는 예수님을 믿는 그들의 믿음

에 대해 증언하는 너와 너희의 형제들과 자매들과 똑같은 하나님의 종이다. 오직 하나님만을 례배하여라. 왜냐하면 예언의 본질은 예수님에 대한 명확한 증언을 하는 것이기 때문이다.》

The Rider on the White Horse

흰말을 타신 분

11 Then I saw heaven opened, and a white horse was standing there. Its rider was named Faithful and True, for he judges fairly and wages a righteous war.

11 그다음 나는 하늘이 열린 것을 보았고, 거기에 흰말 한 마리가 서 있었습니다. 그것을 탄 분은 충실하고 진실하신 분이라고 불리웠습니다. 왜냐하면 그분이 공정하게 심판을 하시고 정의의 싸움을 하시기 때문입니다.

12 His eyes were like flames of fire, and on his head were many crowns. A name was written on him that no one understood except himself.

12 그분의 눈은 불꽃 같았고, 그분의 머리에는 많은 왕관이 있었습니다. 그분에게 씌여진 이름은 그분 자신 이외에는 아무도 리해하지 못했습니다.

13 He wore a robe dipped in blood, and his title was the Word of God.

13 그분은 피로 적셔진 긴 옷을 입으셨고, 그분의 칭호는 하나님의 말씀이었습니다.

14 The armies of heaven, dressed in the finest of pure white linen, followed him on white horses.

14 가장 순수한 순백의 아마포 옷을 입은, 하늘의 군대들이, 흰말들을 타고 그분을 따랐습니다.

15 From his mouth came a sharp sword to strike down the nations. He will rule them with an iron rod. He will release the fierce wrath of God, the Almighty, like juice flowing from a winepress.

15 그분의 입으로부터 날카로운 칼이 나라들을 쳐부수기 위해 나왔습니다. 그분은 철 막대기로 그들을 다스릴 것입니다. 그분은 전능하신 하나님의 거센 격노를 포도술틀에서 흐르는 즙처럼 쏟아낼 것입니다.

16 On his robe at his thigh was written this title: King of all kings and Lord of all lords.

16 그분의 넓적다리의 긴 옷에는 이 칭호가 씌여 있었습니다: 모든 왕들의 왕 그리고 모든 주들의 주님.

17 Then I saw an angel standing in the sun, shouting to the vultures flying

high in the sky: "Come! Gather together for the great banquet God has prepared.

17 그다음 나는 한 천사가 해 안에 서 있는 것을 보았습니다. 공중에서 높이 날고 있는 독수리들에게 웨치고 있었습니다:《오너라! 하나님께서 마련하신 큰 잔치에 모두 모여라.

18 Come and eat the flesh of kings, generals, and strong warriors; of horses and their riders; and of all humanity, both free and slave, small and great."

18 와서 왕들과 장군들 그리고 힘이 센 군인들의 살을 먹어라; 말과 그 탄 자들의 살을 먹어라; 그리고 모든 사람, 자유인이나 노예나 모두, 작은 자나, 큰 자들의 살을 먹어라.》

19 Then I saw the beast and the kings of the world and their armies gathered together to fight against the one sitting on the horse and his army.

19 그다음 나는 그 짐승과 세상의 왕들, 그리고 그들의 군대들이 말을 타신 분과 그분의 군대를 반대하여 싸우려고 함께 모여 있는 것을 보았습니다.

20 And the beast was captured, and with him the false prophet who did mighty miracles on behalf of the beast—miracles that deceived all who had accepted the mark of the beast and who worshiped his statue. Both the beast and his false prophet were thrown alive into the fiery lake of burning sulfur.

20 그리고 그 짐승이 붙잡혔고, 그 짐승을 대신하여 대단한 기적들을—그 짐승의 표를 받은 모든 사람과 그의 조각상에 례배했던 모든 사람들이 속였던 기적들—실행하던 거짓 예언자도 그와 함께 붙잡혔습니다. 그 짐승과 거짓 예언자 둘 다 산 채로 불타는 류황의 불못에 던져졌습니다.

21 Their entire army was killed by the sharp sword that came from the mouth of the one riding the white horse. And the vultures all gorged themselves on the dead bodies.

21 그들의 온 군대가 흰 말을 탄 분의 입에서 나오는 날선 검에 의해 죽었습니다. 그리고 그 독수리들 모두는 죽은 시체들 우에서 그들 스스로가 배불리 먹었습니다.

20

The Thousand Years

1,000년

1 Then I saw an angel coming down from heaven with the key to the bottomless pit and a heavy chain in his hand.

1 그다음 나는 한 천사가 지옥 열쇠와 무거운 사슬을 자신의 손에 들고 하늘에서 내려오는 것을 보았습니다.

2 He seized the dragon—that old serpent, who is the devil, Satan—and bound him in chains for a thousand years.

2 그가 그 룡을—악마, 마왕인 저 옛 뱀—잡아서 그를 1,000년 동안 사슬에 묶어 두었습니다.

3 The angel threw him into the bottomless pit, which he then shut and locked so Satan could not deceive the nations anymore until the thousand years were finished. Afterward he must be released for a little while.

3 그 천사가 그를 지옥에 던졌습니다. 그는 그다음 닫고 잠가서 1,000년이 끝날 때까지는 이 나라들을 더 이상 속이지 못하게 하였습니다. 그 후에 그는 잠시 동안 풀려나야 합니다.

4 Then I saw thrones, and the people sitting on them had been given the authority to judge. And I saw the souls of those who had been beheaded for their testimony about Jesus and for proclaiming the word of God. They had not worshiped the beast or his statue, nor accepted his mark on their foreheads or their hands. They all came to life again, and they reigned with Christ for a thousand years.

4 그다음 나는 왕좌들을 보았습니다. 그리고 거기에 앉아 있는 사람들이 심판할 권한을 받았습니다. 그리고 나는 예수님에 대한 그들의 증언과 하나님의 말씀을 선포하는 것 때문에 목베기 형을 당한 사람들의 령혼을 보았습니다. 그들은 그 짐승이나 그의 조각상에 례배하지 않았고 자신들의 이마나 자신들의 손에 그의 표를 받지도 않았습니다. 그들은 모두 다시 살아났습니다. 그리하여 그들은 그리스도와 함께 1,000년 동안 다스렸습니다.

5 This is the first resurrection. (The rest of the dead did not come back to life until the thousand years had ended.)

5 이것이 첫째 부활입니다. (죽은 사람들 중 나머지는 1,000년이 끝날 때까지 다시 살아나지 않았습니다.)

6 Blessed and holy are those who share in the first resurrection. For them

the second death holds no power, but they will be priests of God and of Christ and will reign with him a thousand years.

6 첫째 부활에 참여한 사람들은 복이 있고 거룩합니다. 둘째 사망은 그들에게 아무런 권세가 없습니다. 반대로 그들은 하나님과 그리스도의 제사장들이 되어 그분과 함께 1,000년을 다스릴 것입니다.

The Defeat of Satan

마왕의 패배

7 When the thousand years come to an end, Satan will be let out of his prison.

7 1,000년이 끝났을 때, 마왕은 그의 감옥에서 풀려날 것입니다.

8 He will go out to deceive the nations—called Gog and Magog—in every corner of the earth. He will gather them together for battle—a mighty army, as numberless as sand along the seashore.

8 그는 그 민족들—곡과 마곡이라 불리우는—땅의 모든 구석구석에 있는 나라들을 속이기 위해 나올 것입니다. 그는 전쟁을 위해 그들을 함께 모을 것입니다—바다가에 있는 모래처럼 셀 수 없는 수자의 강력한 군대.

9 And I saw them as they went up on the broad plain of the earth and surrounded God's people and the beloved city. But fire from heaven came down on the attacking armies and consumed them.

9 그리고 나는 그들이 땅의 넓은 평야로 올라와서 하나님의 백성과 그 사랑받는 도시를 둘러싼 그들을 보았습니다. 그러나 불이 하늘로부터 공격하고 있는 군대들 우에 내려와 그들을 불태웠습니다.

10 Then the devil, who had deceived them, was thrown into the fiery lake of burning sulfur, joining the beast and the false prophet. There they will be tormented day and night forever and ever.

10 그다음 그들을 속였던 악마는 타는 류황의 불못으로 던져져서, 짐승과 거짓 예언자들에게 합류했습니다. 거기서 그들은 밤낮으로 영원히 고통을 당할 것입니다.

The Final Judgment

마지막 심판

11 And I saw a great white throne and the one sitting on it. The earth and sky fled from his presence, but they found no place to hide.

11 그리고 나는 크고 흰 왕좌와 그 우에 앉아 계신 분을 보았습니다. 땅과 하늘이 그분 앞에서 피해 달아났지만, 그들은 숨을 장소를 찾지 못

했습니다.

12 I saw the dead, both great and small, standing before God's throne. And the books were opened, including the Book of Life. And the dead were judged according to what they had done, as recorded in the books.

12 나는 크고 작은 모든, 죽은 자들이 하나님의 왕좌 앞에 서 있는 것을 보았습니다. 그리고 생명책을 포함해서, 책들이 열려 있었습니다. 그리고 죽은 자들은 책에 기록된 대로, 그들이 했던 것에 따라 심판을 받았습니다.

13 The sea gave up its dead, and death and the grave gave up their dead. And all were judged according to their deeds.

13 바다가 그의 죽은 자들을 내여 주고 무덤들이 그들의 죽은 자들을 내여 놓았습니다. 그리고 모든 사람들이 그들의 행위들에 따라 심판을 받았습니다.

14 Then death and the grave were thrown into the lake of fire. This lake of fire is the second death.

14 그다음 죽음과 무덤이 불못에 던져졌습니다. 이 불못이 둘째 사망입니다.

15 And anyone whose name was not found recorded in the Book of Life was thrown into the lake of fire.

15 그리고 누구든지 그의 이름이 생명책에 기록되지 않은 사람들은 불못에 던져질 것입니다.

21

The New Jerusalem

새 예루살렘

1 Then I saw a new heaven and a new earth, for the old heaven and the old earth had disappeared. And the sea was also gone.

1 그다음 나는 새 하늘과 새 땅을 보았습니다, 왜냐하면 옛 하늘과 옛 땅이 사라졌기 때문입니다. 그리고 바다 역시 없어졌습니다.

2 And I saw the holy city, the new Jerusalem, coming down from God out of heaven like a bride beautifully dressed for her husband.

2 그리고 나는 거룩한 도시, 새 예루살렘이, 그 녀자의 남편을 위해 아름답게 단장한 새색시처럼 하늘의 하나님으로부터 내려오는 것을 보았습니다.

3 I heard a loud shout from the throne, saying, "Look, God's home is now

among his people! He will live with them, and they will be his people. God himself will be with them.

3 나는 왕좌로부터, 말하고 있는, 큰 웨침을 들었습니다. 《보아라, 하나님의 집이 지금 그분의 백성들 가운데 있구나! 그분이 그들과 함께 사실 것이다. 그리하여 그들은 그분의 백성들이 될 것이다. 하나님 그분 자신이 그들과 함께 계실 것이다.

4 **He will wipe every tear from their eyes, and there will be no more death or sorrow or crying or pain. All these things are gone forever."**

4 그분께서 그들의 눈에서 모든 눈물을 닦아 주실 것입니다. 그리하여 거기서는 죽음이나 슬픔 또는 눈물이나 고통이 더 이상 없을 것이다. 이 모든 것이 영원히 사라졌다.》

5 **And the one sitting on the throne said, "Look, I am making everything new!" And then he said to me, "Write this down, for what I tell you is trustworthy and true."**

5 그리고 왕좌에 앉아 계신 분이 말씀하셨습니다. 《보아라, 내가 모든 것을 새롭게 만들고 있다!》 그다음 그분께서 나에게 말씀하셨습니다. 《이것을 받아 기록하여라. 왜냐하면 내가 말하는 것은 믿을 만하고 진실하기 때문이다.》

6 **And he also said, "It is finished! I am the Alpha and the Omega—the Beginning and the End. To all who are thirsty I will give freely from the springs of the water of life.**

6 그리고 그분께서 또한 말씀하셨습니다. 《다 이루었다! 나는 알파와 오메가—처음이고 마지막이다. 목마른 모든 사람들에게 나는 생명수를 샘에서 아낌없이 줄 것이다.

7 **All who are victorious will inherit all these blessings, and I will be their God, and they will be my children.**

7 이기는 모든 사람들은 이 모든 축복들을 물려받을 것이다. 그리하여 나는 그들의 하나님이 되고, 그들은 나의 아들딸들이 될 것이다.

8 **"But cowards, unbelievers, the corrupt, murderers, the immoral, those who practice witchcraft, idol worshipers, and all liars—their fate is in the fiery lake of burning sulfur. This is the second death."**

8 《그러나 비겁한 자들, 믿지 않는 자들, 타락한 자들, 살인자들, 음탕한 자들, 마술쟁이들, 우상 숭배자들, 그리고 모든 거짓말쟁이들—그들의 운명은 불타는 류황의 불못에 있다. 이것이 둘째 사망이다.》

9 **Then one of the seven angels who held the seven bowls containing the seven last plagues came and said to me, "Come with me! I will show you**

the bride, the wife of the Lamb."

9 그다음 마지막 일곱 재난이 담긴 일곱 대접을 들고 있던 일곱 천사 중 하나가 와서 나에게 말했습니다.《나에게 오너라! 나는 너에게, 어린양의 안해인, 새색시를 보여 주겠다.》

10 **So he took me in the Spirit to a great, high mountain, and he showed me the holy city, Jerusalem, descending out of heaven from God.**

10 그래서 그는 성령 안에서 나를 크고 높은 산으로 데려갔습니다. 그리고 거룩한 도시, 예루살렘이, 하나님으로부터 하늘에서 내려오는 것을 나에게 보여 주었습니다.

11 **It shone with the glory of God and sparkled like a precious stone—like jasper as clear as crystal.**

11 그것은 하나님의 영광으로 빛났습니다. 그리고 귀중한 돌—수정처럼 맑은 벽옥과 같이 반짝였습니다.

12 **The city wall was broad and high, with twelve gates guarded by twelve angels. And the names of the twelve tribes of Israel were written on the gates.**

12 그 도시의 벽은 넓고 높았고, 열두 천사에 의해 지키는 열두 대문이 있었습니다. 그리고 이스라엘 열두 가문의 이름이 문들 우에 씌여져 있었습니다.

13 **There were three gates on each side—east, north, south, and west.**

13 동, 서, 남, 북, 각 면마다 세 개의 문이 있었습니다.

14 **The wall of the city had twelve foundation stones, and on them were written the names of the twelve apostles of the Lamb.**

14 도시의 벽에 열두 개의 주추돌이 있었고, 그 우에 어린양의 열두 핵심제자의 이름들이 적혀 있었습니다.

15 **The angel who talked to me held in his hand a gold measuring stick to measure the city, its gates, and its wall.**

15 나에게 말한 천사가 그 도시와 그 도시의 문, 그리고 그 벽을 재기 위해 그의 손에 금으로 된 측량자를 들고 있었습니다.

16 **When he measured it, he found it was a square, as wide as it was long. In fact, its length and width and height were each 1,400 miles.**

16 그가 그것을 측량했을 때, 그는 그것이 너비와 길이가 같은 정방형인 것을 알았습니다. 실제로, 그것의 세로와 가로 그리고 높이가 각각 1,400마일이였습니다.

17 **Then he measured the walls and found them to be 216 feet thick (according to the human standard used by the angel).**

17 그다음 그는 그 벽을 재고 그것들이 216피트의 두께인 것을 알았습니
다. (천사들이 사람이 사용하는 치수에 따라 잰 바에 의하면)

18 The wall was made of jasper, and the city was pure gold, as clear as glass.

18 그 벽은 벽옥으로 만들어졌고, 그 도시는 순금으로 되었으며 유리처
럼 맑았습니다.

19 The wall of the city was built on foundation stones inlaid with twelve precious stones: the first was jasper, the second sapphire, the third agate, the fourth emerald,

19 그 도시의 벽은 열두 개의 값비싼 돌로 새겨 넣은 주추돌 우에 세워
졌습니다: 첫째는 벽옥, 둘째는 사파이어, 셋째는 마노, 넷째는 비취
석이고,

20 the fifth onyx, the sixth carnelian, the seventh chrysolite, the eighth beryl, the ninth topaz, the tenth chrysoprase, the eleventh jacinth, the twelfth amethyst.

20 다섯째는 줄무늬 대리석, 여섯째는 홍옥수, 일곱째는 귀감람석, 여덟
째는 록주석, 아홉째는 황옥, 열째는 젖빛색의 귀감람석, 열한째는 히
야신스석, 열두째는 자수정이였습니다.

21 The twelve gates were made of pearls—each gate from a single pearl! And the main street was pure gold, as clear as glass.

21 열두 문은 진주로 만들어져 있었고 각 대문은 한 개의 진주로 만들
어져 있었습니다! 그리고 중심거리는 순금이고 유리처럼 맑았습니다.

22 I saw no temple in the city, for the Lord God Almighty and the Lamb are its temple.

22 나는 그 도시에서 신전을 보지 못했습니다, 왜냐하면 전능하신 주 하
나님과 어린양이 바로 신전이시기 때문입니다.

23 And the city has no need of sun or moon, for the glory of God illuminates the city, and the Lamb is its light.

23 그리고 그 도시는 해나 달이 필요 없습니다, 왜냐하면 하나님의 영
광이 그 도시를 밝게 비추고, 어린양이 그것의 등불이기 때문입니다.

24 The nations will walk in its light, and the kings of the world will enter the city in all their glory.

24 그 민족들은 그것의 빛 가운데 걸을 것이고, 세상의 왕들은 그들의 모
든 영광 속에 그 도시로 들어올 것입니다.

25 Its gates will never be closed at the end of day because there is no night there.

25 그것의 문들은 하루가 끝날 때도 결코 닫히지 않을 것입니다. 왜냐하

면 거기에는 밤이 전혀 없기 때문입니다.

26 And all the nations will bring their glory and honor into the city.

26 그리고 모든 민족들이 그들의 영광과 영예를 그 도시로 가져올 것입니다.

27 Nothing evil will be allowed to enter, nor anyone who practices shameful idolatry and dishonesty—but only those whose names are written in the Lamb's Book of Life.

27 어떤 악한 것도 들어오는 것이 허락되지 않을 것이고, 부끄러운 우상숭배를 하며 정직하지 못한 어느 누구도 들어오지 못할 것입니다—그러나 그들의 이름이 어린양의 생명책에 적힌 사람들만이 들어오는 게 허락될 것입니다.

22

1 Then the angel showed me a river with the water of life, clear as crystal, flowing from the throne of God and of the Lamb.

1 그다음 천사들이 나에게 하나님과 어린양의 왕좌로부터 흐르는 수정처럼 맑은 생명수가 흐르는 강을 보여 주었습니다.

2 It flowed down the center of the main street. On each side of the river grew a tree of life, bearing twelve crops of fruit, with a fresh crop each month. The leaves were used for medicine to heal the nations.

2 그것은 중심도로 한가운데로 흘러내렸습니다. 강의 량쪽에는 한 생명나무가 자라서, 매달 신선한 수확물로, 열두 과일을 맺었습니다. 그 잎들은 나라들을 치료할 약으로 쓰였습니다.

3 No longer will there be a curse upon anything. For the throne of God and of the Lamb will be there, and his servants will worship him.

3 더 이상 어떤 것에도 저주가 없을 것입니다. 왜냐하면 하나님과 어린양의 왕좌가 거기 있고, 그분의 종들이 그분을 우러러 모시기 때문입니다.

4 And they will see his face, and his name will be written on their foreheads.

4 그리고 그들은 그분의 얼굴을 볼 것이고, 그분의 이름이 그들의 이마에 씌여질 것입니다.

5 And there will be no night there—no need for lamps or sun—for the Lord God will shine on them. And they will reign forever and ever.

5 그리고 더 이상 거기에 밤이 없어서—등불이나 해가 필요하지 않을 것

입니다— 왜냐하면 주 하나님께서 그들을 비추실 것이기 때문입니다. 그리고 그들은 영원히 다스릴 것입니다.

6 Then the angel said to me, "Everything you have heard and seen is trustworthy and true. The Lord God, who inspires his prophets, has sent his angel to tell his servants what will happen soon."

6 그다음 그 천사가 나에게 말했습니다. 《네가 보고 들은 모든 것이 신뢰할 수 있고 사실 그대로이다. 그분의 예언자들에게 령감을 주시는, 주 하나님께서, 곧 일어날 일을 그분의 종들에게 말하라고 그분의 천사를 보내셨다.》

Jesus Is Coming

예수님이 오신다

7 "Look, I am coming soon! Blessed are those who obey the words of prophecy written in this book."

7 《보아라, 내가 곧 가겠다! 이 책에 씌여진 예언의 말씀을 지키는 사람들은 복이 있다.》

8 I, John, am the one who heard and saw all these things. And when I heard and saw them, I fell down to worship at the feet of the angel who showed them tome.

8 나, 요한은, 이 모든 일들을 듣고 본 사람입니다. 그리고 내가 그것들을 듣고 보았을 때, 나는 나에게 그것들을 보여 준 천사들의 발 앞에 례배하려고 엎드렸습니다.

9 But he said, "No, don't worship me. I am a servant of God, just like you and your brothers the prophets, as well as all who obey what is written in this book. Worship only God!"

9 그러나 그가 말했습니다. 《아니다. 나를 례배하지 말아라. 나는 이 책에 씌여진 것들을 지키는 모든 사람뿐만 아니라, 너와 너희의 형제 예언자들과 꼭 같은 하나님의 종이다. 오직 하나님만을 우러러 모셔라!》

10 Then he instructed me, "Do not seal up the prophetic words in this book, for the time is near.

10 그다음 그는 나에게 지시했습니다. 《이 책에 있는 예언의 말씀들을 봉인하지 말아라. 왜냐하면 때가 가까이 왔기 때문이다.

11 Let the one who is doing harm continue to do harm; let the one who is vile continue to be vile; let the one who is righteous continue to live righteously; let the one who is holy continue to be holy."

11 해를 끼치는 자들은 계속해서 해를 끼치게 내버려 두어라. 타락한 자

들은 타락하게 내버려 두어라. 의로운 사람들은 계속해서 의롭게 살게
두어라; 거룩한 사람들은 계속해서 거룩하게 두어라.》

12 **"Look, I am coming soon, bringing my reward with me to repay all people according to their deeds.**

12《보아라, 내가 그들의 행위에 따라 모든 사람들에게 갚아 줄 나의 상을 가지고, 곧 가겠다.

13 **I am the Alpha and the Omega, the First and the Last, the Beginning and the End."**

13 나는 알파와 오메가, 처음과 마지막, 시작과 끝이다.》

14 **Blessed are those who wash their robes. They will be permitted to enter through the gates of the city and eat the fruit from the tree of life.**

14 그들의 옷을 빠는 사람들은 복이 있다. 그들이 그 도시의 문으로 들어가 생명나무의 과일을 먹는 것이 허용될 것이다.

15 **Outside the city are the dogs—the sorcerers, the sexually immoral, the murderers, the idol worshipers, and all who love to live a lie.**

15 그 성 바깥에는 개들이 있다—마술쟁이들, 성적으로 비도덕한 자들, 살인자들, 우상숭배자들, 그리고 거짓된 삶을 좋아하는 모든 사람들.

16 **"I, Jesus, have sent my angel to give you this message for the churches. I am both the source of David and the heir to his throne. I am the bright morning star."**

16《나, 예수는, 교회들을 위해 이 말씀을 너에게 주려고 나의 천사들을 보냈다. 나는 다윗의 뿌리이고 그의 왕좌를 유산으로도 받을 대상이다. 나는 빛나는 새벽별이다.》

17 **The Spirit and the bride say, "Come." Let anyone who hears this say, "Come." Let anyone who is thirsty come. Let anyone who desires drink freely from the water of life.**

17 성령님과 새색시가 말씀하십니다.《오십시오.》듣는 사람은 누구나 이것을 말하게 하십시오.《오십시오.》목마른 사람은 누구라도 오게 하십시오. 마시기를 원하는 사람은 누구나 생명수를 아낌없이 마시게 하십시오.

18 **And I solemnly declare to everyone who hears the words of prophecy written in this book: If anyone adds anything to what is written here, God will add to that person the plagues described in this book.**

18 그리고 나는 이 책에 씌여진 예언의 말씀을 듣는 모든 사람 누구에게나 엄숙히 선언합니다: 만일 여기 씌여진 것에 어떤 것이라도 더하는 사람은, 하나님께서 이 책에 서술된 재난들을 그 사람에게 더하실

것입니다.

19 **And if anyone removes any of the words from this book of prophecy, God will remove that person's share in the tree of life and in the holy city that are described in this book.**

19 그리고 만일 어떤 사람이 이 예언의 책에서 어떤 말이라도 없애 버리면 하나님께서 이 책에 기록된 생명나무와 거룩한 도시를 함께 누리게 될 그 사람의 몫을 없애 버리실 것입니다.

20 **He who is the faithful witness to all these things says, "Yes, I am coming soon!" Amen! Come, Lord Jesus!**

20 이 모든 일들의 충실한 증인이신 그분이 말씀하셨습니다. 《그렇다, 내가 곧 가겠다!》 아멘! 오십시오, 주 예수님!

21 **May the grace of the Lord Jesus be with God's holy people.**

21 주 예수님의 은정이 하나님의 거룩한 백성들에게 있기를 빕니다.

평양성경연구소 Pyongyang Bible Institute

평양성경연구소(이하 PBI)는 2008년에 미국 워싱턴 근교 버지니아에 설립되었다. PBI는 미 연방 국세청과 주 정부에 등록된 비영리 단체이다. PBI의 사명은 영어-평양말 대역 성경을 편찬하여, 북한 청소년 학생들의 영어 교육에 도움을 주는 교재를 개발하는 것이다.

PBI 산하 각 분과에서 일하고 있는 사람들은 북한의 복음화를 위해 힘을 모으고 있으며, 특히 영어-평양말 성경 번역과 심의에 참가하는 성원들은 번역의 정확성과 과학성을 보장하기 위해 온 힘을 기울이고 있다. 이 일에는 주로 미국에서 활동하거나 유학 중인 여러 분야의 사람들 즉 어학, 신학, 법학, 과학 분야의 전문가들과 박사 과정의 학생들이 참가하고 있다. 더불어 북한의 복음화를 위해 활동하고 있는 미국과 남한의 교계 지도자들, 믿음의 식구들도 PBI 사업에 기도와 후원으로 도움을 주고 있다.

영어–평양말 대역 성경
하나님의 약속 : 예수 후편
English-North Korean Bilingual Bible
God's Promises: New Testament

2017. 8. 14. 초판 1쇄 인쇄
2017. 8. 28. 초판 1쇄 발행

엮은이 평양성경연구소
펴낸이 정애주
국효숙 김기민 김의연 김준표 김진원 박세정
송승호 오민택 오형탁 윤진숙 이한별 임승철
임진아 정성혜 차길환 최선경 한미영 허은
펴낸곳 주식회사 홍성사
등록번호 제1-499호 1977. 8. 1.
주소 (04084) 서울시 마포구 양화진4길 3
전화 02) 333-5161
팩스 02) 333-5165
홈페이지 www.hsbooks.com
이메일 hsbooks@hsbooks.com
페이스북 facebook.com/hongsungsa
양화진책방 02) 333-5163

• 잘못된 책은 바꿔 드립니다.
• 책값은 뒤표지에 있습니다.
• 이 도서의 국립중앙도서관 출판예정도서목록(CIP)은 서지정보유통지원시스템 홈페이지(http://seoji.nl.go.kr)와 국가자료공동목록시스템(http://www.nl.go.kr/kolisnet)에서 이용하실 수 있습니다.(CIP제어번호: CIP2017019520)

ISBN 978-89-365-1245-3 (03230)

홍성사